國家社科基金
GUOJIA SHEKE JIJIN HOUQI ZIZHU XIANGMU
後期資助項目

續高僧傳校注（上）

The Collation and Annotation of
Xu Gaoseng Zhuan

【唐】道　宣撰
蘇小華 校注

上海古籍出版社

2015年度國家社科基金後期資助項目（15FZS027）

整理説明

本書的整理工作開始於2009年,初衷是提供一個準確、便捷的讀本。2014年後,筆者將整理的目標調整爲給讀者提供一個準確、便捷、收録資料較爲完備的讀本。到2019年這個目標基本達到,并將稿件交付出版社。在續高僧傳中寢饋日久,會積累一些個人的認識,現就將續高僧傳的作者、續高僧傳的特徵、整理的過程略作介紹。

一

續高僧傳的作者道宣,兼宗教領袖、高産作家、護法先鋒等多重身份,不是一兩段文字就能説清楚的。不過,要瞭解與續高僧傳相關的道宣,注意以下三個方面即可。[1]

道宣俗姓錢,其家族本是南朝吴興郡的豪族。陳霸先、陳蒨浴血奮戰建立陳朝的過程中,錢家因爲同鄉里的關係,開始在建康爲官。陳朝被隋吞併,道宣的父母作爲戰俘被遷徙到長安,時當隋開皇九年(589)。家國雙亡,道宣父母的心境應該是極爲沉痛的。七年之後,道宣出生於長安,大約十歲的時候在長安城日嚴寺出家。道宣出家的原因,我們并不清楚,考慮到日嚴寺是供養南朝高僧的私家寺院,可知道宣家族對南朝的認同感是根深蒂固的。南朝認同在道宣思想上留下深刻印迹,比如:僧祐是南朝齊梁時期的律學大師,道宣則創立了南山宗;僧祐編著弘明集,道宣就編著廣弘明集;僧祐撰作釋迦譜,道宣就撰作釋迦氏譜;僧祐編出三藏記集,道宣就編大唐内典録等斑斑可見。續高僧傳所續就是南朝慧皎的高僧傳。

末法思想源於印度佛教,指釋迦牟尼滅度1500年之後佛法就進入衰頽時期,然後進入法滅時期。在中國首先提出這一説法的爲南岳慧思,提出的年代在南朝梁陳之際,是北魏太武帝滅佛對漢傳佛教影響之一端。北周滅佛證明了慧思所説的末法時代是存在的。面對黑暗時代,有些佛教大德提出來,佛教還是可以有所作爲的,只要應對得當就可以提前結束末法時代迎來佛法的復興。道宣所生活的時代,佛教直面世俗朝廷經常處於被動局面。

隋文帝、隋煬帝雖然有大張旗鼓的崇佛舉措，但同時對佛教的傳播又嚴加控制。唐初的三位皇帝對於佛教的傳播也是持批評態度。總而言之，佛教傳播的政治環境不甚友好。這種環境在道宣看來是身處末法時代的表徵。所以，道宣的佛教事業以應對末法時代爲目的，續高僧傳之創作也是服務於這一目標。道宣在續高僧傳中對世俗政權、對道教的態度是極爲敏感的，對護法的高僧如慧思、智顗、慧遠、法琳等，則給予崇高的地位。

道宣生活在漢傳佛教開宗立派的鼎盛時期，大師輩出、新説蜂涌，身處京城的道宣必然受到激蕩。道宣的佛學底子來自於日嚴寺的三論宗和成實學，律學師承自智首。道宣成年後到各地遊學，與南北東西各地的律師切磋琢磨，可以説集當時律學的大成。道宣幾度參與玄奘法師的譯場。玄奘的譯場集中了當時京城的一流高僧，除前面提到的學派外，尚有唯識學、文字音韵學的大師參與。編著法苑珠林的道世法師，是道宣的同事兼好友。種種迹象表明，比較偏重於民間流傳的華嚴宗、禪宗、三階教、净土宗的傳人與道宣有過接觸。對道教持敵視態度的護法先鋒道宣竟然與名醫兼道士的孫思邈也過從甚密，不僅如此，道宣與唐高宗、武后等政界高層也有密切接觸。與這些宗師級人物的交往，使得道宣的認知、判斷能力水漲船高。在續高僧傳中，道宣對於高僧、教派能理解，能批判，並非拼貼剪抄材料，有一些見解如果讀者和研究者能依循探究，就會發現别有洞天。廣泛的交遊對道宣的影響是多方面的。道宣在對玄奘傳記的修改中，對大師的評價越來越低，在續高僧傳多處對大師語出諷刺，可見受到的刺激之深。也就是説，與諸位大師的交流很多時候伴隨着觀點的激烈交鋒，甚至政治環境、人事關係也牽扯其中，並不經常是愉快的。

二

雖然續高僧傳是唯一一部系統記録南朝到唐高宗麟德二年間佛教歷史的典籍，是研究這一時期佛教史最重要的文獻，但是續高僧傳並非成熟、可靠、完善的歷史文獻。

早在貞觀十九年(645)，道宣就完成了續高僧傳的初稿，但是到道宣去世時(667年)續高僧傳的修訂仍在進行中。道宣去世後，有心人對文本可能進行過不止一次的修訂增補。目前所見到的30卷本續高僧傳大概是完成於麟德二年的一個階段性寫定本，記録了616位高僧的事迹。現存尚有31卷本，比30卷本多出約78人的傳記。陳垣先生認爲多出的部分來自後集續高僧傳，後人在傳抄或者刊刻的時候將後集拆開加入到續高僧傳中。[2]這78人的傳記，其可靠性要差於續高僧傳，所以道宣單另成書是有原因的，加入續高僧傳並不合適。不過,現今流傳下來的佛教史史料極爲匱乏,即使史料的客觀性成問題的僧傳也彌足珍貴,所以31卷本也有存在之必要。據筆者的經驗,包括78人在内的諸本所載約704人的傳記大概都有可靠性問題,可信的程度不一,讀者需保持警惕。這種警惕最好是"同情之瞭解"式的警惕,因爲要求宗教史家對史籍的客觀性負責,本身恐怕就不理性。宗教史籍的特色就是不客觀、不科學,但正是這種特色使得我們更容易進入歷史的情境。

續高僧傳繼承高僧傳的優良傳統,將30卷分9個專題來編排,每个專題下高僧傳記又是按照時間順序排列。這個編纂方式集中體現了道宣對南北朝隋唐佛教發展的理解,但不能教條执行。比如北朝高僧慧光,他的傳記在明律篇,但不能認爲慧光的貢獻僅在律學,他還是地論學南道派的祖師,所以在義解篇讀到地論學諸位大德的時候經常要翻到後面查查慧光的傳記。比較有效率的閲讀續高僧傳的方式,是先讀義解篇中的11卷,然後將這11卷分類,按自己的分類將其他傳記歸到各類中,然後按類來閲讀。

總體而言,續高僧傳無論是正文、引文還是論贊都是瞭解這一時期佛教史的底色。相對引文、論贊,正文的閲讀體驗會更輕鬆一些,所以初讀者可以只讀正文,相對花費時間的引文和論贊可以在産生了需要之後再讀。之所以説整本書都是底色,是因爲要瞭解這一時期佛教的特色,有必要沿着文本提供的線索,查尋相關的大藏經、石窟寺、壁畫、造像等資料來填充文本所不能提供的細節。比如,要瞭解地論學更詳細的情況,就要查閲河南安陽靈泉寺石窟的相關資料,有些信息要去靈泉寺親自調查才能獲得。這些資料不僅增加了對北朝佛教發展的某些環節的瞭解,而且生動展現了中國化佛教的歷史場景。這樣的石窟寺、造像在中國北方是大量存在的。

三

就現存的文本而言,續高僧傳有三大版本系統,即方廣錩等所提出的刻本系統中的中原系、南方系,以及日本藏寫本系統。

目前所見最早的本子是日本藏天平寫本殘卷,是相當於唐高宗時期的寫本。續高僧傳所存相當於宋元時代的日本寫本尚有興聖寺本、金剛寺本、七寺本,此三本均爲30卷,基本上保存完整。[3]以上四個寫本,筆者認爲是一個系統,即興聖寺本、金剛寺本、七寺本爲天平本的傳抄本。日藏抄本在學術上有較高的價值,但是在校勘續高僧傳中的價值不宜評價過高,其誤衍脱倒的情况比刻本要嚴重得多。

中原系刻本系統是指以北宋開寶藏爲祖本的大藏經系統。開寶藏本續高僧傳今已不存,這個系統留存至今的爲高麗藏初雕本殘本、高麗藏再雕本足本、趙城金藏殘本。呈現給讀者的這個整理本即以高麗藏再雕本 30 卷足本爲底本。這個本子就文字的準確率來看,是所有版本中最好的,而且 30 卷保留了續高僧傳的原貌。[4]

南方系是指北宋後期在福州開元寺發起刊刻的大藏經系統,元代之後的大藏經刻本基本上屬於南方系。該系統比較重要的版本有崇寧藏、毗盧藏、磧砂藏、思溪藏(資福藏)、洪武南藏、永樂南藏、永樂北藏、嘉興藏(徑山藏)、清龍藏等。南方系與中原系的區别之一爲藏經的分卷經常不同,表現在續高僧傳上,南方系爲 31 卷,比 30 卷本多出 78 人的傳記。其中嘉興藏、龍藏爲 40 卷,是將 31 卷本分爲 40 卷,文字上與 31 卷本無區别,仍可歸爲一個版本系統。南方系的主要版本文字的一致性比较高;但與高麗藏比勘,兩個版本系統之間在文字表述上仍有較多差異。本校以南方系中比較常見的磧砂藏爲主要對校本。[5]

從閱讀的角度看,續高僧傳的校勘其實在高麗藏再雕本與磧砂藏本之間進行即可,再增加對校本意義並不大。著眼於研究的話,在一個校本内能查到諸本的不同還是有客觀需要的,所以本校在力所能及的情况下儘量列舉諸本的差異。

注解的主要目的是增補本書之外的佛教史資料。比如在釋灌頂傳中對隋大業三年之後記事比較隱晦,利用"灌頂大般涅槃經玄義卷下之自述經歷",增加了對灌頂大業三年之後行迹的瞭解。[6] 又,慧光傳對於傳主的生卒年、求學的次第等信息均有闕失,利用慧光墓誌可補足這些信息。

有些注解是綜合各種工具書、學術論著的研究成果來完成的。這些工作讀者也可以獨力檢索獲得,考慮到邊讀書本邊檢索總是有所不便,也降低了閱讀的趣味,所以筆者不揣冒昧代替讀者完成了部分工作。

本次整理工作的主要目的在於:文本的準確性、閱讀體驗的舒適性和資料的完備性。[7]

四

在本書整理的過程中,得到衆多師友、學生的幫助,在此一併表示感謝。

韓國的安詢亨師兄、中華書局的朱立新先生、中國社會科學院陳志遠博士、中國人民大學曹剛華師兄、中山大學周文俊博士、陝西師範大學聶順新博士、葛洲子博士、權家玉副教授、于海兵博士,或提供材料或提供信息,使得本次校勘工作中續高僧傳的版本收集比較齊全,在這方面基本没有留下遺憾。在這裏要特别指出,底本與資福藏本的對勘是我的碩士研究生李迪、李志軍依據中國國家圖書館藏本完成的。2015 年,本課題被立爲國家社科基金後期資助項目,一想到各位評審專家要審核將近百萬字的文稿就覺得抱歉,感謝感謝。

這本書花費勞動量最大的部分是將 45 萬字的底本録爲 word 文檔,其中有約 25 萬字爲陝西師範大學歷史文化學院 07 級本科生李豔濤、09 級本科生高文洋、10 級本科生陳欽亮、金欣欣、彭順、楊易、2011 級本科生户新竹、張静録入。當時筆者剛參加工作不久,也没有課題經費,這些學生花費了巨量勞動只是請他們吃了一頓飯,每每念及常感不安。在整理工作的後期,從事覆核工作的有我的研究生王哲、李迪、李志軍、陳俊川、趙義鑫、武君、本科生徐婷婷以及我的表弟范鵬偉博士等。在全書校注工作完成後,爲本書最後把關的特約審稿人爲聶順新博士、張宗品副教授、葛洲子博士。上海古籍出版社的方强先生承擔了書稿的規範化工作。以上諸位付出的勞動是巨大而艱辛的,在此也只能表示感謝。當然本書存在的問題,都由筆者來負責。

特别要感謝在碩士研究生期間爲我系統傳授文獻學知識的黄永年先生、賈二强師、周曉薇教授、張豔雲教授。這本書之所以能順利完成,有賴於他們傳授的被實踐證明是可靠的知識與技能。在 2005 年進入陝西師範大學工作之後,主要從事歷史文選、歷史文獻學的教學工作,整理本書所用技能都是在這兩門課程中不斷加以磨礪的,感謝賈二强師、周曉薇教授爲我安排這些課程,也感謝歷届學生忍受我不近情理的授課。

此書獻給我的老師何兹全先生、師母郭良玉先生。

【校注】

[1] 關於道宣,最早進行全面研究者當是日本學者藤善真澄。這位學者往往言過其實,補其不足的有陳懷宇(景風梵聲,宗教文化出版社 2012 年)、劉林魁(廣弘明集研究,中國社會科學出版社 2011 年)等。郭紹林續高僧傳序(續高僧傳,中華書局 2014 年)、王亞榮道宣評傳(宗教文化出版社 2017 年)是相對比較全面的論著。

[2] 陳垣:中國佛教史籍概論,上海書店出版社 2001 年,第 23—31 頁。池麗梅:續高僧傳的文本演變——七至十三世紀,漢語佛學評論第四輯,上海古籍出版社 2014 年。

[3] 池麗梅:續高僧傳在日本的流傳,龔雋主編:海上交通與佛教傳播,宗教文化出版社 2018 年。

[4] 按,趙城金藏雖然以開寶藏爲底本,但其文字的錯漏是比較突出的。

[5] 池麗梅:續高僧傳的文本演變,漢語佛學評論第四輯。

［6］徐文明：天台宗玉泉一派的傳承，佛學研究 1998 年第 00 期，第 241、242 頁。

［7］在本次整理之前重要的整理本有大正藏本、中華大藏經本、郭紹林點校本。這些整理工作，篳路藍縷，功不可没，但客觀來説，在底本的選擇、學術規範，以及使用的便利性方面還存在一些問題。這些問題，周叔迦、周紹良、方廣錩、王顯勇、陳志遠等都有指出，感興趣者可以參閲。

凡　例

一、標點：以點校本二十四史及清史稿修訂工程標點分段辦法爲依據，略作微調。

二、校勘：以對校法爲主，參用他校法、本校法和理校法。

（一）對校：以再雕高麗藏本爲底本，磧砂藏本爲主要對校本，以日本藏天平年間寫本殘卷、日本藏興聖寺寫本、初雕高麗藏本殘卷、金趙城藏本殘卷爲次要對校本，六本之異，寫入校勘記。日本宫内省圖書寮藏宋崇寧藏本、毗盧藏本（據大正藏校記）、南宋資福藏本、洪武南藏本、永樂北藏本、乾隆大藏經爲參校本。參校諸本與磧砂本屬同一系統如没有比磧砂本佳勝的地方，與底本之異一般不寫入校勘記。高麗藏初雕本、再雕本、趙城藏本同出開寶藏爲同一系統。日藏諸寫本概同出天平本爲同一系統。以上版本依次簡稱爲：麗再本、磧本、五一本、興聖寺本、麗初本、趙本、宋本、宫本、資本、洪南本、永北本、龍藏本，以上諸本名均不加書名號。

（二）他校：凡是大藏經中所收材料與續高僧傳有相互引用關係者，如以一切經音義、新集藏經音義隨函録等佛經音義類書籍，歷代三寶紀等佛教類書，大唐内典録、開元釋教録等早期藏經目録等用來與底本對校。

（三）偶有疑誤但無版本依據者用本校法、理校法。純用此二法校勘者僅在校勘記中略作辨析但不輕改底本。

三、校勘記：（一）校勘記的寫法，主要參考中華書局點校本北朝四史的體例。冒號前爲引用項。冒號後，用引號引出需要校勘的字詞，以此排列正文所録版本之外的其他版本的異文，或略作考辨。例如：“九等：磧本作‘尤等’誤，興聖寺本、麗初本同麗再本。‘九等’，指班固漢書之古今人表將歷史人物分爲九等。”

（二）在校勘記中，如某一版本的文字與其他版本相異，則用“諸本同”來概括底本和主要對校本之外的其他版本，以節省文字。例如：“由：‘由’，諸本同，麗初本作‘田’誤。”此條校勘記中“諸本”指除麗初本之外，包括底本麗再本在内的其餘版本。

（三）爲提供比較多的信息，并比較全面地展示三種版本系統的面貌，底本不誤而對較本訛誤者仍然出校。

四、分卷：保持再雕高麗藏本基本結構。如磧砂藏本比高麗藏多出部分爲整卷，依照其在磧砂藏本卷目的位置，列入高麗藏本相應卷後，前後加以【】且採用其他字體，以示分別。如磧砂藏比高麗藏相應卷多出若干傳記，或者是若干文字，則將多出的部分加在高麗藏相關篇目後，前後加以【】且採用其他字體，以示分別。磧砂本系統所附音注，麗本與日本存早期寫本均無，今依據磧砂本音注按音序排列，作爲附録，列於書末。爲避繁亂，資福本、永樂南藏本、永樂北藏本音注與磧砂本相異處不再列出異文。

五、箋注：（一）注明史料來源。（二）補充、訂正續高僧傳的疏漏。（三）在字句難以通過工具書得到解釋的情況下，予以簡明地疏通。（四）對於地名，儘量注出其相當於現代的某地，便於讀者定位。（五）本書依據漢語大字典等辭書對部分生僻語詞做了簡明注解，主要參考中國歷史地圖集、史爲樂編中國歷史地名大辭典對地名沿革做了梳理，參考中華佛教百科全書對佛經的典故、語詞、義理作了簡明注解。爲節省篇幅，本書引用工具書相關條目時做了節略，故一般不注明出處，以示責任自負。在此，對以上工具書的作者表示感謝。

六、箋注中所引佛典的版本，首選磧砂藏本，其次爲永樂北藏本，再次爲卍正本、卍續本，再次爲大正藏本。注解中，“磧”指 1935 年影印的磧砂藏本，後序列號爲册數。“卍續”指日本卍續藏經，序列號爲册數。“大正”爲日本大正新修大藏經，序列號爲册數。

七、字體、字形：異體字、俗體字等儘量統一改爲通行字。

八、原書目録在各卷卷首，爲便於閱讀，今將其移到正文相應位置。

目　　録

續高僧傳序[1]

大唐西明寺沙門釋道宣撰[2]

原夫至道無言[3]，非言何以範世？言惟引行，即行而成立[4]言。是以布五位以擢聖賢，[5]表四依以承人法。[6]龍圖成大易之漸[7]，龜章[8]啓彝倫之用，逮乎素王繼轍[9]，前修舉其四科；班生著詞，後進弘其九等[10]，皆所謂化道之恒規[11]，言行之權致者也。惟夫大覺之照臨也，化敷西壤，迹紹東川，逾中古而彌新，歷諸華而轉盛。雖復應移存没[12]，法被澆淳[13]，斯乃利見之康莊，缺有之弘略。故使體道欽風之士，激揚影響之賓[14]，會正解而樹言，扣玄機而即號。並德充宇宙，神冠幽明，象設焕乎丹青[15]，智則光乎油素[16]，固以詳諸經部，誠未纘其科條。竊以葱河界於剡洲[17]，風俗分於唐、梵。華胥撰列，非聖不據其篇，則二十四依付法之傳是也[18]；神州所紀，賢愚雜其題引，則六代所詳群録是也[19]。然則統斯大抵，精會所歸，莫不振發蒙心，網羅正理[20]。俾夫駘足九達，遺蹤望而可尋[21]；徇目四馳，高山委而仰止。

昔梁沙門金陵釋寶唱撰名僧傳，會稽釋惠皎撰高僧傳，創發異部[22]，品藻恒流，詳覈可觀，華質有據。而緝裒吴、越[23]，叙略魏、燕，良以博觀未周，故得隨聞成采[24]；加以有梁之盛，明德云繁[25]，薄傳五三[26]，數非通敏，斯則同世相侮，事積由來。中原隱括，未傳簡録，時無雅贍，誰爲譜之[27]？致使歷代高風，颯焉終古。

余青襟之歲[28]，有顧斯文，祖習乃存，經綸攸闕，是用憑諸名器，竚對煞青。而情計栖遑[29]，各師偏競，逖聽成簡，載紀相尋。而物忌先鳴，藏舟遽往，徒懸積抱，終擲光陰。敢以不才，輒陳筆記，引疏聞見，即事編韋，諒得列代因之，更爲冠冕。

自漢明夢日之後，梁武光有已前[30]，代别釋門，咸流傳史，考酌資其故實，删定節其先聞，遂得類纘前驅[31]，昌言大寶。季世情繁，量重聲華，至於鳩聚風猷，略無繼緒。惟隋初沙門魏郡釋靈裕，儀表綴述，有意弘方，撰十德記一卷，偏叙昭玄師保，未粤廣嗣通宗[32]。餘則孤起支文，薄言行狀，終亦未馳高觀,可爲長太息矣。故霑預染毫之客[33],莫不望崖而戾止,固其然乎。今余所撰,恐墜接前緒,故不獲已而陳之[34]。或博諮先達,或取訊行人,或即目舒之,或討讎集傳,南北國史附見徽音,郊郭碑碣旌其懿德,皆撮其志行,舉其器略。言約繁簡,事通野素,足使紹胤前良,允師後聽。

始岠梁之初運,終唐貞觀十有九年,一百四十四載。包括岳瀆,歷訪華夷,正傳三百四十人[35],附見一百六十人。序而伸之[36],大爲十例:一曰譯經,二曰解義,三曰習禪,四曰明律,五曰護法,六曰感通,七曰遺身,八曰讀誦,九曰興福,十曰雜科。凡此十條,世罕兼美,今就其尤最者,隨篇擬倫。自前傳所叙,通例已頒,迴互抑揚,寔遵弘撿[37]。且夫經、導兩術[38],掩映於嘉苗;護法一科,綱維於正網[39]。必附諸傳述,知何績而非功[40];取其拔滯宏規[41],固可標於等級。餘則隨善立目,不競時須。布教攝於物情爲要,解紛静節總歸于末,第區别世務者也。至於韜光崇岳,朝宗百靈,秀氣逸於山河[42],貞概銷於林薄。致有聲諠玄谷,神遊紫烟[43],高謝於松喬,俯眄於窮轍。斯皆具諸别紀,抑可言乎?或復匿迹城闉,陸沉浮俗,盛業可列而吹嘘罕遇。故集見勣風素,且樹十科,結成三帙,號曰續高僧傳。若夫搜擢源派,剖析憲章,組織詞令[44],琢磨行業,則備于後論;更議而引之,必事接恒篇,終成詞費,則削同前傳。猶恨逮于末法,世挺知名之僧未覿嘉猷,有淪典籍,庶將來同好,又塵斯意焉。

【校注】

[1] 案,趙本之序闕佚,故本篇寫入校記的版本爲麗再本、麗初本、興聖寺本、磧本,底本爲麗再本。

[2] 大唐西明寺沙門釋道宣撰:"大唐西明寺沙門",磧本作"唐",麗初本同麗再本。下文每卷卷首同此,均略去。興聖寺本此處亦作"大唐西明寺沙門",然之後每卷卷首都無"大唐西明寺沙門釋道宣撰"等署名。

[3] 無言:磧本作"絶言",興聖寺本、麗初本同麗再本。案,此句典出老子首句"道可道,非常道;名可名,非常名"。

[4] 成立:磧本作"乃極",興聖寺本、麗初本同麗再本。

[5] 五位:五等階位,依次爲資糧位、加行位、通達位、修習位、究竟位。唯識宗所立,指大乘菩薩修道從低到高的五等階位。

[6] 四依:原始佛教時代修行者的四種行爲規範:著糞掃衣、常行乞食、依樹下坐、用陳腐藥。後泛指法四依、行四依、人四依、説四依、身土四依等。

[7] 大:磧本作"太",興聖寺本、麗初本同磧本。龍圖:即河圖。尚書正義卷一八顧命"河圖在東序"條下僞孔安國注:"河圖,八卦。伏犧王天下,龍馬出河,遂則其文以畫八卦,謂之河圖。"

[8] 龜章:即洛書,指尚書之洪範,此篇提出治理國家的九個原則。

[9] 乎:磧本作"于",興聖寺本同磧本,麗初本同麗再本。

［10］九：磧本作“尤”誤，興聖寺本、麗初本同麗再本。“九等”，指班固漢書古今人表將歷史人物分爲九等。班生：麗再本作“斑生”，今從磧本。麗初本同麗再本，興聖寺本同磧本。

［11］化道：諸本同，磧本作“化導”是。

［12］應：諸本同，麗初本衍作“應應”。

［13］法：諸本同，麗初本作“往”誤。

［14］響：諸本同，麗初本作“嚮”。案，“嚮”“響”古本多混用，下文一依底本，不再一一出校。

［15］象：諸本同，磧本作“像”是。

［16］油素：磧本作“緇素”誤。興聖寺本同麗再本，麗初本同磧本。“油素”，典出漢揚雄方言書末附答劉歆書：“天下上計孝廉及内郡衛卒會者，雄常把三寸弱翰，齎油素四尺，以問其異語。”“油素”指書寫、繪畫用的白絹。而“緇素”，此處指僧人和俗人，東魏之前，漢地僧侣服式與俗人無異，惟服色爲紫黑色，故稱僧侣爲“緇衣”。參見周叔迦法苑談叢第十章漫談漢族僧服。

［17］葱河：葱嶺，今帕米爾高原。剡洲：南瞻部洲的訛略，指印度次大陸。

［18］華胥：印度。付法之傳：即付法藏因緣傳，北魏曇曜、吉迦夜根據印度材料編譯、構擬的印度佛法傳授系統，共二十四位高僧之傳記。又案，“二十”興聖寺本均作“廿”，“三十”興聖寺本寫作“卅”，“四十”興聖寺本寫作“卌”，下文均不出校，一依底本。

［19］六代：東晋、宋、齊、梁、陳、隋。“六代群録”指從東晋道安到隋代費長房所編之佛經目録。

［20］網羅：諸本同，興聖寺本作“因罹”誤。

［21］遺：諸本作“貴”誤，今據磧本改。駘：駑馬。

［22］異：諸本同，麗初本作“畢”誤。

［23］緝裒：“裒”，麗再本之影印本字迹不清，麗初本、興聖寺本作“褎”，今據磧本、新集藏經音義隨函録第二十七册賢聖集音義第七“續高僧傳序”引“緝裒”改。案，“褎”“裒”有與“褒”混用例，張宗品博士以爲“輯裒”當與“叙略”相對，“裒”或當讀 póu，輯義，不作“褒”義。“緝”，諸本同，磧本作“揖”。案，新集藏經音義隨函録第二十七册賢聖集音義第七“續高僧傳”，下文省作“隨函録”。

［24］采：磧本作“彩”，興聖寺本作“來”誤，麗初本同麗再本。“采”“彩”古本互用，下文不一一出校。

［25］德：諸本同，麗初本作“得”。

［26］五三：磧本作“三五”，興聖寺本同麗再本。麗初本作“三三”誤。

［27］譜之：諸本同，磧本作“補之”，一切經音義卷九一“續高僧傳卷一”條引作“譜之”。

［28］青襟：毛詩正義卷四鄭風子衿“青青子衿”句下毛傳：“青衿，青領也，學子之所服。”

［29］栖遑：案，當爲“恓惶”，“恓惶”方言，忙碌不安貌。又“恓惶”“栖遑”作忙碌不安義時，或可通。麗再本、磧本均形近而誤。

［30］已前：諸本同，磧本作“以前”。古書往往兩者混用，下文不一一出校。

［31］纘：諸本同，磧本作“續”。

［32］未粤：諸本作“未奥”，今據磧本改。“粤”通“曰”，“未曰”與“偏叙”對。

[33] 故：諸本同，磧本作“故使”。“故使”語氣較足。毫：興聖寺本、麗初本作“豪”，磧本同麗再本。

[34] 陳之：諸本同，磧本作“陳”當是脱“之”字。

[35] 三百四十人：磧本作“三百三十一人”。案，查磧砂藏本所傳實止於唐高宗麟德二年，正傳四百八十五人，附見二百十九人。興聖寺本、麗初本同麗再本。

[36] 伸：磧本作“申”，興聖寺本同麗再本，麗初本、隨函録作“紳”。

[37] “感通”至“弘撿”：此段，磧本倒在下文“隨善立目”後。興聖寺本、麗初本同麗再本。

[38] 導：諸本作“道”誤，今據磧本改。“導”指唱導。

[39] 綱維：諸本同，磧本作“網維”誤。

[40] 績：諸本同，磧本作“續”誤。

[41] 宏規：磧本作“開元”，興聖寺本、麗初本同磧本。

[42] 河：諸本同，麗初本作“阿”誤。

[43] 神遊：磧本作“神凝”，興聖寺本、麗初本同磧本。

[44] 組織詞令：磧本作“粗識今詞”誤，興聖寺本、麗初本同磧本。

續高僧傳卷第一[1]

譯經篇初本傳六人　附見二十七人

梁揚都正觀寺扶南沙門僧伽婆羅傳一[2]曼陀羅　木道賢　僧法　道命

僧伽婆羅，梁言僧養，亦云僧鎧，扶南國人也。幼而穎悟，早附法津，學年出家[3]，偏業阿毗曇論，聲榮之盛，有譽海南。具足已後，廣習律藏，勇意觀方[4]，樂崇開化。聞齊國弘法，隨舶至都，住正觀寺，爲天竺沙門求那跋陀之弟子也[5]。復從跋陀研精方等，未盈炎燠，博涉多通，乃解數國書語。

值齊曆亡墜[6]，道教淩夷[7]，婆羅靜潔身心，外絶交故，擁室栖閑，養素資業。大梁御宇，搜訪術能，以天監五年，被勑徵召，於楊都壽光殿、華林園、正觀寺、占雲館、扶南館等五處傳譯[8]，訖十七年，都合一十一部、四十八卷[9]，即大育王經、解脱道論等是也。[10]初翻經日，於壽光殿，武帝躬臨法座[11]，筆受其文，然後乃付譯人，盡其經本。勑沙門寶唱、慧超[12]、僧智、法雲及袁曇允[13]等相對疏出。華質有序，不墜譯宗。天子禮接甚厚，引爲家僧，所司資給，道俗改觀[14]。婆羅不畜私財，以爲嚫施[15]，成立住寺。太尉臨川王宏接遇隆重。[16]

普通五年，因疾卒于正觀，春秋六十有五。

梁初，又有扶南沙門曼陀羅者，梁言弘弱[17]，大齎梵本，遠來貢獻。[18]勑與婆羅共譯寶雲、法界體性、文殊般若經三部，合一十一卷。[19]雖事傳譯，未善梁言，故所出經，文多隱質。

時有居士木道賢，以天監十五年，獻優婁頻經一卷[20]。文既鮮具，不辯來由。

又有太學博士江泌女僧法者，小年出家，有時靜坐，閉目誦出淨土、妙莊嚴等經。始從八歲，終於十六，總出三十五卷。[21]天監年中，在華光殿親對武帝，誦出異經。楊都道俗，咸稱神授，若驗佛經，斯唯宿習，未可餘談。竊尋外典,生知者聖,學知者次,此則局談今身,昧於過往耳。若不然者,何以辨内外賢聖淺深之通塞哉？如前傳曇諦之憶書鎮,近俗崔子之念金環,代有斯蹤,定非外託。

逮太清中,湘東王記室虞孝敬[22],學周内外,撰内典博要三十卷[23]。該羅經論,條貫釋門,諸有要事,備皆收録,頗同皇覽、類苑之流。渚宫陷没,便襲染衣,更名道命,流離關輔,亦有著述云云[24]。

【校注】

[1] 續高僧傳卷第一:"卷",諸本同,興聖寺本無,下同,不一一出校。案,本卷之趙本闕佚,故本卷寫入校記的版本爲麗再本、麗初本、興聖寺本、磧本,底本爲麗再本。

[2] 扶南:磧本、興聖寺本作"扶南國",麗初本同麗再本。揚:磧本、興聖寺本作"楊",麗初本同麗再本。"楊""揚"諸本多混用,下文不一一出校。

[3] 學年出家:諸本同,(磧 452)歷代三寶紀卷一一僧伽婆羅小傳作"十五出家"。

[4] 勇:諸本同,磧本作"男"誤。

[5] 求那跋陀:北印度高僧,劉宋元嘉十二年(435)到達廣州,譯經五十二部,共計一百三十四卷。傳見高僧傳卷三、出三藏記集卷一四、歷代三寶紀卷一〇。又[日]野村昌隆:譯經僧——求那跋陀羅,林子青譯,法音 1982 年第 6 期。

[6] 曆:諸本同,興聖寺本作"歷"誤。

[7] 淩:磧本作"陵"是。麗初本同麗再本,興聖寺本同磧本。"淩""凌"同"陵"。

[8] 五處傳譯:三寶紀卷一一"僧伽婆羅經録"條作"三處譯",無"扶南館""華林園"。

[9] 四十八:三寶紀卷一一"僧伽婆羅經録"條作"三十八",去除重複的阿育王傳六卷,則爲三十二卷,釋教録卷六正作三十二卷。從三寶紀所列卷目算爲"三十八卷"。據現存僧伽婆羅譯經卷目爲四十卷,三寶紀等録又記解脱道論爲十三卷,則總卷目爲四十一卷,經目則爲十二部。

[10] 案,三寶紀卷一一多"其本並是曼陀羅從扶南國齎來獻上。陀終没後,羅專事翻譯"一段。僧伽婆羅所譯經,保存完好,疏證如下:(磧 434)阿育王經十卷(天監十一年六月二十六日,於揚都壽光殿譯。初翻日,帝躬自筆受。後付慧超令繼,并譯正訖,見寶唱録)、(磧 166)佛説孔雀王咒經二卷、(磧 193)文殊師利問經二卷(三寶紀注:天監十七年,勑僧伽婆羅于占雲館譯,袁曇允筆受。光宅寺沙門法雲定)、(磧 156)度一切諸佛境界智嚴經一卷、(磧 207)菩薩藏經一卷、(72)文殊師利所説般若波羅蜜經一卷(三寶紀下有小注:第二譯,小勝前曼陀羅所出二卷者)、(磧 169)舍利弗陀羅尼經一卷(三寶紀作:此咒大有神力。若能持者,雪山八夜叉王常來護持,所欲隨心)、(磧 161)八吉祥經一卷(三寶紀注:若人聞此八佛名號,不爲一切諸鬼神衆難所侵)、(磧 86)佛説大乘十法經一卷(三寶紀注:普通元年譯)、(磧 417)解脱道論十二卷(三寶紀注:天監十四年於館譯)、(磧 140)寶雲經七卷(曼陀羅仙同譯)、(卍續 3)二十八夜叉大軍王名號一卷。上列譯經,三寶紀無寶雲經和二十八夜叉大軍王名號,但多阿育王傳,據釋教録卷六,"長房等録復云婆羅更出育王傳五卷者,非也。前育王經即是其傳,不合重載"。佛説孔雀王咒經二卷,三寶紀作孔雀王陀羅尼經二卷(第二出。與晋世帛尸利蜜譯本同,文少異。見

寶唱録),釋教録作孔雀王咒經二卷。

[11] 座:諸本同,興聖寺本作"坐"。案,"坐""座"諸本多混用,下文依情況出校,但不一一出校。

[12] 慧:諸本同,興聖寺本作"惠"。案,"慧""惠"諸本多混用,下文依情況出校但不一一出校。

[13] 三寶紀卷一一記,袁曇允有成實論類抄二十卷,天監年間抄,"與齊文宣抄經相似,亦見寶唱録"。

[14] 改:諸本同,麗初本作"攸"。

[15] 以爲嚫施:磧本作"以其嚫施",興聖寺本作"以其親施",麗初本同麗再本。三寶紀卷一一作"以其嚫施"。

[16] 三寶紀卷一一作:"太尉臨川王問曰:'法師爲當菜食、鮭食?'答云:'菜食。病時則索(則索,宫本作解素)。'又問:'今日如何?'答曰:'四大之身,何時不病。'王大悦,即爲設食。"

[17] 弘弱:三寶紀卷一一作"弱聲"。(磧 456)釋教録卷六作"弱聲,亦云弘弱"。

[18] 案,釋教録卷六記曼陀羅仙"以武帝天監二年癸未,届于梁都"。

[19] 今存:(磧 15)文殊師利所説般若波羅蜜經一卷(僧伽婆羅同譯)、(磧 29)寶雲經七卷(僧伽婆羅同譯)。法界體性當爲入法界體性經,曼陀羅仙所譯者已佚,今存隋闍那崛多譯本。

[20] 婁:磧本作"樓"。此經今佚。參見三寶紀卷一一。

[21] 案,出三藏記集第五卷僧法尼所誦出經入疑録:"寶頂經一卷,永元元年出,時年九歲;浄土經七卷,永元元年出,時年九歲;正頂經一卷,永元元年出,時年九歲;法華經一卷,永元元年出,時年九歲;藥草經一卷,永元二年出,時年十歲;太子經一卷,永元二年出,時年十歲;伽耶波經一卷,永元二年出,時年十歲;波羅奈經二卷,中興元年出,時年十二;優婁頻經一卷,中興元年出,時年十二;意經二卷,天監元年出,時年十三,智遠承旨;般若得經一卷,天監元年出,時年十三,智遠承旨;華嚴瓔珞經一卷,天監元年出,時年十三,智遠承旨;踰陀衛經一卷,天監四年臺内華光殿出,時年十六;阿那含經二卷,天監四年出,時年十六;妙音師子吼經三卷,天監四年出,時年十六,借張家;出乘師子吼經一卷,天監三年出,時年十五;勝鬘經一卷,永元元年出,時年九歲;優曇經一卷,永元元年出,時年九歲;妙莊嚴經四卷,永元元年出,時年九歲;維摩經一卷,江家出;序七世經一卷。右二十一種經,凡三十五卷。經如前件。齊末太學博士江泌處女尼子所出。初尼子年在齠齔,有時閉目静坐,誦出此經。或説上天,或稱神授。發言通利,有如宿習。令人寫出,俄而還止。經歷旬朔,續復如前。京都道俗咸傳其異。今上勑見,面問所以。其依事奉答,不異常人。然篤信正法,少修梵行,父母欲嫁之,誓而弗許。後遂出家,名僧法,住青園寺。祐既收集正典,撿括異聞。事接耳目,就求省視。其家秘隱,不以見示,唯得妙音師子吼經三卷,以備疑經之録。此尼以天監四年三月亡。有好事者得其文疏,前後所出經二十餘卷。厥舅孫質以爲真經,行疏勸化,收拾傳寫。既染毫牘,必存於世。昔漢建安末,濟陰丁氏之妻忽如中疾,便能胡語。又求紙筆,自爲胡書。復有西域胡人,見其此書,云是經蔚。推尋往古,不無此事。但義非金口,又無師譯。取捨兼懷,故附之疑例。"方廣錩:關於江泌女子僧法誦出經,普門學報 2001 年第 2 期,又收入藏外佛教文獻第九輯。同卷又有天監九年,有妙光僞造薩

婆若陀眷屬莊嚴經一卷被擯事,可參看。
[22] 湘東王記室虞孝敬:諸本同,磧本句末多一"者"字。
[23] 内典博要:麗再本作"内典傳要",據歷代三寶紀卷一一、新唐書卷五九藝文志爲"内典博要",今據磧本改。麗初本同麗再本,興聖寺本同磧本。此書今佚。虞孝敬傳,歷代三寶紀卷一一内典博要條後爲:"湘東王記室虞孝敬撰,該羅經論,所有要事,備皆收録,頗同皇覽、類苑之流。敬後出家、召命入關,亦更有著述云。然此博要,亦是内學群部之要逕也。"
[24] 云云:諸本同,磧本作"云"。

梁揚都莊嚴寺金陵沙門釋寶唱傳二梁武帝 梁簡文 僧朗 僧紹[1]

釋寶唱,姓岑氏,吴郡人,即有吴建國之舊壤也。少懷恢敏,清貞自蓄,顧惟隻立,勤田爲業。資養所費,終於十畝,至於傍求,傭書取濟。寓目流略[2],便能强識,文采鋪贍,義理有聞。年十八,投僧祐律師而出家焉。祐,江表僧望,多所製述,具如前傳紀之。唱既始陶津,經律諮禀,承風建德,有聲宗嗣。住莊嚴寺,博採群言,酌其精理。又惟開悟土俗[3],要以通濟爲先,乃從處士顧道曠、吕僧智等習聽經、史、莊、易,略通大義。時以其遊涉世務,謂有俗志,爲訪家室,執固不迴。

將及三十,天廕既崩,喪事云畢,建武二年,擺撥常習,出都專聽。涉歷五載,又中風疾。會齊氏云季,遭亂入東,遠至閩、越,討論舊業。天監四年,便還都下,乃勑爲新安寺主。帝以時會雲雷,遠近清晏,風雨調暢,百穀年登,豈非上資三寶,中賴四天,下藉神龍,幽靈叶贊,方乃福被黔黎,歆兹厚德,但文散群部,難可備尋,下勑令唱總撰集録,以擬時要。或建福禳災[4],或禮懺除障,或饗接神鬼[5],或祭祀龍王,部類區分近將百卷。八部神名以爲三卷。包括幽奥,詳略古今,故諸所祈求,帝必親覽,指事祠禱,多感威靈,所以五十許年,江表無事,兆民荷賴,緣斯力也。[6]

天監七年,帝以法海浩汗[7],淺識難尋,勑莊嚴僧旻於定林上寺纘衆經要抄八十八卷。[8]又勑開善智藏纘衆經理義,號曰義林,八十卷。[9]又勑建元僧朗注大般涅槃經七十二卷。[10]並唱奉别勑,兼贊其功[11],綸綜終始,緝成部帙[12]。及簡文之在春坊,尤耽内教,撰法寶聯璧二百餘卷[13],别令寶唱綴比區别[14],其類遍略之流。[15]帝以佛法冲奥,近識難通,自非才學,無由造極,又勑唱:自大教東流,道門俗士有叙佛理,著作弘義,並通鳩聚,號曰續法輪論,合七十餘卷。使夫迷悟之賓,見便歸信,深助道法,無以加焉。又撰法集一百四十卷[16],並唱獨斷專慮[17],纘結成部。既上親覽[18],流通内外。十四年,勑安樂寺僧紹撰華林佛殿經目。[19]雖復勒成,未愜帝旨,又勑唱重撰。乃因紹前録,注述合離,甚有科據,一帙四卷,雅愜時望。[20]遂勑掌華林園寶雲經藏,搜求遺逸,皆令具足,備造三本[21],以用供上。緣是,又勑撰經律異相五十五卷、飯聖僧法五卷。[22]

帝又注大品經五十卷。于時,佛教隆盛,無德稱焉[23],道俗才筆[24],互陳文理。自武帝膺運,時三十有七[25],在位四十九載,深以庭蘼早傾[26],常懷哀感,每歎曰:"雖有四海之尊,無由得申罔極。"故留心釋典,以八部般若爲心,良是諸佛由生[27],又即除災滌累,故收採衆經,躬述注解,親臨法座,講讀敷弘,用此善因,崇津靈識。頻代二皇捨身,爲僧給使,洗濯煩穢,仰資冥福。每一捨時,地爲之震,相繼齋講,不斷法輪。

爲太祖文皇,於鍾山北澗建大愛敬寺[28]。糺紛協日,臨睨百丈,翠微峻極,流泉灌注。鍾鯨遍嶺[29],飫鳳乘空,創塔包巖壑之奇,宴坐盡林泉之邃[30]。結構伽藍,同尊園寢;經營彫麗,奄若天宫。中院之去大門延袤七里,廊廡相架,檐霤臨屬。旁置三十六院,皆設池臺,周宇環繞。千有餘僧,四事供給。中院正殿有栴檀像,舉高丈八。匠人約量,晨作夕停,每夜恒聞作聲,旦視輒覺功大。及終成後,乃高二丈有二。相好端嚴,色相超挺,殆由神造,屢感徵迹。帝又於寺中龍淵别殿造金銅像,舉高丈八,躬伸供養。每入頂禮,歔欷哽噎,不能自勝。預從左右,無不下泣。

又爲獻太后於青溪西岸,建陽城門路東,起大智度寺。京師甲里[31],爽塏通博,朝市之中途,川陸之顯要。殿堂宏敞[32],寶塔七層,房廊周接,華果間發。正殿亦造丈八金像,以申追福。五百諸尼,四時講誦。

寺成之日,帝顧謂群后,曰:"建斯兩寺,奉福二皇,用表罔極之情,以達追遠之思,而不能遣蓼莪之哀。"復於中宫起至敬殿、景陽臺,立七廟室。崇宇嚴肅,欝若卿雲,粉壁朱柱[33],交映相耀。設二皇座,具備諸禮,冠緼奩篋,舉目興慕,晨昏如在。衣服輕暖,隨時代易,新奇芳旨,應時日薦[34]。帝又曰:"雖竭工匠之巧,殫世俗之奇,水石周流,華樹雜沓,限以國務,不獲朝夕侍食,惟有朔望親奉饋奠而無所瞻仰,内心崩潰,如焚如灼。"又作聯珠五十首以明孝道。又制孝思賦,廣統孝本。至於安上治民,移風易俗,度越終古,無德而稱[35]。故元帝云:"伏尋我皇之爲孝也,四運推移,不以榮枯遷貿;五德更用,不以貴賤革心。臨朝端默,過隙之思彌軫;垂拱巖廊,風樹之悲逾切。潔齋宗廟,虔事郊禋。言未發而涕零,容不改而傷慟。所謂終身之憂者是也。蓋虞舜、夏禹、周文、梁帝,萬載論孝,四人而已。"廣如繹所撰金樓子述之[36]。

又以大通元年,於臺城北,開大通門,立同泰寺。樓閣臺殿擬則宸宫[37],九級浮圖迥張雲表,山樹園池沃蕩煩積[38]。其年三月六日,帝親臨幸,禮懺敬接,以爲常准。即捨身之地也。雖億兆務殷而卷不輟手,披閲内外經論、典墳,恒以達曙爲則。自禮記、古文周書、左傳、莊老諸子、論語、孝經,往哲所未詳悉,皆爲訓釋。又以國學員限,隔於貴賤,乃更置五館,招引寒俊[39]。故使孔、釋二門,榮茂峙列。帝前後集百有餘卷,著通史、書苑數千卷。[40]

唱當斯盛世,頻奉璽書,預參翻譯,具如别傳。初唱天監九年,先疾復動,便發二願:遍尋經論,使無遺失;搜括列代僧録,創區别之,撰爲部帙,號曰名僧傳三十一卷。[41]至十三年,始就條列,其序略云:

> 夫深求寂滅者[42],在於視聽之表;考乎心行者,諒須丹青之工。是知萬象森羅[43],立言之不可以已者也。大梁之有天下也,威加赤縣,功濟蒼生。皇上化範九疇,神遊八正,頂戴法橋[44],伏膺甘露。竊以外典鴻文,布在方册;九品六藝,尺寸罔遺。而沙門净行,獨亡紀述;玄宗敏德,名絶終古。擁嘆長懷,靡兹永歲。律師釋僧祐道心貞固,高行超邈,著述集記[45],振發宏要。寶唱不敏,預斑二落[46],禮誦餘日,捃拾遺漏。

文廣不載。

初以脚氣連發[47],入東治療,去後敕追,因此抵罪,謫配越州,尋令依律,以法處斷。僧正慧超任情乖旨,擯徙廣州,先懺京師大僧寺遍,方徙嶺表,永棄荒裔。遂令鳩集,爲役多闕。晝則伏懺,夜便纘録,加又官私催逼,惟日弗暇,中甄條流,文詞墜落。將發之日,遂以奏聞,有敕停擯,令住翻譯[48]。而此僧史,方將刊定,改前宿繁,更加芟定[49]。故其傳後自序云:"豈敢謂僧之董狐[50],庶無曲筆耳。"然唱之所撰,文勝其質,後人憑據,揣而用之。故數陳賞要,爲時所列[51]。不測其終。

【校注】

[1] 梁武帝 梁簡文 僧朗 僧紹:磧本作"梁武帝 僧朗 梁簡文 僧昭",麗初本同磧本,興聖寺本作"梁武帝 僧朗 梁簡文 僧紹"。

[2] 流:諸本同,磧本作"疏"誤。"流略",九流七略,典出漢書藝文志,指書籍。

[3] 土:諸本同,磧本作"士"應誤。

[4] 穰:磧本作"禳",興聖寺本作"壤",麗初本同麗再本。"穰"同"禳",史記卷一二六淳于髡傳:"今者臣從東方來,見道傍有穰田者,操一豚蹄,酒一盂,祝曰:'甌窶滿篝,汙邪滿車,五穀蕃熟,穰穰滿家。'"索隱:"謂爲田求福穰。"

[5] 饗:諸本同,興聖寺本作"響"誤。

[6] 從"帝以時會雲雷"句到段末,可參考三寶紀卷一一衆經護國鬼神名録三卷(十五年)、衆經諸佛名三卷(十六年)、衆經擁護國土諸龍王名録三卷(或四卷,十六年。並見寶唱録)下題記。續僧傳此段或是抄自寶唱録而略改。

[7] 汗：諸本同，洪南本作“瀚”。

[8] 歷代三寶紀卷一一“衆經要抄”條下：“天監七年十一月，帝以法海浩博，淺識窺尋，卒難該究，因勅莊嚴寺沙門僧旻等，於定林上寺緝撰此部，到八年夏四月方了。見寶唱録。”

[9] 案，三寶紀卷一一“義林”條下題記：“普通年，勅開善寺沙門釋智藏等二十大德撰。但諸經論有義例處，悉録相從，以類聚之，譬同世林，無事不植。每大法會，帝必親覽，以觀講論，賓主往還，理致途趣，如指掌也。”

[10] 参見三寶紀卷一一相關條目。又，三寶紀載般若經抄十二卷：“天監十六年，勅靈根寺沙門釋慧令撰，見寶唱録。”

[11] 贊：磧本同麗再本，興聖寺本、麗初本作“助”。

[12] 帙：磧本、興聖寺本作“袠”，麗初本同麗再本。“帙”同“袠”，諸本混用，下文一依底本，不一一出校。

[13] 璧：磧本作“壁”，興聖寺本作“辟”，麗初本同麗再本。

[14] 比：諸本作“紕”誤，今據磧本改。“綴比”，編排。語出國語卷六齊語：“合群叟，比校民之有道者。設象以爲民紀，式權以相應，比綴以度，竱本肇末，勸之以賞賜，糾之以刑罰，班序顛毛以爲民紀統。”

[15] 此段與三寶紀卷一一“法寶集”下題記略同。

[16] 一百四十：諸本同，磧本作“一百三十”誤。

[17] 斷：諸本同，磧本脱。

[18] 既上：諸本同，磧本作“上既”。

[19] 三寶紀卷一一“華林佛殿衆經四卷”條下：“天監十四年，勅安樂寺沙門釋僧紹撰。紹略取祐三藏集記目録，分爲四色，餘增减之。見寶唱録。”

[20] 三寶紀卷一一有衆經目録四卷，十五年成。

[21] 三本：諸本同，磧本作“三卷”誤。三本者，一正本二副本。

[22] 寶唱所編著者，存比丘尼傳和經律異相。據其自序，（磧 440）經律異相成書過程爲：“以天監七年，勅釋僧旻等備鈔衆典，顯證深文，控會神宗，辭略意曉。於鑽求者，已有太半之益，但希有異相，猶散衆篇；難聞秘説，未加標顯。又以十五年，勅寶唱鈔經律要事，皆使以類相從，令覽者易了。又勅新安寺釋僧豪、興皇寺釋法生等相助撿讀。於是博綜經籍，搜採秘要，上詢宸慮，取則成規，已爲五十卷，又目録五卷，分爲五袠，名爲經律異相。將來學者可不勞而博矣。”據三寶紀卷一一，飯聖僧法撰於天監十五年。

[23] 德：諸本同，磧本作“得”應是。

[24] 筆：諸本同，磧本作“華”似優。

[25] 時：諸本同，磧本作“時年”。

[26] 廕：磧本作“陰”，麗初本作“癊”，均誤。“癊”爲心病，見集韻卷八“五十一幼”下。興聖寺本同麗再本。

[27] 是：諸本同，磧本作“田”誤。

[28] 北：諸本同，磧本作“竹”誤。

[29] 鍾鯨：磧本作“鍾龍”，興聖寺本、麗初本作“洪鐘”。

[30] 林泉：磧本、興聖寺本作“山林”，麗初本同麗再本。

[31] 甲：磧本作“夾”誤，興聖寺本作“申”誤，麗初本作麗再本。

［32］敞：麗再本、興聖寺本、麗初本作“壯”誤，今據磧本改。
［33］朱：麗再本、興聖寺本、麗初本作“珠”誤，今據磧本改。
［34］日：諸本同，興聖寺本作“目”誤。
［35］德：諸本同，磧本作“得”。
［36］繹：磧本作“譯”誤，蕭繹也。興聖寺本同磧本、麗初本同麗再本。
［37］擬則：諸本同，磧本作“則”脱“擬”字。
［38］汥：諸本同磧本作“沃”誤。文選卷一二海賦：“於是乎禹也，乃鏟臨崖之阜陸，决陂潢而相汥。”李善注：“汥，灌也”，即疏濬義。“沃蕩”則不辭。
［39］寒：諸本同，隨函録亦作“寒”，磧本作“騫”誤。
［40］從“帝又注大品經五十卷”到本段末，與三寶紀卷一一“摩訶般若波羅蜜子注經五十卷”下題記略同。三寶紀多出“年事雖尊，自强不息。未明求衣，坐以待旦。五更便出外殿，秉燭而省萬機。流恩獄市，多所弘恕，其有應罹重憲，不可矜原，改容久之，焚香念佛，然後下勑。悲愍黎元，慈惻若是。察姦擿伏，有若通神。自非享宴，不聽音樂；後宫妃嬪，並無羅綺；内殿小寢，衣衾率素，布被莞席，草屨葛巾，無餘服玩。天監中，便血味備斷，日唯一食，食止菜蔬。蜀獻蒟蒻，噉覺美，曰與肉何異，勑復禁之。帝王能然，信不思議菩薩君也”。
［41］今存日本文曆二年(1235)，宗性摘録之名僧傳鈔一卷，收入卍續藏經第 134 册。據此鈔本，則名僧傳爲三十卷，加序録目爲三十一卷，收録四二五名僧人，分爲八類：外國法師、中國法師、律師、禪師、神力、苦節、導師、經師。今存三十六人傳：求那跋陀、道安、曇翼、竺法義、僧行、法遇、道恒、覺世、曇斌、曇濟、佛馱跋陀、曇摩蜜多、僧伽羅多哆、道韶、僧印、慧攬、納衣、慧通、道汪、慧永、慧精、法純、慧慶、慧果、慧海、道法、僧業、法慧、僧表、智嚴、寶雲、法盛、僧供、道矯、曇副、法祥。
［42］滅：諸本同，興聖寺本衍作“滅滅”。
［43］是知：諸本作“是”，應是脱去“知”字，今據磧本補。
［44］戴：諸本同，興聖寺本作“載”誤。
［45］集：諸本同，磧本作“諸”應誤。
［46］斑：諸本同，磧本作“班”。案，“二落”疑爲“二毛”之另一説法，左傳正義卷一五：“君子不重傷，不禽二毛。”杜預集解：“二毛，頭白有二色。”故作“斑”是。
［47］發：諸本同，麗初本作“疾”。
［48］住：諸本同，磧本作“往”誤。
［49］定：磧本、隨函録引作“足”，興聖寺本、麗初本同磧本。案，“定”之異體“芝”與“足”形近易誤。
［50］董：諸本同，磧本作“薰”誤。
［51］列：諸本同，興聖寺本作“别”誤。

魏北臺石窟寺恒安沙門釋曇曜傳三曇靖

釋曇曜，未詳何許人也。少出家，攝行堅貞，風鑒閑約。以元魏和平年，任北臺昭玄統[1]，綏緝僧衆，妙得其心[2]。住恒安石窟通樂寺，即魏帝之所造也。去恒安西北三十里，武周山谷北面石崖，就而鐫之，建立佛寺，名曰靈巖。龕之大者，舉高二十餘丈，可受三千許人，面別鐫像，窮諸巧麗。龕別異狀，駭動人神，櫛比相連[3]，三十餘里。東頭僧寺，恒供千人。碑碣見存，未卒陳委。

先是太武皇帝太平真君七年，司徒崔皓邪佞諛詞，令帝崇重道士寇謙之，拜爲天師，彌敬老氏[4]，虔劉釋種，焚毁寺塔。至庚寅年，太武感致癘疾[5]，方始開悟，兼有白足禪師來相啓發。帝既心悔，誅夷崔氏，事列諸傳。至壬辰年，太武云崩，子文成立，即起塔寺，搜訪經典。毁法七載，三寶還興。曜慨前凌廢[6]，欣今重復，故於北臺石窟集諸德僧，對天竺沙門，譯付法藏傳并净土經，[7]流通後賢，意存無絶。[8]

時又有沙門曇靖者，以創開佛日，舊譯諸經，並從焚蕩，人間誘導[9]，憑准無因，乃出提謂波利經二卷。[10]意在通悟而言多妄習，故其文云："東方泰山，漢言代岳[11]，陰陽交代，故謂代岳。"出於魏世，乃曰漢言，不辯時代，斯一妄也。太山即此方言，乃以代岳譯之，兩語相翻，不識梵、魏，斯二妄也。其例甚衆，具在經文，尋之可領。舊録別有提謂經一卷，與諸經語同，但靖加五方五行[12]，用石糅金[13]，疑成僞耳。並不測其終。[14]

隋初開皇[15]，關壤往往民間猶習提謂。邑義各持衣鉢，月再興齋，儀範正律，遞相鑒檢[16]，甚具翔集云。

【校注】

[1] 任：麗再本作"住"誤，麗初本同麗再本，今據磧本改，興聖寺本同磧本。

[2] 心：諸本同，磧本作"一"，興聖寺本、麗初本同麗再本。

[3] 擳比：諸本同，磧本作"櫛比"，興聖寺本作"櫛枇"，麗初本作"擳批"。

[4] 彌：磧本作"珍"似優。麗初本同麗再本，興聖寺本字體模糊。

[5] 太：麗再本作"大"，今從磧本。興聖寺本同麗再本，麗初本同磧本。古書"大""太"常混用，下不一一出校。

[6] 凌：諸本同，磧本作"陵"。案，上文"子文成立"，文成帝應爲太武帝孫。

[7] 今存：(磧 121)佛説大方廣菩薩十地經一卷(釋吉迦夜同譯)、(磧 172)稱揚諸佛功德經三卷(釋吉迦夜同譯)、(磧 199)大吉義神咒經二卷、(磧 256)方便心論一卷(釋吉迦夜同譯)、(磧 431)付法藏因緣經六卷(釋吉迦夜同譯)、(磧 432)雜寶藏經八卷(釋吉迦夜同譯)。卍續藏經第 87 册收入佛説净度三昧經殘卷一卷，無譯者，歷代三寶紀記録北魏曇曜的一卷本譯本。今有日本學者大内文雄、齊藤隆信整理的净度三昧經，見方廣錩譯：藏外佛教文獻第七輯，宗教文化出版社 2001 年。亦可知，净土經爲净度經之訛。吉迦夜小傳，見三寶紀卷九"方便心論"條下："宋明帝世，西域沙門吉迦夜，魏言何事，延興二年爲沙門統釋曇曜於北臺重譯，劉孝標筆受，見道慧宋齊録。"此條後，著録有寶車菩薩經一卷，下有曇辯小傳："齊武帝世，元魏淮州沙門釋曇辯出。後青州沙門道侍改治，訪無梵本，世多注爲疑。見三藏集記及諸別録。"

［8］本段與三寶紀卷九“付法藏傳四卷”條下題記略同。
［9］導：麗再本作“道”，今據磧本。興聖寺本同磧本，麗初本同麗再本。
［10］出三藏記集卷五新集疑經僞撰雜録記：“提謂波利經二卷，舊别有提謂經一卷。右一部宋孝武帝時，北國比丘曇靖撰。”浄影寺慧遠大乘義章卷一、智顗法華經玄義卷一〇、窺基法華經玄贊卷一、大乘法苑義林章卷一、法藏華嚴五教章卷一、宗密華嚴原人論對此經都有評述。原書已佚，敦煌文書 P.13732 號是此經的殘卷。
［11］代岳：諸本同，磧本作“岱岳”誤。
［12］靖：諸本同，洪南本作“增”誤。
［13］用：諸本同，磧本作“同”誤。
［14］本段與三寶紀卷九“提謂波利經二卷”下題記略同。
［15］初：諸本脱，今據磧本補。
［16］鑒：諸本同，磧本作“監”。

魏南臺永寧寺北天竺沙門菩提流支傳四常景　李廓　寶意　覺定　法場　智希　揚衒之　曇顯　智賢　法希　藏稱[1]

菩提流支[2]，魏言道希，北天竺人也。遍通三藏，妙入總持，志在弘法，廣流視聽，遂挾道宵征，遠莅葱左。以魏永平之初，來遊東夏。宣武皇帝下勑引勞[3]，供擬殷華，處之永寧大寺，四事將給。七百梵僧，勑以留支爲譯經之元匠也。[4]

其寺，本孝明皇帝熙平元年[5]，靈太后胡氏所立，在宫前閶闔門南[6]，御道之東。中有九層浮圖，架木爲之，舉高九十餘丈，上有金刹復高十丈，出地千尺，去臺百里已遥見之。初營基日，掘至黄泉，獲金像三十二軀[7]，太后以爲嘉瑞，奉信法之徵也，是以飾制瓌奇，窮世華美。刹表置金寶瓶，容二十五斛，承露金盤一十一重，鐵鎖角張[8]。盤及鎖上皆有金鐸，如一石甕，九級諸角皆懸大鐸，上下凡有一百三十枚。其塔四面九間、六窗三户，皆朱漆扉扇，垂諸金鈴，層有五千四百枚，復施金鐸、鋪首。佛事精妙，殫土木之工[9]，繡柱金鋪，驚駭心目。高風永夜，鈴鐸和鳴，鏗鏘之音，聞十餘里。

北有正殿，形擬太極，中諸像設，金玉珠繡，作工巧奇[10]，冠絶當世。僧房周接，千有餘間，臺觀星羅，參差間出，彫飾朱紫，績以丹青。栝[11]、柏、楨、松，異草叢集。院牆周帀，皆施椽瓦。正南三門樓，開三道，三重，去地二百餘尺，狀若天門，赫弈華麗。挾門列四力士[12]、四師子，飾以金玉，莊嚴焕爛。東西兩門，例皆如此，所可異者，唯樓兩重。北門通道，但路而置[13]。其四門外，樹以青槐，亘以渌水，京師行旅，多庇其下。路斷飛塵，不由渰雲之潤；清風送凉，豈藉合歡之發。

乃詔中書舍人常景制寺碑。景,河内人,敏學博通,知名海内。太和十九年,高祖擢爲脩律博士。有詔,令刊定條格[14],永成通式。景乃商榷今古,條貫科猷,即魏律二十篇是也。歷官中書舍人[15]、黄門侍郎、秘書監、幽州刺史[16]。居室貧儉,事若農家,唯有經史盈車。所著文集百餘篇,給事中封暐伯作序行世。

寺既初成,明帝及太后共登浮圖,視宫中如掌内,下臨雲雨,上天清朗。以見宫内事故,禁人不聽登之。自西夏、東華遊歷諸國者皆曰:如此塔廟,閻浮所無。孝昌二年,大風發屋拔樹[17],刹上寶瓶,隨風而墮,入地丈餘。復命工人更安新者。

至永熙三年二月,爲天所震,帝登淩雲臺望火,遣南陽王寶炬、録尚書長孫稚將羽林一千來救[18]。于斯時也,雷雨晦冥,霰雪交注,第八級中,平旦火起。有二道人不忍焚爐,投火而死。其焰相續,經餘三月,入地刹柱,乃至周年,猶有烟氣。其年五月,有人從東萊郡至,云見浮圖在於海中,光明儼然,同覩非一。俄而,雲霧亂起,失其所在。至七月,平陽王爲侍中斛斯椿所挾[19],西奔長安。至十月,而洛京遷于漳鄴。

先時,流支奉勑,創翻十地。宣武皇帝命章一日,親對筆受,然後方付沙門僧辯等,訖盡論文。[20]佛法隆盛,英俊蔚然,相從傳授,孜孜如也。帝又勑清信士李廓撰衆經録。廓,學通玄素,條貫經論,雅有標擬,故其録云:"三藏流支自洛及鄴,爰至天平,二十餘年,凡所出經,三十九部一百二十七卷。"即佛名、楞伽、法集、深密等經,勝思惟、大寶積、法華[21]、涅槃等論是也。[22]並沙門僧朗、道湛及侍中崔光等筆受,具列唐貞觀内典録。廓又云:"三藏法師流支房内經論梵本,可有萬甲[23]。所翻新文筆受稿本,滿一間屋。"

然其慧解,與勒那相亞,而神悟聰敏,洞善方言,兼工咒術,則無抗衡矣。嘗坐井口,澡罐内空[24],弟子未來,無人汲水,流支乃操柳枝,聊搗井中,密加誦咒,纔始數遍,泉水上涌,平及井欄,即以鉢酌,用之盥洗。傍僧具見,莫測其神,咸共嘉嘆,大聖人也。流支曰:"勿妄褒賞。斯乃術法,外國共行[25],此方不習,謂爲聖耳。"懼惑世網[26],遂秘不宣于時[27]。

又有中天竺僧勒那摩提,魏云寶意,博贍之富,理事兼通,誦一億偈,偈有三十二字。尤明禪法,意存遊化,以正始五年,初届洛邑,譯十地、寶積論等大部二十四卷。[28]

又有北天竺僧佛陀扇多,魏言覺定,從正光元年至元象二年[29],於洛陽白馬寺及鄴都金華寺譯出金剛上味等經十部。[30]當翻經日,於洛陽内殿,流支傳本,餘僧參助。其後三德,乃徇流言,各傳師習,不相詢訪。帝以弘法之盛，略叙曲煩，勅三處各翻，訖乃參校。其間隱没，互有不同，致有文旨，時兼異綴，後人合之，共成通部，見寶唱等録。

初，寶意沙門神理標異，領牒魏詞，偏盡隅隩[31]。帝每令講華嚴經，披釋開悟，精義每發。一日正處高座，忽有持笏執名者，形如大官[32]，云奉天帝命，來請法師講華嚴經。意曰："今此法席，尚未停止，待訖經文，當從來命。雖然，法事所資，獨不能建。都講、香火、維那、梵唄，咸亦須之，可請令定。"使者即如所，請見講諸僧。既而法事將了，又見前使，云奉天帝命，故來下迎。意乃含笑熙怡，告衆辭訣，奄然卒於法座，都講等僧亦同時殞。魏境聞見，無不嗟美。

時又有沙門法場，於洛陽譯辯意長者問經一卷。[33]雖闕傳對，而是正文，見法上録。

又熙平元年[34]，有南天竺波羅奈城婆羅門，姓瞿曇氏，名般若流支，魏言智希，從元象元年至興和末[35]，於鄴城譯正法、念聖、善住、迴諍、唯識等經論，凡一十四部、八十五卷[36]。沙門曇林[37]、僧昉等筆受[38]。

當時，有沙門菩提流支與般若流支，前後出經，而衆録傳寫，率多輕略，各去上字，但云流支，而不知是何流支。迄今群録，譯目相涉，難得詳定。[39]

又，期城郡守楊衒之撰洛陽伽藍記五卷，故其序略云："三墳五典之説，九流百氏之言，並理在人區而義非天外[40]。至如一乘二諦之言[41]，六通三達之旨，西域備詳，東土靡記。若夫項日感夢[42]，滿月流光，陽門飾毫眉之象[43]，夜臺圖紺髮之形，爾來奔競，其風遂廣。至如晋室永嘉，寺惟有四十二[44]。皇魏受圖嵩洛，京寺出餘千數。皆帝王、士庶篤信經營，名僧、異瑞紛綸間起。今採摘祥異者，具以注之。"文多不載。

時西魏文帝大統中，丞相宇文黑泰興隆釋教，崇重大乘，雖攝總萬機而恒揚三寶。第内常供百法師，尋討經論，講摩訶衍。又令沙門曇顯等[45]，依大乘經，撰菩薩藏衆經要及百二十法門，始從"佛性"，終盡"融門"。每日開講，即恒宣述，以代先舊五時教迹，迄今流行。香火、梵音、禮拜、唱導，咸承其則。雖山東、江表乃稱學海，儀表有歸，未能逾矣。至周文帝二年，有波頭摩國律師攘那跋陀羅，周言智賢，共耶舍崛多等譯五明論，謂聲、醫、工、術及符印等。[46]並沙門智僊筆受。逮武帝天和年，有摩勒國沙門達摩流支，周言法希，奉勅爲大冢宰晋陽公宇文護譯婆羅門天文二十卷。[47]又令摩伽陀國禪師闍那耶舍，周言藏稱，共弟子闍那崛多等，於長安故城四天王寺[48]，譯定意天子問經六部。[49]沙門圓明、道辯及城陽公蕭吉等筆受。

【校注】

[1] 智希：磧本與後文"法希"互倒。曇顯　智賢　法希　藏稱：興聖寺本無。

[2] 案，菩提流支、勒那摩提、佛陀扇多的譯經詳情，參見楊維中：中國唯識宗通史第一章第一節。

[3] 之初來遊東夏宣武皇帝下勑引勞：此十四字，麗再本脱去，今據興聖寺本、麗初本、磧本補。

[4] 深密解脱經序："時有北天竺三藏法師菩提留支，魏音道晞，曾爲此地之沙門都統也，識性内融，神機外朗，沖文玄藏，罔不該洞。以永熙二年，龍次星紀，月吕蕤賓，詔命三藏於顯陽殿高昇法座，披匣揮麈，口自翻譯，義語無滯。皇上尊經祇法，執翰輪首，下筆成句，文義雙顯，旨包群籍之秘，理含衆典之奥，但萬機淵曠，無容終訖。捨筆之後，轉授沙門都法師慧光、曇寧，在永寧上寺共律師僧辯、居士李廓等尊承上軌，歲常翻演，新經諸論，津悟恒沙。帝亦時紆尊儀，飾兹玄席，同事名儒，昭玄大統法師僧令、沙門都法師僧澤、律師慧顒等十有餘僧，緇素詵詵，法事隆盛，一言三覆，慕盡窮微。"

[5] 熙：諸本同，興聖寺本脱。

[6] 闔：諸本同，興聖寺本脱。

[7] 軀：諸本同，興聖寺本作"區"。

[8] 鎖：諸本同，麗初本作"銷"誤。

[9] 工：諸本同，磧本作"功"誤。"工"，説文解字卷五上："巧飾也。"

[10] 金玉珠繡作工巧奇：諸本同，磧本作"金玉繡作，工巧綺麗"。

[11] 栝：諸本同，磧本、隨函録引作"括"。

[12] 挾門：諸本作"夾門"誤，今據磧本改。"挾門"，便門。

[13] 路：磧本作"露"。段玉裁説文解字注卷一五下："按，'露'之言'臚'也，故凡陳列表見於外曰'露'。亦假'路'爲之，如孟子神農章'羸露'，字作'路'是也。"則"露"作無蔽蓋義，又與"路"通。興聖寺本同磧本，麗初本同麗再本。

[14] 條：諸本同，磧本作"律"誤。

[15] 官：諸本同，興聖寺本作"宦"。

[16] 州：諸本同，興聖寺本多作"洲"，下文不出校。

[17] 發：麗再本作"撥"似誤，今據磧本改。興聖寺本同磧本，麗初本同麗再本。

[18] 將羽林："將""羽"二字之間，興聖寺本衍一字，字迹模糊，其餘諸本不衍。

[19] 斛：興聖寺本、麗初本、隨函録作"㪷"，磧本同麗再本。

[20] 據侍中崔光撰（磧218）十地經論序："以永平元年，歲次玄枵，四月上日，命三藏法師北天竺菩提留支，魏云道希、中天竺勒那摩提，魏元（云）寶意，及傳譯沙門北天竺伏陀扇多，并義學緇儒一十餘人，在太極紫庭譯出斯論，十有餘卷。斯二三藏，並以邁俗之量，高步道門，群藏淵部，罔不研攬，善會地情，妙盡論旨。皆手執梵文，口自敷唱，片辭隻説，辯詣憤遺。于時皇上親紆玄藻，飛翰輪首，臣僚僧徒毗贊下風。四年首夏，翻譯周訖。"

[21] 華：諸本同，麗初本作"花"。"花"即"華"，"花""華"諸本混用，下文不出校。

[22] 今存：（磧183）佛説佛名經十二卷（三寶紀題：正光年出）。案，括號内題記，録自歷代三寶紀卷九相關譯經題記，下文不一一出注。（磧148）入楞伽經十卷（延昌二年譯，是第二出，與宋世跋陀羅四卷楞伽廣略爲異。沙門僧朗、道湛筆受）、（磧

150）大薩遮尼乾子受記經十卷（正光元年，於洛陽爲司州牧、汝南王於第二出，或七卷）、（磧190）佛説法集經六卷（延昌四年，於洛陽出。僧朗筆受。或六卷，見法上録）、（磧143）勝思惟梵天所問經六卷（神龜元年，於洛陽譯，是第三出，與晋世法護六卷持心經、秦世羅什四卷思益經同本異出。見法上録）、（磧146）深密解脱經五卷（延昌三年，於洛陽出，僧辯筆受，見法上録）、（磧201）佛説不增不減經一卷（正光年於洛陽譯，或一卷）、（磧72）金剛般若波羅蜜經一卷（永平二年，於胡相國第譯。是第二出。僧朗筆受。與秦世羅什出者小異，見法上録）、（磧171）佛語經一卷（僧朗筆受）、（磧159）無字寶篋經一卷（僧朗筆受）、（磧161）大方等修多羅王經一卷（第二出，與轉有經同本異譯）、（磧159）伽耶山頂經一卷（第二譯，於秦世羅什菩提經同本别出異名。僧朗筆受）、（磧161）佛説文殊師利巡行經一卷（覺意筆受）、（磧199）佛説護諸陀羅尼咒童子經一卷、（磧219）大寶積經論四卷、（磧160）謗佛經一卷（第二出，與晋世法護决定總持經同本異出别名，亦有云决總持經）、（磧218）十地經論十二卷（李廓録云：初譯宣武皇帝御，親於大殿上，一日自手筆受。後方付沙門僧辯訖了）、（磧222）勝思惟梵天所問經論三卷（普泰元年，於洛陽元桃陽宅出。僧朗、僧辯筆受）、（磧219）彌勒菩薩所問經論七卷（在洛陽趙欣宅出，僧朗筆受）、（磧221）金剛般若波羅蜜經論三卷（永平二年於胡相國宅出，僧朗筆受）、（磧221）文殊師利菩薩問菩提經論二卷（伽耶頂經論二卷，永平二年，在鄴城般舟寺出。一云文殊師利問菩提心經論。僧辯、道湛筆受）、（磧222）妙法蓮華經優波提舍二卷（妙法蓮華經論，曇林筆受并製序）、（磧222）無量壽經優波提舍願生偈一卷（無量壽優波提舍經論一卷。普泰元年出，僧辯筆受）、（磧257）十二因緣論一卷、（磧257）百字論、（磧257）提婆菩薩破楞伽經中外小乘四宗論一卷、（磧257）提婆菩薩破楞伽經中外小乘涅槃論一卷、（磧168）六字大陀羅尼咒經一卷（三寶紀無）、（卍續3）佛説阿彌陀佛根本秘密神咒經一卷（三寶紀無）、（磧253）楞伽經唯識論一卷（三寶紀無）。

今不存而三寶紀著録者：實性論四卷，今所存爲勒那摩提譯本。差摩波帝受記經一卷（正光年於洛陽出）、彌勒菩薩所問經一卷（與大乘要慧經同本别出。於趙欣宅譯，覺意筆受）、譯衆經論目録一卷。奮迅王問經二卷（第二譯，與秦世羅什自在王經同本異出）、不必定入印經一卷（覺意筆受）、一切法高王經（與諸勇王經同本異出别名）、第一義法勝經一卷、順中論二卷（侍中崔光筆録），此五經，據智昇開元釋教録卷六考訂，爲瞿曇般若流支所譯。

實髻菩薩四法論一卷、三具足論（正始五年譯，侍中崔光筆受）、轉法輪經論一卷（曇林筆受），此三經，據開元釋教録卷六考訂，爲毗目智仙譯本。

［23］甲：諸本同，磧本作“夾”。

［24］罐：磧本作“灌”誤，興聖寺本、麗初本同磧本。

［25］外：諸本同，洪南本作“諸”。

［26］網：磧本作“人”，興聖寺本作“月”，麗初本同麗再本。

［27］宣：磧本作“傳”，興聖寺本、麗初本作“恒”。從“廓又云”到本段末，又見三寶紀卷九“譯衆經論目録”題記。

［28］此二書與菩提流支同譯，三寶紀卷九記勒那摩提所譯經爲：毗耶娑問經二卷、龍樹菩薩和香方一卷（凡五十法）、十地經論十二卷（初譯時未善魏言，名“器世間”爲“蓋子世間”。後因入殿齋，見諸宿德從弟子索器，乃總授鉢幞。因悟器是總名，遂

改爲"器世間")、寶積經論四卷(已上二論,菩提流支並譯,且三德争名,不相詢訪,其間隱没,互有不同,致綴文言,已有異處,後人始合,見寶唱録)、究竟一乘寶性論四卷(亦云寶性分别七乘增上論。或三卷。於趙欣宅出。見寶唱録)、法華經論一卷(侍中崔光筆受),今存(磧222)妙法蓮華經優波提舍二卷、(磧252)究竟一乘寶性論五卷。三寶紀題記:右六部合二十四卷。梁武帝世,中天竺國三藏法師勒那摩提,或云婆提,魏言寶意。正始五年來,在洛陽殿内譯。初菩提流支助傳。後以相争,因各别譯。沙門僧朗、覺意、侍中崔光等筆受。

[29] 元年:諸本同,磧本作"年"脱一字。三寶紀卷九"攝大乘論"後題記作"正光六年"。

[30] 今存:(磧170)金剛上味陀羅尼經一卷、(磧160)如來師子吼經一卷(三寶紀卷九小注作:上二經,正光六年出)、(磧161)佛説轉有經一卷、(大正3本緣部上)銀色女經一卷、(磧160)佛説正恭敬論(或無法字,亦云威德陀羅尼中説經)、(磧169)佛説阿難陀目佉尼呵離陀鄰尼經一卷(與支謙無量微密持、跋陀羅無量門持、功德直無量門破魔陀羅尼、舍利弗陀羅尼等五經同本别出異名)、(磧246)攝大乘論二卷(普泰元年出)。三寶紀卷九載,佛陀扇多所譯經尚有:十法經一卷、無畏德女經一卷(與阿術達菩薩經同本異出。曇林筆受)、無字寶篋經一卷(右六經,元象二年出)。

[31] 隩:諸本同,磧本作"奥"。"隩"通"奥"。

[32] 大官:資本作"太官",洪南本作"天官",永北本作"天宫",麗初本、興聖寺本、磧本、趙本同麗再本。

[33] 見(磧304)釋法場譯佛説辯意長者子所問經一卷。三寶紀卷九"辯意長者子所問經"條下題記與本段略同,惟云法場譯經約當梁天監年間。

[34] 又熙平元年:諸本同,磧本脱"年"字。

[35] 元象:諸本脱,今據磧本補。

[36] 今存:(磧289)正法念處經七十卷(興和元年,於鄴城大丞相高澄第譯。曇林、僧昉等筆受)、(磧201)佛説八部佛名經一卷、(磧171)金色王經一卷(上二經,並興和四年於金華寺出,曇林筆受)、(磧88)得無垢女經一卷(興和三年出)、(磧305)無垢優婆夷問經一卷(興和四年出)、(磧338)解脱戒本經一卷(興和二年出。僧昉筆受。出迦葉毗律)、(磧257)壹輸盧迦論一卷。

(磧89)毗耶娑問經二卷(三寶紀無)、(磧103)奮迅王問經二卷(三寶紀無)、(磧141)佛説不必定入定入印經一卷(三寶紀無)、(磧157)一切法高王經一卷(三寶紀無)、(磧157)第一義法勝經一卷(三寶紀無)、(磧245)順中論二卷(三寶紀無)、(大正31瑜伽部下)唯識論一卷(三寶紀無)。三寶紀卷九載瞿曇般若流支所譯經,尚有:(大正12)聖善住意天子所問經三卷(興和三年,於鄴城金華寺出。與竺法護如幻三昧經同本異出别名,曇林筆受)、寶意猫兒經一卷(於金華寺爲高仲密出)、菩薩四法經一卷(金華寺出,曇琳、李義希等筆受)、犢子道人問論一卷(於金華寺爲高仲密出。李希義筆受)、(大正32)回諍論一卷(元象元年出。曇琳筆受)、(磧252)業成就論一卷(興和三年,於金華寺出。曇林筆受)。

據順中論翻譯之記:"魏尚書令、儀同高公,延國上賓瞿曇流支在第供養,正通佛法,對釋曇林出斯義論。武定元年歲次癸亥,八月十日丙寅揮辭,凡有一萬三千七百二十七字。"正法念處經序:"有婆羅門人瞿曇流支、比丘曇林、僧昉等並鉤深索隱,言通理接,延居第館,四事無違,乃譯明兹典,名正法念處。起自興和歲陽玄黓,終於武定淵獻之年,條流積廣,合七十卷。"解脱戒本經緣起:"大魏武定癸亥之年,在鄴京都侍中、尚書令高澄請爲出焉。"奮迅王問經翻譯之記:"魏尚書令、儀同高公,今欲以此四種奮迅,於一切處普奮迅,故置能譯人在宅上,面出此四種奮迅法門。沙門曇林、瞿曇流支,興和四年歲次壬戌,月建在申,朔次乙丑,甲午之日,啓夾創筆,凡有一萬八千三百四十一字。"不必定入定入印經翻譯之記:"魏尚書令、儀同高公深知佛法出自中天,翻爲此典,萬未有一,采揀集人,在第更譯。沙門曇林、瞿曇流支興和四年歲次降婁,月建在戌,朔次甲子,壬午之日,出此如左,九千一百九十三字。"金色王經:"魏尚書令、儀同高公敦捨之心,往齊金色,爲開此門,普示一切,嚴宅上面,出斯妙典。沙門曇林、瞿曇流支興和四年歲次壬戌,月建在酉,朔次乙未,癸丑日譯,乙卯畢功,三千五百一十四字。"第一義法勝經翻譯之記:"夫愛法者,深種善根,涅槃經云:供佛二恒。魏尚書令、儀同高公重法心成,生上財想,博採梵文,廣崇翻譯。且第一義法勝經者,諸法門中,此其髓也。公意慇誠,感之題額。沙門曇林、瞿曇流支,興和四年歲次壬戌,九月一日甲子換文,始末四功,質義乃定,五千五百七十六字。"一切法法高王經翻譯之序(磧本闕,今據大正藏本):"若夫皇德配天,則臣應聖道,魏大丞相、渤海國王,冥會如來聖典之目,謂一切法高王經也。子尚書令、儀同高公,能知通法,資福中勝,翻譯之功,通法之最,敬集梵文,重崇兹業。感佛法力,遇斯妙典,令知法者,翻爲魏言。大乘學人沙門曇林、婆羅門客瞿曇流支,在竇太尉定昌寺譯。興和四年歲次壬戌,季夏六月,朔次乙未,二十三日丁巳創譯,八千四百四十九字。"

[37] 沙門曇林:諸本同,磧本作"沙門曇琳"誤。北魏末年、東魏時,又有印度譯經僧毗目智仙,譯有:善住意天子所問經三卷、(磧 219)寶髻經四法優波提舍一卷、(磧 222)轉法輪經優波提舍一卷、三具足經優波提舍一卷、(磧 252)業成就論一卷、(磧 257)迴諍論一卷。

善住意天子所問經翻譯之記:"夫法留正像,惟聖是依,季行於世,非賢豈伏。三藏法師毗目智仙,出自烏萇刹利王種,幼履慈蹤,長躡悲迹,攝化群迷,誡惡導善,常爲衆生不請之友,執此法燈照彼昏闇。魏皇都鄴,崇福以資,興和二年歲次實沈,佛法加持,出此經典,名善住意天子所問。建午閏月,朔次丁丑,戊寅建功,乙巳畢功。助譯,弟子瞿曇流支。對譯,沙門曇林之筆。庶俟存道敬法之賢,如實印記,示令不惑耳。"

寶髻經四法優波提舍翻譯之記:"寶髻經者,是大集中之一集也,其宗四法,玄深奥密。天親菩薩略開其門,是故名爲優波提舍。聖自在力行之彼,古時人處會出於此。今興和三年歲次辛酉,九月朔旦,庚午之日,烏萇國人、刹利王種、三藏法師毗目智仙,中天竺國婆羅門人瞿曇流支,護法大士、魏驃騎大將軍、開府儀同三司、御史中尉、勃海高仲密,愛法之人、沙門曇林,道俗相假,於鄴城内金華寺譯,四千九百九十七字。"

轉法輪經優波提舍翻譯之記:"轉法輪經,如來初説優波提舍義門之名,天親菩薩之所開示。佛説爲誰?憍陳如等。義行此方,必主其人,驃騎大將軍、開府儀同三司、御史中尉、勃海高仲密,善求義方,選真揀僞,故請法師毗目智仙,並其弟子瞿曇流支,於鄴城内,在金華寺,出此義門優波提舍。興和三年,歲次大梁,建酉之月,朔次庚子,十一日譯,三千九百四十二言,沙門曇林對譯録記。"

三具足經優波提舍翻譯記:"施戒,聞三備攝衆行,是以如來説名具足。法門深邃,淺識未窺,天親菩薩慈心開示,唯顯經義,弗釋章句,是故名爲優波提舍。昔出中國,今現魏都。三藏法師毗目智仙,婆羅門人瞿曇流支,愛敬法人、沙門曇林,於鄴城内,在金華寺,興和三年,歲次辛酉,月建在戌,朔次庚午,十三日譯,千百十言。驃騎大將軍、開府儀同三司、御史中尉、勃海高仲密啓請供養,守護流通。"

業成就論翻譯之記:"大國將寧,必感靈瑞,以爲喜兆;鄴隍方盛,聖降神寶,以爲祥徵。天親菩薩造業成論,出於今世,以示太平。此乃,大魏都鄴安國之兆也。法行有時,寄必得人。興和三年歲次大梁,七月辛未朔,二十五日,驃騎大將軍、開府儀同三司、御史中尉、渤海高仲密,衆聖加持,法力資發,誠心敬請三藏法師烏萇國人毗目智仙,共天竺國婆羅門人瞿曇流支、釋曇林等,在鄴城内金華寺譯,四千八百七十二字。"

序迴争論翻譯之記:"迴争論者,龍樹菩薩之所作也。數舒盧迦三十二字,此論正本,凡有六百。大魏都鄴,興和三年,歲次大梁,建辰之月,朔次癸酉,辛卯之日,烏萇國人、刹利王種、三藏法師毗目智仙,共天竺國婆羅門人瞿曇流支,在鄴城内金華寺譯。時日所費,二十餘功,大數凡有一萬一千九十八字。對譯,沙門曇林之筆。驃騎大將軍、開府儀同三司、御史中尉、勃海高仲密啓請供養。具記時事,以彰令聞,令樂法者,若見若聞,同崇翻譯矣。"

[38] 受:諸本同,磧本脱。

[39] 以上兩段,與三寶紀卷九瞿曇般若流支小傳略同。菩提流支、瞿曇般若流支與毗目智仙所譯經,在三寶紀中著録混亂,智昇釋教録已考訂辨别,今録入菩提流支與毗目智仙傳記相關條目下。又有曇摩流支,傳見歷代三寶紀九。今存:(磧 118)信力入印法門經五卷(三寶紀題:正始元年出)、(磧 156)如來莊嚴智慧光明入一切佛境界經二卷(景明二年於白馬寺出。一名如來莊嚴智慧光明入一切經諸佛境界經)。三寶紀載曇摩流支尚有:金色王經(正始四年出,法上録云:菩提流支後更重勘),案,查大藏經,金色王經應爲瞿曇般若流支翻譯,三寶紀誤。又有(磧 427)賢愚因緣經十三卷,題"元魏沙門慧覺在高昌郡譯"。又有達磨菩提譯(磧 222)大般涅槃經論一卷。

[40] 非:諸本同,四部叢刊三編影印明如隱堂本洛陽伽藍記作"兼"。

[41] 言:諸本同,四部叢刊三編影印明如隱堂本洛陽伽藍記作"原"是。

[42] 項:磧本作"頃",唐寫本、四部叢刊三編影印明如隱堂本洛陽伽藍記作"頂"疑形近而誤。此句典出牟子理惑論。麗初本同麗再本。

[43] 象:磧本、四部叢刊三編影印明如隱堂本洛陽伽藍記作"像"是,興聖寺本、麗初本同麗再本。

[44] 四:興聖寺本、麗初本作"三"誤,磧本、四部叢刊三編影印明如隱堂本洛陽伽藍記同麗再本。

[45] 令:磧本作"命"。興聖寺本同磧本,麗初本同麗再本。

[46] 案,攘那跋陀羅傳又見三寶紀卷一一:"明帝世,波頭摩國三藏律師攘那跋陀羅,周言智賢,共闍那耶舍於長安舊城婆伽寺譯。耶舍崛多、闍那崛多等傳語,沙門智僊筆受。"又據釋教録卷七,攘那跋陀羅譯經是在周明帝二年,則續僧傳作"周文帝二年"誤。

[47] 參見三寶紀卷一一達摩流支小傳。

[48] 域:磧本作"城",興聖寺本同磧本,麗初本同麗再本。據三寶紀卷一一闍那耶舍小

傳,作“長安舊城”,則作“城”是。

[49] 闍那耶舍譯作今存:(磧145)大乘同性經二卷(一名佛十地經,亦名一切佛行入智毗盧遮那藏經。天和五年譯。上儀同城陽公蕭吉筆受)、(磧151)大雲請雨經一卷(三寶紀作大雲輪經請雨品第一百一卷。天和五年譯,沙門圓明筆受。初出),今佚,三寶紀著録闍那耶舍所譯經有:定意天子所問經五卷(出大集。天和六年譯,沙門圓明筆受)、入如來智不思議經三卷(天和三年譯,沙門圓明筆受)、寶積經三卷(天和六年譯,沙門道辯筆受)、佛頂咒經并功能一卷(保定四年譯,學士鮑永筆受)。三寶紀小傳多“柱國平高公侯伏侯壽爲總監檢校”。

陳南海郡西天竺沙門拘那羅陀傳五高空 德賢 善吉

拘那羅陀,陳言親依。或云波羅末陀,譯云真諦,並梵文之名字也。[1]本西天竺優禪尼國人焉。景行澄明,器宇清肅,風神爽拔,悠然自遠;群藏廣部,罔不厝懷[2],藝術異能,偏素諳練,雖遵融佛理而以通道知名。遠涉艱關,無憚夷險,歷遊諸國,隨機利見。梁武皇帝德加四域,盛唱三寶[3],大同中,勑直後張氾等送扶南獻使返國,仍請名德、三藏大乘諸論、雜花經等。真諦遠聞行化,儀軌聖賢,搜選名匠,惠益民品[4],彼國乃屈真諦并賫經論,恭膺帝旨。既素蓄在心,涣然聞命,以大同十二年八月十五日達于南海[5]。沿路所經,乃停兩載,以太清二年閏八月始届京邑。武皇面申頂禮,於寶雲殿竭誠供養。諦欲傳翻經教[6],不羨秦時,更出新文,有逾齊日。

屬道銷梁季,寇羯憑陵,法爲時崩,不果宣述。乃步入東土,又往富春,令陸元哲創奉問津,將事傳譯,招延英秀沙門寶瓊等二十餘人,翻十七地論,適得五卷,而國難未静,側附通傳。至太寶三年[7],爲侯景請還,在臺供養。于斯時也,兵飢相接,法幾頹焉。會元帝啓祚,承聖清夷,乃止于金陵正觀寺,與願禪師等二十餘人翻金光明經。三年二月,還返豫章,又往新吴、始興。後隨蕭太保度嶺[8],至于南康,並隨方翻譯,栖遑靡託。逮陳武永定二年七月[9],還返豫章,又止臨川[10]、晉安諸郡。真諦雖傳經論,道缺情離,本意不申,更觀機壤,遂欲汎舶往楞伽修國。道俗虔請,結誓留之,不免物議,遂停南越。便與前梁舊齒重覆所翻[11],其有文旨乖競者,皆鎔冶成範,始末倫通[12]。至文帝天嘉四年,揚都建元寺沙門僧宗、法准、僧忍律師等,並建業標領,欽聞新教,故使遠浮江表,親承勞問[13]。諦欣其來意,乃爲翻攝大乘等論,首尾兩載,覆疏宗旨。[14]

而飄寓投委,無心寧寄。又汎小舶至梁安郡[15],更裝大舶,欲返西國。學徒追逐,相續留連。[16]太守王方奢述衆元情,重申邀請。諦又且循人事[17],權止海隅,伺旅束裝,未思安堵。至三年九月,發自梁安,汎舶西引,業風賦命，飄還廣州。十二月中，上南海岸。刺史歐陽穆公頠延住制旨寺，請翻新文。諦顧此業緣，西還無指[18]，乃對沙門慧愷等翻廣義法門經及唯識論等。後穆公薨没，世子紇重爲檀越，開傳經論，時又許焉。

而神思幽通，量非情測，嘗居别所，四絶水洲，紇往造之，嶺峻濤涌，未敢淩犯[19]。諦乃鋪舒坐具在於水上[20]，加坐其内，如乘舟焉，浮波達岸。既登接對而坐具不濕，依常敷置。有時或以荷葉搨水[21]，乘之而度[22]。如斯神異，其例甚衆。至光大二年六月[23]，諦厭世浮雜，情弊形骸，未若佩理資神，早生勝壤，遂入南海北山，將捐身命。[24]時智愷正講俱舍，聞告馳往，道俗奔赴，相繼山川。刺史又遣使人伺衛防遏，躬自稽顙，致留三日，方紆本情。因爾迎還，止于王園寺。時宗愷諸僧欲延還建業，會揚輦碩望，恐奪時榮，乃奏曰："嶺表所譯衆部，多明無塵唯識，言乖治術，有蔽國風，不隸諸華，可流荒服。"帝然之。故南海新文，有藏陳世。

以太建元年遘疾，少時，遺訣嚴正，勖示因果，書傳累紙。其文付弟子智休[25]。至正月十一日午時遷化，時年七十有一。明日於潮亭焚身，起塔。十三日，僧宗、法准等，各齎經論，還返匡山。

自諦來東夏，雖廣出衆經，偏宗攝論。故討尋教旨者[26]，通覽所譯，則彼此相發，綺繢鋪顯。故隨處翻傳，親注疏解[27]，依心勝相[28]。後疏並是僧宗所陳，躬對本師，重爲釋旨，增減或異，大義無虧。宗公别著行狀，廣行於世。且諦之梁，時逢喪亂，感竭運終，道津静濟，流離弘化，隨方卷行。至於部帙或分，譯人時别，今總歷二代，共通數之，故始梁武之末至陳宣即位凡二十三載[29]，所出經、論、記、傳六十四部，合二百七十八卷。[30]微附華飾，盛顯隋、唐，見曹毗别歷[31]及唐貞觀内典録。餘有未譯梵本，書並多羅樹葉，凡有二百四十甲[32]，若依陳紙翻之，則列二萬餘卷，今見譯訖，止是數甲之文，並在廣州制旨、王園兩寺。是知法寶弘博，定在中天；識量玭瑣，誠歸東夏。何以明之？見譯藏經減三千卷，生便棄擲，習學全希[33]，用此量情，情可知矣。

初諦傳度攝論，宗、愷歸心，窮括教源，銓題義旨。遊心既久，懷敞相承，諦又面對闡揚，情理無伏。一日氣屬嚴冬[34]，衣服單疏，忍噤通宵[35]，門人側席。愷等終夜静立，奉侍諮詢，言久情諠，有時眠寐，愷密以衣被覆足，諦潛覺知，便曳之于地。其節儉知足如此。愷如先奉侍[36]，逾久逾親。諦以他日，便喟然憤氣，衝口者三。愷問其故，答曰："君等款誠正法，實副參傳，但恨弘法非時，有阻來意耳。"愷聞之，如噎良久，聲淚俱發，跪而啓曰："大法綿塵，遠通赤縣，群生無感，可遂埋耶[37]？"諦以手指西北，曰："此方有大國[38]，非近非遠，吾等没後，當盛弘之。但不覩其興，以爲太息耳。"即驗往隔今,統敷揚有,宗傳者以爲神用不同,妄生異執,惟識不識其識,不無慨然。

時有中天竺優禪尼國王子月婆首那,陳言高空,遊化東魏。生知俊朗,體悟幽微,專學佛經,尤精義理,洞曉音韻,兼善方言,譯僧伽吒經等三部七卷。[39]以魏元象年中,於鄴城司徒公孫騰第出,沙門僧昉筆受。屬齊受魏禪,蕃客任情,那請還鄉,事流博觀。承金陵弘法,道聲遠肅,以梁武大同年,辭齊南度,既達彼國,仍被留住,因譯大乘頂王經一部。[40]有勑令那總監外國往還使命。至太清二年,忽遇于闐僧求那跋陀,陳言德賢,齎勝天王般若梵本,那因祈請[41],乞願弘通,嘉其雅操,豁然授與。那得保持,用爲希遇。屬侯景作亂,未暇翻傳,携負東西,諷持供養。至陳天嘉乙酉之歲,始於江州興業寺譯之,沙門智昕筆受陳文,凡六十日,覆疏陶練,勘閲俱了。[42]江州刺史黄法氍爲檀越、僧正釋惠恭等監掌,具經後序。那後不知所終。[43]

時又有扶南國僧須菩提,陳言善吉,於楊都城内至敬寺[44],爲陳主譯大乘寶雲經八卷。與梁世曼陀羅所出七卷者同,少有差耳。[45]並見隋代三寶録[46]。

【校注】

[1] 楊維中著中國唯識宗通史第二章第一節,對真諦相關史事考察詳密,可參看。

[2] 厝:磧本作"措",興聖寺本字迹不清,麗初本同麗再本。"厝""措"均有置義。

[3] 唱:磧本作"昌",興聖寺本同磧本,麗初本同麗再本。"昌""唱"同"倡"。

[4] 民:磧本作"氓",麗初本同麗再本,興聖寺本、隨函録同磧本。

[5] 十二年:諸本同,興聖寺本作"十三年"。

[6] 諦:磧本作"帝"誤。麗初本同麗再本,興聖寺本同磧本。

[7] 太寶:麗再本作"天保",興聖寺本、麗初本作"太保",均誤,今據磧本改。太寶,即大寶,梁簡文帝年號,550年到551年。天保爲西梁明帝蕭巋年號,542年到585年。侯景549年攻陷臺城,卒於552年,故應是太寶。

[8] 隨:麗再本作"隋",興聖寺本同磧本,麗初本同麗再本,今據磧本改。案,真諦跟隨蕭勃後的翻譯活動,僞智愷撰大乘起信論序記録較詳,今摘録如下:"遂囑值京邑英賢慧顯、智韶、智愷、曇振、慧旻,與假黄鉞、大將軍、太保蕭公勃,以大梁承聖三年歲次癸酉九月十日,於衡州始興郡建興寺,敬請法師敷演大乘,闡揚秘典,示導迷徒,遂翻譯斯論一卷,以明論旨。玄文二十卷,大品玄文四卷,十二因緣經兩卷,九識義章兩卷。傳語人天竺國月支首那等,執筆人智愷等,首尾二年方訖。"

[9] 逮:磧本作"建"誤,興聖寺本無,麗初本同麗再本。

[10] 止:磧本作"上",興聖寺本、麗初本同磧本。

[11] 覆:磧本作"覈",興聖寺本同磧本,麗初本同麗再本。

[12] 倫:諸本同,磧本作"輪"誤。

[13] 勞:磧本、興聖寺本、麗初本作"芳"應是。案,"芳問"即芳音,指真諦的教導。

[14] 攝大乘論序(慧愷撰):"夫至道弘曠,無思不洽;大悲平等,誘進靡窮。德被含生,

理非遍漏，但迷塗易久，淪惑難息，若先談出世，則疑性莫啓，故設教立方，各隨性欲。唐虞之前，圖諜簡少；姬周已後，經誥弘多。雖復製禮作訓，並導之以俗法，而真假妙趣，尚冥然未睹。故迹隱葱嶺以西，教秘滄海之外。自漢室受命，方稍東漸；爰及晋朝，斯風乃盛；梁有天下，彌具興隆。歷千祀其將半，涉七代而迄今。法蘭導清源於前，童壽振芳塵於後，安、睿騁壯思以發義端，生、肇擅玄言以釋幽致。雖竝策分鑣，同瀾比派，而深淺競馳，昭晦相雜。自兹以降，篤好愈廣。莫不異軌同奔，傳相祖習，而去取隨情，開抑殊軫。慧愷志慚負橐，勤愧聚螢，謬得齒迹學徒，稟承訓義，遊寓講肆，多歷年所，名師勝友，備得諮詢。但綜涉疏淺，鑽仰無術，尋波討源，多所未悟。此蓋慮窮於文字，思迷於弘旨，明發興嗟，負心非一。每欲順風問道，而未知厥路。

有三藏法師，是優禪尼國婆羅門種，姓頗羅墮，名拘羅那他，此土翻譯，稱曰親依。識鑒淵曠，風表俊越，天才高桀，神辯閑縱，道氣逸群，德音邁俗。少遊諸國，歷事衆師。先習外典，洽通書奥，苞四韋於懷抱，吞六論於胸衿；學窮三藏，貫練五部，研究大乘，備盡深極。

法師既博綜墳籍，妙達幽微，每欲振玄宗於他域，啓法門於未悟。以身許道，無憚遠遊，跨萬里猶比鄰，越四海如咫尺，以梁太清二年方届建業。仍值梁季混淆，横流荐及，法師因此避地東西，遂使大法擁而不暢。末至九江及遊五嶺，凡所翻譯，卷軸未多。後適閩越，敷説不少。法師每懷慷慨，所歎知音者希，故伯牙絶弦、卞和泣璧，良由妙旨之曲難辯，盈尺之珍罕别。

法師遊方既久，欲旋反舊國，經塗所亘，遂達番禺。儀同三司、廣州刺史、陽山郡公歐陽頠，睿表岳靈，德洞河府，經文緯武，匡道佐時，康流民於百越，建正法於五嶺。欽法師之高行，慕大士之勝規，奉請爲菩薩戒師，恭承盡弟子禮。愷昔嘗受業，已少滌沉弊，服膺未久，便致睽違。今重奉值，倍懷蹈舞，復欲餐和稟德，訪道陳疑。雖殷勤三請，而不蒙允遂，怳然失圖，心魂靡託。衡州刺史、陽山公世子歐陽紇，風業峻整，威武貞拔，該閲文史，深達治要；崇瀾内湛，清輝外溢，飲賢味道，篤信愛奇，躬爲請主，兼申禮事。法師乃欣然受請，許爲翻譯。制旨寺主慧智法師，戒行清白，道氣宏壯，志業閑贍，觸途必舉，匡濟不窮，輪焕靡息。征南長史袁敬德，履行沖明，志託夷遠，徽猷清簡，冰桂齊質；弼諧蕃政，民譽早聞，兼深重佛法，崇情至理。黑白二賢，爲經始檀越。

辰次昭陽，歲維協洽，月吕姑洗，神紀勾芒，於廣州制旨寺，便就翻譯。法師既妙解聲論，善識方言，詞有以而必彰，義無微而不暢。席間函杖，終朝靡息，愷謹筆受，隨出隨書。一章一句，備盡研覈，釋義若竟，方乃著文。然翻譯之事殊難，不可存於華綺，若一字參差則理趣胡越，乃可令質而得義，不可使文而失旨，故今所翻，文質相半。與僧忍等同共稟學，夙夜匪懈，無棄寸陰，即以其年樹檀之月，文義俱竟，本論三卷、釋論十二卷、義疏八卷，合二十三卷。

此論乃是大乘之宗極，正法之秘奥，妙義雲興，清詞海溢。深固幽遠，二乘由此迷墜；曠壯該含，十地之所宗學。如來滅後將千一百餘年，彌勒菩薩投適時機，降靈俯接，忘己屈應，爲阿僧伽法師廣釋大乘中義。阿僧伽者，此言無著。法師得一會道，體二居宗，該玄鑒極，凝神物表。欲敷闡至理，故製造斯論。唯識微言，因兹得顯；三性妙趣，由此而彰。冠冕彝倫，舟航有識。本論即無著法師之所造也。法師次弟婆藪槃豆，此曰天親，道亞生知，德備藏往，風格峻峙，神氣爽發，稟厥兄之雅訓，習大乘之弘旨。無著法師所造諸論，詞致淵理，玄趣難曉。將恐後生復成紕紊，故制釋論以解本，籠小乘於形内，挫外道於筆端。自斯已後，迄於像季，方等圓教，乃盛宣通。

慧愷不揆虚薄，情慮庸淺，乃欲泛芥舟於巨壑，策駘足於長路，庶累毫成仞，聚爝爲明。有識君子，幸宜尋閲，其道必然無失墜也。”

[15] 案，“梁安郡”，當今福建省南安縣豐州。説見章巽：真諦傳中之梁安郡，福建論壇1983年第4期。

[16] 阿毗達磨俱舍釋論序：“正教本宗，文唯三藏，梵音所闡，諒無異説。法相深微，名實繁曠，若非圓明獨朗，孰能通達。自日隱頞多之山，月翳羅睺之手，時移解昧，部執競興。或以文釋義，或以義判文，雖復得失參差，皆以三藏爲本，可謂殊塗同歸，一致百慮者也。尋十八部師及弟子，並各造論，解其所執，於一部中多有諸論。此土先譯薩婆多部，止有毗婆沙及雜心四卷。毗婆沙明義雖廣，而文句來不具足；雜心説乃處中，止述自部宗致，四卷過存省略，旨趣難可尋求。此土先譯經部，止有成實一論。成實乃以經部，駮斥餘師，其間所用，或同餘部。又於破立之中，亦未皆盡其妙，且傳譯參差，難可具述。

佛滅度後千一百餘年，有出家菩薩，名婆藪盤豆，器度宏曠，神才壯逸。學窮文字，思徹淵源，德隆終古，名蓋當世，造大小乘論，凡數十部，並盛宣行，靡不宗學。法師德業，具如别傳，先於薩婆多部出家，仍學彼部所立三藏。後見彼法多有乖違，故造此論，具述彼執，隨其謬處，以經部破之。故此論本宗是薩婆多部，其中取捨，以經部爲正。博綜群籍，妙拔衆師，談玄微窮於奥極，述事象略而周遍。顯成聖旨，備摧異説，立不可闕，破無能擬。義兼數論，而深廣愈之。詞不繁而義顯，義雖深而易入，故天竺咸稱爲‘聰明論’，於大小乘學，悉依此爲本。

有三藏法師俱羅那他，聰敏强記，才辯無竭，碩學多聞，該通内外，爲弘法故，遠遊此國。值梁室將傾，時事紛梗，法師避地東西，垂二十載。欲還天竺，來至番禺，慧愷因請翻講攝大乘等論，經涉二年，文義方畢。法師爾後，猶欲旋歸，刺史歐陽紇尚仁貴道，久申敬事，重復請留，彌加殊禮。慧愷與僧忍等，更請翻講此論。以陳天嘉四年，歲次閼逢，龍集涒灘，正月二十五日，於制旨寺，始就開闡。或品未畢，仍事徙居，於南海郡内，續更敷説。法師遊方既久，精解此土音義，凡所翻譯，不須度語。但梵音所目，於義易彰，今既改變梵音，詞理難卒符會。故於一句之中，循環辯釋，翻覆鄭重，乃得相應。慧愷謹即領受，隨定隨書，日夜相繼，無懈晷刻。至其年閏十月十日，文義究竟，論文二十二卷、論偈一卷、義疏五十三卷。刺史仍請於城内講説，既得温故，頗識大宗，非唯闇弱多有疑滯，又恐所翻不免謬失。至天嘉五年歲次柔兆二月二日，與僧忍等更請法師，重譯論文，再解義意。至光大元年歲次强圉十二月二十五日，治定前本，始末究竟。長史袁敬，識鑒沉深，信解明正；長史長子元友，愛文重法，博學多藝，並禮事法師，備盡經始。維南中翻譯，悉賴此貴門，方希永傳來世，以爲後生模式。佛法大海，深廣無際，若不扃一塗，能信順求學，豈不同餐甘露，共嗅薝蔔者哉？如或專執，非所喻也。”

[17] 諦又且循人事：麗再本作“諦又且脩人事”，興聖寺本、麗初本同麗再本，今據磧本改。案，（大正8般若部四）金剛般若波羅蜜經後記：“西天竺優禪尼國三藏法師，號拘羅那他，此云真諦。梁武皇帝遠遣迎接，經遊閩、越，暫憩梁安。太守王方賒乃勤心正法，性愛大乘，仍於建造伽藍，請弘兹典。法師不乖本願，受三請而默然。

尋此舊經甚有脱悮，即於壬午年五月一日重翻，天竺定文依婆藪論釋，法師善解方言，無勞度語。矚彼玄文，宣此奥説。對偕宗法師、法虔等並共筆受。至九月二十五日，文義都竟，經本一卷，文義十卷。法虔爾目（日），仍願造一百部，流通供養，並講之十遍，普願衆生因此正説，速至涅槃，常流應化。”

［18］指：諸本作“措”誤，今據磧本改。

［19］未敢淩犯：“淩”，諸本同，磧本作“陵”。

［20］於：諸本同，磧本脱。

［21］搨：磧本作“蹋”，興聖寺本、隨函録作“搧”。

［22］度：諸本同，磧本作“渡”。

［23］光大：諸本作“光太”，興聖寺本作“先大”。案，“光大”爲南朝陳年號，今徑改。

［24］律二十二明了論題記：“陳光大二年歲次戊子正月二十日，都下定林寺律師法泰於廣州南海郡内，請三藏法師俱那羅陀翻出此論。都下阿育王寺慧愷，謹爲筆受。翻論本得一卷，注記、解釋得五卷。論有二十二偈，以攝‘二十二明了義’。長行或逐義破句，釋之諸句不復皆相屬著。今謹别抄二十二偈，置於卷末，庶披文者見其起盡也。”

［25］其文付弟子智休：三寶紀卷九真諦傳，此句後還有“領受三藏，寺沙門法海未集闍梨文本，已成部軸云”一句。

［26］者：諸本同，磧本脱。

［27］注：諸本同，磧本作“流”。

［28］心：諸本同，大正藏引普寧藏本、洪南本作“止”是。

［29］即：磧本作“初”，興聖寺本字迹不清似作“助”，麗初本作“助”，均誤。

［30］今存：（磧160）佛説無上依經二卷（永定二年，於南康郡净土寺出）、（磧147）佛説解節經一卷（此經本有一十八品，今此一卷止是第四一品。真諦略出以證義耳）、（大正8）金剛般若波羅蜜經一卷（第三譯。與秦世羅什、魏世菩提流支出者同本，文有廣略耳）、（磧283）佛説廣義法門經一卷、（磧392—393）阿毗達磨俱舍釋論二十二卷、（磧416）佛説立世阿毗曇論十卷（永定三年出）、（磧246—247）攝大乘論釋十五卷（天嘉四年，於廣州制旨寺出，慧愷筆受。或十二卷）、（磧251）佛性論四卷、（磧422）四諦論四卷、（磧245）攝大乘論三卷（第二譯。與元魏世佛陀扇多出者小異）、（磧239）十八空論一卷（三寶紀作“大空論”，於豫章栖隱寺出）、（磧251）中邊分别論二卷（於臨川郡出）、（磧437）金七十論三卷、（磧350）律二十二明了論一卷（亦直云明了論）、（磧222）遺教經論一卷、（磧411）隨相論二卷、（磧255）寶行王正論一卷、（磧422）部異執論一卷。今存而三寶紀未録者有：（磧222）涅槃經本有無偈論一卷、（磧251）决定藏論三卷、（磧253）顯識論一卷、（磧253）轉識論一卷、（磧253）大乘唯識論二卷、（磧255）大乘起信論一卷、（磧256）如實論一卷、（磧256）無相思塵論一卷、（磧257）解拳論一卷、（磧348）佛説阿毗壇經二卷、（磧437）婆藪槃豆傳一卷、（磧581）大宗地玄文本論八卷。

三寶紀卷九尚有：僧澀多律一卷（陳言“總攝”）、修禪定法一卷、俱舍論本一十六卷、僧伽論三卷、俱舍論偈一卷、金剛般若論一卷、大般涅槃經論一卷、三無性論一卷、反質論一卷、墮負論一卷、成就三乘論一卷、正説道理論一卷、意業論一卷、唯識論文義合一卷（第二出。與元魏般若流支譯者小異。在臨川郡翻）、正論釋義五卷（於晋安佛力寺出）、佛性義一卷、禪定義一卷。俱舍論疏十六卷、金剛般若疏合十一卷。十八部論疏十卷、解節經疏四卷、無上依經疏四卷、如實論疏三卷、四諦論疏三卷、破我論疏一卷、隨相論中十六諦疏一卷(於始興郡出)、婆藪槃頭傳一卷、衆經通序二卷、翻外國語七卷(一名雜事,一名俱舍論因緣事)。

[31] 歷:諸本同,磧本作"曆"誤。

[32] 甲:諸本同,磧本作"夾"。

[33] 全:諸本同,麗初本作"令"誤。

[34] 冬:諸本同,磧本作"厲"。

[35] 噤:諸本同,興聖寺本作"禁"。

[36] 侍:磧本同麗再本,興聖寺本、麗初本作"持"。

[37] 埋:磧本作"理",形近而誤。興聖寺本同磧本,麗初本同麗再本。

[38] 大:磧本衍作"大大",興聖寺本同磧本,麗初本同麗再本。

[39] 今存(磧 187)僧伽吒經四卷(三寶紀卷九此經題記:元象元年,於司徒公孫騰第出)。

[40] 今存(磧 133)大乘頂王經一卷。據三寶紀卷九,月婆首那在東魏興和三年出經尚有:大迦葉經三卷、頻婆娑羅王問佛供養經一卷。

[41] 祈:麗再本作"期",興聖寺本作"斯",麗初本同麗再本,均誤,今據磧本改。

[42] 今存(磧 72)勝天王般若波羅蜜經七卷。

[43] 參見三寶紀卷九"勝天王般若波羅蜜經"條。

[44] 都:諸本同,磧本作"州"誤。楊都,即建康,據國清百録至開陽門舍人陳建宗等宣少主口敕第十二,至敬寺位於建康。

[45] 少有差耳:諸本同,興聖寺本作"唯有少異"。須菩提譯本今佚。今存曼陀羅與僧伽提婆共譯本,大正藏又存曼陀羅獨譯本一種。見大正藏第 16 册經集部三。

[46] 代:諸本同,磧本作"世",作"代"當是避李世民諱,應是。三寶録:諸本同,興聖寺本作"三寶經録"。又"録"後,興聖寺本衍一"真"字。參見三寶紀卷九"大乘寶雲經"條。

陳揚都金陵沙門釋法泰傳六智愷　曹毗　智敫[1]　道尼

釋法泰,不知何人,學達釋宗,跨轢淮海,住楊都大寺。與慧愷、僧宗、法忍等知名梁代,並義聲高邈,宗匠當時。有天竺沙門真諦挾道孤遊,遠化東鄙。會虜寇勍殄[2],僑寓流離,一十餘年,全無陳譯,將旋舊國,途出嶺南,爲廣州刺史歐陽頠固留,因欲傳授,周訪義侶,擬閱新文。泰遂與宗愷等不憚艱辛,遠尋三藏於廣州制旨寺,筆受文義,垂二十年。前後所出,五十餘部,并述義記,皆此土所無者。泰雖博通教旨,偏重行猷,至於律儀所及,性無違越。諦又與泰譯明了論、釋律二十二大義並疏五卷,勒于座右,遵奉行之。

至陳太建三年[3],泰還建業[4],並齎新翻經論,創開義旨,驚異當時。其諸部中有攝大乘、俱舍論,文詞該富[5],理義凝玄,思越恒情,鮮能其趣。先是,梁武宗崇大論,兼翫成實,學人聲望,從風歸靡。陳武好異前朝,廣流大品,尤敦三論,故泰雖屢演,道俗無受,使夫法座絶嗣,闃爾無聞。會彭城沙門静嵩避地金陵,學聲早被,獨拔千載,希斯正理,晝談恒講,夜請新宗,因循荏苒,乃經凉燠。泰振發玄門,明衷弘詣,覈其疑義,每凑玄極[6],皆隨機按旨,披釋無遺。事出嵩傳。泰博諮真諦,傳業嵩公,知我者希,浮諺斯及,不測其終[7]。

智愷俗姓曹氏,住楊都寺,初與法泰等前後異發,同往嶺表,奉祈真諦。愷素積道風,詞力殷贍,乃對翻攝論,躬受其文。七月之中,文疏並了,都合二十五卷。後更對翻俱舍論,十月便了,文疏合數,八十三卷。諦云:“吾早值子,綴緝經論,結是前翻,不應缺少[8]。今譯兩論,詞理圓備,吾無恨矣。”愷後延諦還廣州顯明寺,住本房中,請諦重講俱舍,纔得一遍。至陳光大中,僧宗、法准、慧忍等度嶺,就諦求學,以未聞攝論,更爲講之。起四月初至臘月八日[9],方訖一遍。

明年,宗等又請愷於智慧寺講俱舍論,成名學士七十餘人,同欽諮謁[10],講至業品疏第九卷,文猶未盡,以八月二十日遘疾,自省不救,索紙題詩,曰:千秋本難滿,三時理易傾;石火無恒焰,電光非久明;遺文空滿笥,徒然昧後生;泉路方幽噎[11],寒隴向凄清;一隨朝露盡[12],唯有夜松聲。因放筆與諸名德握手語别,端坐儼思,奄然而卒。春秋五十有一,即光大二年也,葬於廣州西陰寺南崗[13]。自餘論文,真諦續講,至惑品第三卷,因爾乖豫,便廢法事。明年肇春,三藏又化。

諦有菩薩戒弟子曹毗者,愷之叔子,明敏深沈,雅有遠度,少携至南[14],受學攝論,諮承諸部,皆著功勳。太建三年[15],毗請建興寺僧正明勇法師續講攝論,成學名僧五十餘人。晚住江都,綜習前業,常於白塔等寺開演諸論。冠屨袑襦[16],服同賢士,登座談吐,每發深致。席端學士,並是名賓,禪定僧榮、日嚴法侃等皆資其學。

時有循州平等寺沙門智敫者[17],弱年聽延祚寺道[18]、緣二師成實,并往北土沙門法明聽金剛般若論,又往希、堅二德聽婆沙[19]、中論。皆洞涉精至,研覈宗旨。必得本師臨聽,言無浮雜,義得明暢者,方始離之。餘例准此。及翻攝論,乃爲廣州刺史、安南將軍、陽山公頠請宅安居,不獲專習。後翻俱舍,方預其席。及愷講此論,敫與道尼等二十人,並掇拾文疏,於堂聽受。及愷之云亡,諦撫膺哀慟,遂來法准房中,率尼、響[20]、敫等十有二人共傳香火,令弘攝、舍兩論,誓無斷絶。皆共奉旨,仰無墜失[21]。至三藏崩後,法侶彫散,宗嗣將虧[22],太建九年,敫相續敷弘,最多聯類,同聽諦席,未有高者。

太建十一年二月,有跋摩利三藏弟子慧哿者,本住中原,值周武滅法,避地歸陳。晚隨使劉璋至南海，獲涅槃論，敫曾講斯經，欣其本習，伏膺請求，便爲開說，止得"序分""種性分"，前十三章玄義。後返豫章鶴嶺山，敫又與璣法師隨從，因復爲說第三分，具得十海、十道。及進餘文，諦因遘疾，不任傳授，乃令敫下都覓海潮法師，當窮論旨。以十四年至於建業，所尋不值，乃遇栖玄寺曉禪師，賜與曇林解涅槃疏，釋經後分，文兼論意，而不整足。便還故寺，常講新文十三章義，近二十遍。開皇十二年，王仲宣起逆，焚燒州境，及敫寺房，文疏並盡[23]。其年授敫，令任廣、循二州僧任，經停五載[24]，廢闕法事。後解僧任，方於本州道場寺偏講攝論十有餘遍。坐中達解二十五人，璣、山、瞰等並堪領匠。仁壽元年，遘疾終於本寺。敫撰諦之翻譯歷，始末指訂，并卷部、時節、人世詳備，廣有成叙。

道尼住本九江，尋宗諦旨，興講攝論，騰譽京師。開皇十年，下勑追入，既達雍輦，開悟弘多。自是南中無復講主，雖云敷說，蓋無取矣。

【校注】

[1] 敫：磧本作"敷"，興聖寺本、麗初本同麗再本。

[2] 劾：諸本同，興聖寺本作"勳"。殄：諸本同，麗初本作"彌"。

[3] 三：諸本同，磧本作"二"。

[4] 業：諸本同，磧本作"鄴"。

[5] 該：磧本作"宏"，興聖寺本同磧本，麗初本同麗再本。

[6] 覈其疑義每凑玄極：磧本作"覈其疑議，每臻玄極"，興聖寺本同磧本，麗初本同麗再本。

[7] 不測其終：諸本同，興聖寺本作"不測諦傳業嵩其終"衍"諦傳業嵩"，當是抄寫串行。

[8] 絓是前翻不應缺少：諸本同，磧本作"結是前翻，不應少欠"誤。"絓是"，總括副詞"凡是""預是"意。參見王紹峰：中古新興總括副詞"絓是"，古漢語研究 2006 年第 1 期。

[9] 臘月八日：諸本同，興聖寺本作"臘八日"。

[10] 諮謁：諸本同，磧本作"諮詢"。

[11] 路：諸本同，麗初本作"露"。

[12] 一隨朝露盡：諸本作"一朝隨露盡"誤，今據磧本改。"朝露"與下句"夜松"對。

[13] 陰：磧本作"蔭"。興聖寺本同磧本，麗初本同麗再本。智愷著作今存：起信論一心二門大意一卷，收入卍續藏經第 71 册第 525—527 頁。

[14] 南：諸本同，磧本作"南中"誤。"南中"，歷史上指今四川盆地西南、貴州、雲南一帶，不包含廣東。

[15] 三：諸本同，磧本作"二"。

[16] 屨：諸本同，興聖寺本作"屢"。裙：磧本作"群"誤，麗初本、興聖寺本同麗再本。

[17] 智敫：磧本作"智敷"誤，麗初本同磧本，本卷下文同，不出校。興聖寺本同麗再本。

[18] 道：磧本作"導"，興聖寺本同磧本，麗初本同麗再本。

[19] 婆：諸本同，興聖寺本脱。

[20] 響：磧本作"嚮"，興聖寺本同磧本，麗初本同麗再本。

[21] 仰無：諸本同，磧本作"無敢"。

[22] 宗：諸本同，磧本作"末"誤。案，"宗嗣"指真諦的法脉，而"末"與"將虧"語意重複。

[23] 盡：諸本同，磧本作"燼"應是。案，"燼"在本句用爲動詞，燒毀意。

[24] 停：諸本脱，今據磧本補。

[25] 笥：底本作"筒"誤，今據文義改。

續高僧傳卷第二

譯經篇二本傳四人　附見八人

隋西京大興善寺北天竺沙門那連耶舍傳一万天懿[1]

那連提黎耶舍，隋言尊稱，北天竺烏場國人。正音應云鄔荼。荼音持耶反[2]。其王與佛同氏，亦姓釋迦，刹帝利種。隋云"土田主也"。由劫初之時，先爲分地，主因即號焉，今所謂國王者是也。舍年十七，發意出家，尋值名師，備聞正教。二十有一，得受具篇，聞諸宿老，嘆佛景迹，或言某國有鉢[3]，某國有衣、頂骨、牙齒，神變非一，遂即起心，願得瞻奉。以戒初受，須知律相，既滿五夏，發足遊方。所以天梯石臺之迹，龍廟寶塔之方，廣周諸國，並親頂禮，僅無遺逸[4]。曾竹園寺一住十年，通履僧坊，多值明德。有一尊者深識人機，見語舍云："若能静修，應獲聖果。恐汝遊涉，終無所成。"爾日雖聞，情無領悟，晚來卻想，悔將何及？

耶舍北背雪山，南窮師子，歷覽聖迹，仍旋舊壤，乃覩烏場國主真大士焉，自所經見，罕儔其類。試略述之：安民以理，民愛若親。後夜五更，先禮三寶，香花伎樂，竭誠供養。日出昇殿，方覽萬機，次到辰時[5]，香水浴像。宫中常設，日百僧齋；王及夫人，手自行食。齋後消食，習諸武藝；日景將昳，寫十行經。與諸德僧，共談法義；復與群臣，量議治政。暝入佛堂[6]，自奉燈燭，禮拜讀誦[7]，各有恒調。了其常業，乃還退静。三十餘年，斯功不替。王有百子，誠孝居懷，釋種餘風，胤流此國。

但以寺接山阜，野火所焚，各相差遣，四遠投告。六人爲伴，行化雪山之北，至于峻頂，見有人鬼二路。人道荒險，鬼道利通。行客心迷，多尋鬼道，漸入其境，便遭殺害。昔有聖王，於其路首作毗沙門天王石像，手指人路。同伴一僧錯入鬼道，耶舍覺已，口誦觀音神咒，百步追及，已被鬼害。自以咒力，得免斯厄。因復前行，又逢山賊，專念前咒，便蒙靈衛。賊來相突，對目不見。循路東指，到芮芮國。值突厥亂，西路不通，反鄉意絶[8]，乃隨流轉，北至泥海之旁[9]，南岠突厥七千餘里，彼既不安，遠投齊境。

天保七年，届於京鄴，文宣皇帝極見殊禮，偏異恒倫。耶舍時年四十，骨梗雄雅，物議憚之[10]。緣是，文宣禮遇隆重，安置天平寺中，請爲翻經三藏。殿内梵本千有餘夾[11]，勑送於寺，處以上房，爲建道場，供窮珍妙，别立厨庫，以表尊崇。又勑昭玄大統沙門法上等二十餘人監掌翻譯[12]，沙門法智、居士万天懿傳語。[13]

懿元鮮卑，姓万俟氏，少出家，師婆羅門，而聰慧有志力，善梵書語，工咒符術[14]。由是故，名預參傳焉。[15]

初翻衆經五十餘卷，大興正法，弘暢衆心。宣帝重法殊異，躬禮梵本，顧群臣曰："此乃三寶洪基，故我偏敬[16]。"其奉信推誠，爲如此也。耶舍每於宣譯之暇，時陳神咒，冥救顯助，立功多矣。

未幾，授昭玄都，俄轉爲統。所獲供禄[17]，不專自資，好起慈惠，樂興福業。設供飯僧，施諸貧乏，獄囚、繫畜，咸將濟之。市廛鬧所[18]，多造義井，親自漉水，津給衆生。又於汲郡西山，建立三寺，依泉旁谷，制極山美。又收養癘疾[19]，男女别坊，四事供承，務令周給。又往突厥客館，勸持六齋，羊料放生，受行素食。又曾遇病，百日不起，天子、皇后躬問起居，耶舍歎曰："我本外客，德行未隆，乘輿今降，重法故爾，内撫其心，慚懼交集。"

建德之季，周武克齊，佛教與國，一時平殄。耶舍外假俗服，内襲三衣，避地東西，不遑寧息。五衆彫窘[20]，投厝無所。儉餓溝壑者，減食施之；老病扶力者，隨緣濟益。雖事力匱薄，拒諫行之[21]，而神志休强，説導無倦。

屯負留難[22]，更歷四年[23]，有隋御宇，重隆三寶。開皇之始，梵經遥應，爰降璽書，請來弘譯。二年七月，弟子道密等侍送入京，住大興善寺。其年季冬，草創翻譯[24]，勑昭玄統沙門曇延等三十餘人，令對翻傳。主上禮問殷繁[25]，供奉隆渥。

年雖朽邁，行轉精勤，曾依舍利弗陀羅尼，具依脩業，夢得境界，自身作佛。如此靈祥雜沓，其例非一。後移住廣濟寺，爲外國僧主，存撫羈客，妙得物心。忽一旦，告弟子曰："吾年老力微，不久去世，及今明了，誡爾門徒：佛法難逢，宜勤修學，人身難獲，慎勿空過。"言訖就枕，奄爾而化，時滿百歲，即開皇九年八月二十九日也。初，耶舍先逢善相者云："年必至百，亦合登仙。"中壽果終，其言驗矣。登仙冥理，猶難測之。然其面首形偉，特異常倫，頂起肉髻，聳若雲峰，目正處中，上下量等，耳高且長，輪埵成具[26]。見人榮相，未比於斯。固是傳法之碩德也。

法主既傾[27]，哀驚道俗，昭隆之事[28]，將漸墜焉。凡前後所譯經論，一十五部,八十餘卷[29],即菩薩見實[30]、月藏、日藏、法勝毗曇等是也。[31]並沙門僧深[32]、明芬、給事李道寶等度語筆受,[33]昭玄統沙門曇延、昭玄都沙門靈藏等二十餘僧監護始末,至五年冬,勘練俱了。並沙門彦琮制序,具見齊、周、隋三代經録[34]。尋耶舍遊涉四十餘年,國五十餘,里十五萬,瑞景靈迹[35],勝寺高僧,駛水深林[36],山神海獸[37],無非奉敬,並預徵降[38]。事既廣周,未遑陳叙,沙門彦琮爲之本傳,具流於世。

時又有同國沙門毗尼多流支,隋言滅喜[39],不遠五百由旬,來觀盛化。開皇二年,於大興善譯象頭精舍、大乘總持經二部,給事李道寶傳語[40],沙門法纂筆受[41],沙門彦琮制序。

【校注】

[1] 那連耶舍: 磧本作"那連提黎耶舍",趙本同麗再本。"耶",諸本同,興聖寺本作"邪"。"万",磧本作"萬",興聖寺本同磧本,麗初本、趙本同麗再本,下同,不出校。

[2] 音持耶反: 磧本爲夾注,字小一號,且脱"荼"字,今據磧本改爲小字,據麗再本補闕字。興聖寺本、麗初本、趙本同麗再本。

[3] 言: 諸本同,磧本作"云"。某: 興聖寺本、麗初本作"其",磧本、趙本同麗再本。

[4] 逸: 麗初本、趙本作"免",磧本、興聖寺本同麗再本。

[5] 時: 諸本同,麗初本作"晨"誤。

[6] 暝: 諸本同,磧本作"瞑"。

[7] 讀誦: 磧本作"誦讀",麗初本、趙本同麗再本,興聖寺本同磧本。

[8] 反: 諸本同,磧本作"返"。"反"通"返",下文不出校。

[9] 北: 麗再本、興聖寺本、麗初本、趙本似作"比",今從磧本。諸本"比""北"字形相近難以分辨,下文一依文意,不出校。

[10] 憚: 麗初本、趙本作"彈",麗再本同磧本。

[11] 千有餘夾:"夾"後,興聖寺本多"委舍翻之",餘本並無。

[12] 又勑昭玄大統沙門法上等二十餘人監掌翻譯: 興聖寺本作"又須兼助,乃勑照玄大統沙門法上等二十餘人監掌翻譯",多"須兼助乃",餘本並無。案,"昭",興聖寺本、麗初本作"照",諸本二字時有混用,下文一依底本,不一一出校。

[13] (磧95)大方等大集月藏經十卷(三寶紀卷九月藏經題記: 天統二年,於天平寺出)、(磧155)月燈三昧經十一卷(天保八年,於天平寺出)、(磧127)大悲經六卷(天保九年,於天平寺出。法智同譯)、(磧20)大集須彌藏經二卷(法智同譯)、(磧191)佛説施燈功德經一卷(上二經,天保九年,於天平寺出)、(磧409)法勝阿毗曇心論六卷(河清二年,於天平寺出。有耶舍譯序)。三寶紀卷九著録而今已不存經: 菩薩見實三昧經十四卷(天統四年,於天平寺出)。

[14] 工: 磧本作"政",興聖寺本、麗初本、趙本同麗再本。大正藏、中華藏校引各本作"攻",然中華藏校引磧本"政"作"攻"當是誤校。

[15] 今題北齊万天懿譯本二種: (磧170)説無崖際總持法門經一卷、尊勝菩薩所問一切諸法入無量門陀羅尼經一卷。尊勝菩薩所問經後附譯師傳:"開元録云: 高齊之

代,有居士万天懿,本姓拓(音托)跋氏,北岱雲中人也。魏分十姓,因爲万(音木)俟(音其)氏。世居洛陽,故復爲河南人(題云天竺者非),後單稱万氏焉。懿,少曾出家,師婆羅門。而聰慧有志力,善梵書、梵語,兼工咒術,由是應召,得預翻傳之數。以武成帝湛河清年中,於鄴都自譯尊勝菩薩所問經一部,廣行於世矣(與無崖際持經同本)。"

[16] 我:諸本同,磧本作"宜"。

[17] 供禄:磧本作"兵禄"誤,趙本同麗再本,興聖寺本、麗初本同磧本。

[18] 廛:興聖寺本、隨函録作"闤",麗初本、趙本同麗再本。閙(丙):磧本作"内",趙本作"吏",興聖寺本、麗初本同麗再本。

[19] 厲:諸本同,磧本作"癘"是。

[20] 彫:諸本同,磧本作"凋"是。"彫"本義爲"雕",然"彫"又通"凋",下不出校。

[21] 拒:興聖寺本、麗初本作"非",趙本作"矩",磧本同麗再本。

[22] 屯:諸本作"此",今據磧本改。説文解字卷一下:屯"難也。象屮木之初生,屯然而難。从中貫一。一,地也,尾曲。易曰:'屯,剛柔始交而難生。'"留:諸本同,麗初本作"弱"誤。

[23] 更:諸本作"便",今從磧本。

[24] 譯:諸本同,磧本作"業"。

[25] 主:諸本同,興聖寺本作"至"。

[26] 埵:諸本同,磧本作"腄"。

[27] 傾:磧本作"喪",興聖寺本脱,麗初本、趙本同麗再本。

[28] 昭:磧本、興聖寺本、麗初本、趙本作"紹"似於意較長。

[29] 餘:諸本同,磧本作"許"。

[30] 實:諸本同,大正藏引宋本作"寶"誤,即大寶積經之菩薩見實會之别譯。

[31] 今存:(磧94)大乘大方等日藏經十卷(三寶紀題:開皇四年五月起翻,五年二月訖。沙門智鉉、道邃、慧獻、奉朝請庾質、學士費長房筆受)、(磧187)力莊嚴三昧經三卷(開皇五年十月出,費長房筆受)、(磧156)大莊嚴法門經二卷(開皇三年正月出,沙門智鉉筆受。與文殊師利神力經、勝金色光明德女經、大净法門經,本同别譯異名)、(磧159)佛説德護長者經二卷(開皇三年六月出,沙門僧琨筆受。一名尸利崛多長者經。與申日兜本經、月光童子經,並同譯異名)、(磧194)佛説蓮華面經二卷(開皇四年三月出)、(磧151)大雲輪請雨經二卷(開皇五年正月出,第二譯,與周世崛多翻大雲經第一百品同)、(磧201)佛説堅固女經一卷(開皇二年十二月出)、(磧171)百佛名經一卷(開皇二年十二月出。上四經六卷,並沙門慧獻筆受)。

[32] 深:磧本作"琛",趙本同麗再本。磧本三寶紀卷一二那連提耶舍傳下作"僧琛",麗再本作"僧璨"。釋教録卷七那連提耶舍傳作"僧琛"。則應是僧琛。

[33] 據三寶紀卷一二那連提耶舍傳,筆受還有"學士曇皮"。曇皮,爲東魏譯經僧瞿曇般若流支次子。

[34] 三代:麗再本作"二",麗初本、趙本作"三",今據磧本改補。興聖寺本同磧本。

[35] 景:諸本同,磧本作"影"。

[36] 駛:諸本作"駃"誤,今從磧本。

[37] 獸:諸本作"狩",今據磧本改,下同,不一一出校。

［38］徵：興聖寺本、麗再本、麗初本作“懲”，今據磧本改。趙本同磧本。
［39］隋：諸本同，永北本作“此”，下同，不一一出校。
［40］語：諸本無“語”字，今據磧本補。今存：（磧159）象頭精舍經一卷（開皇二年二月譯。是第二出，與伽耶山頂同本名異，文少殊）、（磧144）大乘方廣總持經一卷（開皇二年七月譯）。據三寶紀卷一二毗尼多流支傳，可補證續僧傳者爲：“給事李道寶、般若流支次子曇皮二人傳譯，大興善寺沙門長安釋法纂筆受爲隋言。”釋教録卷七考證，大興善寺於開皇二年夏始立，則此二經非於大興善寺譯，續僧傳及三寶紀誤。
［41］受：諸本同，興聖寺本脱。

隋西京大興善寺北賢豆沙門闍那崛多傳二僧就　法智

闍那崛多，隋言德志，北賢豆賢豆，本音因陀羅婆陀那，此云主處，謂天帝所護故也。賢豆之音，彼國之訛略耳。身毒、天竺，此方之訛稱也[1]。而彼國人總言賢豆而已[2]，約之以爲五方也[3]。揵陀囉國人也，隋言香行國焉[4]。居富留沙富羅城，此云丈夫宫也[5]。刹帝利種，姓金俱凡反步，此云“項”也，謂如孔雀之項，彼國以爲貴姓。父名跋闍邏婆囉，此云“金剛堅”也。少懷遠量，長垂清範[6]，位居宰輔，燮理國政。崛多昆季五人，身居最小，宿殖德本[7]，早發道心，適在髫亂，便願出家。二親深識其度，不違其請。本國有寺，名曰大林，遂往歸投，因蒙度脱。其“郁波弟耶”，此云常近受持者，今所謂和上，此乃于闐之訛略也。名曰嗜那耶舍，此云“勝名”，專修宴坐，妙窮定業。其“阿遮利耶”，此云傳授，或云正行，即所謂阿闍梨也，亦近國之訛略耳。名曰“闍若那跋達囉”，此云智賢，遍通三學，偏明律藏。崛多自出家後，孝敬專誠，教誨積年，指歸通觀，然以賢豆聖境，靈迹尚存，便隨本師，具得瞻奉。

時年二十有七，受戒三夏，師徒結志，遊方弘法。初有十人同契出境，路由迦臂施國，淹留歲序。國王敦請其師，奉爲法主，益利頗周。將事巡歷，便逾大雪山西足，固是天險之峻極也，至厭怛國。既初至止，野曠民希，所須食飲，無人營造。崛多遂捨具戒[8]，竭力供待[9]。數經時艱，冥靈所祐，幸免災横。又經渴囉槃陀及于闐等國，屬遭夏雨寒雪[10]，暫時停住，既無弘演。栖寓非久，又達吐谷渾國，便至鄯州。于時即西魏後元年也[11]。雖歷艱危，心逾猛勵[12]。發蹤跋涉，三載于兹，十人之中，過半亡没，所餘四人，僅存至此。[13]

以周明帝武成年，初届長安，止草堂寺。師徒遊化，已果來心，更登净壇，再受具足。精誠從道，尤甚由來。稍參京輦，漸通華語，尋從本師勝名，被明帝詔，延入後園[14]，共論佛法。殊禮别供，充諸禁中。思欲通法，無由自展，具情上啓，即蒙别勑，爲造四天王寺[15]，聽在居住。自兹已後，乃翻新經，既非弘泰，羈縻而已。所以接先闕本，傳度梵文，即十一面觀音、金仙問經等是也。[16]

會譙王宇文儉鎮蜀，復請同行。於彼三年，恒任益州僧主，住龍淵寺。又翻觀音偈佛語經。[17]

建德隳運，像教不弘，五衆一期，同斯俗服。武帝下勑追入京輦[18]，重加爵禄，逼從儒禮，秉操鏗然，守死無懼。帝愍其貞亮，哀而放歸。路出甘州，北由突厥[19]，闍梨智賢還西滅度，崛多及以和上，乃爲突厥所留。未久之間，和上遷化，隻影孤寄，莫知所安，賴以北狄君民頗弘福利，因斯飄寓，隨方利物。有齊僧寶暹、道邃、僧曇等十人以武平六年，相結同行，採經西域，往返七載，將事東歸，凡獲梵本二百六十部。行至突厥[20]，俄屬齊亡，亦投彼國，因與同處，講道相娱。所齎新經，請翻名題，勘舊録目，轉覺巧便，有異前人[21]。暹等内誠各私慶幸，獲寶遇匠，德[22]無虚行[23]，同誓焚香，共契宣布。

大隋受禪，佛法即興，暹等齎經，先來應運。開皇元年季冬[24]，届止京邑[25]，勑付所司，訪人令譯。[26]二年仲春，便就傳述。夏中，詔曰："殷之五遷，恐民盡死。是則居吉凶之土[27]，制短長之命，謀新去故，如農望秋。龍首之山，川原秀麗，卉木滋阜[28]，宜建都邑。定鼎之基永固[29]，無窮之業在兹，可域城曰大興城，殿曰大興殿，門曰大興門，縣曰大興縣。園苑池沼其號並同[30]，寺曰大興善也。"於此寺中傳度法本。

時崛多仍住北狄。至開皇五年，大興善寺沙門曇延等三十餘人以躬當翻譯，音義乖越，承崛多在北，乃奏請還，帝乃别勑追延。崛多西歸已絶，流滯十年[31]，深思明世[32]，重遇三寶，忽蒙遠訪，欣願交并，即與使乎同來入國。于時文帝巡幸洛陽，於彼奉謁，天子大悦，賜問頻仍。未還京闕，尋勑敷譯。新至梵本，衆部彌多，或經或書，且内且外，諸有翻傳，必以崛多爲主。僉以崛多言識異方，字曉殊俗，故得宣辯自運，不勞傳度，理會義門[33]，句圓詞體，文意粗定，銓本便成，筆受之徒，不費其力。試比先達，抑亦繼之。爾時耶舍已亡，專當元匠。於大興善更召婆羅門僧達摩笈多，并勑居士高天奴、高和仁兄弟等同傳梵語；又置十大德沙門僧休、法粲、法經、慧藏[34]、洪遵、慧遠、法纂、僧暉、明穆、曇遷等監掌翻事，銓定宗旨；沙門明穆、彦琮重對梵本，再審覆勘，整理文義。

昔支、曇、羅什等所出大集，卷軸多以三十成部。[35]及耶舍高齊之世，出月藏經一十二卷。隋初後出日藏[36]，分一十五卷。既是大集廣本而前後譯分，遂便支離[37]，部袠羈散。開皇六年，有招提寺沙門僧就合之，爲六十卷。[38]

就,少出家,專寶坊學[39],雖加宣導,恨文相未融,乃例括相從,附入大部。至於詞旨愜當,未善精窮。比有大興善寺沙門洪慶者,識度明達,爲國監寫藏經,更釐改就所合者名題前後[40],甚得理致。且今見翻諸經,有多是大集餘品,略而會之,應滿百卷。若依梵本,此經凡十萬偈,據以隋文,可三百卷。

崛多曾傳:于闐東南二千餘里,有遮拘迦國。彼王純信,敬重大乘,宫中自有摩訶般若、大集、華嚴三部,王躬受持,親執鎖鑰。轉讀則開,香花供養,或以諸餅果誘引小王,令其禮拜。此國東南可二十餘里,山甚巖險,有深浄窟置大集、花嚴、方等、寶積、楞伽、方廣、舍利弗、華聚二陀羅尼、都薩羅藏、摩訶般若、八部般若、大雲經等凡十二部,減十萬偈。國法相傳,防衛守護。又有入滅定羅漢三人,窟中禪寂。每至月半,諸僧就山爲其浄髪,此則人法住持,有生之所憑賴。

崛多道性純厚,神志剛正,愛德無厭,求法不懈,博聞三藏,遠究真宗,遍學五明,兼閑世論。經行得道場之趣,總持通神咒之理。三衣一食,終固其誠;仁濟弘誘,非關勸請[41]。勤誦佛經[42],老而彌篤;强識先古,久而逾詣。士庶欽重,道俗崇敬。隋滕王遵仰戒範,奉以爲師。因事塵染[43],流擯東越。又在甌閩,道聲載路,身心兩救,爲益極多。至開皇二十年,便從物故,春秋七十有八。自從西服來至東華,循歷翻譯合三十七部一百七十六卷,即佛本行集、法炬、威德、護念、賢護等經是也。[44]並詳括陶冶,理教圓通,文明義結,具流於世,見費長房三寶録。

初,隋高祖又勑崛多,共西域沙門若那竭多、開府高恭、恭息都督天奴、和仁及婆羅門毗舍達等[45],於内史内省翻梵古書及乾文。至開皇十二年,書度翻訖[46],合二百餘卷,奏聞進内[47]。見唐貞觀内典録。

時又有優婆塞,姓瞿曇氏,名達摩般若,隋言法智。父名般若流支,備詳餘傳。智本中天國人,流滯東川,遂嚮華俗[48]。而門世相傳,祖習傳譯。高齊之季,爲昭玄都。齊國既平,佛法同毁,智因僧職轉任俗官,册授洋州洋川郡守[49]。隋氏受禪,梵牒即來,有勑召還,使掌翻譯。法智妙善方言,執本自傳,不勞度語,譯業報、差别經等。[50]成都沙門釋智鉉筆受文詞,銓序義體。日嚴寺沙門彦琮制序。見隋代經録。

【校注】

[1] 稱:諸本同,興聖寺本脱。

[2] 總:諸本同,麗初本作“惁”誤。

[3] 約:麗再本、麗初本、趙本作“乃”,今據磧本改。興聖寺本同磧本。

[4] 言：磧作“云”，趙本同磧本，興聖寺本、麗初本同麗再本。

[5] 此：諸本無“此”字，今據磧本補。丈：諸本同，興聖寺本作“大”誤。

[6] 垂：諸本作“乘”，今據磧本改。

[7] 殖：諸本同，磧本作“植”。

[8] 戒：諸本同，麗初本作“誡”。

[9] 待：磧本作“侍”，趙本同麗再本，興聖寺本、麗初本同磧本。

[10] 屬：麗再本、趙本作“屢”，今據磧本改。

[11] 後元年：諸本同，麗再本作“大統元年”誤。

[12] 勵：諸本同，磧本作“厲”。

[13] 據三寶紀卷一二闍那崛多傳，四人爲“共同學耶舍崛多，隨厥師主摩伽陀國三藏禪師闍那耶舍”，尚有一人不詳。

[14] 延：趙本作“筵”，磧本、興聖寺本同麗再本，麗初本同趙本。園：諸本同，興聖寺本脱。

[15] 造：趙本無，磧本、興聖寺本同麗再本，麗初本同趙本。

[16] 闍那耶舍弟子耶舍崛多譯作今存：（磧 168）佛説十一面觀世音神咒經一卷（三寶紀卷一一十一面經題記：於四天王寺譯，上儀同城陽公 蕭吉筆受）。今佚，三寶紀著録耶舍崛多譯經尚有：金光明經更廣壽量大辯陀羅尼品五卷（第二出。在［北胡坊］歸聖寺譯，智僊筆受）、須跋陀羅因緣優波提舍經二卷（於四天王寺譯，沙門圓明筆受）。據三寶紀卷一一耶舍崛多傳，是“共小同學闍那崛多，爲大冢宰宇文護譯”。金仙問經，即金色仙人問經二卷，據三寶紀卷一一題記“於長安 四天王寺譯，蕭吉筆受”。

[17] 據三寶紀卷一一，闍那崛多在益州爲宇文儉所譯經有：妙法蓮華經普門品重説偈一卷、種種雜咒經一卷、佛語經一卷。三寶紀載此三經爲沙門圓明筆受，似誤。

[18] 武帝下勑追入京輦：諸本同，興聖寺本多“憶之”，作“武帝憶之下勑追入京輦”。

[19] 路出甘州北由突厥：諸本同，興聖寺本作“路出其洲，洲由突厥”。

[20] 行：諸本同，磧本作“迴”。

[21] 前：諸本同，興聖寺本脱。

[22] 暹等内誠各私慶幸獲寶遇匠德：此十三字，諸本均脱去，今據磧本補。

[23] 德無虚行：麗再本、興聖寺本、麗初本、趙本作“無虚行苦”，今暫從磧本。

[24] 元：諸本同，趙本作“无”誤。

[25] 届止京邑：諸本同，興聖寺本脱，麗初本“邑”作“俋”。

[26] 添品妙法蓮華經序：“妙法蓮華經者，破二明一之指歸也。降神五濁，弘道三乘，權智不思，大悲難極。先設化城之迹，後示髻珠之本，車雖有異，雨實無差。記以正覺之名，許以真子之位，同入法性，歸之於此。昔燉煌沙門竺法護，於晋武之世，譯正法華。後秦 姚興，更請羅什，譯妙法蓮華。考驗二譯，定非一本，護似多羅之葉，什似龜兹之文。余檢經藏，備見二本，多羅則與正法符會，龜兹則共妙法允同。護葉尚有所遺，什文寧無其漏，而護所闕者，普門品偈也。什所闕者，藥草喻品之半、富樓那及法師等二品之初、提婆達多品、普門品偈也。什又移囑累在藥王之前。二本陀羅尼並置普門之後。其間異同，言不能極。竊見提婆達多及普門品偈，先賢續出，補闕流行。余景仰遺風，憲章成範。大隋 仁壽元年辛酉之歲，因普曜寺沙門上行所請，遂共三藏崛多、笈多二法師，於大興善寺，重勘天竺多羅葉本。富樓

那及法師等二品之初,勘本猶闕。藥草喻品更益其半,提婆達多通入塔品,陀羅尼次神力之後,囑累還結其終。字句差殊,頗亦改正,儻有披尋,幸勿疑惑。雖千萬億偈,妙義難盡,而二十七品,本文且具。所願四辯梵詞,遍神州之域;一乘秘教,悟象運之機。聊記翻譯,序之云爾。"

[27] 居:磧本作"域",興聖寺本、麗初本、趙本脱,大正藏引宋本、宫本亦脱。

[28] 阜:興聖寺本、麗初本作"集",磧本、趙本同麗再本。

[29] 永:諸本同,趙本作"求"誤。

[30] 苑:諸本同,麗再本作"花"。

[31] 流:諸本同,興聖寺本脱。

[32] 思:諸本同,興聖寺本衍作"思思"。

[33] 理:諸本同,興聖寺本脱。

[34] 慧藏:諸本同,興聖寺本作"慧等"。

[35] 今存北凉曇無讖譯三十卷本大方等大集經,見磧砂藏 90 册到 93 册。

[36] 後:諸本同,磧本作"復"。

[37] 便:諸本同,磧本作"使"。

[38] 僧就合六十卷大集經今存,見大正藏第 13 册。又見三寶紀卷一二,下附僧就小傳,與續僧傳小異。

[39] 學:諸本同,興聖寺本作"覺"。

[40] 釐:諸本同,磧本作"整"誤。

[41] 請:諸本同,興聖寺本衍作"請請"。

[42] 勤:諸本同,興聖寺本作"對"。

[43] 塵:諸本同,麗初本作"歷"誤。

[44] 今存:(磧 296—301)佛本行集經六十卷(開皇七年七月起手,十一年二月訖功。沙門僧曇、學士費長房、劉憑等筆受。沙門彦琮製序)。案,"十一年"麗再本作"十二年"。(磧 179—180)大法炬陀羅尼經二十卷(開皇十二年四月起手,十四年六月訖。沙門道邃等筆受)。案,"十二年"麗再本作"十三年";"十四年"麗再本作"十六年"。(磧 181—182)大威德陀羅尼經二十卷(開皇十五年七月起手,十六年二月訖。沙門僧琨等筆受)。案,"二月"麗再本作"十二月"。(磧 190)觀察諸法行經四卷(開皇十五年四月二十四日出,五月二十五日訖。學士費長房筆受)、(磧 127)四童子三昧經三卷(開皇十三年五月翻,七月訖。沙門僧琨筆受)、(磧 152)諸法本無經三卷(開皇十五年六月翻,七月訖。學士劉憑等筆受)、(磧 98)虚空孕菩薩經二卷(開皇七年正月翻,三月訖。沙門僧曇筆受,沙門彦琮製序)、(磧 193)月上女經二卷(開皇十一年四月翻,六月訖。學士劉憑筆受,沙門彦琮製序)、(磧 134)善思童子經二卷(開皇十一年七月翻,九月訖。學士費長房筆受,沙門彦琮製序)、(磧 102)大集譬喻王經二卷(開皇十五年五月翻,六月訖。沙門道邃等筆受)、(磧 87)發覺净心經二卷(開皇十五年九月翻,十月訖。沙門僧琨等筆受)、(磧 157)佛説大威燈光仙人問疑經一卷(開皇六年正月翻,二月訖。沙門道邃筆受,沙門彦琮製序)、(磧 161)八佛名號經一卷(開皇六年五月翻,六月訖。沙門道邃筆受,沙門彦琮製序)、(磧 160)入法界體性經一卷(開皇十五年七月翻,八月訖。沙門道邃等筆受)、佛説稀有校量功德經一卷(開皇六年六月翻,其月訖。沙門僧曇筆受,沙門彦琮製序)、善恭敬經一卷(開皇六年七月翻,八月訖。沙門僧曇

筆受，沙門彦琮製序）、（磧165）不空羂索咒經一卷（開皇七年四月翻，五月訖。沙門僧曇等筆受，沙門彦琮製序）、（磧166）十二佛名神咒較量功德除障滅罪經一卷（開皇七年五月翻，其月訖。沙門僧琨筆受，沙門彦琮製序）、佛説一向出生菩薩經一卷（開皇五年十一月翻，十二月訖。沙門僧曇筆受，沙門彦琮製序）、（磧170）金剛場陀羅尼經一卷（開皇七年六月翻，八月訖。沙門僧琨等筆受，沙門彦琮製序）、如來方便善巧咒經一卷（開皇七年正月翻，二月訖。沙門僧曇等筆受，沙門彦琮製序）、東方最勝燈王如來遣二菩薩送咒奉釋迦如來護持世間經一卷（三寶紀未著録）、（磧200）出生菩提心經一卷（開皇十五年十月翻，其月訖。學士劉憑筆受）、（磧201）商主天子所問經一卷（開皇十五年八月翻，九月訖。學士費長房等筆受）、諸法最上王經一卷（開皇十五年五月翻，七月訖。沙門明芬等筆受）、（磧207）大乘三聚懺悔經一卷（達摩笈多同譯）、（磧132）妙法蓮華經八卷（達摩笈多同譯）、（磧100）大方等大集賢護經五卷（達摩笈多同譯）、（磧118）佛華嚴入如來智德不思議境界經一卷（三寶紀未著録）、（磧151）大方等大雲請雨經一卷（三寶紀未著録）、（磧192）無所有菩薩經四卷（三寶紀未著録）、（磧279）起世經十卷（三寶紀未著録）、（大正21密四）東方最勝燈王陀羅尼經一卷、東方最勝燈王如來經一卷（三寶紀未著録）。

今佚，三寶紀著録者尚有：諸佛護念經十卷（開皇十四年十月起手，至十二月訖。沙門僧曇等筆受）、五千五百佛名經（開皇十三年八月起手，十四年九月訖。沙門僧曇等筆受）、賢護菩薩經六卷（開皇十四年十二月起手，十五年二月訖。沙門明芬等筆受）、聖善住天子所問經四卷（開皇十五年［四月］起手，九月訖。沙門道邃筆受）、移識經二卷（開皇十一年十月翻，十二月訖。學士費長房筆受）、文殊尸利行經一卷（開皇六年三月翻，四月訖。沙門僧曇筆受，沙門彦琮製序）、金光明經囑累品銀主品合一卷（開皇十五年十二月出，費長房筆受。涼世曇無讖翻四卷。梁世真諦翻七卷，周世崛多翻五卷，並無此兩品。今有，故復出之）。

［45］仁：諸本同，麗初本脱。

［46］度：諸本同，洪南本作“受”。

［47］聞：諸本同，興聖寺本作“間”。

［48］嚮：諸本同，磧本作“鄉”。

［49］册：諸本同，麗再本作“再”誤，今據諸本改。

［50］（磧98）大集須彌藏經二卷（那連耶舍同譯）、（磧127）大悲經五卷（那連耶舍同譯）、（磧302）佛説業報差別經一卷（三寶紀題：開皇二年三月譯，是第二出。與罪業報應經大同小異）。三寶紀卷一二有達摩般若傳，與續僧傳略同。

隋東都雒濱上林園翻經館南賢豆沙門達摩笈多傳三 侯君素 徐同卿[1] 劉憑 費長房

達摩笈多，隋言法密，本南賢豆羅囉力加反國人也，刹帝利種。姓弊耶伽囉[2]此云虎氏。有弟四人[3]，身居長子，父母留戀，不聽出家。然以篤愛法門，深願離俗。年二十三，往中賢豆界鞬拏究撥闍城此云耳出，於究牟地謂黄色花，因園以得名也[4]僧伽囉磨[5]此云衆園。舊云僧伽藍者,訛略也。笈多於此寺中,方得落髮,改名法密。年二十五,方受具戒。其郁波弟耶佛馱笈多,此云學密[6];阿遮利夜,名舊拏達多[7],此云德施;又一阿遮利夜[8],名爲普照,通大小乘經論,咸能誦説,行賓荼夜法謂行乞食者,舊名爲分衛,入第耶那此云念修,舊爲禪那及持訶那,並訛僻也。恒入此觀,以爲常業。笈多受具之後[9],仍住三年,就師學問,師之所得,略窺户牖。

後以普照師爲吒迦國王所請,從師至彼,經停一載,師還本國,笈多更留四年,住於提婆鼻何囉此云天遊也。天謂國王,遊謂僧處,其所王立,故名天遊。舊以寺代之。寺乃此土公院之名,所謂司也,廷也。又云招提者,亦訛略也。世依字解,招謂招引,提謂提携,並浪語也。此乃西言耳,正音云:招鬥提奢,此云四方,謂處所爲四方衆僧之所依住也。於是,歷諸大小乘國及以僧寺,聞見倍多。北路商人頗至於彼,遠傳東域有大支那國焉舊名真丹、振旦者,並非正音[10],無義可譯。惟知是此神州之總名也。初雖傳述,不甚明信,未作來心,但以志在遊方,情無所繫,遂往迦臂施國[11]。六人爲伴,仍留此國,停住王寺。笈多遂將四伴,於國城中二年停止,遍歷諸寺,備觀所學,遠遊之心,尚未寧處。其國乃是北路之會,雪山北陰,商侣咸凑其境[12],於商客所又聞支那大國三寶興盛,同侣一心,屬意來此。非惟觀其風化,願在利物弘經。便逾雪山西足薄佉羅國、波多叉拏國、達摩悉鬟多國[13]。此諸國中,並不久住,足知風土、諸寺儀式。又至渴羅槃陀國[14],留停一年,未多開導。又至沙勒國,同伴一人復還本邑,餘有三人停在王寺謂沙勒王之所造也,經住兩載,仍爲彼僧講説破論有二千偈[15],旨明二部[16],多破外道。又爲講如實論亦二千偈,約其文理,乃是世間論義之法。又至龜兹國,亦停王寺,又住二年,仍爲彼僧講釋前論。其王篤好大乘,多所開悟,留引之心,旦夕相造。笈多繫心東夏,無志潛停,密將一僧間行至烏耆國,在阿爛拏寺講通前論[17]。又經二年,漸至高昌,客遊諸寺。其國僧侣多學漢言,雖停二年,無所宣述。又至伊吾,便停一載。值難避地西南,路純砂磧,水草俱乏,同侣相顧,性命莫投[18]。乃以所齎經論,權置道旁,越山求水,冀以存濟。求既不遂,勞弊轉增,專誦觀世音咒,夜雨忽降,身心充悦。尋還本途,四顧茫然,方道迷失,踟躕進退,乃任前行,遂達于瓜州,方知委曲,取北路之道也[19]。

笈多遠慕大國,跋涉積年,初契同徒,或留或殁,獨顧單影[20],届斯勝地,静言思之,悲喜交集。尋蒙帝旨,延入京城,處之名寺,供給豐渥,即開皇十年冬十月也。至止未淹,華言略悉。又奉别勑,令就翻經,移住興善,執本對譯,允正寔繁。所誦大小乘論,並是深要,至於宣解,大弘微旨,此方舊學[21],頻遣積疑。然而慈恕立身,柔和成性,心非道外,行在言前。戒地夷而静[22],智水幽而潔;經洞字源,論窮聲意。加以威容詳正,勤節高猛,誦響繼晨宵,法言通内外。又性好端居,簡絶情務,寡薄嗜慾[23],息杜希求。無倦誨人,有逾利己,曾不忤顔於賤品,輕心於微類,遂使未覩者傾風,暫謁者欽敬。自居譯人之首,惟存傳授,所有覆疏,務存綱領[24]。煬帝定鼎東都,敬重隆厚,至於佛法,彌增崇樹。乃下勑於洛水南濱上林園内置翻經館,搜舉翹秀,永鎮傳法。登即下徵笈多,并諸學士,並預集焉,四事供承,復恒常度,致使譯人不墜其緒,成簡無替於時。

及隋綱云頹[25],郊壘烟構,梵本、新經,一時斯斷。笈多藴其深解,遂闕陳弘。始於開皇中歲,終於大業末年[26],二十八載,所翻經論七部,合三十二卷[27],即起世、緣生、藥師本願、攝大乘、菩提資糧等是也。[28]並文義澄潔,華質顯暢。具唐貞觀内典録[29]。至武德二年,終于洛汭。初笈多翻普樂經一十五卷,未及練覆,值僞鄭淪廢,不暇重修,今卷部在京,多明"八相"等事。

有沙門彦琮内外通照[30],華梵並聞[31],預參傳譯,偏承提誘,以笈多遊履,具歷名邦[32],見聞陳述,事逾前傳,因著大隋西國傳一部,凡十篇:本傳一、方物二、時候三、居處四、國政五、學教六、禮儀七、飲食八、服章九、寶貨十。盛列山河、國邑、人物,斯即五天之良史,亦乃三聖之宏圖。故後漢西域傳云"靈聖之所降集,賢懿之所挺生"者是也。詞極綸綜,廣如所述。

初開皇十三年,廣州有僧行塔懺法,以皮作帖子二枚[33],書爲善惡兩字,令人擲之[34],得善者吉。又行自撲法,以爲滅罪,而男女合雜[35],妄承密行。青州居士接響同行。官司撿察[36],謂是妖異,[37]其云:"此塔懺法依占察經。自撲懺法依諸經中,五體投地,如大山崩[38]。"時以奏聞[39],乃勑内史侍郎李元操[40],就大興善問諸大德。[41]有沙門法經、彦琮等對云:"占察經見有兩卷,首題菩提登在外國譯。文似近代所出,衆藏亦有寫而傳者。撿勘群録,並無正名及譯人時處。塔懺與衆經復異,不可依行。"勑因斷之。

時有秀才儒林郎侯白奉勑撰旌異傳一部二十卷,多叙感應,即事亟涉,弘演釋門者。[42]白,字君素,本相鄴人也[43],識敏機對,揖崇臺省。帝以多聞前古,爰引賓王,觀國程器,終于此職。

又有晋府祭酒徐同卿撰通命論兩卷。卿以文學之富,鏡達玄儒等教,亦明三世因果。[44]但文言隱密,先賢之所未辯,故引經史正文,會通運命,歸於因果。意在顯發儒宗,助佛宣教,導達群品,咸奔一趣。蓋卿博識有據,故能洞此幽求。

又有翻經學士涇陽劉憑,撰内外旁通比校數法一卷。憑,學通玄素,偏工數術,每以前代翻度至於數法比例,頗涉不同,故演斯致。其序略云:

世之道藝,有淺有深;人之禀學,有疏有密。故尋筭之用也[45],則兼該大衍。其不思也,則致惑三隅。然東夏數法,自有三等之差;西天所陳,何無兩端之例[46]。然則先譯諸經,並以大千稱爲百億,言一由旬爲四十里,依諸筭計,悉不相符。竊疑翻傳之日,彼此異意[47],指撝之際,於斯取失。故衆經笇數之法與東夏相參,十十變之,旁通對衍,庶擬翻譯之次,執而辯惑[48]。既參隸經誥,故即而叙之。[49]

至開皇十五年,文皇下勑,令翻經諸僧撰衆經法式。時有沙門彦琮等准的前録,結而成之,一部十卷,奏呈入内。並見隋代費氏諸録[50]。

時有翻經學士成都費長房,本預緇衣,周朝從廢。因俗傳通[51],妙精玄理。開皇之譯,即預搜揚,勑召入京,從例修緝。以列代經録,散落難收,佛法肇興,年載蕪没,乃撰三寶録一十五卷。始於周莊之初,上編甲子,下舒年號[52],并諸代所翻經部卷目[53],軸别陳叙,函多條例[54]。然而瓦玉雜糅,真僞難分,得在通行[55],闕於甄異。録成陳奏,下勑行之[56]。所在流傳,最爲該富矣。

【校注】

[1] 卿:諸本同,麗初本作"鄉"。

[2] 囉:磧本、興聖寺本作"羅",麗初本、趙本同麗再本。

[3] 弟:興聖寺本、麗初本、趙本作"第",麗再本同磧本。

[4] 因園以得名也:磧本作"因花園以得名也",趙本作"園以得名也"。案,本句之衆本均爲正文,今據文意改爲夾注,上下文相同情況,不再出校。

[5] 磨:諸本同,磧本作"摩"。

[6] 學密:磧本、興聖寺本、麗初本作"覺密",趙本同麗再本。

[7] 舊:諸本同,磧本作"奮"。

[8] 攸:諸本同,興聖寺本脱。

[9] 之:諸本同,磧本作"足"。

[10] 並非:諸本同,興聖寺本倒作"非並"。

[11] 施:諸本同,興聖寺本作"陀"。

[12] 侶:諸本同,磧本作"旅"。

[13] 鬢:磧本作"鬚",興聖寺本同磧本,麗初本、趙本同麗再本。

[14] 又:諸本同,麗初本作"人"。

[15] 説:諸本同,磧本作"念"。

[16] 二部:諸本同,磧本作"三印"。

[17] 爛:諸本同,興聖寺本作"闌",磧本、隨函録作"囒"。

[18] 莫:諸本同,興聖寺本作"草"。

[19] 委曲取:磧本作"曲取",興聖寺本作"委曲",麗初本、趙本同麗再本。

[20] 影:磧本作"行",興聖寺本作"景",麗初本、趙本同麗再本。

[21] 方:諸本同,磧本作"乃"誤。

［22］戒：興聖寺本、麗初本、趙本作“誡”，磧本同麗再本。

［23］慾：諸本同，磧本作“欲”。

［24］存：諸本同，興聖寺本作“在”。

［25］綱：諸本同，磧本作“網”誤。

［26］終於：諸本同，磧本作“經至”。

［27］三十二：諸本同，磧本作“二十二”。大唐内典録卷五作“三十三卷”。釋教録卷七作“（九部）四十六卷”。

［28］今存：（磧 154、大正 14）佛説藥師如來本愿經一卷、（磧 248）攝大乘論釋十卷、（磧）菩提資糧論六卷、（磧 220）金剛般若波羅蜜經論三卷、（磧 257）緣生論一卷、大方等善住意天子所問經四卷、（磧 99）佛説大方等大集菩薩念佛三昧經十卷。已上七部三十五卷，著録於大唐内典録卷七。（磧 147、大正 16）緣生初勝分法本經二卷、（磧 280）起世因本經十卷。上二部大唐内典録未著録，見於釋教録卷七。（磧 72）金剛能斷波若波羅蜜經一卷、（磧 132）妙法蓮華經八卷（闍那崛多同譯，著録於内典録卷六）。

藥師如來本願經序：“藥師如來本願經者，致福消災之要法也。曼殊以慈悲之力請説尊號，如來以利物之心盛陳功業。十二大願，彰因行之弘遠；七寳莊嚴，顯果德之純净。憶念稱名，則衆苦咸脱；祈請供養，則諸願皆滿。至於病士求救，應死更生；王者攘災，轉禍爲福。信是消百怪之神符，除九横之妙術矣。昔宋孝武之世，鹿野寺沙門慧簡，已曾譯出，在世流行。但以梵宋不融，文辭雜糅，致令轉讀之輩，多生疑惑。矩早學梵書，恒披葉典，思遇此經，驗其紕繆。開皇十七年，初獲一本，猶恐脱誤，未敢即翻。至大業十一年，復得二本，更相讎比，方爲楷定。遂與三藏法師達磨笈多，並大隋翻經沙門法行、明則、長順、海馭等，於東都洛水南上林園翻經館重譯此本。深鑒前非，方懲後失，故一言出口，必三覆乃書，傳度幽旨，差無大過。其年十二月八日，翻勘方了，仍爲一卷。所願，此經深義，人人共解；彼佛名號，處處遍聞，十二夜叉，念佛恩而護國；七千眷屬，承經力以利民。帝祚遐永，群生安樂，式貽來世，序之云爾。”案，此序作者，據本卷彦琮傳，或是裴矩。

緣生論序：“原是一心，積爲三界；癡流漫遠，苦樹欝高。欲討其際，難測其本。理極實相之門，筌窮假名之域，五因七果，十有二分緣生之法，總備於此。凡則迷而起妄，聖則悟以通真，下似兔浮，上如象度，大哉妙覺，淵乎洞盡，十地與雙林俱暢，聞域共稻芉咸敷。至若此經，獨苞彼例，彼所未説，此乃具演。攀緣爲首，對治爲末，總則一十一門，別則百二十門。其旨微而密，其詞約而隱，經之綱目，攝在兹焉。並有聖者欝楞迦，附此經旨作論，顯發其論也，遍取三乘之意，不執一部之筌。先立偈章，後興論釋，偈有三十，故亦名三十論也。大業二年十月，南賢豆國（舊名天竺者訛也）三藏法師達磨笈多，與故翻經法師彦琮，在東都上林園，依林邑所獲賢豆梵本，譯爲隋言。三年九月，其功乃竟，經二卷、論一卷。三藏師，字論閑明，義解沉密；琮法師，博通經論，兼善梵文，共對葉本，更相扣擊，一言靡違，三覆逾審，辭頗簡質，意存允正，比之昔人，差無尤失。真曰法燈，足稱智藏，願窮後際，常益世間云爾。”

［29］具：諸本同，磧本作“見”。

［30］照：興聖寺本、麗初本、隨函録作“昭”，趙本、磧本同麗再本。

［31］華梵並聞：諸本同，興聖寺本作“華梵問”。

[32] 名：諸本同，興聖寺本作“多”。

[33] 帖：麗再本、興聖寺本、麗初本、趙本似作“怗”，今據磧本。

[34] 令：諸本同，興聖寺本作“合”。案，興聖寺本“令”“合”二字混用，下同，不一一出校。

[35] 女：諸本同，興聖寺本作“子”。

[36] 察：諸本同，興聖寺本作“密”。

[37] 據三寶紀卷一二占察經題記：“開皇十三年，有人告廣州官司，云是其妖。”

[38] 大：磧本作“太”，趙本同麗再本，興聖寺本、麗初本同磧本。

[39] 時：諸本同，磧本作“特”。

[40] 李元操：諸本同，趙本作“李元撰”，三寶紀卷一二作“李元操”。

[41] 據三寶紀卷一二占察經題記：“廣州司馬郭誼來京，向岐州具狀聞奏。勑不信占察經道理，令内史侍郎李元操共郭誼就寶昌寺問諸大德。”據廣弘明集卷一七舍利感應記，寶昌寺在岐州。案，隋文帝長期居住在岐州仁壽宫，故郭誼到京後還得再到岐州奏事。

[42] 旌異傳：今作旌異記，已佚，但太平廣記偶有徵引，今有輯本見魯迅古小説鉤沉。

[43] 也：諸本同，磧本無。

[44] 三寶紀卷一二通命論題記“同卿以爲儒教亦有三世因果之義”，似比續僧傳更爲明確。

[45] 筭：諸本同，磧本作“籌”。

[46] 兩端：磧本作“異端”，興聖寺本、麗初本、趙本同磧本。“兩端”與“三等”對，麗再本是。

[47] 意：磧本作“音”，麗初本、趙本同麗再本，興聖寺本同磧本。

[48] 惑：諸本同，興聖寺本作“或”。

[49] 三寶紀卷一二外内旁通比校數法題記，與此傳略同。

[50] 見三寶紀卷一二衆經法式題記：“開皇十五年勑有司撰　　斯蓋帝王無方，俯降開導，群品匪隔，釋儒隋梵，通其一文。華夷會其殊俗，雖曰沙門，服非夏服，人是華人。而大聖慈悲，逆觀遐代，垂教禁止，助國防民。民不自治，天授神主，主思政化，拯濟蒼生，遠惟金言，深懷顧托。所以大集經日藏分護法品：‘佛告頻婆娑羅王：大王，汝等諸王，於今現在及未來世，乃至法住，於是時中一切佛法囑付汝等，一切諸王應好擁護。若擁護者，即是三世一切諸佛之大檀越，能持三世諸佛正法。是人命終，生於他方净佛國土。若擁護者能令三寶久住不滅，若不擁護我法即滅。若法在世，能令人天充滿，惡道減少。’所以世界成壞，要因諸佛；聖法興毁，必在帝王。故釋論云‘衆生果報由菩薩’。有[又]勝天王經云：‘若佛如來不出世，一切衆生受大苦，無復善道唯惡趣，但聞三塗苦惱聲。’將知世間，值好國王，恒聞佛法，是不思議。又，德護長者經如來記云：‘月光童子於當來世佛法末時，於閻浮提脂那國内作大國王，名爲大行。彼王能令脂那國内，一切衆生，住於佛法，種諸善根。’震旦、脂那，蓋[梵]楚夏耳。此稱末者，正法既滅，去佛漸遥，通言末法。計佛滅來至今已巳，始一千一百九十五年。依佛本行，正法五百，像法千年，今當像末。依善見律，正像住世各一千年，今則當像初。既俱經律，延促逐緣，乃可承初，豈應據末？

昔魏太武毁廢之辰，止及數州，弗湮經像。近遭建德周武滅時，融佛焚經，驅僧破塔，聖教靈迹，削地靡遺；實刹伽藍，皆爲俗宅；沙門釋種，悉作白衣。凡經七[十]年，不識三寶。當此毁時，即是法末，所以人鬼哀傷，天神悲慘，慧日既隱，蒼生晝昏。天啓我皇，乘時來馭，君臨億兆，化被萬邦。庶政咸新，典章斯革，輕刑薄賦，減役省徭。二十進丁，兩床輸疋，含齒戴髮，俱喜泰平。既清廓兩儀，即興復三寶。

開皇元年二月，京及諸州城居聚落，並皆創訖。至閏三月，詔曰：門下，法無内外，萬善同歸；教有淺深，殊途共致。朕伏膺道化，念好清静。慕釋氏不貳之門，貴老生得一之義，總齊區有，思至無爲。若能高蹈清虚，勤求出世，咸可獎勵，貽訓垂範。山谷閑遠，含靈韞異，幽隱所好，仙聖攸居。學道之人趣向者廣，石泉栖息，巖藪去來，形骸所待，有須養給，其五岳之下，宜各置僧寺一所。

至七月，又制曰：門下，風樹弗静，隙影如流，空切欲報之心，徒有終身之慕。伏惟，太祖武元皇帝，窮神盡性，感穹昊之靈；膺籙合圖，開炎德之紀。魏氏將謝，躬事經綸；周室勃興，同心匡贊，間關二代，造我帝基，猶夏禹之事唐虞，若晋宣之輔漢魏。往者，梁氏將滅，親尋構禍，蕭詧稱兵擁衆，據有襄陽，將入魏朝，狐疑未决，先帝出師樊鄧，飲馬漢濱，彼感威懷，連城頓顙。隋郡安陸，未即風從，敵人騁輔車之援，重城固金湯之守，乃復練卒簡徒，壹舉而剋，始於是日，遂啓漢東。蕭繹往在江陵，主梁稱制，外通表奏，陰有異圖，心迹之間，未盡臣節。王室薄伐，帝實先鋒，誅厥放命，繼其絶祀。有齊末云，凶徒孔熾，連山巨防，艱危萬里，晋水之陽，是其心腹。於是，鳴夔秉鉞，假道北鄰，皮服欽風，烟隨霧集，懸兵萬里，直指参虚。左縈右拂，麻積草靡。雖事未既也而英威大震，齊人因以挫衄，周武賴以成功。尚想王業之勤，遠惟風化之始，率夷狄而制東夏，用偏師而取南國，豈徒湯征葛伯，周伐崇峻而已哉。積德累功，福流後嗣。俾朕虚薄，君臨區有，追仰神猷，事冥真寂。降生下土，權變不常，用輪王之兵，申至仁之意，百戰百勝，爲行十善。故以干戈之器，已類香華；玄黄之野，久同浄國。思欲崇樹寶刹，經始伽藍，增長福因，微副幽旨。昔夏因治水，尚且銘山；周曰巡遊，有因勒石。帝王紀事，由來尚矣。其襄陽、隋郡、江陵、晋陽，並宜立寺一所，建碑頌德。庶使莊嚴寶坊，比虚空而不壞；導揚茂實，同天地而久長。所以，每年至國忌日，廢務設齋，造像行道，八關懺悔，奉資神靈。

至八月，又制曰：門下，昔歲周道既衰，群兇鼎沸，鄴城之地，寔爲禍始。或驅逼良善，或同惡相濟，肆海之大，過半豺狼；兆庶之廣，咸憂天噬。朕出車練卒，蕩滌妖醜。誠有倒戈，不無困獸，將士奮發，肆其威武，如火燎毛，殆亡遺燼。于時，朕在廊廟，任當朝宰，德慚動物，民陷網羅，空切罪己之誠，惟增見辜之泣。然兵者凶器，戰實危機，節義之徒，輕生忘死，干戈之下，又聞徂落，興言震悼，日久逾深。永念群生，蹈兵刃之苦；有懷至道，興度脱之業。物我同觀，愚智俱愍，思建福田，神功祐助。庶望死事之臣，菩提增長；悖逆之侣，從暗入明。並究苦空，咸拔生死。鯨鯢之觀，化爲微妙之臺；龍蛇之野，永作玻瓈之鏡。無邊有性，盡入法門。可於相州戰地，建伽藍一所，立碑紀事。又，民犯法處盡之人，率爲營齋。〔校案，此處省去費長房識語〕

開皇三年降敕旨云：好生惡殺，王政之本，佛道垂教，善業可憑。稟氣含靈，唯命爲重，宜勸勵天下，同心救護。其京城及諸州，官立寺之所，每年正月、五月、九月，恒起八日至十五日，當寺行道。其行道之日，遠近民庶，凡是有生之類，悉不得殺。

至四年又勑旨:周武之時,悉滅佛法,凡諸形像,悉遣除之。號令一行,多皆毀壞。其金銅等,或時爲官物,如有見存,並可付隨近寺觀安置,不得轉有損傷。於時木石之像,皆將别用,有司亦存意,知則移安,公寺私家,遣迎供養。所以興心厝意,皆崇福基,布令吐言,必懷善誘。

至十一年,又制曰:門下,如來設教,義存平等,菩薩用心,本無差别,故能津梁庶品,濟渡群生。朕位在人王,紹隆三寶,永言至理,弘闡大乘。諸法豁然,體無彼我,況於福業,乃有公私?自今已後,凡是營建功德,普天之内,混同施造,隨其意願,勿生分别。庶一切法門,同歸不二;十方世界,俱至菩提。而日就月將,營新稍廣,但憶先惟往,修舊未周,復代含識,重懺悔云。

開皇十三年十二月八日,隋皇帝佛弟子姓名,敬白十方盡虚空遍法界一切諸佛、一切諸法、一切諸大賢聖僧:仰惟如來慈悲,弘道垂教,救拔塵境,濟渡含生,斷邪惡之源,開仁善之路,自朝及野,咸所依憑。屬周代亂常,侮慢聖迹,塔宇毁廢,經像淪亡,無隔華夷,掃地悉盡。致使愚者無以導惛迷,智者無以尋靈聖。弟子往藉三寶因緣,今膺千年昌運,作民父母,思極[拯]黎元,重顯尊容,再崇神化,頹基毁迹,更事莊嚴,廢像遺經,悉令雕撰。雖誠心懇到,猶恐未周,故重勤求,令得顯出。而沉頓積年,汙毁非處,如此之事,事由弟子,今於三寶前至心發露懺悔。周室除滅之時,自上及下,或因公禁,或起私情,毁像殘經,慢僧破寺,如此之人,罪實深重,今於三寶前悉爲發露懺悔,敬施一切毁廢經像絹十二萬疋,皇后又敬施絹十二萬疋,王公已下爰至黔黎,又人敬施錢百萬。願一切諸佛、一切諸法、一切諸大賢聖僧,爲作證明,受弟子懺悔。於時,臺宫主將、省府官僚、諸寺僧尼、縣州佐史、並京城宿老等,並相勸率,再日設齋,奉慶經像。日十萬人,寺别敕使,香湯浴像。

至十五年,以諸僧尼,時有過失,内律佛制,不許俗看,遂敕有司,依大小乘衆經正文,諸有禁約沙門語處,悉令録出,並各事别,題本經名,爲此十卷,獎導出家。斯實大行菩薩國王,降意殷勤,受佛遺囑,憐愍黎庶,恐溺三途,慈普既弘,化流無外。致今年五月,群鹿來馴仁壽宫門,既奉明詔,躍還山野。百官表賀。

至六月,詔曰:朕比臨朝聽政,乃有群鹿來遊,馴擾宫門,前後非一,逼近人衆,安然不驚。但往經離亂,年世久遠,聖人之法,敗絶不行,習俗生常,專事殺害。朕自受靈命,撫臨天下,遵行聖教,務存愛育。由王公等用心,助朕宣揚聖法,所以山野之鹿,今遂來馴。官人等但以至誠化導民俗,自可編户之人,皆爲君子。宜存心仁善,副此休祥。

〔房曰:夫宫門守衛,兵仗肅嚴,行人遠觀,猶懷畏懼,而山鹿野獸,近狎弗驚者,良有以也。何但化霑行葦,澤及昆蟲而已哉。夫獐鹿生蟲,見樹影動,尚豎耳驚,況視槊仗乃入不怖。故膺聖化,將欲表明,先致野蟲心安隱耳。大智論云:'人無殺心,衆生依附。'涅槃經云:'時有獵師追逐一鴿,是鴿惶怖,至舍利弗影,猶故戰慄。至如來影,身心安隱,恐怖即除。此則仁壽宫門,譬同佛影。'大品經云:'佛説般若,盲者得視,聾者能聽,啞者能言。'此則巡歷太山,譬同般若。勝天王經云:'轉輪聖王出世,則七寶常見。'藍田之山,舊稱産玉,近代曠絶,書史弗聞。開皇已來,出玉非一。又太府寺是國寶淵,碇二十餘,自變爲玉。仁壽山所,國之神靈,其山澗石,復變爲玉。地不愛寶,此則同於輪王相也。而晏子云'橘生江北化爲枳',今大興長安,率栽橘樹。況由來無華草藥木,人難名記,今並自形。諸此靈休,章表備有,具左右史,言事備刊。謹略要祥,以明福應,庶奉法式釋種,感君王慈育化焉。〕”

［51］傳:諸本同,磧本作“博”應是。

［52］舒:諸本同,磧本作“録”。

［53］并:諸本同,興聖寺本作“年”。目:麗再本同磧本,興聖寺本、麗初本、趙本脱。

［54］函:諸本同,磧本作“亟”,應是。條:諸本同,麗初本作“修”。

［55］得:諸本同,麗初本作“待”。

［56］行:諸本同,興聖寺本脱。

隋東都上林園翻經館沙門釋彦琮傳四行矩

釋彦琮,俗緣李氏,趙郡柏人人也。世號衣冠,門稱甲族。少而聰敏,才藻清新,識洞幽微,情符水鏡,遇物斯覽,事罕再詳。初投信都僧邊法師。因試令誦須大拏經,減七千言,一日便了。更誦大方等經,數日亦度。邊異之也。至于十歲,方許出家,改名道江,以慧聲洋溢,如江河之望也。聽十地論,榮譽流振,州邑所推。十二,在巏嵍山誦法花經。不久尋究,便遊鄴下。因循講席,乃返鄉寺,講無量壽經。時太原王劭任趙郡佐[1],寓居寺宇,聽而仰之[2],友敬彌至。

齊武平之初,年十有四,西入晉陽[3],且講且聽。當爾道張汾朔[4],名布通儒。尚書敬長瑜及朝秀盧思道、元行恭、邢恕等並高齊榮望[5],欽揖風猷,同爲建齋,講大智論。親受披導,嘆所未聞。及齊后西幸晉陽,延入宣德殿,講仁王經。國統、僧都用爲承奉,聽徒二百,並是英髦[6]。帝親臨御筵,文武咸侍,皇太后及以六宫同昇法會,勑侍中高元海扶琮昇坐,接侍上下[7]。而神氣堅朗,希世驚嗟,析理開神,咸遵景仰。十六,遭父憂,厭辭名聞[8],遊歷篇章,爰逮子史,頗存通閲。右僕射陽休之與文林館諸賢交共款狎[9],性愛恬静,延而方造。及初進具,日次晡時,戒本萬言,誦試兼了。自爾專習律撿,進討行科。

及周武平齊,尋蒙延入,共談玄籍,深會帝心,勑預通道觀學士。時年二十有一,與宇文愷等周代朝賢,以大易、老、莊陪侍講論。江便外假俗衣,内持法服,更名彦琮。武帝自纘道書,號無上秘要。于時,預霑綸綜[10],特蒙收採。至宣帝在位,每醮必累日通宵,談論之際,因潤以正法。時漸融泰,頗懷嘉賞,授禮部等官,並不就。與朝士王劭、辛德源、陸開明[11]、唐怡等情同琴瑟,號爲文外玄友。

大象二年,隋文作相,佛法稍興,便爲諸賢講釋般若。大定元年正月[12],沙門曇延等同舉奏度,方蒙落髮,時年二十有五。至其年二月十三日,高祖受禪,改號開皇。即位講筵,四時相續[13],長安道俗,咸拜其塵[14]。因即通會佛理,邪正沾濡[15],沐道者萬計。又與陸彦師、薛道衡、劉善經、孫萬壽等一代文宗著內典文會集。又爲諸沙門撰唱導法。皆改正舊體,繁簡相半,即現傳習,祖而行之[16]。

開皇三年,隋高祖幸道壇[17],見畫老子化胡像[18],大生怪異,勑集諸沙門、道士共論其本。又勑朝秀蘇威[19]、楊素、何妥、張賓等有參玄理者,詳計奏聞。時琮預在此筵,當掌言務,試舉大綱,未及指覈[20],道士自伏[21],陳其矯詐。因作辯教論,明道教妖妄者有二十五條,詞理援據,宰輔褒賞。

其年西域經至,即勑翻譯,既副生願[22],欣至泰然。從駕東巡,旋途并部。時煬帝在蕃,任總河北[23],承風請謁,延入高第,親論往還,允愜懸佇。即令住内堂,講金光明、勝鬘、般若等經。又奉別教,撰修文疏,契旨卓陳,足爲稱首[24]。又教住大興國寺。爾後,王之新詠舊叙,恒令和之。又遣蕭慤[25]、諸葛潁等群賢[26],迭往參問[27],談對名理,宗師有歸。隋秦王俊作鎮太原[28],又蒙延入,安居内第,叙問殷篤[29]。琮別夜寐,夢見黄色大人,身長三丈,手執頗梨碗授[30],云"碗内是酒"。琮於夢中跪受之,曰:"蒙賜寶器,非常荷恩,但以酒本律禁,未敢輒飲。"寤已,莫知其由。及後,王躬造觀音畫像,張設内第,身量所執,宛同前夢[31]。於是私慰素抱,悲慶交并。至十二年,勑召入京,復掌翻譯[32],住大興善,厚供頻仍。時文帝御宇[33],盛弘三寶,每設大齋,皆陳懺悔。帝親執香鑪[34],琮爲宣導,暢引國情,恢張皇覽,御必動容竦顧[35],欣其曲盡深衷。其言誠感達,如此類也。煬帝時爲晋王,於京師曲池施營第林[36],造日嚴寺。降禮延請,永使住之。由是朝貴明哲[37],數增臨謁,披會玄旨,屢發信心。

然而東夏所貴,文頌爲先;中天師表,梵音爲本[38]。琮乃專尋葉典[39],日誦萬言,故大品、法花、維摩、楞伽、攝論、十地等,皆親傳梵書,受持誦讀[40]。每日闇閲,要周乃止。

仁壽初年,勑令送舍利于并州[41],時漢王諒於所治城隔内造寺,仍置寶塔,今所謂開義寺是也。琮初至塔所,累日雲霧晦合。及至下晨,時正當午,雲開日耀,天地清朗,便下舍利,瘞而藏之。又感瑞雲夾日,五色相間。

仁壽末歲[42],又奉勑送舍利于復州方樂寺[43],今名龍蓋寺也。本基荒毁,南齊初立,周廢頽滅,纔有餘址,而處所顯敞,堪置靈塔,令人治翦。忽覺頭上痒悶,因檢髪中,獲舍利一粒,形如黍米,光色鮮發。兩斧試之,上下俱陷,而舍利不損,頻更椎打[44],光色逾盛。掘深七尺,又獲塼,藏銅、銀諸合,香泥宛然。但見清水滿合,其底蹤迹似有舍利,尋覓不見,方知髪中所獲,乃是銀合所盛。又覓石造函[45],遍求不獲。乃於竟陵縣界,感得一石,磨治既了,忽變爲玉,五色,光潤内徹[46],照見旁人。又於石中現衆色象[47]。引石向塔,又感一鵝,飛至函所,自然馴狎,隨石去住,初無相離,雖見同群,了無顧眄,逐去還來。首尾十日,恒在轝所[48]。有人將至餘處,便即鳴叫飛翔,逾院而入。及至埋訖[49],便獨守塔,繞旋而已。又感塔所前池有諸魚、鱉,並舉頭出水,北望舍利,琮便爲説法,竟日方隱。又感塔所井水,十五日間,自然涌溢,埋後乃止[50]。四月八日,雲滿上空,正午將下,收雲並盡,惟餘塔上團圓如蓋,五色間錯,映發日輪,至藏舍利,其雲乃散。琮欣感嘉瑞,以狀奏聞。帝大悦,録以爲記[51],藏諸秘閣。

仁壽二年,下勑更令撰衆經目録,乃分爲五例,謂[52]單譯、重翻、别生、疑、僞[53],隨卷有位,帝世盛行[54]。尋又下勑,令撰西域傳,素所諳練,周鏡目前,分異訛錯,深有徵舉。故京壤名達,多尋正焉。有王舍城沙門遠來謁帝,事如後傳,將還本國,請舍利瑞圖經及國家祥瑞録。勑又令琮翻隋爲梵,合成十卷,賜諸西域。

琮以洽聞博達,素所關心,文章騰翥,京輦推尚。凡所新譯諸經,及見講解[55];大智釋論等,並爲之序引。又著沙門名義論、别集五卷,並詞理清簡[56],後學師欽。大業二年,東都新治,與諸沙門,詣闕朝賀。特被召入内禁[57],叙故累宵,談述治體,呈示文頌。其爲時主見知如此。因即下勑,於洛陽上林園立翻經館以處之[58]。供給事隆,倍逾關輔。新平林邑,所獲佛經,合五百六十四夾[59],一千三百五十餘部,並崑崙書多梨樹葉[60],有勑送館,付琮披覽,并使編叙目録。以次漸翻,乃撰爲五卷,分爲七例,所謂經、律、讃[61]、論、方、字、雜書,七也。必用隋言以譯之,則成二千二百餘卷。勑又令裴矩共琮修纘天竺記。文義詳洽,條貫有儀。凡前後譯經,合二十三部一百許卷。制序述事,備于經首。

素患虚冷,發痢無時[62],因卒于館,春秋五十有四,即大業六年七月二十四日也。俗緣哀悼,歸葬柏人。初大漸之晨,形羸神爽,問弟子曰:"齋時至未?"對曰:"未也。"還瞑目而卧,如此再三。乃迴身引頸向門視日曰[63]:"齋時已至,吾其去矣[64]。"索水盥手,焚香迎彌勒畫像,合掌諦觀,開目閉目乃經三四,如入禪定,奄爾而終。持纊屬之,方知已絶。且琮神慧夙成,彰於孩稚;奉信貞恪,松梓其心。本師五臺山沙門道最。最亦風采標映,故琮不墜其門。凡所遊習,澹然獨静。雖經物忤,曾無言及[65]。抑道從俗,勑附文館,屢逢光價,能無會情,斯乃立操虚宗,遊情靡測。講誦相沿,初未休捨[66]。

會夢入地獄,頗見苦緣,由念經佛等名,蒙得解脱,送往山樓之上。尋又歷觀諸獄,備覩同講名僧,五苦加之。具言其狀,爲説十善,良久方覺。至後數年,更夢前事,由稱佛菩薩名[67],又蒙放免。高祖具聞,勑琮録出,賜諸道俗,永爲警誡。自爾,專思罪累,屏絶人事,息意言筌,行方等懺,供給貧病。晚以所誦梵經四千餘偈十三萬言,七日一遍,用爲常業。

然琮久參傳譯,妙體梵文,此土群師,皆宗鳥迹,至於音字詁訓,罕得相符,乃著辯正論,以垂翻譯之式,其詞曰:

彌天釋道安每稱,譯胡爲秦有五失本、三不易也。一者,胡言盡倒而使從秦,一失本也;二者,胡經尚質,秦人好文,傳可衆心,非文不合,二失本也;三者,胡經委悉,至於嘆詠,丁寧反覆,或三或四,不嫌其繁,而今裁斥,三失本也;四者,胡有義説,正似亂詞,尋撿向語[68],文無以異,或一千或五百,今並刈而不存[69],四失本也;五者,事以合成,將更旁及,反騰前詞[70],已乃後説而悉除,此五失本也。

然智經三達之心,覆面所演,聖必因時,時俗有易而删雅古以適今時,一不易也。愚智天隔,聖人叵階,乃欲以千載之上微言,傳使合百王之下末俗,二不易也。阿難出經,去佛未久,尊大迦葉,令五百六通,迭察迭書。今離千年而以近意量截[71],彼阿羅漢乃兢兢若此[72],此生死人而平平若是[73],豈將不以知法者猛乎?斯三不易也。

涉兹五失,經三不易,譯胡爲秦,詎可不慎乎?正當以不關異言[74],傳令知會通耳?何復嫌於得失乎,是乃未所敢知也。

余觀道安法師,獨禀神慧,高振天才,領袖先賢[75],開通後學。修經録則法藏逾闡,理衆儀則僧寶彌盛。稱印手菩薩[76],豈虚也哉。詳梵典之難易[77],詮譯人之得失[78],可謂洞入幽微,能究深隱。至於天竺字體、悉曇聲例,尋其雅論,亦似閑明。舊唤彼方,總名胡國,安雖遠識,未變常語。胡本雜戎之胤,梵唯真聖之苗,根既懸殊,理無相濫。不善諳悉,多致雷同,見有胡貌[79],即云梵種;實是梵人,漫云胡族。莫分真僞,良可哀哉。語梵雖訛,比胡猶别,改爲梵學,知非胡者。

竊以佛典之興,本來西域,譯經之起,原自東京,歷代轉昌,迄兹無墜。久之流變[80],稍疑虧動,競逐澆波,鮮能迴覺。討其故事,失在昔人。至如五欲順情,信是難棄;三衣苦節,定非易忍。割遺體之愛,入道要門;捨天性之親,出家恒務。俗有可反之致,忽然已反;梵有可學之理,何因不學?又且發蒙草創,伏膺章簡,同鸚鵡之言,仿邯鄲之步[81]。經營一字,爲力至多,歷覽數年,其道方博,乃能包括今古,網羅天地,業似山丘,文類淵海[82]。彼之梵法,大聖規摹[83],略得章本,通知體式,研若有功,解便無滯。匹於此域[84],固不爲難,難尚須求,况其易也?或以内執人我,外慚諮問,枉令秘術[85],曠隔神州。静言思之,愍而流涕。

向使法蘭歸漢，僧會適吴，士行、佛念之儔，智嚴、寶雲之末，纔去俗衣，尋教梵字；亦霑僧數，先披葉典，則應五天正語，充布閻浮；三轉妙音，並流震旦[86]。人人共解，省翻譯之勞；代代咸明，除疑網之失。於是舌根恒净，心鏡彌朗。藉此聞思，永爲種性。

安之所述，大啓玄門，其間曲細，猶或未盡，更憑正文，助光遺迹[87]，粗開要例[88]，則有十條：字聲一、句韻二、問答三、名義四、經論五、歌頌六、咒功七、品題八、專業九、異本十。各疏其相，廣文如論。

安公又云："前人出經：支讖、世高審得胡本[89]，難繼者也；羅叉、支越斲鑿之巧者也。"竊以得本關質[90]，斲巧由文，舊以爲鑿，今固非審[91]。握管之暇，試復論之。先覺諸賢，高名參聖，慧解深[92]發，功業弘啓[93]，創發玄路，早入空門，辯不虚起，義應雅合。但佛教初流，方音鮮會，以斯譯彼，仍恐難明。無廢後生[94]，已承前哲，梵書漸播，真宗稍演，其所宣出，竊謂分明[95]。聊因此言，輒銓古譯，漢縱守本，猶敢遥議；魏雖在昔，終欲懸討。或繁或簡，理容未適；時野時華，例頗不定。晋、宋尚於談説，争壞其淳；秦、凉重於文才[96]，尤從其質[97]。非無四五高德，緝之以道；八九大經，録之以正。自兹以後，迭相祖述[98]。舊典成法，且可憲章；展轉同見，因循共寫[99]。莫問是非，誰窮始末？"僧鬘"惟對面之物，乃作"花鬘"；"安禪"本合掌之名，例爲"禪定"。如斯等類，固亦衆矣。留支洛邑，義少加新；真諦陳時，語多飾異。若令梵師獨斷，則微言罕革；筆人參制，則餘辭必混。意者，寧貴樸(樸)而近理，不用巧而背源。儻見淳質，請勿嫌怪[100]。

昔日，仰對尊顔，瞻尚不等；親承妙吼，聽之猶别[101]。諍論起迷，豫昞涅槃之記；部黨興執，懸著文殊之典。雖二邊之義，佛亦許可，而兩間之道，比丘未允其致。雙林早潛，一味初損；千聖同志，九旬共集。雜碎之條，尋訛本誡；水鵠之頌，俄舛昔經。一聖纔亡，法門即減；千年已遠，人心轉僞。既乏寫水之聞[102]，復寡懸河之説[103]，欲求冥會，詎可得乎？且儒學古文，變猶紕謬[104]；世人今語，傳尚參差，況凡聖殊倫，東西隔域。難之又難，論莫能盡。必殷懃於三覆，靡造次於一言。歲校則利有餘，日計則功不足；開大明而布範，燭長夜而成務。宣譯之業未可加也。

經不容易，理藉名賢，常思品藻，終慚水鏡，兼而取之，所備者八：誠心愛法，志願益人，不憚久時，其備一也；將踐覺場，先牢戒足，不染譏惡，其備二也；筌曉三藏，義貫兩乘，不苦闇滯，其備三也；旁涉墳史，工綴典詞，不過魯拙，其備四也；襟抱平恕，器量虚融，不好專執，其備五也;躭於道術[105],澹於名利,不欲高衒,其備六也;要識梵言,乃閑正譯,不墜彼學,其備七也;薄閲蒼雅,粗諳篆隸,不昧此文,其備八也。八者備矣,方是得人;三業必長,其風靡絶。若復精搜十步,應見香草,微收一用,時遇良材[106]。雖往者而難儔[107],庶來者而能繼。法橋未斷,夫復何言?則延、鎧之徒,不迴隆於魏室;護、顯之輩,豈偏盛于晋朝?

或曰:"一音遥説,四生各解,普被大慈,咸蒙遠悟。至若開源白馬,則語逐洛陽;發序赤烏,則言隨建業。未應强移此韻,始符極旨,要工披讀,乃究玄宗。遇本即依,真僞篤信[108],案常無改,世稱仰述。誠在一心,非關四辯,必令存梵,詎是通方。"

對曰:"談而不經,旁慚博識;學而無友,退愧寡聞。獨執管錐,未該穹壤;理絶名相[109],彌難穿鑿。在昔圓音之下[110],神力冥加;滿字之間,利根迴契。然今地殊王舍,人異金口,即令懸解,定知難會。經音若圓[111],雅懷應合,直餐梵響,何待譯言。本尚虧圓,譯豈純實,等非圓實,不無疏近。本固守音[112],譯疑變意,一向能守,十例可明。緣情判義,誠所未敢。若夫孝始孝終,治家治國,足宣至德,堪弘要道。况復净名之勸發心,善生之歸妙覺。奚假落髮翦鬚,苦違俗訓;持衣捧鉢,頓改世儀。坐受僧號,詳謂是理;遥學梵章,寧容非法。崇佛爲主[113],羞討佛字之源;紹釋爲宗,恥尋釋語之趣。空覩經葉[114],弗興敬仰;總見梵僧[115],例生侮慢[116]。退本追末,吁可笑乎。象運將窮[117],斯法見續,用兹紹繼,誠可悲夫。"

文多不載。

琮師尚宗據,深究教源,故章抄疏記,諸無所及,述製書論,不叙丘墳,著福田論、僧官論、慈悲論、默語論[118]、鬼神録、通極論、辯聖論、通學論、善知識録等。並賦詞弘贍,精理通顯。初所著通極者,破世術諸儒不信因果[119],執於教迹,好生異端。此論所宗,佛理爲極。言辯聖者,明釋教宣真,孔教弘俗[120];論老子教,不異俗儒,靈寶等經,則非儒攝。言通學者,勸引儒流,遍師孔、釋,令知内外,備識俗真。言善知識者,是大因緣,登聖越凡,不因善友,無人達也。[121]門人行矩者,即琮兄之子[122],爲立行記,流之于世。

矩,少隨琮學,諳訓葉經,東西兩館,並參翻譯,爲性頗屬文翰,通覽墳素[123]。夙爲左僕射房玄齡所知,深見禮厚,貞觀初奏,敕追入。既達京室,將事翻傳,遂疾而終,不果開演。鄉族流慟,接柩趙州,所譯衆經,具在餘録[124]。

【校注】

[1] 劭：諸本作“邵”，今據磧本。
[2] 仰：諸本同，興聖寺本作“作”。
[3] 入：諸本同，磧本作“人”誤。
[4] 當：諸本同，磧本作“雷”誤。
[5] 邢恕：趙本作“那恕”，興聖寺本、麗初本作“那怒”，磧本同麗再本。
[6] 英：諸本同，興聖寺本本作“莫”誤。
[7] 侍：諸本同，興聖寺本作“待”。
[8] 聞：磧本作“問”，諸本同磧本。
[9] 陽休之：諸本同，磧本作“楊休之”誤。交共款狎：諸本同，磧本作“交款情狎”。
[10] 綜：諸本同，磧本作“綍”。
[11] 陸：諸本同，麗初本作“隆”。
[12] 大定元年：諸本同，磧本作“大定九年”誤，大定爲北周孝静帝年號，僅存在兩個月即被隋取代。
[13] 續：諸本同，磧本作“繼”。
[14] 拜：諸本同，磧本、隨函録作“萃”誤。
[15] 沾：興聖寺本、趙本作“沽”，麗初本作“治”，麗再本同磧本。
[16] 祖：諸本同，興聖寺本作“視”。
[17] 祖：磧本、興聖寺本、麗初本無，趙本同麗再本。
[18] 像：諸本作“象”，今據磧本改。
[19] 朝：諸本同，麗初本作“翰”。
[20] 覈：興聖寺本、麗初本作“覆”，磧本、趙本同麗再本。
[21] 伏：諸本同，磧本作“述”。
[22] 生：諸本同，麗初本作“主”。
[23] 北：諸本同，興聖寺本作“此”。
[24] 足：諸本同，磧本作“雅”。
[25] 遣：興聖寺本、麗初本、趙本作“遺”，磧本同麗再本。慤：麗再本作“懿”，諸本作“慤”，今據諸本改。蕭懿，今可考知爲南朝蕭齊人，梁武帝蕭衍的兄長，見南史卷五一。蕭慤，天保中，由南朝流亡北齊，後歷官周、隋，見北齊書卷四五文苑傳。蕭：麗再本作“簫”，興聖寺本、麗初本脱，今徑改。
[26] 頴：諸本同，興聖寺本作“頻”。
[27] 迭：諸本同，興聖寺本作“造”。
[28] 俊：麗再本、麗初本作“後”誤，趙本同磧本，今據磧本改。
[29] 問：諸本同，興聖寺本作“門”。篤：諸本同，興聖寺本、麗初本作“焉”。
[30] 手：諸本同，磧本脱。頗梨碗：麗初本作“頗梨捥”，磧本作“玻梨碗”，趙本作“玻瓈捥”，興聖寺本作“頗梨鋺鋺”，隨函録作“頗梨鋺”。
[31] 宛：諸本同，磧本作“苑”誤。
[32] 復：諸本同，磧本作“後”。
[33] 宇：諸本作“寓”誤，今據磧本改。
[34] 香：興聖寺本、麗初本作“熏”，磧本、趙本同麗再本。
[35] 竦：諸本同，磧本作“靖”。

［36］施：諸本脱，今據磧本補。
［37］明哲：磧本、興聖寺本作“賢明”，麗初本、趙本同麗再本。
［38］音：諸本同，磧本作“旨”誤。
［39］葉典：諸本作“教典”誤，今據磧本改。“葉典”指梵文經書，以貝樹葉爲書寫載體。
［40］誦讀：諸本同，磧本作“讀誦”。
［41］并：麗再本、興聖寺本、麗初本作“荆”誤，今據趙本、磧本改。案，當時漢王楊諒任并州總管。
［42］歲：諸本同，磧本作“年”。
［43］奉：麗再本、麗初本、趙本無，今據磧本、興聖寺本補。
［44］椎：諸本同，麗初本作“推”。案，諸本“扌”“木”互用，故“推”即“椎”。
［45］又：磧本、興聖寺本作“末又”是，麗初本、趙本同麗再本。
［46］忽變爲玉五色光潤内徹：興聖寺本、麗初本、趙本作“忽變爲五色，光潤内徹”，磧本同麗再本。
［47］象：諸本同，磧本作“像”是。
［48］轝：諸本同，磧本作“輿”。案，“轝”即“輿”，下同，不一一出校。
［49］埋：諸本同，興聖寺本作“理”。
［50］埋：諸本同，興聖寺本作“理”。
［51］録以爲記：諸本同，磧本作“録爲别記”是。
［52］謂：興聖寺本、麗初本作“諸”誤，磧本、趙本同麗再本。
［53］僞：諸本同，麗再本作“爲”，今據諸本改。
［54］（磧452未題撰者。大正55目録部題作彦琮撰）衆經目録五卷。衆經目録序：“佛法東行，年代已遠，梵經西至，流布漸多。舊來正典，並由翻出，近遭亂世，頗失原起。前寫後譯，質文不同，一經數本，增減亦異，致使凡人，得容妄造。或私採要事，更立别名；或輒構餘辭，仍取真號；或論作經稱，疏爲論目。大小交雜，是非共混，流濫不歸，因循未定。將恐陵遲聖説，動壞信心，義闕紹隆，理乖付囑。

皇帝深崇三寶，洞明五乘，降敕所司，請興善寺大德，與翻經沙門及學士等，披檢法藏，詳定經録。隨類區辯，總爲五分：單本第一，重翻第二，别生第三，賢聖集傳第四，疑僞第五。别生、疑僞不須抄寫，已外三分入藏見録。至如法寶集之流、浄住子之類，還同略抄，例入别生。自餘高僧傳等，詞參文史，體非淳正，事雖可尋，義無在録。又勘古目，猶有闕本，昔海内未平，諸處遺落，今天下既壹，請皆訪取。所願仁壽長延，法門具足，群生有幸，方益無窮。合成五卷，顯之於左，都合二千一百九部、五千五十八卷。單本（原來一本，更無别翻）合三百七十部、一千七百八十六卷，右第一卷；重翻（本是一經或有二重翻者乃至六重翻者）合二百七十七部、五百八十三卷；賢聖集傳（賢聖所撰、翻譯有原）合四十一部、一百六十四卷；右第二卷。已前二卷三分，合六百八十八部、二千五百三十三卷，入藏見録。别生（於大部中抄出别行）合八百一十部、一千二百八十八卷，右第三卷；疑僞（名雖似正，義涉人造）合二百九部、四百九十卷，右第四卷；已前二卷二分，合一千一十九部、一千七百七十八卷，不須抄寫，闕本（舊録有目而無經本）合四百二部、七百四十七卷，請訪，右第五卷。”
［55］解：興聖寺本、麗初本脱，磧本、趙本同麗再本。

［56］詞：諸本同，興聖寺本脱。
［57］特：興聖寺本、麗初本作“持”誤，磧本、趙本同麗再本。
［58］洛陽：諸本同，磧本作“洛陰”。
［59］夾：諸本同，磧本作“甲”。
［60］崑：諸本作“昆”，今據磧本改。
［61］讚：諸本同，磧本作“贊”。
［62］痢：興聖寺本、麗初本作“利”，磧本、趙本同麗再本。
［63］門：諸本同，興聖寺本脱。曰：諸本同，磧本脱。
［64］去：諸本同，磧本作“終”。
［65］曾：諸本同，磧本作“憎”誤。
［66］捨：磧本作“舍”，興聖寺本同磧本，麗初本、趙本同麗再本。
［67］由：諸本同，麗初本作“田”誤。
［68］向：興聖寺本、麗初本作“尚”誤，磧本、趙本同麗再本。
［69］刈：諸本同，興聖寺本作“列”誤。
［70］反：諸本同，興聖寺本脱。
［71］離：諸本作“雖”誤，磧本、出三藏記集卷八收摩訶鉢羅若波羅蜜經鈔序作“離”，今據改。截：磧本作“裁”，興聖寺本、麗初本、趙本及出三藏記集所引同麗再本。
［72］乃：諸本同，興聖寺本脱。
［73］而：諸本同脱，今據磧本補。
［74］關：諸本同，道安序作“聞”。
［75］袖：諸本同，興聖寺本作“神”誤。
［76］稱：麗初本、磧本作“世稱”，興聖寺本、趙本同麗再本。
［77］之：麗再本、麗初本、趙本無，今據磧本、興聖寺本補。
［78］詮：磧本、興聖寺本作“銓”誤，麗初本、趙本同麗再本。
［79］貌：諸本同，興聖寺本作“顔”。
［80］之：麗再本、興聖寺本、麗初本、趙本作“云”，今據磧本改。
［81］仿：諸本作“放”誤。
［82］文：諸本同，磧本作“志”。
［83］摹：麗初、磧本作“謨”，興聖寺本作“草”誤，趙本同麗再本。
［84］於：諸本同，興聖寺本脱。
［85］枉：諸本同，興聖寺本作“柱”誤。
［86］並：諸本同，磧本作“普”。
［87］遺：諸本同，麗初本作“貴”。迹：諸本同，興聖寺本作“亦”。
［88］粗：諸本同，興聖寺本作“祖”。
［89］胡：諸本同，磧本作“故”誤。
［90］竊：興聖寺本、麗初本、趙本作“窮”誤，磧本同麗再本。關：麗初本、趙本作“開”誤。
［91］固：諸本同，趙本作“因”誤。
［92］先覺諸賢高名參聖慧解深：諸本同，興聖寺本此句倒在下文“義應雅合”後。
［93］弘：興聖寺本、麗初本作“引”，磧本、趙本同麗再本。
［94］無：諸本同，興聖寺本脱。

[95] 竊：麗再本、麗初本、趙本作“窮”，今據興聖寺本、磧本改。
[96] 秦：興聖寺本、麗初本脱。涼：麗再本、趙本作“梁”，麗初本作“源”，今據興聖寺本、磧本改。
[97] 質：諸本同，趙本衍作“質朴”。
[98] 迭：諸本同，興聖寺本作“造”。
[99] 循：諸本同，興聖寺本作“脩”誤。
[100] 怪：諸本同，磧本作“熐”。
[101] 聽之猶别：諸本同，磧本作“聽猶有别”。
[102] 寫：諸本同，磧本作“瀉”。“寫”同“瀉”，世説新語卷中賞譽：“郭子玄語議，如懸河寫水，注而不竭。”
[103] 復寡：趙本作“寮寘”，興聖寺本、麗初本“寡”作“寘”，磧本同麗再本。
[104] 謬：諸本同，磧本作“繆”。“繆”可假借爲“謬”。
[105] 躭：諸本作“沉”，今據磧本改。
[106] 材：興聖寺本、麗初本、磧本作“林”誤，趙本同麗再本。
[107] 而：諸本同，興聖寺本無。
[108] 僞：麗再本、興聖寺本、趙本作“爲”，今據麗初本、磧本改。
[109] 名相：諸本作“名想”，今據磧本改。
[110] 圓：諸本同，興聖寺本脱。
[111] 音：諸本同，磧本作“旨”。
[112] 本固守音：興聖寺本脱“本”“守音”，麗初本脱“守音”，磧本、趙本同麗再本。
[113] 主：諸本同，磧本作“王”誤。
[114] 葉：諸本同，磧本作“業”。
[115] 總：諸本同，磧本作“忽”。
[116] 例：興聖寺本、麗初本、磧本作“倒”，趙本同麗再本。
[117] 象運：諸本同，磧本作“像運”是。
[118] 默：諸本同，興聖寺本作“點”。
[119] 因果：諸本同，麗初本作“固”誤且脱。
[120] 弘：諸本同，興聖寺本作“如”。
[121] 案，從“初所著通極者”到“無人達也”與三寶紀卷一二彦琮論著題記同。
[122] 之：諸本同，磧本脱。
[123] 素：諸本同，磧本作“索”。
[124] 在：諸本同，磧本作“存”。

續高僧傳卷第三[1]

譯經篇三本傳三人

唐京師勝光寺中天竺沙門波頗傳一[2]

波羅頗迦羅蜜多羅，唐言作“明知識”，或一云波頗，此云“光智”，中天竺人也。本刹利王種，姓刹利帝。十歲出家，隨師習學，誦一洛叉大乘經[3]，可十萬偈。受具已後，便學律藏，博通戒網[4]。心樂禪思，又隨勝德，修習定業，因修不捨[5]，經十二年。末復南遊摩伽陀國那爛陀寺[6]，值戒賢論師盛弘十七地論，因復聽採。以此論中兼明小教，又誦一洛叉偈小乘諸論。波頗識度通敏，器宇沖邃，博通内外，研精大小。傳燈教授，同侣所推。承化門人般若、因陀羅跋摩等學功樹勣，深達義網[7]，今見領徒，本國匡化，爲彼王臣之所欽重。

但以出家釋子，不滯一方，六月一移，任緣靡定。承北狄貪勇[8]，未識義方，法藉人弘，敢欲傳化。乃與道俗十人，展轉北行，達西面可汗葉護衙所[9]，以法訓勖。曾未浹旬，特爲戎主深所信伏，日給二十人料，旦夕祗奉。同侣道俗，咸被珍遇，生福增敬[10]，日倍於前。武德九年，高平王出使入蕃，因與相見，承此風化，將事東歸。而葉護君臣留戀不許。王即奏聞，下勑徵入，乃與高平同來謁帝。

以其年十二月達京，勑住興善[11]。釋門英達，莫不修造，自古教傳，詞旨有所未喻者[12]，皆委其宗緒，括其同異，内計外執，指掌釋然。徵問相讎，披解無滯。乃上簡聞，蒙引内見。躬傳法理，無爽對揚，賜綵四十段，并宫禁新納一領。所將五僧，加料供給。重頻慰問，勞接殊倫。

至三年三月，上以諸有非樂，物我皆空，眷言真要，無過釋典，流通之極，豈尚翻傳，下詔所司，搜揚碩德、備經三教者一十九人，於大興善創開傳譯。沙門慧乘等證義，沙門玄謩等譯語，沙門慧賾、慧净、慧明、法琳等綴文。又勑上柱國、尚書左僕射房玄齡,散騎常侍、太子詹事杜正倫參助勘定[13]。光禄大夫、太府卿蕭璟總知監護,百司供送,四事豐華。初譯寶星經,後移勝光,又譯般若燈、大莊嚴論,合三部三十五卷[14]。至六年冬,勘閲既周[15],繕寫云畢,所司詳讀,乃上聞奏[16]。下勑各寫十部,散流海内。仍賜頗物百段,餘承譯僧有差束帛。又勑太子庶子李百藥制序[17],具如論首。

波頗意在傳法,情望若絃,而當世盛德自私諸已,有人云:"頗僥倖時譽,取馳於後[18],故聚名達,廢講經論,斯未是弘通者。"時有沙門靈佳卓犖拔群,妙通機會,對監護使,具述事理,云:"頗遠投東夏,情乖名利,欲使道流千載,聲振上古[19]。昔符姚兩代翻經,學士乃有三千,今大唐譯人不過二十,意在明德同證,信非徒説,後代昭奉,無疑於今耳。"識者僉議攸同,後遂不行。

時爲太子染患,衆治無效,下勑迎頗入内。一百餘日,親問承對,不虧帝旨。疾既漸降,辭出本寺,賜綾帛等六十段并及時服十具。頗誓傳法化,不憚艱危,遠度葱河,來歸震旦。經途所亘,四萬有餘,躬賫梵本,望並翻盡。不言英彦,有墜綸言,本志頽然,雅懷莫訴,因而搆疾。自知不救,分散衣資,造諸浄業。端坐觀佛,遺表施身,下勑特聽。尋爾而卒於勝光寺,春秋六十有九。東宫下令給二十人,轝屍坐送,至于山所。闍維既了,沙門玄謩收拾餘骸,爲之起塔於勝光寺,在乘師塔東,即貞觀七年四月六日也。有識同嗟,法輪輟軫,四年之譯,三帙獻功。掩抑慧燈[20],望照惑累,用兹弘道,未敢有聞。既而人喪法崩,歸愆斯及,伊我東鄙,匪咎西賢[21],悲夫。

【校注】

[1] 案,本卷麗初本闕佚。

[2] 一:磧本脱。趙本同麗再本。

[3] 洛:諸本同,興聖寺本作"落"。

[4] 博:興聖寺本、磧本、趙本作"薄"。據文意,似以"薄"較優。網:諸本同,興聖寺本作"經"。

[5] 修:磧本、興聖寺本作"循"是,趙本同麗再本。

[6] 那爛陀寺:興聖寺本、磧本作"那蘭陀寺",趙本同麗再本。

[7] 網:磧本作"綱"誤,趙本同麗再本,興聖寺本字迹不清。

[8] 承北狄:諸本同,興聖寺本作"北此狄"。

[9] 面:諸本同,興聖寺本作"南"。

[10] 生:諸本同,興聖寺本作"出"。

[11] 興善:諸本同,磧本作"興善寺"。

[12] 喻:麗再本、趙本作"逾"誤,今據興聖寺本、磧本改。

[13] 勘:興聖寺本、磧本作"銓",趙本同麗再本。

［14］今存：（磧 104）寶星陀羅尼經八卷、（磧 238）般若燈論十五卷、（磧 243）大乘莊嚴經論十三卷。

［15］周：諸本同，興聖寺本作“同”誤。

［16］寶星經序（唐釋法琳撰）：“寶星經梵本三千餘偈，如來初證覺道，度目連、身子，及降伏魔王，護持國土，説此經也。自像化東漸，綿歷歲時，三輪八藏之文，四樹五乘之旨，顯神光於石室，流梵響於清臺。雖鞮譯相尋，尚多疑闕。我大唐皇帝，迺聖迺神，允文允武，乘機撫運，拯溺救焚。反上皇之風，行不言之信，去泰去甚，既掩頓於八紘；無事無爲，乃朝宗於萬國。瀚海天山之地，盡入提封；龍庭鳳穴之卿，咸霑聲教。仁逾解網，治踵結繩。大德閑閑，外齊八則；小心翼翼，内整四儀。臨赤縣而溢慈悲，寄玄扆而敷弘誓。每以諸有非樂，物我俱空，眷言貞要，無過釋典。

有中天竺國三藏法師波頗，唐言光智，誓傳法化，不憚艱危，遠涉葱河，來遊真丹。以貞觀元年景戌，洎于京輦。既登上席，爰懋錦衣。有詔所司，搜駇碩德，兼閑三教，備舉十科者一十九人，於大興善寺，請波頗三藏，相對翻譯。沙門慧乘等證義，沙門玄謩等譯語，沙門慧明、法琳等執筆。承旨殷勤詳覆，審名定義，具意成文。起貞觀三年三月，訖四年四月，凡十卷十三品，用紙一百三十幅，總六萬三千八百八十二言，歸命一切佛菩薩。”

［17］百：諸本同，磧本作“伯”。大乘莊嚴經論序：“臣聞：天帝受無上之法，景福會昌；輪王致正真之道，神祇合德。是則聖人執契，玄化潛通；至誠所感，冥功斯應。皇情西顧，法海東流，如開洪範之圖，似得圓光之夢。持綫妙典，發金口而秘綸言；書葉舊章，自龍宫而升麟閣。昔迦維馭世，大啓法門，懸明鏡於無象，運虚舟於彼岸，空有兼謝，生滅俱忘，絶智希夷之表，遺形動寂之外。然隨緣利見，應迹生知，震大地而萃人天，放神光而掩日月。百億須彌，俱霑聲教；三千世界，盡入提封。愍三毒之韁鎖，矜五陰之纏蓋；惜飛電於浮生，歎懸藤於逝水。八關云辟，開慧識於幽塗；三乘方軌，運慈心於朽宅。龍興霧集，神動天隨。大道爲心，望法雲而遐舉；聞聲悟道，漸初地而依仁。遷㮈苑之喬枝，入祇園之隩室；酌智水之餘潤，承慧日之末光。

既而税駕連河，歸真雙樹。聖靈逾遠，像教浸微，大義或乖，斯文將墜。穿鑿異端，分析多緒，是末非古，殊塗别派。天親初學之輩，尚致西河之疑；龍樹究竟之儔，彌深東魯之歎。仰惟法寶，盡諦無爲，故經文云：佛以法爲師，佛從法生，佛依法住。豈止研幾盡性，妙物窮神，出入無間，苞含元氣而已。若夫惟天爲大，寒暑運其功；謂地蓋厚，山澤通其氣。是以姬文以大聖之姿，幽贊易道；丘明懷同恥之德，祖述微言。諸經著論，俯同斯旨。大乘莊嚴論者，無著菩薩纂焉。菩薩以如來滅度之後，含章秀發。三十二相，具體而微；八千億結，承風俱解。弘通正法，莊飾經王，明真如功德之宗，顯大士位行之地，破小乘執著，成大乘綱紀。其菩提一品，最爲微妙，轉八識以成四智，束四智以具三身。詳諸經論所未曾有，可謂聞所未聞，見所未見。

聖上受飛行之寶命，總步驟於前王。屈天師之尊，智周萬物；應人皇之運，道照三明。慈慧外宣，神機内湛，端扆而役百靈，垂拱而朝萬國，彌綸造化之初，含吐陰陽之際。功成作樂，既章韶舞；治定制禮，言動翠華。金輪所王，封疆之固惟遠；芥城雖滿，龜鼎之祚無窮。光闡大猷，開導群品，凡諸内典，盡令翻譯。

摩伽陀國三藏法師波羅頗迦羅蜜多羅，唐言明友，即中天竺刹利王之種姓也，以大唐貞觀元年十二月入京。法師戒行精勤，才識明敏，至德鄰於初果，多能亞夫將聖。繼澄、什之清塵，來儀上國；標生、遠之逸氣，高步玄門。帝心簡在，皇儲禮敬。其博聞强記，探幽洞微，京城大德，莫不推許。粤以貞觀四年，恭承明詔。又敕尚書左僕射、邗國公房玄齡，散騎常侍、行太子左庶子杜正倫詮定。義學法師慧乘、慧朗、法常、智解、曇藏、智首、道岳、惠明、僧辯、僧珍、法琳、靈佳、慧賾、慧净、玄謩、僧伽等於勝光寺，共成勝業。又敕太府卿、蘭陵男蕭璟監掌修緝。三藏法師云：外國凡大小乘學，悉以此論爲本。若於此不通，未可弘法，是以覃思專精，特加研究。慧净法師，聰敏博識，受旨綴文。玄謩法師，善達方言，又兼義解。至心譯語，一無紕謬。以七年獻春之始，撰定斯畢，勒成十有三卷二十四品。敕太子右庶子安平男李百藥序之云爾。"

[18] 馳：諸本同，磧本作"駝"。

[19] 振：諸本同，磧本作"震"。

[20] 抑：諸本同，資本、大正藏校引宋本、宫本作"仰"誤。

[21] 咎：磧本、興聖寺本作"各"誤，趙本同麗再本。

唐京師清禪寺沙門釋慧賾傳二

釋慧賾，俗姓李[1]，荆州江陵人。早悟非常，神思鋒逸，九歲投本邑隱法師出家。隱體其精爽異倫，即度爲沙彌，講授之暇，誨以幽奥。賾領牒玄理[2]，曾不再思，執卷誦文，紙盈四十。荆楚秀望，欽而美之。初從隱聽涅槃、法華，後别聽三論[3]，皆剖析新奇[4]，抗擬標會。

開皇中年，江陵寺大興法席[5]，群師雲赴[6]。道俗以賾嘉績夙成，咸欲觀其器略，共請爲法主。顧惟披導有旨[7]，因而踐焉。甫年十二，創開涅槃，比事吐詞，義高常伯，論難相繼，辯答泠然[8]。少長莫不緘心，頌聲載路。荆州刺史、宜龍公元壽聞其幼譽驚挺，親驾謁焉。素倍前聞，大相褒賞，以事奏聞，云："希世卓秀者也。"登即有詔，令本州備禮，所在恭送[9]。既達京輦，殊蒙慰引。賜納僧伽梨并衣一襲，仍令住清禪寺。從容法侣[10]，敦悦玄儒，才藻屢揚，汲引無竭。預有衣冠士族，皆來展造門庭，莫不讚其洽聞，博達機捷之謂也。

末厭煩梗[11]，思濟清神，乃從應禪師禀資心學。掩關兩載，情蹈諸門，遂語默於賢聖之間，談授於經緯之理。

值隋氏云喪，法事淪亡，道閡當年[12]，情欣栖静。以大業末歲，移卜終南之高冠嶺，因巖構室，疏素形心。會唐運勃興，蒼生攸濟，賾不滯物我，來從帝城。講誨暫揚，傾都請道。武德年内，釋侣云繁，屢建法筵，皆程氣宇。時延興寺百座講仁王經[13]，王公卿士並從盛集。沙門吉藏爰暨論宗，聲辯天臨，貴賤傾目。賾纔施鋭責，言清理詣，思動幾微，神彩驚越四部，駭心百辟[14]。藏顧而嘆曰:“非惟論辯難繼,抑亦銀鉤罕蹤。”今上在蕃,親觀論府,深相結納[15],擬爲師友,六使來召,令赴別第。頣以生名殺身之累,由來有人,退讓餘詞[16],一不聞命。

及貞觀開譯,詔簡名僧。衆以文筆知名,兼又統詳論旨,乃任爲翻論之筆。譯訖奏聞,有勑賜帛百匹,衣服一具。頣又著論序曰:

般若燈論者,一名中論,本有五百偈。借“燈”爲名者,無分別智,有寂照之功也。舉“中”標目者,鑒亡緣觀,等離二邊也。然則燈本無心智也,亡照法性平等,中義在斯,故寄論以明之也。若夫尋論滯旨[17],執俗迷真,顛倒斷常之間,造次有無之内,守名喪實,攀葉亡根者,豈欲爾哉?蓋有由矣。請試陳之。若乃構分別之因,招虚妄之果,惑累熏其内識,惡友結其外緣[18],致使慢聳崇山,見深滄海,恚火難觸,詞鋒罕當。聞説有而快心,聽談空而起謗。六種偏執,各謂非偏;五百論師,諍陳異論。或將邪亂正,或以僞齊真。識似悟而翻迷,教雖通而更壅。可謂捐珠翫石,棄寶負薪,觀畫怖龍,尋迹怯象。愛好如此,良可悲夫。

龍樹菩薩救世挺生,呵嗜慾而發心,閱深經而自鄙。蒙獨尊之懸記,然法炬於閻浮[19]。且其地越初依,功超伏位,既窮一實,且究二能。佩兩印而定百家,混三空而齊萬物。點塵劫數,歷試諸難,悼彼群迷,故作斯論。文玄旨妙,破巧申工,被之鈍根,多生怯退。有分別明菩薩者,大乘法將,體道居衷,遐覽真言,爲其釋論。開秘密藏,賜如意珠,略廣相成,師資互顯。至如自乘異執,鬱起千端;外道殊計,紛然萬緒。驢乘競馳於駕駟[20],螢火争耀於龍燭。莫不標其品類,顯厥師宗[21]。玉石既分,玄黄也判[22]。西域染翰乃有數家,考實析微,此爲精詣。若含通本末,有六千偈,梵文如此,翻則减之。

我皇帝神道邁於羲皇,陶鑄侔於造化,崇本息末,無爲太平,守母存子,不言而治,以爲聖教東流,年淹數百,而億象所負,闕者猶多,希見未聞[23],勞於寤寐。中天竺國三藏法師波頗蜜多羅學兼半滿,博綜群詮,喪我怡神[24],搜玄養性,遊方在念,利物爲懷,故能附杙傳身[25],舉烟命伴。冒冰霜而越葱嶺,犯風熱而度沙河,時積五年,途經四萬,以大唐貞觀元年頂戴梵文[26],至止京輦。昔秦徵童壽,苦用戎兵;漢請摩騰,遠勞蕃使。詎可方兹感應[27],道契冥符,家國休祥,德人爰降。有司奏見,殊悦帝心,勑住興善、勝光,即傳新經之始。仍召義學沙門及王公宰輔對翻此論。[28]研覈幽旨,去華存實。目擊則欣其會理,函杖則究其是非[29]。文雖定而覆詳,義乃明而重審。歲在壽星[30],撿勘云畢。

其爲論也，觀明中道而存中失觀，空顯第一而得一乖空。然司南之車，本示迷者；照膽之鏡[31]，爲鑒邪人。無邪則鏡無所施，不迷則車不爲用。斯論破申，其猶此矣。雖復斥内遮外，盡妄窮真，而存乎妙存，破如可破。蕩蕩焉，恢恢焉，迎之靡測其源，順之罔知其末。信是鎣心神之砥礪[32]，越溟海之舟輿[33]，駭昏識之雷霆，照幽途之日月者矣。此土先有中論四卷，本偈大同，賓頭盧伽爲之注解，晦其部執，學者昧焉。此論既興，可爲龜鏡。庶明達君子，詳而味之。

序成，未即聞上，帝勑秘書監虞世南作序。見賾之所製，嘆嗟無以加焉[34]，因奏聞上。仍以序列于卷首，所在傳寫，緘于經藏。

以貞觀十年四月六日，終於所住，春秋五十有七，葬于京郊之東。列隧立碑，頌其芳德，太常博士褚亮爲文。自賾之知道，倫等崇其辯機[35]，時俗以擬慧乘，固爲篤論。詞注難窮，無施不遂，講花嚴、大品、涅槃、大智度、攝大乘及中、百諸論，皆筌釋章部，决滯有聞。又誦涅槃、法華，音文淳美[36]，時爲衆述，清囀動神。又抽減什物，用寫藏經。尋閱纔止，便修虔奉。又善導達衆首，舒暢物情，爲諸文雄之所稱叙。特明古迹，偏曉書畫，京華士子屢陳真僞，皆資其口實，定其人世。文章詞體，頗預能流；草隸筆功，名疏臺府[37]。每有官供勝集，必召而處其中，公卿執紙，請書填赴。頤隨紙賦筆，飛驟如風，藻蔚雄態，綺華當世[38]，故在所流詠，躭玩極多，懸諸屏障，或銘座右。著集八卷行世。

【校注】

[1] 李：諸本同，興聖寺本作“季”。

[2] 領牒：諸本同，興聖寺本倒作“牒領”。

[3] 法華後别聽三論：諸本同，興聖寺本此句後衍“欣而口之初從”。

[4] 析：諸本同，資本、大正藏校引宋本、宫本作“拆”誤。

[5] 江陵寺：諸本同，磧本衍作“住江陵寺”。

[6] 赴：興聖寺本、磧本作“起”誤，趙本同麗再本。

[7] 顧：諸本同，興聖寺本作“領”誤。

[8] 辯：諸本同，興聖寺本作“辨”。

[9] 恭：諸本同，磧本作“供”應是。

[10] 從：諸本同，興聖寺本、資本、大正藏校引宋本、宫本作“縱”誤。

[11] 末厭煩梗：諸本同，磧本作“未厭斯煩梗”。作“未”誤。加“斯”於文意更優。

[12] 閡：諸本同，大正藏校引宫本作“關”誤。

[13] 時延興寺百座講仁王經：諸本同，大正藏校引宫本作“時延興寺夏座，講仁王經”，似於義較長。

[14] 思動幾微神彩驚越四部駭心百辟：興聖寺本、磧本作“思動幾神，驚越四部，駭心百

辟”,趙本同麗再本。

[15] 深相結納:諸本同,興聖寺本衍作“深相府深結納”。

[16] 詞:諸本同,資本、大正藏校引宋本、宫本作“飼”誤。

[17] 論:興聖寺本、磧本作“詮”誤,趙本同麗再本。

[18] 結:諸本同,興聖寺本作“緒”誤。

[19] 於:諸本同,興聖寺本衍作“於於”。

[20] 馳:諸本同,磧本作“駝”誤。

[21] 顯厥師宗:諸本同,興聖寺本自“顯”字後至下文釋慧浄傳之“令僧居元坐”前均亡佚。

[22] 也:磧本作“亦”,趙本同麗再本。

[23] 見:磧本作“聞”,趙本同麗再本。

[24] 怡:磧本作“惟”,趙本同麗再本。

[25] 杙:麗再本、趙本作“弋”,今從磧本。案,“附杙”,参見高僧傳卷三曇無竭傳:“行經三日,復過大雪山,懸崖壁立,無安足處。石壁皆有故杙孔,處處相對,人各執四杙,先拔下杙,手攀上杙,展轉相攀,經日方過。”故高僧傳卷三譯經篇之論贊曰“竊惟正法淵廣,數盈八億,傳譯所得,卷止千餘。皆由逾越沙阻,履跨危絶,或望烟渡險,或附杙前身。及相會推求,莫不十遺八九”,即此句之出處。

[26] 頂戴:趙本作“頂載”,磧本同麗再本。

[27] 詎可:磧本作“詎若”。“詎”,豈。“詎若”,豈若。“詎可”,豈可。於語氣,似“詎若”爲優。

[28] “勑住興善”至“對翻此論”:案,此句爲道宣所删改,原文爲:(磧238)“其年有敕,安置大興善寺,仍請譯出寶星經一部。四年六月,移住勝光,乃召義學沙門慧乘、慧朗、法常、曇藏、智首、慧明、道岳、僧辯、僧珍、智解、文順、法琳、靈佳、慧賾、慧浄等,傳譯沙門玄謩、僧伽及三藏同學崛多律師等,同作證明,對翻此論。尚書左仆射、邠國公房元齡,太子詹事杜正倫,禮部尚書、趙郡王李孝恭等,並是翊聖賢臣,佐時匡濟,盡忠貞而事主,外形骸以求法。自聖君肇慮,竟此弘宣,利深益厚,實資開發。鑒譯敕使右光禄大夫、太府卿、蘭陵蕭璟,信根篤始,慧力要終,寂慮尋真,虚心慕道,贊揚影響,勸助無輟。其諸德僧,夙興匪懈。”

[29] 函杖:磧本作“函丈”。禮記注疏卷二曲禮上:“若非飲食之客,則布席,席間函丈。”鄭玄注:“謂講問之客也。函,猶容也,講問宜相對容丈,足以指畫也。”然古人亦常用“函杖”故不改。又,“函杖”,資本、大正藏校引宋本作“極文”誤。

[30] 壽星:磧本作“諏觜”,趙本同麗再本。案,“歲在壽星”指辰年,即貞觀六年。“諏觜”爲亥年,當貞觀元年,而貞觀譯經起自三年終於六年冬,故磧本誤。

[31] 照膽之鏡:麗再本、趙本作“照瞻之鏡”誤,今據磧本。“照膽之鏡”,典出西京雜記卷三。

[32] 鎣:磧本作“瑩”,趙本同麗再本。

[33] 溟海:磧本作“溟險”,趙本同麗再本。

[34] 嘆嗟:趙本、麗再本作“嘆咽”誤,今從磧本。

[35] 倫:磧本作“儉”誤,趙本同麗再本。案,“倫等”即同輩義。

[36] 音:磧本作“竟”誤,趙本同麗再本。

[37] 疏:磧本作“流”誤,趙本同麗再本。

[38] 當世:磧本作“豐富”誤,趙本同麗再本。

唐京師紀國寺沙門釋慧净傳三

釋慧净,俗姓房氏,常山真定人也。家世儒宗,鄉邦稱美,净即隋朝國子博士徽遠之猶子也。生知天挺,雅懷篇什,風格標峻,器宇沖邈。年在弱歲,早習丘墳,便曉文頌,榮冠閭里。十四出家,志業弘遠,日頌八千餘言,總持詞義,罕有其比。遊聽講肆,諮質碩疑,徵究幽微,每臻玄極。聽大智度及餘經部,神采孤拔,見聞驚異。有志念論師馳名東夏,時號窮小乘之巖穴也,乃從聽習雜心、婆沙。學周兩遍,大義精通[1],根葉搜求,務括清致。由是嘉聲遠布,學徒欽屬。

開皇之末,來儀帝城,屢折重關[2],更馳名譽[3]。大業初歲,因尋古迹,至於槐里。遇始平令楊宏集諸道俗於智藏寺,欲令道士先開道經。于時法侶雖殷[4],無敢抗者。净聞而謂曰:"明府盛結四部,銓衡兩教,竊有未喻[5],請諮所疑。何者?賓主之禮自有常倫,其猶冠屨不可顛倒,豈於佛寺而令道士先爲主乎[6]?明府教義有序,請不墜績。"令曰:"有旨哉,幾誤諸後。"即令僧居先坐[7],得無辱矣。有道士于永通頗挾時譽,令懷所重,次立義曰:"有物混成,先天地生,吾不知其名,字之曰道。"令即命言申論,仍曰:"法師必須詞理切對,不得犯平頭上尾。"于時令冠平帽[8],净因戲曰:"貧道既不冠帽,寧犯平頭?"令曰:"若不犯平頭,當犯上尾。"净曰:"貧道脱屣昇床[9],自可上而無尾。明府解巾冠帽,可謂平而無頭。"令有靦容。净因問通曰:"有物混成,爲體一故混,爲體異故混?若體一故混,正混之時,已自成一,則一非道生。若體異故混,未混之時,已自成二,則二非一起。先生道冠餘列,請爲稽疑。"於是通遂茫然,忸怩無對。净曰:"先生既能開關延敵,正當鼓怒餘勇[10],安得事如桃李[11],更生荆棘?"仍顧令曰:"明府既爲道助,何以救之?"令遂赧然。爾後頻有援救,皆應機偃仆,罔非覆軌。

自爾,大小雙玩,研味逾深。注述之餘,尋繹無暇,卻掃閑室,統略舊宗[12],纘述雜心玄文,爲三十卷。包括群典,籠罩古今,四遠英猷,皆參沉隱[13]。末又以俱舍所譯[14],詞旨宏富,雖有陳迹,未盡研求,乃無師獨悟,思擇名理,爲之文疏三十餘卷,遂使經部妙義,接紐明時[15];罽賓正宗,傳芳季緒。學士潁川庾初孫請注金剛般若[16],乃爲釋文舉義,鬱爲盛作。[17]窮真俗之教原[18],盡大乘之秘要,遐邇流布,書寫誦持。文學詞林,傳諸心口,聲績相美[19],接肩恒聞[20]。太常博士褚亮英藻清拔,名譽早聞,欽此芳猷,爲之序引,其詞曰:

若夫大塊均形,役智從物,情因習改,性與慮遷。然則達鑒窮覽,皎乎先覺[21],炳慧炬以出重昏,拔愛河而昇彼岸,與夫輪轉萬劫,蓋染六塵,流遁以徇無涯[22],踳駮而趍捷逕[23],不同日而言也。潁川庾初孫早弘篤信,以爲般若所明,歸於正道。顯大乘之名相,標不住之宗極,出乎心慮之表,絶於言像之外,是以結髮受持,多歷年所,雖妙音演説,成誦不虧[24],而靈源邃湛,或有未悟,嗟迷方之弗遠,睠砥途而太息。

屬有慧浄法師,博通奥義,辯同炙輠,理究連環。庾生入室研幾,伏膺善誘,乘此誓願,仍求註述。法師懸鏡忘疲[25],衢罇自滿,上憑神應之道,傍盡心機之用。敷暢微言,宣揚至理。曩日舊疑,涣焉冰釋;今兹妙義,朗若霞開。爲像法之梁棟,變群生之耳目。辭峰秀上,映鷲岳而相高;言泉激壯,赴龍宫而競遠。且夫釋教西興,道源東注,世閱賢智,才兼優洽,精該睿旨,罕見其人。今則沙門重闡[26],藉甚當世,想此玄宗[27],鬱爲稱首。歲惟閹茂[28],始創懷袖[29],月躔仲吕[30],爰兹絶筆[31]。

緇俗攸仰,軒蓋成陰。扣鍾隨其大小,鳴劍發其光采。一時學侣,專門受業,同涉波瀾,遞相傳授。方且顧蔑林[32]、遠,俯視安、生,獨步高衢,對楊正法。遼東真本[33],望懸金而不刊;指南所寄,藏群玉而無朽。豈不盛哉?豈不盛哉[34]?

武德初歲,時爲三府官寮上下咸集延興[35],京城大德競陳言論。有清禪法師立"破空義",聲色奮發,厲逸當時。相府記室王敬業啓上曰:"登座法師義鋒難對,非紀國慧浄,無以挫其鋭者。"即令對論,浄曰:"今在英雄之側,廁龍象之間,奉對上人,難爲高論。雖然,敢藉斂秋霜之威,布春雨之澤,使惠浄諮質小疑,令法師揄揚大慧,豈非佛法之盛哉?"因問曰[36]:"未審破空,空有何破?"答曰:"以空破空,非以有破。"難曰:"執空爲病,還以空破,是則執有爲病,還以有除。"覆卻往還,遂無以解。

貞觀二年[37],新經既至,將事傳譯,下勑所司,搜選名德。浄當斯集,筆受大莊嚴論,詞旨深妙,曲盡梵言。宗本既成,并纘文疏爲三十卷,義冠古今,英聲籍甚。三藏法師對僕射房玄齡、鴻臚唐儉、庶子杜正倫、于志寧,撫浄背而嘆曰:"此乃東方菩薩也。"自非精爽天拔,何以致斯言之極哉?其爲異域見欽如此[38]。

至貞觀十年[39],本寺開講,王公宰輔,才辯有聲者[40],莫不畢集。時以爲榮望也。京輔停輪,盛言陳抗,皆稱機判委[41],綽有餘逸。黄巾蔡子晃、成世英道門之秀,纔申論擊,因遂徵求,自覆義端,失其宗緒。浄乃安詞調引,晃等飲氣而旋。合坐解頤[42],貴識同美。

爾後專當法匠,結衆敷弘,標放明穆,聲懋臺府。梁國公房玄齡求爲法友，義結俗兄，晨夕參謁，躬盡虔敬，四事供給，備展翹誠。净體斯榮問，忘身爲法，又撰法華經纘述十卷。勝鬘、仁王、般若、温室、盂蘭盆、上下生各出要纘，盛行於世，並文義綺密，高彦推之。[43]故其每有弘通，光揚佛日，緇素雲踴，慶所洽聞[44]。于時，大法廣弘，充溢天壤，頗亦净之功也。

然末代所學，庸淺者多，若不關外，則言無所厝，如能摧伏異道，必以此學爲初。每以一分之功，遊心文史，讚引成務，兼濟其神。而性慕風流，情寄仁厚，泛愛爲心，忘己接物，舒寫言晤，終日無疲。故使遠近聞風，參請填委，皆應變接叙，神悦而歸。或筆賦緣情，觸興斯舉，留連旬日，動成文會。和琳法師初春法集之作曰：

鷲嶺光前選，祇園表昔恭；哲人崇踵武，弘道會群龍。高座登蓮葉[45]，塵尾振霜松。塵飛揚雅梵，風度引疏鍾。静言澄義海，發論上詞鋒。心虚道易合，迹廣席難重。和風動淑氣[46]，麗日啓時雍。高才掞雅什，顧己濫朋從。因兹仰積善[47]，靈華庶可逢。

又與英才言聚賦得昇天行，詩曰：

馭風過閬苑[48]，控鶴下瀛洲。欲採三芝秀，先從千仞遊。駕鳳吟虚管，乘槎泛淺流[49]。頹齡一已駐，方驗大椿秋。

又和盧贊府遊紀國道場[50]，詩曰：

日光通漢室，星彩[51]晦周朝。法城從此構[52]，香閣本岧嶢[53]。珠盤仰承露[54]，剎鳳俯摩霄[55]。落照侵虚牖，長虹拖跨橋。高才暫騁目，雲藻遂飄颻[56]。欲追千里驥，終是謝連鑣。

又於冬日普光寺卧疾值雪簡諸舊遊，詩曰：

卧痾苦留，闢户望遥天。寒雲舒復卷，落雪斷還連。凝華照書閣，飛素婉琴弦。迴飄洛神賦[57]，皓映齊紈篇[58]。縈階如鶴舞，拂樹似花鮮。從賞豐年瑞[59]，沉憂終自憐。

於是帝朝宰貴趙公、燕公以下，名臣和繫，將百許首。中書舍人李義府，文苑之英秀者也[60]，美之不已，爲詩序云。由斯聲唱更高，玄儒屬目，翰林文士推承冠絶，競述新製，請摘瑕累。净以人之作者[61]，差非奇挺[62]，乃搜採近代藻鋭者，撰詩英華一帙十卷。識者懷鉛，探其冠冕[63]。吴王諮議劉孝孫文才翹拔[64]，爲之序曰：

釋教之爲義也[65]，大矣哉！智識所不能名言，視聽所不得聞見。馬鳴、龍樹，弘聖旨於前；慧遠、道安，闡微言於後。至於紹高蹤而孤引[66],踵逸軌以遐征,誰之謂歟?慧净法師即其人矣。法師淳和稟氣,川岳降精;神解内融,心幾外朗。髫年對日,丱歲參玄。擢本森梢,干雲階乎尺木;長瀾淼漫,浴日導乎濛泉[67]。而慧炬夙明,禪枝早茂,臨閲川而軫慮,睠定水以怡神。慨彼勞生,悟兹常樂。三乘奥義,焕矣冰消;二諦法門,怡然理順。俄而發軔東夏,杖錫西秦[68]。至於講肆法筵,聆嘉聲而響赴;剖疑析滯,服高義而景從[69]。明鏡屢照而不疲,鴻鍾待扣而斯應[70]。窮涯盈量,虚往實歸,誠佛法之棟梁,實僧徒之領袖者也[71]。

余昔遊京輦,得申景慕。寥寥净域[72],披雲而見光景;落落閑居,入室而生虚白。法師導余以實際,誘余以真如。挹海不知其淺深,學山徒仰其峻極。嘗以法師敷演之暇[73],商確翰林。若乃園柳、天榆之篇,阿閣、綺窗之詠,魏王北山[74],陳思南國,嗣宗之賦明月,彭澤之摛微雨[75],逮乎顔、謝掞藻,任、沈遒文,足以理會八音,言諧四始[76],咸遞相祖述,鬱爲龜鏡。豈獨光於曩代而無繼軌者乎?近世文人,才華間出。周武帝振彼雄圖[77],削平漳滏;隋高祖韞兹英略,戡定江淮[78]。混一車書,大開學校。温、邢譽高於東夏,徐、庾價重於南荆。王司空孤秀一時,沈恭子標奇絶代。凡此英彦[79],安可闕如?自參墟啓祚,重光景曜[80],大弘文德,道冠前王。薖軸之士風趣[81],林壑之賓雲集。故能抑楊漢徹,孕育曹丕。文雅鬱興[82],於兹爲盛。余雖不敏,竊有志焉。既而,舟壑潛移[83],悼陵谷而遷貿;居諸易晚,惻人世之難常。固請法師暫迴清鑒,採摭詞什[84],耘剪繁蕪。蓋君子不常,矜莊删詩,未爲斯玷。自劉廷尉所撰詩苑之後,纂而續焉。潁川庾初孫學該墳素,行齊顔、閔[85];京兆韋山甫耿介有奇節,弋獵綜群,言與法師周旋,情逾膠漆。覩斯盛事,咸共讚成[86]。生也有涯,庾侯長逝;永言怛化[87],不覺流襟。頃觀其遺文[88],久爲陳迹,今亦次乎汗簡,貽諸後昆。法師式遵舊章,纂斯鴻烈。

余聊因暇日,敬述芳猷。俾郢唱楚謡,同管絃而播響[89];春華秋實,與天地而長存。遂使七貴挹其嘉猷,五衆欣其慧識。凡預能流,家藏一本。

自爾國家盛集,必預前驅,每入王宫,頻登上席,簡在帝心,群官攸敬。皇儲久餐德素,乃以貞觀十三年,集諸宫臣及三教學士於弘文殿[90],延净開闡法華。道士蔡晃講論道好,獨秀玄宗[91],下令遣與抗論[92]。晃即整容問曰:"經稱:序品第一。未審序第何分?"净曰:"如來入定徵瑞,放光現奇,動地雨花,假遠開近,爲破二之洪基,作明一之由漸,故爲序也。第者,爲居;一者,爲始。序最居先,故稱第一。”晃曰:“第者,弟也,爲第則不得稱一[93],言一則不得稱第。兩字矛盾[94],何以會通?”净曰:“向不云乎,‘第者,爲居;一者,爲始’。先生既不領前宗而謬陳後難,便是自難[95],何成難人?”晃曰:“言不領者,請爲重釋。”净啓令曰:“昔有二人,一名蛇奴,道帚忘掃。一名身子,一聞千解。然則蛇奴再聞不悟,身子一唱便領。此非授道不明,但是納法非俊。”晃曰:“法師言不出脣,何所可領?”净曰:“菩薩説法,聲振十方,道士在坐,如迷如醉。豈直形體聾瞽,其智抑亦有之。”晃曰:“野干説法,何由可聞?”净曰:“天宫嚴衞,理絶獸蹤,道士魂迷[96],謂人爲畜。”時有國子祭酒孔穎達心存道黨,潛扇蠅言,曰:“佛家無諍,法師何以構斯?”净啓令曰:“如來在日[97],已有斯事。佛破外道,外道不通,反謂佛曰:‘汝常自言平等,今既以難破我,即是不平,何謂平等?’佛爲通曰:‘以我不平破汝不平,汝若得平,即我平也。’而今亦爾,以净之諍,破彼之諍。彼得無諍即净無諍也。”于時,皇儲語祭酒曰:“君既勦説[98],真爲道黨。”净啓令曰:“慧净常聞君子不黨,其知祭酒亦黨乎?”皇儲怡然大笑[99],合座歡踴,令曰:“不徒法樂,已至於斯[100]。”故净之樞機,三教發悟,一斯類也。

頻入宫闈與道抗論,談柄暫撝[101],四坐驚讋[102]。蔡晃等既是道門鋒領,屢逢屈挫[103],心聲俱靡。皇儲目屬净之神鋭難加也[104],乃請爲普光寺任。下令曰:“紀國寺上座慧净法師[105],名稱高遠,行業著聞,綱紀伽藍,必有弘益。請知寺任[106]。”净以弘宣爲務,樂於寂止,雖蒙榮告,情所未安。乃委固辭,不蒙允許。慨斯恩迫,致啓謝曰:

伏奉恩令,以慧净爲普光寺主,仍知本寺上座事。奉旨驚惶,罔知攸措。但慧净不揆庸短,少專經論,用心過分,因搆沉痾。暨犬馬齒隆,衰弊日甚,賴全生納養,僅時敷説,磨鈍策蹇,濫被吹嘘。至於提頓綱維,由來未悟[107];整齊僧衆,素所不閑。恩遣曳此庸衰,總彼殷務。竊悲魚鹿易處,失燥濕之宜;方圓改質,乖任物之性。既情不逮事,實迫於心[108],撫躬驚惕,不遑啓處。然恩旨隆渥,罔敢辭讓。謹以謝聞,伏增戰悚。

令答曰[109]:

忽辱來書,甚以傾慰。三覆之後[110],自覺欣然。竊聞如來雖迹起人間而道籠天外,神功妙力不可思議。寂爾無爲則言語道斷,湛然常住則心行處滅。但爲衆生煩惱,漂没愛河,不得不大拯横流[111],令登彼岸。故出入三界,昇降六天,經營十方,良爲於此。若夫鹿園福地,鷲嶺靈山,灑甘露於禪林,轉法輪於净域。付囑菩薩濟拔黔黎,然後放光面門，滅影雙樹。寶船雖没，遺教猶存。即是如來法身，無有異也。然人能弘道，非道弘人。遠有彌勒、文殊親承音旨，近則圖澄、羅什發明經教。五百一賢，信非徒説；千里一遇，若匪虚言[112]。法師昔在俗緣[113]，門稱通德，飛纓東序，鳴玉上庠，故得垂裕後昆，傳芳猶子。嘗以詩稱三百[114]，不離於苦空；曲禮三千[115]，未免於生滅。故發弘誓，願迴向菩提，落彼兩髦，披兹三服。至如大乘、小乘之偈，廣説、略説之文，十誦、僧祇、八部波若[116]，天親、無著之論，法門、句義之談，皆剖判胸懷，激揚清濁。至於光臨講座，開置法筵，釋義入神[117]，隨類俱解，寫懸河之辯，動連環之辭，碧鷄譽於漢臣，白馬稱於傲吏，以今方古，彼復何人？所以仰請法師，爲普光寺主，兼知紀國寺上座事。又聞若獨善之心有限，則濟物之理不弘[118]；彼我之意未忘，則他自之情不坦[119]。且普光、紀國俱是道場，舊住、新居有何差别？法師來狀云："魚鹿易處，失燥濕之宜。"斯乃意在謙虚，假稱珍怪。昔聞流水長者，遂能救十千之魚；曠野獵師，豈得害三歸之鹿。但使筌蹄不用，則言象自忘[120]。

净又謝曰：

重蒙令旨，恩渥載隆，追深悚怍[121]。但慧净學慚照雪，解愧傳燈，濫叨榮幸[122]，坐致非望。復蒙垂兹神翰，播斯弘誘，文麗辰象，調諧金石。加以恩兼道俗，澤總存亡，獎進高深，譬超山海。循環百遍，悲喜交懷，徒知銘感，豈陳螢露[123]。頻煩曲降[124]，顧己多慚，謹以謝聞[125]，用增怵惕。

登又下令與普光寺衆曰：

蓋聞正法没於西域，像教被於東華，古往今來，多歷年所。而難陀、迦葉、馬鳴、龍樹，既同瓶瀉[126]，有若燈傳，故得妙旨微言，垂文見意。是以，三十二相遍滿人天，十二部經敷揚刹土。由其路者，則高騁四衢之上；迷其塗者，則輪迴六趣之中。理窟法門，玄宗秘藏，非天下之至賾，孰能與於此乎？

皇帝以神道設教，利益群生，故普建仁祠，紹隆正覺，卜兹勝地，立此伽藍，請赤縣之名僧，徵帝城之上首[127]。山林之士[128]，擁錫來遊；朝廷之賓，摳衣趍座。義筵濟濟，法侣詵詵，寔聚落之福田，黔黎之壽域。加以叢楹疊幹[129]，寶塔華臺。洪鐘扣而弗諠[130]，清梵唱而逾静。若夫盧舍那佛，坐普光法堂，靈相葳蕤，神變肸響[131]，以今方古，闇與冥符。

名器之間，豈容虚立。然僧徒結集，須有綱紀，詢諸大衆，罕值其人。積日搜揚,頗有僉議[132],咸云:紀國寺上座慧浄自性清浄,本來有之;風神秀徹,非適今也。至於龍宫寶藏,象力尊經,皆挺自生知,無師獨悟。豈止四諦一乘之説,七處八會之談,要其指歸,得其真趣而已[133]。固亦滌除玄覽[134],老氏之至言;潔静精微,宣尼之妙義。莫不窮理盡性,尋根討源[135]。其德行也如彼,其學業也如此。今請爲普光寺主,仍知本寺[136]。法師比者逡巡静退[137],不肯降重,慇懃苦請,方始剋從。但菩薩之家,體尚和合,若得無諍三昧,自然永離十纏。亦願合寺諸師[138],共弘此意。其迎請之禮,任依僧法。

又令所司建講設齋,并請法師廣開義理[139]。浄以僚寀大集,光榮一旦,非夫經力,何以致斯?乃創開法華,末陳大論[140]。英達高勝,擁萃門筵,故能接誘玄素,撫承學識。傳詞馳論,大響嘉猷,縱達清言[141],光前絶後。

太子中舍辛諝學該文史,傲誕自矜[142],題章著翰,莫敢當擬。預有殺青,諝必裂之于地[143],謂僧中之無人也。浄憤斯輕侮,乃裁論擬之[144],文云:

紀國寺釋慧浄,敬酬東宫辛中舍曰:

披覽高論,博究精微,旨贍文華,驚心眩目。辯超炙輠,理跨連環,幽難勃以縱横,掞藻紛其駱驛。映雲霞而比爛,叶金石以相諧。絢矣文章,沖乎探賾[145],非夫哲士,誰其溢心。瞻彼上人,固難與對,輕持不敏,敢述朝聞,豈曰稽疑,寧酬客難也。

來論云:一音演説[146],各隨類解,蠕動衆生,皆有佛性。然則"佛陀"之與"先覺",語從俗異;"智慧"之與"般若",義本玄同。習智覺若非勝因,念佛慧豈登妙果?

答曰:大矣哉,斯舉也。深固幽遠,杳冥難測,吾子爲信乎,爲疑乎?其信也,豈不然乎哉?其疑也,豈不深乎哉?然則下士不笑,不足以爲道;淺智不謗,不足以爲深?仰度高明,固無笑謗矣。但其言濩落[147],理涉嫌疑,今當爲子,略陳梗槩。若乃問同答異,文郁郁於孔書;名一義乖,理堂堂於釋教。若名同,不許義異,則問一不得答殊。此例既昇,彼並自没。如其未喻,更爲提撕。夫以住無所住,萬善所以兼修;爲無不爲,一音所以齊應。豈止絶聖棄智[148],抱一守雌,泠然獨善,義無兼濟。較言優劣,其可倫乎?二宗既辯[149],百難斯滯。

來論云:必謂彼此名言,遂可分別。一音各解,乃翫空談。

答曰:誠如來旨,亦須分別。竊以逍遥一也,鵬鷃不可齊乎九萬;榮枯同也,椿菌不可齊乎八千。而況爝火之侔日月,浸灌之方時雨,寧以分同明潤而遂均其曜澤哉？至若山、毫[150]一其小大，彭、殤均其壽夭，廷[151]、楹亂其橫豎，施、厲混其妍蚩[152]，斯由相待不定，相奪可忘。莊生所以絶其有封，非謂未始無物。斯則以余分別，攻子分別[153]。子忘分別，即余忘分别矣。君子劇談，幸無謔論[154]，一言易失，駟馬難追[155]。斯文誠矣[156]，深可慎哉。

來論云：諸行無常，觸類緣起，復心有待，資氣涉求。然則我净受於熏修，慧定成於繕刻。

答曰：無常者，故吾去也；緣起者，新吾來也。故吾去矣，吾豈常乎？新吾來矣，吾豈斷乎？新故相傳，假熏修以成净；美惡更代，非繕刻而難功。是則生滅破於斷常，因果顯乎中觀。鬱乎宗也，談乎妙也。斯實莊釋玄同，東西理會。而吾子去彼取此，得無謬乎？

來論云：續鳧截鶴，庸詎真如；草化蜂飛，何居弱喪。

答曰：夫自然者，報分也；熏修者，業理也。報分已定，二鳥無羨於短長；業理資緣，兩蟲有待而飛化。然則事像易疑，沉冥難曉。幽求之士，淪惑罔息。至若道圓四果，尚昧衣珠；位隆十地，猶昏羅縠。聖賢固其若此而况庸庸者乎[157]？自非鑒鏡三明，雄飛七辯，安能妙契玄極，敷究幽微？貧道藉以受業家門，朋從是寄。悕能擇善[158]，敢進芻蕘。如或鏗然[159]，願詳金牒矣。

於是廊廟貴達，重仰高風[160]，人藏一本，緘諸懷袖，同聚談宴，以爲言先。辛侯由兹頂戴，頓袪邪網。帝里榮勝，望日披雲，各撤金帛，樹興來福。沙門法琳包括經史，摛掞昔聞，承破邪疑[161]，迺致書曰：

近覽所報辛中舍析疑論，詞義包舉，比喻超絶。璀璨眩離朱之目，鏗鏘駭師曠之耳，固以妙盡寰中[162]，事殫辯囿[163]。譬玉衡之齊七政，猶溟海之統百川。焕焕乎，巍巍乎，言過視聽之外，理出思議之表。足可杜諸見之門，開得意之路者也。至如住無所住，兼修之義在焉；爲無不爲，齊應之功弘矣[164]。將令守雌顔厚，獨善靦容，乃理異之顯哉，豈玄同之可得。夫立象以表意[165]，得意則象忘。若忘其所忘，則彼此之情斯泯[166]；非忘其不忘，小大之殊有異。是知日月既出，無用爝火之光；時雨既降，何煩浸灌之澤。故云，彼此可忘[167]，非無此也。故吾去也，因故去而辯無常；新吾來也，藉新來以談緣起。非新非故，熏修之義莫成；無繕無剋，美惡之功孰著。蓋以生滅破彼斷常之迷，寄因果示其中觀之路。斷常見息，則弱喪同歸；中觀理融，則真如自顯。或談業理，以明熏習；乍開報分，以釋自然。意出情端，旨超文外。報分有在，鳧鶴自忘其短長;業理相因,草蜂各任其飛化。可謂於無名相中假名相説,體真會俗,豈不然歟?辛中舍天挺之才[168],未等若人盡理之説。子期可慚於喪偶,顔生有愧其坐忘。可以息去取之兩端[169],泯顛沛之一致。楚既得之,齊亦未爲失也。

法師博物不群,智思無限,當今獨步,即日梁棟。既爲衆所知識,實亦名稱普聞。加以累謁金門,頻登上席,扇玄風於鶴籥,振法鼓於龍樓。七貴挹其波瀾,五師推其神儁。既聳垂天之翼,又縱横海之鱗。支遁之匹王、何[170],寧堪並駕;帛祖之方嵇、阮,未足連衡。用古儔今,君有之矣。

琳謝病南山,栖心幽谷,非出非處,蕩慮於風雲;無見無聞,寄情於泉石。遇觀名作[171],實遣繁憂[172];乍覽瓊章,用祛痼疾[173]。徘徊吟諷,循環卷舒,奉藴懷袖之中[174],不覺紙勞字故。略申片意,謹此白書。

其所著述、賦詞,爲諸道賢稱美如此。及貞觀十九年,更崇翻譯,所司簡約,又無聯類,下召追赴[175],謝病乃止。今春秋六十有八,聲問轉高[176],心疾時動,或停法雨。暫有登臨,雲屯學館,義侶則掇其冠冕[177],文句則定其短長,詞采則揭其菁華,音韻則響其諧調。神氣高爽,足引懦夫;牆宇崇深,彌開廉士。斯並目叙而即筆[178],故不盡其纖隱云[179]。

【校注】

[1] 大:磧本作“文”,趙本同麗再本。
[2] 折:諸本同,大正藏校引宫本作“析”誤。闕:趙本作“開”,磧本同麗再本。
[3] 馳:磧本作“駝”誤,趙本同麗再本。
[4] 殷:趙本作“設”誤,磧本同麗再本。
[5] 喻:磧本作“諭”,趙本作“俞”。
[6] 道士:磧本作“道”脱,趙本同麗再本。
[7] 先坐:磧本作“先座”,興聖寺本、趙本作“元坐”。
[8] 于:諸本同,磧本衍作“于于”。
[9] 床:諸本同,磧本作“座”。
[10] 勇:諸本同,興聖寺本作“誦”誤。
[11] 安:諸本同,興聖寺本作“要”誤。
[12] 統:諸本同,磧作“總”。
[13] 沉:諸本同,大正藏引宫本作“悦”誤。
[14] 末:諸本同,興聖寺本脱。
[15] 紐:諸本同,磧本、資本作“網”誤。
[16] 孫:諸本同,興聖寺本作“縣”。
[17] 今存:(卍續 38 第 522—560 頁)金剛般若波羅蜜經注三卷。卷末有日本“享保二

年(1717),歲次丁酉,初秋日”跋,題“丹陽散人烏有子”刊刻。跋稱此書“在支那而不行焉,於扶桑亦未覩焉”,烏有子於“空法師獲其真本”,迺刊刻行世。

[18] 原:諸本同,磧本作“源”。

[19] 美:諸本同,興聖寺本作“吴”誤。

[20] 肩:諸本同,興聖寺本、大正藏引宫本作“扇”誤。

[21] 覺:諸本同,興聖寺本本作“學”誤。

[22] 遁:諸本同,興聖寺本作“道”誤。

[23] 踳駮:諸本同,興聖寺本、隨函録、大正藏校引宋本、宫本作“踳馳”應是。案,“踳馳”典出淮南子泰族訓,背道而馳義。

[24] 虧:諸本同,趙本作“戲”誤。

[25] 疲:諸本同,趙本作“瘦”誤。

[26] 沙:興聖寺本、磧本作“妙”,趙本同麗再本。

[27] 想:磧本、趙本作“相”,興聖寺本同麗再本。

[28] 惟:磧本作“維”,興聖寺本、趙本同麗再本。

[29] 始:諸本同,磧本作“姑”誤。

[30] 仲:諸本同,大正藏校引宫本作“任”誤。

[31] 爰:諸本同,興聖寺本作“受”誤。

[32] 顧:諸本同,興聖寺本作“領”誤。

[33] 本:諸本同,興聖寺本作“大”誤。“遼東真本”,指東晋孫盛的晋陽秋。下文“指南”句典出鬼谷子:“鄭人取玉,必載司南之車,爲其不惑也。”引自文選卷五左思吴都賦李善注。

[34] 豈不盛哉豈不盛哉:諸本同,興聖寺本脱“豈不盛哉”四字。

[35] 寮:諸本同,磧本作“僚”是。

[36] 曰:諸本同,大正藏校引宫本無。

[37] 二:諸本同,興聖寺本作“三”。案,據本卷波頗傳,貞觀初年譯經,在貞觀三年開始籌備,故作“三”是。

[38] 其:諸本同,磧本作“甚”誤。異:諸本同,興聖寺本衍作“異異”。

[39] 至:諸本同,興聖寺本脱。

[40] 辯:諸本同,大正藏校引宋本作“辦”。案,“辦”通“辯”。

[41] 皆:諸本同,磧本作“特”。

[42] 頤:興聖寺本作“賾”,趙本作“嘖”均誤,磧本同麗再本。

[43] 今存:温室經疏,見敦煌文書 S. 2497,又收入大正藏 85 古逸部,第 536—540 頁。盂蘭盆經讚述,見敦煌文書 P. 2269,又收入大正藏 85 古逸部,第 540—543 頁。(大正 37 第 307—310 頁)阿彌陀經義述一卷。(卍續 41 第 411—424 頁)般若波羅蜜多心經疏一卷(卷末題“開元三年九月於臺州大雲寺得”)。

[44] 洽:諸本同,興聖寺本作“給”誤。

[45] 葉:諸本同,大正藏校引宫本作“華”。

[46] 和:諸本同,大正藏校引宫本作“弘”誤。

[47] 因:諸本同,大正藏校引宋本、宫本作“用”。

[48] 馭:諸本同,興聖寺本作“叙”誤。

[49] 槎:諸本同,趙本作“檤”誤。

［50］盧：諸本同，趙本作“蘆”誤。

［51］“又與英才言聚賦得昇天行”至“星彩”：此段麗再本、趙本作雙行小字，興聖寺本、磧本大字一行，今從興聖寺本、磧本。

［52］城：諸本同，磧本作“域”。

［53］岧：諸本同，大正藏校引宫本作“迢”。

［54］珠：麗再本、趙本作“洙”，今從興聖寺本、磧本。

［55］霄：麗再本、趙本作“宵”，今從興聖寺本、磧本。

［56］飆：諸本同，興聖寺本作“飄”誤。

［57］洛：趙本作“浴”誤，磧本同麗再本。

［58］皓：興聖寺本、磧本作“皎”，趙本通麗再本。齊：諸本同，興聖寺本作“曆”誤。

［59］從：諸本同，磧本作“徒”應是。

［60］也：諸本同，興聖寺本脱。

［61］人：諸本同，磧本作“又”。

［62］差：磧本作“嗟”，趙本同磧本，興聖寺本同麗再本。

［63］探：麗再本、趙本作“棌”，今據磧本、興聖寺本改。

［64］拔：諸本同，磧本作“跋”誤。

［65］之：大正藏校引宫本作“文”誤。

［66］於：諸本同，興聖寺本脱。

［67］導：興聖寺本、麗再本、趙本作“道”，今據磧本改。濛：諸本同，磧本作“蒙”。

［68］西：諸本同，興聖寺本作“面”誤。

［69］景：諸本同，興聖寺本作“影”。“景”同“影”。

［70］斯：諸本同，興聖寺本作“斷”。

［71］實：磧本脱，趙本同麗再本。袖：大正藏校引宋本作“神”誤。

［72］域：諸本同，興聖寺本作“城”。

［73］暇：諸本同，興聖寺本作“順”。

［74］山：興聖寺本、趙本、磧本作“上”。案，曹操詩苦寒行，又作北上行，故當爲“上”。

［75］摘：諸本同，大正藏校引宋本、宫本作“摘”是。案，陶淵明讀山海經詩第一有“摘我園中蔬，微雨從東來”句，故作“摘”是。

［76］諧：諸本同，興聖寺本、大正藏校引宫本作“謝”誤。案，“諧”與上文“會”對應。

［77］振：諸本同，磧本作“震”。

［78］戡定：諸本同，磧本作“龕定”。興聖寺本衍一“龍”字，作“戡龍定”。

［79］凡：諸本同，大正藏校引宫本作“允”誤。

［80］景：諸本同，興聖寺本作“量”誤。

［81］薖軸：諸本同，磧本作“邁軸”誤。“薖軸”，典出詩經衛風考槃“碩人之薖”“碩人之軸”。考槃，據詩序：“刺莊公也。不能繼先公之業，使賢者退而窮處。”後人合爲“薖軸”代指隱居。

［82］興：諸本同，興聖寺本衍作“興興”。

［83］舟壑：諸本同，資本、大正藏校引宋本、宫本作“丹壑”誤。案，“舟壑”，典出莊子大宗師：“夫藏舟於壑，藏山於澤，謂之固矣，然而夜半有力者負之而走，昧者不知也。”

［84］摭：諸本同，興聖寺本作“掇”誤。

［85］齊：諸本同，興聖寺本作“曆”誤。
［86］讚：諸本同，磧本作“贊”是。
［87］案，“怛化”，典出莊子大宗師，此處指去世。
［88］頊：諸本同，趙本作“須”。案，“頊”“須”諸本字形相近，不易分辨，下同，不一一出校記。
［89］響：諸本同，興聖寺本作“鄉”。
［90］宮：諸本作“官”誤，今從磧本改。
［91］講論道好獨秀玄宗：興聖寺本、磧本作“講道論好，獨秀高宗”，趙本同麗再本。“道好”，據文義當是“道經”之訛。
［92］與：諸本同，興聖寺本脱。
［93］第：興聖寺本、磧本作“弟”是，趙本同麗再本。
［94］矛：諸本作“牟”，今據磧本改。
［95］便：諸本同，磧本作“使”誤。
［96］迷：諸本同，磧本作“述”誤。
［97］在：興聖寺本、磧本作“存”，趙本同麗再本。
［98］勦：諸本同，磧本作“謸”，“謸”“勦”同“剿”。又，興聖寺本衍“助”，作“君既助勦説”。
［99］笑：諸本同，興聖寺本作“咲”。案，“咲”同“笑”，下同，不一一出校。
［100］已：諸本同，磧本作“以”。
［101］撝：諸本同，興聖寺本作“僞”誤。
［102］讋：諸本同，磧本作“懾”誤。“讋”，震懾。
［103］屈挫：諸本同，磧本、隨函録作“挫拉”。
［104］屬：諸本同，磧本作“矚”。“屬”同“矚”。
［105］上：諸本同，興聖寺本脱。
［106］任：諸本同，興聖寺本作“住”。
［107］未：諸本同，興聖寺本作“來”。
［108］心：諸本同，興聖寺本脱。
［109］曰：諸本同，興聖寺本脱。
［110］覆：諸本同，磧本作“復”。
［111］不得不：諸本同，磧本作“得不”脱“不”。
［112］葢：諸本同，磧本作“蓋”是。
［113］在：諸本同，興聖寺本作“茌”誤。
［114］嘗：諸本作“當”誤，今據磧本改。詩：諸本同，興聖寺本、大正藏校引宮本作“經”。
［115］曲：諸本同，磧本作“典”誤。
［116］八：諸本同，大正藏校引宮本作“一”誤。
［117］釋：興聖寺本、磧本作“精”，趙本同麗再本。
［118］不弘：諸本同，興聖寺本作“弗不”。
［119］坦：諸本同，興聖寺本作“怚”誤。
［120］象：諸本同，興聖寺本作“景”。
［121］怍：諸本同，興聖寺本作“作”誤。
［122］榮：諸本同，興聖寺本脱。

[123] 露：興聖寺本、趙本作“路”，磧本同麗再本。
[124] 煩：諸本同，興聖寺本脱。
[125] 謝：諸本同，磧本作“狀”。
[126] 瀉：諸本同，興聖寺本、大正藏校引宋本、宮本作“寫”。
[127] 微：諸本同，興聖寺本不清，似作“徵”。
[128] 士：諸本同，興聖寺本作“出”。
[129] 叢：諸本同，興聖寺本、隨函録作“藂”，“藂”同“叢”。幹：諸本作“榦”，今從興聖寺本。案，“幹”即“榦”，説文卷六上“築牆耑木也”，即築牆時的立木，“榦”爲柘木、檀木義。
[130] 諠：諸本同，興聖寺本中作“演”誤。
[131] 肸響：諸本同，磧本作“肸蠁”。“肸響”“肸蠁”爲聯綿詞，讀作 xī xiǎng，散布、傳播義，語出漢書卷五七司馬相如傳引上林賦“肸蠁布寫”。
[132] 頗：諸本同，興聖寺本脱。
[133] 已：諸本同，興聖寺本脱。
[134] 除：諸本同，興聖寺本脱。
[135] 源：諸本同，興聖寺本脱。
[136] 本寺：興聖寺本作“本事”，磧本作“仍知本寺事”是，趙本同麗再本。
[137] 静：諸本同，趙本作“諍”誤。
[138] 諸：諸本同，興聖寺本作“請”誤。
[139] 義理：諸本同，興聖寺本作“理義”倒。
[140] 末：興聖寺本、磧本作“未”，趙本同麗再本。
[141] 清：諸本同，興聖寺本作“請”誤。
[142] 矜：諸本同，興聖寺本作“預”誤。
[143] 預有殺青謫必裂之于地：“裂”，諸本同，大正藏校引宮本作“掣”。興聖寺本倒作“預有謫殺青必裂之于地”。
[144] 擬：諸本同，興聖寺本脱。
[145] 沖乎：諸本同，興聖寺本衍作“沖乎沖乎”。
[146] 演説：諸本作“衍説”，今據磧本改。案，“一音演説”，典出維摩詰經佛國品。
[147] 濩落：諸本同，興聖寺本作“護落”。案，“濩落”，典出莊子逍遥遊：“剖之以爲瓢，則瓠落無所容。”“瓠落”即“濩落”疑爲聯綿詞，故作“護”亦是。
[148] 棄：諸本同，興聖寺本作“宗”誤。
[149] 辯：諸本同，興聖寺本作“辨”。
[150] 毫：諸本同，興聖寺本、大正藏校引宋本、宮本作“豪”。
[151] 廷：麗再本、趙本作“莛”誤，今據興聖寺本、磧本改。
[152] 蚩：興聖寺本作“豈”，磧本作“媸”是。趙本同麗再本。
[153] 攻：諸本同，興聖寺本作“改”誤。
[154] 謔：諸本同，興聖寺本作“虐”誤。
[155] 馬：諸本同，興聖寺本作“四”誤。
[156] 誡：諸本同，興聖寺本作“滅”誤。
[157] 庸庸：諸本同，興聖寺本作“庸”脱一字。
[158] 悕：諸本同，磧本作“希”。“悕”，廣韻卷一：“八微”，“願也”。

［159］鏗：諸本同，大正藏校引宫本作“鑒”誤。
［160］重：諸本同，磧本作“咸”。
［161］疑：諸本同，興聖寺本脱。
［162］寰：諸本作“環”，今據磧本改。
［163］殫：諸本同，磧本作“禪”誤。辯：諸本同，興聖寺本作“辨”。
［164］弘：諸本同，大正藏校引宫本作“和”。
［165］夫：諸本同，趙本作“失”。象：諸本作“像”，今據磧本改。
［166］則：諸本同。興聖寺本、大正藏校引宫本無，應是。
［167］可：諸本同，興聖寺本作“事”誤。
［168］辛：資本、洪南本、永北本作“詳”，麗初本、磧本、趙本同麗再本。
［169］端：諸本同，興聖寺本衍作“端端”。
［170］匹：諸本同，興聖寺本作“迢”誤。
［171］遇：諸本同，大正藏引永樂南藏本作“偶”於義較長。
［172］遣：諸本同，趙本作“遺”誤。
［173］痼：諸本同，興聖寺本作“疸”誤。
［174］奉薀：興聖寺本作“薀”脱“奉”，磧本作“薀畜”，趙本同麗再本。
［175］召：諸本同，興聖寺本、大正藏、中華藏校引永樂南藏本作“詔”應是。
［176］聲問：諸本同，磧本作“聲聞”。“聲聞”即“聲問”。
［177］掇：諸本同，大正藏校引宫本作“綴”。
［178］目：諸本同，磧本作“自”誤。“目叙”，即親見。趙本同麗再本。
［179］云：諸本同，磧本作“云也”。

續高僧傳卷第四[1]

譯經篇四本傳二人[2]

京大慈恩寺釋玄奘傳一[3]

釋玄奘，本名褘，姓陳氏，漢太丘仲弓後也[4]。子孫徙於河南，故又爲洛州緱氏人焉[5]。祖康，北齊國子博士。父慧，早通經術，長八尺，明眉目，拜江陵令，解纓而返[6]，即大業末年。識者[7]以爲剋終隱淪之候故也。兄素出家，即長捷法師也。[8]容貌堂堂，儀局瓌秀，講釋經義，聯班群伍，住東都净土寺。以奘少罹窮酷，携以將之，日授精理，旁兼巧論[9]。

年十一[10]，誦維摩、法華，東都恒度，便預其次。自爾卓然梗正，不偶朋流[11]，口誦目緣，略無閑缺。覩諸沙彌劇談掉戲[12]，奘曰："經不云乎，夫出家者爲無爲法，豈復恒爲兒戲。可謂徒喪百年。且思齊之懷[13]，尚鄙而不取，拔萃出類[14]，故復形在言前耳。"時東都慧日盛弘法席，涅槃、攝論輪馳相係，每恒聽受，昏明思擇。僧徒異其欣奉，美其風素，愛敬之至，師友參榮。大衆重其學功，弘開役務[15]。

時年十五，與兄住净土寺，由是專[16]門受業，聲望逾遠。大業餘曆，兵飢交貿[17]，法食兩緣，投庇無所。承沙門道基，化開井絡，法俗欽仰，乃與兄從之，行達長安，住莊嚴寺。又非本望，西逾劍閣。既達蜀都，即而聽受阿毗曇論。一聞不忘，見稱昔人，隨言鏡理，又高倫等。至於婆沙廣論、雜心玄義，莫不鑿窮巖穴，條疏本幹。然此論東被，弘唱極繁，章鈔異同計逾數十，皆藴結胸府[18]，聞持自然，至於得喪筌旨而能引用無滯。時皆訝其憶念之力，終古罕類也。基每顧而嘆曰："余少遊講肆多矣，未見少年神悟若斯人也。"席中聽侶，僉號英雄，四方多難，總歸綿、益，相與稱讚[19]，逸口傳聲。又僧景攝論，道振迦延，世號難加，人推精覈[20]，皆師承宗據，隅隩明銓[21]。昔來攝論"十二住義"，中表銷釋十有二家，講次誦持，率多昏漠。而奘初聞記録,片無差舛,登座叙引,曾不再緣,須便爲述,狀逾宿構。如斯甚衆,不可殫言。武德五年,二十有一,爲諸學府雄伯沙門講揚心論,不窺文相而誦注無窮[22]。時目神人[23],不神何能此也?

晚與兄俱住益南空慧寺,私自惟曰:"學貴經遠,義重疏通。鑽仰一方,未成探賾。"有沙門道深體悟成實,學稱包富,控權敷化,振網趙邦。憤發內心,將捐巴蜀。捷深知其遠量也,情顧勤勤,每勸勉之。而正意已行,誓無返面,遂乃假緣告別。間行江硤,經途所及荆、楊等州,訪逮道鄰,莫知歸詣,便北達深所。委參勇鎧,素襲嘉問[24],縱洽無遺。終始十月,資承略盡。時燕趙學侣相顧逢秋,後發前至,抑斯人也[25]。沙門慧休道聲高邈,行解相富[26],夸罩古今,獨據鄴中。昌言傳授,詞鋒所指,海内高尚。又往從焉。不面生來,相逢若舊,去師資禮,事等法朋,偏爲獨講雜心、攝論,指摘纖隱,曲示綱猷。相續八月,領酬無厭[27],休又驚異絶嘆,撫掌而嗟曰[28]:"希世若人,爾其是也。"沙門道岳宗師俱舍,闡弘有部,包籠領袖,吞納喉襟,揚業帝城,來儀群學,乃又從焉,創迹京都,詮途義苑。沙門法常一時之最,經論教悟[29],其徒如林[30]。奘乃一舉十問,皆陳幽奥,坐中杞梓,拔思未聞。由是馳譽道流,擅聲日下。沙門僧辯,法輪論士,機慧是長,命來連坐,吾之徒也。但爲俱舍一論,昔所未聞,因爾伏膺[31],曉夕諮請。岳審其殷至,慧悟霞明,樂説不窮,任其索隱。覃思研採,晬周究竟。沙門玄會[32],匠剖涅槃,删補舊疏,更張琴瑟,承斯令問,親位席端,諮質遲疑,焕然祛滯[33]。

僕射宋公蕭瑀敬其脱穎[34],奏住莊嚴。然非本志,情栖物表,乃又惟曰:"余周流吴、蜀,爰逮趙、魏,末及周秦。預有講筵,率皆登踐,已布之言令,雖藴胸襟;未吐之詞宗[35],解籤無地。若不輕生殉命,誓往華胥,何能具覿成言,用通神解?一覩明法,了義真文,要返東華,傳揚聖化,則先賢高勝,豈决疑於彌勒;後進鋒穎,寧輟想於瑜伽耶。"[36]時年二十九也。遂厲然獨舉,詣闕陳表,有司不爲通引。頓迹京皋[37],廣就諸蕃,遍學書語。行坐尋授,數日便通[38]。側席面西,思聞機候。

會貞觀三年,時遭霜儉,下勑道俗,逐豐四出[39]。幸因斯際,徑往姑臧,漸至燉煌。路由天塞,裹糧弔影,前望悠然。但見平沙,絶無人徑,迴遑委命,任業而前。展轉因循,達高昌境。初奘在涼州,講揚經論,華夷士庶,盛集歸崇[40],商客通傳,預聞蕃域。

高昌王麴文泰特信佛經[41],復承奘告[42],將遊西鄙,恒置郵馹,境次相迎。忽聞行達[43],通夕立候,王母、妃屬執炬殿前。見奘苦辛[44],備言意故,合宫下淚,驚異希有。延留夏坐,長請開弘,王命爲弟,母命爲子,殊禮厚供,日時恒致。乃爲講仁王等經,及諸機教。道俗係戀,並願長留。奘曰:"本欲通開大化,遠被家國,不辭賤命,忍死西奔。若如來語,一滯此方,非唯自虧發足,亦恐都爲法障[45]。”乃不食三日[46],僉見極意,無敢措言。王母曰:“今與法師一遇,並是往業因緣,脱得果心東返[47],願重垂誡誥[48]。”遂與奘手傳香信,誓爲母子。麴氏流淚,執足而別。仍勑殿中侍郎齎綾帛五百疋、書二十四封[49],并給從騎六十人[50],送至突厥葉護牙所[51]。以大雪山北六十餘國,皆其部統,故重遺達奘[52],開前路也。

初至牙所,信物倍多,異於恒度,謂是親弟,具以情告,終所不信。可汗重其賄賂,遣騎前告,所部諸國,但有名僧勝地,必令奘到[53]。於是連騎數十,盛若皇華,中途經國,道次參候,供給頓具,倍勝於初。自高昌至於鐵門,凡經一十六國[54],人物優劣,奉信淳疏,具諸圖傳。其鐵門也,即鐵門關,漢之西屏,入山五百,旁無異路,一道南出,險絶人物。左右石壁,竦立千仞[55],色相如鐵,故因號焉。見漢門扇[56],一豎一卧,外鐵裹木[57],加懸諸鈴,必掩此關,寔惟天固。

南出斯門,土田温沃,花果榮茂,地名覩貨羅也[58]。縱千餘里[59],廣三千餘,東拒葱嶺,西接波斯,南大雪山,北據鐵門,縛芻大河中境西流[60],即經所謂博叉河也[61]。其境自分爲二十七國,各有君長,信重佛教。僧以十二月十六日安居,坐其春分,以斯時温熱雨多故也[62]。又前經國,凡度十三,至縛喝國。土地華博,時俗號爲小王舍城。國近葉護南牙也。突厥常法,夏居北野,花草繁茂,放牧爲勝;冬處山中,用遮寒厲,故有兩牙。王都城外,西南寺中有佛澡罐[63],可容斗許。及佛掃帚,并以佛牙。守護莊嚴,殆難瞻覩。奘爲國使,躬事頂戴。西北不遠有提謂、波利兩城,建塔淩虚[64],即爰初道成,獻麨長者之本邑髮爪塔也。

又東南行大雪山中七百餘里,至梵衍國。僧有數千,學出世部。王城北山有立石像,高百五十尺,城東卧佛長千餘尺,並精舍重接,金寶莊校,晃曜人目,見者稱嘆。又有佛齒舍利,劫初緣覺,齒長五寸許。金輪王齒長三寸許。并商那和修鉢,及九條衣,絳色猶存。又東,山行至迦畢試國[65],奉信彌勝,僧有六千,多大乘學。其王歲造銀像,舉高丈八[66],延請遐邇[67],廣樹名壇[68]。國有如來爲菩薩時齒,長可寸餘。又有其髮,引長尺餘,放還螺旋。自斯地北,民雜胡戎,制服威儀,不參大夏,名爲“邊國蜜利車”,類唐言譯之“垢濁種”也。

又東南七百[69],至濫波國,即印度之北境矣。言印度者,即天竺之正名,猶身毒、賢豆之訛號耳。論其境也,北背雪山,三陲大海[70],地形南狹,如月上弦。川平廣衍,周九萬里。七十餘國,依止其中,時或乖分,略地爲國,今則盡三海際,同一王命。又[71]東雪山,至那伽羅曷國[72],即布髮掩泥之故地也[73]。詳諸經相，意有疑焉。何則，討尋本事，乃在賢劫已前，蓮花、定光，名殊三佛，既非同劫，頻被火災[74]，何得故處，今猶泥濕？若以爲虛，佛非妄語。如彼諸師，各陳異解。有論者言此實本地[75]，佛非妄也，雖經劫壞[76]，本空之處，願力莊嚴，如因事也。並是如來流化，斯迹常在[77]，不足怪矣。故其勝地[78]，左則標樹諸窣覩波[79]，即靈塔之正名，猶偷婆斗藪婆之訛號耳。阿育王者，此號無憂，恨不覩佛，興諸感戀，絓是聖迹[80]，皆起銘記，故於此處爲建石塔，高三十餘丈。又有石壁佛影、蹈迹衆相，皆豎標記，並如前也。

城南不遠醯羅城中[81]，有佛頂骨，周尺二寸，其相仰平，形如天蓋；佛髑髏蓋如荷葉盤[82]；佛眼圓睛[83]，狀如柰許，澄净皎然；有佛大衣，其色黃赤；佛之錫杖，以鐵爲環，紫檀爲笴。此五聖迹，同在一城，固守之務如傳國寶。北近突厥，昔經侵奪，雖至所在，還潛本處。斯則赴緣隱顯，未在兵威。奘奉覲靈相[84]，悲淚橫流，手撥末香，親看體狀，倍增欣悦。即以和香，印其頂骨[85]，覩有嘉瑞，又增悲慶。近有北狄大月支王欲知來報，以香取相，乃示馬形，甚非所望。加諸布施，積功懺悔，又以香取，現師子形，雖位獸王，終爲畜類。情倍歸依，又加施戒，乃現人天，方還本國。故其俗法，見五相者，相一金錢[86]；取其相者，酬七金錢[87]。俗利其寶，用充福物。既非僧掌，固守彌崇，無論道俗，必先酬價。奘被王命[88]，觀視具周[89]，旁國諸僧承斯榮望，同來禮謁。

又東山行，至健馱邏國。佛寺千餘，民皆雜信。城中素有鉢廟，衆事莊嚴。昔如來鉢，經於此廟，乃數百年，今移波斯王宮供養。城東有迦膩王大塔，基周里半，佛骨舍利一斛在中[90]，舉高五百餘尺，相輪上下二十五重。天火三災[91]，今正營構，即世中所謂雀離浮圖是也。元魏靈太后胡氏奉信情深。遣沙門道生等齎大幡，長七百餘尺，往彼掛之，脚纔及地[92]，即斯塔也。亦不測雀離名生所由。左側諸迹，其相極多。近則世親、如意造論之地，遠則捨於、千眼睒奉二親檀特名山，達拏本迹，仙爲女亂，佛化鬼母[93]，並在其境。皆無憂王爲建石塔，高者數百餘尺[94]，立標記焉。

自北[95]山行，達烏長那國[96]，即世中所謂北天竺烏長國也[97]。其境周圍五千餘里[98]，果實充備，爲諸國所重[99]。傳云，即昔輪王之苑囿也。僧有萬餘，兼大乘學。王都四周，多諸古迹。忍仙佛蹠、半偈避讎、折骨書經、割肉代鴿、蛇藥護命、血飲夜叉，如斯等相，備列其境。各具瞻奉，情倍欣欣。城之東北減三百里，大山龍泉名阿波邏，即信度河之本源[100]，西南而流。經中所謂辛頭河也。王都東南，越山逆河、鐵橋棧道，路極懸險，千有餘里至極大川，即古烏仗之王都也。中有木慈氏像高百餘尺，即末田地羅漢將諸工人,三返上天,方得成者。身相端嚴,特難陳説。

還返烏仗[101],南至呾叉始羅國。具見伊羅鉢龍所住之池、月光抉目之地[102]。育王標塔,舉高十丈。北有石門,殊極高大,崇竦重山,道由中過。斯又薩埵捨身處也。

自此東南,山行險阻,經一小國,度數鐵橋,減二千里至迦濕彌羅國。即此俗常傳,罽賓是也。莫委罽賓,由何而生?觀其圖域[103],同罽賓耳。本是龍海羅漢取之,引衆而住,通三藏也。故其國境四面負山,周七千餘里,門徑狹迮。僧徒五千,多學小乘。國有大德名僧勝,奘[104]就學俱舍、順正理[105]、因明、聲明及大毗婆沙。王愍遠至,給書手十人,供給寫之。有佛牙,長可寸餘,光白如雪。

自濫波至此,繞山諸國[106],形體鄙薄[107],俗習胡蕃,雖預五方,非印度之正境也。以住居山谷,風雜諸邊。

自此南下,通望無山,將及千里至磔迦國。土據平川,周萬餘里,兩河分注,卉木繁榮。于時徒伴二十餘人,行至大林中[108],遇賊劫掠,纔獲命全。入村告乞,乃達東境。大林有婆羅門,年七百歲,貌如三十,明中、百論及外道書[109]。云是龍猛弟子。乃停一月學之。又東至那僕底國[110],就調伏光法師學對法顯、宗理門等論。又東詣那伽羅寺,就月胄論師學衆事分婆沙。又東至禄勒那國,就闍那崛多大德學經部婆沙。又就蜜多犀那論師學薩婆多部辯真論。[111]

漸次東南,路經六國,多有遺迹。育王標塔高二十丈者,其數不少。中有末菟羅國[112],最饒蹤緒。城東六里有一山寺,昔烏波毱多,唐言近護,即五師之一也,是其本住。所建北巖石室,高二十餘丈[113],廣三十步。其側不遠,復有獮猴墮坑處、四佛經行處、賢聖依住處,靈相衆矣。

又東南行,經于七國,至劫比他國。俗事大自在天。其精舍者,高百餘尺,中有天貌[114],形極偉大,謂諸有趣,由之而生。王民同敬,不爲鄙恥。諸國天祠率置此形。大都異道,乃有百數,中所高者,自在爲多。有一大寺五百僧徒,浄人、僕隸乃有數萬,皆宅其寺側。中有三道階,南北而列[115]。即佛爲母忉利安居夏竟,下天帝釋之所作也。寶階本基淪没並盡[116],後王仿之,在其故地猶高七十餘尺[117]。育王爲建石柱高七丈餘,光浄明照,隨人罪福,影現其中。旁有賢劫四佛經行石基,長五十許步,高于七尺,足蹈所及,皆有蓮華文生焉。

國西北不遠二百許里,至羯若鞠闍國,唐言曲女城也。王都臨殑伽河,即恒河之正名矣[118]。源從北來,出大雪山,其土邪正雜敬,僧徒盈萬。多諸聖迹,四佛行坐處,七日説法處,佛牙、髮、爪等塔。精舍千餘、名寺異相,多臨河北。奘於此國，學佛使、日胄二毗婆沙於毗耶犀那三藏所[119]，經于三月。

王號戒日，正法治世將五十載。言“戒日”者，謚法之名，此方薨後，量德以贈；彼土初登[120]，即先薦號，以滅後美之徒虚名耳[121]。今猶御世，統五印度。初治邊陲，爲小國也。先有室商佉王威行海内，酷虐無道，劉殘釋種，拔菩提樹，絶其根苗，選簡名德三百餘人留之[122]，餘者並充奴隸。戒日深知樹於禍始也，與諸官屬至菩提坑，立大誓曰：“若我有福，統臨海内，必能崇建佛法[123]，願菩提樹從地而生。”言已尋視，見菩提萌，坑中上踴，遂迴兵馬往商佉所，威福力故，當即除滅，所以抱信誠篤[124]，倍發由來。還統五方，象兵八萬，軍威所及，並藉其力。素不血食，化境有羊，皆贖施僧，用供乳酪。五年一施，傾其帑藏，藏盡還蓄，時至復行，用此爲常。有犯王法乃至叛逆，罪應死者，遠斥邊裔，餘者懲罰[125]，蓋不足言。故諸國中，多行盜竊，非假伴援，不可妄進。

又東南行二千餘里，經于四國，順殑伽河側[126]，忽被秋賊，須人祭天。同舟八十許人，悉被執縛，唯選奘公堪充天食。因結壇河上，置奘壇中，初便生饗，將加鼎鑊。當斯時也，取救無緣，注想慈尊、彌勒、如來及東夏住持三寶，私發誓曰：“餘運未絶，會蒙放免。必其無遇，命也如何。”同舟一時，悲啼號哭。忽惡風四起，賊船而覆没，飛沙折木，咸懷恐怖。諸人又告賊曰：“此人可愍，不辭危難，專心爲法，利益邊陲[127]。君若殺之，罪莫大也。寧殺我等，不得損他。”衆賊聞之，投刃禮愧，受戒悔失，放隨所往。

達憍償彌，外道殷盛。王都城中，有佛精舍，高六十尺。中有檀像，即昔優田大王造之[128]，仿在天之影也[129]。其側龍窟，聖迹多矣。又東北千餘里，至室羅伐悉底國，即舍衛舍婆提之正名也[130]，周睇荒毁，纔有故基[131]。斯匿治宫，須達故宅，趾墌存焉。城南五里有逝多林，即祇陀園也。勝軍王臣善施所造，全寺頽滅[132]，尚有石柱，舉高七丈，育王標樹。邊有塼室一區，中安如來爲母說法像。自餘院宇，湮没蕩盡，但有佛洗病比丘處、目連舉身子衣處、佛僧常汲故井處、外道陰謗殺婬女處、佛異論處、身子捔處、瑠璃没處、得眼林處、迦葉波佛本生地。諸如上處，皆建石塔，並無憂王之所造也。寺東不遠，三大深坑，即調達[133]、瞿波、戰遮女人所没之處。坑極深邃[134]，臨望無底。自古及今，大雨洪注，終無溢滿。又東將七百里，至劫毗羅伐窣堵國，即迦毗羅衛净飯王所治之都也[135]。空城十餘，無人栖住。故宫甎城周十五里，荒寺千餘，惟宫中一所在焉[136]。王寢殿基上有銘塔，即如來降神之處也。彼有説云：五月八日，神來降者。上座部云十五日者，與此方述，微復不同。豈有異耶？至如東夏所尚，素王爲聖，將定年竿，前達尚迷，况復曆有三代,述時紀號,猶自差舛。顧惟理越情求,赴機應感,皆乘權道,適變爲先。豈以常人之耳目,用通於至極也[137]。城之南、北,有過去二佛生地,諸塔、育王石柱,銘記甚多。

都城西北,數百千塔,並是流璃所誅諸釋[138],既是聖者,後人爲造。當斯時也,有四釋子忿其見逼,不思犯戒,出外拒軍,琉璃遂退。後還本國[139],城中不受,告曰:"吾爲法種,誓不行師,汝退彼軍,非吾族也。"既被放斥,遠投諸國。本是聖胤,競宗樹之。今烏仗、梵衍等王,並其後也。

城東百里,即是如來生地之林,今尚存焉。或有説者三月八日,上座部云十五日也,此土諸經咸云四月八日。斯非感見之機[140],異計多耳。又東七里[141],方至拘尸,中途諸異,略不復紀。創達此城,不覺五情失守,崩踴躃地。頃之顧眄,但見荒城頽褫[142],純陀宅基,有標誌耳。西北四里,河之西岸,即娑羅大林。周帀輪徑[143],四十餘里[144],中央高竦,即涅槃地,有一甎室,卧像北首,旁施塔柱,具書銘記。而諸説混淆,通列其上[145]。有云二月十五日入涅槃者[146],或云九月八日入涅槃者,或云自彼至今過千五百年者,或云過九百年者。城北渡河,即焚身地。方二里餘,深三丈許,土尚黄黑[147],狀同焦炭。諸國有病,服其土者,無不除愈。故其焚處,致有坑耳。其側復有現足、分身、雉鹿諸塔,並具瞻已。

又西南行大深林中七百餘里,達婆羅痆斯國[148],即常所謂波羅奈也。城臨殑伽,外道殷盛,乃出萬計。天寺百餘,多遵自在。僧徒三千,並小乘正量部也。王都東北波羅奈河之西,塔、柱雙建,育王所立,影現佛像,覩者興敬。度河十里,即鹿野寺也。周閭重閣,望若仙宫。僧減二千,皆同前部,佛事高勝,諸國最矣。中有轉法輪像,狀如言説。旁樹石柱,高七十餘尺,内影外現,衆相備矣。斯即如來初轉法處。其側復有五百獨覺塔,三佛行坐處。寺中銘塔,聖迹極多[149],乃有數百。又有佛所浴池,浣衣、洗器之水[150],皆有龍護。曝衣方石、鹿王迎佛之地,並建石塔,動高三百餘尺,相甚弘偉,故略陳耳。

順河東下,減於千里,達吠舍釐,即毗舍離也[151]。露形異術,偏所豐足。國城舊基周七十里,人物寡鮮,但爲名地。其中説净名經處[152]、寶積、净名諸故宅處、身子證果處、姨母滅度處[153]、七百結集處、阿難分身處。此之五處[154],各建勝塔,標示後代[155]。

自斯東北二千餘里,入大雪山,至尼波羅國。純信於佛。僧有二千,大小兼學。城東有池,中有天金,光浮水上。古老傳云:彌勒下生,用爲首飾。或有利其寶者,夜往盜之,但見火聚騰焰[156],都不可近。今則沉深[157],叵窮其底,水又極熱,難得措足。唐國使者,試火投之,焰便踴起[158],因用煮米,便得成飯。其境北界,即東女國,與吐蕃接境[159]。比來國命往還,率由此地,約指爲語[160],唐、梵相去一萬餘里,自古迴邅,致途遠阻。

又從梵吠舍南濟殑伽河[161],達摩揭陀國,即摩竭提之正號也。其國所居,是爲中印度矣。今王祖胤繼接無憂,無憂即頻毗娑羅之曾孫也[162]。王即戒日之女婿矣。今所治城,非古所築,殑伽南岸有波吒釐城,周七十里,即經所謂華氏城也。王宫多花,故因名焉。昔阿育王自離王舍遷都於此[163]。左側聖所,其量彌繁。城之西南四百餘里,度尼連禪河,至伽耶城,人物希少,可千餘家。又行六里,有伽耶山,自古諸王所登封也,故此一山,世稱名地。如來應俗,就斯成道。頂有石塔高百餘尺,即寶雲等經所説之處。周迴四十里内,聖迹充滿。山之西南,即道成處,有金剛座周百餘步。其地則今所謂菩提寺是也。寺南有菩提樹,高五丈許。繞樹周垣,壘甎爲之,輪迴五百許步。東門對河,北門通寺,院中靈塔,相狀多矣。如來得道之日互説不同,或云三月八日及十五日者[164]。垣北門外大菩提寺六院三層[165],牆高四丈,皆甎爲之。師子國王買取此處,興造斯寺,僧徒僅千。大乘上座部所住持也。有骨舍利,狀人指節;肉舍利者,大如真珠。彼土十二月三十日,當此方正月十五日,世稱"大神變月"。若至其夕,必放光瑞,天雨香花[166],充滿樹院。奘初到此,不覺悶絶,良久蘇醒,歷覩靈相。昔聞經説,今宛目前,恨居邊鄙,生在末世,不見真容,倍復悶絶。旁有梵僧,就地接撫,相與悲慰。雖備禮謁,恨無光瑞,停止安居,迄於解坐。彼土常法,至於此時,道俗千萬,七日七夜,競伸供養,凡有兩意,謂覩光相及希樹葉[167]。每年樹葉,恰至夏末,一時飛下,通夕新抽,與故齊等。時有大乘居士爲奘開釋瑜伽師地。爾夜對講,忽失燈明,又觀所佩珠瑫瓔珞不見光采,但有通明晃朗,内外洞然,而不測其由也[168]。怪斯所以,共出草廬,望菩提樹。乃見有僧,手擎舍利,大如人指,在樹基上遍示大衆[169],所放光明,照燭天地。于時衆鬧,但得遥禮,雖目覩瑞[170],心疑其火[171]。合掌虔跪[172],乃至明晨,心漸萎頓,光亦歇滅。居士問曰:"既覩靈瑞,心無疑耶?"奘具陳意。居士曰:"余之昔疑,還同此也。其瑞既現,疑自通耳。余見菩提樹葉如此白楊?"具以問之,奘曰:"相狀略同而扶疏茂盛,少有異也。"

於此寺東望屈屈吒播陀山[173],即經所謂鷄足山也。直上三峰,狀如鷄足,因取號焉。去菩提寺一百餘里[174],頂樹大塔,夜放神炬,光明通照,即大迦葉波寂定所也。路極梗澀,多諸林、竹,師子、虎、象縱横騰倚。每思登踐,取進無由,奘乃告王,請諸防援。蒙給兵三百餘人,各備鋒刃,斬竹通道,日行十里。爾時彼國,聞奘往山,士女大小[175],數盈十萬,奔隨繼至,共往鷄足。既達山阿,壁立無路,乃縛竹爲梯,相連而上,達山頂者三千餘人[176]。

四睇欣然，轉增喜踴，具覩石罅，散花供養。

自山東北百有餘里，至佛陀伐那山[177]，有大石室，佛曾遊此，天帝就石塗香以供，行至其處，今猶郁烈。不遠山室，可受千人，如來三月，於中坐夏。壘石爲道，廣二十步，長五里許，即頻毗娑羅修覲上山之所由也。又東六十里[178]，便至矩奢揭羅補羅古城[179]，唐言茅城，多出香茅，故因名也。其城即摩揭陀之正中，經本所謂王舍城者是矣。崇山四周爲其外郭，上如陴堄[180]，皆甎爲之。西通小徑，北闢山門。廣長從狹，周輪百五十里。其中，宫城周三十餘里，内諸古迹，其量復多。宫之東北可十五里，有姑栗陀羅矩吒山，即經所謂耆闍崛山者是也，唐言鷲峰之臺，於諸山中最高，顯映奪接。山之陽，佛多居住。從下至頂，編石爲階，廣十餘步，長六里許，佛常往來於斯道也。歷觀崖岫，備諸古迹[181]，不可勝紀，廣如圖傳。

山城[182]北門强一里許，即迦蘭陀竹園精舍[183]，石基、東户甎室，今仍現在。自園西南行六里許，南山之陰大竹林中，有石室焉，即大迦葉波與千無學，結集經教所託之地。又西二十餘里，即大衆部結集處也。山城之北可五里許[184]，至曷羅闍姑利呬城，唐言新王舍也，餘傳所稱者是矣。

又北三十餘里至那爛陀寺，唐言施無厭也。贍部洲中寺之最者，勿高此矣。五王共造，供給倍隆，故因名焉。其寺都有五院，同一大門，周閭四重，高八丈許，並用甎壘。其最上壁，猶厚六尺[185]。外郭三重，牆亦甎壘，高五丈許。中間水繞，極深池塹，備[186]有花畜，嚴麗可觀。自置已來，防衛清肅，女人非濫，未曾容隱。常住僧衆四千餘人。外容道俗[187]，通及邪正，乃出萬數[188]。皆周給衣食，無有窮竭，故復號寺爲“施無厭”也。中有佛院，備諸聖迹。精舍高者二十餘丈，佛昔於中，四月説法。又有精舍高三十餘丈，中諸變態，不可名悉，置立銅像高八丈餘，六層閣盛，莊嚴綺飾。即戒日之兄滿胄王造也。又有鍮石精舍，高可八丈，戒日親造，彫裝未備，日役千功[189]。彼國常法，欽敬德望，有諸論師智識清遠，王給封户乃至十城，漸降量賞，不減三城。其寺現在，受封大德，三百餘人。通經已上，不掌僧役[190]，重愛學問，諮訪異法。故烏耆已西[191]，被於海内，諸出家者，皆多義學。任國往返[192]，都無隔礙，王雖守國，不敢遮障，故彼學徒，博聞該贍。奘歷諸國[193]，風聲久達[194]，將造其寺，衆差大德四十人至莊迎宿。莊即目連之本村也。明日食後，僧二百餘、俗人千餘擎輿、幢蓋、香花來迎，引入都會，與衆相慰。問訖，唱令住寺，一切共同。又差二十人，引至正法藏所，即戒賢論師也。年百六歲，衆所仰重[195]，故號“正法藏”。博聞强識，内外大小，一切經書，無不通達。即昔室商佉王所坑之者，爲賊擎出，潛淪草莽，後興法顯，道俗所推，戒日增邑十城，科税以入，賢以税物成立寺廟。

奘禮讚訖,並命令坐,問從何來?答從支那國來,欲學瑜伽等論。聞已啼泣,召弟子覺賢,説己舊事[196]。賢曰:“和上三年前患困[197],如刀刺,欲不食而死。夢金色人曰:‘汝勿厭身。往作國王,多害物命,當自悔責,何得自盡?有支那僧來此學問,已在道中,三年應至。以法惠彼,彼復流通,汝罪自滅。吾是曼殊室利,故來相勸。’和上今損。”正法藏問:“在路幾時?”奘曰:“出三年矣。”既與夢同,悲喜交集,禮謝訖。寺素立法:通三藏者,員置十人,由來闕一。以奘風問,便處其位[198]。日給上饌二十盤,大人米一升[199],檳榔、豆蔻、龍腦、香乳、蘇蜜等[200]。净人四、婆羅一。行乘象輿,三十人從。大人米者,粳米也,大如烏豆,飯香百步,惟此國有,王及知法者預焉。故此寺通三藏者,給二十盤,即二十日漸減。通一經者,猶給五盤五日。過此已後,便依僧位。

便請戒賢講瑜伽論,聽者數千人。十有五月,方得一遍。重爲再講,九月方了。自餘順理、顯揚、對法等,並得諮稟。然於瑜伽偏所鑽仰,經於五年,晨夕無輟。將事博議[201],未忍東旋,賢誡曰:“吾老矣,見子殉命求法,經途十年方至,今日不辭朽老,力爲伸明,法貴流通,豈期獨善,更參他部,恐失時緣。智無涯也,惟佛乃窮,人命如露,非旦則夕,即可還也。”便爲裝行調,付給經論。奘曰:“敢聞命矣。意欲南巡諸國[202],還途北指,以高昌昔言,不得違也。”

便爾東行大山林中,至伊爛拏國。見佛坐迹,入石寸許,長五尺二寸,廣二尺一寸。旁有瓶迹,没石寸許,八出花文,都似新置。有佛立迹,長尺八寸,闊强六寸。又東南行,路經五國,將四千里,至三摩呾吒國。濱斥大海,四佛曾遊,見青玉像,舉高八尺。自斯東北,山海之中凡有六國,即達林邑。道阻且長,兼多瘴癘,故不遊踐。又從西行,將至二千里[203],達羯羅拏國[204],邪正兼事。别有三寺,不食乳酪,調達部也。又西南行七百餘里,至烏荼國[205]。東境臨海,有發行城,多有商侣,停於海次。南大海中,有僧伽羅國,謂執師子也。相去約指二萬餘里[206],每夜南望,見彼國中佛牙塔上,寶珠光明,勝焰暉赫,見於天際[207]。

又西南行,具經諸國,並有異迹。可五千里,至憍薩羅國[208],即南印度之正境也。崇信佛法,僧徒萬許。其土寬廣,林野相次。王都西南三百餘里有黑蜂山,昔古大王爲龍猛菩薩造立斯寺,即龍樹也。其寺上下五重,鑿石爲之,引水旋注,多諸變異,沿波方達。令净人固守[209],罕有登者。龕中石像,形極偉大。寺成之日,龍猛就山以藥塗之,變成紫金,世無等者。又有經藏,夾縛無數[210],古老相傳,盡初結集,並現存在。雖外佛法屢遭誅殄,而此一山,住持無改。近有僧來,於彼夏坐,但得讀誦,不許持出,具陳此事[211]。

但路幽阻,難可尋問。

又復南行七千餘里,路經五國,並有靈迹。至秣羅矩吒國,即贍部最南濱海境也。山出龍腦香焉。旁有巖頂,清流繞旋,二十許市,南注大海。中有天宫,觀自在菩薩常所住處,即觀世音之正名也。臨海有城。古師子國,今入海中可三千餘里。非結大伴,則不可至,故不行也。自此西北四千餘里,中途經國,具諸神異。達摩訶剌他國,其王果勇,威英自在,未賓戒日。寺有百餘,僧徒五千,大小兼學。東境山寺,羅漢所造,有大精舍高百餘尺,中安石像,長八丈許。上施石蓋,凡有七重,虚懸空中,相去各三尺許。禮謁見者,無不嘆訝斯神也。自此因循,廣尋聖迹,至鉢伐多國[212]。有數名德,學業可遵,又停二年,學正量部根本論、攝正法論、成實論等[213]。便東南還那爛陀[214],參戒賢已。往杖林山勝軍論師居士所,其人刹利種,學通内外、五明數術,依林養徒,講佛經義。道俗歸者日數百人[215]。諸國王等亦來觀禮,洗足供養,封賞城邑。奘從學唯識、决擇論、意義論、成無畏論等,首尾二年。夜夢寺内及外林邑,火燒成灰,見一金人告曰:"卻後十年,戒日王崩,印度便亂,當如火蕩[216]。"覺已,向勝軍説之,奘意方决,嚴具東還。及永徽之末,戒日果崩,今並飢荒,如所夢矣。

初那爛陀寺大德師子光等,立"中百論宗破瑜伽"等義。奘曰:"聖人作論,終不相違,但學者有向背耳。"因造會宗論三千頌,以呈戒賢諸師,咸稱善。

先有南印度王灌頂師,名般若毱多,明正量部,造破大乘論七百頌。時戒日王討伐至烏荼國,諸小乘師保重此論,以用上王,請與大乘師决勝。王作書與那爛陀寺,可差四僧善大小内外者,詣行宫在所[217],擬有論義。戒賢乃差海慧、智光、師子光及奘爲四,應命將往。未發間,有順世外道,來求論難,書四十條義,懸於寺門,若有屈者,斬首相謝。彼計:四大爲人物因。旨理沉密[218],最難徵覈,如此陰陽[219],誰窮其數。此道執計,必求捔决。彼土常法,論有負者,先令乘驢,屎瓶澆頂,公於衆中,形心折伏,然後依投,永爲皂隸。諸僧同疑,恐有殿負[220],默不陳對。奘停既久,究達論道,告衆請對,何得同耻? 各立旁證,往復數番,通解無路,神理俱喪,溘然潛伏。預是釋門,一時騰踴。彼既屈已,請依先約,奘曰:"我法弘恕,不在刑科,禀受我法,如奴事主。"因將向房[221],遵正法要[222]。彼烏荼論,又别訪得,尋擇其中,便有謬濫,謂所伏外道曰:"汝聞烏荼所立義不?"曰:"彼義曾聞,特解其趣。"即令説之,備通其要,便指纖芥,申大乘義破之,名制惡見論,千六百頌。以呈戒賢等師,咸曰:"斯論窮天下之勍寇也,何敵當之?"

奘意欲流通,教本乃放,任開正法,遂往東印度境迦摩縷多國。以彼風俗並信異道,故其部衆乃有數萬[223]。佛法雖弘,未至其土。王事天神,愛重教義,但聞智人,不問邪正,皆一奉敬。其人創染佛法,將事弘闡,故往開化。既達於彼[224],王嘆奘勝度,神思清遠。童子王聞,欣得面款,遣使來請,再三乃往。既至相見,宛若舊遊,言議接對,又經晦朔。于時異術雲聚,請王決論,言辯纔交,邪徒草靡。王加崇重,初開信門,請問諸佛,何所功德?奘讚如來三身利物,因造三身論三百頌以贈之。王曰:"未曾有也。"頂戴歸依。此國東境接蜀西蠻,聞其途路,兩月應達。

于時,戒日王臣告曰:"東蕃童子王所,有支那大乘天者,道德弘被,彼王所重,請往致之。"其"大乘天"者,即印度諸僧美奘之目也。王曰:"我已頻請,辭而不來,何因在彼?"即使語拘摩羅王,可送支那法師來,共會祇羅國。童子王命象軍二萬[225],方船三萬[226],與奘泝殑伽河以赴戒日。戒日與諸官屬百餘萬衆,順河東下,同集羯朱祇羅國。初見頂禮,嗚足盡敬,散花設頌。無量供已,曰:"弟子先請,何爲不來?"答以聽法未了,故此延命。又曰[227]:"彼支那國有秦王破陣樂歌舞曲。秦王何人,致此歌詠?"奘曰:"即今正國之天子也。是大聖人,撥亂反正[228],恩霑六合,故有斯詠。"王曰:"故天縱之爲物主也。"乃延入行宮,陳諸供養,乃述制惡見論,顧謂門師曰:"日光既出,螢燭奪明[229],師所寶者,他皆破訖。試救取看。"小乘諸僧無敢言者。王曰:"此論雖好,然未廣聞。欲於曲女城大會,命五印度能言之士,對衆顯之,使邪從正,捨小就大,不亦可乎?"是日發勑,普告天下[230],總集沙門、婆羅門、一切異道,會曲女城。自冬初泝流,臘月方到。爾時,四方翕集,乃有萬數。能論義者數千人,各擅雄辯,咸稱克敵。先立行殿,各容千人,安像陳供,香花音樂,請奘昇座,即標舉論宗,命衆徵覈。竟十八日,無敢問者。王大嗟賞,施銀錢三萬,金錢一萬,上氎衣一百具[231]。仍令大臣,執奘袈裟巡衆,唱言:支那法師論勝,十八日來無敢問者,並宜知之。于時僧衆大悦,曰:"佛法重興,乃令邊人權智若此。"便辭東歸。王重請住觀七十五日,大施場相。[232]

事訖辭還,王勑所部遞送出境[233],并施青象[234],金銀錢各數萬。戒日、拘摩羅等十八大國王流淚執别。奘便辭而不受,以象形大,日常料草四十餘圍,餅食所須又三斛許,戒日又勑令諸屬國,隨到供給。諸僧勸受象施[235],皆曰:"斯勝相也,佛滅度來,王雖崇敬,種種布施,未聞以象用及釋門。象爲國寶,今既見惠,信之極矣。"因即納象而反錢寶[236]。然其象也,其形圓大,高可丈三,長二丈許。上容八人[237],并諸什物。經、像等具並在其上[238]。狀如重堵[239],相似空行[240],雖逢奔逸,而安隱不墜,瓶水不側。

緣國北旋,出印度境,戒日威被,咸蒙供侍[241]。入阜利國[242],山川相半，沃壤豐熟，僧徒數萬，並學大乘。東北山行[243]，過諸城邑，上大雪山，及至其頂[244]，諸山並下。又上三日，達最高嶺，南北通望，但見横山，各有九重。過斯已往，皆是平地，雖有小山，孤斷不續。唯斯一嶺，曼延高遠[245]。約略爲言，贍部一洲，山叢斯地。何以知耶[246]？至如西境波斯，平川眇漫[247]；東尋嵬崿，莫有窮蹤；北則横野蕭條；南則印度皋衍。即經所謂香山者也。達池幽邃[248]，未可尋源，四河所從，皆由斯出。爾雅所謂崑崙之墟[249]，豈非斯耶？案諸禹貢：河出積石[250]，蓋局談其潛出處耳。張騫尋之乃遊大夏，固是超步所經[251]，猶不言其發源之始，斯可知矣[252]。奘引從前後，自勒行衆，沿嶺而下[253]，三日至地，達覩貨羅諸故都邑。山行八百，路極艱險，寒風切骨，到於活國。中途所經，皆屬北狄，而此王者，突厥之胤。統管諸胡，總御鐵門以南諸小國也[254]。

自此境東，方入葱嶺。嶺據贍部洲中，南接雪山，北至熱海，東漸烏鎩[255]，西極波斯，縱廣結固[256]，各數千里。冬夏積雪，冰巖崖險[257]。過半已下，多出山葱，故因名焉。昔人云：葱嶺停雪，即雪山也。今親目驗，則知其非，雪山乃居葱嶺已南。東西亘海，南望平野，北達蘗山，方名葱嶺。

又東，山行，經於十國二千餘里，至達摩悉鐵帝國。境在山間，東西千六百里，南北極廣不逾四五里許，臨縛芻河。從南而來，不測其本[258]。僧寺十餘，有一石像，上施金銅圓蓋，人有旋繞，蓋亦隨轉。豈由機巧，莫測其然。

又東，山行近有千里[259]，達商彌國。東至大川，廣千餘里，南北百餘里，絶無人住。川有龍池，東西三百，南北五十。其池正在大葱嶺内，贍部洲中最高地也。何以明之，池出二河，其西流者至達摩悉鐵國，與縛芻河合。自此以西，水皆西流。其東流者至佉沙西界，與徙多河合，自此已東，水皆東流。故分二河，各注兩海，故知高也。池出大鳥[260]，卵如升許[261]。案，條支國大卵如甕，豈非斯耶？

又東五百，至朅盤陀國。北背徙多河，即經所謂悉陀河也，東入鹽澤[262]，潛於地中[263]，涌於積石，爲東夏河矣。其國崇信佛法。城之東南三百餘里，大崖兩室，各一羅漢，現入滅定七百餘年[264]，鬚髮漸長。左近諸僧[265]，年别爲剃。

又東千餘里[266]，方出葱嶺，至烏鎩國。城臨徙多，西有大山，崖自崩墜。中有僧焉，瞑目而坐[267]，形甚奇偉，鬚髮下垂至於肩面。問其委曲[268]，乃迦葉佛時人矣。近重崩崖，没於山内。奘至斯國，與象别行，先度雪河。象晚方至，水漸汎漲，不悉山道，尋嶺直下，牙衝岸樹。象性凶獷，反拔卻頓，因即致死。悵恨所經，已越山險，將達平壤，不果祈願。東過疏勒乃至沮渠，可千餘里。同伴五百，皆共推奘爲大商主，處位中營，四面防守。且自沮渠一國，素來常鎮十部大經，各十萬偈。如前所傳，國寶護之，不許分散，今屬突厥。南有大山，現三羅漢入滅盡定。東行八百，達于遁國。地惟沙壤，寺有百餘，僧徒五千，並大乘學。城西山寺，佛曾遊踐。有大石室，羅漢入定，石門封掩。

初，奘既度葱嶺，先遣侍人賫表陳露，達國化也[269]。下勅流問，令早相見。行達于遁，以象致死，所賫經像，交無運致，又上表請。尋下别勅，令于遁王給其鞍乘。既奉嚴勅，馳馬相連[270]，至于沙州。又蒙别勅，計其行程，酬雇價直。自爾乘傳二十許乘[271]，以貞觀十九年正月二十四日届于京郊之西。道俗相趍，屯赴闐闠[272]，數十萬衆，如值下生。將欲入都，人物諠擁，取進不前，遂停别館。通夕禁衞[273]，候備遮斷，停駐道旁。從故城之西南至京師朱雀門街之都亭驛[274]，二十餘里，列衆禮謁，動不得旋。于時駕幸洛陽，奘乃留諸經像送弘福寺。京邑僧衆，競列幢帳，助運莊嚴。四部諠譁，又倍初至。當斯時也，復感瑞雲，現于日北，團圓如蓋，紅白相映，當于像上，顯發輪光。既非繞日[275]，同共嗟仰。從午至晡，像入弘福，方始歇滅。致使京都五日，四民廢業，七衆歸承。當此一期，傾仰之高，終古罕類也。

奘雖逢榮問，獨守館宇，坐鎮清閑[276]，恐陷物議，故不臨對。及至洛濱，特蒙慰問，并獻諸國異物，以馬馱之[277]。别勅引入深宫之内殿，面奉天顔[278]，談叙真俗，無爽帝旨。從卯至酉，不覺時延，迄于閉鼓[279]。上即事戎旃，問罪遼左[280]，明旦將發，下勅同行。固辭疾苦，兼陳翻譯。不違其請，乃勅京師留守梁國公房玄齡專知監護，資備所須，一從天府[281]。

初，奘在印度，聲暢五天，稱述支那，人物爲盛[282]。戒日大王并菩提寺僧思聞此國，爲日久矣，但無信使[283]，未可依憑。彼土常傳，瞻部一洲，四王所治。東謂脂那主，人王也；西謂波斯主，寶王也；南謂印度主，象王也；北謂獫狁主，馬王也。皆謂四國，藉斯以治，即因爲言。奘既安達，恰述符同。戒日及僧各遣中使，賫諸經寶[284]，遠獻東夏。是則天竺信命，自奘而通，宣述皇猷之所致也。使既西返，又勅王玄策等二十餘人隨往大夏，并贈綾帛千有餘段，王及僧等數各有差。并就菩提寺僧召石蜜匠[285]，乃遣匠二人、僧八人俱到東夏。尋勅往越州，就甘蔗造之，皆得成就[286]。

先是，菩提寺僧三人送經初至，下勅普請京城設齋，仍於弘福譯大嚴等經。不久之間，奘信又至，乃勅且停，待到方譯。主上虚心，企仰頻下[287]，明勅令奘速至，但爲事故，留連不早程達。既見洛宫，深沃虚想，即陳翻譯，搜擢賢明。上曰："法師唐、梵具贍[288]，詞理通敏，將恐徒揚仄陋，終虧聖典[289]。"奘曰："昔者二秦之譯，門位三千[290]。雖復翻傳，猶恐後代無聞，懷疑乖信[291]。若不搜舉，同奉玄規，豈以褊能[292]，妄參朝委？"頻又固請，乃蒙降許。帝曰:“自法師行後,造弘福寺,其處雖小,禪院虚静,可爲翻譯。所須人物、吏力,並與玄齡商量,務令優給。”既承明命,返迹京師,遂召沙門慧明、靈閏等以爲證義[293],沙門行友、玄賾等以爲綴緝,沙門智證、辯機等以爲録文,沙門玄摸以證梵語[294],沙門玄應以定字僞。其年五月創開翻譯大菩薩藏經二十卷,余爲執筆,并删綴詞理[295]。其經廣解六度、四攝、十力、四畏[296]、三十七品諸菩薩行[297],合十二品,將四百紙。又復,旁翻顯揚聖教論二十卷,智證等更迭録文[298],沙門行友詳理文句,奘公於論重加陶練。次又翻大乘對法論一十五卷,沙門玄賾筆受。微有餘隙,又出西域傳一十二卷[299],沙門辯機親受時事,連紕前後。[300]兼出佛地、六門、神咒等經,都合八十許卷。[301]自前代已來,所譯經教,初從梵語,倒寫本文,次乃迴之,順同此俗,然後筆人觀理文句[302]。中間增損,多墜全言[303]。今所翻傳都由奘旨[304],意思獨斷[305],出語成章,詞人隨寫,即可披翫,尚賢吴、魏所譯諸文。但爲西梵所重,貴於文句鉤鎖,聯類重沓,布在唐文,頗居繁複,故使綴工專司此位,所以貫通詞義,加度節之。銓本勑成,秘書繕寫[306]。

于時,駕返西京[307],奘乃表上[308],并請序題,尋降手勑曰:“法師夙標高行[309],早出塵表。泛寶舟而登彼岸,搜妙道而闢法門[310]。弘闡大猷,蕩滌衆累,是以慈雲欲卷舒之廕四空,慧日將昏朗之照八極。舒朗之者,其惟法師乎。朕學淺心拙,在物猶迷,況佛教幽微,豈敢仰測,請爲經題,非己所聞。其新撰西域傳者,當自披覽。”

及西使再返[311],又勑二十餘人[312],隨往印度。前來國命,通議中書,勑以異域方言[313],務取符會[314],若非伊人,將淪聲教[315]。故諸信命,並資於奘,乃爲轉唐言[316],依彼西梵文詞輕重,令彼讀者,尊崇東夏。尋又下勑,令翻老子五千文爲梵言[317],以遺西域[318]。奘乃召諸黄巾,述其玄奥,領疊詞旨,方爲翻述。道士蔡晃、成英等競引釋論、中、百玄意,用通道經。奘曰:“佛道兩教,其致天殊,安用佛言,用通道義。窮覈言迹[319],本出無從。”晃歸情曰:“自昔相傳,祖憑佛教。至於三論,晃所師遵[320],准義幽通,不無同會,故引解也[321]。如僧肇著論,盛引老[322]、莊,猶自申明,不相爲怪。佛言似道,何爽綸言?”奘曰[323]:“佛教初開,深文尚擁。老談玄理,微附佛言,肇論所傳,引爲聯類,豈以喻詞而成通極。今經論繁富,各有司南。老但五千,論無文解。自餘千卷,多是醫方。至如此土賢明何晏、王弼、周顒、蕭繹、顧歡之徒動數十家,注解老子[324],何不引用?乃復旁通釋氏,不乃推步逸蹤乎?”既依翻了,將欲封勒[325]。道士成英曰:“老經幽邃,非夫序引,何以相通?請爲翻之。”奘曰:“觀老治身治國之文,文詞具矣。叩齒咽液之序,其言鄙陋,將恐西聞異國,有愧鄉邦。”英等以事聞諸宰輔,奘又陳露其情,中書馬周曰:"西域有道如老、莊不[326]?"奘曰:"九十六道,並欲超生,師承有滯,致淪諸有。至如順世四大之術,冥初六諦之宗,東夏所未言也。若翻老序,則恐彼以爲笑林。"遂不譯之。[327]

奘以弘讚之極,勿尚帝王,開化流布,自古爲重,又重表曰[328]:

伏奉墨勑,猥垂奬喻,祗奉綸言,精守振越。玄奘業尚空疏,謬参法侣,幸屬九瀛有截,四表無虞。憑皇靈以遠征[329],恃國威而訪道。窮遐冒險[330],雖勵愚誠[331],纂異懷荒,寔資朝化。所獲經論,奉勑翻譯,見成卷軸,未有詮序。伏惟陛下睿思雲敷,天華景爛,理包繫、象,調逸咸、英。跨千古以飛聲,掩百王而騰實。竊以神力無方,非神思不足詮其理;聖教玄遠,非聖藻何以序其源。故乃冒犯威嚴,敢希題目;宸睠沖邈,不垂矜許。撫躬累息,相顧失圖。玄奘聞日月麗天,既分暉於户牖;江河紀地,亦流潤於巖涯。雲和廣樂,不秘響於聾昧;金壁奇珍,豈韜彩於愚瞽。敢緣斯理,重以干祈。伏乞雷雨曲垂,天文俯照[332]。配兩儀而同久,與二曜而俱懸[333]。然則鷲嶺微言,假神筆而弘遠;鷄園奥義,託英詞而宣暢。豈止區區梵衆[334],獨荷恩榮;亦使蠢蠢迷生,方超塵累而已[335]。

表奏之日,勑遂許焉[336],謂駙馬高履行曰:"汝前請朕爲汝父作碑,今氣力不如昔,願作功德,爲法師作序,不能作碑。汝知之。"貞觀二十二年[337],幸玉華宫,追奘至,問翻何經論,答:"正翻瑜伽。"上問:"何聖所作,明何等義?"具答已,令取論,自披閲。[338]遂下勑[339],新翻經論,寫九本頒與雍、洛、相、兖、荆、楊等九大州。奘又請經題,上乃出之,名大唐三藏聖教序。於明月殿,命弘文館學士上官儀對群僚讀之[340],其詞曰:

蓋聞二儀有象,顯覆載以含生;四時無形,潛寒暑以化物。是以窺天鑒地,庸愚皆識其端;明陰洞陽,賢哲罕窮其數。然而,天地包乎陰陽,而易識者以其有象也;陰陽處乎天地,而難窮者以其無形也。故知象顯可徵,雖愚不惑;形潛莫覩,在智猶迷。况乎佛道崇虚,乘幽控寂,弘濟萬品,典御十方。舉威靈而無上,抑神力而無下。大之則彌於宇宙,細之則攝於毫釐。無滅無生,歷千劫而不古;若隱若顯,運百福而長今。妙道凝玄,遵之莫知其際;法流湛寂,挹之莫測其源。故知蠢蠢凡愚,區區庸鄙,投其旨趣,能無疑惑者哉?然則大教之興,基乎西土,騰漢庭而皎夢,照東域而流慈。昔者,分形分迹之時,言未馳而成化;當常現常之世,民仰德而知遵。及乎晦影歸真,遷儀越世。金容掩色,不鏡三千之光;麗象開圖,空端四八之相。於是微言廣被,拯含類於三塗;遺訓遐宣,導群生於十地。然而真教難仰,莫能一其指歸;曲學易遵,邪正於焉紛糺。所以空有之論,或習俗而是非;大小之乘,乍沿時而隆替。

有玄奘法師者,法門之領袖也。幼懷貞敏,早悟三空之心;長契神情,先包四忍之行。松風水月,未足比其清華;仙露明珠,詎能方其朗潤。故以智通無累,神測未形,超六塵而迥出,隻千古而無對。凝心内境,悲正法之淩遲;栖慮玄門,慨深文之訛謬。思欲分條析理,廣彼前聞;截僞續真,開兹後學。是以翹心净土,往遊西域。乘危遠邁,杖策孤征。積雪晨飛,途間失地;驚砂夕起,空外迷天。萬里山川,撥烟霞而進影[341];百重寒暑,躡霜雨而前蹤[342]。誠重勞輕,求深願達。周遊西宇十有七年,窮歷道邦,詢求正教。雙林、八水,味道餐風;鹿苑、鷲峰,瞻奇仰異。承至言於先聖,受真教於上賢。探賾妙門,精窮奥業。一乘五律之道[343],馳驟於心田;八藏三篋之文,波濤於口海。爰自所歷之國,總將三藏要文,凡六百五十七部,譯布中夏。宣揚勝業,引慈雲於西極,注法雨於東垂。聖教缺而復全,蒼生罪而還福。濕火宅之乾焰,共拔迷塗;朗愛水之昏波,同臻彼岸。是知惡因業墜,善以緣昇。昇墜之端,惟人所託。譬夫桂生高嶺,零露方得泫其花[344];蓮出渌波,飛塵不能污其葉。非蓮性自潔而桂質本貞,良由所附者高,則微物不能累;所憑者净,則濁類不能沾。夫以卉木無知,猶資善而成善,况乎人倫有識,不緣慶而求慶?方冀兹經流施,將日月而無窮;斯福遐敷,與乾坤而永大。[345]

百僚稱慶[346]。奘表謝曰[347]:

竊聞六爻探賾,局於生滅之場;百物正名,未涉真如之境。猶且遠徵羲册[348],覩奥不測其神;遐想軒圖,歷選並歸其美。伏惟皇帝陛下,玉毫降質,金輪御天,廓先王之九州,掩百千之日月,斥列代之區域,納恒沙之法界。遂使給園精舍,並入堤封[349];貝葉靈文,咸歸册府。玄奘往因振錫[350],聊謁崛山。經途萬里,怙天威如咫步;匪乘千葉,詣雙林如食頃。搜揚三藏,盡龍宫之所儲[351];研究一乘,窮鷲嶺之遺旨。並已載於白馬,還獻紫宸。尋蒙下詔,賜使翻譯。玄奘識乖龍樹,謬忝傳燈之榮;才異馬鳴,深愧寫瓶之敏,所譯經論,紕舛尤多。遂荷天恩,留神構序,文超象、繫之表,若聚日之放千光;理括衆妙之門,同惠雲之濡百草。一音演説,億劫罕逢,忽以微生,親承梵響,踴躍歡喜,如聞受記[352]。

表奏之日,尋下勑曰:"朕才謝珪璋[353],言慚博達[354],至於内典[355],尤所未閑,昨製序文,深爲鄙拙。惟恐穢翰墨於金簡,標瓦礫於珠林[356]。忽得來書,謬承褒讚,循躬省慮[357],彌益厚顔。善不足稱,空勞致謝。"又重表謝,勑云:"朕性不讀經[358],兼無才智,忽製論序,翻污經文。具覽來言,枉見褒飾,愧逢虛美,惟益真慚。"[359]自爾朝宰英達[360],咸申擊讚。釋宗弘盛,氣接成陰。皇太子述上所作三藏聖教序,曰:

夫顯揚正教,非智無以廣其文;崇闡微言,非賢莫能定其旨。[361]蓋真如聖教者,諸法之玄宗,衆經之軌躅也。綜括宏遠,奥旨遐深,極空有之精微,體生滅之機要。詞茂道曠,尋之者不究其源;文顯義幽,履之者莫測其際。故知聖慈所被,業無善而不臻;妙化所敷,緣無惡而不翦。開法網之綱紀,弘六度之正教,拯群有之塗炭,啓三藏之秘扃。是以名無翼而長飛,道無根而永固。道名流慶,歷遂古而鎮常[362];赴感應身,經塵劫而不朽。晨鍾夕梵,交二音於鷲峰;慧日法流,轉雙輪於鹿苑。排空寶蓋,接翔雲而共飛;莊野春林,與天花而合彩。伏惟皇帝陛下,上玄資福,垂拱而治八荒;德被黔黎,斂衽而朝萬國。恩加朽骨,石室歸於貝葉之文;澤及昆蟲,金匱流乎梵説之偈[363]。遂使阿耨達水,通神甸之八川;耆闍崛山,接嵩華之翠嶺。竊以法性凝寂,靡歸心而不通;智地玄奥,感懇誠而遂顯。豈謂重昏之夜,燭慧炬之光;火宅之朝,降法雨之澤。於是百川異流,同會於海;萬區分義,總成乎實。豈與湯、武校其優劣,堯、舜比其聖德者哉?

玄奘法師者,夙懷聰令,立志夷簡。神清髫齓之年,體拔浮華之世。凝情定室,匿迹幽巖;栖息三禪,巡遊十地。超六塵之境,獨步迦維;會一乘之旨,隨機化物。以中華之無質,尋印度之真文。遠涉恒河,終期滿字;頻登雪嶺,更獲半珠。問道往還,十有七載,備通釋典,利物爲心。以貞觀十九年二月六日,奉勑於弘福寺翻譯聖教要文,凡六百五十七部。引大海之[364]法流,洗塵勞而不竭;傳智燈之長焰,皎幽闇而恒明。自非久植勝緣,何以顯揚斯旨?所謂法相常住,齊三光之明;我皇福臻,同二儀之固。伏見御製衆經論序,照古騰今,理含金石之聲,文抱風雲之潤。治輒以輕塵足岳,墜露添流,略舉大綱,以爲斯記。[365]

自此常參内禁,扣問沉隱,翻譯相續,不爽法機。勑賜雲納一領,妙絶古今。又勑天下寺度五人,維持聖種,皆其力也。

冬十月,隨駕入京,於北闕造弘法院,鎮恒在彼。初於曲池爲文德皇后造慈恩寺,追奘令住,度三百人。有令,寺西北造翻經院,給新度弟子一十五人。弘福舊處,仍給十人。

今上嗣籙[366],素所珍敬,追入優問[367],禮殊恒袟[368]。永徽二年,請造梵本經臺,蒙勑賜物,尋得成就。又追入内,於修文殿翻發智等論。[369]降手詔飛白書，慰問優洽。顯慶元年正月，爲皇太子於慈恩設大齋，朝宷總至。黄門郎薛元超[370]、中書郎李義府曰："譯經，佛法之大，未知何德以光揚耶？"奘曰："公此之問，常所懷矣。譯經雖位在僧，光價終憑朝貴。至如姚秦鳩摩羅什，則安成侯姚嵩筆受。元魏菩提流支，則侍中崔光録文。貞觀初[371]，波頗初譯，則僕射蕭瑀、太府蕭璟、庶子杜正倫等監閲詳定。今並無之，不足光遠。又大慈恩寺，聖上切風樹之哀，追造壯麗，騰實之美，勿過碑頌。若蒙二公爲致言[372]，則不朽之迹，自形於今古矣。"便許之。明旦，遣給事宣勑云："所須官人助翻者，已處分訖。其碑朕自作。"尋勑，慈恩翻譯，文義須精，宜令左僕射于志寧、中書令來濟、禮部許敬宗、黄門[侍]郎薛元超、中書郎李義府等，有不安穩，隨事潤色。若須學士，任追三兩人。及碑成，請神翰自書。蒙特許，克日送寺[373]。京寺咸造幢蓋[374]。又勑王公已下，太常九部及兩縣伎樂[375]，車從千餘乘[376]，駐弘福寺。上居安福門俯臨將送，京邑士女列於道側，自北之南二十餘里，充牣衢街[377]。光俗興法，無與儔焉。又賜山水納[378]，妙勝前者，并時服玩百有餘件[379]。

顯慶二年，駕幸洛陽，預從，安置東都積翠宫，召入大内麗日殿，翻觀所緣等論。又於明德宫，翻大毗婆沙等論。奘少離桑梓，白首言歸，訪問親故，零落殆盡，惟有一姊迎與相見。訪以墳隴[380]，旋殯未遷，便卜勝地，施塋改葬[381]。其少室山西北、緱氏故縣東北、遊仙鄉、控鶴里、鳳凰谷，即奘之生地也。下近有少林寺[382]，即魏孝文所立，是翻十地之所，意願栖託，爲國翻譯。蒙手勑云："省表知欲晦迹巖泉，追林、遠而架往；託慮禪寂，軌澄、什以標今。仰挹風徽，寔所欽尚。朕業空學寡，靡究高深，然以淺識薄聞，未見其可。法師津梁三界，汲引四生，智皎心燈，定凝意水。非情塵之所曀，豈識浪而能驚。然以道德可居，何必太華疊嶺？空寂可舍，豈獨少室重巒？幸戢來言，勿復陳請。即市朝大隱，不獨貴於昔賢；見聞弘益，更可珍於即代。"遂因寢言。

顯慶三年，下勑爲皇太子造西明寺成，令給上房僧十人，以充侍者。[383]有大般若者二十萬偈，此土八部咸在其中。不久，下勑令住玉華翻經，供給一准京寺。遂得託静，不爽譯功。以顯慶五年正月元日，創翻大本，至龍朔三年十月末了。凡四處、十六會説[384]，總六百卷。般若空宗，此焉周盡。[385]於間，又翻成唯識論、辯中邊論、唯識二十論、品類足論等。[386]至十一月，表上此經，請製經序。於蓬萊宫，通事舍人馮義宣勑許之。

奘生常以來，願生彌勒。及遊西域，又聞無著兄弟皆生彼天[387]。又頻祈請，咸有顯證。懷此專至，益增翹勵。後至玉華，但有隙次，無不發願，生覩史多天，見彌勒佛。自般若翻了，惟自策勤，行道禮懺。麟德元年，告翻經僧及門人曰:"有爲之法,必歸磨滅,泡幻形質,何得久停。行年六十五矣,必卒玉華。於經論有疑者,可速問[388]。"聞者驚曰:"年未耆耄,何出此言?"報曰:"此事自知。"遂往辭佛,先造俱胝十億像所,禮懺辭别。有門人外行者,皆報好去,"今與汝别,亦不須來,來亦不見"。至正月九日,告寺僧曰:"奘必當死。經云'此身可惡,猶如死狗',奘既死已,勿近宫寺,山静處埋之[389]。"因既卧疾,開目閉目,見大蓮花鮮白而至[390],又見偉相,知生佛前。命僧讀所翻經論名目已,總有七十三部、一千三百三十卷。自懷欣悦,總召門人、有緣並集,云:"無常將及,急來相見。"於嘉壽殿,以香木樹菩提像骨,對寺僧、門人辭訣,并遺表訖,便默念彌勒,令傍人稱曰:"南謨彌勒如來應正等覺,願與含識,速奉慈顔。南謨彌勒如來所居内衆,願捨命已,必生其中。"至二月四日,右脅累足,右手支頭,左手髀上,鏗然不動。有問何相?報曰:"勿問,妨吾正念。"至五日中夜,弟子問曰:"和上定生彌勒前不?"答曰:"決定得生。"言已氣絶[391]。迄今兩月,色貌如常。又有冥應,略故不述。

又下勑葬日,聽京城僧尼幢蓋往送。於是,素蓋素幢,浮空雲合;哀笳哀梵,氣遏人神。四俗以之悲凉,七衆惜其沉没。乃葬於白鹿原,四十里中,皂素彌滿。其塋與兄捷公相近,苕然白塔,近燭帝城。尋下别勑,令改葬樊川[392],與州縣相知,供給吏力。乃又出之,衆咸歎異,經久埋瘗,色相如初。自非願力所持,焉能致此。[393]

余以闇昧,濫霑斯席[394],與之對晤,屢展炎凉,聽言觀行,名實相守。精厲晨昏,計時分業,虔虔不懈,專思法務。言無名利,行絶虚浮,曲識機緣,善通物性。不倨不諂,行藏適時,吐味幽深[395],辯開疑議[396]。寔季代之英賢,乃佛宗之法將矣。且其發蒙入法,特異常倫[397],聽覽經論,用爲恒任[398]。既周行東夏,挹酌諸師,披露肝膽,盡其精義。莫不傾倒林藪,更新學府。遂能不遠數萬,諮求勝法,誓捨形命,必會爲期。發趾張掖,途次龍沙,中途艱險,身心僅絶。既達高昌[399],倍光來价,傳國祖送,備閲靈儀[400]。路出鐵門、石門,躬乘沙嶺、雪嶺。歷天險而志逾慷慨,遭凶賊而神彌厲勇。兼以歸禀正教,師承戒賢,理遂言揚[401],義非再授。廣開異論,包藏胸臆,致使梵侣傾心,不匱其法[402]。又以起信一論,文出馬鳴,彼土諸僧,思承其本,奘乃譯唐爲梵,通布五天。斯則法化之緣,東西互舉[403]。又西華餘論,深尚聲明,奘乃卑心請決[404],隨授隨曉。致有七變其勢,動發異蹤;三循廣論,恢張懷抱。故得施無厭寺三千學僧,皆號智囊,護持城塹,及覩其脣吻,聽其詞義,皆彈指讚嘆,斯何人也[405]?隨其遊歷,塞外海東[406],百三十國,道俗邪正[407],承其名者,莫不仰德歸依,更崇開信。可以家國增榮,光宅惟遠[408],獻奉歲至,咸奘之功[409]。若非天挺英靈[410],生知聖授,何能振斯鴻緒,導達遺蹤[411]。前後僧傳,往天竺者首自法顯、法勇,終于道邃、道生,相繼中途,一十七返。取其通言華梵,妙達文筌,揚導國風,開悟邪正,莫高於奘矣。恨其經部不翻,猶涉過半,年未遲暮,足得出之,無常奄及,惜哉。[412]

【校注】

[1] 按,此卷趙本闕佚。

[2] 二:諸本同,興聖寺本作"一"。

[3] 京大慈恩寺釋玄奘傳一:磧本作"唐京師大慈恩寺釋玄奘傳一"多二字。興聖寺本作"京師弘福寺釋玄奘傳"。

[4] 後:磧本作"之後",語氣較足。麗初本同麗再本。

[5] 故又爲洛州緱氏人焉:"又",磧本作"今",麗初本同麗再本。案,"緱氏",諸本同,興聖寺本作"偃師"。緱氏、偃師均爲秦設縣,至西晋并偃師縣入洛陽,至隋開皇十六年廢緱氏設偃師縣,大業元年重設緱氏縣,唐貞觀十八年又廢緱氏縣,上元二年復置。則知:續高僧傳初稿時,爲偃師,因貞觀末無緱氏縣,修改時改爲緱氏縣,而玄奘籍貫本來應該爲緱氏縣,即今河南省偃師縣緱氏鎮附近。又,大慈恩寺三藏法師傳作"緱氏"。

[6] 返:磧本作"退",麗初本同麗再本。

[7] 即大業末年識者:此七字,麗再本脱,影印本爲近代植入鉛字。麗初本作"即大業識者"。磧本作"即大業年識者"。

[8] 從開頭至此,諸本同,興聖寺本作"釋玄奘,本名,俗姓陳氏,洛州偃師人。二親早喪,昆季相養,兄素出家,即捷法師也"。

[9] 論:諸本同,興聖寺本作"誦"。

[10] 年十一:諸本同,興聖寺本作"年十"當是脱"一",開元釋教録卷八作"十一",玄奘法師塔銘作"十三"。

[11] 朋:興聖寺本、磧本作"明"誤,洪南本、永北本作"時",麗初本同麗再本。

[12] 覩:諸本同,興聖寺本作"都"誤。

[13] 齊:諸本同,興聖寺本作"濟"誤。

[14] 拔萃:諸本同,興聖寺本作"狀花"誤。

[15] 弘:諸本同,興聖寺本、麗初本作"和"。

[16] 與兄住净土寺由是專:此九字,麗再本作雙行小注,麗初本作大字一行,興聖寺本無"與兄住净土寺"。

[17] 兵:諸本同,興聖寺本作"丘"。

[18] 胸:興聖寺本,麗初本作"四"誤,磧本同麗再本。

[19] 讚:諸本同,興聖寺本作"贊"。

[20] 覈:麗再本、麗初本作"覆",今據興聖寺本、磧本改。

[21] 隩:諸本同,磧本作"奥","隩"通"奥"。銓:興聖寺本、麗初本作"鈐",磧本同麗再本。

[22] 誦:諸本同,磧本作"涌"誤。

[23] 目:諸本同,磧本作"曰"誤。"目",品評。

[24] 襲:諸本同,興聖寺本作"龍"誤。

［25］人：諸本同，興聖寺本脱。

［26］富：諸本同，磧本作“當”。

［27］厭：諸本同，磧本、隨函録作“斁”。“斁”，説文解字卷三下：“解也。從攴睪聲。詩云：‘服之無斁。’斁，厭也。”即懈怠、厌倦意。

［28］掌：興聖寺本、麗初本、磧本作“常”誤。

［29］經論：諸本作“經綸”。

［30］徒：諸本作“從”誤，今據磧本改。

［31］伏膺：諸本同，磧本作“服膺”。“伏”通“服”。

［32］玄：諸本同，磧本作“亥”誤。

［33］焕：磧本作“涣”，興聖寺本、麗初本作“淡”。“焕然”，光明貌；“涣然”，消散貌。則作“涣然”於意略長。

［34］頴：諸本作“類”，今從磧本。

［35］未吐：諸本同，興聖寺本衍作“未吐出”。

［36］尚書左僕射、燕國公于志寧製（“于志寧”，中華藏校引徑山藏本作“張説”誤）大唐西域記序：“……有慈恩道場三藏法師諱玄奘，俗姓陳氏，其先穎川人也。……法師自幼迄長，遊刃玄籍。名流先達，部執交馳，趍末忘本，摭華捐實，遂有南北異學，是非紛糾。永言於此，良用憮然，或恐傳譯踳駁，未能筌究，欲窮香象之文，將罄龍宫之目。以絶倫之德，屬會昌之期，杖錫拂衣，第如遐境。於是背玄灞而延望，指葱山而矯迹。川陸綿長，備嘗艱險，陋博望之非遠，嗤法顯之爲局。遊踐之處，畢究方言，鐫求幽賾，妙窮津會。於是詞發雌黄，飛英天竺；文傳貝葉，聿歸振旦。……”

［37］京皋：諸本同，磧本作“京輦”。本書釋法順傳有“振績京皋”句。

［38］便通：諸本作“傳通”。“傳通”，聯絡。

［39］逐：磧本作“隨”，興聖寺本、麗初本脱。

［40］歸崇：興聖寺本、麗初本、大正藏校引宫本作“歸宗”，磧本同麗再本。

［41］特：諸本作“得”。

［42］奘：諸本同，興聖寺本衍作“奘奘”。

［43］忽：諸本同，興聖寺本作“勿”誤。

［44］苦：諸本同，麗初本作“若”誤。

［45］都：諸本同，興聖寺本作“覩”誤。

［46］食：諸本同，興聖寺本脱。

［47］東：興聖寺本、麗初本作“未”誤，磧本同麗再本。

［48］垂：諸本同，麗初本作“乘”。

［49］書：興聖寺本、麗初本作“二百”誤，磧本同麗再本。

［50］從：諸本同，興聖寺本作“徒”誤。

［51］護：諸本同，興聖寺本脱。

［52］達：諸本同，永北本作“遣”。

［53］到：興聖寺本、麗初本作“列”誤，磧本同麗再本。

［54］經：諸本同，興聖寺本脱。

［55］左右石壁竦立千仞：興聖寺本作“太左右古石壁立千尺”，麗初本作“太古石壁竦立千仞”，磧本同麗再本。

[56] 扇：諸本同，磧本作“扉”。
[57] 裹：諸本同，磧本作“裹”。
[58] 覩：諸本同，磧本作“都”。
[59] 縱：興聖寺本、麗初本作“從”，磧本同麗再本。
[60] 境：諸本同，麗初本作“鏡”誤。
[61] 博叉河：諸本同，磧本作“博叉河”。
[62] 温：諸本同，磧本作“濕”。
[63] 罐：興聖寺本、麗初本作“灌”。
[64] 淩虚：諸本作“表靈”誤。
[65] 迦：諸本同，興聖寺本作“遊”誤。
[66] 舉：諸本同，磧本脱。
[67] 遐：諸本同，興聖寺本作“迫”誤。
[68] 壇：諸本同，興聖寺本作“檀”。
[69] 南：諸本同，磧本脱。
[70] 陲：諸本同，磧本作“垂”。
[71] 一王命又：麗再本脱此四字，今據諸本補。
[72] 至：諸本無。
[73] 也：諸本同，磧本脱。
[74] 頻：諸本同，磧本作“類”。
[75] 實：諸本同，興聖寺本作“賢”誤。
[76] 壞：諸本同，興聖寺本作“懷”。
[77] 在：諸本同，磧本作“存”。
[78] 勝：諸本同，麗初本作“服”誤。
[79] 覩：諸本同，磧本作“堵”。
[80] 絓：磧本作“繼”，興聖寺本、麗初本作“經”誤。“絓是”，凡是義。
[81] 中：諸本同，興聖寺本脱。
[82] 盤：諸本同，磧本作“槃”。“槃”“盤”同。
[83] 睛：諸本同，磧本作“精”。
[84] 覲：諸本同，磧本作“覩”誤。
[85] 印：諸本同，磧本作“抑”誤。參見大唐西域記卷二“那揭羅曷國”條下，多處作“印”。
[86] 相：諸本同，磧本脱。
[87] 七：諸本同，磧本作“十”，大唐西域記卷二作“五”應是。
[88] 奘被王命：諸本同，興聖寺本作“被奘王今”既倒且誤。
[89] 視：諸本同，磧本作“覩”。
[90] 佛骨舍利一斛在中：諸本同，興聖寺本衍作“佛骨舍利骨舍利一斛在中”。
[91] 三：諸本同，磧本作“之”。
[92] 纔：諸本同，興聖寺本作“財”。
[93] 化鬼：諸本同，興聖寺本作“鬼化”。
[94] 數：諸本同，興聖寺本作“載”。
[95] 北：興聖寺本、麗初本脱，磧本同麗再本。

［96］烏：諸本同，興聖寺本作"焉"。
［97］烏：諸本同，興聖寺本作"焉"。
［98］圍：興聖寺本、磧本作"輪"，麗初本同麗再本。
［99］所：興聖寺本、磧本脱，麗初本同麗再本。
［100］本：諸本同，興聖寺本作"大"誤。
［101］烏：諸本同，興聖寺本作"焉"。
［102］抉：諸本作"决"，今據磧本改。
［103］圖：諸本同，大正藏校引宋本作"國"。
［104］大德名僧勝獎：麗再本原脱，今影印本爲排印字體，"勝"字後多"匠"字。麗初本未脱，但"勝"字後衍"侶"。今從興聖寺本、磧本。
［105］順：諸本同，興聖寺本脱。
［106］繞：諸本作"繞"。
［107］體：諸本同，磧本作"禮"誤。
［108］至：麗初本、磧本脱。
［109］百論：磧本作"百診"誤，麗初本同麗再本。
［110］至：麗初本、磧本脱。
［111］案，興聖寺本，從"榮于時"後到本段末闕佚。
［112］葂：磧本作"兔"，麗初本同麗再本。
［113］餘丈：諸本同，興聖寺本倒作"丈餘"。
［114］貌：諸本作"根"。
［115］列：興聖寺本作"烈"，麗初本作"迾"，磧本同麗再本。
［116］並：諸本同，興聖寺本脱。
［117］其：諸本同，興聖寺本脱。
［118］恒：諸本作"洹"，今據磧本改。
［119］三藏：諸本同，興聖寺本脱。
［120］登：諸本同，磧本作"聲"。
［121］徒：諸本同，興聖寺本脱。
［122］留：諸本同，磧本作"坑"誤。
［123］能：諸本同，興聖寺本脱。
［124］信：諸本同，興聖寺本、麗初本作"言"，磧本同麗再本。
［125］懲：興聖寺本、磧本作"徵"誤，麗初本同麗再本。
［126］案，自本句直到本段末，興聖寺本脱。
［127］陲：麗初本、大正藏校引宮本作"人"，磧本、興聖寺本同麗再本。
［128］田：諸本同，磧本作"闐"。
［129］仿：諸本作"置"。影：諸本同，磧本作"景"。
［130］舍衞：諸本同，興聖寺本作"舍衛國"。
［131］纔：興聖寺本、麗初本作"財"，磧本同麗再本。
［132］全：諸本同，磧本作"今"應是。
［133］調達：諸本同，興聖寺作"達調"倒。
［134］坑極深邃：興聖寺本作"坑於極邃"，麗初本作"坑於深邃"，磧本同麗再本。
［135］迦：諸本同，興聖寺本脱。

[136] 在焉：諸本同，磧本作“存”。
[137] 用：諸本同，興聖寺本脱。
[138] 流：興聖寺本、磧本作“溜”，麗初本同麗再本。
[139] 後：興聖寺本、麗初本脱，磧本同麗再本。
[140] 非：興聖寺本、磧本作“亦”應是。麗初本同麗再本。
[141] 七里：麗再本作“七百里”誤，今據諸本改。
[142] 頽褫：諸本同，磧本作“隤陁”。“陁”，說文卷一四下：“小崩也。”“褫”，廢弛。二義略同，似以磧本較長。
[143] 徑：諸本同，興聖寺本作“經”。
[144] 四：諸本作“三”。
[145] 列：諸本同，興聖寺本作“烈”。
[146] 二：諸本同，大正藏校引宫本作“三”。
[147] 土：興聖寺本、麗初本作“上”誤，磧本同麗再本。
[148] 疕：諸本同，興聖寺本作“疢”。
[149] 聖：諸本同，興聖寺本作“靈”。
[150] 洗：諸本同，磧本作“浣”。
[151] 毗：諸本同，興聖寺本作“略”誤。
[152] 經：諸本同，磧本脱。
[153] 處：諸本同，興聖寺本脱。
[154] 此之五處：案，除興聖寺本外，諸本所記爲六處。
[155] 各建勝塔標示後代：“後代”，諸本同，磧本倒在“各”前。
[156] 聚：諸本同，興聖寺本作“衆”。
[157] 沉：諸本同，磧本作“流”。
[158] 踴：諸本同，磧本作“涌”。
[159] 境：興聖寺本、麗初本脱，磧本同麗再本。
[160] 語：諸本同，興聖寺本作“諸”誤。
[161] 伽：興聖寺本、磧本脱，麗初本同麗再本。
[162] 娑：諸本同，磧本作“婆”。
[163] 離：諸本同，磧本作“新”誤。
[164] 月：諸本同，興聖寺本脱。
[165] 垣：諸本同，興聖寺本作“恒”誤。
[166] 香：諸本同，磧本作“奇”。
[167] 相：諸本脱。
[168] 由：諸本同，興聖寺本衍作“由由”。
[169] 基：諸本同，興聖寺本作“其”誤。
[170] 雖目：諸本同，興聖寺本倒作“目雖”。
[171] 火：諸本同，麗初本作“大”。
[172] 掌：諸本同，興聖寺本作“常”誤。
[173] 屈屈吒播陀山：諸本同，磧本作“屈吒播陀山”，大唐西域記卷九同麗再本。此山梵文作“Kukkuṭapadagiri”，故諸本是，磧本脱。
[174] 餘：諸本同，興聖寺本脱。

［175］士：諸本同，磧本作"七"誤。
［176］山：諸本同，磧本脱。
［177］佛陀伐那山：麗再本作"佛陀代那山"誤，此山梵文作"buddhavana"，今據磧本改。興聖寺本脱"佛"字。麗初本同麗再本。
［178］里：諸本脱，今據磧本補。
［179］奢：諸本同，興聖寺本作"夸"。羅補羅：諸本同，興聖寺本作"羅補"脱。
［180］陴堄：磧本作"埋堄"，興聖寺本、隨函録作"僻倪"，麗初本作"俾倪"。案，"陴堄"即城垛口。
［181］古：諸本同，麗初本作"占"誤。
［182］觀崖岫備諸古迹不可勝紀廣如圖傳山城：諸本同，興聖寺本脱。
［183］園：諸本同，興聖寺本作"林"。
［184］里：諸本同，興聖寺本脱。
［185］猶：諸本同，興聖寺本脱。
［186］亦甎壘高五丈許中間水繞極深池塹備：諸本同，興聖寺本脱。
［187］容：興聖寺本、磧本作"客"，麗初本同麗再本。
［188］出：諸本同，興聖寺本作"至"。
［189］功：諸本同，磧本作"工"。
［190］掌：諸本同，興聖寺本作"常"。
［191］烏：麗初本、興聖寺本、大正藏校引宮本作"焉"應是。磧本同麗再本。
［192］往返：諸本同，磧本作"追隨"。
［193］奘歷諸國：案，興聖寺本從此句。從此至曲女城大會後"王重請住觀七十五日，大施場相"句，叙事次序與諸本亦異，幾不可校。今於其文句相異處，一依底本，不出校。從此句至戒日王送玄奘回國之興聖寺本全文録在"王重請住觀七十五日，大施場相"句後，供參考。
［194］達：麗初本、磧本作"遠"。
［195］仰：麗再本、麗初本脱，今據磧本補。
［196］已：磧本作"以"，麗初本同麗再本。
［197］和上：磧本作"和尚"，麗初本同麗再本。下同不出校。
［198］位：磧本作"傳"，麗初本同麗再本。
［199］升：麗初本、麗再本作"斗"，今從磧本改。案，大慈恩寺三藏法師傳卷三作"升"。
［200］蘇：磧本作"酥"，麗初本同麗再本。
［201］議：磧本作"義"，麗初本同麗再本。
［202］南：磧本作"遍"誤，麗初本同麗再本。
［203］至：磧本脱，麗初本同磧本。
［204］達：諸本同，麗初本作"遊"。
［205］荼：磧本作"茶"，麗初本同麗再本，大唐西域記卷一〇作"荼"。
［206］指：諸本同，麗初本作"推"。
［207］見：磧本作"現"，麗初本同麗再本。
［208］憍薩羅國：麗再本作"憍薩國"，今從磧本改。麗初本同麗再本。
［209］令：磧本作"今"，麗初本同磧本。
［210］夾：磧本作"甲"。麗初本同麗再本。

[211] 陳：麗再本似作“哹”，今據磧本、麗初本改。
[212] 伐：諸本同，麗初本作“代”。
[213] 成：麗初本作“教”，磧本同麗再本。
[214] 便：諸本同，麗初本作“更”。
[215] 百：磧本作“習”誤，麗初本同麗再本。
[216] 當如火蕩：磧本作“下當如火蕩”，麗初本同麗再本。“蕩”，麗初本作“藹”誤，磧本同麗再本。
[217] 行宫在所：磧本作“行在所”，麗再本衍“宫”字，麗初本同麗再本。
[218] 沉：麗初本、資本、大正藏校引宋本、宫本作“既”，磧本同麗再本。
[219] 如：諸本同，資本、大正藏校引宋本作“數”。
[220] 殿：磧本作“敁”，麗初本同麗再本。
[221] 因：諸本同，麗初本作“同”。
[222] 遵：諸本同，麗初本作“道”。
[223] 故：磧本脱，麗初本同磧本。
[224] 彼：磧本脱，麗初本同麗再本。
[225] 軍：麗初本脱，磧本同麗再本。二萬：磧本作“一萬”，麗初本同麗再本。
[226] 方：麗再本、麗初本無，今據磧本補。
[227] 又：磧本作“王”，麗初本同麗再本。
[228] 正：麗初本、麗再本作“政”，今據磧本改。
[229] 螢：麗初本、麗再本作“熒”，今據磧本改。
[230] 普：麗初本脱，磧本同麗再本。
[231] 衣：麗初本、麗再本無，今從磧本。
[232] 案，從上文玄奘初到那爛陀寺至此處，興聖寺本敘事與諸刻本有較大不同，今録興聖寺本相關文字如下，不一一出校：“率由於此，奘初達寺，義學有聲，諸有内外，聞皆歸赴，十有八日，豎大論場，邪正翕集，乃有萬數，思欲讎擊。三千餘人，既登元坐，以己舊解，用相抗對，得無殿後，僧衆大悦，各稱慶快，佛法興矣，乃令邊僧權智若此。又此寺法：通達三藏員置十人，素來闕一，周訪未獲，以奘言問博詣，用充其位，和僧永住。日給上饌廿盤。初感斯供，辭不敢受。僉曰：寺法恒爾。客僧初至，觀其解通三藏者給女盤。即廿日，餘者漸減。通一經者，猶須前供，五盤五日。過已往，自依常限。

時有順世外道，執計四大爲人物因。情議沉密，最難徵覈，承聞此寺，豐諸論士，故捐議晝僧黨户户，剋日舉論。彼土常法，諸有負者，先令乘驢，屎瓶繞頂，公於衆中，形心折伏，然後依隨，永充僕隸。且自義論之設，機變適緣，脱致一差，給身陷辱，衆雖萬數，都無當者。奘經停既久，薄究其術，心愧通鄙，聖行言對，便告大衆，請與決論，道俗胥悦，遂乃各立旁證、邪正等數，彼既陳理，即施切覈，須臾交辯，通解無路，神理沮喪，溘然伏，預是釋門，一時騰踴，僉命乘驢，將事恥辱。奘曰：‘我法弘恕，不在刑科，情既致□，當受正法。’異道稟受，敬奉箴誨。

度脱之後，便往東印度境迦摩縷多國童子王所，以彼風俗並信異道，故其部衆乃有數萬。佛法雖弘，未至其土。王事天神，愛重教義，但聞智人，不問邪正，皆一奉敬。其人初染佛法，將弘聖化，故於此國創開佛典。以事達王，嘆奘勝度，童子初聞，即使迎引。既達相見，宛若親賓，言議接對，又經晦朔。斯國東境接蜀西鑾,聞之途路,兩月應至。

戒日大王聞臣告曰:‘東蕃印度童子王所有大脂那沙門大乘天者,道德弘遠,彼所奉事,請往致之。’其‘大乘天’號即印度諸僧美奘之目也。戒日既聞,即遣召與俱來,會中印度,自與宫屬百餘萬衆順河東下。

月集摩伽,一與面對,歎然道合。從而長參,正坐論諸理義。持月經文,延還本邑曲女王都,觀其所設,五年大施。晚又辭還,施無厭寺。初有論師名曰戒賢,年時百歲,大小通洽,衆共推美。其人即室商佉王所坑之者,爲賊擎出,潛淪草莽,後法重興,開弘經論,道俗欽重,戒日增邑十城户也,諸有科税一任戒賢。賢乃以其税物,成立寺廟。奘初奉謁,稟歸師傅,投心啓請,年雖遲暮,課力敷演瑜伽師地,即十七地也。論十有三月方得一遍,重爲再説,九月方了,論諸餘果論,無暇旁求此諸也舉釋宗,統周大小,故偏所鑽習,經於五載,薄知綱領,將行博議,未忍東旋,賢乃誡曰:‘吾老矣,見子徇命求法,經途十載方達兹土,不辭朽老,重爲申明。法貴流通,豈期獨善。更參他部,恐失時緣,智無法也。可還本國。’即爲莊嚴行調,付給經論。奘曰:‘敢聞命矣。意欲南巡諸國,還途北指,以高昌昔言,不得違也。’

便爾東行大山林中,至伊爛拏國。見佛坐迹,入石寸許,長五尺二寸,廣二尺一寸。旁有瓶迹,没石寸許,八出花文,都似新置。有佛立迹,長尺八寸,闊强六寸。又東南行,路經五國,將四千里,至三摩呾吒國。濱斥大海,四佛曾逝,見青玉像,舉高八尺。自斯東北,山海之中凡有六國,即達林邑。道阻且長,兼多瘴癘,故不遊踐。又從西行,將至二千里,達揭羅拏國,邪正兼事。别有三寺,不食乳酪,調達部也。又西南行七百餘里,至烏荼國。東境臨海,有發行城,多有商侣,停於海次。南大海中,有僧伽羅國,謂執師子也。相去約指二萬餘里,每夜南望,見彼國中佛牙塔,寶珠光明,勝焰暉赫,見於天際。

又西南行,具經諸國,並有異迹。可五千里,至憍薩羅國,即南印度之正。崇信佛法,僧徒萬許。其土寬廣,林野相次。王都西南三百餘里有黑蜂山,昔古大王爲龍猛菩薩造立斯寺,即龍樹也。其寺上下五重,鑿石爲之,引水旋注,多諸變異,沿波達。令浄固守,罕有登者。龕中石像,形極偉大。寺成之日,龍猛就山以藥塗之,變成紫金,世無等者。又有經藏,甲縛無數,古老相傳,盡初結集,並現存在。雖外佛法,屢遭誅殄,而此一山,住持無改。近有僧來,於彼夏坐,但得讀誦,不許持出,具陳此事。但路幽阻,難可尋。

又復南行七千餘里,路經五國,並有靈迹,至秣羅知吒國,即贍部最南濱海境也。山出龍腦香焉,旁有巖頂,清流繞旋,二十許帀,南注大海。中有天宫,觀自在菩薩常所住,即觀世音之正號也。臨海有城。古師子國今入海中可三千餘里。非結大伴,則不可至,故不行也。自此西北四千餘里,中途經國,具諸神異,達摩訶剌他國。其王果勇,威英自在,未賓戒日。寺有百餘,僧徒五千,大小兼學。東境山寺,羅漢所造,有大精舍,見者無不嘆訶駭斯神也。

自此因循,廣行諸國,還中印度抄寫新經。東□首路,行婋河側,忽被秋賊須人祭天,同舟卅許人,悉被執縛,唯選奘公比充食調。結壇河上,置奘壇中,初便生饗,將加鼎鑊。當斯時也,取救無緣,注想東夏住持三寶,私發誓曰:‘餘運未絶,會蒙放免。必其無遇,命也如何。’同舟一時悲啼號哭,告諸賊曰:‘此人慇,不辭危難,專心爲法,利益邊垂。君若殺之,罪莫大也。寧殺我等,不得損他。’衆賊聞之,投刃禮愧,放隨所往。仍携經論,餘國傳貸,重還本寺,更集經論,不久之間,戒日聞之。"

［233］王：諸本同,興聖寺本作"重"。

［234］施：諸本同,興聖寺本作"親",當是"嚫"之誤。

［235］"金銀錢各數萬"至"諸僧勸受象施"：諸本同,興聖寺本作"以充馱運。奘爲形極充大,日別常料草卌圍,餅食所需又三斛許,辭以寡力,不能勝致。戒日又勑,曆所統境,隨國供擬,非所攝者以書(諸)及之。諸有梵僧,又勸受施"。

［236］因即納象而反錢寶：諸本同,興聖寺本作"因即納之"。

［237］容：諸本同,麗初本作"各"誤。

［238］像：麗初本、麗再本作"象",今據磧本、興聖寺本改。

［239］狀：諸本同,興聖寺本作"相狀"。堵：諸本作"都",今據磧本改。

［240］相：諸本同,興聖寺本脱,當是倒在上句"狀"前。

［241］侍：磧本、興聖寺本作"待"應是,麗初本同麗再本。

［242］皁：磧本作"卑",興聖寺本作"帛",大正藏校引宫本做"皂"應是。麗初本同麗再本。案,"皁"同"皂"。

［243］山：諸本同,興聖寺本脱。

［244］至：諸本同,興聖寺本作"之"誤。

［245］曼延：磧本作"蔓筵",麗初本同磧本,興聖寺本同麗再本。

［246］耶：諸本同,興聖寺本作"邪"。案,興聖寺本"耶""邪"混用,下不出校。

［247］眇：諸本同,磧本作"渺"。

［248］池：諸本同,興聖寺本作"絶"誤。

［249］雅：諸本同,興聖寺本作"耶"誤。

［250］積：麗再本作"磧",今從磧本、興聖寺本改,麗初本同麗再本。

［251］所：諸本同,興聖寺本作"口"。

［252］斯：磧本、興聖寺本作"斷",麗初本同麗再本。

［253］下：諸本同,麗初本脱。

［254］總：諸本同,麗初本脱。

［255］烏：諸本同,興聖寺本作"焉"。

［256］縱：諸本同,麗初本作"從"。

［257］巖：諸本作"嚴"。險：磧本作"隒",麗初本同磧本,興聖寺本同麗再本。

［258］測：諸本同,興聖寺本作"側"誤。

［259］有：諸本同,磧本無。

［260］池：麗再本作"河",今據諸本改。

［261］升：麗初本、磧本作"斗",麗再本作"斛",日本金剛寺鈔本本作"升",日本七寺本鈔本作"神"。案,古制一斛等於十斗,一斗等於十升,隋、唐時期 1 升當公制 600 到 660 毫升,則作"斛""斗"均過大。今據興聖寺本、金剛寺本改。

［262］入：諸本同,興聖寺本作"又"。

［263］地：諸本同,麗初本作"池"誤。

［264］百：諸本同,麗初本作"十"。

［265］左：諸本同,磧本作"互"誤。

［266］里：磧本、興聖寺本脱,麗初本同麗再本。

［267］暝：諸本作“冥”，今從磧本。
［268］曲：諸本同，興聖寺本作“由”誤。
［269］達：麗初本、興盛寺本作“違”，磧本同麗再本。案，貞觀十四年，高昌國被唐吞併，故玄奘回程未及高昌。
［270］駞：諸本同，磧本作“駝”。“駞”同“駝”。連：諸本同，磧本作“運”。
［271］許：諸本同，興聖寺本作“計”誤。
［272］闉：磧本作“闥”，興聖寺本作“闓”，麗初本同麗再本。
［273］通：諸本同，興聖寺本作“道”誤。
［274］朱雀街：諸本同，磧本作“朱雀門街”。
［275］繞：諸本同，興聖寺本作“遠”。
［276］閑：諸本同，興聖寺本作“困”誤。
［277］以：諸本同，興聖寺本作“八”。
［278］面奉：諸本同，興聖寺本作“奉面”倒。
［279］閉：諸本同，麗初本作“閑”誤。
［280］左：諸本同，興聖寺本作“在”誤。
［281］從：諸本同，興聖寺本作“出”。
［282］盛：諸本同，麗初本作“感”誤。
［283］但：諸本同，磧本衍作“但阻”。
［284］齎：諸本同，興聖寺本作“喪”誤。
［285］并：諸本同，麗初本脱。
［286］得：諸本同，興聖寺本作“復”誤。
［287］企：麗初本作“爾”，興聖寺本脱，磧本同麗再本。
［288］瞻：諸本同，磧本作“瞻”誤。
［289］聖：諸本同，興聖寺本脱。
［290］位：諸本同，磧本作“徒”。
［291］懷：諸本同，興聖寺本作“壞”誤。
［292］褊：磧本作“偏”，麗初本作“猵”，興聖寺本作“論”誤。
［293］閏：諸本同，磧本作“潤”。
［294］玄摸：磧本、興聖寺本作“玄模”，麗初本同麗再本。據玄奘的譯經題記，應爲“玄謩”。
［295］删：諸本同，興聖寺本作“那”誤。
［296］四畏：諸本同，興聖寺本作“四無所畏”。
［297］諸：諸本同，興聖寺本作“法”誤。
［298］文：諸本同，麗初本作“又”誤。
［299］域：諸本同，興聖寺本作“城”誤。
［300］（大正 51 史傳三）大唐西域記十二卷敬播序：“竊以穹儀方載之廣，藴識懷靈之異，談天無以究其極，括地詎足辯其原。是知方志所未傳，聲教所不暨者，豈可勝道哉。詳夫天竺之爲國也，其來尚矣。聖賢以之疊軫，仁義於焉成俗。然事絶於曩代，壤隔於中土，山經莫之紀，王會所不書。博望鑿空，徒置懷於印竹；昆明道閉，謬肆力於神池。遂使瑞表恒星，鬱玄妙於千載；夢彰佩日，秘神光於萬里。暨於蔡愔訪道，摩騰入洛，經藏石室，未盡龍宫之奥；像畫涼臺，寧極鷲峰之美。自

茲厥後，時政多虞，閹豎乘權，濆東京而鼎峙；母后成釁，剪中朝而幅裂。憲章泯於函雒，烽燧警於關塞，四郊因而多壘，況茲邦之絶遠哉。然而釣奇之客，希世間至。頗存記注，寧盡物土之宜；徒采神經，未極真如之旨。有隋一統，寔務恢疆，尚且睠西海而咨嗟，望東雒而杼軸。揚旌玉門之表，信亦多人；利涉葱嶺之源，蓋無足紀。曷能指雪山而長騖，望龍池而一息者哉。良由德不被物，威不及遠。我大唐之有天下也，辟寰宇而創帝圖，掃欃搶而清天步。功侔造化，明等照臨。人荷再生，肉骨豺狼之吻；家蒙錫壽，還魂鬼蜮之墟。總異類於藁街，掩遐荒於輿地，苑十洲而池環海，小五帝而鄙上皇。

法師幼漸法門，慨祇園之莫履；長懷真迹，仰鹿野而翹心。褰裳净境，實惟素蓄，會淳風之西偃，屬候律之東歸。以貞觀三年，杖錫遵路……周流多載，方始旋返。十九年正月届於長安，所獲經論六百五十七部，有詔譯焉。

親踐者一百一十國，傳聞者二十八國。或事見於前典，或名始於今代，莫不餐和飲澤，頓顙而知歸；請吏革音，梯山而奉贐。歡闕庭而相抃，襲冠帶而成群。爾其物産風土之差，習俗山川之異，遠則稽之於國典，近則詳之於故老。邈矣殊方，依然在目，無勞握槧已詳油素。名爲大唐西域記，一帙十二卷。竊惟書事記言，固已緝於微婉；瑣詞小道，冀有補於遺闕。秘書著作佐郎敬播序之云爾。"

（磧462）尚書左僕射、燕國公張説（校案：當爲于志寧）製大唐西域記序："太宗文皇帝，金輪纂御，寶位居尊。載佇風徽，召見青蒲之上；迺睠通識，前膝黄屋之間。手詔綢繆，中使繼路，倚摛睿思，乃製三藏聖教序，凡七百八十言。今上昔在春闈，裁述聖記，凡五百七十九言。啓玄妙之津，書揄揚之旨。蓋非道映雞林，譽光鷲嶽，豈能緬降神藻，以旌時秀。奉詔翻譯梵本，凡六百五十七部。具覽遐方異俗，絶壤殊風，土著之宜，人備之序，正朔所暨，聲教所覃，著大唐西域記。勒成一十二卷，編録典奥，綜覈明審，立言不朽，其在茲焉。"

[301]（磧253）因明入正理論後序："因明入正理論者，蓋乃抗辯標宗，摧邪顯正之閫閾也。因談照實，明彰顯理，入言趣本，正以離邪。論之者，較言旨歸，審明要會也。昔應符道樹，茲義備焉；登庸鹿林，斯風扇矣。六師稽顙而卷舌，十仙請命以知歸。非天（夫）靈曜寢光，邪津鼓浪，同惡孔熾，寔繁有徒。所以世親弘盛烈於前，陳那纂遺芳於後。揚真紾謬，夷難解紛，全矣神功，備詳餘論。粤有天主菩薩亞聖挺生，博綜研詳，聿修前緒，撰略精秘。逗適時機。啓以八門，通其二益；芟夷五分，取定三支。其義簡而彰，其文約而顯。西方時彦，鑽仰彌深，自非履此通規，未足預其高論。

大唐皇帝乘時啓聖，闡金鏡而運金輪；納録嗣明，振玉鼓而調玉燭。洞敷玄化，載緝彝章，爇慧炬而鑒昏城，艤智舟而濟苦海。我三藏法師玄奘，神悟爽拔，峻節冠群，行四勤如不及，瞻三宗而好問。漢地先達，各擅專門，寓目必察其微，納心並殫其妙。嗟乎，聖迹緜遠，像教陵夷，未嘗不臨訛文以喟然，撫疑義而大息，望葱山而高視，期鷲峰而遠遊。既而冒險乘危，詢師訪道，行達北印度迦濕彌羅國，屬大論師僧伽耶舍，稽疑八藏，考决五乘。論師以大義磐根，嘉其素蓄，唯因明妙術，誨其未喻；梵音靚止，冰釋於懷。後於中印度摩揭陀國，遇尸羅跋陀羅菩薩，更廣其例，觸類而長，優而柔之。於是遍謁遺靈，備訊餘烈，雖遇鍱腹，縱辯無前。風偃邪徒，抑兼茲論，旋弘周化，景福會昌。

粤以貞觀二十一年秋八月六日，於弘福寺，承詔譯訖。弘福寺沙門明濬筆受、證文，弘福寺沙門玄謨證梵語，大總持寺沙門玄應正字，大總持寺沙門道洪、實際寺沙門明琰、羅漢寺沙門慧貴、寶昌寺沙門法祥、弘福寺沙門文備，廓州法講寺沙門道深、蒲州栖巖寺沙門神泰詳證大義。銀青光禄大夫、行左庶子、高陽縣開國男臣許敬宗奉詔監譯。三藏法師，以虛己應物，辟此幽關，義海森其無源，詞峰峻而難仰，異方秀傑，同稟親承，筆記玄章，並行於世。余以不敏，妄忝吹噓，受旨證文，偶玆嘉會。敢録時事，貽諸後昆，勝範鴻因，無泯來際。"

[302] 覩：麗初本、麗再本作"亂"，興聖寺本作"親"，今據磧本改。
[303] 全：麗初本作"今"，興聖寺本作"金"，磧本同麗再本。
[304] 今：諸本同，麗初本脱。
[305] 思：諸本同，興聖寺本作"里"誤。
[306] 秘書繕寫：諸本同，興聖寺本作"秘書出繕寫"。
[307] 于時駕返西京：諸本同，興聖寺本無。
[308] 奘乃表上：諸本同，興聖寺本作"奘乃悉表上"。
[309] 夙：諸本同，興聖寺本作"風"誤。
[310] 道：諸本同，興聖寺本作"通"誤。
[311] 西：諸本同，興聖寺本脱。
[312] 又勑：諸本同，磧本作"勅"。
[313] 異：諸本同，興聖寺本作"還"誤。
[314] 符：諸本同，興聖寺本脱。
[315] 淪：麗再本、麗初本作"論"誤，今據磧本、興聖寺本改。
[316] 轉：諸本同，興聖寺本脱。
[317] 千：諸本同，興聖寺本作"十"誤。
[318] 遺：諸本同，興聖寺本作"違"誤。
[319] 迹：諸本作"疏"誤，今從磧本。
[320] 師：諸本同，麗初本作"歸"誤。
[321] 故：諸本同，興聖寺本脱。
[322] 老：諸本同，興聖寺本作"者"誤。
[323] 曰：諸本同，興聖寺本作"白"。
[324] 注：諸本同，興聖寺本作"經"誤。
[325] 勒：諸本同，興聖寺本作"勤"誤。
[326] 老：諸本同，興聖寺本作"李"誤。
[327] 案，此段文字，興聖寺本在下文李治"述聖記"後。
[328] 重：諸本同，興聖寺本脱。
[329] 皇：諸本同，興聖寺本作"里"誤。
[330] 遐：諸本同，興聖寺本作"進"誤。
[331] 愚：諸本同，興聖寺本作"遇"誤。
[332] 俯：諸本同，興聖寺本作"府"。
[333] 曜：諸本作"耀"，今據磧本改。
[334] 豈止區區梵衆：諸本同，興聖寺本作"豈逼之梵衆"誤。
[335] 已：諸本同，興聖寺本脱。
[336] 遂：諸本同，興聖寺本作"乃"。

［337］二十二：磧本作"二十五"誤，貞觀只有二十三年。麗初本同麗再本。

（磧206）菩薩戒本一卷。沙門靖邁製菩薩戒本序："夫瀛溟沖廓，總川逝而朝宗；法性惟玄，統品物而都會。是知，無説顯道，崇毗耶之息言；絶聽雨華，宗摩竭之掩室。自非德本宏邈，孰能究其弘致者哉。有三藏法師，是稱玄奘。弱齡軼俗，凝神氣於白雲；壯志遊真，晰智耀於玄妙。漱其源者，隨迎而不知；測其流者，游泳而不測。大龜啓滅之歲，捐觿韘而整華田；須陀阿道之年，鏡戒珠而嬉行地。爰以炎隨季祀，三聚創膺，深惟蹄旨，悟有餘説。悼靈章之紊譯，愴神理之紕傳，故能出玉門而遐征，戾金河而殉妙。爰有大正法藏，寔號戒賢，道格四依，稱流五印，凡厥藏海，取質若人，故以所旌，式標洪譽。遂於摩揭陀國，欽承函杖。見所未見，聞所未聞。雖薩陀之遇曇無，蔑以加也。因固請受菩薩律儀，一稔三祈，肇允殷望。法師以菩薩净戒，諒一乘之彝倫；授受宏規，信十地之洪範，特所吟味，匪替喉衿。以大唐貞觀二十有三年，皇上御天下之始，月魄日，於大慈恩寺奉詔譯周羯磨、戒本，爰開兩軸，蓋菩薩正地之流漸也。邁以不敏，猥廁譯僚，親稟洪規，證斯傳焰。動衷形説，式讚大猷，聊紀譯辰，以備攸忘。其證義、證文、正字、筆受，義業沙門明琰等二十許人，各司其務，同資教旨。"

［338］案，自"謂駙馬高履行曰"至"自披閱"，興聖寺本無。（磧223）銀青光禄大夫、行東宫左庶子、高陽縣開國男許敬宗撰瑜伽師地論新譯序："……我大唐皇帝無得而稱矣……歲精所記之洲，咸爲疆埸；暄谷所談之縣，並入堤封。廣辟轅宫，被文軌於殊俗；還開姬弈，均正朔於王會。大業成矣，大化清矣，於是遊心羽陵，寓情延閣，總萬篋於天縱，表一貫於生知，洞照神襟，深窮性道。俯同小技，則絢發三辰；降習微毫，則妙逾八體。居域中之大寶，畢天下之能事。雖則甲夜觀書，見稱優洽，華旦成曲，獨擅風猷。仰校鴻徽，豈可同季同語矣。

有玄奘法師者，昭彰辯慧，躡身子之高蹤；生稟神奇，嗣摩騰之芳軌。爰初束髮，即事抽簪；迥出蓋纏，深悟空假。研求四諦，嗟謬旨於真宗；鑽仰一乘，鑒訛文於實相。遂乃發弘誓願，起大悲心，思拯迷途，親尋正教。幸屬時康道泰，遠安邇肅，裂裳裹足，直趣迦維。闡皇澤於遐方，徵釋教於前域。越葱嶺之外，猶跬步而忘遠；遵竹園之左，譬親受而何殊。訪道周遊，十有七載；經途所亘，百有餘國。異方之語，資一音而並貫；未譯之經，罄五財而畢寫。若誦若閱，喻青蓮之受持；半句半頌，隨白馬而俱反。

以貞觀十九年，持如來肉舍利一百五十粒、佛像七軀、三藏聖教要文凡六百五十七部，還至長安。奉勑於弘福寺安置，令所司供給，召諸名僧二十一人學通内外者，共譯持來三藏梵本。

至二十一年五月十五日，肇譯瑜伽師地論。論梵本四萬頌，頌三十二言，凡有五分，宗明十七地義。三藏法師玄奘敬執梵文，譯爲唐語。弘福寺沙門靈會、靈雋、智開、和仁、會昌寺沙門玄度、瑶臺寺沙門道卓、大總持寺沙門道觀、清禪寺沙門明覺承義筆受，弘福寺沙門玄謩證梵語，大總持寺沙門玄應正字，大總持沙門道洪，實際寺沙門明琰、寶昌寺沙門法祥、羅漢寺沙門慧貴、弘福寺沙門文備、蒲州栖巖寺沙門神泰、廓州法講寺沙門道深詳證大義，本地分中五識身相應地、意地、有尋有伺地、無尋唯伺地、無尋無伺地，凡十卷，普光寺沙門道智受旨綴文；三摩呬多地、非三摩呬多地、有心地、無心地、聞所成地、思所成地、修所成地，凡十卷，蒲州普救寺沙門行友受旨綴文；聲聞地、初瑜伽種性地盡第二瑜伽處，凡九卷,玄法寺沙門玄賾受旨綴文;聲聞地、第三瑜伽處盡、獨覺地,凡五卷,汴州真諦寺沙門玄忠受旨綴文;菩薩地、有餘依地、無餘依地,凡十六卷,簡州福衆寺沙門靖邁受旨綴文;攝決擇分凡三十卷,大總持沙門辯機受旨綴文;攝異門分、攝釋分,凡四卷,普光寺沙門處衡受旨證文;攝事分十六卷,弘福寺沙門明濬受旨綴文。銀青光禄大夫、行太子左庶子、高陽縣開國男臣許敬宗奉詔奉詔監閲。二十二年五月十五日絶筆,總成一百卷。……"

[339] 遂:磧本作"逐"誤,麗初本同麗再本。

[340] 案,自"遂下勑"至"命弘文館學士上官儀對群僚讀之",興聖寺本作"仍寫新經遠頒國,故一序文,通於三藏",金剛寺本作"仍寫新經遠頒邦國,故一序文,通於三藏"。

[341] 撥:磧本作"發"誤,麗初本同麗再本。

[342] 而:磧本作"以",麗初本同麗再本。

[343] 道:磧本作"教",麗初本同麗再本。

[344] 雲露方得泫其花:磧本作"零露方得泫其華",麗初本同麗再本。

[345] 案,對於聖教序,興聖寺本僅保留其前兩句,作"蓋聞二儀有象,顯覆載以含生;四時無形,潛寒暑以化物云云。辭多不載"。

[346] 僚:磧本作"寮",麗初本同麗再本。"寮""僚"同。案,興聖寺本無此句。

[347] 表:諸本同,興聖寺本作"又表"。

[348] 羲:磧本作"義"誤,麗初本同麗再本。

[349] 堤封:磧本作"提封",興聖寺本作"隄封",麗初本同麗再本。"提封""隄封",同"堤封",版圖、疆域。

[350] 錫:諸本同,興聖寺本作"動"誤。

[351] 儲:諸本同,麗初本作"説"誤。

[352] 受記:諸本同,磧本作"授記"。案,"授記"同"受記",梵文 vyākaraṇa 的意譯,此處指佛對弟子證果或成佛的預言。

[353] 朕:諸本同,興聖寺本作"照"形,誤。

[354] 達:諸本同,興聖寺本作"遠"形,誤。

[355] 内典:諸本同,興聖寺本作"典内"誤。

[356] 瓦:諸本同,麗初本作"凡"誤。

[357] 循:諸本同,興聖寺本作"詞"誤。

[358] 性:磧本作"往",麗初本同麗再本。

[359] 案,"又重表謝"至"惟益真慚"興聖寺本無。

[360] 達:諸本同,興聖寺本脱。

[361] 案,興聖寺本從下句"蓋真如聖教者"至下文玄奘去世後之"自非願力所持,焉能致此"均無,而作"云云。文廣不可具載。弘福寺僧欣奉中興,慶斯榮泰,乃以序文勒鐫玄石。足使萬古近風,景仰天贊,故其表云云。下勑許之。今之門首大碑是也。……(校案:中間爲'及西使再返'至'遂不譯之'一段,見前文,此不録)當今正翻瑜伽師地卅餘卷。其論梵本可十萬偈,若度唐文應出百卷。春秋卌(卅)有五,年德俱盛。口吐新文,請益之徒,後進非少,自應别紀,故不叙之"。案,玄奘法師翻譯瑜伽師地論之年當貞觀二十一年至二十二年,可證續高僧傳之初稿在貞觀二十一年蓋已殺青。

［362］遂古：磧本作“邃古”，麗初本同麗再本。二詞義同。

［363］“恩加朽骨”至“金匱流乎梵説之偈”：磧本作“恩加朽骨，石室歸貝葉之文；澤及昆蟲，金匱流梵説之偈”。

［364］要文凡六百五十七部引大海之：此十三字，麗再本爲雙行小注，今從麗初本改爲大字一行。麗初本、磧本作“引大海之”，脱“要文凡六百五十七部”。

［365］案，聖教序及述聖記，又見於（磧 1—60）大般若波羅蜜多經六百卷、（磧 419）五事毗婆沙論（二卷）、（磧 161）緣起聖道經一卷、如來示教勝軍王經一卷、（磧 160）甚稀有經一卷、最無比經一卷（後題“比丘慧徹書”）、稱讚大乘功德經一卷、（磧 372—391）阿毗達磨大毗婆沙論二百卷、（磧 361—362）阿毗達磨品類足論十八卷、（磧 360）阿毗達磨界身足論三卷、（磧 359—360）阿毗達磨識身足論十六卷、（磧 357—358）阿毗達磨集異門足論二十卷、（磧 356）阿毗達磨法藴足論十二卷、（磧 250）攝大乘論釋十卷、（磧 246）攝大乘論本三卷、（磧 240）廣百論釋論十卷（後有玄奘譯訖頌“三藏法師於鷲嶺北得聞此論，隨聽隨翻，自慶成功而説頌曰”）、（磧 223—232）瑜伽師地論一百卷、（磧 233—234）顯揚聖教論二十卷、（磧 235）顯揚聖教論頌一卷，如右等經卷首。

［366］籙：麗初本、磧本作“録”誤。“籙”，帝王受命於天之文書。案，玄奘在唐高宗時期，被視爲政治上的異端，處境不好。參見劉淑芬：玄奘的最後十年，中華文史論叢 2009 年第 3 期。

［367］入：諸本同，麗初本作“人”誤。

［368］袟：磧本作“秩”，麗初本同麗再本。“袟”，祭祀的順序。然“秩或作袟”，參見故訓匯纂第 1624 頁“秩”的第 31 義項。

［369］（磧 96）大乘大集地藏十輪經序：“昔者，旭照高山，天宫御一乘之駕；流暉原隰，鹿苑轉四諦之輪。雖復發軫分逵而塗無亂轍，一雲普洽而卉木各茂。自凋林變色，慧日寢光，達學電謝以息肩，真人長往而寂滅。且前賢述聖，難令各解，後進孤陋，更異親承；況乎正法既往，久當像末，定慧與福德異時，醇化與澆風殊連，然則一乘、三乘之駕，安可以同其轍哉？若識時來在數，藥性勿違，然後可以清沉痼之宿疾，體權實之同歸矣。

十輪經者，則此土末法之教也。何以明之？佛以末法惡時，去聖浸遠，敗根比之壞器，空見借喻生盲。沉醉五欲，類石田之不苗；放肆十惡，似臭身之垢穢。故此經能濯臭身、開盲目、陶坏器、沃石田。是以菩薩示聲聞之形，象王敬出家之服，以此幢相，化彼無慚。顯二事之護持，成三乘之道果，故經曰：爲令此土，三寶種性，威德熾盛，久住世故。又曰：摧滅一切諸衆生類猶如金剛堅固煩惱。然則三寶久住，顯教傳於末法；金剛煩惱，驗障異乎一乘。尋舊經之來，年代蓋久，但譜第遺目，傳人失記，翻譯之主既往，來兹之日罕聞。同我者，失魄於真彩；異我者，大笑於淡味。謬以千里，能勿悲乎？夫極曜文天，或蔽虧於薄霧；至言範物，時淪滯於邪辯。鍼石一違，有死生之巨痛；纖毫錯學，有昇墮之異塗，其可易乎！

屬有三藏玄奘法師者，始則學架東朝，末乃訪道西域，輕一生之性命，涉數萬之艱難，果能竭溟渤以索亡珠，蹈龍宫而窮秘藏。吞法流於智海，瓶瀉無遺；受道氣於檀林，香風更馥。至於因明三量，聲論八音，莫不究立破之源，窮字轉之本。如來所説，菩薩所傳，已來未來，一朝備集。昉以薄業，不偶真應。幸逢聖制亂於未兆，後賢傳燈於既夕，遂使定死餘命，冀反魂於法藥；昏野迷方，期還轅於覺道。

於是染翰操紙，杜絶外慮，務詳至教，釋彼紛執，疇咨法主，重啓梵文。粤以永徽二年歲次辛亥，正月乙未，盡其年，十二月甲寅翻譯始畢，凡八品十卷。以今所翻，比諸舊本，舊本已有，今更詳明，舊本所無，斯文具載。於是，處座抗談者，響法雷而吐辯；静慮通微者，鏡玄波而照心。頂火暴腹之徒，戢螢暉於慧日；喜足謙懷之侣，騰高節於清風矣。前佛既往，後佛未興，庶此教長懸，永濟來者，弘道之士，如何勿思。"

[370] 黄門郎：磧本作"黄門侍郎"是，麗初本同麗再本。案，據兩唐書及薛元超墓誌，薛元超在永徽五年任黄門侍郎。下同。

[371] 初：磧本脱，麗初本同磧本。

[372] 言：麗再本、麗初本脱，今據磧本補。

[373] 克：磧本作"剋"誤，麗初本同麗再本。

[374] 幢：諸本同，麗初本作"翻"。

[375] 太常九部：磧本作"太常九卿"誤，麗初本同麗再本。

[376] 從：麗再本作"徒"誤，今據磧本改。麗初本同麗再本。

[377] 牣：麗初本、磧本作"仞"誤。文選卷七子虚賦："珍怪鳥獸，萬端鱗崪，充牣其中，不可勝記。"李善注引廣雅："充、牣，滿也。"

[378] 水：麗再本、麗初本脱，今據磧本補。

[379] 時：磧本作"以"，麗初本同麗再本。

顯慶二年，在慈恩寺譯出不空羂索神咒心經（磧 165），其後序云："不空羂索神咒心經者，斯蓋三際種智之格言，十地證真之極趣也。裂四魔之偏罟，折六師之邪幢，運諸子之安車，詣道場之夷路者，何莫由斯之道也。况乃剿當累，殲宿殃，清衆瘼，懷庶福者乎？是以印度諸國，咸稱如意神珠。諒有之矣。題稱'不空'等者，别衆經之殊號也，至如擲羂取獸，時或索空，兹教動桴，罔不玄會，故受斯目也。運極無方曰'神'，驚敕群物稱'咒'，名色所依號'心'，雖復乘開一五，藏啓二三，其能應通動植，絲綸法界者，咸用取則兹旨，歸往斯誥也。是故經云：此身如城，心王處中。又至功離相，妙極殊方，有類於心，故應兹稱也。是以經云：如衆生心識，體雖是有，而無長短方圓等相。斯群藉之中心，無相之妙極者也。然此神典，北印度國沙門闍那崛多，已譯於隋紀。於時，寶曆創基，傳匠蓋寡，致令所歸神像、能歸行儀，並咒體能，俱存梵語。遂使受持之者，疲於用功，渾肴莫晰。惟今三藏玄奘法師，奉詔心殷，爲物情切，爰以皇唐顯慶二年五月旦日，於大慈恩寺弘法苑，重更敷譯。庶諸鑒徒，悟夷險之殊徑矣。"

[380] 隴：磧本作"壟"，麗初本同麗再本。

[381] 施：麗再本、麗初本作"旋"誤，今據磧本改。

[382] 下近：磧本作"不遠"，大正藏校引宫本作"不近"，麗初本同麗再本。

[383]（磧 356）沙門靖邁製阿毗達磨法藴足論後序："法藴足論者，蓋阿毗達磨之權輿，一切有部之洪源也，無上等覺入室之神足摩訶目乾連之所製矣。鏡六通之妙慧，淅三達之智明，桴金鼓於大千，聲玉螺於百億，摛藏海之奇琬，鳩教山之勝珍，欲使天鏡常懸，法幢永樹，衆邪息蕃蘺之望，諸子騁遊戲之歡，而爲此論也。是以佛泥越後，百有餘年，疊啓五分之殊，解開二九之異。雖各擅連城之貴，俱稱照乘之珍，唯一切有部，卓乎迥秀，若妙高之處宏海，猶朗月之冠衆星者，豈不以本弘基永者歟。至如八種揵度，騖徽於發智之場；五百應真，馳譽於廣説之苑。斯皆挹

此清波，分斯片玉，遂得駕群部而高蹈，接天衢而布武。是知登崑閬者，必培塿於衆山；遊溟渤者，亦坳塘於群澍。諒其然矣。矧乎順正理以析疑，顯真宗以副惑，莫不鏡此彝倫，鑒斯洪範。故使耆德婆藪，屈我衆賢，上坐幽宗，見負弘致者也。題稱‘阿毗達磨’者，創二藏以簡殊也；一切有部者，對十七以標異也；‘法蘊足’者，顯此論之勝名也。能持自性，軌範稱法，法有積集，策聚爲蘊；此論攸宗，法聚三七，皆與對法爲依，故目之爲足。三藏玄奘法師，以皇唐顯慶四年九月十四日，奉詔於大慈恩寺弘法苑譯訖。大慈恩寺沙門釋光筆受，靖邁飾文，同州澄城縣鉗耳智通勘定。”

[384] 説：大正藏校引明南藏作“統”，於意較長。如是，則“統”字下屬，作“統總六百卷”。

[385]（磧001）大般若經卷一有大般若經初會序；卷四〇一有大般若經第二會序，西明寺沙門玄則製。

[386]（磧254）吴興沈玄明撰成唯識論後序：“原夫覺海瀓玄，涵萬流而濬宗極；神幾闡妙，被衆象而凝至真。朗慧日而鏡六幽，洩慈雲而滞八宇；演一音而懸解，逸三乘以遐騖。體陳如之半器，津有有於鹿園；照善現之滿機，繹空空於鷲嶺。雖絶塵於常斷，詎遺筌於有空；顯無上之靈宗，凝中道於兹教。逮金河滅景，派淳源而不追；玉牒霏華，緒澆風而競扇。於是二十八見，迷喪應於五天；一十六師，亂牛於四主。半千將聖，兹惟世親，寔賢劫之應真，晦生知以提化。飛光毓彩，誕映資靈，曜常明於八蘊，藻初情於六足；秀談芝於俱舍，摽説有之餘宗；攝玄波於大乘，賁研空之至理；化方升而照極，湛沖一於斯頌。唯識三十偈者，世親歸根之遺製也。……後有護法、安慧等十大菩薩，韞玄珠於八藏，聳層構於四圍，宅照二因，栖清三觀。升暉十地，澄智水以潤賢林；鄰幾七覺，皎行月而開重夜。優柔芳烈，景躅前修；箭涌泉言，風飛實思。咸觀本頌，各裁斯釋，名曰成唯識論，或名净唯識論。空心外之二取，息滯有之迷塗；有識内之一心，遣歸空之妄執。晦斯心境，苦海所以長淪；悟彼有空，覺岸於焉高蹈。九十外道，亂風轍而靡星旗；十八小乘，軔𨍏軒而扶龍轂。窮神體妙，詣賾探機。精貫十支，洞該九分，顧十翼而搏仙羽，頫九流以濬瓊波。盡邃理之希徽，闡法王之奥典，稱謂雙絶，筌象兼忘。曜靈景於西中，閟虹光於震旦，濟物弘道，眇歸宗德。

粵若大和上、三藏法師玄奘，……悼微言之匿彩，嗟大義之淪暉，用啓誓之，肆兹遥踐。泳祥河之輟水，攀寶樹之低枝，循鏤杠以神遊，躡霙峰而安步；昇紫階而證道，瞰玄影以嚴因。采奥觀奇，徙蒼龍於二紀；緘檀篆貝，旋白馬於三秦。我大唐慶表金輪，禎資樞電……玄奉綸旨，溥令翻譯。

勑尚書左僕射、燕國公于志寧，中書令、高陽公許敬宗等潤色，沙門釋神泰等證義，沙門釋靖邁等質文。肇自貞觀十九年，終於顯慶之末，部將六十，卷出一千。韜軼蓬萊，池湟環渤；載隆法寶，大啓群迷。頌德序經，並紆宸藻，玄風之盛，未之前聞。粤以顯慶四年龍栖叶洽，玄英應序，厥閏惟陽，糅兹十釋四千五百頌，彙聚群分，各遵其本，合爲一部，勒成十卷，月窮於紀，銓綜云畢，精括詁訓，研詳夷夏。……遂使文同義異，若一師之製焉。斯則古聖今賢，其揆一也。

三藏弟子基，鼎族高門，玉田華胄。壯年味道，綺日參玄，業峻林遠，識清雲鏡。閑儀玉瑩，淩道邃而澄明；逸韻蘭芳，掩法汰而飛辯。緒僊音於八梵，舞霄鶴以翔禎；摛麗範於九章，影桐鸞而絢藻。昇光譯侣，俯潛睿而融暉；登彩義徒，顧猷暢而高視。秀初昕之琁景，晋燭玄儒；矯彌天之絶翰，騰邁真俗。親承四辯，言奬三明，疏發户牖，液導津涉。績功資素，通理寄神，綜其綱領，甄其品第，兼撰義疏，傳之後學。……”

（磧360）沙門釋基製阿毗達磨界身足論後序：“界身足論者，説一切有部發智六足之一足也。詳夫，邃旨沖微，非大聖無以揚其奥；梵言幽秘，非上哲何以繹其真。是以，夕夢金容，晨馳白馬，譯經者結轍，津義者聯蹤。至於婆沙八藴，缺五藴之幽趣；發智六足，無五足之玄文。餘旨雖存，尚多紕緛。故使三秦匠彦，穿鑿於異端；九土緇英，滯惑於真僞。故我親教，三藏法師玄奘，業該群籍，志隆弘撫，欲使有宗俊潁，不延頸於五天；對法雄傑，懷慷慨於四主。遂以大唐龍朔三年六月四日，於玉華宫八桂亭，終譯此論。原其大本，頌有六千。後以文繁，或致删略爲九百頌、五百頌者。今此所翻，有八百三十頌，文遺廣略，義離增減。詳其論始，説起能仁，大德流通，遂師名稱，尊者世友之所作也。既而道滿待機，因圓佇列，神功妙思，繄可殫言。但基虚篚操觚，謬倍函丈，承暉雕斫，受旨執文，惟恐愛海波騰，玄源秘洩，矚法舟之論喪，故叙其時事云。”

［387］皆生：諸本同，資本作“入”。

［388］可：磧本作“今可”，麗初本同麗再本。

［389］勿近宫寺山静處埋之：磧本作“近宫寺山，静處藏之”，麗初本同麗再本。

［390］見：磧本作“是”誤，麗初本同麗再本。

［391］氣絶：磧本作“氣絶神逝”，麗初本同麗再本。

［392］葬：磧本作“葬於”，麗初本同麗再本。

［393］案，此句之前至述聖記文首兩句，興聖寺本無。

［394］霑：諸本同，興聖寺本作“治”形，誤。

［395］深：諸本同，磧本作“奇”誤。

［396］開：諸本同，磧本作“聞”誤。議：諸本同，興聖寺本作“識”誤。

［397］常：諸本同，興聖寺本脱。

［398］任：諸本同，興聖寺本作“狂”。

［399］既：諸本同，興盛寺本作“發”誤。

［400］閲：諸本同，興聖寺本作“闕”形。

［401］遂：諸本同，磧本作“逐”。

［402］匱：磧本、興聖寺本作“遺”誤，麗初本同麗再本。

［403］互：諸本同，興聖寺本作“立”形，誤。

［404］奘乃卑心請決：諸本同，磧本作“則奘乃卑心請決”。

［405］斯何：諸本作“何斯”倒，今據磧本改。

［406］塞：諸本同，興聖寺本作“褰”誤。

［407］道：諸本同，麗初本作“其”誤。

［408］惟：諸本同，麗初本作“推”誤。

［409］咸：諸本同，興聖寺本作“減”誤。

［410］挺：諸本同，興聖寺本脱。

［411］遺：諸本同，興聖寺本脱。

［412］“恨其經部不翻”至“惜哉”：此段文字，興聖寺本無。

京大慈恩寺梵僧那提傳二[1]

那提三藏,唐曰福生,具依梵言,則云布如烏代邪[2]。以言煩多故,此但訛略而云那提也。本中印度人,少出家,名師開悟,志氣雄遠,弘道爲懷。歷遊諸國,務在開物,而善達聲明,通諸詁訓。大夏召爲文士[3],擬此土蘭臺著作者。性汎愛,好奇尚,聞有涉悟,不憚遠夷。曾往執師子國,又東南上楞伽山、南海諸國。隨緣達化,善解書語,至即敷演[4],度人立寺,所在揚扇。

承脂那東國盛轉大乘,佛法崇盛,贍洲稱最,乃搜集大小乘經律論五百餘夾,合一千五百餘部,以永徽六年創達京師。有勑令於慈恩安置,所司供給。時玄奘法師當途翻譯,聲華騰蔚,無由克彰,掩抑蕭條,般若是難。

既不蒙引,返充給使。顯慶元年,勑往崑崙諸國,採取異藥。既至南海,諸王歸敬,爲別立寺,度人授法。弘化之廣,又倍於前。以昔被勑往,理須返命,慈恩梵本,擬重尋研。龍朔三年,還返舊寺。所齎諸經,並爲奘將北出,意欲翻度,莫有依憑。惟譯八曼荼羅[5]、禮佛法[6]、阿吒那智[7]等三經,要約精最,可常行學。其年南海真臘國,爲那提素所化者,奉敬無已,思見其人,合國宗師,假途遠請。乃云:"國有好藥,惟提識之,請自採取。"下勑聽往,返迹未由[8]。余自博訪,大夏行人云:"那提三藏乃龍樹之門人也。"所解"無相",與奘頗返[9]。西梵僧云:"大師隱後,斯人第一。"深解實相,善達方便。小乘五部、毗尼外道、四韋陀論[10],莫不洞達源底[11],通明言義[12],詞出珠聯,理暢霞舉。所著大乘集義論,可有四十餘卷,將事譯之,被遣遂闕。夫以抱麟之嘆,代有斯蹤,知人難哉,千齡罕遇。那提挾道遠至,投俾北冥,既無所待,乃三被毒,載充南役,崎嶇數萬,頻歷瘴氣。委命遭命,斯人斯在[13],嗚呼惜哉。

論曰:

觀夫翻譯之功,誠遠大矣,前録所載,無德稱焉[14]。斯何故耶?諒以言傳理詣,惑遣道清,有由寄也[15]。所以列代賢聖,祖述弘導之風;奉信賢明,憲章翻譯之意。宗師舊轍[16],頗見詞人,埏埴既圓,稍功其趣[17]。

至如梵文天語,元開大夏之鄉;鳥迹方韻,出自神州之俗。具如別傳,曲盡規猷。遂有僥倖時譽,叨臨傳述,逐轉鋪詞[18],返音列喻,繁略科斷,比事擬倫[19],語迹雖同,校理誠異。自非明逾前聖,德邁往賢,方能隱括殊方[20],用通弘致。道安著論,五失易窺;彦琮屬文,八例難涉。斯並古今通叙,豈妄登臨。

若夫九代所傳[21],見存簡録。漢魏守本,本固去華;晋宋傳揚,時開義舉。文質恢恢，諷味餘逸。厥斯以降，輕靡一期[22]，騰實未聞，講悟蓋寡。皆由詞逐情轉[23]，義寫情心，共激波瀾，永成通式。充車溢藏，法寶住持，得在福流，失在訛競。故勇猛陳請，詞同世華，制本受行，不惟文綺。至聖殷鑒，深有其由，群籍所傳，滅法故也[24]。即事可委，況弘識乎[25]？然而習俗生常，知過難改，雖欲徙轍，終陷前蹤。粤自漢明，終于唐運，翻傳梵本，多信譯人，事語易明，義求罕見；厝情獨斷，惟任筆功，縱有覆疏，還遵舊緒。梵僧執葉，相等情乖，音悟莫通[26]，是非俱濫。至如三學盛典，惟詮行旨[27]；八藏微言，宗開詞義。前翻後出，靡墜風猷；古哲今賢，德殊恒律。豈非方言重阻，臆斷是授[28]，世轉澆波，奄同浮俗。昔聞淳風雅暢，既在皇唐；綺飾訛雜[29]，寔鍾季葉。不思本實，妄接詞鋒，競掇芻蕘，鄭聲難偃。

原夫大覺希言[30]，絶世特立，八音四辯，演暢無垠。安得凡懷，虚參聖慮，用爲標擬，誠非立言。雖復樂説不窮，隨類各解，理開情外，詞逸寰中。固當斧藻標奇，文高金玉，方可聲通天樂，韻過恒致。近者晋宋顔、謝之文，世尚企而無比，況乖於此，安可言乎？必踵斯蹤，時俗變矣，其中蕪亂，安足涉言。往者，西涼法讖，世號通人，後秦童壽，時稱僧傑，善披文意[31]，妙顯經心，會達言方，風骨流便，弘衍於世，不虧傳述。宋有開士慧嚴、寶雲，世係賢明，勃興前作，傳度廣部，聯輝絶蹤。將非面奉華胥，親承詁訓[32]，得使聲流千載，故其然哉。餘則事義相傳，足開神府；寧得如瓶瀉水[33]，不妄叨流。薄乳之喻，復存今日[34]。終虧受誦，足定澆淳[35]。世有奘公，獨高聯類，往還振動[36]，備盡觀方，百有餘國，君臣謁敬。言議接對，不待譯人，披析幽旨，華戎胥悦[37]。故唐朝後譯[38]，不屑古人，執本陳勘，頻開前失。既闕今乖[39]，未遑釐正，輒略陳此，夫復何言。

【校注】

［1］京大慈恩寺梵僧那提傳二：磧本作“唐京師大慈恩寺梵僧那提傳二”，麗初本同麗再本。案此傳，興聖寺本無。

［2］代：磧本作“伐”，麗初本同麗再本。邪：麗初本作“那”，磧本同麗再本。案，興聖寺本無那提三藏傳。

［3］召：磧本作“名”誤，麗初本同麗再本。

［4］即：磧本、麗初本作“此”。

［5］八曼荼羅：即師子莊嚴王菩薩請問經（一卷）。（磧201）唐終南山釋氏道宣撰師子莊嚴王菩薩請問經序：“觀夫法王利見，權巧殊途，或聲光動人，或開智攝物。立儀列相，興像設之機緣；聚砂塗地，表乘時之净養。斯德有歸，可略言也。有師子莊嚴王菩薩者，學周八藏，智越五乘，籍勝報而開教端，寄善權而行圖範。故使方壇外啓，圓場内羅，列八座而延八聖，陳四報而成四德。空有兩業，自此修明，大小諸乘，因兹增長。可謂總攝六度之玄略，統顧行之明規。其道易而可修，其儀約而

難隱。智有通塞,道涉窊隆,時運所歸,近聞東夏逮龍朔三年冬十月,有天竺三藏,厥號那提,挾道間萌,來遊天府,皇上重法,降禮真人,厚供騈羅,祈誠甘露。南海諸蕃,遠陳貢職,備述神藥,惟提能致,具表上聞,霈然下遣。將事首途,出斯奥典,文旨既顯,冀由來之所傳;道場不昧,起機緣之净業。輒以所聞,序之云爾。"

又有八大菩薩曼荼羅經,今存大正藏第20册密教部三,唐不空譯本一卷。此册又有八曼荼羅經,譯者不明。

[6] (磧201)終南山釋氏道宣撰離垢慧菩薩所問禮佛法經序:"惟夫,幔幢難偃,三界由此輪回;愛水未清,四惑因兹流湎。自非獨拔開士,出有至人,何能裂愛網而辟重關,質深疑而啓昏趣。有離垢慧菩薩者,道高初住,德跨八恒,假時俗之津途,發深識之嘉問。如來以無緣之勝辯,赴有待之幽情,斷五趣之蓋纏,籍五輪之禮念,所以五通五眼,自此增修;五位五生。承斯圓滿。藴結中夏,千六百年,頹運有蹤,載聞東壤。洎龍朔三年,有天竺三藏,厥號那提,統括六異之宗,窮微四圍之典,九部八藏,詞無昧於自他;十諦一乘,義有歸於空色。並詳略名理,妙達宏致,來儀帝里,頻謁天庭。降厚禮於慈恩。將歸飛於海表,以此經群聖之發軫,凡衆之初心,乃出流布,傳於道俗。遂依繕寫,所在通之,恐未悉其來由,故因叙其緣致云爾。"

[7] 阿吒那智:即阿吒那智經。據大正藏第1册阿含部上,隋達摩笈多譯起世因本經卷末,日本學者按語:"按中亞出土梵本三葉屬長阿含,阿吒那智經、衆集經是也。1. 阿吒那智經一葉(Hoernle Mss. 149 X/6) D. 32,AA. taana. tiya sutta,咒經名,漢譯今闕。開元録九'沙門那提'下云:阿吒那智經一卷。龍朔三年於慈恩寺譯,見續高僧傳。善見律十一云:若國王及聚落大檀越有病者,遣人至寺,請比丘爲説咒。比丘爲説阿吒那吒經(AA. taanaa. ta)。十誦律廿四,亦舉長阿含經名阿吒那吒經(AA. taanaa. tikam)。"

[8] 迹:麗再本、麗初本作"亦",今從磧本。

[9] 頗:磧本作"碩",麗初本同麗再本。

[10] 韋:磧本作"圍",麗初本同麗再本。

[11] 源:麗初本作"漁"誤,磧本同麗再本。

[12] 義:麗初本作"善"誤,磧本同麗再本。

[13] 委命遭命斯人斯在:麗再本作"委命斯在"似脱,今據磧本補。麗初本同麗再本。

[14] 德:磧本作"得",麗初本同麗再本。

[15] 寄:磧本作"奇"誤,麗初本麗再本。

[16] 舊:諸本同,興聖寺本作"應"誤。

[17] 功:磧本作"工"應是,麗初本同麗再本。趣:諸本同,興聖寺作"至"誤。

[18] 囀:麗再本、興聖寺本作"轉"誤,今據麗初本、磧本改。鋪:諸本同,興聖寺本作"銷"誤。

[19] 倫:諸本同,麗初本作"論"誤。

[20] 方:諸本同,磧本作"萬"誤。

[21] 代:諸本同,興聖寺本脱。

[22] 靡:諸本同,磧本作"扇"誤。期:諸本同,麗初本作"朝"誤。

[23] "義舉"至"皆由詞逐情轉":諸本同,興聖寺本脱。

[24] 群籍所傳滅法故也:諸本同,興聖寺本作"群籍何傳,誠法故也"。

[25] 弘識:麗初本、大正藏校引宫本作"知誠",磧本同麗再本。"識",諸本同,興聖寺

本作“誠”。

[26] 悟：諸本同，磧本作“語”應是。

[27] 旨：諸本同，麗初本作“百”誤。

[28] 授：諸本作“投”誤，今據磧本改。

[29] 雜：興聖寺本、麗初本作“新”誤，磧本同麗再本。

[30] 大覺：興聖寺本作“大學”，麗初本作“人覺”，均誤。磧本同麗再本。

[31] 披：諸本同，磧本作“波”誤。

[32] 詁訓：諸本同，麗初本作“訓訓”誤。

[33] 瀉：諸本作“寫”。“寫”通“瀉”。

[34] 復存今日：諸本同，興聖寺本作“復存於今日矣”。

[35] 終虧受誦足定澆淳：諸本同，興聖寺本無。“澆淳”，麗初本作“洗渟”誤，磧本同麗再本。

[36] 振：諸本同，磧本作“震”。

[37] 悅：諸本同，麗初本脱。

[38] 故唐朝後譯：“故”，諸本同，磧本脱。此句興聖寺本作“故弘福之譯”。

[39] 今：諸本作“全”，今據磧本改。“今乖”與上句之“前失”對。

續高僧傳卷第五[1]

義解篇初本傳十二人[2]　附見一十九人[3]

梁楊都安樂寺沙門釋法申傳一道達　慧命[4]

釋法申，本姓吕，任城人也[5]，祖世寓居青州。申，幼出家，夙懷儒素，廣學經論。妙思獨遠，彌歷年祀，規空畫有，日夜惆悵。隱士平原明曇聊嘲之曰："三陽在節，明辰淑景，何不飲美酒，賦新詩？而終日竟歲，瞪視四壁[6]。百年俄頃，知得成儒素以不？"答曰："蓋是平生鄙好，何論得失？"頃之而大明成論[7]，譽美州鄉。

值宋太始之初，莊嚴寺法集，勑請度江住安樂寺。累當師匠，道俗欽賞。建元之中，遭本親遠喪，道途迴岨[8]，有礙北歸。因爾屏絶人事，杜塞講説。逮齊竟陵王蕭子良永明之中，請二十法師弘宣講授，苦相徵屈，辭不獲免。當斯之盛，無與友者。兼又淳厚仁惠[9]，不出厲言，安閑守素，不狎人世。以天監二年卒，春秋七十有四。

時復有道達、慧命，並以勤學顯名。達姓裴，河東聞喜人，住廣陵永福精舍。少以孝行知名，拯濟危險[10]，道開江濆[11]。永明中，爲南兖州僧正[12]。在職廉潔，雅有治才，罷任之日，唯有紙故五束。

慧命，廣陵人，住安樂寺。開濟篤素，專以成實見知。

【校注】

[1] 案，此卷趙本闕佚。

[2] 人：麗再本、麗初本、興聖寺本無，今據磧本，及全書體例補。

[3] 人：麗再本、麗初本、興聖寺無，今據磧本補。大正藏校引宋本、宫本作"一十八人"無道超傳。

[4] 道達 慧命：諸本同，興聖寺本衍作"道達　慧命　智遠　法度"。

[5] 任城：即任城縣，西漢置，南朝宋廢，北魏神龜元年復置，治當今山東省濟寧市任

城區。

[6] 瞪：諸本同，興聖寺本作"憕"誤。

[7] 成：諸本同，興聖寺本作"幾"誤。

[8] 迴：諸本同，興聖寺本作"迵"誤。

[9] 惠：麗再本、麗初本作"慧"，今據興聖寺本、磧本改。

[10] 拯：興聖寺本、麗初本作"亟"，磧本同麗再本。

[11] 閏：興聖寺本、磧本作"潤"是。"閏"通"潤"。麗初本同麗再本。

[12] 南兗州：東晉時僑置，治在今江蘇省鎮江市丹徒區。

梁楊都建元寺沙門釋僧韶傳二法朗　法亮[1]

釋僧韶，姓王，齊國高安人[2]。幼願拔俗，弱年從志[3]，斂服道俗[4]，恭敬師宗。美姿制，善舉止，情性温和，韻調清雅。好弘經數[5]，名顯州壤，專以毗曇擅業。

元徽之初，始來皇邑，住建元寺。寬厚閑澹[6]，不妄交游。宋季澆薄，體裁無准，物競目前，榮枯俄頃[7]。韶閑房自守[8]，狀若無人。及齊氏開泰，禮教夙被，白黑鑽仰，講説頻仍[9]，後學知宗，前修改觀。毗曇一部，化流海内，諮聽之徒，常有百數。齊文惠及竟陵王蕭子良雅相欽禮，清河崔慧親從北面，諮承餘誨。以天監三年[10]，卒于住寺，春秋五十有八。

時建元又有法朗，兼以慧學知名。本姓沈氏，吴興武康人。家遭世禍，因住建業。大明七年，與兄法亮被勑[11]，紹繼慧益出家，初住藥王寺。

亮[12]，履行高潔，經數修明。朗，禀性疏率，不事威儀[13]，聲轉有聞，義解傳譽，集注涅槃，勒成部帙。而言謔調笑，不擇交遊，高人勝己，見必齒録[14]。並卒于天監中。

【校注】

[1] 法朗 法亮：諸本同，興聖寺本多二人名，字迹不清。

[2] 齊國高安：案，"齊國"指南朝蕭齊。"高安"指高安縣。南朝高安縣有二：一屬九真郡，地當今越南清化省清化縣南；一屬汶陽郡，地當今湖北省安遠縣舊縣鎮。

[3] 志：諸本同，興聖寺本作"去"誤。

[4] 俗：興聖寺本、麗初本作"侣"是，磧本同麗再本。

[5] 數：諸本同，磧本作"教"。案，"經數"在續僧傳中多見，卷五僧韶傳附法亮傳"亮履行高潔，經數修明"，卷五釋法護傳"惟以經數、仁義存懷"、卷五釋僧若傳"經數通達，道俗器賞"、卷六僧喬傳"學明經數，頻御法座"。又案，"經教"，古漢語常見，續僧傳中亦多見：卷一真諦傳"諦欲傳翻經教，不羡秦時"、卷三慧净傳"近則圖澄羅什，發明經教"、卷四玄奘傳"結集經教所托之地"、"自前代已來所譯經教"、卷六慧約"帝乃博采經教，撰立戒品"、卷八慧遠"若不籍經教，自知有法"、卷

十一普曠傳"誦讀經教,日夕相連"、卷七慧嵩傳"於時元魏末齡,大演經教"、卷二一善伏傳"周流經教,頗涉幽求"、卷二九釋僧崖傳"今爲寫大乘經教"、卷二九下善慧傳"迎頓客旅,雅重經教,其有未曾覩者,要必親觀"、卷三〇論贊"引經教如對佛,述厭欣如寫面"。據以上引證,"經教"有二義:一指經文;二指佛教。而"經數",又稱"數論",指成實論或毗曇。

[6] 寬厚閑澹:諸本同,興聖寺本衍作"寬厚唐本閑澹"。

[7] 頃:諸本同,興聖寺本作"須"。

[8] 閑:諸本同,興聖寺本作"閉"。

[9] 講:諸本同,興聖寺本脱。

[10] 監:諸本同,興聖寺本作"鑒",下同,不一一出校。

[11] 亮:諸本同,興聖寺本作"高"。

[12] 亮:諸本同,興聖寺本作"高"。

[13] 威:諸本同,麗初本作"成"誤。

[14] 見必:磧本作"少見"誤,興聖寺本作"少見必",麗初本同麗再本。

梁楊都建元寺沙門釋法護傳三智遠 僧達

釋法護,姓張,東平人[1]。初以廉直居性[2],不耐貪叨。年始十三,而善於草隸。其師道邕亦有清風,撫其首曰:"觀汝意氣,必能振發遺法。"及至受戒,仍遭父憂,居喪房内,經涉四載,不預法事,禮畢羸瘠,不堪隨衆。

宋孝建中,來都遊觀,住建元寺。雅好博古,多講經論,常以毗曇命家。弗尚流俗,言去浮華,不求適會,趣通文理。從其學者,百有餘人。齊竟陵王總校玄、釋,定其虚實,仍於法雲寺[3],建豎義齋,以護爲標領。解釋膠結,每無遺滯,物益懷之。遠有曠度,不交榮俗,凡所遊往,必皆名輩。齊侍中陳留阮韜、光禄阮晦、中書侍郎汝南周顒,並虚心禮待,未嘗廢也。自從天了至于侯伯,不與一人遊狎,皎然獨坐[4],勖勵門徒。無營苟利,惟以經數[5]、仁義存懷。

以天監六年,卒于住所,春秋六十有九。

時新安寺智遠、天保寺僧達並以勤學有功。遠,幼懷清静[6],守志不競,講説大乘,好修福務[7]。

達,平和開拓[8],頗自矜尚。

【校注】

[1] 東平:即東平郡,治當今山東省東平縣。案,西漢始設東平國,東晋改爲東平郡,治在宿城縣,北周時廢郡,唐貞元四年改宿城縣爲東平縣。

[2] 廉:諸本同,興聖寺本作"廣"誤。直:諸本同,興聖寺本脱。

[3] 雲:諸本同,麗初本作"靈"誤。

[4] 皎：興聖寺本作“佼”誤。
[5] 數：諸本同，興聖寺本作“教”。
[6] 清静：磧本、興聖寺本作“清净”誤，麗初本同麗再本。
[7] 福：諸本同，興聖寺本脱。
[8] 開拓：興聖寺本作“開祐”，麗初本作“門柘”，均誤。磧本同麗再本。

梁鍾山宋熙寺沙門釋智欣傳四

釋智欣，姓潘，丹陽建康人也。稚而聰警[1]，禀懷夔躁，率爾形儀，過無修整。年七八歲，世間近事，經耳不忘。曾入栖静寺，正值上講，聞十二因緣義，云：“生死輪轉，無有窮已。”[2]便慨然有離俗之志。他日，即就栖静僧審禪師求出家焉。篤好博學，多集近事[3]，師訓之曰：“觀汝神明，人非率爾[4]，所可習學，皆非奥遠，何耶？”答曰：“欲廣其節目耳。”及具足後，從東安寺道猛聽成實論[5]，四遍雖周，未曾注記。結帙而反[6]，亭然獨悟，莫與爲群。不交當世，無因得參其門者也[7]，及至講説，文義精悉，四衆推服，聽者八百餘人。陳心序事，貴在可解，不務才華，有異流俗。客問未申，酬答已罷，皆美其豐贍，名重四海。齊永明末，太子數幸東田，携諸内侍，亟經住寺[8]，欣因謝病鍾山，居宋熙寺。確然自得，不與富貴遊往。行不苟合，交不妄親[9]，嚫施之物，構改住寺。以天監五年卒，春秋六十一，葬于山墓[10]。

【校注】

[1] 稚：諸本同，興聖寺本作“雅”誤。
[2] 十二因緣：無明緣行、行緣識、識緣名色、名色緣六處、六處緣觸、觸緣受、受緣愛、愛緣取、取緣有、有緣生、生緣老死。此諸因緣，相續而無間斷，使人流轉於生死輪迴而不能出離。参見渥德爾：印度佛教史，王世安譯，商務印書館2000年。
[3] 集：諸本同，磧本作“習”應是。
[4] 率：諸本同，興聖寺本作“變”誤。
[5] 東安寺道猛：傳見高僧傳卷七，記其“三藏九部、大小數論，皆思入淵微，無不鏡徹，而成實一部最爲獨步。”
[6] 帙：磧本作“秩”，興聖寺本作“袠”，麗初本作“怢”。“秩”：祭有次序也。“袠”同“帙”。“怢”，忽視、灑脱義。
[7] 無因：“無”，諸本同，磧本作“無有”。“因”，興聖寺本、麗初本作“固”誤，磧本同麗再本。
[8] 亟經住寺：磧本、麗初本作“亟經進寺”，興聖寺本作“並經進寺”。
[9] 妄：諸本作“委”，今據磧本改。
[10] 葬：諸本同，興聖寺本作“蔡”誤。

梁吴郡虎丘山沙門釋僧若傳五[1] 僧令 法度 慧梵[2] 慧朗

釋僧若,莊嚴寺僧璩之兄子也。璩以律行清嚴,見之前傳。[3]若,少而廉静,邑里推之。十五出家,住虎丘東山精舍,事師恭孝,與人友善,性好勤學。出都住冶城寺二十餘年[4],經數通達,道俗器賞。太常卿吴郡陸惠曉、左民尚書陸澄[5],深相待接。年三十二,志絶風塵[6],末東返虎丘。栖身幽室,簡出人世,披文翫古,自足雲霞。雖復茹菜不充,單複不贍,隨宜任運,罕復經懷。瑯瑘王斌守吴[7],每延法集[8]。還都,謂知己曰:"在郡賴得若公言謔,大忘衰老。見其比歲放生爲業,仁逮蟲魚,愛及飛走。講説雖疏,津梁不絶,何必滅迹巖岫,方謂爲道。但出處不失其機,彌覺其德高也。"

天監八年,勑爲彼郡僧正。親當元師[9],猶肆意山内,故失匡救之美,致有貪慢之謗[10]。未必加諸己,要亦有貶暮齡。以普通元年卒,春秋七十。

復有僧令者,若之兄也,亦以碩學知名。少而俊警,長益廉退,經律通明[11],不永早世。

復有法度者,住定林寺。沉審其性,言不卒暴[12],先行而後從焉。

時莊嚴寺又有慧梵、慧朗,並以内外通博[13],期標聲譽[14]。梵本吴氏,剡人,剛决强斷,不事形名。朗,肌貌霜潔[15],時人目爲"白朗",屢講衆經,頗入能例。

【校注】

[1] 虎丘山:諸本同,磧本作"虎丘"。

[2] 慧:磧本作"惠"。案,諸本"慧""惠"混用,麗再本多寫作"慧",磧本多作"惠",下文一依麗再本,不出校。

[3] 案,"僧璩",傳見出三藏記集卷二、高僧傳卷一一、歷代三寶紀卷一〇。

[4] 冶城寺:麗再本作"治城寺",興聖寺本、麗初本作"台城寺",今從磧本。案,"冶城",傳爲吴王夫差冶煉之所,東晋立爲佛寺。

[5] 民:諸本同,興聖寺本作"氏"誤。陸:諸本同,興聖寺本脱。

[6] 志:諸本同,麗初本作"悉"誤。

[7] 瑯瑘王斌:諸本同,興聖寺本作"琅雅王祇"誤。案,"蕭斌",傳見宋書卷七八蕭思話傳附,其守吴年代則不詳。

[8] 延:諸本同,磧本作"筵"。集:諸本同,興聖寺本作"進"誤。

[9] 當:興聖寺本作"常",麗初本脱,磧本同麗再本。師:諸本同,磧本作"帥"。

[10] 謗:興聖寺本作"誚"應是,磧本、麗初本作"詣"誤。

[11] 律:諸本同,興聖寺本作"教"。

[12] 暴:諸本同,興聖寺本作"慕"誤。

[13] 通博:諸本同,磧本作"廣學"。

[14] 期標聲譽:興聖寺本、磧本作"一期標譽",麗初本作"一斯標譽"誤。

[15] 肌貌：諸本同，興聖寺本作"霜貌霜"誤且衍。

梁楊都宣武寺沙門釋法寵傳六智果 僧淑

釋法寵，姓馮氏，南陽冠軍人[1]。後遭世難，寓居海鹽。少有絶俗之志，二親愛而弗許，執志固請，乃曰："須待爲汝婚竟，隨意所欲。"十八納妻，經始半年，捨家服道，住光興寺。成辦法式，習學威儀。其後出都，住興皇寺。又從道猛、曇濟學成實論[2]，二公雅相歎賞。日夜辛勤，不以寒暑動意。吴郡張融與周顒書曰："古人遺族[3]，故留兒女[4]，法寵法師絶塵如棄唾，若斯之志大矣，遠矣。"又從長樂寺僧周學通雜心及法勝、毗曇，[5]又從莊嚴曇斌歷聽衆經[6]。探玄析奥[7]，妙盡深極，高難所指[8]，罕不倒戈。音吐藴藉，風神秀舉。齊竟陵王子良甚加禮遇。嘗於西邸義集，選諸名學[9]，事委冶城智秀[10]，而競者尤多。秀謂寵曰："當此應對，卿何如我?"答曰："先悦後拒，我不及卿。詮名定實[11]，卿不及我。"秀有慚色。

年三十八，正勝寺法願道人善通樊許之術[12]，謂寵曰："君年滿四十當死，無可避處。唯有祈誠諸佛，懺悔先愆，越脱或可冀耳[13]。"寵因引鏡驗之，見面有黑氣。於是貨賣衣鉢，資餘併市香供，飛舟東逝，直至海鹽。居在光興，閉房禮懺，杜絶人物，晝忘食息，夜不解衣。迄年四十，歲暮之夕[14]，忽覺兩耳腫痛[15]，彌生怖懅，其夜懺禮，已達四更[16]，聞户外有人言曰："君死業已盡。"遽即開户，都無所見。明晨借問，僉言黑氣都除，兩耳乃是生骨。斯實懺蕩之基，功不虚也。

末又從東夏慧基[17]，聽其講導。言論往復，旬日之間，文疑理滯，反啓其志[18]。又鼓棹西歸，住道林寺，開宇臨澗，敞軒映水[19]，解帙尋經，每自惆悵而不能已。及東昏在位，多請遊於北山，因而移寓天保寺。

天監七年，齊隆寺法鏡徂殁[20]，僧正惠超啓寵鎮之，勑曰："法寵法師造次舉動，不逾律儀，不佚性欲[21]，不事形勢，慈仁愷悌，雅有君子之風，匡政寺廟，信得其人矣。"上每義集，以禮致之。略其年臘，勑常居坐首，不呼其名，號爲上座法師。請爲家僧，勑施車牛、人力、衣服、飲食，四時不絶。寺本陋小[22]，帝爲宣武王修福[23]，下勑王人繕改張飾[24]，以待寵焉，因立名爲宣武寺也[25]。門徒敦厚，常百許人。

普通四年，忽感風疾[26]，不能執捉，舒經格上，晝夜不休。赴諸法事，坐輿講説。末疾禮佛，常以百拜爲限，後不能起居，猶於床上，依時百過，俯仰虔敬，所懺所願，與本無異[27]。後疾甚，中使參候，相望於道。以普通五年三月十六日卒，春秋七十四。皇上傷悼，道俗悲戀，勑葬定林寺墓[28]。一切凶事,天府供給,舍人、主書監視訖事。

復有沙門智果,管氏,吴人,住海鹽光興寺,清直平簡[29],善諸經術。

又剡縣公車寺沙門僧淑[30],捃採衆師,并爲己任,隨問隨答[31],思慮周廣,雖有徵覈,而未盡其要妙[32]。

【校注】

[1] 南陽冠軍:即南陽郡冠軍縣,治今河南省鄧州市西北張村鎮冠軍村一帶。兩漢爲冠軍侯邑,魏晋爲冠軍縣,屬南陽國,隋代屬鄧州,唐貞觀元年改爲新城縣。

[2] 論:諸本同,興聖寺本脱。"曇濟":資料見名僧傳抄、高僧傳卷七曇斌傳、高僧傳卷八僧宗傳。

[3] 族:諸本作"放",今從磧本。

[4] 故:諸本同,麗初本脱。

[5] 僧周:傳見名僧傳抄。

[6] 曇斌:參見高僧傳卷七曇斌傳。

[7] 探:諸本同,磧本作"採"誤。

[8] 難:興聖寺本、麗初本作"歎"誤,磧本同麗再本。

[9] 諸:諸本作"請"。

[10] 智秀:傳見高僧傳卷八。

[11] 實:諸本作"賞"誤,今據磧本改。

[12] 法願道人善通樊許之術:"通",諸本同,磧本作"達"誤。法願,傳見高僧傳卷一三。"樊許之術",指相人之術。抱朴子外篇卷二一清鑒:"唐、吕、樊、許,善於相人狀,唯知壽夭貧富、官秩尊卑,而不能審情性之寬剋,志行之洿隆。"詳見楊明照先生此條的箋語。

[13] 越脱:"越脱",磧本、興聖寺本作"挑脱",隨函録作"跳脱",麗初本同麗再本。"越脱""跳脱""挑脱",當爲聯綿詞,萬一的意思。

[14] 夕:諸本同,興聖寺本作"名"。

[15] 覺:諸本同,興聖寺本作"學"誤。

[16] 其夜懺禮已達四更:諸本同,磧本作"其夜懺達四更"脱"禮""已"。

[17] 慧基:傳見高僧傳八。因其在三吴傳法,南朝稱三吴爲東土,故稱"東夏慧基"。

[18] 其志:諸本同,興聖寺本倒作"志其"。

[19] 軒:諸本同,興聖寺本作"斬"誤。

[20] 徂:磧本作"殂",興聖寺本作"但"誤,麗初本同麗再本。"徂""殂"同。法鏡,傳見高僧傳卷一三。

[21] 俠:諸本同,興聖寺本作"狹"誤,"狹"基本無用作動詞的情況。

[22] 陋:諸本同,磧本作"陃"誤。

[23] 王:諸本同,磧本作"正"。案,"宣武",指梁武帝兄蕭懿,磧本誤。

[24] 王:諸本同,磧本作"工"。

[25] 立:興聖寺本、麗初本作"位",磧本作"改"。

[26] 疾:諸本同,興聖寺本作"病"誤。

［27］與本無異：磧本作“與本不異”，興聖寺本作“居與本不異”誤，麗初本同麗再本。
［28］墓：諸本同，興聖寺本作“暮”誤。
［29］直：興聖寺本作“亘”，麗初本作“旦”，均誤。磧本同麗再本。
［30］僧：諸本同，興聖寺本脱。
［31］隨問隨答：諸本同，興聖寺本作“隨門能答”誤。
［32］妙：諸本同，磧本多“也”字，作“妙也”。

梁楊都靈根寺沙門釋僧遷傳七

釋僧遷，姓樂氏，襄陽杜人[1]。幼出家[2]，進忠退儉，早協州鄉，晚遊都邑。住靈根寺，卻掃一房，净若仙觀，潔整衣服，塵水不染。從靈味寺寶亮諮學經論[3]，文理通達，籍甚知名。性方稜不撓，高自崇遇，若非意得，罕所賓接。武帝以家僧引之，吴平侯蕭昺亦遇之以禮[4]。天監十六年夏，帝嘗夜見沙門慧詡。他日，因赴法會[5]，遷問詡曰：“御前夜何所道？”詡曰：“卿何忽問此？”而言氣甚厲。遷抗聲曰：“我與卿同出西州[6]，俱爲沙門。卿一時邀逢天接，便欲陵駕儕黨[7]。我惟事佛，視卿輩蔑如也。”衆人滿坐，詡有慚忒。其爲梗正[8]，皆類此也。以普通四年卒，春秋五十九矣。

【校注】
［1］案，“杜”，指杜縣，東晋、南朝在襄陽僑置雍州，下有京兆郡杜縣，大致在今湖北襄陽西鄧縣一帶。參見讀史方輿紀要卷七九襄陽府下。
［2］幼：磧本作“少”，興聖寺本作“幻而”誤，麗初本同麗再本。
［3］寶亮：傳見高僧傳卷八。
［4］遇：諸本同，興聖寺本作“通”誤。
［5］赴：諸本作“訃”，今據磧本改。
［6］同出：諸本同，興聖寺本衍作“同出惡”。
［7］陵：諸本同，磧本作“凌”。“陵”同“凌”。
［8］爲：麗初本、磧本作“之”，興聖寺本作“人”誤。

梁楊都莊嚴寺沙門釋僧旻傳八道超[1]

釋僧旻[2]，姓孫氏，家于吴郡之富春[3]。有吴開國大皇帝，其先也。幼孤養，能言而樂道。七歲出家，住虎丘西山寺，爲僧回弟子[4]。從回受五經，一聞能記[5]，精神洞出，標群獨秀。每與同輩言謔，及諸典禮，未嘗不慨慨然欲爲己任[6]。宋吏部郎吴郡張辯謂之曰：“沙彌何姓？家在何處？”旻曰：“貧道姓釋，家于此山。”辯甚異之。特進張緒見而嘆曰：“松柏雖小，已有陵雲之氣。”由是顯譽。

年十三,隨回出都,住白馬寺。寺僧多以轉讀唱導爲業,旻風韻清遠,了不厝意[7]。年十六而回亡[8],哀容俯仰,率由自至。喪禮畢,移住莊嚴,師仰曇景。景久居寺任[9],雅有風軌,大小和從,寺給僧足。旻安貧好學,與同寺法雲、禪崗法開[10],稟學柔、次、達[11]、亮四公經論。夕則合帔而卧,晝則假衣而行,往返諮詢,不避炎雪,其精力篤課如此。大明數論,究統經律,原始要終,望表知裏,内鑒諸己,旁啓同志,前疑往結,靡不冰泮。雖命世碩學,有是非之辯,旻居中振發,曾無擁滯。光緒既著,風猷弘遠。

齊文惠帝、竟陵王子良深相貴敬,請遺連接。尚書令王儉延請僧宗講涅槃經,旻扣問聯環,言皆摧敵[12]。儉曰:“昔竺道生入長安[13],姚興於逍遥園見之,使難道融義,往復百翻,言無不切。衆皆覩其風神,服其英秀。今此,旻法師超悟天體,性極照窮,言必典詣,能使前無横陣,便是過之遠矣。”文宣嘗請柔、次二法師於普弘寺共講成實。大致通勝,冠蓋成陰。旻於末席論議,詞旨清新,致言宏邈,往復神應,聽者傾屬。次公乃放麈尾而嘆曰[14]:“老子受業於彭城[15],精思此之五聚,有十五番以爲難窟。每恨不逢勍敵,必欲研盡。自至金陵累年,始見竭於今日矣。且試思之,晚講當答。”及晚上講,裁復數交,詞義遂擁。次公動容,顧四坐曰:“後生可畏,斯言信矣。”

年二十六,永明十年,始於興福寺講成實論。先輩法師,高視當世,排競下筵,其會如市。山栖邑寺,莫不掩扉畢集。衣冠士子,四衢輻凑,坐皆重膝,不謂爲迮,言雖竟日,無起疲倦,皆仰之如日月矣。希風慕德者,不遠萬里相造。自晋宋相承[16],凡論議者,多高談大語[17],競相誇罩。及旻爲師範,稜落秀上,機變如神,言氣典正,座無洪聲之侣。重又性多謙讓[18],未常以理勝加人[19],處衆澄眸,如入禪定。其爲道俗所推如此。時人稱曰:“析剖磐隱[20],通古無例。條贯始終,受者易悟。庶方蕩諸異論,大同正法矣。”於是名振日下,聽衆千餘,孜孜善誘,曾無告倦。晋安太守彭城劉業嘗謂旻曰[21]:“法師經論通博,何以立義多儒?”答曰:“宋世貴道生,開頓悟以通經[22];齊時重僧柔,影毗曇以講論。貧道謹依經文,文玄則玄,文儒則儒耳。”時竟陵王世子蕭照胄出守會稽[23],有要旻共往征虜别之[24],旻曰:“吾止講席相識,未嘗修詣。承其得郡[25],便狼狽遠别,意所不欲。”衆因是亦止。永元元年,勑僧局請三十僧入華林園夏講[26]。僧正擬旻爲法主,旻止之。或曰:“何故?”答曰:“此乃内潤法師,不能外益學士,非謂講者。”由是譽傳遐邇,名動京師。瑯琊王仲寶、吴人張思光學冠當時,清貞獨絶,並投分請交,申以縞帶[27]。

年立之後,頻事開解,蔚爲宗匠。九部五時,若指諸掌,玄理伏難,坦然夷易，故緇素結轍，華俗邀延[28]，往復屯萃矣[29]。時有令聞夙成，負先來之風；耆年素望，懷新舊之恥。設伏者比肩，翹關者間出[30]。旻隨方領會，弘量有餘，皆銜璧輿櫬[31]，嚮然風靡者[32]，一人而已。

值齊曆橫流，道屬昏詖，時寵小人，世嫉君子，因避地徐部，仍受請入吴。法輪繼轉，勝幢屢建，皆隨根獲潤[33]，有聲南北[34]。皇梁膺運，乃翻然自遠，言從帝則，以天監五年遊于都輦。天子禮接下筵，亟深睠悦。勑僧正慧超銜詔至房[35]，欲屈與法寵、法雲、汝南周捨等，時入華林園，講論道義[36]。自兹已後，優位日隆。六年，制注般若經以通大訓[37]，朝貴皆思弘厥典，又請京邑五大法師於五寺首講。以旻道居其右，迺眷帝情[38]，深見悦可，因請爲家僧，四事供給[39]。又勑於慧輪殿講勝鬘經，帝自臨聽。仍選才學道俗釋僧智、僧晃、臨川王記室東莞劉勰等三十人[40]，同集上定林寺，抄一切經論，以類相從，凡八十卷，皆令取衷於旻。[41]

十一年春，忽感風疾[42]，後雖小間[43]，心猶忘誤，言語遲蹇，旻曰："自登座講説，已二十年。如見此病，例無平復，講事盡矣。"乃修飾房内，隔立道場，日夜禮懺。後吴郡太守張充、吴興太守謝覽，各遣僚佐至都，表上延請。有勑給船仗、資糧發遣。二郡迎候，舟檝滿川，京師學士雲隨霧合，中途守宰莫不郊迎。晉陵太守蔡撙出候門迎之，嘆曰："昔仲尼素王於周，今旻公又素王於梁矣。"

天監末年，下勑於莊嚴寺建八座法輪，講者五僧。以年臘相次，旻最處後，衆徒彌盛。莊嚴講堂宋世祖所立，欒櫨增映，延袤遐遠。至於是日，不容聽衆。執事啓聞[44]，有勑聽停講五日[45]。悉移窗户，四出檐霤，又進給床五十張。猶爲迫迮，桄桯摧折[46]，日有十數。得人之盛[47]，皆此類焉。旻因捨什物嚫施[48]，擬立大堂，慮未周用，付庫生長[49]，傳付後僧。又於簡静寺講十地經，堂宇先有五間，慮有迫迮，又於堂前權起五間，合而爲一。及至就講，寺内悉滿，斯感化之來[50]，殆非意矣。少與齊人張融、謝朓友善。天下才學通人[51]，莫不致禮。雖居重名[52]，不嘉榮勢[53]，閑處一室，簡通豪右。衆人多恨之。唯吴郡陸倕博學自居，名位通顯，早崇禮敬，旻亦密相器重[54]。時爲太子中庶，儐從到房[55]，旻稱疾不見。倕欣然曰："此誠弟子所望也。"人皆推倕之愛名德也，彌重旻之不趣於世。

暨普通之後，先疾連發，彌懷退静。夜還虎丘，人無知者。時蕭昂出守吴興，欲過山展禮。山主智遷先知，以告旻。旻曰："吾山藪病人，無事見貴二千石。昔戴顒隱居北嶺，宋江夏王入山詣之，高卧牖下，不與相見。吾雖德薄，請附戴公之事矣。"及蕭至，旻從後門而遁[56]。其年，皇太子遣通事舍人何思澄銜命致禮，贈以几杖、鑪奩、褥席、麈尾、拂扇等。

五年[57],下勑延還,移住開善,使所在備禮發遣,不得循常以稽天望。於路增劇,未堪止寺[58],權停莊嚴,因遂彌留,以至大漸。良醫上藥,備于寺内,中使參候,相望馳道。以大通八年二月一日清旦,卒于寺房,春秋六十一。天子悲惜,儲君嗟惋,勑以其月六日窆於鍾山之開善墓所。喪事大小,隨由備辨。隱士陳留阮孝緒爲著墓誌,弟子智學[59]、慧慶等建立三碑。其二碑皇太子、湘東王並爲製文,樹于墓側;徵士何胤著文,立於本寺。

初,旻嘗樂於禪默。乃依所立義,試遍安心,旬日之間,遂得入定。問諸禪師,皆云:"門户雖殊,造寂不異。"又嘗於講日,謂衆曰:"昔彌天釋道安每講,於定坐後,常使都講等爲含靈轉經三契。此事久廢。既是前修勝業,欲屈大衆各誦觀世音經一遍。"於是合坐欣然,遠近相習。爾後,道俗捨物,乞講前誦經,由此始也。時有靈根寺道超比丘勤學自勵,願明解如旻。夢有人言:"僧旻法師,毗婆尸佛[60],已能講説。君始修習,云何可等。但自加功,不患不達[61]。"隨分得解,後大領悟。

旻嘗造彌勒佛并諸供具,朝夕禮謁。乃夢見彌勒佛遣化菩薩,送菩提樹與之。菩薩曰:"菩提樹者,梁言道場樹也。"弟子頗宣其言,旻聞而勖之曰:"禮有六夢,正夢唯一,乃是好惡之先徵。故周立占夢之官,後代廢之,正以俗人澆薄[62],亟多假託。吾前所夢,乃心想耳[63],汝勿傳之。"

以莊嚴寺門及諸牆宇古製不工,又吴虎丘山西寺朽壞日久,並加繕改,事盡弘麗。旻所造經像,全不封附[64],須者便給。放生、布施,未嘗倦廢。弟子諮曰:"和上所修功德誠多,未始建大齋會,恐福事未圓。"旻曰:"大齋乃有一時發起之益,吾寡乏人力,難得盡理。又且米、菜、醬、酢[65]、樵、水、湯、炭[66],踐、逾、澆、炙[67],信傷害微蟲[68],豈有數量? 慮有此事,故不敢爲也。如復求寄王官[69],官府有勢之家使役雖多,彌難盡意。近識觀之,藉此開悟;智者窺人[70],有求名之誚。要請法俗,侵星早到,若不專至,有乖素心。若現斯言,猶涉譏笑。故吾不爲也[71]。"

旻美言笑,善舉止,吐納膏油自生,[72]顧眄風飆滿室。凡所施爲,不爲名利;勤注教勖,形於言晤;先人後己,常若不及。常有餘師[73],言弟子不恭者,旻呼與相見,爲設飲食,方便誘喻,遂成善士。生無左道、卜筮,不妄罔惑凡人[74],又不假託奇怪以誑近識[75]。貴人君子皆景慕焉,營居負販者亦望風而畏敬。聞其名者,僞夫正,鄙夫立。所著論、疏、雜集、四聲指歸、詩譜決疑等百有餘卷流世。

【校注】

[1] 道超:諸本同,大正藏校引宫本無。

［2］旻：諸本同,興聖寺本作“是”誤。案,藝文類聚卷七六引南朝梁元帝莊嚴寺僧旻法師碑,可參看。
［3］富春：西漢置,屬會稽郡。東漢屬吴郡。東晋改名爲富陽縣。治當今浙江省富陽市。
［4］回：諸本同,興聖寺本作“向”誤。
［5］聞：諸本同,興聖寺本作“問”誤。
［6］慨慨然：諸本同,磧本作“慨然”。
［7］了：諸本同,興聖寺本作“耳”誤。
［8］回：諸本同,興聖寺本作“日”誤。
［9］任：諸本作“住”,形近而誤。案,“曇景”或爲佛説未曾有因緣經、摩訶摩耶經的譯者,此二經今存。
［10］開：諸本同,磧本作“關”誤。
［11］達：諸本同,磧本作“遠”是,指蕭齊時高僧慧遠。案,“柔、次、遠、亮”,指僧柔、慧次、慧遠、寶亮,四人傳均見於高僧傳卷八。
［12］言：諸本同,興聖寺本衍作“言言”。
［13］昔：磧本作“若”誤。
［14］塵：諸本同,興聖寺本脱。
［15］子：磧本作“夫”誤。案,“彭城”,指慧次的老師徐州釋法遷。參見高僧傳卷八慧次傳。
［16］相：諸本同,興聖寺本脱。
［17］談：興聖寺本、麗初本作“詞”,磧本同麗再本。
［18］又：諸本同,磧本作“以”誤。
［19］常：磧本作“嘗”,興聖寺本、麗初本同麗再本。
［20］析：諸本作“折”。古本常“木”傍常作“扌”,故“折”爲“析”,爲避免歧義,今從磧本改。
［21］業：諸本同,興聖寺本脱。
［22］開：諸本脱。
［23］照：諸本同,磧本作“昭”是。
［24］有：麗再本、麗初本脱,今據興聖寺本、磧本補。
［25］承：諸本同,磧本作“聞”。
［26］十：諸本同,大正藏校引宫本脱。
［27］申以縞帶：即執弟子之禮。參見禮記正義卷三〇玉藻：“居士錦帶,弟子縞帶。”
［28］華俗：諸本同,磧本作“華鄙”。案,“華俗”或者“華鄙”,可能指的是門第。
［29］往復：諸本作“復”。萃：諸本同,興聖寺本作“花”誤。
［30］關：興聖寺本、磧本作“開”誤,麗初本同麗再本。
［31］皆：諸本同,興聖寺本作“比”誤。
［32］響：諸本同,磧本作“嚮”。
［33］潤：諸本同,麗初本作“閏”。
［34］聲：諸本同,磧本作“聞”。
［35］至：諸本同,磧本作“到”。
［36］時入華林園講論道義：磧本作“入華園林道義”,興聖寺本作“時人華林園道義”,

麗初本作“時入華林園道義”。

［37］般：諸本同，興聖寺本作“波”。

［38］帝：諸本同，興聖寺本作“高”誤。

［39］給：諸本同，興聖寺本作“養”。

［40］臨川王：諸本同，興聖寺本衍作“臨川至王”。

［41］案，據經律異相序：“如來應迹投緣，隨機闡教，兼被龍鬼，匪直天人。化啓憍陳，道終須跋，文積巨萬，簡累大千，自西徂東，羌難得而究也。若乃劉向校書，玄言久蘊；漢明感夢，靈證彌彰。自兹厥後，翻譯相繼。三藏奥典，雖已略周；九部雜言，通未區集。皇帝同契等覺，比德遍知，大弘經教，並利法俗。廣延博古，旁採遺文，於是散偈流章，往往而出，今之所獲，蓋亦多矣。聖旨以爲：像正浸末，信樂彌衰，文句浩漫，鮮能該洽。以天監七年，敕釋僧旻等備鈔衆典，顯證深文，控會神宗，辭略意曉，於鑽求者已有太半之益。……”

［42］風：諸本同，興聖寺本脱。

［43］小：興聖寺本、麗初本作“以”，磧本同麗再本。

［44］啓：諸本同，興聖寺本作“奏”。

［45］五日：磧本、麗初本作“五十日”，興聖寺本同麗再本。

［46］桄桯：興聖寺本作“撓檍”，麗初本作“桄檍”。案，“桄”爲横木，“桯”爲立柱，“檍”亦爲横木，故作“桄檍”誤，“撓檍”亦誤。

［47］盛：諸本同，興聖寺本脱。

［48］嚫：諸本同，興聖寺本作“親”誤。

［49］付：諸本同，磧本作“待”誤。

［50］感：諸本同，磧本作“盛”誤。

［51］下：諸本同，磧本作“人”誤。

［52］雖：諸本同，興聖寺本脱。

［53］嘉：諸本同，興聖寺本作“喜”。

［54］密：諸本同，興聖寺本作“蜜”誤。

［55］到：諸本同，興聖寺本作“致”誤。

［56］遒：諸本同，興聖寺本作“道”誤。

［57］年：諸本同，興聖寺本脱。

［58］止：諸本作“山”應是。

［59］學：諸本同，興聖寺本作“覺”。

［60］毗婆尸佛：過去七佛的第一佛，距今有九十一劫，一劫爲十三億四千萬年。參見長阿含經卷一。

［61］達：諸本脱。

［62］澆薄：諸本同，磧本作“澆僞”。“澆薄”，凉薄；“澆僞”，不僅有凉薄意，亦有虚僞意。

［63］想：諸本同，興聖寺本作“相”。

［64］全不：諸本同，麗初本作“令一不”。“令一”，從興聖寺寫本字形來看，爲“全不”之訛。

［65］酢：諸本同，磧本作“醋”。

［66］炭：諸本作“灰”，今從磧本改。

［67］踐逾澆炙：諸本同，磧本作“踐踰洗炙”應是。

［68］信：諸本同，磧本脱。

［69］如：麗再本、麗初本作“始”，今從興聖寺本、磧本。“官”，興聖寺本、磧本作“宫”誤，麗初本同麗再本。

［70］人：諸本同，磧本作“之”。

［71］也：諸本同，興聖寺本無。

［72］旻美言笑善舉止吐納膏油自生：諸本同，磧本作“旻笑言美善，舉止吐納，膏腴自生”。“油”，興聖寺本同磧本作“腴”，麗初本同麗再本。

［73］常：磧本作“嘗”。“常”通“嘗”。興聖寺本同磧本，麗初本同麗再本。

［74］罔：麗再本、麗初本作“同”，今據興聖寺本、磧本改。

［75］怪：諸本同，麗初本作“性”誤。

梁楊都光宅寺沙門釋法雲傳九

釋法雲，姓周氏，義興陽羨人[1]，晋平西將軍處之七世也。母吴氏，初産在草[2]，見雲氣滿室，因以名之。七歲出家，更名法雲，從師住莊嚴寺，爲僧成、玄趣、寶亮弟子。而俊朗英秀，卓絶時世。

年十三，始就受業，大昌僧宗[3]、莊嚴僧達甚相稱讚。寶亮每曰：“我之神明，殊不及也，方將必當棟梁大法矣。”齊永明中，僧柔東歸，於道林寺發講，雲諮決累日，詞旨激揚，衆所嘆異。年小坐遠，聲聞難叙[4]，命置小床，處之於前[5]，共盡往復。由是顯名，與同寺僧旻等年臘、齊名譽。歷採衆師，且經且論，四時遊聽，寒暑不輟。或講前講末，初夜後夜，覆述文義，間隙遊習，於路思義，輒不自覺行過所造。其勤勵專至[6]，類皆如此[7]。曾觀長樂寺法調講論，出而顧曰：“振旦天子之都[8]，衣冠之富，動静威儀，勿易爲也。前後法師，或有詞無義，或有義無詞，或俱有詞義而過無威儀。今日法坐，俱已闕矣。皆由習學不優，未應講也。”

及年登三十，建武四年夏，初於妙音寺開法華、净名二經，序正條源[9]，群分名類。學徒海凑，四衆盈堂，僉謂理因言盡[10]，[11]紙卷空存。及至爲賓，構擊縱横，比類紛綆，機辯若疾風，應變如行雨，當其鋒者，罕不心詟[12]。賓主咨嗟，朋僚胥悦，時人呼爲作“幻法師”矣[13]。講經之妙，獨步當時。齊中書周顒、瑯琊王融[14]、彭城劉繪[15]、東莞徐孝嗣等一代名貴，並投莫逆之交[16]。孝嗣每日見雲公俊發，自顧缺然。

而性靈誠孝[17]，勞於色養，及居母憂，毁瘠過禮，累日不食，殆不勝喪。僧旻謂曰：“聖人制禮，賢者俯就，不賢者企及，且毁不滅性，尚出儒宗，況佛有至言。欲報生恩，近則時奉顔儀，使物生悦；遠則啓發菩提，以道神識[18]。”又云：“恩愛重賊，不可寬放。寬放此者，及所親愛，墮於惡道。唯有智者,以方便力,善能治制,則惠兼存没,入諸善趣矣[19]。宜思遠理,使有成津,何可恣情,同於細近耶?"雲乃割裂哀情[20],微進飲粥。

永元元[21]年,曾受毗陵郡請,道俗傾家,異端必集。弘振風猷,道被京城;鼓舞知歸,巾褐識反。及梁氏高臨,甚相欽禮。天監二年,勑使長召[22],出入諸殿。影響弘通之端,讚揚利益之漸[23]。皇高亟延義集[24],未曾不勑[25],令雲先入。後下詔,令時諸名德各撰成實義疏。雲乃經論合撰,有四十科,爲四十二卷,俄尋究了。又勑於寺三遍敷講,廣請義學,充諸堂宇。勑給傳詔,車牛、吏力皆備足焉。至七年,制注大品,朝貴請雲講之,辭疾不赴。帝云:"弟子既當今日之位,法師是後來名德,流通無寄,不可不自力爲講也。"因從之。尋又下詔,禮爲家僧,資給優厚。勑爲光宅寺主,創立僧制,雅爲後則。皇太子留情内外,選請十僧,入於玄圃,經於兩夏,不止講經而亦懸談文外,雲居上首,偏加供施。自從王侯逮于榮貴,莫不欽敬。至於吉凶慶弔,不避寒暑,時人頗謂之遊俠,而動必弘法,不以此言間懷[26]。

中書郎順陽范縝著神滅論[27],群僚未詳其理,先以奏聞。有勑令雲答之,以宣示臣下。雲乃遍與朝士書論之,文采雖異而理義倫通[28]。又與少傅沈約書曰:"主上令答神滅論[29],今遣相呈。夫神妙寂寥,可知而不可說,義經丘而未曉[30],理涉旦而猶昏。至人凝照有本,襲道赴機,垂審臣下,旨訓周密。孝享之祀既彰[31],桀懷曾史之慕;三世之言復闡,紂綴波崙之情[32]。豫非草木[33],誰不歔欷,同挹風猷,共加弘贊也。"約答曰:"神本不滅,深所伏膺[34];神滅之談,良用駭惕。近約,法師殿内亦蒙勑答一本,歡受頂戴[35],尋覽忘疲。豈徒伏斯外道,可以永離衆魔,孔釋兼弘,於是乎在。實不刊之弘旨,百代之舟航。弟子亦即彼論,微厝疑覈,比展具以呈也。"[36]

雲以天監末年,欲報施主之恩,於秣陵縣同下里中,造寺一所。勑以法師建造,可仍以法師爲名,即禪崗之西山也。郊郭内地,實爲爽塏,結宇孤巖,北面城市。懷澗隱嶺[37],窮人野之致,終日論談[38],曾無休廢。

天監將末,扶南國獻經三部,勑雲譯之,詳决梁、梵,皆理明意顯,狀若親承。

帝抄諸方等經,撰受菩薩戒法[39],構等覺道場,請草堂寺慧約法師以爲智者[40],躬受大戒,以自莊嚴。自兹厥後,王侯、朝士,法俗傾都,或有年臘過於智者,皆望風奄附,啓受戒法。雲曰:"戒終是一,先已同禀。今重受者,誠非所異,有若趣時。"於是固執。帝累勸奬,每加説喻,答曰:"當先發願,若得相應[41],然後從受。"雲欲發起中表菩提之心,捨己身外嚫施之物[42],通啓於華林園光華殿設千僧大會,分此諸物,爲五種功德。上帝隨喜,警梵從時,鏘金候旭,百和氳氳,衆妓繁會[43],觀者傾城,莫不稱嘆[44]。普通六年[45]，勑爲大僧正，於同泰寺設千僧會，廣集諸寺知事及學行名僧，羯磨拜授。置位羽儀，衆皆見所未聞，得未曾有。

爾後，雖遘疾時序而講説無廢，及於扶接登座，弊劇乃止。至御幸同泰，開大涅槃，勑許乘輿上殿，憑几聽講[46]。及遭父憂，由是疾篤，至于大漸，以大通三年三月二十七日初夜，卒于住房，春秋六十有三。二宫悲惜，爲之流慟，勑給東園秘器，凡百喪事，皆從王府。下勑令葬定林寺側，太子中庶瑯琊王筠爲作銘誌。弟子周長胤等，有猶子之慕[47]，創造二碑，立于墓所，湘東王蕭繹各爲製文。

初，雲年在息慈[48]，雅尚經術，於妙法花研精累思，品酌理義，始末照覽，乃往幽巖，獨講斯典。豎石爲人，松葉爲拂[49]，自唱自導，兼通難解。所以垂名梁代，誠績有聞。而文疏稠疊，前後繁映，致依講誦，有阻恒功。嘗於一寺講散此經，忽感天花，狀如飛雪，滿空而下，延于堂内，昇空不墜，訖講方去。有保誌神僧，道超方外，罕有得其情者，與雲互相敬愛，呼爲大林法師。每來雲所[50]，輒停住信宿。嘗言欲解師子吼，請法師爲説，即爲剖析，誌便彈指讚曰[51]："善哉，微妙[52]，微妙矣。"儀同陳郡袁昂云："有常供養僧，學雲法花，日夜發願，望得慧解。等之，忽夢有異僧曰[53]：'雲法師燈明佛時已講此經[54]，那可卒敵也。'"每於講次，有送錢物乞誦經者，多獲徵應及得善夢，如别記述。夷陵縣漁人於網中得經一卷，是泥洹四相品[55]。末題云："宋元徽二年[56]，王寶勝敬造，奉光宅寺法雲法師以事勘校。"時雲年始十歲，名未遠布，寺無光宅。而此品正則初云弘法，次斷魚肉，驗今意行，頗用相符。其有機神變化，人莫敢競其類者。雲得此告，彌深弘演云爾。[57]

【校注】

[1] 陽羨：秦置縣，三國吴屬義興郡，隋開皇九年改爲義興縣。治當今江蘇省宜興市。

[2] 在草：諸本同，磧本作"坐草"。二詞義同，分娩。

[3] 大：諸本同，磧本作"太"是。"僧宗"傳見高僧傳卷八，下句"僧達"傳見高僧傳卷八道慧附傳，寶亮、僧柔同見高僧傳卷八。

[4] 聞：磧本、麗初本作"問"，興聖寺本同麗再本。

[5] 於前：興聖寺本、麗初本脱，磧本同麗再本。

[6] 勵：諸本同，興聖寺本脱。

[7] 類：諸本同，麗初本作"頻"誤。

[8] 振：諸本同，磧本作"震"。

[9] 序正：諸本同，興聖寺本作"序王"應是。案，據法華玄義釋籤卷一："王字去聲，謂起也、初也。序起衆文之始，故云序王。"

[10] 因：磧本作"由"，麗初本同麗再本。

[11] 分名類學徒海凑四衆盈堂僉謂理因言盡：諸本同，興聖寺本脱。

［12］ 瞀：麗再本作“務”，今據諸本改。案，“瞀”，楚辭卷四九章惜誦：“申侘傺之煩惑兮，中悶瞀之忳忳。”王逸注：“悶，煩也。瞀，亂也……言己憂心煩悶，忳忳然無所舒也。”

［13］ 師：諸本同，興聖寺本脱。

［14］ 琊：諸本同，興聖寺本脱。

［15］ 城：諸本同，興聖寺本作“鼓”誤。

［16］ 莫：諸本同，興聖寺本作“慕”誤。

［17］ 誠：諸本同，麗初本作“成”誤。

［18］ 道：麗初本同麗再本，磧本、興聖寺本作“導”是。

［19］ 善趣：謂由善之業因而趣往之所在，即指天界等。又稱善處、善道，相對於惡趣、惡處、惡道。關於善惡趣之範圍，大智度論卷三〇謂，六道中，地獄、畜生、餓鬼等，屬於惡趣；天、人、阿修羅等，屬於善趣。此爲通説。俱舍論卷一八則以人、天二者爲善趣。

［20］ 裂：諸本同，磧本脱，興聖寺本作“製”，麗初本同麗再本。

［21］ 元：諸本同，興聖寺本脱。

［22］ 長召：興聖寺本、麗初本作“長名”，磧本同麗再本。案，郭紹林先生認爲作“長名”，是。

［23］ 囋：磧本、興聖寺本作“贊”，麗初本同麗再本。

［24］ 延：諸本同，興聖寺本作“近”誤。

［25］ 未：諸本同，興聖寺本脱。不：諸本同，疑當爲“下”。

［26］ 間：麗再本作“關”，今從諸本改。

［27］ 范軫：據梁書卷四八，當爲“范縝”。“神滅論”，是南北朝中期一次重要的神學討論，資料見於梁書卷四八范縝本傳、南史本傳，及弘明集卷九、卷一〇，廣弘明集卷二二。

［28］ 異：諸本同，興聖寺本脱。

［29］ 答：諸本同，磧本作“審”。

［30］ 丘：諸本同，興聖寺本作“兵”誤。

［31］ 彰：諸本同，興聖寺本作“鄣”誤。

［32］ 紨綴波崘之情：“紨”，興聖寺本、麗初本脱，磧本同麗再本。“紨綴”，弘明集卷一〇法雲與朝貴書作“紨協”應是。“波崘”，諸本同，磧本作“彼論”。俄藏敦煌寫卷放光般若經有“（波崘）又作波倫，此云常啼。明度經云普慈，皆一義也”。見徐時儀：俄藏敦煌寫卷放光般若經音義考斠，古籍整理研究學刊 2008 年第 3 期。

［33］ 豫：諸本同，磧本作“預”。

［34］ 深：磧本、興聖寺本作“久”，麗初本作“之”。

［35］ 歡：諸本同，磧本作“懼”誤。

［36］ 案，沈約對神滅論的回應有三篇文章，見於廣弘明集卷二二。又，據弘明集卷一〇，法雲在回應神滅論事件中，擔任角色與此傳不同，可參看。

［37］ 潤：諸本同，磧本作“潤”誤。

［38］ 論談：諸本同，磧本作“談論”。

［39］ 戒：麗再本、麗初本脱，今據磧本、興聖寺本補。

［40］ 約：諸本同，磧本作“納”誤。案，“慧約”見本書卷六。

[41] 相應：諸本同，磧本作“應相”誤。
[42] 嚫：磧本、興聖寺本作“親”誤，磧本同麗再本。
[43] 妓：諸本同，磧本作“伎”。
[44] 嘆：諸本同，興聖寺本脱。
[45] 普：諸本同，磧本作“音”誤。
[46] 几：諸本同，磧本作“凡”誤。
[47] 慕：諸本同，麗初本作“墓”誤。
[48] 息慈：即沙彌的别譯。
[49] 拂：諸本同，興聖寺本作“佛”誤。
[50] 雲：興聖寺本、麗初本作“房”，磧本同麗再本。
[51] 讚曰：諸本同，興聖寺本作“贊目”誤。
[52] 妙：諸本同，興聖寺本脱。
[53] 有異：諸本同，磧本作“見一”誤。
[54] 燈明佛：據法華經卷一序品載，過去世有二萬日月燈明佛，同名相繼出世而説法華經。
[55] 相：諸本作“法”誤，今據磧本改。
[56] 徽：諸本同，興聖寺本作“後”誤。
[57] 案，法雲著述今存（卍續42）法華經義記八卷，此著在中國失傳已久，今有日本元禄丙子年（1696）刊本，今節録刊刻序如下：“昔者，姚秦什公親翻妙經於震旦，上足僧融創開九轍，睿、生等林立諸曹，相繼而有著作。在齊之時，劉虬居士共十名僧，務捃輿師之異言，撰爲注法華。逮乎梁初，光宅法師師受中興，獨爲雄匠。嘗講法華，屢感天雨華之徵；又謂，燈明佛之所曾誦兹典，方策所詳，不亦誣矣。第恨其所注疏記，厄之當時，漫弗復存，唐宋而降豐聞碩學皆不及睹，而幸獨此方存焉，敢請以其所褚，刊行於世。……”

梁南海隨喜寺沙門釋慧澄傳十 慧朗　慧略　法生　慧武[1]

釋慧澄，姓蘭氏，番禺高要人[2]。十四出家，依和上道達，住隨喜寺。而在性貞苦，立素齋戒，魚肉葷辛，畢世未視。當齊氏之季，百工輟業，澄閉户禮誦，不修聞達。天監初建，開闡學校，白黑樂求，皆得其志。澄深懷願望，以日爲歲。世始廓清[3]，南路猶梗，負笈踟蹰[4]，欲前未進。親舊諫曰：“何不就饒聚糧貨，待路好通。爲爾栖栖，横生憂苦。”澄曰：“榮華賄貨，此何見關[5]？日月如電，時不待人耳[6]。”於是間行寄託[7]，遂至京室，憩莊嚴寺，仍從僧旻以伸北面[8]。勤苦下帷，專攻一事，且經且律，或數或論。十餘年中，鉤深索隱，猶晦迹下筵，而名聞日遠[9]。桂陽王蕭象聞風欽悦，延請入第，頂禮歸依，求屈講説，親自餐服，遂使遠近投集，聞者斐然。後桂陽出鎮南岳[10]，請與同行，瀟湘道俗，重增歸敬，法席繼興，善誘忘倦。

澄以違親歲久，誓暫定省[11]，而番禺四衆[12]，向風欽德，迎請重疊，年年轉倍。以普通四年，隨使南返，中途危阻，素情無憚。食值飢客，合盤施之，船人更辨[13],不肯復受。又見單薄[14],解衣賑之。及至南海[15],復停隨喜,七衆屯結,其會如林。讚請法施,頻仍累迹。理喻精微,淺深無隱,新舊學望[16],如草偃焉。於斯五載,法利無限。未及旋都,遇疾而卒,春秋五十有二[17],即大通元年也。

時復有慧朗、慧略、法生、慧武等,皆從僧旻受學。雖復廣綜諸部,並以成實擅名。朗,居貧好學,博達多通,久當師匠,巧於傳述。

略,聰明俊警[18],宣講有則,品別支條,分籍甚有嘉譽。

生,尋訪異聞,博述經論,銓次秘奥,物益奇之。

武,振揚文義,省約不繁,宣流未廣,蘭摧中葉。年三十餘卒[19]。

【校注】

[1] 法生 慧武:諸本同,興聖寺本作"法郎 慧口"。

[2] 案,"番禺縣"爲南海郡治,此處或用"番禺"代南海郡。據南齊書卷一四,南海郡下有高要縣,此外其他志書中高要縣均不屬南海郡。治當今廣東省肇慶市。

[3] 廓:諸本同,磧本作"廊"誤。

[4] 踴:諸本同,興聖寺本脱。

[5] 關:諸本同,興聖寺本作"聞"誤。

[6] 耳:諸本同,興聖寺本作"于"誤。

[7] 行:磧本作"關"。行:諸本同,興聖寺本脱。案,"間關"應爲"艱關"。"間關"爲鳥鳴聲,"艱關"爲歷盡艱難義。寄託:爲依託義,楚辭卷一三七諫 謬諫:"列子隱身而窮處兮,世莫可以寄託。""間行",指從小路走的意思,亦符合文意,然似不如"艱關"妥帖。

[8] 伸:磧本、興聖寺本作"申",麗初本同麗再本。

[9] 而:諸本同,興聖寺本脱。

[10] 案,桂陽王 蕭象,本爲梁武帝兄蕭懿子,後出繼蕭融,繼封爲桂陽王,歷任顯職。所謂"出鎮南岳"指出任湘州刺史,時間不詳,但其在大同二年薨,當在此之前。

[11] 誓:諸本同,磧本作"逝"誤。

[12] 番禺:即番禺縣,據讀史方輿紀要卷一〇一:"附郭,在府治東偏。秦置縣,爲南海郡治,以番、禺二山爲名。二漢因之。晋 宋以後皆爲南海郡治。隋并入南海縣。唐初復置,仍爲廣州治。"此處或者指高要縣,治當今治今廣東省 肇慶市 端州區。

[13] 辨:諸本同,興聖寺本作"辯"。

[14] 又:磧本作"若",興聖寺本作"人"誤,麗初本同麗再本。

[15] 南海:即南海縣,據讀史方輿紀要卷一〇一:"附郭,在府治西偏。本秦 南海郡 番禺縣地,隋 開皇十年析置今縣,尋以番禺縣并入,爲廣州治。五代改曰常康。"

[16] 學:諸本同,興聖寺本作"單"誤。

[17] 二:諸本同,興聖寺本作"三"。

[18] 警:諸本同,興聖寺本作"驚"誤。

[19] 三:諸本同,大正藏校引宫本作"四"。

梁鍾山上定林寺沙門釋法令傳十一慧泰 慧纂

釋法令，姓董氏，未詳何人，家遭世禍，因寓建康。少出家，住定林上寺，立操貞堅，廉和寡欲，博覽經論，多所通達。善涅槃、大小品，尤精法花、阿毗曇心。登師子座，發無畏辯，先標綱要[1]，卻派條流[2]，言約旨遠，馳名京學。兼好禪寂，以息攀緣，但多疹瘵[3]，亟爲廢替。自責先身，執相分別，起諸違害，今受殃咎。因誦大品一部，用祛封滯。清浄調和，隨從梵行，足不下山三十三載[4]。葷辛不食，弊衣畢世。以天監五年卒，春秋六十有九。

時寺復有慧泰、慧纂並以學聞。泰，剋己修身[5]，篤勤禪智[6]，偏能談授。

纂，心性清率，不務形骸[7]，貞實抱素，雅有國士之器。

【校注】

［1］標：諸本同，興聖寺本脱。
［2］派：諸本同，興聖寺本作“流”。
［3］疹：諸本同，磧本作“疾”亦通。
［4］下：諸本同，興聖寺本作“可”誤。載：諸本同，磧本作“歲”。
［5］剋：興聖寺本、麗初本作“刻”誤。
［6］禪：諸本同，興聖寺本作“神”誤。
［7］務：諸本同，磧本作“事”亦通。

梁鍾山開善寺沙門釋智藏傳十二

釋智藏，姓顧氏，本名浄藏，吴郡吴人，吴少傅曜之八世也[1]。高祖彭年，司農卿。曾祖淳，錢唐令。祖瑶之，員外郎。父映，奉朝請，早亡。其母嘗夢出繞吴城一匝[2]，密雲四布，而天中開朗，衆星墜地[3]。取而吞之，因而有娠焉。及生藏也，少而聰敏，常懷退讓。果食衣服，爰及威儀，皆新華先讓而處下末，由此擊譽鄉閭，敬而尚重。

年十六，代宋明帝出家[4]。以泰初六年，勑住興皇寺，事師上定林寺僧遠[5]、僧祐[6]、天安寺弘宗。此諸名德，傳如前述。藏稟依訓範，敬義弘隆。嘗遇師疾甚，不食多日，藏亦從之。待師進飲，藏還進飲，乃至平復，方從師好[7]。自是戒德堅明，學業通奥，衆所知識，超於夷等。

當時柔、次二公，玄宗蓋世，初從受學，挹酌經論，統辯精理[8]。及其開關延敵[9]，莫能涉其津者。藏洞曉若神，微言每吐，預有比蹤，罔不折伏。於是二僧歎揖，自以弗及之也[10]。齊太尉文憲王公深懷欽悦[11]，爰請安居，常嘆相知之晚。太宰文宣王建立正典[12]，紹隆釋教，將講浄名，選窮上首，乃招集精解二十餘僧，探授符策[13]，乃得於藏。年臘最小，獨居末坐，敷述義理，罔或抗衡。道俗翕然，彌崇高譽。先是，會稽慎法師志欲宣通妙法，乃請文宣[14]，方求講匠。以藏名稱普聞，允當僉屬，遂流連會稽[15]，多歷年祀[16]，伏膺鼓篋[17]，寔繁有徒。但以律部未精，重遊京輦。信同瓶喻，有似燈傳，俄而十誦明了，諸部薄究。末還吴郡[18]，道流生地[19]，學人裹糧，隨之不少。永元二年，重遊禹穴，居法花山，結衆弘業[20]。及齊德將謝，王室大騷，天地既閉[21]，經籍道廢，遂翻然高舉，欲終焉禹穴。

逮有梁革命，大弘正法，皇華繼至[22]，方遊京輦。天子下禮承修，榮貴莫不竦敬[23]。聖僧寶誌遷神，窀穸于鍾阜，於墓前建塔，寺名開善。勑藏居之。初藏未受具戒，遇誌於定林上寺，遂推令居前，垂示崇敬之迹。識知德望有歸，告之先見矣。時梁武崇信釋門，宫闕恣其遊踐。主者以負扆南面，域中一人，議以御坐之法，唯天子所升，沙門一不霑預。藏聞之勃然厲色，即入金門，上正殿，踞法座，抗聲曰："貧道昔爲吴中顧郎尚不慚御榻，况復迺祖定光，金輪釋子也。檀越若殺貧道，即殺，不慮無受生之處。若付在尚方獄中[24]，不妨行道。"即拂衣而起。帝遂罷勑，任從前法。斯跨略天子，高岸釋門，皆此類也。

有墅姥者，工相人也[25]，爲記吉凶，百不失一，謂藏曰："法師聰辯蓋世，天下流名，但恨年命不長，可至三十一矣。"時年二十有九，聞斯促報，講解頓息[26]，竭精修道[27]，發大誓願，足不出門[28]。遂探經藏，得金剛波若，受持讀誦，畢命奉之。至所厄暮年，香湯洗浴，浄室誦經，以待死至。俄而，聞空中聲曰："善男子，汝往年三十一者，是報盡期[29]。由般若經力，得倍壽矣。"藏後出山，試過前相者[30]，乃大驚，起曰："何因尚在世也？前見短壽之相，今了一無。沙門誠不可相矣。"藏問："今得至幾？"答云："色相骨法，年六十餘。"藏曰："五十爲命[31]，已不爲夭，况復過也。"乃以由緣告之，相者欣服。竟以畢年辭世，終如相言。於是江左道俗，競誦此經，多有徵應，乃至于今，日有光大，感通屢結。

逮梁大同中[32]，敬重三寶，利動昏心，澆波之儔，肆情下達，僧正憲網，無施於過門。帝欲自御僧官，維任法侣。勑主書[33]，遍令許者署名。于時盛哲，無敢抗者，匿然投筆[34]。後以疏聞藏，藏以筆横轢之，告曰："佛法大海，非俗人所知。"帝覽之，不以介意。斯亦拒懷略萬乘[35]，季代一人。而帝意彌盛[36]，事將施行於世，雖藏後未同而勑已先被。晚於華光殿設會，衆僧大集，後藏方至，帝曰："比見僧尼，多未調習[37]。白衣僧正不解科條[38]，俗法治之，傷於過重。弟子暇日，欲自爲白衣僧正，亦依律立法。此雖是法師之事[39]，然佛亦復付囑國王。向來與諸僧共論[40]，咸言不異。法師意旨如何？"藏曰："陛下欲自臨僧事，實光顯正法。但僧尼多不如律，所願垂慈矜恕，此事爲後。"帝曰："弟子此意，豈欲苦衆僧耶？正謂俗愚過重，自可依律定之。法師乃令矜恕，此意何在？"答曰："陛下誠欲降重從輕，但末代衆僧，難皆如律，故敢乞矜恕。"帝曰："請問諸僧犯罪，佛法應治之不？"答曰："竊以佛理深遠，教有出没[41]，意謂亦治亦不治[42]。"帝曰："惟見付囑國王治之，何處有不治之説？"答曰："調達親是其事，如來置之不治。"[43]帝曰："法師意謂調達何人？"答曰："調達乃誠不可測。夫示迹正欲顯教[44]，若不可不治[45]，聖人何容示此？若一向治之，則衆僧不立。一向不治，亦復不立。"帝動容，追停前勑。諸僧震懼，相率啓請，帝曰："藏法師是大丈夫，心謂是則道是，言非則道非，致詞宏大，不以形命相累。諸法師非大丈夫，意實不同，言則不異。弟子向與藏法師碩諍，而諸法師默然無見助者，豈非意在不同耳？"事遂獲寢。藏出告諸徒屬，曰："國王欲以佛法爲己任，乃是大士用心。然衣冠一家，子弟十數，未必稱意。况復衆僧五方混雜，未易辯明[46]。正須去其甚泰耳。且如來戒律，布在世間，若能遵用，足相綱理[47]。僧正非但無益，爲損弘多，常欲勸令罷之[48]，豈容贊成此事[49]？"或曰："理極如此，當萬乘之怒，何能夷然[50]？"藏笑曰："此實可畏，但吾年老，縱復荷旨附會[51]，終不長生，然死本所不惜，故安之耳。"後法雲謂衆曰："常於義理之中[52]，未能相謝。一日之事，真可愧服[53]。"

不久，勑於彭城寺講成實，聽侣千餘[54]，皆一時翹秀。學觀榮之。又勑於慧輪殿講波若經，别勑大德三十人預座。藏開釋發趣[55]，各有清拔，皆著私記，擬後傳習。天監末年春，捨身大懺，招集道俗，并自講金剛般若，以爲極悔。惟留衣鉢，餘者傾盡，一無遺餘。陳郡謝幾卿指挂衣竹，戲曰："猶留此物，尚有意耶？"藏曰："身猶未滅，意何由盡？而尚懷靖處，託意山林。"還居開善，因不履世。時或勑會，乃上啓辭曰："夙昔顧省，心惑不調[56]，欲依佛一語，於空閑自制，而從緣流二十餘載。在乎少壯故可推斥，今既老病，身心俱減，若復退一毫[57]，便不堪自課，故願言静處，少自營衛[58]。非敢傲世求名，非欲從閑自誕，特是常人近情[59]，懼前逕之已迫耳[60]。"帝手勑喻曰："求空自閑，依空入慧，高蹈養神，實是勝樂。不違三乘，亦以隨喜，惟别之際，能無悵然[61]。歧路贈言，古人所重，猶勸法師，行無礙心，大悲爲首。方便利益，隨時用舍，不宜頓杜，以隔礙心，行菩薩道，無有是處。"勑往反頻仍久之，然持操不改[62]。帝將受菩薩戒，勑僧正牒老宿德望。時超正略牒法深[63]、慧約、智藏三人。而帝意在於智者[64]，仍取之矣。皇太子尤相敬接，將致北面之禮，肅恭虔往，朱輪徐動，鳴笳啓路。降尊下禮[65]，就而謁之[66]，從遵戒範，永爲師傅。又請於寺講大涅槃[67]，親臨幄坐，爰命諮質[68]，朝賢時彥，道俗盈堂，法筵之盛，未之前聞。又於北閣更延談論，皆嘆曰："陪預勝席，未曾有也。"藏任吹虚舟[69]，真行平等，毁譽不動，榮利未干，宴坐空閑，毅然山立[70]。雖神宇凝隔，風韻清高。其應物也，汲汲然如有不足。可謂望儼即温，君子之變者矣。自現處巖岫，晦形人世。又於寺外山曲，别立頭陀之舍六所，並是茅茨，容膝而已。皇太子聞而遊覽[71]，各賦詩而返。其後章云："非曰樂逸遊，意欲識箕潁。"

藏結心世表，常行懺悔，每於六時，翹仰靈相[72]，口云理味，深玄淺思。斟酌自抱疑礙，恐乖聖意多僻，因而懇惻，詞淚俱發。嘗宿靈曜寺，夜行暫用心[73]，見有金光照曜，一室洞明。人問其故，答曰："此中奇妙，未可得言。"是旦遘疾，至于大漸。帝及儲君，中使相望，四部白黑，日夜參候。勑爲建齋[74]，手製願文，并繼以醫藥。而天乎不憖[75]，唯增不降。臨終詞色詳正，遺言唯在弘法。以普通三年九月十日[76]，卒于寺房，春秋六十有五。勑葬獨龍之山。赴送盈道，同爲建碑，墳所、寺内各一。新安太守蕭機製文，湘東王繹製銘，太子中庶子陳郡殷鈞爲立墓誌。

初，藏嘗夢見金粟如來入室共談[77]，執二麈尾。其一寶裝，其一者素，留素者與藏。又，徵士廬江何胤居吴郡虎丘山，遇一神僧捉一函書，云："有人來寄。"語頃失之[78]。及開函視，全不識其文詞。後訪魏僧，云是大莊嚴論中間兩紙也[79]。時人咸謂藏之所致。又彭城劉混之罪當從戮，藏時處後堂，爲帝述四等義。外奏聞之，帝曰："今爲國事，不得道四等義，如何?"藏曰："言行乘機也，今機發而不中，失在何人? 四等之舉，義非徒設。"帝遂捨而不問，竟以獲免。劉氏終亦不委斯由。其潛濟益被，率多如此。凡講大小品、涅槃、般若、法華、十地、金光明、成實、百論、阿毗曇心等，各著義疏行世。

【校注】

［1］吴：諸本同，磧本脱。
［2］夢出：諸本無"出"字，興聖寺本脱"夢出"。
［3］墜：諸本同，興聖寺本作"遂"誤。
［4］代：興聖寺本、麗初本作"歲"，磧本同麗再本。
［5］僧遠：傳見高僧傳卷八。
［6］僧祐：即撰著出三藏記集與弘明集之律學大師。傳見歷代三寶紀卷一一。
［7］師好：興聖寺本作"師即"，麗初本作"即好"，磧本同麗再本。
［8］精：諸本同，興聖寺本脱。
［9］關：諸本同，磧本作"闌"誤。
［10］弗：諸本同，興聖寺本似作"佛"誤。
［11］王公：指王儉，傳見南齊書卷二三。

［12］太宰文宣王：指蕭子良，傳見南齊書卷四〇。蕭子良，本書常稱其爲“竟陵王”，此處稱其死後贈官爲異。
［13］探授符策：諸本同，興聖寺本中作“探符”。
［14］乃：諸本同，興聖寺本衍作“及乃”。
［15］遂：諸本同，興聖寺本作“逐”誤。稽：諸本作“計”誤。
［16］多：諸本同，興聖寺本脱。
［17］伏：諸本同，磧本作“服”。鼓篋：諸本同，隨函録作“鼓筴”，擊鼓、開書箱，借指求學，典出禮記學記。
［18］末：諸本作“未”，永北本作“末”是。
［19］道流生地：諸本作“道流生地也”。
［20］結衆：磧本作“繼衆”誤。案，“禹穴”，一般指紹興會稽山，此處代指會稽郡；“法花山”，位於今杭州市西南郊區之法華山森林公園，山下有法華寺。
［21］閉：諸本同，麗初本作“閑”誤。
［22］繼：興聖寺本、麗初本作“經”誤，磧本同麗再本。
［23］竦：磧本、麗初本作“來”，興聖寺本作“未”誤。
［24］尚方：諸本同，磧本作“上方”。“上方”同“尚方”，漢代負責製作器物的官署。
［25］工：麗再本作“二”，今據諸本改。
［26］解：諸本同，興聖寺本脱。
［27］竭：諸本同，興聖寺本脱。
［28］足不出門：磧本作“不出寺門”。
［29］期：興聖寺本、麗初本作“斯”誤，磧本同麗再本。
［30］試：諸本同，興聖寺本脱。
［31］爲：諸本同，磧本作“知”。
［32］逮梁大同中：案，智藏在普通三年去世，在“大同”年間不可能有智藏。後一句出現了“法雲”，據續高僧傳法雲傳，法雲去世於大通三年，在大同年法雲也已經去世。所以首句“逮梁大同中”應該是不對的，當爲“逮梁普通中”。
［33］主書：指主書令史，中書省之吏員。
［34］匿然投筆：諸本同，磧本作“皆匿然投筆”優。
［35］拒懷略：諸本同，磧本作“拒略”是。
［36］季代一人而帝意彌盛：諸本同，磧本作“季代一人而已。帝意彌盛”。
［37］誷：麗再本作“誦”，今據諸本改。
［38］科條：諸本同，磧本作“律科以”誤。
［39］法師：諸本同，磧本作“師”。
［40］僧：諸本同，興聖寺本脱。
［41］教：諸本同，興聖寺本衍作“教教”。
［42］亦治亦不治：麗再本、麗初本作“亦治不治”，興聖寺本作“亦治”，今從磧本改。
［43］案，此或指釋迦牟尼堂弟調達尊者（又稱提婆達多），其人其事以根本説一切有部毗奈耶破僧事記載較爲集中。調達在佛典中主要被塑造爲釋迦牟尼的反面，破壞釋迦牟尼的傳法活動，殘害釋迦牟尼本人等，最主要的事件爲分裂釋迦牟尼僧團，見（永樂北 087）根本説一切有部毗奈耶破僧事卷一〇：“於是提婆達多謗毁聖説，决生邪見，定斷善根，但有此生，更無後世。作是知己，於其徒衆，别立五法。”

［44］示：諸本同，興聖寺本脱。
［45］不可不治：諸本同，興聖寺本作"不可治"。
［46］辯：諸本同，永北本作"辨"。
［47］綱：諸本同，磧本作"網"誤。
［48］常：諸本同，興聖寺本脱。
［49］贊：諸本同，磧本作"讚"。
［50］夷：諸本同，興聖寺本作"盡"誤。
［51］荷：諸本同，磧本作"阿"。
［52］常：麗再本作"帝"誤，今從諸本改。
［53］服：諸本同，磧本作"伏"。
［54］千：諸本同，磧本作"百"。
［55］趣：諸本同，磧本作"暢"。
［56］惑：磧本、興聖寺本作"或"，磧本同麗再本。
［57］毫：諸本同，興聖寺本作"豪"。
［58］營衛：諸本同，磧本作"榮衛"。案，"榮衛"與"營衛"都是中醫學名詞。黄帝内經素問卷九熱論："五藏已傷，六府不通，榮衛不行，如是之後，三日乃死。""榮"指血的迴環，"衛"指氣的周流。故又引申爲"氣血"，"營衛"意略同，據靈樞經卷四營衛生會："營衛者，精氣也；血者，神氣也。故血之與氣，異名同類焉。"然"營衛"又有"護衛"義，雲笈七籤卷一〇五清靈真人裴君傳："入山求芝草靈藥，所欲皆得，山神玉女自來營衛，狼虎百害不敢犯近。"
［59］特：諸本無，今據磧本補。
［60］逕：諸本同，磧本作"途"。
［61］悵：磧本、興聖寺本作"恨"誤，麗初本同麗再本。
［62］然：諸本同，磧本作"藏"。
［63］案，"法深"，續高僧傳中僅此一見，二字或有舛誤。
［64］智者：諸本同，磧本作"智藏"誤。案，"智者"指"慧約"，見本書卷六慧約傳。
［65］下：諸本同，興聖寺本作"不"。
［66］謁：諸本同，麗初本作"謂"誤。
［67］於：諸本同，興聖寺本作"持"誤。
［68］爰：諸本同，興聖寺本作"受"誤。
［69］任吹虚舟：諸本同，磧本作"任吹嘘"。
［70］毅然：磧本、麗初本作"嶷然"應是，興聖寺本字迹模糊，資本作"匿然"。"嶷然"，卓異貌。
［71］遊覽：諸本同，磧本作"遊覽焉"。
［72］相：諸本同，興聖寺本脱。
［73］夜行暫：諸本同，磧本作"夜漸"應是。案，下文有"一室洞明"似與"夜行"扞格。
［74］齋：麗再本作"齊"，"齊"通"齋"。
［75］乎：麗初本、麗再本作"子"，今據磧本改。整：興聖寺本作"勑"。
［76］十日：諸本同，磧本作"十五日"。
［77］嘗：諸本作"常"誤，今據磧本改。案，"金粟如來"，文選卷五九王簡栖頭陀寺碑文"金粟來儀"李善注引發迹經："净名大士是往古金粟如來。"净名大士，即維摩詰。

又(卍續 29)吉藏維摩經義疏卷一論德位門三,亦云"净名即是金粟如來"。

[78] 有人來寄語頃失之: 諸本同,磧本作"有人來寄語,須臾失之"。

[79] 間: 興聖寺本、麗初本作"闕",磧本同麗再本。案,大莊嚴論,指馬鳴撰,鳩摩羅什譯的大莊嚴經論,爲譬喻故事集。又,智藏所見此經當是梵文,故不識。"中間兩紙",疑當是大莊嚴經論卷七之"浣衣人斷金師學禪緣"。據本傳,智藏對禪學有相當研究,故"大莊嚴論中間兩紙"預示其證得羅漢果。

續高僧傳卷第六

義解篇二正傳二十一　附見二十[1]

梁大僧正南澗寺沙門釋慧超傳一

釋慧超，姓廉氏，趙郡陽平人[2]，中原喪亂，避難於鍾離之朝哥縣焉。初生之夕，神光照室，幼而簡静寡欲，已有成人之符也。八歲出家，從臨菑縣建安寺沙門慧通[3]。通，素無業術，立行專樸。超直心祇順，奉敬無怠，而外聽諸講，勤精學業[4]。時遇風雨艱辛，泥路擁塞，不以爲辭。

嘗寓坐，有胡僧[5]，蓋不測之人也，一見嗟異，曰："斯人若不爲五衆之傑，則爲八州刺史。"兼叙神光之瑞，如符契焉。遂廣採經部及以數論[6]，並盡其深義，朗若貫珠。名僧勝集，稠人廣坐[7]，紛綸飛伏，雍容模楷，故早爲皂白挹其高軌[8]。後南遊江左，住南澗寺，僧宗見而善之[9]。受涅槃等經，開拓條緒，略通幽致。歷閲衆師，多所參涉，偏以無量壽命家。吏部謝籥每稱之，曰："君子哉，若人也。"又善用俳諧，尤能草隸，兼習朱、許[10]，又工占相。

齊曆告終[11]，梁祚伊始，超現疾新林[12]，情存拯溺，信次之間，聲馳日下。尋有别勑，乃授僧正。戒德内修，威儀外潔，凡在緇侶，咸禀成訓。天子給傳詔羊車、局足、健步、衣服等供。自聲教所被，五部憲章，咸禀風則。帝以般若之義，真諦所宗，偏令化導，故諮質鋒起，懸辯若流。又經聚徒都治，講菩提心義，論談之暇，夜分未寢[13]，忽見大力善神，形甚都麗，既而言曰："當率集同緣，共來餐受。"不言姓字，於此告辭。及就講之辰，倏然滿坐，容貌瓌異，莫有識者，竟席便散。其感迹徵異，爲若此也。加以性好山水，亟果幽尋[14]，而翼從之聲，聞于數里。山人怪視，唯見超身，射獵之徒[15]，莫不自息。

天監年中，帝請爲家僧，禮問殊積。初戒典東流，人各傳受，所見偏執，妙法猶漏。皇明御宇,掇採群經,圓壇更造,文義斯構,事類因果,於此載明。有詔令超受菩薩戒,恭惟頂禮,如法勤修。上復齋居宣室[16],夢其勤行戒品,面申讚悦,時共延美。而超鳴謙蹈禮,好静篤學,從之遊處,未覿愠喜之儀,加以形過八尺,腰帶十圍,雍容高步,當時譽顯。帝又請於惠輪殿講净名經,上臨聽覽。未啓莊嚴寺園接連南澗,因構起重房,若鱗相及,飛閣穹隆,高籠雲霧。通碧池以養魚蓮,構青山以栖羽族。列植竹果,四面成陰;木禽石獸,交横入出。又羅列童侍,雅勝王侯,剖決衆情[17],一時高望。

在位二十餘年,晚以陵谷互遷,世相難恃,因自解免,閉房養素。以普通七年五月十六日,遷神於寺房。行路殞涕,學徒奔赴,凡厥喪事,出皆天府。門人追思德澤,乃爲立碑,湘東王繹、陳郡謝幾卿各爲製文,俱鐫墓所。

【校注】

[1] 二十:麗再本、麗初本作"十六",磧本、興聖寺本作"一十八"。麗再本闕慧紹、寶淵、道興,多慧生,覈其本傳則麗再本與磧本無異,今則據諸本互補,則附傳爲二十。

[2] 案,趙郡屬縣無陽平縣。陽平縣,治當今山東省莘縣,屬陽平郡。

[3] 臨菑縣:諸本作"臨番縣"誤。案,據南齊書卷一四州郡上,鍾離郡,在今安徽鳳陽、蚌埠一帶。朝哥縣,即朝歌縣,是鍾離郡屬縣,爲僑置縣。臨菑縣,據宋書卷三五州郡一,爲南兗州屬縣,僑置,治當今江蘇揚州市附近。

[4] 勤精學業:諸本同,磧本作"内精學業"誤,"外聽諸講"與"精學業"非併列關係而是因果關係。趙本同麗再本。

[5] 胡:諸本同,磧本作"梵"。

[6] 及以:諸本同,磧本作"兼明"誤,與下文扞格。趙本同麗再本。

[7] 稠:諸本同,麗初本作"椆"誤。

[8] 皂:諸本作"皀",今從磧本。

[9] 僧宗:傳見高僧傳卷八。

[10] 兼習朱、許:"朱",可能指朱靈芝或朱孺子等道教神仙。"許"一般指許遜,道教祖師、神仙,見十二真君傳。此書早佚,關於許遜事迹之片斷見於太平廣記卷一四、藝文類聚卷二一、太平御覽卷六五及墉城集仙録卷五、卷六等處。"兼習朱許",此處指服食。

[11] 齊曆:磧本作"自齊歷",似衍"自"字。"曆",麗初本亦作"歷",興聖寺本字迹模糊。

[12] 現疾:"現疾",諸本同,磧本作"現病"誤。"現疾"即"現疾説法"之省,採用變通的方法傳道的意思。參見維摩詰經文殊師利問疾品。"新林",即新林浦,讀史方輿紀要卷二〇南直二應天府:"新林浦在府城西南十八里,合大勝河,濱大江,亦曰新林港。"興聖寺本作"新新林"。

[13] 未:諸本同,興聖寺本作"來"誤。

[14] 果:諸本同,磧本作"異"。

[15] 射:磧本、興聖寺本作"麝",麗初本作"麞",均誤。

［16］宣室：諸本同，磧本作"空室"誤。案，"宣室"，本爲殷商宫室，漢代未央宫有宣室殿，後泛指帝王的寢宫。
［17］剖：興聖寺本、麗初本作"部"誤，磧本、趙本同麗再本。

梁國師草堂寺智者釋慧約傳二

釋慧約，字德素，姓婁[1]，東陽烏場人也[2]。祖世蟬聯，東南冠族。有占其塋墓者，云："後世當有苦行得道者，爲帝王師焉。"母劉氏夢長人擎金像[3]，令吞之，又見紫光繞身，因而有孕。便覺精神爽發，思理明悟。及誕載之日[4]，光香充滿，身白如雪，時俗因名爲"靈粲"。故風鑒貞簡，神志凝静。撫塵之歲[5]，有異凡童，惟聚沙爲佛塔，疊石爲高座[6]。七歲便求入學，即誦孝經、論語乃至史傳，披文見意。宅南有果園，鄰童競採，常以爲患，乃捨己所得，空拳而返。鄉土以蠶桑爲業，常懷悲惻，由是不服綈纊。季父憙畋獵[7]，化終不改，常嘆曰："飛走之類，去人甚遠[8]，好生惡死，此情何别。"乃絶羶腥。叔父遂避於他里，恣行勦戮，夢赤衣使者手持矛戟謂曰："汝終日殺生，菩薩教化，又不能止，促來就死[9]。"驚覺汗流，詰旦便毁諸獵具[10]，深改前咎。約復至常所獵處，見麞鹿數十頭，騰倚隨之[11]，若有愧謝者。所居僻左，不嘗見寺，世崇黄老，未聞佛法，而宿習冥感，心存離俗。忽值一僧，訪以至教，彼乃舉手東指云："剡中佛事甚盛。"因乃不見[12]，方悟神人。至年十二，始遊于剡，遍禮塔廟，肆意山川，遠會素心，多究經典，故東境謡曰："少達妙理婁居士。"

宋泰始四年，於上虞東山寺辭親翦落，時年十七，事南林寺沙門慧静。静於宋代，僧望之首，律行總持，爲特進顔延年、司空何尚之所重。又隨静住剡之梵居寺，服勤就養，年逾一紀。及静之云亡，盡心喪之禮。服闋之後，卻粒[13]巖栖，餌以松术，蠲疾延華，深有成益。齊竟陵王作鎮禹穴，聞約風德，雅相嘆屬。時有釋智秀、曇纖、慧次等並名重當鋒，同集王坐，約既後至，年夏未隆，王便斂躬盡敬，衆咸懷不悦之色，王曰："此上人方爲釋門領袖，豈今日而相待耶[14]？"故其少爲貴勝所崇也如此。齊中書郎汝南周顒爲剡令，欽服道素，側席加禮，於鍾山雷次宗舊館[15]，造草堂寺，亦號山茨，屈知寺任[16]。此寺結宇山椒，疏壤幽岫，雖邑居非遠，而蕭條物外，既冥賞素誠，便有終焉之託。顒嘆曰："山茨約主[17]，清虚滿世。"齊太宰文簡公褚淵、太尉文憲公王儉，佐命一期，功高百代，欽風味道，共弘法教。淵嘗請講淨名、勝鬘，儉亦請開法花、大品。淵遇疾晝寢，見胡僧云[18]："菩薩當至，尋有道人來者是也。"俄而約造焉，遂豁然病愈，即請受五戒。齊給事中婁幼瑜，少有學術，約之族祖也，每見輒起爲禮[19]。或問："此乃君族下班，何乃恭耶[20]？"瑜曰："菩薩出世，方師於天下，豈老夫致敬而已[21]？"時人未喻此旨，惟王文憲深以爲然[22]。

且約孝通冥感[23]，思歸遄返[24]，而二親喪亡，並及臨訣。孺慕嬰號，不交人世，積時停鄉，以開慈道。後還都，又住草堂。少傅沈約，隆昌中外任，攜與同行。在郡惟以静漠自娱[25]，禪誦爲樂，異香入室，猛獸馴階。常入金華山採桔，或停赤松澗遊止[26]，時逢宿火，乍屬神光，程異不思，故略其事。有道士丁德静，於館暴亡[27]，傳云山精所斃[28]，乃要大治祭酒居之，妖猶充斥。長山令徐伯超立議，請約移居，曾未浹旬而神魅弭息。後晝卧，見二青衣女子從澗水出，禮悔云："夙障深重，墮此水精，晝夜煩惱。"即求授戒[29]。自爾，災怪永絶。

及沈侯罷郡，相攜出都，還住本寺。恭事勤肅，禮敬彌隆，文章往復，相繼晷漏。以沈詞藻之盛，秀出當時，臨官莅職[30]，必同居府舍，率意往來，未嘗以朱門蓬户爲隔[31]。齊建武中，謂沈曰："貧道昔爲王、褚二公供養，遂居令僕之省[32]，檀越爲之，當復入地矣。"天監元年，沈爲尚書僕射，啓勑請入省住。十一年，臨丹陽尹[33]，無何而歎，有憂生之嗟，報曰："檀越福報已盡，貧道未得滅度。"詞旨悽然，俄而沈殞。故其預契未然，皆此類也。

既而留心方等，研精九部，皆藴匱胸襟，陶鎣懷抱，顯説弘通，當仁不讓，劬勞汲引，隆益群品[34]。皇帝斲彫文璞[35]，信無爲道，發菩提心，構重雲殿，以戒業精微，功德淵廣，既爲萬善之本，實亦衆行所先，譬巨海百川之長，若須彌群山之最，三果四向[36]，緣此以成，十力三明[37]，因兹而立。帝乃博採經教，撰立戒品，條章畢舉，儀式具陳，制造圓壇，用明果極[38]。以爲道資人弘，理無虚授，事藉躬親，民信乃立。且帝皇師臣，大聖師友，遂古以來，斯道無墜。農、軒、周、孔，憲章仁義，况理越天人之外，義超名器之表，以約德高人世，道被幽冥[39]，允膺"闍梨"之尊，屬當"智者"之號。逡巡退讓，情在固執，慇懃勸請，辭不獲命。天監十一年，始勑引見，事協心期[40]，道存目擊。自爾去來禁省，禮供優給[41]。至十八年己亥四月八日，天子發弘誓心，受菩薩戒，乃幸等覺殿，降彫玉輦[42]，屈萬乘之尊，申在三之敬，暫屏衮服，恭受田衣，宣度浄儀，曲躬誠肅[43]。于時，日月貞華，天地融朗，大赦天下，率土同慶。自是入見，别施漆搨，上先作禮，然後就坐。皇儲以下[44]，爰至王姬、道俗士庶，咸希度脱，弟子著籍者[45]，凡四萬八千人。

嘗授戒時，有一乾鵲[46]，歷階而昇，狀若餐受，至説戒畢，然後飛騰。又嘗述戒，有二孔雀，驅斥不去。勑乃聽上，徐行至壇，俛頸聽法[47]。上曰："此鳥必欲滅度，别受餘果。"矜其至誠，更爲説法。後數日，二鳥無何同化。

又初授戒[48]，夜夢從草堂寺，以綿罽席路，直至臺門。自坐禪床，去地數丈，天人圍繞，爲衆説法。以事而詳，等黄帝之夢往華胥[49]，同目連之神登兜率[50]。至人行止，孰能議之[51]。

而愛悦閑静，祥萃虚室[52]；寺側依栖，咸生慈道。故使麏麚群於兕虎，鳬鵝狎于鷹鸇，飛走騰伏，自相馴擾。非夫仁澤潛化，孰能如此者乎？後静居閑室，忽有野媪齎書數卷，置經案上，無言而出，并持異樹，自植於庭，云"青庭樹也"。約曰："此書美也，不俟看之[53]；如其惡也，亦不勞視[54]。"經七日，又見一叟請書而退。此樹葉緑花紅，扶疏尚在。又感異鳥，身赤尾長，形如翡翠，相隨栖息，出入樹間。[55]中大通四年，夢見舊宅，白壁朱門，赫然壯麗。仍發願造寺，詔乃號爲"本生"焉。大同二年[56]，又勑改所居竹山里爲智者里。縉雲舊壤，傳芳圖諜，山川靈異[57]，擅奇函夏[58]，福地仙鄉，此焉攸立。

而約飯餌松朮，三十餘年，布艾爲衣，過七十載，鳴謙立操，擅望當時[59]。乃以大同元年八月，使人伐門外樹枝，曰："鑾駕當來[60]，勿令妨路。"人未之測[61]。至九月六日現疾，北首右脅而卧，神識恬愉，了無痛惱，謂弟子曰："我夢四部大衆，幡花羅列，空中迎我，凌雲而去[62]，福報當訖。"至十六日，勑遣舍人徐儼參疾，答云："今夜當去。"至五更二唱，異香滿室，左右肅然，乃曰："夫生有死[63]，自然恒數，勤修念慧，勿起亂想。"言畢合掌，便入涅槃，春秋八十有四，六十三夏。天子臨訣，悲慟僚宰，輟聽覽者，二旬有一。其月二十九日，於獨龍山寶誌墓左壙之。初約卧疾，見一老公執錫來入。及遷化日，諸僧咸卜寺之東巖，帝乃改葬獨龍。抑其前見之叟，則誌公相迎者乎。又臨終夜，所乘青牛，忽然鳴吼，淚下交流。至葬日，勑使牽從部伍，發寺至山，吼淚不息。又建塔之始，白鶴一雙繞墳鳴唳，聲甚哀婉[64]。葬後三日，欻然永逝。下勑竪碑墓左，詔王筠爲文。

【校注】

[1] 婁：諸本同，興聖寺本作"樓"誤，下同，本卷不再出校。案，藝文類聚卷七六引南朝梁王筠國師草堂寺智者約法師碑，即爲慧約的神道碑，可參看。

[2] 案，"烏埸"當爲"烏傷"，即今浙江省義烏市。三國吴屬東陽郡，南朝陳屬金華郡，隋屬東陽郡，唐武德四年屬綢州，武德七年改爲義烏縣。"烏"，諸本同，興聖寺本作"焉"。

[3] 劉：諸本作"留"。

[4] 誕載：諸本同，疑當作"載誕"。"載"，乃也。

[5] 撫塵之歲：明王志堅表異録卷三士庶："小兒五歲曰鳩車之戲，七歲曰竹馬之遊，又撫塵而遊。"

［6］疊：諸本同，磧本作"壘"。
［7］憙：諸本同，磧本作"喜"。
［8］甚：諸本同，興聖寺本作"其"誤。
［9］促：諸本同，磧本作"捉"誤。
［10］詰：諸本同，磧本脱。
［11］之：磧本、興聖寺本作"船"，麗初本作"般"誤，趙本同麗再本。
［12］乃：諸本同，磧本作"仍"誤。
［13］及静之云亡盡心喪之禮服闋之後卻粒：此十六字，諸本同，興聖寺本脱。
［14］耶：諸本同，興聖寺本作"雅"。
［15］山：諸本同，麗初本脱。
［16］任：諸本同，興聖寺本作"住"誤。
［17］主：諸本同，磧本作"至"誤。
［18］胡：諸本同，磧本作"梵"。
［19］起：諸本作"趣"誤，今據磧本改。
［20］耶：諸本同，興聖寺本作"邪"。
［21］致敬：諸本作"敬致"，今據磧本改。
［22］憲：諸本同，興聖寺本作"寧"誤。
［23］冥：麗初本、趙本作"宜"誤，磧本、興聖寺本同麗再本。
［24］遄：諸本同，興聖寺本作"造"。返：興聖寺本、麗初本作"及"，磧本、趙本同麗再本。
［25］在：諸本同，興聖寺本作"存"誤。
［26］赤：諸本同，興聖寺本作"亦"誤。
［27］暴：諸本同，興聖寺本作"異"誤。
［28］斃：諸本作"弊"，今從磧本。
［29］求授：磧本、興聖寺本作"授以歸"，麗初本、趙本同麗再本。
［30］官：麗再本、趙本作"宫"，今據磧本、興聖寺本、麗初本改。
［31］未：磧本脱，興聖寺本、麗初本作"來"誤，趙本同麗再本。
［32］省：諸本同，興聖寺本作"者"誤。
［33］臨：諸本同，興聖寺本脱。
［34］隆益：磧本作"㢘益"，趙本、隨函録作"㢘盖"，興聖寺本、麗初本同麗再本。
［35］文：諸本同，磧本作"反"是。璞：磧本、興聖寺本作"樸"，麗初本作"樸"，趙本同麗再本。"斲彫反樸"，語出史記卷一二二酷吏列傳序："漢興，破觚而爲圜，斫雕而爲樸。"
［36］三果四向：一般説是"四向四果"，參見雜阿含經卷二九："何等爲沙門果？謂須陀洹果、斯陀含果、阿那含果、阿羅漢果。何等爲須陀洹果？謂三結斷。何等爲斯陀含果？謂三結斷、貪恚癡薄。何等爲阿那含果？謂五下分結盡。何等爲阿羅漢果？謂貪恚癡永盡，一切煩惱永盡。"先有一"向"後成一"果"。
［37］十力三明："十力"，指佛陀所據有的十種智力，參見瑜伽師地論卷四九、菩薩地持經卷一〇。"三明"，指阿羅漢所具有的三種能力：宿命明，能知自己及他人的過去宿世因緣生死果報；天眼明，能知自己及他人的未來因緣生死果報；漏盡明，能知現在之苦相，斷一切有漏煩惱的智慧。

［38］果極：即"極果"，指無上之正覺。

［39］幽冥：諸本同，興聖寺本作"幽明宜"衍且誤。

［40］協：興聖寺本、麗初本作"物"誤，磧本、趙本同麗再本。

［41］給：磧本、興聖寺本作"洽"應是，麗初本、趙本同麗再本。

［42］輦：諸本同，磧本作"畢"。

［43］曲躬誠肅：興聖寺本衍作"曲躬盡誠肅"，磧本作"曲盡誠肅"，麗初本、趙本同麗再本。"曲躬"即折腰，喻爲恭順義。然據梁書卷九曹景宗傳："惟韋睿年長，且州里勝流，特相敬重，同宴御讌，亦曲躬謙遜，高祖以此嘉之。"又與此傳此句用法類似。

［44］以：諸本同，磧本作"已"。

［45］籍：諸本同，磧本、隨函録作"籙"。案，"籙"亦有簿籍義，但"著籙"一詞古籍中罕見。

［46］乾鵲：宋吴曾能改齋漫録卷三辨誤一乾鵲音干爲無義："前輩多以'乾鵲'爲'乾'音'干'，或以對'濕螢'者有之，唯王荆公以爲'虔'字，意見於'鵲之强强'。此甚爲得理。余嘗廣之曰：乾，陽物也，乾有剛健之意，而易統卦有云：'鵲者，陽鳥，先物而動，先事而應。'淮南子曰：'乾鵲知來而不知往，此修短之分也。'以是知音'干'爲無義。"

［47］俛：興聖寺本、麗初本作"冕"，麗初本、磧本、趙本同麗再本。

［48］初：興聖寺本、麗初本、趙本作"㓞"誤，磧本同麗再本。

［49］夢往華胥：典出列子卷二黄帝："晝寢而夢遊於華胥氏之國。華胥氏之國在弇州之西，台州之北，不知斯齊國幾千萬里。蓋非舟車足力之所及，神遊而已。其國無帥長，自然而已；其民無嗜欲，自然而已。"

［50］目連：即摩訶目犍連，據説佛陀弟子之中神通第一。目連飛天事見雜阿含經卷一九。

［51］能：興聖寺本、麗初本、趙本作"難"誤，磧本同麗再本。

［52］萃：諸本作"華"，今據磧本改。

［53］不俟看之：麗再本作"不我俟看"，興聖寺本作"故不俟者"，麗初本、趙本作"不俟看"，今據磧本改。

［54］亦不勞視：諸本同，興聖寺本衍作"故亦不勞旁視"。

［55］案，此故事大概寓意爲，道教對慧約拉攏的失敗。

［56］二年：麗再本作"一年"而非"元年"誤，今從諸本改。

［57］靈異：諸本同，興聖寺本衍作"靈異焉"。

［58］函夏：諸本同，資本作"亟"。"函夏"，指中國，典出漢書卷八七揚雄傳："以函夏之大漢兮，彼曾何足與比功？"顔師古注引服虔曰："函夏，函諸夏也。"

［59］鳴謙立操擅望當時：磧本作"鳴謙立操，標望當時"。興聖寺本、麗初本、趙本作"鳴謙操，擅望當時"，顯有脱文。

［60］當：興聖寺本、麗初本作"嘗"，磧本、趙本同麗再本。

［61］測：諸本同，興聖寺本作"測也"。

［62］雲：諸本同，趙本作"靈"誤。

［63］夫：諸本同，麗初本作"失"誤。

［64］甚：諸本作"其"誤，今從磧本。

魏西河石壁谷玄中寺釋曇巒傳三

釋曇鸞,或爲巒,未詳其氏,雁門人[1]。家近五臺山,神迹靈怪,逸于民聽。時未志學,便往尋焉。備覩遺蹤,心神歡悦,便即出家。内外經籍,具陶文理,而於四論、佛性,彌所窮研。讀大集經,恨其詞義深密,難以開悟,因而注解。文言過半,便感氣疾,權停筆功,周行醫療[2]。行至汾川秦陵故墟[3],入城東門,上望青霄[4],忽見天門洞開,六欲階位,上下重複,歷然齊覩,由斯疾瘉[5]。欲繼前作,顧而言曰:"命惟危脆,不定其常。本草諸經[6],具明正治,長年神仙,往往間出。心願所指,修習斯法,果剋既已,方崇佛教,不亦善乎?"承江南陶隱居者,方術所歸,廣博弘贍,海内宗重,遂往從之。

既達梁朝,時大通中也,乃通名云:"北國虜僧曇鸞故來奉謁。"時所司疑爲細作,推勘無有異詞,以事奏聞。帝曰:"斯非覘國者,可引入重雲殿,仍從千迷道。"帝先於殿隅卻坐繩床,衣以袈裟,覆以納帽。鸞至殿前,顧望無承對者,見有施張高座,上安几拂[7],正在殿中,旁無餘座,徑往昇之,豎佛性義三命。帝曰:"大檀越佛性義深,略已標叙。有疑賜問。"帝卻納帽,便以數關往復,因曰:"今日向晚,明須相見。"鸞從座下,仍前直出,詰曲重沓,二十餘門,一無錯誤[8]。帝極嘆訝,曰:"此千迷道,從來舊侍,往還疑阻,如何一度,遂乃無迷。"明旦,引入太極殿,帝降階禮接,問所由來。鸞曰:"欲學佛法,恨年命促減[9],故來遠造陶隱居,求諸仙術。"帝曰:"此傲世遁隱者,比屢徵不就,任往造之。"鸞尋致書通問,陶乃答曰:"去月耳聞音聲,兹辰眼受文字[10],將由頂禮歲積,故使應真來儀[11]。正爾整拂藤蒲,具陳花水,端襟斂思,竚聆警錫也。"及届山所,接對欣然,便以仙經十卷[12],用酬遠意。

還至浙江,有鮑郎子神者,一鼓涌浪,七日便止。正值波初,無由得度,鸞便往廟所,以情祈告[13],必如所請,當爲起廟[14]。須臾,神即見形,狀如二十,來告鸞曰:"若欲度者,明旦當得,願不食言。"及至明晨,濤猶鼓怒,纔入船裏,帖然安静[15],依期達帝。具述由緣,有勅爲江神更起靈廟。因即辭還魏境,欲往名山,依方修治。

行至洛下,逢中國三藏菩提留支,鸞往啓曰:"佛法中頗有長生不死法,勝此土仙經者乎?"留支唾地曰:"是何言歟?非相比也,此方何處有長生法[16]?縱得長年,少時不死,終更輪迴三有耳[17]。"即以觀經授之[18],曰:"此大仙方[19],依之修行,當得解脱生死[20]。"鸞尋頂受,所齎仙方並火焚之[21]。自行化他[22],流靡弘廣,魏主重之,號爲"神鸞"焉,下勅令住并州大寺。晚復移往汾州北山石壁玄中寺[23],時往介山之陰,聚徒蒸業,今號"鸞公巖",是也。

以魏興和四年,因疾卒于平遥山寺,春秋六十有七。臨至終日,幡花幢蓋,高映院宇,香氣蓬勃[24],音聲繁鬧。預登寺者,並同矚之[25]。以事上聞,勑乃葬于汾西泰陵文谷[26],營建塼塔,并爲立碑,今並存焉。然鸞神宇高遠,機變無方,言晤不思,動與事會。調心練氣,對病識緣,名滿魏都,用爲方軌,因出調氣論,又著作王邵隨文注之[27]。又撰禮净土十二偈,續龍樹偈後,又撰安樂集兩卷等[28],廣流於世[29]。仍自號爲"有魏玄簡大士"云。

【校注】

[1] 人:諸本同,磧本作"人也"。案,"雁門",即雁門山,即句注山,在今山西省代縣西北。

[2] 周:諸本同,興聖寺本作"用"誤。

[3] 川:諸本同,磧本作"州"。案,"秦陵"當爲"泰陵""大陵",此地名在戰國時代已有,當今山西省文水縣北十三里之大陵遺址。又文水縣劃歸汾州在唐武德三年,貞觀元年又歸并州,故作"汾川"是。

[4] 霄:諸本作"宵"誤,今據磧本改。

[5] 瘉:諸本同,磧本作"愈"。"瘉"同"愈"。

[6] 草:諸本同,興聖寺本作"莫"誤。

[7] 几:諸本同,磧本作"凡"誤。

[8] 錯誤:諸本同,興聖寺本作"借悮"。

[9] 恨:麗再本、麗初本、趙本作"限"誤,今據磧本改。興聖寺本字迹不清。

[10] 玆:諸本同,興聖寺本作"慈"誤。眼:麗初本、趙本作"明"誤,興聖寺本、磧本同麗再本。

[11] 使:諸本同,興聖寺本脱。應真:諸本作"真應"誤。案,"應真"爲羅漢,此處指曇鸞。文選卷一一孫興公天台山賦:"王喬控鶴以沖天,應真飛錫以躡虚。"李善注:"應真謂羅漢也。"

[12] 經:諸本同,磧本作"方"。

[13] 情:諸本同,興聖寺本作"清"誤。

[14] 廟:諸本同,興聖寺本此字字迹不清,似作"度"形。

[15] 帖:興聖寺本、磧本作"怗",麗初本、趙本同麗再本。

[16] 長生法:諸本同,磧本作"長生不死法"。

[17] 耳:諸本同,興聖寺本脱。

[18] 觀經:即佛説觀無量壽佛經。

[19] 此:磧本作"比"誤,趙本同麗再本。

[20] 生死:磧本、興聖寺本作"生死也",麗初本、趙本同麗再本。

[21] 焚:諸本同,磧本作"燒"。

[22] 他:諸本同,磧本衍作"他郡"。

[23] 北:諸本同,磧本作"比"誤。案,"玄中寺"在今山西省交城縣西北二十里之石壁山中,今稱永寧寺,爲净土宗祖庭。寺現存唐長慶三年所立特賜寺莊山林地土四至記碑載:"時大魏第六主孝文帝延興二年,石壁峪曇鸞祖師初建寺,至承明元年

寺方就。"轉録自唐文續拾卷一〇。

[24] 蓬：麗再本、趙本作"熢"，今據興聖寺本、麗初本、磧本改。

[25] 矚：諸本同，興聖寺本作"屬"。

[26] 文谷：據學者考證和實地踏勘，確認"文谷"當今山西省文水縣，有開栅鎮北峪口村和鳳城鎮文倚村二説。

[27] 王邵：興聖寺本、麗初本、趙本作"王仰"誤，磧本同麗再本。案，據北齊書、隋書，當爲王劭。

[28] 安樂集：今存，然題作唐道綽撰。曇鸞著作今存者：（大正 40、卍續 71）無量壽經優婆提舍願生偈注二卷，（大正 47、卍續 107）略論安樂净土義一卷。

[29] 廣：諸本同，興聖寺本作"産"誤。

梁蜀郡龍淵寺釋慧韶傳四

釋慧韶，姓陳氏，本潁川太丘之後[1]，避亂居于丹陽之田里焉[2]。性恬虚，寡嗜慾，沉毅少言。童幼早孤，依兄而長，悌友之至，聞於閭閻[3]。十二，厭世出家。具戒，便遊京楊，聽莊嚴旻公講釋成論。纔得兩遍，記注略盡，謂同學慧峰曰："吾沐道日少，便知旨趣，斯何故耶？將非所聞義淺，爲是善教使然乎。"乃試聽開善藏法師講[4]，遂覺理與言玄，便盡心鑽仰。當夕感夢，往開善寺採得李子數斛，撮欲噉之，先得枝葉。覺而悟曰："吾正應從學，必踐深極矣。"尋爾藏公遷化，有龍光寺綽公，繼踵傳業，便迴聽焉。既闕論本，制不許住。惟有一帔[5]，又屬嚴冬，便撤之，用充寫論，忍寒連噤，方得預聽。文義兼善，獨見之明，卓高衆表。辯滅諦爲本有，用麤細而折心，時以爲穿鑿有神思也。

梁武陵王出鎮庸蜀[6]，聞彼多參義學，必須碩解弘望，方可開宣。衆議薦舉皆不合意，王曰："憶往年法集，有傖僧韶法師者，乃堪此選耳。若得同行，想能振起邊服。"便邀之至蜀，於諸寺講論，開導如川流[7]。嘗於龍淵寺[8]，披講將訖，静坐房中，感見一神，青衣帢服，致敬曰："願法師常在此弘法，當相擁衛。"言訖而隱，遂接席數遍，清悟繁結。昔在楊都，嘗苦氣疾[9]，綴慮恒動，及至蜀講，衆病皆除。識者以爲寺神之所護矣。于時，成都法席，恒並置三四，法鼓齊振，競敞玄門，而韶聽徒濟濟，莫斯爲盛。又率諸聽侣，諷誦涅槃、大品，人各一卷，合而成部。年恒數集，倫次誦之。如有謬忘及講聽眠失者，皆代受罰[10]，對衆謝曰："斯則訓導不明耳。"故身令奬物，其勤至若此[11]。武陵布政於蜀，每述大乘及三藏等論，沙門寶彖、保該、智空等[12]，並後進峰岫，參預撰集。勒卷既成，王賜錢十萬，即於龍淵寺，分贍學徒。頻教令掌僧都，苦辭不受。

性不乘騎,雖貴勝請講、逢值泥雨,輒自策杖,戴笠,履芒屩而赴會焉。少而齋潔,不涉珍羞,後遇時患,藥雜豬脂,拒而不服。非時漿飲,故絶生常。候病者仰觀顔色怡悦,禮誦不替,當似微差,乃告曰:"吾今無處不痛,如壞車行路,常欲摧折,但自强耳。恨所營尊像未就。吾將去矣。"遺屬道俗,憑爲莊嚴。便洗浴,剃髮,剪爪,禮拜,嗽口[13],坐于龍淵寺摩訶堂中,奄然而卒,春秋五十有四,即天監七年七月三日也。

時成都民應始豐者,因病氣絶而心上温[14],五日方醒,云被攝至閻王所,聞處分云:"迎韶法師。"須臾便至。王下殿[15],合掌頂禮,更無言説,惟畫文書作大政之字。韶便出外,坐於曠路樹下。見一少童以漆柳箕擎生袈裟,令韶著之。有數十僧來迎。豐惟識智[16]、慈二禪師,幡花列道,騰飛而去。又當終之夕[17],有安浦寺尼久病悶絶,及後醒云:"送韶法師及五百僧登七寶梯到天宫殿講堂中。其地如水精,床席華整,亦有麈尾几案,蓮華滿地[18]。韶就座談説,少時便起,送别者令歸。"其生滅冥祥,感見類此。

【校注】

[1] 太丘:即東漢末陳寔,參見後漢書卷六二,及蔡邕蔡中郎集卷二漢文範先生陳仲弓銘及碑。

[2] 丹陽:當是丹陽縣,秦置,隋開皇九年廢入溧水縣,武德三年復置,貞觀元年廢入當塗縣。治當今安徽省當塗縣丹陽鎮。

[3] 閻:磧本、興聖寺本作"間"誤,麗初本、趙本同麗再本。

[4] 開:諸本同,興聖寺本作"聞"誤。

[5] 帔:興聖寺本、麗初本、趙本作"怶"誤,磧本同麗再本。

[6] 梁武陵王:即梁武帝子蕭紀,傳見梁書卷五五。又據梁書卷三,蕭紀在大同三年出守益州。

[7] 導:麗再本、麗初本、趙本作"道",今據磧本、興聖寺本改。

[8] 嘗:諸本作"當"誤,今據磧本改。

[9] 嘗:磧本、麗初本、興聖寺本脱,趙本同麗再本。

[10] 代:諸本同,興聖寺本衍作"代其"。

[11] 勤:諸本同,興聖寺本作"對"。此:興聖寺本、麗初本、趙本脱,磧本同麗再本。

[12] 寶象:傳見本書卷八。

[13] 嗽:諸本同,磧本作"漱"。"嗽"通"漱"。

[14] 温:諸本作"煴"。"煴",據説文卷一〇上,本義爲生火時冒出的濃烟,後亦引伸爲温暖。

[15] 王:諸本同,興聖寺本作"王于"。

[16] 智:諸本同,磧本作"和"。

[17] 之:諸本脱,今據磧本補。

[18] 地:諸本同,磧本作"池"。

梁會稽嘉祥寺釋慧皎傳五

釋慧皎,未詳氏族,會稽上虞人。學通内外,博訓經律。住嘉祥寺,春夏弘法,秋冬著述。撰涅槃義疏十卷及梵網經疏行世。又以唱公所撰名僧,頗多浮沉,因遂開例成廣,著高僧傳一十四卷。其序略云:“前之作者,或嫌以繁廣删減其事,而抗迹之奇多所遺削,謂出家之士,處國賓王,不應勵然自遠,高蹈獨絶。尋辭榮棄愛,本以異俗爲賢,若此而不論,竟何所紀?”

又云:“自前代所撰,多曰名僧。然名者,本實之賓也。若實行潛光,則高而不名[1];若寡德適時,則名而不高。名而不高,本非所紀;高而不名,則備今録。故省‘名’音,代以‘高’字。”傳成,通國傳之,實爲龜鏡[2],文義明約,即世崇重。後不知所終。

江表多有裴子野高僧傳,一帙十卷,文極省約,未極通鑒,故其差少。

【校注】

[1] 而:諸本同,興聖寺本脱。
[2] 實:麗再本、磧本作“實”,今從興聖寺本、麗初本、趙本改。

魏洛陽釋道辯傳六曇永 亡名

釋道辯,姓田氏,范陽人[1]。有别記云:“著納擎錫,入於母胎,因而生焉。”天性疏朗,才術高世。雖曰耳聾,及對孝文,不爽帝旨,由是榮觀顯美,遠近欽兹。剖定邪正[2],開釋封滯,是所長也。初住北臺,後隨南遷,道光河洛。魏國有經號大法尊王,八十餘卷,盛行於世,辯執讀知僞,集而焚之。將欲廣注衆經,用通釋典,筆置廳架[3],鳥遂銜飛[4]。見此異徵,便寢斯作。但注維摩、勝鬘、金剛般若、小乘義章六卷、大乘義五十章,及申玄照等行世。

有弟子曇永、亡名二人。永,潛遁自守[5],隱黄龍山,撰搜神論、隱士儀式。

名,文筆雄健,負才傲俗,辯杖之而徙於黄龍。初無恨想而晨夕遥禮云。

【校注】

[1] 范陽:即范陽郡,三國置,隋初廢,治當今河北省涿州市。
[2] 剖:興聖寺本、麗初本、趙本作“割”誤,磧本同麗再本。
[3] 廳:磧本、興聖寺本作“聽”誤,麗初本、趙本同麗再本。
[4] 銜:諸本同,興聖寺本作“衝”誤。
[5] 遁:諸本同,興聖寺本作“道”誤。

魏恒州報德寺釋道登傳七

釋道登,姓芮[1],東莞人。聰警異倫,殊有信力。聞徐州有僧藥者,雅明經論,挾策從之,研綜涅槃、法花、勝鬘,後從僧淵學究成論[2]。

年造知命,譽動魏都,北土宗之,累信徵請。登問同學法度曰:"此請可乎?"度曰:"此國道學如林,師匠百數。何世無行藏,何時無通塞,十方含靈,皆應度脱,何容盡期南國? 相勸行矣。如慧遠拂衣盧阜,曇諦絶迹昆山[3],彭城劉遺民辭事就閑。斯並自是一方,何必盡命,虚想巖穴,遠追巢、許? 縱復如此,終不離小乘之機。豈欲使人在我先,道不益世者哉。隨方適化,爲物津梁,不亦快乎?"登即受請,度亦隨行。及到洛陽,君臣僧尼,莫不賓禮。魏主邀登昆季,策授榮爵。以其本姓不華,改芮爲耐。講説之盛,四時不輟。

末趣恒岳,以息浮競。學侶追隨,相仍山舍,不免談授,遂終于報德寺焉。春秋八十有五,即魏景明年也。

【校注】

[1] 芮:麗再本、興聖寺本、麗初本作"芮"。趙本同磧本。案,"芮"有二義:一據玉篇卷一三"明著也",二據集韻卷六"梗韻丙"爲草名,無作姓氏的例證。

[2] 僧淵:傳見高僧傳卷八:"初遊徐州,止白塔寺。從僧嵩受成實、毗曇。"論:諸本同,興聖寺本作"實"。

[3] 曇諦絶迹昆山:案,高僧傳卷七:"性愛林泉,後還吴興,入故章崐山,閑居澗飲,二十餘載。"

梁楊都莊嚴寺釋僧密傳八[1]

釋僧密,未詳氏族,樂安人[2]。曾未勝衣,便從翦落,幼而易悟,情解過人。年至十六,學友如林,更相開導,有聞鄉黨。將欲廣開視聽[3],師弗之許也,因爾潛遁出寺,從道明沙門受業,一二年中,聲華負海。

泰始之初[4],濟江住莊嚴寺。器望凝練,風儀峻雅,五衆宗推,七貴敬異。深沉詳正,不以利害嬰心,雖復同居衆内,未有測其量者。時人以方法汰,頗謂確言。累居南面,徒衆甚盛,無經不講,專以成實繕奇。負氣高論,少所推下。下才在事,未能賞重,潛相讒構於竟陵王。密不叙濁清,任其書罪[5],乃啓擯淮南。學士隨者三十餘人,相仍講化。天監四年,卒于江北,春秋七十三矣。

【校注】

[1] 密：諸本同，興聖寺本作“蜜”誤。
[2] 樂安：即南朝時樂安郡之樂安縣，治當今山東省博興縣北。
[3] 開：磧本、興聖寺本作“聞”，麗初本、趙本同麗再本。聽：諸本同，興聖寺本脱。
[4] 泰：麗再本作“秦”，今據磧本、興聖寺本改，麗初本、趙本同麗再本。案，“泰始”爲劉宋明帝年號，始於465年，“秦始”非年號。
[5] 書：磧本、興聖寺本作“盡”誤，麗初本、趙本同麗再本。

梁楊都湘宮寺釋曇准傳九智深

釋曇准，姓弘，魏郡湯陰人[1]，住昌樂王寺出家，從智誕法師受業。鑽研之勤，衆皆弗及[2]，處静味道，無風塵之志。善涅槃、法華，聞諸伊洛。閑居遊思，不交世務。承齊竟陵王廣延勝道，盛興講説，遂南度，止湘宮寺。處處採聽，隨席談論，雖逢塗阻，未曾告勞。次公嘆曰[3]：“此北道人，非直美容止[4]，善言笑，烈亮恢廓[5]，雅有器度[6]。至於言論，深有情致。”齊臨川王蕭映、長沙王蕭晃厚相欽禮，廬江何點[7]、彭城劉繪並到房接足[8]，伸其戒誥[9]。講揚相繼[10]，成其業者二百餘人。

以天監十四年卒，春秋七十有七。

時寺復有智深比丘，聰慧博識[11]，經論有功，天子王侯多所賓接。性好直言，無所推屑，每商略撿洗[12]，物有不平[13]。由是坎壈，弘宣阻少。

【校注】

[1] 湯：諸本同，興聖寺本作“陽”誤。案，“湯陰縣”，讀史方輿紀要卷四九“彰德府湯陰縣”條：“戰國爲魏蕩陰地。漢蕩陰縣屬河内郡。晋屬魏郡。後魏因之。東魏省入鄴縣。隋於故縣東七十置湯陰縣，屬衛州。大業末省。唐初，置湯源縣，仍屬衛州，尋改屬相州。貞觀初復曰湯陰縣。”治當今河南省湯陰縣東。
[2] 皆：諸本作“有”誤。
[3] 次公：即釋慧次，傳見高僧傳卷八。
[4] 止：諸本同，興聖寺本脱。
[5] 烈：麗初本、趙本作“列”誤，磧本、興聖寺本同麗再本。
[6] 雅：諸本同，麗初本作“郁”誤。
[7] 點：諸本同，磧本作“默”誤。案，何點，傳見梁書卷五一。
[8] 繪：諸本作“繒”誤，今據磧本改。案，劉繪，傳見南齊書卷四八。
[9] 伸：諸本同，磧本作“申”是。
[10] 繼：諸本同，興聖寺本作“縫”誤。
[11] 聰慧：諸本同，興聖寺本作“聽聰”誤。
[12] 撿洗：磧本、興聖寺本、麗初本作“獫狁”誤，趙本同麗再本。

[13] 有不：諸本作“不有”誤倒，今據磧本改。

梁楊都靈基寺釋道超傳十慧安

釋道超，姓陸，吴郡吴人。吴丞相敬風之六世也。祖昭[1]，尚書金部。父遵[2]，散騎侍郎。超，少以勤篤知名，與同縣慧安早投莫逆，俱遊上京，共契請業。時旻法師住靈基寺，值旻東講，因共聽沙門法珍成論。至滅諦，初聞“三心滅無先後”，超曰：“斯之言悮[3]，非吾師也。”見旻解冠一方，海内諮仰，輟寢忘味，以夜繼晝[4]。但性偏躁鋭[5]，不顧功少，願望已多，每打髀歎曰：“爲爾漠漠，生、肇笑人。”又聞龍光寺僧整始就講説，彌復勇鋭[6]，歎曰：“乃可無七尺，何事在於人後？”惆悵疚心[7]，累日廢業，因自懺悔，求諸佛菩薩，乞加威神，令其慧悟如僧旻也，事在旻傳。遂勤劬苦至，有頃洞澈[8]，終日熙怡，獨語獨笑，每言無價寶珠[9]，我今已得。雍容高步，負氣陵俗，白黑改觀，名架當時[10]。及至講説，解析疑伏，每無遺隱。若復爲賓，雅伏意氣，求相擊抗[11]。若遇機臨敵[12]，無不應躡。同寺僧道賁，年齒小大，亦微向學方[13]，而性多怠惰[14]，未能剋己[15]，横相陵罵。超亦盱衡嘯慠[16]，未之數也。他日，賁曰：“我之與卿，誰相優劣？”超曰：“若論年臘，請以相寄。胸臆之量，未論先後。”時爲直言。自超處獨房，屏絶賓伴[17]，内外墳典，常擁膝前，而手不釋卷，加以塵埃滿屋，蟋蟀鳴壁。中書郎吴郡張率謂曰：“蟲鳴聒耳，塵土埋膝，安能對此而無忤耶？”答曰：“時聞此聲，足代簫管[18]；塵隨風來，我未暇掃。致忤名賓，爲愧多矣。”時人高其放達。

年三十六，以天監初卒。

有慧安道人，仕湘宫寺，探玄析奥，甚有精理。年三十二，卒于住寺。時以盛年俱卒，楊輦同哀。

【校注】

[1] 昭：諸本同，興聖寺本作“照”誤。

[2] 遵：諸本同，興聖寺本作“樽”誤。

[3] 斯：諸本同，興聖寺本作“期”誤。悮：麗再本、麗初本、趙本作“悟”，今據磧本、興聖寺本改。

[4] 繼：諸本作“係”。

[5] 偏：磧本作“褊”誤，趙本同磧本，興聖寺本、麗初本同麗再本。

[6] 鋭：諸本脱，今據磧本補。

[7] 疚心：諸本同，磧本作“疾心”。案，“疚心”偏於擔憂意，南齊書卷一宋帝禪位詔“静惟此紊，夕惕疚心”。而“疾心”側重於由於嫉妒等原因而造成的精神問題，盧

思道勞生論:"篤學强記,聾瞽於焉側目;清言河瀉,木訥所以疾心。"據此,似以"疾心"稍優。

[8] 澈:諸本同,磧本作"徹"。

[9] 每:諸本同,興聖寺本脱。

[10] 架:諸本同,磧本作"駕"。

[11] 抗:諸本作"杭"誤,今據磧本改。

[12] 敵:諸本脱,今據磧本補。

[13] 方:諸本同,磧本似作"万"。

[14] 惰:磧本作"墮",麗初本作"憧",趙本、興聖寺本同麗再本。

[15] 未:諸本同,磧本作"不"。

[16] 慠:麗再本、興聖寺本、麗初本作"嗷"誤,趙本作"噭"誤。案,"慠"同"傲","嘯傲",放曠不拘貌。"嗷",愁嘆聲、嘈雜聲。

[17] 伴:諸本作"倖",今從磧本改。"倖",即幸,含貶意。

[18] 足:諸本同,磧本作"是"似劣。

梁楊都龍光寺釋僧喬傳十一 慧生 僧整 寶淵 慧濟 慧紹[1]

釋僧喬,姓華氏,吴興東遷人[2],出家住龍光寺。聞僧旻説前修立義有諸同異,則忘寢息,志欲禀受。又聽其語論轉捷,則撫掌累嘆,思與偕也。隆昌之世,法筵轉少,仍與同寺僧整、寶淵、慧濟、慧紹等,請旻移住。於是終晨竟夜,一心諮求。布被禦冬,單蔣藉體,饘粥糊口,茹菜充飢,而未曾以貧寒變節。但自勤勵,維日不足,研精奥粹,理悟深明。三四年間,經論通達。後旻還莊嚴,龍光慧生問曰:"諸少相携,並得成器。其間勝負,可得聞耶?"旻曰:"喬公儒雅清虚,履今用古,卷舒文義,優遊教理,鉤深致遠,善能讎校,廉而未講[3],莫與爭先,此乃遺法之所寄也。整公精勤經論,博綜有叙[4],同其業者,重其情性[5]。淵公不無神明而心性偏激[6],亟違禮度,久從異集,無以測其多少。濟公神識清審,經素有功,論文未熟。由其體羸,不堪辛苦故耳。且於義理,足以明道;志行,足以厲俗。紹公情性和理[7],篤有志行,貧而有累,學不得恒。向無妨礙,不患不成美器。"

自喬學之成也,不修世務,不附名聞,閉門静處,坐無雜客,澄懷潛悟,獨得而已。年三十六,天監初卒。

生,本住湘州[8],學明經數,頻御法座[9]。少秉高操[10],慕安、汰之風規。而弊衣蔬食,終身不改。美風姿,善草隸。

整,住襄陽,末遊夏首[11],道化大行。

濟,番禺人,末還嶺表,德被南越,文義風宣[12],有廣被焉。

並天監中卒。

【校注】

[1] 慧生　僧整　慧濟：諸本同，磧本作“僧整　寶淵　慧濟　慧紹”，今據諸本補。寶淵傳在本卷正傳之十七。

[2] 案，“東遷縣”，西晋太康三年置，治當今浙江省湖州市塘南鄉。

[3] 廉：諸本同，磧本作“謙”。“廉”，論語注疏卷一七陽貨“古之矜也廉”，指有操守的堅持。

[4] 博：興聖寺本、麗初本作“傅”。叙：諸本同，磧本作“序”。“叙”同“序”。

[5] 性：諸本同，磧本作“懷”。

[6] 性：諸本同，磧本作“懷”誤。

[7] 和：磧本、麗初本作“知”，興聖寺本、趙本同麗再本。

[8] 住：麗再本作“任”，今據諸本改。

[9] 法：諸本同，興聖寺本脱。

[10] 秉：麗初本、趙本作“康”誤，磧本、興聖寺本同麗再本。

[11] 末：諸本作“未”誤，今據磧本改。案，“夏首”，典出楚辭卷四九章哀郢：“過夏首而西浮兮，顧龍門而不見。”“夏首”即夏水的源頭，指江陵，即今湖北荆州市荆州區故江陵縣。

[12] 文：諸本同，趙本作“交”誤。風：諸本同，興聖寺本作“夙”。

梁楊都彭城寺釋慧開傳十二曇儁[1]

釋慧開，姓袁氏，吴郡海鹽人[2]。初出家爲宣武寺寵公弟子[3]，仍從學阿毗曇及成實論。建武之中，遊學上京[4]，住道林寺，歷聽藏、旻二公經論。後移住彭城。學無時習，經耳不忘，多從酒謔，博弈自娱，而值造次之機，闕無對辯，人間席上，訥其詞也。後忽割略前習[5]，專攻名教，處衆演散[6]，咸慶新聞。及至解名析理[7]，應變無窮[8]，雖逢勍敵巧談，罕有折其角者。講席棋連[9]，學人影赴，遂使名栴普聞，衆所知識。

陳郡謝譓雅相欽賞[10]，出守豫章，迎請講説，厚加嚫遺，還未達都，分散已盡。彭城劉業出守晋安，知居處屢空，餉錢一萬，即贍寒餧，不終一日。開立性虚蕩，不畜貲財[11]，皆此之類也。而情在疏率，不事形儀，衣裳塵滓，未曾舉意洗濯[12]，周旋有不耐者[13]，皆代其解澣。寒則披絮待成[14]，夏則隱席至燥。以天監六年卒，春秋三十有九。

同寺有曇儁者，以遊學顯名，通貫衆經，兼勤禮誦[15]，風素一槩，寒暑彌盛。侍中王慈昆季、司徒長史江革友于[16]，並與之朋遊焉[17]。

【校注】

[1] 曇儁：諸本同，大正藏校引宫本作“慧聞”，興聖寺本作“慧開 曇儁”。

[2] 案，“海鹽縣”秦置，屬會稽郡，東漢永建四年屬吴郡，南朝梁太清三年屬武原郡，陳

復屬吴郡,陳永定二年屬海寧郡,不久併入鹽官縣。

[3] 寵公:即釋法寵,見本書卷五本傳。

[4] 上:麗初本、趙本作"止"誤,磧本、興聖寺本同麗再本。

[5] 割:諸本同,磧本作"剖"誤。

[6] 處衆演散:磧本作"處衆演教",誤,上句已經有"教"。興聖寺本作"處演設教"。麗初本、趙本同麗再本。

[7] 析:麗再本、麗初本、趙本作"拆"誤,今據磧本、興聖寺本改。

[8] 應變:興聖寺本、麗初本衍作"應無變",磧本、趙本同麗再本。

[9] 棋:麗再本、麗初本、趙本作"基"誤,今據磧本、興聖寺本改。

[10] 譓:諸本作"惠",今從磧本。案,謝譓,傳見南史卷二〇。

[11] 貲:磧本、興聖寺本作"資",麗初本、趙本同麗再本。"貲"通"資"。

[12] 洗:諸本同,磧本作"浣"。

[13] 周旋:諸本同,磧本作"同旅"誤。"周旋"指相與交往的僧侣。

[14] 絜:諸本同,興聖寺本作"紫"誤。

[15] 禮:諸本同,興聖寺本脱。

[16] 史:諸本同,磧本作"吏"誤。

[17] 朋:興聖寺本、麗初本、趙本作"明"誤,磧本同麗再本。

梁楊都建初寺釋明徹傳十三

釋明徹,姓夏,吴郡錢唐人[1]。六歲喪父,仍願出家,住上虞王園寺。學無師友,從心自斷,每見勝事,未曾不留心諦視。遇客讀釋道安傳,云"聞安少孤,爲外兄所養",便歔欷嗚咽,良久乃止。他日借傳究尋,見安弘法之美,因撫膝嘆曰:"人生居世,復那可不爾乎[2]?"自是專務道學,功不棄日。嘗與同學數輩住師後房[3],房本朽故,忽遭飄風吹屋,攲斜欲倒。師行不在,無物支持,衆人皆走,徹習業如故。會稽孔廣聞之,嘆曰:"孺子風素殊佳,當成名器。"時倫因事推伏,馳名東越。

齊永明十年,竟陵王請沙門僧祐三吴講律[4],中塗相遇,雖則年齒懸殊,情同莫逆。徹因從祐受學十誦,隨出楊都,住建初寺。自謂律爲繩墨,憲章儀體,仍遍研四部,校其興廢,當時律辯[5],莫有能折。

建武之中,移業經論,歷採衆師,備嘗深義。以旻法師標正經論,妙會機神,覃思通微[6],易鉤深奥,乃從其成業。齊太傅蕭穎胄深相欽屬[7],及領荆州,携遊七澤,請於内第,開講浄名。每曰:"諸經文句,既是應機所説,或有委曲深微,或復但拘名字。先來英舊,人各厝情,謬當今日,望此玄宗,遠無髣髴,深懷愧惻。"時咸重其謙退。及蕭氏將薨,贈别麈尾軟几[8]。徹以遺命所留,憑撫以盡其壽。

天監之初,始返都邑,又從旻受業。少長祈請,常爲覆述,究博深文,洞明奥旨,盤根交結,了無遺滯。遠樹名聞,徵屈重疊,乍經乍論,四時不輟,聽受之衆,不遠雲集。武帝欽待,不次長召[9],進于内殿,家僧資給,歲序無爽。帝以律明萬行[10],條章富博[11],願撮取簡要[12],以類相從。天監末年,勑入華林園,於寶雲僧省,專功抄撰,辭不獲免。每侍御筵,對揚奥密,皇儲賞接,特加恒禮。故使二宫周供[13],寒暑優洽。當時名輩,並蒙殊致,未有恩渥如此之隆[14]。

以其鳩聚將成,忽遘疾沉積,於壽光殿移還本寺。天子親自怡色温言,躬臨慰喻,知當不振[15],退而流涕,中使參候,晨宵不絶。徹自惟將卒,奉啓告辭。皇心載軫於萬壽殿,時内外樞揆,一時慟絶,以呈徹表故也。其文曰:

因果深明,倚伏何逭[16]。明徹雖復愚短,忝窺至籍,將謝之間,豈復遺吝?但知恩知慶,輒欲言之。明徹本出東荒賤民而已,微有善識,得廁釋門。契闊少年,綢繆玄覺,雖未能體道,微得善性。運來不輟,遇會昌時,遂親奉御筵,提攜法席,且仁且訓,備沐恩獎。恒願舒慕丹誠[17],奉揚慈化,豈意報窮,便歸塵土,仰戀聖世,何可而言。特願陛下永劫永住[18],益蔭無涯,具足莊嚴。道場訓物,天垂海外,同爲净土,勝果遐流,雍容遠集。明徹以奉值之慶,論道之善,脱億代還生,猶冀奉覲。惟生惟死,俱希濟拔,臨盡之間,忽忽如夢[19]。雖欲申心,心何肯盡。不勝悲哀之誠,謹遣表以聞。

勑答:

省疏,增其憂耿。人誰不病,何以遽終過甚?法師至性堅明,道行純備[20],往來净土,去留安養,方除四魔,理無五畏。唯應正念諸佛,不捨大願,與般若相應,直至種智。發菩提心,彼我相攝,方結來緣,敬如所及。菩薩行業,非千百年,善思至理,勿起亂想。覽筆悽懑[21],不復多云。

帝因於寺爲設三百僧會,令徹懺悔。自運神筆,製懺願文。事竟,遂卒寺房,即普通三年十二月七日也。窆于定林寺之舊墓,勑給東園秘器,凶事所資,隨由備辦。主者監護,有崇敬焉。

【校注】

[1] 唐:諸本同,趙本作"塘"誤。案,"錢唐縣",秦置,屬會稽郡,東漢末屬吴郡,南朝梁太清三年屬臨江郡,陳禎明元年改屬錢唐郡。

[2] 可不:諸本同,興聖寺本作"不可"。

[3] 嘗:興聖寺本、麗初本、趙本作"當"誤,麗再本同磧本。

[4] 僧祐:事見高僧傳卷八、卷一二、卷一三。

[5] 辯：諸本同，興聖寺本作“辨”。

[6] 覃：諸本作“譚”，今從磧本。

[7] 冑：諸本脱，今據磧本補。案，據南齊書卷八和帝紀及卷三八蕭穎冑傳，蕭穎冑出任荆州在永元元年。

[8] 贈：興聖寺本、麗初本、趙本作“則”誤，磧本同麗再本。

[9] 召：興聖寺本、麗初本、磧本作“名”是，趙本同麗再本。

[10] 萬行：磧本作“萬緒”，興聖寺本作“八萬行”，麗初本、趙本作“八萬”。

[11] 條：興聖寺本、麗初本作“修”。

[12] 願攝取：諸本作“欲攝聚”誤。

[13] 周：諸本同，興聖寺本作“用”誤。

[14] 未：諸本同，興聖寺本作“木”誤。

[15] 振：諸本同，磧本作“救”。

[16] 何逭：諸本作“寄逭”。案，“逭”，玉篇卷一〇“迭也”，更迭也。

[17] 慕：磧本作“展”誤。

[18] 劫：諸本同，興聖寺本作“却”誤。

[19] 忽忽：諸本同，磧本作“怱怱”誤。

[20] 純：興聖寺本作“結”，趙本作“絶”，磧本、麗初本同麗再本。

[21] 懣：興聖寺本、麗初本、趙本作“滿”誤，磧本同麗再本。“懣”，説文卷一〇“煩也”。

梁餘杭西寺釋法開傳十四

釋法開，姓俞，吴興餘杭人[1]。稚年出家，住北倉寺，爲曇貞弟子。貞，清素澄嚴，殊有解行。開，少聰敏，家業貧窶，身服不充，食噉麤澀。同學僧流、曇誕家有盈財，服翫奢麗，並從貞受業，屢有年勞，及鉤深造微，未有逮開者也。而流、誕自恃優饒[2]，甚相輕忽。

開懷怏然[3]，遂負帙西遊，住禪罡寺[4]，仍從柔、次二公學成實論。衣不蔽形，食趣支命，而不避寒風暑雨，以晝係夜。歷業即優，精解無礙，終日遊談，未嘗蹔息。心性躁鋭，無悶勍敵，揖而不攻[5]，有時竊發潛登以掩不備，當其鋒者，罕不結舌，由是顯名。吏部尚書琅琊王峻、永嘉太守吴興丘墀皆揖敬推賞[6]，願永勖誡[7]。

後還餘杭，止于西寺。先相陵駕之者，望風飲氣，永相隱避，以至于死。開因爾講筵相接，道俗嘆服。沙門智藏後遊禹穴，講化成論，開往觀之，緬難累日，賓僚餐悦。藏曰：“開法師語論已多，自可去矣，吾欲入文。”開曰：“釋迦説法，多寶踴現[8]。法師指南，命衆而遣客，何耶？”藏有慚色。

以普通四年卒[9]，春秋六十五矣。

【校注】

[1] 案,"餘杭縣",秦置,屬會稽郡。東漢改屬吴郡,三國吴寶鼎元年改屬吴興郡,隋開皇九年改屬杭州,大業初屬餘杭郡,唐初改屬杭州。治當今浙江省杭州市餘杭區。

[2] 自恃:諸本作"恃自"誤倒。

[3] 快然:諸本同,案,"快然"爲喜悦貌,於文意扞格不通,疑當是"缺然"之訛。"缺然",典出莊子逍遥遊:"吾自視缺然,請致天下。"成玄英疏:"自視缺然不足,請將帝位讓與賢人。"於文意正相吻合。

[4] 罡:諸本同,磧本作"岡"。"罡"同"岡",山崗。案,"禪岡寺"爲南朝宋蕭慧開爲其父蕭思話所建,在建康南崗,參見南史卷一八蕭思話傳附蕭慧開傳。

[5] 無悶勍敵揖而不攻:麗再本作"無敵不攻",趙本作"不敵不攻",今據磧本、興聖寺本、麗初本。

[6] 揖:興聖寺本、麗初本、趙本作"攝"誤,磧本同麗再本。

[7] 永:諸本同,磧本作"求"。

[8] 踴現:諸本同,磧本作"涌現"。二詞義同,但中古似多用"踴"。

[9] 卒:磧本、麗初本脱,興聖寺本、趙本同麗再本。

梁楊都瓦官寺釋道宗傳十五法敞

釋道宗,未知氏族,荆州江陵人。早年離俗,住瓦官寺。情性真直,不務馳競,耳不妄屬,口不誑言[1],修身潔己,動静有度。歷學經論,了無常師,終日寢處,卷軸而已。清談高論,聽者忘疲,衣裳麤弊,飲食疏儉。遭值年飢,入里不給,南遊嶺表,其道大行,以死自誓,誘化不息。年五十餘,卒於彼土。

復有法敞,住延賢寺。少研經數,長多講説。齊末歲儉,固窮守操,清貧馳務,不競貪積。天監初,西遊陸海,東歸全楚[2],弘宣有功焉。

【校注】

[1] 誑:諸本作"狂",今從磧本。

[2] 全:"全",諸本同,磧本作"令",興聖寺本字形近"令"。

魏洛下廣德寺釋法貞傳十六僧建　慧聰　道寂

釋法貞,不測氏族,渤海東光人[1]。九歲出家,俊秀之聲,不齊凡類。住魏洛下之居廣德寺,爲沙門道記弟子。年十一,通誦法華,意所不解,隨迷造問。記謂曰:"後來總持者,其在爾乎。"及至年長,善成實論,深得其趣。備講之業[2],卓犖標奇,在於伊洛,無所推下,與僧建齊名。時人目建爲"文句無前",目貞爲"入微獨步"。貞乃與建爲義會之友,道俗斯附,聽衆千人,隨得嚫施，造像千軀，分布供養。

魏清河王元懌、汝南王元悦並折腰頂禮，諮奉戒訓。會魏德衰陵，女人居上，毁論日興，猜忌逾積，嫉德過常，難免今世。貞謂建曰："大梁正朝，禮義之國，又有菩薩，應行風教，宣流道法，相與去乎？今年過六十，朝聞夕死，吾無恨矣。"建曰："時不可失，亦先有此懷。"以梁普通二年，相率南邁，貞爲追騎所及，禍滅其身，春秋六十一矣。

僧建，清河人[3]。沙彌之時，慧俊出類。及長成人，好談名理，與慧聰、道寂、法貞等同師道記。少長相携，窮研數論，遂明五聚，解冠一方。常日講衆，恒溢千人。碩學通方，悦其新致，造筵談賞，以繼晝夜。雖乃志誨成人，而入里施化。魏高陽王元邕亟相延請，累宵言散，用祛鄙吝。或清晨嘉會，一無逮者，輒云深恨，不同其叙，故聞風傾渴者，遥服法味矣。後南遊帝室，達于江陰，住何園寺[4]。武帝好論義旨，勑集學僧於樂受殿，以次立義。每於寺講[5]，成濟後業，有逾於前。

慧聰，立心閑豫，解行遠聞。

道寂，博習多通[6]，雅傳師業，並終于魏土。

【校注】

［1］東光：諸本同，磧本作"東莞"誤。據魏書地形志、隋書地理志，東光縣屬渤海郡；東莞，則多爲郡級單位，故應爲"東光"。"東光"，治所在今河北省東光縣東二十里處。

［2］備：諸本同，磧本作"修"。

［3］清河：因僧建爲北魏人，故當爲清河郡清河縣，治當今山東省臨清市東北。

［4］園：諸本同，麗初本作"國"誤。

［5］每於：興聖寺本、麗初本、趙本作"於每"誤，磧本同麗再本。

［6］通：諸本同，永北本作"聞"。

梁益州羅天宫寺釋寶淵傳十七　法文　法度　法護　道興　本闕[1]

釋寶淵[2]，姓陳，巴西閬中人也。年二十三，於成都出家，居羅天宫寺，欲學成實論，爲弘通之主。州鄉術淺，不愜憑懷[3]，齊建武元年下都，住龍光寺，從僧旻法師稟受五聚。經涉數載，義頗染神，旻曰："此君任性俊警[4]，智慮過人[5]，但恨迴忽不倫[6]，動静險躁。若值通人優接，當成一世名士[7]；若不遇時，不得其死，必當損辱大法矣。"淵酷好蒲撲，使酒挾氣，終日狼狽[8]，無所推下。旻累諫曉喻，返以爲讎，因爾改塗，復從智藏，採聽先業[9]。

自建講筵，貨財周贍，勇勵辛勤[10]，有倍恒日。每言："大丈夫當使人待我[11],何能久侍人?"乃廣寫義疏,貴市王征南書[12],緘封一簏,有意西歸。同寺慧濟謔之曰:"昔謝氏青箱不至,不得作文章。今卿白簏未來,判無講理。"淵曰:"殊不然。此乃打狗杖耳。"因帶挾西反[13],還住舊寺。標定義府,道俗懷欽,於是論筵頻建,聽衆數百。自重名行,少賓知已。沙門智訓遊學京華,數論通敏,同還本壤,投分與交,淵弗許也。後寺庫犯官,淵自恃名高一州,爲物所讓,以身代當,强悍不弭。至於事成,知當必敗,因爾出郭,於路以刃自刎。時年六十一矣[14],即普通七年也。

彭門爾時[15],復有法文、法度、法護、道興等,並以廣學達名。文,貞廉好尚,雅有風采。度,通解大乘,方嚴有則。護,剛直履信[16],不交世務。興,秉素懷正,好仁奉義。並下都住寺,不墜學宗,爲諸雄辯所見推仰。

【校注】

[1] 道興 本闕:"本闕",磧本、興聖寺本無。"道興",麗再本、麗初本無,今據磧本、興聖寺本補。

[2] 竇:諸本同,興聖寺本衍作"竇竇"。

[3] 愜:諸本同,麗初本作"恢"誤。

[4] 警:諸本同,興聖寺本作"敬"誤。

[5] 案,從"過人"到下文釋慧超傳之"仍從法常乞受具足誦",興聖寺本、麗初本脱。

[6] 迴:永北本作"廻",磧本、趙本同麗再本。

[7] 當:趙本作"儻"誤,磧本同麗再本。

[8] 狼狽:磧本作"狼忙"。趙本同麗再本。"狼忙",慌忙。太平廣記卷二七五引三水小牘"捧硯"條:"一歲時,夏日浴之,裸卧於廊廡間,有卑脚犬曰青花,忽來嚙兒陰食之。春紅聞啼聲,狼忙而至,則血流盈席矣。賴至德有良藥封之,百日如故。"

[9] 聽:磧本作"孺"誤,趙本同麗再本。

[10] 勇勵:磧本作"篤勵"亦通,趙本同麗再本。

[11] 侍:磧本作"事"似更優,趙本同麗再本。

[12] 書:麗再本、趙本作"尚書"誤。"書",書法,今據磧本删。"王征南",指蕭齊時王僧虔,時以書法擅名,晚年曾任"持節、都督湘州諸軍事、征南將軍、湘州刺史",傳見南齊書卷三三。

[13] 挾:磧本作"帙"誤,上文爲"簏",趙本同麗再本。

[14] 時:趙本作"則"誤,磧本同麗再本。

[15] 時:磧本作"前"誤,趙本同麗再本。

[16] 履信:磧本作"敦信"似優,趙本同麗再本。

梁楊都冶城寺釋僧詢傳十八 道遂 道標 本闕[1]

釋僧詢,姓明,太子中庶山賓之兄子也[2]。年始入禮,嘗聽山賓共客談論，追領往復，了無漏失。賓撫其首，曰："今使吾門不墜者[3]，其在爾乎。"父奉伯，篤信大法，知其聰俊可期[4]，神幽冥長，堪濟愛海[5]，年十二，敕令出家，爲奉誠寺僧辯律師弟子。辯性廉直，戒品冰嚴，好仁履信，精進勇勵，常講十誦。詢後住冶城寺，持操高尚，勤辛好學，從光宅寺法雲諮稟經論，散處伽藍[6]，不營雜事。當時名德，皆稱善焉。歷耳不忘，經目必憶，常能覆述，有如瓶瀉。時人嘉其清辨[7]，白黑重其無倦。凡所聽聞，悉爲注記，雖無大才而彌綸深極，同學門友莫不傳寫。以天監十六年卒，春秋三十有五。

時復有道遂、道標，同海陵人，並從法雲受業，經論洽聞，博綜有序。

【校注】

[1] 冶：麗再本、興聖寺本、麗初本、趙本作"治"誤，今據磧本，下同不再出注。本闕：磧本無，興聖寺本、麗初本、趙本同麗再本。

[2] 山賓：傳見梁書卷二七。

[3] 今：趙本作"令"誤，麗再本同磧本。

[4] 俊：磧本作"携"誤，趙本同麗再本。

[5] 堪：麗再本、趙本脱，今據磧本補。

[6] 處：磧本作"帶"誤，趙本同麗再本。

[7] 辨：磧本作"辯"應是，趙本同磧本。

梁楊都靈根寺釋慧超傳十九本闕[1]

釋惠超[2]，姓王，太原人。永嘉之亂，寓居襄陽。七歲出家，住檀溪寺，爲惠景弟子。景，清恒平簡[3]，雅有器局。普通之初，總州僧正，以節儉聞之。超，幼而清悟，容止詳美，進趣合度。事景一年，以衆大諠雜，乞移禪房，依止僧崇禪師，習學定業。年十二，又從同寺僧受[4]，學通三玄。齊永明中[5]，竟陵王請智秀法師與諸學士隨方講授，西至樊鄧，超因憑受學。同時合席，皆共服其領會。隨秀還都，住靈根寺，仍從法常乞受具足。誦戒不盈二日，聽律未周兩遍，皆識文知義，鏡其纖密[6]，稟承師訓，無相忝也。及師亡後，又從智藏採習經論。藏曰："此子秀發，當成美器。"藏之出處，多與同遊。備通諸部，名動京邑。後從慧集，餐聽毗尼。裁得數遍[7]，集乃嘆曰："不謂始學，已冰寒於水矣。"後還鄉定省，合境懷之。

武帝敕還，爲壽光學士。又敕與正觀寺僧伽婆羅[8]，傳譯阿育王經，使超筆受，以爲十卷。而晦德進人，不專矜伐，故有要請，多推舊德。藏後使其代講，讓不肯當。或逢群賢博論，未曾不預辯通塞[9]。及抗擊前敵[10]，知理將窮而必下；或遇機隙，便亦應躡而默然。斯亦稟識，同所不安[11]，而超能謙降若此。衣食趣濟,榮貴未邀,襆無資蓄。

安成康王蕭雅秀欽敬戒德,出蕃要請,相携於鎮,講發風被,遠近服歎。康王薨後,吴平侯蕭昺遊夏口[12],復屈俱行,法筵又鋪,學者稱詠。還都續講,聽侣相趍[13],二百餘僧,四時習業[14]。

於普通七年卒[15],時年五十有二。

【校注】

[1] 本闕:磧本無,興聖寺本、麗初本、趙本同麗再本。
[2] 惠:磧本作"慧"應是,趙本同麗再本。
[3] 恒:磧本作"坦"似優,趙本同麗再本。
[4] 受:磧本作"授",趙本同麗再本。
[5] 永明中:磧本作"齊永明中"。趙本同麗再本。
[6] 鏡:興聖寺本、麗初本作"境"誤,磧本、趙本同麗再本。
[7] 裁:諸本同,磧本作"纔"。"裁"通"纔"。
[8] 與正觀寺:麗再本作"與觀寺",麗初本、趙本作"學觀寺",今據磧本、興聖寺本改。案,正觀寺爲蕭齊時商人在建康爲天竺僧人求那毗地造,見高僧傳卷三。而續高僧傳卷一僧伽婆羅傳記其住正觀寺。
[9] 未:諸本同,趙本作"末"誤。辯:諸本同,興聖寺本作"辨"。
[10] 及:諸本同,磧本作"及至"是。
[11] 同:諸本同,大正藏校引宋本、宫本作"安"。
[12] 遊:諸本同,趙本作"西遊"。
[13] 趍:興聖寺本、麗初本、磧本作"趣",趙本同麗再本。
[14] 四:興聖寺本、麗初本作"曰"誤,磧本、趙本同麗再本。
[15] 卒:諸本同,興聖寺本作"都"。案,疑當是"卒都"之脱。

齊鄴中天平寺釋真玉傳二十

釋真玉,姓董氏,青州益都人[1]。生而無目,其母哀其,及年至七歲[2],教彈琵琶,以爲窮乏之計。而天情俊悟,聆察若經,不盈旬日,便洞音曲。後鄉邑大集,盛興齋講,母携玉赴會,一聞欣領,曰:"若恒預聽,終作法師,不憂匱餒矣[3]。"母聞之,欲成斯大業也,乃棄其家務,專將赴講,無問風雨艱關,必期相續[4]。玉包略詞旨,氣攝當鋒[5],年將壯室,振名海岱。後遭母憂,捨法還家,廬於墓側,哀毁過禮,茹菜奉齋,伏塊持操[6],三年野宿[7],鄉黨重之。後服闋附道,修整前業,覽卷便講,無所疑滯,預聞徒侣,相次歸焉。

齊天保年中,文宣皇帝盛弘講席,海内髦彦,咸聚天平。於時,義學星羅,跨轢相架,玉獨標稱首。登座談叙,罔不歸宗,盡諦窮神,焕然開發。耆年前達,稽首崇仰,遂使道俗奔隨,酌衢罇而不竭矣[8]。一曾往復者,别經十年,聞聲即憶其名義[9]。斯總持之功,莫與尚也。常徒學士幾百千人,耳對行往,了知心性,誡勖之勤,彌隆餘哲[10]。

生來結誓,願終安養,常令侍者讀經[11],玉必跪坐合掌而聽。忽聞東方有净蓮華佛國[12],莊嚴世界與彼不殊,乃深惟曰:"諸佛净土,豈限方隅,人並西奔,一無東慕,用此執心[13],難成迴向。"便願生蓮華佛國,曉夕勤到,誓不久留。身無疹瘵,便行後事[14],授諸弟子衣服[15]、几杖、麈尾[16]、如意,分部遺詰,各有差降。衆初不悟之也,並共驚之,玉曰:"願與運同[17],世非可樂,汝等助念蓮華佛,令我得至彼岸也。"布薩之後,便卧疾於鄴城北王家,神氣無昧,聲相如常。動京大德並就問疾。午後,忽見烟雲相糺,從東而來,異香纏繞,充塞庭宇,空中出聲有如讚唄之響,清亮宛然。當爾之時,足漸向冷,口猶誦念,少時而卒。卒後十日,香氣乃絶。大衆哀仰,如臨雙樹[18]。王氏昆季俱制縗絰[19],與諸門人收其屍而葬焉。

【校注】

[1] 案,"益都縣",曹魏改益縣置,屬齊國。南朝宋及北魏屬齊郡,治所在今山東省壽光市南十里。北齊天保七年移治今山東省青州市,屬青州齊郡。隋屬北海郡,唐屬青州。

[2] 其母哀其及年至七歲:諸本同,磧本作"其母哀其不及。年至七歲"。

[3] 餒:諸本同,興聖寺本、麗初本作"饋",磧本、趙本同麗再本。

[4] 無問風雨艱關必期相續:諸本同,興聖寺本作"無問風雨難關,必斯相續"誤。

[5] 攝:麗初本、趙本同磧本作"慴"。興聖寺本同麗再本。案,"攝"通"慴",左傳正義卷三一"襄公十一年九月"條:"君若能以玉帛綏晋,不然,則武震以攝威之。"

[6] 塊:磧本、興聖寺本作"凶"誤。

[7] 三:磧本、興聖寺本、麗初本作"五",趙本同麗再本。

[8] 竭矣:諸本同,興聖寺本作"謂美"誤。

[9] 聞:諸本同,興聖寺本作"間"。義:興聖寺本、麗初本作"氏",磧本、趙本同麗再本。

[10] 哲:諸本同,興聖寺本作"誓"誤。

[11] 侍:諸本同,興聖寺本作"得"誤。

[12] 净蓮華佛國:指華藏世界,説見華嚴經。

[13] 用:麗再本、興聖寺本作"因",今從磧本、麗初本、趙本。

[14] 事:興聖寺本、麗初本脱,磧本、趙本同麗再本。

[15] 授:諸本同,趙本作"受"誤。

[16] 麈:磧本、興聖寺本作"塵"誤,麗初本、趙本同麗再本。

[17] 同:諸本同,磧本作"周"誤。

[18] 臨雙:諸本同,興聖寺本作"監臨"誤。"雙樹",指釋迦牟尼在雙樹下涅槃的典故。

[19] 王:麗再本、麗初本作"玉",今據磧本、興聖寺本、趙本改。縗:諸本同,磧本作"衰"。

後梁荆州大僧正釋僧遷傳二十一[1]

釋僧遷，姓嚴，吴郡吴人[2]。孝敬夙彰，侍中王錫見而異焉[3]，一面定交。師事鍾山靈曜道則法師。則亦權行外彰，深相推重。後遊談講肆，縱辯天垂，曾難招提慧琰"禪品義"，精思間出，中座嗟暢。招提因改舊致，更新章句。梁高有勑興善殿義集[4]，登即鋭辯如流，帝有嘉之[5]，仍降家僧之禮。帝製勝鬘義疏，班壽光殿，諸僧咸懷自恧[6]，遷深窮理窟，特詔敷述，皇儲、尚書令何敬容以並請論擊，道俗欣洽，時論韙之[7]。

中興荆鄴，正位僧端，職任期月[8]，道風飆舉，恂恂七衆[9]，不肅而成[10]。昔晋氏始置僧司，迄兹四代，求之備業，罕有斯焉。自後，探索幽求，經誥盤結，皆鍼肓起廢[11]，怡然從正[12]。

以天保十二年四月十七日[13]，移神大寶精舍，春秋七十有九。二十日，葬於江陵之中華北山[14]。初年少，孝稟自然，家貧親老，珍養或闕。後名德既立，供噸腴旨，進饋益陳[15]，及處艱憂，毁幾致滅。年方弱冠，便誦法華，數溢六千，坐而若寐，親見普賢，香光照燭，仍降摩頂。書而不傳，大漸惟幾，方陳同志。凡講涅槃、大品十八部經，各數十遍，皆製義疏，流于後學。

等觀，即梁明帝之法名也，自云北面歸依，時移三紀，擁經問道[16]，十有三年，終識苦空，功由善導[17]。况乎福田五世，師資兩葉，仁既厚矣，義寔深焉。遂刊碑墳隴，述德如左[18]。

【校注】

[1] 州：興聖寺本、麗初本、趙本脱，磧本同麗再本。

[2] 吴郡吴：即吴郡吴縣。案，"吴縣"，秦置，屬會稽郡。東漢爲吴郡治，南朝梁太清二年爲吴州治，隋開皇九年爲蘇州治，大業初爲吴州治。唐武德四年爲蘇州治。治當今江蘇省蘇州市。

[3] 王：諸本作"玉"，今從磧本。

[4] 興善：諸本作"善言"，今從磧本。

[5] 嘉：諸本同，麗初本作"喜"誤。

[6] 恧：興聖寺本、麗初本作"思"誤，磧本、趙本同麗再本。

[7] 韙：諸本作"題"誤，今從磧本。

[8] 期(朞)：麗再本、興聖寺本、麗初本作"基"誤，今據磧本、趙本改。

[9] 恂恂：興聖寺本、麗初本、趙本脱一"恂"字，磧本同麗再本。

[10] 肅：諸本作"齊"，今據磧本改。

[11] 肓：諸本作"盲"誤，今據磧本改。

[12] 正：諸本作"政"誤，今據磧本改。

[13] 天保：麗再本、趙本作"天監"誤，今據磧本、麗初本、興聖寺本改。案，據上下文，僧

遷去世在梁武帝去世後,故作"天監"誤。"天保"是梁明帝蕭巋的年號,"天保十二年"當564年。

[14] 陵:麗再本、麗初本、趙本作"淩",今據磧本、興聖寺本改。

[15] 饋:磧本、興聖寺本、麗初本脱,趙本同麗再本。

[16] 擁:諸本作"權"誤,今據磧本改。

[17] 導:諸本同,磧本作"道"。

[18] 左:興聖寺本、麗初本作"在"誤,磧本、趙本同麗再本。

續高僧傳卷第七[1]

義解篇三[2] 正紀十　附見四

陳楊都宣武寺釋洪偃傳一

釋洪偃，俗姓謝氏，會稽山陰人[3]。祖茂，恭和凝慎，不交世俗。父藏，博綜經史，善屬文藻，梁衡陽王聞而器之[4]，引爲僚友。偃，風神穎秀，弱齡悟道，晝讀經論，夜諷詩書，良辰華景[5]，未嘗廢學。自爾，幼而聰敏，州里稱焉。及長，遊聽京邑，遍聞數論。後值龍光寺綽法師[6]，便委心受業。特加賞接[7]，以爲絶倫。由是學侶改觀，轉相推伏。

二三年中，便盡幽奥，乃開筵聚衆，闡揚成實。舉厝閑雅，詞吐抑揚，後學舊齒，稽疑了義，横經荷笈，虚往實歸。由此仰膺法輪，總持諸部，勇氣無前，任其披解。宿望弘量，因循舊章，偃屬思雲霄[8]，曾無接對。見忤前達，不能降情，自是來學有隔[9]，聽者疏焉。遂閉志閑房，高尚其道，間以尋緗閲史，廣求多見。秋水春臺，清文迴出，壯思雲飛，英詞錦爛[10]；又善草隸，見稱時俗，纖過芝葉，媚極銀鉤。故貌、義、詩、書，號爲四絶，當時英傑，皆推賞之。梁太宗之在東朝，愛其俊秀[11]，欲令還俗，引爲學士，偃執志不迴，故弗能致。會武帝發講重雲，延德肆問，而年非宿老，座第甚遠[12]，抗言高論，精理入神。帝賞嘆久之，莫不矚目。偃形止自若，神守如初，僉服其高亮也。及引進後堂，加優其禮。屬戎羯陵踐，兵飢相繼，因避地于縉雲[13]，眷眄泉石。又寇斥山侣[14]，遂越嶺逃難，落泊馳滯，曾無安堵。梁長沙王韶鎮郢[15]，聞風叙造[16]。俄而渚宫陷覆，上流阻亂，便事東歸。因懷自静[17]，有顧林泉[18]。乃杖策若耶雲門精舍[19]，歷覽山水，美其栖遲[20]，登吴昇平亭賦詩，曰：

蕭蕭物候晚，肅肅天望清。旅人聊杖策，登高蕩客情。川源多舊迹，墟里或新名。宿烟浮始旦，朝日照初晴。獨遊乏徒侣，徐步寡逢迎。信矣非吾託，賞心何易并。

遂汎浪巖峰，有終焉之志，葺修寺宇，結衆礪業。

逮陳武廓定，革命惟新[21]，京輔舊僧，累相延請，乃顧山衆，曰："吾勤苦積學五十餘年，事故流離，未遑敷説，今時來不遂，何謂爲法亡身乎？"以天嘉之初出都，講于宣武寺，學徒又聚，莫不肅焉。雖樂説不疲，而幽心恒結，每因講隙，遊鍾山之開善[22]、定林，息心宴坐，時又引筆賦詩曰：

杖策步前嶺，褰裳出外扉。輕蘿轉蒙密，幽逕復紆威。樹高枝影細，山晝鳥聲希。石苔時滑屐[23]，蟲網乍粘衣。澗旁紫芝曄，巖上白雲霏。松子排烟去，常生寂不歸[24]。窮谷無還往，攀桂獨依依。

會齊使通和，舟車相接。崔子武等擅出境之才，議其瞻對，衆莫能舉。世祖文皇以偃内外優敏，可與抗言，勑令統接賓禮。樞機温雅，容止方稜，敷述皇猷，光宣帝德，才詞宏逸，辯論旁馳，潤以真文[25]，引之慈寄，子武等頂受誥命[26]，銜佩北蕃。帝嗟賞厚惠，更倍恒度，皆推以還公，一無所納。

是歲舊疾連發，聽者復疏，止於小室，許有諮問。懷不能已，情有斐然，乃著成論疏數十卷[27]。剖發精理[28]，構思深劇[29]，疾轉沉篤，功不剋就。以天嘉五年九月二十一日，至于大漸，神氣不昧，命弟子曰："衆生爲貪心之所暗也。貪我則惜落一毛，貪他則永無厭足。至於身死之後，使高其墳，重其槨[30]，必謂九泉之下，還結四鄰，一何可笑[31]。而皇甫謐、楊王孫微得我意，雖知會歸丘壤而未知初度之心。今冥目之後[32]，以此脯腊鄙形，布施上飛下走[33]、一切衆生。若前身相負，仍以相償，如無相對，則生我檀善。此之微心，亦趣菩提，物莫不共矣。"言畢合掌，終於宣武寺焉[34]，春秋六十有一。知與不知，咸懷惻愴[35]，即以其月二十二日，尸陁於鍾山開善寺之東崗焉[36]。

然偃始自離俗[37]，迄于遷化，唯學是務，儉節掃衣，弗事華廣[38]。每緣情觸興，輒叙其致，而文彩灑落[39]，罕有嗣者。綴述篇章，隨手散失，後人掇聚集之，成二十餘卷。值亂零失，猶存八軸，陳太建年，學士何俊上之[40]，封于秘閣。

【校注】

[1] 案，麗初本本卷卷首有殘闕。

[2] 義解篇三：諸本同，磧本作"義解篇"。

[3] 案，"山陰縣"，秦置，屬會稽郡，隋開皇九年廢，唐武德七年重置，次年廢。治當今浙江省紹興市。

[4] 梁衡陽王：指梁武帝的弟弟蕭暢。據蕭衍的年壽推算，蕭暢去世時在 37 歲左右，

蕭暢之子的年齡不足20歲,當時洪偃的父親年齡約在20歲左右,故梁衡陽王當爲蕭暢。

[5] 辰:諸本同,興聖寺本作“晨”。

[6] 綽法師:即僧綽,成實宗晚期大師。參見本書卷六釋慧韶傳、卷七釋警韶傳、釋慧勇傳、卷九釋慧晅傳、卷一六釋智遠傳。

[7] 特:興聖寺本、麗初本作“持”誤,磧本、趙本同麗再本。

[8] 屬:磧本、麗初本作“厲”,興聖寺本作“矚”。趙本同麗再本。案,“屬思”,即構思。梁書卷八昭明太子傳:“每遊宴祖道,賦詩至十數韻。或命作劇韻賦之,皆屬思便成,無所點易。”“厲思”,古籍中罕用。

[9] 學:諸本同,興聖寺本作“覺”誤。

[10] 英:諸本同,興聖寺本衍作“英廣”。

[11] 俊:諸本同,興聖寺本作“携”誤。

[12] 第:諸本同,興聖寺本作“弟”誤。甚:興聖寺本、麗初本作“其”誤。

[13] 縉雲:即縉雲山,即今浙江省縉雲縣仙都山。“縉”,諸本同,興聖寺本作“指”誤。

[14] 寇:麗初本、磧本作“冠”誤,興聖寺本、趙本同麗再本。

[15] 郢:指郢州,治在今湖北省武漢市武昌區。南朝劉宋置,隋滅陳改爲鄂州。參見隋書卷三一地理下“江夏郡”條。案,“長沙王韶”,即蕭韶,梁武帝兄蕭懿孫,封長沙王、鎮郢均在侯景之亂後。

[16] 聞:諸本同,興聖寺本作“間”誤。

[17] 自:諸本同,興聖寺本作“白”誤。

[18] 顧:諸本同,興聖寺本作“鎮”。

[19] 若耶:即若耶山,在今浙江省紹興市南。

[20] 美:諸本同,興聖寺本作“義”誤。

[21] 革:諸本同,興聖寺本作“草”誤。

[22] 開:興聖寺本、麗初本作“間”誤,磧本、趙本同麗再本。

[23] 屣:諸本同,興聖寺本作“徙”誤。

[24] 常生:諸本同,磧本作“堂生”。“松子”“常生”,郭校本認爲皆爲古代神仙。

[25] 潤:興聖寺本、麗初本作“閏”,磧本、趙本同麗再本。

[26] 頂:諸本同,磧本作“頃”誤。

[27] 成論疏:諸本同,興聖寺本作“成實論疏”。

[28] 剖:諸本同,興聖寺本作“部”誤。

[29] 深:諸本同,興聖寺本作“流”誤。

[30] 槨:麗再本、麗初本、趙本作“墎”,今據磧本、興聖寺本改。

[31] 笑:諸本同,磧本作“嘆”。

[32] 目:諸本同,興聖寺本作“日”誤。

[33] 下:諸本同,興聖寺本作“不”誤。

[34] 武:諸本同,興聖寺本作“我”誤。

[35] 惻:諸本同,興聖寺本作“側”誤。

[36] 崗:磧本、興聖寺本、麗初本作“岡”,趙本同麗再本。

[37] 自:麗再本、麗初本、趙本脱,今據磧本、興聖寺本補。

[38] 廣:諸本同,磧本作“纊”。案,“纊”爲新絲綿。

[39] 彩：興聖寺本作“采”，麗初本作“乎”，磧本、趙本同麗再本。
[40] 上：諸本同，磧本作“尚”誤。

陳楊都興皇寺釋法朗傳二

釋法朗，俗姓周氏，徐州沛郡沛人也[1]。祖奉叔，齊給事黄門侍郎，青州刺史。父神歸，梁員外散騎常侍，沛郡太守。朗，託生之始，母曰劉氏，夢見神人乘樓殿入懷，夢中如言，身與空等。既而覺寤，四體輕虚，有異恒日，五辛雜味，因此悉斷。爰在齠齓[2]，卓出凡童[3]，孝敬純備，志操貞立。家雄六郡，氣蓋三邊，少習軍旅，早經行陣，儉約治身，寵辱無能移也。俄而，假節、寧遠將軍徐子彦北伐，門設長戟，坐休大樹，惟曰：“兵者凶器，身曰苦因，慾海邪林，安能覺者。”年二十一，以梁大通二年二月二日，於青州入道。遊學楊都，就大明寺寶誌禪師受諸禪法[4]，兼聽此寺彖律師講律本文，又受業南澗寺仙師成論、竹澗寺靖公毗曇。當時譽動京畿，神高學衆，所以天口之侣[5]，藏耳之賓，心計目覽，莫不奔競。但以鷲山妙法，群唱罕弘；龍樹道風[6]，宗師不輟。前傳所紀，攝山朗公解玄測微[7]，世所嘉尚，人代長往，嗣續猶存，乃於此山止觀寺僧詮法師，餐受智度、中、百、十二門論，並花嚴、大品等經。於即，彌綸藏部，探賾幽微，義吐精新，詞含華冠，專門强學，課篤形心，可謂師逸功倍，於斯爲證。

永定二年十一月，奉勑入京。住興皇寺，鎮講相續，所以花嚴、大品、四論文言，往哲所未談，後進所損略，朗皆指擿義理，徵發詞致[8]。故能言氣挺暢，清穆易曉，常衆千餘，福慧彌廣。所以聽侣雲會，揮汗屈膝；法衣千領，積散恒結[9]，每一上座，輒易一衣。闡前經論，各二十餘遍，二十五載，流潤不絶[10]。其間興樹四部，兩宫法輪之華，當時莫偶。

以太建十三年，歲在辛丑，九月二十五日中夜，遷神寺坊[11]，春秋七十有五。即以其月二十八日，窆于江乘縣羅落里攝山之西嶺。

初，攝山僧詮受業朗公[12]，玄旨所明，惟存中觀。自非心會析理，何能契此清言，而頓迹幽林，禪味相得。及後四公往赴，三業資承，爰初誓不涉言[13]，及久乃爲敷演，故詮公命曰：“此法精妙，識者能行，無使出房，輒有開示。故經云：‘計我見者，莫説此經。深樂法者，不爲多説。’良由藥病有以，不可徒行。”朗等奉旨，無敢言厝[14]。及詮化往，四公放言，各擅威容，俱禀神略。勇居禪衆，辯住長干，朗在興皇，布仍攝領。福門宏敞[15]，慧聲遐討，皆莫高於朗焉。然辯公勝業清明，定慧兩舉，故其講唱兼存禪衆，抑亦詮公之篤厲也；然其義體，時與朗違，故使興皇座中排斥中假之誚。布、勇兩公，見于别紀。

昔梁天監十年六月七日[16],神僧寶誌記興皇寺云:"此寺當有青衣開士,廣弘大乘。"及朗遊學之時,初服青納,及登元席,乃與符同。又南陌居士杜法粲,年逾八十,頗識歸心。昔夢寺内有幡花天伎,側塞殿堂,緇素法衆,充牣筵席[17]。洎朗來儀,創會公私齋講,又盛符焉。又十二年五月七日,帳下净人解齋失曉[18],朗夜扣閤催之,而洪鍾自響,良久不絶,故其禎祥早著,其例此也。東朝於長春殿義集,副君親揺玉柄[19],述朗所竪諸師假名義。以此榮稱,豈惟釋氏宗匠,抑亦天人儀表[20]。

故其所獲檀嚫,充造經像[21],修治寺塔,濟給窮厄。所以[22],房内畜養鵝鴨鷄犬,其類繁多,所行見者,無不收養。至朗寢息之始,皆寂無聲,遊觀之時,鳴吠喧亂。斯亦懷感之致矣。侍中、領軍廬陵王聲懋權衡,資承戒約[23],遂仰奏承華[24],爲之銘頌。其墓誌文[25],太子詹事濟陽江總。故陳主叔寶時在春宫[26],爲之頌曰[27]:

> 洪[28]源遠來[29],傳芳馥蕙。君子哲人,英芬是繼[30]。朱旍既杖,青組仍曳。紉虎戎印[31],珥貂狄制[32]。功可冠軍,業非出世。揖彼聲色,超此津濟。津濟伊何,裂斷網羅。忍衣早記[33],乘樓夜過[34]。航斯苦海,淍此愛河。非此智士[35],孰寄宣揚。法雲廣被,慧日舒光。既權衡櫓[36],自闢金湯。夢齊鼓説,應異鍾霜。識機知命,同彼現病。夙心栖遁,度脱難竟。化緣已矣,乃宅丘穽。智炬寂滅,頹巖遂敻。遂敻空岑[37],揺落遠墅[38]。弦餘月暗,霧曖松深[39]。香滅窮壠[40],幡横宿林。切切管清,遥遥鼓聲。野烟四合,孤禽一鳴。風悽唄斷,流急寒生。神之净土[41],形沉終古。勒此方墳,用旌蘭杜。

【校注】

[1] 案,"沛縣",治當今江蘇省徐州市沛縣。秦置,南朝陳屬沛郡,北齊廢,隋開皇十六年重置,屬徐州,大業初屬彭城郡,唐初屬徐州。

[2] 齠亂:興聖寺本、麗初本、磧本作"髫亂",二義同。趙本同麗再本。

[3] 卓:諸本同,興聖寺本作"早"誤。

[4] 大明:興聖寺本、麗初本脱,磧本、趙本同麗再本。

[5] 天口之侣:文選卷三六宣德皇后令:"辨析天口,而似不能言。"李善注引七略:"齊田駢好談論,故齊人爲語曰天口駢。天口者,言田駢子不可窮,其口若事天。"下句"藏耳"爲耳背貼面,正面不易看見之面相,典故所指則不詳。

[6] 道風:磧本作"遺風"疑誤,"道風"對應"妙法"。趙本同麗再本。

[7] 朗公:即僧朗,事迹參見高僧傳卷八法度傳:"釋法度,黄龍人。少出家,遊學北土,備綜衆經,而專以苦節成務。宋末遊于京師,高士齊郡明僧紹抗迹人外,隱居琅玡

之攝山，挹度清真，待以師友之敬。及亡，舍所居山爲栖霞精舍。請度居之。……度常願生安養，故偏講無量壽經，積有遍數。齊永元二年卒於山中，春秋六十有四。度弟子僧朗，繼踵先師，復綱山寺。朗，本遼東人，爲性廣學，思力該普，凡厥經律，皆能講説，華嚴、三論，最所命家。今上深見器重，敕諸義士受業於山。"唐湛然撰法華玄義釋籤卷一九："初中言南三北七者，南謂南朝即今江之南，北謂北朝河北也。自宋朝已來，三論相承，其師非一，並禀羅什。但年代淹久，文疏零落，至齊朝已來，玄綱殆絶。江南盛弘成實，河北偏尚毗曇。於時，高麗朗公至齊建武，來至江南，難成實師結舌無對，因兹朗公，自弘三論。至梁武帝，敕十人止觀詮等，令學三論。九人但爲兒戲，唯止觀詮習學成就。詮有學士四人入室，時人語曰：興皇伏虎朗，栖霞得意布，長干領語辯，禪衆文章勇。故知南宗初弘成實後尚三論，近代相傳以天台義指爲南宗者非也。自是山門一家相承，是故，難則南北俱破，取則南北俱存。今時言北宗者謂俱舍、唯識，南方近代亦無偏弘。其中諸師所用義意，若憑三論，則應判爲南宗。若今師所用，毗曇、成實及三論等大小諸經，隨義引用，不偏南北。若法相宗徒，多依大論；觀門綱格，正用瓔珞；融通諸法，則依大品及諸部圓文。故知今家，不偏朋黨。"

[8] 徵：磧本作"微"，永北本作"徽"，興聖寺本、麗初本、趙本同麗再本。

[9] 恒：諸本同，興聖寺本作"垣"誤。

[10] 潤：興聖寺本作"開"，麗初本作"閏"，磧本、趙本同麗再本。

[11] 坊：諸本同，磧本作"房"是。

[12] 案，此"朗公"指僧詮的老師僧朗。參見高僧傳卷八釋法度傳附僧朗傳。

[13] 爰：諸本同，興聖寺本脱。

[14] 無敢言厝：諸本同，興聖寺本作"無致言廣"誤。

[15] 福：諸本同，磧本作"禪"誤，朗公並非以禪學著稱。

[16] 十年：諸本同，磧本作"十六年"。

[17] 牣：諸本作"仞"誤，今據磧本改。"牣"，滿。

[18] 齋：諸本同，磧本作"齊"誤。

[19] 副君：磧本、興聖寺本作"嗣君"，二詞同爲"太子"義。麗初本、趙本同麗再本。柄：諸本同，興聖寺本作"栖"誤。

[20] 天人：興聖寺本、麗初本作"人間"，磧本、趙本同麗再本。

[21] 充：諸本同，興聖寺本作"衆"誤。

[22] 所以：諸本同，興聖寺本作"以所"倒。

[23] 約：諸本同，興聖寺本作"納"誤。

[24] 奏：諸本同，興聖寺本作"奉"。

[25] 墓：諸本同，興聖寺本作"暮"誤。

[26] 陳：諸本同，興聖寺本作"棟"誤。

[27] 頌：磧本、興聖寺本、麗初本作"銘"，趙本同麗再本。

[28] 叔寶時在春宫爲之頌曰洪：興聖寺本作"銘曰洪"，此十一字，麗再本、趙本作雙行小字，今據磧本改。

[29] 來：諸本同，磧本作"采"誤。

[30] 繼：諸本同，興聖寺本作"經"誤。

[31] 印：磧本、興聖寺本、麗初本作"卸"誤。

[32] 珥貂狄制：磧本、麗初本作"貳貌狄制"，興聖寺本作"貳貇伏制"，均誤。趙本同麗再本。

[33] 忍衣：指忍辱能抵禦一切外魔，説見法華經之勸持品、法師品。

[34] 乘樓夜過：指受戒。法苑珠林卷三五法服篇："又如來成道後第二十一年，佛告大目連：汝往祇桓戒壇北鳴鐘，召十方僧如普賢、觀音菩薩等，並集我分身百億釋迦佛，各乘樓觀至戒壇所。"四分律比丘含注戒本六十五"减年受具"條："佛在羅閱城，有十七群童子，大者年十七，小者十一，以信出家。比丘即度受大戒，不堪一食，夜啼。佛覺問知夜過，集僧便立法制戒。年滿二十，應受大戒。佛言，若年未滿二十，不堪寒熱、饑渴、風雨、蚊虻、毒蟲及以惡言，若身苦痛，不能堪忍，又不堪持戒及以一食。若滿二十，堪忍如上衆苦事。"

[35] 非此：諸本同，磧本作"若非"誤。

[36] 櫂：麗初本、大正藏校引宋本作"擢"，永北本作"椎"。案，"擢""椎"形近而誤。

[37] 頽巖遼敻遼敻空岑：諸本同，興聖寺本作"頽巖遼遼，敻敻空岑"是。

[38] 遠墅：磧本、興聖寺本作"寒侵"，麗初本作"寒浸"，趙本同麗再本。郭紹林先生以爲"遠墅"不押韻，應誤。

[39] 暖：磧本、興聖寺本作"下"誤，麗初本、趙本同麗再本。

[40] 壟：諸本同，興聖寺本作"聾"誤。

[41] 净土：諸本同，興聖寺本作"隱士"誤。

陳楊都大禪衆寺釋慧勇傳三[1]

釋慧勇，厥姓桓氏，其先譙國龍亢人也。祖法式，尚書外兵、錢唐令，因此遁迹于虎丘山[2]，後仍寓居吴郡吴縣東鄉桓里[3]。父獻，弱齡早亡[4]。母張氏嘗夢身登佛塔，獲二金菩薩。俄育二男，並幼而入道，長則慧聰，勇其次也。初出楊都，依止靈曜寺則法師爲和上[5]。鋭志禪誦，治身蔬菲，隨方受業，不事專門。豈非版金成寶，方資銑鏤[6]；瑄玉有美[7]，必待刮摩[8]。誠有由矣。年登具戒[9]，從静衆寺峰律師遊學十誦。有龍光寺僧綽、建元寺法寵[10]，並道秀域中，聲高梵表，乃服膺坐右，禀宗成實。刻情砥礪，寢食忘疲，苦思沈淪，坑岸斯墜，彌歷寒暑[11]，博習大成。至年三十，法輪便轉，自此遠致學徒，盛開講肆，高視上京，鬱爲翹采。專講論文，將十許遍。

俄而，梁季傾覆，人百沸騰，每思遁世，莫知其所。于時，攝山詮尚直轡一乘，横行山世[12]，隨機引悟，有願遵焉[13]。嘗行報恩寺前，忽見人云："從攝山來授竹如意。"俄失[14]，謂勇曰"尋當如意"，俄失蹤迹。信宿之間，又有漆函[15]，盛三論一部，置房前窗上。尋究莫知來也。欣兹嘉瑞，鋭勇難任，因此拂衣里閈，篤言泉石[16]。期神窅冥[17]，非企琴臺之侣[18]；修空習慧，寔追林遠之風。便停止觀寺，朝夕侃侃如也。詮師忘以年期，義兼師友[19]，抑亦宫羽相諧，冰藍待益之志也[20]。自此言刈章句[21]，採摭希微，凡厥釋經，莫不包舉。大法獲傳，於焉是賴。

天嘉五年，世祖文皇請講於太極殿[22]，百辟具陳，七衆咸萃。景仰之輩，觀風繼踵；遊息之伍，附影成群。自此，聲名籍甚矣。住大禪衆寺十有八載。及造講堂也，門人聽侶經營，不日接霤飛軒，製置弘敞，題曰"般若之堂"也。

以至德元年五月二十八日，遘疾少時，平旦神逝，春秋六十有九。然其大漸之時，神容不變，經宿頂暖，衆皆異之。至六月六日，窆于攝山西嶺。自始至終，講花嚴、涅槃、方等、大集、大品各二十遍，智論、中、百、十二門論各三十五遍。餘有法花、思益等數部不記。又早捨親愛，弱而貞苦，文章聲辯，時所高之[23]。爰至啓手啓足，不淄不涅[24]，寔象教之棟梁[25]，精義之林藪。弟子等追深北面之禮，鐫石碑之，其文侍中尚書令濟陽江總制[26]。

【校注】

[1] 釋慧勇：磧本、興聖寺本、麗初本作"釋法勇"，趙本同麗再本。

[2] 因：諸本同，興聖寺本作"固"。山：諸本同，興聖寺本無。

[3] 仍：磧本作"刻"，永北本作"客"，興聖寺本、麗初本、趙本同麗再本。

[4] 亡：諸本作"世"誤，今據磧本改。

[5] 則法師：磧本、興聖寺本、麗初本作"則師"，趙本同麗再本。

[6] 銑：諸本同，磧本作"刻"。

[7] 瑄：磧本、興聖寺本作"宣"誤，麗初本、趙本同麗再本。

[8] 刮：諸本同，興聖寺本作"利"誤。

[9] 年：諸本同，興聖寺本作"并"誤。

[10] 法寵：傳見本書卷五。

[11] 歷：麗再本、麗初本、趙本作"曆"誤，今據磧本、興聖寺本改。

[12] 山：諸本同，磧本作"出"。

[13] 遵：諸本同，興聖寺本作"道"誤。

[14] 俄失：諸本同，磧本無此二字，尋繹文意，或是衍字？

[15] 漆：諸本同，興聖寺本作"法"誤。

[16] 泉：諸本同，興聖寺本作"衆"誤。

[17] 窅冥：諸本同，磧本作"杳冥"，二詞義同。

[18] 琴：磧本、興聖寺本、麗初本作"禽"誤。"琴臺之侶"當是指俞伯牙、鍾子期事，參見荀子勸學、吕氏春秋本味、列子湯問。趙本同麗再本。

[19] 兼：諸本同，興聖寺本作"莫"誤。

[20] 冰藍：磧本、興聖寺本作"水藍"應是，典出荀子勸學篇。麗初本、趙本同麗再本。志：興聖寺本作"去"形。

[21] 自：諸本同，興聖寺本作"同"誤。刈：諸本同，興聖寺本、資本作"文"誤。

[22] 世祖文皇：即陳文帝陳蒨，傳見陳書卷三。

[23] 所：諸本同，磧本作"世"。

［24］淄：磧本、興聖寺本作“緇”誤，麗初本、趙本同麗再本。
［25］象：諸本同，磧本作“像”是。
［26］總：諸本同，磧本作“枚”誤。

陳楊都大彭城寺釋寶瓊傳四[1] 明解[2]

釋寶瓊，姓徐氏。本惟東莞，避難辭莒，後居毗陵曲阿縣焉[3]。祖邕，齊右軍。父僧達，梁臨川王諮議。並高器局，崇遵儒素。瓊，潔潤山水[4]，峰瀾早被。身長七尺五寸，背胛龍文，口三十九齒。異相奇挺，故能疏秀風采，蘊籍威容。少鄙錦裳[5]，便欣毳服。綺年出俗[6]，師事沙門法通。通初見而嗟重，深爲道器也，不使服勤[7]。年過志學，欲稟光宅寺雲法師義[8]，但以經藏飆拔，聲實沸騰，無礙奔涌，談吐横逸，竊疑詞富，兼駭唱高。及移聽南澗仙師，研精數論，名解映徹，洞殫義窟。仙嘗覽瓊私記，三復嗟賞，後於高座，普勸寫之。自爾門徒傳寫此疏。初受具年，已能覆述，未登五歲，便爲法主。仍與仙公抗衡敷化[9]。

梁高祖三教妙旨，罔不疏通，選揚名德，分寄弘道。瓊之高義，簡在帝心，爰降綸綍[10]，入壽光殿。言重茂林，更輕雲閣，便辭還鄉之建安寺。上黄侯曄，分竹此邦，每深尊敬，情兼師友。彼郡一旦，老少相喧，競云建安伽藍白龍出現[11]，奔排到寺，惟見瓊講。有識之士異而目之爲“白瓊”焉。素與簡子周弘正早申莫逆，彼驟噫曰：“夫有希世之才而不在京華開導，乘桴之嘆[12]，令人太息。”乃爲學侣復請還都[13]，發成實題。僧正慧令切難聯環，瓊乃徐拂麈尾，從容而對。令乃引遠公舊責，曰：“不疾而速，杼軸何爲[14]？”答曰：“不思造業，安得精固[15]？”令閑舉止，雅音調[16]，賓主相悦，殊加稱賞。

梁祖年暮，惟事熏修，臣下偃風，清言扇俗，搢紳學者，必兼文義，所以屢開理教。維摩、涅槃道被下筵，憓飛上席。解頤利齒，木舌鋒牙，畯塞騈羅[17]，烟隨霧涌。亦有明玉豐貂[18]，紆青拖紫，車馬溢於寺衢[19]，衣簪滿於法座。斯感物之盛，罕有如也[20]。到茂灌民譽之重，任孝恭詞筆之富[21]，皆執卷稽疑，伏膺請業。恭息世蕃[22]，蔬菲好學，後進英華，隨父共聽，偏深玄義[23]，遂講涅槃。傳瓶不失，于兹乃驗。末仍入道[24]，奄至無常，頂暖信宿，手屈三指[25]。復與諸天，飛下住宅，對父談話，宛若平生，褒讚出家，稱楊法利。俄將翼從，凌虚而没，留香在室，經日不消。故知彼此異人，躬爲學衆，誠難測其本量也。

逮梁室版蕩[26]，有陳建業，武帝尊法，嗅味特深。數引金言，頻開玉牒[27]，降狎言笑，詢訪名理[28]。永定三年夏，於重雲殿閣正弘大品，夢朱衣神,禮而諫曰:"波若多難,仰祈疾講。"頻爾數轉[29],詞逾懇到。至七月十日,乃白僧曰:"昨夜神人見催,經餘一卷,午前取訖[30]。"講竟,出宫殿,雷雹已響[31],還纔至寺,驟雨便零[32],震動雲雷[33],一時都盡。豈非勝人宣法,幽冥敬重?

陳祖昇遐,方知前告。文帝纂曆,禮異彌深,鬱下絲綸,爲京邑大僧正。辭讓雖切,敦喻更隆,乃顧當仁,俾膺範物[34],遂之斯任。然以金陵都會,朝宗所依,刹寺如林,義筵如市,五部六群[35],果含苗雜,惟調水乳[36],罕和鹽梅,多没象泥,終枯鳥樹。乃鎮之以清净,馭之以無爲,篇禁不煩,遮罰每省。故僧尼仰之自肅,道俗稱之益敬,七衆日用而不知,四遠欽風而不足,故得法位久司,疵謗無玷。屢陳表退,去而復昇,始終惟令,於是乎在。自梁僧之於此任,熏灼威儀,翼衛亞於王公,服玩陳於鄭楚,故使流水照於衢路,吏卒喧於堂廡。瓊臨已來,頓祛前政。自營靈壽,惟從息慈,壞色蔽身[37],尼壇容膝[38],蕭然率爾,有位若無。朝野嘉其真素,同侣美其如法。海東諸國,圖像還蕃,頂禮遥敬。古人有言,匪馳令譽,孰動殊方,其見賢如此。

以至德二年,甲辰之歲,二月二十三日,纔覺不豫[39]。建初寺寶瓊法師當時之偶對也,少而共學,聲德齊揚。爾夕,神人忽來報曰:"彭城僧正今先無常。"自夢上天[40],有疏請講[41]。暨三月二十日,正念告終。遺誡掩坎,不煩銘誌[42],春秋八十一。有詔慰焉,喪事所須,隨由資給。仍以天子鹵簿仗借爲榮飾,終古所希幸也。以四月五日,窆于鍾山之陽,名僧舊墓。爾時,填逵咽陌[43],哀慟相奔,皂素驚嗟,郊垌失色。

初瓊入京,將臨法席[44],既無人識,不許房居,乃求僧正慧超[45],寄南澗住。超聞未許,見而駭曰:"此少俊當紹吾今位,法門所託,何慮無房。"即命寺綱,忻然處置。及孝宣請講[46],太子常迎,[47]屢見神人,形甚長偉,密來翼從。末爲大將軍章照達講,通感亦然。又非測也。然其厚德容衆,鳴謙儉約,出處無忤,言行無擇。剋壯不休,孜孜講導[48],吐音遥奕,發義昭彰。或遇勍手[49],時逢的匠[50],薄麈象扇,灌已冰消[51],故寔繁有徒,服而無斁。及晚,僧望益重,居處逾輕,帷屏罔設[52],飾用不置。臘歲参謁,黑白磨肩[53],方便他行,避斯榮供。斯可謂狎人世而空閑,縮司存而無事也[54]。又聖人至理,開士微言,月落参横,清誦無逸。及燭然香馥,懺禮方宵[55],迹怠心勤,外和内秘。宣揚之暇,綽有餘閑,兼採玄儒,每窺子史[56],彫蟲藁隸,體物摛玄,並入性靈,悉能該洽。又可謂不撓大猷,無遺小道也。凡講成實九十一遍,撰玄義二十卷;講文二十遍,文疏十六卷。講涅槃三十遍,製疏十七卷。講大品五遍,製疏十三卷。餘有大乘義十卷。法花、維摩等經,並著文疏,故不備載,布在州邑。

兄孫普光,承藉風訓,立履貞確。思慕平昔,追攀日永[57],與同學道莊、明解樹碑于金陵之舊墟[58],其文慧日道場釋法論。

莊,入室馳聲,見于别紀。解,昇堂流譽,王領江都,隋末尚存,安危未測。

【校注】

[1] 四:諸本同,磧本作"曰"誤。

[2] 明解:諸本同,興聖寺本無。

[3] 後:諸本同,興聖寺本作"復"誤。曲:諸本同,興聖寺本作"典"誤。案,"曲阿縣",秦置,西晋太康二年屬毗陵郡,南朝宋屬晋陵郡,梁屬南蘭陵郡,陳屬南東海郡,隋屬江都郡,唐武德三年屬雲州,五年屬簡州,八年屬潤州。

[4] 潔潤:磧本作"絜清",興聖寺本、麗初本作"絜閏",趙本同麗再本。

[5] 錦:磧本作"俊",興聖寺本、麗初本作"鱺"誤,趙本同麗再本。

[6] 綺:諸本同,磧本作"幼"。

[7] 勤:諸本同,興聖寺本作"對"。

[8] 雲法師:即釋法雲,傳見本書卷五。

[9] 抗:諸本作"杭",今從磧本。

[10] 綸綍:諸本作"綸紱"誤。"綸綍",指詔書,典出禮記緇衣。

[11] 白:諸本同,興聖寺本作"自"誤。

[12] 桴:麗再本、麗初本、趙本作"捊",興聖寺本作"遊",今從磧本。案,"乘桴",典出論語公冶長,引申爲隱居義。

[13] 爲:磧本、興聖寺本、麗初本作"有"誤,趙本同麗再本。

[14] 杼軸:興聖寺本、麗初本作"佇軸"誤,磧本、趙本同麗再本。案,高僧傳卷五法汰傳:"時沙門道恒頗有才力,常執'心無義',大行荆土。汰曰:'此是邪説,應須破之。'乃大集名僧,令弟子曇一難之。據經引理,析駁紛紜,恒仗其口辯,不肯受屈。日色既暮,明旦更集,慧遠就席,設難數番,關責鋒起。恒自覺義途差異,神色微動,麈尾扣案,未即有答。遠曰:'不疾而速,杼軸何爲?'座者皆笑矣。心無之義,於此而息。"案,"杼軸"在此指辯論過程中進入艱苦思考的狀態。

[15] 固:諸本同,興聖寺本作"因"誤。

[16] 調:磧本、麗初本作"韻"誤,興聖寺本、趙本同麗再本。

[17] 畯:磧本、隨函録作"畟"誤。"畟",原當爲"畯"字的上下結構,後誤爲"畟"。趙本同麗再本。

[18] 玉:諸本作"王",今從磧本。

[19] 溢:諸本同,興聖寺本作"隘"誤。

[20] 如:磧本、興聖寺本作"加"應是,麗初本、趙本同麗再本。

[21] 案,到茂灌,即到溉,傳見梁書卷四〇。任孝恭,傳見梁書卷五〇。

[22] 業恭:興聖寺本、麗初本誤倒作"恭業",磧本、趙本同麗再本。暮:諸本同,興聖寺本作"暮"誤。

[23] 深:諸本同,興聖寺本作"染"。

[24] 末:興聖寺本、麗初本、磧本作"未",趙本同麗再本。

[25] 手:諸本同,麗初本作"平"誤。

［26］版：磧本作“叛”，興聖寺本作“飯”，均誤。麗初本、趙本同麗再本。

［27］牒：諸本作“諜”誤，今從磧本。

［28］理：諸本同，興聖寺本脱。

［29］數轉：磧本、興聖寺本、麗初本作“轉數”誤，趙本同麗再本。

［30］午：諸本同，麗初本作“年”誤。

［31］講竟出宫殿雷雹已響：磧本作“講竟出宫，殷雷已響”，麗初本、趙本同麗再本，興聖寺本脱“雹”字。

［32］零：諸本同，興聖寺本作“霆”。

［33］震動雲雷：諸本同，磧本作“重雲殿”。

［34］俾：諸本同，興聖寺本作“綼”。案，“綼”，爲衣裳幅緣的裝飾。

［35］五部六群：“群”，麗再本、趙本作“郡”，今據磧本、興聖寺本、麗初本改。案，“五部”，指佛教五部戒律；“六群”，六個惡比丘，佛教戒律多爲此六人而制。

［36］雜惟：諸本同，興聖寺本倒作“惟雜”。

［37］壞：麗再本、趙本作“瓌”，今從磧本、興聖寺本、麗初本。“壞色”，僧衣的顏色。參見翻譯名義集卷七沙門服相篇袈裟：“律有三種壞色：青、黑、木蘭。青謂銅青，黑謂雜泥，木蘭即樹皮也。”

［38］案，“尼壇”即尼師壇，比丘六物之一。即坐卧時鋪在地上、床上或卧具上的長方形布。參見五分律卷九、十誦律卷一八。尼壇之大小，長四尺八，寬三尺六，參見佛制比丘六物圖第五尼師壇。

［39］豫：磧本、麗初本作“悆”，興聖寺本作“愈”誤，趙本同麗再本。“豫”“悆”意同。

［40］自：諸本同，磧本作“日”誤，趙本同麗再本。

［41］請：諸本同，麗初本作“靚”誤。

［42］誌：諸本同，興聖寺本作“諸”誤。

［43］逵：磧本、興聖寺本作“達”誤，麗初本、趙本同麗再本。

［44］將：諸本同，麗初本、隨函録作“垧”誤。

［45］案，“慧超”見本書卷六。

［46］及：諸本同，興聖寺本作“乃”。請：諸本同，興聖寺本作“靚”誤。

［47］案，“孝宣”指陳宣帝陳頊。太子指陳後主陳叔寶。二人傳見陳書本紀。

［48］孜孜：興聖寺本、麗初本作“孳孳”，麗初本、趙本同磧本。導：麗再本、麗初本、磧本作“道”，今從趙本、興聖寺本。

［49］勍：諸本同，磧本作“就”誤。

［50］的匠：諸本作“命的”誤。“的匠”與“勍手”對應，今從磧本。

［51］漼：麗再本、麗初本、趙本作“灌”，今從磧本、興聖寺本。“漼”，消釋貌。

［52］帷：諸本作“惟”誤。

［53］磨：諸本作“摩”是。肩：諸本同，興聖寺作“扇”誤。

［54］綰：諸本同，興聖寺本作“館”誤。

［55］宵：諸本同，磧本作“霄”誤。

［56］窺：麗再本、麗初本、趙本作“窮”，今從磧本、興聖寺本。

［57］追：諸本同，興聖寺本衍作“追追”。

［58］明解：諸本同，磧作本“明解等”。

陳楊都白馬寺釋警韶傳五

釋警韶[1],姓顔氏,會稽上虞人[2]。學年入道,事叔僧廣以爲師範。廣,律行貞嚴,當時領袖。初,韶遊都聽講,便能清論。年登冠肇,還鄉受戒,護持奉信,如擎油鉢。有沙門道林請留鄉土,乃夢韶舌相廣長而欲將斷。既寤,深惟留戀斯成墜失,愧悔前請,便勸出都。於即大弘法化,傳燈不絶,即莊嚴旻公之遺緒也。次禀龍光僧綽,乃是開善瓊支。末又探習三藏,廣綜衆家。年二十三,講大品經,味法當時,磨肩溢道[3]。後還建元、晉陵等寺[4],敷演經論,解冠群宗。韶乃願年四十,長就講説,而學侣相顧,不勝欽尚。時年三十有九,爲建元寺講主臨終遺令傳法,韶遵崇餘烈,即坐演之。受業之賓,有逾師保。梁簡文、邵陵及岳陽等,大相欽重,歸承訓誨[5]。

從危難後,世改情浮,乃往豫章,將通道務。時余豫州、黄司空等[6],素情所仰,請爲戒師。會外國三藏真諦法師,解該大小[7],行攝自他,一遇欣然,與共談論。諦嘆曰:"吾遊國多矣,罕值斯人。"仍停豫都,爲翻新金光明并唯識論。及涅槃、中、百句、長解脱十四音等[8],朝授晚傳,夜聞晨説。世諺瀉瓶重出[9],知十再生者也。梁樂陽王於荆立位[10],遣信遠迎楚都弘法。韶念報地之重,來勑遂乖。陳武定天,文皇嗣業,並弘尚正道,勑請還都。戒範承仰,優禮彌隆[11]。天嘉四年,有會稽慧藻、同泰道倫等二百餘人,連署請韶,長講於白馬寺。廣弘傳化,十有餘年。

既登耳順,便令慧藻續講,躬往瓦官,宴坐少時,法門深妙。時沙門智顗定慧難逾,人神頗測,静嘆精利,事等夙成,共諸前學,頻請重講。留意綿久,以疾辭之。又爲新安殿下、黄司空等共僧三請,不免勤注。又於王府,略説維摩,龍光寺中廣敷成實,亦得數年,成諸學肆。末辭朽老[12],歸志山林,乃入幽巖自靖十有餘載。

至德元年十月十一日,中時[13],右脅而卧,神慮澄然,終於開善寺[14],春秋七十有六。其月十六日,窆於鍾嶺獨龍之山。所講成實論五十餘遍,涅槃三十遍,大品四十遍[15],新金光明三十餘遍。維摩、天王、仁王等經遍數繁亂,不紀廣叙。

【校注】

[1] 警:諸本同,興聖寺本作"驚"誤。

[2] 會稽上虞:即會稽郡上虞縣,秦置,隋開皇九年廢,治當今浙江省上虞市百官鎮。

[3] 磨:諸本作"摩"是。溢:諸本同,興聖寺本作"隘"。

[4] 等:諸本同,興聖寺本脱。

［5］歸：諸本同，磧本作"師"。
［6］余：麗再本作"逄"，興聖寺本、麗初本、趙本作"途"，今從磧本。案，"余豫州"指余孝頃，曾任南豫州刺史；"黄司空"指黄法氍，二人無專傳，事迹散見於陳書、南史、資治通鑒。
［7］該：諸本同，興聖寺本衍作"該該"。
［8］案，"十四音"，指梵語，梵語的母音在中古有一種説法是十四個。此處的意思是，警韶對於涅槃、中論、百論中斷句有疑義的地方，真諦按照梵文原本給予講解，對於長解脱經，即維摩經中難以理解的字句，真諦對照梵文原本給予解釋。
［9］諺：興聖寺本、趙本作"説"，磧本、麗初本同麗再本。瀉：磧本、興聖寺本、麗初本作"寫"誤，趙本同麗再本。
［10］樂陽王：諸本同，永北本作"岳陽王"是，即蕭詧，於555年建西梁國，傳見周書卷四八。
［11］彌（弥）：麗初本、趙本作"珎"誤，磧本、興聖寺本同麗再本。
［12］末：磧本、興聖寺本作"未"誤，麗初本、趙本同麗再本。
［13］中時：諸本同，磧本作"日中時"。
［14］終：諸本同，磧本作"崩"誤。
［15］四十遍：興聖寺本作"卅卷"，磧本、麗初本無。趙本同麗再本。

陳鍾山耆闍寺釋安廪傳六

釋安廪，姓秦氏，晋中書令靖之第七世也，寓居江陰之利成縣焉[1]。考正[2]，妙思滔玄，怡心屆寂，乃製入神書一首、洞曆三卷。青烏之道，莫不傳芳[3]。廪，幼而聰潁，獨悟不群。十三偏艱，孝知遠近[4]，斷水骨立[5]，聞者涕零[6]。古人有言，知子父也，乃攝以典教[7]，業遂多通。而性好老莊，早達經史，又善太一之能，并解孫吴之術，是以才藝有功，文武清播[8]。仍欲披榛問隱，蓽門珪竇，而虚懷機發，體悟真權。

年二十五，啓勑出家，乃遊方尋道，北詣魏國，於司州光融寺容公所，採習經論。容，律訓嚴凝，肅成濟器[9]。并聽嵩高少林寺光公十地，一聞領解，頓盡言前，深味名象，並畢中意。又受禪法，悉究玄門。請業之徒，屢申弘益[10]。在魏十有二年，講四分律近二十遍，大乘經論並得相仍。

梁泰清元年[11]，始發彭沛，門人擁從，還届楊都。武帝敬供相接，勑住天安。講花嚴經，標致宏綱，妙指機會。值梁運既終，法輪停轉。洎大陳御宇，永定元年春，乃請入内殿，手傳香火，接足盡虔，長承戒範，有勑住耆闍寺，給講連續。既會夙心，遂欣久處。世祖文皇又請入昭德殿[12]，開講大集，樂説不窮，重筵莫擬。孝宣御曆，又於華林園内北面受道。

闡化涉勞，因以遘疾，至德元年建寅之月[13]，遷化于房。皇心惻悼，賵贈有嘉[14]。即以其月，窆於開善之西山，春秋七十有七。門人痛其安放，士庶失其歸依矣。

【校注】

[1] 江陰之利成縣：利成縣，西漢置，治在今山東省臨沭縣蛟龍鎮前利城村。東晋割吴郡海虞縣北境僑置利城縣，稱南利城。劉宋時廢，唐朝武德四年又置，八年併入懷仁縣。
[2] 考：諸本同，興聖寺本作"孝"誤。正：麗再本作"王"，諸本作"正"，今據改。
[3] 芳：諸本同，興聖寺本作"方"誤。
[4] 遠近：諸本同，興聖寺本倒作"近遠"。
[5] 水：諸本同，麗初本作"冰"誤。
[6] 涕：諸本同，興聖寺本作"滞"誤。
[7] 典：諸本同，興聖寺本作"曲"誤。
[8] 清：諸本同，興聖寺本作"請"誤。
[9] 濟：諸本同，興聖寺本脱。
[10] 申：諸本同，興聖寺本作"中"誤。
[11] 年：諸本同，興聖寺本作"季"。案，"泰清"當爲"太清"，梁武帝年號，元年爲547年。
[12] 昭：諸本同，興聖寺本作"照"誤。
[13] 年：諸本同，興聖寺本作"季"。
[14] 賵贈有嘉：諸本同，磧本作"賻贈有加"。

陳攝山栖霞寺釋慧布傳七僧詮　玄辯[1]

釋慧布，姓郝氏，廣陵人也[2]。少懷遠操，性度虚梗。年十五，處于江陽[3]，家門軍將，時有戎役，因願領五千人爲將，清平寇塞，豈不果耶？衆偉其言[4]。十六，遭兄亡，悟世非常，思解俗網，親眷知有武略，咸不許之。二十有一，方從本願。既蒙剃落[5]，便入楊都，從建初寺瓊法師學成實論，通假實之旨，物議所歸。而布恨斯至理[6]，未盡懷抱，承攝山止觀寺僧詮法師，大乘海嶽，聲譽遠聞，乃往從之，聽聞三論[7]。學徒數百，翹楚一期，至於洞達清玄，妙知論旨者，皆無與尚，時號之爲"得意布"，或云"思玄布"也。故詮之解難，聽者似解而領悟猶迷，及依言領通而構難疏略[8]，致使談論之際，每有客問，必待布而爲答。時人爲之語曰詮公四友，所謂四句朗、領語辯[9]、文章勇、得意布。布稱得意，最爲高也。

後於大品善達章中[10]，悟解大乘，煩惱調順，攝心奉律，威儀無玷。常樂坐禪[11]，遠離囂擾，誓不講説，護持爲務。末遊北鄴，更涉未聞。於可禪師所[12]，暫通名見，便以言悟其意[13]。可曰："法師所述，可謂破我除見，莫過此也。"乃縱心諸席[14]，備見宗領，周覽文義，並具胸襟[15]。又寫章疏六馱[16]，負還江表，並遺朗公，令其講説。因有遺漏，重往齊國，廣寫所闕，齎還付朗。自無所畜[17]，衣鉢而已[18]，專修念慧，獨止松林，蕭然世表，學者欣慕[19]。

嘗造思禪師與論大義[20]，連徹日夜[21]，不覺食息，理致彌密，言勢不止。思以鐵如意打案曰："萬里空矣，無此智者。"坐中千餘人同聲嘆悦[22]。又與邈禪師論義，即命公之師也，聯綿往還，三日不絶。邈止之，嘆其慧悟遐舉[23]，而卑身節行[24]，不顯其美。

梁太清末，侯景作亂，荒餧累年，三日失食。至第四日[25]，有人遺布飯，而而微以猪肉覆之[26]，雖腹如火然，結心不食，故得遭斯困厄，不履非濫。又曾患脚氣，醫令服薤，自此至終，常陳此罪。或見諸人樂生西方者，告云："方土乃净，非吾願也。如今所願，化度衆生。如何在蓮花中十劫受樂，未若三途處苦救濟也。"陳至德中，邀引恭禪師[27]，建立攝山棲霞寺，結净練衆，江表所推。名德遠投，稟承論旨，時爲開滯[28]，理思幽微。不爲僧師，不役下位，常自縫洗。六時無闕，纔扣揵搥[29]，已居衆首，端坐如木，見者懍然。名聞光遠，請謁如市。陳主、諸王並受其戒，奉之如佛。

末以年暮[30]，不参衆食，敕給其乳牛，而布迴充入衆。煢煢謹攝，實高僧焉。年至七十[31]，與衆别云："布命更至三五年在，但老困不能行道，住世何益？常願生邊地無三寶處，爲作佛事去也。幸各好住，願努其力[32]。"於是絶穀不食，命將欲斷。下敕令醫診之，縮臂不許。沈皇后欲傳香信，又亦不許。臨終遺訣曰："長生不喜，夕死無憂。以生無所生，滅無所滅故也。諸有學士徒衆，並委恭禪師，吾無慮矣。"以陳禎明元年十一月二十三日[33]，卒于棲霞。終後手屈三指，捋之雖伸還屈[34]，乃至林中，一月猶爾。

未終前，大地連動，七日便卒，移屍就林，山地又動。太史奏云："得道人星滅矣。"時以當之。初將逝，告衆前云："昨夜二菩薩見迎，一是生身，一是法身。吾已許之。尋有諸天[35]，又來迎接，以不願生，故不許耳。"流光照於侃禪師户[36]。侃怪光盛，出户，見二人向布房中[37]，不知是聖也。旦往述之，恰然符合。言已，端坐而化。有見鬼者，望見幡花滿寺，光明騰焰，不測其故。入山視之，乃布公去世。

【校注】

[1] 玄辯：諸本同，興聖寺本作"玄辨"。

[2] 廣陵：即廣陵縣，秦置，隋開皇十八年廢，治當今江蘇省揚州市西北蜀岡上。

[3] 江陽：即江陽縣，隋大業元年改邗江縣爲江陽縣，唐武德三年併入江都縣，貞觀十八年以江都縣東九鄉再立江陽縣。南唐升元元年，改江陽縣爲廣陵縣。治在今揚州市邗江區。

[4] 偉：諸本同，磧本作"韙"誤。

[5] 剃：諸本同，興聖寺本作"髪"誤。

［6］布：諸本同，興聖寺本作"有"誤。
［7］開：諸本作"聞"，今從磧本。
［8］領：諸本同，磧本作"願"誤。
［9］領語辯：麗初本作"領悟辯"，興聖寺本作"領語辨"，磧本、趙本同麗再本。案，唐湛然撰法華玄義釋籤，大正藏、頻伽藏在卷一九，永北藏在卷一〇上，清代慧空經房本在卷三七，均作"領語辯"。
［10］善達章：即摩訶般若波羅蜜經卷二四善達品。
［11］樂：諸本同，興聖寺本衍作"樂樂"。
［12］可禪師：即禪宗二祖慧可，傳見本書卷一六。
［13］悟：麗再本、麗初本、趙本作"忤"，興聖寺本作"杵"，今從磧本。
［14］諸：諸本同，磧本作"講"誤。
［15］並：諸本同，興聖寺本作"普"。
［16］章：諸本同，磧本作"意"誤。
［17］所：諸本作"一"。
［18］鉢：諸本同，興聖寺本作"奩"誤。
［19］慕：諸本同，興聖寺本作"暮"誤。
［20］思禪師：即南岳慧思禪師，傳見本書卷一七。
［21］夜：諸本同，興聖寺本脱。
［22］悦：諸本同，興聖寺本作"説"。"説"通"悦"。
［23］嘆：諸本同，興聖寺本作"難"誤。
［24］卑：諸本同，麗初本作"早"形，誤。
［25］第：諸本同，磧本應脱。
［26］以猪肉覆之：磧本、興聖寺本、麗初本作"似猪肉之氣"似劣。
［27］邀：諸本同，磧本作"邈"誤。即保恭禪師，傳見本書卷一一。
［28］滯：興聖寺本、麗初本、趙本作"滯識"，磧本同麗再本。"滯識"，參見法琳辯正論卷六内異方同制指八："滯識將冥山等闇，邪心與昧谷同昏。"
［29］揵搥：磧本作"犍椎"，興聖寺本作"健搥"，三詞義同，指寺院敲擊木、石、金屬等用以報時的工具，如鐘磬等。麗初本、趙本同麗再本。
［30］末以年暮：諸本同，興聖寺本作"年以暮"，既脱且倒。
［31］至：麗再本、麗初本、趙本脱，今據磧本、興聖寺本補。
［32］努：諸本同，興聖寺本作"怒"誤。
［33］禎：諸本同，磧本作"貞"誤。
［34］捋：諸本同，趙本作"將"誤。
［35］天：磧本、興聖寺本作"天人"，麗初本、趙本同麗再本。
［36］侃禪師：即慧侃禪師，傳見本書卷二六。
［37］二：諸本同，興聖寺本脱。

周渭濱沙門釋亡名傳八僧琨

釋亡名，俗姓宗氏[1]，南郡人[2]，本名闕殆[3]，世襲衣冠，稱爲望族。弱齡遁世，永絶妻孥[4]，吟嘯丘壑[5]，任懷遊處。凡所憑准，必映美阮嗣宗之爲人也。長富才華，鄉人馳譽[6]。事梁元帝，深見禮待，有製新文，帝多稱述。而恭慎慈敬，謙静爲心，每從容御筵[7]，賜問優異。及梁曆不緒，潛志玄門，遠寄汶蜀[8]，脱落塵累。初投兑禪師，兑亦定慧澄明，聲流關、鄴。名乃三業依憑，四儀恭仰，彫純假於禪誦，興慮著於篇什，預有學徒，問道無倦。

會周氏跨有井絡，少保、蜀國公宇文儁鎮之[9]。性愛賢才，重其德素[10]，禮供殊倫，聲聞臺省。後齊王續部，伏敬日增，任滿還雍，遂勒歸謁帝[11]。勞遺既深[12]，處爲夏州三藏。朝省以名文翰可觀，元非玄侣，而冥德没世，將徵拔之。測其器宇，有經國之量，朝省總議，或以威恩加之，或以情異轉之。然名雅亮卓然，曾無易節。天和二年五月，大冢宰宇文護遺書曰[13]：

> 言念欽屬，未叙企積，道體休豫[14]，無虧慮耶？蓋能仁處世，志存匡救，非先輪迴，獨尚兹善。既道亞生知，才高七步，豈虛緇染，沉流當塗[15]，但靈廓妙理，三業同臻，冀思莫二。皂白非感耳，悕解偏執[16]，讚我時朝。匪惟真俗俱抽，亦是彼我一貫。故令往白[17]，念報雅懷。

名答云：

> 辱告，深具懷抱。寒暑異域，苦樂殊心，輒略常談，且陳事實。貧道禀質醜陋，恒嬰疾惱，因傴成恭，惟道是務。不曾栖息[18]，五十二年；自捨俗缘，十有五載。萬人歸國，皆停都邑，羸病一僧，獨流荒裔。無罪可罰，無能可使，百慮九思[19]，是所未喻。

文多不載。又列六不可、十嘆息。援據事叙，綸貫始終。書略結云：

> 沙門持戒，心口相應。所列六條，若有一誑[20]，生則蒼天厭之[21]，死則鐵鉗拔之，洋銅灌之。仰戴三光，行年六十，不欺闇室[22]，况乃明世。且鄉國殄喪，宗戚衰亡，貧道何人，獨堪長久。誠得收迹巖中，攝心塵外，支養殘命，敦修慧業，此本志也。寄骸精舍，乞食王城，任力行道，隨缘化物，斯次願也。如其不爾[23]，獨處丘壑。安能憒憒[24]久住閻浮地乎。

護得書，體其難拔，乃與書迎還[25]，云："法師秉心彌固，栖遊世表。玄主啓運，不屈伯夷之節；蒼精御曆，豈捐嘉遁之志[26]。今遣往迎。"名達咸陽，貴遊奉謁，隆禮厚味，彌增常限。以稱謂廣流，藏景難伏，誓當栖玄後德，便閑放無累，乃著寶人銘曰：

> 余十五而尚屬文[27]，三十而重勢位。值京都喪亂，冠冕淪没，海内

知識,零落殆盡,乃喟然嘆曰:“夫以迴天倒日之力,一旦早凋;岱山磐石之固,忽焉燼滅。定知世相無常,浮生虚僞,譬如朝露,其停幾何?大丈夫生當降魔,死當飼虎[28],如其不爾,修禪足以養志,讀經足以自娱。富貴名譽,徒勞人耳。”乃棄其簪弁,剃其鬚髮[29],衣納杖錫,聽講談玄。戰國未寧,安身無地,自厭形骸,甚於桎梏,思絶苦本,莫知其津。大乘經曰:“如説行者,乃名是聖,不但口之所言。”小乘偈曰:“能行,説爲正;不行,何所説。”若説不能行,不名爲智者。至於顔回好學,勤改前非;季路未修,懼聞後語。功勞智擾,役神傷命,爲道日損,何用多知。誓欲枯木其形,死灰其慮,降此患累,以求虚寂。乃作絶學箴文,名息心贊[30],擬夫周廟[31]。其銘曰:

法界有如意寶人焉,九緘其身,銘其膺曰:“古之攝心人也,誡之哉,誡之哉,無多慮,無多知。”

多智多事[32],不如息意。多慮多失,不如守一。慮多志散,知多心亂。心亂生惱,志散妨道。

勿謂何傷,其苦悠長。勿言何畏,其禍鼎沸。滴水不停,四海將盈。纖塵不拂,五岳將成。防末在本[33],雖小不輕。

關爾七竅,閉爾六情。莫視於色,莫聽於聲。聞聲者聾,見色者盲。

一文一藝,空中小蚋。一技一能[34],日下孤燈。英賢才藝,是爲愚弊。

捨棄淳樸[35],躭溺淫麗。識馬易奔,心猨難制。神既勞役,形必損斃。

邪逕終迷[36],脩塗永泥。莫貴才能,是曰惛懵。

誇拙羡巧[37],其德不弘。名厚行薄,其高速崩。

徒舒翰卷[38],其用不恒。内懷憍伐[39],外致怨憎。

或談於口,或書於手。邀人令譽,亦孔之醜。

凡謂之吉,聖以之咎[40]。賞悦暫時,悲憂長久。

畏影畏迹,逾走逾劇。端坐樹陰,迹滅影沉。

厭生患老[41],隨思隨造。心想若滅,生死長絶[42]。

不死不生,無相無名。一道虚寂,萬物齊平[43]。

何勝何劣,何重何輕[44]。何賤何辱,何貴何榮?

澄天愧净,皦日慚明[45]。安夫岱嶺[46],固彼金城。

敬詒賢哲[47],斯道利貞。

又著至道論、淳德論、遺執論、去是非論、影喻論、修空論、不殺論等[48],

並文多清素[49]，語恒勸善，存質去華，不存粉墨[50]。有集十卷，盛重於世。不知所終。

有弟子僧琨，性沉審，善音調，爲隋二十五衆讀經法主。搜括群籍，採摭賢聖，所撰諸論，集爲一部，稱曰論場，有三十卷。披袠一閱[51]，俱覽百家，亦新學之宗匠者矣。後於曲池造静覺寺，每臨水映竹，體物賦詩，頗有篇什云[52]。

【校注】

[1] 宗氏：諸本同，磧本作"宋氏"。據下文，南郡的望族當爲"宗氏"。

[2] 南郡：戰國秦置，隋開皇初廢，大業初復置，唐初改爲荆州，治當今湖北省荆州市荆州區。

[3] 殆：諸本同，興聖寺本作"弘"誤。

[4] 拏：磧本作"挐"，興聖寺本作"帑"誤。麗初本、趙本同麗再本。

[5] 㓟：諸本同，興聖寺本作"割"誤。

[6] 譽：麗再本、麗初本、趙本作"舉"，今據磧本、興聖寺本改。

[7] 從：興聖寺本、麗初本作"縱"，磧本、趙本同麗再本。

[8] 汶：諸本同，磧本作"岷"。

[9] 宇文儁：案，當是尉遲迥之訛。

[10] 其：磧本、麗初本脱，興聖寺本、趙本同麗再本。

[11] 勒：諸本同，興聖寺本作"勸"。

[12] 遺：麗初本、諸本作"遣"應是。"勞遣"，給因公出差者餞行、慰勞義。參見魏書卷六六崔亮傳："靈太后勞遣亮等，賜戎服雜物。亮至硤石，祖悦出城逆戰，大破之。""勞遺"有犒勞、饋贈義，但放在本文中似略顯扞格。

[13] 曰：諸本同，興聖寺本脱。

[14] 豫：磧本、麗初本、趙本作"愈"，興聖寺本作"悆"。

[15] 沉：諸本同，興聖寺本似作"汎"形。

[16] 悕：諸本作"怖"，今從磧本。

[17] 往：諸本同，興聖寺本脱。

[18] 栖：磧本、興聖寺本作"妻"誤，麗初本、趙本同麗再本。

[19] 百：諸本同，興聖寺本作"可"誤。

[20] 有：諸本同，興聖寺本脱。

[21] 之：諸本同，興聖寺本衍作"之無"。

[22] 闇：諸本同，趙本作"閹"誤。

[23] 如：興聖寺本衍作"如如"。

[24] 憒憒：諸本同，興聖寺本作"憤憤"誤。

[25] 迎：諸本同，麗初本作"近"誤。

[26] 捐：諸本同，磧本作"損"。遁：諸本同，興聖寺本作"道"誤。

[27] 屬：磧本、趙本脱，興聖寺本、麗初本同麗再本。

[28] 飼：麗初本、趙本作"飴"誤，磧本、興聖寺本同麗再本。

[29] 鬒：諸本同，麗初本作“斑”。案，從“其鬒髮”到下文“凡謂之吉”，興聖寺本闕佚。
[30] 贊：磧本作“讚”，麗初本作“替”誤，趙本同麗再本。
[31] 夫：諸本同，麗初本作“史”誤。
[32] 智：諸本作“知”。
[33] 末：麗初本、趙本作“未”誤，磧本同麗再本。
[34] 技：磧本作“伎”，麗初本作“扙”，趙本同麗再本。
[35] 淳：諸本同，磧本作“浮”誤，趙本同麗再本。樸：諸本同，麗初本作“朴”。
[36] 逕：諸本同，麗初本作“遥”誤。
[37] 誇：麗再本作“洿”，今從磧本、麗初本、趙本。
[38] 徒舒翰卷：麗再本作“隆舒汙卷”，麗初本作“塗舒汗卷”，趙本作“隆舒汗卷”，今從磧本。
[39] 伐：諸本同，麗初本作“代”誤。
[40] 之：諸本同，興聖寺本脱。
[41] 厭生患老：諸本同，興聖寺本衍作“厭生患老，以咎賞悦暫時”。
[42] 生：磧本、興聖寺本、麗初本作“長”誤，趙本同麗再本。
[43] 萬：諸本同，興聖寺本作“一”誤。
[44] 何勝何劣何重何輕：諸本作“何勝何重，何劣何輕”誤倒。
[45] 皦：諸本同，磧本作“皎”。趙本同麗再本。“皦日”同“皎日”，毛詩正義卷四王風大車：“謂予不信，有如皦日。”
[46] 嶺：興聖寺本、麗初本、趙本作“領”，磧本同麗再本。
[47] 詒：諸本同，磧本作“貽”。“詒”同“貽”，贈送。
[48] 不殺論：興聖寺本、麗初本脱，磧本、趙本同麗再本。
[49] 並：諸本同，磧本脱。文多：諸本同，興聖寺本作“天名”。
[50] 墨：興聖寺本作“黑”，趙本作“黛”，麗初本、趙本同麗再本。
[51] 衮：諸本同，磧本作“卷”誤。
[52] 頗：諸本脱，今據磧本補。

魏鄴下沙門釋道寵傳九

釋道寵，姓張，俗名爲賓。高齊、元魏之際，國學大儒雄安生者，連邦所重，時有李範、張賓，齊鑣安席[1]。才藝所指，莫不歸宗，後俱任安下爲副[2]。年將壯室，領徒千餘，至趙州元氏縣堰角寺側，即今所謂應覺是也，從寺索水。沙彌持與，問具幾塵，方可飲之？素不内涉，罔然無對[3]，乃以水澆面。賓大恧，謂徒屬曰：“非爲以水辱我，直顯佛法難思[4]，吾今投心此道，宜各散矣。”即日於寺出家。

寺法，入道三年歷試，以賓聰明大博，不可拘於常制[5]，即日便與具戒。遂入西山，廣尋藏部，神用深拔，慨嘆晚知。魏宣武帝崇尚佛法，天竺梵僧菩提留支初翻十地在紫極殿，勒那摩提在太極殿[6]，各有禁衛，不許通言，校其所譯[7],恐有浮濫。始於永平元年至四年方訖,及勘讎之[8],惟云"有不二不盡",那云"定不二不盡",一字爲異。通共驚美,若奉聖心。寵承斯問,便詣流支,訪所深極,乃授十地。典教三冬[9],隨聞出疏,即而開學,聲唱高廣,鄴下榮推。時朝宰文雄魏收、邢子才[10]、楊休之等[11],昔經寵席,官學由成,自遺世網,形名靡寄。相從來聽,皆莫曉焉。寵默識之,乃曰:"公等諸賢,既稱榮國,頗曾受業,有所來耶?"皆曰:"本資張氏,厭俗出家。"寵曰:"師資有由,今見若此。"乃曰:"罪極深矣,初聆聲相,寔等昔師,容儀頓改,致此無悟。"於是同敦三大,罄此一心,悲慶相循[12],遂以聞奏[13]。以德溢時命,義在旌隆,日賜黄金三兩[14],盡於身世。匠成學士,堪可傳道,千有餘人。其中高者,僧休、法繼、誕禮、牢宜[15]、儒果等是也。

一説云:初,勒那三藏教示三人,房、定二士,授其心法;慧光一人,偏教法律。菩提三藏惟教於寵。寵在道北,教牢宜四人。光在道南,教憑、範十人。故使洛下有南北二途,當現兩説,自斯始也,四宗五宗亦仍此起。今則闕矣[16],輒不繁云。

【校注】

[1] 鑣:諸本作"鏕",今據磧本改。"鏕"爲地名、釜名,又同"鏖",均與文義不符。
[2] 副:諸本同,磧本作"嗣"應是。
[3] 罔:諸本同,興聖寺本脱。
[4] 直:諸本同,興聖寺本作"真"誤。
[5] 拘:諸本同,麗初本作"物"誤。
[6] 太:麗再本作"大",今據諸本改。
[7] 譯:諸本同,興聖寺本作"謂"誤。
[8] 勘:興聖寺本、麗初本作"堪"誤,磧本、趙本同麗再本。
[9] 典:諸本同,磧本作"曲"誤。
[10] 子:興聖寺本、麗初本脱,磧本、趙本同麗再本。
[11] 楊:諸本同,興聖寺本作"陽"應是。
[12] 悲:諸本同,興聖寺本作"非"誤。
[13] 奏:諸本同,興聖寺本作"奉"誤。
[14] 兩:諸本同,興聖寺本作"悪"誤。案,當時北方貨幣一般用布帛,此處賜予黄金比較特殊。
[15] 牢宜:諸本同,磧本作"罕宜",下同。
[16] 闕:諸本同,興聖寺本作"開"誤。

齊彭城沙門釋慧嵩傳十

釋慧嵩,未詳氏族,高昌國人。其國本沮渠涼王避地之所,故其宗族皆通華夏之文軌焉。嵩,少出家,聰悟敏捷[1],開卷輒尋,便了中義[2]。潛蘊玄肆,尤翫雜心,時爲彼國所重。

嵩兄爲博士,王族推崇,雅重儒林,未欽佛理,覩嵩英鑒[3],勸令反俗,教以義方。嵩曰:"腐儒小智[4],未足歸賞,固當同諸糟粕。餘何可論?"兄頻遮礙,乃以易林秘隱問之。嵩初不讀俗典[5],執卷開剖[6],挺出前聞。兄雖異之,殊不信佛法之博要也。嵩以毗曇一偈,化令解之。停滯兩月,妄釋紛紜,乃有其言,全乖理義。嵩總非所述,聊爲一開,泠然神悟,便大崇信佛法,博通玄奧[7],乃恣其遊涉。

于時元魏末齡[8],大演經教。高昌王欲使釋門更闢[9],乃獻嵩并弟,隨使入朝。高氏作相,深相器重。時智遊論師,世稱英傑,嵩乃從之聽毗曇、成實,領牒文旨,信重當時,而位處沙彌,更摇聲略。及進具後,便登元座,開判經誥[10],雅會機緣,乃使鋒鋭�敵[11],歸依接足。

既學成望遠[12],本國請還,嵩曰:"以吾之博達,義非邊鄙之所資也[13]。"旋環鄴、洛[14],弘導爲宗[15]。後又重徵,嵩固執如舊[16],高昌乃夷其三族[17]。嵩聞之[18],告其屬曰:"經不云乎,三界無常,諸有非樂,況復三途八苦,由來所經,何足怪乎?"及高齊天保[19],革命惟新,上統榮望,見重宣帝。嵩以慧學騰譽[20],頻以法義淩之[21],乃徙於徐州爲長年僧統。仍居彭沛,大闡宏猷,江表、河南率遵聲教。即隋初志念論師之祖承也。以天保年,卒於徐部[22]。

【校注】

[1] 捷:諸本同,磧本作"揵"誤。

[2] 便:諸本同,趙本作"傳"形,誤。

[3] 鑒:麗初本、趙本作"監",磧本、興聖寺本同麗再本。

[4] 小:諸本同,興聖寺本作"少"。

[5] 典:諸本同,興聖寺本作"曲"誤。

[6] 剖:諸本同,興聖寺本作"部"誤。

[7] 博:諸本同,興聖寺本作"薄"誤。

[8] 末:麗再本作"未",今據諸本改。

[9] 高:諸本同,興聖寺本作"嵩"誤。

[10] 誥:諸本同,興聖寺本作"諸"誤。

[11] 剠:諸本同,磧本作"勍"是。

[12] 望:諸本同,興聖寺本作"摇"誤。

[13] 義:諸本同,興聖寺本作"美"誤。

[14] 旋:諸本同,興聖寺本作"方"誤。環:諸本同,當作"還"。

[15] 導:諸本作"道",今從磧本。

［16］執：諸本同，興聖寺本作“又”誤。舊：諸本同，興聖寺本脱。
［17］高昌：諸本同，興聖寺本作“高昌王”。
［18］嵩：諸本同，興聖寺本作“高”誤。
［19］及：諸本同，興聖寺本作“乃”誤。
［20］學：諸本同，興聖寺本作“覺”誤。
［21］淩：磧本、興聖寺本作“陵”，麗初本、趙本同麗再本。
［22］部：諸本同，磧本作“州”。

續高僧傳卷第八[1]

義解篇四[2] 正紀十四 附見二[3]

齊鄴東大覺寺釋僧範傳一

釋僧範，姓李氏，平鄉人也[4]。幼遊學群書，年二十三，備通流略。至於七曜、九章、天文、筮術[5]，諳無再悟。徒侶方千[6]，抵掌解頤[7]，誇矜折角。[8]時人語曰：相州李洪範，解徹深義；鄴下張賓生，領悟無遺。斯言誠有旨矣。兼以年華色美，都無伉儷之心，思附法門，燒指而修供養。

年二十九，栖遲下邑，聞講涅槃，輒試一聽，開悟神府，理思兼通，乃知佛經之秘極也，遂投鄴城僧始而出家焉。初學涅槃經，頓盡其致；又栖心林慮，静其浮情；復向洛下，從獻公聽法華、華嚴[9]。宗匠前修，是非衢術。後從轍光師而受道焉。躭味虚宗[10]，歲紀遷貿[11]，既窮筌相，學志無雜[12]，乃出遊開化，利安齊魏。每法筵一舉，聽衆千餘，逮旋趾鄴都[13]，可謂當時明匠。遂使崔覲注易[14]，諮之取長；宗景造曆[15]，求而捨短；大儒徐遵明、李寶頂等一對[16]，信於言前，授以菩薩戒法，五衆歸之如市。講華嚴、十地、地持、維摩、勝鬘，各有疏記。復變疏引經，製成爲論，故涅槃、大品等並稱"論"焉，地持一部獨名"述"也[17]。然屬詞繁壯，不偶世情，亦是一家之作，故可觀採。

而言行相輔，祥徵屢降[18]。嘗有膠州刺史杜弼，於鄴顯義寺，請範冬講。至華嚴六地，忽有一雁飛下，從浮圖東，順行入堂，正對高座，伏地聽法。講散徐出，還順塔西，爾乃翔遊[19]。又於此寺夏講，雀來在座西南伏聽，終於九旬。又曾處濟州，亦有一鴞飛來入聽[20]，訖講便去。斯諸祥感衆矣，自非道洽冥符，何能致此[21]。嘗講花嚴，輒有一僧加毀，云："是乃伽斗[22]，竟何所解？"當夜有神加打，死而復蘇。其見聞者，皆深敬異。嘗宿他寺，意欲聞戒，有僧昇座，將欲豎義，乃曰："豎論法相，深會聖言，何勞布薩，僧常聞耳？"忽見一神，形高丈餘，貌甚雄峻[23]，來到座前，問豎義者："今是何日？"

答曰:"是布薩日。"神即以手搨之[24],曳于座下,委頓垂死。次問上座,搨曳同前。由是自勵至終,僧事私緣,竟無説欲。

乃至疾重,舁而就僧[25]。將終之日,延像入房,下床跪地,惟悔宿觸而已。時當正午,遺誡而卒於鄴東大覺寺,時春秋八十,即天保六年三月二日也。

初,範背儒入釋,崇信日增,寂想空門,不緣世務,口無流略之語,身絶非法之遊。隨得財賄,即施門人,衣食有無,未曾宣述。安忍善惡,喜怒不形,洗穢奉禁,終始如一。而留意華嚴,爲來報之業;夜禮千佛,爲一世常資。末歲,年事既隆,身力不濟,猶依六時叩頭枕上。自有英悟之量,罕能繼者,而感通靈異,則事全難准云。

【校注】

[1] 案,麗初本之本卷闕佚。

[2] 義:諸本同,麗再本殘。

[3] 二:磧本作"一",興聖寺本、趙本同麗再本。

[4] 平鄉:三國置縣,治當今河北省平鄉縣平鄉鎮。參見隋書卷三〇地理中"襄國郡",又讀史方輿紀要卷一五"平鄉縣""鉅鹿城""平鄉城"各條。

[5] 天文筮術:諸本作"天竺咒術",今從磧本。

[6] 方:諸本同,磧本作"万"。

[7] 抵掌:麗再本、趙本作"指掌",今從磧本、興聖寺本。"抵掌",爲"抵掌而談"的縮略,典出戰國策卷三秦策一蘇秦始將連横:"見説趙王於華屋之下,抵掌而談。"

[8] 案,法苑珠林卷二四"齊鄴東大覺寺沙門僧範"條:"善解群書,時稱府庫。"

[9] 獻公:即僧獻。參見廣弘明集卷二歸正篇第一之二引魏書釋老志:"世宗已來至武定末,沙門知名者有:慧猛、慧辯、慧深、僧暹、道欽、僧獻、道晞、僧深、慧光、慧顒、法榮、道長。並見重道俗。"魏書釋老志字形略異,今從廣弘明集。

[10] 躭:諸本同,興聖寺本脱。

[11] 紀:諸本同,磧本作"絶"誤。

[12] 雜:諸本同,磧本作"新"誤。

[13] 旋:諸本同,興聖寺本脱。

[14] 注:諸本同,興聖寺本作"住"誤。案,隋書卷三二經籍一、舊唐書卷四六經籍志上,記崔覲易注十三卷。

[15] 宗景造曆:磧本作"宋景造歷",興聖寺本、趙本同麗再本。案,"宋景"當從磧本,參見北史卷八一李業興傳附李崇祖傳。

[16] 一對:磧本作"一見"亦通。興聖寺本、趙本同麗再本。案,"徐遵明",傳見魏書卷八四儒林傳,北魏末大儒,北方經師多出其門下。"李寶頂",即李鉉,字寶鼎,作"頂"誤,傳見北齊書卷四四儒林傳,爲徐遵明高足。

[17] 一:諸本同,磧本作"十"誤。

[18] 屢:諸本同,興聖寺本作"屬"誤。

［19］遊：諸本同，磧本作“逝”應是。
［20］鴞：磧本作“鳥”，興聖寺本作“鵜”，均誤。法苑珠林卷二四聽説引此傳此句作“梟”。趙本同麗再本。
［21］致：磧本、興聖寺本作“與”誤，趙本同麗再本。
［22］伽斗：參見（卍續68）四分律行事鈔批卷一三訃請設則篇第二三：“有云：摩呵羅，此翻伽斗也。老年出家曰伽底死，慳癡曰斗。賓云：摩呵羅者，此翻無知，或言老年也。”
［23］貌：諸本同，興聖寺本作“貇”誤。
［24］搨：諸本同，磧本作“搭”。
［25］舁：趙本作“舉”，磧本、興聖寺本作“輿”。

齊鄴中釋曇遵傳二

釋曇遵，姓程氏，河北人[1]。少厭世網，投法出家[2]。而容色盛美，堂堂然也，恐染净戒[3]，還返俗焉。資學既明，允當時寄，有魏擢爲員外郎。二十有三，情背朝官，復請光公，以爲師保。光以舊事，捨而不度，遵跪啓曰：“今没命歸依[4]，遠崇至道，如不允副，必從邪見，壞及三寶。”光審其情至，即度而授戒。因從稟學，功逾一紀，大乘頓教[5]，法界心原[6]，並披析義理，挺超時匠。手無異筆而變他成己，故談述有續而章疏闕焉。

初出，化行洛下，流演齊[7]、楚、晋、魏乃至燕、趙，通傳道務，攝治相襲。丞相淮陰王肱深器之，德動貴重，傾心奉禮。年餘七十，舉爲國都，尋轉爲統。後少覺有疾，便坐誦維摩、勝鬘。卷了命終，卒於鄴下，時年八十有五[8]。承化門人，罕繼其後。初遵賦志清高，無爲立性，褰帷開户，標樹方遠。形無妄涉，口不俗談，動静自嚴，不假方便。而敬愛宗師，罕階儔緒[9]。光師終日，遵在齊州，初聞哀問，不覺從床而墜，口中流血。其誠孝動人，如此之類也。多遊念慧，有得機緣，温講而終業矣。

【校注】

［1］河北：即陜州河北縣，北周天和二年置，唐天寶元年改爲平陸縣，即今山西省平陸縣。
［2］法：諸本同，磧本作“法光”誤，下文的“光公”指慧光。
［3］净戒：磧本、興聖寺本作“戒净”，趙本同麗再本。
［4］歸：諸本同，磧本作“皈”。
［5］頓：諸本同，興聖寺本作“頻”誤。
［6］心原：諸本同，磧本作“心源”是。案，佛教視心爲萬法之源，故稱“心源”，參見四十華嚴經卷一一“我王心鏡净，洞見於心源”。
［7］演：磧本作“衍”，興聖寺本作“行”，趙本同麗再本。

［8］十：諸本同，興聖寺本脱。
［9］階：諸本同，興聖寺本作“皆”誤。

齊鄴下總持寺釋慧順傳三

釋慧順，姓崔，齊人[1]，侍中崔光之弟也。少愛儒宗，統知雅趣，長厭塵網，爲居士焉。初聽涅槃，略無遺義，因講而睡，聞有言曰：“此解乃明，猶未爲極。”心遂遲疑，伺決其病，承都下有光律師者，廣涉大乘，文無不曉，因往洛陽。時年二十有五，即投光而出家焉。寓於門下，纂修地旨，倦無終食。歲紀相尋，證教兩途[2]，鋭鏡於心内；三持三聚，影現於神外，博見融治，陶然有餘。講十地、地持、華嚴、維摩，並立疏記。

年將知命，欲以大法弘利本鄉，即傳歸戒[3]。情無不愜，隨有講會，衆必千餘，精誠之響，廣流東夏，故齊、趙、瀛、冀，有奉信者，咸禀其風焉。僕射祖孝徵欽尚厥德，奏爲國都。年七十有二，終於鄴下之總持寺。當終之日，身心清卓[4]，專念平等，而爲心印。

然順族胄菁華，言成世範[5]，慧解騰譽，事義深沉[6]。而志存順法[7]，不局一方。衣略鮮華[8]，食無兼味。受施尋散，情闕愛憎，形寄任緣，未依夏臘。進止在益，不顧己損，言行適時，不與物諍。故傳者具書[9]，不敢遺其事行矣。

【校注】

［1］齊人：據魏書卷六七崔光傳：“東清河鄃人也。祖曠，從慕容德南渡河，居青州之時水。慕容氏滅，仕劉義隆爲樂陵太守。父靈延，劉駿龍驤將軍、長廣太守，與劉彧冀州刺史崔道固共拒國軍。慕容白曜之平三齊，光年十七，隨父徙代。”案，“青州之時水”，北魏時青州所屬無時水縣，據讀史方輿紀要卷三五山東六“青州府畫邑城”條：“時水城，在縣西北三十里，劉宋置高陽縣，後魏因之。隋開皇十六年，析高陽置時水縣。大業初，俱廢入臨淄。唐武德四年，復置時水縣，屬青州，八年廢。”則慧順籍貫在青州之時水城。“齊人”之“齊”概泛指，並非“齊州”，因“時水”在北朝、隋、唐初隸屬青州。
［2］證：諸本同，興聖寺本脱。
［3］傳：諸本同，興聖寺本脱。
［4］身：諸本同，興聖寺本衍作“身口”。
［5］成：磧本作“誠”誤，趙本同麗再本。
［6］深沉：磧本、興聖寺本作“沉深”，趙本同麗再本。
［7］案，“順法”不可解，疑爲“弘法”之訛。
［8］衣：諸本同，磧本作“依”誤。
［9］書：磧本、興聖寺本作“舒”誤，趙本同麗再本。

齊鄴西寶山寺釋道憑傳四

釋道憑,姓韓,平恩人[1]。十二出家,投貴鄉邵寺,初誦維摩經。自惟歷覽,日計四千四百言,一聞無忘,乃通數部。後學涅槃,略觀遠節;復尋成實,初聽半文[2],便竪大義。聰明之譽,無羡昔人,致使遐邇聞風,咸思頂謁。七夏,欲講涅槃,惟曰:"文一釋異,情理難資。恐兼虚課,謗法誠重。"八夏既登,遂行禪境,漳、滏、伊、洛,遍討嘉猷。後於少林寺攝心夏坐,問道之僧披榛而至。聞光師弘揚戒本,因往聽之,涉悟大乘,深副情願。經停十載,聲聞漸高,乃辭光通法,弘化趙魏,傳燈之美,罕有斯焉。

講地論、涅槃、花嚴、四分,皆覽卷便講,目不尋文[3],章疏本無,手不舉筆,而開塞任情,吐納清爽,洞會筌旨[4],有若證焉。故京師語曰"憑師法相,上公文句,一代希寶[5]",斯言信矣。時人以其口辯,方於身子也。

以齊天保十年三月七日,卒於鄴城西南寶山寺[6],春秋七十有二。將終之前,大鍾兩口,小觸而破。康存之日,願生安養,故使臨終,光尋滿室,憑獨見之[7],異香充庭,大衆同美[8]。初憑之處道,弘護居心,經律遞講[9],福智雙習。骨族血親,往來頓絶;勢貴豪家,全無遊止。而乞食自資,少所恒習;袒肩洗浄,老而彌固;脛臂無服,生死齊焉。兼以心緣口授,杜於文相者,古今絶矣。

【校注】

[1] 平恩:即平恩縣,東漢改平恩侯國置,治在今河北省曲周縣東南西呈孟鄉。北齊天保七年改治斥漳城,隋代還治西呈孟鄉。

[2] 聽:諸本同,磧本作"得"誤。

[3] 目:趙本作"自"誤,磧本同麗再本。

[4] 筌:磧本作"詮",趙本同麗再本。

[5] 寶:諸本同,興聖寺本作"實"誤。

[6] 寶山寺:即今河南省安陽市西南二十五里善應鎮南坪村寶山之靈泉寺。

[7] 獨:諸本同,興聖寺本衍作"獨而"。

[8] 同美:諸本同,磧本作"皆笑"誤。

[9] 遞:麗再本、趙本作"遽"誤,今據磧本、興聖寺本改。

齊并州僧統釋靈詢傳五[1]

釋靈詢,姓傅氏,漁陽人也[2]。少年入道,學成實論并涅槃經,窮其幽府。又於論中,删要兩卷,注而釋之,盛行於世。後棄小道,崇仰光公,曉夕研尋,十有餘載,纖旨秘教,備知通塞。雖博知群籍,而擅出維摩,兼有疏記。至還京漳鄴,遊歷燕趙,化霑四衆,邪正分焉。而書畫有工[3],頗愛篇什,文筆之華,時所推舉。美容貌,善風儀,詞辯雅浄,聽者無撓。初爲國都,魏末爲并州僧統[4]。齊初卒於晋陽,時年六十九矣。

【校注】

[1] 僧統:諸本同,磧本作"傳統"誤。

[2] 漁陽:即漁陽縣。秦置,爲漁陽郡治,當今北京市密雲區西南三十里。北魏屬漁陽郡,北齊廢,隋大業末改無終縣置,屬漁陽郡,唐初改屬幽州,治當今天津市薊州區。

[3] 工:諸本同,磧本作"功"誤。

[4] 末:諸本同,興聖寺本作"夫"誤。

齊大統合水寺釋法上傳六法存[1]

釋法上,姓劉氏,朝歌人也[2]。五歲入學,七日通章。六歲,隨叔寺中觀戲,情無鼓舞,但禮佛讀經[3]。而聲氣爽拔,衆人奔繞,傾渴觀聽[4]。年登八歲,略覽經誥,薄盡其理[5]。九歲,得涅槃經,披而誦之,即生厭世。至于十二,投禪師道藥而出家焉。因遊相土,尋還汲鄉[6],又往東都,栖遑務道[7],神氣高爽,照曉詞論,所在推之,咸謂聖沙彌也。後潛林慮上胡山寺,誦維摩、法花,纔浹二旬[8],兩部俱度。因誦求解,還入洛陽,博洞清玄,名聞伊瀍[9]。

年暨學歲,創講法花,酬抗疑難,無不嘆伏。善機問,好徵覈,決通非據,昌言勝負[10],而形色非美,故時人諺曰:黑沙彌若來[11],高座逢災也。後值時儉,衣食俱乏,專意涅槃,無心飢凍。故一粒之米[12],加之以菜[13];一衣爲服,兼之以草。練形將盡,而精神日進,乃投光師而受具焉。性戒夙成,不勞師導,勤勤諦理,無失寸陰。

忽聞父病,尋往覲之。既至即殂,一宿同止,明旦赴洛,度母及姊,將入鄴都。時屬大荒,投寄無指[14],聽法心猛,委而南旋。夏聽少林,秋還漳岸,母子相見,不覺潸然。

既慧業有聞,衆皆陳請,乃講十地、地持、楞伽[15]、涅槃等部,輪次相續,並著文疏。又偏洞筭數,明了機調,綱紀法化,難繼其塵。故時人語曰"京師極望,道場法上",斯言允矣。

年階四十,遊化懷衛,爲魏大將軍高澄奏入在鄴,微言一鼓,衆侶雲屯。但上戒山峻峙,慧海澄深,德可軌人,威能肅物,故魏齊二代,歷爲統師。昭玄一曹，純掌僧録，令史員置五十許人，所部僧尼二百餘萬，而上綱領將四十年[16]。道俗歡愉，朝庭胥悦，所以四方諸寺咸稟成風[17]，崇護之基，罕有繼采。既道光遐燭，乃下詔爲戒師，文宣常布髮於地[18]，令上踐焉。天保二年，又下詔曰："仰惟慈明，緝寧四海，欲報之德，正覺是憑[19]。諸鷙鳥傷生之類，宜放于山林，即以此地，爲太皇太后經營寶塔[20]。廢鷹師曹爲報德寺[21]。"斯即碎蕩邪霧，載清佛海，當時昌盛，自古推焉。上總擔荷，並得緝諧，内外闡揚，皂白咸允[22]。非斯柱石，孰此棟梁哉。

且而景行既宣，逸響遐被[23]，致有高勾麗國大丞相王高德，乃深懷正法，崇重大乘，欲播此釋風，被于海曲。然莫測法教始末緣由[24]，西徂東壤年世帝代[25]？故具録事條，遣僧向鄴，啓所未聞，事叙略云：釋迦文佛入涅槃來，至今幾年？又於天竺幾年方到漢地？初到何帝，年號是何？又齊、陳佛法，誰先傳告？從爾至今，歷幾年帝？遠請具注。并問十地、智論等人法所傳。

上答，略云："佛以姬周昭王二十四年甲寅歲生，十九出家。三十成道，當穆王二十四年癸未之歲。穆王聞西方有化人出，便即西入而竟不還，以此爲驗。四十九年在世，滅度已來至今齊代武平七年丙申[26]，凡經一千四百六十五年。後漢明帝永平十年[27]，經法初來，魏晋相傳至今流布。"上廣答緣緒，文極指訂，今略舉梗槩，以示所傳。

末勑住相州定國寺，而容德顯著，感供繁多，所得世利[28]，造一山寺，本名合水，即鄴之西山今所謂修定寺是也。山之極頂，造彌勒堂，衆事莊嚴[29]，備殫華麗，四事供養，百五十僧。及齊破法湮[30]，不及山寺，上私隱俗服，習業如常，願若終後，覲覩慈尊，如有殘年，願見隆法，更一頂禮慈氏如來。而業行精專，幽明感遂，屬隋運將動，佛日潛離，深果宿心，喜遍心府。羸瘦微篤[31]，設轝坐之，袈裟覆頭，弟子扛轝，往昇山寺。合掌三禮，右繞三周，便還山舍[32]，誦維摩、勝鬘，卷訖而卒於合水故房，春秋八十有六，即周大象二年七月十八日也。

上形量過人，苕然衆表[33]，百千衆中，孤起頸現[34]。衣服率素，納補爲宗，五條祇支[35]，由來以布。法衣瓶鉢以外，更無餘財，生不履乘，步以畢命。門人成匠，任情所學，不私己業，偏用訓人[36]，言常含笑，罪不加杖。自上未任已前，儀服通混，一知綱統，制樣别行，使夫道俗兩異，上有功焉。制寺立净，亦始於此。故釋門東敞，能扇清風，莫與先矣。初天保之中，國置十統，有司聞奏，事須甄異。文宣乃手注狀云："上法師可爲大統，餘爲通統。"故帝之待遇[37]，事之如佛，凡所吐言，無不承用。又遵重戒禁，願常宣説，盡報行之。每至布薩晨，且致厚供[38]，設禮請僧。及年高聲變，恐煩於衆，歲暮之夕，猶遵此法。其奉信也如此。

撰增一數法四十卷，並略諸經論，所有名教，始從一法，十百千萬，有若數林，寔傳持之要術也[39]。又著佛性論二卷、大乘義章六卷，文理沖洽，詳略有聞。又撰衆經録一卷，包舉品類耳。並行於世。[40]

有弟子法存者，本是李老監，齊天保屏除，歸于釋種。明解時事，分略有據，上乃擢爲合水寺都維那。當有齊之盛，每年三駕，皆往山寺，有所覲禮。六軍既至，供出僧厨，存隨事指撝，前後給濟，三宫並足[41]。後終於隋初。

靈裕法師資學有承，具之本傳[42]。

【校注】

[1] 法存：諸本同，興聖寺本無。

[2] 歌：諸本同，興聖寺本作"哥"。案，"朝歌"即朝歌縣，秦置，治當今河南省淇縣。北魏移治枋頭，治當今河南省浚縣前枋城村。隋大業三年改爲衛縣。

[3] 讀：諸本同，磧本作"讚"誤。

[4] 聽：諸本同，興聖寺本脱。

[5] 薄：諸本同，磧本作"博"誤。

[6] 鄉：諸本同，興聖寺本作"郡"。

[7] 遑：磧本作"皇"，趙本同麗再本。

[8] 纔：磧本、興聖寺本作"財"誤，趙本同麗再本。

[9] 伊滏：諸本同，磧本作"伊洛"。案，"滏"，滏水，即今滏陽河，源出河北磁縣石鼓山。"伊滏"指河南、河北。聶順新博士以爲當作"伊洛"。

[10] 勝：諸本同，興聖寺本脱。

[11] 若：諸本同，興聖寺本脱。

[12] 粒：諸本同，磧本作"粗"誤。

[13] 加：諸本同，興聖寺本作"如"。

[14] 指：諸本同，磧本似作"惜"誤，資本作"措"。

[15] 伽：諸本同，磧本作"佑"誤。

[16] 四：諸本同，興聖寺本作"三"。

[17] 四方諸寺咸禀成風：磧本、興聖寺本作"四萬餘寺咸禀其風"，趙本同麗再本。

[18] 常：諸本同，磧本作"帝"。

[19] 憑：磧本作"馮"，趙本同麗再本。案，説文注卷一〇上："馮……經典通用爲依馮之馮，今别作憑，非是。"

[20] 經營：諸本同，磧本作"經始"應是。"經始"，語出詩經大雅靈臺："經始靈臺，經之營之。"

[21] 曹：諸本同，興聖寺本作"遭"誤。

[22] 皂：諸本同，興聖寺本作"皇"誤。

[23] 嚮：磧本作"響"，興聖寺本作"鄉"，趙本同麗再本。"嚮"通"響"。

[24] 末：諸本同，興聖寺本作"夫"誤。

[25] 世：諸本同，磧本作"三十"誤。

[26] 七年：諸本同，興聖寺本中作"七年"是。北齊武平共七年，故作"十年"誤。
[27] 十：諸本同，興聖寺本脱。
[28] 世利：磧本作"施利"是，趙本同麗再本。案，"世利"，名利，古籍用之，常有貶意。"施利"，指接受布施所得財物。佛祖統紀卷二七顯超傳："計所得施利五萬緡。"
[29] 事：諸本作"所"，今據磧本改。
[30] 法湮：麗再本、趙本作"法湮僧"，疑衍"僧"字，今據磧本、興聖寺本删。
[31] 羸瘦：磧本作"形羸"，興聖寺本作"羸疾"應是，趙本同麗再本。
[32] 舍：諸本同，興聖寺本作"合"誤。
[33] 苕：諸本同，磧本作"岧"。"苕""岧"，都有高遠義。
[34] 孤起頸現：磧本作"孤超頸現"，興聖寺本作"孤訖頸頸"誤，趙本同麗再本。
[35] 衹：諸本同，興聖寺本作"倚"形，誤。
[36] 偏：諸本同，磧本作"遍"似優。
[37] 待：諸本同，磧本作"特"誤。
[38] 且：諸本同。磧本作"旦"誤，與上文"晨"重複，趙本同麗再本。
[39] 寔：諸本同，磧本作"實"。案，"寔"通"實"。
[40] 案，大正藏據敦煌文書收録題爲"法上述"之十地論義疏卷一和卷三殘卷（大正85）。卷尾有題記："從校量離垢地訖，用紙三十五張，一校竟。保定五年歲次乙酉，比丘智辯爲法界衆生，敬寫大乘十地義記。若有尋玩之者，智慧逾明，悟空會旨，使增聞解，終乎出世，以法匡物，導化蒼生，同登妙覺。法上述。"

又歷代三寶紀卷一二著録法上著作，其後有小傳，今全文録入：增壹數四十卷（略諸經論所有數法。從一至十從十至百乃至千萬，有似數林）、佛性論二卷、衆經録一卷。

右三部，合四十三卷，相州前定國寺沙門釋法上撰。上戒山崇峻，慧海幽深，德可軌人，威能肅物。故魏齊世歷爲統都，所部僧尼減二百萬，而上綱紀，將四十年。當文宣時，盛弘釋典，上總擔荷，並得緝諧。内外闡揚，黑白咸允，非斯柱石，孰此棟樑。景行既彰，逸響遐被，致句麗國大丞相王高德，乃深懷正信，崇重大乘，欲以釋風，被之海曲。然莫測法教始末緣由，自西徂東年世帝代，故從彼國件録事條，遣僧義淵乘帆向鄴，啓發未聞。事條略云："釋迦文佛入涅槃來，至今幾年？又在天竺經歷幾年，方到漢地？初到何帝，年號是何？又齊陳國佛法誰先？從爾至今歷幾年帝？請乞具注。""其十地、智度、地持、金剛般若等諸論、本誰述作？著論緣起，靈瑞所由，有傳記不？謹録咨審，請垂釋疑。"上答："佛以姬周昭王二十四年甲寅歲生，十九出家，三十成道，當穆王二十四年癸未之歲。穆王聞西方有化人出，便即西入，至竟不還，以此爲驗。四十九年在世。滅度已來至今齊世武平七年丙申，凡一千四百六十五年。後漢明帝永平十年，經法初來，魏晋相傳至今。孫權赤烏年，康僧會適吴，方弘教法。地持是阿僧佉比丘從彌勒菩薩受得，其本至晋安帝隆安年，曇摩讖於姑臧爲河西王沮渠蒙遜譯。摩訶衍論是龍樹菩薩造，晋隆安年鳩摩什波至長安爲姚興譯。十地論、金剛般若論，並是僧佉弟婆藪槃豆造，至後魏宣武帝時，三藏法師菩提留支始翻。"上答指訂由緣甚廣，今略舉要以示異同。而上所服素納袈裟，一鉢三衣外，更無積聚。諸受請供，感世利財，起一山寺，名爲合水。山之極頂，造兜率堂，常願往生，覲睹彌勒。四事供養百五十僧。齊破法湮，山寺弗毁，上私隱俗，習業如常，常願殘年，見三寶復，更一頂禮慈氏如來。業行既專,精誠感徹,心如注水,遂屬開皇,至尊龍飛,佛日還照。上果情願,病服袈裟,弟子杠輿,升山寺頂,合掌三禮彌勒世尊。右繞三周,訖還山下,奄然而卒。九十餘矣。

[41] 宮:諸本同,磧本作"官"誤。案,"三宮",天子、太后、皇后。

[42] 具:諸本作"爲"誤,今從磧本改。

齊鄴下定國寺釋道慎傳七[1]

釋道慎,姓史,高陽人[2]。十四出家,誦聽依業。受具已後,入洛從光師學於地論,後禀上統而志涅槃。性度夷簡[3],風量陶然,綱網門徒,維攝大法而爲己任。每參説戒,詭聽至訖[4]。講悟昏情,詞無繁長,智者恐其言少[5],愚者慮其不多。五衆愛重,故宣帝請爲國都,綏撫遺法,得無虧緒。禪匠僧達、論士法靈,皆伏其辯對,至於滔滔風流,大觀時俗,則慎過之遠矣。末[6],乘車送帝,迴返本寺,兩轅併折,不日而終於鄴城定國寺,春秋六十有五。

【校注】

[1] 慎:諸本同,興聖寺本作"博"誤。

[2] 高陽:即高陽縣,西漢置,治當今河北省高陽縣東二十五里之舊城鎮。

[3] 夷簡:磧本、興聖寺本作"虚簡"誤,趙本同麗再本。案,"虚簡"指性格淡泊,"夷簡"指質朴,據上下文意,"夷簡"是。

[4] 詭聽至訖:磧本、興聖寺本作"跪聽訖文",趙本同麗再本。

[5] 言:諸本同,興聖寺本脱。少:趙本衍作"少少",磧本同麗再本。

[6] 末:麗再本、興聖寺本作"未",趙本同磧本,今據趙本、磧本改。

周蒲州仁壽寺釋僧妙傳八

釋僧妙,一名道妙,本住冀州,後居河東蒲坂[1]。禁行精苦,聰慧夙成,遍覽群籍,尤通講論。而禀性謙退,喜愠不干其抱,故每講下座,必合掌懺悔,云:"佛意難知,豈凡夫所測?今所説者,傳受先師,未敢專輒。乞大衆於斯法義,若是若非,布施歡喜。"時以解冠前彦,行隆端達,覩其虚己,皆服其德義,衆益從之。後住蒲鄉[2]常念寺,即仁壽[3]寺也,聚徒集業,以弘法樹功,擊響周齊[4],甚高名望。

周太祖特加尊敬。大統年,時西域獻佛舍利,太祖以妙弘讚著續[5],遂送令供養,因奉以頂戴,曉夜旋仰。經于一年,忽於中宵放光滿室,螺旋出窗,漸延于外,須臾光照四遠,騰扇其焰,照屬天地。當有見者,謂寺家失火,競來救之,及覩神光,乃從金瓶而出,皆嘆未曾有也。妙仰瞻靈相,涕泗交横，乃燒香跪而啓曰[6]：“法界衆生，已覩聖迹。伏願韜秘靈景，反寂歸空。”於是光還，螺旋卷入瓶内。爾夜，州治士女燒香讚歎之聲，聞于數十里[7]。寺有一僧，睡居房内，衆共唤之，惛惛不覺，竟不見光相。未幾，便遇厲疾[8]。咸言宿業所致，遂有感見之差。自妙之云亡，光不復現，其本佛骨，今仍在焉。

昔齊武平末，鄴古城中白馬寺，此是石趙時浮圖澄所造，本爲木塔，年增朽壞，勑遣修之。掘得舍利三粒，一赤一白一青，寶瓶盛之。京邑貴賤共看[9]，心至者，颯然上涌[10]；不信戲慢之儔，傾亦不出[11]。時俗迴邪者衆。齊王舅廣武王胡長邕曾染佛宗，勑令還俗，雖居貴望，不捨具戒。置舍利於水鉢，請乞行道，即見三枚相逐上水，旋器右行[12]，七遍既滿，一時沉下。邕與子弟更加深信。

而妙講解涅槃，以爲恒業，叙略綱致，久學者深會其源。分剖文句[13]，皆臨機約截，遍遍皆異，所以學侣罕成，而爲英傑者所美。化行河表，重敬莫高[14]，延及之鄉，酒肉皆絶，現生葱韭，以土掩覆。並非由教令而下民自徙其惡矣。

有學士曇延，承著宗本，更廣其致，具見别傳。

【校注】

[1] 蒲坂：諸本同，興聖寺本作“蒲”。
[2] 蒲：諸本同，磧本作“本”。
[3] 常念寺即仁壽：此六字，麗再本、趙本作雙行小字，今據磧本、興聖寺本改。
[4] 響：諸本同，趙本作“嚮”誤。周齊：諸本同，興聖寺本作“同儕”誤。
[5] 讚：磧本，興聖寺本作“贊”，趙本同麗再本。續：諸本同，據文意當爲“績”。
[6] 乃燒香：諸本同，興聖寺本多“名”字，作“乃燒名香”應是。
[7] 數十里：諸本同，磧本多“餘”字，作“數十餘里”似誤。
[8] 厲：磧本、興聖寺本作“癘”是，趙本同麗再本。
[9] 共：諸本同，興聖寺本作“昔”誤。
[10] 上涌：諸本同，磧本作“涌上”。
[11] 不信戲慢之儔傾亦不出：磧本作“不信戲慢者，倒傾亦不出”。趙本作“不信戲慢者到，傾亦不出”，興聖寺本同麗再本。
[12] 右：諸本同，磧本作“有”誤。
[13] 剖：諸本同，磧本作“部”誤。
[14] 莫：諸本同，興聖寺本作“彌”。

周長安崇華寺釋慧善傳九

釋慧善，幼出家，善法勝毗曇[1]，住楊都栖玄寺，徵擊論道，四座驚神。

會有梁末序，逃難江陵，承聖季年，因俘秦壤，住長安崇華寺。義學之美，爲周冢宰見知，別修供養，敷導終老[2]。以天和年，卒於長安，時年六十。

善以大智度論每引小乘相證成義[3]，故依文次第，散釋精理，譬諸星月助朗太陽，猶如衆花繽紛而散亂[4]，故著斯文，名爲散花論也。其序略云：

> 著述之體，貴言約而理豐。余頗悉諸作而今覶縷者正由斯轍。罕人諳練[5]，是以觸義慇懃，逢文指掌。有詳覽者[6]，想鑒玆焉。

文多不盡。[7]

【校注】

[1] 法勝毗曇：即法勝阿毗曇心論，爲佛教一切有部學説的精要，北齊那連提黎耶舍譯，然此處或指劉宋所譯之雜阿毗曇心論，因法勝毗曇譯出時爲北齊河清二年，時蕭梁已經滅亡。

[2] 導：諸本同，興聖寺本作"道"。

[3] 大：諸本同，磧本無。

[4] 亂：諸本同，磧本無。聶順新博士以爲從修辭來看"亂"字或爲衍文。

[5] 諳：諸本同，興聖寺本作"識"誤。

[6] 詳：諸本同，永北本作"想"。

[7] 案，大唐内典録卷五後周宇文氏傳譯佛經録第十五："散花論八卷。右揚州栖玄寺沙門釋慧善撰。善工毗曇學，以智度論每引小乘以證成義，善故依文，次第散釋，譬諸星月，助朗太陽，猶如衆華，繽紛而散，故名散花論也。序略云：'著述之體，貴言約而理豐，余頗悉諸。今覶縷者，正由斯轍，罕人諳練，是以觸義慇懃，逢文指掌，詳覽君子，想鑒鄙心焉。'善，太清季上江陵。承聖末入關，在長安舊城崇華寺，柱國冢宰別供養，敷演法勝，迄於壽終，六十餘矣。"

周潼州光興寺釋寶彖傳十

釋寶彖，姓趙氏，本安漢人，後居綿州昌隆之蘇溪焉[1]。天性仁讓，慧心俊朗，嬰孩有異。二親欲試其度，以諸綵帛、花果[2]、弓矢、書疏，羅置其前，彖便撥除餅果，止取書疏[3]。衆共嘆異，咸知必有成濟也。及年七歲，有緣至巴西郡，太守楊眺問云："承兒大讀書，因何名爲老子？"彖曰："始生頭白故也。"眺密異之。十六，事梁平西王[4]，初爲道士童子，未學佛法。平西識其機鑒，使知營功德事，因見佛經，欣其文名，重其義旨，就檢讀誦，迷悟轉分，恒求佛法，用祛昏漠。年二十有四，方得出家，即受具戒。先聽律典，首尾數年，略通持犯。迴聽成實，傳授忘倦，不吝私記，須便輒給，研心所指，科科別致。末又聽韶法師講，偏窮旨趣[5]。

武陵王門師大集摩訶堂[6],令講請觀音。初未綴心,本無文疏,始役情慧[7],抽帖句理[8],詞義洞合。聽者盈席,私記其言,因成疏本,廣行於世。

後還涪川[9],開化道俗,外典、佛經,相續訓導,引邪歸正,十室而九。又鈔集醫方,療諸疾苦。或報以金帛者,一無所受,便有銜義懷德者[10],捨俗出家;或緣障未諧者,盡形八戒。彖雖道張井絡,風播岷峨,而志意頹然,唯在通於正法,誠心標樹,不競人物。

見大集一經,未弘蜀境,欲爲之疏記,使後學有歸,乃付著經律,就山修纘,而衆復尋之,致有煩擾,再稔方就,一無留難。初至虚空藏品,於義不達,閉目思之,不覺身上空中,離床三四尺許,欻然大悟,竟文慧發,寫不供宣。據此爲言,志力難擬矣。時益州武擔寺僧寶願[11],最初請講,大衆雲集,聞所未聞,莫不歎悦。又屬[12]僧崖菩薩出世[13],爲造經本,因爾傳持,至今不絶。故"寶坊"一學,曲被劍南。後制涅槃、法花等疏,皆省繁易解,聽無遺闕[14]。州境皂素,生難遭想。

每言吾命不長,唯當自勵身心,節約衣食,望引殘運耳。故麤弊接報,弘誘爲心,護生安衆,以爲恒務。忽感風疾,不言久之。命將欲絶,私心發誓,願諸佛護念,得分付諸物。作是念已,欻然能語,顧命子弟,誨示禍福[15],"吾即當去",催作遺疏,分處衣資,倍奉三寶[16]。下筆署訖,還不能言。侍人逼以漿飲[17],閉口拒之。疾甚[18],爲唤佛名,便合掌在額,奄然而卒於潼州光興寺[19],今所謂綿州大振嚮寺也[20],春秋五十,即周之保定元年十一月二十三日矣。

初未終之前,本所住山,於五月内無故自崩,塵霧闇天,舉衆驚駭,莫測其怪。至于八月中[21],山北村人並見尊像從山寺來,乘空北逝,幡花列前,僧衆從後。往問寺中,都無知者。當爾之時,彖赴光興寺講[22],因以白之。彖曰:"此我之徵相,不豫他也[23]。"及終於此寺,果如所圖云。

【校注】

[1] 案,"昌隆縣",西魏改漢昌縣置,屬巴西郡,隋開皇屬綿州,大業屬金山郡,唐初屬綿州,治當今四川江油市南彰明鎮。"蘇溪"則爲鄉里名。

[2] 果:諸本同,興聖寺本作"草"誤。

[3] 止:諸本同,磧本作"上"形近而誤。

[4] 梁平西王:案,南朝梁無平西王,或是"平西將軍、某某王"之省,揆之情勢,即下文之武陵王蕭紀,傳見梁書卷五五。

[5] 偏:興聖寺本、趙本作"徧",磧本同麗再本。

[6] 門:麗再本、興聖寺本作"問"誤,趙本同磧本。

[7] 慧:磧本作"思",興聖寺本作"惠",趙本同麗再本。

[8] 帖：磧本、興聖寺本作“怗”誤，趙本同麗再本。
[9] 涪川：諸本同，興聖寺本似作“信洲”誤。
[10] 者：諸本同，磧本作“智”誤。
[11] 擔：麗再本、趙本作“誓”誤，今據磧本、興聖寺本改。據全唐詩話卷四“段文昌”條下：“文昌鎮蜀，有題武儋寺西台詩云。”“儋”同“擔”，則當爲“武擔寺”。
[12] 莫不歎悦又屬：此六字，麗再本、趙本作雙行小注，今據磧本、興聖寺本改。
[13] 案，僧崖，參見本書卷二七本傳。
[14] 閟：磧本、興聖寺本作“悶”誤，趙本同麗再本。
[15] 示：諸本同，興聖寺本作“尒(爾)”誤。
[16] 倍：諸本同，磧本作“陪”誤。
[17] 逼：磧本、興聖寺本作“通”應是，趙本同麗再本。
[18] 疾：諸本同，興聖寺本脱。
[19] 潼州：治在今四川省綿陽縣。
[20] 振：諸本同，興聖寺本作“拒”。嚮：磧本、興聖寺本作“響”是。又，“綿州”，開皇五年改潼州置，治所在巴西縣，今四川省綿陽市東。大業初年，改爲金山郡。唐朝武德元年復爲綿州。天寶元年改爲巴西郡，乾元元年復爲綿州。
[21] 至：諸本同，興聖寺本脱。
[22] 赴：諸本同，磧本作“正赴”是。
[23] 豫：磧本、興聖寺本作“預”應是，趙本同麗再本。

齊洺州沙門釋曇衍傳十一

釋曇衍，姓夏侯氏，南兖州人[1]。初生之時，牙齒具焉，世俗異之。七歲從學，聰敏絶倫[2]。十五，擢爲州都，公事有隙，便聽釋講。十八，舉秀才，貢上鄴都，過聽光公法席，即稟歸戒，棄捨俗務，專功佛理。學流三載，績鄰前達。年二十三，投光出家，即爲受戒。聽涉無暇，乃捐食息，然於藏旨有疑，通諮碩學，並辭罔逮。遂開拓寰宇，置立規猷，顧諸徒曰：“吾從師積年，心悟未決，賴因遊意累日[3]，豁然有據。其猶低目面牆，則冥無所解；延頸出户，則遠近斯見。”由是講事無廢，毗讚玄理[4]，聲辯雄亮，言會時機。自齊、鄭、燕、趙，皆履神化，雖遭緣阻，安苦無倦。常隨義學，千僧有餘，出家居士，近於五百，並恢廓道志，戒禁居心。

趙郡王高叡、上洛王高元海[5]、膠州刺史杜弼[6]，並齊朝懿戚重臣，留情敬奉。僕射祖孝徵奏爲國都，緝諧道政，不墜玄綱[7]。而披散詞理，言尚寡要，故經文繁富者，則指摘一句，用攝廣文，時人貴其通贍，鎔裁而簡衷矣。常於暇日[8]，私恨曰：“昔在俗流，尊戒不見[9]，遂令世人無知[10]，污我净戒[11]。若不爾者，應有所得[12]。”

以開皇元年三月十八日，忽告侍人“無常至矣”，便誦念彌勒佛，聲氣俱盡。於時正中,旁僧同觀,顔色怡悦,時年七十有九,卒於洺州盧氏宅。

自衍之生也,殊相感人,而立操貞直,心用睿約,情及濟世。故積散所拯,貧病爲初;法利所被,如行先授。但見經像,必奉禮迎送;道遇貧陋,必悲憐垂泣。其謹質深信,爲若此也。又恒樂聽戒,生來兩闕;維摩、勝鬘,日緣一遍。辛腥臭物[13],曾不臨矚;下氣逼流,身出户外,以清净僧房,不爲熏勃故也。未終之前,有夢見衍朱衣,螺髮頒垂於背,二童侍之,昇空而西北高逝。尋爾便終,時共以爲天道者矣。

【校注】

[1] 南兖州:北魏正始四年僑置,治當今安徽省亳州市。
[2] 敏:諸本同,興聖寺本作"繁"誤。
[3] 日:諸本作"思"。
[4] 讚:磧本、興聖寺本作"贊",趙本同麗再本。
[5] 上:諸本同,磧本作"土"誤。
[6] 杜:諸本同,興聖寺本作"在"誤。
[7] 綱:麗再本、趙本作"網"誤,今據磧本、興聖寺本改。
[8] 常:諸本同,磧本作"嘗"誤。
[9] 戒:磧本、興聖寺本脱,趙本同麗再本。
[10] 令:磧本、興聖寺本作"今"誤,趙本同麗再本。
[11] 我:諸本同,興聖寺本脱。
[12] 得:諸本同,永北本作"待"誤。
[13] 腥:興聖寺本、趙本作"醒"誤,磧本同麗再本。

陳楊都莊嚴寺釋慧榮傳十二

釋慧榮,姓顧氏,會稽山陰人也。梁高祖大通年[1],辭親出聽。時建初、彭城,盛弘成實,素未陳略,即盡清辯[2],一衆同嗟,便開令望。而稟性虚廓,不指世務[3],惟以法事,餘全無叙。鄉邑二親,哀其弱喪,數因行李,寄以書信。榮得而焚之,顧諸友曰:"余豈不懷乎,廢余業也。書中但二字耳,復何開乎。"人問是何?答:"吉凶也。如此積功,三十餘載。不號義龍,誓無返迹。"自是專業勇鎧,聲稱彌遠。即而講悟,學者歸之。

年至五十,門人亦爾,乃大弘法席,廣延緇素。時梁儲在坐,素不識之,令問講者何名?乃抗聲曰:"禹穴慧榮,江東獨步。太子不識,何謂儲君?"一坐掩耳,以爲彭亨之太甚也[4]。榮從容如舊,旁若無人。後與諸徒還歸故邑,其母尚在,餘並物故,乃喟然嘆曰:"十五辭鄉故,五十還故鄉。少年不識我,長老無一人。"本邑道俗,欲光其價而忌其言令也,大集諸衆,令其豎義。

榮曰："余學廣矣，輒竪，恐致餘詞，任衆舉其義門，然後標據。"衆以其博達矜尚，乃令竪八十種好，謂必不能誦持。榮曰："舉衆無人也，斯乃文繁，義可知耳。"即部分上下，以法繩持，須臾牒數，列名出體。僉雖難激，蓋無成濟。晚又出都，相仍講授。至德末年，卒於楊都。

【校注】

[1] 梁高祖：諸本同，磧本作"梁高"應是。

[2] 辯：諸本同，興聖寺本作"辨"。

[3] 指：興聖寺本、趙本作"捐"誤，磧本同麗再本。

[4] 彭亨：諸本同，磧本作"憉悙"。

隋京師延興寺釋曇延傳十三

釋曇延，俗緣王氏，蒲州桑泉人也[1]。世家豪族，宦歷齊、周[2]，而性協書籍，鄉邦稱叙。年十六[3]，因遊寺，聽妙法師講涅槃，深悟其旨[4]，遂捨俗服膺。幽討深致，出言清越，厲然不群。時在弱冠，便就講説，詞辯優贍，弘裕方雅。每云："佛性妙理，爲涅槃宗極，足爲心神之遊翫也。"延形長九尺五寸，手垂過膝，目光外發，長可尺餘，容止邕肅[5]，慈誘汎博，可謂堂堂然也。視前直進，顧必轉身，風骨陶融，時共傳德。及進具後，器度日新，機鑒俊拔，遐邇屬目[6]。雖大觀奥典，而恐理在膚寸，乃更聽華嚴、大論、十地、地持、佛性、寶性等諸部，皆超略前導[7]，統津准的。

自顧影而言曰："與爾沉淪日久[8]，飄泊何歸？今可挾道潛形，精思出要。"遂隱於南部太行山百梯寺，即所謂中朝山是也。[9]時山中有薛居士者，學總玄儒，多所該覽，聞延年少知道[10]，夙悟超倫[11]，遂從而謁焉。言謔相高，未之揖謝，薛乃戲題四字，謂方、圓、動、静。命延體之。延應聲曰："方如方等城，圓如智慧日，動則識波浪，静類涅槃室。"薛驚異絶嘆，曰："由來所未見。希世挺生，即斯人也。"爾後恒來尋造，質疑請義。

延幽居静志，欲著涅槃大疏，恐有滯凡情，每祈誠寤寐。夜夢有人被於白服[12]，乘於白馬，騣尾拂地[13]，而談授經旨。延手執馬騣，與之清論。覺後，惟曰："此必馬鳴大士授我義端。執騣，知其宗旨。語事則可知矣。"便述疏，説偈曰："歸命如來藏，不可思議法。"等纘撰既訖[14]，猶恐不合正理，遂持經及疏，陳於州治仁壽寺舍利塔前，燒香誓曰："延以凡度，仰測聖心，銓釋已了，具如别卷。若幽微深達[15]，願示明靈。如無所感，誓不傳授。"言訖，涅槃卷軸並放光明，通夜呈祥，道俗稱慶。塔中舍利，又放神光，三日三夜，輝耀不絶,上屬天漢,下照山河。合境望光,皆來謁拜。其光相所照[16],與妙法師大同,則師資通感也。乃表以聞,帝大悦,勑延就講。既感徵瑞,便長弘演。所著文疏,詳之于世。時諸英達,僉議用比遠公所製。遠乃文句愜當,世實罕加,而標舉宏綱,通鏡長鶩,則延過之久矣。

周太祖素揖道聲,尤相欽敬,躬事講主,親聽清言。遠近馳萃[17],觀採如市。而所獲供事[18],曾不預懷。性好恬虚,罔干時政[19]。太祖以百梯太遠,諮省路艱,遂於中朝西嶺形勝之所,爲之立寺,名曰雲居[20],國俸給之,通於聽衆。

有陳聘使周弘正者[21],博考經籍,辯逸懸河,遊説三國,抗叙無擬[22]。以周建德中年,銜命入秦。帝訝其機捷,舉朝恧采,勑境内能言之士不限道俗,及搜採巖穴遁逸高世者[23],可與弘正對論,不得墜於國風。時蒲州刺史、中山公宇文氏,夙承令範,乃表上曰:"曇延法師器識弘偉,風神爽拔。年雖未立而英辯難繼者也。"帝乃總集賢能,期日釋奠,帝躬御禮筵[24],朝宰畢至。時周國僧望二人倫次登座[25],發言將訖,尋被正難,徵據重疊,投解莫通[26],帝及群僚一朝失色。延座居末第,未忍斯慚,便不次而起,帝曰:"位未至,何事輒起?"延曰:"若是他方大士,可藉大德相臨。今乃遠國微臣,小僧足堪支敵。"延徑昇高座,帝又曰:"何爲不禮三寶?"答曰:"自力兼擬,未假聖賢加助。"帝大悦。正遂構責陳難[27],延乃引義開關。而正頗挾機調,用前殿後,延乘勢挫拉,事等摧枯。因即頂拜伏膺,慨知歸之晚,自陳云:"弟子三國履歷,訪可師之師。不言今日,乃遇於此矣。"即請奉而受戒[28],晝夜諮問,永用宗之。及返陳之時,延所著義門并其儀貌,並録以歸國,每夕北禮,以爲曇延菩薩焉。初正辭延日,預構風雲山海詩四十首,並抽拔奇思,用上於延,以留後别。及一經目,竟不重尋,命筆和之,題如宿誦,酬同本韻,意寔弘通。正大服焉,更無陳對,乃跪而啓曰:"願示一言,緘諸胸臆。"延曰:"爲賓設席,賓不坐,離人極遠。熱如火,規矩之用,皮中裏。"正曰:"此則常存意矣[29]。"

帝以延悟發天真,五衆傾則[30],便授爲國統。使夫周壤導達[31],延又有功。至武帝將廢二教,極諫不從,便隱於太行山,屏迹人世。後帝召延出輔,中使屢達而確乎履操,更深巖處,累徵不獲。逮天元遘疾,追悔昔愆,開立尊像,且度百二十人爲菩薩僧。延預在上班,仍恨猶同俗相,還藏林藪。

隋文創業,未展度僧。延初聞改政,即事剃落,法服執錫,來至王庭,面伸弘理。未及勑慰,便先陳曰:"敬問皇帝[32],四海爲務,無乃勞神。"帝曰:"弟子久思此意,所恨不周。"延曰"貧道昔聞堯世,今日始逢"云云。帝奉聞雅度,欣泰本懷,共論開法之模,孚化之本。延以寺宇未廣,教法方隆,奏請度僧，以應千二百五十比丘、五百童子之數。勑遂總度一千餘人，以副延請。此皇隋釋化之開業也，爾後遂多。凡前後別請度者，應有四千餘僧。周廢伽藍，並請興復。三寶再弘，功兼初運者，又延之力矣。

移都龍首，有勑於廣恩坊給地，立延法師衆。開皇四年，下勑改延衆可爲延興寺，面對通衢，京城之東西二門亦可取"延"名，以爲延興、延平也。然其名爲世重，道爲帝師，而欽承若此，終古罕類。昔中天佛履之門，遂曰瞿曇之號，今國城奉延所諱，亞是其倫。又改本住雲居，以爲栖巖寺，勑太樂令齊樹提造中朝山佛曲，見傳供養。延安其寺宇，結衆成業，勑齎臘燭[33]，未及將爇而自然發焰。延奇之，以事聞帝，因改住寺可爲光明也。延曰："弘化須廣，未可自專。"以額重奏，別立一所，帝然之，今光明寺是也。其幽顯呈祥，例率如此。

至六年亢旱，朝野荒然，勑請三百僧於正殿祈雨[34]，累日無應。帝曰："天不降雨，有何所由？"延曰事由一二[35]，帝退與僚宰議之，不達意故，勑京兆太守蘇威問延"一二"所由。答曰："陛下萬機之主，群臣毗讚之官[36]，並通治術[37]，俱愆玄化，故雨與不雨[38]，事由一二耳。"帝遂躬事祈雨，請延於大興殿登御座[39]，南面授法，帝及朝宰五品已上，咸席地北面而受八戒。戒授纔訖，日正中時，天有片雲，須臾遍布，便降甘雨，遠邇咸感[40]。帝悦之，賜絹三百段。

而延虚懷物我，不滯客主爲心，凡有資財[41]，散給悲敬，故四遠飄寓，投告偏多[42]，一時糧粒將盡。寺主道睦告云："僧料可支兩食，意欲散衆。"延曰："當使都盡，方散耳。"明旦，文帝果送米二十車，大衆由是安堵。或者謂延有先見之明[43]，故停衆待供。未幾，帝又遺米五百石。于時，年屬飢荐，賴此，僧侣無改。

帝既稟爲師父之重，又勑密戚懿親咸受歸戒。至於食息之際，帝躬奉飲食，手御衣裳，用敦弟子之儀加敬，情不能已。其爲時君禮重，又此類也。勑又拜爲平等沙門。有犯刑網者皆對之泣淚，令彼折伏從化，或投迹山林[44]，不敢容世者。

以隋開皇八年八月十三日[45]，終於所住，春秋七十有三矣。臨終遺啓文帝，曰："延逢法王御世，偏荷深恩，往緣業淺，早相乖背。仰願至尊，護持三寶，始終莫貳。但末代凡僧[46]，雖不如法，簡善度之，自招勝福。"帝聞之哀慟，勑王公已下，並往臨吊，并罷朝三日，贈物五百段，設千僧齋。初延康日，告門人曰："吾亡後，以我此身且施禽獸。餘骸依法焚揚[47]，無留殘骨，以累看守。"弟子沙門童真、洪義、通幽、覺朗、道遜、玄琬[48]、法常等一代名流，并文武職僚如滕王等例，咸被髪徒跣，而從喪至于林所。登又下勑，於終南焚地[49],設三千僧齋。齋訖焚之。天色清朗,無雲而降細雨,若闍毗如來之狀也。大衆驚嗟,得未曾有也[50]。又隋文學吕叔挺美其哀榮[51],碑其景行,文如别集。然延恒以西方爲正任,語默之際,注想不移,侍人觀之若在深定。屬大漸之始,寺側有任金寶者,父子信向,云見空中幡蓋,列於柩前,兩行而引,從延興寺南達于山西。斯亦幽冥叶贊,諒非徒擬[52]。

自延之莅道,勢總權衡而卑牧自居,克念成治,解冠群術,行動物情,故爲七衆心師,豈止束形加敬。及聞薨背,無不涕零,各修銘誄[53],讚揚盛業。時内史薛道衡自吊云[54]:

> 延法師弱齡捨俗,高蹈塵表,志度恢弘,理識精悟。靈臺神宇,可仰而不可窺;智海法源,可涉而不可測。同夫明鏡,矚照不疲[55];譬彼洪鍾,有來斯應。往逢道喪,玄維落紐,栖志幽巖[56],確乎不拔。高位厚禮不能迴其慮,嚴威峻法未足懼其心。經行宴坐,夷險莫二;戒德律儀,始終如一。聖皇啓運,像法再興,卓爾緇衣,鬱爲稱首。屈宸極之重,伸師資之義,三寶由其弘護,二諦藉以宣揚。信足追蹤澄、什,超邁安、遠。不意法柱忽傾,仁舟遽没。匪直悲纏四部,固亦酸感一人。師等杖錫挈瓶,夙承訓導[57],昇堂入室,具體而微[58],在三之情,理百恒慟[59],往矣奈何。

其爲時賢珍敬如此。所著涅槃義疏十五卷,寶性、勝鬘、仁王等疏各有差。其門人弟子紹緒厥風,具見别傳[60]。

【校注】

[1] 桑泉:即桑泉縣,因縣東北有桑泉故城,故名。西魏恭帝二年改猗氏縣置。治所在今山西省臨猗縣南,屬汾陰郡。北周明帝時復爲猗氏縣。隋朝開皇十六年分猗氏縣置,治所在今山西省臨猗縣西南臨晋鎮,屬蒲州。唐朝時曾爲蒲州治所。天寶十三載改爲臨晋縣。

[2] 宦:磧本、興聖寺本作“官”,趙本同麗再本。

[3] 六:諸本同,興聖寺本脱。

[4] 深:諸本作“探”誤,今據磧本改。

[5] 邕肅:諸本同,磧本作“肅邕”。案,“肅邕”,語出詩,參見詩經周頌清廟:“於穆清廟,肅雝显相。”毛傳:“肅,敬;雝,和。”

[6] 屬:諸本同,磧本作“矚”。

[7] 導:諸本同,興聖寺本作“道”。

[8] 與爾:諸本同,磧本作“余與爾”。

[9] 案,“中朝山”,即今中條山,百梯寺在今山西省芮城縣大王鎮北二十二里之百梯山上。

[10] 年少:諸本同,磧本作“少年”。

[11] 夙：磧本、興聖寺本作“風”誤。案，“夙悟”，早慧。參見太平御覽卷三八四人事部幼知上：“謝尚字仁祖，豫章太守鯤之子。幼有至性。八歲，風神夙悟。鯤嘗携之送客，或曰：此兒一座之顔回也。尚應聲曰：座無尼父，焉識顔回。賓客莫不歎異。”

[12] 被：諸本同，趙本作“彼”誤。

[13] 騣：磧本作“鬉”，興聖寺本作“鬃”，趙本同麗再本。下文之二“騣”同此，不出校。

[14] 纘：諸本同，興聖寺本作“讚”誤。

[15] 若幽微深達：磧本作“若幽致微達”，興聖寺本作“若幽致微深達”，趙本同麗再本。

[16] 相：諸本同，磧本作“明”誤。

[17] 萃：磧本作“華”，興聖寺本作“花”誤，趙本同麗再本。

[18] 所：諸本脱，今據磧本補。

[19] 干：諸本同，磧本作“忏”誤。

[20] 雲居：後改名爲栖巖寺，位今山西省永濟市韓陽鎮北鄭村後之山嶺上。

[21] 聘：磧本、興聖寺本作“躬”誤，趙本同麗再本。

[22] 抗叙無擬：磧本、興聖寺本作“抗叙無礙”應是，趙本同麗再本。案，“抗叙”爲佛教辯經的兩個環節——立論與反駁。“無礙”佛教詞彙，通達自在，没有障礙。

[23] 及：諸本同，磧本作“乃”誤，趙本同麗再本。

[24] 帝躬御禮筵：“禮筵”，諸本同，磧本作“法筵”誤，趙本作“禮延”。麗再本、趙本，脱去“帝躬”二字，興聖寺本脱去“帝”，今據磧本補。

[25] 倫：諸本同，磧本作“輪”誤。

[26] 投：磧本作“救”是，趙本同麗再本。

[27] 責：麗再本、趙本作“情”，今據磧本、興聖寺本改。

[28] 請：諸本同，興聖寺本脱。

[29] 此：磧本、興聖寺本作“斯”，趙本同麗再本。

[30] 五衆傾則：諸本同，磧本作“五衆法則”。案，“五衆”，指出家人：比丘、比丘尼、式叉摩那、沙彌、沙彌尼。“傾則”，郭紹林先生認爲即是“傾側”。

[31] 導：諸本同，興聖寺本作“道”。

[32] 問：諸本同，磧本作“聞”誤。

[33] 臘：磧本、興聖寺本作“蠟”，趙本同麗再本。

[34] 三：諸本同，磧本作“二”。

[35] 曰：磧本、興聖寺本作“白”，趙本同磧本。

[36] 讚：磧本、興聖寺本作“贊”，趙本同麗再本。

[37] 通：諸本同，磧本作“違”誤。

[38] 與：諸本同，磧本作“而”。

[39] 興：諸本同，磧本脱。

[40] 遠邇咸感：諸本同，磧本作“遠近咸足”是，續僧傳關於祈雨事，均作“足”。

[41] 資：磧本、興聖寺本作“貲”，趙本同麗再本。“貲”通“資”。

[42] 告：磧本、興聖寺本作“造”。案，“投造”幾乎是道宣的專用詞彙，續僧傳凡七見，然“投告”有求助意，故應是。偏：諸本同，磧本作“遍”，似誤。

[43] 或：麗再本、趙本作“惑”，今據磧本、興聖寺本改。

[44] 令彼折伏從化或投迹山林：磧本作“令彼折伏，從此或投迹山林”，興聖寺本作“令

折彼伏從他，或没迹山林”，趙本同麗再本。

［45］隋：諸本同，磧本無。

［46］代：諸本同，磧本作“世”是，“代”爲避唐諱而改。趙本同麗再本。

［47］骸：諸本同，趙本作“體”誤。

［48］琬：諸本同，興聖寺本作“院”。

［49］地：諸本同，興聖寺本脱。

［50］大衆驚嗟得未曾有也：磧本作“大衆驚駭嗟歎，得未曾有”，趙本同麗再本。

［51］又：諸本同，磧本無。

［52］徒：諸本同，興聖寺本脱。

［53］誄：諸本同，興聖寺本脱。

［54］白：諸本同，疑當爲“自”，興聖寺本字迹不清，似作“自”形。

［55］矚：磧本作“屢”，應是。趙本同麗再本。興聖寺本字迹不清。

［56］巖：諸本同，興聖寺本脱。

［57］夙承：諸本作“承風”，今據磧本改。

［58］而：諸本同，磧本作“幽”，似優。

［59］慟：諸本同，磧本作“動”誤。

［60］見：諸本同，磧本作“如”。案，曇延的論著僅有（卍續71）大乘起信論義疏卷上傳世，其餘均亡佚。

隋京師净影寺釋慧遠傳十四僧猛

釋慧遠，姓李氏，燉煌人也[1]，後居上黨之高都焉[2]。天縱疏朗[3]，儀止沖和，局度通簡，崇履高邈。幼喪其父，與叔同居，偏蒙提誘，示以仁孝[4]。年止三歲[5]，心樂出家，每見沙門，愛重崇敬。七歲在學，功逾常百，神志峻爽，見稱明智。十三辭叔，往澤州東山古賢谷寺[6]。時有華陰沙門僧思禪師，見而度之。思，練行高世，衆所宗仰，語遠云：“汝有出家之相，善自愛之。”初令誦經，隨事訓誨，六時之勤，未勞呼策。登爲虎暴不安[7]，携以南詣懷州北山丹谷[8]。每以經中大義問師，皆是玄隱。深知長有成器也[9]。年十六，師乃令隨闍梨湛律師往鄴。大小經論，普皆博涉，隨聽深隱[10]，特蒙賞異[11]，而偏重大乘，以爲道本。年滿進具，又依上統爲和上，順都爲闍梨，光師十大弟子並爲證戒，時以爲聲榮之極者也。便就大隱律師聽四分律，流離請誨，五夏席端，淘簡精麤[12]，差分軌轍。滅諍犍度，前後起紛，自古相傳，莫曉來意，遠乃剖析約斷[13]，位以單重，原鏡始終，判之即離，皆理會文合，今行誦之。末專師上統，綿篤七年[14]，迴洞至理[15]，爽拔微奥。負笈之徒[16]，相誼亘道，講悟繼接，不略三餘，沐道成器，量非可筭。乃携諸學侣，返就高都之清化寺焉[17]。衆緣歡慶，嘆所未聞，各出金帛，爲之興會，講堂寺宇，一時崇敞。韓魏士庶，通共榮之。

及承光二年春，周氏剋齊，便行廢教，勑前修大德，並赴殿集。武帝自昇高座，序廢立義[18]，命章云：

朕受天命，養育兆民。然世弘三教，其風彌遠，考定至理[19]，多皆愆化，並令廢之[20]。然其六經儒教，文弘治術，禮義忠孝，於世有宜，故須存立。

且自真佛無像，則在太虛，遥敬表心，佛經廣嘆。而有圖塔崇麗，造之致福，此實無情，何能恩惠？愚民嚮信[21]，傾竭珍財，廣興寺塔。既虛引費，不足以留，凡是經像，盡皆廢滅。

父母恩重，沙門不敬，勃逆之甚，國法豈容？並退還家，用崇孝始。

朕意如此，諸大德謂理何如？

于時沙門大統法上等五百餘人，咸以帝爲王力，决諫難從[22]，僉各默然。下勑頻催答詔，而相看失色，都無答者。遠顧以佛法之寄，四衆是依，豈以杜言，情謂理伏，乃出衆答曰："陛下統臨大域，得一居尊，隨俗致詞，憲章三教。詔云'真佛無像'，信如誠旨，但耳目生靈，賴經聞佛，籍像表真。若使廢之，無以興敬[23]。"

帝曰："虛空真佛，咸自知之，未假經像。"

遠曰："漢明已前，經像未至，此土衆生，何故不知虛空真佛？"帝時無答。遠曰："若不籍經教，自知有法，三皇已前，未有文字，人應自知五常等法。爾時諸人，何爲但識其母，不識其父，同於禽獸？"帝亦無答。遠又曰："若以形像無情，事之無福，故須廢者。國家七廟之像，豈是有情而妄相尊事？"

武帝不答此難[24]，乃云[25]："佛經外國之法，此國不須，廢而不用[26]。七廟上代所立，朕亦不以爲是，將同廢之。"

遠曰："若以外國之經，非此用者[27]，仲尼所説，出自魯國，秦、晋之地，亦應廢而不行[28]。又以七廟爲非[29]，將欲廢者，則是不尊祖考。祖考不尊，則昭穆失序[30]。昭穆失序，則五經無用。前存儒教，其義安在？若爾[31]，則三教同廢，將何治國？"

帝曰："魯邦之與秦、晋，雖封域乃殊[32]，莫非王者一化，故不類佛經。"七廟之難，帝無以通。

遠曰："若以秦、魯同遵一化，經教通行者，震旦之與天竺，國界雖殊，莫不同在閻浮四海之内，輪王一化，何不同遵佛經而令獨廢[33]？"帝又無答[34]。遠曰："詔云退僧還家[35]，崇孝養者。孔經亦云，立身行道，以顯父母。即是孝行，何必還家，方名爲孝？"

帝曰[36]："父母恩重，交資色養。棄親向疏，未成至孝。"

遠曰:“若如來言,陛下左右,皆有二親,何不放之,乃使長役五年,不見父母?”

帝曰[37]:“朕亦依番上下,得歸侍奉。”

遠曰:“佛亦聽僧冬夏隨緣修道,春秋歸家侍養,故目連乞食餉母,如來檐棺臨葬[38]。此理大通,未可獨廢。”

帝又無答。遠抗聲曰:“陛下今恃王力自在,破滅三寶,是邪見人。阿鼻地獄不揀貴賤,陛下何得不怖?”

帝勃然作色,大怒直視於遠[39],曰:“但令百姓得樂,朕亦不辭地獄諸苦[40]。”

遠曰:“陛下以邪法化人,現種苦業,當共陛下同趣阿鼻[41]。何處有樂可得?”

帝理屈言前,所圖意盛[42],更無所答,但云[43]:“僧等且還,後當更集。有司録取論僧姓名[44]。”

當斯時也,齊國初殄,周兵雷震[45],見遠抗詔,莫不流汗,咸謂粉其身骨,煮以鼎鑊,而遠神氣嵬然,辭色無撓。上統、衍法師等執遠手,泣而謝曰:“天子之威,如龍火也,難以犯觸,汝能窮之。大經所云護法菩薩,應當如是,彼不悛革,非汝咎也。”遠云[46]:“正理須申,豈惟顧此形命[47]。”即辭諸德曰:“時運如此,聖不能遣[48]。恨不奉侍目下,以爲大恨。法實不滅[49],大德解之[50],願不以憂惱。”

遂潛於汲郡西山[51],勤道無倦。三年之間,誦法華、維摩等各一千遍,用通遺法。既而山栖谷飲,禪誦無歇,理窟更深,浮囊不捨。大象二年[52],天元微開佛化,東西兩京,各立陟岵大寺,置菩薩僧。頒告前德,詔令安置,遂爾長講少林。

大隋受禪,天步廓清,開皇之始,蒙預落髮[53],舊齒相趍,翔於雒邑。法門初開[54],遠近歸奔,望氣成津,奄同學市。所以名馳帝闕,皇上聞焉,下勑授洛州沙門都,匡任佛法。遠辭不獲免,即而位之[55]。而立性質直,榮辱任緣,不可威畏,不可利染[56],正氣孤雄[57],道風齊肅,愛敬調柔,不容非濫。至治犯斷約[58],不避强禦,講導所之[59],皆科道具。或致資助有虧,或不漉水護净,或分衛乖法[60],或威儀失常,並不預聽徒;自餘憧眠失時[61],或後及法席,並依衆式[62],有罰無赦,故徒侶肅穆[63],容止可觀。

開皇五年,爲澤州刺史千金公請赴本鄉[64]。此則像法再弘,桑梓重集,親疏含慶[65],何以加之。七年春,往定州,途由上黨,留連夏講,遂闕東傳。

尋下璽書,殷勤重請,辭又不免,便達西京。於時,勑召大德六人,遠其一矣。仍與常隨學士二百餘人創達帝室,親臨御筵,敷述聖化,通乎家國。

上大悦[66]，敕住興善[67]，勞問豐華，供事隆倍。又以興善盛集[68]，法會是繁[69]，雖有揚化，終爲事約，乃選天門之南，大街之右，東西衝要，遊聽不疲，因置寺焉，名爲净影。常居講説，弘叙玄奥，辯暢奔流，吐納自深，宣談曲盡[70]。於是，四方投學七百餘人，皆海内英華，法輪前轍，望京趣寺，爲法道場[71]。但以堂宇未成，同居空露，蘧篨庵舍，巷分州部，日夜祖習，成器相尋。雖復興善諸德[72]，英名一期，至於歸學師尋，千里繼接者，莫高於遠矣。

形長八尺[73]，腰有九圍，十三幅裙，可爲常服。登座震吼[74]，雷動蟄驚，允愜群望[75]，斯爲盛矣。開皇十二年春，下敕令知翻譯，刊定辭義[76]。其年卒於净影寺[77]，春秋七十矣。冕旒哀感，爲之罷朝，帝吁嗟曰[78]："國失二寶也。"時遠與李德林同月而喪[79]，故動帝心。自遠括髮尋師[80]，本圖傳授，周歷兩代，化滿八方；著疏屬詞，詮綜終始[81]，承習開悞[82]，櫛比塵連，同範時朝，得稱方駕。初見病數日，講堂上脊[83]，無故自折，相顧颯然，必知不損[84]。及大漸之日，端坐正神，相如入定，侍人不覺其卒。忽聞室有異香，咸生疑怪，屬之以纊，方悟氣盡[85]。昔在清化[86]，先養一鵝，聽講爲務，頻經寒暑。遠入關後，鵝在本寺[87]，栖宿廊廡，晝夜鳴呼[88]。衆僧患之，附使達京，至净影大門放之，徑即鳴叫騰躍，入遠房内。爾後，依前馴聽[89]，但聞法集鍾聲，不問旦夕，覆講豎義，皆入堂伏聽。僧徒梵散，出户翔鳴。若值白黑布薩，雖聞鍾召，終不入聽。時共異之。若遠常途講解，依法潛聽，中聞汎及餘語[90]，便鳴翔而出。如斯又經六載樂聽，一時不虧。後忽哀叫庭院，不肯入堂，自爾二旬，遠便棄世，即開皇十二年六月二十四日矣。俗年七十，僧臘五十[91]。又當終之日，澤州本寺講堂衆柱及高座四脚，一時同陷。僉議以感通幽顯。兩寺勒碑[92]，薛道衡製文，虞世基書，丁氏鐫之，時號爲三絶。

初，遠周聽大乘[93]，可六七載，洞達深義，神解更新。每於鄴京法集，豎難罕敵，由此名冠遠近，異論所推。既而勤業曉夕[94]，用心太苦，遂成勞疾。十五日内[95]，覺觀相續，不得眠睡，氣上心痛，狀如刀切，食弱形羸，殆將欲絶。憶昔林慮，巡歷名山，見諸禪府，備蒙傳法，遂學數息，止心於境。剋意尋繹，經于半月，便覺漸差，少得眠息，方知對治之良驗也。因一夏學定，甚得静樂，身心怡悦，即以己證，用問僧稠。稠云："此心住利根之境界也。若善調攝，堪爲觀行。"遠每於講際，至於定宗，未嘗不讚美禪那，槃桓累句[96]，信慮求之可得也。自恨徇於衆務，無暇調心，以爲失耳。

七夏在鄴，創講十地，一舉榮問[97]，衆傾餘席。自是長在講肆[98]，伏聽千餘，意存弘奬[99]，隨講出疏。地持疏五卷，十地疏七卷[100]，華嚴疏七卷，涅槃疏十卷，維摩、勝鬘、壽觀、温室等[101]，並勒爲卷部。四字成句，綱目備舉[102]，文旨允當[103]，罕用擬倫。又撰大乘義章十四卷，合二百四十九科，分爲五聚，謂教法、義法、染、净、雜也。並陳綜義，差始近終。遠則佛法綱要，盡於此焉。學者定宗，不可不知也。[104]

自遠之通法也，情趣慈心。至於深文隱義，每丁寧頻復，提撕其耳，唯恨學者受之不速，覽者聽之不盡，一無所惜也。是以，自於齊朝至于關輔，及畿外要荒，所流章疏五十餘卷，二千三百餘紙，紙别九百四十五言。四十年間，曾無痾疹[105]，傳持教導[106]，所在弘宣，並皆成誦在心，于今未絶。本住清化，祖習涅槃。寺衆百餘，領徒者三十，並大唐之稱首也。而遠勇於法義，慈於救生，戒乘不緩，偏行拯溺，所得利養，並供學徒，衣鉢之外，片無留惜。

嘗製地持疏訖，夢登須彌山頂，四顧周望，但唯海水。又見一佛像身色紫金[107]，在寶樹下北首而卧，體有塵埃。遠初則禮敬，後以衣拂，周遍光净。覺罷，謂所撰文疏，頗有順化之益，故爲此徵耳。又自説云："初作涅槃疏訖，未敢依講，發願乞相。夢見自手造塑七佛八菩薩像[108]，形並端峙。還自繢飾，所畫既竟，像皆次第起行。末後一像，彩畫將了，旁有一人，來從索筆，代遠成之。覺後思曰：此相有流末世之境也。乃廣開敷之，信如夢矣。"

又未終一年，夢見净影長竿自倒，燈耀自滅。便至歲日，所使净人小兒二人[109]，手放[110]從良。分處什物，並爲功德。又勑二時講前，令大衆誦般若波羅蜜咒，限五十遍，以報四恩。初不中怠[111]。又傷學衆不能課力，每因講日，如此正義，須臾不聞。識者以爲達宿命也。及覺輕貶，於房外香湯洗浴，即在外宿。至曉入房食粥，倚床而卧，問曰早晚。答云，今可卯時。乃曰："吾今覺冷氣至臍[112]，去死可二三寸在。可除倚床。"自跏其足，正身斂目，不許扶侍，未言其卒，驗方知化[113]，香若栴檀，久而歇滅[114]。後乃卧之，手足柔軟[115]，身分並冷，唯頂上暖焉。[116]

有沙門智猛者，相人也，伏佩法教，每蒙延及，故疏爲行狀，擬學者所承。猛談説有偏，機會稱善，振名東夏云。

【校注】

[1] 也：諸本同，磧本無。

[2] 案，高都縣，西漢置，屬上黨郡，治在今山西省晋城市。北魏時移治今晋城市東北高都鎮。北朝歷爲建州、高都郡、高平郡治。隋朝開皇十八年，改爲丹川縣。又高都郡，北魏永安中置，治所在高都縣（治所在今山西省晋城市東北高都鎮），爲建州治，北周改爲高平郡。則，在北朝、隋、唐初，高都縣不屬上黨郡。

[3] 疏：諸本同，磧本作"殊"誤。

[4] 示：諸本同，興聖寺本作"亦"誤。

[5] 三：麗再本作"二"，今據諸本改。

[6] 古賢谷寺：此寺在山西省陵川縣西南三十五里原丈河鄉臺南經東窑泉到參園村南

三里附近的古賢谷。而非在河南省焦作市修武縣之净影寺。參見馮玉慶陵川佛教志。此寺係北齊天保二年始創，始名景净寺。唐貞觀元年復名古賢。http://lcxfyq.blog.163.com/blog/static/20579101420123151024O905/2015.3.18 採集。

[7] 虎：磧本同麗再本作“虐”，興聖寺本、趙本作“虎”今據改。

[8] 丹谷：尋其地望，當是位於河南省沁陽市與晋城澤州縣晋廟鋪鎮、柳樹口鎮交界處東北三十二里處之丹河峽谷風景區。

[9] 長有：諸本同，興聖寺本作“有長”倒。

[10] 深隱：磧本、興聖寺本作“妙深隱”，趙本同麗再本。

[11] 特：麗再本、趙本作“持”，今據磧本、興聖寺本改。

[12] 淘：磧本、興聖寺本作“濤”誤，趙本同麗再本。

[13] 析：諸本同，趙本作“坼”誤。

[14] 綿篤：磧本、興聖寺本作“綿貿”，趙本同麗再本。案，“綿篤”一般指病情沉重，然“綿貿”這個組合古籍中未見。“貿”，在“遷貿”這個詞裏面有“變遷”意，故“綿貿”也有時間遷延之意。

[15] 迴：磧本、興聖寺本作“逥”誤，趙本同麗再本。

[16] 負笈：趙本、興聖寺本作“笈負”誤倒，磧本同麗再本。

[17] 高都之清化寺：案，山西省高平市北羊頭山有兩個清化寺。其中，位於長治縣城西南三十六里的師莊鄉青崗村西側，羊頭山主峰南坡之清化寺石窟，據其形制爲北朝所彫鑿，或是慧遠所就之寺。

[18] 序：諸本同，磧本作“叙”。

[19] 考：諸本同，興聖寺本作“孝”誤。

[20] 令：諸本同，磧本作“今”誤。

[21] 嚮：諸本同，磧本作“響”誤。

[22] 難：諸本同，磧本作“不”誤。

[23] 敬：諸本同，興聖寺本作“教”。

[24] 此難：諸本同，磧本作“前難，詭通後言”。案，周武帝和慧遠大師的這一段辯論，麗再本系統和磧本系統差異較大，其是非未易可言，故僅校其異同。

[25] 云：諸本同，趙本作“言”。

[26] 此國不須廢而不用：諸本同，磧本作“此國不用”。

[27] 非此用者：諸本同，磧本作“廢而不用者”。

[28] 行：諸本同，磧本作“學”。

[29] 又以：磧本作“又若以七廟爲非”，興聖寺本作“又以此”，趙本同麗再本。

[30] 則：諸本同，磧本無。昭：諸本同，興聖寺本作“照”。

[31] 若：諸本同，磧本脱。

[32] 雖：諸本同，興聖寺本脱。

[33] 令：磧本、興聖寺本作“今”，趙本同麗再本。

[34] 無：諸本同，磧本作“不”。

[35] 詔云：磧本作“陛下向云”，興聖寺本作“階下向云”，趙本同磧本。

[36] 方名爲孝帝曰：此六字，麗再本、趙本作雙行小字，興聖寺本脱“方名爲孝”，今據磧本改。

[37] 帝曰：諸本同，磧本作“武帝云”誤。

［38］目連乞食餉母如來檐棺臨葬：諸本同，興聖寺本脱。
［39］作色大怒：諸本同，磧本作“大怒，面有瞋相”。
［40］亦不：磧本、興聖寺本作“何”，趙本同磧本。
［41］鼻：諸本同，磧本作“毗”。
［42］圖：磧本、興聖寺本作“規”，趙本同磧本。
［43］但：諸本同，磧本作“乃下勑”。
［44］名：磧本、興聖寺本作“字”，趙本同麗再本。
［45］雷：諸本同，興聖寺本脱。
［46］云：諸本同，磧本作“曰”。
［47］惟、此：諸本同，磧本無。
［48］遺：磧本、興聖寺本作“違”，趙本同麗再本。
［49］法實：諸本同，興聖寺本作“實法”。
［50］德：諸本同，磧本脱。
［51］汲郡西山：諸本同，趙本脱“山”字。案，其地望當今河南省衛輝市西北約八十里的太行山東麓霖落山香泉寺石窟。
［52］大：諸本同，興聖寺本作“不”形。
［53］髮：麗再本、趙本作“綵”，興聖寺本作“采”，今據磧本改。
［54］開：諸本同，磧本作“闢”。
［55］即：諸本同，興聖寺本脱。
［56］染：磧本、興聖寺本作“動”，趙本同麗再本。
［57］孤雄：磧本、興聖寺本作“雄逸”，趙本同麗再本。
［58］至：磧本、興聖寺本作“至於”，趙本同麗再本。
［59］所之：諸本同，磧本作“之所”。
［60］分：諸本同，興聖寺本脱。乖：諸本同，趙本作“作”誤。
［61］惰：諸本同，磧本作“惰”。
［62］式：諸本同，興聖寺本作“戒”。
［63］故：諸本同，磧本作“欲”。
［64］千：諸本同，興聖寺本衍作“千千”。案，據隋書卷四王世積傳，“千金公”爲權始璋，史書中僅此一見。
［65］含：磧本、趙本作“合”應是，興聖寺本同麗再本。
［66］大：諸本同，興聖寺本脱。
［67］興善：諸本同，磧本作“興善寺”。
［68］盛：諸本同，興聖寺本脱。
［69］是：諸本同，磧本作“寔”誤。“是”爲虚詞。
［70］盡：諸本同，興聖寺本作“書”誤。
［71］法：諸本同，興聖寺本脱。
［72］興善：諸本同，磧本作“與”誤。
［73］形長八尺：磧本作“形長八尺五寸、眼長二寸”，興聖寺本作“袁形長八尺”，趙本同麗再本。
［74］震：磧本、興聖寺本作“振”誤，趙本同麗再本。
［75］允：麗再本、趙本作“充”，今從磧本、興聖寺本。

[76] 定：諸本同，磧本作“之”誤。
[77] 净：麗再本、興聖寺本作“静”，今從趙本、磧本。
[78] 吁：諸本作“呼”，今從磧本。
[79] 而喪：諸本同，磧本作“喪而”誤倒。
[80] 括：趙本、興聖寺本作“栝”誤，磧本同麗再本。
[81] 詮綜：磧本作“彌綸”，興聖寺本作“綸綜”，趙本同麗再本。案，“彌綸”，有概括、貫通意，參梁書卷五〇劉勰傳：“夫銓叙一文爲易，彌綸群言爲難。”而“詮綜”古籍中罕見。然，考慮到慧遠的著作是以作注疏爲主，故“詮綜始終”就是指注解能夠貫通前後文之意。
[82] 悞：諸本同，磧本作“悟”應是。
[83] 脊：諸本同，磧本作“棟脊”。
[84] 必知：磧本、興聖寺本作“知必”，趙本同麗再本。
[85] 悟：諸本同，趙本作“悞”誤。
[86] 昔在清化：諸本同，趙本作“主先於本鄉清化”。
[87] 聽講爲務頻經寒暑遠入關後鵝在本寺：諸本同，趙本作“每常隨衆，昇堂聽講。後疏主人入京，留在本寺”。
[88] 鳴：諸本同，磧本作“嗚”誤。
[89] 依：磧本作“如”，興聖寺本同麗再本。
[90] 聞：磧本、興聖寺本作“間”誤。
[91] 即開皇十二年六月二十四日矣俗年七十僧臘五十：磧本、興聖寺本無。且從“昔在清化”至“遠便棄世”，趙本與麗再本、磧本文句差異較大。趙本作“主先於本鄉清化，先養一鵝。每常隨衆，昇堂聽講。後疏主入京，留在本寺。鵝遂晝夜鳴呼不止，衆僧送之入京。至净影寺門，其鵝自然知疏主房，入内馴狎。每聞將講，集衆聲鍾，即昇堂伏聽。若聞泛説他語，即鳴翔而出。如是經于六年，忽於一日，哀鳴庭院，不肯昇堂。自此兩旬，疏主果逝。即開皇十二年六月二十四日矣。俗年七十，僧臘五十”。
[92] 兩寺：麗再本脱，今據興聖寺本、趙本、磧本補。
[93] 周：麗再本作“同”，今據興聖寺本、趙本、磧本改。
[94] 夕：諸本同，興聖寺本作“名”誤。
[95] 十：諸本同，興聖寺本脱。
[96] 句：諸本同，永北本作“旬”是。
[97] 問：興聖寺本、趙本作“門”，磧本同麗再本。
[98] 長在講肆：“在”，諸本同，興聖寺本作“存”誤。案，“講”“肆”之間，諸本同，興聖寺本衍“十地一舉，榮問衆傾餘席自是長存講”。
[99] 存：諸本同，興聖寺本作“在”。
[100] 七：諸本同，磧本作“十”。
[101] 等：諸本同，興聖寺本作“寺”誤。
[102] 綱：諸本同，磧本作“經”誤。
[103] 文旨允當：諸本同，興聖寺本作“文理愜當”。
[104] 案，慧遠著作今存：（大正 37）無量壽經義疏二卷、觀無量壽經義疏二卷、大般涅槃經義記十卷、（卍續 55、56，與大正藏本同）涅槃義記二十卷、（大正 38）維摩義

記八卷、(大正 39)温室經義記一卷、(大正 44)大乘起信論義疏四卷、大乘義章二十六卷、(卍續 30)勝鬘經義記二卷、(卍續 71)十地論義記殘八卷(卷首有題記)、(卍續 61)地持論義記殘三卷。今將十地論義記題記全録如下:"然十地者,乃是集智之妙門,備德之良府。大聖練神曠古,精究其原,復欲慈布德雲,悲開慧日,故龍翻欲頂,光斯道化。然實義難彰,非剛藏無以闡其玄;真言叵測,唯天親乃能宣其要。於是,法雨他化,義流天竺,但方音滯於遠通,殊言隔於等習,致使教秘胡文,義隱梵響。兹至大魏永平元年,有天竺三藏法師勒那摩提及菩提流支,慨沖宗之未通,傷淵猷之弊絶,愍此長冥,傳彼法炬,遂竭幽神,譯出此論。辭窮淵秘,旨露文中,道風遐振,熾流滿世。余忝廁學倫,逢兹盛化,慶遭洪旨,喜遇淵文,積玩累年,仿像一隅,聊題所知,備已闇忘。冀以塵益須彌,螢光助日,微沾初習,曉之未學耳。"

[105] 疹:諸本同,興聖寺本作"疾"。

[106] 導:諸本同,磧本作"道"。"道"亦有疏導、開導義,論語爲政:"道之以政,齊之以刑,民免而無耻。"

[107] 一:諸本同,磧本脱。

[108] 自:諸本同,興聖寺本無。塑:諸本本作"素",當是"塑"之訛,今從磧本。

[109] 人:諸本同,興聖寺本作"頭"。

[110] 案,資本從"放"字後,直到本卷末爲行書抄補。

[111] 怠:諸本同,趙本作"怡"誤。

[112] 覺:諸本同,興聖寺本脱。

[113] 方:諸本同,興聖寺本脱。

[114] 歇:諸本同,磧本作"尋"誤。

[115] 軟:諸本同,趙本作"輕"誤。

[116] "及覺輕貶"至本段末"唯頂上暖焉",趙本在前文"僉議以感通幽顯"及"兩寺勒碑"之間。

續高僧傳卷第九[1]

義解篇五正紀十四[2]　附見六

周益州謝鎮寺釋寶海傳一[3]

釋寶海，姓龔，巴西閬中人[4]。少出家，有遠志，承楊都佛法崇盛，便决誓下峽。既至金陵，依雲法師[5]，聽習成實，旁經諸席，亟發清譽。乃引衆别講，徒屬兼多。于時，梁高重法[6]，自講涅槃，命海論佛性義。便昇論榻，雖往返言晤，而執鍮石香爐[7]。帝曰："法師雖斷慳貪，香爐非鍮不執。"海應聲曰："陛下位居宸極，帽簪非纛不戴。"帝大悦，衆咸驚歎。

及後還蜀住謝鎮寺[8]，大弘講肆。武陵王紀作鎮井絡，敬愛無已。每就海宿，清談玄理[9]，乃忘晝夜。至旦，王將盥手[10]，日影初出，王曰："日暉粉壁，狀似城中；風動刹鈴，方知寺裏。"其晨，車蓋迎王，馬復嘶鳴，海曰："遥看蓋動，喜遇陳思；忽聽馬鳴，慶逢龍樹。"[11]相與欣笑而出。王昇車謂御從曰："聽海法師言詞，令我盤桓而不能去[12]。"其辯給無方，爲此例也。周氏跨躡梁益，庸公鎮方[13]，彌加深敬，越於恒伍。

時年八十，謂門人法明曰："吾死至矣，一無前慮，但悲去後，圖塔湮滅耳，當露屍以遺鳥獸。"及建德之年[14]，果被除屏。今院宇荒蕪[15]，惟餘一堂，容像存焉。

【校注】

[1] 案，麗初本之本卷闕佚。

[2] 十四：諸本同，興聖寺本作"十"。又，釋寶海傳、釋智方傳、釋羅雲傳、釋法安傳，興聖寺本無。

[3] 鎮：諸本同，磧本作"西"。

[4] 巴西閬中：即巴西郡閬中縣，治當今四川省閬中市。在續高僧時間斷限内，巴西郡未轄閬中縣。閬中縣爲戰國秦設，屬巴郡，東漢屬巴西郡，西晋屬北巴西郡，南朝

蕭梁屬北巴州，西魏屬盤龍郡，隋開皇三年直屬隆州，改爲閬内縣，大業三年爲巴西郡治，唐武德元年爲隆州治，恢復爲閬中縣。

［5］雲法師：釋法雲，傳見本書卷五。

［6］梁高：即梁武帝。

［7］鍮石：磧本作“鍮鉐”。二義同，指黄銅。趙本同麗再本。

［8］鎮：磧本無，趙本同麗再本。

［9］清：磧本作“請”誤，趙本同麗再本。

［10］盥手：麗再本、趙本作“灌手”，隨函録作“盎水”，今從磧本。

［11］案，“蓋動”疑指曹丕。下句“馬鳴”喻指佛學大師馬鳴，正與“蓋動”對，則“蓋動”當喻指某人。其二，曹丕雜詩之二：“西北有浮雲，亭亭如車蓋。”又，三國志卷二文帝紀裴松之注引魏書：“帝生時，有雲氣青色而圜如車蓋當其上終日，望氣者以爲至貴之證，非人臣之氣。”

［12］盤桓：磧本作“槃桓”。二詞都有徘徊義。趙本同麗再本。

［13］庸公：即北周益州總管、庸國公王謙，傳見周書卷二一。

［14］建德：麗再本、趙本作“建武”誤。“建武”非周武帝的年號，今據磧本改。

［15］今：麗再本、趙本作“令”形，今據磧本改。蕪：磧本作“毁”。

隋益州龍淵寺釋智方傳二

釋智方，蜀川資中人[1]。其先東吴，遠祖宦於西蜀，遂乃家焉。童稚出家，止州郭龍淵寺輪法師所。早與寶海周旋，同往楊都雲法師講下，而機辯爽利，播名揚越。每講，商略詞義，清雅泉飛，故使士俗執紙抄撮者常數百人。初講法華，至寶塔品高妙[2]，遂序王、釋義了，乃曰：“何必昔佛國土，有此高妙。即楊都福地，亦甚莊嚴。至如彌天七級，共日月争光；同泰九層，與烟霞競色。方井則倒垂荷葉，圓桶則側布蓮華[3]，似安住之居南，類尼佉之鎮北[4]，耳聞目見，庶可聯衡。”録得者秘以齎歸益部，吁嗟歎爲驚絶[5]。故其語出成章，狀如宿構。

寶海頻來擊難，發其聲彩。故海問曰：“三變此方，改穢成净[6]，亦能變凡成聖不？”答曰：“化佛甚多，狹故須廣，凡聖自爾，何勞改變？”又難：“若爾，則六十小劫，謂如食頃，但是聖覩，凡不能覩。凡聖俱覩，凡聖俱聖？”方笑曰：“高座何曾道此，乃是自道自難耳。”海覺言失，乃調曰：“三隅木升[7]，何謂智方？”尋聲報曰：“瓦礫洿池，那稱寶海？”衆大笑而散。

及疾甚，海恒來看慰。乃謝曰：“智方不能攝養，致此沉痾，仰勞仁者，數來垂問。願生善處，常與同遊。”俄而異香滿室，中夜卒於益部，年九十餘。

【校注】

［1］蜀川資中：“蜀川”，語出華陽國志卷三，即四川盆地。“資中”指資中郡，北周設，隋

開皇初廢,治磐石縣,當今四川省資中縣北。

[2] 寶:磧本無,趙本同麗再本。

[3] 圓桶:磧本作"圓椭"似誤,隨函録作"圎桶",趙本同麗再本。

[4] 案,"居南",疑指觀世音菩薩居住南海珞珈山,其山"巖谷之中,泉流縈映,樹林蓊鬱,香草柔軟,右旋布地,觀自在菩薩於金剛寶石上,結跏趺坐,無量菩薩皆坐寶石,恭敬圍繞,而爲宣説大慈悲法"(華嚴經普賢行願品)。"尼佉",或指宫宫摩尼佉牟尼聖人,居住於罽賓國中,參見大集經卷四五日藏分護塔品第十三。

[5] 吁嗟:磧本作"嗚呼嗟"疑衍,趙本同麗再本。

[6] 三變此方改穢成净:參見法華經見寶塔品。釋迦如來於靈鷲山講説法華經寶塔品時,爲供養多寶塔,故集合十方分身之諸佛,並以神力三度將娑婆穢土變爲清净國土。

[7] 升:磧本作"斗",趙本同麗再本。

隋荆州龍泉寺釋羅雲傳三

釋羅雲,姓邢氏,南郡松滋人[1]。初從上明東寺出家,志操所懷,附參成德。承金陵道王,索隱者若林,遂輕千里,遠追勝侣。會楊都道朗,盛業興皇,乃傾首法筵,鑽仰徽烈[2],一乘四論,大剖津途。于時,嘗命學徒[3],括究幽隱,雲年十六,甫在幼沖,鋭志前驅,問"常無常義"而容色無撓[4],賓主綽然,衆咸嘉賞。朗乃以所服帔處衆贈之。自此名稱逾遠,所在傳之,而樂法不窮,如愚莫滯。自朗遷後,廣訊所聞[5],又從福緣寺亘法師採酌遺逸[6]。亘縱解無遺,任其鑽仰。

雲以三論奥義,未被荆南,二障多阻[7],誓當弘演。有栖禪寺陟禪師,定慧兼修,注心開剖。于時,六合混壹,三楚全盛,衆若稻麻,人多杞梓,雲創還鄉寺,乘此應機,居端座爲請益之師,吐清言爲住法之首。總管宜陽公王世積,詔使舍人蕭子寶躬臨法席,咸誦德音[8]。有龍泉寺,地隔囂塵,心存閑曠[9],乃居之五十餘年。修葺棟宇[10],常坐不卧,領徒五百,時呈翹楚。

煬帝承名,有勑追入,避迹鑿坏,以病而退。昔釋道安於上明東寺造堂七間[11],曇翼後造五間,連甍接棟,横列十二。雲此堂中,講四經、三論,各數十遍,不於文外,别有撰述。皆心思口演,冰釋理順,故得空有兩忘,教義雙舉。

時松滋有道士姓俞抽祐反者,學冠李宗,業該儒史,常講莊、老,私用内經。雲命門人慧成、道勝曰:"彼道士蜂飛蟻聚,掠牛盜法,情實難容,爾傳吾旨[12],摧彼邪蹤。"成等詣彼而坐,道士曰:"人天交接,兩得相見[13]。"成曰:"脱珍御服,著弊垢衣,習近窮迷,將開漸化。"時以爲名答。成前呼俞爲先生,俞瞋曰:"我非俗士,那諮我爲先生[14]。"成曰:"汝既諱唤先生,請除先字,還依舊姓,名曰俞生。"所以句句之中,常銜俞生。于時,大衆欣笑無已,道士負慚折角。

雲奉執高尚,雅鎮時俗,迎送慶吊,一無預焉。或負榮傲道者,聞而往造,及見參禮,汗流心戰。

生緣在神山之下,一夏居止[15],静處思玄,母日自齋,登上供設。有問其故,答曰:"即此爲報母之劬勞也。"昔朱粲寇擾荆南,寺多焚毁,惟雲所造龍泉獨存。以賊中總管,雲曾授戒,所以尊師重法,寺獲存焉。雲兄弟五人,皆爲法師,而雲最小,神彩特達。入室弟子十人,椿、詵、澄、憩等傳道,開化岷蜀、江淮,故未叙歷[16]。以隋大業十二年四月二十三日,端坐遷於寺房,春秋七十五。中書令岑文本製碑[17]。

沙門道顒,即雲之兄也,學通大小,名聞道俗。於上明東寺起重閣,在安公驢廟北[18]。傳云:安公乘赤驢,從上明往襄州檀溪,一夕返覆,撿校兩寺。并四層三所,人今重之,名爲驢廟,此廟即繫驢處也。

【校注】

[1] 案,"松滋縣"爲東晋僑置,屬河東郡,隋屬南郡,唐肅宗上元元年屬江陵府。治當今湖北省松滋市西北。

[2] 烈:磧本作"列"誤,趙本同麗再本。

[3] 嘗命:麗再本、趙本作"常令",今從磧本。

[4] 常無常義:指佛的常身與無常身,參見北本大涅槃經卷三四。後來又指佛性的常與無常,是佛法辯論中的常見論題。

[5] 訊:磧本、隨函録作"誶",資本作"評"誤,趙本同麗再本。

[6] 採:磧本作"將"誤,趙本同麗再本。

[7] 二障:磧本作"二漳"誤,趙本同麗再本。"二障",佛學名詞,優婆塞戒經卷一:"善男子,如來世尊能於一念破壞二障,一者智障,二者解脱障,是故名佛。"

[8] 咸:磧本作"成"誤,趙本同麗再本。

[9] 存:磧本作"在",趙本同麗再本。

[10] 葺:麗再本、趙本作"緝"誤,今從磧本。

[11] 明:麗再本、趙本作"州"疑誤,今從磧本。"上明東寺",參見高僧傳卷五。

[12] 爾(尒):磧本作"可"疑誤,趙本同麗再本。

[13] 人天交接,兩得相見:見妙法蓮華經卷四五百弟子受記品八,比喻佛國人法之間圓融的狀態。俞道士或指道教與佛教之優劣。故慧成下文以"珍御服"指佛教,"弊垢衣"指道教。

[14] 諮:諸本同,隨函録作"名"。

[15] 止:磧本作"上"誤,趙本同麗再本。

[16] 叙歷:磧本作"序暦"誤,趙本同麗再本。

[17] 案,岑文本官中書令在唐貞觀年間,然碑文當是在隋末未任顯宦時,而岑本爲鄧州人,與荆州龍泉寺相去不遠。

[18] 北:磧本作"邊北",永北本作"臺北",趙本同麗再本。

隋荆州等界寺釋法安傳四

釋法安，姓田，枝江人[1]。神彩俊越，見稱僮幼。年十八，遊學金陵，初聽成實，後學中觀於興皇座下。十有餘年，庶乎屢空[2]，智乎特秀，三千學侣，獨標三絶之名：形長八尺，風儀挺特，一也；解義窮深，二也；精進潔己，三也。時聽涅槃，每立異義，令衆難之，人雖巨衆，無能屈者，由是聲聞楚、越。一時，朗公知其穎拔，令論義。應命構擊，問領如嚮[3]，往復既久便止。朗曰："爾義窮乎？"對曰："義若恒沙，何可盡也。"時學門名安者多[4]，目之爲"沙安"。

三論、四經皆講，制廣初章及鹿角章等，理致宏遠，流傳江漢。年過不惑，迴情在定，更不談説，時往成禪師所，共論定道[5]。琢磨心性，動經晨夕，而不噉僧食，不飲濁漿。春秋六十五終於等界寺。寺在私洲之上[6]，西望沙洲，即劉虬注法華之地。今經臺餘基尚在[7]。

【校注】

［1］枝江：枝江市，治當今湖北省枝江市東北。

［2］庶乎屢空：典出論語先進："回也其庶乎，屢空。"

［3］嚮：磧本作"響"是，趙本同麗再本。

［4］門：磧本作"聞"誤，趙本同麗再本。

［5］定：磧本作"之"誤，趙本同麗再本。

［6］私洲：磧本作"斯州"，趙本同麗再本。

［7］尚在：磧本作"尚在焉"，趙本同麗再本。案，"劉虬"，傳見南齊書卷五四高逸傳劉虬傳："虬精信釋氏，衣麤布衣，禮佛長齋。注法華經，自講佛義。以江陵西沙洲去人遠，乃徙居之。"廣弘明集收録齊竟陵王與隱士劉虬書三首。劉氏於佛經之注解散見於大藏經中。

隋襄州龍泉寺釋慧哲傳五 道瓊 洪哲 慧嚮 慧嵩[1]

釋慧哲，姓趙氏，襄陽人。識度弘朗，業操清遠[2]。出家已後，南趣楊都。會陳國文昌，載隆三寶。僧正瓊公，精理入神，净行純備，微銜紫相，世號"烏瓊"，帝尚重焉，奉爲大僧正也。監護法城，爲物依止，陳氏王族，歸戒所投，自餘槐棘[3]，無敢造者。住建初寺，禎明元年，忽然坐逝，葬樓湖之山。天子哀之，以黄麾諸杖[4]，衛送墓所[5]。初未終頃，所住寺塔，三日光現，因而告終，道俗異焉。時彭城寺寶瓊者，善講説，有風采，形相奇白，世號"白瓊"[6]，事見别傳。

哲初參聽其講,大開令業,聚徒講説,屢發新聲。以慧悟自矜[7],頗懷傲誕[8]。承興皇道朗,神辯若劍,罕有當鋒,因而從其言晤[9],往復移時,答對逾遠。哲大異之,即從伏聽。沈隱微密,自然通解,而威容自矜,動止懷法。曾於行路,忽遇雷雨霈注[10],哲從容如常,不失規矩,時瀉靴水[11],安行達寺。行步詳序[12],視瞻不眄;轉身徐顧,無妄乖越。時人呼爲"象王哲"也。又善護根門,節量口腹,便利滌沐,罕有延濫。所以召請俗舍,信宿經時,皆不覩其流穢,歎美增盛。及講三論,俊朗之響,重光先價。

引衆泝流,届于本邑,住城西望楚山光福禪房下龍泉寺[13],常以弘法爲務。涅槃、三論,遞互相續。學士三百餘人,成器傳燈,可有五十,即惠品、法粲、智暠[14]、法同、慧璿、慧楞等是也。各領徒屬,所在通化。

開皇十七年四月,卒于龍泉,時年五十有九,葬于四望山寺[15]。弟子惠嵩等豎碑于本住[16],沙門慧嚮製文[17]。

嚮有奇才,思力遒壯,爲總管薛道衡所重。

嵩有學聲,多所遊貫,今住京都[18],頻揚講説。

時同邑有洪哲者[19],統閑大小,每開法肆。以達解之望,徵延慧日[20]。故西楚傳號,爲前後兩哲云。

【校注】

[1] 道瓊　洪哲　慧嚮　慧嵩:以上四名,興聖寺本無。案,"惠""慧",諸本同多混用,今據磧本,並以詞義改,不一一出校。

[2] 遠:諸本同,興聖寺本作"邈"。

[3] 棘:諸本同,興聖寺本脱。

[4] 杖:諸本同,興聖寺本作"伏"誤。

[5] 送:諸本同,興聖寺本脱。

[6] 案,"白瓊",傳見本書卷七釋寶瓊傳。

[7] 矜:諸本同,興聖寺本作"令"誤。

[8] 懷:諸本同,興聖寺本作"壞"誤。

[9] 晤:諸本同,興聖寺本作"時"誤。

[10] 霈:磧本作"霖",興聖寺本作"旁",趙本同麗再本。案,"霖"指久下不停之雨。

[11] 瀉:諸本同,磧本衍作"雨瀉"。

[12] 詳:諸本同,磧本作"庠"。案,"詳"通"庠"。"庠序",蔣禮鴻敦煌變文字義通釋釋容體:"庠序,舉動安詳肅穆的意思。"

[13] 龍泉寺:望楚山,在今襄陽市南羊祜山南。據唐孟浩然集卷一疾愈過龍泉寺精舍呈易業二上人及清乾隆襄陽府志,此山舊有龍泉寺。

[14] 暠:磧本、趙本作"嵩",興聖寺本同麗再本。

[15] 四望山寺:諸本同,磧本作"西望山寺"應是。案,"四望山"在今河南省信陽市,距湖北省襄陽市比較遥遠,故作"四望山寺"顯誤。

［16］豎：磧本、興聖寺本作“樹”，趙本同麗再本。
［17］“嚮”：磧本、興聖寺本作“響”，趙本同麗再本。
［18］今：諸本同，磧本作“令”誤。
［19］同：諸本同，麗再本作“周”，今據趙本、磧本改。
［20］徵延：諸本同，磧本作“微近”，形近而誤。

隋江表徐方中寺釋慧暅傳六

釋慧暅，姓周氏。其先家本汝南，漢末分崩，避地江左，小震是宅，多歷年世，今爲義興陽羡人也［1］。祖韶，齊殿中將軍。父覆，梁長水校尉。並偃仰衡門，不求聞達［2］，優遊卒歲，易農而仕。暅，穎悟冥來，挺操童幼，鑽求六經，略通大義。蓋家教之常習，非其好也。年十八，乃喟然歎曰：“服膺周、孔，以仁義爲先；歸心黃老，以虛無爲貴。而往來生死，出入塵勞，乃域中之累業［3］，非出世之要道也［4］。”既發希有之志，仍感非常之應。夢見一塔，累級五層，畫采莊嚴，岧然峻峙［5］。因而禮拜，願昇此塔，少選之頃［6］，俄上相輪。當時，身心快樂，未曾有也。於是將遊京邑［7］，途次朱方［8］，遇竹林寺詡法師，雅相嗟賞，乃依止出家，爲十戒和上。尋出都，住甘露鼓寺［9］。進具已後，從静衆峰師受十誦律。又聽龍光綽師成實［10］。自綽化往，更採衆師，屬意毗曇并八犍度［11］，將欲並遊秘奧，盡掇菁華。還從龍光學士、大僧都舒法師研精成論。及舒物故［12］，親受遺囑［13］。

值梁室版蕩，京寺荒殘，乃裂裳杖錫，來止南徐，寔報地恩，兼修法事。陳武在田，朱方歷試，夙承高譽［14］，雅相欽重。司空侯公次牧此州，虛心頂戴［15］。永定三年，侯公入輔［16］，乃請出都，於白馬寺講涅槃經及成實論［17］。學徒雲結，不遠千里，揮汗鼓袂，風雨生焉。法筵之盛［18］，莫或斯擬［19］。天嘉二年，學士寶持等二百七十人，請講於湘宫寺［20］。太建四年，宣帝勑，請徙講東安。後主昔在春坊，亟經義集，曾屬才辯雄遠［21］，特所溢心［22］，及嗣寶位，深惟敬仰。至德元年，下詔爲京邑大僧都。四年轉大僧正。

及天下混一［23］，來止徐方，緣會敷弘，無替時序。以開皇九年七月十日，遷於中寺［24］，春秋七十有五。其月二十八日，窆於鍾山之巖。

惟暅行業清高，靈祇嚮應［25］，神通感召，不可思也。昔在陳朝，每年夏中，常請於樂遊苑，爲陳氏七祖及楊都六廟諸神［26］，發涅槃、大品經。並延神坐［27］，俱在講筵，所以翠旌孔蓋，羽服霓裳，交亂人物，驚神眩目。而往來迎送，必降雲雨，冥期無爽。十有餘載，常於食後講前，假寐偃息。及講時將至，輒見朱衣人喚曰［28］：“法師好起也。”陳領軍將軍任忠，少爲將帥，雅好畋遊。然宿植勝因，善機將發，庖厨饗饌，悉放奇光，覩而怪之，竊懷憂懼。夜夢異人來謂己曰:"如請東安講,則所見必當無憂。"既而覺悟,歡喜踴躍。罝罦矰繳,一時焚爐,仍屈兩夏,於府講説。因此懺悔,承持二經,受不殺戒。故靈迹寔繁,未陳萬一。

凡講成實玄義六十三遍,論文十五遍,涅槃、大品各二十餘遍。五十許年,法事相接,自餘衆部,略而不載。菩薩戒弟子司空吴明徹等公侯將相、貴遊朝士數千餘人,難以勝記。弟子智瑜等,以音儀永謝,餘論將空,非彼豐碑,無陳聲實,乃勒銘于寺中,菩薩戒弟子著作郎瑯琊王胄製文[29]。

【校注】

[1] 義興陽羡:義興郡陽羡縣,隋開皇九年改爲義興縣,廢義興郡,屬常州。唐武德七年析置陽羡縣,八年廢。

[2] 聞:諸本同,興聖寺本作"門"誤。

[3] 域:諸本同,興聖寺本作"城"誤。

[4] 世:諸本同,興聖寺本作"家"。

[5] 岧:諸本作"迢",今從磧本。"岧",廣韻卷二:"山高貌。""迢",本義爲遥遠,然據集韻卷三,有高義。

[6] 頃:磧本作"須"誤,趙本同麗再本。案,文選卷二三任昉出郡傳舍哭范僕射一首李善注:"言將乖之初,不忍便訣,欲留少選之頃,以遣離曠之情也。""少選",須臾也。

[7] 邑:諸本同,興聖寺本作"道"誤。

[8] 朱方:即今江蘇省鎮江市北,參見讀史方輿紀要卷二五"常州府丹徒縣""京城"二條。

[9] 鼓:諸本同,興聖寺本無。

[10] 綽師:諸本同,趙本作"綽禪師"誤,磧本同麗再本。"綽師",即僧綽,梁、陳之際成實宗大師。參見本書卷六釋慧韶傳、卷七釋警韶傳、卷一六釋智遠傳。

[11] 毗:諸本同,興聖寺本脱。

[12] 物:諸本同,磧本作"没"誤。案,"舒",即釋慧舒,參見本書卷一二釋慧隆傳。

[13] 囑:諸本同,興聖寺本作"屬"。

[14] 譽:諸本同,興聖寺本作"舉"誤。

[15] 戴:諸本同,興聖寺本作"載"誤。

[16] 輔:諸本同,磧本作"輒"誤。

[17] 及:諸本同,興聖寺本作"乃"誤。

[18] 法筵:諸本同,興聖寺本衍作"自法筵"。

[19] 或:諸本同,磧本作"惑"誤。

[20] 講:諸本同,興聖寺本脱。

[21] 曾:諸本同,磧本作"僧"誤。

[22] 溢:諸本同,磧本作"濫"誤。"濫心",古籍罕見。"溢心",又見於續高僧傳卷三釋慧净傳:"紀國寺釋慧净敬酬東宫辛中舍曰:披覽高論,博究精微,旨贍文華,驚心眩目。辯超炙輠,理跨連環,幽難勃以縱横,掞藻紛其駱驛。映雲霞而比爛,協金

石以相諧。絢矣文章，沖乎探賾，非夫哲士，誰其溢心，瞻彼上人，固難與對。輕持不敏，敢述朝聞，豈曰稽疑，寧酬客難也。”

[23] 混：諸本同，興聖寺本作“踶”。

[24] 遷：諸本同，磧本作“遷神”。

[25] 嚮：磧本、興聖寺本作“響”是，趙本同麗再本。

[26] 七：諸本同，興聖寺本作“士”。

[27] 坐：諸本同，磧本作“座”。

[28] 喚：磧本、興聖寺本脱，趙本同麗再本。

[29] 著作郎瑯瑘王胄製文：諸本同，磧本句末多一“云”字。郎：諸本同，興聖寺本作“朗”誤。

隋常州安國寺釋慧弼傳七

釋慧弼，姓蔣氏，常州義興人也[1]。祖玄略，以忠孝登朝。父元貺[2]，以才華待詔，咸佩印綬[3]，並奏弦歌[4]。季父元舉，陳世功臣[5]，庭列鼓鍾，路横驂駟[6]，車馬之客填階，琴嘯之賓盈席。見弼青襟之年神爽，咸異，嗟曰：“此子若逢鳳德，終爲王佐之才；既挺龍頤[7]，必有封侯之應。”弼情存出俗，因而答曰：“無爲之貴，可以娱情；有待之煩，徒勞人耳。”於即，蔬素栖遲，便思脱躧[8]。陳武龍飛，大興元福[9]，永定二年，躬紆袞冕[10]，爲剪周羅，三衣什物，一時通給，乃伏業於惠殿寺領法師爲弟子。領，東南竹箭，震澤風聲，王族望僧，塗香是屬。弼親承雅訓[11]，聽受成實。年登弱冠，握錐淮海，值寶梁明上盛弘新實，天宫晃公又敷心論[12]，遂窮神追討，務盡教源，所以六足、八犍，四真五聚，[13]明若指掌，罔或有遺[14]。天嘉元年，遊諸講肆，旁求俊烈。備見柏梁[15]，悟茅茨之陋[16]；頻上三休[17]，恨土階之鄙。乃去小從大，徙轍舊章，聽紹隆哲公弘持四論。纔經一悟，功倍常徒；研味數旬[18]，精通玄極。是知大智本行[19]，與日月而齊明；名稱普聞，將風雲而共遠。然其神思沉鬱，詞吐抑揚，剪萬古之盤根[20]，朗百年之闇室。

浙左欽德[21]，更甚江東。太建十年，下勑於長城報德寺[22]，講涅槃、法華。瓶錫盈堂，簪裾滿席[23]，質疑請道[24]，接踵成林，禀戒承歸，排肩如市。莫不謂百步之香草，或千年之聖人。爰至哲公，將乎大漸[25]，仍遣使者，召還京室，彎几[26]、麈尾、經書、義疏，預是講儀，一皆付囑[27]，欲令法輪不斷，佛種相仍。弼頂受遺令，時滿六年，敷演論經，各盈十遍。傳授之美，復見伊人[28]。

隋師伐罪，陳運受終，思報地恩，言旋故里。安國寺者，陳武所營，基趾仍存[29]，房廡彫壞。弼蒙犯霜露，振錫揚烟，廣率良朋，願言修理，故得寺宇光華，門房儼麗。故真觀法師製寺碑曰[30]："花塼錦石，更累平階；夏藻秋蓮，環莊竦塔[31]。月臨月殿，粉壁照於金波；雲映雲臺，畫梁承於玉葉。"是也。至於經像繕修，鍾磬鎔範，其爲法利，胡可勝言[32]。

以開皇十九年正月，忽抱氣疾，便覺彌留。至三月半，午時從化，春秋六十有三[33]，窆于華陽之山。學士慧方[34]，陪隨歲久，義解鉤深，堪任傳燈，咸以付囑[35]，乃立碑於寺云。

【校注】

［1］義興：隋開皇九年改陽羨縣置，屬常州，大業初廢州改屬毗陵郡，唐初廢郡屬常州。

［2］晛：磧本作"晛"，興聖寺本作"皃"，隨函録作"賜"，趙本同麗再本。案，説文卷六："晛，賜也。""晛"，説文卷七："日見也。"玉篇卷二〇："明也。"文選卷二四收有潘尼詩贈侍御史王元晛。

［3］印綬：諸本同，興聖寺本作"授印"誤。

［4］歌：諸本同，興聖寺本作"哥"。

［5］功臣：麗再本作"公功"，興聖寺本、趙本作"公臣"，今從磧本。"蔣元舉"，僅見於南史卷九陳本紀上世祖紀："武帝之討王僧辯也，先召帝與謀。時僧辯婿杜龕據吴興，兵衆甚盛，武帝密令帝還長城，立柵備之。龕遣將杜泰乘虚掩至，將士相視失色，帝言笑自若，部分益明，於是衆心乃定。及武帝遣周文育討龕，帝遣將軍劉澄、蔣元舉攻下龕。"

［6］横：諸本同，興聖寺本脱。

［7］頤：諸本同，興聖寺本作"清"誤。

［8］躧：諸本同，磧本作"屣"。"躧"同"屣"。

［9］大：諸本同，磧本作"天"誤。

［10］紆：麗再本、趙本作"行"誤，今據磧本、興聖寺本改。

［11］弼：諸本同，興聖寺本作"粥"誤。

［12］案，"晃公"據本書卷一七釋智顗傳，名爲"僧晃"。

［13］"六足"，指集異門足論、法蘊足論、施設足論、識身足論、界身足論、品類足論。"八犍"，指八犍度論。"四真"，即四真諦，苦、集、滅、道。"五聚"，指五蘊，色、受、想、行、識。

［14］罔：諸本同，興聖寺本作"因"誤。或：諸本同，磧本作"惑"誤。

［15］柏（栢）：諸本作"百"誤，今從磧本。"柏梁"，指柏梁臺，見三輔黄圖卷五臺榭。這裏泛指豪華的建築。

［16］茅：諸本同，興聖寺本作"茆"。

［17］上：諸本作"涉"誤，今據磧本。"三休"，典出新書卷七退讓："翟王使使至楚，楚王欲夸之，故饗客於章華之臺上。上者三休，而乃至其上。""三休"形容臺之高，須休息三次才能登頂，爲登高之典故。

［18］味：諸本同，興聖寺本作"朱"誤。

［19］智：諸本同，興聖寺本脱。

［20］剪：磧本、興聖寺本作"翦"。盤：諸本同，磧本作"槃"。"槃"同"盤"。

［21］欽：麗再本、趙本作“飲”疑誤，今據磧本、興聖寺本改。
［22］下：諸本同，興聖寺本作“不”。
［23］裾：諸本同，興聖寺本作“祐”誤。
［24］請道：諸本同，興聖寺本作“精造”誤。
［25］漸：諸本同，磧本作“慚”誤。
［26］彎：麗再本作“鸞”，今據諸本改。
［27］囑：諸本同，興聖寺本作“屬”。
［28］復：諸本同，磧本作“後”誤。
［29］趾：諸本同，磧本作“址”。仍：磧本、興聖寺本作“乃”誤。
［30］故：諸本同，興聖寺本作“所以”。“真觀法師”，傳見本書卷七。
［31］環：諸本作“還”誤，今據磧本改。
［32］胡：磧本、興聖寺本作“吁”誤，趙本同麗再本。
［33］三：磧本、興聖寺本作“二”，趙本同麗再本。
［34］慧方：諸本同，興聖寺本作“惠萬”。
［35］囑：諸本同，興聖寺本作“屬”。

隋相州演空寺釋靈裕傳八

釋靈裕，俗姓趙，定州鉅鹿曲陽人也[1]。年居童幼，異行感人。每見儀像、沙門，必形心隨敬；聞屠殺聲相，亦切愴胸懷。致使鄉黨傳芳[2]，親緣爲之止殺。年登六歲，便知受戒，父母强之，誓心無毁。尋授章本及以千文[3]，不盈晦朔，書誦俱了。至於孝經、論語，纔讀文詞[4]，兼明注解。由是，二親偏愛[5]，望嗣門風。年七歲，啓父出家，父以慧解夙成，意宗繼世，决誓不許，惟令俗學，專尋世務，礙之道法。裕嘆曰[6]：“不得七歲出家，一生壞矣。”遂通覽群籍，資於父兄，並包括異同，深契幽賾，唯老、莊及易，未預承傳。年十五，潛欲逃世，會丁父艱，便從世疾[7]，苫塊縈轉[8]，杖而能起。

服畢，厭俗心猛，不敢辭母，默往趙郡應覺寺，投明、寶二禪師而出家焉。[9]其人亦東川之標領也。既初染大法，勑令誦經。裕執卷而誓曰：“我今將學，必先要心，三藏微言，定當窮旨，終無處中下之流，暨於儒釋兩教，遍須通曉也。”年始弱冠[10]，聞慧光律師英猷鄴下[11]，即往歸稟，會已没世，纔經七日[12]。獨嗟無遇，戒約何依？乃迴投憑師，聽於地論。荏苒法席，終于三年，二十有二，方進具戒[13]。還從明、寶二德，求爲本師，乃皆辭曰：“吾爲汝緣，吾非汝師，可往勝上所也。”遂赴定州而受大戒，即誦四分、僧祇二戒，自寫其文，八日之中，書誦俱了。有定州刺史侯景，訪裕道行，奏請度之，隸入公名，甚相器重。後南遊漳滏，於隱公所，偏學四分[14]，隨聞尋記[15]，五卷行之[16]。又以地論初興[17]，惠光開悟之元匠，流衍弘導[18]，道憑即光師之所親承[19]。憑、光並有别傳。裕依憑法席,晨夜幽通,發奇剖新者,皆共推揖。有齊宣帝盛弘釋典[20],大統法上勢覆群英,學者望風嚮附[21],用律僥倖[22],唯裕仗節專貞,卓然不偶倫類,但慮未聞所聞,用爲翹結耳。後,上統深委高亮,欽而敬之。自此,專業華嚴、涅槃、地論、律部,皆博尋舊解,穿鑿新異。唯大集、般若、觀經、遺教等疏,拔思胸襟[23],非師講授。又從安、遊、榮等三師聽雜心義,嵩、林二師學成實論[24]。功將一紀,解貫二乘,網領有存,皆備科舉。

而精爽弘贍,理相兼通。曾與諸僧,共談儒教,旁有講席,參涉間聞,兩聽同散,竟以相聞,覆述句義,並無一遺。由此鄴下擅名,遐邇馳譽。且而剛梗嚴毅,守節自專。至於都講覆述,勵懷非任,世供道望,銷聲避隱。有事不獲已者,讓而受之。夏居十二,鄴京創講,名節既著,言令若新,預聽歸依,遂號爲"裕菩薩"也,皆從受戒[25]。三聚大法,自此廣焉,因以導物爲恒務矣。意存綱領,不在章句,致有前後重解,言義不同,忘筌者會其宗歸[26],循文者失其宏趣[27]。

會齊后染患[28],願講華嚴,昭玄諸統舉裕以當法主,四方一會,雅爲稱先。時有雄鷄一頭,常隨衆聽,逮于講散,乃大鳴高飛西南樹上[29],經夜而終。俄爾,疾遂有瘳。斯亦通感之明應也。内宫由是施袈裟三百領,裕受而散之。文宣之世,立寺非一,勑召德望,並處其中,國俸所資,隆重相架。裕時鬱爲稱首,令住官寺,乃固讓曰:"國意深重,德非其人,幸以此利,授堪受者。"其高謝榮時,爲類若此。有善生法供,則受而無憚,其攝引陶化,又若此也。故其所行藏,不爲世情之所同測矣。

年四十有七,將鄰知命[30],便即澄一心想,禪慮巖阿。未盈炎溽,范陽盧氏聞風遠請,裕乘時弘濟,不滯行理[31],便往赴焉[32]。至止講供,常溢千人,聽徒嘉慶,前後重疊。後還鄴下,與諸法師連座談説,齊安東王婁叡[33],致敬諸僧,次至裕前,不覺怖而流汗。退問,知其異度,即奉爲戒師。寶山一寺,裕之經始,叡爲施主,傾撤金貝[34]。[35]其潛德感人,又此類也。

周氏滅齊,二教淪没,乃潛形世壤,衣以斬縗三升之布,頭絰麻帶,如喪考妣[36],誓得佛法更始,方襲舊儀[37]。引同侶二十餘人,居于聚落,夜談正理,晝讀俗書。學既探幽[38],隨覽綴述[39],各有部類,名如後列。時屬儉歲,糧粒無路,造卜書一卷[40],令占之取價,日米二升,以爲恒調。既而言若知來,疑者蘘鬧[41],得米遂多。裕曰:"先民有言,舐蜜刃傷,驗於今矣。"索取卜書,對衆焚之。日别自往[42],須臾獲價,卷席而歸,所得食調,及時將返,用供同厄,遂達有年。

大隋運興,載昌釋教,裕德光先彦[43],即預搜揚。開皇三年,相州刺史樊叔略,創弘講會,延請諸僧。並立節前標,遺法明寄,一期影響,千計盈門,裕當元席[44],允副玄望。有勅令立僧官,略乃舉爲都統,因語略曰:"統都之德,裕德非其德;統都之用,裕用非其用。既其德用非器,事理難從。"僉謂:"捨於此人[45],則薦失綱要。"後更伸請[46],乃潛遊燕趙,五年行化,道振兩河。

開皇十年,在洺州靈通寺,夜於庭中,得書一牒,言述命報,厄在咸陽。初莫測其然也。至于明年,文帝崇仰釋門,遠訊髦彦,皆云[47]:"裕德覆時望矣。"因下詔曰:"敬問相州大慈寺靈裕法師:朕遵崇三寶[48],歸向情深,恒願闡揚大乘,護持正法。法師梵行精淳,理義淵遠,弘通玄教[49],開導聾瞽[50]。道俗欽仰,思作福田。京師天下具瞻,四方輻湊,故遠召法師,共營功業。宜知朕意,早入京也。"裕得書惟曰:"咸陽之厄,驗於斯矣。然命有隨遭,可辭以疾。"又曰:"業緣至矣,聖亦難違。"乃步入長安,不乘官乘,時年七十有四。勅遣勞待,令住興善。仍詔所司,咸集僧望[51],評立國統,衆議咸屬,莫有異詞。裕笑曰[52]:"當相通委,何用云云。"遂表辭請還,置言詳覈。帝覽表究情,依即聽返。僕射高熲等[53],意存統重,又表請留。帝即下勅[54],令且住此。裕曰:"一國之主,義無二言,今復重留,情所未可。"告門人曰[55]:"王臣親附,久有誓言。近則侮人輕法[56],退則不無遥敬。故吾斟酌向背耳。"尋復三勅固邀,裕較執如上[57]。帝語蘇威曰:"朕知裕師剛正[58],是自在人,誠不可屈節。"乃勅左僕射高熲、右僕射蘇威、納言虞慶則、總管賀若弼等諸公,詣寺宣旨,代帝受戒懺罪。並送綾錦衣服、絹三百段,助營山寺。御自注額,可號"靈泉"。資送優給[59],有逾常准。力步而歸,達于本邑,顧而言曰:"往返之弊,厄不亡乎[60]!"由是勅問屢馳,騶錫重沓,稽疑請决者,不遠而至;餐風沐道者,復結於前矣[61]。

裕末又住演空寺[62],相州治西,秉操彌堅[63],履行逾肅。帝聞之,又下詔曰:"敬問演空寺大德靈裕法師。朕遵仰聖教[64],重興三寶,欲使生靈咸蒙福力[65]。法師捨離塵俗,投旨法門,精誠若此,深副朕懷。"其爲國主思問,如此類也。

及仁壽中年,分布舍利,諸州起塔,多有變瑞,時人咸嘉爲吉徵也。裕聞而歎曰:"此相,禍福兼表矣。"由雜白花、白樹、白塔、白雲[66],相現吉緣,所爲凶兆[67]。衆初不信之也。俄而,獻后、文帝相次昇遐[68],一國素衣,斯言有據。相州刺史、内陽公薛冑所住堂礎,忽變爲玉。冑謂爲善徵也,設齋慶之。裕曰:"斯琉璃耳,宜慎之戒之[69],可禳之以福[70]。"冑不從其言。後楊諒起逆,事有相緣,乃流之邊裔。追悔昔言不慎之晚矣。又於寒陵山所,造九級浮圖。仁壽末歲,止營四層,裕一旦急催曰:"一切無常,事有障絶。"通夜累構[71]，將結八重，命令斷作。僅得施座安橙[72]，值晉陽事故，生民無措其手足，裕命復懸於後載。其先見之明[73]，皆若此也。

於時鄴下昌言："裕師將過世矣。"道俗雲合，同稟歸戒。訪傳音之無從，裕亦信福命之云盡，乃示誨善惡，勵諸門人。後覺不愈[74]，至第七日[75]，援筆制詩二首[76]。初篇，哀速終曰：

今日坐高堂[77]，明朝卧長棘。一生聊已竟，來報將何息？

其二，悲永殞曰[78]：

命斷辭人路，骸送鬼門前。從今一别後，更會幾何年？

至夜，告侍者曰："痛今在背，吾將去矣。"至于三更，忽覺異香滿室，内外驚之，裕静慮口緣，念佛相繼，達于明相，奄終于演空寺焉。春秋八十有八，即大業元年正月二十二日也。哀動山世，即殯於寶山靈泉寺側，起塔崇焉。

初，裕清貞潔己，正氣雲霄；器識堅明，抗迹塵表；師資傳授，斯寄得人。身佩白光，映照幽晦；眄睞高視，瞻見遠近。而奉禁自守，杜絶世煩；虔虔附道，克念齊聖。母病綿篤，追赴已終，中路聞之，竟不親對，嗟曰："我來看母，今何所看？宜歸鄴寺，爲生來福耳[79]。"其割略親愛[80]，如此之類。至於弘法軌摸[81]，萬代宗轄，志存遠大，不局偏授[82]，故有單講雙時，雅爲恒度；略文對講，生常不經，必有傳講，要須延請，供承顒仰，方登法座。

嘗有一處敷演將半，因行遊觀，乃近韭園，問其本緣[83]，云是講主所有。裕曰："弘法之始，爲遣過原，惡業未傾，清通焉在。此講不可再也，宜即散之。"便執錫持衣，徑辭而出[84]。講主曰："法師但講，此業易除耳，復未足憂之。"便借倩村民犁具[85]，一時耕殺四十畝韭，擬種穀田[86]。斯道俗相依，言行無越，一人而已。

其講悟也，始微終著，聲氣雄遠，辯對無滯，言罕重宣。或一字盤桓[87]，動移數日；或一上之中，便銷數卷。及至後講，更改前科，增減出没，乘機顯晦，致學者疑焉，裕曰："此大士之宏規也[88]，豈可以恒情而斷之。"故十夏初登，而爲領袖傾敬。或大德同集，間以謔情，及裕之臨席，無不肅然自持，誼閙攸静，所以下座尼衆，莫敢面參[89]。而性剛威爽，服章麤弊，貴達之與厮下[90]，承對一焉，去來自彼，曾無迎送。故通儒開士[91]，積疑請决[92]；藝術異能，抱策呈解，皆頂受絶歎[93]，言不寫情。可謂坐鎮雅俗，於斯人矣。故鄴下諺曰："衍法師伏道不伏俗，裕法師道俗俱伏[94]。"誠其應對無思，發言成論故也。

又營諸福業，寺宇靈儀。[95]後於寶山造石龕一所，名爲"金剛性力住持那羅延窟"，面别鐫法滅之相。山幽林竦，言切事彰。每春，遊山之僧，皆往尋其文理。讀者莫不歔欷而持操矣[96]。其遺迹感人如此。自前後行施[97]，悲敬兼之。袈裟爲惠，出過千領；疾苦所及，醫療繁多。

但得厚味，先必奉僧；身預倫伍，片無貯納。講授之隙，正面西方，凡所涕唾[98]，返而咽之，一報無棄。形不妄涉，口不浮詞[99]，人畜訓誨[100]，絶於呵捶。乃至責問童稚[101]，誡約門人，自述己名，彼號仁者，苦言切斷，聞者淚流，自有師資，希附斯軌。年登耳順，養衆兩堂，簡以未具，異室將撫，言行有濫，即令出衆，非律所許。寺法，不停女人尼衆，誓不授戒，及所住房，由來禁約，不令登踐，斯勵格後代之弘略也[102]。沙彌受具，和上德難，故盡報不行，自餘師證，至時臨衆，若授以三聚，則七衆備傳。故使弘法之時，方聽女衆入寺。並後入先出，直往無留。致有法席清嚴，嚮傳宇内[103]。侍者供給，不預沙彌，僧制澄正，無論主客。内惟護法，外肅愆過。身服清修，不御綾綺，垂裙踝上四指，衫袖僅與肘齊，袛支極長至脛而已，設見衣制過度，則處衆割之。故方裙、正背、大氊、被褥、皮革、上色、錢寶等物並不入房，何况身履而爲資具。斯又處儉之後教矣[104]。常服五條，由來以布，縱有繒帛成施，終以惠人[105]。袛支亦爾。餘則弊納而已。世有激刺，頗用以爲邀名者。時或達之，裕曰："吾聞君子争名，小人争利，復何辭乎？"或曰："名本利緣耳。"裕曰："吾得利，便失名矣。"又曰："此乃詐爲善相。"答曰："猶勝真心爲罪也[106]。"時人以爲佳言。其志行之儀，可垂世範，故傳者不漏其節焉。

自年三十，即存著述。初造十地疏四卷，地持、維摩、波若疏各兩卷[107]，華嚴疏及旨歸合九卷，涅槃疏六卷，大集疏八卷[108]，四分律疏五卷，大乘義章四卷。勝鬘、央掘、壽觀、仁王、毗尼母、往生論、上下生、遺教等諸經，各爲疏記。成實、毗曇、智論，各抄五卷。聖迹記兩卷，佛法東行記、衆經宗要、譯經體式、受菩薩戒法並戒本首尾注、華嚴等經論序、大小乘同異論、舍利日連傳、御衆法等，各有聚類，宗要可傳。又製安民論、陶神論各十卷，勸信釋宗論、觳卵成殺論、字本七卷。莊紀、老綱、式經、兆緯、相録、醫决、符禁法文、斷水蟲序。齊世三寶記、滅法記、光師弟子十德記、僧制寺誥[109]、十怨十志頌、齊亡消日頌、觸事申情頌、寺破報應記、孝經義記、三行四去頌、詩評并雜集等五十餘卷，久行於世。[110]言無華侈[111]，微涉古製，略情取理者久而味之。

又，凡所授法[112]，意專行用，有返斯趣者，告曰："原聖人垂教[113]，教被行人；人既不行，還同不學。"有違者驅出。斯又重法成人者也。觀裕安民、陶神二論，意在傳燈，惠流民品[114]，篤識高行，此焉攸屬。有黄龍沙門，鄴中周聽[115]，經論、禪律，罔不吞委，行解相貫，學者傳之。將返燕郡，故來別裕，乃致請曰："願垂示一言要法[116]，所謂即解即行，而能長益沙門道行者[117]。"裕曰："必如來言，臨别相告，後將首路[118]。"裕曰："經誥禪律，恐雜聖心。高僧一傳,即凡景行,輒以相酬,可爲神用耳。”其人欣戴[119],齎傳還鄉。斯寔殷鑒物表,機悟有宗也。又生常處衆,必先端首,説戒羯磨,無傳欲法,諷諫之術,聞者如流。嘗於京輦[120],入净影寺,正值布薩,徑坐堂中[121],見遠公説欲[122]。裕抗聲曰:“慧遠讀疏[123],而云法事因緣。衆僧聽戒,可是魔説。”合座驚起,怪斥其言。識者告遠,遠趍而詣堂,裕曰:“聞仁弘法,身令易傳。凡習尚欣,聖禁寧准[124]。”遠頂禮自誡,銜泣受之,由是至終,遠常赴集。其生物信順,皆若此焉。自東夏法流、化儀異等,至於立教施行,取信千載者,裕其一矣。[125]

【校注】

[1] 定:諸本同,興聖寺本作“空”誤。“鉅鹿曲陽”,北魏改下曲陽縣設曲陽縣,屬鉅鹿郡,北齊併入藁城縣,治當今河北省晋州市西五里鼓城村。

[2] 傳:諸本同,興聖寺本作“使”誤。

[3] 案,據隋書卷三二經籍志一,“千文”,指南朝梁周興嗣編纂的千字文。“章本”,指急就章之類的識字讀本,其中有陸機編吴章,或即是也。

[4] 纔:諸本同,興聖寺本作“財”。

[5] 偏:諸本同,興聖寺本脱。

[6] 嘆:諸本作“私嘆”應是。

[7] 疾:趙本、隨函録作“疢”,永北本作“次”,興聖寺本、磧本同麗再本。

[8] 塊(凷):諸本同,磧本作“由”。

[9] 案,沈濤常山貞石志卷四大唐開業寺李公之碑:“開業寺者,後魏黄門侍郎、使持節、衛大將軍、陜州刺史、都督冀定瀛相殷五州諸軍事、尚書令、固安伯李公舍山第之所立也。其地則前臨滰水,金鳳騁光而振儀;卻負常山,玉馬騰姿而絶影。東瞻峻堞,宛若香城;西據崇巖,依然雪嶺。蓋全趙之勝地焉。公諱裔,字徽伯,趙郡元氏人也……先是有沙門僧明、曇寶等並不知何許人,屬魏氏之遷都,隨孝文而戾止……睹此願力,共謀經始……於彼延昌之末錫其偃角之名,孝昌年際改爲隱覺。自魏歷齊,僧徒彌廣……”又碑陰題名:“沙門曇朗供養,沙門曇寶供養,置寺沙門僧明供養,建伽藍主陜州刺史、司徒公李徽伯,息徐州刺史北海郡子旦,息豪州刺史、兵部尚書子雄,玄孫行本州録參軍崇悊……”聖凱教授推測:“此寺是在元氏故城之西,封龍山東麓或是鄰近的山地上。偃角、隱角、應覺,都是同音。”又:“靈裕於535年,在應覺寺出家,其師即是僧明、曇寶。”見靈裕的生平與著作,載法源2008年總第26期。

[10] 弱:磧本、興聖寺本作“登”,趙本同麗再本。

[11] 聞:諸本同,興聖寺本作“門”誤。

[12] 纔:諸本同,興聖寺本作“財”。

[13] 具:諸本同,興聖寺本脱。

[14] 學:諸本同,興聖寺本作“覺”誤。

[15] 聞:諸本同,興聖寺本作“悟”誤。

[16] 卷:諸本同,磧本作“夏”應是。

［17］興：諸本同，磧本作“與”誤。
［18］衍：諸本同，興聖寺本作“行”誤。導：諸本同，磧本作“道”。
［19］道憑：傳見本書卷八。道：諸本同，興聖寺本作“導”誤。
［20］典：諸本同，興聖寺本作“曲”誤。
［21］嚮：諸本同，興聖寺本作“響”。
［22］律：磧本、興聖寺本作“津”是，趙本同麗再本。
［23］拔：諸本同，興聖寺本作“伏”誤。
［24］二：諸本同，興聖寺本作“亦”誤。
［25］戒：諸本同，磧本作“戒之”。
［26］忘：諸本作“亡”，今從磧本。“忘筌”典出莊子外物“得意”“忘筌”。歸：諸本同，興聖寺本脱。
［27］循：諸本同，興聖寺本作“脩”誤。
［28］后：諸本同，興聖寺本作“舌”誤。
［29］鳴：諸本同，興聖寺本作“唯”誤。
［30］知：諸本同，趙本作“如”誤。
［31］行理：磧本、興聖寺本作“行李”，趙本同麗再本。案，郝懿行證俗文卷六：“古者行人謂之‘行李’，本當作‘行理’，理，治也。作‘李’者，古字假借通用。”“行李”，參見左傳“僖公三十年”：“行李之往來，共其乏困。”杜預注：“行李，使人。”引申爲“行蹤”。
［32］赴：磧本、興聖寺本、隨函録作“訃”，趙本同麗再本。
［33］婁：磧本、興聖寺本作“樓”，趙本同麗再本。案，“齊安王”，據北齊書、北史，當爲“東安王”。
［34］貝：諸本同，興聖寺本作“具”誤。
［35］案，婁叡與靈裕的關係，及其出資修整靈泉寺石窟的經過，見李裕群：靈泉寺北齊華嚴經碑研究（考古學報2012年第1期），其主要觀點爲：婁叡華嚴經碑的鐫刻年代可以確定在河清三年正月至三月初二間。華嚴八會碑也爲北齊雕刻，大小形制相似，也應與婁叡有關，不排除同時鐫刻的可能性。其次，討論了靈裕在修建中的主體地位，及其末法觀與護法思想的演變。
［36］考：諸本同，興聖寺本作“孝”誤。
［37］襲：諸本同，興聖寺本作“龍”誤。
［38］探：諸本同，興聖寺本作“採”誤。
［39］覽：諸本同，興聖寺本衍作“覽覽”。
［40］卜：諸本同，興聖寺本作“下”誤。
［41］鬧（丙）：諸本同，興聖寺作“古”誤。
［42］往：諸本同，興聖寺本脱。
［43］光：諸本同，興聖寺本作“先”誤。彦：諸本同，永北本作“有”。
［44］席：麗再本、趙本作“帝”誤，今從磧本、興聖寺本改。
［45］捨：諸本同，興聖寺本脱。
［46］後：諸本同，興聖寺本作“從”誤。
［47］皆云：諸本同，興聖寺本衍作“僉皆云”。
［48］朕遵崇：諸本同，興聖寺本作“般導”誤。

［49］玄：磧本、興聖寺本作“聖”應是，趙本同麗再本。
［50］開導聾瞽：諸本同，興聖寺本作“開道龍瞽”誤。
［51］咸：磧本、興聖寺本作“盛”是。下句有“咸”字，故作“咸”誤。趙本同麗再本。
［52］裕：諸本同，興聖寺本作“俗”誤。
［53］潁：諸本同作“穎”，今據磧本、興聖寺本改。
［54］下：諸本同，興聖寺本作“不”誤。
［55］曰：諸本同，興聖寺本作“白”誤。
［56］人：諸本同，興聖寺本脱。
［57］較：諸本同，磧本作“確”。案，隨函録釋“較”：“古岳反，直也。”
［58］裕：諸本同，興聖寺本脱。
［59］優給：諸本同，磧本作“優洽”。“優給”“優洽”都有供給優厚義。
［60］厄：諸本同，興聖寺本作“辰”形。
［61］於：趙本作“了”誤。
［62］住：諸本同，興聖寺本作“注”誤。
［63］秉：諸本同，興聖寺本作“康”形，誤。
［64］遵：諸本同，興聖寺本作“導”形，誤。
［65］蒙：諸本同，興聖寺本作“遂”形，誤。
［66］雲：諸本同，興聖寺本作“靈”誤。
［67］所爲：諸本同，興聖寺本衍作“所緣所爲”。
［68］后：諸本同，興聖寺本作“舌”誤。遐：諸本同，磧本作“霞”。“霞”同“遐”，初學記卷二四道路十四沈約循役朱方道路：“霞志非易從，旌軀信難牧。”“霞志”即遠志。
［69］戒：諸本同，磧本作“誡”。“誡”古時亦寫作“戒”。
［70］禳：磧本、興聖寺本作“攘”誤，趙本同麗再本。
［71］累：諸本同，磧本作“壘”是。“累”有“壘”義。
［72］得：諸本同，興聖寺本脱。橙：諸本同，隨函録作“棖”應是，永北本作“櫈”，案，“橙”通“凳”。“棖”，本義爲門邊立木，此處指門。
［73］明：諸本同，磧本作“萌”誤。
［74］愈：磧本、興聖寺本作“悆”，趙本作“食”誤。
［75］日：磧本、興聖寺本作“日旦”，應是，與後文“夜”呼應。趙本同麗再本。
［76］援筆：諸本同，磧本作“爰筆”。“爰”通“援”，説文解字注卷四下“引也”。詩：諸本同，興聖寺本作“諸”誤。
［77］日：諸本同，興聖寺本脱。
［78］殞：磧本、興聖寺本作“殯”誤，趙本同磧本。
［79］生來：磧本作“來生”疑誤，趙本同麗再本。
［80］其：麗再本、趙本無，今據磧本、興聖寺本補。
［81］摸：諸本同，磧本作“模”是。
［82］局：磧本作“扃”誤，趙本同麗再本。“局”，拘也。
［83］問：諸本同，磧本作“顧向”，據下文則作“問”是。
［84］侄：諸本同，興聖寺本作“經”誤。
［85］倩：諸本同，興聖寺本作“請”。
［86］擬：諸本同，興聖寺本脱。

［87］一字：諸本同，興聖寺本衍作“一字一字”。

［88］宏規：諸本同，興聖寺本衍作“宏規有”。

［89］面：諸本同，磧本作“而”誤。

［90］厮：諸本同，興聖寺本作“斯”。

［91］故：興聖寺本衍作“故故”。

［92］請：諸本同，磧本作“情”誤。

［93］頂：諸本同，興聖寺本作“須”誤。

［94］伏：諸本同，興聖寺本作“服”。

［95］河南安陽靈泉寺西側大聖住窟，有題記：“大隋開皇九年乙酉歲，敬造窟用功一千六百廿四，像世尊用工九百：盧舍那世尊一龕、阿彌陀世尊一龕、彌勒世尊一龕、三十五佛世尊三十五龕、七佛世尊七龕、傳法聖大法師廿四人。”窟門兩側浮雕那羅延神王和迦毗羅神王各一尊，窟内前壁東側線刻“世尊去世傳法聖師”二十四祖形像。窟内前壁西側刻有大集經月藏分和摩訶摩耶經，窟外窟門西側大集經月藏分法滅盡品、勝鬘經、法華經分别功德品、法華經如來壽量品、二十五佛名經、三十五佛名經、五十三佛名經、無常偈等。聖凱教授認爲，靈裕法師“親睹北周武帝‘滅佛’事件的教訓，故著書論滅法記，鑿窟‘鐫法滅之相’，刻經刊大集經月藏分法滅盡品，正是時勢使然。這一時期興建的石窟佛寺，鐫刻經像以備‘法滅’，是佛教‘末法’思想真實具體的反映”。

［96］歔：諸本同，興聖寺本作“戲”誤。

［97］施：諸本同，興聖寺本作“旋”形，誤。

［98］洟：諸本同，磧本作“唾”。“涕洟”同“涕唾”。

［99］詞：諸本同，興聖寺本作“調”誤。

［100］人：諸本同，永北本作“又”。

［101］稚：諸本同，興聖寺本作“邪”誤。

［102］勵格：趙本作“又裕勵”，麗再本作“勵俗”，今從磧本、興聖寺本。“勵俗”顯誤。趙本語法無誤，然僅“勵”一個動詞作謂語，語氣似乎過於促急。磧本“勵格”，“格”有去除義。

［103］嚮：諸本同，興聖寺本脱。

［104］後：諸本作“從”應是，意爲“處儉”且“從教”。

［105］終：諸本同，興聖寺本脱。

［106］罪：諸本同，興聖寺本作“羅”誤。

［107］各：諸本同，興聖寺本作“名”。

［108］八：諸本同，興聖寺本作“入”。

［109］寺誥：諸本同，興聖寺本作“等語”誤。

［110］靈裕的著作宏富，多已不存，今人楊維中分類予以歸納，見地論大師靈裕生平及其貢獻考辨，覺群佛學 2008，宗教文化出版社 2009 年。

聖凱按年代予以歸納，今依聖凱目録按年代編録如下：三十歲，十地經論疏四卷。三十一歲，勝鬘經疏一卷、菩薩戒本一卷。四十一歲，華嚴文義並旨歸合九卷（華嚴疏及旨歸）。四十三歲至四十七歲，央掘魔羅經疏一卷、無量壽經疏、温室經疏一卷、遺教經論疏一卷、衆經宗要、信三寶論一卷、食穀鷄卵成殺有罪論（縠卵成殺論）。四十七歲以後，十怨十志頌十首、齊亡消日頌二十七首、觸事申情頌、集滅法記一卷、集老經一卷、集莊記一卷、集五兆書一卷、華嚴注一卷、集申情書一卷、齊世三寶記等。六十六歲以後，四分戒本一卷、金剛般若論疏一卷、破寺報應記。七十四歲，佛法東行譯經法師記、上首御衆法一卷、寒陵山浮圖記等。

除此以外，續高僧傳靈裕傳著録有地持論疏、維摩經疏、般若經疏各兩卷，涅槃經疏六卷、大集經疏八卷、四分律疏五卷、大乘義章四卷，仁王般若經疏、毗尼母經疏、往生論疏、彌勒上生經疏、彌勒下生經疏、成實論抄、毗曇論抄、大智度論抄各五卷，聖迹記二卷、譯經體式、受菩薩戒法、戒本首尾注、華嚴經等，大小同異論、舍利弗目犍連傳、御衆法、安民論、陶神論各十卷，勸信釋宗論、醫決符禁法文、斷水蟲序、光師弟子十德記、僧制寺誥、孝經義記、三行四去頌等。

歷代三寶紀卷十五、大唐内典録卷一〇載有靈裕法師譯經録一卷。姚名達推測，靈裕法師譯經録有可能是靈裕"通録所藏或古今所譯"。

歷代三寶紀卷一二著録靈裕著作八種：安民論一十二卷、陶神論一十卷、因果論二卷、聖迹記二卷、塔寺記一卷、經法東流記一卷、十德記一卷、僧尼制一卷。其後題記對於靈裕生平略有述評，今全録如下："右八部合三十卷。相州大慈寺沙門釋靈裕撰。裕即道憑法師之弟子也，軌師德量，善守律儀，慧解鉤深，見聞弘博，兼内外學，爲道俗師。性愛傳燈，情好著述，可謂篤識高行沙門。觀裕安民、陶神、因果，意在宣通無上法寶。而法大寶重，光顯實難，末代住持，由乎釋種。像運建立，寄在帝王。所以驥尾之蠅，能馳千里，修松之葛，遂竦萬尋，附托勝緣，方申奇志。且夫京者大也，師者衆也，大衆所聚，故曰京師。况今九壤會同，六合齊統，主上方欲垂拱岩廊，無爲而治，既爲天下之用，還須天下之才，故召釋弘僧，徵儒化俗，委政於士，求巧於工。女織男耕，各專其務，四民之業也，有司具存，無所復厝。其戒律禪思，講説經論，轉讀法事，五衆之匠焉。典章未備，故復廣搜，開皇十年，降敕所部，追裕入京，至見闕庭。勞問殷重，方應攀龍鱗，以布法雲，使蒼生蒙潤；附鳳翼以揚慧吹，令黔首獲凉。到未幾何，頻辭請退，乃云：不習水土，屢覺病增。十一年春，放還歸鄴。房曰：夫能忘我，乃能濟時。今顧戀身形，忘大利益。六親聚落，尚未能捐，三界處居，理難出也。"

案，靈裕現存著作有：（卍續 88）華嚴時文義記殘一卷，有題記："天保十年，沙門靈裕在寶山寺集記□鸞供養。"又敦煌文書 S. 327 號卷子、S. 2693 號卷子，日本學者望月信亨認爲它們皆爲隋釋靈裕所撰（望月信亨：中國净土教理史，日本法藏館 1932 年），中國學者劉長東不同意爲靈裕著（敦煌寫本無量壽觀經義記和無量壽經義記考論，宗教學研究 2000 年第 2 期）。

［111］華侈：諸本同，興聖寺本作"花役"誤。

［112］又凡所授法：麗再本、趙本無"所"字，興聖寺本無"又"，今據磧本補。

［113］垂：諸本同，興聖寺本作"乘"誤。

［114］民：磧本、興聖寺本作"氓"，趙本同麗再本。

［115］周：麗再本、趙本作"同"，據文意似誤，今從磧本、興聖寺本。

［116］垂：諸本同，興聖寺本作"乘"誤。

［117］益：諸本同，興聖寺本作"荅"誤。

［118］首：諸本同，興聖寺本作"進"。

［119］欣：諸本同，興聖寺本作"傾"誤。

［120］嘗：麗再本、趙本作"當"誤，今從磧本、興聖寺本改。

[121] 徑：諸本同,興聖寺本作“住”誤。

[122] 見：諸本同,據上下文義,當爲“不見”。

[123] 讀：諸本同,興聖寺本作“請”誤。

[124] 禁：趙本作“典”,磧本同麗再本。

[125] 案,靈裕去世後,弟子海雲爲其撰寫了傳記,今存於河南安陽寶山靈泉寺石窟,今據日本學者大内文雄的録文(寶山靈泉寺石窟塔銘的研究——隋唐時代的寶山靈泉寺,大内文雄著,東方學報 1997 年 3 月 31 日)及全唐文録文,轉録如下：大唐貞觀六年,歲次壬辰,八月壬午朔,廿二日辛丑,建大法師行記,弟子海雲集。

夫聖生西域、影示現於東川;教被於當□,流波蓋於萬代。故如來滅後千年之中,廿有四聖□,法師□傳法也。千年之後,次有凡夫,法師亦傳法也。暨大魏太和廿二年,□天竺優迦城有大法師,名勒那摩提,□□寶意,兼□□乘,備照五明,求道精勤,聖賢未聞,而悲矜苦海,志存傳化。遂從彼中天,持十地論,振斯東夏,授此土沙□□光禪師。其□□□,□□教授,如瓶瀉水,不失一滴。其光律師,俗姓楊,盧奴□□□□,弟子名振齊魏十有餘人,謂□□□□□詢□□□□□師,此等十德皆有別傳,若大乘筌旨,深會取捨之方;秘教隨機,洞照卷□□□有,其唯道憑法師之一人也。□□□□□□□□□人也。□成弟子廿餘人。若十地秘論,固本垂綱而傳燈□□。□□□□□法師之一人也。蓋明法師□□□□□□□□□□□□中□。當千年之後之上首也。又是光律師之孫,憑法師之□□□□□□□□□矣。法師道諱靈□,□□□□□□□□□□□八。秋中涉學,學且散矣,薄言從宅,巡衢野望,繁霜滿□,□□□□,怖□□猛,倚樹嘆息,□□□□□□□□□□□□□命也。忠情既發,留者誰乎?不計危亡,專投隱覺,於臘月□□□□□□□□□此日,而受出家,□□□□□□□□□□□□穀,歲已向周,有人言曰：此非佛法矣。求仙之念,從是□□□□□□□□□□□而兼餌誦□□□□□□□□□□□□□念□。吾當學問,於閻浮提中作最大法師,若□不爾,□□□□□□□□□□□伴難逢,踟□□□□□□□□□□□□□□□已□奉大法師,聽十地、地持。其法師也,道諱道□,□□□□□□□□年在從□□□□□□□□□□□□□□□之威,巍巍自住,薄有四王之德。師於夏日,輒患目□,□□□□□□□□□□□□□□□□□□□□□□□□□□□□還向定州,而受具戒。受已,連翩復返上京。年廿,□□□□□□□□□□□□□□□□□□□□□□□□□□亦訖。季廿六,從隱律師,學於四分,其律師也。業想清高□□□□□□□□□□□□□□□□□□□□□□□□□□□。年廿九,向彼白鹿李潛下寺,首尾一周,時造十地疏□□□□□□□□□□□□□□□□□□□□□□□□□□□冬還鄴,更訪名醫。又患求師栖勤之苦,遂披□九口□□□□□□□□□□□□□□□□□□□□□□□□□□壽□□一首、大法師記德碑文一首,年卅一,更□□□□□□□□□□□□□□□□□□□□□□□□□□疏兩卷、集勝鬘疏一卷,集菩薩戒本一卷,□集□□□□□□□□□□□□□□□□□□□□□□□□□□□□□□第論師,聽雜阿毗曇四有餘遍。兩遍既周,私鈔□□□□□□□□□□□□□□□□□□□□□□□□□□□□□□年卅四,齊天保元年冬,在鄴京講十地論。□□□□□□□□□□□□□□□□□□□□□□□□□□□□□□□旨□一卷,合十三卷矣。年卌三,聊講華嚴,時有檀□□□□□□□□□□□□□□□□□□□□□□□□□□□□□

□,一□康覆床而已。於康下隨力撰製,謂集□□□□□□□□□□□□□□□□□□□□□□□□□□□□□□□□□□□集央掘魔羅疏一卷,集無量壽經疏一卷,集□□□□□□□□□□□□□□□□□□□□□□□□□□□□□□卷,集温室疏一卷。集遺教論疏一卷,集衆經宗□□□□□□□□□□□□□□□□□□□□□□□□□□□□□□□□□信三寶論一卷,集食穀鷄卵成煞有罪論一卷□□□□□□□□□□□□□□□□□□□□□□□□□□□□□□□□□生□成林矣。年卌七,赴請范陽,隨宜闡説,三智博流。時遇□德□□□□□□□□□□□□□□□□□□□□□□□□□□□□齊祚靡頽,聖駕在運,三寶頓壞,殘僧驚竄,逃趣無於,時有俗弟子將太清□□□□□□□□□□□□□□□□□□□□□□□□□兹□想,作十怨頌十首、十志頌十首,作齊亡消日頌廿七首,作觸事申□頌□□□□□□□□□□□□□□□□□□□□□□集滅法記一卷,集老綱一卷,集莊紀一卷,集五兆書一卷,華嚴□華□□□□□□□□□□□□□□□□□□□□□□□□記一卷,集申情書一卷。年六十四,赴請定州,遂歷燕趙□□□□□□□□□□□□□□□□□□□□□□□□□□□□□□□遏,奉得舍利世尊一粒。年六十六,返迹洺州,於俗弟子盧永□遏奉得辟□□□□□□□□□□□□□□□□□□□□□□□□□□集四分戒本疏一卷、集金剛般若論疏一卷,集破寺報□□卷,□尊世□中□□□□□□□□□□□□□□□□□□□□□□□□□世雅頌一卷。年七十四,爲文皇帝命入咸陽,策杖□□□往□□已,後還相州□□□□□□□□□□□□□□□□□□□□□□佛法東行譯經法師記一卷、集上首御衆法一卷、集□□□義記一卷,集寒陵山□□□□□□□□□□□□□□□□□□□□□□□□□□一日終於安陽演空寺。哀哉慧日,此時殁矣。□□□衣懸絶矣。其志□□□□□□□□□□□□□□□□□□□□□□□□老而不倦。勤講勤説,死而方止;講經講論,護法爲□。□□奉□□□爲意敬聖敬□□□□□□□□□□□□□□□□□□□□□□□□唯上補衣麄食,事盡一生。婦女及尼,交遊迹絶,骨向親聖往來□□□□□□□□□□□□□□□□□□□□□□□□□□厭俗愛道,本非學得,志在事省,不求繁務,雖居邑□郭,每樂山□□□□□□□風來□中心□□弱水□至□□□□□□□□□□□□物。其講也,聲氣雄亮,初緩而終急。華嚴經講九口十六遍□□□□□□□□百餘□□□□□□□□□□□經磨□□□講七遍,涅槃經,講三遍,母經講一□□□然解□□□□□□□□旨□□□□□□□□□□□□□□□□□□□兩□論□之開,其若竪義,夜别一人,僧欠差長極□□五臘□□□□□□□時,唯使大僧□遣□彌□衆□□□□□□□□□□□□□□□□□門,求受菩薩戒,後弘化大隋□□□□□□□□□□□□□高餘於□□□上而短下,細而不□,□□閻浮一所,聖賢不憚,吾□□□□□□□□□□□□東土傳化,起於漢明,摩騰迦葉,來此於□,中天之地,城名優迦,法□□□□□□□□□□□□□悲風内鼓。遊兹洛邑,專宏大乘。精成難□,龍象遞出,法輪相繼,□人□□□□□□□□□□□□□□師時十八,出家求學,造此結門□□□。二十有一,南遊鄴京。大師□□□□□□□□□□□□三十有四,講説住持,如龍處雲雨□□□□□□□□□□□□□其閒專結,内外俱駕,八十有□□□□□□□□□□□□□哀□哉,法雨此時,雲滅來世,蒼生傳名。

隋西京空觀道場釋慧藏傳九[1]

釋慧藏,姓郝氏,趙國平棘人。十一出家[2],即流聽視,未登冠具,屢講涅槃,剖析深奇[3],符契文旨。及律儀圓備,更業毗尼,行等明珠,解逾前達。末聽智論[4]、十地、華嚴、般若等經論。博見之舉,人誰肯推,但深窮性體,義難抑伏,皆仰謝高斷,罕不師焉。年登不惑,乃潛于鵲山[5],木食泉漿[6],澄心玄奥。研詳雖廣而以華嚴爲本宗,洞盡幽微,未測邪正,仰託聖助,希示是非,登即夜降靈感,空中聲言是是。既聞斯告,因撰義疏,躬自傳揚,紸預學流[7],普皆餐挹。齊主武成,降書邀請,於太極殿開闡華嚴,法侶雲繁,士族咸集。時共榮之,爲大觀之盛也。自爾,專弘此部,傳習彌布。

屬周毁經道[8],剗迹人間[9],栖息烟霞,保護承綱。隋初開法,即預出家,講散幽旨,歸途開悟,化自東川,風行草偃。行成達義,德以誘仁,冰玉方心,松筠等質。故法雨常流[10],仁風普扇,致使道俗慶其來蘇,蒙心重其開獎。開皇七年,文帝承敬德音,遠遣徵請[11],蒲輪既降,無爽綸言。藏乘機立教,利見大人,杖錫京輦,仍即謁帝承明,亟陳奥旨。凡所陶誘,允副天心,即六大德之一也。有勑加之殊禮[12],故二紀之内,四時不墜。後以般若、釋論,群唱者多,至於契賞,皆無與尚。時有沙門智穩、僧朗、法彦等[13],並京室德望,神慧峰起,祖承舊習,希奉新文,乃請開講金剛般若論[14]。藏氣截雲霞,智隆時烈[15],將欲救拯焚溺,即而演之[16]。于時,年屬秋方,思力虚廓,但控舉綱致,標異新理,統結詞義,言無浮汎。故禀益之徒,恐其聲止,皆崇而敬焉。

以大業元年十一月二十九日遘疾,卒於空觀寺,春秋八十有四。臨終誠心曠濟,累屬露骸[17]。弟子奉謹遺訣,陳屍林麓。掩骸修塔[18],樹于終南山至相寺之前峰焉。立銘表德,鐫于塔後。沙門明則,爲製碑文,見之别集[19]。

【校注】

[1] 道場:諸本同,興聖寺本作"寺"。案,佛祖統紀卷三九,隋煬帝在大業九年,詔令寺院改稱"道場",宫中寺稱"内道場"。

[2] 十一:諸本同,磧本作"十一歲"。

[3] 剖:諸本同,興聖寺本作"部"誤。

[4] 末:麗再本、興聖寺本作"未",今據趙本、磧本改。

[5] 鵲山:有二,一爲今山東省濟南市北郊;一爲今山西省陽泉市平定縣西北五里。據上下文,濟南之鵲山距離城市過近,似應爲平定縣之鵲山。

[6] 木食泉漿:磧本作"木食山漿",興聖寺本作"木實山將"誤,趙本同麗再本。案,"泉漿",以泉爲漿。

[7] 絓預：諸本同，磧本作“經預”。“絓預”古籍中不常見，隨函録釋作“但預”。“經預”又見於南史卷一八蕭思話傳附蕭琛傳：“又經預御筵，醉伏，上以棗投琛，琛仍取栗擲上，正中面。”
[8] 屬：諸本同，興聖寺本脱。
[9] 迹：諸本同，興聖寺本脱。
[10] 流：諸本同，興聖寺本脱。
[11] 遣：諸本同，興聖寺本作“貴”誤。
[12] 加：諸本同，興聖寺本脱。
[13] 法彦：隋大論衆主，參見本書卷一〇本傳。
[14] 金剛般若論：有二部。一爲二卷，無著菩薩造，隋達磨崛多譯；一爲三卷，天親菩薩造，元魏菩提流支譯。據上文之“希奉新文”當爲隋譯本。此論爲解釋金剛經偈頌的論著。
[15] 烈：磧本作“列”，趙本同麗再本。“烈”通“列”，然“烈”有顯赫義，似更優。
[16] 演：諸本同，趙本作“賓”誤。
[17] 屬：諸本同，磧本作“囑”。
[18] 骸：諸本同，磧本作“骼”。
[19] 集：諸本同，興聖寺本作“傳”誤。

隋東都内慧日道場釋智脱傳十

釋智脱，俗姓蔡氏，其先濟陽考城人也[1]，後因流宦[2]，故復爲江都郡人焉[3]。祖平，齊新昌太守。父遠珍，梁北兖州司馬。脱初誕之夕，神光照室，旬日之間枯泉自涌，斯蓋智炬欲明，法流將導之徵也。然其幼而風儀潁秀，氣調清遠，七歲出家，爲鄴下潁法師弟子。潁，法侣鴛鴻，釋門龍象，華嚴、十地，冠絶漳流[4]。乃專經請道，分陰無棄[5]，宫牆重仞，咸得其門。久之，又覩强師成實及毗曇論[6]，分流異派[7]，濫觴必盡[8]，盤根錯節，遊刃有餘。即於大衆，便事覆講，瀉瓶珠貫[9]，驗在於兹，緇素嗟服[10]，咸高神略。時，丹陽莊嚴寺嚼法師[11]，成論之美，名實騰涌，遠近朝宗，獨步江表，脱乃服義下風，思餐法味[12]。既適金陵，研幾幽旨[13]，精統詞理，馳譽兩都[14]。每宴居避喧，清談玄論[15]，嚼師深加賞讚，稱爲重器。及高座云亡，三千咸在，爰命門徒，以相付囑。乃續敷義席[16]，常轉法輪，莊嚴之部[17]，於斯榮盛。既揖論主之知人，又歎傳燈之弘教[18]，故彫琢門侣[19]，無輟於時。衆侣百餘，一期俊乂[20]，成其器者，九十許人。據此，敷揚之功，今古罕類也。

陳至德中，帝請入内[21]，講説開悟，亟動神機。自鄱陽王伯山兄弟、僕射王克、中書王固等，敬仰惟深，並伸北面。隋祖留心法寳，闡揚至教，於岐陽宫建齋發講，有詔於脱先昇寳座。乃遣舍人崔君德宣旨曰“昔獨步一方，未足爲貴。今爲四海論主，始見英才”云云[22]。脱即發言抗論[23]，剖斷如流。莫不緘口卷舌，迴車復路。冕旒清耳[24]，屢動晬容[25]，群辟解頤，日仄忘倦[26]。煬帝作牧邗江，初建慧日，盛搜異藝，海岳搜揚，脱以慧業超悟，爰始霑預。既處齊衡，功倍勵業[27]，日夕相係，通眄諸部，而標勇無前，出言成論，鼓激支派，深有會宗。故道場英賢，學門崇仰，而脱雅爲論士，衆所推焉。後隨帝入京，住日嚴寺。遣學士諸葛穎，齎教書請講，於即奉命成化，宣譽天朝。

自江南成實，並述義章，至於論文，曾無顧涉。脱憤激先達，創開其論[28]，命筆製疏，消散有聞，更使德溢由來[29]，重新其美。自帝居望苑，大緝玄猷，以脱譽動物情，下令使修論疏。素已條貫，卷袠將成，乃結爲四十卷，尋用奏聞。及獻后既崩，福事宏顯，乃召日嚴英達，五十許人，承明内殿，連時行道。尋又下令講浄名經，儲后親臨[30]，時爲盛集。沙門吉藏命章元坐[31]，詞鋒奮發，掩蓋玄儒，道俗翕然，莫不傾首[32]。脱以同法相讓，未得盡言，藏乃顯德自矜[33]，微相指斥。文至"三解脱門"，脱問曰："三解脱門，以何箭射？"藏曰："未解彎弧，何論放箭？"脱即引據徵勘[34]，超拔新奇，遂使投解莫從，處坐緘默。殿下乃分品量德，依位演之，既即席端[35]，便盡胸臆。仍令與道莊法師遞昇高座[36]，共談玄理，賓主無竭，貴達咸欣。嗣后嗟味[37]，載形音旨[38]，頻遣庶子張衡，殷勤稱叙，曰："法師碩學鉤深[39]，古今罕例，仰觀談説[40]，稱實不虚。覽所撰論疏，光溢心目，可更造浄名疏及大小名教。"便給書吏[41]，尋録勒成釋二乘名教四卷、浄名疏十卷，常自披翫。又遣畫工圖其形，於寶臺供養。每彫輦來儀，未嘗不鞠躬致敬，瞻仰遺塵，有若真對。

初梁代琰法師，撰成論玄義十七卷，文詞繁富，難於尋閲，學者相傳，莫敢删正。脱乃研詳領要，演暢惟新，理在忘筌，義深功倍，卷軸因舊[42]，宗旨不殊，當世盛行，無不欣慶。斯可謂懸鏡拂而逾明，寶珠鎣而加彩是也[43]。

仁壽末年，龍飛之始，以脱夙昔敦厚[44]，情在深衷，賜帛四百段，用隆厥德也[45]。

大業元年，隨駕雒邑。二年暮冬，見身有疾，自强不息，猶事法筵。三年正月九日，弟子智翔、智儁侍疾，忽有異香滿室[46]，赤光照牖。即夜，香水盥漱[47]，遺疏周悉，端坐正念，以至無常，時年六十有七。乘輿震悼，賻贈優厚[48]，勑施物三百段，喪事所須，隨由供給[49]。又勑黄門侍郎張衡監護。

自脱之傳道也，聲辯清澈，衆莫之諠，標宗控引，咸有聯類。章疏雖古，陳解若新，每至隱栝[50]，必重疊研覈[51]。預在講肆，永祛昏漠，求文檢義，功不虚延[52]。自見弘誘而成清範者[53]，罕繼斯塵矣。初，脱每開講題，必夢與優填瑞像齊立，豈非住持三寶，功用均也。[54]又諸有疑義，昔所未了，輒見梵僧隨方解釋[55]。未亡之前,夢一童子,手執蓮華,云天帝釋遣來請講。臨終之日,又見此相。觀其睿思通微,名高宇内,妙感靈應,夫豈徒然。凡講大品、涅槃、净名、思益各三十許遍。成論文、玄各五十遍[56]。傳業學士慧詮、道灌。詮,聲德雙揚;灌,復立貞梗[57],各踵敷弘[58],知名當世。

又以其年二月二十五日,式建方墳於雒陽縣金谷里之北邙山[59],樹碑于側。其文隋秘書郎會稽虞世南撰[60]。大業中年,脱之亡後,昔與藏公素情不狎,乃託形於病僧惠旻,具述前緣。藏聞而見之,與共論議,傾心盡禮。顧託舊情[61],故幽明不墜其緒云。[62]

【校注】

[1] 考: 諸本同,興聖寺本作"孝"形,誤。案,濟陽爲蔡姓的郡望,智脱實際籍貫爲下文的江都郡,治當今安徽省和縣烏江鎮,蕭梁設,東魏廢。

[2] 宦: 諸本同,興聖寺本作"官"誤。

[3] 都: 諸本同,興聖寺本作"東"誤。

[4] 漳: 諸本同,興聖寺本作"障"誤。

[5] 分: 諸本同,磧本作"寸"。

[6] 又覩: 磧本、興聖寺本作"又聽江都"應是,趙本同麗再本。

[7] 派: 諸本同,興聖寺本作"流"誤。

[8] 濫: 諸本同,興聖寺本作"監"誤。

[9] 瀉: 諸本作"寫",今據磧本改。

[10] 服: 磧本作"伏",興聖寺本作"脱"誤,趙本同麗再本。

[11] 莊: 磧本作"興"誤,趙本同磧本。瞬: 磧本作"燗",興聖寺本作"爵"誤。

[12] 味: 諸本同,興聖寺本衍作"味味"。

[13] 幾: 諸本同,磧本作"機"誤。"幾",幽微也。

[14] 兩: 諸本同,興聖寺本作"而"誤。

[15] 每宴居避喧清談玄論: 麗再本、趙本作"每宴居避席請談玄論",興聖寺本作"每宴居避清談玄論",今從磧本。

[16] 乃: 諸本同,磧本作"及"。

[17] 莊: 諸本同,磧本作"興"誤。

[18] 歎: 諸本同,興聖寺本作"難"誤。

[19] 琢: 諸本同,興聖寺本作"瑑"。

[20] 期: 諸本同,磧本作"斯"誤。

[21] 帝: 磧本、興聖寺本作"常"應是。

[22] 云云: 諸本同,磧本無此二字。

[23] 脱: 磧本、興聖寺本作"於",趙本同麗再本。

[24] 旒: 諸本同,興聖寺本作"流"誤。

[25] 晬: 磧本、興聖寺本、隨函録作"睟",趙本同麗再本。"晬"同"睟",潤澤也。

[26] 仄: 諸本同,磧本作"夜"誤。"日仄",即太陽偏西。

[27] 勵: 諸本同,興聖寺本作"厲"。

［28］開：麗再本作“問”，今據諸本改。
［29］使：諸本同，興聖寺本脱。
［30］后：諸本同，興聖寺本作“舌”形，誤。
［31］吉：諸本同，興聖寺本作“去”形，誤。
［32］首：諸本同，興聖寺本作“仰”。
［33］矜：諸本同，興聖寺本作“預”誤。
［34］徵：諸本同，興聖寺本脱。
［35］即：諸本同，磧本作“預”。
［36］遞：諸本同，磧本作“遽”誤。案，據本段，楊廣安排智脱分别與三論宗之吉藏、道莊論辯，似乎頗有深意。
［37］嗣后：磧本作“副后”，興聖寺本作“副君”，趙本同麗再本。
［38］旨：諸本同，興聖寺本脱。
［39］碩：麗再本、趙本作“才”，今據磧本、興聖寺本改。
［40］仰：諸本同，興聖寺本作“作”誤。
［41］吏：諸本同，興聖寺本作“史”誤。
［42］因：諸本同，興聖寺本作“同”誤。
［43］鎣：諸本同，磧本作“瑩”誤。“鎣”，磨飾。“瑩”，光亮。
［44］厚：諸本同，興聖寺本作“原”誤。
［45］德：諸本同，興聖寺本脱。
［46］忽：諸本同，興聖寺本作“勿”誤。
［47］漱：磧本、興聖寺本作“嗽”，趙本同麗再本。“嗽”同“漱”。
［48］厚：諸本同，興聖寺本作“原”誤。
［49］由：諸本同，磧本作“用”誤。
［50］隱：諸本同，興聖寺本脱。
［51］覈：磧本、興聖寺本作“覆”誤，趙本同麗再本。
［52］延：諸本作“筵”誤，今據磧本改。
［53］清範：磧本、興聖寺本作“濟”，趙本同麗再本。
［54］案，優填王爲佛之護法，見優填王經。優填王因思念佛陀成疾，家人雕刻佛旃檀像以慰，傳説即是佛像雕鑿之始。此像即具有非常之價值，叫做優填王像。參見增一阿含經卷二八。
［55］梵：諸本同，興聖寺本作“胡”。
［56］文玄：磧本作“玄文”，興聖寺本作“玄旨”誤，趙本同麗再本。
［57］復立：磧本、興聖寺本作“立履”應是，趙本同麗再本。
［58］敷：諸本同，興聖寺本脱。
［59］邙：諸本同，興聖寺本作“芒”。
［60］隋：磧本作“隨”，興聖寺本作“階”誤，趙本同麗再本。
［61］顧：麗再本作“願”，磧本作“領”，今從趙本、興聖寺本。
［62］“大業中年”至“故幽明不墜其緒云”：案，此段文字，麗再本、趙本作雙行小注。又，此處藏公指吉藏，二人不合乃三論宗與成實宗之不合。

隋東都内慧日道場釋法澄傳十一[1]

釋法澄,吴郡人[2]。少機警,善談論,文章書史,頗皆綜涉。初從興皇朗公講釋三論,至於教旨乖競者,皆條理而通暢焉。末聚徒立講於江都開善寺[3],常聽二百餘僧。化洽吴楚[4],傳譽淮海,負袠相趍[5],日增位席。晋王置四道場,澄被召入,安時悟物,弘導無絶[6]。仁壽三年,奉命關壤[7],居于日嚴。廣流視聽,憲章新致,披講智論,聲望彌重,京師碩學,咸諮問之[8]。煬帝徙駕東都,定鼎伊雒,從出淆右,因疾而終,時年七十餘矣。

【校注】

[1] 澄:諸本同,興聖寺本作"燈"誤。

[2] 吴郡:東漢設,治當今江蘇省蘇州市。南朝梁太清三年改爲吴州,大寶元年復爲吴郡,陳禎明元年改爲吴州,隋開皇九年改爲蘇州,移治今蘇州市西南横山東五里。大業初改爲吴州,尋改爲吴郡,唐武德四年改爲蘇州,治所移回蘇州市。

[3] 末:磧本、興聖寺本作"未"誤,趙本同麗再本。

[4] 洽:諸本同,興聖寺本作"合"誤。

[5] 趍:諸本同,興聖寺本作"趣"。

[6] 導:磧本、興聖寺本作"道",趙本同麗再本。

[7] 命:諸本作"令",今據磧本改。

[8] 問:諸本同,興聖寺本作"門"誤。

隋東都内慧日道場釋道莊傳十二

釋道莊,揚州建業人[1]。遊踐經史,聽習玄論,皆會其標詣,而儀止弘雅,立性滔然,故少爲同倫所尚。初聽彭城寺瓊法師[2],稟受成實,宗匠師表,門學所推。瓊後年疾相侵[3],將欲傳緒,通召學徒,宗猷顧命,衆咸揖謝於莊,允當遺寄。瓊曰:"莊公學業優奥,誠如弘選,理副諸望,用光於後,然其首大足小[4],終無後成,恐其徙轍餘宗耳[5]。"遂不行衆議。

莊後果鄙小乘,歸崇大法,從興皇朗法師聽酌四論,一聞神悟[6],挺慧孤超。後入内道場,時聲法鼓,一寺榮望,無不預筵,諮謁前疑,披解無滯。年德既富,皆敬而推焉。帝昔處蕃,致書禮問。詩論嘉篇,每令和繼[7],詞采豐逸,屢動人心[8]。末又追入京師,住日嚴寺。頻蒙謁見[9],酬杭新叙[10],引處宫闈,令其講授,言悟清華。玄儒總萃[11],皆歎其博要也。晚出曲池日嚴本室,又講法花,直叙綱致,不存文句。著疏三卷[12],皆風骨雅趣,師者衆焉。煬帝初臨，以莊留連風雅[13]，道味所流，賜帛五百段、氈四十領[14]。隨駕東指，因疾而卒於洛陽，時年八十一矣，即大業之初也。有集數十卷，多在淮南，少流北壤[15]。

【校注】

[1] 揚州：東吴置，治建業，今江蘇南京。建業，西晋改爲建鄴，後改爲建康，隋改爲江寧縣。隋開皇九年改爲蔣州，大業廢，唐武德七年移治江都，即今揚州市。
[2] 初：諸本同，興聖寺本脱。案，"瓊法師"，見本書卷七釋寶瓊傳。
[3] 疾：諸本同，興聖寺本脱。
[4] 足：諸本同，興聖寺本作"是"誤。
[5] 轍：諸本同，磧本作"徹"誤。
[6] 聞：諸本同，興聖寺本作"門"誤。
[7] 和繼：麗再本、趙本作"扣擊"，興聖寺本作"和擊"，據下文作"和繼"是。
[8] 屢：諸本同，興聖寺本作"屬"誤。
[9] 蒙：諸本同，興聖寺本作"象"誤。
[10] 酬杭：諸本同，磧本作"詶抗"是。
[11] 總萃：諸本同，興聖寺本作"該花"誤。
[12] 卷：諸本同，興聖寺本脱。
[13] 雅趣師者衆焉煬帝初臨以莊留連風雅：此段文字，興聖寺本作"顧"。"風雅"，磧本作"夙顧"誤，趙本同麗再本。
[14] 四：諸本同，磧本作"三"。
[15] 流：諸本同，興聖寺本脱。

隋東都内慧日道場釋法論傳十三

釋法論，姓孟氏，南郡人[1]。初住荊州天皇寺[2]，博通内外，詞理鋒挺。隱淪青溪之覆舟山[3]，味重成實，研洞文采，談叙之暇，命筆題篇。梁明帝重其雅素[4]，厚禮徵召，而性在虚閑[5]，不流世供，葛屨蒲服，用卒生年。

隋煬在蕃，遠聞令德，召入道場，晨夕賞對。王有新文頌集，皆共詢謀[6]。處俗傳揚，亟移歲序。後入京輦，住日嚴寺。文帝時幸仁壽，論往謁見，特蒙接對[7]，躬事展禮。帝美其清悟，爲設凈饌於大寶殿，登即在坐上詩[8]，叙談帝德宫觀，宏麗今古。高祖重加歎賞。及晋王之處春坊，優禮彌厚，中使慰沃，啓疏相尋。大業元年，將移東闕，下勅賜千秋樹皮袈裟十領、帛五百段、氈四十領。皇后賜狐腋皮坐褥及法服[9]等物。故其道望，帝、后咸供之隆重[10]，爲類此也。因隨駕至洛，不久而終，時年七十八矣。皇上哀悼，賻贈有加[11]，仍勅所在傳送，葬于荊楚。

自論爰初莅法，崇尚文府，雖外涉玄儒，而内弘佛教，所以綴採篇什[12]，皆叙釋風，當即纘叙名僧[13]，將成卷袠[14]，未就而卒，本遂不行，顧惟高德，有墜者衆矣[15]。有别集八卷行世。[16]

【校注】

[1] 南郡：戰國秦設，隋開皇初廢，大業重置，唐初改爲荆州。治當今湖北省荆州市荆州區故江陵縣城。

[2] 荆州天皇寺：全唐文卷六九一收唐符載荆州城東天皇寺道悟禪師碑。

[3] 覆舟山：今江蘇省南京市玄武區之九華山。

[4] 梁：諸本同，磧本作"渠"形，誤。

[5] 在：諸本同，興聖寺本作"存"。

[6] 共：諸本同，磧本作"昔"誤。

[7] 蒙：諸本同，興聖寺本作"象"誤。

[8] 登：諸本同，磧本作"論"。詩：諸本同，興聖寺本脱。

[9] 千秋樹皮袈裟十領帛五百段氈四十領皇后賜狐腋皮坐褥及法服：此段文字，麗再本、趙本作雙行小注，今據磧本、興聖寺本。"十領"，磧本、興聖寺本作"一領"，趙本同麗再本。"腋"，諸本作"掖"，今據磧本。

[10] 咸：磧本作"感"誤。重：磧本、興聖寺本脱，趙本同麗再本。

[11] 加：磧本、興聖寺本作"嘉"，趙本同磧本。

[12] 綴採：磧本作"絶采"誤，興聖寺本、趙本作"綴采"。

[13] 纘：諸本同，磧本作"續"應是。

[14] 袠：諸本同，興聖寺本作"帙"。

[15] 有墜者衆矣："矣"，諸本同，磧本脱。案，法論爲同時高僧撰寫碑文，參見本書卷七釋寶瓊傳、卷二二釋智文傳。

[16] 案，在本傳卷末，興聖寺本多雙行小注："一説云：煬雅重才術，欽論道素，乃大□。一日，欲窮其智□，賜冬冰。論口使修啓，須臾即了。□□事實，無不賓之。"

隋京師大興善道場釋僧粲傳十四 僧鸞　僧鳳[1]

釋僧粲，姓孫氏。汴州陳留人也[2]。幼年尚道[3]，遊學爲務，河北、江南，東西關隴，觸地皆履，靡不通經[4]。故涉歷三國，備齊、陳、周，諸有法肆，無有虚踐[5]。工難問，善博尋，調逸古今，風徽遐邇，自號爲"三國論師"。機譎動人[6]，是所長也。開皇十年，迎入帝里[7]，敕住興善。頻經寺任，緝諧法衆[8]，治績著聲[9]。十七年下敕[10]，補爲二十五衆第一摩訶衍匠，故著十種大乘論，一通二平三逆四順五接六挫七迷八夢九相，即十中道。並據量經論[11]，大開軌轍[12]，亦初學之巧便也。仍於總化寺敷通此論，以攝學衆。又著十地論兩卷，窮討幽致，散决積疑。

仁壽二年，文帝下敕，置塔諸州[13]。所司量遣大德，多非耆齒。粲欲開闡佛種[14]，廣布皇風，躬率同倫洪遵律師等[15]，參預使任。及將發京輦，面別帝庭，天子親授靈骨，慰問優渥。粲曰："陛下屬當佛寄[16]，弘演聖蹤。粲等仰會慈明，不勝欣幸，豈以朽老[17]，用辭朝望。"帝大悦，曰："法師等豈又不以欲還鄉壤[18]，親事弘化？宜令所司備禮，各送本州。"粲因奉勑，送舍利于汴州福廣寺[19]。初達公館[20]，異香滿院，充塞如烟。及將下塔，還動香氣，如前蓬勃，又放青光，映覆寶帳。寺有舍利，亦放青光，與今送者光色相糺。又現赤光，當佛殿上，可高五尺；復現青赤雜光在寺門上，三色交映，良久乃没。粲具表聞，詳于别傳[21]。

仁壽年末，又勑置塔於滑州修德寺。初停館宇，夜放黄光，遍滿一室，千人同見[22]。後放五色，食頃方滅。自爾求者輒現，不可殫言。及至塔寺，夜别放光，乃照一寺，與晝無别。有趙威德者，患目積年，蒙照平復[23]。當下塔日，又放光明，塔上空雲，五色間錯。或如賢聖、仙人、龍鳳[24]、林樹等象，峙于雲内。數萬士女，嗟詠成音。前後往使，皆感靈瑞[25]，文帝歎重，更加敬仰。

時，李宗有道士褚糅者，鄉本江表，陳破入京，既處玄都，道左之望，探微辯妙，擬闡三玄[26]。學鮮宗師，情無推尚，每講莊、老，粲必聽臨，或以義求，或以機責，隨糅聲相，即勢沉浮，注辯若懸泉[27]，起囀如風卷，故王公大人莫不解頤撫髀，訝斯權變[28]。嘗下勑[29]，令糅講老經，公卿畢至，惟沙門不許預坐。粲聞之不忍其術，乃率其門人十餘，携以行床[30]，徑至館所。防衛嚴設，都無畏憚，直入講會，人不敢遮[31]。糅序王將了，都無命及。粲因其不命，抗言激刺，詞若俳謔[32]，義寔張詮。既無以通，講席因散。群僚以事聞上，帝曰："斯朕之福也[33]，得與之同時[34]。"

隋齊王暕見禮下筵，欽兹歎咽，常欲見其談説，故致於法會。有沙門吉藏者，神辯飛玄[35]，望重當世，王每懷摧削，將傾折之。以大業五年，於西京本第，盛引論士三十餘人，令藏登座，咸承群難。時衆以爲榮會也[36]，皆參預焉。粲爲論士，英華命章，標問義筵，聽者謂藏無以酬及；牒難接解，謂粲無以嗣。往還抗叙，四十餘翻，藏[37]猶開析不滯，王止之，更令次座接難。義聲纔卷，粲又續前難勢，更延累問，還得二三十翻。終于下座，莫不齊爾。時人異藏通贍，坐制勍敵[38]；重粲繼接他詞，慧發鋒挺。從午至夕，無何而退。王起執粲手而謝曰[39]："名不虚稱，見之今日矣。"躬奉麈尾什物，用顯其辯功焉。

而行攝專貞，不貪華望[40]。及禪定欝起，名德待之[41]，道行既隆，最初勑命[42]。粲以高位厚味，沉累者多，苦辭不就。以大業九年，卒於興善，春秋八十有五。

弟子僧鸞、僧鳳,並以繼軌馳名。鸞本姓王,名爲大業。八歲通禮,十歲講傳,於江都夙有驚俗之譽。及投簪佛種[43],經論有聞。隋末返俗,唐初出仕[44],位至給事中[45]。鳳有别傳[46],自光徽績。

【校注】

[1] 僧鸞 僧鳳:諸本同,興聖寺本無。
[2] 汴州陳留:即汴州陳留縣。陳留縣,秦設,西晉廢,隋開皇六年復置,屬汴州,大業初改屬梁州,唐初復屬汴州。治當今河南省開封市祥符區陳留鎮。
[3] 尚:諸本同,磧本作"高"誤。
[4] 通經:諸本同,興聖寺本作"經通"倒。
[5] 有:諸本同,興聖寺本作"不"誤。
[6] 譎:諸本同,興聖寺本作"調"。
[7] 入:諸本同,興聖寺本作"八"誤。
[8] 諧:諸本同,興聖寺本作"謝"。
[9] 績:磧本作"續"誤,趙本同麗再本。
[10] 十七年:磧本、興聖寺本作"至十七年"。下:諸本同,興聖寺本作"不"誤,趙本同麗再本。
[11] 論:諸本同,興聖寺本脱。
[12] 開:諸本同,磧本作"關"誤。
[13] 置:諸本同,興聖寺本作"量"誤。
[14] 槃:諸本同,興聖寺本作"發"誤。
[15] 洪遵:諸本同,興聖寺本作"共導"誤。
[16] 陛:諸本同,興聖寺本作"階"誤。
[17] 老:諸本同,興聖寺本作"者"誤。
[18] 又:磧本無,興聖寺本作"有"誤,趙本同麗再本。
[19] 汴州福廣寺:即慧福寺,參見本書卷一三釋功迥傳,多有神異。
[20] 達:諸本同,興聖寺本作"造"誤。
[21] 于:諸本同,興聖寺本衍作"于于"。
[22] 同:諸本同,興聖寺本作"因(回)"誤。
[23] 蒙照平復:諸本同,興聖寺本作"象照平服"誤。
[24] 龍:諸本同,興聖寺本脱。
[25] 靈瑞:諸本同,興聖寺本作"雲瑞瑞"。
[26] 探微辯妙擬闡三玄:磧本作"探微辯析妙擬三玄",興聖寺本略同磧本但"玄"誤作"衣",且脱去"闡"字。趙本同磧本。
[27] 注:諸本同,興聖寺本作"住"誤。
[28] 訝:諸本同,興聖寺本作"訶"誤。
[29] 嘗:麗再本、趙本作"常",今從磧本、興聖寺本。
[30] 床(牀):興聖寺本、趙本作"狀"誤,磧本同麗再本。"行床",馬紮。
[31] 不:諸本同,興聖寺本脱。
[32] 俳:諸本同,興聖寺本作"假"。

[33] 斯：諸本同,磧本脱。
[34] 與：諸本同,興聖寺本脱。
[35] 神：諸本同,興聖寺本脱。
[36] 榮會：諸本同,興聖寺本倒作"會榮"。
[37] 接解謂粲無以嗣往還抗叙四十餘翻藏：此段文字,興聖寺本脱。
[38] 勍：興聖寺本、趙本作"剠"誤,磧本同麗再本。
[39] 曰：諸本同,興聖寺本作"白"誤。
[40] 貪：諸本同,興聖寺本作"會"誤。
[41] 待：諸本同,興聖寺本作"住"誤。
[42] 命：諸本同,興聖寺本衍作"令命"。
[43] 種：諸本同,興聖寺本作"樹"誤。
[44] 出仕：興聖寺本作"出士",趙本作"在士"誤,磧本同麗再本。
[45] 給：諸本同,興聖寺本作"終"誤。
[46] 鳳有别傳：見本書卷一三。

續高僧傳卷第十[1]

義解篇六正傳十七　附見五

隋彭城崇聖道場釋靖嵩傳一

釋靖嵩，俗姓張，涿郡固安人[2]。幼抱貞幹，在物不群，迫以俗塵，期之道務，十五出家。有同學靖融，早達經論，通該小大，尤究雜心，每以佛宗深要[3]，曲流委示。嵩神氣俊越，聰悟天機，隨覽義門，覆疏陶練，重以心計不測，返以問融。融無以對也，乃告曰："卿稚齒末學，徹悟若斯，可往京鄴，必成濟器。"及登冠受具，南遊漳輦。屬高齊之盛，佛教中興，都下大寺略計四千，見住僧尼僅將八萬，講席相距二百有餘[4]，在衆常聽出過一萬，故宇内英傑，咸歸厥邦。有大學寺融智法師[5]，大齊國統法上之神足也，解貫衆師，道光二藏，學徒五百，負袠摩肩，常講涅槃及地論[6]。嵩聞之，乃投誠焉。北面從範，攻研數載，隨聞覆述，每擊奇致。於即，學徒舉目，相與推師。又以行要肇基，必先戒約，乃詣雲、暉二律師所[7]，博求明誨。涉問二載[8]，薄鏡宗條，唯有小乘，未遑詳閲，遂從道猷[9]、法誕二大論主，面受成、雜兩宗，諮諏幽奥，纂習餘烈。數百僧徒，各啓龍門，人分鳳翼，及嵩之位席，上經五遍，旁探婆沙、迦延、舍利弗等[10]，妙通文理，屢動恒神[11]。便又博觀衆經，師模論道，勢傾八位，詞號四飛，[12]獨步河山，舟航三藏[13]，憑附參請，智光時傑。齊琅耶王深相器重[14]，弘扇風猷，每於肇春，廣延學侣，大集鄴都，特開法座，奉嵩爲法主，進勵學徒。因爾導悟成津，彌逢凉燠，傳芳接武，響譽東河[15]。

俄屬周武屏除[16]，釋門離潰[17]，遂與同學法貴、靈侃等三百餘僧，自北徂南，達于江左。陳宣帝遠揖德音，承風迎引，令侍中袁憲至京口城，禮接登岸。帝又使駙馬蔡凝宣勑云："至人爲法，以身許道。法師等善明治亂，歸寄有叙，可謂懷道正士，深可嘉之。宜於都郭大寺安置，所司供給，務令周洽。仍令推薦義學長者，即弘像教。"時建業僧正令嵩、貴二人對弘小論，神理疏暢[18]，贍勇當時[19]。學侶相延[20]，數過五百，晷漏分業[21]，茂績新奇。有天竺三藏，厥號親依[22]，齎攝、舍二論，遠化邊服，初歸梁季，終歷陳朝，二十餘年，通傳無地，雖云譯布，講授無聞。唯嵩獨拔玄心，翫味玆典[23]，纔有講隙，便詣沙門法泰，諮决疑義[24]，數年之中，精融二部。自佛性、中邊、無相、唯識、異執等論四十餘部，皆總其綱要，剖會區分[25]。

隋高廓清百越，文軌大同。開皇十年，勑僚庶等有樂出家者並聽。時新度之僧，乃有五十餘萬，爰初沐化[26]，未曰知津，嵩與靈侃等二百許僧，聞機乘濟，俱還江北，行達徐方[27]，盛開講肆。上柱國徐州總管乞符令和，率其所部，同延住前京兆王寺，具狀聞奏，有勑給額，爲崇聖寺焉。於是常轉法輪，江淮通潤，遂使化移河北，相繼趍途，望氣相奔，俱諮攝論。嵩學資真諦，義寔天親，思逸言前，韻高傳後，大乘極旨，於是乎通。自此領匠九州，垂章四海，撰攝論疏六卷、雜心疏五卷。又撰九識、三藏、三聚戒、二生死等玄義，並流于世，爲時所宗。

隋文封禪岱宗，鑾駕齊魯，關中義學因從，過于徐部[28]，詣嵩法肆，伏膺受業。由此門徒擁盛[29]，章疏大行。隋煬昔鎮楊越，立四道場，教旨載馳，嵩終謝遣。及登紫極，又有勑徵[30]，固辭乃止。門人問其故[31]，答曰："王城有限，動止嚴難，雖内道場，不如物外，沙門名爲解脱，如何返以事業累乎？吾曾遊兩都，屢逢播蕩，弊此勞役耳。"

恒每清素自潔，私立道場[32]，日加禮誦，修諸净業，講導相續[33]，策衆六時。精苦已來，垂三十載，然其扣頭手膝按地之所，悉成坑迹[34]，狀若人模。其景行徽明，爲若此也。自有論師，多迷行旨，而嵩奉遵法度，初不墜倫[35]。常遇天雨，澡罐在庭，恐傷地性[36]，令净人知舉，方自從用。同諸學士，咸敬憚其知量焉。加以性愛文藻[37]，時摛詩頌[38]；重復嘉尚林泉，每登踐陟；子史篆隸，模楷于今；世論劇談，頗有承緒。

忽以大業十年遘疾，卒于本寺，春秋七十有八。光禄大夫彭城道留守順政公董純，與部内道俗，殯于神皋之原。益州道基，昔預末筵，餐風飲德，悼流魂之安放，悲墳隧之荒侵，爲之行狀，廣於世矣。

【校注】

[1] 案，麗初本之此卷闕佚。

[2] 固：諸本同，興聖寺本作"因(曰)"誤。案，"固安縣"，隋開皇九年置，屬幽州。"涿郡固安"，只可能出現在隋大業年間。

[3] 深要：諸本同，興聖寺本衍作"深惡要"。

[4] 距：磧本作"拒"，興聖寺本、趙本、隨函録作"岠"。案，"相距"，對峙也。後漢書卷七〇荀彧傳："五年，袁紹率大衆以攻許，操與相距。""拒""岠"通"距"。

［5］大：諸本同，磧本作"太"是。
［6］地論：諸本同，磧本作"十地論"。
［7］雲、暉二律師：爲慧光弟子，精熟四分律，參見本書卷二一慧光傳附。
［8］問：磧本、興聖寺本作"門"誤，趙本同麗再本。案，此處之"涉"爲"涉獵"義，故作"涉問"是。
［9］道猷：據本書卷一一志念傳爲高昌慧嵩弟子，當是擅長小乘經典，本書卷一一辯義，亦爲道猷學生。
［10］舍利弗：即舍利弗阿毗曇論。
［11］屢：諸本同，興聖寺本作"屬"誤。
［12］案，"八位"，瑜伽師地論卷二："云何八位？謂處胎位、出生位、嬰孩位、童子位、少年位、中年位、老年位、耄熟位。處胎位者，謂羯羅藍等。出生位者，謂從此後，乃至耄熟。嬰孩位者，謂乃至未能遊行嬉戲。童子位者，謂能爲彼事。少年位者，謂能受用欲塵，乃至三十。中年位者，謂從此位，乃至五十。老年位者，謂從此位，乃至七十。從此以上，名耄熟位。""四飛"，形容梵唄之精妙。參見高僧傳卷一三經師載支曇籥："善於轉讀，嘗夢天神授其聲法，覺因裁製新聲，梵音清靡，四飛卻轉，反折還弄。"
［13］航：諸本同，興聖寺本作"般"誤。
［14］耶：磧本作"琊"，興聖寺本作"邪"，趙本同麗再本。
［15］東河：典出禮記卷一三王制："自東河至於西河，千里而近。"鄭玄注："亦冀州域。"即今河北平原。"東河"，原指今河南省武陟縣界以下黄河南北流的一段。
［16］周：諸本同，興聖寺本作"同"誤。
［17］門：諸本同，興聖寺本脱。
［18］疏（踈）：磧本、興聖寺本作"流"誤，趙本同麗再本。
［19］贍：諸本同，資本作"膽"。
［20］延：麗再本、趙本作"近"，今據磧本、興聖寺本改。
［21］畧：諸本同，興聖寺本作"略（畧）"誤。
［22］案，"親依"即真諦，下文"法泰"爲真諦學生，二人傳見本書卷一。
［23］翫：諸本同，興聖寺作"既"形。
［24］義：諸本作"議"，今據磧本改。
［25］剖會：諸本同，磧本作"部會"誤。"會"爲佛經章節的名稱，故"剖會"即分析章節間的聯繫。
［26］爰：諸本同，興聖寺本作"受"誤。
［27］徐：諸本同，磧本作"餘"誤。
［28］過于徐部："部"，諸本同，磧本作"邦"，興聖寺本衍作"過于時徐部"。
［29］擁：諸本作"推"，今從磧本。
［30］又有勑徵：磧本、興聖寺本作"又勑徵召"，趙本同麗再本。
［31］問：諸本同，興聖寺本作"門"誤。
［32］私：諸本同，興聖寺本脱。
［33］導：諸本作"道"，今據磧本改。
［34］坑：磧本作"軌"誤，趙本同麗再本。
［35］倫：磧本作"淪"誤，趙本同麗再本。

[36] 地：趙本作“他”誤，磧本同麗再本。
[37] 愛：興聖寺本作“受”誤。
[38] 擿：諸本同，興聖寺本作“接”誤。

隋西京大禪定道場釋靖玄傳二明則[1]

釋靖玄[2]，姓趙氏，天水人也。識度淹弘，清鑒懸遠。七歲任郡學生，勤閱三冬，藝該六典。皇隋肇運[3]，便業李、張[4]，名預黄巾，身同觀宇，呼吸沆瀣，吐納陰沉[5]。每思五千道德，良非造真；七誡超昇[6]，本爲浮詭。乃捨其巾褐，服此伽梨[7]，澄練一心，專宗經部。時年在息慈，頻登法匠，華夷欽仰，緇素屬目[8]，受具已後，聲勢轉高，遂使化靡隴西，扇榮河洛。以秦[9]、凉荒要，佛法澆侈[10]，將欲結其頽網[11]，布此遺矰[12]，具列正法要務，奏上文皇。蒙敕允述，綸言奬拔，登下河右，頒條依用。

元德太子籍甚芳猷，翹想欽挹，爰降令旨，遠召京華。玄遂恭承嘉惠，來翔帝宇，有令於大興善道場盛弘法會，飛軒鳴玉，杖錫挈瓶，總萃觀風[13]，德音通被。縱達論體[14]，舒散疑蹤，能使難者由門，解宣盡力。時璨法師居坐[15]，謂曰："自河凉義侶，則道朗擅其名[16]，沿歷至今，爾其接軫。代不可削，斯人在斯[17]。"由此顯譽京師，綽然高步。會高祖昇遐，鬱興禪定，遂應詔住焉。常轉梵輪，弘匠非少。

大業七年正月二十九日[18]，無疾而化，春秋四十有三。初玄生平言論，慈悲爲主，每許遺骸，棄之林野[19]。有天水同侶，沙門慧嚴，追想昔言，送屍山麓[20]，肌肉已盡，便鳩聚遺身，構兹塼塔於終南龍池寺之西嶺。樹銘塔所，用旌厥德。沙門明則爲文。

則本冀人，通玄儒，有才慧，訥言敏行，尤所承統。文藻雖馳，時未之賞，乃製覺觀寺碑，物亦不悟。僕射楊素見而奇之，由斯一顧，方高聲問，奏住仁壽宫三善寺。東都譯經，又召入館，專知綴緝。隋末[21]，卒於所住，有集行世。薛道衡每曰："則公之文，屢發新采，英英獨照。"其爲時賢所尚也如此矣。[22]

【校注】

[1] 明則：諸本同，磧本作“弟子明則”，趙本同麗再本。
[2] 靖：磧本、興聖寺本作“静”，似誤。趙本同麗再本。
[3] 皇：諸本同，興聖寺本作“宗”誤。
[4] 李張：即李耳、張道陵，此處泛指道教。
[5] 沉：麗再本作“沆”，今據諸本改。

[6] 案,“七誡”,概指寇謙之的雲中音誦新科之誡“專以禮度爲首,而加之以服食閉煉”(魏書釋老志),符合“超昇”之意。
[7] 伽梨:諸本同,磧本作“伽藍”誤。“伽梨”,即袈裟。
[8] 緇素:諸本同,興聖寺本倒作“素緇”。
[9] 秦:諸本同,興聖寺本作“奉”形。
[10] 侈:諸本同,磧本作“移”誤。
[11] 網:諸本同,磧本作“綱”。
[12] 矰:諸本作“僧”誤。
[13] 萃:諸本同,興聖寺本作“花”誤。
[14] 達:諸本同,磧本作“遠”誤。
[15] 璨:磧本、興聖寺本作“粲”是,趙本同磧本。案,本書卷九有僧粲傳、卷一〇有靈璨傳、卷二六有明璨傳,當時又有禪宗三祖僧璨。但僧璨的傳教在當時處於半公開的狀態,靈璨、明璨行輩與靖玄接近,則“璨法師”應該爲“僧粲”。
[16] 案,道朗,十六國時期河西高僧,見高僧傳卷二。
[17] 在斯:諸本同,興聖寺本作“在期”誤。
[18] 大:諸本同,興聖寺本作“天”誤。
[19] 林野:諸本同,興聖寺本作“鬱”誤。
[20] 麓:諸本同,興聖寺本作“鬱”誤。
[21] 末:興聖寺本、趙本作“未”誤,磧本同麗再本。
[22] 案,“明則”,又見於本書卷九釋慧藏傳、卷一六釋曇詢傳、卷一八釋曇遷傳。又從本書卷二〇釋靜琳傳記“高陽道雄、道體,趙郡道獻、明則等,並釋門威鳳,智海明珠,咸承理味,酌以華實”,那麽明則爲冀州趙郡人。

隋襄陽沙門釋智閏傳三[1]

釋智閏[2],不詳姓氏,襄陽人也。無師獨悟,自然厭世,周章邑野,借訪出道。承鄴下盛宗佛法,十統鬱興,令響滂流,洋溢大壤[3]。閏不勝其喜[4],踴躍不安,年始二十,便趍遠詣。會遵統開弘十地[5],即從服業。經未越序,頻參覆論,河北夙少,望塵許焉。晚學華嚴、涅槃,咸增榮顯。又聽光統四分,領受文言,兼習小論,具辯通塞,時號博贍,鮮有加之。又聞江表大弘三論,既是本願,不遠而歸。正值長干辯公[6],當塗首唱,預從聽受,一悟欣然。文義重深,遂多時載。後還漢陰,鎮常講導,化行江漢[7],善生道俗。大業初建,延住慧日,該富之量,更溢由來。會征遼左[8],求功岳瀆,勑閏岷蜀,祭禱江神。還至西京,因疾而化,卒于禪定寺,時年七十有五。即大業十年矣。

【校注】

[1] 閏:諸本同,資本作“潤”。
[2] 閏:諸本同,磧本作“潤”。

［3］洋：諸本同，興聖寺本脱。
［4］喜：諸本同，興聖寺本作“嘉”誤。
［5］遵統：即釋曇遵，傳見本書卷八。
［6］長干辯公：即栖霞寺僧詮門下四大弟子之一“領語辯”之智辯也。
［7］江漢：諸本作“江涘”，今據磧本改。案，漢陰，指漢水之南，當在今陝西商洛地區、河南南陽地區、湖北襄陽地區，故應爲“江漢”。
［8］征：諸本同，興聖寺本作“作”誤。

隋吴郡虎丘山釋智聚傳四

釋智聚，姓朱氏，住蘇州虎丘東山寺。神氣清遠，彰於襁褓，深厭籠樊，樂希寥廓。初投武丘胤法師，胤道藝之重，羽儀當世。聚分陰無怠，請益深旨。有同郡顧希憑、會稽謝峻岳，義府經肆，東南之美，並欽高德，同揖清風。由是儒墨通弘[1]，真俗具舉，宫牆重仞，允得其門。纔逾弱冠，便弘講説。莊嚴曨師，“新實”一家[2]，鷹揚萬代，遂伏膺諮質，百舍非遠。悱發既精[3]，疑滯咸析[4]。汝南周弘正，博通内外，鑒賞人倫，常歎嘉之，以爲釋門之瑚璉也。陳鄱陽王伯山、新安王伯周、新蔡王叔齊，並降貴慕道[5]，延請敷説。至德二年，奉勑於太極殿講金光明。天子親臨法席，具僚咸在，故能寫此懸河，振斯木鐸，亹亹奇韻，超超入神。或有捷徑小道，互持邪論，莫不迴車杜口，改心易業。人主歎賞，稱善久之。

至德三年，丁外憂[6]，泣血銜哀，殆將毁滅。因此言歸舊里，止於東山精舍。善説不休，法輪常轉。開皇十一年，爰降勑書，慇勤勞問：“法師栖身净土，援志法門。普爲衆生，宣揚正教，勤修功德。率勵法徒，專心講誦，曠濟群品，欽承德業，甚以嘉之。”尚書令楚公素、左僕射邳公威[7]，並躬到道場，接足頂禮，咸捨净財，資莊形命。十三年[8]，勑置僧官，道俗稽請，居平等之任。聚以雅道期人[9]，直心應物，和合之衆，清風穆如也。時，郡將宗成劉公[10]，夙仰高名，常欽盛德，及剖符臨鎮[11]，請爲菩薩戒師。齊王暕以帝子之貴，作牧淮海，乃降教書，至山延曰：

> 弟子下車舊楚，亟改炎凉，迺聽清規[12]，其來有日。敬承幽栖山谷，多歷年所，道風勝氣，獨擅當今，故以德冠林、遠，道超生、什。炳斯慧炬，以悟群迷。獨步江東，何甚之美。未獲稽疑下筵，餐承高義，杼軸之勞，載盈懷抱[13]。據虎之岫，川途不遥；翔鷺之濤，風烟相接。必願振忍辱之衣[14]，赴翹勤之望。

乃固辭以疾[15]，事不獲從，引藉平臺，深加敬禮，頻遣使人，請弘大教。

聚惟志違人世[16],心逸江湖,詞翰懇惻,固求東返。王亦弘以度外[17],得遂宿心,資給所須,將送甚重。於是接淅晨征[18],還居山寺。

現疾浹旬,而神用無爽,以大業五年十一月二十四日,終於本住。容貌若存,頂暖身柔,皆如平日。聞諸前記,乃感果之徵也[19]。春秋七十有二,即以其年十二月,窆于山之南嶺。

惟聚性託夷遠,矜情閑澹,等懷遇物,弘量居心。楚、越拘情,得喪兼遣,方寸之地,悠然罕測。美風姿,善談笑,流連賞悟,見者忘返。加以樂説忘疲,總持無失,講大品、涅槃、法華等各二十遍。單經適務者,罕得記焉。又居身清儉,不在飾玩,衣鉢已外,隨用檀捨。方丈之内,虚室蕭然[20],几榻之間,文疏而已。故能道盛一時,名重當世。其所造丈八盧舍那、無量壽、荆州瑞像[21],於寺供養。并起㵎西佛殿二所,迴廊周遍,具二莊嚴[22]。弟子道恭、猶子道順,德惟上首,業盛傳燈,敢樹高碑[23],用旌景行。秘書虞世南爲文。

【校注】

［1］墨:諸本同,磧本作“釋”是。

［2］家:諸本同,磧本作“宗”應是。

［3］悱發:磧本、興聖寺本作“斐發”誤,趙本同麗再本。案,典出論語 述而:“不憤不啓,不悱不發。”

［4］析:麗再本、趙本作“折”。古本“扌”“木”混用,今爲避免歧義,據磧本、興聖寺本改。

［5］慕:諸本同,興聖寺本脱。

［6］丁外憂:麗再本、興聖寺本作“丁外母憂”誤,今從磧本、趙本。案,“外母”即岳母。“外憂”一般指父親喪或者承重祖父喪。

［7］邳公威:麗再本、趙本作“邳國公蘇威”,今據磧本、興聖寺本改。“邳公威”與“楚公素”對應。

［8］三:磧本、興聖寺本作“二”,趙本同麗再本。

［9］雅道期人:麗再本、興聖寺本作“雅道斯人”,磧本作“服道斯人”,今據趙本改。案,“期人”與下文“應物”對,廣韻:“期,信也。”

［10］劉公:即劉權,傳見隋書卷六三:“開皇十二年,拜蘇州刺史,賜爵宗城縣公。於時江南初平,物情尚擾,權撫以恩信,甚得民和。”案,宗城縣,據隋書卷三〇地理中“清河郡”條:“(宗城)舊曰廣宗,仁壽元年改。”當今河北省邢臺市威縣、廣宗縣。

［11］剖符:諸本作“部”,今據磧本改。

［12］清規:諸本同,興聖寺本衍作“清净規”。

［13］懷:諸本同,興聖寺本作“壞”形。

［14］必:麗再本、趙本作“心”誤,今據磧本、興聖寺本改。

［15］固:諸本同,興聖寺本作“同”誤。

［16］聚惟:磧本、興聖寺本作“惟聚”是,趙本同麗再本。

[17] 度外：諸本同，磧本作"塵外"。案，"度外"指常規之外，"塵外"指世外。據文意，當爲"度外"。

[18] 淅：麗再本、趙本作"浙"，今據磧本。興聖寺本字迹不清。"接淅"典出孟子萬章下："孔子之去齊，接淅而行。"朱熹孟子集注卷一〇："接，猶承也；淅，漬米水也。漬米將炊，而欲去之速，故以手承水取米而行，不及炊也。"征：諸本同，興聖寺本作"作"誤。

[19] 徵：諸本同，興聖寺本作"徹"誤。

[20] 室：磧本作"空"，趙本作"至"，均誤。興聖寺本同麗再本。

[21] 八：諸本同，興聖寺本衍作"八八"。

[22] 具二莊嚴：北本涅槃經卷二七師子吼菩薩品一："若有人能爲法諮啓，則爲具足二種莊嚴，一者智慧，二者福德。若有菩薩具足如是二莊嚴者，則知佛性。"亦省作"二嚴"。

[23] 敢：諸本同，磧本作"咸"誤。

隋丹陽攝山釋慧曠傳五[1]

釋慧曠，俗姓曹氏，譙國人也[2]，其後别派，今爲襄陽人焉。祖亮宗，梁給事黄門侍郎、衛尉卿[3]。父藹[4]，直閣將軍。曠，秀氣標於弱歲，天然孝敬，率性高廉。十二出家，事江陵寶光寺澄法師，祇勤儀訓，肅奉帷筵[5]，發明幽旨，頗超群輩。後辭明帝渚宫[6]，問道王圻[7]，居律行寺，聽彭城講[8]。玄關斯闢，大義已通，將事隨方，轉相弘教。乃與宗、愷、准、韻諸師[9]，俱值真諦，受攝大乘、唯識等論，金鼓光明等經。俄而，真諦涅槃，法朋彫徙，乃共同學僧宗，俱栖匡岫，分時敷説，法化彌隆。州宰鄱陽、長沙二王，俱敦師資之敬。後於湘、郢二州累載弘道。雖親覺久忘，而地恩待報，以陳至德元年，言旋舊邑，即隋開皇之三年也，於遍覺道場[10]，傳經引化[11]。曠既律行嚴精，義門綜博，道俗具瞻，綱維是寄，統掌八載，攝是烏迴[12]。後又奉勑，移居興國，寺任攸委[13]，絲綸再降，香蘇屢錫。秦孝王帝子之尊[14]，建麾襄[15]、沔，聞風佇德，親奉歸戒。煬帝纂曆當符，尊賢味道，爰降王人，延居輦轂[16]，道次江陽[17]，辭疾不見。蒙勑丹陽栖霞山寺，以事治養。[18]

又素協性松筠，輔神泉石，賞狎既并，纏痾用弭。於栖霞法堂，更敷大論。新聞舊學，各談勝解[19]。且歸善禪房，本栖玄精舍，竟陵文宣之餘迹，禪師慧曉之遺風，鏡潭月樹之奇，雲閣山堂之妙，曾事遊處，遂有終焉之志。後携子弟[20]，徙而憩之。崖谷泯人世之心，烟霞賞高蹈之域。其有懷真慕義者，復萃於斯矣[21]。以大業九年五月十六日，終于寺房，春秋八十。頂煖淹時，手屈二指，斯又上生得道之符也。以其月二十日，窆于寺之西山。弟子等樹碑紀德。常州沙門法宣爲文。

【校注】

[1] 攝：諸本作“聶”，今據磧本改。

[2] 譙：磧本、興聖寺本作“誰”誤，趙本同麗再本。案，“譙國”即譙郡，曹魏黄初三年改譙郡爲譙國，西晋恢復爲譙郡，唐初改爲亳州，治所爲譙縣，當今安徽省亳州市。此處指曹氏郡望爲譙國。

[3] 尉：諸本同，興聖寺本作“慰”誤。

[4] 父：諸本同，興聖寺本作“文”誤。

[5] 帷：磧本、興聖寺本作“惟”誤，趙本同麗再本。

[6] 明：麗再本、趙本作“朋”，興聖寺本同磧本。宫：諸本脱，今據磧本改補。案，“明帝”即梁明帝蕭巋。

[7] 圻：磧本作“行”，興聖寺本作“折”誤，趙本同麗再本。案，“王圻”，逸周書卷八職方解：“乃辯九服之國，方千里曰王圻。”即王畿。

[8] 彭城，即釋寶瓊，見本書卷七。

[9] 案，“宗”即僧宗，“愷”即智愷，“准”即法准。“韻”，疑“韶”之誤，即警韶，參見本書卷七。

[10] 覺：諸本作“學”，今據磧本改。“遍覺”即正遍覺，佛的一種特徵。翻譯名義集卷一引鳩摩羅什解釋“正遍覺”謂：“言法無差故言正，智無不周遍故言遍，出生死夢故言覺。”

[11] 化：諸本同，興聖寺作“他”誤。

[12] 烏：磧本、興聖寺本作“焉”。“攝是”，指管理寺院。“烏迴”，據隨函録，爲平等不二義。

[13] 任：諸本同，趙本作“住”誤。

[14] 尊：諸本同，興聖寺本作“遵”誤。

[15] 襄：諸本同，興聖寺本衍作“襄襄”。

[16] 延：麗再本作“近”，趙本同磧本，今據趙本、磧本改。

[17] 江陽：據隋書卷三一地理下“江都郡下”條：“（江陽）舊曰廣陵，後齊置廣陵、江陽二郡。開皇初郡廢。十八年改縣爲邗江。大業初更名江陽，有江都宫、揚子宫，有陵湖。”治在今江蘇省揚州市。

[18] “當符”至“以事治養”：此段，興聖寺本倒在下文“纏痾用弭”之“纏”“痾”之間。

[19] 談：磧本、興聖寺本作“譚”，趙本同麗再本。“譚”同“談”。

[20] 携：諸本同，磧本作“嶲”誤。

[21] 萃：諸本同，興聖寺作“花”誤。

隋丹陽仁孝道場釋智琳傳六

釋智琳，姓閭丘氏[1]，高平防輿人也[2]。祖儼，閑居傲世。考曇珍，梁國常侍。琳，弱齡淑問[3]，彰于鄉黨。處士卞詮，擅名當世，年在幼學[4]，服膺請業，禮、易、莊、老，悉窮幽致。詮嘉其早慧，命曰：“希世神童也。”逮于德壯，超然離俗，即事仁孝寺沙門法敦，遵就養之儀，禀息慈之戒，蔬餐苦節，篤志熏修,法花、維摩,受持成誦。屬以敦公告逝,戒品未圓,乃高步上京,更崇師轍[5],依止東安寺大僧正晅法師。既其力生有奉,尸羅乃具,爰稟成論,兼習毗尼。

既洽聞持,將弘傳授[6],瞻言鄉縣[7],思報地恩。以陳太建十年,旋于舊里。南徐州刺史蕭摩訶深加禮異,爰請敷説。於是鬱居宗匠,盛轉法輪,受業求聞,寔繁有衆。至十一年,下勑爲曲阿僧正。至德二年,勑補徐州僧都。稱首攸歸[8],諒由德舉。開皇十六年[9],潤州刺史李海游屈爲斷事[10],綱維是寄,允當僉屬。所居仁孝寺者,梁故征西諮議郯僧紹捨宅所造,殿堂肇構,亂離遄及。琳乃嗣興梓匠,爰加藻飾,輪焕弘敞,實有力焉。前後造中人像五軀、夾紵像一軀[11],神儀顯曜,相好嚴挺。又於育王山頂[12],造五層塼塔,擬夫八萬同時,一期高妙。講大品、法花、净名、金鼓,各有其遍。所度弟子,千有餘人。常想趣道津要,莫尚禪那,以招隱伽藍俗外塵表[13],山房閑寂[14],茂林幽邃,終焉之所,有志栖焉,迫以緣礙,弗之果也。然其温嚴自持,誨引無倦,財翫靡積,隨行給濟,威容感物,信爲道門之傑矣。

以大業九年五月六日,加趺合掌[15],終於仁孝之東房,春秋七十。先是五月初,有清信士劉正勤請講彌勒[16],琳諭以無常[17],初未之許,至是果終,信哉知命。及將大漸,誡諸弟子:"尸陀林者,常所願言,吾謝世後,無違此志。"沙門智鏗等謹遵遺言,以其月十一日,遷于育王之山。時屬流金[18],林多鷙獸,始乎仲夏,暨是杪秋,膚體儼然,曾無損異。道俗嗟賞,嘆未曾有。又以其年閏九月八日,於招隱東山,式構方墳。言遵卜兆,全身舍利,即窆山龕[19]。方俗並臻,同門畢至,洒泣撫心[20],盈山響谷[21]。乃樹碑於寺之門右,其文江陽介生蔡壞所製[22]。

【校注】

[1] 聞:諸本同,興聖寺本作"問"誤。

[2] 高平防輿:即今山東省魚臺縣。案,高平,在中古時期多見,山東、山西、河南、甘肅都有"高平",據宋書卷九五索虜傳"虜悦勃大肥率三千餘騎,破高平郡所統高平、方與、任城、金鄉、亢父等五縣",則此文之高平爲位於今山東省鄒城市西南的高平郡。"防輿",磧本作"防轝",資本作"防與",趙本、興聖寺本同麗再本。案,"防輿"正確的寫法應該是"方與"。高平郡、方與縣的詳情參見水經注疏卷二五。

[3] 問:諸本同,磧本作"聞"。

[4] 學:諸本同,興聖寺本脱。

[5] 更:諸本同,興聖寺本脱。

[6] 傳:諸本同,興聖寺本作"轉"誤。

[7] 瞻:麗再本、趙本作"贍",今從磧本、興聖寺本。"瞻言",典出詩經大雅桑柔:"維此聖人,瞻言百里。"縣:諸本同,興聖寺本作"懸"誤。

[8] 首：諸本同，磧本作“道”誤。“稱首”，第一，參見劉勰文心雕龍卷一〇才略：“然而魏時話言，必以元封爲稱首。”
[9] 開：諸本同，興聖寺本作“門”誤。
[10] 潤：諸本作“閏”誤，今據磧本改。
[11] 軀：諸本並作“區”。
[12] 育王山：非今浙江寧波之阿育王山，而是位於今江蘇鎮江市的某山。
[13] 招隱伽藍：即今江蘇鎮江市招隱山招隱寺。
[14] 閑：諸本同，趙本作“閉”誤。
[15] 加：磧本、興聖寺本作“迦”，趙本同麗再本。
[16] 彌勒：中古時期所流行的彌勒信仰的佛經有三：觀彌勒上生兜率天經、彌勒大成佛經、彌勒下生經，其中大成爲下生經的理論延展，故實際爲上生經與下生經二種。上生經講修行此經死後可往兜率天，下生經講彌勒下生塵世對衆生的利益。故疑當爲觀彌勒上生兜率天經。
[17] 諭：磧本、興聖寺本作“喻”，趙本同麗再本。“喻”同“諭”。
[18] 時：諸本同，興聖寺本脱。案，“流金”爲金屬熔化的形態，此處指盛夏時節。
[19] 窔：諸本同，興聖寺本作“空”誤。
[20] 洒：諸本同，磧本作“涕”。
[21] 盈山：麗再本、趙本作“山盈”，今據磧本、興聖寺本改。
[22] 生：磧本、興聖寺本作“士”是，趙本同麗再本。

隋西京寶刹道場釋淨願傳七

釋淨願，未詳其氏，代州人也[1]。三十出家，博聞强記，推覈經論，夙有成規，遠爲諸學之所先仰。創進大戒，專師律部。既越立年，彌隆盛業，以旦達曙，翹精固習，觀採五遍，便就講説。初，以其壯室入道，人多輕侮[2]，試聽其談説，屬其文理[3]，清洞開散，片無擁滯，各投心位席，莫不致敬。願連講四分，接承十遍；又聽十地、華嚴及諸小論；末師准攝論，綱紐章句。並通了談對，課篤形有[4]，鑽注聖言，依解製節，廣流章疏。

晚入京輔，採略未聞，雖經懷抱，無一新術，時未測其通照也，住于寶刹寺中，潛其容藝。後因法集，願欲矜其名采[5]，次當竪義，意存五陰，便登坐而立。衆以其非倫，皆寂無言論，良久緘默。願俯視衆曰[6]：“竪義已久，如何不有問乎？”衆曰：“竪何等義，乃邀問耶？”願曰：“名相久矣，衆自不知。諸德坐席口傳，余則色心俱立[7]。”便安然處坐，氣勇如雲，自述曰：“計未勞止此，且脩人事耳。”時以爲矯異露潔也。

及難擊往還，對答雲雨，皆先定其番數，後隨數盡言。開塞任於當時[8]，邪正由其通滯。或重疑積難，由來不決者，而能詮達其理，釋然新暢。於即預是聰慧，歸蹤者多。遂移就寶昌，四序恒接，草堂土埵，以此敷弘。正時攝論,晚夜雜心,或統解涅槃,或判銷四分,無擇餘暇,軌範後賢。凡所開言,並乖舊解。制疏出後,更不重看,臨講呼唤,皆衷規矩,其洽聞不忘,世罕加焉。至如舍利毗曇[9],文旨重隱,讀者猶難,况通其義。願執卷披文,泠然洞盡,乃造疏十卷,文極該贍。

會文帝造塔,勅遣送舍利于潭州之麓山寺[10]。初至州治,度湘西岸,將及山所,忽有奇鳥,數萬爲群,五色相翻,飛浮水上,行次向船,似相迎引[11]。及至舍利,還飛向前,往還迅速,衆莫不怪。及登岸上,鳥便行望,相從飛空,同至塔所。識者以爲山神眷屬之變象故也。願以瑞聞,帝大嗟賞。

而教授爲務,六時禮悔,初儀不怠[12],敬慎法律,如聞奉用。自見法匠,多略戒宗,並由虧信而重所學故也。今願兼而美之[13],獨覺澆世,可謂明人,護戒於是乎得矣。京邑擅名,初皆欽羡,及見其談講經術,並憲章先達,改正文議,封言者衆,不勝品藻,皆滯其恒習,聽者不滿十人。又以言令卓絶[14],非造心者所覬,故不爲晚進所入。及大業初歲,辯相法師追入慧日[15],見徒一百,並識知津[16],皆委於願。自此,如常開悟,衆倍前聞,更相擊贊,令響彌遠。四方因造,日就義筵,皆聞所未聞,欣至難義。至於分暢深伏,標舉綱門,坐者不覺離席膝前,皆美其義采之英拔也。

相仍一歲,奄就無常,春秋六十有餘,即大業五年五月也。然願有博見之長,而寡於福業。驗乎從學,屯盛便喪,豈不然耶。既而舍利毗曇,竟未披講,疏又失落,後代絶通,又可悲之深矣。

【校注】

[1] 代州:隋開皇五年改肆州爲代州,大業初年改爲雁門郡。唐武德元年改爲代州,天寶初年,改爲雁門郡。治當今山西省忻州市代縣。

[2] 人:諸本同,興聖寺本作"又"形。

[3] 屬:諸本同,磧本作"矚"是。

[4] 課:諸本同,磧本作"課以"。

[5] 矜:興聖寺本作"預",趙本作"詮"誤,磧本同麗再本。

[6] 俯:諸本同,興聖寺本作"府"誤。

[7] 色心俱立:案,俱舍論認爲色心諸法爲諸多因緣而生起,比如"我"並非實有而是在五藴相續法上假立。

[8] 任:諸本同,趙本作"言"誤,"任"與"由"對應。

[9] 舍利毗曇:即舍利弗阿毗曇論,是對小乘學説的分類與解釋。

[10] 潭州之麓山寺:即今湖南省長沙市岳麓山之麓山寺。麓山寺原名"慧光明寺",在西晋泰始四年,由竺法崇立寺,之後法導、法愍相繼主持,隋開皇九年智顗大師曾在此傳法,唐初改名麓山寺。參見唐麓山寺碑。

[11] 相:磧本、興聖寺本作"如",趙本同麗再本。

［12］初：諸本同，興聖寺本衍作“初初”。
［13］美：諸本同，興聖寺本字迹不清，但非“美”形。
［14］又：諸本同，興聖寺本作“人”形，誤。
［15］追：諸本同，興聖寺本作“是”。案，“辯相”傳見本書卷一二，爲净影寺慧遠學生。
［16］津：諸本同，興聖寺作“律”誤。

隋西京禪定道場釋智凝傳八靈覺 道卓

釋智凝，不詳姓族，豫州人[1]。年小出家，積傳師習，經目不忘[2]，並貫懷抱，所誦衆經數十萬言，須臾便引誦[3]，未嘗温故。及進具後，日聲清望[4]，群宗遥指，恐無後成。凝聞之，歎曰：“俗尚朝聞，不懷夕死，出世道要，何累厚生。”遂往彭城嵩公，仰諮攝論，幽神外動，正義斯臨，心若舊聞，再無重請。初講纔訖第二勝相[5]，顧諸徒曰：“攝論綱旨，都可見矣。”餘文無暇更聽，便欲制疏，往辭於嵩。嵩曰：“後生標領，爾並驅邪。恨功未後通，恐乖僻耳。”凝曰：“蒙法師開明大照，舉列可知[6]，失在支許[7]，故無所慮。”便拜首别焉。時以爲誇誕，未之欣尚也。及著疏既了，剖决詞宗，依而講解，聲望轉盛。後赴京輦，居于辯才，引衆常講，亟傳徽緒。

隋文法盛，屢興殿會，名達之僧，多參勝集。唯凝一人，領徒弘法，至於世利，曾不顧眄，所以學侣成德，實異同倫。後住禪定，猶宗舊習。大業年中卒於住寺，春秋四十有八。

初凝傳法關東，無心京講，有明及法師者，攝論嘉名，宗績相師，凝當其緒。年事衰頓，仍令學士延凝。既達相見，一無餘述，但問云：“黎耶識滅不？[8]”凝曰：“滅矣。”及乃勇身起坐，撫掌大慶，不久而卒。凝因承及緒，故學者不移其宗。兼行潔清嚴，風霜不變，六時自課，福智無歇。故辯才一寺，躬事修營，汲灌樹植[9]，平坦僧院，初無有闕。長打將了，便就元席，説法既竟，還依福事。章疏之務，手不執文，隨時扣寂[10]，對至鐘鼓。或一宿施會，賫及百千；或一時外食，貺兼金帛[11]。皆曾無别念，志存授法，故所在傳嗣矣。

有學士靈覺[12]、道卓，並蜀土名僧，依承慧解，擅迹京室。晚還益部，弘贊厥宗，故岷絡攝論[13]，由之而長矣。

【校注】

［1］豫州：東漢設，治在譙縣，在魏晋南北朝時期此州設置之變更至繁，北魏初改豫州爲洛州，另改司州爲豫州，治上蔡縣。北周改爲舒州，後又改爲溱州，隋初復爲豫州。大業初又改爲蔡州，另置豫州治洛陽，三年改爲河南郡。唐初復置豫州，治汝陽縣，天寶元年改汝南郡。此處豫州蓋指隋初及唐初治在汝陽之豫州。

［2］目：諸本同，磧本作“自”誤。
［3］須臾：諸本同，興聖寺本作“須”似更優。
［4］清：諸本作“情”，今據磧本改。
［5］講：磧本作“筵”，興聖寺本脱，趙本同麗再本。纔：諸本同，興聖寺本作“財”。
［6］列：磧本、興聖寺本作“例”誤，趙本同麗再本。
［7］許：諸本作“詐”誤，今據磧本改。“失在支許”，即不聽的損失只是支末了。
［8］案，“黎耶識”即阿賴耶識，爲唯識學的第八識，此識爲真識還是妄識爲唯識學最大的争議。漢傳佛教的地論學派以阿賴耶識爲真識，萬法之源。攝論學派以爲妄識，爲一切煩惱之根源，故立第九識阿摩羅識爲真識。明及法師乃服膺攝論學，故以阿賴耶識爲妄應滅。
［9］汲：諸本同，興聖寺本作“沥”誤。
［10］時：諸本同，興聖寺本脱。
［11］覵：興聖寺本、趙本作“臟”，磧本同麗再本。
［12］覺：諸本同，興聖寺本作“學”誤。
［13］絡：麗再本、趙本作“洛”誤，今據磧本、興聖寺本改。

隋西京真寂道場釋法彦傳九

釋法彦，姓張，寓居洺州[1]。早歲出家，志隆大法，而聰明振響，冠達儕倫[2]。雖三藏並通，偏以大論馳美，遊涉法會，莫敢抗言。故齊、周及隋，京國通懼，皆畏其神爽英拔也。故得彦所造言，賓主兼善，使夫妙義精致，出言傳旨。齊公高熲訪道遐方，知彦聲績，乃迎至京邑。雖復智亮冒於當時，而謙素形于聲色，所以新故挾情。有增陵勃者，彦奉而敬之，不以年齒相顧。由此識者彌愛而珍重焉[3]。有法侃法師[4]，本住江表，被召入關。彼方大德淵法師者，正法高傑[5]，義學所推，語侃曰：“天地雖廣，識達者希。晚學之秀，法彦一人，可與論理。餘則云云，從他取悟耳。”及侃至京相見，方知淵之遠鑒也。

開皇十六年，下勑以彦爲大論衆主[6]，住真寂寺，鎮長引化[7]。仁壽造塔，復召送舍利于汝州。四年，又勑送于沂州善應寺[8]。掘基深丈，乃得金沙[9]，濤汰成純，凡二升許，光耀奪目。又感黄牛，自至塔前，屈膝前足，兩拜而止，迴身又禮文帝北景象一拜。及入石函，三萬許人並見天雲五色，長十餘丈，闊三四丈，四繞白雲，狀如羅綺，正當基上空中。自午及未，方乃歇滅。滅後，復降五色雲，從四方來，狀同前瑞[10]。又感玄鶴五頭，從西北來，迴旋塔上[11]，乃經四度，去復還來。復感白鶴，於上徘徊，久之乃逝。又感五色蛇，屈盤函外，長可三尺，頭向舍利，驚終不怖。如此數度。刺史鄭善果表曰：

臣聞敬天育物,則乾象著其能;順地養民,則坤元表其德。是以陶唐祇躬弗懈[12],休氣呈祥[13];夏后水土成功[14],玄珪告錫。方知天時人事,影響若神。伏惟陛下,秉圖揖讓,受命君臨,區宇無塵,聲教盡一。含弘光大,慈愍無邊,天佛垂鑒,降兹榮瑞。塔基六處[15],並得異砂,炫燿相輝,俱同金寶。牛爲禮拜,太古未經;雲騰五色,於今方見。又感蛇形雜采,盤旋塔基[16];鶴飈玄素,徘徊空際。雖軒皇景瑞,空傳舊章;漢帝慶徵,徒書簡册。自非德隆三寶,道冠百王,豈能感斯美慶,致招靈異。

帝悦之,著于别記。彦傳業真寂,道俗承音。左僕射高熲,奉以戒法,合門取信,於今不傾,並彦之開濟。以大業三年卒于所住,春秋六十餘矣。

【校注】

[1] 洺:諸本同,資本作"洛"。案,"洺州",北周宣政元年置,隋大業初改爲武安郡,唐武德元年恢復洺州,治所在今河北省永年縣城關鎮。據下文"訪道遐方"可知"洛州"誤。
[2] 達:諸本作"遠",今從磧本。
[3] 愛:諸本同,興聖寺本作"受"誤。
[4] 侃:諸本同,興聖寺本作"品"誤。案,"侃"又寫作"侃",當是"侃"之訛。案,釋法侃,傳見本書卷一一。
[5] 傑:麗再本、趙本作"粲"誤,今據磧本、興聖寺本改。
[6] 下:諸本同,興聖寺本作"不"誤。
[7] 化:諸本同,興聖寺本作"他"誤。
[8] 州:諸本同,興聖寺本脱。
[9] 得:諸本同,興聖寺本脱。
[10] 狀:諸本同,興聖寺本脱。
[11] 旋:諸本同,興聖寺本作"施"形,誤。
[12] 祇:諸本作"祇",今據磧本改。案,説文卷一上:"祇,敬也。"
[13] 休:磧本、興聖寺本作"伏"誤,趙本同麗再本。
[14] 后:諸本同,興聖寺本作"舌"形,誤。
[15] 塔:磧本、興聖寺本作"掘",趙本同麗再本。
[16] 盤:磧本、興聖寺本作"槃"誤,趙本同麗再本。

隋西京海覺道場釋法揔傳十

釋法揔,姓段氏,并州太原人也。少以誦涅槃爲業,既通全部,志在文言,未遑聽涉,十餘年中,初不替廢。後聽玄義,便即傳講,前後二紀,領悟非一,而寬厚遜仰,爲物歸投。開皇中年[1],勑召爲涅槃衆主,居于海覺,聚結四方，常敷至理，無捨炎燠。

仁壽歲初，敕送舍利于隋州之智門寺[2]。掘基三尺，獲神龜一枚，色黄且緑，狀如彩繡。頭有八字[3]，云“上大王八萬七千年”。腹下有“王興”二字。馳步往來，都無所食。及舍利所由，令人治道，於隋侯橋側，柳樹又雨甘露，狀如雨下，香甜濃潤[4]，衆共飲之。捴乃表聞，帝敬謁靈祥，恒以此龜置於御座，與臣下觀之。有經年月，帝遊北苑，放之清池，雖汎泳少時[5]，還出繞池[6]，隨逐帝躬[7]，前後非一。陪衛咸覩[8]，共欣徵感。

及四年春，又敕送舍利于邃州下生寺[9]。放光分粒，其相極多。石函變爲錦文，及童子之象。函之北面，現於雙樹，下有卧佛；又於函南，現金剛捉杵擬山之相；又於函東，現二佛俱立，並一騏驎；又於函西，現一菩薩，並一神尼曲身合掌向於菩薩。更有諸相，略不述之。又放大光，聊亂而起，動眩人目，從冥達曉[10]，諸燈雖滅而光續照，不異日月之明。爾夕陰雨，佛堂鵄吻，放於黄光，飛移東南[11]，三百餘步。外人謂火，走赴知非。尋光所發，乃從堂中舍利處出，衆皆通見，大發道心。八日將下，五色雲蓋，覆于塔上。又感奇鳥，素身[12]、烏尾、赤觜，口銜片雲，狀如華蓋[13]，亦現塔上。斯瑞之感，五萬餘人，一時同見。及填下訖[14]，雲、鳥皆滅。四月九日，基上放光，分爲五道，直西而去，色如采畫，數百里引之，見者非一。捴躬臨此瑞[15]，喜發内心[16]，具圖上聞，敕封秘閣。

後因故業，講誦不疲。大業年中，卒於海覺，春秋七十矣。門人行等、玄會嗣續擅名，見于別傳。

【校注】

［1］中年：磧本作“年中”誤。案，隋設立五衆是在開皇中期。趙本同麗再本。

［2］案，智門寺，在今隨州市西南三里之隨城山，傳爲隋文帝楊堅的舊宅。

［3］八字：諸本同，興聖寺本脱。

［4］潤：諸本同，興聖寺本作“閏”。

［5］汎：磧本、興聖寺本作“沉”誤，趙本同麗再本。“汎”有漂浮義。

［6］還：諸本同，興聖寺本作“逐”誤。

［7］隨：磧本作“循”，興聖寺本作“脩”誤，趙本同麗再本。

［8］覩：諸本同，興聖寺本作“都”誤。

［9］案，邃州，開皇十六年置，治所在樂平縣，今山西省昔陽縣西南，大業初年廢。“下生寺”不詳。

［10］冥：磧本、興聖寺本作“暝”，趙本同麗再本。達：諸本同，興聖寺本脱。

［11］飛：諸本同，興聖寺本脱。

［12］身：諸本同，興聖寺本作“見”誤。

［13］如：諸本同，興聖寺本脱。

［14］填：麗再本、趙本作“墳”，今據磧本改。興聖寺本字迹不清。
［15］瑞：諸本同，興聖寺本作“現”誤。
［16］喜：諸本同，興聖寺本作“嘉”誤。

隋西京大興善道場釋僧曇傳十一慧重[1]

釋僧曇，姓張[2]，住洺州。少小出家，通諸經論，慨佛法未具，發憤求之[3]。以高齊之季，結友西行，前達葱山，會諸梗澀。路既不通，乃旋京輦，梵言音字，並通詁訓[4]。開皇十年，勑召翻譯，事如別傳，住大興善。

後勑送舍利於蒲州之栖巖寺[5]，即古雲居寺也，山曰中朝，西臨河涘，世稱形勝，莫尚於斯。初送達州治，而栖巖佛殿内，有鐘鼓之音，響震一寺[6]，迫而就檢，一無所見。靈輿至寺，是夜於浮圖上，放大光明，流照堂内，通朗無翳。如是前後，頻放神光，或似香爐乘空而上；或飛紫焰，如花如葉，乍散乍聚；或如佛象[7]，光趺宛具；或如虹氣[8]，環繞塔帳[9]。累日連宵，昱耀難准[10]。又州治仁壽寺僧，夜望栖巖，光如樓闕，照於山谷。又去山寺八十里住者，見光如火，皆謂野火燒寺，及來尋覓，乃知靈相，其祥瑞之感如此也。

至仁壽末年，又勑於殷州智度寺置塔[11]。初至州治，見佛像垂手正坐在于瓶内，迄至入函，常不變異。又地生羅文[12]，屋上見青蓮華及菩薩像。大衆同覩。又見龍盤蛇屈之象，并大人足迹，及牛馬鳥獸等迹。又置塔處，有小蛇二枚，停住不去，因即構基，入地四尺，飛泉上涌。癘疾已下[13]，六根壞人，服者通損。既值斯緣，乃移北置，以避於泉，故二蛇之住，深有由矣。

曇以傳譯之美，繼業終寺，即大業初年矣。

時有慧重沙門，姓郭，雍州人[14]。練道少年，綜尋内外，志力方梗，不憚威侮，攝論、十地，户牖由開。勑請造塔於泰州岱岳寺[15]。初停公館，舍利金瓶，自然開現，放光流外。道俗咸覩。送至寺塔，將入石函，又放光明，晃耀人目。岳表白氣，三道下流，直向塔基，良久乃歇。又岳神廟户，由來封閉，舍利至止[16]，三度自開。識者以神來敬禮故耳。後不委其終。

【校注】

［1］慧重：諸本同，興聖寺本無。
［2］姓張：磧本作“姓張氏”，興聖寺本作“姓張未”誤，趙本同麗再本。
［3］憤：諸本同，興聖寺本作“墳”誤。
［4］並：諸本同，興聖寺本作“普”。
［5］案，從上段“住大興善”到“栖巖寺”，興聖寺本無。栖巖寺，北周建德年間建，名靈巖寺，隋仁壽元年改名栖巖寺，今存仁壽二年舍利塔銘。

［6］震：諸本作“振”，今從磧本。
［7］象：磧本作“像”是，趙本同麗再本。
［8］氣：諸本同，興聖寺本衍作“氣氣”。
［9］環繞塔帳：諸本同，興聖寺本、隨函録作“環達塔棖”應是。
［10］耀：諸本作“光”，今據磧本、隨函録改。案，“昱耀”，明亮、燦爛貌。又見於本書卷二〇釋曇韻傳。
［11］殷：諸本同，興聖寺本作“慇”誤。案，“殷州”，據隋書卷三〇“河内郡获嘉縣”條下：“後周置修武郡，開皇初郡廢。十六年置殷州，大業初州廢。”“智度寺”，不詳，根據地望及隋仁壽建塔選址的規律，或爲今修武縣圓融寺或崇明寺。
［12］文：諸本同，磧本作“紋”。
［13］癘：諸本作“厲”，今從磧本。疾：諸本同，磧本作“疫”應誤。“癘”在此處指一種惡性病（麻風病），故應做“癘疾”。
［14］州：諸本同，興聖寺本無。
［15］泰：諸本作“秦”誤，今據磧本改。案，此泰州，治當今山東曲阜，參見楊守敬、施和金考證。
［16］至止：諸本作“止至”，今據磧本改。

隋西京大禪定道場釋靈璨傳十二

釋靈璨，懷州人[1]，遠公之門人也。稟志淳直，寬柔著稱，遊學相鄴，研藴正理，深明十地、涅槃，備經講授。隨遠入關十數之一也，住大興善。後爲遠公去世，衆侣無依，開皇十七年，下勑補爲衆主，於净影寺傳揚故業，積經年稔。

仁壽興塔，降勑令送舍利于懷州之長壽寺[2]。初建塔將下，感一雄雉，集於函上[3]，載飛載止，曾無驚懼。與受三歸，便近人馴擾[4]，似如聽受，迴頭鼓舞[5]，欣躍自娱。覆勘其形，實非雉也，身具五采，羽毛希世。以狀奏聞，勑勘瑞圖，云彩鸞也。璨令寺僧執之，放于北山，飛鳥群迎，鳴唳而去。又感異迹，三十餘步，直來塔所，不見還蹤。及四月八日，將入，石函又放光明，旋環隱没，道俗崩踴，無不發心。仁壽末年，又勑送於澤州古賢谷景净寺起塔[6]，即遠公之生地也。初至州治，半月之間，十八種相，前後迭起。或如星光繞旋，或如丹氣、碧雲、紫霞、白霧，羅布上空，照燭城郭，及映闤闠。數萬道俗，同時一見。送至基所，光如列宿，大小交錯，數亦無量。更有諸相，具如別傳。

璨後住大禪定[7]，如舊所傳。武德之初，卒於本寺，春秋七十矣。

【校注】

［1］懷：諸本同，興聖寺本作“壞”，下同，不一一出校。人：諸本同，興聖寺本作

"又"誤。

[2] 案,長壽寺,即今河南省沁陽市東南沁陽市博物館内之天寧寺,今存金代寺塔。

[3] 函:諸本同,興聖寺本脱。

[4] 馴擾:諸本同,磧本作"馴繞"音近而誤。"馴擾"爲古籍常見詞,而"馴繞"則罕見。

[5] 舞(儛):諸本同,興聖寺本作"僬"形。

[6] 景净寺:據山右石刻叢編卷一九所録金正隆四年趙安時所撰大金澤州陵川縣古賢谷禪林院重修彌勒殿記:"太行之間,山靈而水秀,地幽而勢阻,峰巒繚繞,巖谷深邃,中有平原,傳記稱爲'古賢谷',蓋古賢聖之所居也。傍有九仙臺、齊雲峰、參園洞、清涼泉,真靈聖之福地也。自北齊天保二年建置伽藍於此,更周歷隋,名景净寺,殿閣峥嶸,廊廡岑寂,前代高僧惠遠、靈琛相繼居之。至唐太宗興崇釋教,貞觀三年賜熟田五十頃,以爲常住。逮宋太平興國三年,賜名'禪林院'。"此寺在山西省陵川縣西南三十五里原丈河鄉臺南經東窯泉到參園村南三里附近的古賢谷,而非在河南省焦作市修武縣之净影寺。參見馮玉慶陵川佛教志,http://lcxfyq.blog.163.com/blog/static/2057910142012315102409O5/。2015.3.18 採集。

[7] 琛:諸本同,興聖寺本脱。

隋西京勝光道場釋法瓚傳十三

釋法瓚,齊州人也。安心寂定,樂居巖穴,頭陀苦行,是所纏懷[1]。隱於泰岳之阜,開蒙訓接,善知方便。兼以達解諦義,時揚清論,致有覆喪,坐無輟講。待移之誚興世,瓚初聞之,深自赧怍,曰:"問非切竝,不欲困人[2]。謂言彼解,何言致斃。"因遂杜口,不事言論,閉謁尋閑,披翫而已。開皇十四年,文帝省方,招訪名德。人有述其清曠者,乃下勑延之,與帝同歸,達于京邑,住勝光寺。肅肅禪侶,擁篲門庭,以身範世,復見斯日。

仁壽置塔,勑令送舍利于齊州泰山神通寺[3],即南燕主慕容德爲僧朗禪師之所立也。事見前傳。[4]燕主以三縣民調,用給於朗,並散營寺。上下諸院,十有餘所,長廊延袤,千有餘間。三度廢教,人無敢撤。欲有犯者,朗輒現形,以錫杖撝之,病困垂死[5]。求悔先過,還差如初。井深五尺,由來不減,女人臨之,即爲枯竭,燒香懺求,還復如故。寺立已來四百餘載,佛象鮮瑩[6],色如新造,衆禽不踐,于今儼然。古號爲朗公寺[7],以其感靈即目,故天下崇焉。開皇三年,文帝以通徵屢感,故改曰神通也。初至寺内,即放圓光,乍赤乍白,時沉時舉,或如流星,人衆同見。井水涌溢,酌而用之,下後還復。又感群鹿,自然至塔,雖鼓吹衆鬧[8],馴附無恐。又感鵝一雙[9],從四月三日終于八日,恒來輿前,立聽梵贊[10],恰至埋訖[11],迹絶不來。斯之感致,罕聞於古。瓚具以聞。

後導以禪定[12],時揚法化,言無嚴切,而密附懷抱,遂終没於所住[13]。

【校注】

[1] 纏懷：諸本同，磧本作"經懷"是。"經懷"爲魏晋南北朝較常見詞，參見世説新語卷上之上德行"周鎮罷臨川郡還都"條，劉注引丞相別傳曰："導少知名，家世貧約，恬暢樂道，未嘗以風塵經懷也。"

[2] 困：麗再本、趙本作"因"，興聖寺本作"自"，今據磧本改。

[3] 送：諸本同，興聖寺本脱。

[4] 案，"僧朗禪師"即"竺僧朗"，傳見高僧傳卷五。又，集神州塔寺三寶感通録卷中之四："西晋泰山金輿谷朗公寺者，昔中原值亂，永嘉失馭，有沙門釋僧朗者，姓李，冀人，西遊東返，與湛、意兩僧俱入東岳，卜西北岩以爲終焉之地。常有雲蔭，士俗咸異。其禎感聲振殊國，端居卒業。於時，天下無主，英雄負圖，秦、宋、燕、趙，莫不致書崇敬，割縣租税，以崇福焉。故有高麗、相國、胡國、女國、吴國、昆侖、北代七國所送金銅像，朗供事盡禮，每陳祥瑞。今居一堂，門牖常開焉，鳥雀莫踐，咸敬而異之。其寺至今三百五十許歲。寺塔基構，如其本焉。隋改爲神通道場，今仍立寺云。"又卷下"沙門竺僧朗"條，叙事略異。

[5] 病困垂死：諸本同，興聖寺本作"病因岳死"誤。

[6] 瑩：諸本作"榮"。

[7] 朗公寺：今山東省臨沂市蘭陵縣大仲村鎮大宗山亦有朗公寺，傳初創於東晋成帝咸康五年。

[8] 鼓：諸本同，興聖寺本脱。

[9] 又：諸本同，興聖寺本作"人"。

[10] 贊：磧本作"讚"，趙本同麗再本。

[11] 埋：諸本同，興聖寺本作"理"誤。

[12] 定：諸本同，興聖寺本作"之"誤。

[13] 終没於：磧本作"終於"，興聖寺本衍作"終復於"，趙本同麗再本。

隋西京净影道場釋寶儒傳十四

釋寶儒，幽州人也[1]。童子出家，遊博諸講，居無常准，惟道是務。後至鄴下，依止遠公，十地微言，頗知綱領。值周喪法寶，南歸在陳[2]，達命清通，亟振名譽[3]。自隋氏戡定，文軌大同，便歸洛汭，還師於遠，聽大涅槃。首尾三載，通鏡其旨，即蒙覆述，遠自處坐，印可其言。慕義相從，還居净影。慧心更舉，遐討前英[4]，立破之間，深鑒彌密。

仁壽建塔鄧州，乃勑令往[5]，寺名大興國也，帝昔龍潛所基。既至求石，訪無美者，乃取寺内璞石[6]，鎸斲爲函。石本麤惡，磨飾將了，乃變成馬碯，細膩異倫。復有隸字三枚，云"正國得"也。形設正直，巧類神工，名筆之人，未可加點。又見種種林木、麟鳳等像。儒與官人圖以表奏。

返寺之後，閉門修業，時因食次，方見其面。不久卒於本寺。

【校注】

[1] 幽州：東漢置，隋大業初改爲涿郡，唐武德元年改爲幽州，治薊縣，當今北京市西南。

[2] 在陳：諸本作"有陳"。案，國號前加"有"是古籍中常見用法，但具體到本文，似以"在陳"更契合文意。

[3] 譽：諸本同，興聖寺本脱。

[4] 討：麗再本、趙本作"計"形近而誤，今據磧本、興聖寺本改。案，段玉裁説文解字注卷三上："……（討）凡言討論、探討，皆謂理其不齊者而齊之也。"故作"討"是。

[5] 勑：諸本同，興聖寺本脱。往：磧本作"住"誤，趙本同麗再本。

[6] 璞：興聖寺本、趙本作"撲"誤，隨函録作"樸"，磧本同麗再本。

隋西京光明道場釋慧最傳十五

釋慧最，瀛州人也[1]。初聽涅槃，遊學鄴下，因聞即講，曾未經遍而言議綸綜[2]，綽爾舒閑，故爲同席諸賢之所歎仰。周滅齊日，南奔江表，復習慧門，頗通餘論。且自北僧在陳，多乖時俗，惟最機權内動，不墜風流，多爲南方周旋膠漆。隋室定天，中原安泰，便觀化輦掖，參聽異聞，後住光明，時傳雅導。而好居静退，非賢不友[3]，神志宏標，氣調高遠，不妄受辱，必清瑕累，其立志也如此。

仁壽年中，勑遣送舍利于荆州大興國寺龍潛道場。昔者，隋高作相，因過此寺，遇一沙門，深相結納，當時器重，不測其言。及龍飛之後，追憶舊旨[4]，下詔徵之，其身已逝，勑乃營其住寺，彫其舊房，故有興國、龍潛之美號也，並出自綸言[5]，帝之别意。又道場前面，步廊自崩，僧欲治護，控引未就。及舍利既至，將安塔基，巡行顯敞，惟斯壞處[6]，商度廣狹，恰衷塔形。有識者云："豫毁其廊，用待安塔。"及四月八日，舍利院内，忽然霧起，齋後便歇。日光朗照，有雲如蓋，正處塔空，仍下細雨，不濕餘處。又感鳬鶴衆鳥，塔上飛旋；又見雲間紫色，狀如花炬；又雨天花如雪，紛紛而下，竟不至地[7]。

後又送舍利於吉州發蒙寺[8]。掘深八尺，獲豫章板一條、古塼六枚、銀瓶二口。得舍利一枚，浮水順轉。又得一寶，體含九采，人不識之。具以聞奏。寺有瑞像。宋大明五年，寺僧法均，夢見金容希世，梵音清遠。因行達于三曲江，見像深潭，光浮水上。與太守周湛等接出。計有千斤而輕同數兩。身長六尺四寸，金銅所成。後長沙郡送光趺達都，文帝勑遣，還安像所，宛然符合，總高九尺餘。佛衣緣下，有梵書十餘字，人初不識，後有西僧[9]，讀云："此迦維羅衛國育王第四女所造也[10]。忽爾失去，乃在此耶。"梁天鑒末[11]，屢放光明，照于一室。武帝將請入京，因事遂止。大同七年，佛身流汗，其年劉敬宣爲賊，燒郡及寺並盡，惟佛堂不及。至于十年，像又通汗，湘東王乃迎至江陵，祈福放光[12]。十二年，還返，發像至寺[13]，放光三日乃止。陳天嘉六年，更加莊飾。故世傳其靈異，處處模寫[14]。

最躬事頂禮，圖于光明。而骨氣雄幹，誠爲調御之相，今時所輕略故也。後卒于住寺。

【校注】

[1] 瀛州：北魏太和十一年置，隋大業初改爲河間郡，唐武德四年復爲瀛洲，治當今河北省河間市。

[2] 綸綜：諸本同，趙本作"論綜"誤。"綸綜"又見於本書卷一釋寶唱傳、卷二達摩笈多傳。

[3] 友：諸本同，興聖寺本作"及"誤。

[4] 舊旨：諸本同，興聖寺本衍作"二舊旨"。

[5] 綸：諸本同，興聖寺本作"論"誤。

[6] 惟：磧本作"唯"，興聖寺本作"推"誤，趙本同麗再本。

[7] 至：諸本同，興聖寺本作"生"。

[8] 吉州：治當今江西省吉安市吉州區，隋開皇十年改廬陵郡置。

[9] 西僧：諸本同，磧本衍作"西方僧"。

[10] 所：磧本、興聖寺本作"之所"，趙本同麗再本。

[11] 鑒：磧本作"監"是，趙本同麗再本。

[12] 放：諸本同，興聖寺本作"旋"誤。

[13] 像：麗再本、興聖寺本作"蒙"，趙本同磧本，今據趙本、磧本改。

[14] 模：麗再本、趙本、磧本作"摸"，興聖寺本作"横"，今據文意改。

隋西京禪定道場釋僧朗傳十六

釋僧朗，恒州人[1]。少而出俗，希崇正化，附從聽衆，尋繹大論及以雜心。談唱相接，歸學同市。入關住空觀寺，復揚講席，隨方利安。而仁恕在懷[2]，言笑温雅，有在其席，無悶神心，宏博見知，衆所推尚。時有異問，素非所覽者，便合掌答云："僧朗學所未通，解惟至此。"故英聲大德，咸美其識分[3]，不敢蔑其高行也[4]。

仁壽置塔，下勑令送舍利於番州，今所謂廣州靈鷲山果實寺寶塔是也[5]。初至州治[6]，巡行處所，至果實寺便可[7]，安之寺西，對水枕山。荒榛之下，掘深六尺，獲石函三枚。二函之内，各有銅函，盛二銀像，并二銀仙。其一函内有金銀瓶，大小相盛，中無舍利。銘云：宋元徽元年建塔[8]。又寺中舊碑云：宋永初元年，天竺沙門僧律，嘗行此處，聞鐘磬聲，天花滿山，因建伽藍。其後有梵僧求那跋摩[9],來居此寺,曰:“此山將來必逢菩薩聖主,大弘寶塔。”遂同銘之。今朗規度山勢,惟此堪置,暗合昔言,諒非徒作。

事了還京,住禪定寺,講習爲務。大業末年,終於所住,春秋七十有餘矣[10]。

【校注】

[1] 恒州:北朝時期,恒州設置紛繁,此處當是北周宣政元年分定州所置者,治真定。隋大業初改爲恒山郡,武德元年恢復恒州,移治石邑縣,武德四年移回真定,治當今河北省正定縣。

[2] 恕:諸本同,興聖寺本作“怒”誤。

[3] 咸美:諸本同,興聖寺作“成关”誤。

[4] 不:諸本同,興聖寺本衍作“不識”。

[5] 靈鷲山:熊會貞在水經注疏卷三八“瀧水”下有考釋:“(會貞按:元和志,靈鷲山在曲江縣北六里。唐曲江即今縣治,或謂在韶州府東五里,則是東江所逕,非瀧水所逕矣。與注不合。)山本名虎群山,(朱作虎郡山,箋曰:疑作虎群山。戴仍,趙改。)亦曰虎市山,以虎多暴故也。晋義熙中,沙門釋僧律,葺宇巖阿,猛虎遠迹,蓋律仁感所致,因改曰靈鷲山。(會貞按:釋僧律,高僧傳不載。寰宇記,靈鷲山有寺,一曰虎市山。晋義熙中,有天竺道僧居之,而虎乃越峻嶺。始興記云,靈鷲山臺殿宏麗,面象巧妙,嶺南佛寺,此爲最也。九域志,山似天竺靈鷲,因名。)”又高僧傳卷三求那跋摩傳:“路由始興。經停歲許。始興有虎市山。儀形聳孤,峰嶺高絶,跋摩謂其仿佛耆闍,乃改名靈鷲。”

[6] 治:磧本、興聖寺本作“始”誤,趙本同麗再本。

[7] 可:諸本同,興聖寺本作“何”誤。

[8] 元徽:諸本同,興聖寺脱。

[9] 求那跋摩:南朝初年譯經僧,傳見高僧傳卷三。

[10] 有:諸本同,興聖寺本無。

隋西京净影道場釋慧暢傳十七僧温

釋慧暢,姓許氏,萊州人也[1]。偏學雜心,志存名實,拘滯疆界,局約文義,初不信大乘,以言無宗當,事同虚誕也。後聞遠公播迹洛陽,學聲遐討[2],門人山峙,時號通明,暢乃疑焉,試往尋造,觀其神略。乃見談述高邃,冒罔天地,返顧小道,狀等遊塵,便折挫形神,伏聽三載,達解涅槃,慨其晚悟。又至京邑,仍住净影,陶思前經,師任成業。

仁壽置塔[3],勑送舍利於牟州拒神山寺。帝爲山出黄銀[4],别勑以塔鎮之,用酬恩惠。山在州東五里。昔始皇取石爲橋,此山拒而不去,因遂名焉。[5]山南四里,有黄銀穴,塔基之處,名温公垍。傳云:昔高齊初,有沙門僧温,行年七十,道行難測,遊化爲任。曾受梁高供養一十二年,後辭北還,行住此培,創立寺宇,因山爲號[6]。而虎狼鳥獸,繞寺鳴吼,似若怖温。温出户語曰:"汝是畜生,十惡所感;吾是人道,十善所招。罪福天懸,何勞干我[7],汝宜速去。"既聞斯及,於是鳥獸,永絶此山。而温身長七尺,威儀怯人[8],眉長尺餘,垂蔽其面,欲有所覩,以手褰之。故至于今,雖有寺號,而俗猶呼爲温公培焉。

暢安處事了,還返京寺。綜習前業,終世不出,言問慶弔,亦所不行[9]。預知其亡,清浴其體,端坐待卒,至期奄逝,春秋七十有餘矣。

【校注】

[1] 萊州:隋開皇五年改光州置,大業初改爲東萊郡,唐武德四年復爲萊州,治所在今山東省萊州市。

[2] 討:諸本同,興聖寺本作"計"誤。

[3] 置:諸本同,興聖寺本作"景"誤。

[4] 案,"黄銀"即黄銅礦,據隋書卷七三辛公義傳:"後遷牟州刺史……時山東霖雨,自陳、汝至於滄、海,皆苦水災。境内犬牙,獨無所損。山出黄銀,獲之以獻。詔水部郎婁崱就公義禱焉。乃聞空中有金石絲竹之響。仁壽元年,追充揚州道黜陟大使。"

[5] 案,拒神山,隋書卷三〇地理中"東萊郡昌陽縣"條下"有巨神山"。太平寰宇記卷二〇"文登縣"下:"昌山……郡國志云:'昌陽縣有巨神島,有祠,能興雲雨。崔琰避黄巾賊於此山。'"即今山東省文登市西南十五里之昌山,俗稱回龍山。又可參閲光緒文登縣志卷一山川。

[6] 山:諸本同,磧本作"止"誤。

[7] 干:麗再本、興聖寺本作"于",今據趙本、磧本改。

[8] 怯:諸本同,磧本作"懍"。

[9] 所:諸本同,興聖寺本脱。

續高僧傳卷第十一[1]

義解篇七正紀十二　附見五

隋渤海沙門釋志念傳一

釋志念，俗緣陳氏，冀州信都人[2]。其先潁川寔、蕃之後胤也[3]，因官而居河朔焉。念，冰清表志，岳峙澄神[4]，俊朗絶倫。觀方在慮，爰至受具，問道鄴都。有道長法師精通智論，爲學者之宗，乃荷箱從聽。經于數載，便與當席擅名，所謂誕礼、休、繼等[5]，一期俊列，連衡齊德。意謂解非滿抱，終于蓋棺，乃遊諸講肆，備探冲奥，務盡幽賾。又詣道寵法師，學十地論，聽始知終，聞同先覺。於即道王河北，流聞西秦[6]。有高昌國慧嵩法師[7]，統解小乘，世號"毗曇孔子"，學匡天下，衆侶塵隨。沙門道猷、智洪、晃覺[8]、散魏等，並稱席中杞梓，慧苑琳琅。念顧眄從之[9]，成名猷上，皆博通玄極，堪爲物依，乃旋踵本鄉，將弘法澤。時刺史任城王彦，帝之介弟，情附虚宗，既屬念還，爲張法會，與僧瓊法師對揚道化。盛啓本情，雙演二論，前開智度，後發雜心[10]，岠對劻鋒[11]，無非喪膽[12]。時州都沙門法繼者，兩河俊士，燕魏高僧，居坐謂念曰："觀弟幼年慧悟[13]，超邁若斯[14]，必大教由興，名垂不朽也[15]。"於即頻弘二論，一十餘年，學觀霞開，談林霧結。

齊運移曆，周毁釋經[16]，遂乃逃迸海隅，同塵素服。重尋小論，亟動天機，疑慮廓銷，竚聆明運。值隋國創興，佛日還復，勑訪之始，即預出家，而包藴迦延，未遑敷述。至開皇四年，謂弟沙門志湛曰："吾窮冠小乘，自揣與羅漢齊鑣也[17]，但時未至，故且斂翮耳。"湛夙餐法味，欣其告及，以事達明彦法師。彦，成實元緒，素重念名[18]，與門人洪該等三百餘人[19]，躬事邀延，闡開心論。遂騁垂天之翼，弘蓋世之功[20]，俯仰應機，披圖廣論，名味之聚，緣重之識，卷舒夐古之下[21]，立廢終窮之前，大義千有餘條，並爲軌導[22]。至如迦延本經，傳謬來久，業揵度中[23]，脱落四紙，諸師講解，曾無異尋。念推測上下，懸續其文，理會詞聯，皆符前作。初未之悟也，後江左傳本，取勘遺蹤，校念所作[24]，片無增減，時爲不測之人焉[25]。撰迦延[26]、雜心論疏及廣鈔各九卷，盛行於世[27]。受學者數百人，如汲郡洪該、趙郡法懿、漳濱懷正、襄國道深、魏郡慧休、河間圓粲、浚儀善住[28]、汝南慧凝、高城道照[29]、洛壽明儒、海岱圓常、上谷慧藏，並蘭菊齊芳[30]，踵武傳業，關河濟洽，二十餘年。

隋漢王諒作鎮晉陽，班條衛、冀，搜選名德，預有弘宣，念與門學四百餘人，奉禮西并，將承王供。諒乃於宫城之内更築子城，安置靈塔，别造精舍，名爲内城寺[31]，引念居之，開義寺是也[32]。勞問殷至，特加尤禮[33]。又令上開府諮議參軍王頍宣教[34]，云："寡人備是帝子民父，莅政此蕃，召請法師等遠來降趾，道不虚運，必藉人弘。正欲闡揚佛教，使慧日清朗，兆庶蒙賴[35]，法之力也。宜銓舉業長者，可於大興國寺宣揚正法。"當即大衆還推念焉。既預經綸，即弘敷訓，先舉大論，末演小乘。辯注若飛流，聲暢如天鼓，三乘並騖，四部填堙[36]。其知名者，則慧達、法景、法楞、十力、圓經、法達、智起、僧鸞[37]、僧藏、静觀、寶超、神素、道傑等五百餘人。[38]並九土揚名，五乘馳德，精窮内外，御化一方。銷鄙吝於筵中[39]，斷封疑於理際。

仁壽二年，獻后背世，有詔追王入輔。王乃集僧曰："今須法師一人，神解高第者，可共寡人入朝，擬抗論京華，傳風道俗。"衆皆相顧，未之有對。王曰："如今所觀，念法師堪臨此選。"遂與同行。既達京師，禪林創講，王自爲檀越，經營法祀[40]。念登座震吼，四答冰消；清論徐轉，群疑潛遣。由是門人慕義，千計盈堂，遂使義窟經笥[41]，九衢同軌，百有餘日，盛啓未聞。

王又與念同還并部，晉陽學衆，竚想來儀，王又出教，令於寶基寺開授。方面千里，法座輟音，執卷承旨，相趍階位。會隋高晏駕，中外相疑，漢王列境舉兵，鯨鯢海陸[42]，念乘釁還里，與沙門明空等講宣二論，紹業滄溟[43]，望風總集。大業之始，載蕩妖氛，招引義學，充諸慧日[44]。屢詔往徵[45]，頻辭不赴。

以大業四年，卒於滄土，時年七十有四。渤海太守、金紫光禄大夫、歷陽公宋元亮，及諸緇素，若喪厥親，爲之建塔。益州福成寺道基法師，慧解通微[46]，祖習有所，乃爲之行狀，援引今古，文質存焉。

【校注】

［1］案，麗初本、趙本之本卷闕佚。興聖寺本從卷首到釋志念傳首段之"務盡幽賾"的"務盡"闕佚，從"幽賾"到下段"緣重之識"倒在釋智矩傳首段"雅爲衆表"的"雅""爲"之間。又在興聖寺本釋志念傳前有一段衍文爲卷一七智越傳的片斷。

［2］冀州信都：即冀州信都縣，隋開皇三年廢郡級政區，信都縣直屬冀州，大業三年廢

州，改爲信都郡信都縣，唐初又恢復冀州。治當今河北省冀州市舊城區。

[3] 潁川寔、蕃：陳寔、陳蕃，東漢後期名流，後世姓陳一般攀附爲二人後裔，傳見後漢書。

[4] 澄：磧本作"登"誤。

[5] 礼：磧本作"札"誤。據本書卷七道寵傳，誕礼、僧休、法繼爲道寵傳人。其中，誕礼、法繼事迹不詳。僧休，續高僧傳多處提及，事迹可考。

[6] 聞：諸本同，資本作"問"。

[7] 慧嵩，傳見本書卷七。

[8] 覺：諸本同，興聖寺本作"學"誤。

[9] 昞：諸本同，興聖寺本作"那"誤。

[10] 雜：諸本同，興聖寺本作"離"誤。

[11] 鋒：諸本同，興聖寺本脱。

[12] 膽：磧本、興聖寺本作"律"應是。"喪律"，本指軍隊失去控制導致失敗，後泛指一切失敗。

[13] 觀弟幼年慧悟：磧本作"觀弟功行慧悟"應是，興聖寺本同麗再本。"功行"指修行所積累誕功力。參見太平御覽卷六六四道部六屍解："功行淺劣，則入階下階。勝者則滅度更生，更生之後，修道隨功多少，方始得道。"又，推算志念年壽，此時約在二十歲以上，不能稱"幼年"。

[14] 邁：諸本同，興聖寺本作"萬"誤。

[15] 名：諸本同，興聖寺本衍作"名名"。垂：諸本同，興聖寺本作"乘（乗）"形，誤。

[16] 周：諸本同，興聖寺本作"同"誤。

[17] 鑣：諸本同，興聖寺本作"驃"誤。

[18] 重：磧本、興聖寺本作"襲"誤。

[19] 該：諸本同，興聖寺本作"諺"誤。

[20] 弘：諸本同，磧本作"引"誤。蓋（盖）：諸本同，興聖寺本作"益"誤。

[21] 夐：諸本同，興聖寺本作"愛"誤。

[22] 導：諸本同，興聖寺本作"遵"誤。

[23] 揵：諸本同，磧本作"犍"。案，迦延，指前秦僧伽提婆所譯之阿毗曇八犍度論，爲迦多延尼子著，誤傳爲迦旃延著，故又名迦旃延經。其中第一犍度即業犍度。

[24] 作：磧本、興聖寺本作"住"誤，尋繹文句當爲"注"。

[25] 爲：諸本同，興聖寺本作"謂"誤。

[26] 撰迦延：諸本同，興聖寺本倒作"迦撰延"。

[27] 世：諸本同，興聖寺本作"代"避唐諱。

[28] 浚：麗再本、興聖寺本作"俊"，今據磧本改。

[29] 城：諸本同，興聖寺本作"成"誤。

[30] 並：諸本同，興聖寺本衍作"並並"。

[31] 名：諸本同，興聖寺本作"各"誤。

[32] 開義寺：磧本、興聖寺本作"今之開義寺"。

[33] 特：磧本作"持"誤，興聖寺本同麗再本。

[34] 頞：麗再本、興聖寺本、隨函録作"頗"誤，今據磧本改。

[35] 兆：諸本同，興聖寺本作"非"形，誤。

[36] 堙：磧本、興聖寺本作“烟(煙)”誤。
[37] 僧鸞：諸本同，興聖寺本無。
[38] 釋慧達，見本書卷二八。釋法楞，見本書卷一二釋敬脱傳附，本書卷一三釋道傑傳亦提到法楞。僧鸞，見本書卷九釋僧粲傳附。神素和道傑，見本書卷一三本傳。
[39] 筵：諸本同，興聖寺本作“延”誤。
[40] 祀：諸本同，興聖寺本作“禮”誤。
[41] 經：諸本同，興聖寺本作“注”誤。
[42] 鯨鯢：諸本同，興聖寺本倒作“鯢鯨”。
[43] 紹：諸本同，興聖寺本作“經”誤。
[44] 充：磧本作“光”誤，興聖寺本同麗再本。
[45] 屢：諸本同，興聖寺本脱。
[46] 微：麗再本作“徵”，今據磧本、興聖寺本改。

隋西京日嚴道場釋智矩傳二[1] 慧感　慧賾

釋智矩，姓吴氏，吴郡人。性矜莊，善機會[2]，美容貌，雅爲衆表。又善草隸，偏愛文章。每值名賓，輒屬興綴采，鋪詞横錦，勇思霏霜[3]，而儀軌憲司，末沿流俗[4]。初聽興皇朗公講，討窮深致，學冠時雄[5]，而神氣高標，在物峰出，威儀庠序[6]，容止端隆。雖寢處虚閑，立操無改。有人私覘兩月[7]，徒行空野，攝衣無見抄反[8]，欣其謹慎[9]，故重叙之。講四論、大品，洞開幽府，鏡識宗歸。披釋金陵，望風頓怯[10]，吐納機辯，適對當時。弘匠浙東，砥礪前學，致使禹穴西鶩，成器極繁。末於故都建初寺，又講三論[11]，常聽百人。

蔣州刺史武山公郭演[12]，隋之良宰，創莅南蕃，奉敬諮謁，降情歸禁。隋煬往鎮楊越，採拔英靈。矩既譽洽東甌[13]，名流西楚，徵居慧日，處以異倫，而執志出群[14]，言成世則。欲使道張帝里，學潤秦川，開皇十九年，更移關壤，勑住京都之日嚴寺。供由晉國，教問隆繁，置以華房，朋以明德，一期俊傑，並是四海搜揚。矩[15]，特立清秀，不偶群侣，覃思幽尋，無微不討。外辭以疾，内寔旁通。業競六時，研精九部。[16]纔有昏昧[17]，覽興賦詩；時暫閿餘，便觀流略[18]。製中論疏，止解偈文，青目所銷[19]，鄙而輕削。每講談叙，清擢宗致，雅涉曇影之風；義窟文鋒，頗懷洪偃之量。[20]時有同師沙門吉藏者，學本興皇，威名相架。文藻横逸，矩實過之。所以每講叙王[21]，皆制新序，詞各不同。京華德望[22]，餐附味道者殷矣，而性罕外狎，課力遑詞[23]，自非衆集，未曾瞻覿。

以大業二年正月，卒于寺房，春秋七十有二。葬京郊之南。門人慧感、慧賾，親承嘉誨，詢處有歸。後於江之左右，所在通化。各領門侣，衆出百人，傳嗣宗勣，不爽遺緒。

【校注】

［1］智矩：磧本作“智炬”，下同，不出校。

［2］會：諸本同，興聖寺本脱。

［3］霏：諸本同，興聖寺本脱。

［4］末：諸本同，磧本、興聖寺本作“未”誤。

［5］時：諸本同，興聖寺本作“持”誤。

［6］庠：諸本同，興聖寺本作“詳”。

［7］有：諸本同，興聖寺本脱。

［8］抄反：即反穿袈裟。見四分律和五分戒本。

［9］慎：諸本同，興聖寺本作“填”誤。

［10］怯：磧本、興聖寺本作“帙”似誤。

［11］又：諸本同，興聖寺本作“文”誤。

［12］郭演：當爲“郭衍”，傳見隋書卷六一。郭衍封武山郡公時當北周末年，任蔣州刺史約在開皇十一年。

［13］洽：諸本同，興聖寺本作“給”誤。甌：磧本作“歐”誤，興聖寺本同麗再本。

［14］群：諸本同，興聖寺本作“郡”誤。

［15］矩：磧本衍作“規矩”，興聖寺本同麗再本。

［16］案，“六時”，指晝三時、夜三時。晝三時，是晨朝、日中、日没；夜三時，是初夜、中夜、後夜。大唐西域記卷二又記印度分一年爲六時，本文指分一天爲六時。“九部”，指九部經。

［17］纔：諸本同，興聖寺本作“財”。

［18］觀：諸本同，興聖寺本作“覽”。流：磧本作“統”誤。“流略”，九流、七略，參見漢書藝文志。興聖寺本同麗再本。

［19］青目：磧本作“責目”誤，興聖寺本同磧本。案，青目，即注釋中論之賓頭加羅。僧叡中論序：“其染翰申釋者，甚亦不少。今所出者，是天竺梵志名賓伽羅，秦言青目之所釋也。其人雖信解深法，而辭不雅中，其中乖闕煩重者，法師皆裁而裨之。”

［20］曇影，東晋、前秦時僧侣，曾參與鳩摩羅什譯經活動，高僧傳卷六有其傳，稱其“過似淹遲而神氣駿捷”，出三藏記集卷一一有曇影撰中論序。洪偃，傳見本書卷七，時人稱其貌、義、詩、書爲四絶。

［21］叙：磧本作“序”，興聖寺本同麗再本。

［22］望：諸本同，興聖寺本脱。

［23］逞：諸本同，興聖寺本作“逆”誤。

隋西京静法道場釋慧海傳三

釋慧海，姓張氏[1]，河東虞鄉人。久積聞熏，早成慧力，年在童齓，德類老成。所以涉獵儒門，歷覽玄肆，雖未窮其章句，略以得其指歸。乃曰：“可以栖心養志者，其惟佛法乎。”年至十四，遂落髮染衣，爲沙門大昭玄統曇延法師弟子也[2]。流心宗匠，觀化群師。十八，便講涅槃，至於五行十德二净三點[3],文旨洞曉,詞采豐贍。既受具戒,轉厭囂煩,屏迹山林,專崇禪業,居于弘農之伏讀山[4]。

會周武肆勃,仁祠廢毁[5],乃竄身避難,奔齊入陳,戒品無虧,法衣不捨,又採聽攝論[6],研窮至趣。大隋御宇,方踐京邑。帝姊城安長公主[7],有知人之鑒,欽其德望,爲立伽藍,遂受以居之。今之静法寺是也。課業四部,三學兼弘,門徒濟濟,于今傳美。末愛重定行,不好講説,緘默自修,唯道是務,而無恃聲望,不言加飾,直心道場,於斯人矣。

仁壽已前,文帝頻頒璽書[8],分布舍利,每感異祥,恒有延譽之美,故感應傳云:初海造塔于定州恒岳寺,塔基之左有瀅,名曰龍淵,其水不流,深湛懸岸,及將安置,即揚濤沸涌激注,通于川陸。父老傳云:此水流竭不定,但有善事相投,必即泄流奔注。其徵感如此類也。後又送舍利于熊州十善寺。有人攣躄及痼疾者積數十年,聞舍利初到,舉來禮懺,心既殷至,忽便差損,輕健而歸。久值亢旱,飛塵天塞,又感甘澤,地如油塗,日朗空清,來蘇數萬。

大業二年五月二十七日,卒于本寺,春秋五十有七。初病極,命諸徒曰:"吾聞上棟下宇,生民之偓齪[9];外槨内棺,世界之縈羈。既累形骸於桎梏,亦礙生世於大患,豈揖禮義於囂塵,卜宅葬於煩飾者也。宜宗薄葬[10],用嗣先塵,貽諸有類矣。"弟子欽崇德範,收骨而建塔于終南之峰,即至相之前嶺也。刻石立銘,樹于塔所。自海之立寺,情務護持,勤攝僧倫,延迎賓客,凶年拯及[11],振名京邑云爾[12]。

【校注】

[1] 姓:磧本、興聖寺本脱。

[2] 昭:諸本同,興聖寺本作"照"。

[3] 案,"五行",據大涅槃經卷一一聖行品,指菩薩自行化他的五種行法,即聖行、梵行、天行、嬰兒行、病行。"十德",據北本大涅槃經卷二四之光明遍照高貴德王菩薩品四,所記載的菩薩修習大涅槃經可得"十功德"。"二净",疑爲"三净",大般涅槃經玄義卷上:"净有三種:一方便净,二圓净,三性净。""三點",據南本涅槃經卷二哀歎品,表示如來"法身""般若""解脱"三德圓具。

[4] 伏讀山:即伏犢山,太平寰宇記卷六"恒農縣"條下:"伏犢山,在縣西南二十八里,東接崤函,西連仙掌。"恒農縣,治當今河南省靈寶市,則伏犢山或爲今靈寶市西南焦村鎮之娘娘山。

[5] 祠:諸本同,興聖寺本脱。

[6] 論:諸本同,興聖寺本脱。

[7] 城安長公主:據隋書卷三九、舊唐書卷六一,當爲"安成長公主",夫爲竇榮定,子爲竇抗。

[8] 頒:磧本、興聖寺本作"顧(頋)"誤。

［9］僫齪：磧本作"齷齪"。案，準確的字形應作"偓促"，典出楚辭卷一六九歎憂苦："偓促談於廊廟兮，律魁放乎山間。"王逸注："偓促，拘愚之貌。"興聖寺本字迹模糊。
［10］薄：磧本作"林"，興聖寺本字迹模糊。
［11］拯：磧本作"亟"誤，興聖寺本同麗再本。
［12］京邑云爾：諸本同，興聖寺本作"京輔"。

隋西京日嚴道場釋辯義傳四

釋辯義，姓馬氏，貝州清河人也。少出家，沉静寡世事，志懷恢厚。善與人交，久而篤敬，言無勃怒，滔然遠量。初歸猷論師，學雜心，貫通文義。年始登冠，便就講説。據法傳導[1]，疑難縱横；隨問分析[2]，曾無遺緒。有沙門曇散者，解超遂古，名重當時，聞義開論，即來讎擬，往返十番，更無後嗣。義曰："理勢未窮，何不盡論？"散曰："余之難人，問不過十。卿今答勢不盡，知復何陳？"當即驚譽兩河，甫爲稱首。

屬齊曆云季，周喪道津，乃南達建業，傳弘小論。屢移聲價，更隆中土。隋煬搜選名德，令住日嚴，以義學功顯著，遂之關輔，諮義决疑，日不虚席。京師俊德曇恭、道撫及賾、净等，皆執文諮議，窮其深隱，並未盡其懷也。後以世會明時，寺多高達，一處五講，常係法輪。義皆周歷觀詳[3]，折中弘理；而晦景消聲[4]，不咎前失，必應機墜緒者，並從容辭讓[5]，無何而退，不欲顯黜於前。故英雄敬其卑牧，傳芳又甚於昔。

仁壽二年，隋漢王諒，遠迎志念法師，來萃京室[6]。王欲衒其智術也，乃於禪林寺創建法集，致使三輔高哲，咸廢講而同師焉。義廁其筵肆，聆其雅致，乃以情之所滯，封而問之。前後三日，皆杜詞莫對，念處座命曰："向所問者，乃同疑焉，請在下座，返詢其志。"義潛隱容德，世罕共宗，及見慧發不思[7]，合京竦神傳聽。其爲顯晦，皆此類也。

煬帝昔位春宫，獻后云背[8]，召日嚴大德四十餘人，皆四海宗師，一時翹楚，及義對揚玄理，允塞天心。沙門道岳命宗俱舍，既無師受，投解莫從[9]，凡有疑議，皆齎而取决。岳每歎曰："余之廣揚對法，非義孰振其綱哉。"故洽聞之美，見稱英達。

時有沙門智矩、吉藏、慧乘等三十餘人，並煬帝所欽，日嚴同止，請義開演雜心。顧惟不競，即就元席。既對前達[10]，不事附文，提舉綱紐，標會幽體，談述玄極[11]，不覺時延。其爲時賢所重如此。

以大業二年遘疾，卒于住寺，春秋六十有六。葬京郊之南，東宫舍人鄭頲，爲之碑頌。

初,義仁壽二年奉勑送舍利於本州寶融寺,既達州治,忽放光明。寺僧智耀先有舍利九分,將入道場數之,加得十二分[12],又放光明。隨人緣念,色相不同,青紅紫白,同時異見,或佛像僧形,重沓而出。前後放光,日流數度。將入塔夕,復於基上氣發黄紫[13],去地四尺。填平後,夜又放大光,上屬星漢,下遍城邑,合境頂戴[14],欣其嘉瑞。四年春末,又奉勑於廬州獨山梁静寺起塔[15]。初與官人案行置地,行至此山,忽有大鹿從山走下,來迎於義,騰踴往還,都無所畏。處既高敞而恨水少,僧衆汲難。本有一泉,乃是僧粲禪師燒香求水[16],因即奔注。至粲亡後泉涸積年。及將擬置,一夜之間,枯泉還涌,道俗欣慶。及至打刹起基,數放大光,如火如電[17],旋繞道場,遍照城郭,官民同見,共嗟希有。

【校注】

[1] 導:麗再本、興聖寺本作"道",今從磧本。
[2] 問:磧本作"門"誤,興聖寺本同麗再本。
[3] 詳:諸本同,興聖寺本作"祥"誤。
[4] 消:磧本、興聖寺本作"銷"是。
[5] 辭:諸本同,興聖寺本作"雅"誤。
[6] 萃:麗再本作"華",今據磧本、興聖寺本改。
[7] 思:磧本作"期",興聖寺本同麗再本。
[8] 云:磧本作"崩",興聖寺本同麗再本。
[9] 莫:諸本同,興聖寺本脱。
[10] 前:諸本同,興聖寺本脱。
[11] 極:諸本同,興聖寺本脱。
[12] 二:諸本同,興聖寺本作"三"。
[13] 紫:諸本同,興聖寺本作"此"。
[14] 戴:諸本同,興聖寺本作"載"誤。
[15] 廬州獨山:據新唐書地理五,隋開皇初年,改合州爲廬州,治所當今安徽省合肥市。"獨山"當即今安徽省六安市獨山鎮之獨山。
[16] 僧:諸本同,興聖寺本作"寺僧"。
[17] 電:磧本作"雷",興聖寺本同麗再本。

隋西京日嚴道場釋明舜傳五慧相

釋明舜,姓張,青州人。少在佛宗,學周經籍[1],偏以智論著名。次第誦文,六十餘卷,明統大旨,馳譽海濱,解慧連環[2],世稱雄傑。值法滅南投,届于建業,栖止無定,周流講席。後過江北,住安樂寺,時弘論府,肆意經王,大小諸乘,並因准[3]的,盛爲時俊所採。時沙門慧乘,辯抗淮陽,義歸有叙,從舜指摘大論，定其宗領。遂爾弘道累稔[4]，栖意未終。夕經入夢，具見冥官徵責福業，舜答："講智度論，並誦本文六十餘卷。"冥官云："講解浮虚，誦經是實[5]。餘齡未盡，且放令還。"既寤，便止談論，專私自業。末爲晋王召入京輦，住日嚴寺。傳燈事绝，終寠其心，時叙玄義，頓傾品藻。

仁壽四年，下勑造塔，令送舍利于蘄州福田寺[6]。寺在州北三里鼓吹山上[7]，每天雨晦冥，便增鼓角之響[8]，因以名焉。竹林蒙密，層巘重疊，唯有一路，纔可通車。寺處深林，極爲閑坦[9]，是南齊高帝所立也。三院相接，最頂別院，名曰禪居。趙州沙門法進之所立也。下瞻雲霧，至於平旦日晚，望見横雲之上，乃有仙寺，每日如此，實爲希有之勝地也。舜案行山勢[10]，唯此爲佳。乃於次院之内，安置靈塔。掘基三尺，得一小蛇，可長尺餘，五色備飾，乃祝曰："若爲善相，可止香奩。"依言即入，遣去復來，經停三日，便失所在。又深一丈，獲方石一段。縱廣侄丈，五采如錦，楞側旻然，如人所造。即以石函置上而架塔焉。

以大業二年，卒于京寺，春秋六十矣。

門人慧相者，惠聲有據，崇嗣厥業，扇美江都。

【校注】

[1] 周：諸本同，興聖寺本作"同"誤。

[2] 慧：麗再本、興聖寺本作"惠"，今從磧本。

[3] "安樂寺"至"並因准"：諸本同，興聖寺本脱。

[4] 道：諸本同，興聖寺本作"導"。

[5] 經：磧本、興聖寺本作"文"。

[6] 于：諸本同，興聖寺本作"子"。

[7] 在：麗再本作"是"，今從磧本。

[8] 角：諸本同，興聖寺本脱。

[9] 坦：諸本同，興聖寺本作"埋"誤。

[10] 案：諸本同，興聖寺本作"安"誤。

隋西京禪定道場釋智梵傳六

釋智梵，姓封氏，渤海 條人。後因祖父剖符，遂居涿郡之良鄉焉[1]。岐嶷彰美，早悟歸信。年十二，届河間郡[2]，值靈簡禪師，求而剃落。遂遊學鄴都，師承大論、十地等文，並嘗味弘旨，温習真性。俊響遐逸，同侶歸宗，二十有三，躬當師導。後策錫崤、函，通化京壤，綿歷二紀，利益弘多，結衆法筵，星羅帝里。開皇十六年，天水、扶風二方勝壤，聞梵道務，競申奏請，有勑許焉。梵任吹虚舟[3]，憩翼天水，大行道化，信靡如風。仁壽末年，重還魏闕，法輪重轉，學侣雲隨，開帙剖文，皆傳義旨。

其年季春，奉勑置塔於鄧州寶香寺。仍於塔東流水，獲毛龜八枚。寺内基東池内，又獲八枚。皆大小相似，與世無異，但毛色青緑，可長三寸，背上横行，五節而起，光相超異。出水便靡，但見緑甲；入水毛起，歷然上竦。具以奏聞。由是騰實楚都，知名帝闕。

大業五年，又應詔旨，令住禪定。静緣攝想，無替暄寒。九年二月四日卒于寺房，春秋七十有五，遺屬施身[4]。門徒遵旨，乃送終南山，鳩集餘骸，緘于塔内[5]，外施銘文，于今傳尚矣。

【校注】

[1] 案，封氏爲渤海郡蓨縣大族，蓨縣即今河北省景縣南。良鄉，西漢置，北齊天保七年廢，武平六年重置，即今北京市房山區竇店西土城。

[2] 郡：興聖寺本脱，磧本同麗再本。

[3] 任：磧本作"住"誤，興聖寺本同麗再本。

[4] 屬：磧本作"囑"是，興聖寺本同麗再本。

[5] 緘：諸本同，興聖寺本作"減"誤。

隋終南山至相道場釋彭淵傳七

釋彭淵[1]，姓趙氏，京兆武功人也[2]。家世榮茂，冠蓋相承，厭此浮假，希聞貞素[3]。十三出家，道務宏舉，定慧攸遠。屬周武凌法[4]，而戒足無毁，慨佛日潛淪，擬抉目餘烈[5]，乃剜眼奉養，用表慧燈之光華也。然幽情感通，遂果心願，暨隋文重開正法，即預緇衣，而慧業遐舉，聞持莫類。自華嚴、地持、涅槃、十地，皆一聞無墜，歷耳便講。既釋衆疑，時皆歎伏。行必直視，動静咸安；住則安禪，緣諸止觀。一鉢之與百納[6]，始習至終；常坐之與山居，報傾便止。譏疑有涉，斂足不行；尼寺、市廛，由來不往。斯誠節動後昆，厲清末法。兼以是非長短[7]，罕附胸懷，供給僧儔，身先軌物。承靈裕法師擅步東夏，乃從而問焉。居履法堂[8]，亟經晦朔，身服鹿素，摧景末筵。目不尋文，口無談義，門人以爲蒙類也，初未齒之。裕居座數觀，異其器宇而未悉其慧解[9]，乃召入私室[10]，與論名理，而神氣霆擊，思緒鋒遊，對答如影響，身心如鐵石。裕因大嗟賞，以爲吾之徒也，遂不許住堂，同居宴寢。論道説義，終日竟夜，兩情相得，頓寫幽深。淵謂理出不期，更流神府，博觀盛集，全無可師，還返裕所，具陳性欲。

後整操關壤，屏迹終南，置寺結徒，分時程業。三輔令達，歸者充焉。今之至相寺是也。裕後勑召入朝,纔有間隙,俓投淵寺,欣暢意得,傾陰屢改。又以帝之信施,爲移山路。本居迮隘,兼近川谷,將延法衆,未曰經遠[11]。裕卜西南坡阜,是稱福地。非唯山衆相續,亦使供擬無虧。淵即從焉。今之寺墌是也。自爾迄今五十餘載,凶年或及而寺供無絶,如裕所示[12]。斯亦預見之明也。

因疾卒于至相之本房,春秋六十有八,即大業七年四月八日也。初淵奉持瓦鉢,一受至終,行住隨身[13],未曾他洗。終前十日,破爲五段,因執而歎曰:"鉢吾命也,命緣已謝[14],五廕散矣[15]。"因而遘疾。此則先現滅相,後遂符焉。及正捨壽之時,鐘聲無故嘶破[16],三年之後,更復如本。此皆德感幽顯,呈斯徵應,率如此類也。弟子法琳,夙奉遺蹤,敬崇徽緒,於散骸之地,爲建佛舍利塔一所,用津靈德,立銘表志云。

【校注】

[1] 彭:諸本同,興聖寺本作"静"。
[2] 案,武功縣在十六國北朝時期治所、轄境變化複雜,然京兆郡之武功縣,存在於隋大業三年至唐武德三年之間。
[3] 貞素:諸本同,興聖寺本作"真責"誤。
[4] 凌:磧本作"陵"。"陵"同"凌",侵犯。
[5] 抉:磧本、興聖寺本作"决"誤。
[6] 鉢(盋):諸本同,興聖寺本作"益"誤。
[7] 短:諸本同,興聖寺本作"知"誤。
[8] 履:諸本同,興聖寺本作"腸"誤。
[9] 慧:麗再本作"惠",今據磧本、興聖寺本改。
[10] 入:諸本同,興聖寺本作"人"誤。
[11] 曰:諸本同,磧本作"日"誤。
[12] 示:諸本同,興聖寺本作"亦"誤。
[13] 住:磧本、興聖寺本作"往"誤。
[14] 謝:諸本同,興聖寺本作"荆"。
[15] 廕:磧本作"陰"。"五陰"即"五廕",即五蘊。興聖寺本同麗再本。
[16] 嘶:磧本作"㽦",興聖寺本同麗再本。據隨函録,"嘶"同"㽦",敗也。

唐京師勝光寺釋道宗傳八

釋道宗,俗姓孫氏,萊州即墨人[1]。少從青州道藏寺道奘法師,學通經論。奘,明達識慧,標舉河海,名播南北,立四種黎耶、聞熏、解性、佛果等義[2],廣如别傳。宗受業智論、十地、地持、成實、毗曇,大小該博。晚住州中遊德寺,寺即宗之所造,房堂園圃,悉是經綸[3]。聲名雄遠,玄素攸仰。及講大論，天雨衆花，旋繞講堂，飛流户内，既不委地，久之還去。合衆驚嗟，希有瑞也。宗雖目對，初不怪之，行講如初，後不重述。時共伏其遠度。晚住慧日，英彦同聚，該富是推，常講成實，弘匠後學。僞鄭欽敬[4]，禮問優繁。上清東夏[5]，又欽德素，召入西京，住勝光寺。復延入弘義宫，通宵法集[6]，群后百辟，咸從伏聽。披闡新異，振發時心。自爾周輪，隨講無替，雖無成濟，而學者推焉。

以武德六年，卒于所住，春秋六十一。秦府下教，贈物二百段。收葬于終南山至相寺之南巖。

【校注】

［1］案，"即墨縣"，漢置，北齊天保七年廢，治在今平度市古峴鎮大朱毛村。隋開皇十六年重置，治所改在今址，屬萊州，唐、宋因仍。

［2］黎：磧本作"梨"。案，此句斷句、理解不易，圓測解深密經疏卷三："真諦三藏依決定藏論立九識義，如九識品説。言九識者……第八阿梨耶識自有三種，一、解性梨耶，有成佛義；二、果報梨耶，緣十八界，故中邊分别偈云'根塵我及識，本識生似彼'，依彼論等説，第八識緣十八界；三、染汙阿梨耶識，緣真如境起四種謗，即是法執，而非人執，依安慧宗，作如是説。"如此則應標點爲"立四種黎耶：聞熏、解性、佛果（染汙）等義"，詳參釋仁宥：攝論師所傳的攝論思想——以道基、道奘、靈潤爲中心，中華佛學研究 2004 年第 8 期。

［3］綸：麗再本、興聖寺本作"論"誤，今據磧本改。

［4］僞：磧本、興聖寺本作"爲"誤。

［5］案，"上"指李世民。

［6］宵：麗再本、興聖寺本作"霄"，今從磧本。

唐京師慈門寺釋普曠傳九

釋普曠，俗姓樊氏，扶風郿人也[1]。七歲出家，依止圓禪師而爲沙彌。居山餌柏一十五載[2]，誦讀經教，日夕相連[3]。及進大戒，便行頭陀，乞食人間，栖投林冢。二十餘載，剛梗嚴毅[4]，卓犖不群，言議酬捷，孤然天挺。後遊聚落，採拾遺文，因過講席，聽其餘論，素未開解，聞即憲章，便構心曲，陳論高座，發言新奇，卒難解釋。皆歎其俊鋭，莫肯前驅。每與周武對揚三寶，析理開神，有聲朝典。佛法正隆，未勞聽解，遂往樊川，頭陀自静。夜宿寒林，人有索其首者，曠引刀將刎，乞者止之。又從索耳，便刵而惠之[5]。

建德之年，將壞二教，關中五衆，騷擾不安[6]。曠聞之，躬往帝庭，廣陳至理，不納其言，退而私業。于斯時也，寺塔湮廢，投命莫從[7]，遠造則力竭難通，近從則心輕易徙，遂因其俗位[8]，消息其中。武帝雖滅二教，意存李術,便更置通道觀學士三百人,並選佛道兩宗奇才俊邁者充之。曠理義精通,時共僉舉,任居學正,剖斷時秀,爲諸生先[9]。不久廢觀,聽士隨才賦任。曠力怯躬耕,餱粒無委,寄禄登庸,復任岐山從事。奉遵舊約,不黷情染,衣故氈裝,倨傲臨官。剃髮留鬢[10],頭戴紗帽,纓其咽頷,用爲常軌。有事判約,筆斷如流;務涉繁擁者,便云我本道人,不閑俗網。周國上下,咸委其儀度也,顧曠通博,任其處世。

隋氏將興,菩薩僧立,相如朝服,不同剃翦,員置百二十人,並括前法牙角不涅塵俗者[11],曠識悟聞達,當其一焉。尋復廢之,大法昌顯,並預出家,同居興善,果敢雄敏[12],衆所先之。隋文以通道觀鐘賜玄都觀,黄巾一族,同共移來,將達前所,曠率其法屬,徑往争之,立理既平,便又刵耳[13],道士望風,索然自散,乃懸于國寺,聲震百里。隋高晏駕,禪定鬱興,乃召居之。大業末年,又登綱任[14]。大唐啓運,别奉詔書,囊積芳猷,日别相見。

武德三年三月,卒於慈門寺,春秋七十三[15]。遺告捨身山路,不須塋壟。弟子捃萃餘骨[16],起塔於終南龍池之峰,樹銘旌德,于今存焉。

【校注】

[1] 郿:磧本作"郡"誤,興聖寺本同麗再本。案,即扶風郡郿縣。郿縣,秦設,北魏太平真君六年改爲平陽縣,西魏改爲郿城縣,隋開皇十八年改爲渭濱縣,大業二年改回郿縣。扶風郡郿縣,蓋只能在隋大業二年到唐武德初廢郡之間。

[2] 餌柏:事林廣記續集卷二有"神仙餌柏葉肥白補益方",道教辟穀方法之一,爲柏葉、遠志、茯苓合成的蜜丸。

[3] 連:磧本、興聖寺本作"諠"誤,永北本作"繼"。"諠"有"喧"意,但偏於貶意。

[4] 殺:諸本同,興盛寺本作"教"誤。

[5] 刵:磧本、興聖寺本作"刖"誤。砍脚之刑爲"刖",割耳爲"刵"。

[6] 安:諸本同,興聖寺本衍作"安安"。

[7] 從:諸本同,興聖寺本作"徒"誤。

[8] 位:磧本作"住"應是,與下句似更契合。興聖寺本同麗再本。

[9] 先:諸本同,興聖寺本衍作"死先"。

[10] 留:諸本同,興聖寺本衍作"留留"。鬢:麗再本、隨函録作"鬚"誤,今據磧本改。"留鬢"戴帽,僞做俗官,"剃髮"明留志,實爲僧侶也,故作"鬢"是。

[11] 角:諸本同,興聖寺本作"通"誤。

[12] 敏:磧本、隨函録作"憨",興聖寺本作"敢"誤。

[13] 刵:磧本、興聖寺本作"刖"誤。

[14] 登:諸本同,興聖寺本作"發"誤。

[15] 七十三:諸本同,興聖寺本衍作"七年十三"。

[16] 萃:諸本同,興聖寺本作"華"誤。

唐京師大莊嚴寺釋保恭傳十

釋保恭,姓崔,青州人也。晉永嘉南遷,止于建業。父超道,本州刺史。[1]十一,投炅法師。將欲試其神采,乃以觀音誦之,初夜一時,須臾便度,自謂聞之如經月頃[2]。即度出家。會炅亡殁,夢見兩蛇,從師脚出,入恭脚中。忽爾驚覺,自覺心志弘雅,身相安怗[3]。便往開善徹法師所,聽採成論,義疏極細,狀如蠅頭,一領八紙[4],不遺一字,衆齊五百,莫不推先。受具已後,隨惠曉禪師綜習定業[5],深明觀行,頻蒙印可。又聽成實,謂有餘悟,反求所明,翻成疑阻,即以問諸講匠,皆無通者,逢高昌嵩公開揚地持、十地,因從受學。不逾年稔,大義皆明,於前疑中,又削其半。乃行依地持,偏講法花,控引宗歸,得其奥旨。

陳至德初,攝山慧布,北鄴初還,欲開禪府[6],苦相邀請,建立清徒。恭揖布慧聲[7],便之此任。樹立綱位,引接禪宗,故得栖霞一寺道風不墜,至今稱之,詠歌不絶。恭又從布聽採三論,善會玄言,於前諸疑,都並消釋。及布之亡,委以徒衆。既承付屬,率誘如初。而德素尊嚴,見者皆憚,整理僧務,功在護持。

仁壽末年,獻后崩背,帝造佛寺,綜御須人,僉委聲實,以狀聞奏。下勑徵入,爲禪定道場主,綱正僧網[8],清肅有聞。迄于隋代,常莅斯任。隋齊王暕奉其道德,禮以爲師。既受戒已,施衣五百領,一無所受,乃從餘散。唐運初興,歸心泉石,遂避官於藍田悟真寺[9],栖息林岫,將事終焉。而御衆攝持,聲光帝里,武德二年,下勑召還,依舊檢校,仍改禪定爲大莊嚴。及舉[10]十德,統攝僧尼,京輦諸僧,慴憚威嚴,遂不登及,高祖聞之,曰:"恭禪師志行清澄,可爲綱統[11]。朕獨舉之。"既位斯任,諸無與對,遂居大德之右,專當剖斷。平恕衷詣,衆無怨焉。

以武德四年十二月十九日,卒于大莊嚴寺,春秋八十。初恭弱年入道,志力兼常[12],不以利傾,不以威動,敦肅嚴毅,深有大猷。曾經山行,虎伏前道,從邊直過,情無顧及。大業中年,梟感起逆,僧有競者,言與同謀。于時正在堂中,登坐豎義,兵衛奄至,圍繞階庭。合衆驚惶,將散其席,恭曰:"自省無事。待論義訖,當自辯之。"從容談叙,都無異色。斯例甚衆,略陳一二。由兹風問[13],陳、隋、唐代三國天子之所隆焉。葬于京郊之西南,其碑唐秘書監蕭德言製文。

【校注】

[1] 案,據新唐書宰相世系表,青州崔爲清河崔氏的别支,在北朝、隋、唐,屢有人物見

於史書。
［2］頊：諸本同，興聖寺本作"湏"誤。
［3］怗：磧本作"怡"應是，興聖寺本同麗再本。
［4］八：諸本同，興聖寺本作"入"誤。
［5］惠曉禪師：當即本書卷一七慧命傳所附之慧曉。
［6］開：磧本作"問"，與下句不合，誤。興聖寺本字迹不清。
［7］布慧聲：磧本作"慧布聲"誤倒，興聖寺本同麗再本。
［8］僧網：磧本作"僧綱"，興聖寺本同麗再本。
［9］官：磧本作"宫"，興聖寺本作"宦"應是。
［10］"召還"至"及舉"：諸本同，興聖寺本脱。
［11］統：磧本作"紀"亦通。
［12］力：諸本同，興聖寺本脱。
［13］問：諸本同，磧本作"聞"誤。

唐京師大興善寺釋法侃傳十一道撫

釋法侃[1]，姓鄭氏[2]，滎陽人也[3]。弱年從道，志力堅明，體理方廣，常流心府。聞泰山靈巖行徒清肅，瑞迹屢陳，遠揚滎澤，年未登冠，遂往從焉。會彼衆心，自欣嘉運[4]。及進具後，勵節弘規，預在清訓，務機登踐[5]。後周流講席，博覽群宗，隨聞戢戴，有倫前達。有淵法師，道播當時，雄傑推指[6]，妙通十地，尤明地持，侃又從焉。聽其開釋，皆周涉正理，遵修章采[7]。

屬齊曆不緒[8]，周湮法教，南度江陰，栖遲建業。聽採新異，鎣飾心神，攝慮緣求，擬諸漆木。陳平之後，北止江都安樂寺[9]。有曹毗者，清信士也，明解攝論，真諦親承，侃乃三業歸從，玄義請决[10]。即開融勝相，覆叙所聞，毗自聽之，恐有遺逸。侃每於隱義，發明鋪示，既允愜當，毗皆合掌稱善。

隋煬晋蕃，昔鎮揚越，搜舉名器，入住日嚴。以侃道洽江湑[11]，將欲英華京部，乃召而隆遣。既達本寺[12]，厚供禮之。盛業弘被，栖心止觀，時復開導唯識[13]，味德禮懺，匠益惰學，亟動物心。

仁壽二年，文帝感瑞，廣召名僧，用增像化，敕侃往宣州[14]，安置舍利。既奉往至[15]，統叙國風，陶引道俗。革化歸法者，數亦殷矣。初，孟春下詔之日[16]，宣州城内官倉之地，夜放光明，紅赤洞發[17]，舉焰五丈，廣一丈許。官人軍防，千有餘人，一時奔赴，謂是火起。及至倉所，乃是光相。古老傳云，此倉本是永安舊寺也。至于明日，永安寺擬置塔處[18]，又放光明[19]，如前無異。衆並不委其然也。季春三月，侃到宣州，權止公館。案行置所，通皆下濕，一州之上，不過永安，既預光待，因構塔焉。又令掘倉光之處，果得石函，恰同官樣[20]，不須繕造，因藏舍利。又降甘露，凝於樹枝[21]，香甘過世。又感紫芝一枚,生於舍利堂壁,九枝盤曲[22],光色殊異。遂令以表聞奏。又造塔黎州,還令侃往。初至館停,聞空中天樂,繁會聒耳。道俗慶之。又感異香,互來充鼻。掘地四尺,獲一古瓦,銘云:千秋萬歲樂未央。侃奉福弘業,亟發徵祥,抑是冥通,豈唯人事。

旋還京邑,講授相尋。大唐受禪,情存護法,置十大德,用清朝寄。時大集僧衆,標名序位,侃儀止肅然[23],挺超莫擬。既德充僧望,遂之斯任。恂恂善誘,弘悟繁焉。晚移興善,講導無替[24]。

武德六年十一月,卒於所住,春秋七十三矣。殯於東郊馬頭穴内[25]。侃學專攝論,躡足親依,披析幽旨,渙然標詣[26];解義釋名[27],見稱清澈[28],諸赴聽者,欣其指況[29]。有道撫法師者,俊穎標首,京城所貴,本住總持,宗師異解,用通攝論。及臨侃席,數扣重關,束心展禮,餐承音訓,遂捨其本習,從歸真諦。且侃形相英偉,庠序端隆,折旋俯仰,皆符古聖。所以隋朝盛德,行業乃殊,至於容服可觀,引命徵召[30],必以侃爲言首。其威儀之選,爲如此也。及其少服紫石,老遂苦之。醫診云:"須以豬肉,用壓藥勢[31]。"侃曰:"終須一謝,豈得噉他。"因縱疾取終。其翹誠重物,又若於此。侃初立名,立"人"、安"品"。後值内惠日道場沙門智騫曰:"侃之爲字,人口爲信,又從川者,言信的也[32]。"因從之。

【校注】

[1] 侃(偘):諸本同,興聖寺本作"侣"誤。
[2] 姓:諸本同,磧本脱。
[3] 滎:磧本、興聖寺本作"榮"誤,下同,不出校。
[4] 欣:諸本同,興聖寺本脱。
[5] 登:諸本同,興聖寺本作"發"誤。
[6] 推:麗再本作"椎"誤,今據磧本、興聖寺本改。
[7] 修:諸本同,興聖寺本作"循"形,誤。
[8] 曆:麗再本作"歷",今據磧本、興聖寺本改。
[9] 北止江都安樂寺:諸本同,興聖寺本作"北止江都住安樂寺"應是。
[10] 玄:磧本、興聖寺本作"文"。
[11] 侃(偘):諸本同,興聖寺本作"侣"誤。江:諸本同,興聖寺本脱。湑:説文解字卷一一上:"水厓也。"
[12] 本:諸本同,興聖寺本作"大"誤。
[13] 導:麗再本作"道",今據磧本、興聖寺本。唯:磧本、興聖寺本作"惟"。
[14] 宣:諸本同,興聖寺本作"拎"誤。
[15] 奉:磧本作"奉勑",興聖寺本同麗再本。
[16] 春:諸本同,興聖寺本作"奉"誤。
[17] 明紅:諸本同,興聖寺本倒作"紅明"。

[18] 永安寺：磧本、興聖寺本作“永安今寺”。
[19] 又：諸本同，興聖寺本作“人”誤。
[20] 官：麗再本作“棺”誤，今據磧本、興聖寺本改。
[21] 凝：麗再本作“疑”，今據磧本、興聖寺本改。
[22] 枝：麗再本作“枚”，興聖寺本作“支”，今據磧本改。
[23] 止：諸本同，興聖寺本作“上”誤。
[24] 導：諸本同，興聖寺本、磧本作“道”誤。
[25] 穴：磧本、興聖寺本作“空”誤。
[26] 涣：磧本作“焕”應誤。
[27] “侃學專攝論”至“解義釋名”：諸本同，興聖寺本脱。
[28] 澈：磧本作“徹”，興聖寺本同麗再本。
[29] 指：諸本同，興聖寺本作“旨”。
[30] 召：諸本同，興聖寺本作“名”誤。
[31] 壓：麗再本、興聖寺本作“厭”誤，今據磧本改。
[32] 又從川者言信的也：磧本、興聖寺本作“又從川字言信的的也”應是。

唐京師延興寺釋吉藏傳十二慧遠

釋吉藏，俗姓安，本安息人也。祖世避仇，移居南海，因遂家于交、廣之間。後遷金陵，而生藏焉。年在孩童，父引之，見於真諦，仍乞詺之。諦問其所懷，可爲“吉藏”，因遂名也。歷世奉佛，門[1]無兩事，父後出家，名爲道諒。精勤自拔，苦節少倫，乞食聽法，以爲常業。每日持鉢將還，跣足入塔，遍獻佛像，然後分施，方始進之。乃至涕涶便利，皆先以手承取，施應食衆生，然後遠棄。其篤謹之行，初無中失。諒恒將藏，聽興皇寺道朗法師講[2]。隨聞領解，悟若天真。年至七歲，投朗出家，採涉玄猷，日新幽致。凡所諮稟，妙達指歸；論難所標，獨高倫次；詞吐贍逸，弘裕多奇。至年十九，處衆覆述，精辯鋒遊，酬接時彦，綽有餘美，進譽揚邑，有光學衆。具戒之後，聲問轉高[3]。陳桂陽王欽其風采，吐納義旨，欽味奉之。隋定百越，遂東游秦望，止泊嘉祥[4]，如常敷引。禹穴成市，問道千餘，志存傳燈[5]，法輪相繼[6]。

開皇末歲，煬帝晋蕃，置四道場，國司供給，釋、李兩部，各盡搜揚。以藏名解著功，召入慧日，禮事豐華[7]，優賞倫異。王又於京師置日嚴寺[8]，别教延藏，往彼居之，欲使道振中原，行高帝壤。既初登京輦，道俗雲奔。見其狀則傲岸出群[9]，聽其言則鍾鼓雷動。藏乃游諸名肆，薄示言蹤，皆掩口杜辭，鮮能其對[10]。然京師欣尚，妙重法華[11]，乃因其利，即而開剖。時有曇獻禪師[12]，禪門鉦鼓[13]，樹業光明[14]，道俗陳迹，創首屈請，敷演會宗[15]。七衆聞風，造者萬計，隘溢堂宇，外流四面，乃露縵廣筵，猶自繁擁。

豪族貴遊，皆傾其金貝；清信道侶，俱慕其芳風。藏法化不窮[16]，財施填積，隨散建諸福田。用既有餘，乃充十無盡藏，委付曇獻，資於悲敬。逮仁壽年中，曲池大像舉高百尺，繕修乃久，身猶未成，仍就而居之，誓當構立。抽捨六物，并託四緣，旬日之間，施物連續，即用莊嚴，峙然高映。故藏之福力，能動物心，凡有所營，無非成就。[17]

隋齊王暕，夙奉音猷，一見欣至，而未知其神府也，乃屈臨第，并延論士。京輦英彦，相從前後六十餘人，並已陷折前鋒，令名自著者，皆來總集。藏爲論主，命章陳曰："以有怯之心，登無畏之座；用木訥之口[18]，釋解頤之談。"如此數百句。王顧學士傅德充曰："曾未延鋒禦寇[19]，止如向述，恐罕追斯蹤。"充曰："動言成論，驗之今日。"王及僚友，同歎稱美。時沙門僧粲，自號三國論師[20]，雄辯河傾[21]，吐言折角，最先徵問。往還四十餘番，藏對引飛激，注贍滔然[22]，兼之閑施體貌[23]，詞采鋪發。合席變情，赧然而退。於是芳譽更舉，頓爽由來。王謂未得盡言，更延兩日，探取義科，重令豎對。皆莫之抗也。王稽首禮謝，永歸師傅，並嚫吉祥麈尾，及諸衣物。

晚以大業初歲，寫二千部法花。隋曆告終，造二十五尊像，捨房安置，自處卑室，昏曉相仍，竭誠禮懺。又別置普賢菩薩像，帳設如前，躬對坐禪，觀實相理。鎮累年紀，不替於兹[24]。

及大唐義舉，初屆京師，武皇親召釋宗，謁于虔化門下[25]。衆以藏機悟有聞，乃推而叙對，曰："惟四民塗炭，乘時拯溺，道俗慶賴，仰澤穹旻。"武皇欣然，勞問勤勤，不覺影移語久。別勑優矜，更殊恒禮。武德之初，僧過繁結，置十大德，綱維法務。宛從物議[26]，居其一焉。實際、定水欽仰道宗，兩寺連請，延而住止，遂通受雙願，兩以居之。齊王元吉，久揖風猷，親承師範，又屈住延興，異供交獻[27]。藏任物而赴，不滯行藏。

年氣漸衰，屢增疾苦，勑賜良藥，中使相尋。自揣勢極難瘳，懸露非久，乃遺表於帝曰："藏年高病積，德薄人微，曲蒙神散，尋得除愈。但風氣暴增，命在旦夕，悲戀之至，遺表奉辭。伏願久住世間，緝寧家國，慈濟四生，興隆三寶。"儲后[28]、諸王，並具遺啓，累以大法。至于清旦，索湯沐浴，著新净衣，侍者燒香，令稱佛號。藏加坐儼思[29]，如有喜色。齋時將及，奄然而化，春秋七十有五，即武德六年五月也。[30]遺命露骸[31]，而色逾鮮白。有勑慰賻[32]，令於南山覓石龕安置。東宫以下[33]，諸王公等，並致書慰問，並贈錢帛。今上初爲秦王，偏所崇禮，乃通慰曰："諸行無常。藏法師道濟三乘，名高十地。惟懷弘於般若，辯囿包於解脱。方當樹德净土，闡教禪林，豈意湛露晞晨，業風飄世，長辭奈苑[34]，遽掩松門。兼以情切緒言，見存遺旨，迹留人往，彌用悽傷。"乃送於南山至相寺。時屬炎熱，坐于繩床，屍不催臭[35]，加趺不散。弟子慧遠樹績風聲[36],收其餘骨,鑿石瘞于北巖,就而碑德[37]。

初,藏年位息慈,英名馳譽,冠成之後,榮扇逾遠。貌象西梵[38],言寔東華,含嚼珠玉[39],變態天挺,剖斷飛流,殆非積學。對晤帝王,神理增其恒習;決滯疑議,聽衆忘其久疲。然而愛狎風流[40],不拘撿約,貞素之識,或所譏焉。加又縱達論宗,頗懷簡略,御衆之德,非其所長。在昔陳、隋廢興,江陰陵亂,道俗波迸,各棄城邑,乃率其所屬,往諸寺中,但是文疏,並皆收聚,置于三間堂内。及平定後,方洮簡之,故目學之長[41],勿過於藏,注引宏廣,咸由此焉。講三論一百餘遍,法華三百餘遍[42],大品、智論、華嚴、維摩等各數十遍,並著玄疏,盛流於世。及將終日,製死不怖論,落筆而卒。詞云:"略舉十門,以爲自慰。夫含齒戴髮,無不愛生而畏死者,不體之故也。夫死由生來,宜畏於生。吾若不生,何由有死。見其初生,即知終死[43]。宜應泣生,不應怖死。"文多不載。[44]

慧遠依承侍奉,俊悟當時,敷傳法化,光嗣餘景。末投迹于藍田之悟真寺,時講京邑,亟動衆心。人世即目,故不廣叙。

【校注】

[1]"問其所懷"至"門":諸本同,興聖寺本脱。

[2]朗:磧本作"明"誤,興聖寺本同麗再本。

[3]聲問:磧本、興聖寺本作"聲聞"。"聲聞"同"聲問",名聲、名氣。案,據安澄中論疏記,吉藏受具爲二十一歲。

[4]止:磧本、興聖寺本作"上"誤。案,"秦望"即秦望山,在今浙江省紹興市南,嘉祥寺在秦望山麓,故吉藏應該是到了秦望山,住於嘉祥寺,故應做"止"。

[5]存:磧本、興聖寺本作"在"亦通。

[6]相繼:磧本、興聖寺本作"繼轉"應誤。案,此期間吉藏與智顗有三封書信收在(永北167)國清百録卷四,今全引如下:吉藏法師書第一百二:"吉藏啓:景上至,奉旨伏慰。下情薄熱,不審尊體何如?伏願信後寢膳勝常。誨授無乃上損?吉藏粗蒙隨衆拜覲,未即伏增戀結,願珍重。今遣智照還啓,不宣。謹啓。

吉藏啓:景上至,奉師慈旨,不勝踴躍。久願伏膺甘露,頂戴法橋,吉藏自顧慵訥,不堪指授,但佛日將沈,群生眼滅,若非大師弘忍,何以克興。伏願廣布慈雲,啓發蒙滯。吉藏謹當竭愚,奉稟誨誘,窮此形命,遠至來劫。伏願大師,密垂加授,夏亦竟,即馳覲。今行遣智照咨問。謹啓。

吉藏啓:景上未至數日之間,便爾感夢。又景上至已後,仍復得夢一二,智照口述。景上尋歸,亦因委咨。謹啓。"

吉藏法師請講法華經疏第一百三:"吴州會稽縣嘉祥寺吉藏稽首和南,伏聞:山號崔嵬,道安登而説法;峰名匡岫,慧遠栖以安禪。未若兹嶺宏麗,接漢連霞,濬壑飛流,沖天灌日。赤城丹水,仙宅隩區,佛隴香罏,聖果福地。復經擅美孫賦,稱奇智者,栖憑二十餘載,禪慧門徒,化流遐邇。昔同壽英彦,纔解通經,法净俊神,正傳禪業。若非道參窮學，德侔補處，豈能經論洞明，定慧兼照。至如周旦歿後，孔丘命世，馬鳴化終，龍樹繼後，如內外不墜，信在人弘。光顯大乘，開發秘教，千年之與五百，實復在於今日。南嶽睿聖，天台明哲，昔三業住持，今二尊紹係，豈止灑甘露於震旦，亦當振法鼓於天竺。生知妙悟，魏晋以來典籍風謡，實無連類。釋迦教主，童英發疑，盧舍法王，善財訪道，敢緣前迹，諦想崇誠，謹共禪衆一百餘僧，奉請智者大師演暢法華一部。此典衆聖之喉襟，諸經之關鍵，伏願開佛知見，耀此重昏，示真實道，朗兹玄夜。庶以三千國土，來稟未聞，百劫後生，奉遵大義。築場戒節，析木將臨，摇落山莊，玄黄均野。桂岩玉蕊，菊岸華榮。彌切聲聞之心，頗傷緣覺之抱。吉藏仰謝前達，俯愧詢求，兢懼唯深，但增戰悚，謹請。開皇十七年八月二十一日。"

[7] 華：諸本同，興聖寺本作"花"。

[8] 置：諸本同，興聖寺本作"景"誤。

[9] 見：磧本作"觀"應是，興聖寺本同麗再本。

[10] 其對：磧本作"具對"誤。"對"，比也。興聖寺本同麗再本。

[11] 重：諸本同，興聖寺本作"京"誤。

[12] 案，曇猷又見本書卷二九釋德美傳附曇猷傳。

[13] 禪：磧本、興聖寺本作"福"誤。

[14] 業：諸本同，興聖寺本作"華"誤。

[15] 敷演：諸本同，興聖寺本作"數暄"誤。

[16] 化：諸本同，興聖寺本作"花"誤。

[17] 案，據三論玄義抄，吉藏作三論玄義，"異本云：大隋仁壽二年四月十四日奉命撰"。

[18] 木：諸本同，興聖寺本作"沐"誤。

[19] 延：磧本作"近"誤。案，爾雅卷一釋詁："延，陳也。"興聖寺本同麗再本。

[20] 三：諸本同，興聖寺本作"王"誤。

[21] 辯：諸本同，興聖寺本脱。

[22] 滔：諸本同，興聖寺本作"泊"誤。

[23] 閒：磧本、興聖寺本作"間"誤。"閒"，閑，嫻雅意。

[24] 不替於兹：磧本、興聖寺本作"不替於終"誤。"替"，廢也。

[25] 虔化門：隋唐長安城太極宫内門，面南，南爲門下省，北爲大内。

[26] 物：麗再本作"初"，今從磧本。興聖寺本字迹不清。

[27] 交：諸本同，興聖寺本作"文"誤。

[28] 儲：麗再本作"諸"誤。"儲后"即太子。今從磧本、興聖寺本。

[29] 加：磧本作"跏"，興聖寺本同麗再本。

[30] 案，吉藏的年壽，在安澄的中論疏記卷一引嘉祥碑爲七十一歲，引述義爲七十八歲，此外尚有九十一歲説。

[31] 遺：諸本同，磧本作"遣"誤。

[32] 賻：磧本作"贈"亦通。興聖寺本字迹不清，隨函録同麗再本。

[33] 以：磧本作"已"亦通，興聖寺本同麗再本。

[34] 奈：諸本同，興聖寺本作"柰"是。

[35] 催：磧本、興聖寺本作"摧"應是。"摧"有毁壞意。

［36］績：麗再本作"續"，今從磧本。"樹續"古籍中罕見。"樹績"則較爲常見，一般用作"建立功勛"義，參見宋書卷六三"能克懋厥猷，樹績所莅"。"風聲"指教化，參見史通卷七直書："史之爲務，申以勸誡，樹之風聲。"興聖寺本字迹不清。

［37］碑：麗再本、興聖寺本、隨函録作"裨"，今從磧本。

［38］象：磧本作"像"是，興聖寺本字迹不清。

［39］嚼：諸本同，興聖寺本作"爵"誤。

［40］然：諸本同，興聖寺本脱。

［41］目：諸本同，興聖寺本作"自"誤。案，"目學"，指目録學。

［42］百：磧本作"十"應是，興聖寺本同麗再本。

［43］終：諸本同，興聖寺本衍作"終終"。

［44］案，吉藏的著作頗多，計有：大品遊意一卷、金剛般若經義疏四卷、仁王般若經疏六卷、法華玄論十卷、法華義疏十二卷、法華遊意一卷、華嚴遊意一卷、勝鬘寶窟六卷、無量壽經義疏一卷、涅槃經遊意一卷、彌勒經遊意一卷、净名玄論八卷、維摩經義疏六卷、金光明經疏一卷、法華論疏三卷、中觀論疏二十卷、十二門論疏六卷、百論疏九卷、三論玄義一卷、大乘玄論五卷、二諦義三卷、大品經義疏十卷、維摩經略疏五卷、法華統略六卷、三論略章一卷。以上今存。已經亡佚的著作有：法華經科文二卷、法華新撰疏六卷、法華玄談一卷、大品經略疏四卷、涅槃經疏十四卷或二十卷、盂蘭盆經疏一卷、中論略疏一卷、中論玄一卷、十二門論略疏一卷、三論序疏一卷、八科章一卷、觀音經贊一卷、仁王略疏一卷、入楞伽義心一卷、净飯王經疏一卷、中論遊意一卷、龍樹提婆傳疏一卷等。

今存著作中，有序跋可以補正史事的有：

①（大正34）法華遊意經卷尾對法華經在中國的流傳略有概括：第九，明部黨不同。此經有新舊二本，古本名正法花。燉煌月支沙門竺法護以晋太康七年（或人云十年）八月十日譯出此經，授優婆塞聶承遠，九月二日訖。張士明、張仲政筆受也。新本名妙法蓮花。羅什以魏秦姚興弘始十年二月六日於長安大寺譯出。亦云弘始五年四月二十三日於長安逍遥園譯出也，即晋安帝時。觀、睿二法師並云，弘始八年，集四方義學沙門二千餘人譯出斯經。睿公云，於時聽受領解之僧八百餘人，皆是諸方英秀，一時之傑竭也。今謂十年翻譯，字之誤也。羅什以秦弘始三年二月二十日至長安，弘始四年正月五日即就翻經，弘始八年八月二十日終於長安，不應十年更翻譯也。又胡僧枝疆魏甘露元年於交洲譯出六卷，名法花三昧經，又沙門支道良晋代〔太〕康元年抄譯爲五卷，名方等法花經。此二本南土皆無也，唯有一卷法花三昧經，又有一卷薩曇分陀利經，當别尋經目録也。然晋有前後，昔有江右名爲西晋，此經猶居外國。自從五（無）王度江左，稱爲東晋，至晋安帝義熙中，此經始度，然此經度江，將三百年矣。第十，明講經原由。經既有二本，初講亦有兩人，漢地以竺法護爲始，護公以永熙元年八月二十八日，比丘康那律師於洛陽寫正法花經竟，與法護口校古訓，譯出深義。九月本齊，十四日於東牛寺施設檀會，講此經竟日晝夜，莫不歡喜。次，新翻法花竟，道融法師於長安講之，開爲九轍，時人呼爲"九轍法師"。自爾已後，著述講説者，不可具陳也。

②（大正38）涅槃經遊意序：就此經有南北二本，廣略不同。北方舊本或有三十三或三十者，品唯有十三。南土文卷有三十六，有二十五品。其間文義浩博，豈可詳寫，故經云："一恒二恒始髣髴見之，三恒四恒乃能知一分之義。"梁武皇帝云：

“涅槃者，義高萬善，事絶百非，空空不能測其真際，玄玄不能究其妙門。自非德均平等，心會無生，金墟玉室，豈易人哉。”余昔經注録之疏零，吉今之憶者十不存一。因兹講，以聊復疏之。就攝山大師唯講三論及摩訶般若，不開涅槃、法華。諸學士請講涅槃經，大師云：“諸人今解般若，那復令再講。”復重請，乃爲道本有今無偈，而遂不講文。至興皇以來，始大弘斯典。但開此經，初形勢非一。或明開路義，如國家域有梗礙，偏隅未賓，開疆祐出，先須斫伐，然後方得行師。今亦爾，爲從來舊執擁塞正道，故須破洗，然後乃得講經。開路義别有科目，待餘暇矣。又或明舍那、釋迦二佛，教門差别不同，或辨因果人法十雙相對，並置而不論。今於此經初，且爲六段：一大意，二宗旨，三釋名，四辨體，五明用，六料簡。

③（大正38）净名玄論序：金陵沙門釋吉藏，陪從大尉公晉王，至長安縣芙蓉曲水日嚴精舍，養器乖方，仍抱脚疾。恐旋南尚遠，而朝露非奢，每省慰喻之言，遊心調伏之旨。但藏青裳之歲，頂戴斯經，白首之年，翫味彌篤。願使經胎不失，歷劫逾明，因撰所聞，著兹玄論。昔僧叡、僧肇悟發天真，道融、道生神機秀拔。並加妙思，具析幽微。而意極清玄，辭窮麗藻，但斯經文約義富，意遠義深，略闡未彰，廣敷似現。故博采南北，捃拾古今，復撿經論，微加檀思，實有過半之功，庶免徒勞之弊。

④ 法華論疏序：妙法蓮華經優婆提舍，婆藪槃逗造，菩提留支譯。婆藪云天，槃逗云親，其人本是天帝釋之弟，釋遣其下閻浮提伏修羅，故云天親。菩提云道，留支云希，謂道希也。並有别傳，今不具叙。斯論譯之甚久，而不盛傳於世者，良有二焉：一、文旨簡略，前後似亂，粗尋之不見首尾故也。二、昔北土、江南多以五時四宗以通斯教，並與論違。講匠守於舊執，背聖信凡，故不傳於世也。餘講斯經，文疏三種，一用關河睿、朗舊宗，二依龍樹、提婆通經大意，三采此論綱領以釋法華。但昔三出經疏，猶未解論文，今具釋之，使經論焕然可領。但此論有二本，一無前序，直云，經云歸命一切諸佛菩薩，此是集經人請護之辭也。二有歸敬，此是天親自作，今具依二文，開三分。一、歸敬三寶，申造論意，請威靈加護爲緣起分。二、牒經解釋，爲正體分。三、重牒章門，追示分齊，爲餘勢分。

⑤（大正42）中論序疏：對於中論序的講解，文多不引。

⑥（大正42）十二門論序疏：大業四年六月二十七日疏，一時講語。此序理深事博，言約義周，略曉六條，方乃可讀。一須深見論意，二精通法華，三妙識般若，四善鑒老、莊，五博尋儒典，六巧製文章。余昔已著三論文玄正言，序是人製，不我釋之。但師每講，常讀此序，而淺識之流，意多紛謬，故略陳綱要，以賜門人也。序爲六分：一標大宗，二釋題目，三叙造論意，四贊論功能。五贊論利益，六作者謙讓。……

⑦（大正42）百論序疏：大業四年十月，因講次直疏出，不事訪也。肇公是京兆郡人，家貧常以傭書爲業，因是歷觀經史。每讀老子、莊周之書，喟然歎曰：美則美矣，然期神冥累之方猶未盡矣。末見古維摩經，觀（歡）喜頂戴，謂親友曰：吾知所歸極矣。羅什至京師，因從請業，著不真空等四論，著注净名及諸經論序。什歎曰：秦人解空第一者，僧肇其人也。若肇公名肇，可謂玄宗之始。年三十一亡。但百論有二序：一叡師所製，二肇公所作。興皇和上每講，常讀肇師序，正爲其人言巧意玄，妙符論旨。親睹時事，所以稟承。又叡師序，是弘始四年前翻，什師初至，方言未融，爲此作序，猶未中詣。肇師序即是此文六年重翻，文義既正，作序亦好。

所以,恒讀肇公序也。余年十四,虚心翫之,登乎弱冠,於寺覆述,生起此次第者。論即是教,以教化物,前須歎教。雖復歎教,但未知何時造,故第二明時節。雖明時節,未知何人所造,故第三明能造之人。雖明能造之人,未知何故造論,故第四明造論意爲緣。雖明能造之論所爲之緣竟,未知名字何等,故第五釋論名題。雖識名目,未知是誰注釋,故第六出注論婆數。注釋雖竟,未知旨趣如何,故第七明論大宗。此之七章,並化行天竺,益天竺之緣,從第八已去,傳流震旦,益於此土,故有第八。什師遠齎梵本,來此翻譯,雖有解法弟子,必須有篤信檀越,故第九明檀越姚嵩。雖有此九條,猶未知論偈多少,故有第十,定品偈多少也。開此一序,以爲十章。一歎論功能,二明造論時節,三歎造論之人,四陳外道興世,即是造論意,五釋論題目,六述注論婆數,七叙論大宗,八明翻論羅什,九辨檀越姚嵩,十定品偈多少。章雖有十,不出人法二義。開人爲五,辨法亦然。故成十矣。……

⑧(卍續 38)大品經義疏序:開皇十五年正月二十日記。止(上)觀師六年在山中不講餘經,唯講大品,臨無常年,諸學士請講涅槃,師云:"諸人解般若?那復欲講涅槃耶?但讀三論與般若自足,不須復講餘經。"諸學士既苦請,師遂爲商略涅槃大意。釋本有今無偈而已。唯留心於波若。興皇初出,講波若,師北岸得大論文墨,還始講大論也。然此經好講而有兩論解釋故。一者,三論通論此經之心髓;二者,大論釋此之本義。此之二論,復是關中什師並融、叡等對翻,論文言精要,義可依信。爲此故,留心尋講也。今當得商略其意,然山門已來道義,不作章段,唯興皇法師作二諦,講開十重者,此是對開善二諦十重故作。其外並無。後人若作章段者,則非興皇門徒也。

⑨(卍續 43)法華統略序:昔在會稽,著此經玄文,凡二十卷。中居京兆,録其要用,裁爲七軸。但余少弘四論,末專習一乘,私衆二講,將三百遍,但斯經言約義富,更有異聞,撰録大宗,復爲此三卷,叙其疏意,略有六焉:一、二本所無,今文方有,如四土之説及七會之文。二、全廢舊通,用今新意,如合大車及火宅之譬。三、新舊兩用,可適時而説,如六序及十方便之例。四、昔言隱昧,今則顯明,如釋妙四門索車七意。五、大宗乃一,而轉勢不同,二本雖明,今須重述。六、改舊分章,依今科約,如方便品六雙之例也。

續高僧傳卷第十二[1]

義解篇八本傳十五　附見七[2]

隋丹陽彭城寺釋慧隆傳一

釋慧隆，俗姓何氏，丹陽句容人也[3]。祖翦，梁武陵王長史。父嶷，梁散騎常侍。隆，十一出家，師於宣武寺僧都沙門慧舒。舒，道業遐暢，風標清舉；學堪物軌，德允人師；烏迴當職[4]，秉持攸寄。隆恭撝恪慎，備盡師資。

年届十三，志存聽學，纔欲聞道，即感靈瑞。有人自稱姓蔣名規，授法花一部，便曰："將來佛法，寔用相寄。"發言適竟，莫知所之。以義推之，若非四依齊位，九師均德[5]，豈能當斯負荷，剋感聖言。遂聽法雲寺礭法師成論[6]，一遍未周，已究深隱；習業數載，獨稱標拔。及登具戒，更采毗尼，故得五氎一河[7]，殊製異飲，備皆斷覈，洞盡銓衡。

及梁運蕩覆，避世順時，雖屬彫荒，學功靡棄，彭城寺内引化如流。陳氏御曆，重闡玄蹤，僧正晅公，道門德望，於兹寺内，結肆開筵。義侶玄徒，四方雲萃，隆當入室，獨冠群英。既解慧超挺，命令敷述。及晅將化，遺旨在斯，法筵是繼，誠當嘉旨。然其識用淹華，言辯清富，每至商榷玄理，頓徙遲疑。雖復談柄屢撝[8]，言鋒時礪，而碩難自撤，簡綽澄遠。隋氏馭宇，九有同朝[9]，上德高人，咸紆延請。隆志存栖晦，以老疾致辭，居舊敷弘，仍以卒歲。

仁壽元年十一月十六日卧疾，二十日遷化。爾時冬至告節，氣序祁寒，雲布彌天，雪飛遍野。及中宵之泥日也[10]，天色開霽[11]，星漢澄明。豈非神靈哀罔，天龍感悼之明瑞矣。然隆慈濟成性，不尚華飾，柔順知足，無貪爲寶。凡講成論三十遍，涅槃、大品各十餘遍，餘則有差，故不具叙。未終前，領弟子於高座寺南山頂聚土築壇，語曰："我若捨形，不煩棺槨，可於此處，以施禽蟲。"壇竟便還，誠哉知命。後依遺命，仍樹高碑，寺沙門法宣爲文。

【校注】

［1］案，趙本之此卷闕佚。

［2］七：諸本作"四"，磧本作"七人"，諸本所闕今據磧本補。

［3］丹陽句容：即丹陽郡句容縣，東漢設，唐武德三年改丹陽郡爲茅州，地當今江蘇省句容市。

［4］案，"烏迴"者即僧正，處理僧衆争訟的綱管。參見王顯勇：佛典詞語校釋七則，西部學刊2013年第10期。

［5］九師：諸本同，麗初本作"大師"誤。案，"九"爲虚數，"九師"即諸師。案，"四依"即"四依止"。

［6］礭法師：諸本同，興聖寺本作"礭師"。

［7］五氎：待考，或指四分律中的"衣犍度"，即僧侶衣服的裁製之法。一河：根據上下文，當是典出大涅槃經卷六如來性品四之三"八不净法"章，意爲對待沾染八不净法的信衆，要劃清界線"乃至不共一河飲水"。

［8］柄：諸本同，興聖寺本作"炳"誤。

［9］九有：即九州，典出詩經商頌玄鳥："方命厥后，奄有九有。"毛傳："九有，九州也。"

［10］泥日：即涅槃日也。

［11］開：諸本同，興聖寺本作"門"誤。

隋江都安樂寺釋慧海傳二

釋慧海，姓張氏，清河武城人[1]。少年入道，師事鄴都廣國寺冏法師[2]，聽涅槃、楞伽，始通再遍，便能覆述，上首加賞，又經五稔，學徒推服。更從青州大業寺道猷法師，受摩訶衍、毗曇等。然猷慧解無礙[3]，開智難思，海以穎脱之才，當斯榮寄。

以周大象二年，來儀濤浦，創居安樂，修葺伽藍，莊嚴佛事，建造重閣，躬自經始，咸資率化，竭筋力而忘倦，蒙寒暑而載馳。常以净土爲期，專精致感。忽有齊州僧道詮，齎畫無量壽像來，云是天竺鷄頭摩寺五通菩薩，乘空往彼安樂世界圖寫尊儀。既冥會素情，深懷禮懺，乃覩神光炤爍，慶所希幸。於是摸寫懇苦，願生彼土，没齒爲念。

以大業五年五月旦，疹患增甚，語弟子曰："我當滅矣。"伸手五指，用表終期，氣息綿微，屬纊斯待。至五日夜，欻然而起，依常面西，禮竟加坐，至曉方逝，春秋六十有九。顔色恬和，儼如神在，道俗悲凉，競申接足。花香如雨下，金寶若山頽，充委階墀[4]，福惠之力矣[5]。然其自少精苦，老而逾篤，般舟密行之法，蘭若思惟之儀，亟展脩行，瑞相常擾。兼以慈仁救護，有劇諸己，誘勸博約，必竭其才。宰官居士之流，老病貧窮之侶，並情遺重輕，德施平等。斯固器宇該含，末代之通人也。講涅槃三十遍，誦法花經一部，講五十遍。即以其月九日，琢石於寺，鎸爲巨室而移坐焉。江都縣令辛孝凱，崇信是投，内外通捨，解衣撤膳，躬自指撝。弟子慧眪，以全身處，乃架塔築基，增其華麗，仍建碑旌德，於寺之門。秘書學士琅耶王眘爲文[6]。

【校注】

[1] 清河武城：即清河郡武城縣。西晋改東武城置，屬清河郡，治當今山東省德州市武城縣西北，北齊移治於今清河縣城關鄉西北十二里處，隋開皇六年改爲清河縣，在武城原址設武城縣屬貝州，大業改州爲郡，屬清河郡。

[2] 廣：興聖寺本、麗初本、資本作"曠"，磧本、趙本同麗再本。冏：麗再本、麗初本作"囧"，今從磧本、興聖寺本。

[3] 解：磧本、興聖寺本作"辯"應是，麗初本同麗再本。

[4] 墀：諸本同，興聖寺本作"階"誤。

[5] 惠：磧本、興聖寺本作"慧"應是，麗初本同麗再本。

[6] 王眘：陳、隋間人，傳見隋書卷七六，先秦漢魏南北朝詩收其作品二首。

隋江都慧日道場釋慧覺傳三

釋慧覺，姓孫氏，其先太原晋陽人也，江右喪亂，遷居丹陽之秣陵焉[1]。覺之在孕，梁代誌公不測人也，遊宅徘徊，顧而言曰："此處當出神童。"俄而載誕，有若符契，幼而風神特達[2]，氣調不群，雖則青襟[3]，便有奇心遠識。於五蔭六塵[4]，深知泡電，誓求離俗，二親弗能違也。

年八歲出家，研精法相。其初伏業即興皇朗法師也，學門擁盛，咸暢玄風，入室之徒，莫非人傑。覺禀承宏論[5]，備觀幽旨；領略津會，鎸求幽賾；騁馳衆妙，得自匈襟[6]。宗匠加賞相繫[7]，稱爲法器。加以遊心九部[8]，備觀數論；詭説異門，並尋枝葉。既而歎曰："槍榆豈沖天之舉[9]，小道乖適遠之津，聊以忘憂，非吾徒也。夫澄神入慧，莫尚五門[10]，攝山泉石致美，息心勝地。"乃摳衣獨往，止于栖霞寺焉。

有慧布法師，空解第一，深明方等，或有未悟，韞櫝于懷[11]，佇知音者[12]，及見欣然，便即開授。又以大智度論，江左少弘，布備宗緒，將陳請説，乃垂覃思[13]，申暢幽微。布公披襟歎美，即命開講。於是舊文新意，兩以通之，遠近餐服，聞所未聞。釋論廣興，於斯盛矣。

陳晋安王伯恭爲湘州刺史，深加禮異，并請講衆，南行弘演。吏部尚書毛喜、護軍將軍孫瑒並鞠躬頂禮，虔仰殊常。左衛將軍傅縡學通内外，氣調甚高，緇素之間，無所推敬，每見覺來，必心形俱肅，劇談高論，流連無已[14]。天爵服人[15]，皆如此類。隋朝剋定江表，憲令惟新[16]，一州之内止置佛寺二所,數外伽藍[17],皆從屏廢。覺懼金剛之地淪毀者多,乃百舍兼行,上聞天聽。有勑霈然[18],從其所請。啓沃神衿,弘護像法,信有力焉。

煬帝昔居藩屏,化牧淮甸,欽佇勝人,義逾仄席,乃賜書曰:"法師安善,凉暑惟宜。承栖遲龜山之域,闡揚龍樹之旨。其義端雄辯[19],獨演暢於稽、陰[20];談柄微言,偏引汲於鏡水[21]。弟子欽風籍甚,味道尤深,今於城内建慧日道場,延屈龍象,大弘佛事,盛轉法輪。上人名稱普聞,衆所知識,今遣迎候,遲能光拂也。"於即賁然來儀,膺此嘉命。法濟上人者,靈智難思,於永福道場請開大論,主上親臨法席,稱善久之。後止白塔,恒事敷説,大品、涅槃、華嚴、四論等二十餘部,遍數甚多。學徒滿席,法輪之盛,莫是過也。先是,江都舊邸立寶臺經藏,五時妙典,大備於斯,及踐位東朝,令旨允屬[22],掌知藏事,僉曰得人。

大業二年,從駕入京,於路見疾,而神色怡然,法言無廢。及至將漸,明悟如常[23]。咸見金剛大神前後圍繞,外國梵僧燒香供養。初有智覺禪師,爰感靈應,乃見覺名題於金録,固其所得位地,義量難測。至三月二十二日,遷化於泗州之宿預縣,春秋五十有三。

惟覺美詞令,善容止,身長八尺,風表絶倫,攝齊昇堂[24],俯仰可則,覩其威儀,莫不改容易觀,寓目忘倦。至於吐納玄言,宣揚妙義,雄辯清論,雲飛泉涌,真可謂日月入懷[25],風飆滿室。雖復褊志滯情,亦頓忘鄙吝。然其芝蘭所化,陶誘之功,日就月將,固亦弘矣。兼通外典,妙善尺牘,屬詞染翰,造次可觀,折簡所至,皆爲模楷。加以風度淹遠,雅量弘深,談絶是非,心夷彼我,峻矣重仞[26],人莫之窺。信施相積,隨用檀捨,二翼之外,纖芥罔畜[27],止有論文、談疏,盈於几篋而已。豈非拔俗之奇才,通方之正士也。

有詔喪事所須,隨由備辦,恩禮周給,務從優厚,并具舟檝,王人將送。其年五月十三日,還窆於江陽縣之茱萸里。傳業學士,數甚滋多。門人智果,稟承遺訓,情深追遠,乃與同學紀諸景行,碑于寺門。秘書詔誥舍人虞世南爲文,金紫光禄大夫、内史侍郎虞世基爲銘,見於别集。

【校注】

[1] 秣陵:秦設縣,後代沿襲,隋開皇九年併入江寧縣,當今江蘇省南京市江寧區。

[2] 幼:諸本同,興聖寺本作"幻"誤。

[3] 襟:諸本同,磧本作"衿"是。"青衿",典出詩經鄭風子衿,當作"衿",然古籍中多有寫作"襟"者,故亦是。

[4] 蔭:諸本同,磧本作"陰"。"五蔭",即五藴,色、受、想、行、識,又譯作五陰、五聚、五衆、五受衆。"六塵",色、聲、香、味、觸、法。

[5] 承:諸本同,興聖寺本作"亟"誤。

[6] 匈：諸本同，磧本作“胸”。“匈”同“胸”。
[7] 繫：麗再本、麗初本作“擊”，今從磧本。興聖寺本字迹模糊。“相繫”，相繼。
[8] 九部：南本大涅槃經卷三金剛身品第二：“能師子吼，廣説妙法，謂修多羅、祇夜、受記、伽陀、優陀那、伊帝目多伽、闍陀伽、毗佛略、阿浮陀達磨，以如是等九部經典，爲他廣説。”九部經尚有其他説法，參見各種佛學辭典。
[9] 槍榆：諸本同，磧本作“粉榆”誤，典出莊子逍遥遊“槍榆枋而止”。
[10] 五門：即五門禪，此處泛指禪定。
[11] 櫝：諸本同，麗初本、隨函録作“牘”。
[12] 知：諸本同，興聖寺本作“智”。
[13] 覃思：諸本同，興聖寺作“惟思思”誤。
[14] 流：諸本同，磧本作“留”。
[15] 人：諸本同，興聖寺本作“入”形，誤。“天爵”，典出孟子告子下：“仁義忠信，樂善不倦，此天爵也；公卿大夫，此人爵也。”
[16] 惟：諸本同，興聖寺本作“推”誤。
[17] 伽藍：諸本同，興聖寺本衍作“似伽藍”。
[18] 勑：諸本同，興聖寺本作“制”誤。
[19] 辯：諸本同，興聖寺本作“辨”。
[20] 稽陰：會稽、山陰二縣。
[21] 汲：諸本作“級”誤，今據磧本改。“鏡水”，指鏡湖。
[22] 允：諸本同，磧本作“元”誤。“允屬”，“允”，虚詞，“屬”，委託。參見舊唐書卷一高祖紀“洎謳謡允屬，揖讓受終”。
[23] 悟：諸本同，磧本作“語”誤。
[24] 齊：諸本作“齋”，今據磧本改。“攝齊”，語出論語鄉黨，意爲提起衣襬。
[25] 入：諸本同，興聖寺本作“八”形，誤。
[26] 仞：興聖寺本、麗初本作“刃”誤，磧本、趙本同麗再本。
[27] 畜：諸本同，磧本作“遺”誤。案，“二翼”，一般指權與實或定與慧。此處或指衣鉢，參見北本大涅槃經卷一一現病品第六：“趣足而食，終不長受。所受衣服，纔足覆身，進止常與三衣鉢具，終不舍離如鳥二翼。”

隋終南山龍池道場釋道判傳四

釋道判，姓郭氏，曹州承氏人也[1]。三歲喪親，十五遊學，般涉史籍，略綜儒道。十九，發心出家，投于外兄而剃落焉。具戒已後，歷求善友，深厭俗累，絶心再往。每閲像教東傳，慨面不睹靈迹，委根歸葉，未之或聞，遂勇心佛境，誓當瞻敬[2]。以齊乾明元年，結伴二十一人，發趾鄴都，將經周塞[3]，關邏嚴設，又照月光，踟躕迴互[4]，義無逾越，忽值雲奔月隱，乘暗度棧，遇逢遊兵，特蒙釋放。以周保定二年，達於京邑，武帝賞接崇重，仍令於大乘寺厚供享之[5]。經逾兩載，上表乞循先志，又蒙開許，勑給國書，并資行調。西度砂磧[6]，千五百里，四顧茫然，絶無水草。乘飢急行，止經七夕，便至高昌。國是小蕃，附庸突厥。又請國書，至西面可汗所[7]此云天子治也。彼土不識衆僧，將欲加害。增人防衛，不給糧食，又不許出拾掇薪菜，但令餓死。有周國使人諫云[8]："此佛弟子也，本國天子大臣敬重供養，所行之處[9]，能令羊馬孳多[10]。"可汗歡喜，日給羊四口，以充恒食，判等放之而自煮菜進噉。既見不殺衆生，不食酒肉，所行既殊，不令西過。乃給其馬乘，遣人送還，達于長安，住乾宗寺。判以先在窮險，無人造食，遂捨具戒，今返京室，後乃更受之。停止五年，逢静藹法師[11]，諮詢道務，慧業冲邃，淹歷五周，朝夕聞問，方登階漸[12]。

會武帝滅法，與藹西奔于太白山。同侣二十六人，逃難巖居，不忘講授，中、百四論，日夜研尋，恂恂奉誨[13]。雖有國誅，靡顧其死，東引尋山，岠于華岳，凡所遊遁者，望日參焉。遂離考山室，二十餘所。依承藹德，爲入室之元宗，始末一十五年，隨逐不捨。後藹捨身窮谷，用陳護法，判含酸茹毒，奉接遺骸，建塔樹銘，勒于巖壁。天元嗣曆，尋改邪風，創立百二十人爲菩薩僧，判當其數。初住陟岵寺，大隋受命[14]，廣開佛法，改爲大興善焉。判道穆僧徒[15]，歷總綱任[16]，敦攝彝倫[17]，有光先範。開皇之肇，於終南山交谷東嶺，池號野豬，迥出雲端[18]，俯臨原陸，躬自案行[19]，可爲栖心之場也，結草爲庵，集衆説法[20]。開皇七年，勑遣度支侍郎李世師，將天竺監工[21]，就造院舍[22]，常擬供奉，知判道業修曠，給額爲龍池寺焉[23]。大將軍雲定興以爲檀越，四事供給，無爽二時。侍郎獨孤機餐奉音猷，於宅後園，别立齋宇，請來栖息，終日將事，稟其法戒。薛國公及夫人鄭氏夙奉清訓，年别至此[24]，諮承戒誥，決通疑議。

以大業十一年五月四日平旦，卒於山寺，春秋八十有四。初，判釋蒙啓法，性狎林泉，少欲無競，樂居儉攝；行慈濟乏，偏所留心；履苦登危，彌其本意。故每至粟、麦二熟[25]，行乞貯之；至厚雪彌山，則遺諸飛走，所以山侣遊僧，蒙其獎濟者殷矣[26]。又食不擇味，生無患苦；僧事鞅掌，身先令之；而弘道終朝，虔虔無怠[27]；雖暫遊世，恒歸山室。斯亦巖岫之學觀矣。

【校注】

[1] 承氏：諸本同，當爲"乘氏"，參見隋書卷三〇地理中"濟陰郡條"下，治當今山東省菏澤市巨野縣龍固鎮一帶。

[2] 當：諸本作"尚"，今從磧本。

[3] 周塞：諸本同，磧本作"關塞"，與下文"關邏"重。

[4] 互：諸本同，磧本作"首"誤。案，"迴互"，來來迴迴。參見元稹元氏長慶集卷二三捉捕歌："网羅布參差，鷹犬走迴互。"

［5］享：諸本同，興聖寺本作“厚”誤。
［6］砂：磧本、興聖寺本、隨函録作“石”，麗初本同麗再本。
［7］汗：磧本、興聖寺本、麗初本作“寒”。
［8］諫云：諸本同，磧本作“諫可寒云”。
［9］之：諸本同，興聖寺本作“至”誤。
［10］孳：磧本、興聖寺本作“滋”誤，磧本同麗再本。
［11］静藹法師：傳見本書卷二三。
［12］漸：諸本同，興聖寺本作“斬”誤。
［13］恂恂：諸本同，興聖寺本脱一“恂”字。
［14］命：諸本同，興聖寺本作“位”誤。
［15］徒：諸本同，磧本作“待”誤。
［16］任：諸本同，磧本作“住”誤。
［17］敦攝彝倫：麗再本作“部攝彝倫”，麗初本作“郭攝彝倫”，興聖寺本作“敦攝尋倫”，今從磧本。“敦”，爾雅注疏卷一釋詁上：“敦，勉也。”有勸勉意。“攝”有管轄統領意。世説新語中卷下品藻：“陳仲舉强於犯上，李元禮嚴於攝下。”
［18］迥：諸本同，磧本作“逥”誤。
［19］案：諸本同，興聖寺本作“安”誤。
［20］説法：諸本同，磧本作“講説”。
［21］監：諸本作“醫”誤。
［22］院：諸本同，磧本作“精”。
［23］案，“龍池寺”在今陜西省西安市長安區太乙宫街道辦事處所轄蛟峪口。
［24］此：磧本、興聖寺本作“山”，麗初本同麗再本。
［25］熟：諸本同，興聖寺本作“孰”誤。
［26］蒙：諸本同，麗初本作“家”誤。
［27］虔虔：諸本同，興聖寺本作“虎虎”誤。

隋終南山悟真寺釋净業傳五

釋净業，俗姓史氏，漢東隨人也。年登小學，即霑緇服，閭里嘉之，號稱賢者。專經之歲，割愛出家，净養威儀，霜厲冰潔。受戒以後[1]，遊刃河内，精研律部，博綜異聞。時有論師慧遠，樹德漳河，傳芳伊洛，一遇清耳，便伸北面。學涅槃等經，皆品酌其致，弘宣大旨，而恨文廣功略，章句未離。及遠膺詔入關，業亦負帙陪從，首尾餐承[2]，盡其幽理。晚就曇遷禪師，學於攝論。遷，器宇崇廓，牆仞重深，遂舉知人，同揚樂説，嘉業鑽仰誠至，乃傾襟導引。隨聞頂受，緘勒寸心。

開皇中年，高步於藍田之覆車山，班荆採薇，有終焉之志。諸清信士，敬揖戒舟，爲築山房，竭誠奉養，架險乘懸，製通山美，今之悟真寺是也。[3]

業確乎内湛，令響外馳[4]。仁壽二年，被舉，送舍利于安州之景藏寺。

初,通行諸基,欲於十力寺置之。行至景藏,忽感異香滿院,衆共嗟怪,因而樹立。將下舍利,赤光挺出,照于人物。寺重閣上,聞衆人行聲,及往掩捕,扃閉如初,一人不見。塔北有池,沙門浄範爲諸道俗受菩薩戒,乃有群魚游躍,首皆南向,似受歸相。範即乘舟入水,爲魚授法,魚皆迴頭繞船,如有聽受,都無有懼。業慶其所遇,乃以舍利置於佛堂。先有塑菩薩一軀[5],不可移轉,至明乃見迴身面於舍利,狀類天然,一無損處。屢興别瑞,傳言不盡。

大業四年,召入鴻臚館,教授蕃僧。九年,復召住禪定寺,聯翩荏苒,微蹇清曠。後欲返於幽谷,告同學曰:"此段一行,便爲不返。"而别未淹旬,已聞殂化[6],春秋五十有三。達生知命,斯亦至哉,即大業十二年二月十八日也,露骸松下。

初,業神岸温審,儀止雍容,敦仁尚德,有古賢才調。篤愛方術,卻粒練形,冰玉雲珠[7],資神養氣,而卒非其所治,徒載聲芳。潔己清貞,差爲傳德矣。

【校注】

[1] 以:諸本同,磧本作"已"。

[2] 餐(湌):諸本同,磧本作"食"誤。

[3] 案,"覆車山",即今陝西省藍田縣東九公里處王順山。"悟真寺",在悟真谷,即今藍水谷中。山中今存石窟及宋人刻辭,參見悟真寺石窟調查組:藍田悟真寺石窟及宋代題刻,文博2001年第6期。

[4] 饗:興聖寺本、麗初本作"嚮",磧本同麗再本。

[5] 塑(塐):興聖寺本作"素"誤,麗初本同麗再本。

[6] 殂:磧本、興聖寺本作"怚"誤。説文卷一〇"心部":"怚,驕也。"亦通"粗"。麗初本同麗再本。

[7] 冰玉:諸本同,磧本作"水王",誤。案,"水王",一般指大海。"冰玉",指冰玉散。搜神記卷一:"赤松子者,神農時雨師也,服冰玉散,以教神農,能入火不燒。至崑崙山,常入西王母石室中,隨風雨上下。炎帝少女追之,亦得仙,俱去。至高辛時,復爲雨師,遊人間。今之雨師本是焉。""雲珠",雲母之一種。葛洪抱朴子内篇卷一一仙藥:"又雲母有五種……五色並具而多赤者名雲珠,宜以夏服之。"

隋西京大禪定道場釋童真傳六

釋童真,姓李氏,遠祖隴西,寓居河東之蒲坂焉。[1]少厭生死,希心常住,投曇延法師爲其師範,綜掇玄儒,英猷秀舉。受具已後,歸宗律句[2],晚涉經論,通明大小,尤善涅槃,議其詞理。恒處延興,敷化不絶,聽徒千數,各標令望,詳真高譽,繼迹於師。

開皇十二年,敕召於大興善對翻梵本。十六年,别詔以爲涅槃衆主[3]。披解文義,允愜衆心,而性度方正,善御大衆;不友非類,唯德是欽。仁壽元年,下敕率土之内普建靈塔,前後諸州一百一十一所,皆送舍利,打剎勸課,繕構精妙。真以德王當時,下敕令往雍州創置靈塔[4],遂送舍利於終南山仙遊寺,即古傳云秦穆公女名弄玉習仙昇雲之所也[5]。初真以十月内,從京至寺,路逢雨雪,飛奔滂注,掩漬人物[6],唯舍利輿上,獨不霑潤,同共異之。寺居衝谷,日夕風振,自靈骨初臨,迄于藏瘞,怗然恬静[7]。燈耀山谷兼以陰雲四塞,雨雪俱零,冀得清霽見日,有符程限,真乃手執熏爐,興發大願,恰至下期,冬日垂照,時正在午[8],道俗同慶。及安覆訖,還復雲合。大衆共歎,真心冥感之所至也。

大業元年,營大禪定,下敕召真爲道場主,辭讓累載,不免登之。存撫上下,有聲僧網。又以涅槃本務,常事弘奬,言令之設,多附斯文。大業九年,因疾卒于住寺[9],春秋七十有一。真抱操懷亮,朋附高流,斷下之徒,性非傾徙。寺既初立,宰輔交參,隆重居懷,未始迎送。情槩天表[10],卒難變節。當正臨食,衆將四百,大堂正梁,忽然爆裂,聲駭震霆。一衆驚散,咸言摧破,徒跣而出者非一。唯真端坐,依常執匙而食[11],容氣不改,若無所聞。兼以偏悲貧病,撤衣拯濟,躬事扶視[12]。時所共嘉,剛柔兼美焉。

【校注】

[1] 案,據釋童真墓誌:"法師俗姓李氏,隴西敦煌人也,後居河東之虞鄉縣焉。"圖版見劉文編:陝西新見隋朝墓志,三秦出版社 2018 年。

[2] 句:諸本同,興聖寺本作"司"。

[3] 主:諸本同,興聖寺本作"生"形。

[4] 往:諸本作"住"誤,今據磧本改。案,資本從"往雍州"至下义善會傳"若待法師即世"爲抄補。

[5] 案,弄玉典出列仙傳卷上蕭史傳。仙遊寺在今陝西省周至縣南三十里處黑水峪口,1998 年考古工作者對於寺塔進行發掘整理,發現了地宫、舍利及其隋文帝分贈舍利塔銘,參見劉杲運:仙遊寺法王塔的天宫、地宫與舍利子,收藏家 2000 年第 7 期。

[6] 掩漬:諸本同,磧本作"淹漬"誤。案,"掩"作遮蔽意,"漬"作浸潤意。

[7] 怗:諸本同,磧本作"怡"誤。

[8] 在:諸本同,興聖寺本作"存"。

[9] 住寺:麗再本、麗初本作"寺住"倒,今據磧本、興聖寺本改。案,據童真墓誌,"大隋大業十年歲次甲戌三月己亥朔"卒於大禪定道場,"即以其月十三日葬於京兆郡大興縣義陽鄉之原。弟子法該千餘人等……今乃勒此貽銘……"此墓誌並非考古發掘品,其可靠性尚不確定。

[10] 情:諸本同,磧本作"倩"誤。

［11］匙：諸本同，隨函録作“匕”。
［12］扶：諸本同，磧本作“伏”亦通。

隋西京大禪定道場釋靈幹傳七靈辯

釋靈幹，姓李氏，金城狄道人[1]。祖相，封於上黨，遂隨封而遷焉。年始十歲，樂聞法要，遊寺觀看，情欣背俗，親弗違之。年十四，投鄴京大莊嚴寺衍法師爲弟子[2]。晝夜遵奉，無怠寸陰，每入講堂，想處天宫無異也。十八，覆講華嚴、十地。初開宗本[3]，披會精求，僉共怪焉。又酬抗群鋒，無所躓礙，衆益欣美。冠年受具，專志毗尼。而立性翹仰，恭攝成節，三業護持，均持遮性。

周武滅法，通廢仁祠，居家奉戒，儀體無失[4]。隋開佛日，有勑簡入菩薩數中。官給衣鉢，少林置館[5]。雖蒙厚供而形同俗侣[6]，開皇三年，於洛州净土寺方得落采出家[7]，標相自此繁興。有海玉法師，構華嚴衆[8]，四方追結，用興此典。幹即於此衆，講釋華嚴。東夏衆首，咸共褒美。開皇七年，因修起居，道業夙聞，遂蒙别勑，令住興善，爲譯經證義沙門。

至十七年，遇疾悶絶，惟心不冷，未敢藏殯[9]。後醒述云：

初見兩人手把文書户前而立，曰：官須見師。俛仰之間，乃與俱往，狀如乘空，足無所涉。到一大園，七寶樹林，端嚴如畫。二人送達，便辭而退。幹獨入園，東西極目，但見林地山池，無非珍寶，焜煌亂目，不得正視。樹下花座，或有人坐，或無坐者。忽聞人喚云：“靈幹，汝來此耶。”尋聲就之，乃慧遠法師也。禮訊問曰：“此爲何所？”答是兜率陀天，“吾與僧休同生於此。次吾南座上者，是休法師也”。遠與休形並非本身，頂戴天冠，衣以朱紫，光偉絶世，但語聲似舊，依然可識。又謂幹曰：“汝與我諸弟子，後皆生此矣。”

因爾覺悟，重增故業，端然觀行，絶交人物。

仁壽三年，舉當寺任[10]，素非情望，因復俯從。其年奉勑，送舍利於洛州，便置塔於漢王寺。初建塔所，屢放神光[11]，風起燈滅，而通夕明亮，不須燈照。又感異香，從風而至。道俗通見。四月八日，下舍利時，寺院之内，樹葉皆萎，鳥鳥悲叫[12]，及填平滿，還如常日。時漢王諒作鎮晋陽，承幹起塔王之本寺，遠遣中使賜什物[13]。

然其善於世數，機捷樞要，辯注難加。嘗爲獻后述懺[14]，帝心增感，歔欷連洏[15]。乃賜帛二百段，用旌隆敬[16]。大業三年，置大禪定，有勑擢爲道場上座，僧徒一盛，匡救有叙[17]。至八年正月二十九日，卒於寺房，春秋七十有八。幢蓋道俗，相與奔隨，乃火葬於終南之陰。

初，幹志奉花嚴，常依經本，作蓮華藏世界海觀及彌勒天宫觀。至于疾甚，目精上視[18]，不與人對，久之乃垂，顧如常日。沙門童真問疾，因見是相，幹謂真曰："向見青衣童子，二人來召。相逐而去，至兜率天城外，未得入宫。若翹足舉望，則見城中寶樹花蓋，若平立則無所見也。"旁侍疾者曰："向舉目者，是其相矣。"真曰："若即往彼[19]，大遂本願[20]。"幹曰："天樂非久，終墜輪迴，蓮華藏世界是所圖也。"不久氣絶，須臾復還[21]。真問："何所見耶?"幹曰："見大水遍滿，華如車輪，幹坐其上。所願足矣。"尋爾便卒。

沙門靈辯，即幹之猶子也。少小鞠育，誨以義方，携在道位，還通大典。今住勝光寺[22]，衆議業行，擢知綱住，揚導華嚴，擅名帝里云。

【校注】

[1] 金城狄道：狄道縣屬金城郡是在大業三年到唐武德二年之間。狄道縣治，在今甘肅省臨洮縣。然此狄道縣爲郡望，非指靈幹先祖曾定居此地。

[2] 衍法師：即曇衍，見本書卷八本傳。

[3] 本：諸本同，興聖寺本作"大"誤。

[4] 無(无)：諸本同，麗初本作"元"誤。

[5] 置館：磧本、興聖寺本作"安置"似更貼切，麗初本同麗再本。

[6] 俗侣：諸本同，興聖寺本在"俗""侣"之間衍一字，衍字字迹不清。

[7] 采：諸本同，磧本作"髮"。

[8] 構：麗再本作"講"誤，今據諸本改。

[9] 殯：磧本作"擯"，興聖寺本作"墤"。

[10] 當：諸本同，磧本作"掌"。

[11] 屢：諸本同，興聖寺本作"屬"誤。

[12] 烏：諸本同，興聖寺本作"焉"。

[13] 嚫賜什物：諸本同，興聖寺本作"嚫錫付物"誤。

[14] 爲：諸本同，興聖寺本脱。

[15] 連洏：諸本同，磧本作"漣濡"誤。"連洏"，一切經音義卷九三："連洏者，泣淚流貌。"

[16] 敬：諸本同，興聖寺本作"放"誤。

[17] 叙：諸本同，磧本作"序"。"叙"同"序"。

[18] 目精：諸本同，磧本作"目睛"亦通。"目精"，眼珠。參見文選卷一九高唐賦："煌煌熒熒，奪人目精。"

[19] 往：諸本作"住"。

[20] 大遂本願：諸本同，磧本作"大遂本願矣"。

[21] 還：諸本同，磧本作"通"應是。

[22] 今：諸本同，磧本作"令"誤。

隋東都内慧日道場釋敬脱傳八

釋敬脱，不詳姓氏，汲郡人也[1]。童少出家[2]，以孝行清直知名[3]，雖該覈小大，偏明成實。講解周鏡，不虧聲問[4]，開張衢術，章疏惟新[5]，爲後學宗仰。又善聲韻，兼通字體，蒼、雅、林、統，識其科蹤。文章篇什[6]，頗豫倫伍。同住房院，罕見餘談[7]，手不輟卷，專師廣贍。威儀修整，未曾反顧，身極長大，充滿圓成，時共目之以爲"僧傑"。人有達於帝者，乃追住慧日。四海齊架，又無與競，志節堅正，最爲稱首。

帝欲試諸大德，誰爲剛亮，通命引入允武殿，勑監門郎將段文操拔刀逐之令走。諸大德並趍步速往，唯脱緩步如常，語操曰："卿何事以此相逼？"及上殿坐，語論佛理，帝徐顧操曰："衆僧素不知俗法，監門何得催耶？"私異脱之大志也，勑賜大竹扇，面闊三尺，即令執用。並賜松抱高屧[8]，令著於宫中而出。帝目送之[9]，曰："誠僧傑矣。"爾後常弘成實，無替時序。

以大業十三年，卒于東都鴻臚寺，春秋六十三。自脱之聽學也，常施荷擔，母置一頭，經書及筆又置一頭。若至食時，留母樹下，入村乞食，用以充繼。其筆絶大，麁管如臂，可長三尺，方丈一字，莫不高推。人有乞書者[10]，紙但一字耳。風力遒逸，覩之不厭，皆施諸壁上，來往觀省。東都門額，皆脱所題，隨一賦筆，更不修飾。

時慧日有沙門法楞者，偏弘地論，著述疏記，聲名相副，見重道場。及于終世，以事聞奏。帝哀之，殯殮所資，皆從天府。

【校注】

[1] 汲郡：西晋置，治所在今河南省衛輝市西南二十里，西晋末廢。北魏太和十二年重置，治所在今河南省浚縣淇門渡，隋初廢。大業初置，治所在今河南省浚縣衛賢鄉。唐武德元年改爲衛州。據文意，當是大業重置之汲郡。

[2] 童少：諸本同，磧本作"年少"。"童少"，參見三國志卷五六吴志朱異傳裴注引文士傳："張惇子純與張儼及異俱童少，往見驃騎將軍朱據。"又本書卷一七僧善傳亦作"童少出家，便從定業"。

[3] 直：諸本同，興聖寺本作"真"。

[4] 問：諸本同，磧本作"聞"。

[5] 新：諸本同，興聖寺本作"雜"誤。

[6] 什：諸本同，興聖寺本作"付"誤。

[7] 罕：諸本同，興聖寺本作"旱"誤。

[8] 抱：諸本同，麗初本作"枹"。案，據隨函録，"松抱高屧"爲松樹根製成的高齒屐。

[9] 目：麗再本、麗初本作"自"，今從磧本、興聖寺本。

[10] 有：諸本同，興聖寺本作"者"誤。

唐京師净影寺釋善胄傳九慧威

釋善胄,俗姓淮氏[1],瀛州人[2]。少出家,通敏易悟,機達爲心[3],預涉講會,樂詳玄極。大論、涅槃是所鑽注。齊破投陳,奔造非數。年屬荐餒[4],告乞是難[5],日濟一餅,纔充延命,形極羸悴,衆不齒録。行至一寺,聞講涅槃,因入論義。止得三番,高座無解,低頭飲氣,徒衆千餘,停偃講席[6]。於是扶舉而下[7],既至房中,奄然而卒。胄時論訖即出,竟不知之。後日更造,乃見造諸喪具,因問其故。乃云:"法師昨爲北僧所難,乃因即致死[8]。"衆不識胄,不之擒捉。聞告自審,退而潛焉。經于數日,後得陳僧將挾,復往他講所,論義者無不致屈,斃者三人。由此發名振績[9],大光吴越。

隋初度北,依遠法師,止于京邑,住净影寺。聽徒千數,並鋒鋭一期[10],而胄覆述竪義,神采秀發[11],偏師論難,妙通解語。遠製涅槃文疏,而胄意所未弘,乃命筆改張,剖成卷軸,鑿深義窟[12],利寶罔遺。遠聞告曰:"知子思力無前,如何對吾改作,想更别圖,可耶[13]?"胄曰:"若待法師即世,方有修定,則胄之虚名終無實録。"遠乃從之,疏既究成[14],分宗匠世,亟有陳異。遠亡之後,勑令於净影寺爲涅槃衆主。

開皇將末,蜀王秀鎮部梁、益,携與同行。岷嶓望德[15],日歸成務[16]。逮仁壽末歲,還返關中,處蜀道財,悉營尊像,光坐嚴飾,絶世名士。雖途經危險,而步運並達,在京供養,以爲摸範。

會文帝置塔,勑送舍利于梓州牛頭山華林寺。嚴輿將達,感猪八頭,突到輿下,從行至館。驅逐乃走,還來如故。漸至城治,黑蜂四枚,形甚壯偉,隨輿旋繞,數匝便去。既至州館,夜放大光,明徹屋上,如火焰發[17],食頃方滅。又掘塔基,入深丈餘,正當函處,得古瓷瓶,無蓋有水,清澄香美,乃用盛於函内。寺有九層浮圖,從西南角第二級放光,上照相輪,如五石瓮許,黄赤如火,良久方隱。又堂内彌勒像亦放眉間紫光,並二菩薩亦放赤光,通照寺院。前後七度,衆人同見,除不來者。[18]

及大業造寺,廣召德僧,胄應高選,又住禪定。屢開法席,傳嚮相尋[19],因感風疾,脣口喎偏。時人謂改張遠疏之所及也。初遠以涅槃爲五分,末爲闍維分。胄尋之揣義,改爲七分,無有闍維,第七云結化歸宗分。自風疾多載,而問難尋常,爲諸學者所共驚憚。後忽患損,口如恒日,胄曰:"吾患既差命必終矣。此不可怪,理數然也。"

大業十三年,欲返本寺,衆不許之,乃以土塞口,欲自取死。寺衆見其志决,方復開許。以武德三年八月内,終於净影寺,春秋七十有一。初患篤,謂門人曰:"吾一生正信在心,於佛理教無心輕略,不慮净土不生。"即令拂拭房宇,燒香嚴待。病來多日委卧不起,忽爾自坐合掌,語侍人曰:"安置世尊令坐。"口云:"世尊來也。冑今懺悔慚愧。"如是良久,曰:"世尊去矣。"低身似送。因卧曰:"向者阿彌陀佛來,汝等不見耶[20]? 不久吾當去耳。"語頃便卒。葬于城南韋曲之北崖,遵遺令也[21]。[22]

弟子慧威住大總持,講尋宗迹,著名京室。

【校注】

[1] 淮:諸本同,興聖寺本作"准"誤。

[2] 瀛州:北魏太和十一年置,隋大業三年廢州置河間郡,唐武德四年廢郡置瀛洲,治所在今河北省河間市。

[3] 達:諸本作"悟"誤,前後兩"悟"重。

[4] 年屬荐餒:麗再本、麗初本作"年屢荐餒",興聖寺本作"年屬荏餒",今從磧本。

[5] 告:諸本同,興聖寺本作"造"誤。

[6] 席:諸本作"唱"誤。

[7] 舉:磧本、興聖寺本作"舉"誤,麗初本同麗再本。

[8] 乃:諸本同,興聖寺本作"及"誤。

[9] 績:磧本、興聖寺本作"續"誤,麗初本同麗再本。

[10] 鋒:諸本同,興聖寺本作"鉢"誤。

[11] 采:諸本同,興聖寺本作"平"形。

[12] 義:諸本同,興聖寺本脱。

[13] 耶:磧本、興聖寺本作"邪",麗初本同麗再本。

[14] 究:諸本同,興聖寺本作"定"誤。"究",據説文卷七下"窮也",引伸爲"謀""推尋",詩經小雅棠棣"是究是圖"。

[15] 德:諸本同,興聖寺本脱。

[16] 歸:諸本同,磧本衍作"歸道"。

[17] 發:諸本同,興聖寺本脱。

[18] 案,梓州牛頭山華林寺,在今四川省三臺縣。清光緒二十六年七月二十四日,在牛頭山挖掘出隋舍利塔地宫,當時人記載:"掘土丈許,現大平石,上鐫'大隋皇帝舍利塔銘',起視則石碣存焉,如棋盤式,上鐫銘詞百字,詞既簡古,字亦遒勁。又揭視,下作方石匣。匣藏琉璃瓶一,中貯清水,金環一,銅扣二,古錢數枚,皆盛以銅盒,盒實香屑幾滿,迄今一千三百餘年而香氣猶撲鼻不散,不知爲何物也,因歌以記之。"見三臺縣志卷二一邑人陳錫儒隋舍利塔銘石碣歌並序。塔銘原石不知去向,塔銘拓片圖版收録於北京圖書館藏中國歷代石刻拓本彙編第九册。

[19] 嚮:磧本、興聖寺本作"響"是,麗初本同麗再本。

[20] 不見耶:諸本同,磧本作"還見否"。

[21] 遵:諸本同,興聖寺本作"尊"誤。

[22] 案,北宋戒珠所輯净土往生傳卷中釋善冑傳頗有不見於此傳之資料,今全文録入:"釋善冑,俗姓淮,瀛州博野人也。少通義學,出於流伍。嘗遊吴中,遇法師慧靖講涅槃經,道俗千人,傾耳注聽。冑於千人之中,與之論議,往復徵詰,大爲克勝。由

是數郡,飛播時譽。隋仁壽三年,文皇帝詔擇名僧五十三人,分舍利於五十三郡。胄以所負之善,獲預其選。就其所選,胄尤有聲焉。然胄寡親世務,親戚故舊,情亦薄然。惟於净土,特著勳業。所居堂宇,有彌陀像及二菩薩,累放光明,内外見者,靡不稱歎。而胄也其終無言焉。大業二年卧疾,至唐武德三年,疾乃有瘳。胄曰:'吾病瘳矣,命且將盡。'俄而,驟致綿篤。又曰:'吾於佛教,本無輕略,不慮净土不生。'即令諸僧拂拭房宇,嚴待時至。其夕諸僧,尚在胄側,而胄倏起合掌而祝曰:'佛以四十八願攝我,有情必冀,此時如佛本願。'已而又曰:'諸有衆生,於多劫中,不值佛,不聞法。今佛光明,幸既照胄,胄向所願無愆矣。'言訖遂終。"

唐京師勝光寺釋辯相傳十[1]

釋辯相,姓史,瀛州人也。性愛虚静,遊聽有聲,業綜經術,齊趙之方,備聞芳績。後旋洛下[2],涉諸法席。又往少林,依止遠公,學於十地。大小三藏,遍窺其隩隅,而於涅槃一部,詳覈有聞[3]。末南投徐部,更採攝論及以毗曇,皆披盡精詣,傳名東壤,光問師資[4],衆所歸向。開皇七年,隨遠入輔,創住净影,對講弘通,仁孝居心,崇仰師轍。

仁壽置塔,勑令送舍利於越州大禹寺[5]。民庶歡躍,欣見遺身。未及出間,光自涌現[6],青黄赤白四色,昭彰流溢于外。七衆嗟慶,勝心屢動。又於山側獲紫芝一枚,長二尺三寸,四支三蓋[7],光色鮮綺[8]。

還返京都,大弘法席,常聽學士一百餘人,並得領袖當時,親承音誥。大業之始,召入東都,於内道場,敷散如故。爲鄭擁逼[9],同固洛濱。武德初年[10],蒙勑延勞,還歸京室,重弘經論,更啓蒙心。今上昔在弘義,欽崇相德[11],延入宫中,通宵法論,亟動天顧[12],覸錫豐美,乃令住勝光。此寺即秦國之供養也,故以居焉。晚以素業所資,慧門初闢[13],追崇净影,仍就講說。又捨所遺,圖遠形相,常存敬禮,用光先範[14]。

以貞觀初年,因疾纏身,無由取逝,乃隱避侍人,自縊而卒,在于住寺。春秋七十餘矣[15]。相爲人敦素,形色鮮白,眉目濃朗,儀止閑泰。商榷名理,接頓詞義,有神采矣。

【校注】

[1] 勝光寺:諸本同,興聖寺本作"大總持寺"。

[2] 旋:諸本同,興聖寺本作"施"形。

[3] 聞:諸本同,興聖寺本作"門"誤。

[4] 問:諸本同,磧本作"聞"是。"光聞師資",即"師資光聞",意爲好老師的名聲遠聞。

[5] 越:諸本同,興聖寺本作"吴"誤。

[6] 涌：興聖寺本、麗初本作“浦”誤，磧本同麗再本。
[7] 支：諸本同，磧本作“枝”。
[8] 綺：諸本同，磧本作“奇”誤。
[9] 爲：諸本作“僞”應是。
[10] 年：諸本同，資本作“平”。
[11] 相：磧本作“明”誤。“相”，指辯相法師。
[12] 顧：諸本同，永北本作“顔”。
[13] 門：興聖寺本、麗初本作“問”誤，磧本同麗再本。
[14] 先：諸本同，磧本作“師”似較優。
[15] 餘：諸本同，磧本作“有餘”。

唐京師大總持寺釋寶襲傳十一曇恭 明洪

釋寶襲，貝州人[1]，雍州三藏僧休法師之弟子。休，聰達明解，神理超逸，齊末馳聲，廣於東土。周平齊日，隱淪本州。天元嗣立[2]，創開佛法，休初應詔，爲菩薩僧，與遵、遠等同居陟岵。開皇七年，召入京輦，住興善寺。襲，十八歸依，誦經爲業，後聽經論[3]，偏以智度爲宗。布響關東[4]，高問時傑[5]，從休入京，訓勗爲任。開皇十六年，勑補爲大論衆主，於通法寺四時講化，方遠總集。

逮仁壽造塔，又勑送舍利於嵩州嵩岳寺[6]。初，雲霧暗合，七日蒙昧，襲乃擎爐發誓：願將限滿，下舍利時，得見日采。俄而所期既至，天開光耀，日當正午。既副情望，遂即藏翳。末又送于邢州汎愛寺。忽於函上見諸佛、菩薩等像，及以光明，周滿四面，不可殫言。通於二日，光始潛没，而諸相猶存[7]。及當下時，又見卧像一軀[8]，赤光踴起。襲欣其所感，圖而奉敬。至文帝昇遐，起大禪定，以名稱普聞，召而供養。

武德末年，卒於住寺，春秋八十矣。

有弟子曇恭、明洪，皆善大論。恭，少而機辯，見解有名，屢講經論，京室稱善，護法匡弼，頗存聖言。貞觀初年[9]，勑徵爲濟法上座，綱維僧務，傳芳季緒[10]。後召入弘福[11]，又令知普光寺任。德爲時須，故輪轉無定，卒於任所。

洪，亦以榮望當時，紹宗師業，召入普光，時復弘法。而專營浴供，月再洗僧，係踵安公[12]，歸心慈氏云。

【校注】

[1] 貝州：原爲清河郡，周武帝建德六年平齊，置貝州。隋大業三年，又改爲清河郡。武德四年，復置貝州。治當今河北省清河縣城關鄉西北十二里。

［2］天：諸本同，興聖寺本作“无”誤。
［3］論：諸本同，磧本脱。
［4］布響關東：諸本同，興聖寺本作“布嚮開東”誤。
［5］問：諸本同，磧本作“聞”。
［6］嵩州：據隋書卷三〇地理中“河南郡陽城”條下：“（開皇）十六年置嵩州，仁壽四年廢。”
［7］存：諸本同，興聖寺本作“在”。
［8］軀：諸本同，麗初本作“區”。
［9］貞：諸本同，興聖寺本作“真”。
［10］芳：諸本同，興聖寺本衍作“芳芳”。
［11］福：興聖寺本、麗初本作“初”誤，磧本同麗再本。
［12］係：諸本同，磧本作“繼”。爾雅卷一釋詁：“係，繼也。”

唐京師大總持寺釋慧遷傳十二

釋慧遷，瀛州人也。好學專問，愛翫地論，以爲心賞之極。負錫馳騁[1]，求慕郢匠，雖研精一部，而横洞百家，每至難理，則群師具叙。有齊之時，早扇名實，又從遠公重流前業。義不再緣，周經一紀，併通涅槃、地持，並得講授。

齊亡法毁，南奔陳國，大隋革運[2]，又歸鄉壤。行經洛下，還附遠焉，故業新聞，備填胸臆。及遠入關，從而來至，住大興善，弘敷爲任[3]。開皇十七年，勑立五衆，請遷爲十地衆主，處寶光寺，相續講説，聲績攸陳[4]。

仁壽二年，勑令送舍利於本鄉弘博寺。既至掘基，入地六尺[5]，感發紫光，散衝塔上[6]，其相如焰，似金像所佩者[7]。又土上成字，黑文分明，云“轉輪王佛塔”也。見此靈相，咸慶希逢。仁壽四年，又於海州安和寺起塔。掘深五尺，便獲白土[8]，色逾於粉，遍滿坑中。復深八尺，於白土内得白玉一枚，方餘徑尺，光潤難比[9]。及將下旦，放大光明，通照城郭，色如紅火。舍利出瓶，分爲六粒，現希有事，衆皆歎訝。

遷後頻開十地，京邑乃多，無與比肩者。及大禪定興，召入處之。武德末年，卒於所住，春秋七十有九矣。自遷之殁後[10]，十地一部，絶聞關壤。道由人弘，於斯驗矣，有心之寄，誠可勵諸。

【校注】

［1］騁：諸本同，興聖寺本脱。
［2］隋：諸本同，興聖寺本作“脩”誤。
［3］任：諸本同，磧本作“住”誤。

[4] 聲績：諸本作“聲類”。“聲類”不辭，今從磧本。
[5] 案，隋代一尺，相當於29.6釐米。
[6] 衝：諸本同，興聖寺本衍作“衝衝”。
[7] 金：諸本同，磧本作“今”誤。
[8] 白：諸本同，興聖寺本作“自”誤。
[9] 潤：諸本同，興聖寺本作“閏”。
[10] 歿：麗再本、麗初本作“末”，興聖寺本作“没”，今從磧本。

唐并州武德寺釋慧覺傳十三智達　智達　明幹[1]

釋慧覺，俗姓范氏，齊人也[2]。達量通鑒，罕附其倫，而儀形秀峙，眉目峰映，衣服鮮潔，身長七尺，容止温弘，顧步淹融，鏘鏘然也。執持行路，莫不駐步迎睇而目送者，其威儀感人如此。明華嚴、十地，講席相繼，流軌齊、岱；榮名遠著，門學成風。

大隋受禪，闡隆像法[3]。以文皇在周，既總元戎，躬履鋒刃，兵機失捷[4]，逃難于并城南澤。後飛龍之日，追惟舊壤，開皇元年，乃於幽憂之所，置武德寺焉。地惟泥濕，遍以石鋪，然始增基，通於寺院，周閭千計，廊廡九重，靈塔雲張，景臺星布。以覺識解騰譽，召而處之。弘闡法門，多以華嚴爲首，受悟請益，宏略遵於四宗[5]。

後被請高陽，允當講匠，聽衆千餘[6]，堂宇充溢，而來者不絶，遂停法肆，待有堂宇，方可弘導。爰有施主，即爲造千人講堂[7]，締構斯須，不月便就。既登法座，衆引充滿。覺威容宏雅，其狀若神，談吐抑揚[8]，汲引玄隱，披釋沖洽，聽徒竦戴。誠博義之弘量也。著華嚴、十地、維摩等疏，并纘義章一十三卷。文質恢恢[9]，條貫倫約，齊、魏明德，咸誦行之。

至武德三年，會獫狁南侵。覺少有恙，通告門人曰：“吾其去矣[10]。”侍者曰：“今寇賊臨城，人路阻絶，知何處去？”答曰：“生死道長，去留無日，明當别矣。”乃勑出身資，爲僧設食，與衆取訣。通夜正念，精爽泠然，明相纔出，奄然從化，春秋九十矣。初，覺慧解之性，素蓄胸襟；福業攝生，隨喜者衆。凡有營理，身助修治，故寺之基趾[11]，咸由勸勉。又聞往生浄土，園施爲功，不遠千里，青州取棗，於并城開義寺種之。行列千株，供通五衆，日呈茂美，斯業弘矣。

時寺有二僧，俱名智達[12]，遠公門人，善解當世，武德之初，京邑呈美。

又有明幹者，亦亞其倫，相與傳燈，流芳不絶。

【校注】

［1］智達　智達　明幹：諸本無此六字，磧本作“慧達　慧達　明幹”，麗再本卷一二慧覺傳附傳，兩“慧達”均作“智達”，今據改。

［2］齊：齊州，北魏置，隋大業三年改爲齊郡，唐武德初復齊州，治當今山東省濟南市。

［3］像：諸本同，興聖寺本脱。

［4］兵：諸本同，興聖寺本作“岳”誤。

［5］四宗：指四宗判教理論，智顗妙法華經玄義卷一〇上：“六者，佛駄三藏、學士光統，所辨四宗判教。一、因緣宗，指毗曇‘六因’‘四緣’。二、假名宗，指成論‘三假’。三、誑相宗，指大品、三論。四、常宗，指涅槃、華嚴等常住佛性，本有湛然也。”唐法藏之華嚴五章教卷一以爲參與四宗説創意的還有大衍寺曇隱，其於四宗則與法華玄義略異。隋初慧遠對於四宗有自己的發展，見於大乘義章。慧覺所遵之四宗或爲慧光所提倡者，然慧覺師承不明且重視華嚴，故其当是受到地論北道系的影響。

［6］千：諸本同，磧本作“于”誤。

［7］造：諸本同，興聖寺本作“告”誤。

［8］抑：諸本同，興聖寺本作“折”誤。

［9］恢恢：諸本同，興聖寺本作“恢”。

［10］吾：諸本同，興聖寺本作“五”誤。

［11］趾：諸本同，磧本作“址”。

［12］智：諸本同，磧本作“慧”。

唐常州建安寺釋智琚傳十四

釋智琚，新安壽昌人[1]。俗姓李氏，原其世系，出自高陽，末胄任爲理官[2]，仍以爲姓，時代音變，遂以理爲李，因而氏焉。其本冀州趙郡，典午東遷，徙居江左。父褘，仕梁，員外散騎侍郎。琚年十九，便自出塵，聽坦師釋論，未淹灰管，頻聞精義。坦，即隋齊王暕之門師也。次聽雅公般若論，又聽譽公三論。此三法匠，名價尤重，琚欲潔操秉心，徧窮法性。諸高座主[3]，多無兼術。古人有言，學無常師，斯言有旨，廣尋遠討，曲盡幽求。年二十七，即就敷講，無礙辯才，衆所知識，説經待問，亟動恒倫。及坦將逝，以五部大經，一時付屬[4]。既蒙遺累，即而演之，聲價載隆[5]，玄素攸仰。然其口不言人，眼無受色，牢醍弗嘗，葷辛無犯。

入室弟子明衍，受業由來，便事之爲和上，亡前謂曰[6]：“吾以花嚴[7]、大品、涅槃、釋論，此之文言，吾常吐納。今以四部義疏，付屬於汝[8]。”乃三握手，忽然而終，卒於常州之建安寺[9]，即武德二年六月十日也。窆於毗壇之南寺之舊垗[10]。

衍姓丘氏，晉陵名族。容止可觀，精采卓異。敬崇芳績，樹此高碑于寺之門前。陳西陽王記室譙國曹憲爲文。

【校注】

［1］新安壽昌：壽昌縣，西晋太康元年改新昌縣置，蕭梁普通二年屬新安郡，隋開皇九年併入始新縣，治當今浙江省建德市大同鎮。

［2］胄：諸本同，磧本作"曹"誤。"末胄"，後代、子孫。文選卷五六王仲宣誄並序："猗歟侍中，遠祖彌芳。公高建業，佐武伐商。爵同齊魯，邦祀絶亡。流裔畢萬，勳績惟光。晋獻賜封，于魏之疆。天開之祚，末胄稱王。"

［3］高座：諸本同，興聖寺本脱。

［4］屬：磧本作"囑"。

［5］價：諸本作"駕"。漢魏南北朝墓誌彙編東魏故堯氏趙郡君墓銘："夫人誕生三子，聲駕一時，咸有王佐之略，命世之才。""駕"或爲"價"之别字。

［6］亡：諸本同，磧本作"云"誤。

［7］案，麗初本自"嚴"至道慶傳"窆於扶塘之山"闕佚。

［8］屬：諸本同，磧本作"囑"。

［9］卒：麗再本、興聖寺本作"殚"，二字通用，今從磧本。

［10］垗：諸本同，興聖寺本作"桃"誤。

唐常州弘業寺釋道慶傳十五

釋道慶，姓戴，其先廣陵，後進度江[1]，家于無錫。年十一出家，事吴郡建善寺藏闍梨。服勤盡禮，同侣所推。十七出都，聽彭城寺講成實論[2]，大義餘論，皆莫之遺。所以時匠目曰："懸日月於懷中，注江河於口内者，誠歸於慶矣。"既荷嘉問，倍志兼常，利齒聞於既往，高座屬於兹日。

及陳祚云亡[3]，法朋彫散，東歸無錫，居鳳光寺[4]。學徒載萃，誨誘如初。後止毗壇弘業寺，專事闡弘，無棄凉暑。然其美容止[5]，善言笑，淡名利，厚交遊，毫翰奔涌，琴詩婉妙，風神閑縱，韻宇虚凝，應物有方，履機無忤。

以武德九年八月，終於寺房，春秋六十一，即以其月二十三日，窆於扶塘之山津也[6]。穿壙之日，鍬鍤纔施，感白鶴一群，自天而下，遥曳翻翔，摧藏哀唳。自非道光遠被，何由致此異祥。同寺沙門法宣曰：余與伊人，言忘道狎。京輦少年，已欣共被；他鄉衰暮，更喜同袍[7]。月席風筵，接腕晤語[8]。吾子經堂論室[9]，促膝非異，人豈意玄穹[10]，殲我良友。千行徒洒，百身寧贖；未能抑筆[11]，聊書短銘，其曰[12]：

十力潛景，四依匡世。踵德連暉，伊人是繼。
宫牆戒忍，燈炬禪慧。並驅生林，分庭安叡。
論堂振玉[13]，義室芬蘭。坐威師子，衆繞栴檀。
道潔塵外，理析談端。四儀式序，三業惟安。
穢土機窮，勝人現滅。帳留餘影，車迴去轍。

朧月孤照,墳泉幽冽。竹露暫團,松風長切。

氣運有終,德音無絶。

【校注】

[1] 進:磧本作"遁"誤,興聖寺本同麗再本。

[2] 彭城寺:或指釋寶瓊,見本書卷七。

[3] 祚:諸本同,興聖寺本作"祈"誤。

[4] 光:諸本同,興聖寺本作"先"。

[5] 美:磧本、興聖寺本脱。

[6] 津:諸本同,磧本作"律"誤。

[7] 袍:諸本同,興聖寺本作"施"誤。

[8] 晤語:諸本同,興聖寺本作"推"誤。

[9] 經:諸本同,興聖寺本作"住"誤。

[10] 人:諸本同,疑似爲衍字。

[11] 未:諸本同,磧本作"木"誤。

[12] 其曰:磧本作"其詞曰",麗初本作"其詞",興聖寺本同麗再本。

[13] 振:磧本、興聖寺本作"撝"。"撝玉"不詳出處,"振玉"則典出後漢書卷二二樊宏傳附樊準傳:"每讌會則論難衎衎,共求政化,詳覽群言,響如振玉。"麗初本同麗再本。

續高僧傳卷第十三[1]

義解篇九本傳十七[2]　附見八[3]

唐京師大莊嚴寺釋慧因傳一法仁[4]

釋慧因，俗姓于氏[5]，吴郡海鹽人也。晋太常寶之後胤[6]。祖朴，梁散騎常侍。父元顯，梁中書舍人。並碩學英才，世濟其美。因，稟靈温裕，清鑒倫通[7]，徽音深靡，緇素欽屬。十二出家，事開善寺慧熙法師。志學之年，聽建初瓊法師成實[8]。曾未具戒，便齊入室，慧聲廣被，道衆相推。而欣味静心，未指章句，乃詣鐘山慧曉、智瓘二禪師[9]，請授調心觀法。定水既清，道思逾肅，師襲宏略，曲盡幽微，而悟言神解，獨酌標致。又造長干辯法師[10]，稟學三論，窮實相之微言，弘滿字之幽旨，寫水一器，青更逾藍。辯後歸静山林，便以學徒相委。受業弟子五百餘人，踵武傳燈，將三十載。

陳太建八年，安居之始，忽感幽使，云"王請法師"，部從相諠，絲竹交響[11]。當即氣同捨壽，體如平日，時經七夕，若起深定。學徒請問，乃云："試看箱内，見有何物?"尋撿，有絹兩束。因曰："此爲嚫遺耳[12]。"重問其故，曰："妄想顛倒，知何不爲。吾被閻羅王召夏坐，講大品般若於冥道中，謂經三月。又見地獄衆相，五苦次第[13]。"非夫慈該幽顯，行極感通，豈能赴彼冥祈，神遊異域?

陳僕射徐陵高才通學、尚書毛喜探幽洞微，時號知仁，咸歸導首。隋仁壽三年，起禪定寺，搜揚宇内，遠招名德，因是法門龍象，乃應斯會。既德隆物議，大衆宗歸，遂奉爲知事上座。訓肅禪學，柔順誘附，清穆僧倫，事等威權，同思啓旦。又，寺初勝集，四海一期，名德相亞，通濟斯美，因又寔兼之矣。頻講三論，并製文疏，要約標控，學者高奉。

大唐弘運，重興佛日，舉十大德，當其一焉。以身御法，不令而行，讓以得之，屈己成務。故京寺宿望，心敬遵承[14]，咸崇菩薩戒師。後進具戒者，無不依而羯磨。左僕射蕭瑀器局貞亮[15]，玄風凝遠，刑部尚書沈叔安温彝弘雅[16]，達信通神，並崇仰欽承。

于兹二紀，因定慧兩明，空有兼照，弘法四代，常顯一乘，而莫競物情，喜怒無色，故遊其道者，莫測其位。以貞觀元年二月十二日[17]，卒于大莊嚴寺，春秋八十有九。未終初夜，告弟子法仁曰："各如法住，善修三業，無令一生空過。當順佛語，勿變服揚哀，隨吾喪後，事不可矣。"乃整容如常，潛思入定，於後夜分，正坐而終，咸聞異香滿室。遂遷坐于南山至相寺。于時，攀轅扶轂，道俗千餘[18]，送至城南。又聞天樂鳴空。弟子等爲建支提塼塔，勒銘封樹。蘭陵蕭鈞製文[19]。

仁是鄉人，少所供奉[20]，清净身心，修行念定，卑弱著性，有名門學[21]。

【校注】

[1] 案，麗初本、趙本之此卷闕佚。

[2] 十七：諸本同，興聖寺本作"十"。據興聖寺本正文有十二人傳記，無釋功迥傳、釋神照傳、釋法護傳、釋玄續傳、釋慧壁傳。今從諸本。

[3] 八：麗再本作"七"，今從磧本、興聖寺本。麗再本所闕今據磧本、興聖寺本補。

[4] 法仁：麗再本無，今據磧本、興聖寺本補。

[5] 干：麗再本、磧本均作"于"，興聖寺本字形介乎"干""于"之間。據上下文當作"干"，今徑改。

[6] 晋太常寶之後胤：據晋書本傳，干寶不曾歷官"太常"。日本小南一郎、李劍國考證"太常"或爲干寶死後贈官。參見干寶考，文學遺産2001年第2期。

[7] 倫通：麗再本作"儉通"，今從磧本、興聖寺本。"儉通"，古籍未見。"倫通"，見於續高僧傳卷一真諦傳、卷五法雲傳、卷二二法願傳、卷二三論贊。

[8] 案，瓊法師，全稱寶瓊，見續高僧傳卷七釋寶瓊傳："建初寺寶瓊法師，當時之偶對也，少而共學，聲德齊揚。"本書卷九慧哲傳附其小傳，爲當時陳國僧正。又據本書卷七慧布傳，慧布初學即師寶瓊。藝文類聚卷七六内典上有江總撰建初寺瓊法師碑："夫智慧精進，皆曰第一；妙德净名，並稱不二。若乃斡五欲之泥，解六情之網，禦寶車之迹，面香城之路，荷持像法，汲引人倫，惟此法師，心力備矣。東山北山之部，貫花散花之句，並編柳成簡，題蒲就業。學非全朔，無待冬書，師夢尹儒，自知秋駕。銘曰：屑屑人世，茫茫大千，欲流心火，意樹身田。老驚靈龠，孔惜逝川，三空莫辯，二諦何詮。佛日初昭，慈雲不偏，秋露寂滅，莫系悠然。"

[9] 璀：磧本、興聖寺本作"璀"應是。一切經音義卷九三續高僧傳音義卷一三作"璀"。續高僧傳卷二〇論贊有關於智璀的簡單叙述，知其爲南岳慧思門人。

[10] 辯法師，本書卷七慧布傳略微提及，知其爲僧詮四大弟子之二，稱"領悟辯"。又據卷一〇智潤傳，其弟子爲智潤。

[11] 譽：諸本同，興聖寺本作"會"。

[12] 覼：磧本作"㬹"，興聖寺本作"親"誤。

[13] 五：諸本同，興聖寺本作"吾"誤。

［14］遵：諸本同，興聖寺本作“導”誤。
［15］貞：諸本同，興聖寺本作“真”誤。
［16］彝：諸本同，磧本作“柔”，一切經音義卷九三續高僧傳音義卷一三作“彝”。案，沈叔安爲唐開國功臣。據資治通鑒卷一八四，李淵太原起兵時，沈爲原從府佐。據唐會要卷三九定格令：“仍令尚書令左僕射裴寂、吏部尚書殷開山、大理卿郎楚之、司門郎中沈叔安、内史舍人崔善爲等，更撰定律令。”時爲武德元年十一月。又據舊唐書卷一九九上高麗傳，武德七年，“遣前刑部尚書沈叔安往册建武爲上柱國、遼東郡王、高麗王，仍將天尊像及道士往彼，爲之講老子，其王及道俗等觀聽者數千人”。據新唐書卷一九一，沈去世後，圖像於淩烟閣，最後定官號爲“潭州都督、吴興郡公”。沈叔安有文集見於五代、宋書目，今存詩一首，見唐詩紀事並全唐詩。
［17］貞：諸本同，興聖寺本作“真”誤。
［18］千餘：諸本同，磧本作“千餘人”。
［19］製：麗再本作“掣”誤，今據磧本改。興聖寺本字迹不清。
［20］供：磧本、興聖寺本作“恭”誤。“供奉”，侍奉、侍候義。魏書卷一三獻明皇后賀氏傳：“太祖得至賀蘭部，群情未甚歸附。后從弟外朝大人悦，舉部隨從，供奉盡禮。”
［21］門：諸本同，磧本作“聞”誤。“門學”，師門學問。

唐安州方等寺釋慧暠傳二

釋慧暠，安陸人[1]。幼入道門，即懷遠量，收覽經義，弘導居心。初，跨染玄綱，希崇大品，博聞略究而情阻未申，承苞山明法師[2]，興皇遺屬[3]，世稱郢匠，通國瞻仰，因往從之。諮奉無倦，備清遐道[4]，遂得廣流部袠，恢裕興焉。年方登立，即昇法座，談撝一指，衆侣諠譁，受業傳燈，分風從化[5]。

然以法流楚服，成濟已聞，岷絡三巴[6]，尚昏時網[7]，便以法弘導，遠化未聞。隋大業年，泝流江硤，雖遭風浪，厲志無前，既達成都，大弘法務，或就綿、梓，隨方開訓。自玉壘僧侣[8]，因此開明，衡烟總萃[9]，傾味正法而成惠無焉。無憚遊涉，故使來晚去思，詠歌滿路。又以衆斯殷雜，枯折由生，暠據法徵治，情無猜隱。時或不可其懷者，計奏及之，云：“結徒日盛，道俗屯擁，非是異術，何能動世。”武德初年，下勑窮討，事本不實，誣者罪之。暠惟道在人弘，義須知返，乃旋途南指，道出荆門，隨學之賓，又倍於前[10]。既達故鄉，亟仍前業[11]，重張領牒，更敘關鍵。神望彌高，衆聚彌結。弊其諠競，避地西山之陰，屏退尋閑，陶練中觀。經逾五載，四衆思之[12]，又造山迎接，處邑傳化。暠隨宜利益，意引行藏，還返安州方等寺，講説相續。

以貞觀七年，卒于所住，春秋八十有七。自暠一位僧伍，精勵在先，日止一餐，七十餘載，隨得便噉，無待營求，不限朝、中，趣得便止。所以蜀部豐都，芬羞兼列[13]，每旦填供，常充寺門，暠並命入僧，自無一受。旦講若下，食惟一碗,自餘餅菜,還送入僧。有學士道勤[14],見其羸弱,恐法事稽留,爲告外衆,令辦厚供。畾怪異常,推問食所由,即令勤出衆,永不相襲。告曰:“邪命之食,不可御也,汝聞吾言而不解教意。”其守節禀法也如此。

【校注】

[1] 安陸:即安陸縣,當今湖北省安陸縣。

[2] 苞山:諸本同,興聖寺本、大正藏校引宫本作“茅山”是,參見本書卷一五釋法敏傳。

[3] 屬:諸本同,磧本作“囑”誤。

[4] 道:磧本、興聖寺本作“邇”誤。

[5] 分風從化:麗再本作“分風徒化”,今從磧本、興聖寺本。“分風”,爲分别義。藝文類聚卷二九人部十三别上引陳陰鏗送始興王詩曰:“背飛傷客念,臨岐惘聖情;分風不得遠,何由送上征。”指弟子各立門户傳教,受到群衆歡迎,故作“從化”是。

[6] 岷絡:諸本同,磧本作“岷洛”誤。“絡”,“井絡”之省,左思蜀都賦:“岷山之精,上爲井絡。”故古人常用“井絡”指代四川。

[7] 網:諸本同,磧本作“罔”誤。

[8] 壘:磧本作“疊”誤。“玉壘”,玉壘山,在今四川省理縣東南,又代指成都。典出西晋左思蜀都賦。

[9] 衝烟:磧本、興聖寺本作“銜烟”。“衝烟”,指破霧而行。宏智禪師廣録卷第八輯有宋僧釋正覺詩:“沖烟笻入青蘿徑,載月船回白鳥洲。”“銜烟”,指籠罩於雲氣之中。

[10] 於前:磧本、興聖寺本作“前集”。

[11] 亟仍:諸本同,磧本作“荐仍”。“仍”,有沿襲義,論語先進:“仍舊貫,如之何。”“亟”與“荐”都有“再”義,但“亟”的本意爲“急”,似語意更足。

[12] 四:諸本同,興聖寺本作“庶”。

[13] 芬:磧本、興聖寺本作“芳”。“芬”似典出詩經大雅鳧鷖:“旨酒欣欣,燔炙芬芬。”

[14] 有:麗再本無,今從磧本、興聖寺本。

唐同州大興國寺釋法祥傳三

釋法祥,同州人[1]。童稚出家,清貧寡慾[2],周勤訪道,栖止無定。冠具已後,遵奉憲章,刻意鞭後,潛心玄賾。二教周廢,便從俗吏,而抱德懷經,禮誦無輟。僚佐班列,同共嘉尚,將欲進位,貢入臺府,而正性慕道,不思榮問,乃恣其習業,雲員而已。隋興法現,即預出家,住大興國寺。

志操俊爽,言必簡衷,立身凝肅,不居幽屏,常處大房,開通前後。三十餘年,當風而住,虚廓其慮,門未曾掩,坐卧一床,讀經爲業。道俗問訊者,自非讀盡復卷,中無涉言;故知其容節[3],卷未收者,咸私覿已,後而奉對。祥潛思玄籍[4],博綜多持,開蒙引喻,言不加飾。因染傷寒,有勸藥療者,皆無所受,但苦邀心,隨務量擬。或患痢病有加藥者[5],乃曰:"痢者,水也。不進,自除。"便噉乾飯,數日便差。其執節堅固,率皆類此。兼又持信標儀,不交華薄,身令衆範[6],出言歸敬。故衆有諸罰,祥必先致其詞[7],聞過伏引,更不怨及。其德耀人神,爲若此矣。

以武德七年,沉痾累月,素氣綿弱,侍者參立,乃微言"佛像、佛像",聲既沉隱,初聞未了,後思乃悟,迴顧看之,瞥見尊儀,峙然西壁,光相宛具[8],須臾漸隱。又聞香樂競至,愔鬱盈房,道俗驚嗟。又見一群白鶴,從西方來,繞房三匝翔轉[9],還復來處而去[10]。於後少時而卒,乃葬于城之東隅。傾邑充衢,幢蓋綿亘,哀慟之聲,流聞遠近。

【校注】

[1] 同州:治當今陝西省大荔縣。西魏廢帝三年改華州爲同州,隋大業三年改置馮翊郡,唐武德元年恢復爲同州,天寶三載以州爲郡。

[2] 寡:諸本同,興聖寺本作"宣"形,誤。

[3] 容:麗再本作"客"誤,今據磧本、興聖寺本改。

[4] 祥:磧本、興聖寺本作"詳"誤。

[5] 痢:諸本同,興聖寺本作"利"誤。

[6] 身:麗再本作"申",今據磧本、興聖寺本。

[7] 祥:磧本、興聖寺本作"詳"誤。

[8] 光相宛具:諸本同,磧本作"光明宛具"誤。案,"光明宛具"不通。"光相",指佛像的形體。

[9] 轉:麗再本作"傳"誤,今據磧本、興聖寺本改。

[10] 復:諸本同,磧本作"從"。

唐終南山玉泉寺釋静藏傳四道刪

釋静藏,俗姓張,澤州高都人[1]。九歲出家,投清化寺詮禪師而爲師主,訓誨之至,極附大猷。進戒已後,樂思定業,通微盡相,宗徒有歸。

年二十三,發弘誓曰[2]:"丈夫出俗,紹釋爲氏,豈不欲義流天下,名貫玄班者乎?"承鄉壤大德遠法師勑召在京,弘化爲務,便往從之。未至值遷,果非本遂,乃遍諸法席,聽採經論,攝論、十地是所偏求。還住浄影,弘揚所習。

大業九年,召入鴻臚,教授東蕃三國僧義。九夷狼戾,初染規猷,賴藉乘機接誘,並從法訓。

武德初歲,太僕卿宇文明達宿昔承奉[3],禁戒是投,合門請業,用比昭穆[4]。勑使達爲河之南北執節招撫,綸言既出,將事首塗[5]。藏送曰:"世界無常，佛有誠誥；别易會難，先民遺語。願常存此[6]，奉信在心。"達以藏夙有預聞，曾經事驗，拜辭曰："弟子銜命於不返，願師冥道照助[7]。"及至相州，果爲賊王德仁所害。[8]其子世壽奏曰："臣父奉勑安撫，竭誠奉國，爲賊所害。思報皇恩，藍田散谷，見有故寺，望得爲父修立，并度僧二十人[9]。"帝問："欲作何寺？"壽以事諮，藏曰[10]："此山，上有閏玉[11]，下有流泉[12]，可名玉泉耶。"壽具奏聞，帝依所請。仍延藏往住，堂宇廊廟，並指撝焉。遠近道俗造山修覲，皆遺之法藥，安時處順，遂復其性。

以武德九年十二月，因事入京，遇染時患，限終京室[13]，春秋五十有六。

弟子道删，祖習風範，地持一部，敷化在心，今住終南至相，有名於世[14]。

【校注】

[1] 澤州高都：即澤州高都縣，"澤州高都"存在於隋開皇三年至十八年之間，治當今山西省晉城市澤州縣高都鎮。

[2] 弘：諸本同，興聖寺本脱。

[3] 宿：諸本同，磧本作"夙"亦通。

[4] 昭：諸本同，興聖寺本作"韶"誤。

[5] 塗：諸本同，磧本作"途"。"塗"通"途"。

[6] 存：諸本同，磧本作"在"誤。

[7] 照：磧本、興聖寺本作"昭"是。

[8] 宇文明達，兩唐書無傳，其事見於册府元龜卷一六一帝王部命使："唐高祖武德元年六月，遣太僕卿宇文明達招慰山東之地。"又資治通鑒卷一八六武德元年："初，朝廷以安陽令吕瑨爲相州刺史，更以相州刺史王德仁爲巖州刺史。德仁由是怨憤，甲申，誘山東大使宇文明達入林慮山而殺之，叛歸王世充。"

[9] 二十人：磧本、興聖寺本作"二七人"誤。續高僧傳一般不作"二七"而作"二十七"。

[10] 帝問欲作何寺壽以事諮藏曰：興聖寺本作"帝門欲作何壽寺，以事咨藏，藏曰"既誤且倒。"咨藏藏曰"，磧本同興聖寺本。

[11] 閏：諸本同，磧本作"潤"是。

[12] 下：諸本同，興聖寺本脱。

[13] 限：磧本、興聖寺本作"恨"是。

[14] 於：諸本同，興聖寺本作"山"誤。

唐新羅國皇隆寺釋圓光傳五圓安

釋圓光，俗姓朴，本住三韓，卞韓、馬韓、辰韓[1]。光即辰韓新羅人也。家世海東，祖習綿遠，而神器恢廓，愛染篇章，校獵玄儒，討讎子史。文華騰翥於韓服，博贍猶愧於中原，遂割略親朋，發憤溟渤，年二十五，乘船造于金陵。

有陳之世，號稱文國，故得諮考先疑，詢猷了義，初聽莊嚴旻公弟子講[2]。素霑世典[3]，謂理窮神，及聞釋宗，反同腐芥[4]。虚尋名教，實懼生涯[5]，乃上啓陳主，請歸道法，有勑許焉。

既爰初落采[6]，即稟具戒[7]，遊歷講肆，具盡嘉謀，領牒微言，不謝光景。故得成實、涅槃，藴括心府；三藏數論[8]，偏所披尋。末，又投吴之虎丘山，念定相沿，無忘覺觀，息心之衆，雲結林泉。並以綜涉四含[9]，功流八定[10]；明善易擬[11]，筒直難虧[12]。深副夙心，遂有終焉之慮。於即頓絶人事，盤遊聖蹤[13]，攝想青霄[14]，緬謝終古。

時有信士，宅居山下，請光出講，固辭不許。苦事邀延，遂從其志，創通成論，末講般若[15]。皆思解俊徹，嘉問飛移，兼糅以絢采，織綜詞義，聽者欣欣，會其心府。從此因循舊章，開化成任，每法輪一動，輒傾注江湖。雖是異域通傳而沐道，頓除嫌郄，故名望横流[16]，播于嶺表，披榛負槖而至者，相接如鱗。

會隋后御宇[17]，威加南國，曆窮其數，軍入楊都，遂被亂兵，將加刑戮[18]。有大主將望見寺塔火燒，走赴救之，了無火狀，但見光在塔前，被縛將殺，既怪其異，即解而放之。斯臨危達感如此也。光學通吴越，便欲觀化周秦。開皇九年，來遊帝宇。值佛法初會，攝論肇興，奉佩文言，振績徽緒[19]，又馳慧解，宣譽京皋。

勣業既成，道東須繼，本國遠聞，上啓頻請。有勑厚加勞問，放歸桑梓。光往還累紀，老幼相欣[20]，新羅王金氏面申虔敬，仰若聖人。光性在虚閑，情多汎愛，言常含笑，愠結不形，而箋表啓書，往還國命，並出自胸襟[21]。一隅傾奉，皆委以治方[22]，詢之道化，事異錦衣，情同觀國[23]，乘機敷訓，垂範于今。

年齒既高，乘輿入内，衣服藥食，並王手自營[24]，不許佐助，用希專福。其感敬爲此類也。將終之前，王親執慰，囑累遺法[25]，兼濟民斯，爲説徵祥，被于海曲。以彼建福五十八年[26]，少覺不悆，經于七日，遺誡清切，端坐終于所住皇隆寺中。春秋九十有九，即唐貞觀四年也。當終之時，寺東北虚中音樂滿空，異香充院。道俗悲慶[27]，知其靈感。遂葬于郊外，國給羽儀，葬具同於王禮[28]。後有俗人兒胎死者，彼土諺云："當於有福人墓埋之，種胤不絶。"乃私瘞於墳側。當日震此胎屍，擲于塋外。由此不懷敬者[29]，率崇仰焉[30]。

有弟子圓安，神志機穎，性希歷覽，慕仰幽求，遂北趣九都，東觀不耐，[31]又西燕、魏，後展帝京。備通方俗，尋諸經論[32]，跨轢大綱，洞清纖旨，晚歸心學，高軌光塵。初住京寺，以道素有聞，特進蕭瑀奏請住於藍田所造津梁寺,四事供給,無替六時矣。安嘗叙光云:本國王染患,醫治不損,請光入宫,別省安置。夜別二時,爲說深法,受戒懺悔,王大信奉。一時初夜,王見光首金色,晃然有象[33],日輪隨身而至。王后宫女同共覩之。由是重發勝心,克留疾所,不久遂差。光於卞韓[34]、馬韓之間,盛通正法,每歲再講,匠成後學。嚫施之資,並充營寺,餘惟衣鉢而已。

【校注】

[1] 卞韓、馬韓、辰韓:磧本作"秦韓、辰韓、馬韓",興聖寺本作"馬韓、秦韓、辰韓"。據梁書卷五四東夷傳,"秦韓"即"辰韓"。

[2] 旻:諸本同,興聖寺本作"是"誤。

[3] 典:諸本同,興聖寺本作"曲"誤。

[4] 反:諸本同,磧本作"乃"。

[5] 涯:諸本同,興聖寺本作"崖"誤。

[6] 采:諸本同,磧本作"髮"。

[7] 戒:諸本同,興聖寺本作"或"形。

[8] 案,"三藏數論",即三藏中的數論經典。數論,是以阿毗曇爲核心的小乘一切有部經典。

[9] 以:磧本、興聖寺本無。"四含",即四阿含經。下文之"八定"又稱"四禪八定",禪法的基礎,大乘佛教稱其爲小乘禪。

[10] 八:諸本同,興聖寺本作"入"形。

[11] 明:磧本、興聖寺本作"朋"應誤。"明善"爲佛經中常用語。六度集經卷七禪度無極章:"遏絶明善之心,消去五蓋諸善。"

[12] 筒直:諸本同,當爲"簡直",意爲直接、明了。(卍新續72)湛然圓盛禪師語録:"言理簡直。"

[13] 盤:諸本同,磧本作"槃"。

[14] 霄:麗再本作"宵",今從磧本、興聖寺本。

[15] 末:磧本、興聖寺本作"未"誤。

[16] 横流:諸本同,興聖寺本脱。

[17] 宇:磧本、興聖寺本作"宸"亦通。

[18] 刑:諸本同,興聖寺本作"形"誤。

[19] 績:諸本同,磧本作"續"。

[20] 幼:諸本同,興聖寺本作"幻"誤。

[21] 出:諸本同,興聖寺本脱。

[22] 皆:諸本同,資本作"昔"誤。

[23] 情:麗再本作"請"誤,今從磧本、興聖寺本。覲:磧本作"散",興聖寺本作"覽",均誤。"覲國"典出周易觀:"觀國之光,利用賓于王。""覲國"即觀察他國民風政情。

[24] 手:磧本、興聖寺本作"后"。

[25] 囑:諸本同,興聖寺本作"屬"。

［26］五十八：諸本同，當爲“四十八”。案，建福爲新羅年號，元年爲公元584年，五十一年停用，故無五十八年。又此年爲貞觀四年即公元630年，正當建福四十八年。

［27］俗：諸本同，興聖寺本脱。

［28］具同：諸本同，興聖寺本衍作“具同具同”。

［29］懷：磧本、興聖寺本作“壞”誤。

［30］案，從“焉”至下段“慕仰”，興聖寺本脱。

［31］九都、不耐：典出三國志卷二八毌丘儉傳：“刻石紀功，刊丸都之山，銘不耐之城。”古籍中多將“丸都”誤爲“九都”，説見郭紹林點校本續高僧傳本條。丸都山，在今吉林省集安市西北。不耐，即今吉林省集安市。當時，新羅都城爲金城即今韓國慶州。案，此句後興聖寺本衍“又西歷覽，慕仰幽求，遂北趣九都，東觀不耐”。

［32］尋諸：磧本、興聖寺本作“預尋”。

［33］象：諸本同，磧本作“像”是。

［34］卞：磧本、興聖寺本作“秦”誤。

唐蒲州仁壽寺釋海順傳六 行友 慧本[1]

釋海順，姓任氏，河東蒲坂人[2]。容貌方偉，音韻圓亮[3]。長面目[4]，少髭鬚，儀服不群，於衆有異。少處寒素，生於田野，早喪慈父[5]，與母孤居。孝愛之情，靡由師傅，廉直之性，獨拔懷抱。每恨家貧，無資受業，故年在志學，尚未有聞，乃慷慨辭親，脱落求道，出家依于沙門道遜。遜道光玄胄[6]，名扇儒宗，具見後傳。順躬事學禮，晝夜誦經，初無暫替，文不再覽，日殆三千。

歲登具受，履操逾遠，志業尤勇，念守所持[7]，誓無點累。仍以威儀麤著，身過可防，語笑易爲，口非難護，乃因他患，緘默不言，卻掃蓬扉[8]，事心而已。方以學行之始，慧解爲先，遂閲討衆經，伏膺玄宰。方等諸部，咸稟厥師，皆探賾研幾[9]，遺言領意[10]。

有栖巖寺沙門神素者，性好幽栖[11]，尤專二論[12]。順遠承奇調[13]，思扣沖關，乃荷帙登峰，諮參講肆。徒屬既衆，鑽仰殊多，有所詢求，但舉綱要。順頻時屬請[14]，微以爲繁，雖愠色不形而勞心可驗。順逡巡退席曰：“昔陳亢問一得三，今者請一蒙二，亦何遽乎？”曰：“何謂耶？”答曰：“一則見忤，一則聞義。”素既悟其所述，因斯自革。於是無疑不斷，有滯必申。至於雜心隱括，備在婆沙，研精專一，始終該統。或下山分衛而執卷披文，或企足接明，假照尋讀，莫不洞開樞要，妙鑒幽原。順嘗以餘席，言於素曰：“海順曠劫深尤，不逢賢聖，周旋五趣，莫能自免。致生兹穢土，對此凡緣，未能出有欲河，登無爲岸[15]，將不由心駒失轡而晦沉坑埳者乎？”因涕泣濡襟，歔欷哽塞。又曰：“每念二輪交轍，息駕何門[16]；六道長驅，思歸無路。言及斯事，載懷惶悚。且生得爲人,啓期亡憂於貧賤;出家弘道,僧度不易於公侯。順今兼之,一何可慶。又以大冥之室[17],仰屬傳燈,雖不面奉如來,而幸遇法師耳。不量短綆,輒揆深源[18],願得賜以明珠,投之渾浪。如此,則一生有獲,千載無恨也。"遂即言笑如常,容儀自若。素曰:"敢聞君子志矣[19],恐不副雅懷。"素後累居僧任,果停講席。順以法輪罕遇,遂欣禪味。

有沙門道傑者,穎秀定慧,希慕風景,乃致書曰:"敢稽首大師門下。每欲理静攝心,山泉畢志,但以無明大夜非慧炬不輝,故栖寄法筵,聽覽玄旨。至於人物聚集,頗勞低仰。况乃大限百年,小期一念,儻從風燭,前路奚憑,所以策駑駘之疲,想千里之遠。定門玄妙,輒希趣入,逆其不逮[20],益用盤桓。伏願開含養之懷,退人以禮。"傑得書,美其鋭情玄暢也,乃報曰:"促路非騏驥之逸轡,灌木豈是鸞鳳之栖息,故當引水而沐枯魚,戢翼而朋寡鶴耳。脱其不爾,幸無略光陰。"順得書,會疾,遂不果行。

而爲人高簡雅素,自歸清衆,絶交氓俗。嘗有説種性高尚[21],祖禰榮貴者,以誇於順。順莞爾而笑曰[22]:"我釋種餘暉,法王之子,尚須謙讓自下,不敢傲誕欺人,豈期庸庸之徒,翻欲恃鬼陵物。"遂振手而去。故趍時之士[23],皆不及其門,反俗之賓,頗入其室。而道行純潔,性好追蹤。曾刺血洒塵,供養舍利,兼以血和墨,書七佛戒經。剋己研心,類皆如此。

嘗尋付法藏傳,説如來涅槃,法付承繼,迄於師子、罽賓,囑累斯書[24],詞事既顯,若親面焉。因斯悽感,涕零如雨,曰:"恨不及彼聖人,拔兹沉俗也。"又常於宵分,歸命三尊,同住鄰居,無得聞者。或解納覆彼寒夫,或減食而充餧者[25]。志好恬愉,無求知足,有贈衣帛者,終不以介意。曾從容曰[26]:"自任則樂,而未曾制物從我;隨物則苦,而未曾以我違物。且鳥不栖淵,魚不巢樹,未必解隨和讓之道[27],而各得其所宜者。亦猶我不奪物榮,物不妨我辱矣[28]。"又作三不爲篇,其一曰:

我欲偃文修武,身死名存;研石通道,祈井流泉;君盱在内[29],我身處邊。荆軻拔劍,毛遂捧盤,不爲則已,爲則不然。將恐兩虎共鬥,勢不俱全[30],永存今好,長絶來怨[31],是以反迹荒逕[32],息景柴門[33]。

其二曰:

我欲刺股錐刃[34],懸頭屋梁;書臨雪采,牒映螢光;一朝鵬舉,萬里鸞翔。縱任才辯,遊説君王,高車反邑,衣錦還鄉。將恐烏殘以羽,蘭折由芳,籠餐詎貴,鉤餌難嘗[35],是以高巢林藪,深穴池塘。

其三曰:

我欲衒才鬻德，入市趍朝，四衆瞻仰，三槐附交，標形引勢，身達名超。箱盈綺服，廚富甘肴；飄揚弦管[36]，詠美歌謡[37]。將恐塵栖弱草，露宿危條，無過日旦，靡越風朝，是以還傷樂淺，非惟苦遥。

順神晤駭群，出言成録[38]，著集數卷。于時真法陵遲，俗尚諛諂，訥言敏行者爲愚，巧詞令色者爲智[39]，廉潔正性，衆或致譏。故順履貞直之心[40]，居危不亂，涅而不緇，可謂懷素風焉[41]。

有沙門行友者[42]，志行嚴正，才慧英悟，與順素交，因疾參候，順曰："先民有言曰[43]：古之學者爲己，今之學者爲人。三覆斯言，一何可信，世人强求知解，而不欲修行[44]。每思此言，良用悽咽。吾謂夷煩殄惑[45]，豈直專在説經；以法度人，何必要登高座。授非其器，則虚失其功；學不當機，則坐生自惱。"友遂製息心論以對之，文甚宏冠。順曰："觀弟此作，理如未盡。"友曰："息心之論，應有數篇，謂顯觀、述宗、釋疑、成義。但以理玄詞密，非當世之所聞，故容與於靈津，戢鱗而未進。慨時哉之不遇，始絶絃於此耳。"順乃重説遺教，悲歎無已。

先有沙門慧本者，逸亮高世僧也[46]，思與順結山林之操，會順方學問，未暇允之，本獨謝時世[47]，罔測所往[48]。後每思之，言輒淒泫，曰："本公若乘龍之遊，濯足雲表。吾雖攀戀，自恨縈身囂俗，昇沉相異，徒爲悲矣。且忘懷去來者，朝市亦江湖[49]；眷情生死者，幽栖猶桎梏。苟其性之不失，不無居而不安。"其得志慕情爲如此也[50]。

于時卧病連稔[51]，自知不痊[52]，遺文累紙，呈諸師友。而形同骨立，精爽逾健[53]，旁問後事，順曰："患身爲穢器，暫捨欣然，魚鳥無偏，水陸何簡？然顧惟老母，宿緣業重，今想不得親别矣。若棄骸餘處，儻來無所見，有致煎惱，但死不傷生，古言可録，順雖不孝，豈敢以身害母耶？既報不自由，可側柩相待[54]。"遂令遜法師説法，領悟欣然，須臾卒於住寺，春秋三十，即唐武德元年八月十五日也。沙門行友著已知沙門傳[55]，致序其事[56]。

友今被召弘福，充翻譯之選，建名時俗云。

【校注】

[1] 慧本：麗再本無，興聖寺本作"道傑"，今據磧本。

[2] 河東蒲坂：即河東郡蒲坂縣，大業三年併入河東縣，即今山西省永濟市。

[3] 韻：諸本同，興聖寺本脱。

[4] 面目：諸本同，興聖寺本作"而日"誤。

[5] 父：諸本同，興聖寺本作"又"形。

[6] 愻：麗再本無，今據磧本、興聖寺本補。道愻傳見本書卷一四。上文"愻"，麗再本、興聖寺本作"遜"，今從磧本。

[7] 守：諸本同，磧本作“定”誤。“守”，守持戒律。
[8] 扉：諸本同，興聖寺本作“扇”誤。
[9] 幾：諸本同，磧本作“機”誤。
[10] 遺：麗再本作“貴”，興聖寺本作“潰”誤，今據磧本改。“遺言”，即忘言。
[11] 好：諸本同，興聖寺本脱。
[12] 尤專二論：磧本作“尤轉二論”誤，永北本作“尤專大論”，興聖寺本同麗再本。案，據下文，爲雜心、婆沙二論。
[13] 奇：麗再本作“寄”，今從磧本、興聖寺本。
[14] 屬：磧本、興聖寺本作“屢”誤。“屬請”古籍中多作“請托”講，此處意爲“問難”。
[15] 岸：諸本同，興聖寺本作“崖”誤。
[16] 門：磧本、興聖寺本作“由”應誤，“門”與下句“路”對。案，“二輪”，即日月。“六道”，即輪迴之六道。
[17] 大：諸本同，興聖寺本作“又”形。
[18] 源：諸本同，興聖寺本作“原”誤。
[19] 君：諸本同，興聖寺本作“吾”誤。
[20] 逮：諸本同，興聖寺作“達”誤。
[21] 性：磧本、興聖寺本作“姓”是。
[22] 莞：磧本、興聖寺本作“睆”應是。“睆”，斜視。
[23] 趍：諸本同，興聖寺本作“赴”誤。
[24] 矚累斯書：磧本作“矚累斯盡”，興聖寺本作“屬累斯盡”應是。
[25] 餧：磧本作“餒”。“餧”通“餒”。
[26] 從：麗再本、興聖寺本作“縱”，今從磧本改。
[27] 隨：磧本、興聖寺本作“修”。
[28] 妨：諸本同，磧本作“好”與文意扞格。
[29] 旰：磧本、興聖寺本作“肝”誤。
[30] 全：諸本同，興聖寺本脱。
[31] 絶：麗再本、興聖寺本作“縱”與文意扞格，今據磧本改。
[32] 反：磧本、興聖寺本作“返”是。
[33] 景：諸本同，磧本作“影”。“景”同“影”。
[34] 錐刃：麗再本、興聖寺本作“銼刃”誤。本句典出蘇秦“引錐自刺其股”典，參見戰國策卷三秦策一，故應爲“錐刃”也。今據磧本改。
[35] 難：諸本同，興聖寺本作“雖”誤。
[36] 飄：磧本、興聖寺本作“諷”誤。
[37] 歌：諸本同，興聖寺本作“哥”。
[38] 成：磧本、興聖寺本作“可”誤。
[39] 令：諸本同，興聖寺本作“命”。
[40] 履：諸本同，磧本作“理”誤。
[41] 風：諸本同，興聖寺本作“夙”形。
[42] 有：諸本同，興聖寺本作“者”誤。
[43] 曰：磧本、興聖寺本無。
[44] 而：諸本同，磧本作“面”誤。

[45] 吾謂：諸本同，興聖寺本作“五語”誤。
[46] 世：諸本同，興聖寺本作“卅”誤。
[47] 世：諸本同，興聖寺本作“卅”誤。
[48] 罔：諸本同，興聖寺本作“因”誤。
[49] 湖：諸本同，興聖寺本作“潮”誤。
[50] 得：諸本同，興聖寺本作“德”誤。
[51] 病：諸本同，磧本作“疾”。
[52] 痊：磧本、興聖寺作“全”誤。
[53] 精：磧本、興聖寺本作“情”誤。“精爽”，有精神義，典出左傳，見春秋左傳正義卷四四：“用物精多則魂魄强，是以有精爽至於神明。”
[54] 待：諸本同，興聖寺本作“侍”誤。
[55] 著：諸本同，磧本作“者”誤。已知：諸本同，磧本作“知己”。
[56] 序：諸本同，磧本作“廣”。

唐京師普光寺釋曇藏傳七

釋曇藏，姓楊氏，弘農華陰人，家世望門，清心自遠。年十五，占者謂爲壽短，二親哀之，即爲姻媾。既本非情[1]，慮有推逼，遂逃亡山澤[2]。惟念誰度，行至外野，少非游踐，莫知投告[3]，但念觀音。久值一人，貌黑而驅二牛，因問所從，可得宿不？便告藏曰：“西行有寺，不遠當至。”尋聞鐘聲，忽見僧寺，因求剃落，便遂本心，即遣出門，可行百步，迴望不見。

久乃天明，西奔隴上，求法爲務。晚還京邑，於旌善寺行道受戒，聽諸經律。意有所昧，又往山東，彼岸諸師，競留對講，地持、十地，名稱普聞。故東漸海濱，南窮淮服，聽涉之最，無與爲儔。及返京師，住光明寺，詮發新異[4]，擅聲日下。

獻后既崩，召入禪定。性度弘裕，風範肅成，故使道俗推崇，綱維領袖，恒爲接對之役也。賓客席上之美，談叙曠世之能，見之今矣。大唐御世，造寺會昌[5]，又召以爲上座。撫接長幼，殊有奇功。貞觀譯經，又召爲證義。時以藏威烈氣遠[6]，容止清肅，可爲興善寺主。藏深懷禮讓，用開賢路，乃薦藍田化感寺潤法師焉[7]。即依其言，舉稱斯目。及皇儲失御，便召入宫，受菩薩戒，翌日便瘳。勑賜絹數百段，衣對亦爾，度人三千，并造普光寺焉。尋又下勑：“得遥受戒不?”藏曰：“地持論云：‘若無戒師，發弘誓願，得菩薩戒。’”因進論文。勑乃以懺詞令藏披讀。至皇后示疾，又請入宫。素患腰脚，勑令轝至寢殿受戒，施物極多，並充功德。

至貞觀九年三月十八日，終於會昌寺，春秋六十有九。哀動兩宫[8]，吊贈相次，詔葬郊西嚴村[9]，起塔圖形。東宫詹事黎陽公于志寧爲碑文[10]，見于塔所。

【校注】

［1］本：諸本同，興聖寺本作“大”誤。
［2］逃：諸本同，興聖寺本作“兆”誤。
［3］告：磧本、興聖寺本作“造”應是。
［4］詮：諸本同，磧本作“論”誤。
［5］案，會昌寺，武德元年建，位於唐長安城金城坊南門道西。説見李健超：長安志糾謬，歷史地理第19輯。
［6］烈：諸本同，磧本作“列”誤。
［7］潤：麗再本、興聖寺本作“閏”，今據磧本改。焉：諸本同，興聖寺本脱。
［8］動：諸本同，磧本作“慟”。
［9］詔：諸本同，磧作“諮”誤。
［10］案，據兩唐書，于志寧封爲黎陽公在貞觀三年到貞觀二十三年之間。

唐京師大莊嚴寺釋神迴傳八玄究

釋神迴，姓田氏，馮翊臨晉人[1]。弱齡挺悟，辭恩出俗，遠懷匠碩[2]，備歷艱虞，問道海西，包括幽奥，博采三藏[3]，研尋百氏。年未及冠，鬱爲鴻彩，雖廣融經論，而以大衍著名[4]。至於所撰序引、注解群經、篇章銘論，合四十餘卷。

每於春初三月，放浪巖阿，迄於夏首，方還京邑。漁獵子史，諷味名篇，逸調横馳，頗以此而懷簡傲也。兼以嘲謔豪傑，辯調中外[5]，陵轢倫右，誇尚矜莊，京邑所推，侯王揖仰。又以旬暇餘隙，遊歷省臺，預是文雄，通名謁對。或談叙儒史，或開悟玄宗，優遊自任，亦季世縱達之高僧也。故華壤英俊，爲之諺曰[6]：“大論主釋迦迴，法界多羅，一時領袖[7]。”以其豎論之時，必令五三人别難，後乃總領通之，故懷斯目矣。

大業十年，召入禪定。尋又應詔，請入鴻臚，爲敷大論，訓開三韓諸方士也。貞觀三年，以正道所歸，通務爲則，遂擁錫庸蜀，流化岷峨，道俗虔虔，靡若風草；法流亹亹，所至汪濊。

以四年七日一日，遷神於法聚寺[8]，春秋六十五矣。四衆哀慟，悲其爲法來儀，未幾而終，素懷莫展。益州官庶、士俗，及以同舟[9]，列道争趍[10]，奔于葬所。素幢竟野，香烟蔽空，萬計哀號，聲動天地。於昇遷橋南焚之，遵遺令也。弟子玄督收其餘柩，以約秦中，與同學玄究等於終南山仙遊寺北，而繕塔焉。究爲其文，銘于塔所。

究，清貞抱素[11]，志樂林泉，頗工篇什[12]，時會精越，學文驚其藻鋭也[13]。未立而終，哀傷才府。

【校注】

［1］案，即馮翊郡臨晋縣，治當今陝西省大荔縣。然"馮翊郡""臨晋縣"均非續高僧傳時間範圍内所設行政區劃名稱。

［2］碩：諸本同，磧本作"石"。"匠碩"，指名僧大德。

［3］采：磧本、興聖寺本作"採"是。

［4］案，大衍當指數學或者筮卦。神迥早年曾"問道海西"，即求學印度，或者於印度數學有所得也？

［5］中外：磧本、興聖寺本作"内外"。案，據文意當指佛教内外之學者。

［6］爲：麗再本、興聖寺本作"謂"，今從磧本改。

［7］袖：諸本脱，今據文意補。

［8］神：諸本同，磧本無。

［9］"及"，諸本同，磧本無。

［10］争：磧本、興聖寺本作"諍"誤。

［11］清：麗再本、興聖寺本作"情"，今從磧本。

［12］什：諸本同，興聖寺本作"付"誤。

［13］學文：案，"學文"不辭，疑當作"學友"。

唐京師定水寺釋僧鳳傳九法位[1]

釋僧鳳，姓蕭氏，梁高其族祖也。曾祖懿，梁侍中、宣武王。大父軌，梁明威將軍、番禺侯。顯考長，陳招遠將軍、新昌守。鳳以族胄菁華，風望高遠，置情恢廓，立履標峻。昔在志學，聰慧夙成，文翰曾映，聲辯超挺。所製雜文[2]，百有餘首，冠出儒林，識者咸誦。固得早登延譽[3]，令逸京皋。

開皇之始，僧粲法師名重五都，學周八藏[4]，乃委心請道，歸宗師傳。粲鑒其精爽，美其器略，授以真乘，開十等之差；導以玄辯，疏八勢之位。[5]鳳雅有幽度，領覽無遺，勝氣邁於比肩，賦命懷於前達。時倫相顧[6]，曰："師逸功倍，聞之昔人；冰涼清厚[7]，驗之今日。"

會隋煬負圖，歷試黄道，大業中歲，駐蹕南郊，文物一盛，千年罕及，欲以軍威帝業，激動鬼神[8]。乃高飾黄麾，盛陳白羽[9]，霜戈曜日，武帳彌川，皂素列於朝堂。下勑曰："軍國有容，華夷不革，尊主崇上，遠存名體。資生運通[10]，理數有儀，三大懸於老宗，兩敬立於釋府[11]。條格久頒，如何抗禮？"黄老士女[12]，承聲下拜，惟佛一宗，相顧峙立。沙門明贍率先答詔，具如别傳。然勑頻催，何爲不禮？鳳爲崇敬寺主[13]，依例被追，乃擺撥直進，援引經論，明不可敬之理[14]。僉詳贍、鳳抗詔之儀，可謂蘭菊各擅其英華，竹柏互陳其貞節，不可削也。

獻后云崩，禪定斯構，下詔辟召，來萃道場，相從講解，迄於暮齒。善綜引，安機要，難問失緒，顯論攸歸。貞觀中年，釋門重闡，青田有穢，白首斯興[15]，非夫領括，無由弘護。中書舍人杜正倫下勑監掌，統詳管轄，奏召以爲普集寺任[16]。尋更右遷定水上座。綏緝二寺，無越六和，妙達衆心，欣其仰止。

年及從心[17]，更新誡致，縶維塵境，放曠山林，言晤相諠，終事畢矣。有岐州西山龍宫寺遠來請講，深幸素心。承彼北背層巖[18]，南臨清渭，石鏡耀日，松蘿冒空，暢悦幽情，即而依赴，大開法觀，導引慧蹤。遂使道俗來穌，聞所未有。

既而厚夜悽感，常志前言[19]，悲谷增慨[20]，彌隆遐想。以其年暮月二十三日，因疾終於彼寺，春秋七十有七。初以疾極委卧[21]，猶存弘法，精爽不移，乃力疾而起曰："妙法華經最後言别，終須一釋，用通累念。"遂對衆開之，下坐怗然，奄爾神逝於岐州陳倉縣之龍宫寺[22]。士俗官庶，痛心疾首，喪我所天，悲夫陳迹[23]，昭穆安覩[24]？乃遷靈於縣郭之北原，鑿窟處之，仍施白塔，苕然望表[25]，遠近瞻屬[26]，無不涕零。有弟子法位學聲早被，言晤清遠[27]。以終天難補，英聲易塵，匪假陳揚，於何取則？乃於定水寺，爲建一碑，程器萬古[28]。其文左僕射燕公爲製[29]。

惟鳳立性矜莊，氣厲群伯，吐言爽朗，晤涉奔隨[30]，以般若爲心田，以涅槃爲意得，講法華經百有餘遍[31]，製疏命的，亦是一家。餘諸經論，待時而舉。初鳳之往西山[32]，便留遺疏，述其遠度，累以餘緣。恰達彼寺，因而不返，樂天知命，何以加之？故其遺文後偈云：

苦哉黑闇女，樂矣功德天。
智者俱不受，愚夫納二邊。
我奉能仁教，歸依彌勒前。
願闡摩訶衍，成就那羅延。

【校注】

[1] 法位：諸本同，興聖寺本無。

[2] 雜：諸本同，磧本作"新"誤。"雜文"，指詩、賦、贊、頌、箴、誄諸體以外的多種文體的總稱。參見劉勰文心雕龍雜文。

[3] 登：諸本同，磧本作"發"應是。

[4] 學周：諸本同，興聖寺本衍作"學々周"。"八藏"，出三藏記集卷一菩薩處胎經出八藏記第三云："迦葉告阿難言：佛所説法，一言一字，汝勿使有闕漏。菩薩藏者集著一處，聲聞藏者亦集著一處，戒律藏者亦著一處。爾時阿難最初出經，胎化藏爲第一，中陰藏第二，摩訶衍方等藏第三，戒律藏第四，十住菩薩藏第五，雜藏第六，金剛藏第七，佛藏第八。是爲釋迦文佛經法具足矣。"

[5] 案,“十等”,即十法界:地獄、餓鬼、畜生、阿修羅、人、天、聲聞、緣覺、菩薩、佛。“八勢”,佛經中似無對應名詞,文心雕龍卷六定勢篇第一次從哲學意義上對“勢”進行歸納。劉勰認爲“勢”由“體”决定,所以“八勢”,或即文心雕龍體性所説之八體:“若總其歸塗,則數窮八體。一曰典雅,二曰遠奥,三曰精約,四曰顯附,五曰繁縟,六曰壯麗,七曰新奇,八曰輕靡。”

[6] 倫:諸本同,磧本作“淪”誤。

[7] 清厚:磧本作“青厚”是,興聖寺本作“青原”誤。“冰青”之喻,典出荀子卷一勸學:“青,取之於藍而青於藍;冰,水爲之而寒於水。”

[8] 鬼:諸本同,興聖寺本作“幾”誤。

[9] 白:諸本同,興聖寺本作“自”誤。

[10] 運通:麗再本、興聖寺本作“通運”,今從磧本。“資生”,指經濟。“運通”,指運用靈活。

[11] 敬:麗再本作“教”,今從磧本、興聖寺本。“兩敬”,即敬佛、敬君。

[12] 士:磧本、興聖寺本作“子”誤。

[13] 鳳爲:磧本、興聖寺本作“鳳時爲”。

[14] 可:磧本、興聖寺本無。

[15] 青田有穢,白首斯興:道宣廣弘明集卷六辯惑篇第二列代王臣滯惑解上:“夫以稊稂之穢青田,榮華之弊白首者。”又廣弘明集卷二五僧行篇第五之三西明寺僧道宣等上榮國夫人楊氏請論沙門不合拜俗啓一首:“然以慧日既隱千載有餘。正行難登嚴科易犯。遂有稊稗涉青田之穢,少壯懷白首之徵。備例前經,聞於視聽。”“青田”之喻,典出四分律卷六〇:“佛告諸比丘:應審定問彼人,彼人於佛法中無所住,無所增長,譬如農夫田苗稊稗参生,苗葉相類不别而爲妨害,乃至秀實方知非穀之異。既知非穀即芸除根本,何以故?恐害善苗故,比丘亦復如是。”“白首”,出處不明,查四分律行事鈔資持記卷上三釋師資篇:“故令晚進,白首面牆,法墜於時,率由斯致。必負高識,無枉自他。”可供參考。

[16] 任:諸本同,磧本作“住”誤。

[17] 從:諸本同,磧本作“縱”誤。“從心”,典出論語爲政:“七十而從心所欲,不逾矩。”

[18] 層:麗再本、興聖寺本作“曾”誤,今據磧本改。

[19] 前言:磧本、興聖寺本作“言前”誤。“志”,記也。

[20] 谷:諸本同,磧本作“各”誤。“谷”,指陵谷之變遷,喻年壽之變化。增:諸本同,興聖寺本作“憎”誤。

[21] 極:諸本同,磧本作“殛”誤。“極”同“亟”,急也。

[22] 之:諸本同,磧本無。

[23] 悲:諸本同,磧本作“非”誤。

[24] 昭:磧本作“韶”,興聖寺本作“照”誤。“昭穆”,指墓地中墳墓的排列順序。參見周禮注疏卷二二:“冢人掌公墓之地,辨其兆域而爲之圖,先王之葬居中,以昭穆爲左右。”此處代指僧鳳墓。

[25] 苕:諸本同,興聖寺本作“苦”誤。

[26] 屬:諸本同,磧本作“矚”是。

[27] 晤:諸本同,磧本作“悟”誤。“言晤”,爲魏晋南北朝常見詞彙,意爲見面會談。

[28] 程:諸本同,興聖寺本作“桯”誤。

［29］燕公：諸本同，磧本作“燕國公”。“燕國公”，爲于志寧，其被封爲燕國公在永徽元年。製：諸本同，興聖寺本作“制”。
［30］晤：諸本同，興聖寺本脱。
［31］遍：諸本同，興聖寺本作“盈”誤。
［32］山：諸本同，興聖寺本脱。

唐京師普光寺釋道岳傳十　明曠[1]　明略[2]

釋道岳，姓孟氏，河南洛陽人也。家世儒學，專門守業，九歲讀詩、易、孝經，聰敏强識[3]，卓異倫伍。父鬲，仕隋爲臨淄令，治聲遠肅。有隱士西門義者，博物疏通，肥遁巖谷[4]，前後令召，莫能致之。至是，步自山阿，來儀府舍，謂鈴下吏曰[5]：“西門義故謁[6]，遽爲吾白。”即以事聞。令素仰高風[7]，駭其萃止，延席曰：“先生道扇三古，德重四民，何能輕舉？”義曰：“吾自弱歲，隱淪于兹。暮齒誠不欲干遊人世，抱誠棄智。頃者[8]吠聲既静，則良政字民，五袴興謡，兩歧成詠[9]。有欣美化，故不以韜隱自私，敢叙斯事。”令述其不逮，問其治術，對答若神，情兼明舉。乃命諸子紹、續、績、曠、岳、略等，列於義前，令其顧指。義曰：“府君六子，誠偉器也。自長而三，州縣之職，保家自若也。已下之三，其志遠，其德高，業心神道，求解言外，固非世局之所常談也。”

曠年十七，遂得出家。操行貞固，志懷明約，善大論及僧祇，深鏡空有。學徒百數，禪觀著績，物務所高，即洛陽净土明曠法師是也[10]。岳，十五出家，依僧粲法師爲弟子。少樂學問，經論是欣。及具篇禁，更宗律部，指途持犯，性不議非，而體貌魁美，風操高厲，容止儼然，不妄交於道俗。後習成論、雜心，於志念、智通二師，備窮根葉，辭義斯[11]盡。

有九江道尼者，創弘攝論，海内知名。以開皇十年至自楊都，來化京輦，親承真諦，業寄傳芳。岳因從受法，日登深解。以衆聚事擁，惟其廢習，將欲栖形太白，服業倫貫。時太白寺慧安者，倜儻多知，世數闊達[12]；方丈一字，方寸千文；醫術有工，經道偏練；日行四百，相同夸父。世俗所謂“長足安”是也。岳友而親之，便往投造，告所懷曰[13]：“毗曇、成實，學知非好。攝大乘論，誠乃精微，而傳自尼公，聽受又鮮[14]，今從物化，請益無從，中路徘徊，伊何取適？昔天親菩薩作俱舍論，真諦譯之，初傳此土，情寄於此耳。”安曰：“願聞其志。”岳曰：“余前學群部，悉是古德所傳，流味廣周，未盡於後，惟以俱舍無解，遂豈結於當來耶？”安曰：“志之不奪，斯業成矣[15]。”後住京師明覺寺，閉門静故[16]，尋撿論文，自讀其詞[17]，仍洞其義。一習五載，不出住房，惟除食息，初無閑暇，遂得釋然開發，了通弘旨[18]。

至於外義伏文，非疏莫了，承三藏本義，並録在南方[19]，思見其言，載勞夢寐。乃重賂遺南道商旅，既憑顧是重，所在追求，果於廣州顯明寺獲俱舍疏本[20]，並十八部記[21]，並是凱師筆迹[22]，親承真諦口傳。顯明即凱公所住寺也。得此疏本，欣戴仰懷[23]，諷讀沉思，忘於寢食。乃重就太白，卒其先志，於即慶吊絶緒，尋繹追功。口腹之累，惟安供給。時穀食不豐，菜色相顧，安庶事經營[24]，令無匱乏[25]。綿歷歲序，厥志彌隆，内慚諸己，乃謝安曰："岳今至愚爲累，獨學成譏，輒不量力，欲悕非分[26]，一不可也。食爲民本，名作實賓，苟求虚譽，遂勞同志，二不可也。斯過弘矣。誠可退迹沉浮[27]，更勞重累則不可也。"安曰："功業將成，幸無異志。嘉會難再，無思别慮。"復延兩載，方始出山。乃以己所尋知，將開[28]慧業，遊諸講肆[29]，清論莫窮。

大業八年，被召住大禪定道場，今所謂大總持寺是也。時年三十有四[30]，少齒登器，莫匪先之。此時僧衆三百餘人，令德風規[31]，互相推謝[32]。岳以後至名重，學不從師，雖欲播揚，未之有許。時有同德沙門法常、智首、僧辯、慧明等，並名稱普聞，衆所知識，相爲引重，創爲請主[33]。岳撝謙藏器，退辭師授，徒累清言，終慚疏略。慧明等越席揚言，曰："法師何辭耶？吾等情均水乳，義結相成，掩德移機，恐爽靈鑒。又，人世飄寄，時不再來，幸不相累。"岳顧諸意正，乃首登焉，遂以三藏本疏，判通俱舍。先學後進，潛心異論，皆曰："斯文詞旨宏密，學爽師資，縱達一朝，誠自誣耳，當伺其談叙，得喪斯及矣。"岳自顧情王虚宗，初無怯憚，舉綱頓網，大義斯通。雖諍論鋒臨而響應隨遣[34]。衆咸不識其户牖，故無理頓聯辭，由是名振學宗，法筵繼席，歲舉賢良[35]，推師有寄。

武德初年，從業藍谷，化感寺側巖垂乳水，岳往承之，可得二升，懸渧便絶[36]。乃曰："吾無感也，故水輟流[37]。"遂以殘水寫渧下瀅中，一心念誦，日取一升，經六十日，患損方復。又至二年，以三藏本疏文句繁多，學人研究，難用詳覽，遂以真諦爲本，餘則錯綜成篇。十有餘年，方勒成部，合二十二卷，減於本疏三分之二，並使周統文旨，字去意留。兼著十八部論疏，通行於世，以爲口實。

又初平鄭國，有宗法師者，神辯英出[38]，時所異之。皇上延入内宫，立三宗義。岳問："以八正通局聖賢？"後責纔施，無言以對。坐見其屈，乃告曰："京室學士[39]，談衍寔希[40]，三宗之大，於何自指？"

及高祖之世，欲使李道東移，被于鳥服，度人授法，盛演老宗。會貞觀中，廣延兩教，時黄巾劉進喜創開老子通諸論，道岳乃問以道生一二，徵據前後，遂杜嘿焉。岳曰："先生高視前彦[41]，豈謂目擊取通乎[42]？"坐衆大笑而退。故岳之深解法相，傳譽京國矣。

至六年秋八月，岳兄曠公從化，悲痛纏懷。徒屬慰曰："人皆有死，惟自裁抑。"岳捫淚曰："同居火宅，共溺愛流，生死未斷，何得不悲？"聞者義之[43]，以爲善居道俗之間也。

貞觀初年，有梵僧波頗，在京傳譯，岳爲衆舉，預其同列[44]。頗聞善於俱舍，未始重之，謂人曰："此論本國學者之英華，浮情不敢措意。今言善者，不有謬耶？"因問以大義，并諸異論，岳隨其慧解，應答如流。頗曰："智慧人，智慧人。不言此慧，吾與爾矣。"自爾情敦道術，厚密加恒。

八年秋，皇太子召諸碩德[45]，集弘文館講義[46]。岳廣開衢術，延對諸賓，酬接覆卻，神旨標被。太子顧曰："何處法師[47]，若此之辯也[48]？"左庶子杜正倫曰："大總持寺道岳法師也，法門軌躅，學觀所宗。"太子曰："皇帝爲寡人造寺，廣召名德，而此上人，猶未受請[49]，何耶？"倫曰："虞舜存許由之節，夏禹順伯成之志。彼乃俗流，猶從矯逸，況方外之士，棄名之人，臣輒從其所好耳。"乃下令曰："今可屈知寺任[50]，允副虛襟。"岳動容辭曰："皇帝深惟固本[51]，歸誠種覺，所以考兹福地，建此仁祠，廣召無諍之僧，用樹無疆之業。貧道識量未弘，德行無紀，今蒙知寺任，誠所不安。願垂含恕，敢違恩旨。"屢辭不免，遂住普光。

以貞觀十年春二月，搆疾彌留[52]，諸治無效。春坊中使，相望於路。遂卒于住寺，春秋六十九[53]。皇太子令曰："普光寺上座喪事所資，取給家令，庶使豐厚，無致匱約[54]。"仍贈帛及時服、法衣等[55]。俄而有勑，復公給葬儀[56]，送於郊南杜城之西隅。

岳弟明略，身長七尺三寸，十九出家，志懷遠悟，容儀清肅，特善涅槃[57]。學人從集，有聲京洛，住東洛天宫寺[58]。貞觀九年，入朝奉慰，時四海令達，總集帝京，惟岳及略連枝比曜[59]，時共美之。及事緣將了，言歸東夏。岳惘然曰："吾同氣四人，並先即世，唯余與爾，相顧猶影。自曠師没後，心常怏怏，恐藤鼠交侵，欻然長逝。異生難會，可不思耶[60]？吾行年耄矣[61]，其能久乎？集會又難，爾其且止。"因斯便住。恰至明春，岳便辭世。略之銜疢痛鍾[62]，纏結帶疾，還寺，以十二年卒于所住，春秋六十七矣。[63]

【校注】

[1] 曠：磧本作"廣"誤，興聖寺本同麗再本。

[2] 明略：諸本同，興聖寺本倒在釋道傑傳的附傳。

[3] 聰：諸本同，興聖寺本脱。

[4] 肥：諸本同，磧本作"伏"應誤。"肥遁"典出易遁卦："上九：肥遁，無不利。"

[5] 鈴：諸本同，磧本作“銓”誤。“鈴下”，爲漢代的一種吏。太平御覽卷三三八兵部六九鈴條引魏志：“安平太守宅老，鈴下作怪爲鳥鵲鬥。蓋公府閣有繩鈴以傳呼，鈴下有吏者也。”
[6] 謁：諸本同，磧本脱。
[7] 風：諸本同，興聖寺本脱。
[8] 者：諸本同，興聖寺本脱。
[9] 歧：諸本同，磧本作“岐”。
[10] 净土：諸本同，磧本作“净土寺”。
[11] 心於志念智通二師備窮根葉辭義斯：諸本同，興聖寺本脱。
[12] 閣：諸本同，興聖寺本作“閣”。
[13] 告：諸本同，興聖寺本脱。
[14] 鮮(尠)：諸本同，興聖寺本作“勘”誤。
[15] 斯：諸本同，興聖寺本脱。
[16] 閉：諸本同，興聖寺本脱。
[17] 自：諸本同，磧本作“日”應是。
[18] 通：諸本同，興聖寺本脱。
[19] 方：諸本同，磧本、興聖寺本脱。
[20] 獲：磧本、興聖寺本作“得”。
[21] 並十八部記：磧本作“並十八部論記”。案，十八部論，十六國時所譯經名，真諦譯爲部異執論，玄奘譯爲異部宗輪論，三譯均爲一卷。
[22] 凱師：即慧愷，傳見本書卷一。
[23] 欣戴仰懷：磧本作“欣載御懷”，興聖寺本作“欣載御壞”誤。
[24] 營：磧本、興聖寺本作“勞”。
[25] 令無匱乏：磧本作“始無匱乏”，興聖寺本作“始無遺乏”誤。
[26] 悕：諸本同，磧本作“希”是。“悕”，“願也”，亦通，參見故訓匯纂第 795 頁。
[27] 沉浮：麗再本作“浮浮”應誤，今據磧本、興聖寺本改。
[28] 慮復延兩載方始出山乃以己所尋知將開：諸本同，興聖寺本脱。
[29] 遊：諸本同，興聖寺本脱。
[30] 三：諸本同，磧本作“四”誤。
[31] 德：麗再本作“聽”，今從磧本、興聖寺本。“令德”，大德。
[32] 謝：諸本同，永北本作“讓”。
[33] 請主：諸本同，磧本作“情王”誤。“請主”，佛經多見，爲籌劃、舉辦法事活動的贊助人。此句意爲法常等人舉辦法會，請道岳開講俱舍。
[34] 論：諸本同，興聖寺本脱。遣：諸本同，興聖寺本作“遺”。
[35] 良：諸本同，興聖寺本作“退”誤。
[36] 渧：諸本同，磧本作“滴”。“渧”同“滴”。
[37] 故：磧本、興聖寺本作“故使”。
[38] 神：諸本同，興聖寺本衍作“神神”。
[39] 士：磧本、興聖寺本作“市”誤。
[40] 衍：麗再本、興聖寺本作“術”。“談衍”，即戰國時陰陽學家鄒衍，史記卷七四荀卿列傳：“騶衍之術迂大而閎辯；奭也文具難施；淳于髡久與處，時有得善言。故齊人

頌曰:‘談天衍,雕龍奭,炙轂過髡。’”故此處略“談天衍”爲“談衍”,喻指善辯之人。

[41] 彦: 諸本同,興聖寺本作“度”誤。

[42] 目: 諸本同,興聖寺本作“日”誤。

[43] 義: 諸本同,麗再本作“議”,今據磧本改。

[44] 列: 麗再本作“例”,今據磧本、興聖寺本改。

[45] 碩: 諸本同,興聖寺本作“願”誤。

[46] 弘文館: 磧本衍作“弘文館殿”,興聖寺本作“弘文殿”誤。

[47] 處: 麗再本脱,今據磧本、興聖寺本補。

[48] 辯: 諸本同,興聖寺本作“辨”。

[49] 未: 磧本、興聖寺本作“非”誤。

[50] 今可: 諸本同,興聖寺本作“可今”誤倒。

[51] 帝: 諸本同,興聖寺本脱。

[52] 構: 諸本同,磧本作“遘”。“構”同“遘”,遭遇。留: 諸本同,興聖寺本作“流流”既誤且衍。

[53] 六十九: 諸本同,磧本、興聖寺本作“六十有九”。

[54] 匱: 諸本同,磧本作“遺”誤。

[55] 法: 麗再本脱,今據磧本、興聖寺本補。

[56] 公: 磧本、興聖寺本作“官”應是。案,“官給”,續高僧傳多見,“公給”僅此一例。

[57] 特: 諸本同,興聖寺本作“時”誤。

[58] 天: 興聖寺本作武則天所造字形。

[59] 枝: 麗再本作“支”,今從磧本、興聖寺本。

[60] 不: 諸本同,興聖寺本脱。

[61] 行年: 磧本作“將”,亦通。案,“行年”與“將”,都爲“未至將至”之意。興聖寺本作“行”當是脱“年”字。

[62] 疚: 諸本同,磧本作“疼”誤。“銜疚”,爲父母守喪。

[63] 案,興聖寺本此卷終於此傳。

唐汴州慧福寺釋功迥傳十一

釋功迥,姓邊,汴州浚儀人。年六歲,便思出家,慈親口授觀音經,累日而度[1],自此專訓經法,九歲而送在寺。年十六,捨俗服,志願山居,因入泰岳,苦心忘倦。年二十五,便事弘法師。私自惟曰:“拱默山林,乃是一途獨善,至於道達蒙瞽[2],維持餘寄,非化誘不弘。”住汴州惠福寺[3]。

昔在山中,十地、勝鬘,已曾講解,及遊城邑,人有知者,勸而説之,遂因闡揚。諸經論等,亦備敷説。晚以法花特爲時要,便撰疏五卷,鎮常弘演,前後五十餘遍。每至藥草品,天必降雨,故其幽誠徵感,爲若此也。其佛地、般若制疏并講,津濟後學[4],聲滿東川。又撰無性[5]、攝論疏。

厥功始成，奄然長往於本寺[6]，年六十六。余聞之行人曰：“其人少欲自節，衣布坐茅，所獲利禄，隨時散盡。房無櫃篋[7]，四壁廓然。未終之前，異香靈光，至所住室，二夜四至。自覩嘉相，門人同美，迴曰：‘願乘此瑞，往生樂土。’因不食二十日而終。所飲井水，終旦泉竭，殯經數日，水方復舊，道俗悲涼。”通感若此。[8]

【校注】

[1] 累日而度：麗再本作“累月而度”，今從磧本。“度”，過也，通讀一遍也。

[2] 道：磧本作“導”是。

[3] 惠：磧本作“慧”。

[4] 津：磧本作“律”誤。

[5] 無性，即三無性論，作者有天親、世親、無著三説，陳真諦譯，二卷，爲早期唯識學的重要經典。

[6] 於：麗再本脱，今據磧本補。

[7] 櫃：磧本作“遺”誤。

[8] 案，净土往生記卷中收有釋功迴傳，與此傳小有不同，今節録如下：嘗依泰山，入普賢懺，行坐讚頌。而身不倚者三年。一旦普賢乘六牙象，以現其前。銀色境界，隨亦現之。迴知精誠之感也，益加砥礪。或謂迴曰：“如來之教不傳，道俗之情無依。”……以故汴人遇其亢旱，必俟講貫，乃有望焉。後撰佛地論及攝論等疏。疏之未成，迴曰：“罄以凡情，詮明聖教，願回所詮，得生安養。”及其疏成，五色異光以照其室。寺僧驚歎，罔知所來。迴曰：“此吾詮明聖教之驗也。”又曰：“吾以三毒之苦，常生厭離，由厭離之心，起增進之念，得於此時乘光見佛足矣。”於是繫念西想，不食而終。

唐汴州安業寺釋神照傳十二

釋神照，姓淳于，汴州中牟人[1]。年九歲，隋亂，眷屬凋亡，惟母及身，萍流無託。未幾母崩，投造無詣[2]，朝求木實，夕宿屍所。行往見之，莫不下泣。年十二，投尉氏明智律師而出家焉。于時，載揚律藏，學徒雲集，宇内初定，餱粒未充，照巡村邑，負糧周給。年經六祀，勞而無倦。供衆之暇，夜誦法華[3]、勝鬘經。雖久，人無知者。受具聽律[4]，每發奇思，前學之流，驚其迴悟。

又往鄴下休法師所[5]，聽攝大乘論，一遍無遺。講散辭還，休送出寺。學門怪異，休顧曰：“斯是河南一遍照也。後生領袖，爾其知之。”又往許州空法師所，聽雜心論。纔始八卷，爲師疾而返。後因遂講之[6]，初後通冠，時人語曰：“河南一遍照，英聲不徒召。”爾後，涅槃、華嚴、成實、雜心隨機便講，曾不辭退。又造像數百鋪，寫經數千卷。任緣便給，不爲藏蓄。新譯能斷金剛般若初至，披讀尋括，詞義似少一行，遂以情測注[7]，及後具本[8]，果與符同。時咸訝其思力也。

貞觀中，遘疾逾久而戒行無玷，卒於安業本寺，春秋五十有九。初，平素日，一狗將養，所住恒隨[9]。及鄰大漸，長號哀厲，通宵向本出家寺，往返二百餘里。繞寺號呼，以告彼衆。素不知也，凶問後至，方委狗徵。及曙，還返安業，揜坎之後[10]，長眠流淚，不食而殂。

【校注】

［1］案，"中牟縣"，治當今河南省鄭州市東。

［2］詣：磧本作"指"。

［3］誦：麗再本作"講"，今據磧本改。

［4］具：麗再本作"其"，今據磧本改。

［5］所：麗再本脱，今據磧本補。休法師，即慧休，見本書卷一五慧休傳。

［6］遂：磧本作"逐"誤。

［7］測：磧本作"側"亦通。"測"，推測。

［8］具：麗再本作"其"，今據磧本改。

［9］住：磧本作"往"應是。

［10］揜：磧本作"掩"。

唐蒲州栖巖寺釋道傑傳十三[1]

釋道傑，姓楊，其先弘農漢太尉震之後也，苗裔復居河東安邑之鳴條焉[2]。天懷穎發，廓然物表，年纔小學，便就外傅[3]，教以書計、典籍，粗知大略。然以宿植德本，情厭俗塵，父母留戀，抑奪不許。開皇十一年，歲將冠肇，垂翼東飛，投聞喜横水窟真瑩法師。瑩鑒其高拔，即而剃落，尋與受具，令學涅槃等經。性净脩明，聞持鏡曉。

後往峴頭山誦法華[4]，經月便度，深自惟曰："經不云乎，寧願少聞，多解義味。欲得通要，必俟博遊。"開皇十四年，往青州何記論師所，聽採成實。纔涉二年，功高四載，記顧曰："吾子形貌傀偉，請對有方[5]，學淺而思遠，吾論其興矣。儻子存於始卒，吾當誨而不倦。"無幾而記遷化，遂爾周流齊土。

時有奘、寂[6]、安、藝，並號哲人，從之受道，多識前令。又往滄[7]、冀，魏、念二論師所，聽毗曇論。又於清河道向[8]、汲郡洪該所，俱聽成實。始末四載，傾窮五聚，乃上下搜求，以問法主，每令該公延頸長息。嘗定該義，曰："論云：惟一苦受而有三差。此文非謂以一行苦，名爲苦受，而隨情説三受；

正以於一苦受而隨情説三受。此是經部師計,而拔摩述以爲宗[9],可不爾耶?”該曰:“然。”傑曰:“若使果起酬因,説苦受爲樂受。亦可因成感果,説惡業爲善業。若言善業感樂果,善業非惡業,亦可樂受酬善因。樂受非苦受,若言樂受酬善因而體即苦受,亦可善業感樂果而體即惡業。若言惟是一苦受,隨情説妄樂,亦可唯是一惡業,隨情説妄善。此中多句,終是一妨。遠取伏意,覆卻例決。”該于時茫然,曰:“此中須解聽[10]。”後私室便曰:“子有拔群之亮[11],難與言也。吾老矣,弘興論道,其在子乎?”由是門人胥伏。

開皇十九年,自衛適鄴,聽休法師攝論[12]。又於洪律師所,聽四分。略知户牖,意在小論,將事東行,屬隋漢王召滄州志念、河間法楞長弘并部,忽遇斯際,即往從之。聽仰迦延,讀婆沙論,首尾三載,頗極窮通。曾難念論師曰:“若觸空非觸入處者,亦應識空非識住處;若以識非分是識住處者,亦應觸非分是觸入處。”于時,念公但含笑直視,竟不通之。其論道迅猛,皆此類也。

然以先功小學[13],意爲弘顯大乘,仁壽二年,又依楞法師聽十地等論。爾時法門大敞,宗師雲結。智、景大論,十、力攝乘,兩達涅槃,舜、龕律部,一期總萃,并、晋中興。乃歷遊講肆,觀略同異。凡經六載,咸陳難擊,故并州語曰:“大頭傑,難人殺。”然其例並雖少,而一徵一責能令流汗。

文帝崩,晋陽逆節,便還故里,講阿毗曇心,又講地持,各五六遍。自惟曰:“徒事言説,心路蒼茫。至於起慧,非定不發。”遂停講,往麻谷,依真慧禪師學坐。[14]思擇念慧,深入緣起,慧歎曰:“常謂法師等一從名教[15],難偃亂流。如何始習,便能住想,豈非宿習所致耶?”後依成實安般念處,兩夕專想,觀解大明。便謂神素法師曰:“昨試依論文,安般念觀,境界極明而氣逼上心,坐不安席。欲除此患,終須教遣,請撰諸經安般同異,編爲次第,將依遣滯。”素乃取婆沙、成實、龍樹蘭若諸部,明十六特勝、六種安般之相,以示之。即依修習,更逾明净。又往麻谷以呈所證,慧曰:“善哉,大利根者。淋落泉中諸學坐者,未至此處。”

武德元年,請弘十地。傑笑曰:“息駕修禪,但名自利凡法[16],講揚法化,誠爲利他。至於俱利,事須商度,今當晝語夜默,庶得小大通洽,不亦可乎?”遂即長弘三十餘遍。常隨門學百有餘人,堪外化者數盈二十。

斯人也,剛決中恕[17],少欲希言,擇交選士,疏財薄食,苦樂不言,喜愠無撓。栖巖一衆,舉爲僧主,辭不獲免,若浮雲焉。以貞觀元年七月二十八日,因疾卒山,春秋五十五,三十六夏。

初有桑泉樊綽者[18],前周廢教僧也,雖爲白衣,常參法宇,傑以國士遇之。綽已前亡,二女同夢其父乘虚而至,曰:“吾生西方極樂土矣。知傑師將逝,故來迎接。”因往栖巖。其日,傑患停講,乃至壽終,常見樊綽在傍,合衆又聞空中伎樂異香。故其去處雖遠,不負弘導之功焉[19]。門人依西域闍維,起塔供養。

【校注】

[1] 三: 諸本同,興聖寺本作“一”。

[2] 河東安邑之鳴條: 今山西省運城市安邑鎮北,又稱高侯原。

[3] 傅: 磧本作“傳”。“外傅”,出外就學,參見禮記正義卷二八内則:“十年,出就外傅,居宿於外,學書記。”

[4] 峴頭山: 即今河南省靈寶市東峴山。史記卷四八陳涉世家之索隱:“小顔云‘曹水之陽也。其水出陜縣西南峴頭山,北流入河。魏武帝謂之好陽’也。”金史卷二五地理中“陜縣”條下有峴頭山。據以上記載,則爲今靈寶市之峴山。

[5] 請: 磧本作“清”是。“請對”,請求對辯,參見續高僧傳卷四玄奘傳:“諸僧同疑,恐有殿負,默不陳對。奘停既久,究達論道,告衆請對,何得同恥。各立旁證,往復數番,通解無路,神理俱喪,溘然潛伏。預是釋門,一時騰踴。”“清對”,即清談、清辯。肇論收與劉遺民書:“君清對終日,快有悟心之歡也。”又出三藏記集卷一一訶梨跋摩傳序:“遂抗言五異,辯正衆師,務遵洪範,當而不讓。至乃敏捷鋒起,苞籠群達,辯若懸河,清對無滯。於時衆師雷動,相視闕如。”

[6] 奘: 磧本作“裝”誤。

[7] 滄: 麗再本作“倉”,今據磧本改。

[8] 向: 磧本作“尚”。

[9] 拔: 磧本作“跋”。“跋摩”,即成實論作者訶梨跋摩。

[10] 須: 磧本作“頃”應是。

[11] 子: 磧本作“此子”,與下句文意不合,應誤。

[12] 休法師: 磧本作“林法師”誤,當即本書卷一五之慧休,説見郭紹林校本續高僧傳本條。下文洪律師,即洪遵,見本書卷二一。志念,見本書卷一一。

[13] 功: 磧本作“攻”應誤。

[14] 真慧禪師: 傳見佛祖統紀卷二八:“隋大業初,居蒲阪麻谷,餌黄精絶粒。築净地,設四柱寶幢以奉三聖。每依像作觀,挺身整念,必肅肅然。一夕謂弟子曰: 今見蓮華載開載合,將承吾足。頃之聞鐘,天香西來,異光驟發,已而慧亡。”

[15] 謂: 麗再本作“爲”,今從磧本。

[16] 凡: 磧本作“己”誤,“己”與“自”重複。

[17] 中: 磧本作“忠”是。

[18] 桑泉: 即桑泉縣。西魏恭帝二改猗氏縣爲桑泉縣,周明帝改回猗氏縣,治在今山西省臨猗縣南;又,隋開皇十六年分猗氏縣置,唐天寶十二載改爲臨晋縣,治當今山西省臨猗縣臨晋鎮東。

[19] 導: 磧本作“道”是。

唐蒲州栖巖寺釋神素傳十四[1]

釋神素,姓王,字紹則,其先太原,遠祖勇從宦虞州,遂徙居安邑鳴條之野焉[2]。氏族英望,無煩述作。少與道傑,結張、范之好[3],相携問道。儒學之富,禮、易是長,至於篇什,繼美英采。故其遊學講肆,周流國境,必與相隨,若比人矣[4]。所習詞義,博覽俊悟,則難兄難弟也;至於誦經學定,當席索隱,則後於傑;文理會通,素則先之。爲傑出安般念觀,令其從滯,如彼傳述。

大業四年,傑公停講,學門請素[5],接軫相尋,遂從命,專講毗曇四十餘遍,續講成實將二十遍,自餘小部不足述之。其爲講也,片言契理,少語釋多,學者玄悟,聽覽不倦,則傑高於素;若多陳同異,廣定是非,鄭重校角,開生覺意,則素賢於傑。所匠成者,則盖、裕、隆、深、英、泰之徒是也。故晋川稱謂[6]:素、傑二公,秋菊春蘭,各擅其美。然素温恭退讓,慈愛矜恕,待士慕賢[7],不伐諸己。貞觀二年,栖巖大衆,請知寺任,辭以法事相繼,有阻僧綱[8]。衆又固請依傑師故事,乃許之。性寬厚,善物性,故得上下和睦,風塵攸静。

以貞觀十七年二月二十三日,卒於栖巖,春秋七十二。自一生行業,屬想西方。於臨終日,普召門人大衆[9],爰逮家臣,與之別已,自加結坐[10],正威容已,令讀觀經兩遍[11],一心静聽,自稱南無阿彌陀佛,如是五六。又令一人唱,餘人和,迄於中夜,端坐儼然,不覺久逝。[12]依即坐殯,肌肉雖盡,骨坐如初。又感祥瑞,略故不述。

初終之夕,仁壽寺志寬法師夜坐如悶[13],夢素來過,同床止息,勤勤告別曰:"如來大悲,爲諸衆生曠劫苦行,勤求大法,流布人天,欲使不絶。我等雖居下流,然佛遺寄,未能發輝[14]。道業遂有,季位在前,素雖不肖,深懷辜負。每欲推命竭愚,上干天聽[15],今大運忽臨,長辭永别[16],好住努力。"寬送目極,忽然而覺。及明,莫知凶問,須臾信至,方知昨逝。寬致書述懷,與諸門人,如彼。

【校注】

[1] 四:諸本同,興聖寺本作"二"。
[2] 安邑鳴條:今山西省運城市安邑鎮北,又稱高侯原者。
[3] 結張、范之好:即張劭、范式。見後漢書獨行列傳。
[4] 比:磧本作"此"誤。
[5] 請:麗再本作"清"誤,今據磧本改。
[6] 謂:磧本作"爲"是。

[7] 待：麗再本作“侍”誤，今據磧本改。
[8] 綱：麗再本作“網”誤，今據磧本改。
[9] 普：磧本無。
[10] 結：磧本作“趺”。
[11] 觀經：磧本作“觀音經”誤。“觀經”，即佛說觀無量壽經。
[12] 案，淨土往生傳卷中收有神素傳，其往生事與本傳略有不同，今節引如下：唐真觀十七年二月十三日微疾，謂弟子曰：“吾以刻骨鏤肌，植因安養。今吾之病，幸無諸苦，汝徒何以助我？”即令弟子揭聲以讀觀經。素乃靜聽，聽已，又復自念阿彌陀佛、觀音、勢至二菩薩。並海會諸菩薩。如是稱念，往反數番。
[13] 仁壽寺：磧本衍作“如仁壽寺”。
[14] 未：麗再本作“末”，今據磧本改。
[15] 干：麗再本作“于”，今從磧本。
[16] 辭：麗再本作“思”，今據磧本改。

唐東都天宮寺釋法護傳十五

釋法護，姓趙，本趙郡人[1]。祖康，爲濟陰太守[2]，子孫遂家焉。隋初有趙恒者，與清河崔汪以秀才擢第，時號“四聰”，即其父也。家門清儉，禮素自居。護時沖幼，戲則圍坐登講[3]，採花列供，其父知爲法器。十二，遭父憂，未幾又丁母艱[4]，哀慟氣絶者數四。服闋，造河北衛部，欲學儒術，忽逢勝緣提誘，誨以三界牢獄，示以四大毒蛇[5]，如不早悟，輪迴未已。便依而落髮[6]，時年十五也。留誦淨名，七日便度。自是廣訊經誥，訪無遠近，遂往志念所聽毗曇，法彦所聽成實。縱横累稔，參預前蹤。又聽律部，薄閑持犯。往彭城嵩論師所[7]，以是攝論命家。海内標仰，伏膺請益，無所辭焉。指授幽明，曲盡玄致。

大業三年，度僧化遠，護應此詔，名霑安陸[8]。俄而有勑，遠召藝能，住内道場，時年三十有二。既居慧日，高彦成群，常講中觀、涅槃、攝論。僞鄭既降，太宗初入，别請名德五人，護居其列[9]。自此校角攝論，去取兩端。或者多以新本確削，未足依任，而護獨得於心。及唐論新出，奄然符會，以爲默識之有人焉。貞觀十二年，勑召入龍潛宅天宫寺[10]，仍知寺任。勉人以德[11]，衆穆如也。

十七年，七月二十一日，晡時不豫[12]，因卒于房，春秋六十有八。護善外書，好道術。約己薄食，解衣贍寒，結帶終歲，不飾容貌，而貴勝所重，通才咸萃[13]。先服石散大發，數日悶亂，門人憧惶，夜投餅滓，詭言他藥。後聞，正色曰：“吾[14]之見欺，當自責取[15]。然陷師於非道，是何理耶？”遂不與言。其確固，例如此也。然好施忘倦，房無圭勺之儲[16]，但一床一橙而已[17]。撰攝論指歸等二十餘篇。初亡,嵩山沙門智大者年九十餘,傲然恬素,不出三十餘年。聞哀[18],杖策而至,盡哀,曰:"經論之士,精苦之倫,代有人矣。至於純直自然,識量通雅者,斯人歿後,因絶蹤矣[19]。"中書杜正倫來吊而銘,略之曰:"伊昔承恩,誨深提耳。及兹展覲,慟興床几。頽泣可援,沉嗟靡已[20]。庶在遐齡,永陪高軌。"

【校注】

[1] 趙郡:隋開皇初趙郡,大業三年復設趙郡,唐武德初改趙郡爲趙州。治當今河北省趙縣。

[2] 太:磧本無,麗再本作"大",今徑改。案,濟陰郡,武德四年改爲曹州,治當今山東省菏澤市。

[3] 圍:磧本作"圖"誤。

[4] 艱:磧本作"難"應誤。

[5] 示:麗再本作"不",今從磧本。案,金光明最勝王經卷五記:"地水火風共成身,隨彼因緣招異果,同在一處相違害,如四毒蛇居一篋。"指人身體由地、水、火、風構成,故不堅牢,易受侵擾。

[6] 髮:磧本作"鬃"。"鬃",髮髻。

[7] 案,"嵩論師",即靖嵩,見續高僧傳卷一〇。

[8] 安陸:即安陸縣,當今湖北省安陸縣。

[9] 列:磧本作"例"誤。

[10] 天宫寺:寺在洛陽。

[11] 德:麗再本作"得",今從磧本。

[12] 豫:麗再本作"預"誤,今據磧本改。"曛時",即黄昏。

[13] 才:磧本作"方"應是。

[14] 慞惶夜投餅滓詭言他藥後聞正色曰吾:此十六字,麗再本脱,今據磧本補。

[15] 取:磧本作"耳"是。

[16] 圭勺:圭爲十萬分之一升,圭勺形容很少。

[17] 橙:麗再本、隨函録作"蹬",今從磧本改。

[18] 哀:磧本作"著"誤。

[19] 因:磧本作"固"應是。

[20] 嗟:麗再本作"差"誤,今據磧本改。

唐蜀都寶園寺釋玄續傳十六[1]

釋玄續,姓桑,蜀郡成都人。出家既久,經綸道業。涅槃、成實,所學之宗;常講法華,導引蒙曉。然風彩高峻,容止方複,言談之際,機俊變通[2]。達外書,工草隸,時吐篇什,繼美前修。又能折節下人,僮少、道俗有才調者,命來與語,愛而狎之。至於侯王雄伯、名儒大德,便傲然特立,不以介意,而神爽更高,辯給電疾[3]。

有梓州東曹掾蕭平仲者,梁高之孫也,博學機關,當時絶偶。往參談叙,文集相示,平仲尚之,從容曰:“仰承高懷,懱略諸貴等。今蒙禮顧,深媿非人。”續曰:“諸貴驕蹇,須以驕蹇對之;明公汎愛,故以汎愛相答。”仲曰:“法師從來不爾,今日忽然,疑是虚談,恐非實録。”答曰:“貧道待公之虚實,亦如公遇續之實虚耳。”相與驩笑。

嘗爲寶園寺製碑銘,中有彈老、莊曰:“老稱聖者,莊號哲人,持螢比日,用岳方塵。”屬有祭江道士馮善英,過寺禮拜,見而惡之,謂續曰:“文章各談其美,苦相誹毁,未識所懷。若不除改,我是勑使,當即奏聞。”續曰:“文之體勢,非爾所知。若稱勑使,欲相威懵者,我寺内年别差人當莊[4],此是勑,許亦是勑使。卿欲奏我,我當莊人亦能奏卿。”英雖大恨,無如之何。寺僧五十,雖並遲暮,皆順伏之。嘗見人述莊子鵬鷃之喻,便歎曰:“莊蒙以小大極於此矣,豈知須彌不容金翅,世界入於鄰虚?井鼃之智[5],穢人耳目。”

後疾甚,召僧集已,罄捨都盡,曰:“生死常耳,願各早爲津濟。”其夜命終,貞觀中矣。

【校注】

[1] 寶園:麗再本脱,今據磧本補。

[2] 俟:磧本作“候”是。案,“機候”,續高僧傳凡三見,卷四玄奘傳:“側席面西,思聞機候。”卷一八僧照傳:“斯亦體達機候之明匠矣”。“機候”,指適當的時機。

[3] 給:磧本作“洽”誤,“洽”爲廣博義,與“電疾”不合。

[4] “當莊”,或爲寺院管理莊園生産、出納的職員,具體不詳。參見大唐西域求法高僧傳卷上“那爛陀寺”條:“寺内但以最老上座而爲尊主,不論其德。諸有門鑰,每宵封印,將付上座,更無别置寺主、維那。但造寺之人名爲寺主,梵云毗訶羅莎弭。若作番直、典掌寺門及和僧白事者,名毗訶羅波羅,譯爲護寺。若鳴犍椎及監食者,名爲羯磨陀那,譯爲授事。言維那者略也,衆僧有事集衆平章,令其護寺巡行告白,一一人前,皆須合掌,各伸其事,若一人不許,則事不得成,全無衆前打槌秉白之法。若見不許,以理喻之,未有挾强,便加壓伏。其守庫、當莊之流,雖三二人,亦遣典庫家人,合掌爲白。若合方可費用,誠無獨任之咎。若不白而獨用者,下至半升之粟,即交被驅擯。若一人稱豪,獨用僧物,處斷綱務不白大家者,名爲俱攞鉢底,譯爲家主,斯乃佛法之大疣,人神所共怨,雖復於寺有益,而終獲罪彌深。”

[5] 鼃:磧本作“蛙”。案,“鵬鷃之喻”,見莊子逍遥遊。“須彌不容金翅”,參見起世經,又菩薩從兜術天降神母胎説廣普經有“須彌四寶山謂爲灰堆聚,金翅飛鳥王謂呼蚊蚋”句。“世界入於鄰虚”,星寶陀羅尼經云“悉能令彼一切地界入一最細鄰虚塵中”,“鄰虚”最小的物質。

唐蘇州法流水寺釋慧璧傳十七[1]

釋慧璧,姓弘,蘇州嘉興人[2]。爰初胎孕,母絶辛䱶,及誕育後,生嫌臭味。故始自孩嬰,至於七歲,菜蔬飽腹,諸絶希求。出家依法流水寺嚴師明教[3],隨順修奉。冠肇已後,周遊訪道,無擇夷險,四論三經[4],諮詢賞要。學既明達,還返舊居[5],四遠承風,咸來請謁。門人來去,常數百人,曉夕誨誘,樂説無倦。背不着席,四十餘年,老無久力,時撫彎几。貞觀之末,年七十餘,伊人不遠,詞狀罕傳[6],四遠稱揚,但云不可思議大德也。至於登機對晤,述作憲章,高軌莫聞,恐埋諸古,惜哉。

【校注】

[1] 璧:麗再本作"壁",今據磧本改,下同。

[2] 蘇州嘉興:舊唐書卷四〇地理三:"嘉興,漢由拳縣,屬會稽郡。吴改嘉興,隋廢。武德七年,復置,屬蘇州。八年,廢入吴。貞觀八年,復置,屬蘇州。"

[3] 嚴:麗再本作"巖"誤,今據磧本改。

[4] 四論三經:即中論、百論、十二門論、大智度論、大品經、法華經、華嚴經。則知慧璧爲三論宗僧侣。

[5] 還:麗再本作"延"應誤,今據磧本改。

[6] 詞:磧本作"辭"。

續高僧傳卷第十四[1]

義解篇十本紀十四[2]　附見五[3]

唐蘇州武丘山釋智琰傳一[4]

釋智琰，字明璨，俗姓朱氏，吴郡吴人。祖獻，梁員外散騎侍郎。父珉，陳奉朝請。琰，託質華宗，應生觀德。母氏張夫人初懷孕日，夢升通玄寺塔，登相輪而坐，遠視臨虚，曾無懼色。斯乃得道超生之勝兆，人師無上之奇徵。是知，二曜入懷，雙龍枕膝，[5]弗能及也。誕育之後，輒異儕童[6]，秀氣貞心，早形瞻視。

八歲出家，事通玄璩法師爲弟子。提履持衣[7]，恭侍弗怠；瀉瓶執杓，受道彌勤。年十二，妙法華經，通誦一部，明悟聽察，咸謂神童。乃自惟曰："翼翼京邑，四方是則。何得久拘坎井乎？"時年十六，即日出都，聽報恩持法師講成實論。聰慧夙成，深智開發，故得條振穎拔[8]，後來莫二。屬持公南上，法筵用輟，因還故里，覲省二親，仍於本寺，開弘經法。峰堞峻峙，辯對如流。時年十九，莫不嗟其少秀。逾年返京，從泰皇寺延法師進具[9]，德瓶儀鉢，深護戒根。大莊嚴寺嚼法師慧重中原[10]，名高日下，乃依而請道，重研新實，意得情款，功倍由來。誠驥足之逢善馭也。

陳至德三年，建仁王齋[11]，集百師百坐，競流天口之辯；千燈七夜，争折動神之微[12]。時年二十有二，以英少之質，參諸耆德[13]。通情則高衝折機，縱難亦大車梶軸[14]。皇上欣賞，百辟嗟稱，莫不愛其閑典，服其敏捷。每以人世囂雜，幽栖清曠。屬陳氏喪鼎，便事東歸，削迹武丘[15]，將三十載。憑巖面壑，任三業而閑安；酌澗披松，隨四儀而宴處。雖形隱而名揚，亦道潛而化洽，於是八方歸仰，四部虔心。

尚書令楚國公楊素經文緯武，王佐國均，乘貴負才，未嘗許物。行軍淮海，聞琰道勝栖山，鳴鐃赴隴，傾蓋承顔，五體投誠，恨接足之晚。左僕射邳國公蘇威,重道愛仁,彌賞閑放,奉使吴越,躬造山楹,覩貌餐音[16],虔拜欣躍。煬帝居蕃,惟揚作鎮,大招英彦,遠集賢明。琰既道盛名高,教書爰及,慮使乎之負罪,嗟以已之累人,於是披衣出谷[17],蒙敬厚禮,因以辭疾,得返舊山。

隋文遠欽,爰降書問。屬炎曆有終,鋒鏑騰沸[18],四海同弊,三吴益甚,檀越子弟迎出毗壇,首尾十載,化行常部[19]。大唐統宇,咸返舊居。武德七年,蘇州總管武陽公李世嘉,與内外公私,同共奉迎,還歸山寺。於是禪賓慧侶,更復曩時;龍沼鳳林,信爲懷喜[20]。然琰自他兩化,得離俱修,講念之餘,常行法華、金光明、普賢等懺[21]。又誦法花三千餘遍,感應冥祥,神瑞非一。宵爐未爇,自起烟芬;夕鑵纔空[22],潛加溢水。又願生净土,造彌陀像,行三種净業,修十六妙觀。[23]與州内檀越五百餘人,每月一集,建齋講觀,勝輪相踵,將逾十載。與夫般若臺内,匡俗山陰,共誓同期,[24]何以異也。

後見疾浹旬,大漸斯及,誡訓慈切,衆侶哀涼[25]。以貞觀八年十月十一日旦,遷神武丘之東寺,春秋七十一。其月二十二日,窆于寺之南嶺。遠近奔馳,皂素通集,花香亂空野,哀慟若雲雷。自有送終[26],奚復過也。

惟琰,幼小矜莊,立性端儼,精誠在操,苦節彌勤。口辭雜味,日無再飯。非義理而不履[27],非法言而不談。美貌奇姿,乃超衆表,牆岸整肅,冰雪凛懷。

陳臨海王弟道安法師,厭世出家,内外通博[28]。沙門遍知,學優業净,交遊二子,時號三英。及屏志林泉,永絶人世,芳風令德,蹊逕成規,莫不迴旟造山,親傳香法。信法海之朝宗,釋門之棟幹矣。講涅槃、法華、維摩各三十遍,講觀經一百一十遍。常州弘業寺沙門法宣曰:"余與法師昔同京縣,狎道華年,今接善鄰,敦交暮齒。雖攀桂之歡或舛,而折麻之贈不遺。[29]想清顔之如在,悲德音之已寂[30]。愧披文於色絲,終寄言於貞石。"乃與寺主智峰等,共樹高碑,在于寺宇[31]。

【校注】

[1] 案,此卷之麗初本闕佚。

[2] 紀:諸本同,磧本作"傳"。

[3] 五:磧本、興聖寺本作"四",趙本同麗再本。

[4] 唐蘇州武丘山釋智琰傳一:諸本同,磧本與"唐益州福感寺釋道基傳二"互倒。"武",當爲"虎",避唐諱而改,下同。

[5] 二曜入懷:即日月入懷,典出三國志卷五〇吴志孫破虜吴夫人傳注引授神記:"初,夫人孕而夢月入其懷,既而生策。及權在孕,又夢日入其懷,以告堅曰:'昔妊策,夢月入我懷,今也又夢日入我懷,何也?'堅曰:'日月者陰陽之精,極貴之象,吾子

孫其興乎!'"雙龍枕膝:典出晉書卷三二后妃下孝武文李太后:"后數夢兩龍枕膝,日月入懷,意以爲吉祥,向儕類説之,帝聞而異焉,遂生孝武帝及會稽文孝王、鄱陽長公主。"

[6] 輒:諸本作"取",今據磧本改。

[7] 屣:磧本作"屣",趙本同磧本,興聖寺本同麗再本。

[8] 穎拔:諸本作"穎披",今據磧本改。"穎",谷穗。"拔",抽;"披",散,故作"拔"是。

[9] 泰皇寺:諸本同,磧本作"秦皇寺"誤。案,本書麗再本卷三〇釋住力傳:"陳中宗、宣帝,於京城之左造泰皇寺。"詳見郭紹林點校本續高僧傳本條校記。

[10] 皭:磧本作"爝",又寫作"皭"。案,"皭"爲"皭"俗寫,南朝人名多用"皭"。慧:磧本作"德",興聖寺本、趙本作"惠"。

[11] 齋:麗再本作"齊",今據諸本改。

[12] 折:諸本同,興聖寺本、大正藏校引宫本作"析"是。寫本、刻本"木""扌"常混用。之:諸本同,資本作"足"誤。微:磧本作"徵"誤,興聖寺本字迹不清,趙本同麗再本。

[13] 諸:磧本、趙本作"請",興聖寺本作"情"誤。

[14] 柅軸:磧本、興聖寺本、隨函録作"杼軸",趙本作"杌軸"。"柅",止車木。"杼軸",梭子和筘。"杌",小凳。則以"柅"爲是。

[15] 武丘:即虎丘,避唐諱而改,當是道宣原文,故不改。

[16] 餐:諸本同,磧本作"食",趙本同麗再本。

[17] 於是:磧本、興聖寺本作"乃",趙本同麗再本。

[18] 沸:諸本同,興聖寺本作"佛"誤。

[19] 常:麗再本、趙本作"帝",今從磧本、興聖寺本改。案,毗壇縣,即毗陵縣、晉陵縣,隋開皇九年以此縣爲治,設常州,故作"常部"是。

[20] 喜:諸本同,興聖寺本作"嘉"誤。

[21] 懺:諸本同,磧本衍作"懺悔"。案,"懺",指懺法,包括懺悔在内的一系列佛教儀式活動。

[22] 鑵:趙本作"灌",磧本作"罐",興聖寺本字迹不清。

[23] 案,"行三種净業,修十六妙觀",爲佛説觀無量壽經的要旨。

[24] 此句指晉代慧遠在廬山結净土社,共期往生净土事,參見出三藏記集卷一五慧遠傳。

[25] 凉:諸本同,磧本作"泣"。案,北宋戒珠所輯净土往生傳卷中有智琰傳,其臨終前之感應事,不見于他書,今録以備查:(大正51)"真觀八年十月得疾。疾中見一梵僧,手執寶缾前謂琰曰:'吾無邊光也,卻後净土所稱功德寶王乃我爾。'琰得其事,謂寺僧曰:'無邊光即勢至也,功德寶王實其成佛號。由因言果,勉以諭我。我其西歸也必矣。'"又有清人周克復纂歷朝法華持驗記,其中智琰事迹亦有與本傳不同者,可參看,但以成書年代較後,故不録。

[26] 有:諸本同,磧本作"古"。

[27] 理:諸本同,興聖寺本作"履"誤。

[28] 通:諸本同,興聖寺本作"道"誤。

[29] "攀桂之歡",典出楚辭卷一二招隱士"攀援桂枝兮聊淹留",此處指共處之歡。"折

麻之贈",典出楚辭卷二九歌大司命"折疏麻兮瑶華,將以遺兮離居",喻離别之思。

［30］德音:諸本同,資本作"仁德"。

［31］于:諸本同,磧本作"干"誤。又,興聖寺本句尾多一"也"字。

唐益州福成寺釋道基傳二[1] 慧景 寶暹

釋道基,俗姓吕氏,河南東平人也[2],素挺生知,譽標岐嶷。年甫十四,負衮遊于彭城,博聽衆師,隨聞成德。討論奥旨,則解悟言前;披折新奇[3],則思超文外。故徐、許騰其明略,河、海重其義方,[4]致使儕等高推[5],前脩仰止。隋太尉尚書令楊素,負材經國,任總權衡,嘗奉清猷,躬申禮敬。叙言命理,噎歎而旋,顧諸宰伯曰:"基法師佛法之後寄也。自見名僧,罕儔其疋。"即請於東都講揚心論。既夙承風駕,體預當衢,遊刃衆部,玄機秀舉,遂能談寫河傾[6],響對雷動。

于時,大業初歲,隋運會昌,義學高於風雲,搢紳峙於山岳,皆擁經講肆,問道知歸[7],踵武相趍,遐邇鱗萃。乃纘雜心玄章并抄八卷,大小兩帙[8],由來共傳。[9]成得諸門,自昔相導,皆經緯剖裂[10],詞飛戾天,控叙抑揚,範超前古。自爾四海標領,盛結慧日道場,皆望氣相師,指途知返。以基榮冠望表,韻逸寰中[11],大業五年,勑召來止,遂即對楊玄論,允塞天心。隋后解統玄儒,將觀釋府,總集義學,躬臨論場。鑾駕徐移,鳴笳滿於馳道;御筵蹔止,駐驆清于教門。自大法東流,斯席爲壯觀也。時仗辯之徒[12],俱開令譽,及將登法座,各擅英雄,而解有所歸,並揖基而爲玄宰。既居衆望,經綸乃心,便創舉宏綱,次光帝德,百辟卿士,咸異嚮而共嗟焉[13]。

有隋墜曆,寇蕩中原,求禮四夷,宣尼有旨,乃鼓錫南鄭,張教西岷。於是巴蜀奔飛,望烟來萃,莫不廓清遊霧,邪正分焉。敦閲大乘[14],弘揚攝論,釐改先轍[15],緝纘亡遺,道邁往初,名高宇内。以聽徒難襲,承業易迷,乃又綴大乘章抄八卷,並詞致清遠,風教倫通,故覽卷履軾[16],若登龍門焉,信鴻漸之有日矣。故貞觀帝里,宇内知名之僧,傳寫流輝,實爲符契。

但以世接無常,生涯有寄,將修論疏,溘爾而終。以貞觀十一年二月,卒於益部福成寺[17],春秋六十有餘矣。

時彭門蜀壘復有慧景、寶暹者,並明攝論,譽騰京國。景,清慧獨舉,詮暢玄津,文疏抽引,亟發英采。

暹,神志包總,高岸倫儔,談論倚伏,態出新異,數術方藝,無學不長,自預比肩[18],莫有淪溺。末年,躭滯偏駮,遂掩徽猷,故不爲時匠之所班列。

【校注】

[1] 福成寺: 諸本同,磧本作“福感寺”。本書興聖寺本、磧本、麗再本、趙本卷一一志念傳均作“益州福成寺道基法師”。本書卷二八道積傳、法華經傳記卷五,都記唐初益州有福成寺。然,道宣撰集神州三寶感通録卷上、廣弘明集卷一五、道世撰法苑珠林卷三八故塔部第六、敦煌文書 P. 2977 中記載中國早期十九座阿育王塔,其十三爲“第十三在益州福咸(感)寺”。“感”,敦煌本作“咸”,與“成”字形相近。(參見楊富學、王書慶: 敦煌文獻 P. 2977 所見早期舍利塔考——兼論阿育王塔的原型,敦煌學輯刊 2010 年第 1 期)宋高僧傳卷一二釋有緣傳,記其於“成都福感寺”出家,時當唐宣宗前後。故作“福成寺”是。

[2] 河南東平: 指河南道 東平郡,此郡在北朝後期屢屢變更,治所不易確定。據傳主生平概爲大業初年改鄆城郡所置者,治當今山東省 鄆城縣東十六里,貞觀八年移治於須昌縣,當今山東 東平縣西北。

[3] 折: 諸本同,磧本作“析”。奇: 麗再本作“寄”,今據諸本改。

[4] 徐: 徐州,治今江蘇 徐州市。許: 許昌郡(許州),治今河南省 許昌市。河: 河南府,治今河南省 洛陽市。海: 海州,治今江蘇省 連雲港市。此句大意言,道基影響範圍在今黄河與淮河之間。

[5] 推: 諸本同,興聖寺本作“析”誤。

[6] 寫: 諸本同,磧本作“瀉”。按,“談寫”,即談敘。段玉裁 説文解字注卷七:“小雅曰:‘我心寫兮。’傳云:‘輸寫其心也。’按凡傾吐曰寫,故作字作畫皆曰寫。俗作瀉者,寫之俗字。”

[7] 問: 諸本同,興聖寺本作“門”誤。

[8] 帙: 諸本同,興聖寺本作“七”誤。

[9] 此兩書,今佚,净影寺 慧遠 大乘義章偶有引用,可參看。

[10] 剖: 麗再本、興聖寺本作“部”,今從趙本、磧本改。

[11] 逸: 諸本同,興聖寺本作“送”誤。

[12] 仗: 磧本作“披”,興聖寺本、趙本作“伏”誤。

[13] 嚮: 磧本、興聖寺本作“響”,趙本同麗再本。

[14] 敦: 諸本同,磧本作“教”誤。

[15] 轍: 磧本、興聖寺本作“徹”,趙本做“輒”誤。

[16] 履軾: 磧本、興聖寺本作“履軾者”,趙本同麗再本。

[17] 福成寺: 諸本同,磧本作“福感寺”,説見前校。

[18] 自: 諸本同,磧本作“目”誤。

唐蒲州仁壽寺釋道愻傳三道謙

釋道愻,姓張氏,河東 虞鄉人也。神氣高邈,器度虚簡,善通機會,鑒達治方。子史流略,嘗頗遊處;護法御衆,誠其本據。雖大通群籍[1],偏以涅槃、攝論爲栖神之宅也。與弟道謙發蒙相化,俱趣曇延法師。延,正法城塹,道俗宗歸,觀屬天倫,可爲法嗣,乃度爲弟子。荷擔陪隨,遊栖宫闕。講悟談述，皆箎下筵[2]；欣叙玄奥，每思擊節。故聽涉乃多，而特覽其綱要[3]。登預講釋，屢結炎凉，三晋英髦，望風騰集。

晚住蒲州仁壽寺，聚徒御化[4]，樹業當衢。然以地居方會，賓旅凑從，季俗情蕪，多縱凡度，既行向背，憎愛由生[5]。愻，道會晋川，行光河表，日延主客，資給法財，皆委僧儲，通濟成軌。或有所匱者[6]，便課力經始，周告有緣，德洽民庶[7]，爲無不遂，所以方遠傳譽，更振由來。自蕃王府宰[8]、臺省群僚，並紆駕造展，諮謁餘訓。或忩遽不過者[9]，心愧悚戰，如謂有所失矣。斯固德動物情[10]，爲若此也。愻癮道自資[11]，坐鎮時俗，雖復貴賤參請，曾無迎送。加以言笑温雅，談謔任時[12]，接晤緣機，並稱詞令。而奉禁守節，不妄虧盈，頻致祥感，時所重敬。

大業末歲，妖氣雲奔，因事返京，夜停關首。所投主人，家有五男，又勾外盜，見愻馬壯，欲共私之。夜往其所，乃見十人，圍繞其馬，形並雄怒[13]，擐甲執兵。衆盜同怖，因之退縮。細尋不見，又往趣之，還見如初，無敢近者。進退至五，遂達天明。既不見人，知是神感，乃合面歸懺焉。其冥通顯益，如此例也。

又以仁讓之性，出自天心，預見危苦，哀憐拯濟，無擇怨憎，通情盡一。唐初廓定，未拔蒲州[14]，愻與寺僧被擁城内。時有一僧，恒欲危害，非類加謗，乃形言色。愻雖聞此，曾不綴慮[15]。既規不遂，乃欲翻城，事發將戮，並無救者。愻涕泣辭謝於執事曰："此僧爲過，事屬愻身，教導未通，故爲罪釁。此則過由愻起[16]，宜當見戮。"苦復設諫。執事知是其敵，而不忍見愻之云云[17]，遂即釋放。自此已後，更發仁風。據事引之，達量之弘者矣。

逮貞觀中年冬[18]，有請講涅槃者，預知將終，苦不受請。前人不測意，故鄭重延之，乃告曰："所以固辭者，不終此席耳。不免來意，且復相煩[19]。"遂往王城谷中，道俗齊集。愻登座正題已[20]，告四衆曰："世界法爾，不久當終，敢辭大衆。云何偈後，請寄來生。"遂依文叙釋，恰至偈初，即覺失悆[21]。經纔三宿[22]，卒于山所，春秋七十有五，即其年十二月二十五日也。闔境同號，若喪考妣。當夜雪降周三四里，乃掃路通行，陳屍山嶺。經夕忽有異花，繞屍周匝，披地踴出[23]，莖長一二尺許，上發鮮榮，似款冬色，而形相全異。七衆驚奉，悲慶諠山。有折將入城，示諸耆宿，乃内水瓶中者[24]，至明年五月，猶不萎悴，後拔之於地，方始枯矣。其冥祥所感，希世如此。晋州有人性愛遊獵，初不奉信，有傳愻之祥兆[25]，達其耳者，乃造山覓之。花滅屍亡，唯覩空處，仍大哭曰："生不蒙開信，死不蒙花瑞，一何無感，必神道有徵，願重垂靈相[26]。"言訖，地踴奇花，還長尺許。欣慰嘉應，遂折取而歸，通告鄉川，由斯起信。並近年目信[27]，可妄傳乎？

𢘥弟道謙,學行之美,少劣於兄,而講解十地,有聞關表。以仁壽住寺,既濱關路,每因此囂塵,地接京都,亟勞人事,乃顧言幽遁,曆觀山水[28],谷號王城[29],因而栖處。時復登高臨遠,摛體風雲,具引名篇,高調清逸。道俗賓會,又聚山門,談謔引心,未曾虛左[30]。以貞觀元年卒于山舍,春秋六十七。𢘥撫之洒淚,與弟子道基等闍毗遺陰[31],收其餘塵,散之風府。追惟恩悌[32],爲造釋迦塼塔一軀[33],勒碑樹德,沙門行友爲文。

【校注】

[1] 群:諸本同,興聖寺本作"郡"形。

[2] 篴:諸本同,磧本作"造"應誤。"篴",有萃集義。全唐詩卷一李世民春日玄武門宴群臣"九夷篴瑶席"。

[3] 特:磧本、興聖寺本作"持",趙本同麗再本。"特",只也。

[4] 化:諸本同,磧本衍作"化衆"。

[5] 憎:諸本同,趙本作"增"誤。

[6] 匱:諸本同,磧本作"遺"誤。

[7] 民:磧本、興聖寺本作"氓",趙本同麗再本。

[8] 蕃:諸本同,磧本作"番"。

[9] 忩:諸本同,磧本作"怱",二字同。過:諸本同,磧本作"遇"。"過",有前往拜訪義。戰國策卷一一齊策四馮諼:"於是乘其車,揭其劍,過其友。"

[10] 德動物情:諸本同,興聖寺本衍作"德動邕物情"。

[11] 瘖:磧本作"陰",興聖寺本作"蔭",趙本同麗再本。案,作"瘖""陰",均不合文意。"陰"通"蔭","瘖"或爲"蔭"之訛,"蔭"即"蔭"。故當爲"蔭道自資","蔭",附也。

[12] 任時:諸本同,磧本作"賦詩"誤。

[13] 並:諸本同,磧本作"狀"。

[14] 蒲:磧本、興聖寺本作"蒱",趙本同麗再本。

[15] 綴:諸本作"輟"。"綴慮",構思,掛懷。本書卷六釋慧韶傳:"昔在楊都,嘗苦氣疾,綴慮恒動。及至蜀講,衆病皆除。"

[16] 起:磧本衍作"身起",趙本同麗再本。

[17] 之:諸本同,磧本脱。云云:諸本同,興聖寺本作"無無"。

[18] 貞:諸本同,興聖寺本作"真"。案,大唐内典録卷一〇、集神州三寶感通録卷下作"貞觀四年卒"。

[19] 且復:磧本作"旦復",麗再本、趙本作"且後",興聖寺本字迹不清。今據資本改。"且復",有姑且再義。漢書卷六九趙充國傳:"臣恐羌變未止此,且復結聯他種,宜及未然爲之備。"

[20] 𢘥登座正題已:諸本作"登座主題已",今據磧本改。(卍續94)佛説盂蘭盆經疏並序孝衡鈔卷上:"釋此疏文,大分爲三。初釋疏題目,二彰造疏人,三釋疏本文。疏題分二:初釋正題,後釋並序。正題分二:初離釋,後合釋。離釋分二:初辨所釋經題,後辨能釋疏字。"(卍續104)華嚴原人論解:"將解此論,大分爲四:初題目,

次撰人,三叙引,四本文。顯目復二:初解正題,後解並序。"則"正題",爲講經的第一道程式,通過對於經書各個章節題目的講解,貫通經文綱要。

[21] 悆:麗再本、趙本作"念",今據磧本、興聖寺本改。"悆",豫也。"失悆",即不悆。太平御覽卷七三九疾病二引白虎通:"天子疾稱不悆,諸侯稱負子,大夫稱負薪,士稱犬馬。不悆者,不復預政也。負子者,諸侯子民,今不復子民也。負薪、犬馬,皆謙也。"案,此句今本白虎通佚。

[22] 纔:諸本同,興聖寺本作"財"。

[23] 踴:諸本同,磧本作"涌"是。"涌",有出義。

[24] 者:諸本同,磧本無。

[25] 愻:麗再本作"遜"誤,今據諸本改。

[26] 垂:麗再本、趙本無,今據磧本、興聖寺本補。

[27] 目:諸本同,興聖寺本作"自"誤。

[28] 曆:諸本同,興聖寺本作"歷"是。

[29] 王城谷:據唐人司空圖之司空表聖集中詩文記載,當在今山西省永濟市東四十里之虞鄉鎮王官峪。

[30] 虚左:麗再本、趙本似作"虚老",今從磧本、興聖寺本。古代筵會座次,以左爲尊,"虚左"即主人讓出尊位給特殊的客人,表示尊重。典出史記卷七七魏公子列傳:"公子從車騎,虚左,自迎夷門侯生。"

[31] 基:諸本同,興聖寺本作"其"。等:諸本同,趙本作"寺"。

[32] 恩:諸本同,磧本作"思"誤。

[33] 軀:諸本作"區"。

唐京師崇義寺釋慧頵傳四

和上諱慧頵[1],俗姓張氏,清河人也。有晋永嘉,避地居于建業焉。天性通簡[2],風神詳正,洽聞博達,砥礪後賢[3]。昔在志學,早經庠塾,業貫儒宗,藝能多具。父正見,有陳文國,英彦所高,自有別集,嘉其欣奉釋門,悟其神宇,將欲繼世其業,故有所志請,並抑奪之。和上識真日積,陳情切至[4],若不出家,誓當去世。乃恐其畢命,且隸李宗。既處静觀,權持巾褐,遂授三五秘要、符籙真文,并筭數、式易、禁劾等法。神慧開明,指掌通曉。又旁詢莊、老、三洞三清、楊子太玄、葛生内訣,莫不鏡識根源,究尋支派。末乃思其真際,崇尚自然,駐采練形,終期羽化。討尋至理,若響難追,即密誦法花,意歸佛種。未經時序,文言並竟。會陳帝度僧,便預比校,太建年中,便蒙勑度,令住同泰。剃落之後,親親乃知,既是官許,即便稱慶[5]。由附緇侣[6],稟聽衆經,後至前達,日增榮唱。

隋降陳國,北度江都,又止華林,栖遑問法。有解法師,成論名匠,因從累載,聽談玄義。稽洽先聞,更弘神略。以道行成著,緇素攸歸,開皇末年,被召京寺。于時,晉王開信,盛延大德,同至日嚴,並海内杞梓,遞互相師,每日講乘,五輪方駕,遂得通觀異部,遍覽衆傳,讎討舊聞,考定新軌,陶津玄奥,慧悟彌新。深鑒訶黎[7],漏文小道,乃歸宗龍樹,弘揚大乘,故得中、百、般若、唯識等論,皆飲沐神化[8],披閲文言,講導相仍[9],用爲己任。時閑屏退,成慮研思。所誦法華,通持猶昔,并講文義,以爲來習。貞慤守正[10],不妄參迎。沙門智首、道岳等,並學窮稽古,架業重霄[11],飲德欽風,留連信宿,詳議法律,删定憲章,歡笑而旋,尋復造展。

武德之始,皇姊桂陽長公主造崇義寺,久崇戒範,義而居之。世屬休明,物情望重。律師玄琬[12],道張朝市,行感紫宸[13],氣結風雲,遊從龍象[14],每事邀延。叙言友敬而謙虚成治,時復栖焉。琬深戢機神,彌隆致接,故有出罪受戒,[15]常居元席矣[16]。

貞觀十一年夏末,風疾屢增,召門人曰:"形勢不久,將畢大辭,宜各敦自愛,不宜後悔。恨福業未就,以爲慮耳。"乃割其冬服,並用成之。又曰:"若識神自課,可有常規?恐脱昏昧,非時索食,一無與法。"後將大漸,時過索粥,答曰:"齋時過矣。"便默然不言。其臨終奉正,爲如此也。至其年七月二十六日,卒於所住,春秋七十有四。葬于高陽原之西,鑿穴處之。後又遷南山豐德寺東巖[17],斲石爲龕,就銘表德。

余學年奉侍,歲盈二紀,慈誥温洽,喜怒不形,誨以行綱,曲示纖密,蒸嘗御涉,炎凉不倦。初受具後,性愛定門,啓陳所請,乃曰:"戒净定明,道之次矣。宜先學律,持犯照融[18],然後可也。"一聽律筵,十有餘載,因循章句[19],遂欣祖習。貞觀初年,拔思關表,廣流聞見,乃跪陳行意,便累余曰:"出家爲道,任從觀化。必事世善,不可離吾。"因而流涕。余勇意聞道,暫往便歸。不謂風樹易喧,逝川難静,往還十載,遂隱終天。悲哉。

【校注】

[1] 和上:諸本同,磧本作"和尚",永北本作"釋",趙本同麗再本。
[2] 簡:諸本同,興聖寺本作"𥳑"。
[3] 砥:諸本同,興聖寺本作"砭"形。
[4] 陳情:麗再本、趙本作"情陳"誤倒,今據磧本、興聖寺本改。
[5] 即便:磧本作"便印","印"有印可義,亦通。興聖寺本作"便因"。趙本同麗再本。
[6] 緇:諸本同,興聖寺本脱。
[7] 訶黎:即訶黎跋摩、師子鎧,印度中天竺人,成實論的作者,此處指成實論。
[8] 飲沐:諸本同,磧本作"欽沐"。"欽沐",古籍中罕有此種搭配。"飲沐",本書凡三見:麗再本、磧本卷二〇釋智昂傳均作"昂飲沐清化,愛敬親承";麗再本卷二四論贊"致使拜首受道,飲沐法流",磧本在卷二五末"飲"作"欽"。綜合以上,作"飲"是。

[9] 導：諸本同，興聖寺本作"道"。
[10] 貞：諸本同，興聖寺本作"真"。
[11] 霄：諸本同，磧本作"宵"誤。
[12] 琓：磧本，興聖寺本作"琬"是，趙本同麗再本。下同，不出校。
[13] 宸：諸本同，興聖寺本作"震"誤。
[14] 遊：諸本同，興聖寺本作"繼"形。
[15] 此處，諸本同，趙本多出一段文字"常懷抱固，有無得之道大弘，遺名之情斯著，乃旋軫久壤，幽居於武丘山焉。燒指烘心，痛惱之情頓遣，檐禽庭狩，長往之志彌存。開皇中年州將劉權政成吴土，心遊釋教，乃嚴駕山庭，屈還城邑，住迴向寺。既迫茲固請，翻然迴慮，以爲體道由心，道存則喪於彼我；立教在迹，教行則混其顯晦。乃遊洛傳法，通流甘露；挹河仰岳，均美前奇。大唐闡化，彌崇弘演"。爲本卷法恭傳誤入者。
[16] 元：磧本作"無"誤，趙本脱，興聖寺本同麗再本。
[17] 遷：諸本同，磧本作"於"誤。
[18] 照：諸本同，磧本作"昭"。"昭融"，有鑒察義，似契合文意。然朱子語類卷三一論語十三有"天理照融"句，於此推斷"照融"有"圓融"意，似於意更優。
[19] 循：磧本作"修"是，此句主語爲道宣。趙本同麗再本。興聖寺本字迹不清。

唐同州大興國寺釋道宗傳五

釋道宗，姓衛氏，馮翊人也。行性虚融，寬仁篤愛，優洽成濟，有名當世。弱年遺俗，敦務釋門，專志大論，講散文旨。周武廢道，隱形俗壤，内藴明禁，外附世塵。隋朝開教，便預剃落，住同州大興國寺。寺即文祖之生地也[1]。房宇堂塔[2]，前後增榮；背城臨水，重輪疊映；寺立四碑，峙列方面。宗於其中，敷弘連席，悟物既廣，開洗塵心，而形解雄邃，聽徒崇重。四方賓客，日别經過，周給供擬，著名道俗。

大業季曆，荐餒相尋，丘壑填骸，人民相食。惟宗偏廣四恩，開化氓隸，施物所及[3]，並充其供。故蒲州道遜、同州道宗，住隔關河，途經即日，情同拯濟，騰實廣焉。衆以德望攸歸，舉知寺任，統收僧侣，慈旨弘被。以法寄人弘，成濟在律，僧衆餘學，彝倫斯亂。乃到京室，延請沙門智首，中夏講説。宗率其部屬三百餘人，横經承旨，初不覺倦。立寺極久，浄地全無，雖未執觸，終染宿煮。釋文至此，宗乃知非，銜慨晚學，未成護法，乃停講翻穢，方進後文。又常徒布薩，物貴新聞，衆多説欲，不赴斯集[4]。及聞欲之爲教，誠爲悕求[5]，本是厭怠，不成聖法。自爾盡報，躬臨説戒，諸有不來，量事方許。每至累約[6]，言涉勤繁者，皆爲之流淚沾巾，歔欷不已。其欽敬正法，爲若此也。

以貞觀十二年遘疾[7]，卒于所住，春秋八十有五。門徒弟子五百餘人，奉佩法訓,無因景仰,乃竭情厚葬,故輜駕連陰,幢蓋相接,數里之間[8],皂白斯滿,墳於城東,立碑表德。

【校注】

[1] 文:諸本同,磧本作"父"誤。"文祖",即隋文帝楊堅。
[2] 宇:諸本同,磧本作"室",趙本同麗再本。
[3] 及:諸本同,興聖寺本作"乃"誤。
[4] 赴:諸本同,興聖寺本作"起"誤。
[5] 悕:諸本同,磧本作"希"應是,然"悕"亦有"願"義。
[6] 每:諸本同,磧本作"無"誤。四分律隨機羯磨疏正源記卷第七引劉子防欲篇"明者刳情以遣累,約欲以守貞",則"累約"爲"遣累約欲"之省。
[7] 以:諸本同,磧本無。
[8] 間:諸本同,興聖寺本作"門"誤。

唐京師靈化寺釋三慧傳六

釋三慧,婁煩人[1]。崇履涅槃,以爲正業,行流河朔,名振伊瀍。大業初年,以學功成采,下勅徵入慧日道場。東都晚進,玄津通涉,慧有功矣。而神氣清嚴,顧眄成則,鼓言動論,衆所憚焉。

帝以通道明機,務須揚選,乃勅往巴蜀,搜舉藝能。屬隋運告終,寓居邛僰,流離從物,因事引生,而性絶煩囂,屏居弘業。鄺國公竇軌,作鎮庸蜀,偏所諮崇,服其處静自虚,致斯隆敬異等。慧觀時制用,故無虚影。

武德九年,遠朝京闕,勅見勞問,任處黄圖。工部尚書段綸,宿樹善因,造靈化寺,欽慧道素,上奏任之[2]。時復闡弘,重移榮采[3],頗傳筆記,後學稱尋。貞觀年中,召入參譯,綴文證義,倫次可崇。製翻經館序[4],控情置列[5],贍勇豐矣。

以其年卒於本寺,春秋七十矣。慧昔在絳州,獨處别院,感見神童,形質希世,致敬於慧,云:"屈法師誡勖知事,勿耕墓所。"言已便隱。初未之爲述[6],後復重來,還述前事,"若不爲語,當打彼僧,必至死也。"登爲問之,乃正耕田中故冢,遂令止之。由是僧侣清晏,卒無後患。自非立正處懷,焉使非人投告,故慧之垂訓,不許觸犯幽顯,如所引云。

【校注】

[1] 婁:磧本、興聖寺本作"樓",趙本同麗再本。
[2] 任之:磧本、趙本作"住之"應是,興聖寺本作"住也"。
[3] 榮彩:麗再本、趙本作"榮采",興聖寺本作"榮采",今據磧本改。

[4] 製：諸本同，興聖寺本作"制"。
[5] 情：諸本同，磧本作"清"。
[6] 未：諸本同，磧本作"來"誤。

唐蘇州通玄寺釋慧頵傳七

釋慧頵，姓李氏，江夏人。本寔隴西，世載蟬冕[1]，遥派合於天潢，遠條連於若木[2]。十一世祖西晋都亭侯重，避難徂南，亭于夏汭[3]，因遂家焉。十歲出家，師事舅氏光嚴寺明智法師。智即建初之入室[4]，蒙命説以開筵，乃竭志依承，義門斯啓。于斯時也，南國令主，雅重仁王，每歲肆筵，高選名德。年纔弱冠，預擬斯倫，高第既臨，聲唱逾遠，天子目覩，天人仰贊，光寵國恩，恭先是立。

及天厭陳德，隋運克昌[5]，金陵講席，掃土俱盡，乃杖策遊吴。大乘頓轡，爰整其旅，廣開學市，遠招八埏之士，以扇一極之風。蘇州刺史劉權，果達三德，才著九能，又於簡易時務，依影法筵，悦飲河之滿腹，欣負山而無倦。自有陳淪没，物我分崩，或漏網以東歸，或入籠而北上。谷風以恩相棄，伐木以德相高，積佇朋從，咸來謁敬。

大業之始，曲降皇華，竟以疾辭，逸情山水。吴之高人，爲之胥附，咸請處於通玄，依瑞象而弘演[6]。有隋昏逸，作梗妖氛，乃避地毗陵，沉默宴處。而顯靈、瑞相二寺僧徒，翹請弘法。寺有沙門智碧、智猛[7]，風猷警邁，不乏精神[8]，既遇通人，傾心北面，勤則不匱，敏而有功，並繼敷揚，俱馳東箭。

于時[9]刑新輕典[10]，世涉屯蒙[11]，長淮已南，猶稱吴國。杜威專制，端委君臨，崇尚佛理，欽兹歸戒[12]。大唐高祖，掃舊布新，起師臨洛，徵威謁帝。[13]俛首應詔，不悦于躬。頵爲説宿因[14]，釋威憂憒，達頂生之非固，曉吴濞之失圖。[15]威乃接足烏咽[16]，由斯而别。

有餘杭沙門道願、法濟等，先稟成論，義同門户，不遠千里，請道金陵，乃鬱相然諾。既而敷暢至理，藥木滋繁，爰逮施奉，並無輕費。於遠行、龍泉二寺，造金銅彌勒像各一區[17]，坐高一丈五尺，用結來生之緣也。貞觀元年，通玄上德惠儀法師，道心精粹，量包山海，修己安人，非幾不踐。東晋之日，吴有白尼，至誠感神，無遠弗届。天竺石像[18]，雙濟滄波，照燭神光，融曜滬瀆。白尼迎接，因止通玄，自晋距陳，多顯靈瑞。隋末軍飆[19]，玉石俱盡[20]，二像尊儀，蒙犯霜露。儀師獨苦心行，切情昏曉[21]，以佛無殿，僧何得安？乃跋涉山谷，升景掄材，不逾一年，浮汎千丈[22]。履深冒險，還到大吴，廣開月殿[23]，指畫斯立。頵以風雨相感，席卷而還，無替兩時，功兼二事。[24]

有吴縣令陳士綽者，排繁從義[25]，傾仰法音[26]，請講法華、涅槃。文軸纔竟，疲役增勞，即以麈尾付囑學士智琰曰[27]："强學待問，無憚惠風；師逸功倍，不慚屢照[28]。"誓言既止，怡然冥目。以貞觀四年十月，終于通玄，春秋六十有七。其年十一月，墳于白虎之南嶺。學士弟子等千餘人哀泗傷心，恐芳儀之有絶，乃樹高碑。江王學士諸麟爲文。貞觀五年，弟子法韶等孝情殷至，攀號靡及，謹於墳前建塼塔五層。禪師慧儀，鄉邦勝德[29]，香火情軫，兼事經綸，故使瞰迴憑高[30]，當衢向術。生平子弟，仰瓊級而霑襟；宿昔德朋[31]，望玉輪而屑涕。

常州沙門法宣曰：

余與上人情均道昵，君終我疾，枕淚眠號。素車不馳，玄壤長隔，欲伸悲緒，聊書短銘。方墳在列，靈塔斯布。爰屬勝人，允兹崇樹[32]。於惟法主，人勝德全。愛河早越，心燈幼傳[33]。巖嶽一簣，哮吼三年。青蒲應舉，紫極聞天。名邦佇化，利物攸往。衢罇日斟，懸鏡常朗。義海傍溢，談峰直上。誰謂明珠，忽潛幽壤。神丘掩穴，素塔標墳。瓊龕宿霧，玉掌排雲。澗松送響，巖桂呈芬。山飛海運，遷貿相踵。火入秦陵，書開汲冢。惟兹道力[34]，巍巍長竦[35]。

【校注】

[1] 載：麗再本、趙本作"戴"，疑爲"載"之訛，今據磧本、興聖寺本改。"世載"，即世代。北史卷七〇辛慶之傳附族子昂傳："公家雖世載冠冕，然名德富貴，莫有及此兒者。"

[2] 若木：神樹。山海經卷一七大荒北經："大荒之中，有衡石山、九陰山、泂野之山，上有赤樹，青葉、赤華，名曰若木。"楚辭卷一離騷："折若木以拂日兮，聊逍遥以相羊。"

[3] 亭：諸本同，興聖寺本作"停"。案，"亭"亦有停義。

[4] 建初：即本書卷八之明徹。

[5] 克：磧本作"剋"，興聖寺本作"堯"形，誤。趙本同麗再本。

[6] 象：諸本同，磧本作"像"是。

[7] 智砮、智猛：麗再本、趙本作雙行小注，今從磧本、興聖寺本。

[8] 乏：諸本同，興聖寺本作"之"誤。

[9] 于時：諸本同，磧本作"于時也"。

[10] 典：諸本同，興聖寺本作"曲"誤。

[11] 屯：諸本同，興聖寺本作"此"形。

[12] 欽：諸本同，磧本作"飲"誤。

[13] 案，"起師臨洛"指唐武德二年派李世民討伐王世充，舊唐書五六杜伏威傳載："太宗之圍王世充，遣使招之，伏威請降。"然杜伏威入朝則在武德五年七月，上引杜伏威傳載："尋聞太宗平劉黑闥，進攻徐圓朗，伏威懼而來朝，拜爲太子太保，仍兼行

臺尚書令。留于京師,禮之甚厚,位在齊王元吉之上,以寵異之。”

[14] 因:諸本同,興聖寺本作“恩”誤。

[15] 案,頂生事,見中阿含經卷一一相應品四洲經第三,頂生王擁有世間一切,又上三十三天,帝釋天分半座與之。頂生猶不滿足,“我今寧可驅帝釋去,奪取半坐,作天人王,由己自在”。結果“彼頂生王適發此念,不覺已下在閻浮洲,便失如意足,生極重病”,意不滿足而命終。“吴濞”,即西漢初吴王劉濞,事見史記、漢書本傳。

[16] 烏:磧本、興聖寺本作“嗚”是,趙本同麗再本。

[17] 區:諸本同,磧本作“軀”。

[18] 竺:諸本同,興聖寺本作“竹”誤。

[19] 軍:諸本同,興聖寺本作“運”誤。

[20] 玉石:諸本同,興聖寺本作“王后”誤。

[21] 昏:諸本同,興聖寺本作“民”誤。

[22] 丈:諸本同,興聖寺本作“大”形。

[23] 月:諸本同,興聖寺本作“目”誤。

[24] 案,“兩時”,指實時、假時。“二事”,指俗事、法事。

[25] 從:磧本、興聖寺本作“徙”誤,趙本同麗再本。“義”者,佛教也。佛教不可“徙”,可“從”。

[26] 音:諸本同,興聖寺本作“奇”誤。

[27] 囑:諸本同,興聖寺本作“屬”。

[28] 屢:諸本同,資本作“屬”。

[29] 邦:麗再本、趙本作“拜”,今據磧本、興聖寺本改。

[30] 迴:諸本同,興聖寺本作“廻”形。

[31] 德朋:磧本、興聖寺本作“得朋”。“得”同“德”,品質高尚。“得朋”,典出易卷一坤“西南得朋”,後引申爲遇見志同道合者。如作名詞,在此句中亦通。趙本同麗再本。

[32] 允:諸本同,興聖寺本衍作“允法”。

[33] 幼:諸本同,興聖寺本作“幻”誤。

[34] 道:諸本同,趙本作“通”誤。

[35] 巍巍:諸本同,興聖寺本作“巍魏”。

唐蘇州武丘山釋法恭傳八

釋法恭,姓顧氏,吴郡吴人也。正信天發,成德自然,妙識悟道,高情拔俗。故知爲道者,貴其精力;通方者,歸其至當;立朝者,宗其篤誠;招隱者,味其閑放。詳之於恭,諒法侶之羽儀,人倫之准的矣。

初生之夕,室有異光,爰洎撫塵,便能捨俗,事武丘聚法師爲弟子也[1]。受具之後[2],聽餘杭寵公成實,屺公毗曇。逮寵將亡,乃以麈尾付囑[3]。凡斯先達,皆人傑也,恭既受法寄,相續弘持。三吴九派之流,争趍問道,而勞謙終日,應對不疲,行高而挾如愚,學廣而陳面壁。後言遊建業,歷詢宗匠,深疑碩難,每祛懷抱,固有無得之道大弘,遺名之情斯著,乃旋軫舊壤,幽居於武丘山焉[4]。燒指供心,痛惱之情頓遣;檐禽庭獸,長往之志彌存。

開皇中年,州將劉權,政成吴土[5],心遊釋教,乃嚴駕山庭,屈還城邑,住迴向寺[6]。既迫兹固請,翻然迴慮,以爲體道由心,道存則喪於彼我;立教在迹,教行則混其顯晦。乃遊洛轉法,通流甘露,挹河仰岳,均美前奇。

大唐闡化,彌崇弘演。貞觀十一年,下勑赴洛。常州法宣,同時被召,亦既來儀。深降恩禮,對揚帷扆,辯説紛綸,明像教之興滅[7],證遺法之囑付[8]。入侍講筵,既擒雅什[9];田衣作詠[10],仍即賜縑。有感聖衷,深見顔色,特詔留住,傳送京師,四事資給,務令優厚。雍州牧魏王[11],遥加欽請,以爲戒師,親降疏曰:"昔道安晦迹襄陽,聲馳秦闕;慧遠栖心廬岳,名振晋京。故知善言之應,非徒千里[12];明月所照,不隔九重。法師笠澤上仁[13],震維高德,律行浄於青眼,威儀整於赤髭,傳燈之智不窮,法施之財無盡。弟子攝此心馬,每渴仰於調御;墾此身田[14],常載懷於法雨[15]。若得師資有託,冀以祛此六塵;善尊啓行[16],庶無迷於八正。謹遣諮祈,佇承慈誘。"既膺斯請,供施特隆[17]。

自爾朝野明達,緇素清高,聞風延佇,望室奔湊者,厥罕書矣。然其廣植德本,遐舉勝幢,寶殿臨雲,金容照日。講筵初闢,負笈相趍;談疏纔成,名都紙貴。加以博通内外,學海截其波濤;鴻筆彫章,文囿開其林藪。

以貞觀十四年十月六日,遷神于西京大莊嚴寺,春秋七十有三。冕旒興悼,有識含悲。降勑加以賻贈,并造靈轝[18],遞給傳乘,付弟子慧襲[19],送柩還鄉。以十五年二月十五日,窆於武丘之南嶺。道俗奔赴[20],望途悼泣。門人等師資增感,歲序易馳,非夫琬琰[21],孰陳不朽,乃共豎豐碑,式陳偈頌[22]。中書令、江陵公岑文本制序,朝散大夫、著作郎劉子翼制銘,兩叙風聲,各其志矣。

【校注】

[1] 聚法師,即本書卷一〇釋智聚。
[2] 受具之後:磧本作"受具戒後",興聖寺本作"受具足後",趙本同麗再本。
[3] 囑:諸本同,興聖寺本作"屬"。
[4] 武:即"虎",避唐諱而改。
[5] 成:諸本同,磧本作"城"誤。
[6] 住:興聖寺本、趙本作"法",磧本同麗再本。
[7] 像:諸本同,興聖寺本作"象"。
[8] 囑:諸本同,興聖寺本作"屬"。
[9] 雅什:諸本同,興聖寺本作"邪付"誤。

[10] 田衣，即福田衣，袈裟的别名。(卍續 64)四分律删補隨機羯磨疏濟緣記卷一八衣藥受净篇："世稱福田衣，以法畦畔之相。世田用畦盛水，長嘉苗，養形命也。法衣之田，彌弘四利之益，增三善之心，養法身慧命也。"

[11] 雍州牧魏王：指李世民子李泰，事見兩唐書。

[12] 非：諸本同，興聖寺本作"悲"誤。

[13] 笠：諸本同，趙本作"竺"誤。"笠澤"，古地名，唐陸廣微吴地記："松江一名松陵，又名笠澤……其江之源，連接太湖。"此處代指法恭的籍貫吴縣，作"竺"則非。

[14] 田：諸本同，興聖寺本作"由"誤。

[15] 載：諸本同，磧本作"戴"。"載"，虚詞，乃，有。"載懷"，南北朝文獻中常見，南齊書卷五四明僧紹傳："朕側席思士，載懷塵外。齊郡明僧紹標志高栖，躭情墳素，幽貞之操，宜加賁飾。"於此句用法相同。"戴怀"，古籍中罕見。

[16] 尊：諸本同，磧本作"導"。按，"善導"，古籍中常見，晉書卷九四范粲附子喬傳："初，喬邑人臘夕盗斫其樹，人有告者，喬陽不聞，邑人愧而歸之。喬往喻曰：'卿節日取柴，欲與父母相歡娱耳，何以愧爲！'其通物善導，皆此類也。"故作"導"是。然，"尊"通"遵"，"善遵"作"遵善"亦通。

[17] 特：諸本同，興聖寺本作"時"誤。

[18] 䍐：諸本同，興聖寺本作"舉"誤。

[19] 慧襲：磧本、興聖寺本、隨函録作"慧驚"。趙本同麗再本。

[20] 赴：諸本同，興聖寺本作"起"形，誤。

[21] 非：諸本同，趙本作"悲"誤。磧本同麗再本。

[22] 偈頌："偈"，諸本同，磧本作"碣"。"碣"亦碑，與上句"豐碑"重，故不取。偈，韻文，與碑版文字同，故作"偈頌"是。

唐終南山至相寺釋智正傳九 智現[1]

釋智正，姓白氏，定州安喜人也[2]。家傳信奉，夙著弘通，纔預有知，便辭世網[3]，識見弘舉，不群蒙稚。年十一，將欲落采[4]，父母諸戚，對之泣淚，而顔色無改。師知其遠度也，日授未聞。隨得緣記，録爲譜諜[5]，有所遺忘，尋問相續。身無戲掉，口不妄傳，奉戒精勤，昏曉自策。和上同師，私共歎異，年雖弱冠，曾無驅役，供贍所須，恣其學問。不盈數載，慧聲遂遠。

開皇十年，文皇廣訪英賢，遂與曇遷禪師同入魏闕。奉勑慰問，令住勝光[6]。仁壽元年，左僕射虞慶則欽正高行，爲奏寺額，造仁覺寺，延而住之，厚禮設御。正乃深惟苦本，將捐此務，歸静幽林。承終南至相有淵法師者[7]，解行相高，京城推仰，遂往從焉。道味江湖，不期而會，因留同住。二十八年，静恭無事，不涉人世。有請便講，詳論正理；無請便止[8]，安心止觀。世情言晤，不附其口，貞梗自課，六時無憩。

以貞觀十三年二月二十八日，卒於本住[9]，春秋八十有一。弟子智現等追惟永往，感恩難顧[10]，鳩拾餘身[11]，於寺之西北鑿巖龕之，銘記如在。

現，少出家，諮承法教，正之箴誡，略無乖緒[12]，致所著諸疏，並現筆受。故正之製作也，端坐思微[13]，現執紙筆，承顔立侍，隨出隨書，終于畢部。乃經累載，初不賜坐也，或足疼心悶，不覺倒仆，正呵責曰："昔人翹足七日，尚有傳揚，今爾纔立顛墜[14]，心輕致也。"其翹仰之極，復何得而加焉？正凡講華嚴、攝論、楞伽、勝鬘、唯識等不紀其遍。製華嚴疏十卷[15]，餘並爲抄記，具行於世。

【校注】

[1] 現：諸本同，磧本作"一"誤，趙本同麗再本。

[2] 案，"安喜縣"，漢置，隋大業初廢入鮮虞縣，唐武德四年復置安喜縣。當今河北省定州市東。

[3] 網：諸本同，興聖寺本作"間"誤。

[4] 采：諸本同，磧本作"髮"。"落采"，又見於卷一二釋靈幹傳"於洛州净土寺，方得落采"，卷一五釋玄會傳"自落采之後，即預講席"，故以"落采"指"落髮"，是道宣的創造還是刻工的創造，不得而知。

[5] 諜：諸本同，磧本作"牒"。"譜牒"亦作"譜諜"，史記十二諸侯年表序"譜諜獨記世謚"者是。

[6] 勝光：諸本同，趙本作"勝光寺"。

[7] 淵法師，即静淵，見本書卷一一。

[8] 止：諸本同，興聖寺本脱。

[9] 本：諸本同，興聖寺本作"奔"誤。

[10] 恩：諸本作"息"，今從磧本。案，"感息"，古籍中罕用，疑當是"感昔"之訛，"追惟永往，感昔難顧"文從字順。

[11] 拾：磧本、興聖寺本作"捨"，趙本同麗再本。

[12] 略無乖緒：磧本作"略無乖錯"，興聖寺本作"略乖緒"，資本作"略無乖鎧"。趙本同麗再本。"乖緒"古籍中罕用，（大正50）崔致遠撰唐大薦福寺故寺主翻經大德法藏和尚傳有"文既乖緒，續者懵焉"句其"乖緒"與此文用法、語意同。"緒"本意爲端緒，引申爲有條理可循，"乖緒"即不循條理。又，"乖錯"有訛謬、違背義，毛詩正義卷一六靈臺孔疏："今王制亦小學近而太學遠，其言乖錯，非以爲正也。"，故作"乖錯"亦通。

[13] 微：諸本同，磧本作"惟"是。

[14] 今爾：諸本同，磧本作"爾今"。纔：諸本同，興聖寺本作"財"。

[15] 製：諸本同，興聖寺本作"制"。

唐襄州紫金寺釋慧稜傳十

釋慧稜，姓申屠氏，西隆人[1]。胎中父亡，惟母鞠育，三歲懷慧[2]，思願聞法。母氏憐其孤苦[3]，相從來聽襄陽潤法師三論[4]。文義之間，深有領覽。年至八歲，其母又終，無師自發，獨詣邑西檀溪寺誕律師而出家。十六，乃往荆州茅山明法師下[5]，依位伏聽。問經大意，深有奇理，召入房中，三年曲教，唯陳"不有有"也。稜於此義，深會其旨。

隋末還襄[6]，又逐安州暠師入蜀，凡有法輪，皆令覆述。吐言質樸，談理入微，時人同號"得意稜"也。及暠下獄[7]，稜亦同縲[8]。身被桎梏，於成都縣，一獄囚徒，請講三論，周於五遍，勑遂釋放[9]，便逐暠還。既達安州，糧粒勇貴，旦往隨州，巡里告索，暮達暠所，如常採聽。往還三百，深有足功。[10]然其報力雄猛，生無一患，門學所推。及暠力微，四大退貶，令代講涅槃，咸怪其言，謂違暠義。時席端俊異者三十餘人，將往副水[11]，百有餘日，惟講三論。後暠患愈，還返安州。常於暠房，叙經大意，外有側聽，皆爲漫語，白暠曰："稜於初章，全若不解，明日上講，請爲定之。"及時告曰："欲定初章者出來。"時門侶蓋衆者二十五人[12]，一一誦呈，皆云不是。稜最後述，句句雖異，皆云得意。由是靡伏，莫敢輕者。暠之將終，告曰："稜公來，吾今付囑[13]，最後續種。自吾講來，唯汝一人，得經旨趣。"乃握稜手曰："夫講説者，應如履劍，不貪利養，不憚劬勞。欲得燈傳，多於山寺，讀經法事，並爲物軌，如爲一人，衆多亦然。如此可名報佛恩也。"又曰："共公同涉苦辛，年載不少，惟以無相爲本，然後言矣。"語已而終。初未囑前[14]，稜夢神人失兩眼，又見一人著青衣執寶鏡放光，來印稜心。既受訣已，百日懷戀。

後還襄州紫金寺，講論五年，衆有三百。貞觀八年，又還須彌[15]，講涅槃、大品、惟度等經。至十二年三月，夢鷹入寺，群鳥飛去，因即散衆。及司功搜訪，一無所獲。蔣王臨襄，佛法昌顯，請於梵雲，相續齋講。道俗翕習，又復騰涌。

至十四年正月半，有感通寺袓法師曰[16]："夢見閻王請稜公講三論，拔公講法華[17]，如何？"稜曰："善哉，慧稜發願，常處地獄，教化衆生，講大乘經。既有此徵，斯願畢矣。"至九月末，蔣王見稜氣弱，送韶州乳二兩，逼令服之。其夕，夢見一衣冠者曰："勿服此乳。閻羅王莊嚴道場已竟[18]，大有乳藥。"至十月半，黄昏時，遂覺不悆，告弟子曰："吾五藏已崩，無有痛所。"四更起坐，告寺主寶度曰："憶年八歲，往龍泉寺借觀音[19]。未至耆闍[20]，已講三遍。皎如目前。"言未訖，外有大聲告曰："法師早起燒香，使人即到。"度曰："何人？"答曰："閻羅王使迎。"稜即起，燒香、洗浴[21]、懺悔、禮佛訖，還房中與度别。食粥未了，便取一生私記焚之，曰："此私記，於他讀之，不得其致矣。"至小食時，異香忽來，稜斂容便卒，即十四年十月十六日也，春秋六十有五。合境僧衆七日七夜,法集功德。蔣王贈絹五十疋。送於鳳林山[22],玄素同集,五千餘人,開講設齋,終日方退云。

【校注】

[1] 案,"西隆",襄陽歷史上未有過西隆縣或西隆郡,此處或爲西隆鄉、西隆里,其地望當在隆中西。

[2] 懷:諸本同,磧本作"儇"。"儇",説文卷八"慧也"。然"儇慧"有輕薄義,續資治通鑒長編卷二七六熙寧九年:"安石輔政時,罷逐中外老成人幾盡,多用門下儇慧少年。"。"懷慧",古人罕用,劉子卷一崇學第五:"故吴竿質勁,非筈羽而不美;越劍性利,非淬礪而不銛;人性懷慧,非積學而不成。"其中"懷慧"用法、詞義與本句同。

[3] 氏:諸本同,興聖寺本脱。

[4] 潤:諸本作"閏",今從磧本。

[5] 荆州:諸本同誤,興聖寺本作"蔣州"是,説見郭紹林校本續高僧傳此條下。

[6] 襄:諸本同,磧本作"襄陽"。

[7] 下:諸本同,興聖寺本作"不"誤。

[8] 稜:磧本、興聖寺本作"楞"誤,趙本同麗再本。下同,不出校。

[9] 遂:諸本同,磧本作"還"。

[10] 案,安州治所在今湖北安陸市,隨州治所在今湖北隨州市。據元和郡縣圖志卷二一"隨州"條,隨州距安州一百五十五里。

[11] 副水:文獻未見記載考其地望,或爲今湖北安陸市洑水鎮,今暫存待考。

[12] 門:麗再本作"問",今據諸本改。

[13] 囑:諸本同,興聖寺本作"屬"。

[14] 囑:諸本同,興聖寺本作"屬"。

[15] 須彌:磧本作"彌須",興聖寺本作"須彌寺",趙本同麗再本。

[16] 感通寺:諸本同,興聖寺本"通"後衍一字不清。䄵:興聖寺本似非"䄵"形。

[17] 拔公:諸本同,磧本作"䄵公"誤,據下篇智拔傳,當爲"拔公"。

[18] 莊:諸本同,興聖寺本作"疾"。

[19] 龍泉寺:據唐孟浩然詩文記載,龍泉寺距離孟浩然隱居地澗南園不遠,故在今襄陽市峴山一泉水豐沛處。今峴山主峰下菊花潭風景區内錢家營村陳家沖,與孟浩然描述相符,存此備考。

[20] 耆闍:即耆闍寺。孟浩然有詩與張折沖遊耆闍寺:"釋子彌天秀,將軍武庫才。横行塞北盡,獨步漢南來。""釋子彌天秀","彌天"即東晋道安,則知耆闍寺距離檀溪寺不遠。檀溪寺遺址距離錢家營村直線距離約五里,以一般人脚力則需三十分鐘。

[21] 浴:諸本同,興聖寺本作"俗"誤。

[22] 鳳林山:案,輿地紀勝卷八三,鳳林山在襄陽縣東南十里。今湖北襄陽市南有鳳林寺。

唐襄州常濟寺釋智拔傳十一法長[1]

釋智拔,姓張,襄陽人。幼年清悟[2],雅好道法。六歲出家,初爲潤師弟子[3]。潤顧有濟器,乃携付哲法師。哲亦襄川僧望,具之别傳。

初誦法華,日通五紙,經中理路,略有規度,惟曰:"斯經諸佛出世之大意也。一人一道,非弘不通,誓畢依持,開悟蒙俗,周聽乃洽[4]。"承帝京上德吉藏法師[5],四海標領,三乘明匠,尋詣奉旨,欣擊素心。首尾兩遍,命令覆述。英俊鼓言,無非亂轍。藏親臨坐,拔問衆曰:"一乘爲兩,遂分爲三;亦可一乘爲兩,分爲三兩?"[6]衆無敢答。藏曰:"拔公此問,深得旨矣。"乃囑累大法[7]。

必在機緣,於是還襄。會賊徒擾攘,無由講悟,晝藏夜伏,私藴文義。後值清平,住耆闍寺,恒在常濟,講法花經,年别五遍。門人法長,後生顯萃,見住梵雲,領徒承業。

貞觀十四年九月十七日[8],於清信士張英家,宿集竪義,開法華題。或問"今昔開覆三一"之旨者,答對如風響,解悟啓時心。便告稜法師曰:"智拔答畢,須彌來難[9],盡皆神俊,詣八方鄉里大德檀越等相别[10]。"時不測其言也[11]。遂即潛然[12]。迫而察之,已遷化矣。合境玄素,嗟惋驚慟[13]。顏狀如生,加坐堅正。蔣王躬臨,燒香供養,贈物百餘段,墓所設五千僧齋[14]。春秋六十八矣。

【校注】

[1] 法長:諸本同,興聖寺本無。

[2] 幼:諸本同,興聖寺本作"幻"誤。

[3] 潤:諸本作"閏",今從磧本。"潤",即智潤,見本書卷一〇。下文之"哲法師",即慧哲,見本書卷九。

[4] 洽:諸本同,興聖寺本作"泠"誤。

[5] 上德:諸本同,興聖寺本倒作"德上"。

[6] 一乘爲兩遂分爲三亦可一乘爲兩分爲三兩:磧本作"一乘爲實遂分爲三亦可一乘爲兩分爲三不",應是。趙本同麗再本。案,麗再本、趙本邏輯不通,疑誤。此問根據法華經方便品:"十方佛土之中,唯有一乘法,無二亦無三,除佛方便説。"當時,一乘教法與三乘教法問題,首先由天台智顗進行發揮,形成了天台宗的基本理論,此後諸家分别提出自己的理解形成唯識宗、華嚴宗、真言宗。智拔對於當時佛學的核心問題敏鋭覺察,所以得到吉藏的讚揚。案,"一乘爲實",資本作"一乘爲雲"。"分爲三兩",諸本同,興聖寺本作"分三兩"。

[7] 囑:諸本同,興聖寺本作"屬"。

[8] 貞:諸本同,興聖寺本作"真"。十七:諸本同,興聖寺本作"七十"誤。

[9] 彌：諸本同，磧本作"臾"誤。"須彌"，即慧稜。
[10] 盡皆神俊詣八方鄉里大德檀越等相別：磧本作"盡皆神詣，今與鄉里大德檀越等相別"，興聖寺本作"盡皆神俊，諸八方嚮里大德檀趣等相別"，趙本同麗再本。
[11] 測：諸本同，興聖寺本作"則"誤。
[12] 潛然：磧本、興聖寺本作"潜"誤，趙本同麗再本。
[13] 慟：諸本同，磧本作"異"誤。
[14] 僧：諸本同，磧本作"人"誤。

唐荆州玉泉寺釋慧瑜傳十二[1]

釋慧瑜，[2]姓岑氏。少孤窘。三歲，二親俱喪，養於舅氏。五歲，隨外祖往長沙寺聽[3]，見佛，啼泣戀慕，不肯還家，遂任之[4]，爲寺救苦法師弟子。令誦大品，五十日中，一部通利。晚聽三論、大品，鏡其宗領，隨有行文，覩用明的[5]。

逢難入玉泉山[6]，寺側有泉，旁作草庵[7]。於中宴坐，二十三年，初無暫離，觀心純净，未可言覩。泉神供奉，時或見聞。黑蛇一頭，長二丈許，隱顯現身[8]，如守護相，群賊雖來，無敢近者。有老賊張赫伽者，勇悍無前，携引十賊，身挾兩刀，欲殺此蛇。去二百步，蛇乃張目出光，賊徒皆倒。經兩日間，瑜覺往救，七人已死。蛇隨瑜行，爲誦大品大明咒訖，三人方活。於是四遠聞風往造，供施委積。貞觀十年，荆州道俗請出勝覺寺[9]，講三論、大品，開化未聞，佛法由盛。

十四年七月二十三日，合寺同見，群星入井[10]，不測其故。至八月十七日，講大品至往生，文未訖，手執如意，於座而卒，春秋七十有九。

【校注】

[1] 案，本傳與"傳十三"互倒。
[2] 案，諸本同，磧本此處爲釋慧持傳，二傳互倒。
[3] 聽：諸本同，磧本作"聽講"。
[4] 任：麗再本、趙本作"住"，今從磧本、興聖寺本。
[5] 明的：諸本同，興聖寺本作"助"誤。
[6] 玉泉山：即今湖北省當陽市西南三十里處之玉泉山。
[7] 庵：諸本同，興聖寺本作"魔"誤。
[8] 隱：諸本同，興聖寺本脱。
[9] 勝：諸本同，磧本作"昇"誤。
[10] 星：諸本同，興聖寺本作"皇"誤。

唐越州弘道寺釋慧持傳十三

釋慧持，姓周，汝南人也。開皇初年，父任豫章太守，因而生焉。少機警，美姿制。栖遊之方，欣其言晤，履歷名邦，將挹道化。初達丹陽開善寺，投滿法師而爲息慈[1]。令誦大品，日通五紙。斯經易誦難持，而能文句無爽[2]，時共美之。年登冠具[3]，身長七尺，色相光偉[4]，執持威容，不妄迴視[5]，故俗又目曰"象王持"也。乃聽東安莊法師，又聽高麗實法師三論。鉤探幽極，門學所高。兼善老、莊、易、史，談玄之次，寄言法理[6]。

越公楊素治兵淮海，聞風造展，歎其清悟，曰："斯寔絶倫之僧也。"隋末避難，往越州住弘道寺。常講三論、大品、涅槃、花嚴、莊、老，累年不絶。立志堅白，書翰有聞。不出寺門，將三十載，加坐不卧，勤苦至終。

以貞觀十六年八月二十三日旦，告弟子曰："吾欲往他方教化，急作食。"及時至三下，前食還房，加坐繩床[7]，斂容而逝。弟子謂言入定，三日任之。會稽丞杜伏護者，蔬素長齋，依常參拜，聞有異香，方知久化。跏結鏗然，伸而不得[8]，乃坐送大禹山。都督已下，玄素萬餘人，悲歎相嗟，至于殯所。春秋六十八矣。

【校注】

[1] 滿法師：案，(卍新續 87)宋端拱時沙門常謹集録地藏菩薩像靈驗記第八條開善寺地藏救地獄衆生感應記載："吾是開善寺之地藏菩薩也。昔沙門智藏法師弟子智滿法師，爲救三途衆生受苦，刻雕吾像。"則知，滿法師或許爲梁朝開善智藏法師弟子。

[2] 文：諸本同，興聖寺本作"又"誤。

[3] 年登冠具：磧本作"本年登冠其其"既衍且誤，興聖寺本作"年登冠見"。

[4] 偉：諸本同，磧本作"傳"誤。

[5] 視：磧本作"盼"，趙本同麗再本。

[6] 法：諸本作"洗"，今從磧本。

[7] 加：諸本同，磧本作"跏"。

[8] 伸：磧本作"申"，興聖寺本作"甲"，趙本同麗再本。

唐越州嘉祥寺釋智凱傳十四

釋智凱，姓馮氏，丹陽人，父早亡。六年，聽吉藏法師法華火宅品，夜告母曰："經明火宅者，只我身耳。若我是火宅，我應燒人。既其不燒，明知無我。"終夜達朝，詣藏出家。身相黑色，故號"烏凱"。

年十三，覆藏經論，縱達論竝[1]，不拘撿約[2]。隨藏會稽、嘉祥等寺，門人英達，無敢右之。及藏入京，即還静林，聚徒常講。武德七年，剡縣立講，聽徒五百。貞觀元年，往餘姚縣小龍泉寺，常講三論、大品等經。誓不出寺，脅不親席，不受供施，自僧而已。佛殿之後，忽生一池，便曰："只飲此池，可以卒耳。"爲性慈仁，言極獷厲[3]。時越常俗，多棄狗子，凱聞憐之，乃令拾聚。三十、五十，常事養育，氈被卧寢，不辭汙染。至十九年，齊都督請出嘉祥，令講三論。四方義學八百餘人，上下僚庶，依時翔集，用爲興顯也[4]。百有餘日，日論十人，答對泠然[5]，消散無滯。

初發龍泉，小池即竭，凱聞歎曰："池竭食亡，吾無返矣。"至二十年七月二十八日，依常登座，手執如意，默然不言，就撿已終[6]。乃加坐送大禹山，七日供養，常有異香。州宰自殮[7]，深發堅信，乃起塔七層，以旌厥德云[8]。

【校注】

［1］論竝：案，此爲三論宗辯論方法之一，見本書卷一五末論之箋證。
［2］約：諸本同，興聖寺本作"幻"誤。
［3］獷：磧本作"懭"，興聖寺本作"横"。"獷"有惡意，"懭"爲悍義，俱可通，然一切經音義卷九三續高僧傳卷一四引作"獷厲"，故作"獷"是。
［4］也：諸本同，磧本無。
［5］泠：諸本同，趙本作"冷"誤。
［6］撿：諸本同，磧本作"殮"誤。
［7］殮：諸本作"撿"誤，今從磧本改。
［8］云：諸本同，磧本作"云爾"。

續高僧傳卷第十五[1]

義解篇十一正紀十五[2]　附見四[3]

唐越州静林寺釋法敏傳一

釋法敏，姓孫氏，丹陽人也。八歲出家，事英禪師爲弟子。入茅山，聽明法師三論[4]。明，即興皇之遺屬也。

初朗公將化，通召門人，言在後事。令自舉處，皆不衷意[5]。以所舉者並門學有聲[6]，言令自屬[7]，朗曰："如吾所舉，乃明公乎。"徒侶將千，名"明"非一[8]，皆曰[9]："義旨所擬，未知何者'明'耶?"朗曰："吾坐之東[10]，柱下明也。"明居此席，不移八載，口無談述，身無妄涉，衆目"癡明"。既有此告，莫不迴惑[11]，私議法師[12]，他力扶矣。朗曰："吾舉明公必駭衆意[13]，法教無私，不容瑕隱。"命就法座，對衆叙之。明性謙退，泣涕固讓，朗曰："明公來，吾意决矣。爲静衆口，聊舉其致。"命少年捧就傳座[14]，告曰："大衆聽，今問論中十科深義[15]，初未曾言[16]，而明已解，可一一叙之。"既叙之後，大衆愜伏，皆慚謝於輕蔑矣[17]。即日辭朗，領門人入茅山[18]，終身不出，常弘此論。故興皇之宗，或舉山門之致者，是也。

敏，採摘精理，出聽東安[19]，言同意異，更張部别。年二十三，又聽高麗實公講大乘經論[20]，躬爲南坐，結軫三周。及實亡後，高麗印師上蜀講論，法席彫散[21]。陳氏亡國，敏乃反俗[22]，三年潛隱，還襲染衣[23]，避難入越，住餘姚梁安寺，領十沙彌講法華、三論，相續不絶。貞觀元年，出還丹陽，講花嚴、涅槃。二年，越州田都督追還一音寺，相續法輪。于時衆集，義學沙門七十、餘州八百餘人、當境僧千二百人、尼衆三百，士俗之集不可復紀。時爲法慶之嘉會也。至十九年，會稽士俗請往静林[24]，講花嚴經。至六月末，正講，有蛇懸半身，在敏頂上，長七尺許，作黄金色，吐五色光，終講方隱。

至夏訖，還一音寺。夜有赤衣二人，禮敏曰："法師講四部大經，功德難量,須往他方教化,故從東方來迎法師。”弟子數十人,同見此相。至八月十七日,爾前三日三夜無故闇冥。恰至二十三日將逝[25],忽放大光,夜明如日,地爲震動[26],因爾遷化,春秋六十有七。身長七尺六寸。停喪七日[27],異香不滅,莫不怪歎。道俗莊嚴,送於隆安之山焉。[28]

【校注】

[1] 案,麗初本、趙本之此卷闕佚。

[2] 五:諸本同,興聖寺本作“四”,無釋義褒傳。

[3] 附見四:諸本同,興聖寺本作“付見五”,

[4] 師:諸本同,興聖寺本脱。

[5] 衷:磧本作“中”,興聖寺本同麗再本。

[6] 有:諸本同,興聖寺本作“者”誤。

[7] 自:磧本作“目”誤,興聖寺本同麗再本。

[8] 名:磧本作“召”誤,興聖寺本同麗再本。

[9] 皆:諸本同,興聖寺本脱。

[10] 吾:諸本同,興聖寺本作“五”誤。

[11] 惑:諸本同,興聖寺本作“或”誤。

[12] 私:諸本同,興聖寺本作“和”誤。

[13] 吾:諸本同,興聖寺本作“五”誤。

[14] 命:諸本同,興聖寺本作“令”。

[15] 十:諸本同,興聖寺本脱。

[16] 曾:磧本作“嘗”,興聖寺本同麗再本。

[17] 蔑:諸本同,磧本作“懱”。

[18] 領門人入:諸本同,興聖寺本作“令問人”既誤且脱。

[19] 東安:據續高僧傳卷一四慧持傳“乃聽東安莊法師”。案,莊法師無考,然據其年齡、活動區域,或爲續僧傳卷九之道莊法師耶?下文高麗實公,已不能考知生平,據續高僧傳卷一四慧持傳,爲三論學大師。下文高麗印師,僅此一見,不可考。

[20] 又:諸本同,興聖寺本作“人”誤。公:諸本同,興聖寺本脱。

[21] 彫:磧本作“凋”,興聖寺本同麗再本。“彫”通“凋”。

[22] 反:諸本同,磧本作“歸”。“反俗”,還俗爲民也。

[23] 襲:諸本同,興聖寺本作“龍”誤。

[24] 請:諸本同,興聖寺本作“諸”。往:磧本作“住”,興聖寺本同麗再本。

[25] 恰至二十三日:麗再本作雙行小注,興聖寺本脱“二十三日”,今從磧本。

[26] 地爲震動:磧本此句在“停喪七日”後。興聖寺本同麗再本,然“震”作“振”。

[27] 停喪七日:磧本此句後衍“塔表放光,地爲震動”八字,興聖寺本同麗再本。

[28] 據華嚴經傳記卷三講解下釋法敏,“造華嚴疏七卷”。日永超集(大正2183)東域傳燈目録弘經録華嚴部,記法敏撰華嚴疏七卷。

唐襄州光福寺釋慧璿傳二

釋慧璿[1],姓董氏。少出家在襄川,周滅法後,南往陳朝,入茅山,聽明師三論。又入栖霞聽懸布法師四論、大品、涅槃等[2]。晚於安州大林寺[3],聽圓法師釋論。[4]凡所遊刃,並契幽極[5]。

又返鄉梓,住光福寺。會亂入城,盧總管等請在官舍[6],講花嚴經,僧徒擁聚千五百人。既屬賊圍,各懷翹敬,不久退散,深惟法力。唐運斯泰,又住龍泉。三論、大經[7],鎮常弘闡,兼達莊、老、史、子[8]。談笑動人,公私榮達[9],參問繁結。蔣、紀諸王,互臨襄部[10],躬申敬奉,坐鎮如初。王出門,顧曰:"迎送不行,佛法之望也。"由此聲譽,又逸漢南。

貞觀二十三年,講涅槃經,四月八日夜,山神告曰:"法師疾作房宇,不久當生西方。"至七月十四日,講盂蘭盆經竟[11],斂手曰[12]:"生常信施,今須通散。一毫以上[13],捨入十方衆僧,及窮獨乞人,并諸異道。"言已而終於法座矣,春秋七十有九。惟璿立性虚静,不言人非;賓客相投,欣若朋友;面常含笑,慈育在懷;涉獵玄儒,通冠文采。襄荆士素,咸傾仰之,聞其長往,無不墮淚。

初住光福,寺居山頂,引汲爲勞,將移他寺。夜見神人,身長一丈,衣以紫袍,頂禮璿曰:"奉請住此,常講大乘,勿以小乘爲慮。其小乘者,亦如高山無水,不能利人,大乘經者猶如大海。自止此山,多佛出世,一人讀誦講説大乘,能令所住珍寶光明,眷屬榮勝,飲食豐饒。若有小乘,前事並失。惟願弘持,勿孤所望,法師須水,此易得耳,來月八日,定當得之,自往劍南慈母山大泉[14],請一龍王去也。"言已不見。恰至來期七日初夜[15],大風卒起,從西南來,雷震雨注,在寺北漢高廟下,佛堂後百步許,通夜相續。至明方住,惟見清泉,香而且美,合衆同幸。及亡[16],龍泉漸便乾竭。據斯以言,亦感通之奇致矣[17]。

【校注】

[1] 璿:諸本同,興聖寺本作"睿"。

[2] 懸布法師:諸本同,興聖寺本作"布法師"是,爲"慧布法師"。據續高僧傳卷七慧布傳、卷一一保恭傳、卷一二慧覺傳,栖霞寺爲慧布所重建,其人爲三論學大師。

[3] 於:磧本作"往",興聖寺本同麗再本。

[4] 案,釋論,指大智度論。據續高僧傳卷一二慧覺傳,"又以大智度論,江左少弘",慧布將其傳到南方。故上文慧璿跟隨慧布學四論,大智度論即其一也。"安州",爲治當今湖北省安陸市,其地距離襄陽不遠。

[5] 契:諸本同,興聖寺本脱。

[6] 舍:磧本、興聖寺本作"倉"誤。

[7] 大經:蓋指大涅槃經。法苑珠林卷六三河海部感應緣釋慧璿傳,作"善通三論、涅

槃，莊、老俗書，久已洞明，由此聲譽，久逸漢南"，則涅槃對應大經。

[8] 史、子：磧本作"子、史"，興聖寺本同麗再本，然"史"作"吏"。

[9] 公：諸本同，興聖寺本脱。

[10] 蔣王惲、紀王慎，傳記見舊唐書卷七六、新唐書卷八〇。據舊唐書，紀王臨襄在貞觀十七年至永徽二年之間。據文獻通考卷二七五封建考十六"唐諸王條"，蔣王任襄州刺史爲貞觀十一年。

[11] 盂蘭盆：諸本同，興聖寺本字迹不清，似作"梵"形。

[12] 斂：諸本同，興聖寺本脱。

[13] 以：磧本作"已"，興聖寺本同麗再本。

[14] 慈母山：又名聖母山，在四川省灌縣西南五十里。見讀史方輿紀要卷六六四川一"青城條"。

[15] 來期：磧本作"來月"似較劣，從修辭講，前文已經有"來月"，則此處作"來期"較好。興聖寺本同麗再本。

[16] 亡：磧本、興聖寺本作"止"誤。

[17] 感通：磧本作"通感"誤，興聖寺本同麗再本。

唐襄州神足寺釋慧眺傳三

釋慧眺，姓莊氏。少出家，以小乘爲業。遊學齊、徐、青、海諸州，數論之精，馳譽江漢。開皇末年，還住鄉壤之報善寺。

承象王哲公，在下龍泉講開三論[1]，心生不忍，曰："三論明空，講者著空[2]。"當發言訖，舌出三尺，鼻眼兩耳，並皆流血，七日不語。有汰律師[3]，聞其撥略大乘，舌即挺出，告曰："汝大癡也。一言毀經，罪過五逆。可信大乘，方可免耳。"乃令燒香發願，懺悔前言，舌還收入。便舉往哲所[4]，誓心斂迹，惟聽大乘。哲之云亡[5]，爲設大齋於墓，又建七處八會，廣請道俗。

百日既滿，即往香山神足寺[6]。足不逾閫，常習大乘。每勸諸村，年别四時，講花嚴等經，用陳懺謝。常於衆中，顯陳前失，獨處一房，常坐常念。貞觀十一年四月三日，在寺後松林坐禪，見有三人，形貌都雅，赤服禮拜，請受菩薩戒。訖，白曰："禪師大利根，若不改心信大乘者，千佛出世猶在地獄。"聞此重囑[7]，涕泗交流[8]，大哭還寺。在講者房前宛轉嗚咽，不能得言。以水洒醒，乃更大哭，繞佛懺悔，用此爲恒[9]。又勸化士俗，造花嚴、大品、法花、維摩、思益、佛藏、三論等各一百部。

至十三年三月九日中時，佛前禮懺，因此而終，春秋八十餘矣。自終七日，林樹變白[10]，大泉渾濁，過此方復。斯亦知過能改，無過者同，誠可嘉矣。寺去城邑將五十里，從受歸戒者七千餘人，填赴山阿[11]，爲建大齋於墓所，三十法師，各開一經，用津靈造。

【校注】

［1］下：諸本同，興聖寺本脱。
［2］著：諸本同，興聖寺作“荖”誤，即“差”之異體字。
［3］汰：磧本作“伏”，興聖寺本、隨函録作“汱”。
［4］轝往哲所：諸本同，興聖寺本作“舉往誓所”誤。
［5］亡：諸本同，興聖寺本作“巳”形。
［6］香山：大洪山餘脉南入湖北京山縣後最西邊的山脉，在京山縣城北約八十里。
［7］囑：諸本同，興聖寺本作“屬”。
［8］泗：磧本作“淚”，興聖寺本同麗再本。
［9］恒：磧本作“常”似避宋諱而改，興聖寺本同麗再本。
［10］變：諸本同，興聖寺本脱。
［11］赴：諸本同，興聖寺本作“起”誤。阿：麗再本作“河”，今從磧本。

唐綿州隆寂寺釋靈睿傳四

釋靈睿，姓陳。本惟潁川，流寓蜀部，益昌之陳鄉人也[1]。祖宗信於李氏，其母以二月八日，道觀設齋，因乞有子。還家夢見在松林下坐有七寶鉢，於樹顛飛來入口，便覺有娠，即不喜五辛諸味。及其誕已，設或食者，母子頭痛，於是遂斷。八歲，二親將至道士所，令誦步虚詞[2]，便面孔血出，遂不得誦。還家入田[3]，遇見智勝法師[4]，便曰：“家門奉道，自欲奉佛，隨師出家。”即將往益州勝業寺爲沙彌，一夏之中，大品暗通。開皇之始，高麗印公入蜀講三論，又爲印之弟子，常業大乘。後隨入京，流聽諸法。

大業之末，又返蜀部，住法聚寺。武德二年，安州暠公上蜀，在大建昌寺講開大乘。睿止法筵三年[5]，後還本住[6]，常弘此部。經二年許[7]，寺有異學，成實朋流，嫌此空論，常破吾心，將興害意[8]。睿在房中，北壁而止。初夜還床[9]，栖遑不定，身毛自豎，移往南床坐[10]。至三更，忽聞北壁外，有物撞度，達於卧處。就而看之[11]，乃漆竹笴槊，長二丈許，向若在床，身即穿度。既害不果，又以銀鋌雇賊入房[12]。睿坐案邊，覓終不獲，但有一領甲，在常坐處。睿知相害之爲惡也，即移貫，還綿州益昌之隆寂寺。

身相黑短，止長五尺；言令所及，通悟爲先；常講大乘，以爲正業。貞觀元年[13]，通州騫禪師作檀越[14]，盡形供給，三百聽衆。至七年八月二十五日夜，睿夢有衣冠者來迎騫往西方去，徒衆鉢中，皆空無物。至三十日，寺鍾大小七口，銅磬十餘，一時皆鳴[15]。至三更，據繩床加坐而終。睿自此後，周流講唱，傳化不絶。至二十年八月二十一日四更[16]，大風忽起，高聲言曰：“靈睿法師，來年十月，往南海大國、光明山西阿、觀世音菩薩所受生也。”

至期十月三日[17]，合寺長幼、道俗，見幡花、菩薩滿寺而下。晚講入房，看疏讀經[18]，外有僧告："幡花異香，充寺及房。"睿聞，捉經出看，斂容立終，堅持不倒[19]。扶卧房中，三更忽起，加坐如生。刺史以下，躬手付香，供養其屍。道俗相送，歸東度山[20]，設大會八千人。時年八十三矣。然其潔清，童稚過中不飲，葷辛莫履，具盡報云。

【校注】

［1］陳：諸本同，興聖寺本衍作"陳陳"。案，"益昌"，治當今四川省安縣花荄鎮聯豐村觀斗山。

［2］詞：磧本作"調"。樂府詩集卷七八步虛詞十首下樂府解題稱："步虛詞，道家曲也，備言衆仙縹緲輕舉之美。"

［3］田：諸本同，興聖寺本作"由"誤。

［4］智：諸本同，興聖寺本作"知"誤。

［5］筵：麗再本作"延"，今從磧本、興聖寺本。

［6］還：麗再本作"還蜀"，今從磧本、興聖寺本。

［7］經：諸本同，興聖寺本作"俓"誤。

［8］意：諸本同，興聖寺本作"音"誤。

［9］床：興聖寺本作"林"誤。

［10］床：興聖寺本作"林"誤。

［11］看：諸本同，興聖寺本作"者"誤。

［12］鋌：麗再本、興聖寺本作"挺"，今從磧本。

［13］貞：諸本同，興聖寺本作"真"。

［14］通州：當爲四川之通州，治所在石城縣，今四川省達州市，西魏廢帝二年(553)改萬州置，唐武德元年改通川郡爲通州。

［15］一：磧本作"二"，興聖寺本同麗再本。

［16］二十一日四更：磧本作"二十四日三更"，興聖寺本同麗再本。

［17］期：諸本同，興聖寺本作"斯"誤。

［18］看：諸本同，興聖寺本作"者"誤。

［19］持：磧本作"住"，興聖寺本同麗再本。

［20］東度山：靈睿故藉爲綿州益昌縣，故城即今四川省安縣花荄鎮聯豐村觀斗山。則其去世後，靈柩從今四川達州市送回安縣觀斗山。觀斗山是否東度山，待考。

唐京師弘福寺釋僧辯傳五[1]

釋僧辯[2]，俗姓張，南陽人也[3]，渚宫陷没，入關住於馮翊焉。年甫七歲，日誦千言，時以奇之，聲于鄉壤[4]。十歲，欣仰道法，思欲出家，局以公憲，未蒙剃落，乃聽維摩、仁王二經。文義俱收，昇座覆述，宣吐教理，有稱於時。先學大德，相顧曰："吾等没後，不足憂也。此人出家，紹隆遺法矣。"

開皇初年，勑遣蘇威[5]，簡取三千人[6]，用充度限。辯年幼小[7]，最在末行，輕其行業，召令口誦。言詞清囀，章句契斷，神明朗正[8]，見者屬目[9]。由是大蒙嗟賞，餘並不試，同得出家。受具已後，專尋經論。時有智凝法師學望京華[10]，德隆岳表，辯從問知津，乃經累載[11]，承席覆述，允益同倫[12]。遂使旁疏異解[13]，曲有正量，識者僉悟，擊其大節。大業初歲，召入大禪定道場，衆復屯之，欣其開解。

武德之始，步出關東，蒲、虞、陝、虢，大弘法化，四遠馳造[14]，倍勝初聞。嘗處芮城[15]，將開攝論，露縵而聽，李、釋同奔。序王將了[16]，黄巾致問，酬答乃竟，終誦前關。辯曰："正法自明，邪風致翳。雖重廣誦，不異前通[17]。"黄巾高問轉增，愚叟謂其義壯，忽旋風勃起，徑趣李宗，縵倒掩抑，身首煩擾，冠幘交横[18]，衣髪紊亂。風至僧倫，怙然自滅。大衆笑異其相，一時便散。明旦入文，赧然莫集。辯雖乘此勝，而言色不改，時共服其異度也[19]。

貞觀翻經，被徵證義。弘福寺立，又召居之。雖屢處以英華而情不存得喪[20]，約時講説，不替寒温。異學名賓，皆欣預席，故使海之内外[21]，僧雜華夷[22]，不遠萬里，承風參謁。俱舍一論振古未開[23]，道岳法師，命章構釋，辯正講論，廢而聽之，隨聞出鈔三百餘紙。或聞初開法肆，或中途少閑，但有法坐，無論勝負，咸預位席，横經而聽。斯渴法之深，良未儔矣。而謙讓知足，不重榮勢，名滿天下，公卿咸委而不識其形也，皆來覓之。辯如常威儀，不變其節，任其來去[24]，曾無迎送。時儕倫諸德，以此懷尚而不能行也。

以貞觀十六年六月十三日，卒於弘福寺，春秋七十有五。于時炎曦赫盛，停屍二旬[25]，而相等生存[26]，形色不變，迄至于葬日[27]，亦不腐朽。于時亢旱積久，埃塵漲天[28]，明當將送，夜降微雨，故得幢蓋引列，俱得升濟[29]，七衆導從，不疲形苦。殯於郊西龍首之原，鑿土爲龕，處之于内。門通行路，道俗同觀，至今四年，鮮明如在[30]。自辯置懷慈濟，愛法爲功，路見貧苦，不簡人畜，皆盡其身命，濟其危厄。講聽之務，惟其恒習[31]。其攝論、中邊、唯識、思塵、佛性、無性論[32]，並具出章疏，在世流布。

【校注】

[1] 辯：諸本同，興聖寺本作"雜"形。

[2] 辯：諸本同，興聖寺本作"辡"。"辡"同"辯"。

[3] 人：諸本同，興聖寺本作"之人"。

[4] 壤：諸本同，興聖寺本脱。

[5] 遣：諸本同，興聖寺本作"遺"形。

[6] 人：諸本同，興聖寺本作"又"形。

[7] 辯年幼小：諸本同，興聖寺本作"辨年幻小"。

[8] 朗：磧本作"堅"，興聖寺本同麗再本。
[9] 屬：磧本作"矚"，興聖寺本同麗再本。
[10] 凝：諸本同，興聖寺本作"疑"。智凝從靖嵩學攝論，見本書卷一一。
[11] 經：諸本同，興聖寺本作"俓"誤。
[12] 益：麗再本、興聖寺本作"合"，今從磧本。
[13] 使：磧本作"復"誤，興聖寺本同麗再本。
[14] 四：諸本同，興聖寺本作"曰"誤。
[15] 處：諸本同，興聖寺本作"家"誤。
[16] 王：磧本作"玄"誤，興聖寺本同麗再本。"序王"，王者，起也。序王，即王序，講佛經之序文。
[17] 通：諸本同，興聖寺本脱。
[18] 幘：諸本同，興聖寺本作"情"誤。
[19] 服：磧本作"伏"，興聖寺本同麗再本。
[20] 處：諸本同，興聖寺本作"家"。
[21] 海：磧本作"大海"，興聖寺本同麗再本。
[22] 雜：諸本同，興聖寺本作"辨"誤。
[23] 開：磧本作"聞"誤，興聖寺本同麗再本。
[24] 任：磧本、興聖寺本作"住"誤。
[25] 旬：諸本同，興聖寺本作"句"誤。
[26] 存：諸本同，興聖寺本作"任"誤。
[27] 至：磧本無，興聖寺本同麗再本。
[28] 漲：諸本同，興聖寺本作"張"。
[29] 升：磧本作"昇"，興聖寺本同麗再本。
[30] 明：磧本作"肌"應是。
[31] 恒：諸本同，興聖寺本脱。
[32] 佛性無性論：麗再本、興聖寺本作"佛性無論"，脱"性"字。佛性，指佛性論；無性論，指三無性論，均見開元釋教録卷七，並爲真諦譯本。

唐京師普光寺釋法常傳六

釋法常，俗姓張氏，南陽白水人也。高祖隆，仕魏，因移于河北郡焉[1]。少踐儒林，頗知梗概，而厭其諠雜，情欣出家[2]。奉戒自守，不群非類，霜懷標舉，爲衆所推[3]。年十九，投曇延法師，登蒙剃落。既預聽限，大闡宏猷。學不逾歲，即講涅槃，道俗聽者，咸奇理趣。自爾專親侍奉，曉夕諮謀[4]，每擊幽致。延欣其情理深當[5]，乃摩頂曰："觀子所涉，必住持正法矣。"於即研精覃思，無釋寸陰。

時年二十二，攝論初興，隨聞新法，仰其弘義。于時論門初闢，師學多途，封守舊章，鮮能迴覺。常乃博聽衆鋒[6]，校其銛鋭，秦、齊、趙、魏，靡不周行。時積五年，鑽覈名理，至於成實、毗曇、華嚴、地論，博考同異，皆爲軌轍。未旋踵上京，慨兹異叙，隨講出疏，示顯群迷。隋齊王暕召結時望[7]，盛演釋經，登預法座，敷陳至理，詞義弘遠，罕得其門，僉共美之，嘉歎成俗。遂有胥徒歸湊，相續依承，四時講解，以爲恒任。大業之始，榮唱轉高，爰下勅旨，入大禪定，相尋講肆[8]，成濟極多。

唐運初興，遐邇清晏，四遠投造，增倍於前。每席傳燈，播揚非一，貞觀之譯[9]，證義所資，下勅徵召，恒知翻任。後造普光，宏狀華敞，又召居之，衣服供給[10]，四時隨改。又下勅[11]，令爲皇儲受菩薩戒。禮敬之極，衆所傾心。貞觀九年，又奉勅，召入爲皇后戒師，因即勅補，兼知空觀寺上座，撫接客舊，妙識物心[12]，弘導法化，長鎮不絶。前後預聽者數千，東蕃西鄙，難可勝述。及學成返國，皆爲法匠，傳通正教，于今轉盛。新羅王子金慈藏[13]，輕忽貴位，棄俗出家，遠聞虔仰[14]，思覩言令[15]，遂架山航海，遠造京師。乃於船中，夢矚顔色[16]，及覩形狀，宛若夢中，悲涕交流，欣其會遇，因從受菩薩戒[17]，盡禮事焉。

十四年，有僧犯過，下勅普責。京寺大德、綱維[18]，因集於玄武門，召常上殿，論及僧過。常曰："僧等蒙荷恩惠，得預法門，不能躬奉教網，致有上聞天聽。特由常等，寡於訓誨，恥愧難陳。"遂引涅槃付屬之旨[19]。上然之，因宥大理獄囚百有餘人。又延設供，食訖而退。

及李道居先[20]，不勝此位，率僧邀駕，隨頓表上[21]。既不蒙遂，因染餘疾，的無痛所，右脅而終于住寺[22]，春秋七十有九，即貞觀十九年六月二十六日也。至七月二日，葬於南郊高陽之原[23]。時炎景陵天[24]，遊塵翳日[25]，逮至發引之前，夜降微雨，及於明旦，天地清朗，雲霧四除，纖塵不飛[26]，道路無擁。京寺僧侶、門人子弟等，各建脩幢三十餘車[27]，前後威儀四十餘里。信心士女執素幡花，列侍左右，乃盈數萬，卿相儐從，僉以榮之。

初常涉詣義門[28]，妙崇行解[29]，故衆所推美[30]，歸於攝論；而志之所尚，宗慕涅槃[31]。恒欲披講，未之欣悟，遂依衆請，專弘此論。陶冶理味，精貫匈懷[32]，依時赴講[33]，全無讀誦。纔有餘暇，課業行道，六時自勵[34]，片無違缺。有大神王，冠服皆素，率其部從，隨其旋繞。道俗時見，密以高之。又曾宵夜[35]，至佛堂中[36]，壁畫樂天[37]，一時起舞。後於中夜[38]，又在佛堂，觀音菩薩從外入户，上住空中，身相環奇[39]，佩服瓔珞，晃發希有。良久便滅。後經五年，天將欲曙，又感普賢菩薩從東而來，去地五六丈許。常之專精徵應，爲如此也。故立志清峻，逾久逾劇。所獲法利，多造經像[40]，但務奇妙，不言其價。歲建檀會，終盡京師[41]，悲敬兩田，無遮供養。自所服用，麤弊而已，講揚别供，一不受之，還布衆中，持操無改。著攝論義疏八卷、玄章五卷。涅槃、維摩、勝鬘等,各垂疏記,廣行於世。弟子德遜等爲立碑于普光之門,宗正卿李百藥爲文[42]。

【校注】

[1] 河北郡:十六國之後秦置河北郡,治河北縣,在今山西芮城縣北五里。北魏太和十一年(487)河北郡移治大陽縣,故治在今山西省平陸縣西南三門峽水庫區。隋開皇三年(583)廢郡。

[2] 欣:諸本同,興聖寺本作“欲”誤。

[3] 所推:諸本同,興聖寺本倒作“推所”。

[4] 謀:諸本同,興聖寺本作“諆”誤。

[5] 欣:諸本同,磧本作“仰”誤。

[6] 鋒:諸本同,興聖寺本作“鉢”誤。

[7] 隋:諸本同,興聖寺本非“隋”形,字形難辨。

[8] 相:諸本同,興聖寺本脱。

[9] 譯:諸本同,興聖寺本作“釋”誤。

[10] 衣服:諸本同,興聖寺本作“服衣”倒。

[11] 又:諸本同,興聖寺本脱。

[12] 識:諸本同,興聖寺本脱。

[13] 金慈藏,傳見本書卷二五,興聖寺本脱“慈”。

[14] 聞:諸本同,興聖寺本作“間”誤。

[15] 思覯言令:諸本同,興聖寺本作“思都言合”誤。

[16] 矚:磧本作“想”誤,興聖寺本同麗再本。

[17] 從:諸本同,興聖寺本衍作“從徒”。

[18] 維:諸本同,興聖寺本作“堆”誤。

[19] 屬:磧本作“囑”,興聖寺本同麗再本。説見大涅槃經卷三壽命品一之三:“如來今以無上正法付囑諸王、大臣、宰相、比丘、比丘尼、優婆塞、優婆夷,是諸國王及四部衆,應當勸勵諸學人等,令得增上戒、定、智慧。若有不學是三品法,懈怠破戒毁正法者,王者大臣四部之衆應當苦治。”

[20] 李:諸本同,興聖寺本作“季”誤。

[21] 頓:磧本作“類”誤,興聖寺本同麗再本。“頓”,宿食所。

[22] 右脅:諸本同,興聖寺本“右脅”後衍“表上既不蒙遂,因染餘疾,的無痛所,右脅”,當是鈔重一整行。

[23] 案,“高陽原”,據吕卓民考證,當今西安市西南,潏河北岸,居安村、郭杜鎮、長理村一帶。説見中國歷史地理論叢 1993 年第 1 期。

[24] 炎景陵天:磧本作“炎旱既久”,興聖寺本同麗再本。

[25] 遊:磧本作“埃”,興聖寺本同麗再本。

[26] 飛:諸本同,永北本作“作”。

[27] 建:諸本同,興聖寺本作“建立”。

[28] 涉:諸本同,興聖寺本作“陟”。

[29] 崇:諸本同,興聖寺本作“榮”誤。

[30] 美：磧本作“差”誤，興聖寺本同麗再本。
[31] 宗：麗再本脱，今據磧本、興聖寺本補。
[32] 匈：磧本作“胸”，興聖寺本同麗再本。
[33] 赴：諸本同，興聖寺本作“起”誤。
[34] 自：諸本同，興聖寺本作“白”誤。
[35] 高之又曾：諸本同，興聖寺本脱。
[36] 中：諸本同，興聖寺本脱。
[37] 畫：諸本同，興聖寺本脱。
[38] 於：諸本同，興聖寺本作“引”形。
[39] 奇：磧本作“琦”，興聖寺本同麗再本。説文卷五上：“奇，異也。”“琦”，本義爲美玉，亦通“奇”。
[40] 經：諸本同，興聖寺本作“俓”形，誤。
[41] 終：諸本同，興聖寺本作“佟”形，誤。
[42] 百：磧本作“伯”，興聖寺本同麗再本。

唐澤州清化寺釋智徽傳七

釋智徽，俗姓焦，澤州高平人也。年十三，志樂出家[1]，不希世累，住本州清化寺，依隨遠法師聽涉經論。於大涅槃，偏洞幽極，故齒年學稔，爲諸沙彌之卓秀者也。立性勤恪，樂理僧務，每有執役，不憚形苦。晝供養僧[2]，夜讀章疏，衣不解帶，研精無怠。受具已後，神思高正，戒行明潔，然平恕儉約[3]，見者欽屬。歆慕弘道，歲常講涅槃、十地、地持、維摩、勝鬘，用爲恒業。聲務廣被，遠近追風，提襆裹糧，尋造非一。

隋煬御曆，珍敬彌隆。大業七年，下詔延請，入於東都內道場。禮異恒倫，日增榮供，徽立操自昔，一不受之，盈尺之貯，不附箱囊。率性超然，不妄傾涅，但專講誦，宣導爲先。

僞鄭之初，洛城恒閉，徽以兵戈方始，開悟未因，乃杖錫出城，思濟鄉壤。于時，守衛嚴防，梗澀難通，而徽安行限閾，守當不覺，斯固善神之所送也。既達高平，道俗欣赴。世接屯難[4]，飢餒相委，乃遺以糧粒，拯濟寔多。皂素賴之，皆餐法味，便即四時長講，屢有升堂，外施衣帛，悉供講衆。頻值儉歲，米食不豐，異客暴來[5]，兩倍過舊。徽以聽侶不安，爲營別院，四方學士，同萃其中，財法兩施，無時寧舍。懷州都督、鄖國公張亮，欽挹德教[6]，遠延講説[7]。道俗屯赴，又結河陽[8]，乃請爲菩薩戒師，珍敬道風，誓爲善友。

夏講涅槃，解恣便訖。覺少不悆，衆咸怪之，還房静念，俄頃便逝。春秋七十九[9]，即貞觀十二年三月二十日也。懷州道俗，哀若至親[10]，送葬歸于本邑。

自徽之在遠門也[11],敬法尊人,誠孝第一。每登法席,講析幽通,皆云大法師意如此,因即聲淚俱下。常謂徒曰[12]:"父母生吾肉身[13],法師生吾法身。思報此恩,何由可逮?惟有弘教利物,薄展余懷耳。"所以每歲常講,不敢告勞,以惟斯故也。兼以課已行業,無虧六時。手執熏爐[14],約數承禮。夜不解衣,一生恒爾。清素寡欲,不樂交遊,敷化之餘,便營僧事。故澤部長幼,詠仰于今。

【校注】

[1] 出:諸本同,興聖寺本作"世"誤。

[2] 養:磧本作"衆",興聖寺本同麗再本。

[3] 然:磧本無,興聖寺本同麗再本。

[4] 屯:磧本作"此"誤,興聖寺本作"也"誤。"屯",説文卷一下:"難也。象屮木之初生,屯然而難。"

[5] 異:諸本同,興聖寺本作"典"誤。

[6] 挹:麗再本、興聖寺本作"抱"誤。"欽挹",欽佩、推賞。晉書卷四三樂廣傳:"裴楷嘗引廣共談,自夕申旦,雅相欽挹,歎曰:'我所不如也。'"

[7] 延:磧本作"近"誤,興聖寺本同麗再本。"延",請。

[8] 河:諸本同,興聖寺本作"阿"誤。

[9] 七十九:諸本同,興聖寺本作"七十有九"。

[10] 至:諸本同,興聖寺本脱。

[11] 在:磧本作"至",興聖寺本同麗再本。

[12] 徒:諸本同,興聖寺本衍作"諸徒"。

[13] 父母生吾肉身:諸本同,興聖寺本作"又母生五因身"誤。

[14] 熏:磧本作"香",興聖寺本同麗再本。

唐澤州清化寺釋玄鑒傳八

釋玄鑒,俗姓焦,澤州高平人也。天性仁慈,志樂清潔,酒肉葷辛,自然厭離。十九發心,投誠釋種。愛重松林,終日庇其下,忘遺食息。後住清化寺,依止遠公,聽採經論,於大涅槃,深得其趣。

隋運末齡,賊徒交亂,佛寺僧坊,並隨灰燼,衆侶分散,顛仆溝壑。鑒守心戒禁,曾無愆犯[1],食唯蔬菜,衣則藴麻[2],屢經歲序,情無嚬蹙[3]。及至年穀豐熟,還返故鄉,招集緇素,崇建法席。勸諸信識,但故伽藍,皆得營復,有故塔廟,並令塗掃。遂使合境莊嚴,赫然榮麗,奉信歸向,十室其九。

兼以正性敦直,言行相高,行值飲噉非法,無不面諫訶毀[4],極言過狀,不避强禦。或與語不受者,便碎之酒器,不酬其費[5]。故諸俗士,聚集醼飲,聞鑒來至[6]，並即奔散。由是七衆尊虔，敬其嚴厲，重其清貞[7]。數有繕造，工匠繁多，豪族之人，或遺酒食，鑒云："吾今所營，必令如法。乍可不造，理無飲酒[8]。"遂即止之。時清化寺修營佛殿，合境民庶，同共崇建。澤州官長長孫義[9]，素頗奉信，聞役工匠，其數甚衆，乃送酒兩轝以致之。鑒時撿校營造，見有此事，又破酒器，狼籍地上。告云："吾之功德，乍可不成，終不用此非法物也。"義聞大怒，明欲加惱，夜夢有人以刀臨之，既忽警寤，即事歸懺。

又遇疫氣，死亡非一，皆投心乞命，鑒爲之懺悔[10]，令斷酒肉，病者痊復[11]，時大重之。有鄉人李遷者，性偏嗜酒，既遇時氣，無由自濟，遂悔酒過，用爲死調。俄爾鑒至，無何便去，遷遂除差。因爾厭離飲酒，永不涉言，縱忽聞氣，如逢毒勢。告其友曰："自見鑒師已來，尚不喜聞，况當見也。"故戒節冥感，皆此之類。

于今神志貞亮，每講涅槃、十地、維摩，四時不輟，春秋八十有三。初鑒以傳法之務，職司其憂，衆侶乖儀，則糺彈驅擯，時俗僉訝其梗直也[12]。

及武德六年，當部濩澤縣李録事者，死經七日，隱身謂妻曰："吾是李録事也，計吾猶得六年在世，但爲司命枉來取我[13]，生埋冢中[14]。已訴閻王，蒙放在人中。浮遊六年，今在鬼道，未然之事，皆預知也。卿家貧窘，但爲他卜，無不必中，因可獲財，以利大小[15]。"便爾賣卜，鬼爲通疑，方遠皆詣，謂爲大聖。後謂妻曰："人命無常，何不修福？可往鑒師所聽法。"遂相將入講堂中，安置壁角，以物自障。共人言議，應變迅速，乃經晦朔[16]。或有問者[17]："何不現形耶？"答曰："今在鬼趣，受身極陋，自不忍見，况復他也。"又往景業寺聽維摩經，有餘法師謂曰："今講此經，感何人聽？"答曰："自人頭已上，便是鬼神，上及諸天，重級充滿。然都講唱文，諸天神等皆斂容傾耳，恐其聲絶。法師解釋，皆散亂縱恣，無心聽受。願如法講説，勿妄飲噉也。何以知然[18]？見天神等[19]，聞法師酒氣，皆迴面而聽。"因即悔過，令廢飲之[20]。鬼曰："此定須斷，天神不許，寧不講也。非惟此會，獨感諸天，但有法事，無不來降。不可輕矣。"鑒聞異寺，有此聲告，倍復信奉[21]，兢兢異常。

【校注】

[1] 曾：諸本同，興聖寺本作"曾曾"。

[2] 藴：磧本作"緼"是，興聖寺本同麗再本。"藴""緼"，均有亂麻義，然"緼"有新舊合雜之綿絮義。

[3] 嚬蹙：磧本作"顰蹙"，興聖寺本作"頻戚"誤。"嚬"同"顰"，皺眉。

[4] 諫：磧本作"陳"誤，興聖寺本同麗再本。

[5] 不酬其費：諸本同，興聖寺本作"大酬其貴"誤。

[6] 鑒：諸本同，興聖寺本作“監”。
[7] 貞：諸本同，興聖寺本作“真”。
[8] 理無：磧本作“無容”，似語氣更足，興聖寺本同麗再本。
[9] 官長：磧本作“名”誤，興聖寺本作“官”。
[10] 之：磧本無，興聖寺本同麗再本。
[11] 者：諸本同，興聖寺本作脱。
[12] 訝：諸本同，興聖寺本作“訶”誤。
[13] 司：諸本同，興聖寺本作“伺”誤。
[14] 埋：磧本作“理”誤，興聖寺本字迹不清。
[15] 大小：磧本作“大大”誤，興聖寺本、大正藏校引宫本作“小大”應是。
[16] 晦朔：磧本作“旬朔”，興聖寺本同麗再本。“晦朔”，農曆每月最末一天爲晦，初一爲朔。晦朔，一個月。北齊書卷二九李渾傳：“社客賊之根本，圍城復逾晦朔。烏合之衆，易可崩離。”旬朔，指十天或者一個月。宋書卷七九竟陵王誕傳引奏竟陵王誕罪狀：“遲回顧望，淹逾旬朔。”
[17] 問：諸本同，興聖寺本作“門”誤。
[18] 知然：磧本作“知之然”，興聖寺本同麗再本。
[19] 見：磧本作“見諸”，興聖寺本同麗再本。
[20] 令：諸本同，興聖寺本作“玲”形，誤。
[21] 信：諸本同，興聖寺本衍作“信信”。

唐京師弘福寺釋玄會傳九

釋玄會，字懷默，俗姓席氏。其先豳土安定人也，遠祖因官[1]，故又居京兆樊川之秘坂焉。年十二，精苦絶倫，欣志捐俗，而儀相秀挺，有異神童。隋漢王諒見而奇之，奏度出家，仍住海覺寺[2]，爲揔法師弟子。自落采之後[3]，即預講席，專志涅槃，勤至之功，倫等推尚。揔，深會之解也，舉爲覆述，所以槃節拘致，由來擁慮者，皆剖决通釋[4]，泠然可見。時大賞之，以爲涅槃之後胤也。因爾改前舊章，更新户牖，穿鑿之功，難與讎抗，造涅槃義章四卷。義源文本，時文釋抄，部各四卷。自延、遠輟斤之後，作者祖述前言，唯會一人，獨稱孤拔。

武德之始，學觀大張。沙門曇獻，道開國望，造慈悲寺，奏會以爲寺主。經始惟新，法務連續，引接後昆，講揚此部，將四十遍。于時，同侶同業，相推元席[5]，而讓以成治，雅爲學宗。性慕人法[6]，不濫尊嚴，但有法座，皆通諮聽，縱已舊聞[7]，傾如新渴。斯敬重之極，末象罕遇也。揔法師曰[8]：“吾非聖人，何得此子入吾室乎？”相法師曰：“經云[9]：‘後五百歲有福智者。’此子謂乎？法之大將，豈不然乎？”岳法師曰：“此公就我學俱舍者，同事攝也。願以妙莊嚴世[10]，值善知識矣。”振法師曰：“此公就我學迦延者[11]，乃贊成吾學耳。以我小術，不恥下問[12]，乃迴龍象於兔徑也。吾何言哉。”

貞觀八年，又勑住弘福寺。講事都廢，專修定業。夢登佛手，號無量壽，遂造彌陀像一座，常擬繫心，作身同觀。欲入山林，寺衆勸住，請講涅槃，至“藤蛇喻”，忽有異蛇，從栿而下，顧視四方，尋即不見。講至“静論”，常有魔事[13]，因兹遘疾，還返慈悲，見佛來迎，因而氣盡。春秋五十有九，即十四年五月二十七日也。合邑聞知，悲凉相及。葬于高陽原，晚又收其遺骸，於故城西南隅起塼塔供養[14]。自會之弘道也，温柔在性，弘贍爲心。遠近流寓，投造非一，而能推心接誘，惟法是務。晚又常坐，乃終身世。

【校注】

[1] 官：磧本、隨函録作“宦”，興聖寺本同麗再本。

[2] 海：諸本同，興聖寺本脱。

[3] 采：磧本作“髮”，興聖寺本同麗再本。案，據上下文，“落采”即爲落髮。此用法，續高僧傳與廣弘明集多見。

[4] 釋：諸本同，興聖寺本脱。

[5] 元：磧本作“先”誤，興聖寺本作“無”誤。“元席”，首席。

[6] 人：諸本同，興聖寺本作“又”形，誤。

[7] 已：磧本作“有”，興聖寺本同麗再本。

[8] 揔法師曰：磧本作“故揔法師曰”，興聖寺本同磧本。

[9] 經：諸本同，興聖寺本作“徑”形，誤。

[10] 以：磧本作“比”，興聖寺本同磧本。“妙莊嚴世”，典出法華經卷七妙莊嚴王本事品。下文之“善知識”，佛經中説法亦不同，摩訶般若波羅蜜經卷三〇薩陀波崙品：“能説空、無相、無作、無生、無滅法及一切種智，令人心入歡喜信樂是爲善知識。”二七卷本，與此略有差異。

[11] 迦：磧本作“加”，興聖寺本同麗再本。

[12] 下：諸本同，興聖寺本作“不”誤。

[13] 魔：諸本同，興聖寺本作“摩”誤。

[14] 起：諸本同，興聖寺本作“赴”誤。

唐京師慈悲寺釋行等傳十

釋行等，姓吉氏，馮翊人[1]。十二出家，與會公同事揔師爲弟子。服章麤素，立性鏗卓。登聽净影遠公涅槃，伏讀文義，時以榮之，相從講説，百一十遍。中逢阻難，必預先知，或聞異香，或感怪夢，幢折蓋翻，以爲標據。即令大衆，同念般若，所有魔事[2]，無何而退。故每講後，常禮佛名及讀花嚴，以爲消障之本也[3]。又與玄會同住慈悲，弘法之時，等必先登，會隨後赴，時以爲相成之道也。故常講時，感鷄伏聽。從受戒者，死而還活，冥曹所放，云傳等教。斯亦駭動幽顯,非言厝也。

以貞觀十六年三月六日,因疾而終,春秋七十有三。初臨終,累曰[4]:"護戒之語,吾何重及。但少欲知足,可爲永誡。吾今死後,勿作威儀,惟以一椽[5],轝送山所[6],願食吾身,早成正覺。有乖此願,非吾門人。"弟子等營辦幢轝,盛設威儀,將欲塋送。其夜列宿大明,地方欲了,大雨洪注,道俗同擁,一不得往。還依遺訣,單轝至山,雨即通霽。收葬于京南神和原[7],起塔樹松,立銘塔所。

【校注】

[1] 馮翊:即馮翊郡,治當今陝西省大荔縣。
[2] 魔:諸本同,興聖寺本作"摩"誤。
[3] 消:磧本、興聖寺本作"銷"。
[4] 累:諸本同,興聖寺本作"異"誤。
[5] 椽:麗再本、隨函録作"掾",今從磧本、興聖寺本。
[6] 轝:諸本同,興聖寺本作"舉"誤。本卷下同,不出校。
[7] 案,"神和原"即神禾原,今陝西省西安市長安區韋曲鎮東南側的一塊黄土沉積臺地。位置大約以皇甫鄉爲中心,在申店鄉以南,王曲鎮以北,黄良鄉以東,樊村鄉以西。

唐蒲州仁壽寺釋志寬傳十一

釋志寬,姓姚氏,蒲州河東人也。祖宗仕族,不交群小。父任隋青州刺史。寬自幼及長,清約知名[1],歷聽諸經,以涅槃、地論爲心要也。東西訪道,無釋寸陰,業成登器,遊講爲務。生常履信,言行不乖,望似專正,而懷抱虚蕩。嘗以遊學長安,詣市買絹,有人曰:"可見付直,明當送絹。"於此便付直還寺,爲諸僧所笑。寬曰:"自憶不負於人,豈有人而乖信。"至期果獲[2]。以事陳之,彼人云:"兵食可亡,信不可廢。弟子俗人奉之,豈意釋門綴斯慮也。"

寬常誦維摩及戒本。所居住房,每夜必有振動介胄之響,竊而觀者,咸見非常神人,繞房而行。又一時夜中[3],房重閣上有打物聲,同學寶通聞之驚迷[4],不安其席。寬就而慰之,猶打物如故。至旦看之,乃舍梁將折,即令拄之,得免其命。其爲幽靈所衛如此。

而性好瞻病,無憚遠近及以道俗,知無人治者,皆轝迎房中,躬運經理。或患腹癰不可膿出者,乃口就軟之,遂至於差[5]。往往非一。其慈惠之懷,信難繼也。後於中夜,室内大明,及覩房外,與晝無異。乃自縫綻衣帛,不謂神光所照[6]。後召諸徒,方知半夜。此相數現,後遂不怪。加以開務誘引,弘濟爲業,道俗胥悦,慶其幸遇。

屬煬帝弘道,海内搜揚[7]。以寬行解同推,膺斯榮命[8]。既處慧日,講悟相仍。會梟感作逆,齋事拘纏[9],寬便下獄待罪。有來餉遺,一不自資,通給囚僧,歡笑如昔。後並配徒隸,役於天路。常令負土,使裝滿籠,盡力輦送,初不懈息。同役僧曰[10]:"此無監撿,當可小停。"寬曰:"業報如此,何能自欺。違心行事,誠未安耳。"末又配流西蜀,行達陝州,有送財帛祖餞之者,並即散而不遺,唯留一驢,負經而已。路次潼關,流僧寶暹者,高解碩德,足破不進。寬見卧于道側,泣而哀焉,即捨驢與乘,自擔經論,徒行至蜀。雖有事勞,而口不告倦,其仁恕之性,登苦知其人矣。

既達蜀境,大發物情,所在利安,咸興敬悦[11]。時川邑虎暴,行人斷路,或數百爲群,經歷村郭,傷損人畜。中有獸王[12],其頭最大,五色純備[13],威伏諸獸。遂州都督張遜遠聞慈德,遣人往迎,寬乃令州縣立齋行道,各受八戒。當夕虎災銷散,莫知所往。時人感之,奉爲神聖。然寬因名立行,弘裕有儀,凡所宣化,如風之靡[14]。每至散席,禮覿相仍,或至十萬二十萬者,皆即坐散盡,了無資已。告施者曰:"財猶種子,聚則難繁,故爲散之,令從用有在耳。"其虚懷應物,爲若此也。兼又輕生,疏素弊服,尋常一經御形[15],動經累稔。愛護之甚,有過身肉。時逢儉歲,躬煮糜粥,親惠飢餒,銜泣説化,令誦佛名。又以所服衣之,與氈或割或減,用充貧乏[16]。每年冬首[17],預積坐氈履替,觀諸沙門少者便給,以此爲常。

貞觀之初,還反蒲壤[18],緇素慶幸,歡詠如雲。屢建法筵,重揚利涉。時州部遇旱,諸祈不遂,官民素承嘉續,乃同請焉。寬爲置壇場,以身自誓,不降雨者,不處室房[19]。曝形兩日[20],密雲垂布,三日已後,合境滂流。民賴來蘇[21],有年斯在。昔在蜀土,亦以此致譽,故使遍洽,時諺號爲"一代佛日"。

有沙門神素者,架業相鄰,尤所欽友,以先卒於栖巖。寬住州寺,先絶凶問[22],忽降形歡叙,欣若生平。明晚來告,乃知其死。寬致書慰曰:"等同幻境,俱稟泡形,不意之情[23],非復言象。素法師俗風清美,道器冲深,包總義門,研幾至實[24]。但正業久成,必之净土。此方薄運,頓失所歸[25]。老病之僧,早應先去,罪重福微,猶守餘報耳。法師不遺故舊,昨二十五日夜,降神共聚,同卧一床,通夕言議,至曉方别。情猶今昔,事即存亡。冥感之誠,未可陳述。"

素見别傳[26],素以貞觀十七年春二月二十四日卒。寬以其年夏五月十六日,卒於仁壽寺,春秋七十有八。初未終之前,右脅而卧,枕於右臂,告門徒曰:“生死長遠,有待者皆爾汝等,但自觀身如幻,便無愛結自纏。吾命亦斷,當取椽兩根、籧篨一領[27],裹縛轝送,無得隨俗紛紜,爲不益事也。”言訖而卒。時蒲、虞等州,道俗奔赴,號慟川野,屯於壙側,七里人滿。

自寬從釋種,静攝居形,不臥全氈,不畜疋絹,櫃篋之事[28],由來絶心,騎乘勞具,終身不涉。口不及利,手不執錢。或有忤之[29],便掩口私默,不行讚毁於人物也[30]。曾用錢一千五百[31],買驢負經,既至東京,值卒科運,大貴,或頭至數萬者[32]。同侣欲爲賣之,寬不許,曰:“已勞負荷[33],豈復過本乎。”便詣市自出之,但取元價。此雖小事,廉恥本矣。

【校注】

[1] 清約知名:磧本作“以清約知名”,興聖寺本同麗再本。
[2] 期:諸本同,興聖寺本作“斯”誤。
[3] 又:諸本同,興聖寺本作“人”誤。
[4] 寶:諸本同,興聖寺本作“實”誤。
[5] 差:磧本作“瘥”,興聖寺本作“荖”。“瘥”同“差”同“荖”,病愈。
[6] 照:諸本同,興聖寺本作“昭”。
[7] 搜:諸本同,興聖寺本衍作“搜搜”。
[8] 膺:磧本作“應”誤,興聖寺本同麗再本。
[9] 齋:磧本作“齊”。“齊事”,即齋事。周禮注疏卷一九春官鬯人:“凡王之齊事,共其秬鬯。”“齊”,即齋也。案,興聖寺本“齋”“齊”同形。
[10] 同:麗再本脱,今據磧本、興聖寺本補。
[11] 興:諸本同,興聖寺本作“與”誤。
[12] 獸王:磧本作“王獸”,興聖寺本同麗再本。
[13] 五:諸本同,興聖寺本脱。
[14] 如風之靡:磧本作“風之靡草”,興聖寺本同麗再本。
[15] 御形:磧本衍作“履御形”,興聖寺本同麗再本。
[16] 乏:諸本同,興聖寺本作“之”誤。
[17] 冬:諸本同,興聖寺本作“於”誤。
[18] 還反蒲壤:磧本作“還返蒲晋”,興聖寺本同麗再本。
[19] 室:磧本、興聖寺本作“堂”。
[20] 曝:諸本同,興聖寺本作“暴”。“暴”同“曝”。
[21] 民:磧本、興聖寺本作“氏”形。
[22] 絶:諸本同,興聖寺本脱。
[23] 意:諸本同,興聖寺本作“竟”形。
[24] 幾:磧本作“機”,興聖寺本同麗再本。“幾”爲易常見詞彙,“研幾”見易繫辭上。“幾”,説文卷四“微也”,即精微義。
[25] 失:諸本同,興聖寺本作“告”誤。
[26] 素見别傳:磧本在下句“素以貞觀十七年春二月二十四日卒”後,興聖寺本同麗再本。

[27] 籧篨：粗竹席。
[28] 樻：磧本作“篑”，興聖寺本作“匱”，均誤。“篑”，盛土竹筐。
[29] 忤：諸本同，興聖寺本作“杵”誤。
[30] 讃：諸本同，興聖寺本作“暜”誤。
[31] 一千：諸本同，興聖寺本衍作“一呼千”。
[32] 至數：磧本作“數至”誤倒，興聖寺本同麗再本。
[33] 已：諸本同，興聖寺本脱。

唐相州慈潤寺釋慧休傳十二[1]曇元　靈範

釋慧休，姓樂氏，瀛州人也[2]，世居海濱，以鼊漁爲業。而生知離惡，深惟罪報，常思出濟，無緣拔足。或累歎通宵晨，或忘餐近逾信宿，雖憤氣填胸，無免斯厄。十六，遇相州沙門巡里行化，談三世之循擾[3]，述八苦之交侵。雅會夙懷，背世情決[4]，乃違親背俗，投勖律師而出家焉[5]。勖導以義方，禮逾天屬。

又聞靈裕法師，震名西壤，行解所歸，現居鄴下，命休從學。休天機秀舉，惟道居心，乃背負華嚴，遠遊京鄴。一聞裕講，鍌動身心，不略昏明[6]，幽求體性。而章句蕪昧[7]，至理未融，展轉陶埏[8]，五十餘遍，研諷文理[9]，轉加昏漠。試以所解，遍問諸師，皆慮涉重關，返啓其致，乃悟曰：“斯固上聖之至理也[10]，豈下凡而抑度哉？且博聽衆師，沐心法海耳。”乃往渤海從明彦法師，聽成實論。先出章抄，品藻異同，慧滿沖情，解津法友[11]。

以彦公化世，受染餘流[12]，從志念法師受學小論、加[13]、雜、婆沙。各聞數遍，窮其本支，曉其固執，解既清迥，行寔貞嚴。念曰：“余講小乘，歲序多矣，今乃値子，諒不虚延。”休即著雜心玄章、抄、疏，各區别部類，條貫攸歸。文教纔出，初尋重敬，頻當元宰，講授相續。幽致既舉，慧燭天懸[14]，故使馳名冀都，擊響河、渭，抱袠横經，肩排日謁。結疑懷籤，踵接登堂，皆總爲書紳，永開冥府，故於立破諸教，探隱洞明。雖學冠空宗而梗情塵境[15]，欲通惟識之旨。取悟無方，會裕師入關，因便預從[16]，遇曇遷禪師及尼論師等講揚攝論[17]。每舉一會，餘駕停輪，詞吐既新[18]，領拔彌悉[19]，周涉三遍，即造疏章。神會幽陳，廣疏聽視[20]。

自大小諸藏，並統關鍵[21]，惟有律部，未遑精閲[22]。昔以戒禁隨事，可用緣求，案讀即了，未勞師授。曾披一卷，持犯茫然，方悔先議，更弘神府，乃負律提瓶，從洪律師聽採四分。一經講肆，三十餘遍，日漸其致[23]，終未極言。顧諸學徒曰：“余聽涉多矣[24]，至於經論，一遍入神。今遊律部，逾增逾闇。豈非理可虚求，事難通會乎？”而敬慎三業，懔課六時，纖塵或阻，即申懺洗目[25]。見大小講匠，知名者多，奉法自修，實罕聯類[26]。嘗聽礪公講律[27]，礪曰："法師大德，暮年如何猶勤律部？"休曰："余憶出家之始，從虎口中來，即奉投戒法，豈以老朽而可斯須離耶[28]？恨吾不得常聞耳。"其清慎之高，率此例也。又屢經寇蕩，荒荐相仍，寺衆僧廚，亟經宿輴，故從隋末終至唐初，四度翻穖，獲資浄供。致使四方嘉會，休有功焉。

暨武德年内，劉闥賊興，魏、相諸州，並遭殘戮。忽一日警急[29]，官民小大[30]，棄城逃隱。休在雲門[31]，聞有斯事，乃率學士二十餘人，東赴相州，了無人物，便牢城自固。四遠道俗承休城内，方來歸附[32]。當斯時也，人各藏身而休挺節存國[33]，守城引衆，可謂亂世知人者矣。其年不久，天策陳兵，遠臨賊境，軍實無委，並出當機。休既處僧端，預明利害，集衆告曰："官軍静亂，須有逢迎。僧食衆物，義當先送。"再和大衆，并無從者。休懼被後罰，必可乘權，獨詣軍門，具陳來意。于時曹公徐世勣引勞賞悦，仍令部從隨休至寺，任付糧粒[34]。及平殄後，曹公爲奏，具述休功。登即下勑：入賊諸州見有僧尼止留三十，相州一境特宜依定。以事驗人，休量難准。

又荒亂之後[35]，律法不行[36]，並用銅盂，身御俗服，同諸流俗。休恐法滅於事，躬自經營，立樣造坏[37]，依法施熏，遂成好鉢。遍送受持，今大行用[38]，並是休功緝遺緒也。又僧庫火起，時當中夜，忽有人告，走往觀之，賴始發焰，救而獲免。退問告由，了無知者，良以道通幽顯，屢動禎祥。

貞觀九年，頻勑徵召，令入京師[39]，並固辭以疾，無預榮問。至今十九年中，春秋九十有八，見任慈潤[40]，爽健如前。四衆懷蒲柳之慕[41]，猶執卷諮謀，乃力倦而告曰："吾學功多矣。每有經律[42]，雖聽二三十遍[43]，文旨乃鏡，猶恨少功，欲兼異部，未遑多涉耳[44]。今之後學則不同之，薄知文句，宗致眇然，即預師範，更無通觀。所以終夜長慨，有耿于懷，致有窮栝教源，莫知由序。此法滅在人矣。今暮年開導[45]，意在成器[46]，斯猶砥礪合其刃耳[47]。安能鑪錘其樸耶？"所以引化席端，直陳綱要。

而奉禁守道，抑在天然，挫拉形心，逾衰逾篤[48]。衣服率然，趣便蓋體，襆懸壁上，尺絹不居。所得外利，即迴講衆。補綻衣服，不勞人助。見著麻鞋[49]，經今三十餘年，雖有斷壞，綴而蹈涉，暫有泥雨，徒跣而行。有問其故，答云："泥軟易履，不損信施耳。"又寒不加火[50]，熱不依涼。瓶水若凍[51]，裹之草束。受具已來，鉢無他洗。入夏已去[52]，不噉菜蔬[53]。旋繞往還[54]，執帚先掃[55]，存護物命[56]，寧有過之。凡斯衆行，前後一揆。

余以親展徽音，奉兹景行，猶恨標其大抵，事略文繁，以爲輕約耳[57]。

弟子曇元，高潔僧也。經論及律[58]，並曾披導，偏重清行[59]，不妄衣食。寺雖結浄，猶懷塵黠。常乞食自資，今託静林慮寶山[60]，志道辭世。

門人靈範，學通休涉，慧悟少之，敕召弘福，時揚攝論。今居宗樹業，振名京邑。

又休以年學高遠，今上重之，因事遼左，親幸其室，叙故陳道，彌會帝心，故又續其績。[61]

【校注】

[1] 潤：麗再本、興聖寺本作"閏"，今從磧本。
[2] 人：諸本同，興聖寺本作"又"。案，"瀛州"，治當今河北省河間市。
[3] 循：諸本同，興聖寺本作"修"形。
[4] 决：磧本作"訣"。
[5] 投：諸本同，興聖寺本作"投蜀"。
[6] 昏：諸本同，興聖寺本作"民"誤。
[7] 蕪：磧本、興聖寺本作"無"誤。"蕪昧"，雜亂不清。
[8] 埏：諸本同，興聖寺本作"梴"誤。
[9] 諷：磧本作"詞"誤，興聖寺本同麗再本。
[10] 固：諸本同，興聖寺本作"國"誤。
[11] 津：麗再本作"律"，今從磧本、興聖寺本。
[12] 受：磧本作"更"是，興聖寺本同麗再本。"受染"，得染。
[13] 加：磧本、興聖寺本作"迦"，指迦延經。
[14] 懸：諸本同，興聖寺本作"縣"誤。
[15] 雖：磧本衍作"雖府"，興聖寺本同麗再本。
[16] 因：諸本同，興聖寺本作"固"誤。
[17] 攝論：諸本同，興聖寺本作"論攝"誤。
[18] 詞：磧本作"辭"，興聖寺本同麗再本。
[19] 彌：諸本同，興聖寺本作"禰"誤。
[20] 疏：磧本作"流"，興聖寺本同麗再本。今存敦煌文書有題爲比丘慧休請人抄寫的大涅槃經，存於天津藝術博物館津12號文書爲其第十二卷、臺灣"國家"圖書館藏編號爲05756的爲其第十九卷、臺灣"中央"研究院藏其第二十六卷。三卷卷末題記大同小異，今據臺灣"國家"圖書館寫本詳録如下："大業四年二月十五日，比丘慧休知五衆之易遷，曉二字之難遇，謹割衣資，敬造此經一部。願乘茲勝福，三業清净，四實圓明，戒慧日增，惑累消滅；現在尊卑，恒招福慶，七世久遠，永絶塵勞，普被含生，遍沾有識，同發菩提，趣薩婆若。"清信佛弟子尹嘉禮受持，開九開十開十一年各一遍。"案，此慧休或非本傳主，存此備考。
[21] 統：諸本同，興聖寺本脱。
[22] 閲：諸本同，興聖寺本作"饒"誤。
[23] 其：諸本同，興聖寺本脱，旁注"其"。
[24] 余：諸本同，興聖寺本作"途"誤。
[25] 懺：諸本同，興聖寺本脱。
[26] 罕：諸本同，興聖寺本作"牢"誤。

［27］礪公：即律宗相部宗開山祖師法礪，傳見本書卷二二。
［28］耶：諸本同，興聖寺本作"雅"誤。
［29］忽一日警急：磧本作"忽一旦驚急"，興聖寺本作"忽一旦警急"。
［30］小：諸本同，興聖寺本原脱，旁有小字補。
［31］雲：諸本同，興聖寺本作"靈"誤。案，"雲門"，即僧稠禪師所創的雲門寺，在今河南省安陽市水冶鎮西南的九龍山。
［32］來：諸本同，興聖寺本作"未"誤。
［33］存：諸本同，興聖寺本作"在"。
［34］任：磧本作"住"應誤，興聖寺本同麗再本。
［35］又：諸本同，興聖寺本作"人"形。
［36］律法：磧本作"法律"，興聖寺本同麗再本。
［37］坏：諸本同，讀作"坯"。
［38］今大行用：磧本、興聖寺本作"於今大行"。
［39］師：諸本同，興聖寺本脱。
［40］住：磧本、興聖寺本作"任"。
［41］四衆懷蒲柳之慕：磧本作"四衆懷仰，蒲柳之暮"既衍且誤，興聖寺本同麗再本。
［42］律：諸本同，興聖寺本脱。
［43］聽：諸本同，興聖寺本脱。
［44］未：麗再本作"末"誤，今從磧本、興聖寺本。
［45］導：麗再本、興聖寺本作"道"，今從磧本。
［46］在：磧本作"存"，興聖寺本同麗再本。
［47］刃：諸本同，興聖寺本作"刀"誤。
［48］逾：諸本同，興聖寺本作"途"誤。
［49］鞋：磧本作"履"，興聖寺本同麗再本。
［50］又寒不加火：諸本同，興聖寺本作"又塞不加大"誤。
［51］凍：諸本同，興聖寺本作"陳"誤。
［52］入：諸本同，興聖寺本脱。
［53］噉：諸本同，興聖寺本作"敢"誤。
［54］旋繞：磧本作"於道"，興聖寺本作"施繞往還"誤。
［55］執：諸本同，興聖寺本脱。
［56］存：諸本同，興聖寺本作"在"。
［57］輕：磧本無，興聖寺本同麗再本。
［58］律：諸本同，興聖寺本作"津"誤。
［59］重：諸本同，興聖寺本脱。
［60］林慮寶山：指林慮山寶山寺，即今河南省安陽縣善應鎮南坪村南之靈泉寺。
［61］"又休以年學高遠"至"故又續其績"：此句麗再本、興聖寺本作雙行小注。案，河南安陽寶山臨泉寺存有十六國以來的佛教石刻資料甚衆，其中涉及慧休的資料兩種，今據寶山靈泉寺和唐初高僧慧休記德文考釋録入：

慈潤寺故大慧□法師灰身塔

貞觀廿一季四月八日

塔頌：

佛日潛暉，明人應世。是日法師，照除昏敝。
始涉緇門，方爲師導。聽覽忘疲，精窮内奥。
真如顯悟，三乘指掌。負□雲奔，諮承渴仰。
匠益既周，玄談且歇。置□幾爪，形隨書月。
羅漢□身，□□□定。今乃闍毗，宗承先聖。
建兹靈塔，記德留名。覬□劫火，此石□貞。
門徒攀□，道俗□哀。不□□幕，捫淚徘徊。

慈潤寺故大論師慧休法師刻石記德文

法師諱慧休，河間平舒人也。俗姓樂氏，晋大夫樂王鮒之後焉。僕射之剛正抗直，恥素食於漢朝；吏部之清白貞淳，飛英聲於晋室。衣纓髦彦，可略而不言。

法師夙樹勝因，早膺妙果，文舉讓梨之歲，志在出塵；陸績［懷橘］之年，便欣入道。及天仙接髮之日，即事靈裕法師爲息慈弟子。□聽明慧，勤於藝業，每披覽經論，不俟研求，一經於心，莫不怡然理順。雖仲任之閲書默記，正平之背碑闇寫，方之上人，彼所多媿。始受業於僧樹律師，習毗尼五部。星紀未周，即洞曉玄妙，遂乃馳騖三藏，遨遊十門，修多、蠧露之文，龍樹、馬鳴之説，莫不剖析毫釐，窮盡奥秘。

於是勝幢斯建，法輪遂轉，懷經負笈者，靡憚殘勞於百舍；請益質疑者，不憚勤於千里。於是門徒濟濟，學侣詵詵，同萬流之歸渤澥，類衆星之環辰極。

法師所製十地、地持義記、成實論義章及疏、毗婆沙論、迦旃延經、雜阿毗曇等疏、小乘□□□、攝大乘論義疏，又續遠法師華嚴疏，又著大乘義章，凡卌八卷。並皆探賾玄宗，敷通幽捷，暢十誦之□典，演五時之精義。其辭□而旨微，其文華而理奥。誠先達之領袖，實後賢之冠冕。及開講解釋，辯若懸河，聽之者忘疲，喰之者心醉兮。

時天下寧宴，佛日載明，龍鳥間望，風塵相接，各樹勝恰，俱鳴法鼓。法師儼然高視，擅名當世，雖弘論未交，則望塵而旗靡；辭鋒才接，亦灌然而轍亂。於是升其堂者，如承慧解之談；入其室者，似寤傳燈之説。由是茂實嘉名，騰芳於函夏。

貞觀八年，奉詔入京都，法師年將九十，志性沉静，深憚喧嘩，乃辭以老病，得停遠涉。

慈潤僧坊，屢有災火，每將發之際，即有善神來告，法師令爲火防。如此數四百，有備獲免。靈泉道場，自齊亡之後，堂閣朽壞，水泉枯竭，荆棘荒蕪，累經歲諗。至開皇三年，始加修［復］。法師躬自開剪，招引僧徒，乃歎曰："伽藍雖建，山寺無水，經行法侣，豈得安居。"於是思惟深念，不過信次，飛泉奔涌。災火不焚，無假欒巴之術；枯泉自溢，豈藉耿恭之拜。此固法師業行所致，精誠所感。

法師每至驚蟄之後，墐户之前，齋供乃絶於蔬菜。欲有所之，手執長帚，掃地方行。惟恐食踐有生，損傷物命。大慈大悲，念念相續，爰始齠齔，終乎耆壽，德素之美，徽欲日新。

雖十業之心已净，未出生死之流；百季之期斯盡，遂見花萎之象。貞觀廿季，歲次敦牂，季春旬有五日，法師澡嗽訖，因右脅而卧，叉□□念，色貌如常，出息難保，奄然遷化。春秋九十有九，夏［臘］七十有七。即以其月廿日，遷窆於安陽縣西之□靈泉山。法師□金剛之性，堅固不染；戒行圓滿，明净無瑕。博綜群典，詠玄窮妙，視怨親惟一相，達生滅之□□□□□□□□間。

使持節相州都督、相州刺史、越王，以開士乃佛法之棟梁，衆生之津濟，奄損□□[言]□□命詞人，式昭景行，乃爲文曰：

□□□界之輪回，念四生之沉溺。没愛河而不懼，玩火宅而無惕。識莫寤於真假，智常昏於動寂。何大覺之□□□□大法於大千。示三車之快樂，實六趣之福田。雖慧日之暫隱，乃慧炬而猶傳。彼上人之應迹，暢微□□言之遺旨。開不二之法門，闡會三之妙理。□威儀與器度，信卓然而高視。惟諸行之無常，究竟□□□□寂滅，痛哲人之云逝，刊玄石而記烈。雖陵遷而海變，庶徽音之無絶。

□□□□越王府文學宋寶奉□教□撰。

唐京師弘福寺釋靈潤傳十三[1] 净元　智衍[2]

釋靈潤，俗姓梁，河東虞鄉人也[3]。家世衣冠，鄉閭望族[4]，而風格弘毅，統擬大方。少踐清猷，長承餘烈[5]，故能正行倫據，不肅而成。昆季十人，秀美時譽，中間三者，齊慕出家。父告子曰："但誦觀音，先度即當許也。"潤執卷便誦，一坐不起，從旦至中，文言遂徹。便預公度，依止靈粲法師，住興善寺。粲有正行，備于别傳。年十三，初聽涅槃，妙通文旨。將及志學，銷會前聞，括悟新理，便登講座，宣釋教意，部分科宗，英秀諸僧，咸欣其德。加又欽重行禁，動静惟安，不妄遊從，常資規矩，所以興善大德、海内名僧，咸相顧而言曰："此沙彌發蹤能爾，堪住持矣。"於後深心至道，通贍群師，預在見聞，包蘊神府。當即斧藻人法[6]，珪璋解行[7]，皆統其本支，該其成敗。

仁壽感瑞，懷州造塔，有勑令往，官供驛乘。隨師東赴，乞食徒行，獨無受給。既達河内，道俗伏其精通，敬其行範，所有歸戒，並從於潤。當即名厲河北，譽滿京師。聞泰岳靈巖寺僧德肅清，四方是則，乃杖策尋焉。既覩副師[8]，遂從諮訓，乃習般舟行定，無替晨昏。初經三七，情事略疲，自斯已後，頓忘眠倦，身心精勵，遂經夏末。于時同侣五百餘人，各奉行定[9]，互相敦勵，至於解坐，同行無幾。惟潤獨節秀出，情事莫移，皆不謀同詞，敬稱徽績。

時父任青州益都令[10]、外祖吴超任懷州懷令、堂祖吴同任齊州山茌令[11]、姨夫侯援任曹州金鄉令，並潤之宗族，内外親姻，雖往還講肆[12]，遊其所部，事逾行路，一無過造。及生緣背喪，或有悲慕邀延者，潤情若風傳，不往登踐。斯割愛從道，皆此類也。

有道奘法師，擅名海岱，講攝大乘。又往尋焉。時未具戒，早飛聲采，周流法席，文義圓通，問難深微，稱傳元宰。預是同席，心共揖之。既承師有本，即奉奘以爲和上。大戒已後，方詣律司，十地諸經，略觀文體。年二十三，還返京室，值志念法師，正弘小論[13]。將欲博觀智海，預在聽徒。有辯相法師學兼大小，聲聞于天，攝論初興，盛其麟角，在净影寺創演宗門，造疏五卷,即登敷述。京華聽衆,五百餘僧,豎義之者,數登二百。潤初從關表,創預講筵,祖習異聞,遂奪奇論,一座驚異,側目嘉之。登有辯行法師,機論難擬,處衆高謝而敬憚焉。雖則負譽帝京而神氣自得,或譏毁達其耳者,曾若不聞,以道鎮心,情無喜怒。末法攸寄,誠可嘉焉。

大業初歲,風疾暴增,後復本心,更精新業[14]。又恐報傾旦夕,不守本懷,講導世流,往還煩雜,遂脱略人事,厭俗歸閑。遂往南山之北,西極灃、鄠,東漸玉山[15],依止寒林[16],頭陀爲業。時與沙門空藏、慧璡、智信、智光等京邑貞幹,同修出離。既處叢冢,鬼神斯惱,或被推盪偃仆[17],或揚聲震叫者[18],潤獨體其空寂,宴坐如空。諸被嬈者,皆來依附。或於深林曠野[19],狼虎行處,試心安止[20],都無有畏。當遵此務[21],盡報傳持,屬大業末年,不許僧出,遂虧此行。

乃還興善,託於西院,獨静資業。一食入净,常講涅槃衆經,有慧定禪師等歸依受業,相率修課。不出院宇,經于三年,結侶漸多,行清動衆。時僧粲法師一寺頂蓋,鋭辯無前,抗衡京國。乃率諸翹望五十餘僧,來至法會,詳其神略。人並投問玄隱之義,潤領宗酬答,剖判泠然[22],咸共欣賞,妙符經旨。爾後譽傳光價[23],衆聚相從。既懿業内傳,將流法味。大業十年,被召入鴻臚,教授三韓。并在本寺翻新經本,並宗轄有承,不虧風采[24]。

會隋氏亂倫,道光難緝,乃隱潛于藍田之化感寺[25]。首尾一十五載,足不垂世,離經專業。衆請便講,以示未聞,春秋入定,還遵静操。沙門志超抗節禪府[26],聞風造展,遂等宿交[27],相師念定,欣從語嘿。時天步飢餒[28],道俗同霑,化感一寺,獨延賓侶。磨穀爲飯,菽麥等均,晝夜策勤[29],弘道爲任。故四方慕義,歸者雲屯,周贍精麤,無乖僧法,共餐菜果[30],遂達有年。斯誠至德冥符,兼濟有日矣。潤以化洽外流,道聲載路,興善本寺,敬奉芳塵,上陳勑使,請充寺任。便不守專志,就而維之。貞觀八年,勑造弘福,復被徵召,即現翻譯。證義須明,衆所詳准,又當斯任,至於詞理有礙,格言正之。同倫糺位,斯人最上,京邑釋門,寔惟僧傑。

初,潤隋末在興善院感魔相嬈[31],定志不移,冥致善神捉去,經宿告曰:"昨日魔子依法嚴繩,深知累重,自感而死。"若此徵應,其量難紀。武德七年[32],時任化感寺主智信[33],爲人所告,勑使圍寺,大顯威權。潤曰:"山居行道,心不負物,賢聖所知,計非所告[34]。"使人逾怒。忽有大風雷震[35],山崩樹折,吹其巾帽、坐席,飄落異處[36]。人衆喪膽,遂求悔過[37],潤曰:"檀越有福,能感幽靈。斯之祥徵,昔來未有。"使者深愧,釋然事解。

貞觀年中,與諸法侶登山遊觀[38],野燒四合,衆並奔散。惟潤安行,如常顧陟,語諸屬曰:"心外無火,火實自心。謂火可逃,無由免火。"及火至潤,燔餘自斂,據事以量,知人難矣。後住弘福,有僧因事奉勑還俗,復經恩蕩,情願出家。大德連名,同舉得度,上聞天聽,下勑深責,投諸南裔,驩州行道。于時諸僧,創别帝里,無非慟絶[39],潤獨安然,容儀自若,顧曰:“三界往還,由來恒理[40],勑令修道,何有悲泣[41]?”拂衣東舉,忻然而趣,道俗聞見,莫不歎服。尋爾勑追,洛東安置。化行鄭、魏,負袠排筵。弘闡涅槃,十有餘遍,奥義泉飛,惠流河洛。乃報京邑門人疏曰:“吾今東行,略有三益:一酬往譴,二順厭生,三成大行[42]。吾有宿累,蒙天慈責,令得見酬,則業累轉滅,惟加心悦[43]。何所憂也?愚夫癡愛,隨處興著,正智不爾,厭不重生。夫净穢兩境,同號大空。凡聖有情,咸惟覺性,覺空平等,何所著也。自度度人,俱利之道,舉人出家,依道利物。願在三有,普濟四生,常無退轉。三益如是,汝等宜知,各調净根業[44],與善而住[45],吾無慮矣[46]。”僕射房玄齡遇之[47],稱歎累息,曰:“大德樹言,詞理俱至。名實之副,誠所望也。”不久勑追,還住弘福,居宗揚化。涅槃正義,惟此一人[48]。

然其爰初入道,奉節不虧,持操攝儀,魁質雄雅。形器八尺,動静温和[49],挺超聯類。十三離俗,更不重臨,二親既崩,弟兄哀訴[50],情守自若,曾無動容。但爲修冥福[51],設會千僧,再度盡京,施悲田食而已。至於世情得喪,浮艷彫華,既不附心,口亦無述[52]。時俗往還,直知叙對,皆絶供給,隨言將遣。

前後所講涅槃七十餘遍[53],攝大乘論三十餘遍,并各造義疏一十三卷、玄章三卷。自餘維摩[54]、勝鬘、起信論等,隨緣便講,各有疏部,而玄義備通[55],頗異恒執。

至如攝論“黎耶”[56],義該真俗。真,即無念性净,諸位不改;俗,即不守一性,通具諸義。轉依已後,真諦義邊即成法身[57],俗諦義邊成應化體。如未轉依[58],作果報體,據於真性,無滅義矣。俗諦自相,有滅不滅,以體從能,染分義滅,分能異體,慮知不滅。

及資糧章中[59],衆師並謂有三重觀:無相、無生及無性性也。潤揣文尋旨,無第三重也。故論文上下,唯有兩重捨得。如文第一前七處,捨外塵邪執,得意言分别[60];第八處内,捨唯識想,得真法界。前觀無相,捨外塵想;後觀無生,捨唯識想。第二刹那,即入初地,故無第三。筌約三性,説三無性,觀據遣執,惟有兩重。至如本識三相,自相受熏[61];依他性中説有[62],總别三滅;又四涅槃,離合義異;兩處三種熏習,體無有别。

諸如此等,有異諸師。存廢之旨,陳具章疏。[63]

弟子净元,神睿卓越,博要之舉,振績京畿。講釋經論,亟經載紀,銓辯名理,響逸學門。加以性愛林泉,捐諸名利,弊衣麤食[64],談玄爲本。元以潤之立義，建志尋求，轉解傳風，被于當世[65]。有僧法御，道定人也，夢見浄元[66]，兩手極大[67]，執印凭案[68]，若有所通。寤以告之，正披此義，即因而遂廣，乃成王路矣。

沙門智衍，即潤之猶子也。幼携入道，勖以教宗，承明詞義，深有會擊[69]。講攝論、涅槃。近住藍田之法池寺，統津成匠[70]，亟動時譽。然有法以來，師資傳道，其宗罕接，惟潤之緒，繼美前修，亞迹安、遠。斯塵難濟，見於今日矣[71]。

【校注】

[1] 潤：麗再本、興聖寺本作“閏”，今從磧本。

[2] 衍：諸本同，興聖寺本作“術”。

[3] 河東虞鄉：即河東郡虞鄉縣，治當今山西省永濟市虞鄉鎮西北。

[4] 鄉閭：磧本作“邦閭”，興聖寺本作“邦間”。

[5] 烈：磧本作“列”，興聖寺本同麗再本。

[6] 斧：磧本作“黼”，興聖寺本同麗再本。“斧”同“黼”，爾雅正義卷五釋器：“斧謂之黼。”“斧藻”，修飾也。法言卷二學行：“吾未見好斧藻其德，若斧藻其楶者也。”

[7] 珪：諸本同，興聖寺本、隨函録作“珉”。

[8] 副師：或即本書卷一六之釋僧副。據其本傳，僧副愛好遊歷，行蹤不定；其人又從達摩禪師學習禪法。此二點與靈潤所遇之“副師”吻合，今存以待考。

[9] 定：麗再本、興聖寺本作“之”，今從磧本。

[10] 任：磧本、興聖寺本作“住”誤。

[11] 任：諸本同，興聖寺本作“住”誤。山茌：麗再本、興聖寺本作“山荐”，磧本作“山荏”，俱誤。案，隋書卷三〇地理中“齊郡”條，齊、周治下有“山茌縣”，今據改。

[12] 往：麗再本作“經”，今從磧本、興聖寺本。

[13] 小：諸本同，興聖寺本作“爾”誤。

[14] 更：諸本同，興聖寺本作“便”誤。

[15] 玉山：即今陝西省藍田縣界王順山。根據文義，靈潤遊歷之東限爲今藍田縣玉山鎮之清峪口。上文所謂“西極灃鄠”，其西限當爲今陝西省鄠縣蔣村鎮甘峪口。

[16] 止：麗再本無，今據磧本、興聖寺本補。

[17] 偃：諸本同，興聖寺本作“偈”誤。

[18] 揚：諸本同，興聖寺本作“楊”。

[19] 曠：諸本同，興聖寺本作“廣”誤。

[20] 試：諸本同，資本作“誡”誤。止：諸本同，興聖寺本作“上”誤。

[21] 務：磧本作“行”，興聖寺本同麗再本。

[22] 剖判泠然：麗再本作“位判泠然”，興聖寺本作“位判冷然”，今從磧本。

[23] 光：磧本、興聖寺本作“先”誤。“價”，聲望。“光價”，光大其聲望。毛詩正義序：“漢氏之初，詩分爲四。申公騰芳於鄢郢，毛氏光價於河閒。”

[24] 不：磧本作“無”，興聖寺本同麗再本。

[25] 田：諸本同，興聖寺本作“日”誤。

［26］案，志超傳見本書卷二〇。
［27］交：諸本同，興聖寺本作“災”誤。
［28］餒：諸本同，隨函録作“餧”。
［29］勤：諸本同，興聖寺本作“懃”。“懃”同“勤”。
［30］菜：磧本、興聖寺本作“業”誤。
［31］院：諸本同，興聖寺本脱。
［32］七：磧本作“十”誤，武德僅九年，興聖寺本同麗再本。
［33］任：麗再本、興聖寺本作“住”誤，今從磧本。
［34］告：磧本作“害”，興聖寺本同麗再本。
［35］雷：諸本同，興聖寺本作“霜”誤。
［36］處：諸本同，興聖寺本作“家”誤。
［37］悔：磧本作“梅”誤，興聖寺本同麗再本。
［38］遊：諸本同，興聖寺本作“逝”形。
［39］絶：諸本同，興聖寺本作“作”誤。
［40］由：磧本作“去”，興聖寺本同麗再本。
［41］泣：磧本、興聖寺本作“涼”。
［42］京邑門人疏曰吾今東行略有三益一酬往譴二順厭生三成大行：諸本同，興聖寺本倒在下文“令得見酬”之“見”“酬”之間。
［43］惟加心悦：諸本同，興聖寺本脱。
［44］净：麗再本作“静”誤，今從磧本，興聖寺本。
［45］與：磧本作“興”誤，興聖寺本字迹不清。
［46］吾：諸本同，興聖寺本作“五”誤。
［47］射：諸本同，興聖寺本作“財”誤。
［48］一人：磧本作“一人也”，興聖寺本同麗再本。
［49］温：諸本同，興聖寺本作“恒”誤。
［50］弟兄：磧本作“兄弟”，興聖寺本同麗再本。
［51］冥：諸本同，興聖寺本作“宜”形，誤。
［52］亦：諸本同，興聖寺本作“赤”形，誤。
［53］所講：諸本同，興聖寺本作“往還”誤。
［54］維：諸本同，興聖寺本作“淮”形，誤。
［55］玄義備通：磧本、興聖寺本作“立義倫通”誤。
［56］黎：磧本作“梨”。“黎耶”，即阿黎耶識，唯識學第八識。
［57］真諦義：諸本同，興聖寺本作“真議”脱。
［58］未：磧本、興聖寺本作“來”誤。“如未轉依”，與前句“轉依已後”相對應。
［59］資糧章：即真諦的著作攝大乘論釋卷八入資糧果章。
［60］分：諸本同，興聖寺本作“爾”誤。
［61］熏：諸本同，興聖寺作“熏也”。
［62］依：諸本同，興聖寺本脱。
［63］案，關於本段及靈潤的佛學思想，請參考釋仁宥：攝論師所傳的攝論思想——以道基、道奘、靈潤爲中心，中華佛學研究 2004 年第 8 期，第 161—205 頁。
［64］驫：磧本、隨函録作“犡”，興聖寺本同麗再本。

[65] 于：諸本同，興聖寺本脱。
[66] 元：諸本同，興聖寺本作“無”誤。
[67] 手：諸本同，興聖寺本作“于”誤。
[68] 凭：興聖寺本作“馬”誤。
[69] 擊：磧本、興聖寺本作“繫”。周易蒙：“上九，擊蒙。不利爲寇，利禦寇。”王弼注：“擊去童蒙，以發其昧。”“擊”，一本作“繫”。
[70] 津：麗再本、興聖寺本作“律”，今從磧本。“津”，有濟度後學之意。劉子新論卷一崇學篇：“道象之妙，非言不津，津言之妙，非學不傳。”
[71] 見於：諸本同，興聖寺本作“見之於”。

唐京師慈恩寺釋道洪傳十四

釋道洪，姓尹氏，河東人也。父曜，仕隋，歷任江陵令，有子五人，洪其第三矣[1]。聰敏易悟，深厭形有。年在十三，以開皇六年出家，事京邑大德曇延法師。博通内外，馳譽門序。雖廣流衆部，偏以涅槃爲業教之極也[2]，故敷演之，所以師資傳道，聲績逾遠[3]，近亦於法衆，親喻覆述。後於願法師所[4]，學窮地論，傍通經數，德器崇振。

及隋祖升遐，禪定構立，乃召處之，自爾專事弘經，周輪無輟。貞觀伊始，弘護道張，凡寺綱維，無非令達，乃勑爲律藏寺上座[5]。緝諧理事，允副朝委[6]，立性清慤[7]，無競榮辱。故使厚供殊禮，鱗接邀延；致令二宫樹福，妙資搜舉。物議所及，莫不推先。尋又下勑，任大總持，本居寺主。春宫異供，隨時薦及，以追受戒之禮也。貞觀十四年，寶昌寺衆請講涅槃。時感白鷄[8]，隨人聽法，集散馴狎，終于講會。相從傳授，迄于暮齒，凡講涅槃八十七遍，依承宗旨，罕墜彝倫。及弘福譯經，選充證義。慈恩創起[9]，又勑徵臨。

以貞觀末年，微覺輕貶，纔經一旬[10]，奄爾長逝，春秋七十有九。初染疾之始，全無別痛，少食不語，用乖常候，而數以手撝撥於空。侍問其故，答曰：“有二衣冠者[11]，數來禮拜，故以止之。”又曰：“紅花渌池，鮮榮可翫。”尋爾合掌，目送於空，曰：“大德羅睺羅[12]，來辭去也。”因爾潛逝，殊香滿院。洪形器端偉[13]，七尺有餘。沉簡仁愛，慈濟存没，喜愠莫顯，操節不形。傳者目其梗概，要妙固多略耳。

【校注】

[1] 洪：諸本同，興聖寺本作“供”形。
[2] 業：磧本作“累”應是，興聖寺本同麗再本。“累”，當爲“囑累”之“累”。智顗（大正34）法華文句中曰：“囑是佛所付囑，累是煩爾宣傳。”智顗（卍續18）維摩經文疏

二八曰:“囑是付囑爲義……累是煩勞荷負之義矣。”净影寺慧遠(大正85)維摩經義記曰:“累是擔累,法是宣傳者之重擔,故名爲擔累。以此囑付令人傳通,故名囑累。”

[3] 逾:磧本脱,興聖寺本同麗再本。

[4] 所:諸本同,興聖寺本脱。案,本書卷一〇有釋净願,或即“願法師”耶?

[5] 律藏寺:隋代立,即唐代福林寺,在長安城安定坊西南隅,概在今陝西省西安市明城牆西北與豐禾路中段之間。

[6] 允:諸本同,興聖寺本作“無”誤。

[7] 性:磧本作“情”應誤,興聖寺本同麗再本。

[8] 鶵:磧本作“雛”,興聖寺本同麗再本。

[9] 起:諸本同,興聖寺本作“赴”形。

[10] 經:磧本作“及”,興聖寺本同麗再本。

[11] 二:磧本作“三”,興聖寺本同麗再本。

[12] 睺:諸本同,興聖寺本作“侯”。

[13] 洪:磧本作“然洪”,興聖寺本同麗再本。

唐京師慈恩寺釋義褒傳十五[1]

釋義褒[2],姓薛,常州晉陵人,蓋齊相孟嘗君之後,吴名臣綜、瑩之胤也。天體高遠,履性明朗。出家已後,遊談在務,周流會計[3],統御法筵。初從蘇州永定寺小明法師,稟學華嚴、大品。其即有陳興皇朗公之後嗣也,專經强對,亦當時之僧傑矣。褒優柔教義,屢啓請之談[4]。

將事通覽,辭往縉雲山婺州永安寺曠法師所。曠在陳朝,興皇盛集,時當法選,亟動神幾[5]。法主既崩,遍流視聽,長干禪衆、栖霞布公,并具式瞻,親霑餘令,所以四經、三論[6],江表高推。褒敬竭義筵,縱思披擇[7]。諸方後鋭[8],將事别輪,曠亦勸褒行傳燈禮,乃從之。傳經述論,三十餘年,光問五湖[9],馳名三輔。

每以大乘至教,元出渭陰,中原播蕩,乃興揚越,嗟乎淳味,不無流靡。後住東陽金華法幢寺,弘道不倦,終日坐忘[10]。會慈恩申請,搜揚髦彦,京邑承風,以事聞奏。下勑徵延,便符昔願,即而入朝。時翻經三藏玄奘法師,盛處權衡,當陽弘演,承思遠問,用寫繁蕪,亦既至止,共詳幽致[11]。乃詰大乘經論,無所不通。唐朝後學,多尚名體,躭迷成性,膠柱守株,如何解網,以開玄照?請所學宗,頓講十遍,勒諸門位,並往歸依。時在慈恩,創開宏旨,有空雙遣,藥病齊亡。乃有負氣盱衡,傲然亂舉,褒爲提紉解玦[12],疏刷神襟[13],責以三關[14],徵研五句[15],詳括文義,統略悟迷。經難論易,悼時俗之反昏;論釋深經,誨今聞之異昔。所以每日在座,前唱聖經,半講已後,方明賢論。于時英彦,皆預席端,歎其竦拔之神奇,伏其辯給之銛利[16]。宰輔冠蓋,傾仰德音,留連言晤,寫送無絶。

顯慶三年冬,雩祈雪候[17],内設福場,勑召入宫,令與東明觀道士論義。有道士李榮,立本際義[18]。褒問曰:“既義標‘本際’,爲道本於際,爲際本於道邪?”答曰:“互得。”又問:“道本於際,際爲道本。亦可際本於道,道爲際原。”答:“亦通。”又並曰:“若使道將本際,互得相反。亦可自然與道,互得相法。”答曰:“道法自然,自然不法道。”又並:“若道法於自然,自然不法道;亦可道本於本際,本際不本道。”榮既被難,不能報,浪嘲云:“既唤我爲先生,汝便成我弟子。”褒曰:“對聖言論,申明邪正,用簡帝心,芻蕘嘲謔,塵黷天聽。雖然,無言不酬,聊以相答。我爲佛之弟子,由以事佛爲師。汝既稱爲先生,即應先道而生[19],汝則斯爲道祖。”于時忸怩無對,便下座。又令褒竪義,便立大智度義。李徒雖難,隨言即遣。于時天子欣然,内宫嗟賞。李榮不勝其憤,曰:“如此解義,何須遠從吴來?”褒答曰:“三吴之地,本出英賢,横目狗身[20],舊無人物。”爾後諸寺連講[21],多以法華、净名、中、百經論等,以開時俗。龍朔元年,駕往東都,别召追往,頻入宫禁,義論横馳。乃於净土,講解經論,七衆載驅,群公畢至,英聲逾盛。

不久遘疾,卒於净土,春秋五十有一。道俗悲凉,恨法門之早摧。皇上悼傷久之,遂勑送柩,返金華山舊寺[22]。賻贈之榮,光聞遠近。

論曰:

自佛教東傳[23],年代惟遠[24],條暢銓府,開喻精靈,可略言矣。昔者漢明入夢,滕、蘭赴雒[25],通悟道俗,抑引邪正,故使時俗一期翕然改觀。非夫辯慧,何以明哉?然則教本通揚,宗歸義舉,談吐誠易[26],識敏攸難。不輕被錯授之儔,净名垂失機之責,[27]並爲沉淪典誥,以解齊緣[28],藥病相翻,斯迷斯覺。况復教流千載,情纏五濁[29],控詞談理,能無糺紛?得在傳揚,失[30]於熏習。

晋有道安,獨興論旨,准的前聖,商榷義方,廣疏注述,首開衢路。遠、持追蹤於遂古[31],頠、叡振藻而傳芳,故著序云:“安和上鑿荒塗以開轍,標玄旨於性空,削格義於既往,啓神理於來世。”[32]至如道生孤拔,擅奇思於當年;道林遠識,標新理而改旦[33]。自斯厥後,祖習餘風,雖云較異,蓋可知矣。

梁高端拱御曆,膺奉護持。天監初年,捨邪歸正[34],遊心佛理,陶思幽微。於重雲殿,千僧講衆,月建義筵,法化通洽。制五時論,轉四方等,注解涅槃。情用未愜,重申大品,發明奧義。當斯時也,天下無事,家國會昌,風化所覃，被于荒服。鍾山帝里，寶刹相臨，都邑名寺，七百餘所，諮質文理，往往而繁。時有三大法師，雲、旻、藏者，方駕當途[35]，復稱僧傑。挹酌成論，齊鶩先驅，考定昔人[36]，非無臧否，何以然耶？至如講解傳授，經教本宗，摘文揣義[37]，情猶有失，何得背本追末？意言引用，每日敷化，但豎玄章，不覿論文，終于皓首[38]。如斯處位，未曰紹隆。若夫立文本宗，誠遊義苑，指月之況，不爽先模。隨文五失，又開弘誡[39]。然則教爲理依，理隨教顯，附教通理，弘之在人。准此承遵，居然多惑，寧乖此喻[40]，安得相符。是使梁氏三師，互指爲謬，審文紕亂，可有致言。義在情求，情安倚伏。其中縱達論宗，肅成風素，榮冠道俗，行業相兼者，則開善智藏，抑其人乎。餘則慧解是長，儀範多雜，非無十數翹楚，遵修細行，然定學攝心，未聞於俗，故略言也。

太宗簡文在昔東府，委心妙法，遍覽玄章，志歸般若，刺心血而書十部。又撰法集、聯璧，各二百餘卷。然以晚從寤縶[41]，故使釋侶無聞。中宗孝元，體悟幽鍵，更崇深信，法華、成論，常自敷揚。沙門道侃，德隆時彦，業冠通賢，綴述新奇。帝偏鄭重[42]，奉爲僧正，盛開學府[43]，廣召義僧，還遵舊轍，户牖爲異。宣明已下，福事雖弘，至於教理，頗翳徽緒。

陳氏五政[44]，世屬虔劉，京邑僧寺，誅焚略盡。及初臨統，普備修治，接棟連甍，復基梁日。弘福慧門，世稱難紀，名德勝行，故是可傳。雖獲五三，蓋失多矣，恨闕餘傳，與時俱喪，對此可悲。至如琰、暠騰光於五湖[45]，榮[46]、朗飛蓋於三楚，二瓊以匡救而傳世，兩等以護法而相嗣，盛德弘矣。

逮于北鄴，最稱光大，移都茲始，基構[47]極繁，而兼創道場，殄絶魔網。故使英俊林蒸，業正雲會，每法筵一建，聽侣千餘。慧光、道憑，躡迹通軌；法融、慧遠，顧視争衡。然而開剖章途，解散詞義，並推光統，以爲言先。豈非唱高和寡，獨振今古，即當鋒之領袖，乃萬葉之師摸[48]。然光初學律宗，晚通理教，郁郁兼美，能振其芳。觀其成樹骨梗，分布毛目，意存行猷，護法爲本，所以華嚴、地論，咸位綱摸[49]，被及當今[50]，成誦無墜，蓋有由矣。

且夫佛教道東[51]，世稱弘播，論其榮茂，勿盛梁、齊。故武帝撫期[52]，師承護法，戒定慧品，莫匪陶甄。受持十善，無缺六時，永絶辛羶，長齋卒歲。言行相檢[53]，誠可尊嚴，自有帝王，罕能相擬。于時釋侣，顧視思齊，篤學翹誠[54]，多陳濟器。齊宣受禪，權用不思。或出或處，非小節之所量；乍智乍愚，信大人之壯觀[55]。至於宗敬佛理，師承戒護，每布髮於地，令上統踐之。又能率土之内，禁斷酒肉，放捨鷹犬，畋漁屠殺，普國不行。年三月六，勸民齋戒，公私葷菜，悉滅除之。又置昭玄十統，肅清正法。使夫二百萬衆，綏緝無塵[56]，法上一人，誠有功矣。

周武定業秦川，大開釋府，沙門道安，復稱弘量。降禮宸極[57]，展敬華夷,導龍樹之江河[58],嚮彌天之輿蓋[59]。地維武服[60],道寄文弘[61],開蒙博施之功,是其經略。但以運屬道消,中年毀廢,雖陳顯論,莫表深衷,蜯病成珠[62],竟于身世。末有亡名,復接斯咎,坎壈貧病,陷遭戎俗[63]。孝宣即位[64],政異前朝,經像漸開,齋福稍起[65],而厥化草創,義學猶微。

隋高荷負在躬[66],專弘佛教,開皇伊始,廣樹仁祠,有僧行處[67],皆爲立寺。召諸學徒,普會京輦,其中高第[68],自爲等級。故二十五衆,峙列帝城,隨慕學方,任其披化。每日登殿,坐列七僧,轉讀衆經,及開理義。帝目覽萬機而耳餐正法。于時釋門,重稱高敞,雖減梁、齊,亦後之寄[69]。沙門慧遠,齊餘開士,隋運高僧,首達帝城,即陳講議。服勤請益[70],七百餘人[71],道化天下,三分其二。自餘明勝,聯驪等驅[72]。僧粲以論士馳名[73],慧藏以知微取號,僧休洞精於大論,法經妙體於教源[74]。餘則玼瑣群英,詆訶龍象者[75],復叵知矣。其中尤最,沙門曇延,復是高傑,至如坐鎮御床[76],口敷聲教,致令萬乘頂足,其德弘矣。

煬帝嗣籙,重飛聲實。道莊顧言於内外[77],法論禮御於始終,相、願光揚於兩都,奘、脱振藻於周魯。厚德懷仁,又難加也。自爰初晋邸,即位道場。慧日、法雲,廣陳釋侣;玉清、金洞,備引李宗。一藝有稱,三徵別館[78],法輪長轉,慧炬恒明。風靡之化,覃延復遠[79]。當時諸部,雖復具揚,而涅槃、攝論最爲繁富,世近易昭[80],無勞顯述[81]。

及皇唐御曆,道務是崇,義學之明,方爲弘遠。伊人之風,豈易披述,輒託攸聞[82],故略其致[83]。然暠、璧抗聲於金陵[84],基、景標宗於玉壘[85],常、辯弘揚於三輔[86],深、懿馳譽於兩河。并、晋則二達開模,齊、魯則密、才程略。潤[87]、會剖符日下,敬其名教;徽、空位席嵩澤,仰其義門。本紀時或漏之,其德不無光叙。

統明衆師注述,通以章鈔爲工。課文引義,仰順前軌,徒盛改張,差無弘誘。或接綴前篇,或糅雜時見;或虚控胸臆,詞理相非;或旁竊他文,意義蹇塞[88],皆勒成命氏,騰譽一時[89]。言行之間,河漢遼阻[90],本寔邪求,妄承傳教。審夫意本,焉可强乎?且自經誥所被,元在受持,大集顯法行之文,涅槃明知時之説。今則婆娑章句,流演澆浮,翻種諸有[91],未爲静業。超生之教,豈意然耶,貴如説行,斯誠旨也。故今當座講客,寫送文義,其隙復廣。何以明耶?且如聖行諸漏,由來杜言;惟識離念,競陳横想[92]。受學毗曇,行惡戒者,奉爲聰慧;聽習楞伽,樂飲噉者,用爲通極。夸罩蒙俗[93],陵轢往賢,眄視天漢[94],率輕禁網。謂邪慧爲真解,以亂識爲圓智。不深悛悟,枉喪餘齡。故使説法天禽[95],被于念處;盤特庸叟[96],具列賢愚。辯俊異之前生,顯頑嚚之後報[97],泠然釋相,可不誡歟。

原夫論義之設，其本四焉。或擊揚以明其道，幽旨由斯得開；或影響以扇其風，慧業由斯弘樹；或抱疑以諮明決[98]，斯要正是當機；或矜伐以冒時賢[99]，安詞以拔愚箭。託緣乃四，通在無嫌，必事相陵，還符畜獸。故世中論士，鮮會清柔，初事含容，終成陷黷。名聞誰賞[100]，境界非凡，徒盛拒輪，必歸磨臆[101]。故有王斌論竝[102]，明琛蛇勢[103]，會空屋子[104]，宗統語工[105]，聽其論道，惟聞殺死之言；觀其容色，但見紛披之相。及後業之作也，或生充蛇報[106]，或舌爛喉中，或僧獄接其來生，或猛火焚其往咎。彦琮山樓之驗[107]，又可誡哉。

是知道寄人弘；非人未可言道。豈言義府並若斯耶？故智藏遺塵，慧光後嗣，宗仰徽烈[108]，豈有玷耶？沙門靈裕，行解相高，内外通贍，亦當時之難偶也。然而立性剛毅[109]，峭急不倫，侍人流汗[110]，非可師範[111]。世或譏論，以此爲先，斯亦不比德而觀也。語俗而談，滔滔風流[112]，愛心綿密，未覿其短，多容瑕累[113]，見心機動，禍福相鄰，若不先知，何成懲艾？致使裕公，虚沾此及[114]。若能返求諸己，斯言自亡。故宣尼流無備之詞[115]，居士設未輕之論，誠有由矣。世有慧休，即承裕緒，學雜心而懼陵小犯[116]，受師禮而親執瓶衣，遭難而更立净廚，臨危而深誨禁約。人法斯具，慧解通微，章疏所行，誦爲珠璧[117]。猶恨不係於先業，餘則故略言也。

【校注】

[1] 唐京師慈恩寺釋道洪傳十四、唐京師慈恩寺釋義褒傳十五：麗再本此二標題作小字二行占一行。興聖寺本無“唐京師慈恩寺釋義褒傳十五”。

[2] 案，興聖寺本無釋義褒傳。

[3] 計：磧本作“稽”。“會計”，或典出史記卷四八陳涉世家：“號令召三老、豪傑與皆來會計事。”即集合商議之意。

[4] 請：磧本作“責”誤，資本、永北本作“清涼”。

[5] 幾：磧本作“機”。

[6] 四經、三論：三論宗所憑據的七種經典。四經：大品經、法華經、華嚴經、涅槃經。三論：中論、百論、十二門論。

[7] 披：磧本作“披”。

[8] 後：磧本作“俊”誤。

[9] 問：磧本作“聞”。“問”同“聞”，聲譽。

[10] 終：磧本脱。

[11] 詳：麗再本作“許”，今從磧本。“詳”，説文卷三上“審議也”，即仔細討論。

[12] 提紉解玦：磧本作“提紐解决”應是。

[13] 襟：磧本、隨函録作“襟”。“襟”，胸懷。“襟”，據集韻卷四“二十一侵”條，“慙也”。則作“襟”是。

[14] 關：麗再本作“開”，今從磧本。“三關”，即三官，指耳、目、心，又指食、視、聽。

［15］案,“徵研五句”。中阿含經卷四一梵志品梵摩經第十:“博聞總持,誦過四典經,深達因、緣、正、文、戲五句説。”在各種注疏中也强調“五句”,似指善於抓住佛經的關鍵語詞義。

［16］給:磧本作“洽”誤。

［17］雩:磧本似作“雲”誤。“雩”,祭祀名,仲夏祈雨。

［18］本際:道教經典太玄真一本際經。此經在晚唐散佚,今存於道藏者不全,敦煌文書存有十卷,可基本復原本經。該經由多位作者,歷經多年陸續編寫,大致編成於唐貞觀年間。“本際”原爲佛學名詞,此經思想大致反映、總結了隋唐之際佛道論争,並從新的理論思維水平上回應佛學的挑戰。參考黄崑威:敦煌本太玄真一本際經思想研究,蘇州大學 2010 年博士論文。又,葉貴良輯校:敦煌太玄真一本際經輯校,巴蜀書社 2010 年。

［19］即:磧本作“則”。

［20］横目:典出莊子天地:“夫子無意於横目之民乎? 願聞聖治。”横目,即人也。

［21］講:磧本作“請”誤。

［22］返:磧本作“返於”。

［23］傳:諸本同,興聖寺本作“漸”。

［24］惟:磧本作“雖”,興聖寺本作“推”誤。

［25］滕:磧本、興聖寺本作“騰”。

［26］吐:諸本同,興聖寺本作“土”誤。

［27］不輕:諸本同,興聖寺本作“常經”。案,“不輕”,即不輕菩薩,見妙法蓮華經卷六常不輕菩薩品。“净名”,即維摩詰,見維摩詰經。

［28］案,“齊緣”,若教化衆生之緣盡,其身則隱,待有機緣時又復現,此佛身即稱爲齊緣身。説見法華經玄義卷七下。

［29］案,“五濁”,即“五濁惡世”,大乘佛教描述的末法時期亂世中的衆生狀態。參見法華經卷一方便品。

［30］纏五濁控詞談理能無紜紛得在傳揚失:諸本同,興聖寺本脱。

［31］遂:諸本同,資本作“邃”。古:諸本同,興聖寺本作“右”形。

［32］案,語出僧叡大品經序。

［33］案,“道林”,指支道林。“改旦”,與“當年”對,指元月正日改曆,這裏指若干年。

［34］邪:磧本作“那”誤,興聖寺本同麗再本。

［35］途:諸本同,興聖寺本作“塗”。

［36］考:磧本作“者”誤,興聖寺本同麗再本。

［37］摘:磧本作“擿”,興聖寺本同麗再本。

［38］終:麗再本作“經”誤,今從磧本、興聖寺本。

［39］又:諸本同,興聖寺本作“文”誤。

［40］此:諸本同,興聖寺本脱。

［41］晚:諸本同,興聖寺本衍作“晚晚”。

［42］鄭:磧本作“猷”,形近而誤。

［43］學:諸本同,興聖寺本作“覺”誤。

［44］陳氏:諸本同,興聖寺本衍作“陳宣氏”。

［45］琰瞬:磧本作“焰爓”誤,興聖寺本同麗再本。

［46］榮：磧本作“螢”誤，興聖寺本同麗再本。
［47］弘矣逮于北鄴最稱光大移都玆始基構：諸本同，興聖寺本脱。
［48］師摸：諸本同，興聖寺本作“師横”誤。案，“摸”即“模”。
［49］案，“摸”即“模”。
［50］及：諸本同，興聖寺本作“乃”誤。
［51］道東：磧本作“東傳”，興聖寺本同麗再本。
［52］期：諸本同，興聖寺本作“斯”誤。
［53］檢：諸本同，興聖寺本作“撥”誤。
［54］翹：諸本同，興聖寺本作“執”誤。
［55］壯：諸本同，興聖寺本作“莊”誤。
［56］綏：諸本同，興聖寺本作“洣”形，誤。
［57］宸：諸本同，興聖寺本作“震”誤。
［58］導：磧本作“遵”誤，興聖寺本同麗再本。“江”，則當爲導。
［59］嚮：磧本作“響”誤，興聖寺本同麗再本。
［60］維：磧本作“惟”，興聖寺本同麗再本。
［61］寄：諸本同，興聖寺本作“奇”誤。
［62］珠：諸本同，興聖寺本作“疎”形。
［63］戎：諸本同，興聖寺本作“我”誤。
［64］孝：諸本同，興聖寺本作“考”形。
［65］稍：諸本同，興聖寺本作“積”誤。
［66］隋：諸本同，興聖寺本作“修”誤。
［67］有：諸本同，興聖寺本脱。
［68］第：諸本同，興聖寺本作“弟”誤。
［69］後：興聖寺本、資本作“復”，磧本同麗再本。
［70］服：磧本作“伏”，興聖寺本同麗再本。勤：諸本同，興聖寺本作“對”形，誤。益：諸本同，興聖寺本作“荅”形，誤。
［71］百：諸本同，興聖寺本作“日”誤。
［72］驢：磧本、隨函録作“鏕”是，興聖寺本同麗再本。“驢”，馬屬。
［73］粲：諸本同，興聖寺本作“發”形，誤。
［74］源：諸本同，興聖寺本作“凉”誤。
［75］詆：麗再本、興聖寺本作“抵”，今從磧本。
［76］床（牀）：諸本同，興聖寺本作“林”誤。
［77］内：諸本同，興聖寺本作“雨”誤。
［78］徵：磧本作“微”誤，興聖寺本字迹不清。
［79］覃：麗再本作“曇”誤，今從磧本、興聖寺本。
［80］昭：麗再本、興聖寺本作“照”，今從磧本。
［81］顯述：麗再本作“廣顯”，興聖寺本作“顯”，今從磧本。
［82］攸：諸本同，興聖寺本作“彼”形。
［83］其：諸本同，興聖寺本作“棋”誤。
［84］璧：麗再本、興聖寺本作“壁”，今從磧本。慧嵩、慧璧，参見本書卷一三。
［85］基：諸本同，興聖寺本作“其”誤。壘：磧本、興聖寺本作“疊”誤。玉壘，山名，代指

成都。道基、慧景,見本書卷一四。

［86］辯:諸本同,興聖寺本作“弁”誤。

［87］潤:麗再本、興聖寺本作“閏”,今從磧本。

［88］蹇:諸本同,興聖寺本作“塞”誤。

［89］騰:諸本同,興聖寺本作“勝”誤。

［90］河:諸本同,興聖寺本作“何”形。

［91］種:諸本同,興聖寺本衍作“種種”。

［92］競:諸本同,興聖寺本作“竟”誤。

［93］夸:磧本作“誇”,興聖寺本同麗再本。“誇”同“夸”。蒙:諸本同,興聖寺本作“萊”形。

［94］眄:諸本同,興聖寺本作“躬”誤。

［95］天禽:諸本同,或爲天親之訛。吉藏(大正 42)百論序疏曰:“婆藪云天親,天親者本是天帝弟。遣其生閻浮提伏修羅也,其是割那舍闍人,云丈夫國也。天親本小乘學,造五百部之小乘論,方等遂没翳而不傳。兄阿僧伽是大乘人,見弟盛弘小乘,恐覆障大道,欲引誘化之,故爲之現病。弟聞兄有病,來參慰之。弟問兄曰:何故病哉?答云:爲汝故病。弟問曰:何故爾耶?答:汝弘小乘,障覆大道,罪過深重,故爲汝病也。弟曰:若爾,此是舌過,當斷其舌。兄曰:不須,汝可更造大乘論,令大道宣流。於是造大乘五百部論,時人呼爲千部論主。”

［96］叟:麗再本似作“叜”,興聖寺本作“傻”,今從磧本。盤特,指周利槃特,以愚笨著名,後受佛點化,修成羅漢果。參見增一阿含經卷八、法句譬喻經卷二、十誦律卷一一、有部毗奈耶卷三一、善見律毗婆沙卷一六、大毗婆沙論卷一八〇。

［97］嚚之後:諸本同,興聖寺本脱。

［98］諮:諸本同,興聖寺本作“語”誤。

［99］矜:諸本同,興聖寺本作“預”誤。

［100］賞:諸本同,興聖寺本作“常”誤。

［101］必:麗再本、興聖寺本作“畢”,今從磧本。

［102］王斌論竝:參見釋門自鏡録卷上梁僞沙門智稜傳附王斌傳:“又有王斌者,亦少爲沙門,言辭清辯,兼好文義。然性用躁誕,多違戒行,體奇性異,爲事不倫。常著草履,來處上座;或著屧,逍遥衢路。既頻忤僧衆,遂反緇向道,以藻思清新,乃處黄巾之望。邵陵王雅相賞接,號爲三教學士。所著道家靈寶大旨總稱四玄、八景、三洞、九玄等數百卷。多引佛經,故有因緣、法輪、五道、三界、天堂、地獄、餓鬼、宿世、十號、十戒、十方、三十三天等。又改六通爲六洞。如鬱單之國云棄賢世界。亦有大梵、觀音、三寶、六情、四等、六度、三業、三災、九十六種、三會、六齋等語。又撰五格八並爲論難之法。”則五格八並,爲“論竝”之“竝”耶?存以待考。關於王斌,參見高華平:“四聲之目”的發明及創始人再議,文學遺産 2005 年第 5 期。日本學者麥谷邦夫教授認爲“竝”爲三論宗論議方法之一,參見道教義理學上所反映的三論學派之論法,引自:http://www. iahs. fudan. edu. cn/cn/youxiuban. asp? class_id=94,2005. 2. 6 採集。

［103］明琛事,見本書卷二五。

［104］屋子:爲佛學異流論議之方法,藉以吸引信衆。亦見本書卷二五明琛傳,所不同者,此處“屋子之法”,發明者爲會空,而明琛傳以爲明琛發明。會空,今不可考。

[105] 宗統語工：高僧傳卷九釋僧宗傳："每至講説，聽者將近千餘，妙辯不窮，應變無盡，而任性放蕩，亟越儀法，得意便行，不以爲礙。守檢專節者，咸有是非之論。文惠太子將欲以罪擯徒遂，通夢有感，於是改意歸焉。"似與道宣所述較爲符合。

[106] 充：諸本同，興聖寺本作"死"形，誤。案蛇報，見本書卷二五明琛傳。

[107] 彦琮山樓之驗：事見本書卷二彦琮傳。

[108] 烈：磧本作"列"誤，興聖寺本同麗再本。

[109] 剛毅：諸本同，興聖寺本作"則敬"誤。

[110] 流汗：諸本同，興聖寺本作"正行"誤。

[111] 非：磧本脱。

[112] 滔滔：諸本同，興聖寺本"陷陷"誤。

[113] 累：諸本同，興聖寺本作"里"形，誤。

[114] 沾：諸本同，興聖寺本作"治"形。

[115] 備：諸本同，興聖寺本作"倫"誤。

[116] 學雜：諸本同，興聖寺本作"覺離"。

[117] 璧：諸本同，興聖寺本作"辟"誤。

續高僧傳卷第十六

習禪初正傳二十三[1]　附見十五

梁鍾山定林寺釋僧副傳一

釋僧副，姓王氏，太原祁縣人也[2]。弱而不弄，鑒徹絶群[3]，年過小學，識成景行[4]，鄉黨稱奇，不仁者遠矣。而性愛定静[5]，遊無遠近，裹糧尋師，訪所不逮。有達摩禪師[6]，善明觀行，循擾巖穴，言問深博，遂從而出家。義無再問[7]，一貫懷抱，尋端極緒，爲定學宗焉。後乃周歷講座，備嘗經論，並知學惟爲己，聖人無言。

齊建武年，南遊楊輦，止於鍾山定林下寺，副美其林藪，得栖心之勝壤也[8]。行逾冰霜，言而有信，三衣六物[9]，外無盈長。應時入里，道俗式瞻，加以王侯請道，頽然不作[10]，咫尺宫闈，未嘗謁覲。既行爲物覽，道俗攸屬。梁高素仰清風，雅爲嗟貴[11]，乃命匠人考其室宇於開善寺以待之，恐有山林之思故也。副每逍遥於門[12]，負杖而歎曰："環堵之室，蓬户甕牖，匡坐其間[13]，尚足爲樂，寧貴廣厦而賤茅茨乎[14]？且安而能遷，古人所尚，何必滯此，用賞耳目之好耶[15]？"乃有心岷嶺，觀彼峨眉。會西昌侯蕭淵藻出鎮蜀部[16]，於即拂衣附之[17]，爰至井絡。雖途經九折，無忘三念。又以少好經籍，執卷緘默，動移晨晷，遂使庸蜀禪法，自此大行。

久之，還返金陵，復住開善。先是胡翼之山[18]，有神人現，以慧印三昧授與野人何規曰："可以此經與南平王觀，爲病行齋三七日也。若不曉此法，問之於副。"時以訪之，果是其曾所行法[19]。南平遂行齋祀，疾便康復。豈非内因外構，更相起予。

不久，卒於開善寺，春秋六十有一，即普通五年也。窆於下定林之都門外，天子哀焉，下勑流贈。初，疾殛之時[20]，有勸脩福者[21]，副力疾而起，厲聲曰："貨財延命，去道遠矣。房中什物，並施招提[22]。僧身死之後，但棄山谷,飽於鳥獸,不亦善乎?勿營棺隴[23],以乖我意。”門徒涕淚[24],不忍從之,將爲勒碑旌德,而永興公主素有歸信[25],進啓東宫,請著其文。有令遣湘東王繹爲之,樹碑寺所。

【校注】

[1] 二十三:麗初本、興聖寺本作“十八”,無法常傳、法京傳、法懔傳、惠成傳、法忍傳。磧本之標題“智遠傳”到“法忍傳”衍,占去“傳四”到“傳九”位置,故磧本“傳四”到“傳九”小標題脱,趙本同麗再本。

[2] 祁縣:春秋晋國設,西漢屬太原郡,北魏太和年間移治于今址,北齊天保七年廢縣,隋代開皇十年復設屬并州,大業屬太原郡,唐屬太原府。

[3] 徹:磧本、大正藏校引宋本、宫本作“澈”,麗初本、興聖寺本、趙本同麗再本。釋僧叡中論序:“百論治外以閑邪,斯文祛内以流滯,大智釋論之淵博,十二門觀之精詣,尋斯四者,真若日月入懷,無不朗然鑒徹矣。”全唐文卷一七賢首國師讚:“心源鑒徹,法鏡澂懸。”故作“徹”是。

[4] 景行:諸本同,磧本作“大量”。

[5] 定:磧本、麗初本作“之”,趙本、興聖寺本同麗再本。

[6] 摩:興聖寺本同麗再本,磧本作“磨”。

[7] 再:諸本同,興聖寺本闕最後竪筆。

[8] 心:諸本同,興聖寺本脱。

[9] 三衣六物:“三衣”指僧人所穿三種衣服:僧伽梨大衣、鬱多羅僧七條、安陀會五條。加上鉢,爲原始佛教所稱僧侣基本的生活用具。加上尼師壇(坐具)、漉水囊(飲水時濾去蟲子,或用針筒代水囊),爲六物。參見佛制比丘六物圖。

[10] 作:磧本、麗初本作“怍”誤,趙本、興聖寺本同麗再本。

[11] 貴:磧本作“賞”應是。“嗟賞”爲六朝常用詞,本書卷九釋慧暅傳:“途次朱方,遇竹林寺詡法師,雅相嗟賞。”“貴”,形近而誤。趙本同麗再本,興聖寺本字迹不清。

[12] 每:諸本同,興聖寺本作“毒”形。

[13] 間:諸本同,興聖寺本作“門”。案,在興聖寺本中,凡“門”旁,多簡寫作“門”。

[14] 厦:諸本同,興聖寺本作“复”形。

[15] 好:諸本同,興聖寺本作“妨”形。耶:諸本同,興聖寺本多作“邪”,下文不一一出校。

[16] 案,據梁書卷一〇鄧元起傳,蕭淵藻入蜀是在梁天監四年。

[17] 即:諸本同,興聖寺本脱。

[18] 先是:諸本同,興聖寺本倒作“是先”。案,“胡翼山”,或即今江西省玉山縣西北之懷玉山。唐文拾遺卷二二賈耽華夷圖玉山記:“玉山與天際,勢聯北斗,又名玉斗山。循山之麓,升降凡十有五里,至大洋阪,地寬曠約數百畝,而奇峰秀嶺,怪石深池,環列於前後左右,真仙靈之窟宅也。”

[19] 其:諸本同,興聖寺本脱。

[20] 殛:磧本作“亟”誤,趙本、麗初本、興聖寺本同麗再本。興聖寺本在“殛”“之”之間多一字,字迹不清,似作“練”形。

[21] 者:諸本同,興聖寺本作“寺”誤。

［22］招：諸本同，興聖寺本作“哲”形。
［23］隴：諸本同，磧本作“壠”。“隴”通“壠”。
［24］涕淚：諸本同，興聖寺本作“流涕”。
［25］案，永興公主，事見南史卷五一。南平王，傳見梁書卷二二。

梁鍾山延賢寺釋慧勝傳二慧初

釋慧勝，交阯人，住仙洲山寺。栖遁林澤，閑放物表，誦法華，日計一遍，亟淹年序。衣食節約，隨身遊任[1]。從外國禪師達摩提婆，學諸觀行，一入寂定，周晨乃起。彭城劉繢出守南海[2]，聞風遣請，携與同歸，因住幽栖寺[3]。韜明秘采，常示如愚，久處者重之，禪學者敬美[4]。幽栖寺中絶無食調，唯資分衛，大遵清儉。永明五年，移憩鍾山延賢精舍。自少及老，心貞正焉[5]。以天監年中卒[6]，春秋七十。

時浄名寺有慧初禪師者，魏天水人，在孕七月而生。纔有所識，好習禪念，嘗閑居空宇，不覺霆擊大震。斯固住心深寂[7]，未可量也，而志高清遠，淡然物外[8]。晚遊梁國，住興皇寺，閉房攝静[9]，珪璋外映，白黑諮訪，有聲皇邑。武帝爲立禪房於浄名寺以處之，四時資給。禪學道俗，雲趣請法[10]。素懷恢廓，守志淳重，貴勝王公，曾不迎候。普通五年卒，春秋六十八，葬鍾山之陰，弟子智顒樹碑墓側，御史中丞吴郡陸倕製文[11]。

【校注】

［1］任：諸本同，麗再本作“狂”，今從諸本改。
［2］繢：磧本作“績”，興聖寺本作“續”，趙本、麗初本同麗再本。
［3］幽栖寺：即今江蘇省南京市祖堂山南麓之幽栖寺。
［4］敬：麗再本、趙本闕末筆，避宋諱，磧本、麗初本、興聖寺本不闕，今據磧本。
［5］貞：諸本同，興聖寺本作“真”。
［6］監：諸本作“鑒”誤，今據磧本改。
［7］固：諸本同，麗初本作“因”誤。
［8］物：諸本同，磧本作“人”誤。
［9］閉房：諸本同，興聖寺本作“閑居”誤。
［10］趣：諸本同，磧本作“趨”。
［11］丞：諸本同，興聖寺本作“函”形。

梁江州廬山釋道珍傳三法歸　慧景

釋道珍，未詳何人。梁初住廬山中，恒作彌陀業觀，夢有人乘船處大海中,云向阿彌陀國[1],珍欲隨去[2],船人云"未作净土業",謂須經營浴室,并誦阿彌陀經。既覺,即如夢所作。年歲綿遠,乃於房中小池降白銀臺[3]。時人不知,獨記其事,安經函底。及命過時,當夕半山已上,如列數千炬火。近村人見,謂是諸王觀禮[4]。旦就山尋[5],乃云珍卒,方委冥祥外應也。後因搜檢經中,方知往生本事[6],遂封記焉,用示後學。

時,此山峰頂寺,有法歸禪師者[7],本住襄陽,漢陰出家,味静爲務。感夢有神來請,遂往廬山,遊歷諸處,忽然驚覺[8],乃尋夢而往。但廬山者,生來不到,及至彼處,樹石寺塔,宛如前夢。方知爲廬山神之所請也。依而結宇,晨夕繼業,遂終山舍。

時又有慧景禪師者,清卓出類,不偶道俗,孤行林阜,禪慧在宗。及其終後,乃返握兩指[9],人有捋者,雖伸還屈。如前故傳所紀[10],獲二果矣。當景卒旦,山峰松樹,並雨甘露,今名甘露峰是也。生常感二鳥[11],依時乞食,及其没後,絶迹此山。

斯之三德,道扇梁朝,樹銘山阿,各題芳績矣。

【校注】

[1] 阿:諸本同,興聖寺本脱。

[2] 珍:諸本同,興聖寺本作"除"形。

[3] 小:諸本同,磧本作"山"。"小池",參見太平廣記卷三四"崔煒"條:"入户,但見一室,空闊可百余步,穴之四壁,皆鐫爲房室,當中有錦繡幃帳數間,垂金泥紫,更飾以珠翠,炫晃如明星之連綴。帳前有金爐,爐上有蛟龍鸞鳳、龜蛇鸞雀,皆張口噴出香烟,芳芬蓊鬱。傍有小池,砌以金壁,貯以水銀鳧鷖之類,皆琢以瓊瑶而泛之。四壁有床,咸飾以犀象,上有琴瑟笙篁、鞀鼓柷敔,不可勝記。""白銀臺",據阿彌陀經不思議神力傳:"法師遂廢講業,日夜專誦彌陀經及咒,計應滿二萬遍。未終四七日前,夜向四更,有神人從西方送一白銀臺來空中,明過於日,告云:法師壽終當乘此臺往生阿彌陀國,故來相示,令知定生。"

[4] 觀:諸本同,磧本作"覲"誤。案,"覲禮"指諸侯對天子、臣下對皇帝之禮。"觀禮",參見大唐西域記卷二"醯羅城"條:"迦畢試王令五净行給侍香花,觀禮之徒,相繼不絶。"知其爲參與法事活動的一種儀式。

[5] 旦:諸本同,麗初本作"且"誤。

[6] 方:諸本同,興聖寺本作"云"形。

[7] 師:諸本同,興聖寺本脱。

[8] 忽:諸本同,興聖寺本作"勿"。

[9] 握:麗再本、麗初本、興聖寺本作"掘",今據趙本、磧本。

[10] 故:磧本、興聖寺本無,麗初本、趙本同麗再本。

[11] 二:諸本同,興聖寺本無。鳥:諸本同,磧本作"烏"。

魏嵩岳少林寺天竺僧佛陀傳四

佛陀禪師,此云覺者,本天竺人。學務静攝,志在觀方。結友六人,相隨業道。五僧證果,惟佛陀無獲,遂勤苦勵節,如救身衣[1],進退惟谷,莫知投厝。時得道友曰:"脩道藉機,時來便剋,非可斯須,徒爲虚死。卿於震旦特是別緣[2],度二弟子,深有大益也。"

因從之,遊歷諸國,遂至魏北臺之恒安焉[3]。時值孝文,敬隆誠至,別設禪林,鑿石爲龕,結徒定念,國家資供,倍架餘部[4]。而徵應潛著,皆異之,非常人也。恒安城内康家,貲財百萬[5],崇重佛法,爲佛陀造別院,常居室内自静遵業[6]。有小兒見門隙内炎火赫然,驚告院主,合家總萃,都無所見[7]。其通微玄觀[8],斯例衆也。識者驗以爲得道矣。後隨帝南遷[9],定都伊洛[10],復設静院,勑以處之。而性愛幽栖,林谷是託,屢往嵩岳[11],高謝人世。有勑就少室山爲之造寺,今之少林是也。帝用居處四海息心之儔[12],聞風響會者[13],衆恒數百,篤課出要[14],成濟極焉。時或告衆曰:"此少林精舍,別有靈祇衛護,一立已後,終無事乏。由使造者彌山而僧廪豐溢。"沿彼至今,將二百載,雖荒荐頻繁,而寺業充實遠用,比之佛陀,無謬傳矣。

時又入洛,將度有緣。沙門慧光年立十二,在天門街井欄上反蹋蹀堉[15],一連五百,衆人諠競,異而觀之。佛陀因見,惟曰[16]:"此小兒世戲有工,道業亦應無昧。"意欲引度,權以杖打頭[17],聲響清徹,既善聲論,知堪法器。乃問:"能出家不?"光曰:"固其本懷耳[18]。"遂度之。解冠終古,具如別傳。又令弟子道房度沙門僧稠,教其定業。自化行東夏,惟此兩賢得道。記之諒有深擬[19]。

年漸遲暮,不預僧倫,委諸學徒,自相成業,躬移寺外,別處零房,感一善神,常隨影護,亦令設食而祠饗之[20]。後報欲終,在房門之壁手畫神像,于今尚存。

【校注】

[1] 救身:諸本同,興聖寺本衍作"救身救身"。
[2] 震:諸本作"振"。
[3] 恒安:北魏都城平城,即今山西省大同市,北齊天保七年到唐武德六年稱恒安鎮。
[4] 架:諸本同,磧本作"加"。"架"同"駕",義同"加",超過意。
[5] 貲:諸本同,磧本作"資"。
[6] 遵:諸本同,興聖寺本作"尊"誤。
[7] 都:麗初本、興聖寺本、趙本作"覩"形近而誤,磧本同麗再本。
[8] 微:麗再本、麗初本、趙本作"徵",今據磧本改。興聖寺本字迹不清。

[9] 隨：麗再本、麗初本、趙本作“隋”，今據磧本改。
[10] 定：諸本同，麗初本作“之”誤。
[11] 往：諸本同，興聖寺本作“住”誤。
[12] 用：諸本同，興聖寺本作“因”。
[13] 聞風：諸本同，興聖寺本衍作“問聞風”。
[14] 課：諸本同，麗初本作“謂”誤。
[15] 門：磧本、趙本無，麗初本、興聖寺本同麗再本。案，“天街”即“天門街”，古代都城的中軸線。欄：諸本同，麗初本作“蘭”。蹋：諸本同，磧本作“踢”應是。堉：諸本作“釒”旁，本字當爲“堉”，今據改，參見馬曉軍、付建榮：抛堉考，語文學刊 2007 年第 S2 期。
[16] 惟：諸本同，磧本作“怪”誤。
[17] 打：諸本同，興聖寺本脱。
[18] 固：諸本同，麗初本作“因”誤。
[19] 擬：諸本同，磧本作“疑”誤。
[20] 饗：趙本、麗初本、興聖寺本作“響”誤，磧本同麗再本。

齊鄴下南天竺僧菩提達摩傳五[1] 道育

菩提達摩，南天竺婆羅門種，神慧疏朗，聞皆曉悟。志存大乘，冥心虚寂，通微徹數，定學高之。悲此邊隅，以法相導，初達宋境南越[2]，末又北度至魏[3]，隨其所止，誨以禪教。[4] 于時合國盛弘講授，乍聞定法，多生譏謗。有道育、慧可，此二沙門，年雖在後而鋭志高遠，初逢法將，知道有歸[5]，尋親事之。經四五載，給供諮接，感其精誠，誨以真法：如是安心，謂壁觀也；如是發行，謂四法也；如是順物，教護譏嫌；如是方便，教令不著。

然則入道多途，要唯二種，謂理、行也。籍教悟宗，深信含生，同一真性；客塵障故，令捨僞歸真，疑住壁觀[6]，無自無他[7]，凡聖等一；堅住不移，不隨他教，與道冥符，寂然無爲，名理入也。

行入四行，萬行同攝[8]。初報怨行者，脩道苦至，當念往劫，捨本逐末，多起愛憎。今雖無犯，是我宿作，甘心受之，都無怨對[9]。經云逢苦不憂[10]，識達故也。此心生時，與道無違，體怨進道故也。

二隨緣行者，衆生無我。苦樂隨緣，縱得榮譽，等事宿因所構，今方得之，緣盡還無，何喜之有。得失隨緣，心無增減，違順風静，冥順於法也。

三名無所求行。世人長迷，處處貪著，名之爲求[11]。道士悟真，理與俗反，安心無爲，形隨運轉。三界皆苦，誰而得安？經曰有求皆苦，無求乃樂也。

四名稱法行，即性浄之理也。

摩以此法開化魏土,識真之士,從奉歸悟,録其言誥[12],卷流于世。[13]自言年一百五十餘歲,遊化爲務,不測于終。

【校注】

[1] 摩:諸本同,磧本作“磨”。

[2] 達:諸本同,磧本作“連”形近而誤。

[3] 又:諸本同,趙本作“父”誤。

[4] 案,古今逸史本洛陽伽藍記卷一“永寧寺”條:“時有西域沙門菩提達磨者,波斯波國胡人也,起自荒裔,來遊中土。見金盤炫日,光照雲表,寶鐸含風,響出天外,歌詠贊歎,實是神功。自云:年一百五十歲,歷涉諸國,靡不周遍,而此寺精麗,遍閻浮所無也,極佛界亦未有此。口唱南無,合掌連日。”

[5] 知:諸本同,大正藏校引宫本作“弘”誤。

[6] 疑:諸本作“凝”,大正藏校引宫本作“擬”。

[7] 無自無他:諸本同,麗初本作“無自他”脱,大正藏校引宫本作“無他無他”誤。

[8] 萬行:諸本同,興聖寺本衍作“方萬行”。

[9] 對:諸本同,磧本作“訴”誤。

[10] 云:諸本同,興聖寺本作“衣”形,誤。

[11] 求:諸本同,興聖寺本作“述”誤。

[12] 誥:諸本同,永北本作“語”。

[13] 參見下文曇林傳,今傳爲達摩著作尚有少室六門集二卷、禪門攝要二卷。敦煌文書中收有達摩和尚絶觀論、釋菩提達摩無心論、南天竺菩提達摩禪師觀門。以上文獻均不大可能爲達摩所著。

齊鄴中釋僧可傳六[1] 向居士 化公 廖公 和公 法林 僧那 慧滿

釋僧可, 名慧可,俗姓姬氏,虎牢人,外覽墳素[2],内通藏典。末懷道京輦[3],默觀時尚。獨藴大照,解悟絶群。雖成道非新,而物貴師受[4],一時令望,咸共非之。但權道無謀,顯會非遠,自結斯要,誰能繫之[5]。

年登四十[6],遇天竺沙門菩提達摩遊化嵩洛。可懷寶知道,一見悦之,奉以爲師,畢命承旨。從學六載,精究一乘,理事兼融,苦樂無滯。而解非方便,慧出神心,可乃就境陶研,净穢埏埴[7],方知力用堅固,不爲緣陵。達摩滅化洛濱,可亦埋形河涘[8]。而昔懷嘉譽[9],傳檄邦畿,使夫道俗來儀[10],請從師範。可乃奮其奇辯[11],呈其心要,故得言滿天下。意非建立,玄籍遐覽,未始經心。

後以天平之初,北就新鄴[12],盛開秘苑,滯文之徒,是非紛舉。時有道恒禪師,先有定學,王宗鄴下,徒侶千計,承可説法,情事無寄,謂是魔語,乃遣衆中通明者來殄可門[13]。既至聞法,泰然心服,悲感盈懷,無心返告。恒又重喚,亦不聞命[14]。相從多使,皆無返者。他日遇恒,恒曰[15]:"我用爾許功夫,開汝眼目,何因致此?"諸使答曰:"眼本自正,因師故邪耳。"恒遂深恨,謗惱於可,貨賕俗府[16],非理屠害,初無一恨,幾其至死,恒衆慶快。遂使了本者絶學,浮華謗黷者操刀自擬,始悟一音所演,欣怖交懷,海迹蹄瀅,淺深斯在。可乃從容順俗[17],時惠清猷,乍託吟謡,或因情事,澄汰恒抱[18],寫割煩蕪[19]。故正道遠而難希,封滯近而易結,斯有由矣。遂流離鄴、衛,亟展寒温,道竟幽而且玄,故末緒卒無榮嗣。

有向居士者[20],幽遁林野,木食於天保之初,道味相師,致書通好曰:

影由形起,響逐聲來。弄影勞形,不知形之是影;揚聲止響,不識聲是響根。除煩惱而求涅槃者,喻去形而覓影;離衆生而求佛,喻默聲而尋響。故迷悟一途,愚智非别[21]。無名作名,因其名則是非生矣[22];無理作理,因其理則諍論起矣。幻化非真,誰是誰非;虚妄無實,何空何有?將知得無所得,失無所失[23]。未及造談,聊伸此意,想爲答之。

可命筆述意曰:

説此真法,皆如實與,真幽理竟[24],不殊本迷。摩尼謂瓦礫,豁然自覺,是真珠無明,智慧等無,異當知萬,法即皆如。愍此二見之徒輩,申詞措筆[25],作斯書觀。身與佛不差别,何須更覓彼無。

餘其發言入理,未加鉛墨,時或纘之,乃成部類,具如别卷。

時復有化公、廖公、和禪師等,各通冠玄奥、吐言清迴,托事寄懷,聞諸口實。而人世非遠,碑記罕聞,微言不傳,清德誰序,深可痛矣。

時有林法師[26],在鄴盛講勝鬘,并制文義。每講人聚,乃選通三部經者,得七百人,預在其席。及周滅法,與可同學,共護經像。初達摩禪師以四卷楞伽授可曰:"我觀漢地,惟有此經,仁者依行,自得度世。"可專附玄理,如前所陳,遭賊斫臂[27],以法御心,不覺痛苦。火燒斫處,血斷帛裹,乞食如故,曾不告人。後林又被賊斫其臂,叫號通夕,可爲治裹,乞食供林。林怪可手不便[28],怒之,可曰:"餅食在前,何不自裹[29]?"林曰:"我無臂也,可不知耶?[30]"可曰:"我亦無臂,復何可怒。"因相委問,方知有功。故世云"無臂林"矣。每可説法竟,曰:"此經四世之後,變成名相,一何可悲。"

有那禪師者,俗姓馬氏[31],年二十一,居東海,講禮、易,行學四百,南至相州,遇可説法,乃與學士十人出家受道。諸門人於相州東設齋辭别,哭聲動邑。那自出俗,手不執筆及俗書,惟服一衣一鉢,一坐一食。以可常行,兼奉頭陀,故其所往,不參邑落。

有慧滿者,滎陽人[32],姓張,舊住相州隆化寺[33],遇那説法,便受其道。專務無著,一衣一食[34],但畜二針[35],冬則乞補,夏便通捨,覆赤而已。自述一生,無有怯怖,身無蚤虱[36],睡而不夢,住無再宿。到寺則破柴造履,常行乞食。貞觀十六年,於洛州南會善寺側[37],宿柏墓中,遇雪深三尺。其旦入寺,見曇曠法師,怪所從來。滿曰:"法友來耶[38]。"遣尋坐處,四邊五尺許,雪自積聚,不可測也。故其聞有括訪[39],諸僧逃隱,滿便持衣鉢,周行聚落,無可滯礙,隨施隨散。索爾虚閑,有請宿齋者[40],告云:"天下無人,方受爾請。"故滿每説法云:"諸佛説心。令知心相,是虚妄法。"今乃重加心相,深違佛意,又增論議,殊乖大理。故使那、滿等師,常齎四卷楞伽,以爲心要,隨説隨行,不爽遺委。後於洛陽[41],無疾坐化,年可七十。斯徒並可之宗系,故不别叙[42]。

【校注】

[1] 可:諸本同,興聖寺本脱。
[2] 素:諸本同,大正藏校引宫本作"索"。
[3] 未懷道京輦:諸本同,磧本衍作"其"。輦:諸本同,興聖寺本作"贊"誤。
[4] 新:諸本同,興聖寺本作"雜"形,誤。
[5] 繫:磧本、興聖寺本作"擊"誤,趙本、麗初本同麗再本。
[6] 四十:諸本同,興聖寺本作"卌"誤。
[7] 穢:諸本同,麗初本、興聖寺本作"彳"旁。
[8] 埋:諸本同,興聖寺本作"理"形。
[9] 嘉:諸本同,磧本作"語"誤。
[10] 俗:諸本同,興聖寺本脱。
[11] 奮:趙本、麗初本作"奪"誤,磧本、興聖寺本同麗再本。
[12] 北:諸本同,磧本作"比"誤。新:諸本同,磧本作"觀"。案,天平之初,東魏遷都城於鄴,故稱"新鄴"。"觀鄴"或形近而誤,或爲"觀國"之意,於意亦劣。
[13] 殄:諸本同,磧本作"珍"誤。
[14] 聞:諸本同,興聖寺本脱。
[15] 恒:諸本同,興聖寺本脱。
[16] 賕:諸本同,磧本作"財"誤。
[17] 從:諸本作"縱"誤,今從磧本。
[18] 汰:諸本同,磧本作"伏"誤。
[19] 割:諸本同,磧本作"剖"應是。
[20] 向:麗初本、興聖寺本脱,趙本、磧本同麗再本。
[21] 愚:諸本同,興聖寺本作"遇"誤。
[22] 則:諸本同,興聖寺本無。
[23] 無:諸本同,興聖寺本脱。
[24] 説此真法皆如實與真幽理竟不殊本迷:資本、大正藏校引宫本作"備觀來意,皆如

實。真幽之理竟,不殊本迷"。"真幽理竟",諸本同,趙本作"真理幽竟"倒。

［25］申:諸本同,磧本作"伸"。

［26］林法師:據唐净覺之(大正85)楞伽師資記第二魏朝三藏法師菩提達摩:"餘則弟子曇林記師言行,集成一卷,名曰達磨論也。菩提師又爲坐禪衆釋楞伽要義一卷,有十二三紙,亦名達磨論也。此兩本論文,文理圓净,天下流通。自外更有人僞造(告)達摩論三卷。文繁理散,不堪行用。"則知"林法師"爲曇林。有學者指出"曇林"即參加北朝譯經的曇林,或不可信。

［27］遭:諸本同,興聖寺本脱。

［28］林怪可:諸本同,興聖寺本衍作"林怪可怪"。

［29］自:諸本同,磧本作"可"誤。

［30］可:諸本同,大正藏校引宋本、宫本無。

［31］姓:諸本同,興聖寺本作"性"。

［32］榮:磧本、興聖寺本作"棨"形,誤。趙本、麗初本同麗再本。

［33］相:磧本、麗初本、興聖寺本作"餘"誤。據上文,那禪師常住相州。

［34］一衣:諸本同,興聖寺本脱作"衣"。

［35］但畜:諸本同,興聖寺本作"俱玄"誤。

［36］虱:諸本同,趙本作"風"誤。

［37］州:諸本同,興聖寺本作"明"形。

［38］友:諸本同,興聖寺本作"有"誤。

［39］聞:磧本作"間"誤,趙本、麗初本同麗再本。興聖寺本字迹模糊,似同磧本。

［40］齋:諸本同,興聖寺本作"者"。

［41］洛陽:諸本作"洛陶中",今暫從磧本。案,疑"陶"當是"陰"之訛。

［42］不:麗再本、趙本、麗初本作"可"誤,今據磧本、興聖寺本改。

齊林慮山洪谷寺釋僧達傳七

釋僧達,俗姓李,上谷人。十五出家,遊學北代[1],聽習爲業。及受具後,宗軌毗尼。進止沉審,非先祖習。年登二夏,爲魏孝文所重,邀延廟寺,闡弘四分。而形器異倫,見者驚奉。虎頭長耳,雙齒過寸,機論適變,時共高美[2],與徐州龍達各題稱謂。

尋復振錫洛都,因遇勒那三藏,奉其新誨。不久值那遷化,覆述地論,聲駭伊穀,令望歸信,相次稱謁。後聽光師十地,發明幽旨,遂從受菩薩戒焉,因從請業,有名學衆。又南會徐部,隨通地論。

梁武皇帝撥亂弘道,銜聞欣然,遂即濟江,造宫請見。勑駙馬殷均引入重雲殿,自晝通夜,傳所未聞。連席七宵,帝歎嘉瑞,因從受戒,誓爲弟子。下勑住同泰寺[3],隆禮供奉,旬别入殿,開示弘理[4]。年移一紀,道懷有據,請辭還魏。乃經七啓,方許背梁[5]。

時兗州行臺侯景爲造二寺,山名天觀,詔曰丈六[6]。達念身爲苦器,難可維持,乃試履裁約,餌苓斷粒,自此終報,資用通生。末爲魏廢帝中山王勑僕射高隆之召入鄴都[7],受菩薩戒。暨齊文宣[8],特加殊禮,前後六度,歸崇十善。達性愛林泉,居閑濟業。帝爲達於林慮山黄華嶺下立洪谷寺[9],又捨神武舊廟造定寇寺,兩以居之。初達經營山寺,將入谷口,虎踞其前,乃祝曰:“欲造一寺,福被幽靈[10],若相許者,可爲避道。”言訖尋去。及造寺竟,安衆綜業。

達反鄴京,夜有神現,身被黄服,拜而跪曰:“弟子是載山神也[11],王及三谷。正備供養,願不須還。”達曰:“在山利少,在京利多。貧道觀機而動,幸無遮止。”又經静夜,有推户者,稱曰:“山神之妻,白日無暇[12],今故參拜,并奉米餻一筐。”進而重曰:“僧無偏爲禮佛之時,請兼弟子名也。”達答:“餻可將還,後當爲禮。”因令通爲之,時一拜兼唱。其含幽識明,皆此類也。達遣弟子道爽,爲山神讀金光明經。月餘,有虎來將狗去。達聞之曰:“此必小道人懈怠,不爲檀越讀經。”具問之,果云:“三日來[13],别誦維摩耳[14]。”乃燒香禮佛告曰:“昨雖誦餘經,其福亦屬檀越。若有靈鑒,放狗還也。”至曉狗還,看於項上,有銜嚙處。斯又接統神明,殆不可測。

講華嚴、四分、十地、地持,雖無疏記,而敷揚有據,特善論議,知名南北。禪法一門,開世殊廣。曾遊梁境,誌公遇而告曰:“達禪師是大福德人也。”帝亦深敬,常顧侍臣云:“北方鸞法師、達禪師,肉身菩薩。”恒向北遥禮。其爲時君所重,無有加焉。一時少覺微疾,端坐繩床,口誦波若,形氣調静,遂終於洪谷山寺,春秋八十有二。即齊天保七年六月七日也。宣帝聞之,崩騰驚赴,舉聲大哭,六軍同號,山林爲動。葬於谷中巖下,立碑於後。余以貞觀九年,親往禮謁。骸骨猶存,寺宇遺迹,宛然如在。

自達奉心玄道[15],情無閒然,有識同親,無聞嫌隙[16]。承先私憾,倍加事之[17],榮勝高流,彌所謙退。自季世佛法,崇尚官榮,僥倖之夫,妄生朋翼,而達爲國都,眇然無顧,昭玄曹局,曾不經臨。斯乃聖達之所輕,寔世福之嘉相矣。

【校注】

[1] 代:諸本同,資本作“岱”。
[2] 共:諸本作“其”,今據磧本改。
[3] 泰:諸本同,趙本作“奉”誤。
[4] 開示:麗初本作“閣亦”,興聖寺本作“開亦”,均誤,趙本、磧本同麗再本。
[5] 背:諸本同,磧本作“皆”誤。
[6] 詔:諸本作“治”,今從磧本。六:諸本同,磧本作“夫”誤。
[7] 山:諸本脱,今據磧本補。案,據魏書本紀、梁書侯景傳、南史侯景傳,侯景在天平

二年九月任南道行臺，或即是“兗州行臺”。天觀山、丈六寺，楊維中先生在中國唯識宗通史第一章第五節，推測爲江蘇蕭縣大觀山。

［8］暨：諸本同，興聖寺本作“既”形。

［9］下：諸本同，大正藏校引宮本無。案，此寺在今河南省林州市西南十五公里處洪谷山洪峪谷内。

［10］被：諸本同，興聖寺本脱。

［11］戴山神：磧本、興聖寺本作“戴山胡”，麗初本作“載山胡”，形近而誤，趙本同麗再本。案，“載山”“戴山”或非爲地名，“載山神”者指負山之神。

［12］白：諸本同，磧本作“曰”誤。

［13］三：諸本同，磧本作“年”誤。

［14］誦：諸本同，磧本作“讀”誤。

［15］玄：諸本同，興聖寺本作“云”形。

［16］無聞：諸本同，磧本作“都無”。

［17］倍：諸本同，磧本作“倚”誤。

齊鄴西龍山雲門寺釋僧稠傳八[1]

釋僧稠，姓孫[2]，元出昌黎，末居鉅鹿之癭陶焉[3]。性度純懿，孝信知名，而勤學世典，備通經史。徵爲太學博士，講解墳索[4]，聲蓋朝廷[5]。將處器觀國，羽儀廊廟，而道機潛扣，欻厭世煩，一覽佛經，涣然神解。時年二十有八，投鉅鏕景明寺僧寔法師而出家。落髮甫爾，便尋經論，悲慶交并，識神厲勇。因發五願，所謂財法通辯[6]，及以四大，常敬三寶，普福四恩。

初從道房禪師受行止觀[7]，房即跋陀之神足也。既受禪法，北遊定州嘉魚山[8]，斂念久之，全無攝證。便欲出山誦涅槃經，忽遇一僧，言從泰岳來，稠以情告，彼遂苦勸脩禪，慎無他志。由一切含靈，皆有初地，味禪要必繫緣，無求不遂。乃從之，旬日攝心，果然得定。常依涅槃聖行四念處法，乃至眠夢覺見，都無慾想。歲居五夏，又詣趙州障洪山道明禪師[9]，受十六特勝法，鑽仰積序，節食鞭心。九旬一食，米惟四升[10]，單敷石上[11]，不覺晨霄，布縷入肉，挽而不脱。或煮食未熟，攝心入定，動移晷漏，前食並爲禽獸所噉[12]。又常修死想，遭賊怖之，了無畏色。方爲説諸業行，皆摧其弓矢，受戒而返。嘗於鵲山静處[13]，感神來嬈，抱肩築腰，氣嘘項上[14]。稠以死要心，因證深定，九日不起。後從定覺，情想澄然，究略世間，全無樂者，便詣少林寺祖師三藏，呈已所證。跋陀曰：“自葱嶺已東，禪學之最，汝其人矣。”乃更授深要，即住嵩岳寺。

僧有百人，泉水纔足[15]。忽見婦人弊衣挾帚[16]，卻坐階上，聽僧誦經，衆不測爲神人也，便訶遣之。婦有愠色，以足蹋泉，水立枯竭[17]，身亦不現。衆以告稠。稠呼優婆夷，三呼乃出，便謂神曰[18]："衆僧行道，宜加擁護。"婦人以足撥於故泉，水即上涌。時共深異，威感如此。

後詣懷州西王屋山修習前法[19]，聞兩虎交鬥，咆響振巖[20]，乃以錫杖中解，各散而去。一時忽有仙經兩卷[21]，在于床上。稠曰："我本脩佛道，豈拘域中長生者乎？"言已，須臾自失。其感致幽顯[22]，皆此類也。後移止青羅山[23]，受諸厲疾供養[24]。情不憚其臭潰，甘之如薺。坐久疲頓，舒脚床前，有神輒扶之，還令加坐，因屢入定，每以七日爲期。又移懷州馬頭山[25]。魏孝明帝夙承令德，前後三召，乃辭云："普天之下，莫非王土，乞在山行道，不爽大通。"帝遂許焉，乃就山送供。魏孝武永熙元年[26]，既召不出，亦於尚書谷中[27]，爲立禪室，集徒供養。又北轉常山，定州刺史婁叡、彭城王高攸等請至。又默之大冥山[28]，創開歸戒，奉信者殷焉。

燕趙之境，道味通被[29]，略無血食[30]，衆侶奔赴，禮貺填充。時或名利所纏者，稠爲説偈止之，聞者慚色而止，便爲陳脩善偈[31]。預在息心之儔[32]，更新其器。

既道張山世，望重天心，齊文宣天保二年下詔曰："久聞風德，常思言遇。今勑定州，令師赴鄴，教化群生，義無獨善，希即荷錫，暫遊承明。思欲弘宣至道，濟斯苦壤。至此之日，脱須還山，當任東西，無所留縶。"稠居山積稔，業濟一生，聞有勑召，絶無承命。苦相敦喻，方遂允請[33]。即日拂衣將出，山闕兩岫，忽然驚震，響聲悲切，駭擾人畜，禽獸飛走，如是三日。稠顧曰："慕道懷仁，觸類斯在，豈非愛情易守，放蕩難持耶。"乃不約事留，杖策漳滏。帝躬舉大駕，出郊迎之[34]。稠年過七十，神宇清曠[35]，動發人心，敬揖情物，乘機無墜。帝扶接入内，爲論正理，因説三界本空，國土亦爾，榮華世相[36]，不可常保。廣説四念處法，帝聞之毛豎流汗，即受禪道。學周不久，便證深定[37]，爾後彌承清誨，篤敬殷重，因從受菩薩戒法。斷酒禁肉，放捨鷹鷂，去官畋漁，鬱成仁國。又斷天下屠殺，月六年三，勑民齋戒。官園私菜，葷辛悉除。

帝以他日告曰："道由人弘，誠不虚應。願師安心道念，弟子敢爲外護檀越，何如？"稠曰："菩薩弘誓，護法爲心。陛下應天順俗，居宗設化，棟梁三寶，導引四民。康濟既臨，義無推寄。"即停止禁中四十餘日[38]，日垂明誨，帝奉之無失。後以道化須布，思序山林，便辭還本住。帝以陵阜迴互[39]，諮謁或難，天保三年下勑[40]，於鄴城西南八十里龍山之陽，爲構精舍，名雲門寺，[41]請以居之，兼爲石窟大寺主[42]。兩任綱位，練衆將千，供事繁委，充諸山谷。并勑國内諸州，别置禪肆，令達解念慧者，就而教授[43]。時揚講誦，事事豐厚[44]。帝曰:“佛法大宗,静心爲本。諸法師等徒傳法化,猶接囂煩,未曰闡揚,可並除廢。”稠諫曰:“諸法師並紹繼四依,弘通三藏。使夫群有[45],識邪正,達幽微。若非此人,將何開導?皆禪業之初宗,趣理之弘教,歸信之漸,發蒙斯人。”

帝大喜焉,因曰“今以國儲分爲三分”,謂供國、自用及以三寶。自爾徹情歸向,通古無倫,佛化東流,此焉盛矣,具如别紀。即勑送錢絹被褥,接軫登山,令於寺中,置庫貯之[46],以供常費。稠以佛法要務,志在脩心,財利動俗[47],事乖道化,乃致書返之。帝深器其量也,勑依前收納,别置異庫,須便依給,未經王府。爾後詔書手勑,月别頻至,寸尺小緣,必親言及。又勑侍御徐之才、崔思和等送諸藥餌,觀僧疾苦。帝常率其羽衛、故幸參覲,稠處小房宴坐[48],都不迎送。弟子諫曰:“皇帝降駕,今據道不迎,衆情或阻。”稠曰:“昔賓頭盧迎王七步,致七年失國。吾誠德之不逮,未敢自欺形相,冀獲福於帝耳。”時亦美其敦慎大法,得信於人。

黄門侍郎李奬與諸大德請出禪要,因爲撰止觀法兩卷,味定之賓,家藏本據[49]。以齊乾明元年四月十三日辰時,絶無患惱,端坐卒於山寺。春秋八十有一,五十夏矣。當終之時,異香滿寺,聞者悚神。勑遣襄樂王宣慰曰:“故大禪師志力精苦,感果必然。栖心寂默,虚來實返[50],業暢玄風[51],事高緇素。運往神遷,寔深嗟惘。資崇有嘉,用申悽敬。可施物五百段,送千僧供於雲門,以崇追福。”至皇建二年五月,弟子曇詢等奏請爲起塔,下詔曰:“故大禪師,德業高迴,三寶棟梁,滅盡化終,神遊物外。可依中國之法,闍毗起塔,建千僧齋,贈物千段,標樹芳迹,示諸後代。”勑右僕射魏收爲製碑文。其爲時君所重,前後皆此類也。既而剋日准勑,四部彌山,人兼數萬,香柴千計,日正中時,焚之以火。莫不哀慟斷絶,哭響流川。登有白鳥數百,徘徊烟上,悲鳴相切,移時乃逝。仍於寺之西北,建以塼塔,每有靈景異香,應于道俗。

初稠奉信出家,知奇齊魏,克志禪業,冠絶後塵。而歷履大行,往還朝野,鳴謙抱素,能扇清風。加又威稜群賊,勢慴山魖[52],解虓虎之鬥情,禁利養之深毒。大儒皇氏,躬爲負糧;青羅獵客,執刀剪髮。或德感上玄,澤流奉敬之苗;幽誠所致,粟滿信心之室。樹神遮道,隨器欲而法流;文豹浄房,銜穢幞而遥棄。或猛虎馴狎,即背垂衣,頽山將陊,召出存命[53]。若斯靈相,振古罕儔,具如雲門象圖所紀。

又初勑造寺,面方十里[54],令息心之士,問道經行。稠曰:“十里大廣,損妨居民,恐非遠濟,請半減之。”勑乃以方五里爲定,使將作大匠紀伯邕締構伊始。邕集諸鄉邑,問此地名。忽聞空中大聲答曰:“山林幽静,此處本號雲門。”重問所由，了無一人知者。帝聞異之，因從空響焉。今名光嚴寺是也[55]。又嘗有客僧，負錫初至，將欲安處[56]，問其本夏，答云：“吾見此中三爲伽藍。”言終而隱，既而掘地爲井，果得鴟吻二焉。

又所住禪窟，前有深淵，見被毛之人，偉而胡貌，置釜燃火[57]，水將沸涌。俄有大蟒從水中出，欲入釜内。稠以足撥之，蟒遂入水，毛人亦隱。其夜因致男子神來頂拜稠云：“弟子有兒，歲歲爲惡神所噉。兒子等惜命不敢當。弟子衰老將死[58]，故自供食。蒙師護故，得免斯難。”稠索水潠之，奄成雲霧。

時或讒稠於宣帝以倨傲無敬者，帝大怒，自來加害。稠冥知之，生來不至僧厨，忽無何而到云：“明有大客至，多作供設。”至夜五更，先備牛轝，獨往谷口，去寺二十餘里，孤立道側。須臾帝至，怪問其故，稠曰：“恐身血不净，穢汙伽藍，在此候耳。”帝下馬拜伏，愧悔無已，謂尚書令楊遵彦曰：“如此真人，何可毁謗也。”乃躬負稠身往寺，稠磬折不受，帝曰“弟子負師遍天下，未足謝愆”云云。因謂曰：“弟子前身，曾作何等?”答曰：“作羅刹王，是以今猶好殺。”即咒盆水[59]，令帝自視。見其影如羅刹像焉。

每年元日，常問一歲吉凶。後至天保十年，云：“今年不能好。”文宣不悦。帝問師復何如，答云：“貧道亦不久。”至十月帝崩，明年夏首稠喪，驗之果矣。嘗以暇日，帝謂曰：“弟子未見佛之靈異，頗得覩不?”稠曰：“此非沙門所宜。”帝强之，乃投袈裟于地，帝使數十人舉之，不能動。稠命沙彌取之，初無重焉。因爾篤信兼常，寺宇僧供，勞賜優渥。

齊滅周廢，以寺賜大夫柳務文。文又令其親辛儉守[60]。嘗將家入住，有神怒曰[61]：“何敢凌犯須陀洹寺[62]。”而儉未幾便卒。隋初興復，奄同初構。八時禪懺，著聲寰宇。大業之末，賊所盤營[63]，房宇孑遺[64]，餘皆焚蕩。余以貞觀初年，陟玆勝地，山林乃舊，情事惟新，觸處荒凉，屢興生滅之歎；周睇焚爐，頻噎黍離之悲。傳者親閱行圖，故直叙之于後耳。

【校注】

[1] 稠：諸本同，興聖寺本作“相”誤。

[2] 姓：諸本同，磧本作“性”誤。孫：諸本同，興聖寺本作“係”形。

[3] 鉅：諸本同，興聖寺本作“馬”旁。案，“癭陶”縣屬鉅鹿郡是在西漢到北齊天保七年之間。

[4] 索：麗再本、趙本作“素”誤，今據磧本、麗初本、興聖寺木改。

[5] 朝：諸本同，興聖寺本作“相”形。

[6] 辯：諸本同，興聖寺本作“開”形。

[7] 房：諸本同，興聖寺本作“居”形。

［8］定州嘉魚山：或即今河北省保定市曲陽縣下河鄉之嘉山。

［9］障洪山道明禪師：磧本作"漳洪山道朋禪師"。"障洪山"，麗再本、麗初本作"障供山"誤，今據趙本、興聖寺本改。"道明"，諸本同，磧本誤作"道朋"，參見本書卷九靈裕傳"僧明"條注，"道明"或即"僧明"。"趙州障洪山"無考，僧明禪師駐錫之應覺寺在封龍山西，則"障洪山"或即封龍山也。

［10］升：諸本同，磧本作"斗"。

［11］石：諸本同，磧本作"右"誤。

［12］並：諸本同，興聖寺本作"普"。所：諸本同，興聖寺本脱。

［13］嘗：麗再本、趙本作"常"誤，今據磧本、麗初本、興聖寺本改。案，"鵲山"，據元和郡縣圖志卷一五"河東道邢州内丘縣"："鵲山，在縣西三十六里，昔扁鵲同虢太子遊此山采藥，因名。"當爲河北省内丘縣西二十六公里處的鵲山。

［14］項：諸本同，興聖寺本作"頂"形。

［15］纔：諸本同，興聖寺本作"絶"形。

［16］弊：諸本同，興聖寺本脱。

［17］水立枯竭：諸本作"立竭"，今據磧本補。

［18］便：諸本同，興聖寺本作"更"。

［19］案，王屋山在今河南省濟源市。據多種道經記載，爲道教洞天之首，故下文有仙經之事。

［20］振：諸本同，磧本作"震"應是。

［21］兩：諸本同，趙本作"而"誤。

［22］顯：諸本同，麗再本作"現"誤，今據諸本改。

［23］青羅山：案，其地望今不可考，據文意推斷，今河南省修武縣雲臺山景區百家巖附近有些遺蹟傳説爲僧稠舊居，百家巖屬天門山，或即青羅山。

［24］厲：諸本同，磧本作"癘"是。

［25］懷州馬頭山：當爲今河南省修武縣青龍峽風景區之馬頭山。

［26］魏孝武：諸本同，磧本作"魏孝武帝"。

［27］尚書谷：明一統志卷二八"懷慶府"："靈都宫，在濟源縣西三十里尚書谷，唐玉真公主昇仙處。天寶間建，元至元間重修，有碑。"

［28］又默：磧本作"文墨"，麗初本、興聖寺本作"文默"，均誤，趙本同麗再本。

［29］味：麗再本、麗初本、趙本作"未"誤，今據磧本、興聖寺本改。

［30］無：麗再本、麗初本、興聖寺本作"言"，今據趙本、磧本改。

［31］善：諸本同，興聖寺本作"道"誤。

［32］息：諸本同，麗初本作"意"誤。

［33］允：麗再本、趙本、興聖寺本作"元"，今據磧本、興聖寺本改。

［34］郊：諸本同，興聖寺本作"邪"形。

［35］神：諸本同，興聖寺本作"禪"誤。

［36］榮：諸本同，興聖寺本作"營"誤。

［37］證：麗初本、興聖寺本作"登"，趙本、磧本同麗再本。

［38］四十：諸本同，興聖寺本作"卅"。

［39］互：諸本同，興聖寺本作"丘"。

［40］下：諸本同，磧本作"又"。

［41］龍山：當爲今河南省安陽縣西水冶鎮之九龍山，雲門寺在九龍山南麓天禧鎮。
［42］石窟大寺：即安陽寶山靈泉寺。
［43］而：諸本同，磧本作“爲”。
［44］事事，諸本同，磧本作“事”脱。
［45］群有：諸本同，興聖寺本衍作“群生有”。
［46］庫：諸本同，興聖寺本作“車”誤。
［47］財：諸本同，興聖寺本作“則”誤。
［48］處：諸本同，興聖寺本無。
［49］家藏本據：磧本、麗初本衍作“家藏一本據”，趙本、興聖寺本同麗再本。本：諸本同，興聖寺本作“大”誤。
［50］案，興聖寺本從“來實返”至下文“重聞所由，了無一人知者。帝聞異”脱。
［51］業暢：諸本作“妙業”誤。“業暢”與下句“事高”對。
［52］慴：諸本同，麗初本作“摺”誤。“慴”，説文卷一〇“懼也”；“摺”即“折”。魑：磧本、麗初本作“螭”誤，趙本同麗再本。
［53］存：磧本作“在”，趙本、麗初本同麗再本。
［54］面：趙本作“而”，磧本、麗初本同麗再本。
［55］嚴：諸本同，興聖寺本字迹不清，似作“巖”形。
［56］安：諸本同，趙本脱。
［57］燃：諸本同，興聖寺本作“然”。
［58］老：諸本同，興聖寺本脱。
［59］咒：麗初本、興聖寺本作“祝”，磧本、趙本同麗再本。
［60］文：諸本同，興聖寺本作“云”形。
［61］神：諸本同，興聖寺本作“禪”形。
［62］凌：磧本、興聖寺本作“陵”，趙本、麗初本同麗再本。“陵”同“凌”。
［63］盤營：諸本同，磧本作“停營”誤。
［64］遺：諸本同，興聖寺本作“貴”。

後梁南雍州襄陽景空寺釋法聰傳九[1]

釋法聰，姓梅，南陽新野人[2]，八歲出家，卓然神秀[3]。正性貞潔，身形如玉[4]，蔬藿是甘，無求滋饌。及長成立，風操逾厲，净施厚利，相從歸給，並迴造經藏三千餘卷。備窮記論，有助弘贊者[5]，無不繕集。年二十五，東遊嵩岳，西涉武當，所在通道，惟居宴默。因至襄陽傘蓋山白馬泉[6]，築室方丈，以爲栖心之宅。入谷兩所，置蘭若舍，今巡山者，尚識故基焉。

初梁晉安王來部襄雍[7]，承風來問，將至禪室，馬騎將從，無故卻退。王慚而返，夜感惡夢。後更再往，馬退如故[8]。王乃潔齋，躬盡虔敬，方得進見。初至寺側，但覩一谷猛火洞燃[9]，良久竚望，忽變爲水，經停傾仰，水滅堂現。以事相詢，乃知爾時入水火定也。堂内所坐繩床，兩邊各有一虎，王不敢進,聰乃以手按頭著地,閉其兩目,召王令前,方得展禮,因告境内多弊虎災,請求救援[10]。聰即入定,須臾有十七大虎來至。便與受三歸戒,勑勿犯暴百姓。又命弟子以布繫諸虎頸[11],滿七日已當來於此。王至期日,設齋衆集,諸虎亦至,便與食解布,遂爾無害。

其日,將王臨白馬泉[12],内有白龜就聰手中取食,謂王曰:"此是雄龍。"又臨靈泉,有五色鯉,亦就手食,云此雌龍。王與群吏嗟賞其事,大施而旋[13]。有凶黨左右數十人[14],夜來劫所施之物,遇虎哮吼,遮遏其道。又見大人倚立禪室,傍有松樹止至其膝,執金剛杵,將有守護,竟夜迴遑,日午方返。王怪其來晚[15],方以事首,遂表奏聞[16]。下勑爲造禪居寺,聰不往住,度人安之。又勑徐擿,就所住處,造靈泉寺,周朝改爲静林,隋又改爲景空,大唐仍於隋號。

初聰住禪堂,每有白鹿白雀,馴伏栖止。行往所及,慈救爲先[17]。因見屠者驅猪百餘頭[18],聰三告曰"解脱首楞嚴",猪遂繩解散去。諸屠大怒,將事加手,並仡然不動,便歸過悔罪,因斷殺業。又於漢水漁人牽網所[19],如前三告,引網不得,方復歸心,空網而返。

又荆州苦旱,長沙寺遣僧至聰所請雨,使還大降,陂池皆滿。

高祖遣廬陵王迎出都,有事不遂。及湘東王作牧荆峽,於江陵造天宫寺,迎以處之,遂終此寺。即梁太清年也。其寺見有碑記,廣叙徵異。景空今寺[20]猶有所坐禪堂存焉[21]。

【校注】

[1] 案,興聖寺本此標題下有三小字作"□□無",諸本無。

[2] 新野:北魏屬新野郡,北周改縣名爲棘陽縣,隋開皇改回新野縣,屬鄧州,大業改屬南陽郡,唐屬鄧州。

[3] 秀:諸本同,麗初本脱。

[4] 身:諸本同,興聖寺本脱。

[5] 助:諸本同,興聖寺本作"敕"形。

[6] 襄陽傘蓋山白馬泉:唐代詩人孟浩然曾隱居於此,有詩"池上青蓮宇,林間白馬泉"。東晋時道安法師在此建白馬寺,即法聰駐錫之地,當今襄陽市南峴山主峰東側,緊依習家池西之谷隱山、谷隱寺。谷隱寺即下文提到的靈泉寺、静林寺、景空寺。參見魏平柱,孟浩然家居地考析,襄陽日報 2013. 6. 26。傘:諸本同,興聖寺本作"命"形。

[7] 部:諸本同,磧本作"都"誤。案,"梁晋安王",即蕭梁簡文帝蕭綱。其"部襄雍",在普通四年到中大通二年,共八年。

[8] 退:諸本同,興聖寺本作"是"形。

[9] 燃:磧本、興聖寺本作"然",麗初本、趙本同麗再本。

［10］請：諸本同，趙本作“讀”誤。
［11］布：諸本同，磧本作“布故衣”。
［12］王：諸本同，磧本作“主”誤。
［13］旋：麗初本、興聖寺本作“施”誤，磧本、趙本同麗再本。
［14］黨：麗初本、興聖寺本脱，磧本、趙本同麗再本。
［15］晚：諸本脱，今據磧本補。
［16］聞：諸本同，興聖寺本作“門”。
［17］先：諸本同，興聖寺本脱。
［18］因見：諸本同，磧本作麗“忽遇”。
［19］所：諸本脱，今據磧本補。
［20］“迎出都”至“景空今寺”：“峽”，諸本同，興聖寺本作“陜”。“景”，諸本同，興聖寺本作“景景”。案，此段文字，磧本作“重請下都，確乎不許，後至盧阜，驃騎威王因從受戒，勸請還臺。聰志存虚静，潛泝西上，遁隱荆部神山。湘東王承聞，馳駕山門，伸師襄之禮。頻請下都，固辭不許，乃遣親故陳旻，必令請得，如不允者，未足相見。旻以事請，聰不免意，暫赴所期，又至清溪。江陵令江禄至山，爲起重閣三間。湘東王以太清三年高祖崩，捨宫造天宫（夫宫）寺，邀延永住。不守本志，入之故里，統御禪衆，有扇清規，禪講相參，無虧晷漏。所獲檀捨，通造藏經，凡所至處，靈瑞難述。初太常劉之大，具以聞高祖，遂每西禮，并送供養。武陵上蜀，從受歸戒。巴峽守晋鴻上湘東王柏木爲寢殿，及感放光，旬日不歇，王於傍造浮圖、僧房、講堂，并王服玩，作露盤，立爲寶光寺，請聰居之。王述般若義，每明日將豎義，殿則夜放光明，照數里不假燈燭。議者以般若大慧智光幽燭所致。及宣帝末臨，亦同前驗。聰每入道場，必涕泗翹仰，普賢授記，天花異香，音樂冥發，不可議也。以梁大定五年九月無疾而化。端坐如生，形柔頂暖，手屈二指，異香不歇，年九十二矣。其靈泉，周改爲静林，隋改爲景空，大唐因而不改。即故地”。案，“廬陵王”與下文的“驃騎威王”均指蕭梁時蕭續，梁武帝第五子，死後贈“驃騎大將軍”，謚號“威”，傳見南史。
［21］所坐：諸本同，興聖寺本脱。

陳鍾山開善寺釋智遠傳十

釋智遠，姓王，族本太原，寓居陜服。幼而聰穎，早悟非常，居荆州長沙寺禪坊，爲法京沙門之弟子也。卓然獨立，靖記玄心。至於戒年，清潔逾厲而慧業未深。遥想揚輦，遂負袠沿波，達于建業。龍光僧綽[1]，一代英雄，乃肆心仰旨，專門受教[2]。學逾一紀，解通三藏。梁建安侯蕭正立[3]，務兼内外，備弘孔、釋，造普明寺請遠居之。以伸供養之志也。有慧湛禪師定品惟深，晚學宗領，遂具受秘法，諮質玄觀，定水既澄，慧門宜敞。及研習大乘[4]，洞其根葉。又歷名山，養志弘道。與沙門道會，同集龍盤，夙昔素心，一期開決。因住開善，畢志山泉，城闕不窺，世華無涉，守静自怡，年老無捨。以陳太建三年十二月一日旦,終于此寺禪坊。時年七十有七。遺旨不令哭,奄如入定,乃窆於獨龍之山。新安寺沙門慧暠曰:"吾與伊人,早同法門,久禀戒道,歎法橋之忽壞,痛寶舟之已沉。乃率庸才,仰傳寶德。"五兵尚書蕭濟鴻才碩學,行潔名高,爲之銘頌。

【校注】

[1] 僧:諸本同,興聖寺本衍作"僧僧"。
[2] 教:諸本同,興聖寺本作"授"。
[3] 正:磧本衍作"正正"。
[4] 及:諸本同,興聖寺本作"乃"。

後梁荆州覆船山釋法常傳十一

釋法常,高齊時人。[1]領徒講律[2],有聲漳鄴。後講涅槃,并授禪數,齊主崇爲國師[3]。以處衆囂雜,枯折由生,無俱利功,捐而至楚。後聞追之,變形革服,一舉千里,又達衡岳,多處林野,布衣乞食。又之荆硤[4],有僧法隱者,久住覆船山東嶺,誦法花、維摩、思益,以爲常業,而未閑心觀。後至松滋[5],見常異操,乃歸而問津,遂默而不對。乃經一夏,涕泗滂沱,方示心要,如説行者,方知其趣隱。駐心自久,繫念日新,深悟寂定,不思議也。

與故人胡君義别,不值,題壁剋某月日當遠行[6]。至期果卒。後當將終,語諸僧曰:"吾今日作一覺長眠,便入室右脅而卧。"明日怪眠不覺,看之,久終[7],方悟長眠語矣。

【校注】

[1] 案,本卷自法常傳至法忍傳,麗初本、興聖寺本均無。
[2] 律:磧本作"肆",據下文"後講涅槃"當爲"律",趙本同麗再本。
[3] 主:磧本作"王"誤,趙本同麗再本。
[4] 硤:磧本作"峽",趙本同麗再本。
[5] 松滋:即今湖北省松滋市。
[6] 某:麗再本、趙本脱,今據磧本補。
[7] 久:磧本作"已",趙本同麗再本。

後梁荆州長沙寺釋法京傳十二

釋法京,姓孫,太原人,寓居江陵。母將懷孕,夢入蓮池,捧一童子,端正可喜,因而有娠,將誕,又夢乘白師子遊戲虚空。京七歲出家,十三與同學智淵咸昇高座,説法無滯。寺内長少俱夢聖僧告云:“京是寺元檀越,願力生此,方爲棟梁,所以凡所投造,風從水漸,財利山積,福門大弘。”殿宇小大,千五百間,並京修造。僧衆湊集,千有餘人。長沙大寺,聖像所居,天下稱最,東華第一,由是道力所致,幽明被之。後梁二主,聞便敬重,奉爲僧正,綱紀遺法。晚抱危疾,諸僧像前七日行道[1],沙門法泰夢像至於京房,浄人遠志親覩像從京房返於大殿,爾日即愈。是知育王瑞像[2],感降在人,專注祈求,無往不應。不久卒於寺[3],春秋七十六矣。

【校注】

[1] 諸:磧本作“請”誤,趙本同麗再本。

[2] 王:磧本作“玉”誤,趙本同麗再本。

[3] 於:磧本無,趙本同麗再本。

後梁荆州玉泉山釋法懔傳十三

釋法懔,姓嚴,枝江人[1],十五出家玉泉山寺。衆侣清浄,懔依味道,積有年載。禪念爲本,依閑誦經,法華、維摩及大論鈔,普皆無昧。不著繒纊,大布爲衣,不食僧糧,分衛一食,不卧常坐,勤勵莫儔。荷錫遠遊,言追勝友,廬峰、台嶺、衡、羅、恒、岱,無遠不届。氣調清邈,故山僧見者,莫不挹高節而仰其奇趣也。榛林猛獸之宅,幽深魑魅之巖,栖息無爲,如在邑里。

昔從岱岳,路出徐州,遇一縣令,問以公驗。懔常齎法華一函,乃答云:“此函中有行文。”檢覓不見,令怒曰:“本無行文,何言有邪[2]?”答曰:“此經是諸佛所行之迹,貧道履而行之,還源返本,即我之行文也。”令瞋不歇,閉之。七日不食,誦經聲不輟。令感惡夢,便頂禮悔過[3]。後栖默山,以禪静爲正業。遂坐卒巖中,年六十二。異香紛紛,旬日乃歇。

時陽山僧景者,不詳何人,晦迹塵外,以道自處。陽山中泉石松竹,秀疏清曠[4],嶺接桃源[5],古稱名地。卜居寂照,感通鬼物,有懷惡念,不得進前,前或值虎蛇[6],驚怖失道;若有問法,安步無他。曾有人來[7],欻起惡念,忽見大蛇,繞床而出[8],將欲吐毒,懺謝得免。

時枝江惠璀禪師,南岳思公之神足也,聞而造之,杜口不答。璀便雨淚啓請,通夕翹立,固請確然。乃經多日,方爲披説。璀出曰:“余遊名山上德多矣,善友高尚者,十有八人。分得其門,頗經趣入,而牆仞高遠,奇唱難階者，斯人在斯。”至於年紀，人所不測。璀云曾問，答云“吾年三百歲[9]”。不知所終。

【校注】

［1］枝江：西漢置，治當今湖北省枝江市西南百里洲。

［2］邪：磧本作“耶”，趙本同麗再本。

［3］禮：趙本作“祀”，磧本同麗再本。

［4］疏：磧本作“竦”，趙本同麗再本。案，“疏”，即“疏散”之“疏”，先秦漢魏晋南北朝詩宋詩卷二謝靈運過白岸亭詩：“榮悴迭去來，窮通成休戚。未若長疏散，萬事恒抱朴。”“竦”，有敬、肅、懼三義，與文意均不合。

［5］嶺：磧本作“領”誤，趙本同麗再本。案，“桃源”，或即今湖南桃源縣之桃源山，若如此則陽山也在今桃源山附近。

［6］前：磧本脱，趙本同麗再本。

［7］來：麗再本、趙本作“求”，今據磧本改。

［8］繞床：磧本作“繩床”似較爲生動，趙本同麗再本。

［9］歲：磧本作“歲矣”應是，趙本同磧本。

後梁荆州支江禪慧寺釋惠成傳十四[1]

釋惠成[2]，姓段，澧陽人[3]。出家住十住寺，誦法華、維摩、勝天王等大乘經二十餘卷。進具後，爲荆南佛法希鮮，承都下大弘法席[4]，有心遠慕，遂因商船，往造建業。正值成實雲講[5]，學者肩聯，一聽十年，文理略盡。將旋本邑[6]，至匡山與顗師相見。[7]

承南岳思禪師匡化山中，引衆波動，試往看之。既見欣仰，欲學定業，思曰：“卿一生學問，與吾炙手猶不得暖[8]。虚喪功夫，惜哉。”成素憑文疏，依他生解，忽今自撿[9]，茫若霧遊，慨恨之甚，不可得也。乃唯曰：“承大師善知來意，今試驗之。”見犀如意及手巾綫履，欲得之。思命令送與。成遂總燒卻章抄[10]，捐擲筆硯，專志攻繫[11]，以必達爲期[12]。當時造禪門者數十人，皆先達者，成以後至[13]，恐不相及，乃以夜達晝，開眼坐禪。經十有五年，思令入方等觀音法華般舟道場，歷試銷障[14]。三年依行，魔業禪鬼，頗因散絶。乃示以正法，專思玄寂，久遂解衆生語言三昧[15]，精思通爽，静亂齊焉。彼閉目者觀道雖明，開眼便失，與成比校，天地懸殊。思云：“智顗先發三昧，後證於持法，成反之[16]。二子寂照，行解齊矣。”

大師化往，上至枝江，造禪惠寺。所營土木，咸依俗有，德行所招，不久便就[17]。其地西望沙渚，德鸞栖遁之地；東眺上明[18]，彌天立寺之所。湘東王承風迎請，爲建禪衆，仍構大殿，闕梁不成。六月江漲，於一夜中，成曰：

"有木中梁,可往江接取[19]。"尋語往看,果如所示。

有清信士段弘者,爲精舍主,忽然氣絶。家人召成至宅,弘乃蘇曰:"初執至王所,見禪師上殿曰:'與此人立功德未了,願赦之。'王起禮足,如言被放。"

陳主聞而往召,卓然不往。又令江總等往迎,若不允心,不勞返也。王人雨淚,强引入船,成乃奮身入水,立於江上。又請:"若不蒙下,總等粉身無地。"從之至都,受戒而返。乃賜所住名禪慧寺。

不久,市朝遷革,有常律師者欲往南岳,遇成同宿,夜中投虱於地,而密知之,及明告别,成曰:"昨夜一檀越被凍困苦。"常慚之永誡。將終語門人曰:"急砌殿基,吾當講涅槃也。"聞皆急手[20],恰竟而智者玉泉寺至[21],冥相符會,共談玄理,良久氣絶。以年月坐亡於禪衆道場[22],年七十三矣。湘東王宫内立碑,今見在城中。

【校注】

[1] 支:磧本作"枝"。惠:磧本作"慧",下同,不一一出校。趙本同麗再本。
[2] 惠:磧本作"慧",趙本同麗再本。
[3] 澧陽:今湖南省臨澧縣。
[4] 下:磧本脱,趙本同麗再本。
[5] 雲:磧本作"靈"誤,趙本同麗再本。
[6] 旋:麗再本作"施",今從趙本、磧本。
[7] 與:趙本同麗再本作"寺",今從磧本。
[8] 手:磧本作"干"誤,趙本同麗再本。
[9] 今:趙本、磧本作"令"。
[10] 總:麗再本、趙本作"忽",今據磧本。
[11] 攻:磧本作"正",趙本同麗再本。
[12] 達:磧本作"遠"誤,據下文"皆先達者"指當爲"達",趙本同麗再本。
[13] 成:磧本作"或"誤,趙本同麗再本。
[14] 試:麗再本、趙本脱,今據磧本補。
[15] 久:磧本作"久久",趙本同麗再本。
[16] 後證於持法成反之:磧本作"後證總持,慧成及之"誤,趙本同麗再本。
[17] 就:麗再本、趙本作"説",今據磧本改。
[18] 東:麗再本、趙本脱,今據磧本補。"上明寺",據楊維中東晋時期荆州佛寺考(覺群佛學2009,第340頁),位於今湖北省松滋市。
[19] 可:磧本脱,趙本同麗再本。取:麗再本、趙本脱,今據磧本補。
[20] 急手:麗再本、趙本作"給手",今從磧本。案"急手",即快速。
[21] 玉:麗再本作"王",今據磧本、趙本。
[22] 禪衆道場:麗再本、趙本作"禪衆禪師在道場",今據磧本删。

後梁荆州玉泉山釋法忍傳十五

釋法忍,江陵人。初投天皇寺出家[1],受具已後,受持法華、維摩,日常再遍[2]。衆聚多諠,枯折由生[3],西往覆舟巖下頭陀自静。觀理三十餘年,木食麻衣破納而已。自得幽林,無求外護,升粒若盡,繼以水果,終不馳求。或一食七日,跏坐求志。曾於一夏,費米三斗,必限自恣,猶盈五升。雖獨宿非入戒科,而儉約一偶[4],别行所止。龕室纔容膝頭,伏夏嚴冬,形不出户。故寒不加絮,熱不減衣,安然守道,無爲而已。忽有一象,無事至龕,經于數日,忍便現疾,於寺北窟,右脅而終,春秋六十有七。衣鉢塵朽,衆無預焉,評其估價,不至於十云。

【校注】

[1] 天皇寺:位於江陵城東,全唐文卷六九一符載荆州城東天皇寺道悟禪師碑:"後於荆南,城東有天皇寺。"

[2] 常:磧本作"堂"似誤,趙本同麗再本。

[3] 枯折由生:磧本作"朽折由出",趙本同麗再本。案,文選卷四三劉歆移書讓太常博士:"尚書初出於屋壁,朽折散絶,今其書見在,時師傳讀而已。""朽折"或典出於此。

[4] 儉:磧本作"倫",趙本同麗再本。

周京師大追遠寺釋僧實傳十六[1]

釋僧實,俗姓程氏,咸陽靈武人也[2]。幼懷雅亮[3],清卓不倫。嘗與諸僮共遊狡戲,或摘葉獻香,或聚砂成塔,鄉閭敬焉[4],知將能信奉之漸也。親眷愛結,不許出家,喻以極言,久而方遂。年二十六,乃得剃落。

有道原法師擅名魏代,實乃歸焉。隨見孝文[5],便蒙降禮。大和末,從原至洛[6],因遇勒那三藏,授以禪法,每處皇宫,諮問禪秘。那奇之,曰:"自道流東夏,味静乃斯人乎?"於是尋師問道,備經循涉。雖三學通覽,偏以九次調心[7],故得定水清澄,禪林榮蔚。性少人事,退迹爲功,所以高蓋駟馬[8],未曾流目;清流林竹,顧便忘返[9]。加又口繞黑子[10],欹若斗形[11];目有重瞳,光明外射;腋懷鳳卵,七處俱平[12],奇相超倫,有聲京洛。兼又道契生知,化通關壤,聽業未廣而無問不明[13]。能勤整四儀[14],静脩三法,可憲章於風俗[15],足師表於天人。

周太祖文皇以魏大統中下詔曰:"師目麗重瞳,偏同虞舜;背隆傴僂,分似周公。德宇純懿,軌量難模[16],可昭玄三藏。"言爲世寶,篤志任持,故有法相之宜興,俗務之宜廢,發談奏議,事無不行。至保定年[17],太祖又曰:"師才深德大,宜庇道俗,以隆禮典,乃躬致祈請[18],爲國三藏。"實當仁不讓,默而受之。是使棟梁斯在,儀形攸寄。周氏有國[19],重仰玄風,禮異前朝,受於歸戒。逮太祖平梁荆後,益州大德五十餘人,各懷經部,送像至京,以真諦妙宗,條以問實。既而慧心潛運,南北疏通,即爲披決。洞出情外,並神而服之。於是陶化京華,久而逾盛。

忽一旦,告僧曰:"急備香火,脩理法事,誦觀世音,以救江南某寺堂崩厄也[20]。"當爾之時,揚都講堂正論法集,數百道俗充滿其中。聞西北異香及空中妓樂[21],合堂驚出,同共聞聽。堂欻摧壞,大衆無損。奏聞梁主,乃移以問周,果知實祐[22]。大送珍寶,賜遺相續[23],而實但取三衣什物而已,餘隨散之。由爾名振二國[24],事參至聖。

以保定三年七月十八日卒於大追遠寺,春秋八十有八。朝野驚嗟,人天變色。帝哀慟泣之,有勑圖寫形像,仍置大福田寺。即以其日窆於東郊門外,滕公、酈食綦冢南[25],碑石尚存。弟子曇相等傳燈不窮,彌隆華實,以業有從,爰於墓所立寺,還名福田,用崇冥福[26]。并建碑于寺野二所,大中興寺釋道安及義城公庾信製文,今在苑内。

【校注】

[1] 京:諸本同,興聖寺本作"亰"形,下同,不一一出校。

[2] 咸陽靈武:資治通鑒卷第八十八胡三省注:"前漢北地郡有靈武縣,後漢、晋省,至後魏置咸陽郡,池陽、靈武二縣並屬焉。"又:"則此靈武爲前漢北地郡、魏咸陽郡之靈武明矣。"則其地當在今陝西咸陽市,非位於今寧夏之靈武。參見 http://blog. sina. com. cn/s/blog_598511fd0102vf49. html。2016. 10. 14 採集。

[3] 幼:諸本同,興聖寺本作"幻"。

[4] 鄉:諸本同,興聖寺本作"嚮"。

[5] 隨:麗初本、趙本作"隋",磧本、興聖寺本同麗再本。

[6] 原:麗初本、趙本作"京",磧本、興聖寺本同麗再本。

[7] 調:磧本、興聖寺本作"彫"誤,麗初本、趙本同麗再本。

[8] 以:諸本同,興聖寺本脱。

[9] 忘:磧本、麗初本、興聖寺本作"亡",趙本同麗再本。

[10] 加:諸本同,興聖寺本作"伽"。

[11] 斗:麗再本、趙本、興聖寺本作"升"誤,今從磧本、麗初本。

[12] 七處俱平:佛教術語,據大智度論卷四,佛"兩足下、兩手及兩肩、頸項等七處,皆平滿端正,柔軟微妙"。

[13] 問:諸本同,磧本作"門"誤。

[14] 能勤整四儀:諸本同,磧本作"而能勤整四儀"。

[15] 章:麗初本、趙本、興聖寺本作"彰",磧本同麗再本。

［16］軌：諸本同，興聖寺本作“乾景”誤。

［17］保定：諸本同，大正藏校引宫本作“後元”應是，西魏只有一個年號大統，最後一個皇帝拓拔廓的元年是“後元”即公元 554 年。而“保定年”“太祖”已經去世，故誤。

［18］躬：諸本同，趙本作“窮”。

［19］氏：諸本同，興聖寺本作“代”形。

［20］某：諸本同，興聖寺本作“其”誤。

［21］妓：磧本、興聖寺本作“伎”，麗初本、趙本同麗再本。

［22］知：磧本、興聖寺本作“如”誤，麗初本、趙本同麗再本。

［23］賜：諸本同，磧本作“錫”，二字通。

［24］二：麗再本、趙本作“三”，今據麗初本、興聖寺本、磧本。

［25］綦：諸本同，磧本作“其”是。案，據水經注疏卷一九渭水，夏侯嬰墓在“城東八里，飲馬橋南四里”。“守敬按：黄圖，飲馬橋在宣平城門外。史記夏侯嬰傳索隱，三輔故事曰，滕公墓在飲馬橋東大道南，俗謂之馬冢。寰宇記，馬冢東臨霸水。一統志，在咸寧縣東北。”

［26］崇：諸本同，興聖寺本作“嵩”。

周京師天寶寺釋僧瑋傳十七[1]

釋僧瑋，姓潘，汝南平輿人也[2]。器量沉深，風神詳雅。十三出家，仍服以弊衣，資以菜食。致使口腹之累，漸以石帆水松[3]；寒暑之資，稍以荷衣蕙帶。故得結操貞於玉石，清風拂於烟霞[4]。初誦金光明經，進受具後，下楊都於帝釋寺[5]，聽曇瑗律師講十誦[6]，淹于五載，齋鏡持犯[7]。仍入攝山栖霞寺[8]，從鳳禪師所學觀息。想味此情空，究檢因緣，乘持念慧，頻蒙印指，傳芳暢業。

遠承申息之國，山名霧露，[9] 巖洞幽深，川香水美，遂命檝西浮，銷聲林藪。終焉之志，結此山焉[10]。聲問光徹[11]，被于周壤[12]，天子遵賢待德，下車問道，召至京師，親奉清誨[13]。乃勑公卿近臣、妃后外戚[14]，咸受十善，因奉三歸。天和五年[15]，以葬母東歸，勑使爲安州三藏，綏理四衆，備盡六和。在任之日，經始壽山、梵雲二寺，南望楚水，東指隋城，度軌程功，輪奂成美。僧瑋德播江淮，帝王隆重，爰有別勑，於王城之内，起天寶寺，用以居之。既被徵召，身範僧倫，納衣壞味[16]，任報資給，静緣潔操，齊志林朝。

以建德二年九月十日遘疾[17]，少時終於所住，春秋六十有一。門人慟感，士女驚奔，即以三年二月歸葬於安陸之山。僧瑋容止恭莊[18]，威儀整勑[19]，遊之者肅然清規，見之者自生敬仰。新野庾信載奉芳塵[20]，勒碑現集。

【校注】

[1] 瑋：諸本同，麗初本作“暐”。

[2] 案，“平輿”縣，秦置，北魏皇興中徙治今河南省平輿縣西南，北齊廢，隋大業三年復置，屬汝南郡，唐貞觀元年廢，天授二年復置，屬豫州。

[3] 案，“石帆”爲珊瑚的一種，“水松”爲一種海藻。二者都是中藥材，此處泛指服食。

[4] 霞：諸本同，興聖寺本作“震”形。

[5] 揚：興聖寺本作“陽”，磧本同麗再本。

[6] 案，曇瑗律師，傳見本書卷二一。

[7] 齋：磧本作“齊”，趙本同磧本，麗初本同麗再本，興聖寺本“齊”“齋”不分。

[8] 攝：趙本、興聖寺本作“聶”，麗初本、磧本同麗再本。

[9] 案，“申息”之國，概在今河南省信陽、南陽地區，僧瑋自建康栖霞寺西上至“霧露山”，後又東還安州，審其地望，“霧露山”或是今河南省内鄉縣北之雲露山。

[10] 結：諸本同，興聖寺本作“終”形。

[11] 問：諸本同，磧本作“聞”。光：磧本、麗初本、興聖寺本作“先”。

[12] 于：諸本同，麗初本作“子”形。

[13] 清：諸本同，興聖寺本作“請”誤。

[14] 戚：諸本同，磧本作“感”誤。

[15] 和：諸本同，興聖寺本作“保”。

[16] 納：諸本同，興聖寺本作“細”形。

[17] 德：諸本同，興聖寺本作“建”。

[18] 僧：諸本同，興聖寺本作“曾”誤。

[19] 勑：諸本同，磧本作“飾”誤。

[20] 芳：諸本同，磧本作“考”。

周京師大福田寺釋曇相傳十八

釋曇相，姓梁氏，雍州藍田人，與僧實同房[1]，素非師保而敦敬之重[2]，禮逾和上。相，聰敏易悟，目覽七行，禪誦爲心，周給成務，而慈悲誘接，偏所留心。因有行往，見人弋繳，網羅禽獸[3]，窮困者必以身代贖，得脱方捨。其仁濟之誠，出于天性[4]，實每美云：“曇相福德人，我不及也。”斯見禮如此。實嘗夜詣相房，恒預設座擬之。相對無言，目陳道合[5]，私有聽者，了無音問。常以爲軌，乃經積載。有時大癘横流[6]，或旱澇凶險[7]，人來問者，相皆略提綱目，教其治斷，至時必有神效。人並異之。或問李順興、强練何人耶[8]？相曰：“順興胎龍多慾，强練遊行俗仙，助佛揚化耳。”其幽記之明，諒不可測也。住大福田寺，京華七衆，師仰如神。以周季末曆，正法頽毁，潛隱山中。開皇之初，率先出俗。二年四月八日，卒於渭陰。故都圖像傳焉，今在京師禪林寺。【終時遺言生蜀，名慧寬，故靈相如後所述。又】[9]其承緒禪學,遺囑慧端[10],具見别傳。

【校注】

[1] 房:諸本同,興聖寺本作"居"誤。
[2] 之:諸本同,興聖寺本作"云"形。
[3] 羅:諸本同,興聖寺本脱。
[4] 于:諸本同,磧本作"生"誤。
[5] 目:麗初本、麗再本、趙本作"自",今從興聖寺本、磧本。
[6] 癘:諸本同,資福本作"厲"。興聖寺本作"屬"形,當是"厲"之形訛。
[7] 險:諸本同,磧本作"儉"疑是。
[8] 强:麗初本、興聖寺本脱,磧本、趙本同麗再本。
[9] 案,括號内文字,不見於麗初本、麗再本、趙本、興聖寺本,今據磧本補。
[10] 囑:磧本、興聖寺本作"屬",麗初本、趙本同麗再本。

隋滄州蘭若沙門釋道正傳十九

釋道正,滄州渤海人[1]。禀質高亮[2],言志清遠,居無常處,學非師授。樂習禪行,宗蘭若法,無問冬夏[3],栖息深林。乞食於村,餘惟常坐[4],繫想繩床[5],下帳獨静。道俗參訊,略示綱猷,令其住心。緣向所授,故使四遠造者[6],各務静緣[7]。衆聚雖多而外無囂撓。正任性行藏[8],都無名貫,經論講會,莫不登踐,皆聽其深隱,略其繁長。周流兩河,言議超邈,偏以成實,知名幽冀。時有隸公貫者[9],引正住寺,爲上簿書。而志駭風雲,曾無顧眄[10],還返林薄,嗣業相尋。

綜述憲法,流之於世,名爲六行凡聖脩法也,包舉一化,融接萬衢。初曰凡夫罪行;二曰凡夫福行;三、小乘人行;四、小菩薩行;五、大菩薩行;六、佛果證行。都合六部,極略一卷,廣二十卷。前半序分,後半行體,言非文質,字爽詞費。開皇七年,賫來謁帝[11],意以東夏釋種,多沉名教,歸宗罕附,流滯忘返,普欲捨筌撿理,抱一知宗[12],守道行禪,通濟神爽[13]。具狀奏聞,左僕射高熲素承道訓,乃於禪林寺大集名德,述正所奏[14]。時坐中有僧曰:"帝京無人,豈使海隅傳法?"正聞對曰:"本意伸明邪正,不欲簡定中邊,夫道在通方[15],固須略於祖述。"衆無以抗也,而其著詞言行,衆又不願遵之,於是僧徒無爲而散。正知澆季之難化也[16],遂以行法並留京輦方禪師處,即返東川,不悉終所。今驪山諸衆,多承厥緒,繫業傳云。

【校注】

[1] 案,"滄州",北魏孝明帝熙平二年分冀、瀛二州置,轄三郡十二縣,並無"渤海"名,

治所在今河北省鹽山縣千童鎮。隋大業初改爲渤海郡,唐初又改回滄州,治所在今河北省滄縣舊州鎮。

[2] 亮:諸本同,興聖寺本脱。

[3] 冬:磧本、興聖寺本作"寒",麗初本、趙本同麗再本。

[4] 惟:諸本同,興聖寺本作"推"形。

[5] 床:諸本同,磧本作"林"誤。

[6] 四:諸本同,興聖寺本作"還"誤。

[7] 各:諸本同,麗初本作"名"誤。

[8] 任:諸本同,磧本作"住"誤。

[9] 隸:諸本同,麗初本作"凝"誤。

[10] 顧眄:諸本同,興聖寺本、隨函録作"傾眄"。隨函録釋作斜視貌,而"顧眄"爲回頭貌。

[11] 謁:磧本作"渴",興聖寺本字迹不清似作"謕"形,均誤,麗初本、趙本同麗再本。

[12] 宗:諸本脱,今據磧本補。

[13] 濟:諸本同,興聖寺本作"齊"。

[14] 正:諸本作"上",今從磧本。

[15] 通方:諸本同,興聖寺本衍作"通東方"。

[16] 難:麗初本、興聖寺本作"散"誤。

隋懷州柏尖山寺釋曇詢傳二十

釋曇詢,楊氏,弘農華陰人,後遷宅于河東郡焉。弱年樂道,久滯樊籠,年二十二,方捨俗事,遠訪巖隱,遊至白鹿山北霖落泉寺[1],逢曇准禪師,而蒙剃髮。又經一載,進受具戒,謹攝自脩,宗稟心學,而專志決烈,同侶先之。圓備戒律,又誦法華。初夏既登,還師定業。

承僧稠據于萶谷,遂往問津[2]。稠亦定山郢匠,前傳所叙,詢以聲光所被,遥相揖敬。住既異林,精融理極,思展言造,每因致隔。但爲路罕人蹤,崗饒野獸。栖幽既久,性不狎塵,來往質疑,未由樵逕,直望萶谷,以爲行表,荆棘砂礫,披跨不難,巖壑幽阻[3],攀緣登陟。志存正觀也,故不以邪道自通。又以旁垂利道,由曲前而通滯,吾今標指雖艱[4],必直進以程業。用斯微意[5],隨境附心,不亦善乎。每云:"與其失道而幸通,寧合道不幸而窮耳。"故履踐重阻,不難塗窮。

後經三夏,移住鹿土谷脩禪。屬枯泉重出,麏麚繞院[6],故得美水馴獸,日濟道鄰。從學之徒,相慶兹瑞。時因請法,蹔往雲門。值徑陰霧昏,便成失道,賴山神示路,方會本途。此乃化感幽冥[7],神明翊衛。時有盜者來竊蔬菜,將欲出園[8],乃爲群蜂所螫。詢聞來救,慈心將治,得全餘命。

嘗有趙人遠至殷勤,致禮陳云:"因病死蘇,故蒙恩澤。往見閻王詰問,罪當就獄。賴有曇詢禪師來爲請命,王因放免。生來未委,訪尋方究。"

又山行值二虎相鬥,累時不歇,詢乃執錫分之,以身爲翳,語云:"同居林藪,計無大乖,幸各分路。"虎低頭受命,便飲氣而散。屢逢熊虎交諍,事略同此。而或廓居榛梗,唯詢一蹤,入鳥不亂,獸見如偶。斯又陰德感物,顯用成仁,何以嘉焉。

每入禪定,七日爲期[9]。白虎入房,仍爲窟宅,獨處静院,不出十年,自有禪蹤,斯人罕擬。自爾化流河朔,盛闡禪門,杖策裹糧,鱗歸霧結。隋文重其德音[10],致誠虔敬[11],勑儀同三司元壽親送璽書,兼以香供。

以開皇十九年[12],風疾忽增[13],卒於柏尖山寺[14],春秋八十五,五十夏矣[15]。初遘疾彌留,忽有神光照燭,香風拂扇。又感異鳥,白頸赤身,繞院空飛,聲唳哀切[16]。氣至大漸,鳥住堂基,自然狎附[17],不畏人物。或在房門,至于卧席,悲叫逾甚,血沸眼中。既爾往化,鳥便飛出外空旋轉[18],奄然翔逝。又感猛虎繞院,悲吼兩宵。雲昏三日,天地結慘。又加山崩石墜,林摧澗塞,驚發人畜[19],栖遑失據。其哀感靈祥,未可殫記。後以武德五年十二月,弟子静林[20]、道願[21]、慧方等[22]乃闍毗餘質,建塔立碑,沙門明則爲文,見于別集。

【校注】

[1] 白鹿山北霖落泉寺:案,水經注卷九清水記載"林慮郡有白鹿山",太平寰宇記卷五六"共城縣":"在縣西北五十三里,西與太行連接",在今河南省輝縣市上八里鎮馬頭口村。霖落泉寺,即今河南省輝縣市西北二十公里處霖落山之香泉寺。

[2] 津:諸本同,磧本作"律"誤。

[3] 巖壑:磧本作"岩豁",麗初本、趙本作"嚴豁",興聖寺本同麗再本。

[4] 艱:諸本同,興聖寺本作"難"。

[5] 微:諸本作"徵",今從磧本。

[6] 麕:諸本同,磧本作"鹿"。

[7] 乃:諸本同,興聖寺本作"方"形。

[8] 園:諸本同,興聖寺本字迹不清,似作"國"形。

[9] 日:諸本同,趙本作"白"誤。

[10] 文:諸本同,興聖寺本作"又"形。

[11] 虔:諸本同,興聖寺本作"席"形。

[12] 十九:麗初本、麗再本、趙本作"末",興聖寺本作"初",今從磧本。

[13] 疾:諸本同,磧本作"疹"。案,"風疾",指半身不遂、精神疾病、麻風病;"風疹",指半身不遂。據文意當是泛指疾病,故作"風疹""風疾"均可。

[14] 柏:諸本同,興聖寺本脱。案,柏尖山有三處:河南林州、河南鶴壁、山西晋城,據其地望當爲今河南省林州市原康鎮之柏尖山。

[15] 五十:磧本作"十五"誤,興聖寺本作"五十五",麗初本、趙本同麗再本。

［16］唳：諸本同，磧本作“戾”誤。
［17］然：磧本、麗初本作“後”誤，趙本、興聖寺本同麗再本。
［18］旋：諸本同，興聖寺本作“施”形。
［19］畜：諸本同，興聖寺本作“玄”。
［20］林：磧本作“休”，趙本同麗再本。
［21］願：麗再本、趙本脱，今據磧本補。
［22］以武德五年十二月弟子静林道願慧方等：此段麗初本、興聖寺本、大正藏校引宫本無。

隋江州廬山化城寺釋法充傳二十一[1]

釋法充，姓畢氏，九江人。常誦法華并讀大品，其遍難紀。兼繕造寺宇，情在住持。末住廬山半頂化城寺脩定，自非僧事，未嘗妄履。每勸僧衆，無以女人入寺，上損佛化，下墜俗謡。然世以基業事重，有不從者，充嘆曰：“生不值佛，已是罪緣。正教不行，義須早死。何慮方土，不奉戒乎？”遂於此山香爐峰上自投而下[2]，誓粉身骨，用生净土。便於中虚，頭忽倒上，冉冉而下，處于深谷，不損一毛。寺衆初不知也。後有人上峰頂路，望下千有餘仞，聞人語聲，就而尋之，乃是充也。身命猶存，口誦如故。迎還至寺，僧感其死諫，爲斷女人。經于六年，方乃卒世。時屬隆暑而尸不臭爛，香如爛瓜，即隋開皇之末年矣。

【校注】

［1］二十一：磧本作“二十”，趙本同麗再本。
［2］峰上：諸本同，磧本作“峰”似優。

隋京師真寂寺釋信行傳二十二裴玄證[1]

釋信行，姓王氏，魏郡人[2]。其母久而無子，就佛祈誠[3]，夢神擎兒告云：“我今持以相與。”寤已，覺異常日，因即有娠。及行之生也，性殊恒准[4]。至年四歲，路見牛車，没泥牽引，因悲泣不止，要轉乃離。或值犢母分離，或有侵欺之事，生知平分，不憙愛憎[5]。八歲既臨，標據清敏，儇慧奇拔[6]。嘗有書生問曰：“爾今何姓？外家何姓？”答曰：“此王彼孫。”生因調曰[7]：“何不氏飯乃姓孫[8]？”行應聲曰：“飯能除飢不除渴，孫能飢渴兩相除，故氏孫而非飯也。”其隨機譎對，皆此之類。

及履道弘護[9]，識悟倫通，博涉經論，情理遐舉，以時勘教，以病驗人。

藴獨見之明，顯高蹈之迹，先舊解義[10]，翻對不同。末全聲聞，兼揚菩薩，而屢涉言教，附行爲功。且如據佛之宗，敬無過習，由見起慢怠，即懷厭離，便爲邊地下賤之因。今雖聞真告，心無奉敬，自知藥輕病重，理加勤苦，竭力治之。所以隨遠近處，凡有影塔[11]，皆周行禮拜，繞旋翹仰，因爲來世敬佛之習。用斯一行，通例餘業，其克覈詳據，率如此也。

後於相州法藏寺，捨具足戒，親執勞役[12]，供諸悲敬[13]，禮通道俗。單衣節食，挺出時倫，冬夏所擬[14]，偏過恒習。故四遠英達者，皆造門而詰問之，行隨事直陳，曾無曲指。諸聞信者，莫不頂受其言，通捨章疏，從其化及，稟爲父師之禮也，未拘之以法歲[15]。

開皇之初，被召入京，僕射高熲邀延住真寂寺，立院處之，乃撰對根起行三階集録及山東所制衆事諸法，合四十餘卷。援引文據，類叙顯然，前後望風，翕成其聚。又於京師置寺五所[16]，即化度、光明、慈門、慧日、弘善等是也[17]。自爾餘寺贊承其度焉，莫不六時禮旋，乞食爲業，虔慕潔誠，如不及也。末，病甚，勉力佛堂，日別觀像。氣漸衰弱[18]，請像入房，卧視至卒。春秋五十有四，即十四年正月四日也。其月七日，於化度寺送屍終南山鵄鳴之埠[19]。道俗號泣，聲動京邑[20]，捨身收骨，兩耳通焉。樹塔立碑，在于山足。有居士逸民河東裴玄證製文[21]。

證本出家，住於化度，信行至止，固又師之。凡所著述，皆委證筆。末從俗服，尚絶驕豪，自結徒侣，更立科網[22]，返道之賓，同所擊贊[23]。生自製碑，具陳己德，死方鐫勒[24]，樹于塔所，即至相寺北巖之前三碑，峙列是也。

初，信行勃興異迹，時或致譏[25]，通論所詳，未須甄別。但奉行剋峭，偏薄不倫，至於佛宗，亦萬衢之一術耳。所著集記，並引正文[26]，然其表題立名，無定准的，雖曰對根，起行幽隱，指體標榜，語事潛淪。來哲儻詳[27]，幸知有據。開皇末歲，敕斷不行，想同箴勖之也。別有本傳流世，見費節三寶録。

【校注】

［1］證：諸本同，資本、大正藏本引宋本、宫本作“談”誤。

［2］郡：諸本同，興聖寺本脱。

［3］祈：麗初本、興聖寺本、趙本作“祇”，磧本同麗再本。

［4］准：諸本同，磧本作“唯”誤。

［5］憙：磧本、興聖寺本作“喜”，麗初本、趙本同麗再本。

［6］儇：諸本作“懁”誤，今據磧本改。“儇”，説文卷八“慧也”；“懁”，説文卷一〇“急也”。

[7] 調：諸本同，磧本作"謂"。
[8] 何不氏飯乃姓孫：磧本作"何因不氏飯乃姓孫"。乃：麗初本、興聖寺本、大正藏校引宫本作"反"。
[9] 護：諸本作"謶"，今據磧本改。案，"謶"，隨函録："尚也、冀也，冀倖於苦道也。"
[10] 先：諸本同，磧本作"光"誤。
[11] 影：磧本、興聖寺本作"景"，麗初本、趙本同麗再本。
[12] 勞：諸本同，興聖寺本脱。
[13] 供：諸本同，興聖寺本作"脩"形。
[14] 冬：諸本同，興聖寺本作"各"形。
[15] 拘：諸本同，興聖寺本作"物"形。
[16] 置寺：麗初本作"置衆"、興聖寺本作"景衆"，磧本、趙本同麗再本。
[17] 等：諸本同，磧本作"寺"誤。
[18] 漸：諸本同，趙本作"出"誤。
[19] 埠：諸本同，磧本作"阜"。案，據全唐文卷九八七道安禪師塔記"起塔於終南山鵄鳴埠信行禪師塔"，故作"埠"是。
[20] 京：諸本同，興聖寺本作"享"。
[21] 民：諸本同，興聖寺本作"巳"形。
[22] 綱：諸本作"網"，今從磧本。
[23] 贊：諸本同，興聖寺本作"輦"誤。
[24] 鐫：諸本同，興聖寺本作"雙"。
[25] 或：諸本作"成"誤，今從磧本。
[26] 正：諸本同，興聖寺本脱。
[27] 詳：諸本同，興聖寺本作"許"形。

隋襄州景空寺釋慧意傳二十三 法永 岑闍梨 智曉

釋慧意，姓李，臨原人[1]。聽大乘經論，專習定行。宇文廢法，南投於梁，與仙城山慧命同師，尋討心要。後住景空，於聰師舊堂綜業常住[2]，不事燈燭，晝夜常明[3]。有鄉人德廣郡守柳静[4]，殊不信法，乃請意於宅，别立禪室[5]，百日行道。静息抑、禀等四人，每夜潛往。舉家同見，禪室大明，意坐卓然，方生信向。鄉邑道俗，率受歸戒。開皇初卒，將逝，謂弟子慧興曰："今日有多客來，可多辦齋食。"及中，意果端坐而化。

時襄陽開皇有法永禪師者，南鄉人[6]，梁明帝常供養，預知運絶，苦辭還襄。欲終，七日七夜[7]，聞音樂異香滿寺，因而坐終。送傘蓋山上露坐[8]，有同寺全律師臨永尸曰："願留神相待，至七日滿。"至期全亡，送尸永側，永尸飒然摧變。

時岑闍梨者，姓楊，臨原人。於寺西傘蓋山南泉立誦經堂，常誦金光明[9]，感四天王來聽。後讀藏經，皆不忘，計誦三千餘卷。服布乞食，鉢中之餘,飼房内鼠百餘頭。皆馴擾,争來就人。鼠有病者,岑以手摩捋之。而不拘事撿,或揭坩酒食;或群小同戲,呵叱僧侶[10];或誦經書歌詠,逆述來事。晝則散亂,夜則禮誦、禪思。[11]

與同衆沙門智曉交顧,招集禪徒,自行化俗,供給定學。自知終日,急唤拔禪師付囑[12],上佛殿禮辭,遍寺衆僧,咸乞歡喜。於禪居寺大齋將散,謂岑曰:往兜率天聽般若去。岑曰:"弟前去,我七日即來。"其夜三更坐亡。至四更,識神往遍學寺[13],寺相去十里,至汰法師床前[14],其明如晝[15],云:"曉欲遠逝,故來相别[16],不得久住。"汰送出三重門外,别訖,來入房中,踞床,忽然還暗,呼弟子問,云:"聞師與人語聲。"取火通照,三門並閉。方悟曉之神力,出入無閒。即遣往問,果云已逝。岑後七日,無何坐終,其二髏骨全成無縫[17]。

又有昊、純等禪師,多有靈異,相從坐化,略不叙之。

【校注】

[1] 臨原:當今山東省臨朐縣。"臨原"爲古稱,據漢書卷二八上,西漢有臨原國,屬琅琊郡,王莽時改爲填夷亭。東漢時改爲朱虚縣屬青州北海國,治所在今臨朐城東南二十五公里處城頭村。魏晋南北朝時期,臨原分屬不定。

[2] 景空:諸本同,資本作"京室"。景空寺、聰法師,見本卷法聰傳。

[3] 晝夜常明:諸本同,磧本作"夜常大明"。

[4] 鄉:諸本同,興聖寺本作"嚮"誤。案,"德廣郡",南朝蕭梁置,治略陽縣,西魏改爲上洪縣,當今湖北省宜城市東,隋初廢郡。

[5] 立:諸本同,資本作"位"。

[6] 南鄉:指南鄉縣,縣治在今河南省淅川縣滔河鄉附近。東漢置南鄉郡、縣,西晋太康廢,劉宋復置,南齊時被北魏占領,隋初廢。案,法永當爲蕭梁時期人,而此時南鄉郡在元魏控制下。

[7] 七日:諸本同,興聖寺本作"十日"。

[8] 案,"傘蓋山",即今襄陽市襄城區南峴山山脉南段的鐵帽山,位於觀音閣村南,約在谷隱寺東南二公里處。

[9] 經堂常誦:麗初本脱"堂"字,磧本、興聖寺本無"常"字,趙本同麗再本。

[10] 呵叱:諸本同,興聖寺本作"苛兆"形。

[11] 晝則散亂夜則禮誦禪思:此十七字,諸本同,興聖寺本衍"逆述來事晝則散亂夜則禮誦禪思",約當興聖寺本一行。

[12] 付囑:諸本同,磧本衍作"付囑訖",趙本同麗再本。

[13] 案,"遍學寺",據曾鞏元豐類稿卷五〇金石跋尾十四首之襄州遍學寺禪院碑,今摘録如下:"襄州遍學寺禪院碑,黄門侍郎、修國史韋承慶撰,太子少詹事鍾紹京書,開元二年立。其文云:襄州人、將仕郎阮宏静與其屬人建遍學寺禪院,故立此碑。……遍學寺于宇文周爲常樂寺,于今爲開元寺。"又唐皮日休在隱居襄陽期間撰寫了開元寺佛鉢詩,則知早在唐代遍學寺已經改爲開元寺。

［14］師：諸本同，興聖寺本脱。

［15］其：麗再本、麗初本、趙本無，今據磧本，興聖寺本補。

［16］來：諸本同，興聖寺本脱。

［17］髏：麗再本、麗初本、興聖寺本作“體”，趙本同磧本，今從磧本、趙本。

國家社科基金
GUOJIA SHEKE JIJIN HOUQI ZIZHU XIANGMU
後期資助項目

續高僧傳校注（下）

The Collation and Annotation of Xu Gaoseng Zhuan

【唐】道　宣撰
蘇小華 校注

上海古籍出版社

續高僧傳卷第十七

習禪篇之二　本傳十四人[1]　附見九人[2]

周湎陽仙城山善光寺釋慧命傳一[3]　戴逵　慧曉　慧朗[4]

釋慧命，姓郭，太原晋陽人，晋徵士郭琦之後也[5]。以梁大通五年[6]，辛亥之歲[7]，生于湘州長沙郡。天挺英姿，秀拔群表，雖居綺年[8]，人多傾異。覺夢之際，光觸其身。明悟條序[9]，深有殊致。時湘部名僧相謂曰[10]："珍闍梨位地難測，然入如來室者即慧命矣。"故自結髮，日新開裕。八歲能詩書，體貌凝遠，識者知非常器。然而鋭精聽習，妙入深義，故使理超文外，照出機前[11]。智不驚愚，貞無絶俗，道親物疏，州閭贊重[12]。年十五，誦法華，經兩旬有半，一部都了。尋事剃落，學無常師，專行方等、普賢等懺，討據華嚴[13]，以致明道。行自襄沔，聞恩光先路，二大禪師千里來儀，投心者衆，乃往從之[14]。後遊僊城山[15]，即古松仙之本地也。先有道士孟壽者，幽栖積歲[16]，祈心返止，必果所願，捨所居館，充建寺塔。及命未至山夕，壽忽悦焉如夢，大見神祇，嚴衛館側。至覺驚喜，登巖悵望，遂覩梵旅盈林[17]，乃命至也。趍而禮謁，即捨所住爲善光寺焉。供事駢羅，衆侶咸會。晚於州治講維摩經，大乘駕御之津，入道乘玄之迹[18]，禪智所指，罔弗倒戈。既滿九旬，便辭四部[19]，衣鉢隨從[20]，還返故林[21]。

有法音禪師者，同郡祁人，本姓王氏，不言知己，兩遂得朋[22]。同就長沙果願寺能禪師修學心定。未經數旬[23]，法門開發，諮質遲疑，乃惟反啓。懼失正理，通訪德人。故首自江南，終于河北，遇思、邈兩師[24]，方祛所滯。

後俱還仙城[25]，僅得五稔，預知亡日，乃携音手於松林，相顧笑曰："即斯兩處，便可終焉。"侍者初聞，未之悟也。不盈旬望，同時遇疾。命以周天和三年十一月五日[26]，精爽不謬，正坐跏趺，面西念佛，咸覩佛來，合掌而卒。同衆有夢天人下地，幢幡照日。又聞房宇唱善哉者，奇香異樂，聞熏非一。音以其月十七日[27]，亦坐本處，所現瑞相，頗亦同倫。然命、音兩賢俱年三十有八矣。即於樹下構甓成墳。有弟子清信士鄭子文立碑于寺。

門人慧朗祖傳命業，不墜禪風，化行安、沔，道明隋世。初命與慧思定業是同，贊激衡、楚[28]，詞采高掞，命寔過之。深味禪心，慧聲遐被，著大品義章、融心論、還原鏡[29]、行路難、詳玄賦，通述佛理，識者咸誦[30]。文或隱逸，未喻於時，有注解者，世宗爲貴。自居山舍，學徒騰聚，名溢南北。有菩薩戒弟子濟北戴逵，學聲早被，名高列國[31]，乃貽書於命曰：

竊以渭清涇濁[32]，共混朝宗之源；松長箭短，同秉堅貞之質。幸預含靈五常，理宜範圍三教，是以闕里儒童，闡禮經於洙、濟；苦縣迦葉，遷妙道於流沙。雖牢籠二儀，蓋限兹一世，豈如興法輪於鹿苑，蕩妄想於鷲山[33]。半滿既陳，權實斯顯。誠教有淺深，人無内外。禪師德聲遠振[34]，行高物表。攝受四依，因牧羊而成誦；負笈千里，歷龍宫而包括。故能内貫九部，搜雪山之秘藏[35]；外該七略，探壁水之典墳[36]。支遁天台之銘，竺真羅浮之記，曇賦七嶺，汰詠三河，寶師妙析莊生，璩公著論袁集[37]，若吞雲夢，如指諸掌。加以妙持浄戒，如護明珠；善執律儀，譬臨玄鏡[38]。禀羅云之密行，種賓頭之福田。撫挹定水，便登覺觀；高蔭禪支[39]，將逾喜捨。是以不遠瀟湘[40]，來儀沔陸；植杖龍泉，乃爲精舍[41]；迴車馬首[42]，即創伽藍。鑿嶺安龕，詎假聚砂成塔；因山構苑，無勞布金買地。開士雲會，袂似華陰；法侣朋衝，衆齊稷下。禪室晨興，時芳杜若；支提暮啓，蹔入桃源。香山梵響，將阮嘯而相發；日殿妙音[43]，與孫琴而齊韻[44]。紫蓋貞松[45]，仍搗上辯[46]；洪崖神井[47]，即鍪高心。故以才堪買山，德邁同輦[48]。崇峰景行，牆仞懸絶。弟子業風鼓慮，欲海沉形。洎渚宫淪覆，將歷二紀，晝倦坐馳，夜悲愕夢[49]。未能忘懷彼我，歸軫一乘，遣蕩胸衿[50]，朗開三達。既念鼠藤，彌傷鳥鑿。昔在志學，家傳賜書[51]，五禮優柔，三玄饜飫，頗絶韋編[52]，構述餘緒。爰登弱冠，捃摭百家，及乎從仕[53]，留連文翰。雖未能探龍門而梯會稽，賦鵂鶹而詠鸚鵡，若求其一介[54]，亦髣髴古人。但深悟聚泡，情悲交臂，常欲蟬蜕俗解，貪味真如。一日鄖城許修[55]，隗館屈膝[56]，情欣係襪[57]，遇同進履[58]，未盡開衿，遽嗟飄忽[59]。尋拂衣世網[60]，脱屣牽絲，滄浪濯纓[61]，漢陰抱甕。行餐九轉，用遣幽憂；漸悟三空，將登苦忍。仙梁觀玉，不廢從師；深澗折桃，無妨請益。所希彌天勝氣，乍酬鑿齒；雁門高論，時答嘉賓。冬暖如春[62]，願珍清軌；室邇人遐[63]，彌軫襟帶。餘辭殘簡[64]，望回金玉[65]。

幽林沙門釋慧命酬書濟北戴先生：

夫一真常湛徼妙[66]，於是同玄萬聖，乘機違順。以之殊迹，是以西關明道，東野談仁，彫朴改工，有無異軫。今若括此二門，原兹兩教，豈不歸宗三轉，會入五乘，籍淺之深，資權顯實。斯若地分四水[67]，始則殊名；海控八河，終無別味。檀越幼挺奇才，夙懷茂緒，華辭卓世，雅致參玄，智涉五明，學兼三教。益矣能忘[68]，蹈顔生之逸軌；損之爲道，慕李氏之玄蹤。雖復六經該廣，百家繁富，聖賢異准，儒墨分流。或事曠而文殷，或言高而旨遠，莫不納如瓶受，説似河傾[69]。明鏡匪疲，洪鐘任扣[70]，子建挹以奇文，長卿恧其高趣，故雖秦、楚分墟，周、梁改俗。白眉青蓋，龜玉之價弗渝[71]；栖鳳卧龍[72]，魚水之交莫異。加以識鑒苦空[73]，志排塵俗，形雖廊廟，器乃江湖。是以屬歎牽絲，興言世網，辭同應、陸，調合張、嚴，[74]嗟朱火之遽傳[75]，愍清波之速逝。方應濯足從道，洗耳辭榮。九轉充虚，四扇排疾，然後尋八正以味一真，解十纏而遣三患。斯之德也，寧不至哉。貧道識鏡難清，心塵易擁，定慚花水，戒非草繫。才侔撤燭，學謝傳燈，内有愧於德充，外無狎於人世[76]。是以淹滯一丘，寓形蓬柳；端居千仞，託志筠松。測四序於風霜，候三旬於朓魄[77]。至乃夜聞山鳥，仍代九成[78]；晝視游魚，聊追二子。華户弊衿，既在原非病；朱門結駟[79]，亦於我如雲。所歎藤鼠易侵，樹猨難静，勞想鷲頭，倦思鷄足。至於林凋秋葉，曾無獨覺之明；谷響春鸎[80]，終切寡聞之歎。忽承來問，曲見光譽[81]，幽氣若蘭，清音如玉。誠復溢目致懽，而實撫膺多愧。雖識謝天池，未辯北溟之説[82]；而事同泥井，慚聞東海之談。所冀伊人，於焉好我。黄石匪遥，結期明旦[83]，白駒可縶[84]，用永今朝。善敬清猷，時因素札，言不洗意，報此何伸。

時或以逵即晋代譙國戴逵，今考校行事[85]，非也。晋書云，大元十二年，徵隱士戴逵，不久尋卒。[86]至梁大通三年，經一百四十三載[87]，命公方生。計不相見，又非濟北，明矣。

時又有沙門慧曉，厥姓傅氏[88]，亦以禪績獻功[89]，文才亞於慧命。北遊齊壤，居止靈巖，數十年間，幽閑精業[90]，衆初不異之也。及鄉民有任山茌令者[91]，曉去鄉歲久，思問親親，行至縣門[92]，使人通令。令正對客，未許進之。踟蹰之間，又催通引，客猶未散，令且更延。曉悟曰："非令之爲進退，乃吾之愛憎耳。豈鄉壤之可懷耶？"命省事取紙，援筆而裁釋子賦，紙盡辭窮。告曰："若令問覓，可以此文示之，吾其去矣。"於是潛遁。故賦云"咄哉失念，欻爾還覺"，是也。及後追至靈巖[93]，窮討不見。出賦示僧，方知曉之才也。於是人藏一本,用袪鄙吝。曉後尋諸名岳,養素栖心,時復流目人世而還晦形幽阜,卒不測其所終[94]。

【校注】

[1] 十四人:麗再本、趙本作“十一人”,比磧本少釋大善、釋慧照、釋法詠三人小標題,然此三傳磧本亦有目無文,故實有傳十一,麗初本作“十四人”,然查小標題及傳文實爲十傳,興聖寺本作“十人”,麗初本、興聖寺本無釋大善、慧實、慧照、法詠四人傳記。

[2] 附見九人:諸本同,興聖寺本無智贊、波若、法彦三人附傳標題。

[3] 沔:麗初本、興聖寺本作“沔”,磧本作“河”誤。“沔陽”即“沔陽”,即沔陽郡,治當今湖北省仙桃市,仙城山亦在湖北,故沔陽與文意相合。“河陽”,治當今河南省孟州市,與文意相背。趙本同麗再本。

[4] 朗:麗初本、興聖寺本作“明”,磧本、趙本同麗再本。

[5] 郭琦:見晉書卷九四。

[6] 五年:諸本同,磧本作“三年”是。案,據本傳末“晉書云,大元十二年,徵隱士戴逵,不久尋卒。至梁大通三年,經一百四十三載,命公方生”,則磧本是。又東晋太元十二年爲387年,到梁大通三年即529年,恰爲一百四十三年,則作“大通三年”是。

[7] 之:諸本同,磧本無。案,大通三年爲己酉年,中大通三年(531)爲辛亥年,此必有誤。

[8] 綺:諸本,興聖寺本脱。

[9] 條:諸本同,麗初本作“修”誤。

[10] 謂:諸本同,興聖寺本作“語”誤。

[11] 機:諸本同,趙本作“沔”誤。

[12] 賛:諸本同,磧本作“讚”,“賛”同“讚”。

[13] 討:磧本作“謝”誤,趙本同麗再本。案,“討”,説文卷三“治也”,即研討之意。

[14] 行自襄沔聞恩光先路二大禪師千里來儀投心者衆乃往從之:案此句甚難標點。若標點爲“恩光、先路二大禪師”似於句子較爲通暢,然僧侶名爲“恩光”“先路”則無例子,亦不妥。又,“恩光”或爲“恩光星”,爲古代占命學之一種,則標爲正文這種形式,似乎更爲妥帖。“二大禪師”則指下文的慧思、慧邈。

[15] 僊城山:即今湖北省隋州市南三十公里府河鎮之現光山。

[16] 栖:興聖寺本脱,麗初本、趙本同麗再本。

[17] 覩:諸本同,興聖寺本作“都”誤。旅:諸本同,磧本作“侶”是。

[18] 入道:諸本同,興聖寺本衍作“入道入”。

[19] 辭:諸本同,興聖寺本衍作“辭辭”。

[20] 從:諸本同,興聖寺本脱。

[21] 返:磧本、麗初本、趙本作“反”,興聖寺本同麗再本。

[22] 得朋:磧本,麗初本、興聖寺本作“德朋”,趙本作“德明”。“得朋”,典出周易坤。

[23] 經:諸本作“結”,今據磧本改。

[24] 思、邈:即慧思、慧邈,東魏、北齊時在洛陽周邊傳法的高僧。慧思傳見本卷,慧邈

無傳,隋天台智者大師别傳記有一位“慧邈”與慧思辯論。
[25] 俱:諸本同,興聖寺本作“伹”形。
[26] 十一月:諸本同,興聖寺本作“十月”。
[27] 以:諸本同,麗初本脱。
[28] 贊:諸本同,磧本作“讚”。
[29] 原:諸本同,磧本作“源”。
[30] 咸:諸本同,磧本作“成”。
[31] 列:諸本同,磧本作“諸”。
[32] 涇:諸本同,磧本作“經”。
[33] 妄:麗再本作“妾”,麗初本、興聖寺本、趙本作“忘”,今據磧本改。
[34] 振:諸本同,磧本作“震”。
[35] 搜:磧本作“總”應是,麗初本、趙本同麗再本,興聖寺本字迹不清,似非“搜”字。
[36] 採:磧本、興聖寺本作“備”。璧:諸本作“壁”,今據磧本改。夢梁録卷一五:“古者天子有學,謂之成均,又謂之上庠,亦謂之璧水。”
[37] 賓師妙析莊生,璩公著論袁集:“析”,麗再本、麗初本、趙本作“拆”誤,今據磧本、興聖寺本。“袁”,麗再本、麗初本、趙本作“表”,興聖寺本字迹不清,今從磧本。案,“賓師”指“賓唱”,本書卷一有其傳,載“自禮記、古文周書、左傳、莊老諸子、論語、孝經,往哲所未詳悉,皆爲訓釋”。“璩公”指僧璩,傳見高僧傳卷一一。璩公與袁粲交好,則此“袁集”當是袁粲的别集。據南齊書卷五四顧歡傳:“歡雖同二法,而意黨道教。宋司徒袁粲托爲道人通公駁之。”或者此文爲僧璩代寫?
[38] 玄:諸本同,磧本作“懸”。“玄鏡”,即明鏡。
[39] 高蔭禪支:諸本同,磧本作“高陰禪枝”。
[40] 遠:諸本同,興聖寺本衍作“以遠”。
[41] 乃:磧本、興聖寺本作“仍”誤,麗初本、趙本同麗再本。
[42] 馬:諸本作“駕”。
[43] 妙:諸本同,興聖寺本脱。
[44] 齊:諸本作“高”,今從磧本。
[45] 貞:磧本作“負”,麗初本、興聖寺本作“員”,均誤,趙本同麗再本。
[46] 上:諸本同,磧本作“二”,形近而誤。
[47] 井:麗初本作“丹”,興聖寺本作“舟”,磧本、趙本同麗再本。
[48] 輂:諸本同,興聖寺本作“贊”。
[49] 愕:諸本同,興聖寺本脱。
[50] 衿:諸本同,磧本作“襟”,“襟”“衿”同,下文不一一出校。
[51] 書:諸本同,興聖寺本作“重”形。
[52] 韋:諸本同,興聖寺本脱。
[53] 及:諸本同,興聖寺本作“乃”。
[54] 介:麗再本、趙本作“分”,今從磧本、麗初本、興聖寺本。
[55] 許修:諸本同,磧本作“訊修”應是,廣弘明集卷二四引作“訊修”。
[56] 屈:諸本同,磧本作“出”。
[57] 襪:磧本作“韈”,麗初本、興聖寺本作“纖”,趙本同麗再本。
[58] 進:麗初本、興聖寺本作“邊”誤,磧本、趙本同麗再本。

［59］遽：諸本同，麗初本作"處"誤。案，安陸、沔陽一帶，古稱鄖國，也是慧命傳法的覆蓋範圍，此處指戴逵曾到仙城寺隨慧命學習。"隗館"即槐館，學校。"係襪""進履"分别用的是張釋之、張良的典故，此處意指慧命對戴逵的指導。
［60］尋：諸本同，磧本衍作"尋望"。
［61］浪：麗初本、趙本作"波"，磧本、興聖寺本同麗再本。
［62］暖：諸本作"曖"是，典出左傳，見左傳正義卷一九上"文七年"："酆舒問於賈季曰：'趙衰、趙盾孰賢？'對曰：'趙衰，冬日之日也；趙盾，夏日之日也。'"杜注："冬日，可愛。夏日，可畏。"此處是讚美慧命的性格寬厚。
［63］人：諸本同，興聖寺本作"入"形。
［64］殘：麗再本、麗初本、趙本作"淺"，今從磧本、興聖寺本。
［65］回：諸本作"無"，今據磧本。
［66］真：麗初本、磧本作"貞"，磧本、趙本同麗再本。
［67］地：麗再本、趙本、興聖寺本作"池"，今從磧本、麗初本。
［68］忘：諸本同，興聖寺本脱。
［69］河：諸本同，興聖寺本脱。
［70］洪：諸本同，興聖寺本作"哄"。
［71］玉：麗再本、趙本、興聖寺本作"王"，今據磧本、麗初本改。
［72］卧：諸本同，磧本作"蚪"誤。
［73］鎣：諸本同，磧本作"鑒"。"鎣"，博雅"磨也"，指琢磨使發光，在此或引伸爲照亮意。
［74］案，"應"指應瑒，"陸"指陸機，"張"指張華。然"嚴"姓文學家在魏晋南朝文學家中無對應者，疑爲"顔"，即顔延年。
［75］朱：麗再本、麗初本、趙本作"失"，今從磧本、興聖寺本。"朱火"即火，薪火相傳之意。
［76］外：諸本同，興聖寺本脱。
［77］三：麗再本作"二"，今據諸本改。朓：諸本作"眺"，今據磧本、隨函録。案，"朓魄"，指一個月。"魄"，指月初相。"朓"，説文卷七"晦而月見西方謂之朓"，指月末，故作"三旬"是。
［78］代：磧本、興聖寺本作"伐"誤，趙本同麗再本。尚書正義卷五益稷："簫韶九成，鳳凰來儀。"此處"九成"代指音樂。
［79］門：諸本同，興聖寺本脱。
［80］春鷖：諸本同，興聖寺本作"鷖終"。
［81］譽：諸本同，興聖寺本作"覺"。
［82］辯：磧本、興聖寺本作"辨"誤，麗初本、趙本同麗再本。案，"辯"，説文卷一四"治也"，本意爲治獄，引伸爲擅長意。典出莊子逍遥遊。
［83］期：諸本同，興聖寺本作"斯"誤。
［84］縶：諸本同，興聖寺本作"執"。
［85］校：諸本同，磧本作"據"。
［86］大元十二年：據今本晋書卷九四戴逵傳，"太元二十年，皇太子始出東宫，太子太傅會稽王道子、少傅王雅、詹事王珣又上疏：'逵執操貞厲，含味獨遊，年在耆老，清風彌劭。東宫虚德，式延事外，宜加旌命，以參僚侍。逵既重幽居之操，必以難進爲

美,宜下所在備禮發遣。'會病卒。"則"十二年"似應爲"二十年"。

[87] 四:麗初本、興聖寺本作"三",磧本、趙本同麗再本。

[88] 厥姓傅氏:麗初本、興聖寺本無,趙本"厥姓傅氏亦以"作雙行小注。磧本同麗再本。

[89] 亦:麗再本作"所",今據諸本改。功:麗再本、麗初本、趙本作"公",今據磧本、興聖寺本改。

[90] 精:磧本、興聖寺本作"積",麗初本、趙本同麗再本。

[91] 在:麗再本、麗初本作"荐",磧本作"茌",今據趙本、興聖寺本。

[92] 縣:諸本同,興聖寺本作"懸"。

[93] 至:麗再本、麗初本、趙本無,今從磧本、興聖寺本。

[94] 卒:諸本同,麗初本脱。終:磧本、興聖寺本無,麗初本、趙本同麗再本。

陳南岳衡山釋慧思傳二[1]

釋慧思,俗姓李氏,武津人也[2]。少以弘恕慈育知名,閭里稱言,頌逸恒問[3]。嘗夢梵僧,勸令出俗,駭悟斯瑞,辭親入道。所投之寺,非是練若,數感神僧,訓令齋戒,奉持守素,梵行清慎。及稟具足,道志彌隆[4],迴栖幽静,常坐綜業。日惟一食,不受别供,周旋迎送,都皆杜絶。誦法華等經三十餘卷,數年之間,千遍便滿。所止菴舍,野人所焚,遂顯厲疾,求誠乞懺,仍即許焉。既受草室[5],持經如故,其人不久所患平復。又夢梵僧數百,形服瓌異[6],上坐命曰:"汝先受戒,律儀非勝,安能開發於正道也[7]?既遇清衆,宜更翻壇,祈請師僧三十二人[8],加羯磨法[9],具足成就。"後忽驚寤[10],方知夢受。自斯已後,勤務更深,剋念翹專,無棄昏曉,坐誦相尋,用爲恒業。由此苦行,得見三生所行道事。又夢彌勒、彌陀,説法開悟,故造二像,竝同供養。又夢隨從彌勒,與諸眷屬,同會龍華[11]。心自惟曰:"我於釋迦末法,受持法華,今值慈尊。"感傷悲泣[12],豁然覺悟,轉復精進。靈瑞重沓,瓶水常滿,供事嚴備[13],若有天童侍衛之者。

因讀妙勝定經[14],歎禪功德,便爾發心,修尋定友[15]。時禪師慧文聚徒數百[16],衆法清肅,道俗高尚,乃往歸依,從受正法。性樂苦節,營僧爲業,冬夏供養,不憚勞苦。晝夜攝心,理事籌度,訖此兩時,未有所證。又於來夏,束身長坐,繫念在前,始三七日,發少静觀,見一生來善惡業相,因此驚嗟,倍復勇猛,遂動八觸,發本初禪。自此禪障忽起,四肢緩弱,不勝行步,身不隨心。即自觀察:"我今病者,皆從業生,業由心起。本無外境,反見心源,業非可得,身如雲影,相有體空。"如是觀已,顛倒想滅[17],心性清净,所苦消除。又發空定,心境廓然。夏竟受歲,慨無所獲,自傷昏沉,生爲空過。深懷慚愧,放身倚壁,背未至閒,霍爾開悟:法華三昧、大乘法門,一念明達;十六特勝,背捨除入[18],便自通徹,不由他悟。後往鑒、最等師,[19]述己所證,皆蒙隨喜。研練逾久,前觀轉增,名行遠聞,四方欽德,學徒日盛。機悟寔繁,乃以大小乘中定慧等法,敷揚引喻,用攝自他。衆雜精麄,是非由起。怨嫉鴆毒,毒所不傷[20];異道興謀[21],謀不爲害。乃顧徒屬曰:"大聖在世,不免流言,況吾無德,豈逃此責。責是宿作,時來須受,此私事也。然我佛法,不久應滅,當往何方,以避此難?"時冥空有聲曰:"若欲修定,可往武當、南岳,此入道山也[22]。"

以齊武平之初,背此嵩陽,領徒南逝,高鶩前賢,以希栖隱。初至光州,值梁孝元傾覆,國亂,前路梗塞,權止大蘇山[23]。數年之間,歸從如市。其地陳、齊邊境,兵刃所衝,佛法云崩,五衆離潰,其中英挺者,皆輕其生,重其法,忽夕死,慶朝聞,相從跨險而到者填聚山林[24]。思供以事資,誨以理味。又以道俗福施,造金字般若二十七卷[25],金字法華,琉璃寶函,莊嚴炫曜,功德傑異,大發衆心。又請講二經,即而叙構,隨文造盡,莫非幽賾。後命學士江陵智顗代講金經,至一心具萬行處,顗有疑焉。思爲釋曰:"汝向所疑,此乃大品次第意耳,未是法華圓頓旨也。吾昔夏中,苦節思此。後夜一念頓發諸法。吾既身證[26],不勞致疑[27]。"顗即諮受法華[28],行法三七境界[29],難卒載叙。又諮師位,即是十地。思曰:"非也。吾是十信鐵輪位耳。"時以事驗,解行高明,根識清凈,相同初依,能知密藏。又如仁王十善發心,長别苦海。然其謙退,言難見實,故本迹叵詳。

後在大蘇,弊於烽警,山侣栖遑,不安其地,又將四十餘僧,逕趣南岳[30],即陳光大年六月二十二日也。既至[31],告曰:"吾寄此山,正當十載,過此已後,必事遠遊。"又曰:"吾前世時,曾履此處。"巡至衡陽,值一佳所,林泉竦凈,見者悦心。思曰:"此古寺也,吾昔曾住。"依言掘之,果獲房殿基塘[32]、僧用器皿。又往巖下,"吾此坐禪,賊斬吾首,由此命終,有今身也[33]"。僉共尋覓,乃得枯骸一聚。又下細尋,便獲髏骨。思得而頂之,爲起勝塔,報昔恩也。故其往往傳事,驗如合契,其類非一。

自陳世心學,莫不歸宗,大乘經論,鎮長講悟。故使山門告集,日積高名,致有異道懷嫉,密告陳主。誣思北僧,受齊國募,掘破南岳。勑使至山,見兩虎咆憤,驚駭而退。數日更進,乃有小蜂來螫思額,尋有大蜂喫殺小者[34],銜首思前,飛揚而去。陳主具聞[35],不以介意[36]。不久謀罔,一人暴死,二爲猘狗嚙死。蜂相所徵,於是驗矣。

勑承靈應,乃迎下都,止栖玄寺。嘗往瓦官,遇雨不濕,履泥不汙。僧正慧暠與諸學徒,相逢於路,曰:"此神異人,如何至此。"舉朝屬目[37],道俗傾仰。大都督吴明徹敬重之至,奉以犀枕。别將夏侯孝威往寺禮覲,在道念言:“吴儀同所奉枕者,如何可見?”比至思所,將行致敬,便語威曰:“欲見犀枕,可往視之。”又於一日,忽有聲告,洒掃庭宇,聖人尋至。即如其語,須臾思到。威懷仰之,言於道俗。故貴賤皂素,不敢延留,人船供給[38],送别江渚。

思云寄於南岳止十年耳,年滿當移,不識其旨。及還山舍,每年陳主,三信參勞,供填衆積[39],榮盛莫加。説法倍常,神異難測。或現形小大,或寂爾藏身,或異香奇色,祥瑞亂舉。臨將終時,從山頂下半山道場,大集門學,連日説法,苦切呵責,聞者寒心,告衆人曰:“若有十人,不惜身命,常修法華、般舟、念佛三昧、方等懺悔,常坐苦行者,隨有所須,吾自供給,必相利益,如無此人,吾當遠去。”苦行事難,竟無答者。因屏衆斂念,泯然命終[40]。小僧雲辯見氣乃絶[41],號吼大叫。思便開目曰:“汝是惡魔,我將欲去,衆聖叒然,相迎極多,論受生處。何意驚動,妨亂吾耶? 癡人出去。”因更攝心,諦坐至盡。咸聞異香,滿於室内,頂煖身軟,顔色如常。即陳太建九年六月二十二日也。取驗十年,宛同符矣[42]。春秋六十有四。

自江東佛法,弘重義門,至於禪法,蓋蔑如也[43]。而思慨斯南服,定慧雙開,晝談理義,夜便思擇[44],故所發言[45],無非致遠。便驗因定發慧,此旨不虚,南北禪宗,罕不承緒。然而身相挺特,能自勝持,不倚不斜,牛行象視[46]。頂有肉髻,異相莊嚴,見者迴心,不覺傾伏。又善識人心,鑒照冥伏,訥於言過,方便誨引,行大慈悲,奉菩薩戒。至如繒纊皮革,多由損生,故其徒屬服章,率加以布[47],寒則艾納,用犯風霜。自佛法東流[48],幾六百載,惟斯南岳,慈行可歸。

余嘗參傳譯,屢覩梵經,討問所被法衣,至今都無蠶服,縱加受法,不云得成。故知若乞若得[49],蠶綿作衣,准律結科,斬捨定矣。約情貪附,何由縱之。思所獨斷,高遵聖檢[50],凡所著作,口授成章,無所删改,造四十二字門兩卷,無諍行門兩卷,釋論玄、隨自意、安樂行次第、禪要、三智觀門等五部各一卷,並行於世。

【校注】

[1] 陳:諸本同,磧本作“隋”誤,慧思卒於陳,未及隋。

[2] 武津:縣名,治當今河南省上蔡縣崗郭村一帶,劉宋置,屬汝南郡,北齊廢。此縣沿革尚有争議,姑從讀史方輿紀要。

[3] 逸:諸本同,興聖寺本脱。

[4] 道:諸本同,大正藏校引宫本作“首”。

[5] 既:諸本同,興聖寺本作“即”誤。

[6] 瓌:諸本同,興聖寺本作“懷”形。

［7］也：諸本同，興聖寺本脱。

［8］師：麗初本、趙本作"仰"，磧本、興聖寺本同麗再本。三：諸本同，磧本作"四"。

［9］加：諸本同，興聖寺本作"伽"誤。

［10］寤：諸本同，磧本作"悟"誤。

［11］華：諸本同，興聖寺本脱。案，"龍華"，指龍華三會，彌勒在龍華樹下成道，連開三次法會度盡三根衆生。見彌勒下生經，又可參見增壹阿含經卷四四。

［12］感：諸本同，興聖寺本作"咸"誤。

［13］事：諸本同，磧本作"養"誤。

［14］妙勝定經：即最妙勝定經、最妙定勝經，曾亡佚，後在敦煌文書中發現，方廣錩整理本收於藏外佛教文獻第一輯。今據方廣錩先生"解題"簡介如下："印度佛教經典，著譯者不詳，一卷，本經譯於南北朝時期，主要宣傳只有修習禪定纔是最妙，最勝的佛法。批判只重義解，忽視實際修習的風氣。認爲只有通過禪定纔能真正了達佛法深義，即使犯了四重五逆大罪，亦可由禪定而消除。本經在歷史上曾經發生較大影響，對天台宗影響尤大……"隋唐經録將其列入疑僞經，因而亡佚。敦煌文書北新 332 號爲此經全帙，北臨 1757 號爲此經殘卷，甘珠爾收其藏文本，法藏敦煌文書 P102 號也收有藏文殘卷。

［15］友：磧本、興聖寺本作"支"誤，麗初本、趙本同麗再本。

［16］慧文：天台宗奉爲二祖，其傳記資料又散見於本書及佛祖統紀，難以勾畫慧文生平全貌。

［17］滅：諸本同，興聖寺本脱。

［18］除：諸本同，磧本作"徐"。

［19］案，"最師"，洛陽伽藍記卷四"融覺寺條"："比丘曇謨最善於禪學，講涅槃、花嚴，僧徒千人。"參見劉朝霞著天台學的準備階段與唯識古學的交涉（早期天台學對唯識古學的吸收與抉擇第三章，巴蜀書社 2009 年）。而"鑒師"則無考。然，慧思的師承譜系，或出於想象，不可盡信。

［20］毒：諸本同，興聖寺本脱。

［21］興謀：諸本同，興聖寺本衍作"興道興謀"。

［22］此：諸本同，磧本作"是"。

［23］大蘇山：在今河南省光山縣南二十公里處大蘇山，慧思所居寺爲净居寺，今存。又，慧思在光州所立誓願文，對於前半生有比較系統自述，今摘録如下，南嶽思大禪師立誓願文："我慧思即是末法八十二年，太歲在乙未十一月十一日，於大魏國南豫州汝陽郡武津縣生。至年十五，出家修道，誦法華經及諸大乘，精進苦行。至年二十，見世無常，衆生多死，輒自思惟：'此身無常，苦空無有，我人不得自在。生滅敗壞，衆苦不息，甚可怖畏。世法如雲，有爲難信，其愛著者即爲煩惱大火所燒，若棄捨者則至無爲涅槃大樂。一切衆生迷失正道，永無出心。我爲衆生及爲我身求解脱故，發菩提心，立大誓願，欲求如來一切神通，若不自證，何能度人？先學已證，然後得行。自求道果，爲度十方無量衆生，爲斷十方一切衆生諸煩惱故，爲令十方無量衆生通達一切諸法門故，爲欲成就十方無量一切衆生菩提道故，求無上道爲首楞嚴。'遍歷齊國諸大禪師學摩訶衍，恒居林野，經行修禪。年三十四時，在河南兖州界論義故，遭值諸惡比丘以惡毒藥令慧思食，舉身爛壞，五臟亦爛，垂死之間而更得活。初意欲渡河，遍歷諸禪師，中路值此惡毒困藥，厭此言説，知其妨

道,即持餘命,還歸信州,不復渡河,心心專念,入深山中。欲去之間,是時信州刺史,共諸守令,苦苦留停,建立禪齋,説摩訶衍義。頻經三年,未曾休息,梁州許昌而復來請,又信州刺史復欲送啓,將歸鄴郡,慧思意决,不欲向北,心欲南行。即便舍衆渡,向淮南山中停住。從年二十至三十八,恒在河南習學大乘,親覲供養諸大禪師,遊行諸州,非一處住。是時國敕,唤國内一切禪師入臺供養。慧思自量,愚無道德,不肯隨敕,方便捨避。渡淮南入山。至年三十九,是末法一百二十年,淮南郢州刺史劉懷寶共遊郢州山中,唤出講摩訶衍義。是時爲義相答故,有諸法師起大瞋怒,有五人惡論師以生金藥置飲食中令慧思食,所有餘殘三人啖之,一日即死。慧思於時身懷極困,得停七日,氣命垂盡,臨死之際,一心合掌,向十方佛懺悔,念般若波羅蜜,作如是言,不得他心智,不應説法。如是念時,生金毒藥即得消除,還更得差。從是已後,數遭非一。年至四十,是末法一百二十一年,在光州開岳寺,巴子立五百家,共光州刺史請講摩訶衍般若波羅蜜經一遍。至年四十一,是末法一百二十二年,在光州境大蘇山中,講摩訶衍義一遍。至年四十二是末法一百二十三年。在光州城西觀邑寺上,又講摩訶衍義一遍。是時,多有衆惡論師,競來惱亂,生嫉妒心,咸欲殺害,毁壞般若波羅蜜義。我於彼時起大悲心,念衆惡論師,即發誓願,作如是言:'誓造金字摩訶般若及諸大乘,琉璃寶函奉盛經卷。現無量身於十方國土講説是經,令一切衆惡論師,咸得信心,住不退轉。'至年四十三,是末法一百二十四年,在南定州,刺史請講摩訶衍義一遍。是時,多有衆惡論師,競起惡心,作大惱亂,復作種種諸惡,方便斷諸檀越,不令送食。經五十日,唯遣弟子化得,以濟身命。於時發願:'我爲是等及一切衆生,誓造金字摩訶衍般若波羅蜜一部……然後我當十方六道普現無量色身,不計劫數,至成菩提,當爲十方一切衆生,講説般若波羅蜜經。於是中間若作法師如曇無竭,若作求法弟子如薩陀波崙。'發願之後,衆惡比丘皆悉退散。發此願已,即便教化,作如是言:'我造金字摩訶般若波羅蜜經。'至年四十四,是末法一百二十五年,太歲戊寅,還於大蘇山,光州境内唱告諸方:'我欲奉造金字摩訶般若波羅蜜經,須造經首,誰能造者?'時有一比丘名曰僧合,而忽自來,作如是言:'我能造金字般若。'既得經首,即遍教化諸州,刺史及土境人民、白黑道俗得諸財寶,持買金色,造作經用。從正月十五日教化至十一月十一日,於南光州光城郡光城縣齊光寺方得就手,報先心願,奉造金字摩訶般若波羅蜜經一部,並造琉璃寶函盛之。即於爾時,發大誓願,願此金字摩訶般若波羅蜜經及七寶函,以大願故,一切衆魔諸惡災難不能沮壞,願於當來彌勒世尊出興於世,普爲一切無量衆生,説是般若波羅蜜經時。……我今入山修習苦行,懺悔破戒障道重罪,今身及先身,是罪悉懺悔,爲護法故,求長壽命,不願生天及餘趣。願諸賢聖佐助我,得好芝草及神丹,療治衆病除饑渴,常得經行修諸禪。願得深山寂静處,足神丹藥修此願,藉外丹力修内丹,欲安衆生先自安,己身有縛能解他縛,無有是處。……應常念本願,捨諸有爲事、名聞及利養,乃至惡弟子,内外悉應捨。專求四如意、八種自在我、五眼及種智,爲佛一切智,當發大精進,具足神通力,可化衆生耳。當念十方佛、海慧諸大士,世間所有道俗,殷勤請講供養者,乃至强勸請令講經者,此等道俗皆非善知識,是惡知識耳。何以故?皆是惡魔所使,初即假作殷勤似有好心,後即斗生忿怒,善惡二魔俱非好事,從今已後不應信此,所有學士亦復如是,皆不可信。如怨詐親,苦哉苦哉,不可思議諸王刹利處,皆亦復如是,擇擇擇擇。”

[24] 相：諸本同，興聖寺本作“想”。
[25] 案，般若指鳩摩羅什所譯大品般若。
[26] 吾：諸本同，興聖寺本作“五”誤。
[27] 疑：諸本同，興聖寺本作“疑疑”。
[28] 即：諸本同，興聖寺本脱。
[29] 法：麗初本，興聖寺本無，磧本、趙本同麗再本。
[30] 逕：諸本作“經”，今從磧本。
[31] 既：磧本、興聖寺本作“即”誤，麗初本、趙本同麗再本。
[32] 果獲：麗初本、麗再本、趙本衍作“果獲之”，今從磧本、興聖寺本。
[33] 今：麗再本作“全”，今據諸本改。
[34] 喫：磧本作“噛”，趙本作“齧”，麗初本、興聖寺本同麗再本。
[35] 聞：諸本作“問”誤。
[36] 介：諸本作“誡”，今從磧本。
[37] 屬：麗初本、趙本作“囑”誤，磧本、興聖寺本同麗再本。
[38] 船：諸本同，興聖寺本作“般”形，誤。
[39] 衆：諸本同，興聖寺本衍作“衆衆”。
[40] 終：諸本同，磧本作“盡”。
[41] 雲辯：磧本作“靈辯”，興聖寺本作“雲靈辯”，麗初本、趙本同麗再本。
[42] 符：麗初本、麗再本、趙本作“苻”，今從磧本、興聖寺本。
[43] 蔑：諸本同，麗初本作“夢”誤。
[44] 思：諸本同，興聖寺本脱。
[45] 所：諸本同，興聖寺本脱。
[46] 牛行象視：諸本同，磧本作“牛象行視”誤。
[47] 加：諸本同，興聖寺本作“伽”。
[48] 自：諸本同，興聖寺本作“身”形。
[49] 故知若：諸本同，興聖寺本作“故智”。
[50] 高遵：諸本同，興聖寺本作“適”。遵：麗初本、趙本作“導”，磧本、興聖寺本同麗再本。

隋國師智者天台山國清寺釋智顗傳三

釋智顗，字德安，姓陳氏，潁川人也。有晋遷都，寓居荆州之華容焉[1]。即梁散騎孟陽公起祖之第二子也。[2]母徐氏，夢香烟五采縈迴在懷，欲拂去之，聞人語曰：“宿世因緣，寄託王道。福德自至，何以去之？”又夢吞白鼠。如是再三，怪而卜之。師曰：“白龍之兆也。”及誕育之夜，室内洞明，信宿之間，其光乃止[3]。内外胥悦，盛陳鼎俎相慶，乃火滅湯冷[4]，爲事不成。忽有二僧扣門曰：“善哉，兒德所熏[5]，必出家矣。”言訖而隱，賓客異焉。鄰室憶先靈瑞，呼爲“王道”，兼用後相，復名光道。故小立二字[6]，參互稱之。眼有重瞳，二親藏掩而人已知。兼以卧便合掌，坐必面西。年一紀來[7]，口不妄噉，見像便禮，逢僧必敬。七歲，喜往伽藍，諸僧訝其情志，口授普門品初契，一遍即得，二親遏絶，不許更誦，而情懷惆悵，奄忽自然通餘文句。豈非夙植德本[8]，業延于今？志學之年，士梁承聖，屬元帝淪没，北度硤州，依乎舅氏。而俊朗通悟，儀止温恭，尋討名師，冀依出有。[9]

年十有八，投湘州果願寺沙門法緒而出家焉[10]。緒授以十戒，導以律儀[11]，仍攝以北度[12]，詣慧曠律師，北面横經[13]，具蒙指誨。因潛大賢山誦法華經及無量義、普賢觀等[14]。二旬未淹[15]，三部究竟。又詣光州大蘇山慧思禪師受業心觀。思又從道於就師，就又受法於最師。此三人者，皆不測其位也。思每歎曰："昔在靈山，同聽法華，宿緣所追，今復來矣。"即示普賢道場，爲説四安樂行。顗乃於此山行法華三昧，始經三夕[16]，誦至藥王品"心緣苦行，至是真精進"句[17]，解悟便發，見共思師處靈鷲山七寶净土聽佛説法。故思云："非爾弗感，非我莫識，此法華三昧前方便也。"又入熙州白砂山[18]，如前入觀，於經有疑，輒見思來，冥爲披釋。爾後常令代講[19]，聞者伏之。惟於三三昧、三觀智，用以諮審，自餘並任裁解[20]，曾不留意。思躬執如意，在坐觀聽，語學徒曰："此吾之義兒，恨其定力少耳。"於是師資改觀，名聞遐邇[21]。及學成往辭，思曰："汝於陳國有緣，往必利益。"

思既遊南岳，顗便詣金陵，與法喜等三十餘人，在瓦官寺創弘禪法[22]。[23]僕射徐陵、尚書毛喜等明時貴望，學統釋儒，並稟禪慧，俱傳香法，欣重頂戴，時所榮仰。長干寺大德智辯延入宋熙，天宫寺僧晃請居佛窟，斯由道弘行感，故爲時彦齊迎。顗任機便動，即而開悟。白馬警韶、奉誠智文、禪衆慧命[24]，及梁代宿德大忍法師等一代高流，江表聲望，皆捨其先講，欲啓禪門，率其學徒，問津取濟。[25]

禹穴慧榮住莊嚴寺，道跨吴會，世稱義窟[26]，辯號懸流，聞顗講法，故來設問。數開徵敫[27]，莫非深隱，輕誕自矜，揚眉舞扇，扇便墮地。顗應對事理，涣然清顯，謔榮曰[28]："禪定之力，不可難也。"時沙門法歲撫榮背曰："從來義龍，今成伏鹿。扇既墮地，何以遮羞。"榮曰："輕敵失勢，未可欺也。"綿歷八周，講智度論，肅諸來學，次説禪門，用清心海。

語嘿之際，每思林澤，乃夢巖崖萬重，雲日半垂，其側滄海無畔[29]，泓澄在于其下。又見一僧，摇手申臂至于岐麓[30]，挽顗上山云云。顗以夢中所見，通告門人，咸曰："此乃會稽之天台山也。聖賢之所託矣。昔僧光、道猷、法蘭、曇密，晋、宋英達，無不栖焉。"因與慧辯等二十餘人，挾道南征，隱淪斯岳[31]。先有青州僧定光久居此山[32]，積四十載，定慧兼習，蓋神人也。顗未至二年，預告山民曰[33]："有大善知識，當來相就。宜種豆造醬[34]，編蒲爲席,更起屋舍,用以待之。"會陳始興王出鎮洞庭[35],公卿餞送,迴車瓦官,與顗談論,幽極既唱,貴位傾心,捨散山積,虔拜殷重,因歎曰:"吾昨夢逢强盗,今乃表諸軟賊。毛繩截骨則憶曳尾泥中[36]。"仍遣謝門人曰:"吾聞闇射則應於弦[37],何以知之?無明是暗也,脣舌是弓也,心慮如弦,音聲如箭。長夜虚發,無所覺知。又法門如鏡,方圓任象。初瓦官寺四十人坐,半入法門,今者二百坐禪,十人得法。爾後歸宗轉倍,而據法無幾,斯何故耶?亦可知矣。吾自行化導[38],可各隨所安,吾欲從吾志也[39]。"即往天台。

即達彼山,與光相見,即陳賞要。光曰:"大善知識,憶吾早年山上摇手相喚不乎?"顗驚異焉,知通夢之有在也。時以陳太建七年秋九月矣。又聞鍾聲滿谷[40],衆咸怪異,光曰:"鍾是召集有緣,爾得住也。"顗乃卜居勝地,是光所住之北[41],佛壟山南[42],螺溪之源[43]。處既閑敞,易得尋真[44],地平泉清,徘徊止宿。俄見三人,皂帽絳衣[45],執疏請云:"可於此行道[46]。"於是聿創草庵,樹以松果,數年之間,造展相從,復成衢會。光曰:"且隨宜安堵。至國清時,三方總一,當有貴人爲禪師立寺,堂宇滿山矣。"時莫測其言也。顗後於寺北華頂峰獨静頭陀。大風拔木,雷霆震吼,魑魅千群,一形百狀,吐火聲叫,駭畏難陳。乃抑心安忍,湛然自失。又患身心煩痛,如被火燒;又見亡没二親,枕顗膝上[47],陳苦求哀。顗又依止法忍,不動如山,故使强耎兩緣,所感便滅。忽致西域神僧告曰:"制敵勝怨,乃可爲勇。"文多不載。

陳宣帝下詔曰:"禪師佛法雄傑,時匠所宗,訓兼道俗,國之望也,宜割始豐縣調,以充衆費。蠲兩户民[48],用供薪水。"[49]天台山縣名爲樂安[50],令陳郡袁子雄崇信正法,每夏常講净名,忽見三道寶階,從空而降,有數十梵僧,乘階而下,入堂禮拜,手擎香爐,繞顗三匝,久之乃滅。雄及大衆同見[51],驚歎山喧。其行達靈感[52],皆如此也。永陽王伯智出撫吴興[53],與其眷屬就山請戒,又建七夜方等懺法[54]。王晝别理治[55],夜便習觀。顗謂門人智越:"吾欲勸王更修福禳禍[56],可乎?"越對云:"府僚無舊,必應寒熱。"顗曰:"息世譏嫌,亦復爲善。"俄而王因出獵,墮馬將絶。時乃悟意,躬自率衆,作觀音懺法。不久王覺小醒,憑几而坐,見梵僧一人擎爐直進,問王所苦。王流汗無答,乃繞王一匝,翕然痛止[57]。仍躬著願文曰:

仰惟天台闍梨,德侔安、遠,道邁光、猷,遐邇傾渴[58],振錫雲聚。紹像法之墮緒,以救昏蒙;顯慧日之重光,用拯澆俗。加以遊浪法門,貫通禪苑,有爲之結已離,無生之忍現前[59]。弟子飄蕩業風,沉淪愛水。雖餐法喜,弗祛蒙弊之心[60];徒仰禪悦,終懷散動之慮。日輪馳騖[61],

羲和之轡不停；月鏡迴斡[62]，姮娥之景難駐[63]。有離有會，歎息何言[64]；愛法敬法，潺湲無已，願生生世世值天台闍梨，恒修供養，如智積奉智勝如來[65]，若藥王覲雷音正覺[66]，安養兜率，俱蕩一乘云云。

其爲天王信敬，爲此類也[67]。於即化移海岸，法政甌閩[68]，陳疑請道，日昇山席。

陳帝意欲面禮，將申謁敬，顧問群臣，釋門誰爲名勝。陳暄奏曰："瓦官禪師，德邁風霜，禪鏡淵海。昔在京邑，群賢所宗，今高步天台，法雲東藹。願陛下詔之還都，使道俗咸荷。"因降璽書，重沓徵入。顗以重法之務，不賤其身，乃辭之[69]。後爲永陽苦諫，因又降勑，前後七使，並帝手疏。顗以道通惟人，王爲法寄[70]，遂出都焉[71]。[72]迎入太極殿之東堂[73]，請講智論。有詔羊車童子列導於前[74]，主書舍人翊從登陛[75]，禮法一如國師瓘闍梨故事[76]。陳主既降法筵，百僚盡敬。希聞未聞，奉法承道，因即下勑，立禪衆於靈曜寺。學徒又結，望衆森然，頻降勑於太極殿講仁王經。天子親臨，僧正慧晅、僧都慧曠，京師大德，皆設巨難。顗接問承對，盛啓法門。晅執爐賀曰："國十餘齋，身當四講，分文析義，謂得其歸，今日出星收，見巧知陋矣。"其爲榮望，未可加之。然則江表法會，由來諍競不足[77]，及顗之御法即坐，肅穆有餘，遂使千枝花綻[78]，七夜恬耀。舉事驗心，顗之力也。

晚出住光曜[79]，禪慧雙弘，動郭奔隨，傾意清耳[80]。陳主於廣德殿下勑謝云："今以佛法仰委，亦願示諸不逮。"于時撿括僧尼無貫者萬計，朝議云[81]：策經落第者並合休道。顗表諫曰："調達誦六萬象經，不免地獄；槃特誦一行偈，獲羅漢果。篤論道也，豈關多誦。"陳主大悦，即停搜簡。是則萬人出家，由顗一諫矣。

末爲靈曜褊隘，更求閑静[82]。忽夢一人，翼從嚴正，自稱名云："余冠達也，請住三橋。"顗曰："冠達，梁武法名。三橋豈非光宅耶？"乃移居之。其年四月，陳主幸寺，修行大施，又講仁王。帝於衆中起拜殷勤[83]，儲后已下，並崇戒範。故其受法文云[84]：

> 仰惟化導無方，隨機濟物，衛護國土[85]，汲引天人，照燭光輝，託迹師友。比丘入夢，符契之象久彰；和上來儀，高座之德斯炳。是以翹心十地，渴仰四依，大小二乘，内外兩教，尊師重道，由來尚矣。伏希俯提所請[86]，世世結緣，遂其本願，日日增長。今奉請爲菩薩戒師。

便傳香在手而瞼下垂淚[87]。斯亦德動人主，屈幸從之。

及金陵敗覆，策杖荆、湘，路次盆城，夢老僧曰："陶侃瑞像，敬屈護持。"於即往憩匡山，見遠圖繢，驗其靈也，宛如其夢。不久潯陽反叛[88]，寺宇焚燒，獨有玆山，全無侵擾。信護像之力矣。末剗迹雲峰，終焉其致。

會大業在蕃，任總淮海，承風佩德，欽注相仍，欲遵一戒法，奉以爲師，乃致書累請。[89]顗初陳寡德[90]，次讓名僧，後舉同學，三辭不免，乃求四願。其辭曰[91]：一、雖好學禪，行不稱法，年既西夕，遠守繩床[92]，撫臆循心，假名而已，吹噓在彼，惡聞過實。願勿以禪法見期。二、生在邊表，長逢離亂[93]，身闇庠序，口拙暄凉。方外虚玄，久非其分；域間撙節[94]，無一可取。雖欲自慎，樸直忤人，願不責其規矩。三、微欲傳燈[95]，以報法恩。若身當戒範，應重去就[96]，去就若重[97]，傳燈則闕，去就若輕，則來嫌誚。避嫌安身，未若通法，而命願許其爲法，勿嫌輕動。四、三十餘年水石之間[98]，因以成性。今王途既一，佛法再興。謬課庸虚，沐此恩化，内竭朽力，仰酬外護。若丘壑念起，願隨心飲啄，以卒殘年。許此四心，乃赴優旨。

晋王方希净戒，如願惟諾[99]，故躬制請戒文云：

> 弟子基承積善，生在皇家，庭訓早趍，胎教夙漸[100]。福履攸臻[101]，妙機頃悟[102]，恥崎嶇於小逕，希優遊於大乘。笑息止於化城，誓舟航於彼岸。開士萬行，戒善爲先；菩薩十受，專持最上[103]。喻爲宫室，必先基趾，[104]徒架虚空，終不能成。孔、老、釋門，咸資鎔鑄[105]，不有軌儀，孰將安仰？誠復能仁奉爲和上，文殊冥作闍梨，而必藉人師，顯傳聖授，自近之遠，感而遂通。波崙罄髓於無竭，善才亡身於法界。經有明文，非徒臆説。深信佛語，幸遵時導[106]。禪師佛法龍象，戒珠圓净，定水淵澄。因静發慧，安無礙辯。先物後己，謙挹成風。名稱遠聞，衆所知識。弟子所以虔誠遥注[107]，命檝遠迎。每慮緣差，值諸留難，師亦既至[108]，心路豁然，及披雲霧，即銷煩惱。今開皇十一年十一月二十三日，於楊州總管寺，誠[109]設千僧會，敬屈授菩薩戒，戒名爲孝，亦名制止。方便智度，歸宗奉極，作大莊嚴，同如來慈，普諸佛愛，等視四生，猶如一子云云。

即於内第，躬傳戒香，授律儀法，告曰："大士爲度，遠濟爲宗。名實相符，義非輕約，今可法名爲'總持'也，用攝相兼之道也。"王頂受其旨，教曰："大師禪慧内融，導之法澤，輒奉名爲'智者'。"

自是專師率誘，日進幽玄。所獲施物，六十餘事，一時迴施悲敬兩田，願使福德增繁[110]，用昌家國，便欲返故林。王仍固請[111]，顗曰"先有明約，事無兩違"，即拂衣而起。王不敢重邀，合掌尋送，至于城門。顧曰："國鎮不輕，道務致隔[112]，幸覩佛化，弘護在懷。"王禮望目極，銜泣而返。

便泝流上江，重尋匡嶺，結徒行道，頻感休徵。百越邊僧，聞風而至者，累[113]迹相造。[114]又上渚宫鄉壤，以荅生地恩也。道俗延頸，老幼相携[115]，戒場講坐，衆將及萬[116]，送於當陽縣玉泉山立精舍[117]。勑給寺額，名爲“一音”。[118]其地昔惟荒嶮，神獸蛇暴，創寺之後，快無憂患。是春亢旱[119]，百姓咸謂神怒，顗到泉源，帥衆轉經[120]，便感雲興雨霔[121]，虚誣自滅[122]。總管宜陽公王積到山禮拜，戰汗不安，出曰：“積屢經軍陣[123]，臨危更勇，未嘗怖懼，頓如今日。”

其年，晉王又遣手疏請還[124]，辭云[125]：

弟子多幸，謬稟師資。無量劫來，悉憑開悟，色心無作。昔年虔受[126]，身雖疏漏，心護明珠，定水禪支，屏散歸静。荷國鎮蕃，爲臣爲子，豈寂四緣，能入三昧？電光斷結，其類甚多；慧解脱人，厥朋不少。即日欲伏膺智斷[127]，率先名教，永汎法流，兼用治國，未知底滯，可開化不[128]？師嚴道尊[129]，可降意不？宿世根淺，可發萌不？菩薩應機，可逗時不？書云：“民生在三[130]，事之如一。”況章釋典而不從師？今之慊言，備瀝素款，成就事重，請棄飾詞。

顗答書云：“謬承人乏[131]，擬迹師資，顧此庸微[132]，以非時許，況隆今命[133]，彌匪克當。徒欲沉吟，必乖深寄。”王重請云：

學貴承師，事推物論，歷求法界，厝心有在[134]。仰惟久殖善根[135]，非一生得，初乃由學。俄逢聖境[136]，南岳記莂[137]，説法第一，無以仰過。照禪師來，具述此事，于時心喜，以域寸誠。智者昔入陳朝，彼國明試，瓦官大集[138]，衆論鋒起。榮公强口，先被折角，兩瓊繼軌，纔獲交綏[139]。忍師讚歎，嗟唱希有。弟子仰延之始，屈登無畏，釋難如流，親所聞見，衆咸瞻仰。承前荆楚，莫不歸伏。非禪不智，驗乎金口，比釋侣所談[140]，智者融會，甚有階位。譬若群流，歸乎大海，[141]此之包舉，始得佛意。惟願未得令得，未度令度，樂説不窮，法施無盡，乃從之重現。

令造淨名疏[142]，河東柳顧言、東海徐儀並才華冑績，應奉文義，緘封寶藏，王躬受持。

後蕭妃疾苦，醫治無術，王遣開府柳顧言等致書請命，願救所疾。顗又率侣建齋七日，行金光明懺，至第六夕，忽降異鳥，飛入齋壇，宛轉而死，須臾飛去。又聞豕吟之聲，衆並同矚。顗曰：“此相現者[143]，妃當愈矣。鳥死復蘇，表盍棺還起。豕幽鳴顯，示齋福相乘。”至于翌日，患果遂瘳，王大嘉慶。

時遇入朝，旋歸台岳，躬率禪門，更行前懺，仍立誓云：“若於三寶有益者，當限此餘年[144]。若其徒生，願速從化。”不久，告衆曰[145]：“吾當卒此地矣，所以每欲歸山。今奉冥告，勢當將盡。死後安措西南峰上，累石周屍，植松覆坎[146]，仍立白塔，使見者發心。"又云："商客寄金，醫去留藥。吾雖不敏，狂子可悲。"仍口授觀心論，隨略疏成，不加點潤。命學士智越往石城寺掃灑，於彼佛前命終[147]。[148]施床東壁，面向西方，稱阿彌陀佛、波若、觀音。又遣多然香火，索三衣鉢杖以近身。自餘道具，分爲二分：一奉彌勒；一擬羯磨。有欲進藥者，答曰："藥能遣病，留殘年乎？病不與身合[149]，藥何所遣？年不與心合，藥何所留？智晞往日復何所聞？觀心論内復何所道？紛紜醫藥，累擾於他。"又請進齋飯[150]，答曰："非但步影而爲齋也，能無觀無緣即真齋矣[151]。吾生勞毒器，死悦休歸，世相如是，不足多歎。"又出所制净名疏[152]，并犀角如意、蓮花香爐，與晋王别。遺書七紙，文極該綜，詞采風標，屬以大法。末乃手注疏曰："如意、香爐是大王者，還用仰别，使永布德香，長保如意也。"

便令唱法華經題，顗贊引曰："法門父母，慧解由生，本迹弘大[153]，微妙難測，輟斤絶絃，於今日矣。"又聽無量壽竟，仍贊曰"四十二願[154]，莊嚴净土，華池寶樹，易往無人"云云。又索香湯漱口[155]，説十如、四不生、十法界、三觀、四教、四無量、六度等。有問其位者，答曰："汝等懶種善根，問他功德，如盲問乳[156]，蹶者訪路云云。吾不領衆，必净六根。爲他損己，只是五品内位耳。吾諸師友從觀音、勢至皆來迎我。波羅提木義是汝宗仰，四種三昧是汝明導。[157]"又勑維那："人命將終，聞鍾磬聲，增其正念，唯長唯久，氣盡爲期。云何身冷[158]，方復響磬？世間哭泣、著服皆不應作，且各默然，吾將去矣。"言已端坐，如定而卒於天台山大石像前，春秋六十有七，即開皇十七年十一月二十二日也[159]。滅後，依於遺教而殯焉[160]。至仁壽末年已前，忽振錫披衣[161]，猶如平昔，凡經七現，重降山寺，一還佛壟。語弟子曰："案行故業，各安穩耶？"舉衆皆見[162]，悲敬言問，良久而隱。

自顗降靈龍象[163]，育神江漢，憑積善而託生，資德本而化世。身過七尺，目佩異光；解統釋門[164]，行開僧位。往還山世，不染俗塵，屢感幽祥，殆非可測。初帝於蕃日[165]，遣信入山迎之，因散什物，標域寺院，殿堂廚宇，以爲圖様，告弟子曰："此非小緣所能締構，當有皇太子爲吾造寺，可依此作，汝等見之。"後果如言，事見别傳。

往居臨海，民以滬魚爲業，罾網相連，四百餘里，江滬溪梁，六十餘所。顗惻隱觀心[166]，彼此相害，勸捨罪業，教化福緣。所得金帛，乃成山聚，即以買斯海曲爲放生之池[167]。又遣沙門慧拔表聞于上，陳宣下勑，嚴禁此池，不得採捕。國爲立碑[168]，詔國子祭酒徐孝克爲文，樹于海濱，詞甚悲楚，覽者不覺墮淚。時還佛壟，如常習定，忽有黄雀滿空，翱翔相慶，鳴呼山寺，三日乃散。顗曰："此乃魚來報吾恩也。"[169]至今貞觀，猶無敢犯，下勑禁之，猶同陳世。此慈濟博大,仁惠難加。又居山有蕈,觸樹皆垂,隨採隨出,供僧常調。顗若他涉,蕈即不生,因斯以談,誠道感矣。

所著法華疏、止觀門、修禪法等各數十卷[170]。又著净名疏至佛道品有三十七卷。皆口出成章,侍人抄略而自不畜一字。自餘隨事流卷[171],不可殫言,皆幽指爽徹,摛思開天。煬帝奉以周旋,重猶符命,及臨大寶,便藏諸麟閣。所以聲光溢于宇宙,威相被于當今矣。

而枯骸特立,端坐如生,瘞以石門,關以金鑰[172],所有事由,一關别勑。每年諱日[173],帝必廢朝,預遣中使,就山設供。尚書令楊素,性度虚簡,事必臨信,乃陳其意云:"何枯骨特坐如生?"勑授以户籥,令自尋視。既如前告,得信而歸。

顗東西垂範[174],化通萬里,所造大寺三十五所,手度僧衆四千餘人,寫經一十五藏[175],金檀畫像十萬許軀[176],五十餘州道俗受菩薩戒者不可稱紀,傳業學士三十二人,習禪學士散流江漢,莫限其數。沙門灌頂侍奉多年,歷其景行,可二十餘紙。又終南山龍田寺沙門法琳,夙預宗門,親傳戒法,以德音遽遠,拱木俄森[177],爲之行傳,廣流於世。隋煬末歲,巡幸江都,夢感智者,言及遺寄。帝自製碑,文極宏麗,未及鐫勒,值亂便失。

【校注】

[1] 容:興聖寺本、趙本作"客",磧本、麗初本同麗再本。

[2] 孟陽公:興聖寺本、大正藏校引宫本作"益陽公",麗初本、磧本、趙本同麗再本。起祖:宫本作"起"。案,灌頂撰隋天台智者大師别傳載,陳起祖"學通經傳,談吐絶倫,而武策運籌,偏多勇决。梁湘東王蕭繹之荆州,列爲賓客。奉教入朝,領軍朱异見而歎曰:'若非經國之才,孰爲英王之所重乎?'孝元即位拜使持節、散騎常侍、益陽縣開國侯。"則知興聖寺本、宫本是,又知智顗出身於武將家庭。

[3] 止:諸本同,興聖寺本作"正"誤。

[4] 乃:磧本無,興聖寺本作"及",麗初本、趙本同麗再本。

[5] 熏:磧本、興聖寺本作"重"誤,麗初本、趙本同麗再本。

[6] 小立二字:麗再本、趙本作"小立二名字",麗初本作"立二名字",今從磧本、興聖寺本。

[7] 年一紀來:磧本作"年大已來",麗初本、磧本作"年一已來",趙本同麗再本。當以磧本爲是。

[8] 植:諸本同,磧本作"殖"。

[9] 案,隋天台智者大師别傳記其在江陵陷落後,父母、兄長尚在,與此傳不同。其出家"時王琳據湘,從琳求去。琳以陳侯故舊,又嘉此志節,資給法具,深助隨喜"。

[10] 湘州果願寺:據任林豪研究,此寺所處的"湘州"非治所在長沙之湘州,而是魏書卷一〇六地形志所記之湘州,位於今湖北省大悟縣、黄陂、黄岡一帶。參見智者大師疑問二則,佛學研究1997年。

［11］導以：諸本同，磧本作"道品"誤。

［12］度：諸本同，磧本作"渡"。案，果願寺如在長沙，則作"渡"是；如在大悟縣一帶則在江北，則作"度"。

［13］北：諸本作"地"誤，今從磧本。案，別傳載慧曠"兼通方等"。

［14］大賢山：即河南省信陽市浉河區湖東辦事處賢山村之賢山，亦稱賢隱山。

［15］淹：諸本同，麗初本作"浹"。

［16］三：諸本同，興聖寺本衍作"三三"。

［17］苦：諸本同，興聖寺本脱。

［18］案，熙州，隋置，州治在今安徽潛山縣。白砂山，不詳。

［19］代：諸本同，興聖寺本作"伐"誤，下同，不一一出校。

［20］任：趙本、興聖寺本作"住"誤，磧本、麗初本同麗再本。

［21］聞：諸本同，興聖寺本作"問"。邇：麗初本、趙本作"爾"誤，磧本、興聖寺本同麗再本。

［22］瓦：諸本同，興聖寺本無。

［23］案，別傳記載，智顗初來建康，頗受冷遇，"仍共法喜等二十七人同至陳都，然上德不德，又知音者寡。有一老僧，厥名法濟，即何凱之從叔也，自矜禪學，倚卧問言：'有人入定，聞攝山地動，知僧詮練無常。此何禪也？'答曰：'邊定不深，邪乘闇入，若取若説，定壞無疑。'濟驚起謝曰：'老僧身嘗得此定，向靈耀則公説之，則所不解，説已永失。今聞所未聞，非直善知法相，亦乃善知懸見他心。'濟以告凱，凱告朝野，由是聲馳。"

［24］慧命：諸本同，磧本作"慧令"是，別傳作"智令"。

［25］案，據別傳，"捨其先講，欲啓禪門"爲建初寶瓊，而大忍爲最初賞識智顗并爲之吹揚的大德。其對智顗的點評爲："此非文疏所出，乃是觀機；縱辯般若，非鈍非利，利鈍由緣。豐富適時，是其利像；池深華大，鈍可意得。"又，"捨"，諸本同，興聖寺本作"苦"形。"先"，諸本同，興聖寺本作"气"形。

［26］宧：磧本、興聖寺本作"虎"，麗初本、趙本同麗再本。案，慧榮傳見本書卷八，爲成實學名家。

［27］數開徵敫：麗初本、麗再本、趙本作"數關徵覈"，今從磧本、興聖寺本。案，"敫"在集韻卷八"四十九宥"下，義爲"强擊也"，而"徵"有責問義。"數開徵敫"在別傳中對應句爲"雙構巨難"，"開"即構設義，而"關"則無此義。

［28］涣然清顯譴榮曰：麗再本、麗初本、興聖寺本作"涣然清遣榮曰"誤，趙本作"涣然清顯，遣榮曰"亦誤，今從磧本。

［29］滄海：麗初本、趙本作"海滄"，磧本、興聖寺本同麗再本。

［30］申：諸本同，興聖寺本作"伸"。岥：諸本同，磧本作"岐"。案，"岥"即坡，"岥麓"即山脚，"岐"爲形近而誤。

［31］岳：諸本同，興聖寺本作"兵"誤。

［32］久：諸本同，興聖寺本作"及"形，誤。

［33］民：諸本同，興聖寺本作"昏"誤。

［34］豆：諸本同，興聖寺本作"逗"誤。

［35］案，據陳書卷五，始興王出鎮湘州，是在太建四年正月。三年九個月之後，纔離開建康前往天台山。

[36] 憶：麗初本、趙本作“億”，磧本、興聖寺本同麗再本。“毛繩截骨”典出大智度論卷五：“如佛説譬喻，如毛繩縛人，斷膚截骨，貪利養人，斷功德本，亦復如是。”“曳尾”典出莊子秋水，可知智顗對於外典亦頗熟悉。
[37] 弦：磧本、興聖寺本作“絃”，麗初本、趙本同麗再本。
[38] 自行化導：磧本、興聖寺本作“自化行道”，麗初本、趙本同麗再本。
[39] 吾欲：麗再本作“當”，麗初本、趙本、興聖寺本作“吾”，今從磧本。
[40] 又：諸本同，磧本作“人”誤。
[41] 北：磧本作“地”，麗初本作“狀”，均誤，別傳作“北”，趙本、興聖寺本同麗再本。
[42] 龔：諸本同，興聖寺本作“龍”。
[43] 源：諸本同，麗初本作“瀍”誤。
[44] 真：諸本同，興聖寺本作“貞”。
[45] 帽：磧本作“幘”是，興聖寺本作“情”形，別傳、隨函録作“幘”，趙本同麗再本。絳衣：諸本同，隨函録作“縫”誤。
[46] 可：諸本同，興聖寺本作“何”誤。
[47] 顗：諸本同，磧本作“頭”誤。
[48] 民：諸本同，興聖寺本作“人”。
[49] 據國清百録，此詔爲太建九年發出。
[50] 樂安：諸本作“安樂”，“樂安”爲東晋設縣，今據磧本改。
[51] 雄及大衆同見：諸本同，興聖寺本脱“雄”，“及”誤作“乃”。
[52] 感：諸本同，興聖寺本作“咸”。
[53] 伯：諸本同，磧本作“百”誤。
[54] 又：諸本同，興聖寺本作“有”。
[55] 别：磧本、麗初本、興聖寺本作“則”應是，趙本同麗再本。
[56] 禳：諸本作“攘”，今從磧本。
[57] 翕：諸本作“坦”，今從磧本。“翕然”，忽然，搜神後記卷五：“時天忽風雨，翕然而去。”
[58] 渴：磧本、興聖寺本作“心”是，別傳作“心”，麗初本、趙本同麗再本。
[59] 現：磧本、興聖寺本作“見”，別傳作“現”，然“現”“見”常通用。麗初本、趙本同麗再本。
[60] 弊：諸本同，磧本作“蔽”。
[61] 鶩：磧本作“鶩”，麗初本、趙本同麗再本，興聖寺本字迹不清。
[62] 斡：諸本同，隨函録作“軒”。
[63] 姮娥：諸本作“恒娥”，今從磧本。別傳作“嫦娥”。
[64] 歎：諸本同，興聖寺本作“難”誤。
[65] 案，“智積”，典出法華經提婆達多品。“智勝如來”，典出法華經化城喻品，指大通智勝佛聽釋迦佛講法華經而悟道。
[66] 若藥王覲雷音正覺：典出法華經妙莊嚴王本事品。
[67] 爲：麗初本，興聖寺本脱，磧本、趙本同麗再本。
[68] 甌：諸本作“歐”，今從磧本。
[69] 乃：諸本同，趙本作“及”誤。
[70] 爲：諸本同，興聖寺本作“烏”形。

［71］遂出都焉：諸本同，興聖寺本作“遂　　焉”。

［72］案，據國清百録，智顗離開天台到達建康是在至德三年三月二十六日。

［73］迎：麗初本、趙本、興聖寺本作“延”，磧本同麗再本。

［74］列：諸本同，磧本作“引”。

［75］陛：諸本同，磧本作“階”。

［76］璀：麗再本、趙本作“璀”，今從磧本、麗初本、興聖寺本。“璀闍梨”即智璀，傳記資料散見於高僧傳、續高僧傳。

［77］静：磧本、興聖寺本作“争”，麗初本、趙本同麗再本。

［78］枝花綻：諸本作“支花錠”，今從磧本。

［79］曜：磧本、興聖寺本作“耀”，趙本作“曜”，别傳作“耀”，麗初本同麗再本。

［80］意：磧本、興聖寺本作“音”誤，此處指信衆對智顗傳法的態度。麗初本、趙本同麗再本。

［81］議：諸本同，興聖寺本脱。

［82］求：諸本同，麗初本作“永”誤。

［83］於：諸本同，興聖寺本作“施”形。

［84］其受：麗再本、麗初本、趙本作“受其”，今從磧本、興聖寺本。原文見國清百録卷一。

［85］土：麗再本、麗初本、趙本作“王”誤，國清百録作“土”，今從磧本、興聖寺本。

［86］請：諸本同，磧本作“謂”誤，國清百録作“請”。

［87］便：諸本同，磧本脱。

［88］潯：諸本作“尋”。

［89］案，開皇十年隋文帝與隋秦王楊俊相繼至書智顗，今録二書於次。

國清百録卷二隋高祖文皇帝敕書第二十二：

皇帝敬問光宅寺智顗禪師：朕於佛教敬信情重，往者周武之時毁壞佛法，發心立願，必許護持。及受命於天，仍即興復，仰憑神力，法輪重轉，十方衆生，俱獲利益。比以有陳虐亂殘暴，東南百姓勞役不勝其苦，故命將出師，爲民除害。吴、越之地，今得廓清，道俗乂安，深稱朕意。朕尊崇正法，救濟蒼生，欲令福田永存，津梁無極。師既已離世網，修己化人，希獎進僧伍，固守禁戒，使見者欽服，聞即生善，方副大道之心，是爲出家之業。若身從道服，心染俗塵，非直含生之類無所歸依，仰恐妙法之門更來謗讟，宜相勸勵，以同朕心。春日漸暄，道體如宜也。開皇十年正月十六日，内史令安平公臣李德林宣，内史侍郎武安子臣李元操奉，内史舍人裴矩行。

秦孝王書第二十三：

冬暮寒切，道體何如？法務勤辛，有以勞悆。安州方等寺奉爲皇帝修立，屈法師向彼行道，甚不可言。已令所司發遣供給，願以熏修爲懷，不憚利涉也。道深敬德，遣白不具，弟子楊俊和南。十二月十七日。

次書：

傾仰每深，甚熱，禪師道體何如？修習不乃勞心也？未由有展，企結良深，願珍德，遣白不具，弟子楊俊和南。五月十九日。奉施沉香等如别，至願檢領。

沉香十斤、箋香十斤、熏陸少許。

右牒，薄伸供養。

[90] 寡：諸本同，興聖寺本作“宣”形。
[91] 辭：磧本、興聖寺本作“詞”，麗初本、趙本同麗再本。
[92] 遠：麗再本、麗初本、興聖寺本作“蘧”，大正藏校引宮本作“篴”，趙本同磧本，今從趙本、磧本。案，疑當作“還”。
[93] 長逢：諸本同，磧本作“頻經”誤，別傳作“長逢”。
[94] 撙：麗初本、趙本、興聖寺本作“僔”，磧本同麗再本。
[95] 微：麗再本作“徵”，今據諸本改，別傳作“微”。
[96] 去：諸本同，興聖寺本作“法”誤。
[97] 去就：諸本同，興聖寺本脱。
[98] 三十：磧本、興聖寺本作“十”誤，別傳作“三十”，麗初本、趙本同麗再本。
[99] 如願惟諾：磧本作“妙願惟諮”，別傳作“妙願惟諾”，均誤。麗初本、興聖寺本作“如願唯諾”。
[100] 胎教：諸本同，磧本作“貽教”，別傳作“彝教”當是，典出尚書正義卷一六君奭：“無能往來，兹迪彝教。”磧本音近而誤，餘諸本或據“貽教”改爲“胎教”。
[101] 臻：諸本同，興聖寺脱。
[102] 頃：磧本、麗初本、興聖寺本作“須”是，別傳作“須”，趙本同麗再本。
[103] 上：諸本同，磧本作“止”誤，別傳作“上”。
[104] 喻爲宫室必先基趾：麗再本作“喻宫室先基趾”，麗初本作“喻宫必先基趾”，趙本作“喻宫室必先基趾”，興聖寺本、別傳作“喻造宫室必先基址”，今從磧本。
[105] 鎔：諸本同，興聖寺本脱。
[106] 幸遵時導：諸本同，磧本作“幸願遵持”，別傳作“幸遵明導”應是。
[107] 虔：諸本同，興聖寺本作“虎”形。
[108] 師亦既至：諸本同，興聖寺本、別傳作“亦既至止”。
[109] 於楊州總管寺，誠：諸本同，磧本作“於楊州總管金城”，別傳作“於總管金城殿”。
[110] 使：諸本同，興聖寺本作“便”形。
[111] 仍：諸本同，磧本作“乃”。
[112] 隔：諸本同，磧本作“停”誤。
[113] 便泝流上江重尋匡嶺結徒行道頻感休徵百越邊僧聞風而至者累：諸本同，興聖寺本脱。
[114] 案，智者在廬山期間，即開皇十二年，江南復叛，寺宇焚蕩，居停蔣州（即建康）的大德分别致書楊廣和智者請求救助，被楊廣婉言拒絶。參見國清百録卷二之第三十三、三十四、三十五。
[115] 幼：諸本同，興聖寺本作“幻”誤。
[116] 將：諸本同，趙本脱。萬：諸本同，麗初本作“方”。
[117] 送：諸本同，興聖寺本作“遂”形。案，據國清百録卷二王遣使潭州迎書第四十一，開皇十二年十一月智者離開廬山後，曾去南岳參拜慧思故居。
[118] 原詔見國清百録卷二。
[119] 旱：諸本同，興聖寺本作“早”誤。
[120] 帥：麗初本、趙本、興聖寺本作“師”誤，磧本同麗再本。
[121] 雨：諸本同，麗初本脱。霔：諸本作“注”。
[122] 誣：諸本同，永北本作“謡”。據別傳，玉泉山有“諺云三毒之藪，踐者寒心”。

［123］積：諸本同，磧本作"精"誤。
［124］遺：磧本、興聖寺本作"遣"誤，趙本、麗初本同麗再本。
［125］辭：磧本、興聖寺本作"詞"，麗初本、趙本同麗再本。
［126］虔：諸本同，興聖寺本作"虎"形。受：諸本同，磧本作"奉"，別傳作"受"。
［127］斷：諸本同，磧本作"類"誤，別傳作"斷"。
［128］開：諸本同，興聖寺本作"門"。
［129］道：麗再本、麗初本、趙本作"導"，今從磧本、興聖寺本。
［130］民：諸本同，興聖寺本作"人"。
［131］人乏：麗初本、趙本作"云云"，磧本作"人主"，興聖寺本作"又之"，別傳作"人汎"，均誤。
［132］庸：諸本同，興聖寺本作"虎"形。
［133］隆：諸本同，磧本作"降"誤，別傳作"隆"。今：別傳作"高"。
［134］厝：諸本同，興聖寺本作"靡"誤。
［135］惟：諸本同，磧本作"推"誤，別傳作"惟"。
［136］俄：諸本同，興聖寺本作"成"形。
［137］蒴：磧本、興聖寺本作"別"，別傳作"蒴"，麗初本、趙本同麗再本。
［138］瓦：麗初本、趙本作"凡"，磧本、興聖寺本同麗再本。
［139］綏：諸本同，磧本作"彩"誤。案，"交綏"典出左傳，左傳正義卷一九下"文公十二年"："'秦以勝歸，我何以報？'乃皆出戰，交綏。"即接戰義。別傳亦作"交綏"。
［140］侣：麗再本、麗初本、趙本并無此字，興聖寺本作"族"形，今從磧本，別傳此句作"比聞名僧所説"。
［141］流歸：諸本同，興聖寺本作"歸流"。
［142］造：諸本同，磧本作"著"，別傳作"著"，據文意作"造"優。
［143］者：諸本同，興聖寺本無。
［144］限：諸本同，興聖寺本作"課"形。
［145］衆：諸本同，興聖寺本脱。
［146］坎：諸本同，興聖寺本作"地"形。
［147］於：磧本、麗初本作"吾於"應是，趙本、興聖寺本同麗再本。
［148］案，此傳及灌頂之別傳於智者去世事叙述模糊，據國清百録，智者是在應楊廣邀請前往揚州的路上病死（卒於石城寺，今浙江新昌縣大佛寺），參見國清百録卷三王遣使入天台迎書第六十二：

總持和南，霜氣已緊，蚊熱久祛，方恐洓（洞）沍，預取調適，今遣奉迎，祇禮非奢，謹和南。九月二十二日

王參病書第六十三：

總持和南，仰承出天台，已次到剡石城寺，感患未歇。菩薩示疾，在疾亦愈，但於翹誠，交用悚灼。今遣醫李膺往處治，小得康損，願徐進路，遲禮覲無遠，謹和南。

又案，據國清百録卷三智者在去世前曾將遺書送與楊廣，楊廣回信時智者仍在世。故其去世原因，學界還是持懷疑態度，甚至有懷疑被楊廣逼死之説。細察智者大師與楊廣的交往，智者大師晚年處於楊廣越來越嚴密的監視中。
［149］合：諸本同，興聖寺本作"命"。

［150］飯：興聖寺本、資本作"飲"，磧本、麗初本、趙本同麗再本。
［151］即真：諸本同，磧本作"而其"。
［152］制：諸本同，磧本作"製"。
［153］弘：麗再本、麗初本、趙本作"彌"，今從磧本、興聖寺本，別傳作"曠"。
［154］二：磧本、興聖寺本作"八"，別傳作"八"，麗初本、趙本同麗再本。
［155］漱：諸本同，興聖寺本作"瀨"誤。
［156］乳：諸本同，磧本作"孔"，別傳亦作"乳"。"如盲問乳"，佛典中著名的譬喻，見於涅槃經卷一四等，説是天生盲人問乳色爲何色，答人説如貝、如稻米、如雨雪、如白鶴，盲人終不能理解，喻外道終不能理解佛法。
［157］案，"波羅提木義"當爲"波羅提木叉"，指戒律。"四種三昧"，爲天台宗禪定修行的核心方法，見摩訶止觀卷二上。
［158］何：諸本同，興聖寺本作"仰"形。
［159］二十二：諸本同，磧本作"二十四"是，別傳亦作"二十四"。
［160］於：麗再本、麗初本、趙本作"有"，今從磧本、興聖寺本。
［161］披：磧本、興聖寺本作"被"，麗初本、趙本同麗再本。
［162］衆：諸本同，興聖寺本脱。
［163］靈：麗初本、趙本作"雲"誤，磧本、興聖寺本同。
［164］解：諸本同，磧本作"學"。
［165］於：諸本同，磧本作"在"。
［166］惻：麗初本、趙作"測"，磧本、興聖寺本同麗再本。觀：磧本、興聖寺本作"貫"，麗初本、趙本同麗再本。
［167］放：諸本同，興聖寺本作"教"形。
［168］國：磧本作"因"似優，麗初本、趙本同麗再本，興聖寺本字迹不清。
［169］據別傳，此事爲智顗第一次居住天台時事。
［170］等：諸本同，興聖寺本作"寺"誤。
［171］流：諸本同，永北本作"疏"。
［172］關：諸本同，磧本作"閉"。以：諸本同，興聖寺本脱。鑰：諸本同，麗初本作"蘥"，磧本、興聖寺本作"籥"，均誤，趙本同麗再本，下同不出校。
［173］日：諸本同，趙本作"曰"誤。
［174］垂：諸本同，興聖寺本作"岳"誤。
［175］經：諸本同，磧本作"一切經"。
［176］軀：磧本作"區"，趙本同麗再本。
［177］拱：麗初本、趙本作"栱"，興聖寺本作"供"誤，磧本同麗再本。案，"拱木"典出左傳正義卷一七"僖公三十二年"："爾何知？中壽，爾墓之木拱矣。"故常稱墓樹爲"拱木"。

隋南岳衡州衡岳寺釋大善傳四[1]

隋京師清禪寺釋曇崇傳五

釋曇崇，姓孟氏，咸陽人。生知正見，幼解信奉[2]。七歲入道，博誦法言，勤注無絶。後循聽講肆，雄辯無前。乃以慧燈欲全[3]，本資攝念；聖果將克[4]，必固定想，因從開禪師而從依止[5]。逮乎受戒[6]，志逾清厲，遂學僧祇，十有餘遍，依而講解，聽徒三百。京輔律要，此而爲宗。後弊於言説，更崇前觀，額上鼻端，是所存想；山間樹下，爲其居處。既而光明内發，色想外除[7]，形木若枯，心灰猶死，偏精六行，冠達五門。開公處衆，稱爲第一，遂得同學齊敬，又號爲無上士也。及師亡遺囑，令攝後徒。于時五衆二百餘人，依崇習静，聲馳隴塞，化滿關河，尋路追風，千里相屬，填門盈室。坐誨門人，或初修不净，或終學人空，念彼慈悲，弘斯正則。

周武皇帝特所欽承，乃下勑云："崇禪師德行無玷，精悟獨絶，所預學徒，未聞有犯，當是尊以德義[8]，故則衆絶形清[9]。可爲周國三藏[10]，并任陟岵寺主。"即從而教導，僧尼有序，響名稱焉。每爲僧職滯蹤，未許遊涉[11]，乃假以他緣，遂蒙放免。末，遺法淪蕩，便從流俗，外順王威，内持道素。又授金紫光禄等銜[12]，並不依就，雖沉厄運，無癈利人。

大象之初，皇隋肇命，法炬還炤，即預百二十僧，勑住興善，尋復别勑，令宰寺任，重勤辭遜，又不受之。而道冠僧群，王公戒範。昔以佛法頹毁，私願早隆，謹造一寺，用光末法。因以奏上，帝乃立九寺，以副崇願，皆國家供給，終于文世。高唐公素稟行門[13]，偏所歸信，遂割宅爲寺，引衆居之。勑以虚静所歸，禪徒有譽，賜額可爲清禪。今之清明門内寺是也[14]。隋氏晉王欽敬禪林[15]，降威爲寺檀越，前後送户七十有餘，水磑及碾，上下六具，永充基業，傳利于今。天子昔所承名，今親正業，開皇之初，勑送絹一萬四千疋、布五千端、綿一千屯、綾二百疋、錦二十張[16]、五色上米前後千石。皇后又下令，送錢五十貫[17]、氈五十領[18]、剃刀五十具。崇福感於今，願流於後，望建浮圖一區，用酬國俸。帝聞大悦，内送舍利六粒，以同弘業[19]。于時釋教初開，圖象全闕，崇興此塔，深會帝心。勑爲追匠杜崇，令其繕績，料錢三千餘貫，計塼八十萬[20]。帝以功業引費[21]，恐有匱竭，又送身所著衣，及皇后所服者[22]，總一千三百對[23]，以助隨喜。開皇十一年，晉王鎮總楊越，爲造露盤并諸莊飾。十四年内，方始成就，舉高一十一級，竦耀太虚，京邑稱最。爾後覼遺相接[24]，衆具繁委，王又造佛堂、僧院，并送五行調度，種植樹林等事[25]，並委僧衆監撿助成。崇既令重當朝，往還無壅[26]，宫閤之禁，門籍未安，須有所論，執錫便進[27]，時處大内，爲述净業。文帝禮接，自稱師兒，獻后延德，又稱師女。及在于本寺，則勑令載馳，問以起居，無晨不至。自所獲外利，盡施伽藍，緣身資蓄，衣鉢而已。

開皇十四年十月三十日，遷化寺房，春秋八十矣。皇情哀慘，下勑葬焉[28]，所須喪事，有司供給。皂白弟子五千餘人，送于終南至相寺之右[29]，爲建白塔,勒銘存今[30]。初崇未終七日,寺内幡竿,無故自折,門外汲井,忽爾便枯,衆怪其由也。及至晦夜,崇遺告曰:"吾有去處,今須付囑。"即以衣資施於三寶,及至後夜,覺有異相,就而觀之,方知氣絶。無疾而逝,形色如生。因以奏聞,莫不懷慟。

【校注】

[1] 有目録,無傳文。

[2] 幼:諸本同,興聖寺本作"幻"形。

[3] 全:諸本同,磧本作"令"是,北涼譯佛所行讚經卷三破魔品第十三有:"衆生墮大冥,莫知所至處,爲燃智慧燈,云何欲令滅?衆生悉漂没,生死之大海,爲修智慧舟,云何欲令没?"慧燈爲佛教著名的比喻,下文常引出"欲令"二字,故作"令"是。

[4] 克:諸本同,磧本作"剋"。"剋"即"克",至意。

[5] 因:諸本同,磧本作"遂"。

[6] 乎:諸本同,磧本作"于"。

[7] 想:諸本作"相",今從磧本。案,"色、想",五蘊之兩蘊,此處代指五蘊。五蘊皆空是佛學修習的一個關鍵階段。

[8] 尊:磧本作"導"應是,老師對學生當然是"導"非"尊",疑形近而誤,麗初本、趙本同麗再本,興聖寺本字迹不清。

[9] 形:諸本同,興聖寺本作"刑"。

[10] 可爲:諸本同,興聖寺本作"可"應是。

[11] 許:諸本同,趙本作"詳"誤。

[12] 銜:諸本同,磧本作"官"。金紫光禄爲散官,作"銜"是。

[13] 高唐公:諸本同,磧本作"高祖唐公",隋代之"高唐公"無考。

[14] 今:趙本作"會"誤,磧本同麗再本。"清明門",當爲漢長安城清明門,唐長安城無清明門。如此則今西安市長安區王莽鄉清禪寺村西之清禪寺,不是本傳所指之清禪寺,本傳之清禪寺當在西安市未央區朱宏路清明門廣場附近。

[15] 禪林:磧本、興聖寺本作"定林"誤,"林"即叢林,寺院的别稱,唐詩中常見,故作"禪林"是。麗初本、趙本同麗再本。

[16] 錦:諸本同,趙本作"錦被"。

[17] 十:諸本同,磧本作"千"誤。案,"一貫"爲一千文銅錢,故"五千貫"作爲贈送數額過大。

[18] 領:諸本同,趙本作"片"。

[19] 以:諸本同,磧本作"用"應是。

[20] 萬:諸本同,磧本作"萬口"。

[21] 引:諸本同,磧本作"别"。案,"引費"的確是個生僻詞,本書卷八慧遠傳"愚民向信,傾竭珍財,廣興寺塔,既虚引費,不足以留",此詞概是財政專用。

[22] 及:諸本同,興聖寺本作"乃"。

[23] 總一千:諸本同,興聖寺本作"十千"。

[24] 䞋:磧本、興聖寺本作"儭"應是。案,"儭"爲"䞋"之本字,施捨意。

［25］林：諸本同，磧本作“木”應是。
［26］壅：諸本同，磧本作“擁”，二字詞意接近，然“壅”偏於阻塞義。
［27］錫：諸本同，興聖寺本作“賜”誤，“錫”指禪杖。
［28］焉：麗再本、麗初本、趙本作“爲”誤，今從磧本、興聖寺本。
［29］終南：磧本、興聖寺本作“終南山”，麗初本、趙本同麗再本。
［30］今：諸本同，趙本作“令”誤。

隋慧日内道場釋慧越傳六

釋慧越，嶺南人，住羅浮山中[1]，聚衆業禪，有聞南越。性多汎愛，慈救蒼生，栖頓幽阻，虎豹無擾。曾有群獸來前，因爲説法，虎遂以頭枕膝。越便捋其鬚面，情無所畏。衆咸覩之，以爲異倫也。化行五嶺，聲流三楚。隋煬在蕃，搜選英異，開皇末年，遣舍人王延壽往召，追入晋府慧日道場。并隨王至京，在所通化。末還楊州，路中感疾而卒，停屍船上，有若生焉[2]。夜見焰光，從足而出入于頂上，還從頂出而從足入，竟夕不斷。道俗殊歎，未曾有也。王教歸葬本山，以旌誠敬。

【校注】

［1］羅浮山：在今廣東省博羅縣，距縣城三十五公里，爲道教第七洞天。東晋葛洪曾在此修煉，亦爲南方有名的禪修之地。
［2］焉：諸本同，麗初本作“馬”誤。

隋蔣州履道寺釋慧實傳七

釋慧實，俗姓許氏，潁川人，少出家，志敦幽尚，遍履名山。梁末，遊步天台，綜習禪業。入房閉户，出即蕩門，衣鉢隨身，惟留床席，寔輕清之丈夫也。陳祚伊始，負錫龍盤[1]，絶迹人世，五十餘年，貴尚頭陀[2]，恒居宴默。自少及終，曾不親物，雖形衰年積，而清節之志老而彌厲。以仁壽四年八月二十三日，遷于蔣州履道寺之房，春秋九十有六。遺旨令尸陀北嶺，後收窆於山南[3]，奉造三層塼塔，就而紀德。

【校注】

［1］龍盤：即龍盤寺，在浙江金華市。
［2］頭：麗初本、趙本、興聖寺本作“投”，磧本同麗再本。
［3］收：諸本同，趙本作“取”形近而誤。

隋文成郡馬頭山釋僧善傳八僧襲　僧集

釋僧善，姓席氏，絳郡正平人[1]。童少出家，便從定業，與汲郡林落泉方公齊名[2]。各聚其類，依巖服道，往還絡繹白鹿[3]、太行、抱犢、林慮等山，振名四遠，歸宗殷滿。有弟子僧襲者，愍斯汾曲，往延通化。善以山衆常業，恐有乖離，雖經頻請，曾未之許。襲曰："前後邀迎，三十餘度，元元之情，情無已已[4]。磨踵有盡[5]，誓心難捨。"善乃從焉。居住馬頭山中[6]，大行禪道，蒲[7]、虞、晉、絳荷襆相諠。衆聚繁多[8]，遂分爲四部，即東西二林、杯盤、大黄等處是也。[9]皆零房别室，星散林巖。宴坐所指，十一切入而爲標據。徒屬五百，肅然静謐。仁壽之歲，其道彌隆，及疾篤將殛[10]，告弟子曰："吾患腸中冷結者[11]，昔在少年，山居服業，糧粒既斷，懶往追求，噉小石子[12]，用充日給[13]，因覺爲病耳。死後可破腸看之[14]。"果如所言。又累日各勤修業，"不勞化俗，廢爾正務。若吾終後，不須焚燎，外損物命，可坐于瓮中埋之。"以大業初年三月十一日，加坐如生，卒于大黄巖中。道俗依言而殯。

僧襲，本住絳州，結心定業，承習善公，不虧其化。晚住晉州寶嚴寺，充僧直歲，監當稻田，見殺水陸諸蟲，不勝其酷，因擲棄公名，追崇故業。以善師終日，他行不在，借訪時人，又並終没，遂齎諸供度，就山設會，悲慟先迹[15]，顧奉無由。尋其遺骸，莫知所在，忽聞爆聲振裂[16]，響發林谷，見地分涌，瓮出于外，骸骨如雪，唯舌存焉[17]，紅赤鮮映，逾於生日。因取骨、舌，兩以爲塔[18]。襲以貞觀十五年正月九日，卒於山舍，春秋六十有四。臨終神思安隱，稱念而逝。

時晉州西小榆山有沙門僧集者[19]，苦節山林，聚徒禪業。養蛇畜鼠，馴附可以手持，常現左右，驅逐不去。有俗人來，輒便自隱。

【校注】

[1] 絳郡正平：即絳郡正平縣，當今山西省臨汾市。

[2] 泉：諸本同，興聖寺本作"東"誤。

[3] 絡：諸本同作"駱"。案，"駱繹"爲連綿詞，故作"駱""絡"均是。

[4] 情：諸本同，興聖寺本作"情"。

[5] 踵：麗初本、興聖寺本作"嶂"，磧本、趙本同麗再本。

[6] 馬頭山：案，據卷首標題爲"文成郡馬頭山"，文成郡治在今山西省吉縣，距離中條山甚遠，疑誤也。據上下文，此馬頭山應該在"汾曲"，即吕梁山東麓或者中條山比較合理。今山西省新絳縣西北十六公里北張鎮寧家坡村北的馬首山，或即是也，存此待考。

[7] 蒲：麗初本、趙本作"蒱"，磧本、興聖寺本同麗再本。案，"蒱"，即樗蒱，賭博遊戲，

亦同“蒲”。

[8] 繁：諸本同，興聖寺本中作“敏”。

[9] 案，僧善學禪初期是在太行山東麓，今河北、河南境内，教授僧徒則在今中條山。

[10] 殛：諸本作“極”，今從磧本。

[11] 腸：麗初本、趙本作“腹”，磧本、興聖寺本同麗再本。

[12] 小：諸本同，興聖寺本作“少”形。

[13] 給：諸本同，磧本作“夕”。

[14] 腸：磧本、興聖寺本作“腹”，麗初本、趙本同麗再本。

[15] 先：麗初本、趙本作“光”誤，磧本同麗再本，興聖寺本字迹不清。

[16] 聞：諸本同，興聖寺本作“問”。振：諸本同，磧本作“震”。

[17] 唯：諸本同，興聖寺本作“喉”誤。

[18] 塔：諸本同，興聖寺本脱。

[19] 晋州西小榆山：據其地望或爲山西省臨汾市堯都區金殿鎮小榆村附近姑射山餘脉，存疑待考。

隋相州鄴下釋玄景傳九玄覺

釋玄景[1]，姓石氏，滄州人。十八被舉秀才，至鄴都爲和王省事[2]。讀書一遍，便究文義，須便輒引，曾無所遺。五載之中，無書可讀，晚從和禪師所聽大品、維摩。[3]景既後來，門側立聽，深鑒超拔，將歸受學。和以定業之望，參問繁廣，令依止慧法師[4]，授以大乘秘奥之極。既沃乃心，便志存捨俗[5]。二十有七，與諸妻子執别，告云：“自臨漳已南，屬吾所遊，名涅槃境；臨漳已北[6]，是生死分，爾之行往也。吾誓非聖，更不重涉[7]。”還從和公剃落，授以正法。景晨宵思擇[8]，統解玄微。

遭周滅法，逃潛林薄，又以禪道内外相融。開皇初年，就緣講導，儀設華約，事事翹心。故二時法會，必香湯洒地，熏爐引導，前經後景，初無一絶。洗穢護净，欽若戒科，常讀開經[9]，行不過五[10]，尋訖更展，其例如前。故每振法鼓[11]，動即千人屯赴供施，爲儔罕匹。所以景之房内，黄紫緇衣[12]，上下之服，各百餘副，一時一换。爲生初善[13]，經身一著，便以施僧。其感利之殷，爲如此也。

後因卧疾三日，告侍人曰：“玄覺[14]，吾欲見彌勒，佛云：‘何乃作夜摩天主[15]？’”又云：“賓客極多，事須看視。”有問其故，答云：“凡夫識想，何可撿校？向有天衆邀迎耳[16]。”爾後異香充户，衆共聞之。又曰：“吾欲去矣，當願生世爲善知識[17]。”遂終於所住，即大業二年六月也。自生常立願，沉骸水中，及其没後，遵用前旨，葬于紫陌河深瀅之中。三日往觀，所沉之處，返成沙墳，極高峻而水[18]分兩派。道俗異其雅瑞[19]，傳迹于今。

玄覺，孝慈居性，祖學先謨。後住京師，隸莊嚴寺，純講大乘，於文殊般若偏爲意得[20]。榮觀帝壤，譽顯當鋒。

【校注】

[1] 玄：諸本同，興聖寺本作"畜"形。

[2] 和王：即和士開，在北齊太寧四年之後封爲淮陽王。"省事"，即省事吏，和士開時任尚書右僕射，即尚書省之省事吏。參見資治通鑒卷八三"永康元年三月"條胡三省注。

[3] 和禪師：據續高僧傳卷一六慧可傳："時復有化公、彦公、和禪師等，各通冠玄奧，吐言清迥，托事寄懷，聞諸口實。而人世非遠，碑記罕聞，微言不傳，清德誰序，深可痛矣。"可知和禪師或許曾隨菩提達磨學禪。又據續高僧傳卷二四釋静藹傳："遂獨往百官寺，依和禪師而出家。"則知和禪師住寺爲鄴城百官寺。

[4] 案，慧法師或即爲慧光法師。

[5] 存：諸本同，磧本作"在"。

[6] 北：麗再本作"比"，今據諸本改。

[7] 涉：諸本同，磧本作"陟"誤。

[8] 宵：諸本作"霄"，今從磧本。

[9] 常：諸本同，興聖寺本作"當"。

[10] 案，卷子本，開卷五行。

[11] 振：諸本同，磧本作"震"。

[12] 緇：麗初本、興聖寺本作"紬"應是，磧本、趙本同麗再本。

[13] 爲生初善：磧本、麗初本、趙本作"爲生物善"，興聖寺本字迹不清。"爲生"即治生，講求生活質量意。"初善"，本善。

[14] 曰玄覺：磧本作"玄覺曰"似劣，趙本同麗再本。

[15] 夜摩天：本爲印度吠陀時期信仰，引入佛教後爲六欲天之第三層，此天界以光明歡樂爲主題，亦有男女婚嫁之事。此處暗指玄景修行不忘世俗欲樂，所以其成就未達極致。

[16] 邀迎耳：磧本、興聖寺本作"欲來邀迎耳"應是，麗初本、趙本同麗再本。

[17] 世：諸本同，麗初本作"也"誤。

[18] 葬于紫陌河深瀅之中三日往觀所沉之處返成沙墳極高峻而水：諸本同，興聖寺本脱"中三日往觀所沉之處返成沙墳極高峻而水"。紫：諸本同，興聖寺本作"此"。三日往觀：諸本同，趙本作"三日往親"誤。

[19] 瑞：諸本同，興聖寺本脱。

[20] 文殊般若：此經有二譯：梁曼陀羅仙譯文殊師利所説摩訶般若經、梁僧伽婆羅譯文殊師利所説般若經。此經主旨爲"無住、無得"，又强調修"一行三昧"，故被禪宗四祖、五祖和北宗作爲主要依據的經典。

隋趙郡障洪山釋智舜傳十[1] 智贇

釋智舜，俗姓孟，趙州大陸人[2]。少爲書生，博通丘索[3]，工書善説，庠序附焉。年二十餘，厭世出家，事雲門稠公居于白鹿。始末十載，常樂幽隱，不事囂雜。纔有昏情，便有靈祇相誡，或動身衣，或有聲相。又現白服，形量丈餘[4]，繞院相警。往往非一。

嘗與沙門曇詢同修念定，經于四年，後北遊贊皇許亭山[5]，依倚結業，聲績及遠。有資其道供者，便權避之，遂經紀載[6]，不須資待[7]。又獵者逐雉，飛入舜房，苦加勸勉，終不肯止，遂將雉去。情不忍此，因割耳遺之。感舜苦諫，便投弓解鷹，從舜請道，漸學經義。於是課篤數村，捨其獵業，斯則仁濟之誠也。後專習道觀，不務有緣，妄心卒起，不可禁者，即刺股流血[8]，或抱石巡塔，須臾不逸其慮也。故髀上刺處，班駮如鋪錦焉。其翹勵之操，同伍誠不共矣。處山積歲，剪剃無人，便以火燒髮[9]。弊服遺食[10]，屢結寒炎，度景分功，無忘造次[11]。性少貪惱，手不執財，每見貧餒，淚垂盈面，或解衣以給，或割口以施。由此，内徹外化[12]，所親之中，見其彌敬[13]，十人出家[14]，並依舜行。練心節量，踵武揚風。後年疾既侵，身力斯盡，常令人稱念，繫想净方，遂終于老。末感氣疾忽增，十有五日，勵念如初，卒于元氏縣屈嶺禪坊，[15]時年七十有二，即仁壽四年正月二十日也。

初葬于終所山側，後房子縣界嶂洪山民素重舜道[16]，夜偷尸柩，瘞于巖中，及往追覓，皆藏其所。三年之後，開示焚之，起白塔于崖上。

自舜之入道，精厲其誠。昔處儒宗，頗自矜伐[17]，忽因旬假，得不净觀，腸腑流外[18]，驚厭叵陳，所見餘人，例皆不净内溢，乃就稠師具蒙印旨。爲雲門官供，當擬是難，因就静山，曉夕通業。不隸公名，不行公寺，而内德潛運，遠聞帝闕[19]。開皇十年下詔曰："皇帝敬問趙州房子界嶂洪山南谷舊禪房寺智舜禪師：冬日極寒，禪師道體清勝，教導蒼生，使早成就，朕甚嘉焉。朕統在兆民之上，弘護正法，夙夜無怠。今遣上開府盧元壽指宣往意[20]，并送香物如别[21]。"時趙州刺史楊達以舜無公貫，素絶名問[22]，依勑散下，方始知之，乃爲繫名同果寺，用承詔旨，而舜亦不臨赴[23]。山民爲之起寺，三處交絡，四方聞造，欣斯念定而莫堪其精到[24]，不久還返。斯勇猛之誠，不可例也[25]。每於冬初，化諸緣集，多辦複貯之衣，就施獄囚。春秋二時，方等行道，餘則加坐幽林，塊然不寐。及登耳順，心用力疲，轉讀藏經，凡得四遍。左手執卷，右手執燭，十宿五宿，目不曾斂。佛名贊德，誦閲如流[26]，昏晝六時，禮懺終化。

有弟子智贇[27]，幼奉清誨，長悟玄理[28]，攝論、涅槃，是所綜博。今住藍田化感寺，承習禪慧，榮其光緒，比多徵引，終遁林泉[29]。

【校注】

[1] 障：磧本作“漳”，麗初本、趙本同麗再本。案，此小標題，興聖寺本脱。

[2] 趙州大陸：治在今河北省寧晋縣大陸村鎮。曹魏初置，西晋廢，隋大業二年改象城縣爲大陸縣，武德四年又改大陸縣爲象城縣。

[3] 丘索：諸本同，磧本作“憤素”。案，“憤”，或是“墳”之訛，墳素即丘索，代指書籍，典出左傳“昭公十二年”：“能讀三墳、五典、八索、九丘。”後世用墳典或者丘索代指典籍。“素”即書寫用的帛，故典籍可稱爲“墳素”。

[4] 量：諸本同，磧本作“影”。

[5] 贊皇許亭山：案，當位於今河北省贊皇縣許亭鄉許亭村附近，此鄉爲太行山環繞，但許亭山具體所指則不詳。

[6] 遂：諸本同，興聖寺本脱。

[7] 資待：諸本同，磧本作“資給”。案，陳書卷二高祖紀下：“其以江陰郡奉梁主爲江陰王，行梁正朔，車旗服色，一依前準，宫館資待，務盡優隆。”則“資待”即“資給”，然“資待”更契合文意。

[8] 股：麗初本、興聖寺本作“胋”，磧本、趙本同麗再本。

[9] 燒：諸本同，磧本作“净”。

[10] 遺食：諸本同，磧本作“忘食”似劣。案，“遺食”在這裏取典故周公一飯三吐哺的典故。

[11] 造：諸本同，趙本作“逸”誤。

[12] 徹：諸本作“撤”誤，今從磧本。外：諸本同，興聖寺本作“水”。案，“外化”典出莊子知北遊：“仲尼曰：古之人，外化而内不化；今之人，内化而外不化。”是講内心自由而處世柔順。“内徹”，即内心空明。

[13] 彌：磧本、麗初本、興聖寺本作“弘”誤，趙本同麗再本。

[14] 出：諸本同，興聖寺本脱。

[15] 元氏縣屈嶺禪坊：據下文，經過隋文帝確認，“屈嶺禪坊”升格爲“禪房寺”。據清葉封撰嵩陽石刻集記卷下大元少林大禪師裕公之碑，元代大德普就曾到達封龍山禪房寺，則屈嶺禪坊即位於今元氏縣西之封龍山。

[16] 房子縣界嶂洪山：案，贊皇設縣是在隋初，之前屬房子縣。如果按隋縣，則房子縣當今臨城縣，則嶂洪山或是臨城縣西之崆山；若按隋之前區劃，則嶂洪山應該是今贊皇縣嶂石巖，因爲道舜一開始坐禪地在今贊皇縣許亭山，如其再次選擇坐禪地則嶂石巖爲最佳選擇。

[17] 伐：諸本同，興聖寺本作“代”誤。

[18] 腸：諸本同，磧本作“腹”。腑：諸本同，磧本、興聖寺本作“府”，麗初本、趙本同麗再本。

[19] 闕：諸本同，興聖寺本作“問”誤。

[20] 上開府：諸本同，磧本作“開府”誤。案，“開府”始自曹魏，意爲待遇與三公同，東晋、南朝爲加官，北周始有上開府儀同大將軍即“上開府”，隋代爲散官。上開府爲從三品、開府爲正四品，參見通典卷三四。又案，據佛祖歷代通載等元、明佛教史籍轉引本傳均爲“開府”。

[21] 如：諸本同，興聖寺本脱。

[22] 問：諸本同，興聖寺本作“門”誤。

[23] 而：諸本同，磧本無。
[24] 堪：諸本同，興聖寺本作“甚”誤。
[25] 也：諸本同，磧本無。
[26] 如：諸本同，興聖寺本作“加”誤。
[27] 贊：諸本同，磧本作“讚”。
[28] 悟：諸本同，興聖寺本脱。
[29] 遁：諸本同，興聖寺本作“道”誤。

隋南岳衡州衡岳寺釋慧照傳十一[1]

隋九江廬山大林寺釋智鍇傳十二

釋智鍇，姓夏侯[2]，豫章人。少出家在楊州興皇寺，聽朗公講三論，善受玄文，有名當日。開皇十五年，遇天台顗公修習禪法，特有念力，顗歎重之。晚講涅槃、法華及十誦律[3]，弘敷之盛，見重於時。又善外學，文筆史籍，彌是所長。晚住廬山，造大林精舍，締構伊始，並是營綜。末又治西林寺，兩處監護，皆終其事。然守志大林，二十餘載，足不下山，常修定業。隋文重之，下勑追召，稱疾不赴。後豫章請講，苦違不往，云：“吾意終山舍，豈死城邑？”道俗虔請，不獲志而臨之。未幾遂卒于州治之寺，時以爲知命也。春秋七十有八，即大業六年六月也。氣屬炎熱，而加坐如生，接還廬阜，形不摧變，都無臭腐，反有異香[4]，道俗歎訝。遂緘于石室，至今如初焉。

【校注】

[1] 有目録，無傳文。
[2] 姓夏侯，諸本同，磧本作“姓夏侯氏”。
[3] 律：諸本同，興聖寺本無。
[4] 反：諸本作“返”誤。

隋荆州景元山善集寺釋法詠傳十三[1]

隋天台山國清寺釋智越傳十四波若　法彦[2]

釋智越，姓鄭氏，南陽人也[3]。少懷離塵之志，父爲求婚，方便祈止。長則勇幹，清美于時。岳陽殿下統御荆州[4]，徵任甚高，非其所欲，惟以情願出家。王感彼誠素，因遂夙心。剪落已後，隨方問道，仍到金陵，便值智者，北面請業。授以禪法，便深達五門，窮通六妙，戒行清白，律儀淳粹[5]。又誦法華，萬有餘遍，瓶水自盈，經之力也。學徒雖衆，其最居稱首。有臨海露山精舍，梵僧所造[6]，巨有靈異[7]。智者每臨[8]，命越令影響之。晦迹已後，台嶺山衆，一焉是囑。二十年間，詢詢善誘[9]，無違遺寄，便爲二衆依止，四部歸崇。姿容瓌偉，德感物情，頗存汲引。每於師忌，勑設千僧官齋，越以衣鉢之餘，以充大施。隨文皇帝獻后崩日[10]，設齋咒願，每獲百段，曾不固留[11]。括州刺史鄭係伯[12]、臨海鎮將楊神貴師友義重[13]，待遇不輕。

大業十二年十一月二十三日，寢疾經旬，右脅而卧，卒于國清舊房，春秋七十有四[14]。臨終之時，山崩地動，境内道俗，咸所見聞。

台山又有沙門波若者，俗姓高，句麗人也。陳世歸國，在金陵聽講，深解義味，開皇併陳，遊方學業。十六[15]，入天台，北面智者，求授禪法，其人利根上智，即有所證。謂曰："汝於此有緣，宜須閑居静處，成備妙行。今天台山最高峰，名爲華頂，去寺將六七十里，是吾昔頭陀之所。彼山衹是大乘根性，汝可往彼，學道進行，必有深益，不須愁慮衣食。"其即遵旨，以開皇十八年，往彼山所，曉夜行道，不敢睡卧。影不出山，十有六載。大業九年二月，忽然自下。初到佛壟上寺，净人見三白衣擔衣鉢從，須臾不見。至於國清下寺，仍密向善友同意云："波若自知壽命將盡非久，今故出與大衆别耳[16]。"不盈數日，無疾端坐，正念而卒于國清，春秋五十有二。送龕山所，出寺大門，迴轝示别，眼即便開，至山仍閉。是時也，莫問官私道俗，咸皆歎仰，俱發道心。外覩靈瑞若此，餘則山中神異，人所不見[17]，固難詳矣。

時天台又有釋法彦者，姓張氏，清河人也[18]。周朝廢教之時，避難投陳，於金陵奉遇智者，以太建七年，陪從入天台，伏膺請業[19]，授以禪那。既蒙訓誨，不停房舍，每處山間林樹之下，專修禪寂。三十年中，常坐不卧，或時入定，七日方起。具向師説，所證法相。有人聽聞，曰："如汝所説，是背捨觀中第二觀相。"亦有山衹，數相嬈試，宴坐怡然，不干其慮[20]。大業七年二月三十日，卒于國清，春秋六十六[21]。

智者門徒極多，故叙其三數耳[22]。

【校注】

[1] 有目録，無傳文。

[2] 波若　法彦：磧本作"法彦　波若"，趙本作"法彦　又波若"，興聖寺本無，麗初本同麗再本。

[3] 也：諸本同，磧本無。

[4] 岳：諸本作"樂"，今從磧本。案，據梁書，蕭詧中大通三年受封岳陽郡王，中大同元年爲雍州刺史，554年在江陵稱帝。所謂"統御荆州"即指稱帝，則智越出家當在

蕭詧稱帝後。

［5］淳：諸本同，磧本作“純”。“淳粹”同“純粹”，真正不雜意。

［6］梵：諸本同，興聖寺本作“胡”。

［7］巨：諸本同，興聖寺本作“臣”形。

［8］者：諸本同，興聖寺本脱。

［9］詢詢：諸本同，磧本作“恂恂”是。

［10］后：諸本同，興聖寺本作“居”形。

［11］留：諸本作“流”誤。

［12］係：諸本同，磧本衍作“係係”。

［13］案，諸本同，興聖寺本從“師友義重”至附傳釋法彦傳之“授以禪那既蒙訓”脱。

［14］有：諸本同，磧本無。

［15］十六：諸本同，磧本衍作“十六年”。

［16］大：諸本同，大正藏校引宫本作“本”。

［17］不：諸本同，趙本作“罕”。

［18］姓張氏清河人：磧本作“俗姓張氏，清河人也”，麗初本、趙本同麗再本。

［19］請：磧本作“諸”似誤，與下文“授以禪那”不屬，趙本同麗再本。

［20］不干其慮：磧本作“不于其慮”，趙本作“不于嗔慮”，均誤。“干”，説文卷三“犯也”。

［21］六十六：諸本同，磧本作“六十”誤。

［22］三數：諸本同，磧本作“聞見”誤，與上文不合。

續高僧傳卷第十八[1]

習禪三本傳十三[2]　附見四

隋西京禪定道場釋曇遷傳一

釋曇遷，俗姓王氏，博陵饒陽人[3]，近祖太原歷宦而後居焉[4]。少而俊朗，爽異常倫。年十三，父母嘉其遠悟，令舅氏傳授，即齊中散大夫、國子祭酒、博士權會也。會備練六經[5]，偏究易道，剖卦析爻，妙窮象、繫，奇遷精采，乃先授以周易。初受八卦相生，隨言即曉，始學文半，餘半自通，了非師受，悟超詞理。會深異也。曾有一嫗失物，就會决之[6]，得於兑卦。會告遷曰："汝試辯之[7]。"應聲荅曰："若如卦判，定失金釵。"嫗驚喜曰："實如所辯。"遷曰[8]："兑是金位，字脚兩垂，似於釵象耳。"舅曰："更依卦審悉，盜者爲誰？"對曰："失者西家白色女子[9]，奉口総角，可年十四五者將去，尋可得之。"後如言果獲。有問其故，遷曰："兑是西方少女之位。五色分方，西爲白也[10]。兑字上點，表総角之象，内有尖形，表奉凵之相。推而測知，非有異術。"舅乃釋策而歎曰："吾於卜筮頗工，至於取斷，依俙而已，豈如汝之明耶？老舅實顧多慚。方驗宣尼之言後生可畏也。"乃更授以禮、傳、詩、尚、莊、老等書。但經一覽，義無重問。于時據宗儒學，獨擅英聲。每言："大小兩雅，當時之諷刺；左右二史，君王之事言。禮序人倫，樂移風俗，無非耳目之翫，其勢亦可知之。未若李、莊論大道，周易辯陰陽[11]，可以悟幽微，可以怡情性。究而味之，乃玄儒之本也。"當時先達，頗懱其幼年[12]，致或抗言褒貶者，遷辯對縱横[13]，詞旨明爛，無不挹謝其聲實。

自爾留心莊、易，歸意佛經，願預染衣，得通幽極，二親愛之弗許。懇誠歲久，乃蒙放遣。初投饒陽曲李寺沙門慧榮。榮頗解占相，知有濟器，告遷曰："有心慕道，理應相度。觀子骨法[14]，當類彌天，自揣澄公[15]，有慚德義。可訪高世者，以副雅懷。"遷雖屢伸勤請[16]，而固遮弗許。又從定州賈和寺曇静律師而出家焉。時年二十有一[17]。本圖既遂,襟期坦然,猛勵精勤,昏曉無倦。初誦勝鬘,不日便了,怪而撿覆,未苍一字。當夜問經中深疑,莫非妙義。既知神思大成,乃與受具,恣其問道。從師五臺山,此山靈迹極多[18],備見神異。後歸鄴下,歷諸講肆,棄小專大,不以經句涉懷,偏就曇遵法師稟求佛法綱要[19]。當有齊之盛,釋教大興,至於宫觀法祀,皆鋒芒馳騖。遷性不預涉,高謝世利,衆咸推焉。密謂人曰:"學爲知法,法爲修行,豈以榮利,即名爲道？秦世道恒削迹巖藪,誠有由矣。"遂竄形林慮山黄花谷中净國寺[20],蔬素覃思,委身以道。有來請問,乍爲弘宣。研精華嚴、十地、維摩、楞伽、地持、起信等,咸究其深賾。嘗尋唯識論[21],遂感心熱病,專憑三寶,不以醫術纏情,夜夢月落入懷。乃擘而食之,脆如冰片,甚訝香美,覺罷所苦痊復[22]。一旬有餘,流味在口。因其聖助[23],食月成德,遂私改名以爲"月德"也。爾後每授人戒,常云:"於我月德前三説受菩薩戒。"

逮周武平齊,佛法頽毁,將欲保道存戒[24],逃迹金陵。結侣宵征,間行假道[25],多被劫掠,進達壽陽曲水寺,顧法屬曰:"吾等薄運所鍾,屢逢群盗,若怨結不解,來報莫窮。衆可哀彼愚迷,自責往業,各捨什物,爲賊營懺,冀於來世,爲法知識。"既而南濟大江,安然利涉,由斯以推,誠齋福之助也[26]。初達楊都,栖道場寺,掃衣分衛,攝念無爲,時與同侣談唯識義。彼有沙門慧曉、智璀等[27],並陳朝道軸[28],江表僧望。曉,學兼孔、釋,妙善定門;璀,禪慧兩深,帝王師表[29]。又有高麗沙門智晃善薩婆多部[30],名扇當塗,爲法城塹。並一見而結友于,再叙而高冲奥。有欲以聞天子者,遷預知情事,謂之曰:"余以本朝淪覆,正法淩夷[31],所以冒死浮江,得參梵侣。生平果志,遂得有餘。結援時榮[32],幸願緘默。"惟有國子博士張機每申盡禮,請法餘景,時論莊、易,竊傳其義,用訓庠序。

因至桂州刺史蔣君之宅[33],獲攝大乘論,以爲全如意珠。雖先講唯識,薄究通宗,至於思構幽微,有所流滯,今大部斯洞,文旨宛然。將欲弘演未聞,被之家國[34]。承周道失御,隋曆告興[35]。遂與同侣俱辭建業。緇素知友,祖道新林。去留哀感,各題篇什。曉禪師命章賦詩曰:

生平本胡、越,關、吴各異津[36]。聯翩一傾蓋,便作法城親。
清談解煩累,愁眉始得申。今朝忽分手,恨失眼中人[37]。
子向涇河道[38],慧業日當新。我住邗江側[39],終爲松下塵。
沉浮從此隔,無復更來因。此别終天别,迸淚忽沾巾[40]。

餘之名德並有綴詞,久失其文。

各執手辭訣[41],登石頭岸,入舟動檝,忽風浪騰涌,衆人無計。遷獨正想不移，捧持攝論，告江神曰："今欲以大法開彼未悟，若北土無運，命也如何。必應聞大教，請停風浪，冀傳法之功，冥寄有屬。"言訖，須臾恬静，安流達岸。時人以爲此論譯於南國，護國之神不許他境。事同迦延之出罽賓[42]，爲羅刹之稽留也。進達彭城，新舊交集，遠近欣赴，鬱爲大衆。有一檀越捨宅栖之，遂目所住爲慕聖寺。始弘攝論，又講楞伽、起信、如實等論，相繼不絶。攝論北土創開，自此爲始也[43]。

徐州總管穀城公萬緒率諸僚佐[44]，擁篲諮承，盡弟子之禮。遷弘化此土，屢動暄涼，黑白變俗，大有成業。自周毁正法，遺形充野，乃勸獎有緣，於慕聖寺多構堂閣[45]，隨有收聚，莊嚴供養。上柱國宋公賀若弼、長史張坦出鎮楊州，承風思展，結爲良導[46]，及諸道俗，佇願德音。坦乃手疏邀延，遷亦虚舟待吹，還到廣陵[47]，舉郭迎望，歌梵遏雲霞，香花翳日月。桑門一盛，榮莫加斯。宋公名重位高，頗以學能傲誕，遷應權授法[48]，不覺心醉形摧，乃携其家屬，從受歸戒。初停開善，建弘攝論，請益千計。不久徐方官庶，思渴法言[49]，江都纔了，復迎還北，盛轉法輪，聲名遐布。

屬開皇七年秋，下詔曰：

> 皇帝敬問徐州曇遷法師：承修叙妙因，勤精道教，護持正法，利益無邊，誠釋氏之棟梁，即人倫之龍象也。深願巡歷所在，承風餐德，限以朝務，實懷虚想。當即來儀，以沃勞望。弟子之内，閑解法相，能轉梵音者十人，並將入京，當與師崇建正法，刊定經典。且道法初興，觸途草創，弘獎建立，終藉通人。京邑之間，遠近所凑，宣揚法事，爲惠殊廣。想振錫拂衣，勿辭勞也。尋望見師，不復多及。

時洛陽慧遠、魏郡慧藏、清河僧休、濟陰寶鎮[50]、汲郡洪遵各奉明詔，同集帝輦。遷乃率其門人，行途所資[51]，皆出天府。與五大德謁帝於大興殿，特蒙禮接，勞以優言。又勑所司，並於大興善寺安置供給。王公宰輔，冠蓋相望。雖各將門徒十人，而慕義沙門，勑亦延及[52]。遂得萬里尋師，於焉可想。于斯時也，宇内大通，京室學僧，多傳荒遠，衆以攝論初闢，投誠請祈，即爲敷弘，受業千數。沙門慧遠，領袖法門，躬處坐端，横經稟義。自是傳燈不絶，于今多矣。雖則寰宇穿鑿，時有異端，原其解起[53]，莫非祖習。故真諦傳云："不久，有大國不近不遠[54]，大根性人，能弘斯論。"求今望古，豈非斯人乎。

十年春，帝幸晋陽，勑遷隨駕。既達并部，又詔令僧御殿行道。至夜追遷入内與御同榻，帝曰："弟子行幸至此，承大有私度山僧[55]，欲求公貫。意願度之，如何？"遷曰："昔周武御圖，殄滅三寶，衆僧等或剗迹幽巖，或逃竄異境。陛下統臨大運,更闡法門,無不歌詠有歸,來投聖德。比雖屢蒙招引度脱,而來有先後,致差際會。且自天地覆載,莫匪王民,至尊汲引,萬方寧止,一郭蒙慶。"帝沉慮少時,方乃允焉,因下勑曰:"自十年四月已前,諸有僧尼私度者,並聽出家。"故率土蒙度數十萬人,遷之力矣。

尋下勑,爲第四皇子蜀王秀,於京城置勝光寺,即以王爲檀越,勑請遷之徒衆六十餘人住此寺中,受王供養。左僕射高熲、右衛將軍虞慶則、右僕射蘇威、光禄王端等朝務之暇,執卷承旨。四門博士、國子助教劉子平,孔門隽乂,屈膝餐奉。魏郡道士仇岳,洞曉莊、老,文皇欽重,入京造展,共談玄理。遷既爲帝王挹敬,侯伯邀延[56],抗行之徒,是非紛起,或謂滯於榮寵者,乃著亡是非論[57],以示諸己。其詞曰:

> 夫自是非彼,美己惡人,物莫不然。以皆然故,舉世紜紜,無自正者也。斯由未達是非之患,乃致於此。言至患者[58],有十不可:一是非無主,二自性不定,三彼我俱有,四更互爲因,五迭不相及,六隱顯有無,七性自相違,八執者偏著,九是非差别,十無是無非。初明無適主者,此云我是,彼云我是,彼此競取,乃令是無定從[59];彼云此非,此云彼非,彼此競與[60],遂使非無適趣。或者,必欲以是自歸[61],以非屬彼者,此有何理而可然耶?理不然故,强爲之者,莫不致敗耳。物豈知其然哉?

文多不委。

十三年,帝幸岐州[62],遷時隨從[63]。乃勑蜀王布圍南山,行春蒐之事也。王逐一獸入故窯中,既失蹤迹,但見滿窯破落佛像。王遂罷獵,具以事聞。遷因奏曰:"比經周代毁道,靈塔聖儀,填委溝壑者,多蒙陛下興建,已得修營,至於碎身遺影,尚遍原野,貧道觸目增慟,有心無事。"帝聞惘然[64],曰:"弟子庸朽,垂拱巖廊,乃使尊儀,冒犯霜露。如師所説,朕之咎也。"又下詔曰云云,"諸有破故佛像,仰所在官司,精加撿括,運送隨近寺内。率土蒼生[65],口施一文,委州縣官人,檢校莊飾"。故一化嚴麗,遷寔有功。

十四年,柴燎岱宗,遷又上諸廢山寺并無貫逃僧請並安堵,帝又許焉。尋勑率土之内[66],但有山寺,一僧已上,皆聽給額,私度附貫,遷又其功焉。又勑河南王爲泰岳神通道場檀越,即舊朗公寺也;齊王爲神寶檀越[67],即舊静默寺也;華陽王爲寶山檀越,舊靈巖寺也[68]。又委遷簡齊魯名僧,來住京輦。其爲世重,誠無以加。

文帝昔在龍潛,有天竺沙門,以一裹舍利授之[69],云:"此大覺遺身也。檀越當盛興顯,則來福無疆。"言訖,莫知所之。後龍飛之後,迫以萬機[70],未遑興盛。仁壽元年,追惟昔言,將欲建立,乃出本所舍利,與遷交手數之。

雖各專意而前後不能定數。帝問所由,遷曰:“如來法身,過於數量。今此舍利,即法身遺質。以事量之,誠恐徒設耳。”帝意悟,即請大德三十人,安置寶塔,爲三十道。建軌制度,一准育王。帝以遷爲蜀王門師,王鎮梁、益[71],意欲令往蜀塔撿校爲功[72]。宰輔咸以劍道危懸,塗徑盤折[73],高年宿齒,難冒艱阻,更改奏之,乃令詣岐州鳳泉寺起塔[74],晨夕祥瑞[75],以沃帝心。將造石函[76],於寺東北二十里許[77],忽見文石四段,光潤如玉,大小平正,取爲重函。其内自變作雙樹之形,高三尺餘,異色相宣,或有鳥獸龍象之狀,花葉旋轉之形。以事上聞,帝大悦。二年春,下勑於五十餘州,分布起廟,具感祥瑞,如别傳叙之。四年,又下勑於三十州造廟。遂使宇内大州,一百餘所,皆起靈塔,勸物崇善,遷寔有功。

及獻后云崩,於京邑西南置禪定寺。架塔七層,駭臨雲際,殿堂高竦,房宇重深,周閭等宫闕,林圃如天苑,舉國崇盛,莫有高者。仍下勑曰:“自稠師滅後,禪門不開,雖戒慧乃弘而行儀攸闕。今所立寺,既名禪定,望嗣前塵。宜於海内召名德禪師百二十人,各二侍者[78],並委遷禪師搜揚。”有司具禮,即以遷爲寺主。既恩勑爰降,不免臨之。綏撫法衆,接悟賢明,皆會素心,振聲帝世。

時大興善有像放光[79],道俗同見。以事聞上,勑問遷曰:“宫中尊像並是靈儀,比來修敬,光何不見?”遷曰:“但有佛像,皆放光明,感機既别,有見不見。”帝曰:“朕有何罪,生不遇耶?”遷曰:“世有三尊,各有光明,其用異也。”帝曰:“何者是耶?”答曰:“佛爲世尊,道爲天尊,帝爲至尊,尊有恒政,不可竝治。所以,佛道弘教,開示來葉,故放神光,除其罪障。陛下光明,充于四海,律令法式,禁止罪源,即大光也。”帝大悦。遷美容儀,善風韻[80],故臨機答對如此。

又器宇恢雅,含垢藏疾,妙於定門,練精戒品。天性仁慈,寡於貪競,雖帝王贈捨,遠近獻餉,一無自給,並資僧衆,或濟接貧薄,追崇圖塔。又不重厚味,不飾華綺,内有關籥[81],外屏名利。顯助弘道,冥心幽隱,立志清簡,不雜交遊,時俗頗以疏傲爲論,深鑒國士而體其虚心應物也。凡有言述,理無不當,皆能遣滯,顯旨深矣,故遠公每云:“遷禪師破執入理,此長勝我。”斯言合也。而詞旨典正[82],有文章焉,雖才人沉鬱含豪[83],未能加也。

夙感風痿之疾[84],運盡重增,卒於禪定。春秋六十有六,即大業三年十二月六日也。葬於終南北麓勝光寺之山園[85],鑿石刻銘,樹于墳所。當停柩之日,有一白犬不知何來,徑至喪所,雖遭遮約,終不肯去。見人哀哭,犬亦號叫,見人止哭,犬亦無聲[86],與食不噉,常於喪所,右縈而卧。既轝柩隨行,犬便前後奔走,似如監護之使,及下葬訖,便失所在。識者以犬爲防畜,將非冥衛所加乎?

初,未終之前,有夢禪定佛殿東傾,數人扶之還正,惟東北一柱陷地,拔之不出。遷房屬於陷角,故有先驗之徵。既卒之後,有沙門專誠祈請,欲知生處,乃夢見净土嚴麗,故倍常傳。寶樹宫闕,欝然相峙,道俗徒侣,有數千人,遷獨處金臺[87],爲衆説法。雖夢通虚實,而靈感猶希,況隨請而知,故當降靈非謬矣。所撰攝論疏十卷,年别再敷,每舉法輪,諸講停務,皆傾渴奔注[88],有若不足也。又撰楞伽、起信、唯識、如實等疏,九識、四明等章[89],華嚴明難品玄解,總二十餘卷,並行於世。有沙門明則爲之行狀,覼縷終始,見重京師矣[90]。

【校注】

[1] 案,麗初本、趙本之此卷闕佚,寫入校勘記者爲麗再本、磧本、興聖寺本。

[2] 十三:諸本同,興聖寺本作"十一",無釋僧淵傳、釋真慧傳。

[3] 案,"饒陽"縣,即今河北省饒陽縣,戰國時即設,北魏、北齊、北周屬博陵郡,隋開皇三年始其上級政區不再是博陵郡。

[4] 宦:諸本同,永北本、龍藏本作"官"。

[5] 會:諸本同,大正藏校引宫本無。案,"權會"傳見北齊書、北史。北齊書卷四四:"河間鄚人也。志尚沉雅,動遵禮則。少受鄭易,探賾索隱,妙盡幽微,詩、書、三禮,文義該洽,兼明風角,妙識玄象……每爲人占筮,小大必中。但用爻辭、彖象以辯吉凶,易占之屬,都不經口。"

[6] 之:磧本同,興聖寺本作"定"誤。

[7] 辯:磧本、興聖寺本作"辨",下同,不一一出校。

[8] 曰:磧本作"白"誤,興聖寺本同麗再本。

[9] 白:磧本作"曰"誤,興聖寺本同麗再本。

[10] 西:麗再本、興聖寺本無,今從磧本。

[11] 辯:磧本、興聖寺本作"辨"。

[12] 懱:磧本、興聖寺本作"蔑"。案,"蔑"的本意據説文卷四爲"勞目無精",意爲疲倦的眼神,假借爲"懱",輕視意。

[13] 辯:磧本、興聖寺本作"辨"。"横",磧本同,興聖寺本字迹不清。

[14] 子:磧本同,興聖寺本作"了"。

[15] 自揣澄公:興聖寺本同,磧本衍作"自揣非澄公"。

[16] 屢:麗再本作"屬",今從磧本、興聖寺本。

[17] 有:興聖寺本同,磧本無。

[18] 山:磧本同,興聖寺本脱。

[19] 案,"曇遵",爲慧光弟子,傳見本書卷八。

[20] 净國寺:考其地望,當在今河南省林州市西北十公里處黄花山。

[21] 甞:興聖寺本同,磧本作"當"誤。案,此唯識論當爲東魏瞿曇般若流支譯本,此論尚有真諦譯本和玄奘譯本。

［22］復：諸本同，興聖寺本作“服”誤。
［23］因：諸本同，磧本作“固”誤。
［24］存：磧本同，興聖寺本作“在”誤。
［25］道：麗再本作“導”，今從磧本、興聖寺本。
［26］齋：磧本作“齊”。
［27］璀：麗本作“瓘”，今從磧本、興聖寺本，下同，不一一出校。
［28］道軸：興聖寺本同，磧本作“領袖”。案，“道軸”一詞罕見。又，此二僧爲禪僧，智璀爲南岳慧思門徒，見徐文明：慧曉禪師略考，收入行願大千，宗教文化出版社2006年。
［29］王：諸本同，磧本作“主”。
［30］薩婆多部：即小乘佛學最盛的一支説一切有部，此處可能代指毗曇學。
［31］淩：磧本作“陵”應是，興聖寺本字迹不清。
［32］援：興聖寺本同，磧本作“構”。案，據世説新語卷中方正：“王丞相初在江左，欲結援吴人，請婚陸太尉。”可知“結援”爲當時用語，“結構”亦爲當時用語但偏於貶義，即勾結。
［33］案，“桂州”，治當今廣西桂林。
［34］被：麗再本、興聖寺本作“彼”，今從磧本。
［35］曆：麗再本、興聖寺本作“歷”誤，今從磧本。
［36］津：磧本同，興聖寺本作“律”形。
［37］眼中人：典出文選卷二五陸雲答張士然詩“感念桑梓城，髣髴眼中人”，即摯交也。
［38］涇河：興聖寺本同，磧本作“徑何”誤。案，“涇河”流經今甘肅、陝西，代指隋朝。
［39］邗：諸本同，興聖寺本脱。
［40］沾：磧本作“霑”。案，“沾”爲“霑”本字。
［41］訣：麗再本、興聖寺本作“袂”，今從磧本。
［42］案，“迦延”，即薩婆多部創始人迦旃延子，他離開天竺在罽賓創立了自己的學派，參見婆藪槃豆法師傳。
［43］也：興聖寺本同，磧本無。
［44］案，據隋書卷一，在開皇五年十月“朔州總管吐萬緒爲徐州總管”。
［45］聖：興聖寺本同，磧本作“望”誤。
［46］導：磧本同，興聖寺本作“道”，大正藏校引宫本作“友”誤。案，據資治通鑒卷一七五，開皇元年“三月，戊子以上開府儀同三司賀若弼爲吴州總管，鎮廣陵”。
［47］還：麗再本、興聖寺本作“遠”誤，今從磧本。
［48］應：諸本同，興聖寺本脱。
［49］渴：磧本同，興聖寺本作“謁”。
［50］陰：興聖寺本同，磧本作“陽”誤。案，魏郡、清河、汲郡，均爲郡級單位，故爲濟陰，濟陰郡之省；“濟陽”爲縣級單位，且設縣在北宋末僞齊當政時期，隋代未設濟陽縣。
［51］途：磧本同，興聖寺本作“余”誤。
［52］亦：諸本同，興聖寺本作“迹”。
［53］起：興聖寺本同，麗再本作“趣”。
［54］大國：諸本同，大正藏校引宫本作“丈夫國”。

［55］承：磧本同，興聖寺本脱。
［56］侯：磧本、興聖寺本作“雄”。
［57］亡：興聖寺本同，磧本作“已”誤。案，亡是非論全文見於華嚴經内章門等雜孔目章卷四，語詞頗有不同。
［58］至：諸本同，大正藏校引宫本作“主”，華嚴經孔目章卷四引亡是非論作“云其患者”。
［59］是：麗再本、磧本作“是非”。“非”，興聖寺本、大正藏校引宫本無，華嚴經孔目章卷四引亡是非論亦無，據上下文意理當無，今據删。
［60］興：磧本同，興聖寺本作“與”誤。
［61］欲：磧本同，興聖寺本脱。
［62］岐：諸本同，興聖寺本作“致”形。
［63］從：麗本作“彼”誤，今從磧本、興聖寺本。
［64］惘：興聖寺本同，磧本作“悵”。
［65］生：興聖寺本同，磧本作“王”誤。
［66］尋：興聖寺本同，磧本作“因”。
［67］王：麗再本、興聖寺本作“主”誤，今從磧本。
［68］案，據隋書卷二，開皇“十年春正月乙未，以皇孫昭爲河南王，楷爲華陽王”，則知三王當爲皇孫，然華陽王楊楷不知爲何人子，河南王楊昭爲楊廣世子，齊王或爲楊廣次子楊暕。又，“神通寺”在山東濟南，“神寶寺”在山東長清靈巖寺北，寶山寺在河南安陽。
［69］一裹：麗再本作“一顆”誤，與下文“數之”不合，今從磧本、興聖寺本。
［70］萬：磧本同，興聖寺本中作“方”誤。
［71］鎮：興聖寺本同，磧本作“置鎮”。
［72］蜀塔：興聖寺本同，磧本作“蜀塔所”應是，則標點應爲“意欲令往蜀，塔所檢校爲功”。
［73］徑：磧本、興聖寺本作“經”。
［74］鳳泉寺：據韓金科、王倉西踏勘研究，當今扶風縣法門鎮西北三十里西觀山（俗稱西瓜山）之龍泉寺，參見隋代鳳泉寺與法門寺考，文博 1993 年第 4 期。此地在清代嘉慶五年出土隋仁壽元年鳳泉寺舍利塔下銘，參見嘉慶扶風縣志或者金石續編卷三，圖版見北京圖書館藏中國歷代石刻拓本匯編第九册，原石現存扶風縣法門寺博物館。
［75］祥：磧本、興聖寺本作“請”似更契合文意。
［76］將：諸本同，興聖寺本作“持”誤。
［77］於：興聖寺本同，磧本作“時”。
［78］者：磧本同，興聖寺本作“名”。
［79］大興善：興聖寺本同，磧本作“大興善寺”。
［80］善：興聖寺本同，磧本無。
［81］關：磧本同，興聖寺本作“開”誤。籥：磧本作“鑰”是，興聖寺本作“蕍”。
［82］而：興聖寺本同，磧本脱。
［83］豪：興聖寺本同，磧本作“毫”。“沉鬱”，典出思歸賦，見藝文類聚卷二七陸機思歸賦：“伊我思之沉鬱，愴感物而增深。”“含毫”，典出文選卷一七陸機文賦：“或操觚

以率爾,或含毫而邈然。"故"才人"指陸機。"豪"同"毫"。

[84] 痿:磧本作"瘻",興聖寺本作"疾"誤。案,"瘻",中醫指瘡癰,與文意不合;"風痿",見於靈樞經卷一邪氣藏府病形:"脾脉……微緩爲風瘻,四肢不用,心慧然若無病。"專家指出,類似於西醫中的急性脊髓灰質炎等。

[85] 案,"胜光寺"在今陜西省户縣蒼遊鄉什王村北。

[86] 無:興聖寺本同,磧本作"不"應是,作動詞用。

[87] 金臺:典出觀無量壽經,爲往生净土的標誌之一。

[88] 注:興聖寺本同,磧本作"往"誤。

[89] 明:麗再本、興聖寺本作"月",今從磧本。案,"如實"即如實論,爲陳真諦譯,因明學作品。

[90] 矣:麗再本、興聖寺本無,今從磧本。

隋蜀郡福緣道場釋僧淵傳二[1]

釋僧淵,姓李[2],廣漢郪人[3]。家本巨富,爲巴蜀所稱。及淵初誕,天雨銅錢於庭,家内合運,處處皆滿[4]。父運疲久,口嘘唱之[5],錢不復下。倉内貯米,但及於半,忽滿溢出。親姻外内,莫不歎其福報也。自少至長,志幹殊人,行則安而徐動,坐則儼而加趺。眼光外射,焰焰發越;容色玉潤,狀若赤銅;聲若洪鍾,響發林動;兩足輪相,十角分明;二手九井,文理如畫[6]。年十八,身長七尺,其父異之,命令出家,即而剃落,住城西康興寺,今所謂福緣是也。博尋人法,訪無遠邇[7]。經耳不忘,藴括懷抱,奉戒守素,大布爲衣,瓶鉢之外,無所蓄積。與同寺毅法師交遊,二人即蜀郡僧中英傑者也。

相隨入京,博採新異。有陟岵寺沙門僧實者[8],禪道幽深,帝王所重,便依學定,豁示知津[9]。經涉炎凉,詳覈詞義。淵研精定道,毅博通經術,丘索草隸,靡不留心。周氏廢教,便還故[10]寺,割東行房,以爲私宅,餘者供官。

隨氏運開,更新締構,領匠伐木,連雨兩月。淵執爐祈請,隨語便晴。造塔須金盤,又請地府,隨言即掘,應命藏開,用足餘金,還歸本窟。詳斯福力,今古未聞。常給孤獨,不逆人意,遠近隨助,泉布若流。又以錦水江波,没溺者衆,便於南路,欲架飛橋。纔扣此機[11],衆事咸集。昔諸葛武侯,指二江内造七星橋。造三鐵鐓[12],長八九尺,徑三尺許,人號鐵錞[13],擬打橋柱。用訖投江,須便祈禱[14],方爲出水[15]。淵造新橋,將行豎柱,其錞自然浮水,來至橋津。及橋成也,又自投水。道俗歌謡,于今逸耳。淵、毅二師,並爲物軌,晨夕問法,無虧遺寄。毅以仁壽二年十二月十一日寅時[16],告弟子曰:"三界無常,吾其化矣[17]。"言終神謝福緣本住,春秋六十有九。淵聞之閔然,曰:"毅師已往,我豈獨留。"俄而遘疾,遺語同瘞。即以其月十四日又化,春秋八十有四。至十七日,竝窆於九里堂焉,刊石紀之于寺堂。陳子良爲文。

【校注】

[1] 蜀郡：磧本作“西蜀郡”。案，興聖寺本無此傳。

[2] 李：磧本同，興聖寺本作“奈”形。

[3] 廣漢郪：治當今四川三臺縣郪江鄉。蜀漢建興二年置屬東廣漢郡，西晉太康六年改入廣漢郡，蕭梁廢入北伍城縣。

[4] 處處：磧本同，興聖寺本作“處”。

[5] 之：興聖寺本同，磧本作“乏”應是。

[6] 文：興聖寺本同，磧本作“紋”。“文”同“紋”。

[7] 邇：興聖寺本同，磧本作“近”。

[8] 僧實：興聖寺本同，磧本作“僧寶”誤，“僧實”爲西魏、北周禪學宗師，傳見本書卷一六。

[9] 示：興聖寺本同，磧本作“爾”是。

[10] 索草隸靡不留心周氏廢教便還故：磧本同，興聖寺本脱。

[11] 纔：麗再本、興聖寺本作“則”，今從磧本，“纔扣”與“咸集”對應。

[12] 鐓：興聖寺本同，磧本作“錞”。“鐓”，即鎚，築牆打夯的工具。

[13] 鎗：興聖寺本同，磧本作“槍”。案，士禮居叢書本國語卷六齊語“時雨既至，挾其槍刈耨鎛，以旦暮從事於田野。”“槍”，韋昭注：“椿也。”

[14] 須：麗再本作“頊”誤，今據磧本、興聖寺本改。禱：諸本同，磧本作“祠”。

[15] 爲：興聖寺本同，磧本作“可”誤。

[16] 十一日：興聖寺本同，磧本作“十二日”。

[17] 化：興聖寺本同，磧本作“死”。

隋河東栖巖道場釋真慧傳三[1]

釋真慧，陝州河北人[2]，姓陳氏。河北諸陳，代稱冠族，遠稱漢右相陳平，中云魏向侯陳陟[3]，乃至江表陳代，並出此鄉。真早厭身城[4]，父母留礙，逼納妻室，不免外情。玉潔之志，涅而逾净。開皇十二年，年財及冠[5]，二親俱往，既將出俗，猶縈妻累。先勸喻已，便爲解髮，資給道具，送往尼寺。真往陝州大通寺清禪師所出家。受具，清示以學方，次第有本，曰“尸羅不净，三昧無由”[6]，令往鄴下静洪律師所。因循兩載，備探幽致。又詣衛州淋落泉詢禪師所[7]，朝授夕悟[8]。經歷歲餘，於詢所得，略貫終始。禪侶三百，嗟詠聲馳[9]。詢摩其頂[10]，堪傳燈法[11]，令往山西啓諸未悟[12]。真以學日既少，恐有差分，更往陶研，乃經兩載，一一呈示，去取無疑。

開皇十八年，承命西歸，路經白鹿百家巖[13]，時號幽絶，山勢窮美，因登遊觀。又爲留連，夏坐栖之。又陳禪道，至秋擇地，無越晋川，遂之蒲坂首山麻谷[14]，創築禪宇。四衆争趍，端居引學，蔚成定市。十有八載，成就極多，栖巖傑、昂，最稱深入。仁壽四年，召與僧名住栖巖寺。其爲人也，諒直剛决，清儉退讓，安苦忍樂[15]，容止可觀。獨處樂静，不希華靡。大業元年，餌黄精[16]，絶粒百日，撿校教授，坐禪禮懺，不减生平。後覺肥充[17]，恐有學者，便休服餌。於閑田原北抔盤谷[18]，夏坐虎窟，虎爲之移，及秋，虎還返窟。常有山神節度時分，如有遲延，必來警覺。

以大業十一年十月七日，因疾卒麻谷禪坊，春秋四十有七。初將終夕，神彩若常，曰："吾將生净土，見蓮花相候。"又聞異鍾，聲聲幽净[19]，異香充蔚[20]，斯相既至，潛然而絶。門人道俗，依而闍維，收骨起塔於麻谷。

【校注】

[1] 河東：磧本作"蒲州"。案，興聖寺本無此傳。

[2] 陜州河北：即今山西省平陸縣。

[3] 陟：興聖寺本同，磧本作"涉"。

[4] 真：興聖寺本同，磧本作"慧"。案，此傳下文中"真"，磧本並作"慧"，不一一出校。

[5] 財：興聖寺本同，磧本作"纔"。案，"財"通"纔"。

[6] 尸羅：(卍續96)慧遠大乘義章卷一："言尸羅者此名清凉，亦名爲戒，三業之非，焚燒行人，事等如熱。戒能防息，故名清凉。清凉之名，正翻彼也。以能防禁，故爲戒。""三昧"，又譯爲"三摩地""三摩帝""三摩提"，即禪定。

[7] 淋：興聖寺本同，磧本作"林"。案，"詢禪師"當爲曇詢，傳見本書卷一六。

[8] 授：興聖寺本同，磧本作"投"誤，與下文"經歷歲餘"不屬。

[9] 詠：興聖寺本同，磧本作"試"誤。

[10] 詢：磧本同，興聖寺本作"詞"。

[11] 燈法：興聖寺本同，磧本作"法燈"應是。案，佛教以燈喻指佛法，故將傳法叫做傳燈、傳法燈。

[12] 諸：興聖寺本同，磧本作"請"誤。

[13] 白鹿百家巖：在今河南省焦作市雲臺山景區，東邊爲白鹿山，西邊爲覆釜山，中間爲"百家巖"。

[14] 蒲阪首山麻谷：案，"首山"即雷首山，在今山西省中條山西南端，介於黄河和涑水之間，主峰在山西省芮城縣西北。

[15] 忍：磧本、興聖寺本同，資本、大正藏校引宋本作"恐"。

[16] 餌黄精：興聖寺本同，磧本作"餌黄菁"。文選卷一三宋玉風賦"將擊芙蓉之精"，李善注："精與菁，古字通。"

[17] 肥：諸本同，資本作"肌"。

[18] 抔：興聖寺本同，磧本作"杯"。案，古本"扌""木"互用。

[19] 聲聲：麗再本、興聖寺本作"聲"脱，今從磧本補。

[20] 香：興聖寺本同，磧本衍作"香花"。

隋西京禪定道場釋慧瓚傳四

釋慧瓚,俗姓王氏,滄州人。壯室出家,清貞自遠[1],承稟玄奥,學慕綱紐[2]。受具已後,偏業毗尼,隨方聽略,不存文句。時在定州,居于律席,講至寶戒法,師曰:"此事即目[3],卒難制斷,如何?"瓚聞之,私賤其説。時襆中有錢三百,乃擲棄之。由是卒世,言不及利。周武誅翦,避地南陳,流聽群師,咸加芟改。開皇弘法,返迹東川,於趙州西封龍山,引攝學徒,安居結業。大小經律,互談文義;宗重行科[4],以戒爲主;心用所指,法依爲基。道聞遠流,歸向如市。故其所開悟,以離著爲先,身則依附頭陀,行蘭若法;心則思尋念慧,識妄知詮[5]。徒侣相依,數盈二百,繩床道具[6],齊肅有儀。展轉西遊,路經馬邑、朔、代、并、晋,名行師尋,譽滿二河,道俗傾望。秦王俊作鎮并部,弘尚釋門。於太原蒙山置開化寺[7],承斯道行,延請居之,僧衆邕熙,聲榮逸口。至於黑白布薩,要簡行浄之人,知有小僭,便止法事,重過則依方等,輕罪約律治之。必須以教驗緣,片缺則經律俱捨。沙彌信行,重斯正業,從受十戒,瓚不許之。乃歸瓚之弟子明胤禪師,遵崇行法。晚還鄴相,方立部衆。及獻后云崩,禪定初構,下勅追召,入京傳化。自并至雍[8],千里欽風,道次逢迎,禮謁修敬。帝里上德,又邀住于終南山之龍池寺[9],日夜請誨,聞所未聞。因而卒於山舍,春秋七十有二,即大業三年九月也。弟子志超,追崇先範,立像晋川,見别傳[10]。

【校注】

[1] 清:磧本同,興聖寺本脱。

[2] 紐:麗再本作"細"誤,興聖寺本字迹不清,今從磧本。

[3] 目:磧本同,興聖寺本作"自"。

[4] 宗:諸本同,大正藏校引宫本作"字"。案,"行科",指行爲規範。

[5] 詮:磧本同,興聖寺本作"論"誤。

[6] 床:磧本同,興聖寺本作"林"形。

[7] 開化寺:寺址在今山西省太原市晋源區寺底村,今存北齊大佛。北齊天保二年建,隋代仁壽元年改爲浄明寺,唐初改回開化寺,參見後晋蘇禹圭:重修蒙山開化寺莊嚴閣記。明洪武十八年改爲法華寺。

[8] 雍:磧本同,興聖寺本作"羅"誤。

[9] 龍池寺:西安市長安區太乙宫鎮東約二公里的終南山北麓蛟峪山頂之天池寺。參見陳誦雎:終南山龍池寺及二龍塔考,碑林集刊2006年。

[10] 立像晋川見别傳:磧本、興聖寺本作"立衆晋川,見于别傳"應是。

隋西京净住道場釋法純傳五[1]慧昂

釋法純，俗姓祝氏，扶風始平人也[2]。初出家日，在于周世，備聞正教，親奉明師，意在定林，情兼拯溺。住帝京陟岵、天宫二寺，往來居止，通慮爲先。逢於廢教退僧[3]，潛匿城市，内持道服，外假俗衣。皇隋之興，厥初度首，即百二十人之一也。住大興善，鞭勒形心，有逾前稔[4]。文帝聞純懷素，請爲戒師。自辭德薄，不敢聞命。帝勤注不已，遂處禁中[5]，爲傳戒法。四事厚禮，不勝其供，辭還本寺，歎曰："危身脆命，無常不久，終日保養，何見牢固？"上供難銷，遂行方等懺法。

四十五年，常處净場[6]，宗經撿失，除食便利，餘無闕廢。嘗於道場然燈[7]，遂感燈明續焰，經于七夜，不添油炷而光耀倍常。私密異之，爲滅累之嘉相也[8]。又油瓮所止，在佛堂内，忽然不見，乃經再宿，還來本處，而油滿如故。每於夜静，聞有説法教授之聲，異香尋隙，氣衝於外，就而視之，一無所見，識者以爲幽祇所集故也。而謙弱成治，趣務造功，不累形骸，用清心海。至於三秋霖滯，民苦者多，純乃屏除法服，微行市里。或代人庸作[9]，事訖私去。有與作價，反乞貧人[10]。或見道俗衣服破壞塵垢，皆密爲洗補，跪而復處。及巾履替藉[11]、穢汙臭處，皆縫洗鮮全，其例甚衆[12]。或於静時捷廁擔糞。有密見者，告云："若情事欣泰，願共同作。"或爲僧苦役，破薪運水。或王路艱岨[13]，躬事填治，因而勵俗[14]，相助平坦。有來覲錫，皆慘然不樂，口云："愛賊既來，獄王潛至[15]，打縛不久矣。"故所獲財物，並施大衆，不造經像。人問其意，云："行道者所乏耳，因以趣入也。"故王公等施，日盈門首，皆迴與僧。而自著糞掃，袈裟内以布裙[16]，又無腰襻，以繩收束，如中國法。寺僧服其行也。或有不敢受者，以爲勝人所奉，稍異常徒[17]。自叙云："余初出家，依于山侣，晝則給供清衆，暮則聚薪自照，因而誦經，得二十五卷，謂十地經論、金剛般若論、金光明、諸法無行等，并講習通利。"[18]故其所宣導，皆引用斯文焉。開皇十五年，文帝又請入内，爲皇后受戒[19]，施物出宫，隨散並盡。故貧窶之士，聞純之入内也，要必有賜，並聚集街首[20]，待施而還。

仁壽三年，遂覺不悆，閉室静坐而無痛所，有白衣童子，手捧光明，立侍於右。弟子慧進入問："此是何人？"答曰："第六欲天頻來命我，但以諸天著樂，竟不許之，由妨修道故也。常願生無佛法處，教化衆生，慎勿彰言，死後任説。"至五月内，弟子爲建大齋，望崇玄福，道俗湊集，並在純前。有雙鴿飛來入純房内[21]，在衣桁上[22]，注目看純。雖人觸捉，都無有懼。純云："任之，勿捉。"至暮方逝。及其疾甚，人有問者，必誡以法行，不得自縱自欺[23]。

又云:“我不覺忽乘白象也[24],此乃妄業耳,何由可任?”因設齋食,與諸舊别。所有衣資雜物,施同行者,任取一事,用結良緣。而神志明悟,不覺餘想。卒于净住寺,春秋八十有五,即仁壽三年五月十二日也。葬於白鹿原南,鑿龕處之,外開門穴,以施飛走。後更往觀,身肉皆盡而骸骨不亂。弟子慧昂等率諸檀越,追慕先範,乃圖其儀質,飾以丹青,見在净住。沙門彦琮褒美厥德,爲叙贊云。

昂少所慈育,親供上行,爲之碑文,廣陳盛事。兼以立性閑穆,識悟清爽,文藻横被,聞于京室。著集十卷,頗共傳之。

【校注】

[1] 道場:諸本同,興聖寺本作“寺”。

[2] 扶風始平:北魏時治所在今陜西興平市東北十五里固顯村,西魏恭帝元年縣治遷到今西吴鄉竇馬村,北周静帝縣治遷到今興平市東南十里處西吴鄉王家村、北馬村附近,均屬扶風郡。

[3] 逢於廢教退僧:磧本作“逢廢教道僧”誤,興聖寺本作“逢廢教退僧”。

[4] 逾:磧本、興聖寺本作“途”誤。

[5] 禁:興聖寺本同,磧本作“林”誤。

[6] 案,“净場”,疑指廁所。

[7] 嘗:磧本同,興聖寺本脱。

[8] 滅:興聖寺本同,磧本作“减”誤,法苑珠林卷三五引此傳作“滅”。又“滅累”爲佛教專用名詞,滅除罪累之省。

[9] 代:磧本同,興聖寺本作“伐”形。庸:磧本作“傭”是。“庸”同“傭”。

[10] 反乞:興聖寺本同,磧本作“還乞”。案,“乞”在此爲“丐”或爲丐義,即施捨。

[11] 替:磧本作“履”,興聖寺本作“扶”,誤。案,“藉”,説文卷一“艸不編”,即淩亂義。“替”,爾雅注疏卷三釋言“廢也”,故“替藉”爲髒亂意。

[12] 甚:磧本同,興聖寺本作“其”誤。

[13] 岨:興聖寺本同,磧本作“阻”。

[14] 而:興聖寺本同,磧本作“以”。

[15] 至:諸本同,磧本作“王”形。

[16] 裟:麗再本作“娑”,今從磧本、興聖寺本。

[17] 稍:諸本同,資本作“積”。

[18] 案,十地經論、金剛般若經論、諸法無行經,合計十七卷,那麽金光明經應該是八卷。然八卷本金光明經爲開皇十八年寶貴編輯本,在法純剛出家時尚未問世。疑法純所用本子爲真諦所譯七卷本,加真諦所著金光明經疏一卷,正好二十五卷。從此也可以看出,法純所在寺院以唯識學爲核心。

[19] 后:磧本同,興聖寺本作“舌”形,下同,不一一出校。

[20] 首:興聖寺本同,磧本作“道”誤。

[21] 入:興聖寺本同,磧本脱。

[22] 桁:興聖寺本同,磧本作“笐”。“桁”“笐”都有衣架義。

［23］不：麗再本、興聖寺本作“不久”，今從磧本。自縱：磧本同，興聖寺本脱。
［24］乘白象：瑞應本起經卷上：“菩薩初下，化乘白象。”

隋益州響應山道場釋法進傳六

釋法進，不知氏族，住益州綿竹縣響應山玉女寺，爲輝禪師弟子。後於定法師所受十戒。恭謹精誠，謙恪爲務，惟業坐禪。寺後竹林，常於彼坐，有四老虎，繞於左右。師語勿泄其相也。後教水觀，家人取柴，見繩床上有好清水，拾兩白石，安著水中，進暮還寺，彌覺背痛。具問家人[1]，云安石子。語令明往，可除此石。及旦進禪，家人還見如初清水，即除石子，所苦便愈。因爾習定，不出此山。

開皇中，蜀王秀臨益州，妃患心腹，諸治不損。有綿州昌隆白崖山道士文普善者，能升刀禁火。鵠鳴山有二道士能呼策鬼神，符印章劾[2]，入水不溺。並來同治，都無有效，乃使長史張英等往山請出，爲妃治病。報曰：“吾在山住[3]，向八十年，與木同性[4]。”徐更苦邀[5]，進答曰：“盡命於此，可自早還。”信返具報，王使六司官人，犢車四乘[6]，將從百人，重往迎請。進曰：“王雖貴勝，命有所屬。”執志如初。信還，王大怒，自入山將手加罪[7]。既至山寺，禮佛見進，不覺身戰汗流。王曰：“奉請禪師爲妃治病。禪師慈悲，願救此苦。”答曰：“殺羊食心，豈不苦痛。一切衆生皆是佛子，何因於妃偏生此愛？”王慚愧懺悔，仍請出[8]。乃曰：“王命既重，不可不行。王自先行，貧道生不乘騎，當可後去。”王曰：“弟子步從，與師同行。”報曰：“出家人與俗異，但前行，應同到。”王行兩日方至。進一旦便達，徑入妃堂，見進流汗，因爾除差。施絹五百段、納衣袈裟什物等。進令王妃以水盥手，執物咒願，總用迴入法聚寺基業[9]。即辭還山，王與妃見進足離地可四五寸。以大業十三年正月八日終此山中。龍吟猨叫，諠寺三日矣。

【校注】

［1］具問家人：興聖寺本同，磧本作“問其家人”當是先倒後誤。案，“具問”，即詳細尋問。
［2］劾：興聖寺本同，磧本作“醮”應是。
［3］吾：磧本同，興聖寺本作“五”誤。
［4］性：麗再本、興聖寺本作“姓”誤，今從磧本。
［5］徐：麗再本、興聖寺本作“餘”，今據磧本。
［6］犢：麗再本作“轒”，今從磧本。
［7］將：興聖寺本同，磧本作“捋”形，誤。

[8] 出：興聖寺本同，磧本作“出山”。
[9] 總：磧本同，興聖寺本作“捉”形。

隋西京大禪定道場釋静端傳七

釋静端，一名慧端，本武威人，後住雍州。年十四，投僧實禪師，受治心法，深所印可。經魏、周[1]、隋，崇挹佛化，闡弘不絶，以静操知名。後歸于曇相禪師，習行定業。

周滅法時，乃竭力藏舉諸經像等百有餘所。終始護持，冀後法開，用爲承緒。及隋開化，並總發之，經籍廣被，端之力也。

重預出家，還宗本習，擁徒結道，綽有餘勳，而謙損儉退，無與時争。服御三衣，應法杖鉢，一床一食[2]，用卒生報。獲利即散，餘無資蓄。名行既著，貴賤是崇，隋漢王諒重其戒德，數受弘訓。文帝、獻后延進入宫，從受正法，禀其歸戒[3]，遂留宫宿。端曰：“出家之人，情標離俗，宫中非宿寢之所。”數引宫禁，常弘戒約，勑以牙席[4]、檀龕及諸金貨，前後奉賜，令興福力。故今寺宇高廣，皆端之餘緒焉。所以財事增榮，日懸寺宇，一無所受，並歸僧庫，而常掩室下帷，静退人物。

仁壽年中，有勑送舍利於豫州，屢放白光[5]，變爲五彩，旋轉瓶側[6]，見者發心。鑿石爲銘，文至皇帝，鎸治將訖，乃變爲金字，分明外徹，時以爲嘉瑞也。屬高祖升遐，隋儲嗣曆[7]，造大禪定，上福文皇，召海内静業者居之。以端道悟群心，勑總綱任。辭不獲免，創臨僧首。于時四方義聚，人百其心，法令未揚，或愆靈化。而端躬事軌勉，咸敬而揖之，使夫饕惰之士[8]，悛勵而從訓勖者殷矣。

以大業二年冬，十二月二十七日，終于禪林本寺，春秋六十有四，瘞于京之東郊[9]。故禪林寺廟，猶陳五色牙席，千秋樹皮袈裟存焉[10]。由物希故，觀者衆矣。

【校注】

[1] 周：磧本同，興聖寺本作“用”形，誤。
[2] 床：磧本、興聖寺本作“林”形。
[3] 戒：麗再本、興聖寺本作“護”，今從磧本。
[4] 席：麗再本作“像”，興聖寺本作“象”。據下文，當以“席”爲是。
[5] 白：磧本同，興聖寺本作“自”誤。
[6] 旋：磧本同，興聖寺本作“遊”。
[7] 曆：磧本同，興聖寺本作“歷”誤。

［8］饕：興聖寺本同，磧本作“餮”誤。
［9］郊：興聖寺本同，磧本脱。
［10］存：磧本作“在”，興聖寺本字迹不清，似作“存”。

隋澤州羊頭山釋道舜傳八

釋道舜，未詳何人，静處林泉，庇道自隱。言常含笑，談述清遠。嘗止澤州羊頭山神農定藥之所[1]，結宇茅茨，餘無蓄積，日惟一食，常坐卒歲。斯亦清素之沙門也。德豐内溢，聲流氓俗，能感蛇鼠同居[2]，在繩床下，各孚產育，不相危惱。又致虎來，蹲踞其側，便爲説法。有人還往，告虎令去。或語之云：“明日人來，汝不須至。”便如舜言，虎便不現。其通感深識爲若此也。給侍之人與虎同住，視如家犬[3]，曾莫之畏。身著弊納，略無可採，跣行林野，不擇晨夕[4]。

開皇之初，忽遊聚落説法，化諸村民，皆盛集受法，獨不爲一女人授戒[5]，告云：“汝當生牛中，其相已現，戒不救汝也[6]。業不定者，爾乃濟耳[7]。”時有不信其言，以爲惑衆，咸有疑者。舜欲決於衆議，告衆曰：“必不信者，試蹋汝牛尾業影，必當不起。”即以足躡女裙後空地[8]，云是尾影。其女依言趣起不得[9]。時衆驚信，請舜曰：“如何除此業報？”其女家積粟數萬石，既懼惡業，一時頓捨。舜並爲營福，令其懺悔。如此累作，業惡便傾[10]，方爲受戒。由斯以談，能見業影之存亡，將鄰聖之極矣。

或依諸癘村[11]，受於癘供，見有膿潰外流者，皆口就而吮之，情無餘念[12]。或洗其衣服，或浄其心業，用爲己任，情向欣然，初無頻蹙[13]。後遊於林慮洪谷北[14]，詣晋盤亭等諸山，隱寺綜禪定業，不測終所。

【校注】

［1］澤州羊頭山：在今山西省高平市神農鎮羊頭山。
［2］能：興聖寺本同，磧本作“態”誤。
［3］視：興聖寺本同，磧本作“親”。
［4］晨：磧本同，興聖寺本作“農”形。
［5］女人：興聖寺本同，磧本作“女”應是。
［6］也：磧本同，興聖寺本作“巳”形，誤。
［7］濟：興聖寺本同，磧本作“相濟”。
［8］躡：磧本作“蹋”，興聖寺本字迹不清。
［9］趣：磧本同，興聖寺本作“取”誤。
［10］業惡：磧本作“惡業”，應是。傾：磧本同，興聖寺本作“頃”。
［11］或依諸癘村：麗再本作“或醫諸癘村”，興聖寺本作“或依醫諸癘村”，今從磧本。

［12］餘：興聖寺本同，磧本作“惡”。
［13］頻：興聖寺本同，磧本作“顰”應是，“頻”同“顰”。蹙：磧本，興聖寺本作“戚”。
［14］林慮洪谷：即河南省林州市南十五公里處之洪谷山。

隋西京大禪定道場釋慧歡傳九

釋慧歡[1]，俗姓管氏[2]，京兆雲陽人也[3]。弱齡厭俗，深慕出家，迫以恒網[4]，取拔無路，歷任僚署，頻經凉暑[5]，年逾壯齒[6]，方蒙本遂。三十有七，被緇在道[7]，依清禪寺崇公[8]，諮受定法。攝心儀體，存息短長[9]，觀覺安立，泠然袪寫。兼以志得林泉，銷形人世，損略塵欲[10]，山學推先。嘗經行山頂[11]，悞墮高巖，乃石上端居[12]，不忘禪念，其感靈如此。逮隋文晏駕，建大伽藍，以歡志德潛被，召而供養。大業六年二月，卒大禪定道場，春秋六十有九。遺令施形寒林之下，弟子等敢從德義，送於終南梗梓谷中[13]，率諸道俗，立銘樹塔矣。

【校注】

［1］釋慧歡：磧本同，興聖寺本作“釋惠觀”。
［2］氏：諸本同，興聖寺本作“代”形，下同，不一一出校。
［3］京兆雲陽：雲陽縣本在今陝西淳化縣，北魏太和十一年遷於陝西涇陽縣雲陽鎮，至北宋淳化四年於今縣址設淳化縣。
［4］網：麗再本作“日”，興聖寺本作“因”形，今從磧本。案，“因”爲“冈”之形訛，“日”爲“因”之形訛。
［5］凉：磧本同，興聖寺本作“寒”。
［6］壯：磧本同，興聖寺本作“遊”形。
［7］被：興聖寺本同，磧本作“披”。案，“被緇”即“披緇”，指出家。
［8］清禪寺崇公：參見本書卷一七。
［9］存：磧本同，興聖寺本作“在”。
［10］損：興聖寺本同，磧本作“捐”是。案，“捐”，説文卷一二“棄也”。
［11］嘗：磧本同，興聖寺本作“常”。
［12］乃：興聖寺本同，磧本作“乃在”應是。
［13］梗：麗再本作“梗”，興聖寺本作“便”，今從磧本。

隋河東栖巖道場釋智通傳十

釋智通，姓程氏，河東猗氏人也[1]。生知信慤，樂崇道慧，將習書計，遂欲出家，父母異而許之。十歲已從剃落[2]，敦肅恭孝，執履謙沖，師長友朋，接事無怠。修持戒行，歌詠法言，晝夜不輟。誦諸經中讚佛要偈三千餘章[3],五十許年初無告倦。自木德不競,立喪攸在,釋門淪廢,法侣無歸。[4]方從俊律師、延法師服膺受業,不以艱危涅志[5]。隋祖再興,奄還蒲坂,慈濟所及,乃立孤老寺於城治[6],等心賑贍,以時周給。授戒説法,乘機間起。食椹懷音,日有千計。仁壽創塔,締構栖巖,翻然脱屣,就閑修業。親事香華,躬運掃洒;口恒稱讚,目常瞻睹。善由己積,道爲含生[7],財雖有屬[8],並充功德。以大業七年十月二十四日,以疾而卒於山寺,春秋六十有四。

初未終前,數日不悆,維那鳴鍾而杵自折,識者以爲不越振矣。通聞之,命侍者稱彌陀佛名,迴心攝念,願生彼土。有入室門人項蓋者,夙夜祗奉,忽問蓋曰[9]:"廚中作何食耶?"蓋曰:"爲何所須?"曰:"有達官諸貴來耳。"蓋曰:"昔聞生人道者,見諸貴勝。師本修德,所詣豈在人耶?"至晚乃開目正視,良久不眴,狀有所覩。旁侍加香,寂然立敬,炊頃方止。乃彈指云:"不可思議也。"有問其故,云:"見寶幢花蓋,塔廟莊嚴。"初夜又迴首眄云:"始見明珠,今何所在?"又云:"有何緣務,大然燈燭?"遂奄燈令闇[10]。須臾復云:"火明何爲轉盛[11]?"蓋曰:"室今暗昧,是師浄相,不可怪也。"乃合掌達旦,曰:"吾生浄土矣。"因而氣静,山地動摇,門窗振裂,群雉驚雊,非恒所聞。寺僧道慧未曉假寐,至是驚覺,出倚廊下,曰:"禪師若終,必生浄土[12]。何以知然?向於眠中,見西嶺上,並是樓閣殿堂,乘空而去。"言畢,方知通已終逝。

又蓋母王氏,久懷篤信,讀誦衆經[13],禮懺發心,以往生爲務。貞觀十一年二月臨將捨命,彌加勤至。自見床前[14],有赤蓮花,大如五斛甕許。又見青蓮花滿宅,阿彌陀佛、觀音、勢至,一時俱到。蓋與姪薛大興共親聞所述[15]。而興見有佛,色形甚大,并二菩薩,久而自隱。斯並近事,故傳實録。

沙門行友,蒲晋名僧,爲之本傳,因著論曰:

夫法本不生,今則無滅,如身實相,觀佛亦然。因斯以談,則三界與一識冥歸,生死共涅槃同體,又何容浄穢彼此於其間哉?然則凡夫學人[16],妄情未盡,不能齊彼我、均苦樂、遺欣厭、亡是非,故須迴向願求,標心所詣,然後往生耳。其實則不然,譬猶明鏡現形,空谷應聲,影響之來,豈云遠乎[17]?而惑者以暗識生疑,謂浄土越度三有,超過九定,絶域寥廓,經途敻遠,自非三乘極位,及十地聖人,積行累功,安能生彼?何其謬歟!觀斯上人,雖稟性温柔,爲人清潔,其所修習,則福德偏長。定慧之功,蓋不足紀。直以一生之散善,臨命之虚心,遂能目覩光明[18],親見幢相,動摇坤象[19],夢感旁人,是知九品之業有徵,十念之功無爽。凡我同志,可不勖哉?若夫尋近大乘,修行正觀[20],察微塵之本際,訊一念之初源[21]。便可荆棘播無常之音,梟獍説甚深之法[22]。十方凈國,未必過此。如其眷戀妻孥,槃桓弊執,營生未厭,逐物已疲。摧百齡於倉卒之間[23],畢一世於遑忙之際,内無所措,外無所恃,則長劫冥没,亦奚能自返,悲夫[24]。

【校注】

[1] 案,"猗氏縣"西漢置,屬河東郡。北魏太和十一年改置北猗氏縣,西魏恭帝二年改名桑泉縣,北周明帝時改回猗氏,屬汾陰郡,隋代改歸河東郡,縣治在今臨猗縣南二十里處之鐵匠營村,大業移置今臨猗縣城。

[2] 從:興聖寺本同,磧本作"後"誤。

[3] 章:興聖寺本同,磧本作"首"應是。

[4] 案,"木德"指北周,周書卷四明帝紀:"自火行至今,木德應其運矣。"整句指北周武帝滅佛。

[5] 涅:磧本作"阻",興聖寺本作"沮",均誤。

[6] 乃:磧本同,興聖寺本作"及"誤。

[7] 道:興聖寺本同,磧本作"通"誤。

[8] 屬:興聖寺本同,磧本作"餘"誤。

[9] 忽:磧本同,興聖寺本衍作"忽忽"。

[10] 奄:興聖寺本同,磧本作"掩"。案,"奄",説文卷一〇"覆也";"掩",説文十二"斂也",都有覆蓋義。闇:磧本作"暗",興聖寺本作"聞"形,誤。

[11] 火明:興聖寺本同,磧本作"大明"應是,則標點當爲"大明,何爲轉盛"。

[12] 土:興聖寺本同,磧本作"土矣"應是。

[13] 誦:興聖寺本同,磧本脱。

[14] 自:麗再本作、興聖寺本"目",今從磧本。床:磧本同,興聖寺本作"林"形。

[15] 共:磧本、興聖寺本作"供侍",則應標點爲"蓋與姪薛大興供侍,親聞所述"。所:磧本同,興聖寺本作"可"形。

[16] 然:興聖寺本同,磧本脱。

[17] 云:興聖寺本同,磧本作"足"誤。

[18] 目:興聖寺本同,磧本作"自"應是。

[19] 坤象:興聖寺本同,磧本作"神象",據傳文"山地動摇",則"坤象"是。

[20] 正觀:興聖寺本同,磧本作"止觀"。案,"止觀"爲禪修的方式,"正觀"爲"離癡見法"意,則以"正觀"爲是。

[21] 訊:麗再本本作"信",今從磧本、興聖寺本。

[22] 獍:麗再本、興聖寺本作"鏡",今從磧本。

[23] 摧百齡:麗再本、興聖寺本作"推有齡",今從磧本。

[24] 悲夫:興聖寺本同,磧本作"良可悲矣"。

隋西京慈門道場釋本濟傳十一 善智 道訓 道樹

釋本濟,宋氏,西河介休人也。父祖不事王侯,遁世無悶,逼以僚省,挂冠而返[1]。濟年爰童丱,智若成人,齒胄之初[2],橫經就業,故於六經三史,皆所留心。雖云小道[3],略通大義,故庠塾倫侣[4],重席請言。後披析既淹,豁然大悟,乃曰:"斯寔宇宙之糟粕也,何累人之清識乎?"乃歸仰釋氏,辭親出家。

開皇元年,時登十八,戒定逾净,正業彌隆。不服新華,除其愛染,躬行忍辱[5],愍增上慢。博覽經論,成誦在心[6],講解推則,循環相屬[7]。時共觀風,榮斯神舉[8]。會信行禪師創開異部,包括先達,啓則後賢。濟聞歌詠[9],欣然北面承部,寫瓶非喻,合契無菨。以信行初建集録[10],山東既無本文,口爲濟述,皆究達玄奥。及行之亡後,集録方到,濟覽文即講,曾無滯託,雖未見後詞,而前傳冥會。時五衆别部,敬之重之。著十種不敢斟量論六卷,旨文清靡,頗或傳之,自是專弘異集,響高别衆。以大業十一年九月十二日,卒於所住之慈門寺,春秋五十有四。弟子道訓、道樹式奉尸陀,追建白塔,於終南山下立銘表德。

有弟善智,天縱玄機,高步世表。祖師信行,伏膺請業,酌深辯味[11],妙簡錙銖[12],入室鄰幾,精窮理窟。嘗以四分之一,用資形累,通夏翹足,攝慮觀佛,誠策勤之上達也。信行敬揖風猷,雅相標致,時衆咸悦,可謂以德伏人者焉。撰頓教一乘二十卷,因時制儀[13],共遵流世。以大業三年卒,弟子等附葬于信行墓之右焉。

訓有分略之能[14],樹豐導引之説,當令敷化宗旨[15],莫與儔之。時蹔舉筵,道俗雲合,聲榮感敬[16],後恐難尋迹矣。

【校注】

[1] 挂:磧本同,興聖寺本脱。

[2] 齒胄:興聖寺本同,磧本作"齠齓"。案,"齠齓"指换齒之年,七八歲。"齒胄"原指太子入學與大臣子同等,都按年齡排位次,參見文選卷四六王融三月三日曲水詩序"入虎闈而齒胄"李周翰注,在此指入學之年,古之學生八歲入小學。

[3] 雖:磧本同,興聖寺本作"雅"形。

[4] 塾:麗再本、興聖寺本作"熟",今從磧本。

[5] 忍:諸本同,磧本作"皁"似優。

[6] 成:諸本同,資本作"咸"。

[7] 環:磧本同,興聖寺本衍作"環環"。

[8] 神:麗再本作"袖",今從磧本、興聖寺本。

[9] 歌:麗再本、興聖寺本作"欽",今從磧本。

[10] 建:麗再本、興聖寺本作"達",據文意,似作"建"爲優,"達"與下文"山東既無本文"不屬,今據磧本改。

[11] 味:磧本同,興聖寺本作"未"誤。

[12] 錙銖:麗再本作"緇銖",興聖寺本作"緇洙",今從磧本。

［13］制：興聖寺本同，磧本作“判”，形近而誤。
［14］訓：磧本同，興聖寺本衍作“訓宗”。
［15］令：磧本、興聖寺本作“今”應是。
［16］榮：麗再本、興聖寺本作“策”，今從磧本。“聲榮”即聲譽。

隋終南山神田道場釋僧照傳十二

釋僧照，京兆人，不詳氏族。幼年入道，師于静藹[1]，遊履盛化。每居幽隱，頻感徵異，乃高恒度，恐致驚俗，故罕聞之。

俗遭周滅法[2]，不偶塵囂，獨處秦嶺，高步松菀，顧影與心，相娱自得。乃曰：“吾今居此安泰，寧有樂過斯者乎[3]？彼城邑遺僧，波波順俗。用斯優給[4]，一何傾附？”及隋初弘教，遂於鄠縣南山田谷立神田寺[5]，養徒縱業，名振渭川[6]，道俗崇仰，立信彌積。逮文帝末紀栖隱岐山，以照道德遠聞，意延相見。令左僕射楊素，就宣勅旨，躬迎謁見[7]。照預知之，告侍人曰：“當有貴客來至，可辦諸食[8]。”明日果達山寺。素威英自若，勇悍無前[9]，及到照之住籬，不覺愜然喪膽[10]，下乘將進，欲步不前[11]。乃通信達照，照端拱如初，命素前進。而通身沐汗，情智失守，纔得傳詔，餘無厝言。久時少解，乃以情告，照曰：“山林幽静，計無非異，檀越善意相尋，理無虚結[12]。”食訖辭退，照曰：“蒙天子優及，遠延仁壽[13]，但道在幽通[14]，未假面奉。又以老疾相繼，接對莫因。”素具事聞，述其情懼。帝曰：“戒神之威也[15]。以卿雄武，故致斯憚耳。”乃重勅素齎香油，再申景仰，下詔曰：“禪師德居物議，道映遂初，躬處巖阿[16]，養素崇業。朕甚嘉焉。今送供奉，用展翹敬。”素以前虚仰景行，重謁山門[17]，卑處身心，方陳對晤，爲説正教。深副本懷，乃欲捨其金帛，開廣寺塔。照曰：“巖泉林野，即可勵心；塔寺禪坊，莊嚴城邑。凡所送者，一不受之。”又請受戒法，照以戒行輕毁，沉渾難清，乃爲説慈悲仁育，陳理喻遣[18]，竟不授戒。斯亦體達機候之明匠矣。

以大業七年，終於山寺，春秋八十有三。

初，照一受具後，儀奉憲章，六十餘夏，三衣不改，雖重補緝而受持無離，惟自將奉而侍者莫沾[19]。或有妄持舉者[20]，而重若太山，初無離席；及照之捧接[21]，輕若鴻毛。因事以詳，斯亦大德之清風矣。

【校注】

［1］案，“静靄”傳見本書卷二四。
［2］俗：興聖寺本同，磧本脱。
［3］者：磧本同，興聖寺本作“有”形。

［4］給：興聖寺本同，磧本作“洽”。案，“優給”“優洽”，詞義有重合的部分，即豐厚的供給。
［5］鄠縣南山田谷：位於今陝西周至縣終南鎮之田峪，神田寺具體位置不詳。
［6］渭：諸本同，興聖寺本作“㴋”形。
［7］迎：興聖寺本同，磧本作“延”。
［8］食：興聖寺本同，磧本衍作“食具”。
［9］素威英自若勇悍無前：諸本同，興聖寺本作“素威英自前，勇悍無若”。
［10］不：諸本同，興聖寺本作“布”誤。
［11］下乘將進欲步不前：興聖寺本同，磧本作“下乘將欲進步不前”誤倒。
［12］結：興聖寺本同，磧本作“垢”誤。
［13］延：興聖寺本同，磧本作“近”誤。
［14］但：興聖寺本同，磧本作“俱”誤。
［15］神：磧本作“師”誤。也：諸本同，興聖寺本無。
［16］躬：興聖寺本同，磧本作“窮”誤。
［17］謁：興聖寺本同，磧本作“接”誤。
［18］遣：興聖寺本同，磧本作“達”誤。
［19］沾：磧本作“持”，興聖寺本作“治”形，均誤。
［20］妄持舉者：麗再本作“接持舉者”，興聖寺本作“妄持舉上”，今從磧本。
［21］捧：磧本同，興聖寺本作“棒”形。

隋并州大興國道場釋洪林傳十三[1]

釋洪林，未詳氏族，太原人也。少履釋門，禀受清化，率志都雅，言晤清穆[2]。住并州大興國寺，履操栖静，退屏人物。而住房連匝，與衆比居，整叜貞嚴，希言寡涉[3]。高衆盛德[4]，皆敬而奉之，遊至林房，莫不捻履潛步，嗇然趣越也。其爲世重如此。獨居一室，積五十年，賓客送迎，足不逾閾。至於僧法制度，道俗二食，身先座首，勵力行奉，不以道德，用虧時衆。餘則端坐房中，儼然卓立，瓶衣什物，周正方所[5]，故登其門者，不覺毛豎。有問其故，則從容談論[6]，詞義審當而不測其心造也。故興國大寺百有餘僧，敬異崇仰，有如天岸[7]。以武德年中，終于所住，春秋八十餘矣。

【校注】

［1］隋：磧本作“唐”，興聖寺本同麗再本。道場：磧本、興聖寺本作“寺”。
［2］清：麗再本、興聖寺本作“精”，今從磧本。
［3］涉：磧本同，興聖寺本作“步”。
［4］盛：磧本同，興聖寺本作“咸”誤。
［5］周：磧本同，興聖寺本作“用”。
［6］從：磧本同，興聖寺本作“縱”。
［7］岸：磧本同，興聖寺本作“崖”。

續高僧傳卷第十九[1]

習禪四本傳十四　附見二

唐京師大莊嚴寺釋僧定傳一

釋僧定，丹陽人[2]，本學成實，博綜有功。討擊既繁，便感風癘，乃惟曰："形異同倫，學當徙轍。"遂屏絶還顧，歸宗禪府。初栖鍾山林阜，獨静空齋，侍者道遊供給左右，唯以粳米白粥，日進一杯，餘則繫念相續，不愧空景。經于數年，不涉村邑，遊刃定心[3]，更增幽賾[4]。故使門牖重隱，吐納自新[5]，牆宇崇峻，違順斯薄[6]。微誠獲應，故所苦忽銷，致今身首面目，一時圓净，鬢眉並生[7]，有逾恒日。雖福感所及，儀貌倍常，而雙眉最濃，可長數寸，蒼赤通顔，乃成奇異。定既屬斯靈瑞，翹厲晨夕。山中多虎，蹤迹成蹊，本性仁慈，來入于室[8]，床前庭下[9]，惟繁虎迹。或禪想乍浮，未能安静[10]，便通夜山行，無問榛梗[11]。猛獸鷙鳥，見等同群，而定安之若遊城市，其含育之感[12]，不可類也。

隋文於西京造寺，遠召處之。業定之心[13]，無庸世務，至於受戒師禮，畢志拒違[14]，預在尊嚴，聞便避隱。嘗遇傷寒，通身蒸熱，遂如常跏坐[15]，斷食三日。沙門保恭[16]，道場上首，定之徒也[17]，親喻令食，答曰："疾勢將陵，命非可保。應以法援，何用食爲？"便閉口静坐[18]，七日既滿，所苦頓痊。其立操要心，爲此類也。

大業末歲，栖南山大和寺[19]，群盗來劫，定初不怖。盗曰："豈不聞世間有奴賊耶[20]？"定曰："縱有郎賊，吾尚不怖，況奴賊耶？"因剥其衣服，曾無吝色[21]。至於坐氈，將欲挽掣，定捉之曰："吾仰此度冬，卿今將去，命必不濟。乍斷吾命於此，氈不可離吾命也[22]。"群賊相看[23]，便止之。以武德七年六月，因有少疾，跏坐如常[24]，不覺已逝，春秋八十餘矣。

【校注】

[1] 案,趙本此卷從卷首至釋智滿傳"都督弘農公劉讓啓留滿住"前闕佚。

[2] 丹陽:此處指今江蘇省南京市,東晋在建康設丹陽郡,南朝因之。

[3] 刃:諸本作"仞",今從磧本。案,"遊刃"典出莊子養生主。

[4] 賾:麗再本、麗初本作"績",興聖寺本作"蹟",今從磧本。案,周易正義卷七繫辭上正義:"聖人有以見天下之賾者,賾謂幽深難見,聖人有其神妙,以能見天下深賾之至理也。"

[5] 吐納自新:即吐故納新,藝文類聚卷七八靈異部仙道引陸機列仙賦:"引新吐故,雲飲露餐。"

[6] 違順斯薄:案,"違順"當爲"離合違順",出自首楞嚴經卷三"若從根出,必無離合違順四相",而"四相"爲佛學核心理念之一,是修習者需要破除的妄念,從而達到"無我"境界。

[7] 鬢:麗初本同,磧本、興聖寺本作"鬚"應是。案,釋僧定所患"風癘"當爲麻風病,症狀之一爲毛髮脱落。隋巢元方等諸病源候論卷二惡風鬚眉墮落候:"大風病,鬚眉墮落者,皆從風濕冷得之……即成風疾……故面色敗,皮膚傷,鼻柱壞,鬚眉落。"醫宗金鑒卷七四外科卷下"發無定處":"古名癘風……今人呼爲大麻風。"

[8] 來入于室:諸本同,磧本作"感來入室"。

[9] 床:諸本同,興聖寺本作"林"形。

[10] 未:諸本同,磧本作"不"。

[11] 問:諸本同,磧本作"間"。案,"無問"爲不論義,"無間"爲不分别義,"無問"是。

[12] 其:諸本同,磧本脱。

[13] 業定:諸本同,興聖寺本倒作"定業"。

[14] 拒:諸本作"岠",今從磧本。案,"岠",爲至,爲距,均無否定義,與文意不合。整句意思爲"對於主持受戒這樣的榮譽,終其一生拒絶接受"。

[15] 遂:諸本同,磧本脱。

[16] 案,保恭,傳見本書卷一一。

[17] 之:諸本同,興聖寺本脱。

[18] 静坐:諸本同,磧本衍作"静室坐"。

[19] 栖:磧本作"栖心"應是。案,"栖心"爲寄心義,在佛學語境下爲禪定義。"南山大和寺"無考,或在今終南山太和峪口,西安市長安區太和峪黄峙村。栖:興聖寺本作"西"。

[20] 世間:諸本同,磧本作"世"。案,"世間",即塵世上。奴:諸本同,興聖寺本作"取"誤。

[21] 耆:興聖寺本作"老"形,誤,磧本同麗再本。

[22] 氈:磧本作"而氈",興聖寺本作"氈而氈",麗初本同麗再本。

[23] 賊:諸本同,磧本作"盜"應是。

[24] 跏坐:麗初本、興聖寺本無,磧本同麗再本。

唐同州大興國寺釋道林傳二

釋道林,姓李,同州郃陽人也[1]。年二十五[2],發心出家,入太白山結宇深巖。路絶登陟,木食濟形,惟法撿心,更無營拯。隋開皇之始,創啓玄宗,勑度七人,選窮翹楚,有司加訪,搜得林焉。文皇親命出家,苦辭不可,乃啓曰:"貧道聞山林之士,往而不返,皓然之氣,獨結林泉,望得連蹤既往,故應義絶凡貫。陛下大敞法門,載清海陸,乞以此名,遺虚仰者。"帝曰:"名實相副,其來久矣,禪師但隸公府,身任山栖。"林不從,乃逃還大白[3],仍宗前業。後以事聞奏,乃更搜揚仄陋[4],窮巖倒穴,方始捉獲。而履節無虧,勑勞殷重,崇敬彌異,乃賜香爐等物[5],仍令住馮翊大興國寺[6]。經止少時[7],又逃于梁山之陽[8]。河崖迴曲[9],地稱天固,鑿山爲窟,凝道其中。

武德七年七月,微覺有疾,遺誡門侍,無越律儀。又聞笳吹響空,道俗歆會。又降異香,大如桃棗,衆皆拾而供養,莫知名目,燒發美暢,聞者驚心。經於三日,精氣爽朗,跏坐而終,停屍七日,色相無改。即於山西鑿龕處之[10]。衆聚如烟,數盈萬計,鼓舞而送,生死榮焉。

自林之在道,隱括爲先[11];從生至終,儉約爲務。女人生染之本,偏所誡期,故林一生,常不親面,不爲説法[12],不從取食,不上房基,致使臨終之前,有來問疾者,林隔障潛知,遥止之,不令面對。斯行潔通幽故也。而慈濟生靈,深護物性,蚤虱之屬,任其遊行,每徐徐舉衣,恐其驚走。斯仁育之量,殆難嗣矣。

【校注】

[1] 同州郃陽:案,同州州治在今陝西省大荔縣,郃陽爲郃陽縣,郃陽縣在歷史上分合不定,郃陽屬同州是在隋開皇三年。

[2] 年二十五:諸本同,磧本作"年三十五"。案,從"開皇之始"到"武德七年"爲四十四年,加三十五爲七十九歲,似乎過高,當以麗再本爲是。

[3] 大:諸本作"太"是。

[4] 搜:諸本同,興聖寺本衍作"搜搜"。

[5] 物:諸本同,興聖寺本脱。

[6] 馮翊大興國寺:在今陝西大荔縣城北門内,原爲般若寺,楊堅生於此地,開皇四年重加修整,改名大興國寺。

[7] 止:諸本同,興聖寺本脱。

[8] 梁山:案,"梁山"是位於今陝西省韓城市西的山系統稱,其陽即其南,當在今陝西省韓城市龍門鎮,或者芝川鎮。此二鎮均在梁山之南,且距離黄河不遠,與下句"河崖迴曲"相合。

[9] 河:磧本、麗初本作"阿",興聖寺本同麗再本。

[10] 西:麗再本、麗初本本作"栖",今從磧本、興聖寺本。

[11] 隱括:諸本同,磧本作"括隱"。案,"隱括",即隱栝,本意爲校正弓的工具,引伸爲標準、規範,在本文中意思就是嚴守戒律。

[12] 不:麗初本、興聖寺本作"而",磧本同興聖寺本。

唐京師清禪寺釋法應傳三[1]

釋法應,姓王氏,東越會稽人。生自孩孺,性度沉嘿,隨住緣想,幽思難移。弱冠出家,事沙門曇崇,學宗禪業[2],見于别傳。時值周初[3],定門初闢[4],奉法履行,亘道相趍,應於門學,殊爲稱首。後逢周禍,避迹終南。飯衣松蘿[5],潛形六載[6],專修念慧,用袪夙罪[7]。精厲所及,法門彌净[8],心用攸厝,安境斯澄。屢感虎狼,蹲踞廬側,或入門内,似有相因。應素體生緣,又閑禪病,對猶家犬,爲受三歸。自爾馴狎,更繁其類。

隋開入度,還事崇公。定業既深,偏蒙印可,徒衆五百,並委維持[9]。教授獎擢[10],允開衆望。開皇十二年,有勑令搜簡三學業長者,海内通化。崇於禪府選得二十五人,其中行解高者,應爲其長。勑城内别置五衆,各使一人,曉夜教習。應領徒三百,於實際寺相續傳業[11],四事供養[12],並出有司。聲聞惟遠,下勑賜帛三百段,仍用造經一藏,親躬受持。

以武德初年,素無所患,云:"吾今將逝,已有香花見迎。"言已,卒於清禪寺,春秋八十矣。

【校注】

[1] 案,諸本同,興聖寺本小標題之傳三爲智周傳、傳四爲法藏傳、傳五爲法應傳,然本卷正文之傳序則與諸本同。

[2] 宗:麗初本、興聖寺本無,磧本同麗再本。

[3] 周初:諸本同,磧本衍作"周之初"。案,法應爲會稽郡人,又在北周初年,從曇崇出家,則其原爲南朝人,西魏攻陷江陵後被擄掠到關中者之一。

[4] 闢:麗初本作"闕",磧本同麗再本,興聖寺本字迹不清。

[5] 松:諸本同,興聖寺本作"枚"形。

[6] 潛:諸本同,興聖寺本脱。

[7] 用:諸本同,興聖寺本作"周"誤。

[8] 净:諸本同,磧本作"隆"誤。

[9] 持:諸本同,麗初本作"推"誤。

[10] 擢:諸本同,興聖寺本脱。

[11] 實際寺:諸本同,磧本作"寶塔寺"。案,下文法應卒於清禪寺而非實際寺,又據本書卷一七曇崇傳,清禪寺塔"舉高一十一級,竦耀太虚,京邑稱最",或者可能俗稱爲"寶塔寺"也?如是,則諸本非而磧本是。

[12] 事:諸本同,麗初本、興聖寺本作"年"。

唐南武州沙門釋智周傳四

釋智周,字圓朗,姓趙氏。其先徐州下邳人,有晋過江,居于婁縣之曲阜也[1]。然其神用超邈，彰於青綺，小學年中，違親許道，師事法流水寺滔法師爲力生也。滔乃吴國冠冕[2]，釋門梁棟，周服勤左右，分陰請業[3]。受具之後，志在博聞，時大莊嚴曒法師者[4]，義府經笥，道映雄伯。負袠淹留，專功一紀，究盡端涯，更同寒水[5]。

自金陵失御，安步東歸，本住伽藍[6]，開弘四實[7]，學侶同萃，言晤成群。但久厭城傍，早狎丘壑，遂超然高舉，晦迹於馬鞍山慧聚寺[8]。仁智斯合，終焉不渝，而止水致鑒，問道彌結[9]。舊齒晚秀，咸請出山，濟益道俗，不拘小節，乃又從之，横經者溢坐，扙氣者泥首。

炎德既銷[10]，僧徒莫聚，乃翻飛舊谷。又遭土崩瓜剖[11]，順時違難，汎然無繫，寂動斯亡。武德五年七月五日遘疾，終於大萊城[12]南武州刺史薛仕通舍[13]，春秋六十有七。其年十一月二十日，賊退途静，弟子法度等奉迎神柩，歸于本山。當時人物凋疏，塋隧未理[14]，以貞觀四年二月十五日[15]，弟子慧滿等於寺之西嶺，改設圓墳。

惟周風情閑澹，識悟淹遠，容止可觀，進退可度，量包山海，調逸烟霞，得喪一心，慈惻萬類。窮通不易其慮，喜慍不形于色。崇尚先達，提奬後進，道俗聞望，咸取則焉。加以篤愛蟲篆，尤工草隸，傍觀圖史，大善篇什。與兄寶愛[16]，俱沐法流，陳氏二方[17]，俱馳聲績。講成論、小招提玄章、涅槃、大品等各十餘遍。兼造殿閣，門廊周匝，壯麗當陽。彌勒丈六夾紵，并諸侍衛[18]。又晋司空何充所造七龕泥象，年代綿遠，聖儀毁落。乃迎還流水[19]，漆布丹青，彫績綺華，允開信表法。

迴向寺釋道恭曰[20]：

余以擁腫拳曲[21]，不中規繩，而匠石輟斤[22]，忽垂顧眄，賞激流連，殆逾三紀。披雲對月，賦曹、陸之詩[23]；跂石班荆，辯肇、融之論[24]。故人安在，仰孤帳而荒凉；景行不追，望長松而咽絶。懼陵谷易遷，竹素難久，託徽猷於貞紺[25]，揚清塵於不朽。其銘曰：

五蔭城墎[26]，六賊丘陵。膠固愛網，縈迴業繩。
雄猛調御，慈悲勃興。危塗倏静，穢海俄澄。
八樹潛暉，五師係軌[27]。纂此遺訓，克應開士。
皎潔戒珠，波瀾定水。有道有德，知足知止。
學總群經，思深言外。樂説河寫，餐風雲會。
七衆關揵[28]，四部襟帶。振綱頽網[29]，緊其是頼。
世途淪喪，適化江湄。去來任物，隱顯從時。
坏瓶何愛，净土爲期。有生有滅，何喜何悲？

窀闗昔燧[30]，封興舊隴。春郊草平，故山松拱。
林昏鳥思，徑深寒擁。妙識歸真，玄坰虚奉。

【校注】

[1] 案，“婁縣”當今江蘇省昆山市，西漢置，南朝梁大同三年改爲昆山縣。
[2] 國：諸本同，磧本作“越”誤，“國”與“門”對。
[3] 分：諸本同，磧本作“寸”。案，晉書卷六六陶侃傳：“大禹聖者，乃惜寸陰，至於衆人，當惜分陰。”則知作“寸陰”“分陰”都可。
[4] 皭：諸本同，磧本作“爝”。案，“皭”，諸本亦有作“嚼”“曒”“爝”，今統一改爲“皭”，下文，不一一出校。
[5] 案，“寒水”即“冰水”，取荀子卷一勸學篇冰出於水而寒於水之意，喻指學生超過了老師。
[6] 本：諸本同，磧本作“大”誤。
[7] 四：諸本同，磧本作“三”。案，“三寶”爲佛教名詞，指佛、法、僧，如此用“開弘”則不妥，因爲“法”可以開弘，佛與僧則無法開弘也。疑“四實”爲成實之誤，從前文看智周爲智皭弟子，故其所學當爲成實學。
[8] 案，據讀史方輿紀要卷二四“南直六 信義縣”條：“昆山在縣治西北隅。廣袤三里，高七十丈。山之右曰馬鞍峰，孤峰特秀，稱一邑之勝。志云：山本名馬鞍山。唐天寶中，移縣治於山之陽，因改曰昆山，上有浮圖。”則馬鞍山慧聚寺位於今江蘇省昆山市玉峰山。
[9] 彌：諸本同，磧本作“弘”誤。
[10] 案，“炎德”指楊隋政權，參見通典卷五五。
[11] 遭：諸本同，興聖寺本作“曹”誤。瓜：諸本同，興聖寺本作“氏”形誤。
[12] 大萊城：諸本同，磧本作“大策城”誤。案，唐陸廣微吴地記“匠門”條下：“匠門，又名干將門。東南水陸二路，今陸路廢。出海道通大萊沿松江下滬瀆。”則大萊城必在蘇州左近。
[13] 薛仕通：諸本同，磧本作“薛士通”是，據舊唐書卷一〇一薛登傳：“薛登，本名謙光，常州義興人也。父士通，大業中爲鷹揚郎將。江都之亂，士通與鄉人聞人嗣安等同據本郡，以禦寇賊。武德二年，遣使歸國，高祖嘉之，降璽書勞勉，拜東武州刺史。俄而輔公祏於江都構逆，遣其將西門君儀等寇常州，士通率兵拒戰，大破之，君儀等僅以身免。及公祏平，累功封臨汾侯。貞觀初，歷遷泉州刺史，卒。”案，“東武州”據新唐書卷四一地理五“杭州餘杭郡”條下：“鹽官，緊。武德四年隸東武州，七年省入錢塘，貞觀四年復置。”案，鹽官縣即在今浙江省杭州市靈隱山附近，則東武州也應該在今杭州市附近。又據新唐書卷四一地理五“湖州吴興郡”條下：“武康，上。李子通置安州，又曰武州。武德四年平子通，因之，七年州廢，縣隸湖州。有封山，有銅。”據其地望位於今浙江省德清縣之武州，應該非東武州，或即是本傳之南武州邪？智周卒於武德五年，其時其地正是武州也；湖南常德之武州、江蘇邳州市之武州，在唐初均改名故非。然“南武州”之具體所指在本文中似不是非常關鍵，從薛士通傳可知在武德二年到武德六年（輔公祏造反之年），薛士通均在常州義興，并未去東武州任職，故智周去世之地當在義興，即今江蘇省宜興市。

[14] 理：諸本同，磧本作"埋"誤。

[15] 貞：諸本同，興聖寺本作"真"。

[16] 兄：諸本同，麗初本作"無"。

[17] 方：諸本同，興聖寺本作"萬"誤。案，本句典出世説新語卷上德行："陳元方子長文有英才，與季方子孝先各論其父功德，争之不能决。咨於太丘，太丘曰：'元方難爲兄，季方難爲弟'。"此處"陳"又隱喻陳國，"二方"喻指智周、寶愛。

[18] 并：諸本同，麗初本作"亦"誤。

[19] 迎：諸本同，麗初本作"遞"誤。

[20] 迴向寺：據康熙臨海縣志，今浙江省臨海市小芝鎮中心小學院内的真如寺，原名爲迴向寺，唐武德二年建。此地於2002年挖出一座地宫，出土銀片上銘文"崇宁甲申記"爲北宋年號。參見阿育王塔地宫千年秘藏驚現浙江臨海一工地，http://www.china.com.cn/chinese/CU-c/249411.htm，2015.11.26日採集。據此，筆者懷疑智周去世前所住寺在今浙江省武義縣大莱村，前文"武州"或爲"婺州"之訛?

[21] 擁腫拳曲：典出莊子逍遥遊："惠子謂莊子曰：'吾有大樹，人謂之樗。其大本臃腫而不中繩墨，其小枝捲曲而不中規矩。'"

[22] 匠石：典出莊子人間世，喻指高明的老師。

[23] 曹：諸本同，興聖寺本作"遭"。

[24] 辯：諸本同，磧本作"辨"。案，"曹陸"，指魏晋時期文學家曹植和陸機；"肇融"指鳩摩羅什弟子僧肇、道融，均見高僧傳卷六，僧肇著肇論傳世，道融曾辯倒婆羅門僧侣。又"披雲對月"典出曹植洛神賦"仿佛兮若輕雲之蔽月"。"班荆"典出左傳"襄公二十六年"："初楚伍參與蔡太師子朝友，其子伍舉與聲子相善也。伍舉娶於王子牟，王子牟爲申公而亡，楚人曰：'伍舉實送之。'伍舉奔鄭，將遂奔晋，聲子將如晋，遇之於鄭郊，班荆相與食，而言復故。"杜預注："班，布也。布荆坐地，共議歸楚事。朋友世親。""跂石"，即跂坐於石，臀着石而脚垂地，在跪坐時代這是很隨便的坐法，和"班荆"一樣，指好友相遇於塗，隨便坐下來聊天。

[25] 貞：諸本同，興聖寺本作"真"。

[26] 五蔭城墎：諸本同，磧本作"五陰城郭"。案，下文"六賊"指眼、耳、鼻、舌、身、意。參見涅槃經卷二三。

[27] 係：諸本同，磧本作"繼"，爾雅卷一釋詁："係，繼也。"案，"五師"，據阿育王經卷七佛弟子五人傳持法藏因緣品，爲佛滅度後繼傳佛法的五位弟子。案據摩訶般若波羅蜜經卷一三兩過品記載："説法者受十二頭陀：一作阿蘭（練）若，二常乞食，三納衣，四一坐食，五節量食，六中後不飲漿，七冢間住，八樹下住，九露地住，十常坐不卧，十一次第乞食，十二但三衣。"則"八樹"指十二頭陀法之第八法"樹下住"，又因佛在菩提樹下涅槃，結合上下文，此處指佛法初創。

[28] 揵：諸本同，磧本作"鍵"。案，"七衆"指僧俗七衆，據仁王經卷下、僧祇律卷二、卷二四爲：比丘、比丘尼、沙彌、沙彌尼、式叉摩那、優婆塞、優婆夷。下文"四部"指比丘、比丘尼、優婆塞、優婆夷。

[29] 綱：磧本作"紐"誤，麗初本作"紉"誤，隨函録作"縝"。

[30] 窀闢昔墜：諸本同，磧本作"窀開昔隧"誤。案，"窀闢"與下句"封興"對，"窀"指墓穴，墓穴闢閉，然後封土堆起即"封興"。

唐終南山紫蓋沙門釋法藏傳五

釋法藏，姓荀氏，潁川潁陰人[1]。三歲喪父，共母偏居，十歲又亡，隻身而立。因斯禍苦[2]，深悟無常，投庇三寶，用希福祐。年二十二，即周天和二年四月八日，明帝度僧，便從出俗。天和四年，誕育皇子，詔選名德，至醴泉宫[3]，時當此數。武帝躬趍殿下，口號鮮卑，問訊衆僧，兀然無人對者。藏在末行，挺出衆立[4]，作鮮卑語答。殿庭僚衆，咸喜斯酬。勑語百官："道人身小心大，獨超群友，報朕此言，可非健道人耶？"有勑施錢二百一十貫。由是面洽，每蒙慰問。

雖身居寺内，心念幽林，古聖今賢，皆依山静。建德二年二月，刷心蕩志，挾鉢擎函，投於紫蓋山[5]，山即終南之一峰也。乃獨立禪房高巖之下，衣以百納，餐以术松[6]，面青天而沃心[7]，吸白雲而填臆[8]。三年正月八日，遊步山頂，忽遇甘杏七枚[9]，即而噉之，流味濃美。周行更索，全無來處，既荷冥資[10]，但勤勵業。其年四月二十三日，毁像焚經，僧令還俗，給優二年。惟藏山居，依道自隱，綿歷八載，常思開法。

至宣帝大象元年九月，下山謁帝，意崇三寶。到城南門，以不許入，進退論理。武候府上大夫柘王猛[11]，次大夫乙婁謙問："從何而來，朋侣何在？施主是誰？"藏報曰："建德二年棄寺入山，三年四月方禁僧侣，惟藏在山，餘並還俗，乃以俗法，抑出徒侣。藏只一身在山[12]，林谷爲家居，鳥獸爲徒侣，草木爲糧粒。然自惟忖，普天之下，莫非王土[13]，既居紫蓋，噉食山糧，准此供給，則至尊所施。"猛等報奏[14]，下勑曰："朕欲爲菩薩治化，此僧既從紫蓋山來，正合朕意。宜令長髮，著菩薩衣冠，爲陟岵寺主。"遣内史沛國公宇文繹撿校施行[15]。内史次大夫唐怡、元行恭覆奏曰[16]："天下衆僧，並令還俗[17]。獨度一人，違先帝詔。"至十月，於城東面别見宣帝，問三教名，"朕欲菩薩治化，或現天身，或從地出，或作鹿馬，用斯化道，以攝衆生，如何[18]？"藏引妙莊嚴王子諫父之事[19]。又曰："陛下昔爲臣子，不能匡諫，遂令先帝焚燒聖典[20]，靈像鑄錢。據斯逆害，與秦始何異？"帝怒曰："違朕先皇明詔，可令遽盡[21]。"藏曰："仰觸聖顔，乞刑都市[22]，幽顯同見，誠其本心。"爾時命若懸藤而詞氣無駭，頻經九奏，安詞彌厲。十奏既達，帝曰："道人怖不？"藏公曰[23]："人生所重，無過於命，處身極刑之地，何能不怖？"帝聞愀然改色，乃曰："真人護法[24]，祐我群生。此則護鵝比丘[25]，朕不殺無事人也，宜捨其刑，一不須問。"賜菩薩衣冠，依前爲陟岵寺主。頻降寵命，得繼釋門。既獲再生，便辭帝往林泉山澤，請欲幽潛。御史鮑宏奉勑萬年、長安、藍田[26]、盩厔、鄠杜五縣，任藏遊行。"朕須見日，不可沉隱"。雖蒙恩勑，終未開弘,快結心靈,思懷聖道。

周德云謝,隋祚將興,大象二年五月二十五日[27],隋祖作相於虎門學[28]。六月,藏又下山,與大丞相對論三寶[29]。經宿即蒙剃落[30],賜法服一具,雜綵十五段,青州棗一石[31]。尋又還山,至七月初,追藏下山,更詳開化。至十五日,令遣藏共竟陵公撿校度僧百二十人[32],並賜法服,各還所止。藏獨宿相第,夜論教始。大定元年二月十三日[33],丞相龍飛[34],即改爲開皇之元焉。十五日,奉勑追前度者,置大興善寺爲國行道。自此漸開,方流海内。豈非藏戒行貞明[35],禪心鬱茂,何能累入朱門[36],頻登御榻。爾後每有恩勑,别加慰勞[37],并勑王公,"咸知朕意"。開皇二年,内史舍人趙偉宣勑,月給茯苓、棗、杏[38]、蘇油、柴炭,以爲恒料。而性在虚静,不圖榮利,十四年自奏停料,隨施供給。

武候將軍索和業者[39],清信在懷,延至宅中,異禮奉養[40]。積善所熏,遂捨所住,以爲佛寺。藏率俗課勵,設萬僧齋。右僕射蘇威每來參謁,并建大殿、尊儀。舍人裴矩宣勑:"藏禪師落髮僧首,又設大齋,弘法之盛,孰不可等[41]。其所住處,可爲濟法。"今之隆政坊北門僧寺是也[42]。

嘗以慈仁攝慮[43],有施禽畜,依而養之。鵝則知時旋繞,狗亦過中不食,斯類法律[44],不可具紀。煬帝晋蕃,時臨太尉,第三子綿疾夭殂,瘞于斯寺。乃勒銘曰:"世途若幻,生死如浮,殤子何短?彭祖何脩?嗚呼余子[45],有逝無留,永爲法種,長依法儔。"教因施藏靈壽杖[46],曰:"每策此杖,時賜相憶。"答曰:"王殤幼子[47],長就法門;藏策靈壽,何敢忘德[48]?"

十六年,隋祖幸齊州[49],失豫,王公已下,奉造觀音,並勑安濟法供養。仁壽元年,文帝造等身釋迦六軀[50],勑令置於藏師住寺。大業二年,元德太子薨[51],凡營福業、經像、佛殿,皆委於藏。大業末歲下勑,九宫並爲寺宇[52],度僧綱管,相續維持。以藏名稱洽聞[53],乃補充太平宫寺上座[54]。綏緝少違,無替所臨。

及大唐建義[55],人百一心。淮安王創結兵旗于斯寺宇[56]。因受王請,終身奉養。貞觀之始,情奉彌隆,思報罔極[57],畢由造寺。伺隙未展,王便物故,本祈不果,藏亦終焉。以貞觀三年[58],終於鄠縣觀臺,因殯武子埴南雲際寺[59]。沙門孝才夙素知德,爲銘貞石,在於龕側矣。

【校注】

[1] 案,"潁陰"縣,即今河南省許昌市。西漢高祖六年置,屬潁川郡,南朝宋改潁川郡爲許昌郡潁陰縣屬之,北魏復改爲潁川郡,東魏天平元年改爲潁州,武定七年改爲鄭州,潁陰縣均屬之,北齊天保七年潁陰縣併入長社縣。

[2] 苦：諸本同，磧本作“酷”文義較優。

[3] 醴泉宫：康熙陝西通志卷三：醴泉“在縣東南三十里，周數十步，深不可測。漢宣帝時涌出，聞其味如醴，故名。隋置縣取此”。即今陝西省禮泉縣。

[4] 挺出衆立：諸本同，磧本作“出衆獨立”。

[5] 紫蓋山：即紫阁峰，位於陝西省户縣東南二十餘公里的草堂鎮紫閣峪村。

[6] 术：諸本同，興聖寺本作“求”形。

[7] 而：諸本同，興聖寺本作“心”誤。

[8] 填臆：麗再本、麗初本、興聖寺本作“填志”，磧本作“堪臆”，今從資本。

[9] 七：諸本同，磧本作“十”。

[10] 既：麗再本、麗初本作“即”，今從磧本、興聖寺本。

[11] 柘：磧本、興聖寺本作“拓”應是，麗初本同麗再本。

[12] 只：諸本作“曰”。

[13] 普：諸本同，磧本作“溥”。土：麗再本作“王”誤，今據諸本改。

[14] 報：諸本同，磧本作“執”應是。

[15] 案，“宇文繹”即鄭譯。據周書卷七宣帝紀，封爲沛國公的人爲鄭譯。又據周書卷三五鄭譯本傳，其父鄭孝穆被賜姓爲宇文氏，故鄭譯在北周姓名爲“宇文譯”，訛爲“宇文繹”。參見全後周文宇文繹小傳之嚴可均考證。

[16] 案，“元行恭”，北史有傳，“唐怡”無考。

[17] 並：諸本同，磧本作“普”。

[18] 何：諸本同，興聖寺本作“河”形。

[19] 子：諸本同，磧本作“二子”應是，參見法華經妙莊嚴王本事品。

[20] 令：諸本同，興聖寺本作“命”誤。

[21] 遽：諸本作“處”，今從磧本。

[22] 刑：諸本同，興聖寺本作“形”，下同，不一一出校。

[23] 藏：諸本作“沛”誤。

[24] 真：諸本同，興聖寺本作“直”誤。

[25] 案，大莊嚴經論卷一一：“有一比丘，次第乞食，至穿珠家，立於門外。時彼珠師爲於國王穿摩尼珠，比丘衣赤，往映彼珠，其色紅赤。彼穿珠師，即入其舍，爲比丘取食。時有一鵝，見珠赤色，其狀似肉，即便吞之。珠師持食，以施比丘，尋即覓珠，不知所在。此珠價貴，珠師貧急，語比丘言：‘得我珠耶？’比丘恐殺鵝取珠，當設何計，得免斯患，即説偈言：‘……我今捨身命，爲此鵝命故……’……爾時珠師語比丘言：‘何用多語？’遂加繫縛，倍更撾打。以繩急絞，耳眼口鼻盡皆血出。時彼鵝者即來食血，珠師嗔忿，打鵝即死。比丘問言：‘此鵝死活？’珠師答言：‘鵝今死活，何足故問？’時彼比丘即向鵝所，見鵝既死，洟泣不樂。……珠師問比丘言：‘鵝今於汝，竟是何親，愁惱乃爾？’比丘答言：‘不滿我願，所以不樂。’珠師問言：‘欲作何願？’比丘以偈答言：‘菩薩往昔時，捨身以貿鴿。我亦作是意，捨命欲代鵝……’爾時比丘更具説已，珠師即開鵝腹而還得珠，既見珠已，便舉聲號哭，語比丘言：‘汝護鵝命不惜於身，使我造此非法之事。’”

[26] 田：諸本同，興聖寺本作“因”誤。

[27] 二年：諸本同，興聖寺本作“三年”。

[28] 虎門學：當即露門學，據周書卷五武帝紀：“（天和二年）立露門學，置生七十二

人。”露門即路門，皇宮最裏層的正門。隋文帝篡取北周大權，故在皇宮設立相府，挾天子以自重。

[29] 丞：磧本、麗初本作“承”誤，興聖寺本作“並”形，下同，不一一出校。

[30] 落：諸本同，磧本作“髮”誤。

[31] 石：諸本同，麗初本作“碩”。

[32] 竟陵公：諸本同，磧本作“景陵公”誤。據北史卷一〇周本紀下“以小宗伯、竟陵公楊慧爲大宗伯”，楊慧即隋文帝親母弟，隋書卷四四有傳。

[33] 三：諸本同，磧本作“二”。

[34] 丞：麗初本、興聖寺本作“並”形，誤，磧本同麗再本。

[35] 藏：諸本同，興聖寺本脱。

[36] 累：磧本、興聖寺本作“數”，麗初本同麗再本。

[37] 加：諸本同，興聖寺本脱。

[38] 杳：諸本同，興聖寺本脱。

[39] 索和業：諸本作“素和業”應是，據北朝胡姓考，無索和氏，有素和氏。

[40] 異：諸本同，磧本作“冀”誤。

[41] 孰：麗再本、興聖寺本作“熟”，今據磧本、麗初本。

[42] 隆政坊北門僧寺：唐長安城隆政坊，在玄宗時期避諱改爲“布政坊”，東邊與皇城太社一街之隔，隆政坊北門蓋在今天西安市西關正街上。

[43] 嘗：諸本同，磧本作“當”誤。

[44] 律：諸本同，磧本作“津”誤。

[45] 余：諸本同，興聖寺本作“途”誤。

[46] 靈壽杖：案，詩大雅皇矣“其檉其椐”，孫吳陸璣毛詩草木鳥獸蟲魚疏卷上：“椐，樻。節中腫，似扶老，今靈壽是也。”“靈壽杖”，即靈壽木所制手杖，靈壽木即六道木。

[47] 幼：諸本同，興聖寺本作“幻”誤。

[48] 忘德：諸本同，磧本作“輒忘”誤。

[49] 幸：諸本同，興聖寺本作“事”形。

[50] 軀：麗初本、興聖寺本作“區”，磧本同麗再本。

[51] 元德太子：即隋煬帝長子楊昭，傳見隋書卷五九。

[52] 九宫並爲寺宇：九宫指隋文帝時期建設的九個離宫。今可考者爲下文之户縣太平宫寺、周至縣城南十七公里黑水峪口之仙遊寺、今麟遊縣新城區之仁壽宫寺。

[53] 洽：諸本同，興聖寺本作“給”形，誤。

[54] 太平宫寺：康熙户縣志古迹載：“太平宫，隋建，在縣東南三十里草堂寺東，唐高祖避暑處，西南有太平谷，宋程伯淳遊此有記。”即今户縣東南約二十五公里草堂鎮太平峪口。太：諸本同，興聖寺本作“本”誤。

[55] 義：諸本作“議”誤，今從磧本。

[56] 結：諸本作“繕”，今從磧本。兵：諸本同，興聖寺本作“岳”。案，“淮安王”，即李神通，舊唐書卷六〇、新唐書卷七八有傳。

[57] 思：諸本同，磧本作“恩”誤。

[58] 三：諸本同，磧本作“二”。

[59] 武子埠：諸本同，磧本作“武于阜”誤。案，“武子埠”“雲際寺”，今不可確知其地

望，據金憲鏞、李健超陝西新發現的高句麗人、新羅人遺迹，蓋在今户縣東南二十五公里太平峪内東水崖之新羅太子臺。見考古與文物 1999 年第 6 期。殮：諸本同，興聖寺本作“斂”誤。

唐并州大興國寺釋慧超傳六

釋慧超，俗姓申屠[1]，上黨潞城人也[2]。體道懷貞，冰霜其志。初拂衣捨俗[3]，北趣晋陽，居大興國寺[4]，禪念爲業。雖略觀名教，備委邪正，而偏據行途，不沿言説。乃别建道場，盛羅儀象，幡花交列，衆具清鮮，又鳩集異香，多陳品族。每以燒香供養，烟氣相尋，超恒躬處其中，净衣端坐，詳其覺觀，擬其志業[5]。故有異香滿室，靈骨充瓶，隨用福流，還填欠數，而莫知其所以然也。[6]

至仁壽中年，獻后崩，立禪定寺，以超名望，徵入京師。嚴净形衣，有逾恒日，感瑞陳供，無替由來。至武德元年，以并部舊壤，懷信者多，化道赴緣，義難限約，乃返還興國。道俗欣慶，奉禮交并。

及七年冬，微疾不悆[7]，即告無常，合寺齊赴[8]，竚聆遺訣。超端坐如常，精神更爽，告衆曰：“同住多年[9]，凡情易隔，脱有相惱[10]，希願開懷。然人道難逢，善心易失，及今自任[11]，勿悮後身。”言訖斂手在心，不覺其絶。見無接對，謂其未終，取纊屬之，乃知無氣，時年七十餘。坐若神景，色貌逾潔[12]；異香縈繞，滿室充庭；音樂聞空，莫知來處。門人大衆，驚心駭目，遂使士女奔赴，悲咽寒雲，闐塞寺院，香花獻積。至十二月中，尅期將殯，四遠白黑[13]，列道争前[14]，從寺至山，十有餘里，人馬輻湊，事等市廛。轝以繩床，坐如入定，路既交擁，卒制難加。乃迴首西城[15]，破荒就葬[16]，衆又填逼，類等天崩，便殮於龍阜之山，開化寺側[17]，作窟處焉。經停一年，儼然不散，日别常有供禮[18]，香花無絶。後遂塞其窟户，置塔於上，勒銘於右[19]，用旌厚德矣[20]。

【校注】

［1］申：諸本同，磧本作“甲”誤。

［2］上黨潞城：西漢初始置潞縣，屬上黨郡。到北魏太平真君十一年，改潞縣爲刈陵縣，縣治在今山西省黎城縣古縣村，隋開皇十六年，又從刈陵縣劃出南部區域置潞城縣，縣治設在今潞城市區，“潞城”縣名始此。

［3］拂：諸本同，興聖寺本作“佛”誤。

［4］寺：諸本同，麗初本、興聖寺本無。

［5］志：諸本作“妄”誤。

[6] 案,慧超所行當是"大通方廣懺",據(卍續150)大通方廣懺悔滅罪莊嚴成佛經卷上:"若欲受持、讀誦是經,當净洗浴,著净衣服,净掃坊舍,以懸繒幡蓋,莊嚴室内。燒種種妙香:栴檀香、末香、種種塗香,禮拜。如是六時、從初一日乃至七日,日日中間,讀誦是經,正心正憶,正念正觀,正思惟,正思議,正受持,正用行,正教化。日夜六時,禮拜是經中諸佛菩薩。十二部經,若能如是禮拜讀誦,信敬之者,如是經中,所説重罪,悉皆除滅,無有疑也。"

[7] 疾:諸本同,磧本作"痁"。悆:磧本作"愈",興聖寺本作"途",麗初本同麗再本。

[8] 赴:諸本同,磧本作"趍"。

[9] 同:諸本同,興聖寺本作"月"形。

[10] 惱:諸本同,麗初本作"惚",興聖寺本作"忪"誤。

[11] 任:諸本同,興聖寺本作"住"。

[12] 色:諸本同,興聖寺本作"之"。逾:諸本同,磧本作"通"誤,"逾"者相對於平日也。

[13] 白:諸本同,興聖寺本作"自"誤。

[14] 列:諸本同,興聖寺本作"迾"。

[15] 首:諸本作"道",今從磧本。

[16] 葬:諸本同,磧本作"墓"誤。

[17] 開化寺:據嘉靖太原縣志寺觀,開化寺在"縣西北十五里,北齊天保(禄)三年建,賜額開化寺,後鑿石通蹊一里,依山造刻佛像",其位置在今山西省太原市金胜鎮寺底村蒙山大佛下的開化峪。今此地附近有龍山,即龍阜之山。

[18] 供禮:諸本同,磧本作"供養、禮拜"。

[19] 於右:磧本作"其右",興聖寺本作"於石",麗初本同麗再本。

[20] 厚:諸本作"後"誤。

唐台州國清寺釋智晞傳七

釋智晞,俗姓陳氏,潁川人,先世因宦流寓[1],家於閩越[2]。晞童稚不群,幼懷物外,見老病死,達世浮危。自省昏沉,愍諸淪溺,深加厭離,如爲怨逐,誓出塵勞,訪尋勝境。伏聞智者,抗志台山,安禪佛隴,警訓迷途,爲世津導,丹誠馳仰,遠泛滄波。年登二十,始獲從願,一得奉值,即定師資。律儀具足,禀受禪决[3],加修寂定,如救頭然。心馬稍調[4],散動辭慮,受命遺旨[5],常居佛隴修禪道場,樂三昧者,咸共師仰[6]。

宴坐之暇,時復指撝,創造伽藍,殿堂房舍,悉皆嚴整,惟經臺未構。始欲就工,有香鑪峰,山巖峻嶮,林木秀異,然彼神祇,巨有靈驗,自古已來,無敢視其峰崖,况有登踐而採伐者?時衆議曰:"今既營經臺,供養法寶,惟尚精華。豈可率爾而已?其香鑪峰檉柏,木中精勝,可共取之,以充供養。"論詳既訖,往諮於晞,具陳上事。良久答云:"山神護惜,不可造次。"無敢重言,各還所在。爾夜夢人送疏云:"香鑪峰檉柏樹盡皆捨給經臺。"既感冥示,即便搗略,營辦食具,分部人工,入山採伐。侍者諮曰:"昨日不許,今那取之?"答曰:"昨由他,今由我,但取無苦,必不相悮。"從旨往取。樫柏之樹惟嶮而生,並皆取得,一無留難。

先師智者,陳日勸化百姓,從天台渚次訖於海際[7],所有江溪,並捨爲放生之池,永斷採捕。隋世亦爾,事並經勑。隋國既亡,後生百姓,爲惡者多,競立梁滬[8],滿於江溪,夭傷水族[9],告訴無所。乃共頂禪師[10],往先師龕房,燒香咒願。當有魚人見僧在滬上立,意謂墮水[11],將船往救,僅到便無,因爾梁滬皆不得魚。互相報示,改惡從善,仍停採捕。

時有僧法雲欲往香鑪峰頭陀,晞諫曰:"彼山神剛强,卿道力微弱,向彼必不得安。慎勿往也。"雲不納旨,遂往到山。不盈二宿,神即現形,驅雲令還。自陳其事,方憶前旨,深生敬仰。

有弟子道亘在房誦經,自往喚云:"今晚當有僧來。"言竟仍向門下,即見一僧,純著納衣,執錫持鉢,形神爽俊,有異常人,從外而來。相去二十餘步,纔入路東,隱而不現。俄頃之間,即聞東山有銅鍾聲,大振山谷[12],便云:"意喚吾也[13]。"未終數日,語弟子云:"吾命無幾,可作香湯。"洗浴適竟,山中鳥獸異色殊形,常所不見者,並皆來集房側。履地騰空,悲鳴喚呼,經日方散。十二月十七日夜,跏趺端坐,仍執如意説法,辭理深邃。既竟[14],告弟子曰:"吾將汝等[15],造次相值,今當永别,會遇靡期。"言已寂然,無聲良久,諸弟子哭泣,便更開眼誡曰[16]:"人生有死,物始必終[17],世相如是,寧足可悲。今去,勿爾亂於吾也。"又云:"吾習禪已來至於今日,四十九年背不著床。吾不負信施,不負香火,汝等欲得將吾相見,可自懃策行道,力不負人。"弟子因諮啓[18]:"未審和上當生何所?"答云:"如吾見夢,報在兜率,宫殿青色,居天西北。見智者大師左右,有諸天人皆坐寶座,唯一座獨空。吾問所以,答云:'灌頂却後六年,當來昇此説法。'"十八日朝,語諸弟子:"汝等並早須齋,吾命須臾。"爾日村人登山參疾,食竟辭還。又曰:"既苦遠來[19],更停少時,待貧道前去。"其人不解,苦辭不住。當爾之時,皎日麗天,全無雲翳,謂參人曰:"既已不住,可疾去,雨尋落。"去者少時,驟雨如瀉。春秋七十有二,以貞觀元年十二月十八日午時,結跏安坐,端直儼然,氣息綿微,如入禪定,因而不返。時虚空中有絃管聲。合衆皆聞,良久乃息。經停數日,方入石龕,顔色敷悦,手足柔軟,不異生平。所窆龕墳[20],在先師智者龕前二百餘步。

【校注】

[1] 宦:磧本作"官",麗初本同麗再本,興聖寺本字迹不清。

[2] 閩越：指今福建北部、浙江南部，春秋到秦此地屬閩越國，秦置閩中郡，漢立閩越國。
[3] 决：諸本同，永北本作“訣”。
[4] 稍：諸本同，隨函録作“琑”，非義。
[5] 遺：諸本同，興聖寺本作“道”誤。
[6] 師：諸本同，磧本作“歸”。
[7] 次：麗初本、興聖寺本作“决”誤，磧本同麗再本。
[8] 滬：諸本同，磧本作“簄”。案，“簄”，安放在江海湖泊中捕撈水産品的竹制器具，亦作“滬”，松陵集卷四陸龜蒙漁具詩序“列竹於海澨曰滬”。
[9] 夭：諸本同，麗初本作“之”。
[10] 頂禪師：麗再本、麗初本衍作“頂禮禪師”，“頂禪師”即灌頂，傳見本卷。今據磧本、興聖寺本删。
[11] 墮：諸本同，興聖寺本作“隨”誤。
[12] 大振山谷：諸本同，磧本作“大音震谷”。案，“大音”，隨函録爲作一字，讀作響。
[13] 意：磧本、興聖寺本作“噫”，麗初本同麗再本。
[14] 竟：諸本同，興聖寺本作“意”誤。
[15] 吾：諸本無，今據磧本補。
[16] 更：諸本同，磧本無。
[17] 物始必終：麗再本作“物調始必終”，麗初本同作“物無始必”，今從磧本、興聖寺本。
[18] 因：諸本同，磧本衍作“因即”。
[19] 既苦：諸本同，磧本作“既辛苦”。
[20] 墳：諸本同，興聖寺本作“境”誤。

唐并州義興寺釋智滿傳八

釋智滿，姓賈氏，太原人，立意矜特[1]，不群凡小。七歲出家，隨師請業，凡所受道，如説修行。年登冠肇，進受具戒，律儀成範[2]，資訓彌弘。又聽涅槃等經，盡其大旨，名教略圓，味静終業，遂往上黨石墨山[3]，聚徒行道。門徒肅穆，緇素歸依，禮供駢羅，積而能散。

時屬隋初，創弘大法。智滿蒸仍國化，引而廣之，故使聞風造者，負笈奔注。衆雜精麄，時兼久近，初則設儀禮懺，用攝恒情[4]，後便隨其樂欲，静思宴坐。滿躬事衆法，身預僧倫，形止方雅[5]，威嚴猛肅，眉目濃朗。白黑交臨[6]，預有參拜，莫不神駭而毛動[7]，咸加敬仰[8]，爲菩薩戒師。而滿不重身名，不輕正法，雖苦邀請[9]，未即傳授；乃親爲竭誠，方等行道，要取明證，夢佛摩頂，并爲説法，宛如經相，方爲授法。故道俗思戒者，相趍不絶，而專意静觀，厭此誼浮[10]，乃徙居黎城之東山南流泉精舍[11]。息心之士，又結如林，禪懺兼修，止觀齊捨，志弘經遠，隨務或乖。又往雁門川依瓚禪師[12]，涉緣念慧。瓚[13]，僧中藻鏡，定室羽儀，言行清澄，具如别傳。滿，嗟遇後展，欣附有餘，從瓚歷遊[14]，所在宗習，又依住開化，結慮修心。俄爲文帝追瓚入京[15]，定門斯壞，衆侶乖張。滿乃録其同志，五十餘人，西入嵐州土安山内[16]，如前綜業，大感學徒[17]。

隋季道消，賊徒蜂起[18]，生民墜於溝壑，而滿衆宛然不散，斯亦道感之會也。大唐建義，四衆歸奔，乃率侣入城，就人弘道[19]。初住晋陽真智寺，以化聲廣被，歸宗如市，武皇别敕引勞，令止許公宅中[20]。供事所須，並出義府。躬往禮問，覩而懼之，顧語裴寂曰[21]："孤見此禪師，衣毛驚起，何耶？"答曰："計無餘相，應是戒神所護耳。"重以他日修覲曰："弟子濟拔蒼生，今義興大造，願往還無障，當爲立寺。"既登京輦，天下略平，武德元年，乃詔滿所住宅爲義興寺，四事供養，一出國家。至三年，以滿德爲物歸[22]，道聲更遠，帝欲處之京室，下敕徵之。又以北蕃南侵，百姓情駭，都督弘農公劉讓啓留滿住[23]，用鎮衆心。有敕特聽，用安朝寄[24]。

武德五年，獵狁孔熾[25]，戎車載飾[26]，以馬邑沙門雄情果敢，烽爟屢舉，罔弗因之。[27]以太原地本武鄉[28]，兵戎是習，乃敕選二千餘僧，充兵兩府[29]。登又下敕，滿師一寺，行業清隆，可非簡例。由是重流景行，光問遐邇。晋川髦彦，沙汰之餘，覩滿坐受嘉慶[30]，皆來稱美。或拜伏戒範者，或依承習住者，常數貳百餘人。而滿恒業無怠，精厲其誠[31]，時或惰學[32]，親召别誡。委引聖量[33]，誘化凡心，預在聞命，莫不淚流而身伏，噎歎良久。並由承法行己，感發前人，故得機教不妄弘矣。

貞觀二年四月，初因動散，微覺不悆[34]，遂淹灰管[35]，本性無擾，門人同集，日遺誡勸。有沙門道綽者，夙有弘誓，友而敬奉，因喻滿曰："法有生滅，道在機緣[36]，觀相易入其門，涉空頗限其位，願隨所説，進道有期。"滿乃盱衡而告曰[37]："積年誠業，冀此弘持。緣虚無相，可緣引有[38]，有何所引？豈以一期要法累劫埋乎？幸早相辭，勿塵妄識。"綽乃退焉。[39]其堅白持微[40]，爲若此也。既而氣將漸弱而志力猶强，侍人圍繞，觀者充室，滿端坐舉面，徐視學徒，時次昆吾[41]，溘然而卒，春秋七十有八，即貞觀二年六月九日也。當終前夕，大地振動，寺樹摧枝[42]，合衆悲驚[43]，衰相現矣[44]，泰山其頹乎？法人斯逝，聯類如此。舉邑酸切，若喪其心。即以其月十二日旋殯於龍山童子谷中[45]，立塔碑德。

自滿捨俗從道，六十餘年，潔己清貞，冰霜取喻，弊衣節食，纔止飢寒，頻經斷穀，用約貪染。目不邪視，言不浮華，净色子女[46]，未嘗瞻對。弱年登歲者不宿房中，受具多夏者方令近侍。約時臨衆，誡以行科，餘則静處小房，晬朝方出。室中唯一繩床，鉢袋挂于壁上，隨道資具，坐外更無，致使見者懍然改容，不覺發敬矣。又偏重供僧，勤加基業；慈接貧苦，備諸藥療。煢煢遑遑[47]，意存利物矣。

【校注】

[1] 矜特：磧本、麗初本作"矜持"，興聖寺本同麗再本。案，中古時期"矜持"偏於拘謹意，不如"矜特"符合文意。

[2] 年登冠肇進受具戒律儀成範：諸本同，磧本作"年登冠冕，肇進受具，戒律儀範"，衍"冕"字，脱"成"字。

[3] 上黨石墨山：今山西省襄垣縣下良鎮之石墨山。

[4] 恒：磧本、興聖寺本作"疏"，麗初本同麗再本。

[5] 形止方雅：諸本同，興聖寺本作"形上方雄"誤。

[6] 交：諸本同，興聖寺本作"文"形。

[7] 動：麗初本、興聖寺本作"起"應是，磧本同麗再本。

[8] 敬：磧本、興聖寺本作"景"誤，麗初本同麗再本。案，麗再本"敬"字缺末筆，麗初本不缺。

[9] 雖苦邀請：諸本同，磧本作"雖有緣苦請"。

[10] 諠：諸本同，興聖寺本作"渲"。

[11] 案，"黎城"，縣治在今山西省黎城縣北關古縣村。"流泉精舍"，即流泉寺，地理位置不詳，然在黎城縣東陽關鎮附近有多處摩崖石刻，最早爲北魏時期，則流泉精舍即在東陽關附近？

[12] 雁門川依瓚禪師：麗初本脱"禪"，興聖寺本脱"門""禪師"，磧本同麗再本。案，"瓚禪師"指慧瓚，傳見本書卷一八，其在太原開化寺傳授禪法多年。又，本書卷二〇曇韻傳："至仁壽年内有瓚禪師者結集定學，背負繩床，在雁門川中蘭若爲業。韻居山日久，思展往懷，聞風附道，便從瓚衆。一沐清化，載仰光猷，隨依善友，所謂全梵行也。屬隋高造寺，偏重禪門，延瓚入京，衆失其主，人各其誠，散歸林谷。"可與本傳相互映發，故詳引如右，又可知所謂"雁門川"指太原也。

[13] 瓚：諸本同，麗初本脱。

[14] 歷：諸本同，興聖寺本作"曆"誤。

[15] 俄：諸本同，興聖寺本作"依"形。

[16] 案，"嵐州"北魏孝莊帝建義元年，分肆州之秀容縣、肆盧縣、平寇縣，并州之陽曲縣設置了廣州，治所在秀容，即今山西省嵐縣南古城村。孝武帝永熙二年撤廣州，在此新設嵐州，屬地基本未變。隋大業三年爲樓煩郡，大業八年置嵐城縣爲樓煩郡治。唐武德元年改東會州，武德六年改東會州爲嵐州，領宜芳、静樂、臨津三縣，治所在宜芳縣，天寶元年復爲樓煩郡。案，"土安山"無考，然據上下文義推斷，則當在今陽曲縣到静樂縣之間的山谷中。又，位於今文水縣西五十公里處開柵鎮蒼兒會辦事處之龍泉山，明代稱土安山。

[17] 徒：諸本同，興聖寺本作"往"形。

[18] 蜂：諸本同，磧本作"鋒"誤。

[19] 人：諸本同，興聖寺本作"入"形。

[20] 令：諸本同，興聖寺本作"分"形。"許公"，案隋末封爲許國公的只有宇文述。

［21］裴：諸本同，興聖寺本作"悲"形。

［22］以：諸本同，磧本作"已"誤。

［23］劉讓：諸本同，磧本作"劉護"誤，據舊唐書卷六九之劉世讓傳，劉讓即劉世讓："尋封弘農郡公，賜莊一區、錢百萬。累轉并州總管，統兵屯於雁門。……高祖問以備邊之策，世讓答曰：'突厥南寇，徒以馬邑爲其中路耳，如臣所計，請於崞城置一智勇之將，多儲金帛，有來降者厚賞賜之，數出奇兵略其城下，芟踐禾稼，敗其生業。不出歲餘，彼當無食，馬邑不足圖也。'高祖曰：'非公無可任者。'乃使馳驛往經略之。"趙本同麗再本。案，此卷從此句之前，趙本闕佚。

［24］用：諸本同作"同"，今從磧本。

［25］玁：磧本、興聖寺本作"獫"，二字同，麗初本、趙本同麗再本。

［26］戎：諸本同，興聖寺本作"戒"誤，下同，不一一出校。

［27］烽爟屢舉罔弗因之：諸本同，磧本脱"之"字。爟：諸本作"燿"，今據磧本改。

［28］本：諸本同，磧本作"接"應是，武鄉指馬邑。

［29］兵：諸本同，興聖寺本作"丘"。

［30］坐：諸本同，興聖寺本脱。

［31］厲：諸本同，興聖寺本作"勵"。

［32］惰：磧本、麗初本、趙本作"憧"。"憧"通"惰"。

［33］引：諸本同，興聖寺本作"别"。

［34］悆：磧本、興聖寺本作"愈"，麗初本、趙本同麗再本。案，"散"或指"五石散"，據孫思邈千金方，五石散實爲毒藥。"動散"指服下五石散後渾身發熱，需要走動使藥性揮發。

［35］灰管：古之天文學家將蘆葦灰置於律管中吹之，以驗看節氣的變化。引伸爲時序的變化意。"遂淹灰管"即遂留時序，代指生命停滯。

［36］在：諸本同，磧本作"悟"誤。

［37］乃：諸本同，磧本作"仍"誤。盰衡：諸本同，資本作"眄衒"。

［38］有：麗再本、麗初本、趙本作"實"，今從磧本、興聖寺本。

［39］案，通過道綽與智滿的這一次交鋒，可知道綽爲净土宗二祖之道綽，傳見本書卷二〇。

［40］白：諸本同，磧本作"自"誤。案，"堅白"典出論語陽貨："不曰堅乎，磨而不磷；不曰白乎，涅而不緇。"

［41］吾：諸本同，興聖寺本作"五"。案，"昆吾"指正午，淮南子卷三天文訓："至於昆吾，是謂正中。"

［42］枝：麗初本、趙本作"技"，古本"扌""木"旁常混用，興聖寺本作"支"誤，磧本同麗再本。

［43］驚：諸本同，磧本作"敬"誤。

［44］衰：麗初本、趙本、磧本作"哀"，興聖寺本同麗再本。

［45］其：諸本同，麗初本脱。"童子谷"，即今山西省太原市西南二十公里處龍山後山之童子寺遺址附近。

［46］净色子女：諸本同，磧本作"净色子女來"。

［47］煢煢：諸本同，磧本作"惸惸"，"煢煢"即"惸惸"。

唐京師化度寺釋僧邕傳九

釋僧邕,姓郭氏[1],太原介休人。祖憲,荆州刺史。父韶,博陵太守。邕神識沉静,冥符上德,世傳儒業,齒胄上庠。年有十三[2],違親入道,於鄴西雲門寺,依止僧稠而出家焉[3]。稠公禪慧通靈,戒行標異,即授禪法,數日便詣。稠撫邕,謂諸門人曰:“五停四念,將盡此生矣。”仍往林慮山中栖託定門,遊逸心計。

屬周武平齊,像法隳壞。又入白鹿山深林之下,避時削迹,餌飯松术[4]。三逕斯絶,百卉爲群,麕麚伏其前,山禽集其手[5],初未之異也。後乃梵音展禮,焚香讀誦,輒有奇鳥異獸,攢聚庭宇,貌如慕敬[6],心疑聽受。自非行感所及,何以致斯?自爾屢降幽靈,勝言叵載。

開皇之始,弘闡釋門[7],重叙玄宗,更聯榮問[8]。有魏州信行禪師,深明佛法,命世異人,以道隱之辰[9],習當根之業,知邕遯世幽居,遣人告曰[10]:“修道立行,宜以濟度爲先,獨善其身,非所聞也。宜盡弘益之方,昭示流俗[11]。”乃出山與行相遇[12],同修正節。開皇九年,行被召入京,乃與邕同來,至止帝城[13]。道俗莫匪遵奉。及行之殁世[14],綱總徒衆[15],甚有住持之功。

以貞觀五年十一月十六日,終於化度寺院,春秋八十有九。主上崇敬情深,贈帛爲其追福[16]。以其月二十二日,奉靈魄於終南山[17],遵邕之遺令也。門徒收其舍利,起塔於行之塔左。邕風範凝正[18],行業精嚴,卑辭屈己,體道藏用。及委質寒林,悲纏朝野[19],僉以身死名滅,世有斯人,敢樹玄石,用陳令範。左庶子李百藥製文,率更令歐陽詢書。[20]文筆新華,多增傳本,故累誦野外矣[21]。

【校注】

[1] 姓:諸本作脱。

[2] 有十:諸本同,磧本、資本、大正藏校引宫本作“十有”應是。

[3] 止:諸本同,興聖寺本作“上”形。

[4] 术:磧本、趙本作“木”誤,麗初本、興聖寺本同麗再本。案,“松术”,指松子和白术,這裏泛指食用山中自然生長的食材。

[5] 禽:諸本同,興聖寺本作“會”形。

[6] 慕:磧本、興聖寺本作“恭”,麗初本、趙本同麗再本。

[7] 釋:諸本同,磧本作“禪”誤。

[8] 問:諸本同,磧本作“聞”。案,“榮聞”同“榮問”,良好的聲譽。

[9] 辰:麗再本、麗初本、趙本作“晨”,今從磧本、興聖寺本。

[10] 告曰：麗初本、趙本作"造日"誤，磧本、興聖寺本同麗再本。
[11] 昭：諸本作"照"，今從磧本。
[12] 出：諸本同，興聖寺本脱。
[13] 至：諸本同，磧本脱。
[14] 之：諸本同，磧本作"亡"誤，詞義重複。
[15] 總：諸本同，磧本衍作"總領"。
[16] 帛：諸本同，磧本衍作"絲帛"。
[17] 終：諸本同，興聖寺本脱。
[18] 凝正：諸本同，磧本作"疑正"誤。案，晉書卷六九"伯仁凝正"，指個人氣質，"疑正"不辭。
[19] 纏：諸本同，興聖寺本脱。
[20] 案，化度寺邕禪師塔銘，原石已佚，敦煌石窟存其唐代拓本，今藏於法國國家圖書館者編號 Pelliot chinois 4510、大英圖書館者編號 Or. 8210 S. 5791，宋代拓本藏於上海圖書館。據拓本，可知本傳基本上是根據塔銘改寫，未增益任何信息。
[21] 誦：磧本、麗初本、興聖寺本作"諠"，趙本同麗再本。

唐天台山國清寺釋灌頂傳十 智晞 光英

釋灌頂，字法雲，俗姓吴氏[1]，常州義興人也。祖世避地東甌，因而不返，今爲臨海之章安焉[2]。父天[3]，早亡，母親鞠養。生甫三月，孩而欲名，思審物類，未知所目。母夜稱佛法僧名[4]，頂仍口斆[5]，音句清辯，同共驚異，因告攝静寺慧拯法師[6]，聞而歎曰："此子非凡，即以'非凡'爲字。"及年七歲，還爲拯公弟子，日進文詞，玄儒並騖，清藻才綺，即譽當時。

年登二十，進具奉儀，德瓶油鉢[7]，彌所留思。洎拯師厭世，沐道天台，承習定綱[8]，罔有虧緒。陳至德元年，從智顗禪主出居光宅，研繹觀門，頻蒙印可。

逮陳氏失馭，隨師上江，勝地名山，盡皆遊憩。三宫廬阜，九向衡峰，無不揖迹依迎[9]，訪問遺逸[10]。後届荆部[11]，停玉泉寺，傳法轉化，教敷西楚。開皇十一年，晉王作鎮楊州，陪從智者，戾止邗溝，居禪衆寺，爲法上將，日討幽求。俄隨智者東旋，止于台岳。晚出稱心精舍，開講法華。跨朗籠基，超於雲、印，方集奔隨，負笈屯涌。有吉藏法師，興皇入室，嘉祥結肆，獨擅浙東，聞稱心道勝[12]，意之未許。求借義記，尋閲淺深，乃知體解心醉，有所從矣。因癈講散衆，投足天台，餐禀法華，發誓弘演。[13]至十七年，智者現疾，瞻侍曉夕，艱劬盡心。爰及滅度，親承遺旨，乃奉留書并諸信物，哀泣跪授晉王，五體投地[14]，悲淚頂受，事遵賓禮，情敦法親。

尋遣楊州總管府司馬王弘送頂還山，爲智者設千僧齋，置國清寺，即昔有晋曇光、道猷之故迹也。前峰佛隴，寺號修禪，在陳之日，智者初達隴南十里[15]，地曰丹丘，經行平正，瞻望顯博。智者標基刊木，欲建道場，未果心期，故遺囑斯在。王工入谷[16]，即事修營，置臬引繩，一依舊旨。仁壽元年，晋王入嗣，東巡本國[17]，萬里川途，人野畢慶。頂以檀越昇位，寺宇初成，出山參賀[18]，遂蒙引見，慰問重疊，酬對如響，言無失厝，臣主榮歎。又遣員外散騎侍郎張乾威送還山寺，施物三千段、氈三百領，又設千僧齋。寺廟臺殿，更加修緝。故丹青之飾，亂發朝霞；松竹之嶺，奄同被錦[19]。斯寔海西之壯觀也，遠符智者之言，具如彼傳。

仁壽二年，下令延請，云："夏序炎赫，道體休宜，禪悦資神，故多佳致。近令慧日道場莊、論二師，講净名經，全用智者義疏判釋經文。禪師既是大師高足，法門委寄，今遣延屈[20]，必希霈然，并法華經疏，隨使入京也。佇遲來儀，書不盡意。"頂持衣負錫，高步入宫[21]。三夏闡弘[22]，副君欣戴[23]，每至深契。無不伸請[24]，並隨問接對[25]，周統玄籍[26]。後遣信送還，覵遺隆倍。國清百録云：大業元年，勑江陽名僧云：昔爲智者創寺，因山爲稱，號曰天台。今須立名經論之内，有何勝目，可各述所懷，朕自詳擇。僧智璪奏：天台大師懸記云：寺若成，國則清。勑云：此是我師之靈瑞，合扁云"國清"。勑取大牙殿牓，填以雌黄，書以大篆。遣内史通事舍人盧政方送安寺門。又爲寺造四週土牆，及給廢寺水田，又勸王弘施肥田良地，以充基業。[27]

大業七年，治兵涿野，親總元戎，將欲蕩一東夷，用清文軌。因問左右，備叙軒皇，先壯阪泉之戮暴，後歎峒山之問道。追思智者，感慕動容，下勑迎頂，遠至行所。引見天扆，叙以同學之歡。又遣侍郎吴旻送還台寺。爾後王人繼至，房無虚月。[28]

頂縱懷丘壑[29]，絶迹世累，定慧兩修，語嘿雙化，乃有名僧人德，近域遠方[30]，希覩三觀十如[31]，及以心塵使性[32]，並拜首投身，請祈天鼓。皆疏瀹情性，澡雪胸襟，三業屢增，二嚴無盡[33]。忽以貞觀六年八月七日，終於國清寺房，春秋七十有二。初薄示輕疾，無論藥療，而室有異香。臨終命弟子曰："彌勒經説佛入城日[34]，香烟若雲，汝多燒香，吾將去矣。"因伸遺誡，詞理妙切，門人衆侶，瞻仰涕零。忽自起合掌，如有所敬，發口三稱阿彌陀佛，低身就卧，累手當心，色貌歡愉，奄然而逝。舉體柔耎，頂暖經日。嘗有同學智晞，顗之親度[35]，清亮有名，先以貞觀元年卒，臨終云："吾生兜率矣[36]，見先師智者寶坐行列，皆悉有人，惟一座獨空。云：卻後六年，灌頂法師昇此説法。"焚香驗旨，即慈尊降迎；計歲論期，審晞不謬矣[37]。以其月九日，窆于寺之南山，遠近奔號，喧震林谷。

初頂化流嚚俗，神用弘方，村人於法龍去山三十餘里[38]，染患將絶，衆治不愈,其子奔馳,入山祈救[39]。頂爲轉法華經[40],焚旃檀香。病者雖遠[41],乃聞檀香入鼻,應時痊復。

又樂安南嶺[42],地曰安洲,碧樹青溪,泉流伏溺,人逕不通。頂留連愛翫,顧而誓曰:"若使斯地夷坦,當來此講經。"曾未浹旬,白砂遍涌,平如玉鏡。頂以感通相顯[43],不違前願,仍講法華、金光明二部,用酬靈意。

嘗於章安攝静寺講涅槃經,值海賊上抄,道俗奔委,頂方撾鍾就講,顔無懾懼。賊徒麾幡詣寺,忽見兵旗曜日,持弓執戟,人皆丈餘,雄悍奮發,群覩驚懅[44],一時退散。

嘗於佛隴講暇[45],携引學徒,纍石爲塔,别須二片,用構塔門。弟子光英先以車運一石[46],咸疑厚大,更欲旁求,復勞人力。頂舉杖聊撝[47],前所運石,颯然驚裂,遂折爲兩段[48],厚薄等均,用施塔户,宛如舊契。若斯靈應,其相寔多。

自頂受業天台[49],又禀道衡岳,思、顗三世,宗歸莫二。若觀若講,常依法華。又講涅槃、金光明、净名等經。及説圓頓止觀、四念等法門,其遍不少。且智者辯才,雲行雨施,或同天網,乍擬瓔珞,能持能領,唯頂一人。其私記智者詞旨,及自製義記,并雜文等題目,並勒于碑陰。

弟子光英,後生標俊,優柔教義[50],與國清寺衆,僉共紀其行,樹其碑于寺之門,常州弘善寺沙門法宣爲文,其詞甚麗,見于别集。

【校注】

[1] 氏:諸本同,磧本脱。

[2] 臨海之章安:即今浙江省台州市椒江區章安街道辦事處。秦時章安設置回浦鄉,隸屬會稽郡鄞縣。漢昭帝始元二年設置回浦縣,東漢光武帝時改爲章安縣,三國吴少帝太平二年析會稽東部置臨海郡,到唐武德八年歸臨海,基本上皆爲郡(臨海)縣(回浦、章安)的舊治。

[3] 天:麗再本作"夭",麗初本、趙本、興聖寺本甚難區分爲"天"爲"夭",今據磧本。

[4] 母:諸本同,興聖寺本脱。

[5] 敦:麗再本、麗初本、趙本作"勁",今從磧本、興聖寺。

[6] 攝静寺:在今浙江省台州市椒江區章安街道辦事處陳宅村,始建於蕭梁,名栖道寺,陳代改名攝静寺,又因村名山兵,俗稱山兵寺。參見王及:隋攝静市遺址考,東南文化1994年第2期。

[7] 德瓶油鉢:爲佛教的兩種譬喻。"德瓶",喻指守持戒律,大智度論卷一三:"持戒之人無事不得,破戒之人一切皆失,譬如有人常供養天……天與一器曰德瓶。……瓶中引出種種諸物。其人憍佚,立瓶上舞,瓶即破壞,一切衆物亦一時滅。""油鉢",比喻持守正念猶如執持油鉢,務必盡心堅持,乃至不潑灑一滴油。大智度論卷一五:"菩薩欲脱生老病死,亦欲度脱衆生,常應精進,一心不放逸,如人擎油鉢行大衆中。"

[8] 綱：麗初本、趙本作“網”。案，作“綱”是，與下文“罔有虧緒”合。
[9] 依：麗初本、興聖寺本作“延”，磧本、趙本同麗再本。
[10] 逸：諸本同，興聖寺本作“免”誤。
[11] 届：諸本同，興聖寺本作“亩”形。
[12] 稱：諸本同，磧本脱。
[13] 案，諸本自“晚出稱心精舍”至“發誓弘演”爲倒文，此段當在下文“頂縱懷丘壑，絶迹世累”之前。
[14] 五體投地：磧本作“乃五體投地”，趙本同麗再本。
[15] 達：諸本作“建”誤，今從磧本。
[16] 工：諸本同，磧本作“人”誤。
[17] 東：諸本同，磧本作“來”。
[18] 山：諸本同，興聖寺本脱。
[19] 被：諸本同，磧本作“畫”誤。
[20] 今：麗再本、麗初本、趙本作“令”，今從磧本、興聖寺本。
[21] 宫：磧本作“官”誤，永北本作“京”，興聖寺本、麗初本、趙本、資本同麗再本。
[22] 三：磧本作“王”誤，永北本作“至”，興聖寺本、麗初本、趙本同麗再本。
[23] 戴：諸本作“載”。
[24] 伸：諸本同，磧本作“申”是。
[25] 對：諸本同，興聖寺本脱。
[26] 玄：諸本同，磧本作“云”誤。
[27] 案，此段隨文小注，麗再本、麗初本、興聖寺本、趙本、資本無，今據磧本補。又案，灌頂在仁壽二年之後的事迹，此傳頗爲隱晦，可據國清百録及灌頂自叙補之，其自叙見於大涅槃經玄義卷尾，今録全文如次：“余以童年，給侍攝静，攝静授大涅槃。誦將欲半，走雖不敏，願聞旨趣，於是負笈天台，心欣藍染。登山甫爾，仍逢出谷，不惟非薄，奉從帝庭。師既香塗二宫，光曜七衆，道俗參請，門堂交絡。雖欽渴甘露，如俟河清，讵可得乎。嘗面請斯典，降旨垂許，有期無日。逮金陵土崩，師徒雨散，後會匡嶺，復屬虔劉，爰西向江陵，仍遭雰露。敕徵師江浦，頂疾滯豫章，始舉颿南湖，已聞東還台嶽，秋至佛隴，冬逢人滅，歎伊余之法障，奚可勝言。

昔五百群盲，七回追佛。祇洹一狗，聽兩鐘鳴，唯强唯沈，無見無得。入山出谷，浮壍溯江，希聞斯典，竟不獲聞。日既隱於重崖，盲龜眠於海底，馮光想木，讵可得乎。余乃掃墓植樹，更伏灰埸，口誦石偈，思慾畢世。事不由已，迫不得止，戴函負封，西考闕庭，私去公還，經塗八載。日嚴諍論，追入咸陽，值桃林水奔而夜亡其伴。又被讒爲巫，收往幽薊，乘冰濟北，馬陷身存，臨危履薄，生行死地，悼慄兢兢，寧可盡言。

昔裹糧千里，擔簦於東南；負罪三讒，驅馳於西北。若聽若思，二塗俱喪，情不能已，尋諸舊疏。將疏勘經，不與文會，怏怏終日，恒若病諸。效群盲之觸象，學獨夢之談刀。以大業十年十月十日，廬於天台之南，管窺智者義意，輒爲解釋。運丁隋末，寇盗縱横，海鬧山喧，無處紙筆，匿影沃洲，陰林席箭，推度聖文。衣殫糧盡，虧其次第，於是懷挾鄙志，托命遂安，草本略通，放筆仍病。縣令鄧氏，呼講净名，曳疾應之，事不兼舉，寄疏他舍。他舍被燒，廓然蕩盡，冥持此本，得免灰揚。重寄栅城，海寇衝突，玉石俱罄，蕭亮提挾，復獲安存。所謂焦不能燒，賊不能得，再蒙靈異，重厲微誡。更往遂安，披尋補削，復值軍火，食息無寧，乃卜安洲。安洲者，微瀾四繞，絶人獸之蹤，峰連偉 括，兼二山之美。左臨水鏡，澄徹鑒心；右帶蕖池，紅葩悦目。修竹冷風，勝白牙團扇；蔓茜翠草，加戴氏重席。雲霞鏤糅於松桂，五彩羞其繪圖；猿麠和韻於蟬蛙，八音陋其弦管。雅有高致，豐趣冥倫，仍蒔粟拾薪，勤兼曉夜。暨染筆已來，凡歷五載，何年不遭軍火，何月不見干戈。菜食水齋，冰床雪被，孤居獨處，夢抽思乙，詞既野質，意不會文。其玄義一卷、釋文十二卷，用紙七百張。有崖易迨，空海難遍，盲窺偏知，敢稱圓識，特是不負本懷，遽兹石火。卷舒常住之卷，酬報乎身手；讚歎解脱之法，仰謝於心口。粗耘毒草，微養藥王，螳螯螢熠，非能抗曜也。"亦可參看徐文明教授相關論文。

［28］案，諸本下段文字倒在前文，今附注此處，以便於理解："晚出稱心精舍，開講法華。跨朗籠基，超於雲、印，方集奔隨，負篋屯涌。有吉藏法師，興皇入室，嘉祥結肆，獨擅浙東，聞稱心道勝，意之未許。求借義記，尋閲淺深，乃知體解心醉，有所從矣。因廢講散衆，投足天台，餐稟法華，發誓弘演。"案，"稱心精舍"，即稱心寺，在今浙江省上虞市西北七公里道墟镇稱山風景區内。

［29］丘：諸本同，興聖寺本作"兵"誤。

［30］域：諸本作"城"，今從磧本。

［31］三觀十如：天台宗的基本學説之一。法華經卷一方便品："唯佛與佛，乃能究盡諸法實相。所謂諸法如是相、如是性、如是體、如是力、如是作、如是因、如是緣、如是果、如是報、如是本末究竟等。"據法華玄義卷二上，於空、假、中三諦，此應有三種不同讀法，即：是相如（即空）、如是相（即假）、相如是（即中）。

［32］心塵使性：案，"心塵"，摩訶止觀卷一"一一塵有八萬四千塵勞門"即煩惱。"使性"，即"十使"，見法界次第初門：五鈍使：一貪使、二嗔使、三無明使、四慢使、五疑使；五利使：一身見使、二邊見使、三邪見使、四戒取使、五見取使。"十使"爲"塵勞"之根本原因。

［33］案，"三業"，指三業供養，即敬禮、頌讚、念想，説見法華文句卷二。"二嚴"，南本涅槃經卷二五師子吼菩薩品："二種莊嚴：一者智慧，二者福德。若有菩薩具足如是二莊嚴者，則知佛性……"

［34］城：諸本同，永北本作"滅"。

［35］之親：諸本同，興聖寺本脱。

［36］吾：諸本同，興聖寺本作"五"。兜率：諸本同，磧本作"兜率天"。

［37］晞：麗初本、趙本作"睎"，磧本、興聖寺本同麗再本。

［38］於：諸本同，麗初本無。

［39］入山祈救：趙本作"入山祈求救"，麗初本同、興聖寺本作"入祈求救"，均誤，磧本同麗再本。

［40］爲：諸本同，興聖寺本脱。

［41］病：諸本同，磧本作"疾"。

［42］案，"樂安"即今浙江省仙居縣，東晉穆帝永和三年設樂安縣。隋、唐間幾經廢置，至五代吴越寶正五年改名永安，北宋改爲仙居。"樂安南嶺"，當今仙居縣西南二十公里處白塔鎮神仙居景區。

［43］通：諸本同，磧本脱。

［44］懅：諸本同，磧本作"遽"誤。案，據廣韻卷一"九魚"，"懅"有怯義。

［45］ 嘗：諸本同，磧本作“常”誤。暇：麗初本、趙本作“暇”，磧本、興聖寺本同麗再本。
［46］ 光英：諸本同，興聖寺本脱。
［47］ 聊：諸本同，興聖寺本作“耶”。
［48］ 折：麗再本、趙本作“析”，今從磧本、麗初本。興聖寺本字迹不清。
［49］ 天台：諸本同，磧本衍作“天台台”。
［50］ 教：諸本同，麗初本脱。

唐天台山國清寺釋智璪傳十一

釋智璪，俗姓張氏，清河人。晋室播遷，寓居臨海[1]。祖元秀，梁倉部侍郎，任臨海内史。父文懷，陳中兵將軍。璪，受經之歲，言無虛發，行不慚人，親里鄉鄰，深加敬愛。年登十七，二親俱逝，慘服纔釋，便染疾病[2]，頻經歲月，醫藥無效。仍於静夜，策杖曳疾，出到中庭，向月而卧。至心專念月光菩薩：“惟願大悲濟我沉痾[3]”。如是繫念，遂經旬朔，於中夜間夢見一人，形色非常，從東方來，謂璪曰：“我今故來，爲汝治病。”即以口就璪身，次第吸嗽，三夜如此，因爾稍痊。深知三寶，是我依救[4]，遂求離俗，便投安寧寺慧憑法師以爲弟子[5]。逖聞智者軌行超群[6]，爲世良導[7]。即泛舸豐流，直指台岫，伏膺受道。乃遣行法華懺悔，第二七日初夜懺訖，還就禪床，始欲安坐[8]，乃見九頭龍[9]，從地涌出，上昇虛空。明旦諮白[10]，云：“此是表九道衆生聞法華經[11]，將來之世破無明地，入法性空耳。”

又陳至德四年，永陽王伯智作牧仙都[12]，延屈智者來于鎮所[13]。璪隨師受請，同赴稽山[14]。九旬坐訖，仍即辭王[15]，往寶林山寺[16]，行法華三昧。初日初夜，如有人來，摇動户扇，璪即問之：“汝是何人，夜來摇户？”即長聲答云：“我來看燈耳。”頻經數過，問答如前。其寺内，先有大德慧成禪師，夜具聞之，謂弟子曰：“彼堂内，從來有大惡鬼。今聞此聲，必是鬼來取一人也[17]。”天將欲曉，成師扣户而喚，璪未暇得應，便繞堂唱云：“苦哉，苦哉，[18]其人了矣[19]。”璪即開户問意，答云[20]：“汝猶在耶？吾謂昨夜鬼已害汝，故此嗟耳。”成師以事諮王，王遣數十人執仗防護[21]。璪謂防人曰：“命由業也，豈是防護之所加乎？願諸仁者，將領還城。”啓王云：“爾防人去後第二日夜，鬼入堂内，搥壁打柱[22]，周遍東西。堂内六燈，璪即滅五留一，行道、坐禪、誦經，坦然無懼。於三七日中，事恒如此。行法將訖，見一青衣童子稱讚善哉，言已不現。”雖值此二緣，心無憂喜。

璪又因事出往會稽，路由剡縣孝行村乞食[23]。主人誤煮毒蕈設璪[24]。食竟，進趣前途。主人於後噉此餘殘，並皆吐痢若死等苦[25]。鄰人見之，即持藥追璪，十里方及，見璪快行無恙，問曰：“何故見尋？”具陳上事，便笑而答曰:“貧道無他,可棄藥反蹤,不須見逐。”驗之道力所薰,故毒不能傷也。

又隋大業元年,駕幸江都,璪銜僧命出参,引見内殿。御遥見璪,即便避席,命令前坐,種種顧問,便遣通事舍人盧正方[26],送璪還山,爲智者設一千僧齋,度四十九人出家,施寺物二千段、米三千石,并香酥等。又爲寺造四周土牆。大業六年,又往楊州参見[27],仍遣給事侍郎許善心送還山,又爲智者設一千僧齋[28],度一百人出家[29],施寺物一千段,嚫齋僧人絹一疋。七年又往涿郡参,勞謝遠來,施寺物五百段,遣五十人執仗防援還山[30]。凡經八迴,参見天子,並蒙喜悦[31],供給豐厚。以貞觀十二年卒於寺,春秋八十三矣。

【校注】

[1] 臨海:即今浙江省臨海市。案,“清河”即清河郡清河縣,縣治在今河北省清河縣城關。清河張氏在中古時期爲望族,故凡姓張必自稱出自清河,實則非是。

[2] 疾病:諸本同,磧本作“病疾”。

[3] 案,據藥師琉璃光如來本願功德經,藥師佛曾發十二大願,其第六願爲“若諸有情,其身下劣,諸根不具,醜陋頑愚,盲聾瘖瘂,攣躄背僂,白癩癲狂,種種病苦,聞我名已,一切皆得端正黠慧,諸根完具,無諸疾苦”。而月光菩薩爲藥師如來右脅侍,故智璪向其請求幫助。

[4] 我:諸本同,麗初本、興聖寺本作“可”。

[5] 寧:諸本同,磧本作“静”。

[6] 智:諸本同,興聖寺本作“知”。

[7] 導:麗初本、興聖寺本作“尊”

[8] 始:諸本同,磧本作“如”誤。

[9] 乃:磧本、興聖寺本作“仍”誤,麗初本、趙本同麗再本。

[10] 白:磧本作“曰”誤,永北本作“白者”,興聖寺本、麗初本、趙本同麗再本。

[11] 九:諸本同,興聖寺本作“此”。

[12] 王:諸本同,磧本作“主”。

[13] 延:麗再本作“迎”,麗初本作“近”,今從磧本、興聖寺本、趙本。屈:諸本同,興聖寺本作“居”形。案,據陳書卷二八,伯智“出爲使持節、都督東揚、豐二州諸軍事、平東將軍、領會稽内史”,其鎮所在會稽郡山陰縣,即今紹興市山陰區。又“仙都”爲當時人對紹興的美譽。

[14] 稽山:諸本同,磧本作“會稽山”。案,“會稽山”在紹興城南六公里處。

[15] 仍:諸本同,麗初本作“乃”。

[16] 往:諸本同,磧本作“住”誤。案,“寶林山寺”,指寶林山之寺,非寶林寺。寶林山在今紹興市南門内飛來山公園内,東晉沙門曇彦與許詢在此建寺。

[17] 一:諸本同,磧本無。

[18] 苦哉苦哉:諸本同,興聖寺本作“苦苦哉哉”。

[19] 了:諸本同,興聖寺本作“子”。

［20］云：諸本同，興聖寺本脱。
［21］仗：諸本同，麗再本作“杖”。“仗”有兵器義，在此義項上與“杖”不同，今從諸本。
［22］打：麗初本、興聖寺本脱，磧本、趙本同麗再本。
［23］剡縣：漢景帝四年置剡縣，屬會稽郡，歷兩漢、三國、南北朝不變，當今浙江省嵊州市西南。
［24］蕈：諸本作“椹”誤，“蕈”即“菌”，今從磧本、隨函録。
［25］痢：諸本同，興聖寺本作“利”。
［26］方：麗初本、興聖寺本作“力”誤，磧本、趙本同麗再本。
［27］又：諸本同，磧本無。
［28］又：諸本同，磧本無。
［29］度：諸本同，興聖寺本脱。
［30］執仗：磧本、興聖寺本作“仗”應是，麗初本、趙本同麗再本。
［31］並：諸本同，興聖寺本脱。

唐天台山國清寺釋普明傳十二

釋普明，本名法京，俗姓朱氏，會稽人。少小志操，有異恒童，口常稱佛，聚砂以爲福事，蒿艾以爲殿塔[1]，不俗談戲，惟志崇法。有僧乞食，因即勸云：“郎子既有善性，可向天台山出家，其中有四依菩薩在彼説法[2]。”遂以陳太建十四年，逾山越澗來入天台[3]。正值智者處坐説法，下講竟[4]，頂禮歸依，願盡此生以爲弟子。智者笑云：“宿誓願力，今得相遇。”曉夕左右，伏膺無懈[5]，專求禪法，兼行方等、般舟、觀音懺悔，誦法華經一部。

至禎明元年，陳主勑迎智者出都。從往金陵，居光宅寺，專以禪思爲業。同堂坐者，奉命撿校。

俄而陳國云亡，智者即上江州廬山東林寺，明於陶侃瑞像閣内行觀音懺法[6]。冬十一月，身不衣絮，苦節行道[7]，見一僧云：“所名法京，未爲嘉稱[8]，可改爲普明。此名曉朗，照了三世。”懺訖，啓智者述之。便云：“此冥中所示，宜即改舊從新。”

又隨智者往荆州玉泉寺，每於泉側練若專思[9]。智者反路台峰，令造大鍾，天台供養。江陵道俗，競爲經營[10]。當欲鑄時，盲人來看，明懸鑒機，知相不吉。果爾開模，鍾便破缺[11]。仍即倍工修造。約語衆中，支不具者，勿來看鑄，遂得了亮錚鏻，聲七十里[12]。鍾今見在佛隴上寺。

後還國清，所住之房，去水懸遠，房頭空地，純是礓石[13]，乃懷念曰[14]：“若令此石出水，豈不快乎？”言竟數日，石中泉溜，周給東西。國清精舍，隨高置立，明以講堂狹小[15]，欲毁廣之。共頂禪師商量[16]，頂勸勿改。有括州都督周孝節遥聞此事[17]，即施杉柱，泛海送來。頂向赤城[18]，感見明身長一十餘丈,高出松林之上,翼從數十許人,語頂曰:"兄勿苦諫,事願剋成。"頂知神異,合掌對云[19]:"不敢更諫,一依仁者。"竪堂之日,感動山王,晨朝隱軫,狀若雷震。摧樹傾枝,闊百步許,自佛壟下直到於寺。至于日没[20],還返舊蹤,砰砰磕磕[21],勢若初至。又願共道俗,造當殿金銅盧舍那像坐身丈六[22]。時有一人,稱從槽溪村來[23],施金十一兩,用入像身。問其姓名,終不肯説,禮拜辭退。周訪彼村,無人識者。

又比房侍者恒聞房内共人語話,陰伺察視,不見别形[24],所聽言音,唯勸修善。既而化緣就畢,大漸時至[25],清旦[26],呼諸弟子[27]:"夫人壽命,不可常保,汝等宜知。"便自脱新净之衣,著故破者。换衣纔竟,奄然就滅,春秋八十有六。經二宿,左手仍内屈三指[28]。當於其時,有房内弟子榮泰、難提二人剃頭沐浴,見如此事,即報寺主慧綱[29]。合衆驚集,倍慟于懷。

然其爲性,不畜私財,浙南諸州男女黑白,歸向者數不可紀,所得布施,隨緣喜捨。每参隋帝,悉蒙命坐,賜絹一百二十段,用充六物。不留寸尺,悉造經像。有勑施僧基業,見於寺録:造金銅尊像小大十軀[30],悉中人已上[31];十迴作僧施;讀藏經二遍。其外,書寫經論、彫畫殿堂、修諸寺宇、傍爲利益及諸靈驗功德費用,運心應念,即自送來,充其支度,不可具載。

【校注】

[1] 艾:諸本作"芆",今從磧本。案,"芆"見博雅,亦爲草名。

[2] 四:磧本、趙本作"初"誤,麗初本、興聖寺本同麗再本。案,"四依菩薩",指四種根性的人:出世凡夫、須陀洹和斯陀含、阿那含、阿羅漢。參見南本大般涅槃經卷六等。

[3] 台:諸本同,興聖寺本脱。

[4] 講:諸本同,興聖寺本脱。

[5] 伏:諸本同,磧本作"服"。

[6] 明:麗初本、興聖寺本無,磧本、趙本同麗再本。

[7] 行:麗初本、興聖寺本作"從",磧本、趙本同麗再本。

[8] 嘉:磧本作"善",麗初本、趙本同麗再本,興聖寺本字迹不清似作"嘉"形。

[9] 練若:即阿蘭若,梵語音譯,意譯爲寂静處,此處指禪房。

[10] 經營:諸本同,磧本作"營造"。

[11] 便:諸本無,今從磧本。

[12] 聲:諸本同,磧本作"聲聞"似優。

[13] 礓:諸本同,麗初本作"礓"。

[14] 乃:磧本、興聖寺本作"仍"誤,麗初本、趙本同麗再本。

[15] 狹:麗初本、興聖寺本作"俠",磧本、趙本同麗再本。

[16] 師:諸本同,興聖寺本脱。商:麗再本、麗初本、趙本作"商"形近而誤,今從磧本、興聖寺本。

［17］括：麗再本、麗初本、趙本作“栝”，興聖寺本脱，今從磧本。案，“括州”，隋開皇九年置，當於今浙江永嘉、温州一帶。

［18］案，“赤城”，或即今浙江省天台縣北二公里處赤城景區，號稱天台山南大門，在國清寺西南約二公里處。

［19］云：諸本同，磧本作“曰”。

［20］于：諸本作“乎”，今從磧本。

［21］砰砰：麗初本、興聖寺本作“碎碎”。

［22］當：磧本、麗初本作“堂”誤，趙本、興聖寺本同麗再本。

［23］槽：諸本同，磧本作“漕”誤。溪：諸本同，麗初本作“湲”誤。

［24］别：諸本同，興聖寺本脱。

［25］大：諸本同，興聖寺本脱。

［26］旦：諸本同，磧本作“晨”。

［27］呼諸弟子：諸本同，磧本作“呼諸弟子曰”應是。

［28］屈：麗初本、趙本、興聖寺本作“掘”誤，磧本同麗再本。

［29］綱：麗再本、麗初本、趙本作“網”，今從磧本。

［30］十：諸本同，趙本作“千”誤。案，銅在中古時期的中國屬稀闕金屬，不可能一人之力造達“千軀”。

［31］中人：諸本作“人中”，今從磧本。

唐終南山豐德寺釋智藏傳十三

釋智藏，姓魏氏，華州鄭縣人也[1]。十三出家，事藹法師[2]。當西魏之世，住長安陟岵寺。值周滅法，權處俗中，爲諸信心之所藏隱。雖王禁剋切，不懼刑憲，剃髮法服，曾無變俗。迄至隋初，乃經六載，晦迹人間，不虧道禁，自有同塵，莫敢聯類矣。移都龍首，住大興善。

開皇三年，乃卜終南豐谷之東阜，以爲終世之所也。即昔隱淪之故地矣。山水交映，邑野相望，接叙皂素，日隆化範。後文帝勑左衛大將軍晋王廣就山引見。藏曰：“山世乃異，適道不殊，貧道居山日積，意未移想，陛下國主之體[3]，不奪物情。”爲宗王具聞帝。帝歎訝久之，乃遣内史舍人虞世基宣勑慰問，并施香油、熏爐及三衣什物等，仍詔所住爲豐德寺焉[4]。每至三長之月，藏盛開道化[5]，以智論爲言先[6]，凡所登踐者，皆理事齊稟。京邑士女，傳響相趍，雲結山阿，就聞法要。逮武德初歲，爰置僧官，衆以積善所歸，乃處員内，道開物悟，深有望焉。雖預僧僚而身非世撿[7]，時復臨叙，終安豐德。

以武德八年四月十五日遘疾，少時終於所住，春秋八十五。

然藏青襟入道，自撿形神，不資奢靡，不欣榮泰。時居興善，官供頻繁，願存乞食，盡形全德。縱任居僧務，夏雨冬冰而此志不移[8]，終不妄噉僧食。

晚居西郊柏林墓所,頭陀自静。文帝出遊,遇而結歎[9],與諸官人等[10],各捨所著之衣,百有餘聚。藏令村人車運,用充寺宇。故使福殿輪奂,迥拔林端,靈塔架峰,迢然雲表[11],致有京郊立望,得傳遥敬矣。又爰初受具[12],以布大衣,重補厚重,可齊四斤[13],六十五夏,初無一離。受日説欲,由來未傳,常坐一食,終乎大漸。而狀形超挺[14],唐量八尺二分,質貌魁梧,峙然峰崿之相。常居寺之南岫,四十餘年,面臨深谷,目極天際。俓途四里[15],幽梗盤岨,不易登升,而藏手執澡瓶,足躡木履[16],每至食時,乘崖而至,午後還上,初無顛墮[17]。因斯以談,亦雄隱之高明者[18]。故圖寫像供[19],于兹存焉。京師慈門寺沙門小曇欽藏素業,爲建碑于寺門之右,潁川沙門法琳製文。

【校注】

[1] 華州鄭縣:西魏廢帝三年改東雍州爲華州,華州領華山郡、白水郡,華山郡領鄭縣、敷西二縣。北周時郡治移今拾村,四年縣治又移今郭村;大業三年州廢,屬京兆郡。隋開皇三年廢華山郡,大業三年廢華州,鄭縣屬京兆郡管轄,縣治遷至今縣西。義寧元年割京兆郡之鄭縣、華陰,復置華山郡。唐武德元年改華山郡爲華州,割雍州渭南縣來屬,武德五年渭南復隸雍州。垂拱元年割同州下邽來屬,華州轄鄭縣、華陰、下邽三縣,州治在鄭縣。

[2] 藹法師,即静藹法師,傳見本書卷二三。

[3] 陛:諸本同,興聖寺本作"階"。

[4] 豐德寺:在今陝西省西安市長安區灤鎮灃峪口東山坡上。

[5] 道:諸本同,磧本作"導"誤。

[6] 智:諸本同,興聖寺本作"知"。

[7] 僧:磧本、麗初本、興聖寺本作"曹",趙本同麗再本。

[8] 冰:諸本同,趙本作"水"誤。不:諸本同,磧本作"罔",趙本同麗再本。

[9] 結:諸本同,據文意或當爲"嗟"。

[10] 官人:諸本同,磧本作"宫人人"應是。案,據文意,作"宫人"衣物可捨,作"官人"身著官服則不可捨。

[11] 迢:磧本、興聖寺本作"苕",麗初本、趙本同麗再本。案,"苕"作高遠義,同"迢"。

[12] 爰:諸本同,磧本脱。

[13] 斤:麗再本、麗初本、趙本作"斗",興聖寺本作"升",今從磧本。

[14] 狀形:諸本同,磧本作"形狀"。

[15] 俓:諸本同,磧本作"經"。案,"俓"即徑,過義。

[16] 木:諸本同,興聖寺本作"大"形。

[17] 墮:諸本同,興聖寺本作"隨"誤。

[18] 明:諸本同,磧本作"朗"應是。

[19] 圖:麗初本、趙本、興聖寺本作"圓"誤,磧本同麗再本。

唐雍州津梁寺釋法喜傳十四

釋法喜，俗姓李，襄陽人也。七歲出家，顗禪師爲其保傅[1]。顗道素温贍，有聞同侣。後住禪定，將終前夕，所居房壁，自然外崩。顗曰："依報已乖，吾將即世。"於是端坐閉目，如有所緣，奄然而卒。初不覺也。

自喜恭恪奉侍，積經載紀，而顗專修定業，略於言誨，便以觀量知人。審喜機度，事逾先習，不肅而成，鑽仰景行，惟德是輔。荆州清溪山寺[2]，四十餘僧，喜爲沙彌，親所供奉。晝則炊煮薪蒸，夜便誦習經典。山居無炬，燃柴取明，每夕自課，誦通一紙，如是累時，所緣通利。雖學諸經部類，而偏以法華爲宗，常假食息中間兼誦一卷，餘則專以禪業繫念。在前纔有惛心，便又温故。

仁壽年内，文帝勑召，追入京師[3]，住禪定寺。供禮隆異，儉行爲先，接撫同倫[4]，謙虚成德。爰有佛牙舍利，帝里所珍，槃以寶臺[5]，處之上室，瑣寶溢目，非德不弘[6]。大衆以喜行解潛通，幽徵屢降[7]，便以道場相委，任其監護。喜遂綱維供養[8]，日夕承仰。又以顗師去世，意欲冥被靈爽，願誦千遍法華。因即不處舊房，但用巡繞寺塔，行坐二儀，誓窮本願，數滿八百。精厲晨宵[9]，繫心不散，覺轉休健。同寺僧者，見有白牛駕以寶車[10]，入喜房内，追而觀之，了無蹤緒，方知幽通之感，有遂教門。而卑弱自守，營衛在初，諸有疾苦，無論客舊，皆周給瞻問[11]，親爲將療，至於屎尿膿吐，皆就而軟之[12]。然則患疾之苦，世所同輕，而喜都無汙賤，情倍欣懌，以爲常業也。致有遠近道俗，帶疾相投[13]，皆悦慰其心，終其報類。或有外來問疾[14]，並爲病者陳苦[15]。有問其故，喜云[16]："病人纏惱，來問致增故耳。"

武德四年，右僕射蕭瑀於藍田造寺，名曰津梁[17]，夙奉徽風，嘉其弘度，召而居之。時屬運開，猶承飢荐，四方慕義，相次山門，便減撤衣資，用充繼乏[18]。禀歸行務，衆所宗焉，凡有遲疑，每爲銷釋，並會通旨理，暢顯神心，而爲行沉密[19]，卒難備紀，傳者嘗同遊處，故略而述之。

後乃屏退自資，超居衆伍[20]。驪山南阜[21]，鄉號廬陵，即九紀之故墟也；北負露臺之嶺，南對赫胥之陵，交澗深林[22]，仙賢是集，即卜而宅之[23]，乃有終焉之志。篤勵子弟，誘導山民[24]，福始罪終，十盈八九。貞觀初年，夜涉其半，見有焰火數炬，從南而來，正趣山舍。僧俗驚散，慮是賊徒，以事告喜。喜曰："此應無苦，但自修業。"至明尋顧[25]，不知所由。其居處降靈[26]，皆此類也。

六年春，創染微疾，自知非久，强加醫療，終無進服。至十月十二日，乃告門人："無常至矣[27]，勿事囂擾，當嘿然静慮，津吾去識，勿使異人輒入房也。”時時唱告“三界虚妄,但是一心”。大衆忽聞林北有音樂車振之聲[28],因以告之。喜曰:“世間果報,久已捨之,如何更生樂處,終是纏累。”乃又入定,須臾聲止,香至充滿,達五更初,端坐而卒,春秋六十有一。形色鮮潔,如常在定。初平素之日,歷巡山嶮,行見一處幽隱,可爲栖骸之所,命弟子示之。及其終後,寺僧屬其儀貌端峙,不忍行之。鑿山爲窟,將欲藏瘞,爾夕暴雪忽零[29],有餘一尺,周迴二里,蔽於山路,遂開行送[30]。中道降神於弟子曰:“吾欲露屍山野,給施衆生,如何埋藏,違吾本志?雪平荒逕,可且停行。”衆不從之,乃安窟内,經久儼然,都無摧腐。宋國公親往觀之[31],神色如在,歎善而歸。爾後怪無損壞[32],遂舉其納衣,方見爲物所噉,頭項已下,枯骨鮮明。詳斯以論,寔本願之所致耳[33]。

且喜學年據道,事仰名師,青溪禪衆,天下稱最,而親見奉養,故得景行成明,日光聲采。加以敬慎戒約,聞即依行,計業分功,步影而食,時少覺茗,必虚齋而過。晦望懺洗,清心布薩。安卹貧病,固是常宜;衣弊食麄,誠其恒志。輕清拯濟,見美東郊矣。

【校注】

[1] 傅:磧本作“傳”誤,麗初本、趙本同麗再本,興聖寺本字迹不清。

[2] 荆州清溪山寺:案在今湖北省當陽市雲夢山。

[3] 入:諸本同,磧本作“隸”。

[4] 撫:諸本同,興聖寺本作“無”形。

[5] 檠以寶臺:磧本、興聖寺本作“擎以寶臺”應是,麗初本、趙本作“檠以案寶”誤。案,“檠”本義爲矯正弓弩的器具,又有燈台、燈義。

[6] 弘:諸本作“知”,今從磧本。

[7] 徵:麗再本、麗初本、趙本作“微”,今從磧本、興聖寺本。降:麗初本、趙本作“隆”誤,磧本、興聖寺本同麗再本。

[8] 綱:麗初本、趙本作“網”誤,磧本、興聖寺本同麗再本。

[9] 精:磧本、興聖寺本作“情”誤,麗初本、趙本同麗再本。

[10] 白牛駕以寶車:典出法華經卷二譬喻品:“其車高廣,衆寶莊校,周匝欄楯,四面懸鈴,又於其上張設幰蓋,亦以珍奇雜寶而嚴飾之,寶繩交絡,垂諸華纓,重敷婉筵,安置丹枕。駕以白牛,膚色充潔,形體姝好,有大筋力,行步平正,其疾如風。又多僕從而侍衛之。”喻指法喜得大乘法。

[11] 瞻:諸本同,磧本作“贍”誤,“贍”與“周給”意重。

[12] 欶:諸本同,麗初本作“味”誤。

[13] 疾:諸本同,興聖寺本作“病”。

[14] 疾:諸本同,興聖寺本作“病”。

[15] 病:諸本同,磧本作“痛”。

[16] 喜:諸本同,磧本作“答”。

［17］曰：諸本無，今據磧本補。

［18］乏：諸本同，麗初本作“之”。

［19］暢顯神心而爲行沉密：麗初本、興聖寺本作“暢顯沉密”，磧本、趙本同麗再本。又，趙本之“神心而爲行沉密”爲小字雙行夾注。

［20］伍：麗初本、趙本、興聖寺本作“五”，磧本同麗再本。

［21］驪：麗初本、趙本作“矖”誤，磧本、興聖寺本同麗再本。案，光緒藍田縣志卷六記載，藍田有華胥氏陵、尊盧氏陵。長安志卷一六載：“灞水之源出藍田谷西，又西有尊盧氏冢，次北有女媧氏谷，則知此地是三皇舊居之所。”可知廬陵鄉，即本尊盧氏陵而來，其地在藍田縣城東十五公里處，北不過驪山，南不過灞河，極有可能在灞河河谷藍田縣金山鎮。案，“露臺嶺”，即驪山之主峰，漢書卷四文帝紀“贊”師古注：“今新豐縣南驪山之頂有露臺鄉，極爲高顯，猶有文帝所欲作臺之處。”

［22］交：諸本同，興聖寺本作“文”形。

［23］宅：諸本同，麗初本作“定”誤。

［24］民：諸本同，磧本作“人”，當爲避唐諱而改。

［25］至明：諸本作“及至”，今從磧本。

［26］其：諸本同，磧本作脱。

［27］至矣：諸本同，磧本作“已及”。

［28］振：諸本同，磧本作“震”是。

［29］夕：磧本作“一夕”似衍；趙本作“多”，亦誤。

［30］遂開行送：磧本作“遂行開道”，趙本同麗再本。待考。

［31］宋國公：麗再本、麗初本、趙本作“宗國公”誤，今從磧本、興聖寺本。案，查史籍，唐初無“宗國公”，有宋國公，即蕭瑀。

［32］壞：麗初本、趙本脱，磧本、興聖寺本同麗再本。

［33］所：諸本同，磧本脱。

續高僧傳卷第二十

習禪五本傳十四　附見五

唐相州寒陵山寺釋道昂傳一靈智

釋道昂，未詳其氏，魏郡人[1]。履信標宗，風神清徹；獨懷異操，高尚世表；慧解夙成，殆非開悟，初投于靈裕法師而出家焉。裕神識剛簡，氣岸雲霄，審量觀能，授其明訓。昂飲沐清化，愛敬親承，歲積炎凉，齊蹤上伍，常於寒陵山寺陶融初教[2]，綱領玄宗；日照高山[3]，此焉攸屬[4]。講華嚴、地論，稽洽博詣，才辯天垂，扣問連環[5]，思徹恒理。而混斯聲迹，撝謙藏用，幽贊之功，諒擬前傑。化物餘景，志結西方，常願生安養，履接成務。故道扇漳河，咸蒙惠澤。

後自知命極，預告有緣：至八月初，當來取別。時未測其言也。期月既臨，一無所患，問齋時至未？景次昆吾[6]，即昇高座。身含奇相，爐發異香，援引四衆，受菩薩戒。詞理切要，聽者寒心。于時七衆圍繞，餐承遺味，昂舉目高視，乃見天衆繽紛[7]，絃管繁會[8]。中有清音遠亮，告於衆曰："兜率陀天[9]，樂音下迎。"昂曰："天道乃生死根本，由來非願。常祈心净土，如何此誠，不從遂耶？"言訖，便覩天樂上騰，須臾還滅[10]。便見西方[11]，香花伎樂充塞如團雲，飛涌而來[12]，旋環頂上，舉衆皆見。昂曰："大衆好住，今西方靈相來迎[13]，事須願往。"言訖，但見香爐墜手，便於高座，端坐而終，卒于報應寺中，春秋六十有九，即貞觀七年八月也。道俗崩慟，觀者如山。接捧將殯殮[14]，足下有"普光堂"等文字生焉[15]。自非道會靈章[16]，行符鄰聖者，何能現斯嘉應哉？于斯時也，遐邇嗟詠[17]，氣結成陰。坐既加趺，掌文仰現，預覩相迹，悲慶相臨。還送寒陵之山，鑿窟處之，經春不朽，儼然如初。

自昂道素之聲，被于東夏，慈潤温柔，德光攸屬。嘗養犬一頭，兩耳患聾，每將自逐，減食而施，及昂終後，便失所在。

又登講之夜,時屬陰暗,素無燈燭,昂舉掌高示,便發異光,朗照堂宇[18]。大衆覩瑞,怪所從來。昂曰:“此光手中恒有耳[19],何可怪耶?”其栖業隆深,幽明感應,誠不可度也,故是道勝高世之人矣。

時相州有靈智沙門,亦裕公弟子也,機務亮敏,著名當世。常爲裕之都講,辯唱明衷[20],允愜望情。加以明解經論,每昇元席[21],文義弘遠,妙思霜霏,難問鋭指,擅步漳鄴[22],故使四海望塵,俱敦聲教。後便忽覺智涯難極,法行須依,徒設舟航,終須艤棹,即屏絶章疏,更修定業[23]。步晷守心[24],懷虚成務,乞食頭陀,用清靈爽[25],垂行物範,光德生焉。貞觀八年,終於鄴下,春秋七十有五[26]。後諸學行儉約[27],附其塵者衆焉。

【校注】

[1] 魏郡:北魏時,移郡治曲梁,今河北省永年縣。北周大象三年,廢魏郡。隋大業三年,改相州爲魏郡,統十一縣。唐武德元年,原魏郡改相州。

[2] 寒陵山:即韓陵山,在今河南省安陽市東北九公里處,山頂有北魏永熙三年建立的安國寺。

[3] 案,“日照高山”取於天台智顗“五時”説,即佛在最初講法之時爲“初爲大乘根熟者”講華嚴經,如日照高山時,與“陶融初教”相呼應,“初教”即華嚴經。

[4] 攸:諸本同,興聖寺本作“攸”形。

[5] 問:諸本同,興聖寺本作“門”誤。

[6] 吾:諸本同,興聖寺本作“五”誤。

[7] 乃:麗再本、趙本作“及”,今從磧本、麗初本、興聖寺本。

[8] 絃管:諸本同,磧本作“管絃”。

[9] 率:諸本同,興聖寺本脱。

[10] 還:諸本作“遠”,今從磧本。

[11] 見:諸本同,興聖寺本脱。

[12] 涌:諸本同,興聖寺本作“誦”形。

[13] 靈:諸本同,興聖寺本作“雲”誤。

[14] 殯殮:麗再本、趙本作“殯撿”,興聖寺本作“殯檢”,今從磧本。

[15] 普光堂:案,澄觀七處九會頌釋章:“西域相傳,此堂去菩提樹東南二三里許,在尼連禪河曲内,諸龍爲佛所作。如來於中放相輪光,遍照十方無邊世界,是故名爲普光堂。”又法藏華嚴探玄記卷四:“普光堂在菩提樹東南可三里許熙連河曲内,佛初成道,諸龍見佛樹下露坐,遂爲佛造此法堂。”又據華嚴經,佛講法華經七次,其中在天界講四次,人界三次,其中一次在普光堂。普:諸本同,興聖寺本作“並”。

[16] 章:磧本作“彰”,趙本同麗再本。案,“靈章”指佛經,故“彰”作動詞爲誤。

[17] 詠:諸本同,磧本作“歎”。

[18] 朗:諸本同,磧本作“明”。

[19] 耳:諸本同,興聖寺本作“所”。

[20] 辯:磧本、興聖寺本作“辨”,麗初本、趙本同麗再本。

[21] 昇：磧本作"即"似劣，趙本作"晃"誤。
[22] 擅：諸本作"檀"，今從磧本。
[23] 更：諸本同，磧本作"便"誤。
[24] 畧：諸本同，興聖寺本作"略"誤。
[25] 靈爽：諸本同，趙本作"露湛"誤。
[26] 十：諸本同，興聖寺本脱。
[27] 行：諸本同，趙本作"徒"誤。儉約：磧本作"倫巧"，興聖寺本作"倫約"，麗初本、趙本、資本同麗再本。案，"行儉約"即禪學。

唐京師大莊嚴寺釋道哲傳二 道成[1] 静安

釋道哲，姓唐，齊郡臨邑人[2]。初投潁川明及法師，學十地、地持，爲同聽者所揖。具戒已後，正奉行門[3]。又從魏郡希律師禀承四分。希亦指南一時，盱衡五衆。受教博曉，將經六載，輕重筌宗，究其文體。但爲戒慧雖通，未懷定業，有河内詢禪師[4]，衆推不測，匠首當今，嘉哲至誠，傾襟爲説。一悟真諦，霍然大通，禪侣相謝，解齊登室。

聞京邑道盛，乃步從焉。初至，住仁覺寺，沙門曇遷有知人之譽[5]，敬備師禮，從受攝論。研味至理，曉悟其文，標擬有方，豈惟聲教，遂厭辭人世，潛于終南之駱谷也[6]。山粒難接，授受須凈，既闕使人，遂虚腹累宵，欣兹味定。有清信士張暉陪從多年，請益供奉。因蹔下山，忽逢重雪，懸路既擁，七日方到。哲以雖對食具，爲無人授，守死正念，暉披雪至庵，彈指覺悟，方從定起。斯寔謹慎資持，爲此例矣。

京師大莊嚴寺，以哲素有道聲，延住華館。初從衆意，退居小室，一食分衛，不受僧利，衆益重之。盩厔縣民[7]，昔以隱居駱谷，得信者多，相率迎請，乃往赴焉。營構禪宇，立徒策業，山俗道侣，相從屯赴。教以正法，訓以律儀，野逸是憑[8]，聞諸京輔。

忽一旦，謂門人曰："無常及矣，大衆難見，冥目既至[9]，長恨何言。"遂東歸莊嚴，訊問名德，奄然卒於故房，春秋七十二矣，即貞觀九年正月也。葬于京之西郊。長城故人[10]，慕仰聲範[11]，遂發冢迎柩，還歸盩厔。行道設齋，以從火葬，收其餘燼，爲起塔於城西二里[12]、端正樹側、龍岸鄉中，列植楊柏，行往揖拜。

然哲迥發天才，學不師古，撰百識觀門十卷、智照自體論六卷、大乘聞思論等行世。[13]

弟子静安、道誠，並承習厥宗，匡務有叙。安，掩迹林泉，念定存業[14]。

誠，行感玄解，謙穆自修，包括律部，講導時接[15]。初住大莊嚴寺以傳業[16]。高令徵入瑤臺[17],匡化於彼,餘波潛被,盛績京師。

【校注】

[1] 成:磧本作"誠",趙本同麗再本。

[2] 齊郡臨邑:即今山東省臨邑縣。南朝宋孝建二年將原漯陰縣和著縣部分土地合併,取漢時東郡臨邑縣(今東阿)之名,僑置臨邑縣,屬魏郡。至此漯陰縣改成臨邑縣。北魏臨邑縣屬東魏郡,北齊屬濟南郡,隋屬齊郡。唐武德元年屬譚州,貞觀元年屬齊州濟南郡。

[3] 正:諸本同,磧本作"止"。案,"行門"即修行的法門。

[4] 詢禪師:即曇詢禪師,傳見本書卷一六,晚住汲郡淋落泉寺,影響力覆蓋河北、河南、山西。

[5] 譽:諸本作"舉"誤。案,"曇遷"原學地論學,後到南朝學攝論學,傳見本書卷一八。

[6] 駱谷:在今陝西省周至縣西南十五公里處,爲關中通漢中的重要路綫。

[7] 縣:諸本同,興聖寺本作"懸"。

[8] 憑:諸本同,興聖寺本作"凴"。

[9] 目:麗初本、興聖寺本作"日",磧本、趙本同麗再本。

[10] 長城故人:案,"長城"即長城戍。現周至縣城在十六國、北朝早期稱爲長城戍,北周武德三年縣治遷於此地。

[11] 慕仰:磧本作"仰慕",麗初本、興聖寺本、趙本同麗再本。

[12] 塔:諸本同,磧本作"塼塔"。里:諸本同,磧本作"重"誤。

[13] 案,道哲著作全佚。

[14] 念定存業:磧本作"念定在業"誤,永北本作"念趣在業",麗初本、興聖寺本、趙本同麗再本。

[15] 導:諸本作"道",今從磧本。

[16] 大:諸本同,磧本無。

[17] 令:麗再本、麗初本、趙本作"今",今從磧本、興聖寺本。案,"瑤臺"即瑤臺寺,唐會要卷二〇陵議:"貞元十四年四月,詔曰:'昭陵舊寢宫在山上,置來多年。曾經野火燒爇,摧毁略盡,其宫尋移在瑤臺寺側。'"在今陝西省禮泉縣九峻山昭陵西南十八里處。案,"高令",唐初宰相姓高者,只有高士廉和高季輔,高士廉未做過尚書令、中書令,故"高令"當爲做過中書令的高季輔。

唐潞州法住寺釋曇榮傳三

釋曇榮,俗姓張氏[1],定州九門人,源南鄧而分派,因封而居高陽焉。[2]年十九,時爲書生,刻意玄理,寄心無地。因靈裕法師講華嚴經,試往聽之[3],便悟宏範[4],略其詮致。乃投裕焉[5]。裕神厲氣清,觀榮勤攝,遂即度之。及受具後,專業律宗。經餘六載,崇履禁科,滌暢開結[6]。乃更循講肆,備聞異部，偏行大業，故以地持爲學先。

屬周廢二教，韜形俗壤[7]，雖外同其塵，而内服道味。及隋再弘佛教[8]，不務公名，隨緣通化，曾無執著。年登四十，務道西遊，行至上黨潞城、黎城諸山，依巖結宇[9]，即永潛遁。既懿德是充，緇素歸仰，便開拓柴障，廣樹禪坊，四遠聞風，一期翕至。榮形解雄邃，稱病設方，諸有餐飲，咸歆至澤。禮供日隆，投告填委[10]。以隋末凌亂[11]，人百從軍[12]，預踐兵飢[13]，希全戒德。榮欲澄汰先染，要假明猷，事在護持，躬當法主。每年春夏立方等般舟，秋冬各興坐禪、念誦。僧尼别院，故處有四焉，致使五衆烟隨，百供鱗集，日增慶泰，歡躍成誼。自晋、魏、韓、趙、周、鄭等邦釋種[14]，更新其戒者，榮寔其功矣。

嘗往韓州鄉邑縣延聖寺[15]，立懺悔法。刺史風同仁素奉釋門，家傳供養，送舍利三粒，遺行道衆。榮年垂八十，親率道俗三千人，步出野迎[16]。路由二十餘里，儐從之盛，譽滿當時。既達寺中，乃告衆曰："舍利之德，挺變無方，若累業有銷，請祈可遂[17]。"乃人人前，别置水鉢[18]，加以香爐，通夜苦求。至明，鉢内總獲舍利四百餘粒。聲名達于鄉邑，縣令懼其聚衆，有墜條章，怖停其事[19]。當夕[20]，怪獸鳴其廳宇[21]，官民竟夜不安，明旦陳悔，方從榮法。斯德被聖凡，皆此之例。武德九年夏，於潞城交漳村[22]，立法行道，所住堂舍，忽自崩壞，龕像舍利，宛然挺出，布在庭中[23]，一無所損。

又貞觀七年，清信士常凝保等[24]，請榮於州治法住寺，行方等悔法。至七月十四日，有本寺沙門僧定者戒行精固，於道場内見大光明，五色間起，從上而下，中有七佛，相好非常，語僧定云[25]："我是毗婆尸如來，無所著至，真等正覺，以汝罪銷，故來爲證。然非本師，不與授記[26]。"如是六佛，皆同此詞。最後一佛云："我是汝本師釋迦牟尼也。爲汝罪銷，故來授記。曇榮是汝滅罪良緣，於賢劫中名'普寧佛'。汝身器清浄，後當作佛，名爲'普明'。"若斯之應，現感靈祥，信難圖矣。

後卧疾於床，眼中流淚。弟子圓宗曰："和上生來念慧，必無不意[27]，何事悲泣[28]？"答曰："吾死將逼[29]，恨更不得爲諸七衆洗濯罪累耳。"宗曰："何必至此[30]。"答曰："吾縱不死，亦是無用。自佛法再興已來，未省一度不聽説戒。今既病困説欲，斯必死矣。"以貞觀十三年十二月，終於法住寺，春秋八十有五。旋殯于野外。後門徒出其遺骨，葬于寺南，建塔表之。

自榮履歷重難，而崇尚釋風，形器環偉[31]，過於八尺，詞吐温贍[32]，風格遒遠。年登不惑[33]，斷粒練形，常餌守中，用省煩累。而奉教結浄，希見斯人，日到僧廚，問其監膳，必有事染，親看翻穢，並使食具清浄，方始還房。自覿名德，罕聞斯類。又於寺内諸房，多結浄地，用擬四藥温煮之所。故預沾門序[34]，散在諸方，咸承風素，免諸宿觸。又每歲懺法，必具兩儀[35]，二篇已下，依律清之[36]。先使持衣説净，終形立誓，然後羯磨，隨治成人。初聚正罪[37]，雅依大乘[38]，仍令心用理事[39]，無著有空，身口威儀，歸承律撿。故自從訓勖[40]，奉法無虧，皆終諸命報。余因訪道藝，行達潞城，奉謁清儀，具知明略。故不敢墜其芳緒云[41]。

【校注】

[1] 姓：諸本作“緣”應是。

[2] 案，“九門縣”故治在今河北省石家莊市藁城區東北西北十五公里九門古城址。漢高祖五年置九門縣，屬常山郡，北齊省九門縣，隋開皇六年復置九門縣，次年再廢，尋復置，至北宋開寶六年九門縣省入藁城縣。“張氏”望出南陽白水，故稱“源南鄧”。又案，“高陽郡”漢桓帝時置，治所在高陽縣（今河北省高陽縣東舊城）。後省。西晉泰始元年置高陽國，北魏改置爲郡，仍治高陽。隋開皇三年省，大業三年改定州爲博陵郡，後改爲高陽郡，故曰“居高陽”也。

[3] 試：諸本同，興聖寺本作“誡”誤。

[4] 便悟宏範：諸本同，磧本作“便徹悟玄範”。

[5] 乃投裕焉：諸本同，磧本作“乃投裕爲師”。

[6] 滌：磧本作“條”，趙本作“篠”，興聖寺本不清似作“脩”形，均誤，麗初本同麗再本。

[7] 韜形俗壤：即藏形俗壤。“韜”，説文卷五“劍衣”，段注“引伸爲凡包藏之偁”。

[8] 及隋再弘佛教：磧本作“及隋初再教”，麗初本、興聖寺本作“及隋弘再教”，趙本同麗再本。

[9] 結：諸本同，趙本作“經”誤。案，“上黨潞城、黎城”，即今山西省長治市下轄之潞城市和黎城縣。

[10] 告：諸本同，磧本作“造”。

[11] 陵：磧本作“陵”，麗初本、趙本、興聖寺本作“淩”。

[12] 軍：諸本同，磧本作“運”誤。

[13] 兵：諸本同，磧本作“丘”。

[14] 晋、魏、韓、趙、周、鄭等邦：晋州，治當今山西省臨汾市。魏州，唐轄境相當今河北大名、魏縣，河南南樂、清豐、範縣，河北館陶，山東冠縣、莘縣等縣地。韓州，北周、唐所置韓州位於山西襄垣一帶。趙州，轄境在北齊、隋與唐略有不同，唐代轄平棘、欒城、元氏、癭陶、贊皇、柏鄉、臨城、昭慶（今隆堯）。周，指洛陽。鄭州，轄境略與今同。曇榮影響範圍大致爲今山西省臨汾、長治地區及以南；河北省太行山東麓石家莊以南；河南省黄河兩岸地區、山東省西北角。

[15] 邑：諸本無，今據磧本補。

[16] 出：諸本同，磧本脱。

[17] 祈：諸本同，磧本作“所”誤。

[18] 置：諸本同，興聖寺本作“景”。

[19] 怖：諸本同，磧本作“悕”誤。

[20] 當：麗初本、趙本作“嘗”誤，磧本、興聖寺本同麗再本。

[21] 廳：諸本同，興聖寺本作“聽”誤。
[22] 漳：諸本同，磧本作“障”。
[23] 在：諸本同，磧本作“往”。
[24] 凝：諸本同，磧本作“疑”。
[25] 云：諸本同，興聖寺本作“去”誤。
[26] 授：諸本同，磧本作“扙”誤。
[27] 無：諸本同，興聖寺本脱。
[28] 泣：諸本同，興聖寺本作“位”形。
[29] 死：諸本同，磧本作“死日”。
[30] 至：諸本同，磧本作“致”誤。
[31] 環：諸本同，興聖寺本作“壊”形。
[32] 贍：磧本、興聖寺本作“瞻”誤，麗初本、趙本同麗再本。
[33] 惑：諸本同，興聖寺本作“或”。
[34] 沾：諸本同，磧本作“沽”誤，興聖寺本亦近“沽”形。
[35] 案，“兩儀”，指懺悔過程中的兩種儀式：先行禮贊，稱禮懺儀；懺悔再行發願回向，稱懺願儀。具體儀式參見唐代智昇編集諸經禮懺儀。
[36] 案，“依律清之”，概指在懺法過程中加入“説戒”部分，然後根據僧徒自白依戒律懺悔。“二篇”則不詳。
[37] 初聚正罪：據智顗、灌頂菩薩戒經義疏卷上：“三聚戒：聚，集也，戒，禁戒。此三種戒，能攝一切大乘諸戒，故名三聚戒。”即攝律儀戒、攝善法戒、攝衆生戒，故“初聚”指“攝律儀戒”。攝律儀戒條目有四：一、不得爲利養故自贊毁他。二、不得故慳不施前人。三、不得嗔心打罵衆生。四、不得謗大乘經典。“正罪”即治罪。
[38] 雅：諸本同，興聖寺本作“邪”誤。
[39] 心用理事：即思想和行爲。
[40] 勖：諸本同，興聖寺本作“罪”。
[41] 云：諸本同，磧本無。

唐京師弘法寺釋静琳傳四

釋静琳，俗姓張氏，本族南陽，後居京兆之華原焉[1]。幼齡背世，情附緇門[2]。初誕之日，有外國道人曰：“此兒當貴。若出家者，大弘佛法。”七歲投僧出家，役以田疇[3]，無垂道訓[4]，不果本望，深惟非法也。自顧而言曰：“此而未捨，與俗何殊?”更從一師，服膺正化。遭周滅法，且附俗緣，年在弱冠，希期無怠。會隋氏啓運，即投曇猛法師。乃以二事相攝[5]，經于五年，猶事沙彌，未敢受具。慶蒙開法，欲廣見聞，辭其本師，南遊樊鄧，便於彼部，奉進大戒。既爰初受法[6]，未曉清規，遠赴青齊，聽於律禁。後發前至，爲諸聽先。又於覺法師所，聽受十地。迴趾鄴都炬法師所，採聽華嚴、楞伽、思益。皆通貫精理，妙思英拔，舊傳新解，往往程器。時即推令敷化，講散幽旨，並驚所未聞。而胸臆所懷[7]，猶謂不足，展轉周聽，溥遍東川[8]。

蓄解尋師，又至蒲晋。有沙門道遜、道順者，聲名大德也，留講十地，經于凉燠。雖復聽徒欣泰，而志逾煩梗，下坐處房，撫膺審曰：“法本治病，而今慢法更增，且道貴虚通，而今躭著彌固。此不可也。”即捨講業，專習禪門。初學不净念處等法，又嫌其瑣小，煩穳人慮，乃學大乘諸無得觀。離念唯識，彌所開宗。每習一解，陶練十年，精其昔知，更新後習。而弊食麄衣，情欲斯絶。

後入白鹿山，山糧罕繼，便試以卻粒之法[9]。孤放窮巖，又經累載。山中業定，昏睡惑心[10]，乃臨峭絶懸崖，下望千仞，旁生一樹，纔得勝人，以草藉之，加坐其上，於中繫念，動逾宵日。怖死既重，專深弘觀。後聞泰岳[11]，特多靈異，便往尋之。既達彼山，夜見火炬周環，高曜峰巖[12]，即事追求，累日方至，乃見五六尼衆，匡坐論道。琳初通訊問，共議唯識等理。未盡言問[13]，忽然不見，惆悵久悟，法誠爾也。

後入關中，遇曇遷禪師講開攝論，一聞如舊，慧不新聞。仁壽四年，下勑送舍利於華原石門山之神德寺[14]。琳即於此住，居静課業，行解之盛，名布京師。大業三年，有沙門還原等延請帝城[15]，在明輪、妙象諸寺講揚攝論[16]，識者歸焉。尋即降勑，召入道場[17]，既達東都，禪門更擁。齊王暕，情深理定，每就諮疑[18]，請至本第，從奉歸戒。鴻臚蘇夔，學高前古，舉朝冠蓋，稟宗師訓，爲舟爲梁。高陽道雄、道體，趙郡道獻、明則等，並釋門威鳳，智海明珠，咸承理味，酌以華實。襄陽洪哲，德高楚望，風力俊駭[19]，聞琳聲穆時彦[20]，故來相架。乃致問云[21]：“懷道者多，專意何業[22]？”琳見其詞骨難競，聊以事徵，告云：“山谷高深，意定何在？”哲云：“山高谷深，由來自爾。”琳曰：“若如來言，餘處取土，填谷齊山，爲定高不？”哲悟此一言，致詞歎伏。由是秀穎附津，稽疑重沓，故令譽風宣，彌繁賞會。

琳以象教東漸，法網雖嚴，至於僧儀正度，猶未光闡。欲遍遊閻浮，備殫靈迹[23]。以十三年内，具表聞帝。當蒙恩詔，令使巡方，并給使人、傳國書信。行達襄土，方趣海南，屬寇賊交侵，中國背叛，途路梗澀，還返南陽。

義寧二年，被召入京，住大總持[24]，如常弘演。光陰既積，學者成林[25]。武德三年，正平公李安遠奏造弘法[26]，素奉崇信，别令召之。琳立意離緣，攝慮資道。會隋末壅閉，唐運開弘，皂白歸依[27]，光隆是慶，乃削繁就簡，惟敷中論爲宗，餘則維摩、起信，權機屢展[28]。夜則勖以念慧，每事徵研，並使解出自心，不從他授。玄琬律師道王關河，躬承令則，自餘法侣，歲獻奇倫。任城王及太妃[29]、楚國太妃、安平公主等皇家帝葉，請戒第宅，隆禮頻繁。國子祭酒蕭璟、工部尚書張亮[30]、詹事杜正倫、司農李道裕等，並誓爲弟子，備諸法物,恒令服御。[31]又以徒侶義學[32]、爰缺律宗,乃躬請智首律師敷弘四分,一舉十遍,身令衆先。故使教法住持,京輦稱最,乃至沙彌、浄人,咸明律相[33],誠其功矣。

忽以貞觀十四年秋初染疾,至十月二十六日平旦疾甚。有沙門法常者,盛名帝宇,素與周旋[34],故來執别。琳曰:"不戀此生,未貪來報,緣集則有,緣散則無。"而神氣澄湛,由來不亂。曾病[35],有問疾者,答云:"以己之疾,愍於彼疾,因而流淚,想諸苦趣故也。"便總集僧衆,并諸門人,告曰:"生死道長,有心日促,各宜自敬,無累爾神。"即右脅而卧,尋卒於本寺,春秋七十有六。餘處通冷,惟頂極熱。迄於焚日,方始神散,而形色鮮軟[36],特異常比。送於終南至相寺燒之[37],惟舌獨存[38],再取燒之,逾更明浄,斯即正言之力矣[39]。弟子等四十餘人,奉跪慈顔,無由欽仰,百日之内,通告有緣,共轉大乘總四萬餘卷,并造千粒舍利,木塔舉高五丈,彫飾之美,晃發中天,廣布檀那[40],用酬靈澤。

初,琳居世化,以實録著名,每述至理玄凝,無不垂泣歎奉,言無非涉,事不徒行。有通事舍人李好德者,曾於雒邑受業於琳,後歷官天門[41],弊於俗務,逃流山藪[42],使弟子度之。若准正勑,罪當大辟,後有嫉於德者,罔以極刑。及下獄徵琳,初無拒諱。監獄者深知情量,取拔無由,事從慮過[43],釋然放免。識者以實語天梯[44],至死知量,是莫加焉。

自爰初問法,無憚夷險。衣服壞則以紙補之,床席暖則坐於簀上,節之又節,量力强羸。名利不緣,語默沉静,修攝威儀,有異名稱。涕唾莫顯於口鼻,飲食未言於美惡[45]。敬慎之極,夫又何以加[46]? 兼以行位難測,蚤虱不歷於身,縱輒投者[47],尋便走散,斯債負既抵[48],故所報類希焉。嘗居山谷須粒,有待患繁,乃合守中丸一劑[49],可有斗許[50],得支一周,琳服延之,乃經三載,便利之際,收洗重服,故能業定堅明,專注難拔。

時值儉歲,緣村投告,隨得隨施,安樂貧苦。嘗在講會,俗士三人,謀害一怨。兩人往殺,其一中悔,從琳受戒。歲紀經久[51],並從物故。而受戒者忽死心煖,後從醒寤[52],備見昔怨及同謀者論告殺事[53]。其受戒人稱枉不伏,引琳爲證。王即召追證,便有告琳生他方金粟世界[54]。王既感證,因放此人。又琳一生所至伽藍,撝謙自牧[55]。逮至名高福重,櫬錫日增[56],並委侍人,口無再問。及後爲福[57],方恨無財[58]。出以示之[59],琳曰:"都不憶有此物也[60]"。斯寔據道爲務,情無世涉,可書季代,足爲師鏡。自住弘法,敷化四方,學侶客僧,來如闤闠,招慰安撫,隨事優承[61]。而度雜公私,憲章有叙,故使外雖禁固,内實通流[62],山林望而有歸,軌道立而垂則[63]。逮于殁後,此法彌崇,所以京室僧寺五十有餘[64],至於叙接賓禮,僧儀邕穆者,莫高於弘法矣。又寺居古塘[65]，惟一佛堂，僧衆創停，仄陋而已，琳薰勵法侣，共經始之。今則堂房環合，廚庫殷積，客主混同，去留隨意。裕法師云：“以道通物[66]，物由道感；惠由道來，還供道衆，故僧實由客，深有冥功。”裕語有由[67]，琳近之矣。

【校注】

[1] 案，“華原”即今陝西省銅川市耀州區。隋開皇六年，改泥陽爲華原縣，大業二年改屬京兆郡。

[2] 情：麗再本、麗初本、趙本作“清”，興聖寺本作“請”，今從磧本。

[3] 役以：諸本同，磧本作“以役”。

[4] 垂：麗再本作“乖”誤，今據諸本改。

[5] 乃以：諸本同，磧本作“猛”。案，“二事”，即讀經、思維。

[6] 爰：諸本同，興聖寺本作“受”形。

[7] 懷：麗再本、麗初本、趙本作“憶”，今從磧本、興聖寺本。

[8] 溥：諸本本作“博”誤，今從磧本。

[9] 試：磧本、興聖寺本作“誡”誤，麗初本、趙本同麗再本。

[10] 惑：諸本同，麗初本作“感”誤。

[11] 岳：諸本同，興聖寺本作“丘”誤。

[12] 巖：諸本同，隨函録作“巘”。

[13] 間：諸本同，興聖寺本作“問”形。

[14] 神德寺：據南宋陳思寶刻叢編卷一〇：“唐神德寺碑，八分書，不著書、撰人名氏。神德寺，故後魏之會同寺也。唐垂拱三年有司奏自華原之石門山徙於祋栩城北魏龍華寺故基而立之。碑以開元八年立。”“石門山”，所在爲照金鎮，距陝西省銅川市耀州區城區六十公里，再西去八公里即爲石門。1969年4月，在照金鎮寺坪村發現了隋神德寺仁壽舍利及石函，今存耀州區博物館。據舍利塔銘，送舍利高僧爲僧暉，非静琳，則静琳爲仁壽四年後來此修行者。

[15] 原：諸本同，磧本作“源”。

[16] 案，“明輪寺”，據長安志卷一〇，寺在延康坊。“妙象寺”或即褒義寺，據兩京新記卷三：“本隋太保吴武公尉遲剛宅，初剛兄迥置妙象寺於故都城中，移都後，剛舍宅，復立於此，改名褒義寺。其殿堂□宇，竝故都舊寺之林木。”又見長安志卷一〇嘉會坊下。案，據周書，尉遲綱在北周去世，則此寺當是尉遲綱的家人所立，則“褒義寺”世俗或稱其舊名“妙像寺”耶？

[17] 場：諸本同，磧本作“揚”誤。案，“道場”，即位於東都洛陽的内慧日道場。

[18] 疑：麗再本、麗初本、趙本作“款”，今從磧本、興聖寺本。

[19] 駭：諸本同，趙本作“駭”。

[20] 琳：諸本同，興聖寺本作“淋”誤。

[21] 問：諸本同，趙本作“間”誤。

[22] 意：諸本同，興聖寺本作“奇”形。

[23] 殫：麗初本、趙本作“彈”誤，磧本、興聖寺本同麗再本。

［24］住：諸本同，磧本作“在”誤。

［25］林：諸本同，磧本作“宗”誤。

［26］弘法：據唐兩京城坊考卷四，弘法寺在長壽坊北門之東，本弘法寺，武德中光禄大夫李安遠所立，神龍元年改爲大法寺。則知弘法寺與明輪寺、妙像寺均在西市左近，相距不遠。案，“李安遠”傳見舊唐書卷五七，隋末封爲安平縣公，武德七年去世。

［27］白：諸本同，興聖寺本脱。

［28］展：諸本同，興聖寺本脱。

［29］任：諸本同，磧本作“住”誤。

［30］工：諸本同，磧本作“土”。

［31］案，“玄琬”傳見本書卷二二。“任城王”，即李道宗，在武德五年封爲任城王，貞觀十一年改爲江夏郡王。又，“楚國太妃”，李淵子李智雲，因李淵造反被隋殺，後被封爲楚王，武德三年以李世民子李寬襲封。李寬以武德末年卒，無子，貞觀二年以宗室李世都子李靈龜嗣，參見新唐書卷七〇宰相世系表“定州刺史房”。又，據舊唐書卷一九三列女傳，有李靈龜夫人上官氏傳記，李靈壽去世時，上官氏尚年輕，故此處“楚國太妃”當是李靈龜母親。“安平公主”，李淵女，傳見新唐書卷八三。“蕭璟”，傳見舊唐書卷六三蕭瑀傳附。“張亮”，傳見舊唐書卷六九，據傳張亮任工部尚書在貞觀十四年，十五年即任太子詹事出爲洛州都督。“杜正倫”，傳見舊唐書卷七〇，檢查史籍無杜正倫任太子詹事記載，其任太子左右庶子在貞觀七年到十年之間。“李道裕”，無專傳，檢核史書，無任司農卿經歷。下文“智首”傳見本書卷二二、“法常”傳見本書卷一五。

［32］又：麗再本、麗初本、興聖寺本作“久”，今從磧本、趙本。

［33］咸：諸本同，磧本作“盛”誤。

［34］周：諸本同，磧本作“司”誤。

［35］病：諸本同，磧本脱。

［36］鮮：麗初本、興聖寺本作“解”，磧本、趙本同麗再本。

［37］之：麗再本、麗初本、趙本脱，今從磧本、興聖寺本。

［38］存：諸本同，磧本作“在”。

［39］即正言：磧本作“亦弘法”，麗初本、趙本、興聖寺本同麗再本。案，據文意，當爲“斯即正言弘法之力矣”。

［40］檀那：大集經卷四三：“何者檀那？所謂捨施。乃至頭目、手足、所須肢節，皆悉能舍，况復餘物？此名檀那。”又引申爲施主。

［41］天門：案，隋、唐時期無行政區劃名“天門”者，則此“天門”或指東都洛陽？

［42］藪：諸本同，磧本、興聖寺本作“數”誤，麗初本、資本、趙本同麗再本。

［43］案，“慮過”本意爲思慮之過，謀慮出了差錯。太平御覽卷四五〇人事部權謀下引孔叢子：“韓與魏有隙，子順謂韓王曰：昭釐侯，一世之明君也；申不害，一世之賢相也。韓與魏仇敵之國，而釐侯執圭見梁君者，非好卑而惡尊，慮過而計失也。與嚴敵爲鄰，而動有滅亡之變，獨勁不能支二難，故降心以相從，屈已以求存也。申不害慮事而言，忠臣也；昭釐侯聽而行之，明君也。”“事從慮過”指法官審理，判斷“嫉於德者”無事生非，故判静琳爲無罪。

［44］“實語天梯”典出大智度論卷四“須陀須摩王故事”，須陀須摩王答應布施一婆羅

門,中間被飛行鬼王鹿足劫持,須陀須摩王向鹿足請求回去完成布施,鹿足答應。須陀須摩王完成布施後準備到鹿足所,被群臣勸阻,須陀須摩王説偈云:"實語第一戒,實語升天梯,實語爲大人,妄語入地獄。我今守實語,寧棄身壽命,心無有悔恨。"遂前往鹿足所。鹿足深受感動,放王回。

[45] 美:諸本同,磧本作"善"誤。

[46] 以:諸本同,興聖寺本脱。

[47] 投:諸本同,磧本作"捉"誤。

[48] 債:諸本無,今從磧本、興聖寺本。

[49] 劑:麗初本、趙本、興聖寺本作"齊",磧本同麗再本。案,"守中丸"首見東晋葛洪肘後備急方卷四"治卒絶糧失食饑憊欲死方",孫思邈千金翼方卷一二"養性服餌第二"有守中方:"白蠟(壹斤,煉之,凡貳升酒爲一度,煎卻惡物,凡煎伍遍)、丹砂(肆兩,細研)、蜜(一斤,煉之極净),上三味,合丸之如小棗大,初一日服三丸,三日服九丸。如此至九日止。"

[50] 斗:磧本作"升",興聖寺本作"計"誤,麗初本、趙本同麗再本。

[51] 紀:諸本同,資本作"祀",磧本作"忄"旁。

[52] 後從醒悟:磧本作"及從醒寤",趙本同麗再本。

[53] 同:諸本同,興聖寺本作"因"形。

[54] 金粟世界:佛典中無考,或是漢傳佛教的創造,即金粟如來所住之净土世界。參見净名玄論卷二、維摩經義疏卷一。案,"王"即閻羅王。

[55] 撝謙自牧:諸本同,磧本、資本作"曾不涕唾"誤。牧:諸本同,興聖寺本作"拔"形。

[56] 賙:磧本、麗初本作"月"旁,趙本、興聖寺本同麗再本。

[57] 及:諸本同,趙本作"人"誤。

[58] 方:諸本同,磧本作"万"誤。

[59] 示:諸本同,磧本作"下"誤。

[60] 都:諸本同,興聖寺本作"者"誤。不:諸本同,磧本作"下"誤。

[61] 僓:麗再本、麗初本、趙本作"霓",趙本同麗再本。

[62] 流:磧本、興聖寺本作"留"應是,麗初本、趙本同麗再本。

[63] 道:諸本同,磧本作"導"應是。

[64] 僧:諸本同,磧本作"都"。

[65] 古:諸本同,興聖寺本作"土"。墟:諸本同,磧本作"廢"。

[66] 通:諸本同,興聖寺本脱。

[67] 由:麗再本、麗初本脱,今從趙本、磧本、興聖寺本。

唐京師弘福寺釋慧斌傳五

釋慧斌,姓和氏,兖州人也。博覽經藝,文義洞開,偏曉字源,尤明章曜[1]。年十九,鄉黨所崇,爲州助教,而情厭煩梗,懷慕出世。年二十三,方預剪落。尋即歷聽經律,相沿兩載[2]。覩講席諠撓,惟論聲勢,便入臺山,修諸静慮。一入八載,備行觀法,乃往泰山靈巖諸寺,以行道爲務先。年三十四,方隸官名,住泰州梁父甑山存道寺[3]。更尋律部,博聽經論,而性狎禪林,譽彰遐邇。

及獻后云背,禪定攸興[4],下勑徵延,乃旋京邑。于時名望盛德,八表一期[5],各擅英髦,人程鱗翼,而斌夏第最小,聲稱彌隆。衣鉢之外,更無箱襆;容質清素,挺異恒倫;緇素目屬[6],莫不迴向,斯亦象季清厲之僧也[7]。兼以布行純粹,言無品藻,每聞評論,輒即默然。防護戒儀,慈救爲慮,每夏行履,執帚先掃,恐傷蟲蟻故也。隨得利養,密行檀濟,或造漉囊,或施道俗,惟急要者[8],方乃行之[9],仍復累屬[10],勿泄人世。及帝造寺,前訪綱維,京室同美,勿高斌也,乃下詔徵爲弘福寺主[11]。緝諧上下,無敢乖猷。

貞觀十九年十月六日,遘疾終寺,時年七十有二。

自斌之入道,生常恒務,多以行道咒業爲心,或誦釋迦、觀音,或行文殊悔法。歲中八十一日[12],六時行業。前後通數八十道場,身心悦懌,所得法利,未可知也。至於教誡門學,惟論煩惱須斷。每有出罪露過,無不爲之流涕。喜怒不形,誦持無忘,故羯磨之匠,通僧仰屬,道俗歸戒,其徒弘矣。故使魏王以下[13],内外懿親,及梁、宋諸公,皆承戒素。

初斌父朗,有子七人,家世儒宗,斌第二也,仁壽徵入,愛敬無因。朗齒迫期頤,鐘鳴漏盡,今古意絶[14],生死路分,乃於汶水之陰,九逵之會,建義井一區,仍樹豐碑,用裨其德,其銘略云:

> 哀哀父母,載生載育。亦既弄璋[15],我履我復[16]。
> 一朝棄予,山川滿目。雲掩重關,風驚大谷。
> 愛敬之道,天倫在兹。殷憂暮齒,見子無期。
> 鑿井通給,託事興詞。百年幾日,對此長悲。
> 玉檢之南[17],嶧陽之北[18]。獲麟之野,秉禮之國。[19]
> 君有美政[20],俗多儒墨[21]。玉井洞開,高碑斯勒。

【校注】

［1］章曜:"章"指九章算術。"曜"指七曜,合起來指天文律曆算術之學。

［2］沿:諸本同,興聖寺本作"治"形。

［3］案,"泰州",諸本作"秦州",唯興聖寺本作"泰州"是。據新唐書卷三八地理二"兖州魯郡"條:"武德五年以博城、梁父、嬴置東泰州,並置肥城、岱二縣。貞觀元年州廢,省梁父、嬴、肥城、岱入博城。"秦州在今甘肅天水地區,故誤。今從興聖寺本,本卷下同,不一一出校。又據隋書卷三一地理下"魯郡"條下,梁父縣在隋代初年屬兖州,大業二年改兖州爲魯郡,治當今山東省新泰市天寶鎮古城村。"甑山"當爲今徂徠山系之支脉。

［4］攸:諸本同,磧本作"厥"。

［5］八表一期：即八方同時。案，“八表”即八荒，表示邊遠之地。周書卷八：“今四海寧一，八表無塵。”
［6］屬：麗初本、趙本作“囑”，磧本、興聖寺本同麗再本，本卷下同，不一一出校。
［7］厲：諸本同，磧本作“嚴”。
［8］要：麗再本、趙本、興聖寺本無，今從磧本、麗初本補。
［9］方：諸本同，資本作“万”誤。
［10］屬：磧本、麗初本作“囑”，趙本、興聖寺本同麗再本。
［11］弘福寺：長安志卷一〇“修德坊”條：“西北隅興福寺：本右領軍大將軍彭國公王君廓宅。貞觀八年，太宗爲太穆皇后追福，立爲宏福寺。神龍中，改爲興福寺。寺北有果園。復有蓮花池二所。太宗時廣召天下名僧居之，沙門玄奘於西域回，居此寺西北禪院翻譯。寺内有碑，面文賀蘭敏之寫金剛經，陰文寺僧懷仁集王羲之寫太宗聖教序及高宗述聖記，爲時所重。元和十二年，詔築夾城自雲韶門過芳林門西至修德坊通興福佛寺。”案，修德坊在唐長安城東北，西與掖廷宫一街之隔，北與外墎芳林門一街之隔。唐長安城北墎遺址一直没有勘察到，所以弘福寺遺址也很難確定，推測在今西安市北郊火燒碑村左近。
［12］一：諸本同，磧本作“二”。
［13］以：諸本同，磧本作“已”，諸本“以”“已”有時混用。案，“魏王”即李泰，下文“梁宋諸公”指房玄齡和蕭瑀。
［14］意：諸本同，磧本作“斯”。
［15］弄：麗初本、興聖寺本作“王”誤，磧本、趙本同麗再本。
［16］履：諸本同，磧本作“顧”應是，典出詩經小雅蓼莪：“父兮生我，母兮鞠我。拊我畜我，長我育我。顧我復我，出入腹我。欲報之德，昊天罔極。”
［17］玉：磧本、麗初本、興聖寺本作“王”誤，趙本同麗再本。案，郭紹林先生考證，“玉檢”指泰山，今從，參見郭校本續高僧傳本傳。
［18］案，“嶧陽”指嶧山，在山東省鄒城市城南十公里處。
［19］獲麟之野，秉禮之國：指春秋時期魯國，此處指兖州。
［20］君：諸本同，磧本作“居”誤。
［21］墨：麗初本、趙本、興聖寺本作“默”，磧本同麗再本。

唐汾州光嚴寺釋志超傳六[1]

釋志超，俗姓田，同州馮翊人也[2]，遠祖流寓，遂居并部之榆次焉。少在童亂，智量過人，精厲不群，雅度標遠，厭世從道，貫徹藏俞[3]。而二親恃超，更無兄弟，雖述其志，常用抑之，望嗣宗族，遂從儒流，遍覽流略。年垂壯室，私爲娉妻。超聞之，避斯塵染，乃逃竄林野。親姻周覓，藏影無方，既被執身，抑從伉儷。初則合巹爲蹤，終亦同掩私室，冀行婚禮也。惟置一床，超乃抽氈席地，令妻坐上。躬自處床，儼思加坐，勤爲説法，詞極明據。妻[4]便流淚禮謝，辭以相累。頻經宵夕，事等金形，屢被訹勸[5]，誠逾玉質。既確乎難拔，親乃捐而放之[6]。

年二十有七，投并州開化寺慧瓚禪師[7]。瓚志德澄明，行成衆範，未展度限，歷試諸難。志超潔正身心，勤履衆務。僧徒百數，供雜五行；兩食恒備，六時無缺；每有苦役，必事身先。[8]瓚親閲驗其情守節度，令受具。[9]自進戒品，專修行儀，即往定州，尋採律藏，括其精要，删其繁雜。五夏不滿，三教備圓[10]，乃返故鄉，依巖綜習。

初入太原之西比干山[11]，栖引英秀[12]，創立禪林，曉夕勤修，定慧雙啓。四儀託於戒節，二行憑於法依。學觀詵詵，無威而肅。致使聞風，不遠而至。大業初歲，政網嚴明，擁結寺門，不許僧出。超聞之，慨而上諫，被衣舉錫[13]，出詣郡城，望有執送，將陳所諫，而官私弗顧，乃達江都，即以事聞。内史以事非要害，不爲通引，還遣并部。

至隋季多難，寇賊交横，民流溝壑，死者太半，而超結徒勸聚[14]。餘糧不窮，但恐盗竊相陵，便欲奔散，乃以法誡勸，無變爾情，鏡業既臨，逃響何地？衆感其言，心期遂爽，准式禪禮，課時無輟[15]。嘗夜坐禪，忽有群賊，排門直進[16]，炬火亂舉，白刃交臨，合坐端然，相同儀象。賊乃投仗於地[17]，拜伏歸依。超因隨宜誘引，量權授法，咸發心敬，合掌而退。其剛略攝御，皆此類也。

高祖建義太原，四遠咸萃，超惟道在生靈，義居乘福，即率侣晉陽，住凝定寺[18]。禪學數百，清肅成規，道俗欽承，貴賤恭仰。及皇旗南指，三輔無塵，義寧二年，超率弟子二十餘人[19]，奉慶京邑。武皇夙承嘉望，待之若仙，引登太極，叙之殊禮。左僕射魏國公裴寂挺生不世，器璉宏深，第中别院，置僧住所，邀延一衆，用以居焉。亟歷寒暑，業新彌厲，但爲貴遊喧雜，外進無因，必附林薄，方likewise遑慕遠[20]。時藍田山化感寺沙門靈潤[21]、智信、智光等，義解鉤玄，妙崇心學，同氣相求，宛然若舊。遂延住彼山，栖志得矣。攝緣聚結，其赴如雲；賢聖語默，互相敦重。而寺非幽阻，隸以公途，晦迹之賓，卒難承業。乃徇物關表，意在度人，還返晋川，選求名地。

武德五年，入于介山創聚禪侣。巖名抱腹，四方有澗[22]，下望百尋，上臨千仞，泉石結韻於仙室，風雨飄濆於林端[23]。遂使觀者至止，陶鑄塵心，自强誨人，無倦請益。又於汾州介休縣治立光嚴寺[24]。殿宇房廊，躬親締構，赫然宏壯，有類神宫。故行深者巖居，道淺者城隱，師資肅穆，兢業其誠，聆音察色[25]，惟若不足。忽因遘疾，便知不久[26]，誡累殷勤，示以禍福。以貞觀十五年三月十一日，卒於城寺，春秋七十有一。山世同嗟，賓主齊慟，德仁即往，學肆斯分。葬於城南山阜。

自服膺釋種，意在住持，晝夜剋勤[27]，攝諸後學，所以日别分功，禮佛五百[28]，禪結四時。身誡衆侣，有虧殿罰，而自執熏爐[29]，隨唱屈禮，未嘗置地，及以虧拜。及坐禪衆也，互相懲誡，纔有昏睡，親行勵率。有來投造，無不即度，授以戒範，進止威儀，攝養將迎，禮逾天屬。時遭嚴勑，度者極刑，而曾[30]無介懷，如常剃落。致陸海慕義，避世逸僧，憑若大山，依而修道。時講攝論、維摩、起信等，並詳而後説，深致適機。

嘗以武德七年，止於抱腹。僧徒僅百[31]，偏資大齋[32]，麦惟六石，同置一倉，日磨五斗[33]，用供常調。從春至夏，計費極多，怪而撿覆，止磨兩斛[34]。[35]據量此事，幽致可思。又數感異僧，乘虚來往，雖無音問，儀形可驗，纔若惶者[36]，便蒙神警。至於召衆鐘聲[37]，隨時自響，石泉上涌，隨人少多。靈瑞屢興，如此者非一，而奉敬戒法，罕見其儔，護慎威儀，終始無替。自隋唐兩代，親度出家者，近一千人，範師遺訓，在所聞見。傳者昔預末筵[38]，蒙諸惠誥，既親承其績[39]，故即而叙焉。

【校注】

［1］案，諸本同，興聖寺本小標題釋慧斌作傳六，釋志超作傳五，然正文釋慧斌仍爲傳五，釋志超爲傳六，興聖寺本標題爲誤倒。

［2］案，“馮翊縣”，治所即今陝西省大荔縣。隋代大業三年改武鄉縣置，爲馮翊郡治。唐武德元年爲同州治，天寶元年爲馮翊郡治，乾元元年復爲同州治，元初省入同州。則此用唐代制度。又案，“并部之榆次”亦屬唐制，即并州之榆次縣。

［3］案，“藏”即五臟，“俞”即穴位。“藏俞”指五臟之穴位，此處指五臟。

［4］躬自處床儼思加坐勤爲説法詞極明據妻：諸本同，興聖寺本脱。

［5］勸：諸本同，興聖寺本作“觀”誤。

［6］放：諸本同，磧本作“任”。

［7］慧瓚禪師：傳見本書卷一八。

［8］案，“五行”即諸行，種種需求。“兩食”即飲食。印度佛教規定僧侣日唯一食，但漢傳佛教僧侣或作出變通，一天朝暮兩次用食，但此處泛指飲食的供應。“六時”，據大唐西域記卷二，印度將白天晚上劃分爲六個時段，又將一年分爲六個時段。

［9］瓚親閲驗其情守節度令受具：磧本作“瓚親閲驗之，便度令受具”，興聖寺本作“瓚親閲之，驗其情守即，度令受具”，趙本同麗再本，均不通，當爲“瓚親閲之，驗其情守節度，令受具”。

［10］備：諸本作“略”應是。

［11］案，“比干山”，磧本作“北于山”，大正藏校引宫本作“北干山”，麗初本、趙本、興聖寺本同麗再本。案，“比干山”見於元和郡縣圖志卷一三“汾州西河縣”條下，故作“比干山”是。又案，志超入比干山當在仁壽二年，即慧瓚被隋文帝召往長安之年。

［12］秀：諸本同，興聖寺本脱。

［13］被：諸本同，磧本作“披”。錫：諸本同，興聖寺本脱。

［14］徒：諸本同，興聖寺本脱。勸：磧本、興聖寺本作“歡”誤，麗初本、趙本同麗再本。

［15］輟：麗初本、趙本作“輒”誤，磧本、興聖寺本同麗再本。

[16] 直：諸本同，興聖寺本作“真”誤。
[17] 投：諸本同，興聖寺本脱。仗：諸本同，磧本作“伏”誤。
[18] 凝：諸本同，磧本作“疑”誤。
[19] 弟子：磧本、麗初本、趙本作“子弟”誤，興聖寺本同麗再本。
[20] 遠：麗初本、趙本、興聖寺本作“達”，磧本同麗再本。
[21] 化：諸本同，麗初本脱。潤：諸本作“閏”，今從磧本。
[22] 潤：磧本、麗初本、興聖寺本作“聞”，趙本同麗再本。
[23] 漬：麗再本、麗初本、趙本、興聖寺本作“清”，今從磧本。案，即今山西省介休市綿山抱腹巖雲峰寺原址。
[24] 案，據山西歷史地名詞典：“介休縣……故治初在今介休市東南七點五公里，北魏以後在今介休市。”從文意看，頗疑光巖寺在介休故治。今介休縣綿山鎮冀家莊村仍有關於志超的傳説，其中提到光巖寺即在冀家莊村。
[25] 聆：諸本同，磧本作“驗”誤。
[26] 久：諸本同，磧本作“住”。
[27] 剋：諸本同，磧本作“克”。
[28] 禮佛：磧本、興聖寺本作“佛禮”倒，麗初本、趙本同麗再本。
[29] 熏：諸本同，磧本作“香”。
[30] 養將迎禮逾天屬時遭嚴勑度者極刑而曾：諸本同，興聖寺本脱。
[31] 僅：諸本同，趙本作“近”誤。
[32] 大：麗初本、興聖寺本作“火”形，磧本、趙本同麗再本。
[33] 斗：諸本同，興聖寺本作“升”。
[34] 磨：諸本同，興聖寺本作“摩”誤。
[35] 案，據唐代制度，一石等於五十三公斤，一斛約等於一石，十斗等於一石。
[36] 惶：諸本同，趙本作“惰”誤。
[37] 鐘：磧本、興聖寺本作“鍾”，麗初本、趙本同麗再本。
[38] 末：趙本、興聖寺本作“未”誤，磧本、麗初本同麗再本。
[39] 績：磧本作“續”應是，麗初本、趙本同麗再本，興聖寺本字迹不清。

唐蔚州五臺寺釋曇韻傳七

釋曇韻，不詳氏族[1]，高陽人。初厭世出家，誦法華經，有餘兩卷。時年十九，仍投恒岳側蒲吾山，就彼虚静，訖此經部。值栖隱禪師曰：“誦經非不道緣，常誦未即至道，要在觀心離念，方契正道耳。”韻初承此告，謹即受而行之。專精念慧，深具舉捨。

又聞，五臺山者即華嚴經清凉山也，世傳文殊師利常所住處。古來諸僧，多入祈請，有感見者，具蒙示教。昔元魏孝文嘗於中臺置大布寺[2]。帝曾遊止，具奉聖儀。前種華園，地方二頃，夏中發艷，狀同鋪錦，光彩昱耀，亂人心目。如是嘉聞數發，蕩神悦耳，[3]遂舉足栖焉。遍遊臺岳，備見靈相。

初停北臺木瓜寺二十餘歲[4]，單身弔影，處以瓦窯。形覆弊衣，地布草蓐；食惟一受，味不兼餘。然此山寒厲，林生澗谷，自外峰嶺，坦然遐净。韻夜行晝坐，思略昏情[5]，慶其晚逢也。前所誦經，心口不緣，三十餘載，會隙歷試，一字無遺，乃更誦殘文，成其部袠。

至仁壽年内，有瓚禪師者，結集定學，背負繩床[6]，在雁門川中，蘭若爲業。韻居山日久，思展往懷[7]，聞風附道，便從瓚衆。一沐清化，載仰光猷，隨依善友，所謂全梵行也。

屬隋高造寺，偏重禪門，延瓚入京，衆失其主，人各其誠，散歸林谷。韻遂投于比干山，又遊南部離石、龍泉、文成等郡。[8]七衆希向，夷夏大同，十善聿修，緇素匡幸。原此河濱，無受戒法，縱有志奉，皆往太原。夷夏情乖，人皆怯往[9]，致有沙彌三十其歲者。及韻化行，即傳斯教，山城兩衆，皆蒙具足。

唐運伊始，兵接定陽，屢逢屯喪[10]，本業無毁，以夜係晝，攝心無逸[11]。幽栖積久，衣服故弊，蚤虱聚結，曾不棄捐，任其軟噉[12]，寄以調伏。曾以夏坐，山饒土蚤[13]，既不屏除，氈如血凝[14]，但自咎責，願以相酬，情無吝結。如此行施，四十餘年，歲居耳順，忽無蚤虱。韻猶深自責[15]，曰："計業不應即盡，當履苦趣，受其報耳。"又告門人曰："吾見超禪師寄他房住，素有壁虱，不噉超公，乃兩道流出，向餘房内。又見在蠱家食飯[16]，匙接蠱精置于疊下，而快食如故，又不爲患，蠱主懼焉。吾德不及超，何爲致此。"[17]

每年於春秋二時，依佛名法；冬夏正業，則減食坐禪。嘗願寫法花[18]，誓須潔净[19]，數年已來，不能可辦。忽感書生，無何而至[20]，告云："善解抄經。"韻邀以法據，並謂堪能。遂乃安于石室，立净書之。旦入暮出，深怪其行，未盈一旬，七軸俱了[21]。將以禮覷，目前不見。及遭賊抄，藏經巖窟，世静往收，乃委于林下，箱襆久爛而卷色如初。斯感驗奇異，率此類也。

又常居别室，自勤修業，餘有衆侣，難嗣其蹤。每云："吾年事如此，何可放捨？"若坐昏悶[22]，即起禮佛，常策四儀[23]，以道量據。自見勝達，鮮倫其德。以貞觀十六年，端坐終於西河之平遥山[24]，春秋八十餘矣。自韻十九入山，六十餘載，不希名利，不畜侍人，不隸公籍，不行己任[25]，凡有所述職[26]，皆推寄於他焉。

【校注】

［1］詳：諸本同，磧本作"知"。

［2］中臺：諸本同，磧本、資本衍作"中臺東南下三十里大孚靈鷲"。衍文見磧本卷二一釋解脱傳。

[3] 發蕩：諸本同，磧本作“澄”既脱且訛。

[4] 木：諸本同，麗初本作“水”誤。歲：諸本同，興聖寺本衍作“年歲”。

[5] 昏：諸本同，興聖寺本作“民”誤。

[6] 背：諸本作“皆”形，今從磧本。案，在續僧傳宋元刻本中，“背”與“皆”字的筆畫接近不好區分。

[7] 往：麗初本、興聖寺本作“住”誤，磧本、趙本同麗再本。

[8] “比干山”，據元和郡縣圖志卷一三河東道二“汾州西河縣”條：“比干山，在縣北一百一十里。”又道宣撰集神州三寶感通録卷下：“隰州有曇韻禪師，定州人，行年七十。隋末喪亂隱於離石比干山，常誦法花經。”又本卷志超傳記：“初入太原之西比干山。”這三條史料相參合，推測“比干山”或爲今山西省方山縣之北武當山？“離石郡”，北周改懷政郡，治所在離石縣。隋開皇初年省。大業初年，改石州爲離石郡，仍治離石縣。唐武德元年，復改爲石州。“龍泉郡”，北周大象元年，置龍泉郡。下轄長壽縣、平昌縣，屬於汾州。隋開皇五年廢龍泉郡，改汾州置隰州。大業三年，改隰州爲龍泉郡，治所在隰川縣。唐武德元年，恢復州制，改龍泉郡爲隰州，天寶元年，再改隰州爲大寧郡，乾元元年，恢復州制，改大寧郡爲隰州。“文成郡”，治當今山西省吉縣。簡言之，曇韻此次遊歷是從吕梁市沿吕梁山西麓南下一直到吉縣。

[9] 怯：諸本同，興聖寺本作“法”誤。

[10] 屢：諸本同，趙本作“屬”誤。屯：諸本同，興聖寺本作“此”形。喪：諸本同，興聖寺本脱。案，“定陽”即今山西吉縣、鄉寧縣一帶，北魏延興四年在今吉縣境内僑置定陽縣。東魏武定年間定陽郡郡治定陽縣爲西魏占領後，南汾州定陽郡僑置今山西省鄉寧縣界，北齊天保七年省並郡縣廢。

[11] 無：諸本作“乖”，今從磧本。

[12] 欶：磧本、興聖寺本作“味”。噉：諸本同，興聖寺本作“敢”誤。

[13] 饒：諸本同，麗初本作“餘”誤。

[14] 血凝：諸本同，磧本作“凝血”應是。

[15] 深：諸本同，磧本脱。

[16] 蟲：諸本同，興聖寺本作“蟲”誤，下同，不一一出校。

[17] 案，“超公”即本卷志超禪師。綜合志超傳與曇韻傳，在慧瓚禪師應隋文帝召入長安之後，志超與曇韻相伴入比干山習禪。

[18] 嘗：諸本同，磧本作“常”誤。

[19] 須：諸本同，磧本作“願”誤。

[20] 何：磧本、興聖寺本作“爲”誤，麗初本、趙本同麗再本。案，“無何”爲不多久意。

[21] “七軸”即七卷，可知曇韻所鈔爲鳩摩羅什譯本。俱：諸本同，興聖寺本脱。

[22] 昏悶：諸本同，興聖寺本作“民問”誤。

[23] 常：麗再本、麗初本、趙本作“嘗”，今從磧本、興聖寺本。案，“四儀”即行、住、坐、卧。

[24] 案，“西河”爲西河郡之省，北魏的西河郡治所在兹氏，即今山西省汾陽市。北魏孝昌三年在平陽郡僑置西河郡，治僑置永安縣，寄治平陽郡，今山西洪洞西南，領永安、隰城（寄治平陽）、介休（寄治）三僑縣，屬唐州。建義元年，改唐州爲晋州，西河郡屬之。東魏、北齊因之。北周廢隰城、介休入永安，西河郡僅領一縣。隋開皇三

年,廢西河郡入晋州。隋大業三年,改汾州爲西河郡,治隰城(山西汾陽市區),領隰城、永安、平遥、介休、靈石、綿上六縣。唐武德元年以西河郡爲浩州,三年改浩州爲汾州,仍割並州之文水來屬。貞觀元年省介州,以介休、平遥二縣來屬,文水還并州。十七年以廢吕州之靈石來屬。天寶元年改爲西河郡,乾元元年復爲汾州。又,"平遥山"無考,疑爲"平遥縣"或"平遥山寺"之訛,若是平遥山寺,當爲今山西省平遥縣南永城村北之清凉寺原址,參見張力生:平遥山寺今何在,佛教文化2000年第2期。

[25] 行:諸本同,興聖寺本作"得"誤。

[26] 述:諸本同,磧本作"迷"誤。

唐箕州箕山沙門釋慧思傳八[1]

釋慧思,姓郭氏,汾州介休人也。少學儒史,宗尚虚玄,文章書隸,有聲鄉曲。年二十五,在并傳授,初不知佛乘之深奥也。會沙門道曄德盛當鋒,處宗講揚攝大乘論,試往潛聽,冥漠難追[2]。累日詳受,薄知希向[3],因求度脱。傳聞出家要業[4],勿高禪定,即而習焉。三十許載,師承靡絶。又聞念慧相須,譬諸輪翅,遂周尋聖教,備嘗弘旨。冬夏業定,春秋博採[5]。單衣節食,見者發心,道志之倫,往往屯赴,因而結衆於箕山之陰。晝則斂容嘿念,中夜昏塞爲衆説法[6],六時篤課,不墜清猷。

時説死觀,各言其志,有云省約,有志泰甚[7]。思曰:"出家之人,生已從緣,死當自任[8],豈勞人事,送此枯骸?余必一期,當自運耳。"時以爲未經疾苦,故得虚置其言。後覺不悆[9],財經兩日[10],尋告衆曰:"余其死矣。"便起躡履,案行空窟,除屏殘屍,入中加坐,發遣徒侣,累以正命。處既森竦[11],世號寒林,衆不忍離,經夜旁守。至明往觀,端拱如故,就觸其身,方知已卒。春秋五十有五,即貞觀十六年五月矣,因即而殯焉[12]。

【校注】

[1] 箕山:諸本同,磧本作"箕山寺"。據其本傳,慧思在箕山傳法,寺名不詳,故磧本衍。

[2] 漠:諸本同,磧本作"寞"。

[3] 薄:諸本本作"簿",今從磧本。向:諸本同,磧本作"何"形。

[4] 要:麗再本、麗初本、趙本作"德",今從磧本,興聖寺本似作"正"形。

[5] 博:諸本同,磧本作"傅"誤。

[6] 昏:諸本同,興聖寺本作"氏"誤。

[7] 志:磧本、趙本作"云",興聖寺本作"去"誤,麗初本同麗再本。

[8] 任:磧本、興聖寺本作"住"誤,麗初本、趙本同麗再本。

[9] 悆:磧本作"愈",麗初本、趙本同麗再本,興聖寺本字迹不清。

[10] 財：諸本同，磧本作“纔”是。“財”通“纔”。
[11] 竦：諸本同，磧本作“聳”。案，“竦”同“悚”，恐怖意。“聳”，方言卷一三“悚也”。
[12] 即：磧本、興聖寺本脱，麗初本、趙本同麗再本。

唐并州玄中寺釋道綽傳九道撫

釋道綽，姓衛，并州汶水人。弱齡處俗，閭里以恭讓知名。十四出家，宗師遺誥[1]，大涅槃部偏所弘傳，講二十四遍。晚事瓚禪師，修涉空理，亟沾徽績。瓚清約雅素，慧悟開天，道振朔方，升名晋土，綽稟服神味，彌積歲時。承昔鸞師净土諸業[2]，便甄簡權實，搜酌經論，會之通衢，布以成化，克念緣數[3]，想觀幽明，故得靈相潛儀，有情欣敬[4]。

恒在汶水石壁谷玄中寺，寺即齊時曇鸞法師之所立也，中有鸞碑，具陳嘉瑞，事如别傳。[5]綽般舟方等，歲序常弘；九品十觀，分時紹務。嘗於行道際，有僧念定之中，見綽緣佛珠數相，量如七寶大山，又覩西方靈相，繁縟難陳。由此盛德日增，榮譽遠及，道俗子女，赴者彌山。恒講無量壽觀，將二百遍，道悟自他[6]，用爲資神之宅也[7]。詞既明詣，説甚適緣[8]；比事引喻，聽無遺抱。人各掐珠，口同佛號，每時散席，響彌林谷。或邪見不信，欲相抗毁者，及覩綽之相善，飲氣而歸。其道感物情，爲若此也。

曾以貞觀二年四月八日，綽知命將盡，通告事相，聞而赴者，滿于山寺。咸見鸞師在七寶船上告綽云[9]：“汝净土堂成，但餘報未盡耳。”並見化佛住空，天花下散，男女等以裙襟承得，薄滑可愛。又以蓮花乾地而插者七日乃萎[10]。及餘善相，不可殫紀。自非行感倫通[11]，詎能會此乎[12]？

年登七十，忽然齓齒新生如本[13]，全無歷異。加以報力休健，容色盛發，談述净業，理味奔流，詞吐包藴，氣霑醇醴。并勸人念彌陀佛名，或用麻豆等物而爲數量。每一稱名，便度一粒，如是率之，乃積數百萬斛者。並以事邀結，令攝慮静緣，道俗響其綏導[14]，望風而成習矣。又年常自業，穿諸木欒子，以爲數法，遺諸四衆，教其稱念，屢呈禎瑞，具叙行圖。著净土論兩卷[15]，統談龍樹、天親，邇及僧鸞、慧遠，並遵崇净土，明示昌言，文旨該要，詳諸化範。傳燈宇縣，歲積彌新。傳者重其陶鎣風神，研精學觀，故又述其行相。

自綽宗净業，坐常面西，晨宵一服，鮮潔爲體，儀貌充偉，并部推焉。顧瞬風生[16]，舒顔引接，六時篤敬，初不缺行。接唱承拜，生來弗絶，纔有餘暇，口誦佛名，日以七萬爲限，聲聲相注，弘於净業，故得鎔鑄有識，師訓觀門。西行廣流，斯其人矣。

沙門道撫,名勝之僧,京寺弘福,逃名往赴。既達玄中[17],同其行業,宣通净土,所在彌增。今有惰夫,口傳攝論,惟心不念,緣境又乖[18],用此招生[19],恐難繼相[20]。

綽今年八十有四,而神氣明爽,宗紹存焉。[21]

【校注】

[1] 遺:諸本同,磧本作"經"。

[2] 師:諸本同,磧本作"法師"。

[3] 克:諸本同,磧本作"剋"。

[4] 情欣敬:諸本同,興聖寺本脱。

[5] 據(卍續135)净土往生傳卷中道綽傳:"尋憩壁谷玄中寺,寺即後魏曇鸞法師之舊止也。鸞於其寺,久蘊净業,至其亡日,疊有祥異,郡人奇之,捃摭其事,刻之於碑。綽臨其文,彌起深信,於是依附静境,澄寂諸念。"可爲本傳之補充。

[6] 道:諸本作"導",今從磧本。

[7] 之宅:麗初本作"之定",興聖寺本作"定宅",磧本、趙本同麗再本。

[8] 甚:諸本作"其",今從磧本。

[9] 云:諸本同,磧本作"曰"。

[10] 又以蓮花乾地而插者七日乃萎:諸本同,磧本作"又以乾地插蓮華,不萎者七日"。

[11] 倫:麗再本作"倫",今從諸本改。

[12] 乎:諸本同,磧本作"者乎"。

[13] 新:諸本同,麗初本作"雜"誤。

[14] 響:諸本同,磧本作"嚮"。據(卍續107)迦才净土論卷下道綽傳:"從大業五年已來,即舍講説,修净土行。一向專念阿彌陀佛,禮拜供養,相續無間。貞觀已來,爲開悟有緣,時時敷演無量壽觀經一卷。示誨并土晋陽、太原、汶水三縣道俗。七歲已上,並解念彌陀佛。上精進者,用小豆爲數,念彌陀佛,得八十石,或九十石。中精進者,念五十石。下精進者,念二十石。教諸有緣,各不向西方涕唾便利,不背西方坐卧。撰安樂集兩卷,見行於世。"

[15] 兩:諸本同,磧本作"二"。案,"净土論",據迦才净土論卷下道綽傳當爲安樂集,安樂集今存。

[16] 瞬:磧本、興聖寺本作"眄",麗初本、趙本同麗再本。

[17] 達:諸本同,磧本作"遠"誤。

[18] 乖:諸本同,興聖寺本作"卒"形。

[19] 招:諸本同,興聖寺本作"柘"誤。

[20] 相:磧本、興聖寺本作"想",麗初本、趙本同麗再本。

[21] 案,據迦才净土論卷下之道綽傳:"去貞觀十九年歲次乙巳四月二十四日,悉與道俗取别,三縣内門徒就别,前後不斷,難可記數。至二十七日,於玄忠寺壽終。時有白雲從西方來,變爲三道白光,於自房中徹照通過,終訖乃滅。後燒墳陵時,復有五色光三道於空中現,映繞日輪,繞訖乃止。復有紫雲,三度於陵上現,遺終弟子同見斯瑞。若准經斷,並是諸佛慈善根力,能令衆生見如此事。又准華嚴經偈

說：又放光明名見佛，此光覺悟命終者，念佛三昧必見佛，命終之後生佛前。”則知道宣作此傳在貞觀十九年初，之後亦無修訂。

唐密州茂勝寺釋明净傳十[1]慧融

釋明净，密州人[2]，少出家，味定爲業，潔志忠恪[3]，謹厚澄肅。嘗居海畔，蒙山宴坐[4]，經數十載，人莫測之也。後南遊東越天台諸山，禪觀在懷[5]，無緣世習，而衣服繿縷，動止適時，同侶禪徒，未之弘仰。山粒致絶，日至村中，每從乞食。齎還中路，值於群虎，皆張口閉目，若有飢相。净曰：“吾經行山澤多矣，虎兕無心畏之。今列于路旁，豈非爲食耶？”乃以匕抄飯[6]，内其口中。餘者對而噉盡。告曰：“知來食少，輒濟自他，殊不副懷，深用多愧。”明日乞食，虎又如前。頻有此緣，同伴乃異其度。

晚爲山幽地濕，形報苦之[7]，還返海隅，住蒙山側。内遵道觀，外感潛通，令問遠流[8]，靈祇叶應[9]。嘗值亢旱，苗稼並枯。淫祀之流，妄祈邀請，雖加懇惻，終不能致。净曰：“可罷諸邪禱，吾獨能降。”遂結齋静室[10]，七日平旦，雲布雨施，高下滂注。百姓利焉，戴之若聖[11]。

貞觀三年，從去冬至來夏六月，迥然無雨。天子下詔：釋、李兩門、岳瀆諸廟，爰及淫祀，普令雩祭。於時萬里赫然，全無有應，朝野相顧，慘愴無賴。有潘侍郎者，曾任密州，知净能感，以狀奏聞。敕召至京，令住祈雨。告以所須，一無損費，惟願静念三寶，慈濟四生，七日之後，必降甘澤。若欲酬德，可國内空寺，并私度僧，並施其名，得弘聖道。有敕許焉。雖無供給，而别賜香油，於莊嚴寺静房禪默。至七日向曉，問守衛者曰：“天之西北，應有白虹，可試觀之。”尋聲便見。净曰：“雨必至矣。”須臾雲合，驟雨忽零，比至日晡，海内通洽。百官表奏，皇上之功，净之陰德全無稱述。新雨初晴，農作並務，苗雖出隴，更無雨嗣，萎仆將死，投計無所[12]。左僕射房玄齡躬造净所，請重祈雨，净曰：“雨之昇降，出自帝臣，净有何德，敢當誠寄？前許無報，幽顯同憂，若循素請[13]，雨亦應致。”以事聞奏，帝又許焉，乃敕：“權停俗務，合朝受齋。”净乃依前静坐，七日之末，又降前澤，四民懽泰，遂以有年。敕乃總度三千僧，用酬净德。其徵應難思，厥相叵測也[14]。

但以京輦諠雜，性不狎之，請還本鄉之茂勝寺[15]。山居係業[16]，竟不測其存没云。

同寺僧慧融，亦以禪業見稱[17]，山居服食，咒水治病。敕召入京，亦住普光寺。二宫敬重[18]，禮遺相接云。

【校注】

[1] 十：諸本同，興聖寺本脱。

[2] 密州人：磧本作"高密人"，興聖寺本作"密人"。案，隋開皇五年，改膠州爲密州，治東武，今山東省諸城市。開皇十八年，改東武縣爲諸城縣，仍爲密州治。大業三年，改密州爲高密郡。唐武德五年，改高密郡爲密州；天寶元年，改密州爲高密郡；乾元五年，復爲密州。

[3] 忠：諸本同，興聖寺本脱。

[4] 蒙山：即今山東省臨沂市蒙山。

[5] 懷：諸本同，興聖寺本脱。

[6] 匕：磧本作"匙"，興聖寺本作"上"形，麗初本、趙本同麗再本。

[7] 苦：諸本同，趙本作"告"誤。

[8] 問：諸本同，磧本作"聞"。

[9] 叶：諸本同，磧本作"叫"誤。

[10] 結：諸本同，興聖寺本脱。

[11] 戴之：諸本同，磧本作"頂戴"。

[12] 投：諸本作"設"，今從磧本。

[13] 循：諸本同，磧本作"修"誤。

[14] 也：諸本同，磧本無。

[15] 茂：諸本同，磧本作"義"。案，今蒙山有雨神廟，其主要功能與明净事迹略符。

[16] 係：諸本同，磧本作"繼"。

[17] 亦：諸本同，興聖寺本脱。

[18] 宫：麗初本、趙本作"官"誤，磧本、興聖寺本同麗再本。

唐益州空慧寺釋慧熙傳十一

釋慧熙，益州成都人[1]，姓趙[2]。童稚出家，善明篇韻，文筆所趣，宛而成章。與綿州震響寺榮智齊名，俱爲沙彌，卓異翹秀[3]。後與成都大石寺沙彌道微連韻賦詩[4]，微有言隙，因即屏絶人事，栖心禪業。年登受具，周聞經律，摘採英華，用爲賞要。攝論、雜心，精搜至理，尤躭三論，是所觀門。嘗難基法師塵識義[5]，初問以小乘，基以大乘通之，熙笑曰："大無不攝，但失小宗。"[6]

晚住州南空慧寺，立性孤貞，不群諸偶。弊於食息，專想虚玄，一坐掩關，二十餘日。衆以不食既久，恐損身命，假以餘詞曰："國家搜訪藝能甚急，今不食閉門[7]，世人謂聖。願息流言，可時處衆。"熙懼矯飾，便開門進食。由是迄今，將三十載，一身獨立，不畜侍人；一食而止，不受人施[8]；有講便聽，夜宿本房。但坐床心，兩頭塵合，自餘房地，惟有一蹤，餘並莓苔青絮[9]。衣服弊惡，僅免遮羞[10]。冬則加納，夏則布衣，以冬破納，懸置梁上。有聞熙名,就房参拜,迎逆接候,累日方見。時發幽問[11],吐言高遠[12],預有元席,皆共憚之。年九十卒。今見在者,具諸聞覩。[13]

【校注】

[1] 成都:諸本同,磧本作"郫"。

[2] 姓趙:諸本無,今據磧本補。

[3] 卓:諸本同,興聖寺本脱。

[4] 都:諸本同,興聖寺本作"覩"形。

[5] 案,"基法師"指道基法師,傳見本書卷一四。案,"塵識義",據俱舍論,眼、耳、鼻、舌、身、意爲六根,對應的視、聽、嗅、味、觸、腦爲六識。六根發動六識,産生色、聲、香、味、觸、法爲六塵,是輪迴之根本。六根在影響六識以生塵方面,顯然第六根"意根"與前五根不一致,這也是一切有部與大乘唯識學的主要分歧。

[6] "嘗難基法師"至"但失小宗":麗初本、興聖寺本無,磧本、趙本同麗再本。

[7] 閉:諸本同,興聖寺本作"門"。

[8] 一身獨立不畜侍人一食而止不受人施:諸本同,興聖寺本脱。

[9] 絮:趙本作"絜",興聖寺本、磧本同麗再本。

[10] 遮羞:諸本同,磧本作"風寒"。

[11] 問:諸本同,興聖寺脱。

[12] 遠:磧本作"迥",興聖寺本、趙本同麗再本。

[13] 年九十卒今見在者具諸聞覩:麗再本、趙本作"年九十卒,今見在,具諸聞覩",麗初本、興聖寺本作"卒今見在,具諸聞覩",今從磧本。

唐綿州大施寺釋世瑜傳十二

釋世瑜,姓陳氏,住始州[1],父母早亡,傭作取濟[2]。身形偉壯,長八尺三寸。希向佛理,無由自達,大業十二年,往綿州震響寺倫法師所出家。一食頭陀,勤苦相續。又往利州[3],入籍住寺。後入益州綿竹縣響應山,獨住多年,四猿供給山果等食。有信士毌家生者,負糧來送,驚訝深山,常燒薰陸、沉水香等。既還山半,路見兩人,形甚青色,狀貌希世,各負蓮花[4]、蔗芋而上,云:"我供給禪師去也。"然其山居三年之中,食米一石七斗[5];六時行道,以猿鳴爲候[6]。初惟一泉,後有三泉又出流下[7]。貞觀元年,夢有四龍來入心眼,既覺,大悟三論宗旨。遂往靈睿法師講下[8],所聞詞理,宛若舊尋,即而覆述[9],便往綿州住大施寺[10]。至十九年四月八日,往崇樂寺,言話欲遊方去[11],或有喻曰:"只此寺者,是諸方也。"因還大施本房,香氣滿室,坐處之地,涌三金錢。合衆尋香,從瑜房而出,乃見加坐,手尚執鑪。刺史劉德威慶所未聞[12],作龕坐之,三年不倒。春秋六十三矣。

【校注】

[1] 始州：諸本同，磧本作"台州"。案，西魏廢帝三年，奪得蕭梁安州，改安州爲始州，治在今四川省劍閣縣。隋朝大業三年，改始州爲普安郡。唐武德元年，復稱始州。先天二年改始州爲劍州，"取劍閣爲名也"。則知作"台州"誤。

[2] 傭：諸本作"庸"，今從磧本。

[3] 利州：大統二十年，西魏改西益州設置利州，治興安，當今四川省廣元市，隋唐依之。

[4] 各：諸本無，今據磧本補。

[5] 斗：磧本、興聖寺本作"升"，麗初本、趙本同麗再本。

[6] 以猿鳴爲候：諸本同，磧本作"以猿鳥爲侶"。

[7] 又出流下：諸本同，磧本作"流出于下"。

[8] 靈睿法師：傳見本書卷一五，爲三論學大師。

[9] 即：諸本同，磧本作"則"。而：諸本同，興聖寺本作"西"形。

[10] 往綿州住：麗初本、興聖寺本作"住綿州"，磧本、趙本同麗再本。

[11] 話：磧本、興聖寺本作"語"，麗初本、趙本同麗再本。

[12] 劉德威：傳見舊唐書卷八一。

唐潤州攝山栖霞寺釋智聰傳十三[1]

釋智聰，未詳何人，昔住楊都白馬寺[2]，後住止觀[3]，專聽三論。陳平後度江，住楊州安樂寺。大業既崩，思歸無計，隱江荻中，誦法華經，七日不飢。恒有四虎，繞之而已，不食已來，經今十日，聰曰："吾命須臾，卿須可食。"虎曰："造天立地，無有此理。"忽有一翁[4]，年可八十，掖下挾船[5]，曰："師欲度江栖霞住者，可即上船。"四虎一時目中淚出。聰曰："救危拔難，正在今日，可迎四虎。"於是利涉，往達南岸。船及老人，不知何在。聰領四虎，同至栖霞舍利塔西，經行坐禪，誓不寢卧。衆徒八十，咸不出院。若有凶事，一虎入寺，大聲告衆。由此驚悟[6]，每以爲式。

聰以山林幽遠，糧粒艱阻[7]，乃合率楊州三百清信，以爲米社。人別一石，年一送之[8]，由此山糧供給。道俗乃至禽獸，通皆濟給。

至貞觀二十二年四月八日[9]，小食訖，往止觀寺禮大師影像，執鑪遍禮。又往興皇墓所禮拜。還歸本房，安坐而卒，異香充溢。丹陽一郭，受戒道俗，三千餘人，奔走山服，哀慟林野。時年九十九矣。

【校注】

[1] 潤：諸本作"閏"，今從磧本。

[2] 都：諸本同，磧本作"州"誤。

[3] 止觀：諸本同，磧本作"止觀寺"。案，"止觀寺"即三論宗祖師僧詮所住攝山止觀

寺，即今南京市棲霞寺。上文“白馬寺”當在今南京市玄武區之白馬公園。
[4] 翁：諸本作“公”。
[5] 挾：諸本同，興聖寺本作“拱”誤。
[6] 鷩：諸本同，磧本作“警”。
[7] 艱阻：諸本同，磧本作“難供”。阻：麗初本、興聖寺本作“岨”，趙本同麗再本。
[8] 一：磧本、興聖寺本作“别”，麗初本、趙本同麗再本。
[9] 二十二：磧本、興聖寺本作“二十三”，麗初本、趙本同麗再本。

唐蒲州孤介山陷泉寺釋僧徹傳十四

釋僧徹，姓靳，河東萬泉人[1]。性戒肅成[2]，專思出俗，慈親鞠養，未始遂之。既丁荼蓼，乃遵前志[3]。樂行蘭若，索居蒲坂，習平等觀，行實言法。四俗歸向[4]，承化連邑[5]。有孤山者，一曰介山，即介子推之故地也，其山陽介村是也[6]。遂依而結業，廕以石巖，汲以下隰，積歲崇道，物莫不高之，各捨財力，共營圖構。地本高險，古絶源泉，念矜勞倦[7]，中宵軫結。晨行巖險[8]，見如潤濕，以刃導之，應手泉涌。道俗聞此，驚歎歸依，更廣其居，重增檐宇[9]。泰州刺史房仁裕[10]，表陳其事，請立伽藍，下勑許之。今之陷泉寺是也[11]。公私榮慶，請徹以爲寺主，俯從物議[12]，遂乃從之。四方慕義，相顧依投，門庭充闐。及徐王部絳[13]，寺又屬焉，軒蓋來尋，請居州邑，傾心盡禮，厚供彌隆[14]。俄復還山，卻崇前業[15]。

性在慈仁，弘濟成務，所以群鳥食於掌上，宿雁翔於廡下[16]。年逾杖國，未嘗痾瘵，忽告衆曰：“吾將去矣。”食畢收衣，結加趺坐，顧命徒屬，誡以清言。並令出户，惟留一侍，告曰：“夫識神託形，寄之煖氣[17]，命盡身冷，方可觸吾。”告已，冥目若禪，[18]久而尋視，方知已絶，春秋七十有七。初未終之前三朝，山樹通變白色，横雲如帶，絶望東西。道俗奔赴，制以心喪，禮也。遷靈山窟，還依坐之。府縣官庶，子來咸會。是日，風清景亮，降以白花，六出浄榮[19]，如雪如冰[20]。衣以承之，不久便散。三載之後，猶存初坐[21]。門人爲之易簀[22]，而衣服一無霑汙，乃就加漆布[23]。弟子等懷雙林右脅之教，抱兩楹負手之歌[24]，以爲相好像設，開含識之尊嚴；法慧聲光，寔超生之津濟。遂就京邑，奉建高碑，高一丈五尺，刻像書經，兼叙言行，引還本寺[25]，聚衆立之。度支尚書唐臨，昔住萬泉[26]，贊承俗務[27]，性行專信，素奉歸依，後仕華省，常修供養，顧惟德本，便勒銘云[28]。

論曰[29]：

經不云乎：禪智相遵，念慧攸發；神遊覺觀，惑使交馳[30]。何以知其然耶？但由欲界亂善，性極六天；色有定業，體封八地。[31] 通爲世結，愛味不殊[32]。莫非諦集重輕，故得報居苦樂；終是輪迴諸界，未曰決有超生[33]。且據亂静二緣，故略分斯兩位[34]。然則三乘賢聖，及以六邪諸道，將欲厭煩栖慮，莫不依乎初定；良以心殊麁妙，慧開通局，遂有總斯一地，得延邪正之機。

自釋教道東，心學惟鮮，逮于晋世，方聞睿公，故其序云："慧理雖少，足以開神達命。禪法未傳，至於攝緣繫想，寄心無地。"時翻大論，有涉禪門，因以情求，廣其行務。童壽弘其博施，乃爲出禪法要解等經。自斯厥後，祖習逾繁。曇影、道融，厲精於淮北；智嚴、慧觀，勤志於江東[35]。山栖結衆，則慧遠標宗；獨往孤征，則僧群顯異。雖復攝心之傳，時或漏言，而茂績芳儀，更開正級。不可怪也。

逮于梁祖，廣闢定門，搜揚宇内，有心學者，總集楊都，校量深淺，自爲部類。又於鍾陽上下，雙建定林[36]，使夫息心之侣，栖閑綜業。于時佛化雖隆，多遊辯慧，詞鋒所指，波涌相凌[37]，至於徵引，蓋無所籌[38]。可謂徒有揚舉之名，終虧直心之實，信矣。

或有問曰：大聖垂教，正象爲初，禪法廣行，義當修習。今非斯時，固絶條緒，其次不倫，方稱末法，乃遵戒之行[39]，斯爲極也，請爲陳之。[40]

因爲叙曰：原夫正象東設[41]，被在機緣，至於務道，無時不契。然教中廣叙，信法兩徒[42]，誠由利鈍等機，所以就時分位[43]。若能返源體道，深厭諸有，學與佛世，其德齊焉。故初千年爲正法也，即謂會正成聖，機悟不殊。第二千年，依教修學，情投漸鈍，會理叵階，攝静住持，微通性旨，然於慧釋未甚修明，相似道流，爲象法也。第三千年後[44]，末法初基，乃至萬年[45]，定慧道離，但弘世戒，威儀攝護，相等禪蹤而心用浮動，全乖正受，故並目之爲末法也。善見所述，法住萬年，護持紹世，斯蹤可録；[46] 若依魔耶[47]，時度千年，不修静觀，非通論也。約相兩叙，矛盾乖蹤[48]。就緣判教，各有其致。至如世情煩掉，人顯鋒奇，纔斆攝持，皆耽昏漠[49]。良由習熏既遠，宗匠難常，即目易觀，未遑誠教。善見萬載，亦是明規，准法具修，義無不獲。故論叙云[50]："初五千年，得三達智；後五千年[51]，但遵戒法。"[52] 前據道法，理觀住持，故云入聖，諒有從也；後在事亂[53]，相法住持[54]，何能入道？故言是也。

若乃心水鼓浪，則世業難成；想寂離緣，則理自清顯。涅槃叙定，豈不然哉。故使聚落宴坐，神仙致譏；空林睡卧，群聖同美。誠以託静求心，則散心易攝，由攝心故，得解脱也。成論明誥，斯可師之。[55] 世有定學，妄傳風教，同纏俗染，混輕儀迹。即色明空，既談之於心口；體亂爲静，固形之於有累。神用没於詞令，定相腐於脣吻[56]，排小捨大，獨建一家，攝濟住持，居然乖僻。智論所叙，前傳具彰，頃世已來[57]，宗斯者衆。豈不以力劣兼忘之道，神頓絶慮之鄉乎？所以託静栖心，群籍皆傳其靈異[58]；處喧攝慮，今古未彰其感通[59]。信可依矣。

高齊河北，獨盛僧稠；周氏關中，尊登僧實。寶重之冠，方駕澄、安；神道所通，制伏强禦。致令宣帝擔負[60]，傾府藏於雲門；冢宰降階，展歸心於福寺。誠有圖矣[61]。故使中原定苑，剖開綱領，惟此二賢，接踵傳燈[62]，流化靡歇。而復委辭林野，歸宴天門，斯則挾大隱之前蹤，捨無緣之高志耳，終復宅身龍岫，故是行藏有儀耶[63]。

屬有菩提達摩者，神化居宗，闡導江、洛。大乘壁觀，功業最高，在世學流，歸仰如市。然而誦語難窮，厲精蓋少。審其情慕[64]，則遣蕩之志存焉；觀其立言，則罪福之宗兩捨。詳夫真俗雙翼，空有二輪。帝網之所不拘，愛見莫之能引。静慮籌此，故絶言乎[65]？然而觀彼兩宗，即乘之二軌也。稠懷念處，清範可崇；摩法虚宗，玄旨幽賾。可崇則情事易顯，幽賾則理性難通，所以物得其筌，初同披洗，至於心用壅滯[66]，惟繁云之儔[67]，蓍難述矣。義當經遠，陶治方可會期[68]，十住羅縠，抑當其位。褊淺之識[69]，隳惰之流[70]，朝入禪門，夕弘其術，相與傳説[71]，謂各窮源。神道冥昧，孰明通塞。是知慮之所及，智之所圖，無非妄境。惑心斯是[72]，不能返照其識。浪執境緣，心静波驚，多生定障，即謂功用。定力所知，外彰其説，逞慢挰惑[73]，此則未閑治障。我倒常行，他力所持，宗爲正業。真妄相迷，卒難通曉。若知惟心，妄境不結。返執前境[74]，非心所行。如此胥徒，安可論道。

有陳智璀，師仰慧思。思寔深解玄微，行德難測。璀亦頗懷[75]親定[76]，聲聞于天。致使陳氏帝宗，咸承歸戒[77]，圖像榮供[78]，逸聽南都。然而得在開弘，失在對治。宗仰之最，世莫有加。會謁衡岳，方陳過隙，未及斷除，遂終身世。

隋祖創業，偏宗定門，下詔述之，具廣如傳。京邑西南，置禪定寺，四海徵引，百司供給。來儀名德，咸悉暮年，有終世者，無非坐化。具以聞奏，帝倍歸依。二世纘曆，又同置寺，初雖詔募，終雜講[79]徒，故無取矣。當朝智顗，亦時禪望，鋒辯所指，靡不倒戈，師匠天庭[80]，榮冠朝列[81]，不可輕矣。至如慧越之捋虎鬚[82]，道舜之觀牛影，智通之感奇相，僧定之制强賊。節操如鐵石，志槩等雲霄，備彰後傳，略爲盡美，又如慧瓚禪主[83]，嘉尚頭陀，行化晋、趙，門庭擁盛。威儀所擬，無越律宗[84]，神解所通，法依爲詣，故得理事符允，有契常規。道有窊隆[85]，固爲時喪，致延帝里[86]，没齒亡歸。頃有志超，即承瓚胤，匡讚之德，乃跨先摸[87]，弘訓之規，有淪其緒，故使超亡[88]，其風頹矣。

觀夫慧定兩級，各程其器，皆同佛日[89]，無與抗衡。然於祥瑞重沓，預覿未然，即世恬愉，天仙叶衛，誠歸定學，蓋難奪矣。頃世定士，多削義門，隨聞道聽[90]，即而依學，未曾思擇。扈背了經[91]，每緣極旨[92]，多虧聲望[93]，吐言來誚，往往繁焉[94]。或復躭著世定[95]，謂習真空，誦念西方，志圖滅惑[96]。肩頸掛珠，亂掐而稱禪數；納衣乞食，綜計以爲心道。又有倚託堂殿，繞旋竭誠，邪仰安形，苟存曲計[97]，執以爲是，餘學並非，冰想鏗然，我倒誰識[98]。斯並戒見二取，正使現行，封附不除，用增愚魯。向若纔割世網，始預法門[99]，博聽論經，明閑慧戒，然後歸神攝慮，憑准聖言。動則隨戒策修，静則不忘前智，固當人法兩鏡，真俗四依。達智未知，寧存妄識[100]。如斯習定，非智不禪，則衡嶺、台崖扇其風也。

復有相迷同好[101]，聚結山門，持犯蒙然[102]，動掛刑網[103]，運斤揮刃，無避種生，炊爨飲噉，寧慚宿觸。或有立性剛猛，志尚下流，善友莫尋，正經罕讀，瞥聞一句，即謂司南。唱言五住久傾，十地將滿，[104]法性早見，佛智已明。此並約境住心，妄言澄静[105]，還緣心住，附相轉心，不覺心移。故懷虚託，生心念浄，豈得會真。故經陳心相，飄鼓不停，蛇舌燈焰，住山流水，念念生滅，變變常新，不識亂念，翻懷見網。相命禪宗，未閑禪字，如斯般輩，其量甚多，致使講徒，例輕此類。故世諺曰：無知之叟，義指禪師；亂識之夫，共歸明德。返迷皆有，大照隨妄，普翳真科，不思此言，互談名實。

考夫定慧之務，諒在觀門[106]，諸論所陳，良爲明證。通斯致也，則離亂定學之功，見惑慧明之業[107]，若雙輪之遠涉[108]，等真俗之同遊。所以思、遠振於清風，稠、實標於華望，貽厥後寄[109]，其源可尋。斯並古人之所同録，豈虚也哉。

【校注】

[1] 河東萬泉：故治在今山西省萬榮縣所在的解店鎮南萬泉鄉。漢爲汾陰縣地，唐武德三年置萬泉縣，以城東山谷中有井泉一百餘口，故名萬泉，屬泰州。貞觀十七年屬絳州。

[2] 肅：麗再本、麗初本、趙本闕筆，磧本、興聖寺本不闕。

[3] 遵：麗初本作"通"誤，興聖寺本作"尊"，磧本、趙本同麗初本。

[4] 歸：諸本同，興聖寺本作"師"形。

[5] 連：諸本同，資本作"蓮"。

[6] 是也：磧本、興聖寺本作"者是也"，麗初本、趙本同麗再本。

[7] 矜：諸本同，磧本作"務"誤。

[8] 險：諸本同，磧本作"隒"。

[9] 檐：諸本同，磧本作"櫓"。

[10] 泰：麗再本、麗初本、趙本作"秦"誤，今從磧本、興聖寺本。案，據唐文續拾卷二贈

兵部尚書房忠公神道碑,房仁裕在唐武德年間任“太州刺史”。

［11］陷泉寺:當在今山西省萬榮縣中南部之孤山,山頂有法雲寺,當是陷泉寺舊址。

［12］俯:諸本同,興聖寺本作“府”。

［13］絳:諸本同,磧本作“降”誤。

［14］厚:諸本同,興聖寺本作“原”形。

［15］卻:磧本作“固”,麗初本、趙本同麗再本,興聖寺本字迹不清。

［16］雁:磧本作“獸”應是,麗初本、趙本作“癘”誤,興聖寺本作“厲”誤。

［17］氣:諸本同,興聖寺本作“爲”誤。

［18］煖氣命盡身冷方可觸吾告已冥目若禪:諸本同,興聖寺本脱。

［19］榮:諸本同,磧本作“瑩”。

［20］如雪如冰:磧本、興聖寺本作“如冰如雪”,麗初本、趙本同麗再本。

［21］存:諸本同,興聖寺本作“在”。

［22］簀:麗再本作“簣”,今據諸本改。

［23］漆:磧本作“染”誤,興聖寺本、資本作“柒”,麗初本、趙本同麗再本。

［24］歌:麗初本、趙本、興聖寺本作“哥”,磧本同麗再本。

［25］還:諸本同,磧本作“送”誤。

［26］住:諸本同,磧本作“在”。

［27］贊:諸本同,磧本作“讚”誤。

［28］銘:磧本、興聖寺本作“碑銘”,麗初本、趙本同麗再本。

［29］案,習禪篇總論,麗再本、麗初本、趙本、興聖寺本在本卷末,磧本在磧本之二十一卷末。麗本系統之第二十一卷爲明律篇。

［30］惑:諸本同,磧本作“感”誤。“惑使”,佛典常用詞,趙本同麗再本。案,“覺觀”,大智度論卷二三,“粗心相名覺,細心相名觀”,即感知爲覺,反思爲觀;又“是覺觀撓亂三昧,以是故説此二事。雖善而是三昧賊,難可捨離”,意思是覺觀會干擾禪定達到較高境界。據釋禪波羅蜜次第法門卷四,因在禪定中有覺觀的介入,而産生“念念不住”的干擾,而達不到澂明的境界,就是“惑使交馳”。前文“禪智相遵”,“禪”指禪定,“智”指般若,達摩禪法講求“理入”“行入”相結合,即“禪智相遵”;以禪智發慧,故曰“念慧攸發”。

［31］“欲界”,指有色欲與食欲的衆生所住的世界,包含地獄、餓鬼、畜生、阿修羅、人間及六欲天之總稱。“亂善”,即欲界衆生禮佛誦經。“性極六天”,即欲界衆生向善,亦能逐步使佛性充滿六天。“色”指色界,此界之天衆無男女之别,其衣係自然而至,而以光明爲食物及語言。“八地”,疑爲“四地”之誤,色界依禪定淺深分爲“四地”。“色有定業,體封四地”,指從欲界上升到色界,繼續修行禪定,可到達色界之極致,然色界仍然有滯礙,仍處於果報輪迴之中。

［32］案,“愛味”,見於瑜伽師地論卷六二,“言愛味者,謂於是中遍生貪著”,指三界衆生仍未能擺脱輪迴。

［33］决:諸本作“缺”,今從磧本。

［34］案,“兩位”即禪與智,即定與慧。這篇總論實際上緊扣“定慧”,認爲二者闕一不可,表達了道宣對於禪學的看法,似乎也是對當時禪學的一種批判。

［35］志:諸本同,磧本作“心”。

［36］建:諸本同,興聖寺本脱。

[37] 淩：諸本同，磧本作“陵”。
[38] 籌：諸本作“筭”，今從磧本。
[39] 遵：興聖寺本作“尊”。之：諸本同，興聖寺本脱。
[40] 案，此段在定慧之外，引入“戒”，討論三者之間的關係，主要是戒定之間的關係。
[41] 東：諸本同，興聖寺本作“之”。
[42] 兩：諸本同，麗初本作“雨”誤。
[43] 時：指正法、像法、末法三時。位：即果位。
[44] 年：磧本、麗初本、興聖寺本脱，趙本同麗再本。
[45] 萬：諸本同，興聖寺本衍作“一萬”。
[46] 案，“善見”指大善見經，收於巴利藏，相當於漢譯的中阿含卷第六八之大善見王經，長阿含卷第三遊行經中外之後半，大般泥洹經卷下、大般涅槃經卷中、下。據經文，大善見王爲佛之本生：“大善見王乃八萬四千年作兒童之遊戲、八萬四千年爲攝政者、八萬四千年爲王、八萬四千年爲隱居者，於法高殿修習梵行，彼修四梵住，身壞死後，上升梵界。”
[47] 魔耶：磧本作“摩耶”誤，麗初本、趙本本作“魔邪”應是，興聖寺本作“摩邪”誤。
[48] 矛：麗初本、趙本、興聖寺本作“牟”，磧本同麗再本。
[49] 昏：諸本同，興聖寺本作“氏”誤。
[50] 云：諸本同，興聖寺本作“去”誤。
[51] 年：麗再本、麗初本、趙本脱，興聖寺本作“歲”，今從磧本。
[52] 案，“論叙”指善見律毗婆沙，又稱善見論。此句見於（大正 24）善見律毗婆沙卷第十八，爲原文之概要，原文爲：“法師曰：千年已佛法爲都盡也？答曰：不都盡，於千年中得三達智，復千年中得愛盡羅漢、無三達智，復千年中得阿那含，復千年中得斯陀含，復千年中得須陀洹。學法復得五千歲。於五千歲得道，後五千年學而不得道，萬歲後經書文字滅盡，但現剃頭有袈裟法服而已。”
[53] 後：諸本同，麗初本作“從”誤。
[54] 案，“相”當爲“像”，“相法”即像法。
[55] 案，此段見於成實論卷一四善覺品：“佛見比丘近聚落宴坐，心則不悦；又見比丘空處睡卧，佛則心喜。所以者何？近聚宴坐，多諸因緣，散亂定心，令應得不得，應證不證。空處睡卧，雖小懈怠，若起求定則散心能攝，攝心能得解脱。”
[56] 脣：諸本同，興聖寺本作“辱”誤。
[57] 頃：麗初本作“須”誤，趙本作“頓”誤，磧本、興聖寺本同麗再本。
[58] 籍：磧本、興聖寺本作“藉”，麗初本、趙本同麗再本。
[59] 彰：諸本作“章”，今從磧本。
[60] 擔：麗初本作“儋”，趙本作“檐”，磧本、興聖寺本同麗再本。
[61] 案，“誠有圖矣”到“置禪定寺”四百七十七字，大正藏校引宫本無。
[62] 踵：麗初本作“嵷”，興聖寺本作“峰”誤，
[63] 有：諸本同，興聖寺本作“其”誤。耶：諸本作“雅”。
[64] 情：諸本脱，今據興聖寺本補。
[65] 乎：諸本同，興聖寺本脱。
[66] 用：諸本同，興聖寺本作“周”形。
[67] 惟繁云之儔：諸本同，興聖寺本作“惟繁云々之得”。

[68] 治：諸本同，疑當作"冶"。
[69] 徧：麗初本、趙本作"猵"，興聖寺本作"偏"，磧本同麗再本。
[70] 隳墯：磧本、麗初本作"隨墮"，興聖寺本作"隨隨"，趙本同麗再本。
[71] 説：諸本同，興聖寺本作"訖"形。
[72] 惑：磧本、麗初本、興聖寺本作"域"，趙本同麗再本。
[73] 裎：磧本作"逞"，麗初本、趙本作"程"，興聖寺本同麗再本。
[74] 執：諸本同，興聖寺本作"報"形。
[75] 慧思思寔深解玄微行德難測璀亦頗懷：諸本同，興聖寺本脱。
[76] 親：諸本同，趙本作"雜"誤。
[77] 歸：諸本同，興聖寺本作"師"誤。
[78] 榮：諸本同，磧本作"營"誤。
[79] 依二世纘曆又同置寺初雖詔募終雜講：諸本同，興聖寺本脱。
[80] 庭：諸本同，磧本作"廷"。
[81] 榮：磧本、麗初本作"勞"，趙本、興聖寺本同麗再本。列：麗初本作"倒"，興聖寺本作"例"，磧本、趙本同麗再本。
[82] 至如：諸本同，興聖寺本作"如至"倒。慧越：諸本同，磧本作"慧超"誤，事見本書卷一七慧越傳。
[83] 主：諸本同，興聖寺本作"至"形。
[84] 律：諸本同，興聖寺本脱。
[85] 衺：諸本同，磧本作"衰"。
[86] 帝里：諸本同，磧本作"遑帝"誤。
[87] 摸：諸本同，磧本作"模"是。
[88] 超：諸本同，興聖寺本脱。
[89] 同：諸本同，興聖寺本作"通"誤。
[90] 聽：諸本同，麗初本作"德"誤。
[91] 案，"扈背"詞源不詳，見於高僧傳卷三："夫女人理教難愜，事蹟易翻。聞因果則悠然扈背，見變術則奔波傾飲。隨墮之義，即斯謂也。"又見於高僧傳卷一〇習禪明律總論："偏於數論者，則言律部爲偏分，數論爲通方。於是扈背毗尼，專重陰入，得意便行，曾莫拘礙。謂言地獄不燒智人，鑊湯不煮般若，此皆操之失柄，還以自傷，相鼠看羊，豈非斯謂。"綜合此三條，"扈背"有輕視意。
[92] 緣：諸本同，大正藏校引宫本作"指"。案，"緣"作"憑藉"義，"每緣極旨"指立意每每不能圓通，喜歡走極端。
[93] 聲：諸本同，興聖寺本脱。
[94] 往往：諸本同，興聖寺本作"往"脱。
[95] 軛：諸本同，麗初本作"既"誤。
[96] 惑：諸本同，興聖寺本作"感"誤。
[97] 存：諸本同，磧本作"在"。
[98] 倒：疑爲"道"之誤。
[99] 始：諸本同，興聖寺本作"治"形。
[100] 存：諸本同，興聖寺本作"在"。
[101] 迷：諸本同，磧本作"述"。同：諸本同，資本作"周"。

[102] 蒙：麗初本、興聖寺本作“象”誤，磧本、趙本同麗再本。

[103] 刑：諸本作“形”，今從磧本。

[104] 唱：諸本作“昌”。案，“五住”，五種住地煩惱，據勝鬘經爲：見一處住地、欲愛住地、色愛住地、有愛住地、無明住地。此五種惑能生煩惱，爲一切煩惱之根本，解釋見大乘義章卷五。又菩薩瓔珞本業經卷下有另一種説法。“十地”指大乘菩薩修習的十個境界：歡喜地、離垢地、發光地、焰慧地、極難勝地、現前地、遠行地、不動地、善慧地、法雲地。參見華嚴經卷二三。“十地將滿”，是説將要修習完菩薩修行的所有課業，馬上證得佛果。

[105] 澄：諸本同，麗初本作“證”誤。静：磧本、興聖寺本作“凈”，麗初本脱，趙本同麗再本。

[106] 觀門：既指天台宗禪學修習的五妙門，又可指五妙門中的觀門，實際上强調在具體禪修中不僅要注重打坐、數息，還要理論總結。

[107] 惑：麗初本、趙本作“或”誤，磧本、興聖寺本同麗再本。

[108] 遠：諸本同，磧本作“迷”誤。

[109] 寄：諸本同，磧本作“奇”誤。

【續高僧傳卷第二十一[1]

唐釋道宣　撰

習禪六本傳二十人　附見三人

唐鄧州寧國寺釋惠祥傳一

釋惠祥，姓周。十五出家，頭陀乞食，默自禪誦，不與衆同。人不知其道觀淺深，而高其遠度。聽三論，聞提婆護法之功，莫辭開腹之患，[2]有心慕焉。遊諸法肆，見威儀不整者，謂人曰："祥受戒後，住持此寺，令入律行。"年十九，染患三月，救療無徵，夜中宴坐，歎曰："大丈夫本欲以身從道，於末法中摧伏非法，如何此志未從，爲病所困？"將曉，有一人長丈餘，謂曰："但誦涅槃，無愁不差。"至旦即誦，三日便瘳，當年誦通，卒其所望。進具聽律，鏡其文理，住寧國寺，常講四分及涅槃經。所以護法維持，不惜身命，諸有虧違，望風整肅。

大業末夏中，因食，口中得舍利，不辯棄地，輒還在口，如是數四，疑是真身，砧槌不碎，遂聲鍾告衆，白黑咸集。祥涕泣焚香，願降威力，須臾放五色光，異香遍郭。衆覩希有，屠獵改業，乃使市無肉肆。因與四衆，起浮圖九級，高百餘尺，今見在。然其所食，日止一餐，不問多少，頓受不益。體貌肥白，可長八尺有餘，行路不識，莫不怪仰。刺史李昇明至寺怪異，謂群官曰："此道人膚容若此，日可應噉一羊。"語訖，覺手足不隨，乘馬失御。諸官以實告之，便悔謝，還復。大使權茂行至鄧州又怪，昇明曰："此大德非凡。"具説往緣。茂不信，請將七日，試以麄食，而膚色更悦，茂愧伏，悔先不信之罪。

將終，手執經，胡跪謂弟子曰[3]："吾今逝矣。汝好住持，無令絶滅。"又感異香盈郭。以大業末年八月卒，春秋七十，氣命雖絶而胡跪執經如初。遠近奔赴，見其卓然，無不歎訝。

【校注】

［1］案,此卷,麗再本、趙本、興聖寺本無,今據磧本補。

［2］提婆護法之功,莫辭開腹之患:見於提婆菩薩傳,提婆爲弘護佛法不斷與外道辯論,被刺身亡。

［3］胡跪:據慧琳一切經音義卷三六曰:"胡跪,右膝著地,豎左膝危坐,或云互跪也。"

唐京師大莊嚴寺釋曇倫傳二

釋曇倫,姓孫氏,汴州浚儀人。十三出家,住修福寺,依端禪師。然端學次第觀,便誡倫曰:"汝繫心鼻端,可得静也。"倫曰:"若見有心,可繫鼻端。本來不見,心相不知,何所係也?"咸怪其言,嗟其近學,如何遠悟。故在衆末,禮悔之時,隨即入定。大衆彈指,心恒加敬。後送鉢上堂,未至中路,卓然入定,持鉢不傾。師大深賞,異時告曰:"令汝學坐,先净昏情,猶如剥葱,一一重重剥卻,然後得净。"倫曰:"若見有葱,可有剥削。若本來無葱,何所剥也?"師曰:"此大根大莖,非吾所及。"不敢役使。進具已後,讀經禮佛,都所不爲,但閉房不出,行住坐卧,惟離念心,以終其志。次知直歲,守護僧物,約勒家人曰:"犬有别食,莫與僧粥。"家人以爲常事,不用倫言。犬乃於前嘔出僧粥。倫默不及之,後又語令莫以僧粥與犬,家人還妄答云:"不與。"群犬相將於僧前吐出粥,以示之。於時道俗,咸伏其敬慎。又有義學論士諍來問者,隨言即遣,無所罣礙。

仁壽二年,獻后亡背,興造禪室,召而處之。還即揜關,依舊習業,時人目之爲"卧倫"也。有興善粲法師者[1],三國論首,無學不長,怪倫卧禪,言問清遠,遂入房與語,探究是非。倫笑曰:"隨意相審。"遂三日三夕,法樂不眠。倫述般若無底,空花焰水,無依無主,不立正邪,本性清净。粲乃投地敬之,讚歎心路無滯、不思議乃如此也。倫在京師,道俗請者相續而機緣不一,悟迷亦多。雖善巧方便,令其醒悟,然各自執見,見我爲是。故此妙理,罕得廣流。有玄琬律師、静琳法師,率門人僧伽、净等,往來受法。如此衆矣,如魚子焉。

武德末年,疾甚於莊嚴寺,傍看寂然,有問:"往生何處?"答:"無盡世界。"又便寂然。僧伽以手尋其冷觸,私報人曰:"冷觸到膝,四大分離,亦應生苦。"倫曰:"此苦亦空。"問曰:"捨報云何?"報曰:"我主四大,鬥在已到屈膝。死後籧篨裹棄之[2],莫作餘事。"又曰:"打五更鍾未?"報曰:"未。"少時,維那打鍾。看之,已絶。年八十餘矣。諸門學等,依言送於南山,露骸散於中野。

有鮑居士者,名慈氏。弱年背俗,愛樂禪觀。生不妻娶,形無飾華。親承德音,調心養氣,守閑抱素。承倫餘業,五十餘年,七十五矣。

【校注】

［1］興善粲法師：傳見本書卷九。
［2］篨：當作"篨"。據方言第五："簟，其粗者谓之籧篨。"

唐蒲州仁壽寺釋普明傳三

釋普明，姓衛氏，蒲州安邑人。十三出家，事外兄道愻法師。愻道王晋川，備如别傳，又以明付延興寺沙門童真爲弟子[1]。明抗志住持，以大法爲己任。性聰敏，解冠儕流，講聽相仍，無法不學。周遊肆席，曾無住房，固使勤而有功，經論滿抱。十八，講勝鬘、起信，夙素聽之，知成大器。進具已後，專師涅槃、四分、攝論。年二十四講涅槃，三十解攝論。凡所造言，賓主兼善。使夫妙義積散，出言傳旨，聲流遠近。大業六年，召入大禪定道場。止十八夏，名預上班，學功所位，四事既備，不闕二嚴。

武德元年，桑梓傾音，欣其道洽，以事聞上，有旨令住蒲州仁壽寺，鎮長弘道。無悤寒暄，書談夜坐，語默依教。心神爽迅，應對雲雨，曾未聞經，一披若誦，斯則宿習博聞，故能若此，不可比擬也。日常自勵，戒本一遍，般若金剛二十遍。六時禮懺，所有善根，迴向净土，至終常爾。凡造刻檀像數十龕，寫金剛般若千餘部，請他轉五千餘遍。講涅槃八十餘遍，攝論、勝鬘諸經論等遍數難紀。以年月終于住寺，春秋八十有六。有弟子義淹戒潔清嚴，見知可領，乃遷葬蒲坂東原，鑿穴處之，樹碑其側。

【校注】

［1］明付：磧本作"付付"，今據資本改。案，道愻，傳見本書卷一四；童真，傳見本書卷一二。二位大師均爲曇延法師學生，曇延擅長涅槃學。

唐蒲州柏梯寺釋曇獻傳四

釋曇獻，姓張，京兆始平人[1]。少事昌律師。昌，虞鄉賈氏，净行無玷，精誠有聞，股肱之地，咸所宗仰。所居谷口，素有伽藍，因此谷名，遂顧寺目爲静林寺也。昌師攝念經行，常志斯所。周武道喪，隳壞仁祠。昌與俗推移而律儀無缺。隋文御宇，重啓法筵，百二十僧，釋門創首，昌膺此選也。仍僧别度侍者一人，獻預其位。住大興善。昌後言歸故里，悲瘞靈儀，掘出莊嚴，一佛興世，博修院宇，延緝殿堂，緇素翹誠，始欣有奉。彫造未畢，而昌遷逝，族人百數，仰慨尊容，以爲法儀雖歿，神足猶在，祈請續功。便從來意，遂移仁壽而經營之，故得棟宇高華，不日而就。兩寺圍繞，四部歸依。州司以静林、仁壽已偃慈風，柏梯、净土未霑甘露，遂屈知柏梯寺任。[2]俯從物議，又之斯位。釋網斯張，萬目咸舉，仁洽開務，有漏天舟。衆侶弘之，大小齊美。

以貞觀十五年正月微疾，至十五日旦，便曰："須向静林。"至卯時，乃有非常雲霧遺形於柏梯山東南山頂，其夜大放光明，形如花蓋，四照遠近，迄于三夕。經旬，其屍爲静林寺側諸信士潛竊神柩，寘于静林南山之頂。柏梯初不知也。於彼山頂兩夜續放神光，始祥其故。兩處交競，九載于兹，緣州歷縣，紛黷不息。豈非通幽洞理，致兹靈感，深慈博惠，繼結衆情者乎？弟子等勒銘山阿，敢告惟遠。

【校注】

［1］京兆始平：始平縣始建於曹魏，之後一直屬於扶風郡，屬京兆郡在開皇三年，唐武德年間屬雍州，貞觀開始屬京兆府，景龍二年改名爲金城縣。

［2］案，"静林寺"，在今山西省運城市席張鄉柴家窑村；"仁壽寺"在山西省運城市臨猗縣城區；"柏梯寺"在今山西省永濟市虞鄉鎮柳隱山景區。"净土寺"無考。

唐泰州永寧寺釋無礙傳五

釋無礙，姓陳氏，有晋永嘉，中原喪亂，南移建業。父曠，梁元帝徵蕃學士。以承聖元年，礙生成都，神姿特異，知有濟器。九歲便能應對，十歲入學，隨聞不忘。入長安，遇姚秦道安法師[1]。安與語，怪其意致，勸令出家，即依言欣喜。令誦太子瑞應經，思尋聖迹，哀泣無已。天和三年，周武皇后入朝[2]，投名出家，先蒙得度。雖在弱冠，戒操逾嚴。建德三年，法門大壞，隨緣陸沉，乃值泥塗，情逾冰玉。開皇開法，即預搜揚，便住永寧。於齊大德超法師所聽智度論。一聞教義，神思豁然，財食頓清[3]，形心俱遣。又入長安，學十地、阿毗曇等。時休法師於興善寺命講大論，辯析分明，義端無擁。然於文句，頗滯弘通，因誦本文，獲六十卷，因抱心疾，獎衆斯睽，便還秦隴。開皇十年，總管河間王特屈寺任，統御遺法。大業二年，召入洛陽，於四方館刊定佛法。後還永寧，依前綱理。大業五年，煬帝西征，躬受勞問，賜綵二百段。十三年，州破入京，住莊嚴寺。衆以素知寺任，識達機緣，還欲請之。任非所好。以武德八年，還返故寺，以無相觀而自調伏[4]。貞觀十九年二月二十八日，無疾而終，春秋九十四。道俗哀慟，若喪厥親焉。

【校注】

［1］姚秦道安法師：傳見本書卷二三。"姚"爲法師俗家姓。

［2］案，據周書卷五，天和三年，突厥俟斤可汗女阿史那氏嫁與北周武帝。
［3］案，"財食"指物質追求。
［4］無相觀：據菩薩瓔珞本業經卷上，謂别教菩薩於等覺位中修習中觀，了知惑染性相本空，故稱爲無相觀。

唐江州東林寺釋道睢傳六

釋道睢，姓周，汝南人。幼而精確，希志尚聞，古迹勝人，心願齊之。負笈金陵，居高等寺，聽阿毗曇心，妙達關鍵，非其好也，欽匡山遺軌，每逸言前。隋開皇十二年，依大將軍周羅侯遠届廬岳，止東林精舍。心願匿迹，無事音塵，山寺法擁，勸引非一，遂不拒命，弘道度人，修建僧坊，四時無絶。隋季寇擾，華戎荐臻，獎撫門徒，如初不替。貞觀二年九月，身示有疾，曾未浹旬，忽有大星天墮，正在西閣大水池中，照朗山谷，逾千炬火。二十三日，僧正中食，謂弟子曰："僧食訖未？"答曰："未竟。"又曰："唤上座來。"依言既至，委以後事，跏坐而卒。諸殿閣門，一時自開，異香滿寺，七日便歇，年八十二矣。

唐荆州四層寺釋法顯傳七

釋法顯，姓丁氏，南郡江陵人。十二出家四層寺寶冥法師。服勤累載，諮詢經旨，有聞欲界亂地，素非道緣，既已生中，如何解網？冥曰："衆生並有初地，味禪時來則發，雖藏心種，歷劫不亡。有顗禪師者，荆楚禪宗，可往師學。"會顗隋煬徵下，迴返上流，於四層寺大開禪府，徒侣四百，蔚爾成林，遂依座筵，聞所未悟。但夙有成惠，通冠玄蹤，霜鍾暫扣，已傳秋駕。顗師去後，更求明智、成彦、習皓等諸師，皆升堂覩奥，盡斲磨之思。及將冠具，歸依皓師，誨以出要之方，示以降心之術。因而返谷，静處閑居，二翼之外，一無受畜。屬炎靈標季，荐羅戎火，餧殘相望，衆侣波奔。顯獨守大殿，確乎卓爾，旦資蔬水，中後絶漿。賊每搜求[1]，莫之能獲，自非久入慈室，已抽毒箭，焉能忍兹疲苦，漏此凶威。自爾宴坐道安梅梁殿中，三十餘載，貞觀之末，乃出别房。斯則追善吉之息嫌，蹈空生之秘行也。此堂有彌勒像，并光趺高四十尺，八部圍繞，彌天之所造也。其寶冠、花帳、供具、經臺，并顯所營。堂中五燈，晝夜不絶，忽一燈獨熾，焰高丈餘。又一夜，著五色衣人持一金瓶來奉。又夢見一僧，威容出類，曰可往蘄州，見信禪師[2]。依言即往雙峰，更清定水矣。而一生染疾，並信往業，受而不治。衣食節量，柔順强識，所住之寺,五十餘年足不出户。永徽三年十二月八日,夢身坐寶殿,授四衆戒,因覺漸疾。至四年正月十一日午時遷化,時年七十有七。顯以昨日申時,自能起止,神彩了亮,踞禪床盥浴剃髮,就床跏坐,儼然便絶。其月十七日,葬于大明寺之北原。未終之前,門人見室西壁大開,白光遍滿,夜有白雲亘屋,南北二道,堂中佛事並摇動,明日方絶。自終及葬,嶷然匡坐,合境道俗,奔凑淒零。荆州都督紀王夙傳歸戒[3],欽仰清暉,命右記室郭瑜銘之于彼。

【校注】

[1] 求:磧本作"永",今據資本改。

[2] 信禪師:即禪宗四祖釋道信,傳見本書本卷。

[3] 荆州都督紀王:即唐太宗李世民子李慎,永徽二年任命爲荆州都督,傳見新舊唐書。

唐荆州神山寺釋玄爽傳八惠普

釋玄爽,姓劉,南陽人。早修聰行,見稱鄉邑。弱冠成婚,妻少而美,然爽貞誠清,拔志高蹈,視如革囊,情逾厭離。既無所偶,棄而入道,遊習肆道,有空俱涉。末聽龍泉寺琁法師,欣然自得,覃思遠詣,頗震時譽。又往蘄州信禪師所,伏開請道,亟發幽微。後返本鄉,惟存攝念,長坐不卧,繫念在前。時本邑沙門藹明、稜法等並禪府名宗,往結投分。以永徽三年十月九日遷神山谷。

時襄部法門寺沙門惠普者,亦漢陰之僧傑也。研精律藏二十餘年,依而振績,風霜屢結,七衆齊肅,屬城挹歸。晚,專入定門,廓銷事惱。紀王作鎮,將修追聖廢寺,綱總須人,衆舉於普,王深賞會。又楚俗信巫,殺爲淫祀,普因孚化,比屋崇仁。又修明因道場凡三十所,皆盡輪奐之工,仍彫金碧之飾。以顯慶三年,終於本寺,春秋八十。

唐蒲州救苦寺釋惠仙傳九

釋惠仙,姓趙,河東蒲坂人。幼懷出俗,緣故淹留,年登不惑,方果前願。既出家後,隨方問津,雖多涉獵,然以華嚴、涅槃二部爲始卒之極教也,迄於暮齒,躭味逾深,謂人曰:"斯之二寶全如意珠,無忽忘而暫捨也。"所以執卷自隨,有若雙翼,或有言晤,披而廣之。住處衝要,九衢都會,百疾相投,萬禍憑救,而仙慈善根力,無假多方,但令念佛,無往不濟,由是蒙祐,遐邇傾心。

寺有大像，製過十丈，年載既久，埃塵是生，棟宇頹落，珠璣披散，遂控告士俗，更締構。雖淹星律，大造云就。爾後年漸遲暮，夢僧告曰："卿次冬間，必當遷化，可早運行，應得延期。"便如常業，不以爲慮。至九月中，微覺不愈，知終在近，告侍人曰："吾出家有年，屢受菩薩戒，今者更欲受之。"召諸大德，並不赴命，乃曰："大德但自調耳，何名度人。"又曰："但取戒本。"讀誦訖，自慶，潸然而止。入夜，有異天仙，星布前後，高談廣述，乍隱乍顯，合寺聞見。或見佛像來入房首[1]。日次將午，忽起坐合掌，召衆人曰："大限雖多，小期一念，並好住，願與諸衆爲歷劫因緣。"遂卧氣絶，年七十五，即永徽六年十一月十七日也。道俗哀之，雲布原野。寺有亘禪師頴脱當時，有聲京洛，行彌勒，願生在四天，覩仙行業感徵，告衆曰："必見慈氏矣。若乖斯者，何能禎應若是乎？"

【校注】

［1］首：資本作"者"。

唐益州净惠寺釋惠寬傳十

釋惠寬，姓楊氏，益州綿竹孝水人[1]。父名瑋，元是三洞先生、五經博士，崇信道法，無敦釋教。所以綿、梓、益三州諸俗，每歲率送租米，投於瑋，令保一年安吉。皆與章符而去，而車馬擁門如市。

初時，瑋妻懷孕，心性改異，辛鯹惡厭。乃生一女，名爲信相，性好閑静，無緣嗜欲。後又懷妊，身極安隱，恒有異相。及其生也，母都不覺，忽然自出，都無惡露，然有異香，又不啼叫。乃至有識，未曾糞穢淋席，父母抱持，方乃便利。即寬身也。而臂垂過膝，性恒香潔，不近腥臊。年五六歲，與姊信相於静處坐禪，二親怪問，答曰："佛來爲説般若聖智界入等法門，共姊評論法相。"父是異道，不解其言，附口録得二百餘紙。有龍懷寺會師，聞有奇相，至其所，父以示之。會曰："並合佛經，無所參錯。"

有異禪師不知何來，於净慧寺入火光三昧。召彼女來，及至不入，云是火聚。禪師曰："何不以水滅之？"女即作水觀滅火而入。禪師驗知深入諸定，勸令出家，父母受娉及婿家不許。諸道俗官人爲出財贖之，因有度次，姊與寬身，俱時出家。時隋蜀王秀在益，請入城内，妃爲造精舍，鎮恒供養。嘗出於路，人有疑者，尼召來曰："莫於三寶所生異心，自受罪苦。"彼人悔過。有造功德須物者，燒香祈請，掘地獲金，無不充足。斯事非一，至於食飲，欲食便食，不食乃經歲序。時人目之"聖尼"，即今本寺猶號"聖尼寺"也。

寬年十三,常樂獨坐,面無怒相,言常謙下,依空慧寺胤禪師[2]、龍懷寺會闍梨所[3],隨聞經律,一覽無遺。未聞之經,曾不知義,有難問者,皆爲通之。初造龍懷寺,會有徒屬二百餘人,並令在役,惟放於寬。有怨及者,會曰:"斯人是吾本師,何得使作?昔周滅法,依相禪師,隱于南山,及隋興教,辭師還蜀。嘗受囑云:'汝還蜀土,大有徒衆,有名惠寬,可將攝也。'我憶此事,計師死日,當寬受生。無得致怪。"自爾在山,依閑業定。

年三十,還綿竹,教化四遠,聞名見形,並捨邪歸正。其俗信道,父母皆道歸佛,捨宅爲寺。于今見在。綿竹諸村,皆爲立寺,堂殿院宇,百有餘所,修營至今。年常大齋,道俗咸會。正月令節,成都等七十縣,競迎供待。有大功德,須得經營,但請寬至,施物山積。

貞觀中有僧名策,持咒有驗,於洛縣忽死。見閻王曰:"比獄中罪人,多應爲誦咒,并請寬師講地獄經。"從此得穌,經月不作,復更悶絶,閻王大怒,命牛頭使打鍾子百下[4],"我令誦咒、講經,爲衆生故,何不作?"策穌已,即從洛縣往綿竹。三十里未至,疲卧,忽有異旋風吹起,須臾至寬所。正集轉經,告策曰:"昨所住處,大爲勞苦。爲衆生者,不得辭苦。"即令策登坐誦咒,大衆聞皆流汗。寬仍集衆講地獄經。

貞觀二十年,綿竹宋尉云:"我不信佛,惟信周、孔。然我兩度得佛力。一爲人在門側小便,置佛便止。一爲冬月落水,燒木佛自炙。"寬聞之,致書曉喻。宋曰:"此道人微異者,當試有靈不?"取書名處,用拭大便。當即糞門裂,脚起不得。自唱"我死",即召寬來。雖悔過,造經像,盈月便卒。

什邡縣陳家捨邪信佛,以竹園爲寺。寬指授分劑:爾許可爲僧院,中間一分堪立佛堂。即斷一竹,上豎標云:此分劑處,欲造佛寺。當時生竹自乾。佛堂斷竹,泉水上涌,尋掘數尺,獲大石。石下金瓶舍利七粒。寬禮拜更請,遂放光,乃盛滿合,四遠又集。寺今見在。

永徽四年夏,六月二十五日,春秋七十,卒於淨慧寺。未終一月,有五百神人,長丈餘,服天衣,持花香,及紫金花臺,從西方來迎。寬辭不堪,發遣令去。又於終日,放羊從市向房,悲數十聲。至夜索水沐浴、新衣、跏坐、執爐已,命打無常鍾。聲遍郭聞,合郭咸集,曰:"闍梨涅槃去。"空中哭聲,寺内光明,莫測其來。道士等謂言燒寺,驚走來寺,乃知其非。自此入定,氣盡乃知永逝。寺内三橋,一當寬房,堂夜梁折,聲震寺内。明旦官人道士,咸來慟哭。寺内蓮池,池水忽乾,紅蓮變白。寺中大豫樟樹三四人圍,忽自流血,血流入澗,澗水皆赤。月餘方息。又十七級塼浮圖,高數十丈,裂開數寸。又有雙鵝,不知何來,向靈鳴叫,伏地不去,葬時隨送,出郭失之。往無爲山,去寺二十里,黑雲團空,隨行注雨,草木隨靡,至山方散。葬後縣内道俗,七歲已上，著服泣臨，如是三年。爾後至今，凡設會，家皆設兩座，一擬聖僧，一擬寬也。今猶獲供送本寺。靈相在山，端坐如在，自初至今，竟無蟲血汙穢朽腐之相。斯則豈非不退菩薩，身無萬户蟲耶？[5]不然，何以若此？

【校注】

［1］益州綿竹孝水：案據隋書卷二九地理上"成都"條下，從開皇十八年到大業三年之間，綿竹縣名爲孝水縣，故"綿竹孝水"不可解。

［2］案，空慧寺即東晉慧遠之弟慧持入蜀所建之金淵精舍，即龍淵寺，唐初避高祖李淵諱，易名空慧寺。唐末改名聖壽寺，明代更名石犀寺，清初毁於兵火。故址在今成都西勝街。參見李豫川：唐僧受戒寺院在成都何處，文史雜志 1996 年第 1 期。

［3］龍懷寺：據全唐文卷一八五王勃彭州九隴縣龍懷寺碑，當在今四川彭州市新興鎮龍懷村。

［4］鍾：疑當作"踵"。

［5］萬户蟲：案，據磧本大般若經卷三二六不退轉品："若不退轉位菩薩摩訶薩，身心清净，非如常人身中恒爲八萬户蟲之所侵食。所以者何？是諸菩薩善根增上，出過世間，所受身形，内外清净，故無蟲類侵食其身。"亦作萬尸蟲。

唐衛州霖落泉釋僧倫傳十一

釋僧倫，姓吕氏，衛州汲人[1]。祖宗，諸州刺史。父詢，隋初穆陵太守。未孕之初，二親對坐，忽有梵僧，秀眉皓首，二侍持幡，在其左右，曰："願爲母子，未審如何？"即禮拜之，揮忽失所，因爾有娠。四月八日四更後生，還見二幡，翊其左右，兼有異香，產訖不見。五歲已後迄於終亡，恒自目見白光滿屋。齊武平九年，與父至雲門寺僧賢統師、珉禪師所，受法出家，時年九歲。二師問其相狀，答以："白光流臉，二幡夾之。"歎曰："子真可度。"因而剃落。

周武平齊，時年十六，與賢統等流離西東，學四念處，誦法華經。至開皇初，方興佛法，雲門受具，時年二十三。又於武陽理律師所，聽始半夏，見五色光如車輪照倫心上，衆並同見。即於光中禮五十三佛，猶未滅；更禮二十五佛[2]，光乃收隱。又與方、願二師入黑山、太行諸山，行蘭若二十餘年。大業末，賊徒起，領門人至衛州隆善寺，仍爲僞夏竇建德、齊善行等請知僧事。武德五年，大統天下，入太行抱犢山教徒[3]，學念處法。由是四方負笈，山路成蹊。貞觀四年，衛州刺史裴萬頃與諸官人請令下山，日日受戒，大有弘利。

以貞觀二十三年，五月十三日四更，忽告門人："吾夜中於諸法得解脱，謂成無學，不謂天帝等迎。"言已而絶。將殯於山而哀慟不止。天極清朗，無雲而降細雨。衆咸異焉。時年八十五矣。

【校注】

［1］衛州汲人：北周宣政年間置衛州。隋朝大業年間改爲汲郡。唐武德初復爲衛州。武德四年，義州廢，汲縣改屬衛州。貞觀元年，治所由衛縣遷移至汲縣。

［2］禮：磧本作"體"，今據資本改。

［3］太行抱犢山：在今山西省陵川縣東南六十公里處古郊鄉抱犢村，爲道教七十二福地之一，南鄰河南省輝縣市。

唐京師西明寺釋静之傳十二

釋静之，姓趙，雍州高陵人。父母念善，絶無息胤，祈求遍至而無所果。遂念觀音，旬内有娠，能令母氏厭惡欲染，辛腥永絶。誕育之後，年七八歲，樂阿彌陀觀，依文修學，隨位並成，行見美境，骨觀明净。性樂出家，既有一子，誓而不許。隨父任蜀，不久崩亡，意欲爲父焚身報德，有一賢人，引金剛般若云"捨身不如持經"，乃迴心剃剪，用申罔極。一入法門，翹誠逾厲，隨聽經律而意在定門。後從江禪師習觀而威容端雅，見者發心。貞觀初，隱益部道江彭門山光化寺[1]，一十餘載常坐茅宇，不居僧房。四方集者，二百餘人，六時三業，不負光景。又别深隱，入靈巖山，大蟲爲偶，無所驚擾。利州道禪師，素交既久，請入劍閣北窮腹山，徒侶十餘，齎米四石，恰至夏竟，一石未盡。小時鼻患肉塞，百方無驗，有僧令誦般若多心萬遍，恰至五千，肉鈴便落。行至秦州，被毒蛇螫，苦楚叵言，以觀行力，便見善境，自然除滅。後遇疾苦，依前得差，乃撰諸家觀門，以爲一卷，要約精最，後學重之。顯慶三年，召入西明，别立禪府。利州本寺，桂樹忽凋，胡桃自拔，佛殿無故北面仰地，尊儀不損。斯亦德動幽靈，爲若此也。以顯慶五年春三月二十七日，右脅而終於西明，春秋五十七矣。

【校注】

［1］案，"道江"，據新舊唐書卷一四地理四"成都府"，唐武德三年，在今都江堰市灌口鎮設導江縣；而"彭門山"爲今灌口山，説見元和郡縣圖志卷三一劍南道一"灌口山"條。下文之"靈巖山"在今都江堰靈巖山景區。

唐丹楊沙門釋智巖傳十三

釋智巖，丹陽曲阿人，姓華氏。在童丱日，謂人曰："世間但競耳目之前，寧知死生之際。"鄉里異之，知有遠度也。及弱冠，雄威武略，智勇過人。大業季年，豺狼競逐，大將軍黄國公張鎮州揖其聲節[1]，屈掌軍戎，奏策爲虎賁中郎將。雖身任軍師而慈弘在慮,每於弓首挂灑囊,所往之處,灑水養蟲,以爲常事。及僞鄭之在東都,黄公龔行征伐。相陣鬥將,應募者多,黄公曰:"非華郎將,無以御之。"僞鄭大將人馬具全,按轡揚鞭,以槍刻地,厲聲曰:"若能拔得,方共决焉。"巖時跨馬徐來,以腋挾槍而去。次巖以槍刻地,彼摇再三不動。乃下馬交刃,遂生擒之。巖反刀截其頸曰:"吾誓不斷命,且施君頸。"乃放之。

武德四年,從鎮州南定淮海。時年四十,審榮官之若雲,遂棄入舒州皖公山[2],從寶月禪師披緇入道。黄公眷戀追徵,答曰:"以身訊道,誓至薩雲,願特捨恕,無相撓擾。"既山藪幽隱,蘭若而居,豺虎交横,馴狎無恐。忽見異僧,身長丈餘,姿容都雅,言音清朗,謂曰:"卿已八十一生,出家宜加精進。"言訖不見,蒙此幽屬,精勵晨昏,一切世間,如幻如夢。一時坐定,正在谷中,山水暴長,形將欲没,熙怡端坐,嶷然便退。獵者問曰:"身命可重,何不避耶?"答曰:"吾本無生,安能避死。"獵者悟之,所獲並放。故山中飛走,依託附焉。

昔同軍戎,有睦州刺史嚴撰、衢州刺史張綽、麗州刺史閭丘胤、威州刺史李詢,聞巖出家,在山修道,乃尋之。既矚山崖竦峻,鳥獸鳴叫。謂巖曰:"郎將癲邪,何爲住此?"答曰:"我癲欲醒,君癲正發。何由可救?汝若不癲,何爲追逐聲色,規度榮位。至於清爽,都不商量。一旦死至,荒忙何計?此而不悟,非癲如何?惟佛不癡,自餘階漸。"

貞觀十七年,還歸建業,依山結草。性度果决,不以形骸爲累,出處隨機。請法僧衆,百有餘人,所在施化,多以現事責覈究之心,用通故俗,聞者毛豎零淚。多在白馬寺,後往石頭城癘人坊住。爲其説法,吮膿洗濯,無所不爲。

永徽五年二月二十七日,終於癘所,顔色不變,伸屈如恒,室有異香經旬,年七十八矣。

【校注】

[1] 案,"張鎮州",據兩唐書、資治通鑒當爲"張鎮周",舒州同安郡人,本爲隋將,武德三年降唐,歷官多在安徽,兩唐書無傳,資料散見史書。

[2] 峗公山:即皖公山,今安徽省潛山縣潛山,又稱天柱山。

唐衡岳沙門釋善伏傳十四

釋善伏,一名等照,姓蔣,常州義興人。生即白首,性知遠離,五歲於安國寺兄才法師邊出家。布衣蔬食,日誦卷經,目覩七行,一聞不忘。貞觀三年,竇刺史聞其聰敏,追充州學。因爾日聽俗講,夕思佛義。博士責之,對曰:"豈不聞乎,行有餘力,所以博觀。如不見信,請問前聞。"乃試之,一無所滯,重爲聯類佛教,兩用疏通。於是,學館傾首,何斯人之若斯也。

後逃隱出家,志樂佛法,欲罷不能。忽逢山水,淹留忘返,斯因宿習,非近學也。至蘇州流水寺璧法師所,聽四經、三論。又往越州敏法師所,周流經教,頗涉幽求。至天台超禪師所,示以西方净土觀行[1]。因爾廣行交、桂、廣、循諸州,遇綜、會諸名僧,諮疑請决。又上荆、襄、蘄部,見信禪師,示以入道方便。又往廬山,見遠公净土觀堂。還到潤州巖禪師所,示以無生觀[2]。後共暉、才二師,入桑梓山行慈悲觀[3]。又爲鬼神受戒,莫噉肉。神又降巫者,令召伏受戒。巫者殺生祀神,神打之次死,降語曰:"吾已於伏闍梨受戒,誓不食肉。如何爲吾殺生?愍爾愚癡,且恕汝命,後更爾者,必加至死。"自後諸祀,永絶羶腥。

常婺州二人,同載績麻爲貨。至江神所,一以蔬祭;一欲殺生而未行,其麻並濕,前蔬祭麻並乾燥。於是行人忌憚,無敢肉祭。故其授戒功驗,人神敬仰,有陵犯者,立見禍害。江、淮間屠販魚肉鵝鴨鷄豬之屬,受法開放,市無行肆,官人怪之。有義興令素不信,嫌伏動衆,將加私度之罪,伏昆季賂之。其人忽即狗登繩床,衆蛇惱患,不久除名。往常州筮之,卦云:"由犯賢聖,罪不可救。"其人得急,就伏求免。

永徽二年,被括還家,然志好出俗,見家如獄,復往山居,苦節翹勤,人不堪其憂也。衆又屯聚,因爲説法,讚令行慈:不殺者,佛教之都門也。不能行之,若講禮而爲倨傲耳。又勸行六道,供以先祖諸亡者,無越此途。又曰:山有玉則草木潤,泉有龍則水不竭,住處有三寶,則善根增長。常在伏牛山[4],以虎豹爲同侶,食蚊虻爲私行。視前六尺,未曾顧眄,經中要偈,口無輟音,大約十五觀、四明論[5],以爲崖准。

顯慶五年,行至衡岳,意欲求静,返更屯結。説法既久,忽告曰:"一切無常,氣息難保,夜深各散,緣盡當離。"時不測其言也。便返閉而坐。爾夜衡州諸寺鍾及笙管鳴聲徹曉,道俗咸怪。至房關掩,乃破而開之,見伏端坐久終,便以奏聞。

【校注】

[1] 西方净土觀行:即用天台宗"一心三觀"參證"四净土説",見於觀無量壽佛經疏。

[2] 無生觀:大智度論卷五三:"無生觀有二種:一者柔順忍觀,二者無生忍觀。"大智度論卷八六:"菩薩先住柔順忍中,學無生無滅,亦非無生非無滅,離有見無見、有無見、非有非無見等。滅諸戲論得無生忍。""乃至作佛常不生噁心,是故名無生忍。論者言得是忍,觀一切法畢竟空,斷緣心心數不生,是名無生忍。"

[3] 慈悲觀:據坐禪三昧經卷上,最初修行,當教觀想,慈及親愛;其次當修,慈及中人;

終當修習,慈及怨憎。

［4］伏牛山:即今江蘇省丹徒縣上會鎮上會鄉伏牛山村。

［5］案,此處"四明論"所指不詳,一般指四吠陀。

唐代州照果寺釋解脱傳十五普明 僧竒

釋解脱,姓邢,臺山夾川人。七歲出家,依投名匠,志在出道,惟在禪思。遠近訪法,無師不詣,復住五臺縣照果寺,隱五臺南佛光山寺四十餘年。今猶故堂十餘見在。山如佛光,花彩甚盛,至夏大發,昱人眼目。其側不遠,有清凉山。山下清凉,即文殊師利遊處之地也。有高行沙門曜者,年百六歲,自云:"我年五十時,與解脱上人至中臺東南下三十里大孚靈鷲寺,請見文殊。行至花園北,遇一大德形神慈遠,徐行東去。解脱頂禮發願,我時精神欣喜,不暇諮請。解脱云,已曾三度親見文殊。誡語云:汝自悔責。若切至,必悟道也。便依言自咎,晝夜剋責,心便安静。"又感諸佛見身,説偈曰:

諸佛寂滅甚深法,曠劫修行今乃得。
若能開明此法明,一切諸佛皆隨喜。

因問寂滅法,何者是?若爲教人,令解之。諸佛即隱,空中聲曰:"方便智爲燈,照見心境界。欲究真實法,一切無所見。"遂依此法,化導有緣,在山學者,來往七八百人,四遠欽風,資給弘護。四十餘年,常在佛光。永徽中卒。今靈軀尚在,嶷然坐定,在山窟中。

又五臺南娑婆寺南五六里,普明禪師獨静坐禪。求見文殊,意欲請法,有神人空中告曰:"汝無禪習,止可長生。龕前取藥,服之可得延壽。"明懷疑不决,後又告曰:"藥名長松,汝何不服?此藥無毒。"明便依言服之。又告同行諸僧已,騰空而去。厥處見在,去恒岳目矚相接。

又有僧竒禪師者,住忻州秀容建國寺,恒於定襄來望人山南坐禪餌藥。年將八十,道俗尊仰,不知志入何法,而興歎者號不可思議人。其山靈泉望迹,石上見在,祈福者衆。永徽中,有人無目不知何來,彈琵琶,誦法華一部,向望人山,手彈口誦,以娱此山,亦不測其然。

唐潤州牛頭沙門釋法融傳十六

釋法融,姓韋,潤州延陵人[1]。年十九,翰林墳典,探索將盡,而姿質都雅,偉秀一期,喟然歎曰:"儒道俗文,信同糠粃,般若止觀,寔可舟航。"遂入茅山，依炅法師[2]，剃除周羅，服勤請道。炅譽動江海，德誘幾神，妙理真筌，無所遺隱。融縱神挹酌，情有所緣，以爲慧發亂縱，定開心府，如不凝想，妄慮難摧。乃凝心宴默於空静林，二十年中，專精匪懈，遂大入妙門，百八總持，樂説無盡，趣言三一，懸河不窮。

貞觀十七年，於牛頭山幽栖寺北巖下[3]，别立茅茨禪室，日夕思擇，無缺寸陰。數年之中，息心之衆，百有餘人。初構禪室四壁未周，弟子道綦、道憑於中攝念，夜有一獸，如羊而入，騰倚揚聲[4]，脚蹴二人心。見其無擾，出庭宛轉而遊。山有石室，深可十步，融於中坐，忽有神蛇，長丈餘，目如星火，舉頭揚威於室口。經宿，見融不動，遂去。因居百日。山素多虎，樵蘇絶人，自融入後，往還無阻。又感群鹿，依室聽伏，曾無懼容。有二大鹿，直入通僧，聽法三年而去。故慈善根力，禽獸來馴，乃至集于手上而食，都無驚恐。所住食厨，基臨大壑，至於澂水，不可環階。乃顧步徘徊，指東嶺曰："昔遠公拄錫[5]，則朽壤驚泉；耿將整冠，則枯甃還滿。誠感所及，豈虚言哉？若此可居，會當清泉自溢。"經宿，東嶺忽涌飛泉，清白甘美，冬温夏冷。即澂引登峰，趣釜經廓。此水一斗，輕餘將半。又二十一年十一月，巖下講法華經，于時素雪滿階，法流不絶。於凝冰内，獲花二莖，狀如芙蓉，璨同金色，經于七日，忽然失之，衆咸歎仰。

永徽三年，邑宰請出建初，講揚大品，僧衆千人。至滅諍品，融乃縱其天辯，商榷理義，地忽大動，聽侶驚波，鍾磬香床，並皆摇蕩，寺外道俗，安然不覺。顯慶元年，司功蕭元善再三邀請，出在建初。融謂諸僧曰："從今一去，再踐無期，離合之道，此常規耳。"辭而不免，遂出山門。禽獸哀號，逾月不止；山澗泉池，擊石涌砂，一時填滿；房前大桐四株，五月繁茂，一朝凋盡。至二年閏正月二十三日，終於建初，春秋六十四，道俗哀慕，官僚軫結[6]。二十七日，窆於鷄籠山[7]，幢蓋笳簫，雲浮震野，會送者萬有餘人[8]。

傳者重又聞之，故又重緝。

初，融以門族五百，爲延陵之望，家爲娉婚，乃逃隱茅岫。炅師，三論之匠，依志而業，又往丹陽南牛頭山佛窟寺，現有辟支佛窟，因得名焉，有七藏：經書一、佛經二、道書三、佛經史四、俗經史五、醫方、圖符。昔宋初，有劉司空造寺，其家巨富，用訪寫之，永鎮山寺。相傳守護，達於貞觀十九年，夏旱失火，延燒五十餘里，二十餘寺并此七藏，並同煨燼。嗟乎回禄，事等建章[9]，道俗悼傷，深懷惻愴。初融在幽栖寺，去佛窟十五里，將事尋討，值執藏顯法師者稽留，日夕諮請，經久許之。乃問融所學并探材術，遂寄詩達情，方開藏給。於即内外尋閲，不謝昏曉，因循八年，抄略粗畢，還隱幽栖，閉關自静。房宇虚廓，惟一坐敷，自餘蔓草苔莓，擁結坐床，塵高二寸。寒不加絮，暑絶追凉,藉草思微,用畢形有。然而吐言包富,文藻綺錯,須便引用,動若珠聯,無不對以宫商,玄儒兼冠。初出幽栖寺,開講大集,言詞博遠,道俗咸欣。

永徽中,江寧令李修本,即右僕射靖之猶子,生知信向,崇重至乘。[10]欽融嘉德,與諸士俗,步往幽栖,請出州講。融不許,乃至三返,方遂之。舊齒未之許,後鋭所商榷,及登元座,有光前傑,答對若雲雨,寫送等懸河。皆曰:"聞所未聞,可謂中興大法於斯人也。"聽衆道俗,三千餘人,講解大集,時稱榮觀。爾後,乘兹雅聞,相續法輪,邑野相趍,庭宇充闉。時有前修負氣,望日盱衡,乍聞高價,驚惶府俞,來至席端,昌言徵責。融辭以寡薄,不偶至人,隨問答遣,然猶謙挹,告大衆曰:"昔如來説法,其理猶存,人雖凡聖,義無二准。何爲一時一席,受道之衆塵沙[11],今雖開演,領悟之賓絶減?豈非如行如説,心無累於八風;如説如行,情有薄於三毒。[12]不然,將何自拔耶?"聞者撫心,推測涯極,故使聽衆傾耳,莫不解形情醉。

初,武德七年,輔公託跨有江表[13],未從王政,王師薄伐,吴越廓清,僧衆五千,晏然安堵,左僕射房玄齡奏稱:"入賊諸州僧尼極廣,可依關東舊格,州别一寺,置三十人,餘有遺歸編户[14]。"融不勝枉酷,入京陳理。御史韋挺備覽表辭,文理卓明,詞彩英贍。百有餘日,韋挺經停。房公服其高致,固執前迷,告融云:"非謂事理不無,但是曾經自奏。何勞法衣出俗,將可返道,賓王五品之位,俯若拾遺,四千餘僧,未勞傍及。"融確乎不拔,知命運之有窮,旋于本邑,後方在度。

又弘護之誠,喪形爲本,略出一兩,示其化迹。永徽之中,睦州妖女陳碩真邪術惑人,傍誤良善,四方遠僧,都會建業,州縣搜討,無一延之。[15]融時居在幽巖,室猶懸磬,寺衆貧煎,相顧無聊。日漸來奔,數出三百,舊侣將散,新至無依。雖欲歸投,計無所往,縣官下責,不許停之。融乃告曰:"諸來法侣,無問舊新,山寺蕭條,自足依庇,有無必失,勿事羈離。望刹知歸,退飛何往?並安伏業,禍福同之。何以然耶?並是捨俗出家,遠希正法,業命必然,安能避也。近則五賊常逐,遠則三獄恒纏,[16]心無離於倒迷,事有障於塵境,斯爲巨蠹,志異驅除。安得瑣瑣公途,繫懷封著,並隨本心,無得遠於幽林。"融以僧衆口給,日别經須,躬往丹陽,四告士俗,聞者割减,不爽祈求。融報力輕强,無辭擔負,一石八斗,往送復來,日或二三,莫有勞倦。百有餘日,事方寧静,山衆恬然,無何而散。于時局情寡見者[17],被官考責窮刻[18],妖徒不能支任,或有自縊而死者。而融立志滔然,風塵不涉,客主相顧,諧會瑟琴,遂得釋然,理通情洽。豈非命代開士,難擁知人,寒木死灰,英英間出[19],寔斯人矣。

時有高座寺亘法師,陳朝名德,年過八十,金陵僧望,法事攸屬,開悟當塗。融在幽栖,聞風造往,以所疑義,封而問曰:"經中明佛説法,言下受悟無生[20];論中分别名句,文相不明獲益。法師受佛遺寄,敷轉法輪,如融之徒,未聞静惑,爲是機器覆塞,爲是陶化無緣? 明昧迴遑,用增虚仰,必願開剖盤結,伏志遵承。”亘良久憮然告曰:“吾昔在前陳,年未冠肇,有璀禪師,王臣歸敬,登座控引,與子同之,吾何人哉,敢當遺寄?”遂爾而散。融還建初寺,潛結同倫,亘重其道志,策杖往尋。既達建初,寺有德善禪師者,名稱之士,喜亘遠來,歡愉談謔。而善與融同寺,初未齒之,亘曰:“吾爲融來,忽輕東魯。”乃召而問之。令叙玄致,即坐控舉,文理具揚,三百餘對,言無浮采。於是二德嗟詠滿懷,仍於山寺,爲立齋講。

然融儀表環異,相越常人,頭顱巨大,五岳隆起,眉目長廣,額頰濃張,龜行鶴視。聲氣深遠,如從地出;立雖等倫,坐則超衆。衣服單素,纔得充軀,肩肘絶綿,動逾累紀,嘗有遺者,返而還之。而心用柔軟,慈悲爲懷,童稚之與耆艾,敬齊如一。屢經輕惱,而情忘瑕不顧。曾有同友,聞人私憾加謗融身,詈以非類,乃就山説之。融曰:“向之所傳,總是風氣,出口即滅,不可追尋。何爲負此虚談,遠傳山藪? 無住爲本,願不干心[21]。”故其安忍刀劍,情靈若此。或登座駡辱,對衆誹毁,事等風行,無思緣顧,而顔貌熙怡,倍增悦懌。是知斥者,故來呈拙,光飾融德者乎? 傳者抑又聞之: 昔如來説化,加謗沸騰。或殺身以來誚,或繫杅以生誹,滅迹内以死蟲,反説面欺大聖。斯徒衆矣。而佛府而隱之,任其訕誹。及後過咎還露,或生投地穴,或死入泥犁,天人之所共輕,幽顯爲之悲慟。而如來光明益顯,金德彌昌,垂範以示將來,布教陳於陸海。融嘗二十許載,備覽群經,仰習正覺之威容,俯眄喋喋之聲: 説陀那之風,審七觸之安[22];有刹那之想,達四選之無停[23]。固得體解時機,信五滓之交貿[24];覽其指要,聊一觀之都融[25]。融實斯融,斯言得矣。

【校注】

[1] 潤州延陵: 西晋太康二年,以曲阿縣的延陵鄉置,屬晋陵郡。隋代爲潤州治所。唐武德三年,别置,隸茅州,後隸蔣州。武德八年,金山縣併入。武德九年,來屬潤州。垂拱四年,又劃出金山縣。後屬丹陽郡。北宋熙寧五年,省延陵縣爲鎮,併入丹陽縣。案,“法融”,即禪學牛頭宗創始人。

[2] 案,“茅山”,位於江蘇句容市東南四十五里。“炅法師”,無考,據其年齡或即明法師也,明法師爲三論宗法朗之付法弟子,傳見本書卷一五法敏傳附。

[3] 牛頭山: 即今江蘇省南京市牛首山,在江寧區東善鄉西北。

[4] 倚: 磧本作“荷”,今據資本改。

[5] 拄: 資本作“振”。

[6] 官: 磧本作“宫”,今據資本改。

[7] 鷄籠山: 位於南京市玄武區,東連九華山,西接鼓樓崗,北近玄武湖,爲鍾山餘脉。

[8] 法融著作今存: 心銘,見於景德傳燈録卷三〇。敦煌文書收有絶觀論,見於北京本

閏字八四、日本積翠軒本、巴黎國立圖書館所藏的四種寫本 P. 2045、P. 2732、P. 2074、P. 2885，又宗鏡録卷九、卷三〇、卷七九、卷九七，祖堂集卷三以及圓覺經大疏抄卷一一等所引與敦煌本多重合，亦有逸出者，然均非全本。據日本古經録惠運律師目録、智證大師將來目録和東域傳燈録等所載，法融還有注金剛般若經一卷、金剛般若經意一卷、維摩經記二卷、維摩經要略疏一卷、華嚴經私記二卷、法華名相一卷，共有六部七卷之多，均佚。

［9］案，左傳正義卷四八"昭公十八年"："郊人助祝史除於國北，禳火於玄冥、回禄。"杜預注："回禄，火神。"又"建章"，指西漢建章宫，毁於漢末戰火。

［10］案，"季修本"，據資本、永北本、龍藏本爲"李修本"。"李静"，據郭校本考證當爲"李靖"，參見舊唐書卷六七李靖傳。

［11］受道之衆塵沙："塵沙"指塵沙惑，無明衆生、聲聞學人、已解脱無學阿羅漢、辟支佛、五十二階位的所有菩薩，在成佛前，對法界實相即如來藏真如心體是不能究竟具足了知。這是由於實相心第八阿賴耶識心體雖清净恒常不變易，但所含藏的無明極細、極多，其數無量，故名過恒河沙數煩惱，又名塵沙惑。在三乘菩提中的佛菩提道修行過程當中，菩薩需經三大阿僧祇劫的次第修行，纔能究竟滅除所知障中所斷的惑即是塵沙惑，也就是修證一切種智上面所應該斷除的過恒河沙數微細無明煩惱。

［12］豈非如行如説，心無累於八風；如説如行，情有薄於三毒："八風"，見於大乘理趣六波羅蜜多經卷六安忍波羅蜜多品，指利養、毁謗、贊譽、稱嘆、譏嫌、苦惱、樂受。"三毒"，據長阿含經卷八："謂三不善根：一者貪欲，二者瞋恚，三者愚癡。""如行如説""如説如行"，典出大寶積經卷五九文殊師利授記會："復次，舍利弗，菩薩成就四法，令願不退嚴净佛刹。何等爲四？一者，如説能行，如行能説；二者，常自謙下；三者，遠離慳嫉；四者，見他得利，心生歡喜。是名爲四。"

［13］輔公託：即輔公祏，舊唐書卷五六有其傳，"託""祏"讀音相同，當是音近而誤。

［14］有：資本作"者"。

［15］案，陳碩真事，見舊唐書卷八一、新唐書卷一二二崔玄義傳、資治通鑒卷一九九，此事發生在永徽四年十月到十一月。新唐書記載："始，碩真自言仙去，與鄉鄰辭訣，或告其詐，已而捕得，詔釋不問。於是姻家章叔胤妄言碩真自天還，化爲男子，能役使鬼物，轉相熒惑，用是能幻衆。自稱文佳皇帝，以叔胤爲僕射，破睦州，攻歙，殘之，分遣其黨圍婺州。義玄發兵拒之，其徒争言碩真有神靈，犯其兵輒滅宗，衆凶懼不肯用。"則知所謂邪術，或是參合了佛教因素的某種民間宗教，故累及佛教。

［16］案，"五賊"，指五蘊：色、受、想、行、識。"三獄"，指三惡道：地獄道、餓鬼道、畜生道。

［17］情：磧本作"憤"，今據資本、永北本、龍藏本改。

［18］刻：資本作"効"。

［19］英英：資本作"明英英"。

［20］無生：據圓覺經卷一、大集經卷一五、大寶積經卷八七，即無生無滅。

［21］干：磧本作"于"，今據永樂北藏本、龍藏本改。

［22］説陀那之風，審七觸之安：指坐禪方法，據大智度論卷六："如人欲語時，口中風名憂陀那，還入至臍，觸臍響出，響出時觸七處（頸、齗、齒、唇、舌、咽、胸）退，是名語言。"圓覺經大疏鈔卷一一下，以臍下一寸稱爲優陀那，指丹田。

［23］有刹那之想，達四選之無停：即一刹那間具四相，生、住、異、滅。

[24] 五滓：即五濁惡世，指生命短促、情商低下、邪見層出、貪婪虛僞、疾病戰争不斷的世界。
[25] 一觀：指中觀，或空觀。

唐衡州霖落泉釋惠方傳十七

釋惠方，姓趙，冀州信都來强人[1]。七八歲，便思出俗。年九歲，投蘇門淋落泉寺，居然静志。衆侣怪其持高，遂授以九次十想，隨聞斂念。仍受此法，亟涉炎凉。隋文后崩，西京立寺，遠徵入住，厚禮供焉。[2]而雅志不渝，山林綴想，雖遇匠石，無緣運斤，舊所禪徒，虚懷鶴望。大業六年，辭還本寺，門侣雲結，請道如山。隋季不静，巖穴丘陵，移居汲郡之隆善寺。及皇運大昌，天下無事，又與門人修緝舊所，遂使松門石楝，巖室風窗，並得經綸，更新雲構。曾於廊下言及幽微，沙彌伏階密聽，空中聲曰："何忽沙彌在此伏聽。"懼驚起，又被打擊，經宿乃穌。其感靈祥，如此例也。以貞觀二十一年冬初，終於所止，春秋九十有三。未終前，忽有異香縈於巖室，氛氲三日，衆不惻，恰終香歇。以其月十七日，葬州北十里圓崗之陽。

【校注】

[1] 冀州信都來强：案，據隋書、新舊唐書地理志，無來强縣，冀州或信都郡下有棗强縣，應是。又"冀州信都棗强"這種表達亦不妥當，因隋唐地方行政爲二級制，或爲州縣，或爲郡縣，無州郡縣三級制。
[2] 案，指仁壽三年創立禪定寺。

唐楊州海陵正見寺釋法嚮傳十八

釋法嚮，姓李，楊州海陵葛崗人[1]。形長八尺，儀貌魁傑，眉目秀異，立性威嚴，言不妄發。足下有黑子，圓浄分明，相者曰："長爲軍將，仍有重名于天下也。"年十六，辭親出家，即事精苦。與人卓異，尼媪參禮，未嘗與言。戒行清浄，誦法華通。攝山栖霞寺恭禪師，住法後賢，衆所歸仰，承名延致於寺側，立法華堂，行智者法華懺。嚮依法行，三七專注，大獲瑞應，知而不言。恭既入京，嚮還江北，海陵、寧海二縣，各延供養。隋末海陵大寧寺僧智喜開房延入，於中静坐。晝卧，驚起曰："火發。"喜四出顧視，了無。嚮曰："吾患耳，妄聞耶。"明日晝驚，如此三度，遂東還寧海。去後，李子通賊破縣燒寺，如所告焉。大蟲傷害，日數十人。乃設禳災大齋，忽有一虎入堂，搏一人將去，嚮逐後唤住："何造次？今爲檀越設齋，可放此人。"依言即放。諸虎大集,以杖扣頭,爲説法。於是相隨遠去。

又欲往天台尋智者古迹,謂弟子曰:“吾雖欲至天台,而不達。在江南一山中,西北望見一城。”及過江至江陰縣,道俗留連,於縣東南山起寺,號曰“定山”,便經年稔。後天下漸安,又還海陵鹽亭,百姓留之。有小孤山出地百仞,四面無草木,於前立寺,名爲“正見”處之。

貞觀四年冬初,謂門人曰:“吾與汝别,近夢惡,將不起矣。”遂卧二十日,忽起索湯盥浴、剃髮。自辰至酉,面西而終,年七十八。將終,謂弟子曰:“吾願以身施諸鳥獸。此無林木,食若不盡,穢人眼目,可埋山西南。”及依往埋,掘便值石,盤薄無由。又更試掘,遂得一處凹陷石上,恰得容身。因厝中,置塔其上。

嚮生常日,投陀林野,馴伏猛獸,觀想西方,口唱南無佛。不多説法,隨緣一兩句,有災祥者,令避,託以夢想所見。

貞觀二年,有常州人往幽州,見一女人,問海陵嚮禪師健不?又問識耶?答:不識。女人以烏絲布頭巾,用寄嚮師。此人遇患,經年不至。嚮預知之,每歎息:“那不至耶?”人至江陰,附頭巾與海陵人,將至其處。乃令弟子逆之。恰至門首,相值以巾付還。嚮得巾執玩咨嗟,裂破,付弟子人得一片,有不得者。貞觀三年,天下大括,義寧私度,不出者斬。聞此咸畏,得頭巾者,並依還俗,其不得者,現今出家。其年大雪深數尺,告弟子曰:“吾須新菜。”弟子曰:“雪深叵得。”曰:“上山求之,可有。”如言上山,數里,至一樹下,皆是青菜,取之而返。預知皆如此也。

【校注】

[1] 案,“海陵郡”,東晋義熙七年置,治所在海陵縣,屬徐州。南朝宋移治建陵縣。南梁還治海陵。隋開皇初年,廢。案,“海陵郡”在今江蘇泰州,歷史上不屬於揚州。“海陵縣”屬於揚州僅在唐武德二年,三年即改屬吴州。“葛崗”當爲“蜀岡”之誤,據讀史方輿紀要卷二三“南直五揚州府”條下:“蜀岡,府城西北四里。綿亘四十餘里,西接儀真、六合縣界,東北抵茱萸灣,隔江與金陵相對。”則知爲丘陵名。

唐蘄州雙峰山釋道信傳十九

釋道信,姓司馬,未詳何人。初七歲時,經事一師,戒行不純,信每陳諫。以不見從,密懷齋檢,經於五載而師不知。又有二僧,莫知何來,入舒州皖公山,静修禪業,聞而往赴,便蒙授法。隨逐依學,遂經十年。

師往羅浮,不許相逐,但於後住,必大弘益。國訪賢良,許度出家,因此附名,住吉州寺。被賊圍城七十餘日,城中乏水,人皆困弊。信從外入,井水還復,刺史叩頭:“賊何時散?”信曰:“但念般若。”乃令合城同時合聲[1]。須臾外賊見城四角，大人力士，威猛絶倫，思欲得見。刺史告曰："欲見大人，可自入城。"群賊即散。既見平定，欲往衡岳，路次江州，道俗留止廬山大林寺。雖經賊盜，又經十年，蘄州道俗請度江北，黄梅縣衆造寺，依然山行，遂見雙峰，有好泉石，即住終志。當夜大有猛獸來繞，並爲受歸戒，受已令去。

自入山來，三十餘載，諸州學道，無遠不至，刺史崔義玄聞而就禮。臨終語弟子弘忍："可爲吾造塔，命將不久。"又催急成。又問："中未？"答："至中。"衆人曰："和尚可不付囑耶？"曰："生來付囑不少。"此語纔了，奄爾便絶，于時山中五百餘人，並諸州道俗，忽見天地闇冥，繞住三里，樹木葉白。房側梧桐樹曲枝向房，至今曲處皆枯。即永徽二年閏九月四日也，春秋七十有二。至三年，弟子弘忍等至塔開看，端坐如舊，即移往本處，于今若存。

【校注】

［1］令：磧本作"今"，今據永北本、龍藏本改。

唐江漢沙門釋惠明傳二十

釋惠明，姓王，杭州人。少出家，遊道無定所。時越州敏法師，聚徒揚化，遠近奔隨，明於法席二十五年，衆侶千僧，解玄第一。持衣大布，二十餘載，時共目之"青布明"也。翹勇果敢，策勤無偶。後至蔣州巖禪師所，一經十年，諮請禪法。在山禪念，經雪路塞，七日不食，念言："吾聞不食七日便死，今明知業也。若業自在，可試知之。"以繩自懸於高崖，恍恍如人割斷，因落崖底，如人擎置，一無所損。復至荆州四望山頭陀，二虎交鬥，自往分解。冬夏一服，行止形俱，所去無戀，即經所謂"如鳥陵空"，喻斯人矣。誦思益經，依經作業。近龍朔年，從南山出，至京遊觀，與其言論，無得爲先。不久旋返，云往江曲，依閑修道，莫知定所。

此論元遺在二十卷内，今竹堂校證，合入此卷之後[1]

續高僧傳卷第二十一

右大唐西明寺沙門釋道宣撰見内典録保唐寺藏經】[2]

【校注】

［1］案，磧本此句後，爲習禪篇論贊，即麗本卷二〇後之論贊。

［2］案，此卷麗本、趙本均無，今據磧本補。卷前卷後加括號以示區别。

續高僧傳卷第二十一[1]

明律上正傳十五[2]　附見十二

梁楊都天竺寺釋法超傳一

釋法超，姓孟氏，晋陵無錫人也[3]。十一出家，住靈根寺[4]。幼而聰穎，篤學無倦，從同寺僧護修習經論，而雅有深思，幽求討擊，學論歸仰[5]。貧無衣食，乞匄自資，心性柔軟，勞苦非慮。晚從安樂寺智稱專攻十誦[6]，致召命家[7]，語其折衷者[8]，數過二百。自稱公歿後，獨步京邑。中歲廢業，頗失鴻緒，後復綴講，衆重殷矣。

帝謂律教乃是象運攸憑[9]，覺慧階漸[10]，治身滅罪之要，三聖由之而歸[11]，必不得門[12]，如閉目夜行，常懼蹈諸坑塹，欲使僧尼於五篇七聚[13]，導意獎心，以超律學之秀，勑爲都邑僧正，庶其弘扇有徒，儀表斯立。

武帝又以律部繁廣，臨事難究，聽覽餘隙，遍尋戒撿，附世結文，撰爲一十四卷，號曰出要律儀。以少許之詞，網羅衆部，通下梁境，並依詳用。普通六年，遍集知事及於名解，於平等殿，勑超講律，帝親臨座，聽受成規。以衆通道俗，恐陷於慈目[14]，但略舉綱要[15]，宣示宏旨，三旬將滿，文言便竟。所以導揚秘部，弘悟當機，遂得四衆移心，朝宰胥悦。

至七年冬，卒於天竺住寺，春秋七十有一。天子下勑疏慰[16]，並令有司葬鍾山開善寺墓。

【校注】

［1］案，"明律上"，磧本系統爲第二十二卷。又，本卷之麗初本闕佚。

［2］正傳十五：諸本同，興聖寺本作"正傳十三"無釋慧主與釋慧詵傳標題，然正文中有慧主傳，故興聖寺本實際收録正傳十四，無釋慧詵傳。

［3］案，無錫縣，西漢高帝五年置，西晋永嘉五年屬晋陵郡，隋開皇間郡廢，無錫縣改屬

常州,唐依之。則知此傳的史料來源較早。
[4] 靈根寺:據高僧傳、續高僧傳,此寺在建康鍾山,具體位置不詳。
[5] 論:諸本同,興聖寺本作“倫”形,誤。仰:諸本同,磧本作“鄉”。據説文解字注卷六下“鄉”“向”爲古今字,故知“鄉”即“向”,“仰”形近而誤。
[6] 案,智稱,傳見高僧傳卷一一,爲南朝十誦律大師。
[7] 召:諸本作“名”,今從磧本。
[8] 衷:諸本同,磧本作“中”。案,“折衷”亦寫作“折中”。
[9] 象:諸本同,磧本作“像”。
[10] 覺:磧本、興聖寺本作“學”誤,趙本同麗再本。
[11] 三聖:在佛教有多種説法,此處當爲圓頓戒壇三聖,一心金剛戒體秘決卷下:“三聖傳受金剛寶戒者,三聖乃釋迦、文殊、彌勒也。”
[12] 門:磧本作“闕”誤,趙本同麗再本,興聖寺本字迹不清。
[13] 五篇七聚:薩婆多毗尼毗婆沙卷二:“罪者,總五篇罪,名一切是罪,五篇戒外亦有種種罪,今佛結戒示罪輕重,故云此是波羅夷罪,此是僧殘,此是波逸提,此是波羅提提舍尼,此是突吉羅。”加偷蘭遮、惡説,爲七聚。
[14] 愆:興聖寺本作“偕”。目:諸本同,趙本作“且”誤。案,“愆目”即犯過失的條目,戒律的條目。
[15] 綱:麗初本、趙本作“剛”。
[16] 疏:諸本作“流”,今從磧本。案,“疏”即開導,“流慰”不辭。

梁鍾山雲居寺釋道禪傳二

釋道禪,交阯人。早出世網,立性方嚴,修身守戒,冰霜例德。鄉族道俗,咸貴其剋己,而重其篤行[1]。仙洲山寺舊多虎害[2],禪往居之,此災遂遠。聞齊竟陵王大開禪律,盛張講肆。千里引駕,同造金陵,皆是四海標領,人雄道傑。禪傳芳藉甚,通夜不寐,思參勝集,箎奉真詮[3]。乃以永明之初,遊歷京室,住鍾山雲居下寺。聽掇衆部,偏以十誦知名。經略道化,僧尼信奉,故有稜威振發,以見聲名;恬愉誘悟,議于風采。都邑受其戒範者,數越千人[4],常聽之徒,衆不盈百。兼樂滅覺觀,亟留幽谷,動逾霄景,方尋顧步。加復蔬食弊衣,華無布口[5],有濟芳美者,便隨給貧病,知足之富,豈得過焉。末居於寺舍,屏迹山林,不交榮世,安苦立行,人以爲憂而禪不改其樂也。以大通元年卒於山寺,春秋七十矣。

【校注】

[1] 篤:諸本同,磧本作“馬”誤。
[2] 寺:諸本同,趙本作“等”誤。
[3] 詮:磧本作“筌”,趙本同麗再本,興聖寺本字迹不清。“真詮”即真言,即“真筌”。“真筌”典出莊子外物:“筌者所以在魚,得魚而忘筌;蹄者所以在兔,得兔而忘

蹄。”“言”爲意之工具,故古人將“真言”稱爲“真筌”。

[4] 越:諸本同,興聖寺本作“超”形。

[5] 華:諸本同,磧本作“花”。

齊鄴下大覺寺釋慧光傳三[1]道雲 道暉[2] 馮居士

釋慧光,姓楊氏,定州盧人也[3]。年十三,隨父入洛,四月八日,往佛陀禪師所,從受三歸。陀異其眼光外射如焰,深惟必有奇操也,苦邀留之,且令誦經。[4]光執卷覽文,曾若昔習,旁通博義[5],窮諸幽理。兼以劇談譎詭,態出新奇[6],變動物情,時談逸口。至于夏末[7],度而出家,所習經誥,便爲人説。辭既清靡,理亦高華,時人號之“聖沙彌”也。因獲利養,受而還施,師爲掌之,尋用復盡,佛陀曰:“此誠大士之行也。”便縱而不禁,諮請教誡[8],敬而異之[9]。然其雅量弘方,不拘小節,讚毁得失,聲色不渝,衆益器之而美其遠度。陀曰:“此沙彌非常人也,若受大戒,宜先聽律。律是慧基,非智不奉。若初依經論,必輕戒網,邪見滅法,障道之源[10]。”由是因循,多授律檢。

先是,四分未廣宣通,有道覆律師創開此部,製疏六卷,但是科文,至於提舉宏宗,無聞於世,故光之所學,惟據口傳。[11]

及年登冠肇,學行略周[12],嘗聞言不通華[13],發戒便阻[14],乃往本鄉進受具足,博聽律部,隨聞奉行[15]。四夏將登,講僧祇律。初以唱高和寡,詞理精玄,漸染津流,未遂聽徒雲合。光知學功之所致也,義須廣周群部,乃從辯公參學經論[16]。聽説之美,聲飀趙都[17]。後入洛京,搜揚新異,南北音字,通貫幽微,悉爲心計之勞[18];事須文記,乃方事紙筆,綴述所聞,兼以意量,參互銷釋。陀以他日密覩文言,乃呼而告曰[19]:“吾之度子,望傳果向於心耳[20]。何乃區區,方事世語乎?今觀神器已成,可爲高明法師矣。道務非子分也,如何自累?”因而流涕。

會佛陀任少林寺主[21],勒那初譯十地,至後合翻,事在别傳。光時預霑其席,以素習方言,通其兩諍,取捨由悟,綱領存焉[22]。[23]

自此地論流傳,命章開釋;四分一部,草創基兹;其華嚴、涅槃、維摩、十地、地持等並疏其奥旨而弘演導。然文存風骨,頗略章句,故千載仰其清規,衆師奉爲宗轄矣。

司徒高傲曹、僕射高隆之及朝臣司馬令狐子儒等齊代名賢[24],重之如聖。嘗遇亢旱[25],衆以聞光,乃就嵩岳池邊燒香請雨,尋即流霔原隰,民皆利之。又爾朱氏舉兵北伐[26],徵税僧尼,用充軍實,先立嚴刑,敢諫者斬。時光任僧官,顧五衆屯塞,以命直往,語世隆曰[27]:“若當行此税,國事不存[28]。”言既克明,事亦遂免。其感致幽顯,爲若此也。

初在京洛,任國僧都[29],後召入鄴,綏緝有功[30],轉爲國統。將終前日,乘車向曹,行出寺門,屋脊自裂,即坐判事[31],塊落筆前,尋視無從,知及終相[32]。因斯乖悆[33],四旬有餘,奄化於鄴城大覺寺,春秋七十矣。

光常願生佛境而不定方隅,及氣將欲絶,大見天宫來下[34],遂乃投誠安養,溘從斯卒。自光立志貞静,堅存戒業,動止安詳,衣裳附帖[35],晝夜存道,財無盈尺之貯;滌除便穢,誓以報盡爲期。偏重行宗,四儀無妄其法;潔己獨立,七衆深崇其操。自正道東指,弘匠於世,則以道安爲言初;緇素革風,廣位聲教,則慧光抑其次矣。

凡所撰勝鬘、遺教、温室、仁王、般若等,皆有注釋。又再造四分律疏百二十紙,後代引之,以爲義節[36]。並羯磨戒本,咸加删定,被於法侣,今咸誦之。又著玄宗論、大乘義律義章[37]、仁王七誡及僧制十八條,並文旨清肅[38],見重時世。[39]

學士道雲早依師禀,奉光遺令,專弘律部,造疏九卷,爲衆所先。成匠極多,流衍彌遠,加以威容嚴肅,動止有儀,談吐慈和,言行相撿。

又光門人道暉者,連衡雲席,情智傲岸,不守方隅[40],略雲所製,以爲七卷,間以意會揵度椎焉[41]。故諺云:“雲公頭,暉公尾,洪理中間著。”所以是也。並存亡失緒[42],嘉績莫尋[43],可爲悲哉。

時光諸學士翹穎如林,衆所推仰者十人,揀選行解[44],入室惟九。[45]有儒生馮衮,光乃將入數中。衮本冀人,通解經史,被貢入臺,用擬觀國,私自惟曰:“玄素兩教,頗曾懷抱,至於釋宗,生未信重。”試往候光,欲論名理。正值上講,因而就聽,矚其威容,聆其清辯,文句所指,遣滯爲先。即坐盡虔,傷聞其晚,頓足稽顙,畢命歸依。然其攻擊病源[46],深明要害,我爲有本,偏所長驅。每有名勝道俗,來資法藥,衮隨病立治,信者銜泣。故其言曰:

> 諸行者不得信此無明昏心,覓長覓短[47]。聽經學問,嚴飾我心,須識詐賊。覓他過惡[48],不求其長,則吾我漸歇。特須分疏,勿迷自他。我過常起,熾然法界,他道少過,便即瞋他,常須看心,自以多過[49]。若思量者,雖在世間,無有滋味,終無歡心,以未喪我[50],何由有樂?此心將我,上至非想,還下地獄,常誘誑我,如怨家,如愛奴,豈可學問[51]?長養賊心,巧作細作,使覓名利,造疽姤也。故經云:“當爲心師[52],不師於心。”八歲能誦,百歲不行,不救急也。

時有私寫其言者,世號捧心論焉。亦有懷本於胸,逢境終忘者,無勤勵故耳。

衮在光門，低頭斂氣，常供廚隸，日營飯粥。奉僧既了[53]，蕩滌凝澱[54]，温煮自資，微有香美，便留後供。夜宿竈前，取蒿一束，半以藉背，半以坐之。明相纔動，粥便以熟[55]。無問陰晴，此事常爾。午後擔食，送彼獄囚，往還所經，識者開路。或至稠人廣衆[56]，率先供給。若水若火，若掃若帚，隨其要務，莫不預焉。口隨説法，初不告倦，遂卒光門。

【校注】

［1］慧：諸本同，磧本作“惠”，據慧光墓誌，當作“慧”。

［2］暉：諸本同，磧本脱。

［3］盧：諸本同，磧本作“長盧”。案，“定州”屬下並無“盧”縣、“長盧”縣，據慧光墓誌，當爲“盧奴”，西漢設縣，北魏爲中山郡、定州治所，北齊併入安喜縣，治當今河北省定州市。

［4］案，據本書卷一六佛陀傳，慧光十二歲時，在洛陽天街被佛陀禪師發現深具慧根。案，據慧光墓誌，慧光十二歲時當北魏太和五年，而太和十八年北魏始遷都洛陽，故楊維中著中國唯識宗通史第一章第三節認爲二人相見地點或爲太和五年的北魏都城平城，即今山西大同。據本傳下文佛陀推薦慧光學習四分律，時四分律傳布的地點在五臺山石窟寺，亦在大同左近，故可知從十三歲到“年登冠肇”即二十歲，慧光在大同附近學習佛法。

［5］旁通博義：磧本作“旁樂傳義”誤，資本作“旁樂博義”，趙本、興聖寺本同麗再本。

［6］出：諸本作脱，今據磧本補。

［7］于：諸本脱，今據磧本補。

［8］請：諸本同，磧本脱。

［9］之：諸本同，磧本作“焉”。

［10］源：諸本作“元”，今從磧本。

［11］案，四分律早期傳承的脉絡，據佛祖統紀卷二九，始祖曇無德尊者、二祖曇摩迦羅尊者、三祖北臺法聰律師、四祖雲中道覆律師、五祖大覺慧光律師、六祖高齊道雲律師、七祖河北道洪律師、八祖弘福智首律師、九祖南山道宣律師。實際情形恐非如此，然可備參考。

［12］周：諸本同，興聖寺本作“用”形。

［13］嘗：磧本作“當”誤，永北本作“常”，趙本、興聖寺本同麗再本。

［14］發：諸本同，磧本作“登”。阻：諸本同，興聖寺本作“伹”形。案，“登戒”指出家，與下文“便阻”不合，而“發戒”爲“教發戒緣”之省，爲受具戒儀式的一個環節，於“便阻”亦不甚合。案，在佛經中“發戒”又是證得戒體的修行，於“便阻”意合。

［15］聞：諸本作“文”，今從磧本。

［16］案，“辯公”疑爲釋道辯，傳見本書卷七。中國唯識宗通史第一章第三節認爲“辯公”似爲本書菩提留支傳所記參與譯經的僧辯，亦可備一説。

［17］都：諸本同，磧本作“郡”。案，楊著中國唯識宗通史第一章第三節、賴編中國佛教通史第三卷第五章第二節，均認爲“趙都”爲河北邯鄲，則磧本誤。

［18］悉：諸本作“患”誤，今從磧本。

［19］呼：諸本同，興聖寺本作"乎"。

［20］果向：即四果四向。雜阿含經卷二九："何等爲沙門果？謂須陀洹果、斯陀含果、阿那含果、阿羅漢果。"雜阿含經卷三三："復次，聖弟子念於僧事，世尊弟子善向、正向、直向、誠向，行隨順法：有向須陀洹、得須陀洹；向斯陀含、得斯陀含；向阿那含、得阿那含；向阿羅漢、得阿羅漢。"此爲小乘佛學進階的位次，似可推測佛陀禪師所修禪法爲小乘禪，亦於此與慧光有分歧耳？

［21］任：諸本同，磧本作"住"誤。案，佛陀創立少林寺在太和十九年，是年慧光二十六歲。

［22］存：諸本同，興聖寺本作"在"。

［23］案，十地經論的翻譯時間、人物都是聚訟紛紛的問題。尋繹文意，則勒那摩提初譯十地經論是在太和十九年前後的少林寺，慧光參加了此次譯經。之後，勒那摩提與菩提留支合譯十地經論時，慧光折中二人的不同，然後寫定。然，這僅是道宣的解釋，到底勒那摩提和菩提留支有無合譯十地經論，尚有不同説法。不過慧光在北魏後期、東魏參加了官方的譯經組織則是没有問題，他參與了勒那摩提譯本的翻譯工作，甚至參與了菩提留支譯本的寫定，故其爲地論學宗師，正是基於這樣的機緣。

［24］司馬令狐子儒：據郭紹林考證當爲"司馬子如"。司馬子如、高傲曹、高隆之傳見北史及北齊書。

［25］嘗：諸本同，磧本作"常"誤。

［26］氏：諸本同，興聖寺本無。

［27］世隆：即爾朱世隆，傳見魏書卷七五，爲北魏前廢帝時期任尚書令，掌行政大權。前文"又爾朱氏舉兵北伐"指爾朱家族率兵攻打冀州的高歡勢力，參見北齊書高歡本紀。下文"後召入鄴"指軍閥高歡在北魏孝武帝西逃關中依靠宇文泰形成對立勢力後，將都城由洛陽遷到鄴城建立東魏的歷史。

［28］存：諸本同，磧本作"在"。案，在大藏經兩個刻本系統中"存""在"常混用，此處當作"存"，即保意。

［29］任：諸本同，興聖寺本脱。

［30］有功：諸本同，興聖寺本衍作"任有功"。

［31］即：諸本同，趙本作"既"誤。案，"即坐"爲"到坐"與前文"乘車""行出"連貫；"既坐"爲"坐定"意，與前文不合。

［32］及：諸本同，磧本作"乃"。

［33］悆：趙本、興聖寺本作"愈"，磧本同麗再本。

［34］宫：諸本同，磧本、興聖寺本作"官"。

［35］帖：磧本、興聖寺本作"怗"，趙本作"惦"誤。

［36］以：諸本無，今從磧本。

［37］義：諸本同，磧本脱。案，"大乘義律義章"爲"大乘義章"中有關於"律"的部分，慧光未完成，故其弟子法上有大乘義章，當是在慧光基礎上完成。後法上弟子净影寺慧遠亦有大乘義章，當是法上著的進一步完善。查慧遠之大乘義章也是分門别類解釋法學，故可反推慧光著作亦是，則"律章"誤，"律義章"是。

［38］肅：諸本同，麗再本闕筆。

［39］案，慧光著作均佚，敦煌文書殘存華嚴經義記卷一的片斷。楊維中考證 S. 2502 號

仁王經疏爲慧光的著述,敦煌 S. 2502 號仁王經疏的作者考,覺群佛學,宗教文化出版社 2006 年。又,約在 2002 年,出土於河南安陽的慧光墓誌,對於本傳可作局部的修正,今將全文附下:

魏故昭玄沙門大統[墓]志銘

法師字慧光,俗姓楊,□中山盧奴人也。道性出自天然,悟玄彰於齔歲。童齡踐法,栖心妙境。奉禁持律,猶護明珠。戒行冰潔,若兹冰玉。而每巖栖谷隱,禪誦明性。栖林漱沼,味道爲業。幽衿與妙理雙明,悟玄共沖旨俱遠。十二幽宗,靡不苞究。三藏秘義,罔不該攬。内外敷演,法音滿世。凡在輪下,咸成匠首。是使寰中義士,望玄風而雲馳。日下緇英,尋妙響而影萃。德音隨年而彌高,聲價與運而俞美。德標緇林之中,望蓋□儒之上。故能仰簡帝心,請爲戒師。綱紀緇徒,動成物軌。清直之操,金石未之□其堅;秉理弗虧,威形莫能易其志。是使慧水濁而更清,道德翳而復顯。雅安□業盛,秦鄉生觀,名播宋域,准德方仁,豈云加也。宜延遐算,永兹法猷。而遷變理恒,終同生滅。春秋七十,憂疾不救。以元象元年,歲次戊午,三月庚申,朔十四□癸□在於鄴京□□□□□□□世。靈山喪寶,法宇摧梁。門徒崩號,痛結羅□,□□悲戀,泣等熙□。□是天子哀至德之喪淪,悼靈奇之不永。乃遣黄門侍郎賈思同□□旨吊慰,賜贈齋施墓,夫悉逾恒式,所謂善始令終,存忘佩寵者也。十七□□□子。道俗更送遷窆於□祠之西南。四部望高墳而殞涕,學徒撫幽泉而長悲。徘徊顧慕,莫之能返。乃相與刊之玄石,永兹泉堂,庶靈音妙趣,千載而弗朽。其辭曰:

寥寥玄門,蹇誕伊彦。高排世網,超升物先。贊幽扣微,無藉不練。體明三空,神鑒七見。光□淵猷,敷闡沖則。群盲感悟,迷徒曉惑。無名其能,焉測其德。化被當世,聲周遠國。道懋曩哲,德逾時賢。高步紫閣,談幽語玄。綱紀緇衆,芳響流傳。皇衿降眷,朝仕□□。業也難留,遷光掩輝。緇林摧柯,法網□維。玄素同泣,匠徒齊悲。敬刊玄石,勒銘題徽。録文據明海:新出土的慧光大師墓誌銘,中國禪學第四卷,中華書局 2006 年。

[40] 隅:諸本同,趙本作"偶"誤。

[41] 間以意會犍度椎焉:磧本作"聞以意會犍度椎焉"誤,趙本同麗再本,興聖寺本字迹不清。案,"犍度椎",即"犍度",篇章的意思,此處指四分律。

[42] 失:諸本作"有"誤,今從磧本。

[43] 績:諸本同,興聖寺本作"續"誤。

[44] 揀:磧本、興聖寺本作"投"誤,趙本同麗再本。

[45] 案,慧光學生有:僧達、法上、僧範、道憑、慧順、道慎、安廪、曇衍、曇隱、曇遵等,參見本書相關傳記。

[46] 其:諸本脱,今從磧本補。

[47] 覓長覓短:諸本同,興聖寺本作"覓長短"。

[48] 過:諸本作"道"形近而誤,今從磧本。

[49] 以:諸本作"臣",磧本作"己",均誤。

[50] 未:諸本同,磧本作"味"誤。

[51] 問:諸本同,興聖寺本作"門"。

[52] 當:諸本同,磧本作"常"。大涅槃經卷二八作"願爲心師,不師於心",法苑珠林卷三四攝念篇"故經云:當爲心師,不師於心",大乘理趣六波羅蜜多經卷七"八者,

常爲心師、不師於心”，在具體語境中，以“當”爲優。
[53] 了：諸本同，興聖寺本作“子”誤。
[54] 蕩：諸本同，磧本作“盪”。據説文解字注卷五上，“蕩”爲“盪”之假借字。
[55] 以：磧本、興聖寺本作“已”是，趙本同麗再本。
[56] 稠：麗再本、趙本作“綢”誤，今從磧本、興聖寺本。

齊鄴東大衍寺釋曇隱傳四洪理　道樂

釋曇隱，姓史，河内人[1]。少厭塵俗，早遊佛寺，崇奉戒約[2]。誦習群經，凡三十萬言，日夜通准[3]，以爲常業。及年滿受具，歸宗道覆而聽律部，精勵彌久，穿鑿逾深。後從光公，更採精要，陶染變通，遂爲光部之大弟子也。乃超步京鄴，北悟燕趙。定州刺史侯景，敬若神仙，爲之造寺，延住供給。末還漳濱[4]，闡揚斯教，僕射高隆之加禮榮異，行臺侯景又於鄴東爲造大衍寺，重引處之。弘播戒宗，五衆師仰，隨問判決，文義雅正。時有持律沙門道樂者，行解相兼，物望同美，氣調宏逸，或擬連衡。故鄴中語曰：“律宗明略，唯有隱、樂。”其爲世重如此。而隱性樂獨遊，不畜弟子[5]；財無尺貯，袒背終身；衣鉢恒隨，誠均鳥翼；顧旋身轉，取譬象迴。通律持律[6]，時惟一人而已。

年六十有三，終於鄴城大覺寺。著鈔四卷。門人成器者十餘，皆宗其軌轍。

時有律師洪理者[7]，精氣獨架，詞采嚴正，預在論擊，罕不喪輪。著鈔兩卷，時共同秘。後爲沙門智首開散詞義，更張綱目[8]，合成四卷，所在咸誦云[9]。

【校注】

[1] 人：諸本同，磧本作“人也”。
[2] 戒：諸本同，磧本作“誡”誤。
[3] 日：諸本同，興聖寺本作“旦”。
[4] 末：諸本同，趙本作“未”誤。
[5] 弟子：磧本、興聖寺本作“子弟”誤，趙本同麗再本。
[6] 律：諸本同，興聖寺本脱。
[7] 師：諸本同，興聖寺本脱。
[8] 更：諸本同，磧本作“雅”誤。
[9] 咸：諸本同，興聖寺本作“成”誤。

陳楊都光宅寺釋曇瑗傳五

釋曇瑗，未詳氏族，金陵人也。才術縱横，子史周綜，自幼及長，以聽涉馳名。數論時宗，普經陶述[1]，而威嚴群小，不妄登臨，矜持有功，頗以文華自處。時或規諫之者，瑗因擺撥前習，專征鄙倍[2]，弦韋所誥[3]，驗於耳目，由是名重京邑，同例欽焉。以戒律處世，住持爲要，乃從諸講席，專師十誦。功績既著，學觀斯張。自爾恒當元宰，鎮講相續，有陳之世，無與爲鄰。使夫五衆揖其風猷，七貴從其津濟，瑗其有之矣[4]。常徒講衆二百餘人。

宣帝下詔，國内初受戒者，夏未滿五，皆參律肆，可於都邑大寺，廣置聽場。仍勑瑗總知監撿[5]，明示科舉。有司准給衣食，勿使經營形累，致虧功績。瑗既蒙恩詔，通誨國僧，四遠被徵，萬里相屬。時即搜擢明解詞義者二十餘人，一時敷訓，衆齊三百。於斯時也，京邑屯鬧，行誦相諠，國供豐華，學人無弊，不逾數載，道器大增[6]。其有學成將還本邑，瑗皆聚徒對問，理事無疑者，方乃遣之。由是律學更新，上聞天聽。

帝又下勑榮慰，以瑗爲國之僧正，令住光宅。苦辭以任，勑特許之。而栖託不競，閉門自檢[7]，非夫衆集，不妄經行[8]，慶吊齋會，了無通預，山泉林竹，見便忘反。每上鍾阜諸寺，循造道賢[9]，觸興賦詩，覽物懷古。洪偃法師傲岸泉石，偏見朋從，把臂郊坰，同遊故苑。瑗題樹爲詩曰：

丹陵松葉少[10]，白水黍苗多。
浸淫下客淚，哀怨動民歌[11]。
春蹊度短葛[12]，秋浦没長莎。
麋鹿自騰倚，車騎絶經過。
蕭條肆野望，惆悵將如何。

偃續題曰：

龍田留故苑，汾水結餘波[13]。
悵望傷遊目，辛酸思緒多。
凉烟慘高樹[14]，濃露變輕蘿。
澤葵猶帶井，池竹下侵荷[15]。
秋風徒自急[16]，無復白雲歌。[17]

瑗以太建年中卒於住寺[18]，春秋八十有二。初微疾將現[19]，便告衆曰："生死對法，凡聖俱纏，自非極位，有心誰免？今將就後世，力不相由，願生來講誨，分有冥功，彼我齊修，用爲來習。不爾與世沉浮，未成通濟。幸諸梵行，同思此言，終事任量，可依成教。"言訖端坐如定，欻然已逝。道俗悲泣[20]，歎其神志明正，不偶緣業。有勑依法焚之，爲立白塔，建碑於寺。著十誦疏十卷，戒本、羯磨疏各兩卷、僧家書儀四卷、别集八卷，見行於世[21]。

【校注】

[1] 普：諸本同，磧本作“並”。

[2] 倍：諸本同，興聖寺本脱。

[3] 弦韋所詒：韓非子卷八觀行：“西門豹之性急，故佩韋以緩己；董安于之心緩，故佩弦以自急。”

[4] 瑗其有之矣：磧本作“瑗有之矣”，興聖寺本作“瑗其之矣”脱，趙本同麗再本。案，“七貴”指達官顯貴，六臣注文選卷一〇潘岳西征賦：“窺七貴於漢庭，譸一姓之或在。”李周翰注：“漢庭七貴：吕、霍、上官、丁、趙、傅、王，並后族也。”

[5] 瑗：諸本同，磧本作“瑗公”。

[6] 增：諸本同，興聖寺本作“僧”誤。

[7] 門：諸本同，磧本作“房”。案，“閉門”義同“閉房”，然在續高僧傳中無“閉門”例，“閉房”見於卷五法寵傳、卷六慧超傳、卷二一曇倫傳，故作“閉房”是。

[8] 妄：諸本同，磧本作“忘”誤。

[9] 循：磧本作“修”誤，趙本同麗再本。案，“循造”“修造”非常見詞，據上下文“循造”爲優，建康鍾山名寺林立、大德彙聚，故需一個一個拜訪。

[10] 丹陵：諸本同，磧本作“丹陽”誤，“丹陵”與“白水”對。松：諸本作“粉”，今據磧本改。全句指紅色山上之松樹。

[11] 哀：諸本同，興聖寺本作“衣”形。民：諸本作“人”，今據磧本，作“人”應是避唐太宗李世民諱而改。歌：趙本、興聖寺本作“哥”，磧本同麗再本。

[12] 短：麗再本、趙本作“裋”，興聖寺本字迹不清，今據磧本改，“短”與下句“長”相對。

[13] 案，“汾水”典出莊子逍遥遊：“堯治天下之民，平海内之政，往見四子藐姑射之山，汾水之陽，窅然喪其天下焉。”爲古詩文常見典故，如文選卷二一謝靈運從遊京口北固應詔一首：“昔聞汾水遊，今見塵外鑣。”“龍田”典出周易乾卦“現龍在田”，此處指光宅寺，寺爲梁武帝的舊宅。

[14] 烟：諸本同，磧本作“飆”是，六臣注文選卷二七班婕好怨歌行：“常恐秋節至，凉飆夺炎熱。”

[15] 侵：趙本、興聖寺本作“浸”，磧本同麗再本。

[16] 秋：諸本同，興聖寺本作“林”誤。

[17] 秋風徒自急，無復白雲歌：郭紹林認爲典出漢武帝秋風辭：“秋風起兮白雲飛，草木黄兮雁南飛。”“無復白雲歌”，通過漢武帝的秋風辭，表達了光宅寺在而梁武帝已逝，感嘆人事的無常。又，據山海經卷三：“乙丑，天子觴西王母於瑶池之上，王母爲天子謡曰：白雲在天，山陵自出。道里悠遠，山川間之。將子無死，尚能復來?”故古人常用白雲謡表示歡宴，如唐代張籍張文昌集卷二莊陵挽歌詞三首“丘陵今一變，無復白雲謡”，亦可作爲參考。

[18] 年中：諸本同，興聖寺本作“中年”倒。

[19] 疾：諸本同，磧本作“疫”誤。

[20] 泣：諸本同，磧作“涼”誤。

[21] 世：諸本同，永北本作“世間”。

陳楊都奉誠寺大律都釋智文傳六

釋智文,姓陶,丹陽人。母齊中書院韜女也[1],懷文之始,夢覩梵僧,把松枝而授曰:“爾後誕男,與爲麈尾。”及文生也,卓異恒倫。志學之年,依寶田智成以爲師傅。既受具後,專構玄津[2]。以戒足分爲五乘,律撿開成七衆[3],豈止通衢生死,亦乃組轡道場,義須先精,方符佛意。值奉誠僧辯,威德冠衆,解行高物[4],傳業之盛[5],獨步江表,推其領袖,則大明象公。[6]文初依辯學,後歸象下,十誦諸部,罔弗通練。以梁大同七年,靈味、瓦官諸寺[7]。啓勅請文於光業寺,首開律藏,陳郡殷均爲之檀越[8],故使相趍常聽二百許人。

屬梁末禍難,乃避地於閩下,復光嶺表。時僧宗、法准,知名後進,皆執卷請益。又與真諦,同止晋安,故得講譯都會,交映法門。邊俗信心,於斯風革,酒家毁其柞器[9],漁者焚其罟網。僧尼什物,於是備焉。

有陳馭宇,江海廓清[10],講授門徒[11],彌繁梁季[12]。宣帝命旅,剋有淮淝,一戰不功,千金日喪,轉輸運力,遂倩衆僧。[13]文深護正法,不懼嚴誅,乃格詞曰:“聖上誠異宇文廢滅三寶,君子爲國,必在禮義,豈宜以勝上福田[14],爲胥下之役。非止延敵輕漢,亦恐致罪尤深。”有勅許焉,事即停寢。爾後凡所詳奏,莫非允愜,理衆擯罰,咸符時要。尚書令濟陽江總,踵道造房,無爽旬月。是知學而有禄,德必有鄰,法位宜昇,衆望悦矣。

大隋革運,别降綸言,既屏僧司,憲章律府。大軍之後,荆棘攸生[15],十濫六群[16],滋彰江表,文又案法澄翦[17],尋得無聲。深可謂,少壯免白髮之妖,稊莠絶青田之薉矣。[18]前後州將,甫及下車,皆尊仰年德,罕不修敬。柱國、武山公郭衍祇敬倍常,躬携妻子[19],到寺檀捨,盛設法齋,請敷律題。[20]抑揚剖析,有克壯之姿[21],聽侣千餘,罔不嗟服[22]。

以開皇十九年二月二十日,遷神於住寺[23],春秋九十有一。即窆寺之南山東壟,與辯律師墓相望。

自文之據道也,器宇剛物,風範肅人,戒品圓净,處斷明白。然剖折章句,詞省義富,衆家修撰,罕有能出其右者[24]。又金陵軍火,遺燼莫留,乃誓志葺治,惟新舊趾。講十誦八十五遍,大小乘戒心、羯磨等二十餘遍,金光、遺教等各有著焉。著律義疏十二卷、羯磨疏四卷、菩薩戒疏兩卷,學門傳貴[25],以爲口實。僧尼從受戒者,三千餘人。學士分講者,則寶定、慧峙、慧巘、智昇、慧覺等。惟道志、法成,雙美竹箭,擁徒建業。文昔夢泛舟海釣,獲二大魚,心甚異之,及於東安寺講,麈尾纔振,兩峰俱落,深怪其事,以詢建初瓊上[26],乃曰:“斯吉之先見[27],必有二龍傳公講者。”其言果矣。

志,名解最優,太尉晉王家僧禮待[28]。以仁壽之歲,志爲樹碑寺内慧日道場[29],釋法論爲文。

【校注】

[1] 阮韜:麗再本作"完韜",今據磧本、趙本、興聖寺本。案,當爲"阮韜",傳見南齊書卷三二。

[2] 構:麗再本作"講",今從磧本、興聖寺本。

[3] 以戒足分爲五乘,律撿開成七衆:此句大意爲,戒律是佛法的基礎,是出家人的行爲準則。案,"五乘"指五種達到解脱境界的法門:人乘、天乘、聲聞乘、緣覺乘、菩薩乘。

[4] 物:諸本同,磧本作"物外"。

[5] 盛:磧本作"威"誤,趙本同麗再本,興聖寺本字迹不清。

[6] 案,"奉誠僧辯"又見於本書卷六釋僧詢傳:"年十二敕令出家,爲奉誠寺僧辯律師弟子。辯性廉直,戒品冰嚴,好仁履信,精進勇勵,常講十誦。""大明象公"又見於本書卷七釋法朗傳:"以梁大通二年二月二日,於青州入道。遊學楊都,就大明寺寶志禪師受諸禪法,兼聽此寺象律師講律本文。"

[7] 瓦官諸寺:麗再本、趙本作"凡官寺"誤,今從磧本、興聖寺本。

[8] 郡:諸本同,趙本作"群"誤。均:諸本同,磧本作"鈞"。案,梁書卷二七有殷鈞傳,則應作"殷鈞"。

[9] 柞:諸本同,磧本作"筰"是。案,"筰器"即榨器,濾去酒糟的工具。"筰"同"醡","醡"同"榨","柞"形近而誤。

[10] 廓清:諸本同,磧本作"清晏"誤。

[11] 徒:諸本同,興聖寺本脱。

[12] 梁季:諸本同,磧本作"季代"誤。

[13] 案,此事背景即陳太建北伐。據陳書卷五,太建五年三月,"分命衆軍北伐,以鎮前將軍、開府儀同三司吴明徹都督征討諸軍事"。太建十年"二月甲子,北討衆軍敗績於吕梁,司空吴明徹及將卒已下,并爲周軍所獲"。

[14] 上:諸本脱,今據磧本補。此處"福田"指僧侣,增壹阿含經卷三四:"聞如是,一時佛在舍衛國祇樹給孤獨園,爾時,世尊告諸比丘:有七種之人可事,可敬,是世間無上福田。云何七種人?所謂七人者:一者行慈、二者行悲、三者行喜、四者行護、五者行空、六者行無想、七者行無願,是謂七種之人可事,可敬,是世間無上福田。所以然者,其有衆生行此七法者,於現法中獲其果報。爾時,阿難白世尊言:何以故,不説須陀洹、斯陀含、阿那含、阿羅漢、辟支佛、佛,乃説此七事乎?世尊告曰:行慈七人,其行與須陀洹乃至佛其事不同,雖供養須陀洹乃至佛,不現得報。然供養此七人者,於現世得報。是故,阿難,當勤加勇猛成辦七法。如是,阿難,當作是學。"

[15] 攸:諸本同,興聖寺本作"脩"形。

[16] 濫:諸本同,興聖寺本作"監"誤。

[17] 又:諸本同,磧本作"人"誤。翦:諸本同,磧本作"剪"。

[18] 案,此句"青田"之喻,典出四分律卷六〇:"佛告諸比丘:應審定問彼人,彼人於佛法中無所住,無所增長。譬如農夫田苗,稊稗參生,苗葉相類不别而爲妨害,乃至

秀實,方知非穀之異。既知非穀即芸除根本,何以故?恐害善苗故,比丘亦復如是。”

[19] 携:諸本同,興聖寺本脱。

[20] 案,“郭衍”,傳見隋書卷六一。

[21] 壯:諸本同,磧本作“拔”誤。案,“克壯”,即“克壯其猶”之省,語出詩經小雅采芑:“方叔元老,克壯其猶。”案,“猶”即“猷”,鄭箋:“猶,謀也。謀,兵謀也。”用在此處,表智文講經能發人深省。

[22] 服:諸本同,磧本作“伏”。

[23] 神:諸本脱,今據磧本補。案,“遷神”指去世,在續高僧傳中“遷神”多見,無省爲“遷”例。住寺:諸本同,磧本作“寺房”。

[24] 能出:諸本同,磧本作“世”既脱且誤。

[25] 學門:諸本同,磧本作“門人”誤。案,“學門”在續高僧傳中多見,“門人”則無一例。

[26] 上:諸本同,磧本衍作“上人”,續高僧傳中無一例“上人”,常作“某上”。

[27] 吉:麗再本、興聖寺本作“告”,今從趙本、磧本。

[28] 太:麗再本作“大”,今從諸本改。待:磧本、趙本、興聖寺本作“異”。案,“太尉晋王”指隋煬帝楊廣。

[29] 寺:諸本脱。據文意,此處“慧日道場”當在南方,而“内慧日道場”在洛陽,且内慧日道場是在大業元年設置,仁壽年間無此寺。

隋大興國寺釋法願傳七[1]道龕 道行

釋法願,姓任,西河人也。性謇達,頗自高上[2],而拔致窮玄,不偶儕侶。東觀道化[3],遂達鄴都,形厠白衣,言揚緇服。齊昭玄大統法上嘉其神慧,與語終朝,深通志梗[4],因攝而剃落。日賜幽奧,横厲時倫[5],乃恣其遊博。願,勇思風馳,周行講席,求法無怠,問道新奇。後乃仰蹤波離,專經律部,綱羅佛治[6],舟遥僧猷。自東夏所傳四部律本[7],並製義疏,妙會異同。當有齊之盛,律徒飆舉[8],法正一部,各競前驅,雲公創叙綱模,暉上删其纖芥,法願霜情啓旦,孤映群篇,挫拉言初[9],流威滅後,所以履歷談對,衆皆杜詞。故得立破衆家,百有餘計,並莫敢當其鋒鋭也。時以其彭亨罕敵[10],號之爲“律虎”焉。至於斷處事途,多從文相,商度結正[11],僉議攸歸[12]。迺下勑召爲大莊嚴、石窟二寺上座。皇隋受命,又勑任并州大興國寺主。頻登綱管,善御大衆,化移前政,實濟濟焉。

以開皇七年六月二十二日[13],終於所住,春秋六十有四。葬於并城之西,建塔崇範。所製律疏,惟四分一本十卷、是非鈔兩卷見存,餘並零失。

有弟子道行者,器局淹和,親傳師授,善機悟,明控引,談述疏旨,不墜厥宗。每至講散,身導學徒,繞於願塔,致敬而返。及春秋至節,此例恒修。今年八十有餘,猶鋪疏指摘[14],示諸側隱[15]。

時又有沙門道龕,資學於願,執教赴行,學望最優,成進初心,弘持晚秀[16],爲時歎美[17]。而素尚兢肅,遵若文宗,纔有違忤,即不參隸。故説戒,序引有言唱白之者,既無正制,號爲非法,雖初從衆侶,後必重張,乃出郭結界,更説新本,斯亦貞梗之嚴令也。太爲剋峭[18],未是倫通,至今此部,猶多滯結云。[19]

【校注】

[1] 大興國寺:諸本同,磧本作"并州大興國寺",按全書體例應是。

[2] 上:諸本同,磧本作"尚"。案,"尚"同"上"。

[3] 覩:諸本同,興聖寺本脱。

[4] 梗:諸本同,磧本作"便"。

[5] 厲:麗再本、趙本作"勵"誤,今據磧本改。案,"横厲",本義爲横渡,史記卷一一七司馬相如傳"横厲飛泉以正東",引伸爲爲人强勢,漢書卷六〇杜周傳附杜欽傳"排擠英俊,託公報私,横厲無所畏忌"。

[6] 網:諸本同,興聖寺本作"罔"。治:諸本同,磧本作"法"誤。

[7] 四部律本:即十誦律、僧祇律、四分律、五分律。

[8] 飆:諸本同,磧本作"雲"。

[9] 初:諸本同,磧本作"前"應是,與下文"後"對應。

[10] 彭亨:磧本作"憉悙",興聖寺本作"彭亭",趙本同麗再本。罕:諸本同,磧本作"空"。

[11] 商:諸本同,興聖寺本作"適"。

[12] 議:麗再本、趙本作"義",今從磧本、興聖寺本。案,"佥",説文卷五"皆也"。"僉議"即衆議,"僉義"不辭。

[13] 二十二日:諸本同,趙本作"二十一日"。

[14] 猶:諸本同,麗再本作"亻"旁,當是"犭"之訛。指:諸本同,磧本作"旨"誤。

[15] 側:諸本作"測"誤,今從磧本。

[16] 晚:麗再本、趙本作"獨"誤,"晚秀"即青年才俊,今從磧本、興聖寺本。

[17] 時:磧本、興聖寺本衍作"時人"。

[18] 峭:諸本同,磧本作"削"應是。案,"剋削"典出潛夫論卷三浮侈"克削綺縠","剋"同"克",通"刻"。然"峭"有嚴峻義,故作"剋峭"亦通。

[19] 案,佛教每半月舉行一次説戒活動,在四分律中對於説戒的儀軌並没有詳細的界定,所以在説戒儀程中引入"唱、白"的做法,因無具體規定,道龕頗以爲非。後來道宣在四分律行事鈔資持記卷一〇對説戒儀軌制訂了比較完備的程序。

隋京師大興善寺釋靈藏傳八

釋靈藏,俗姓王氏,雍州新豐人也[1]。年未登學,志慕清遠[2],依随和上穎律師而出家焉。藏承遵出要,善達持犯,僧祇一部,世稱冠冕;於智度論講解無遺;妙尚沖虚,兼崇綱務。時屬周初,佛法全盛,國家年别,大度僧尼。以藏識解淹明,銓品行業,若講若誦,卷部衆多,隨有文義,莫不周鏡。時共測量,通經了意,最爲第一。

藏之本師,素鍾華望,爲太祖隋公所重,道義斯洽[3],得喪相符。藏與高祖布衣知友,情款綢狎,及龍飛兹始,彌結深衷,禮讓崇敦,光價朝宰。移都南阜,任選形勝而置國寺,藏以朝寄惟重[4],佛法攸憑,乃擇京都中會,路均近遠,於遵善坊天衢之左而置寺焉。今之大興善是也。自斯已後,中使重沓,禮遇轉隆。厚味嘉肴,密羃封送,王人繼至,接軫相趍。又勑左右僕射,兩日一參[5],坐以鎮之[6],與語而退。

時教網初張,名德雲構,皆陳聲望,莫與争雄。宫闈嚴衛,來往難阻[7],帝卒須見,頻闕朝謁,乃勑諸門,不須安籍,任藏往返。及處内禁,與帝等倫,坐必同搨,行必同轝,經綸國務,雅會天鑒[8]。有時住宿,即邇寢殿。賜錫之費,蓋無競矣。

開皇四年,關輔亢旱,帝引民衆,就給洛州,勑藏同行,共通聖化。既達所在,歸投極多。帝聞之,告曰:"弟子是俗人天子,律師爲道人天子,有樂離俗者,任師度之。"遂依而度,前後數萬。晚以事聞,帝大悦曰:"律師度人爲善,弟子禁人爲惡。言雖有異,意則不殊。"

至於隋運譯經,勝緣貴集[9],身先衆範,言會時望,未知寺任,綱正有聲。

開皇六年,卒於所住,春秋六十有八,葬於南郊。

【校注】

[1] 案,新豐縣,秦爲驪邑,漢置新豐縣屬京兆尹,後屬京兆郡,隋開皇三年屬雍州,大業三年改屬京兆郡。
[2] 清:麗再本、趙本作"情"誤,今從磧本、興聖寺本。
[3] 洽:諸本同,興聖寺本作"合"誤。
[4] 寄:麗再本、趙本作"宰"誤,今從磧本、興聖寺本。
[5] 日:諸本同,興聖寺本作"旦"。
[6] 坐以鎮之:諸本同,興聖寺本作"坐鎮"。
[7] 來往難阻:磧本、興聖寺本作"來往艱阻"是,趙本同麗再本。
[8] 鑒:諸本作"覽"。
[9] 勝緣貴集:諸本同,興聖寺本作"勝貴緣集"倒。

隋西京延興寺釋通幽傳九

釋通幽,姓趙氏,河東蒲阪人。幼齡遺世,早慕玄風,弱冠加年[1],遂霑僧伍[2]。而貞心苦節，寒暑不虧，尋師訪道，夷嶮無變。遇周、齊淩亂[3]，遠涉江皋，業架金陵，素氣攸遠。及大隋開運，還歸渭陰，味法泰其生平，操行分其容止[4]。至於弘宣示教，則以毗尼唱首；調御心神，仍用三昧遊適。故戒定兩藏，總萃胸襟，學門再敞，遠近斯赴。

晚貫籍延興，時當草創，土木瓦石[5]，工匠同舉，而事歸天造。形命未淪，隨所運爲，無非損喪。幽戒約内結，仁洽外弘[6]，立四大井，各施漉具。凡有施用，躬自詳觀，馳赴百工，曉夜無厭，皆將送蟲豸，得存性命。故延興一寺，獨免刑殘[7]，自餘締構，焉難復叙。

而潔己自勵，罕附斯倫，每欲開經，必盥手及腕，齊肘已後，猶從常净。舉經對目，臂不下垂；房宇覆處，未嘗澡漱[8]；涕唾反咽[9]，不棄寺中；便利洗净，乃終其報。又自生常不用巾襆，手濕則任其自乾，三衣則重被其體，自外道具，僅支時要。每自嗟曰："生不功一片之善，死不酬一毫之累[10]，虚負靈神，何斯悞也[11]。"遂誡弟子曰："吾變常之後，幸以殘身遺諸禽獸，儻蒙少福，冀滅餘殃。"

忽以大業元年正月十五日，端坐卒於延興寺房，春秋五十有七。弟子等從其先志，林葬於終南之山，至相前峰。火燎餘骸，立塔存矣。

【校注】

[1] 弱冠：諸本同，興聖寺本作"敬弱"誤。

[2] 伍：諸本作"仵"誤，今從磧本。

[3] 淩：磧本、興聖寺本作"陵"，趙本同麗再本。

[4] 行：諸本同，趙本作"竹"誤。

[5] 瓦：諸本同，趙本作"凡"誤。

[6] 洽：諸本同，趙本作"浴"誤。

[7] 刑：諸本同，磧本作"形"誤。

[8] 嘗：諸本同，磧本作"常"誤。

[9] 反：磧本、興聖寺本作"返"，趙本同麗再本。

[10] 毫：趙本、興聖寺本作"豪"，磧本同麗再本。

[11] 斯：諸本作"期"誤，今從磧本。

隋蔣州奉誠寺釋道成傳十

釋道成，字明範，俗姓陶氏，丹陽人也。祖誕，齊招遠將軍、永嘉太守[1]。父僉，梁貞威將軍、上虞令。成少而入道，住永嘉崇玄寺，事式法師爲弟子。儀貌瓌美，奇姿拔衆，群伍目曰"神童"。具戒之後，學超儕輩。大同之初，棲遊京輦，受業奉誠寺大律都沙門智文。十誦纔經兩遍，年逾未立，別肆開筵。

數論、毗曇，染神便悟，無繁工倍，聞一知十[2]，是以京邑耆老，咸稱後生可畏。講十誦律、菩薩戒、大品、法華諸經律等一百四十遍。又講觀音一日三遍[3]。著律大本、羯磨諸經疏三十六卷。至於意樹心花，增暉且曜[4]，析理質疑，聽者忘倦。學士慧藏、法祥等並遊方講説，法輪常轉，傳兹後焰，利益弘多。咸蔬素潔已[5]，珠戒居心，神解嚴明，深禪在念。兼六時虔懺，三餘暇日，漁獵文史，欲令知無不爲也。然其性用安庠[6]，威儀合度，天人摸揩[7]，罕有其儔，軟語愛言[8]，不常忤物[9]。後現疾旬餘，猶牽講演[10]。

以開皇十九年五月五日，遷神於興嚴寺，春秋六十有八。大漸之際，惟稱念佛，肢節軟暖[11]，合掌分明。即以其月八日，窆於奉誠寺之南山[12]。墓誌，高座寺僧慧從所作。

【校注】

[1] 太：麗再本作"大"，今據諸本改。
[2] 知十：趙本、興聖寺本作"十知"倒，磧本同麗再本。
[3] 一日三遍：磧本作"一百二遍"誤，趙本同麗再本。
[4] 且：麗再本、趙本作"旦"，今從磧本、興聖寺本。
[5] 咸：諸本同，興聖寺本作"成"誤。
[6] 庠：諸本同，磧本作"詳"是。
[7] 摸：磧本、興聖寺本作"模"，趙本同麗再本。
[8] 愛：諸本作"受"誤，今從磧本。
[9] 忤：諸本同，趙本作"忏"誤。
[10] 演：諸本同，磧本作"説"。案，"講演""講説"均爲大藏經常用詞。
[11] 肢：磧本、興聖寺本作"支"，趙本同麗再本。
[12] 窆：諸本同，興聖寺本作"空"形。

隋西京大興善寺釋洪遵傳十一 道洪　法勝　洪淵

釋洪遵[1]，姓時氏，相州人也。八歲出家，從師請業，屢高聲駕。及受具後，專學律部，心生重敬，内自惟曰："出家基趾，其在戒乎[2]？住持萬載，被於遺教，諒非虚矣。"更辭師友，遊方聽習，履涉相京，諮訪深義，有所未喻，決問罕通，三夏將滿，遂知大旨[3]。初住嵩高少林寺，依資雲公，開胸律要，並及華嚴、大論。前後參聽，並扣其關户[4]，涣然大明。

承鄴下暉公盛弘四分，因往從焉。聽徒五百，多以巧媚自通，覆講豎論[5]，了無命及。暉寔律學名匠而智或先圖，遵固解冠時倫，全不以曲私在慮。後因盛集，異學充堂，遵乃束暉製疏，捧入堂中，曰："伏膺有日，都未見知，是則師資兩亡，敢以文疏仰及。"便置之坐上，往覆雲所。既屬捨見來降，即命登座覆述，吐納纖隱，衆仰如山。自後專預正時，結徒畢業。以戒律旁義，有會他部者，乃重聽大論、毗曇，開沃津奥。

又以心使未静，就諸禪林，學調順法，年逾十臘，方歸律宗。四遠望風，堂盈千計，時爲榮大也。

齊主既敞教門，言承付囑[6]，五衆有墜憲網者，皆據内律治之。以遵學聲早舉[7]，策授爲斷事沙門。時青、齊諸衆，連諍經久，乃徹天聽，無由息訟[8]。下勑令往，遵以法和喻，以律科懲，曲感物情，繁諍自弭。由是更增時美，法侣欣之。及齊曆將季[9]，擅名逾遠[10]，而非類不交，惟道同轍。名儒大德，見輒慕從[11]，常與慧遠等名僧通宵造盡[12]。

周平齊日，隱于白鹿巖中[13]。及宣政搜揚，被舉住於嵩岳[14]，德不孤峙，衆復屯歸。大隋廓定，招賢四海，開皇七年下勑追詣京闕，與五大德同時奉見。特蒙勞引，令住興善，并十弟子[15]，四事供養。十一年中，又勑與天竺僧共譯梵文。至十六年[16]，復勑請爲講律衆主，於崇敬寺聚徒成業。

先是關内素奉僧祇，習俗生常，惡聞異學，乍講四分，人聽全稀[17]，還是東川，讚擊成務[18]。遵欲廣流法味，理任權機[19]，乃旦剖法華，晚揚法正，來爲開經[20]，説爲通律，屢停炎燠[21]，漸致附宗。開導四分，一人而已，迄至於今，僧祇絶唱。

遵爲人形儀儒雅，動據規猷，而神辯如泉，聲相鍾鼓，預昇法位，罕有昏漠[22]，開悟之勣，寔難嗣焉。

仁壽二年，勑送舍利於衛州之福聚寺。將出示衆，乃放紅赤二光，晃發遠近，照灼人目。道俗同覩，大生慶悦。仁壽四年，下詔曰：

> 朕祗受肇命，撫育生民，遵奉聖教，重興象法，而如來大慈，覆護群品，感見舍利，開導含生。朕已分布遠近，皆起靈塔。其間諸州，猶有未遍，今更請大德奉送舍利，各往諸州，依前造塔。所請之僧，必須德行可尊，善解法相，使能宣揚佛教，感寤愚迷[23]。宜集諸寺三綱，詳共推擇，録以奏聞[24]。當與一切蒼生[25]，同斯福業。[26]

遵乃搜舉名解者，用承上命。登又下勑，三十餘州，一時同送。遵又蒙使，於博州起塔[27]。初至州西，有白鵠數十頭[28]，當於轝上，旋繞數匝，久之而逝。及至城東隆聖寺置塔之所，夜有白光數十道，道如車軸，住于基上[29]。邊有鳥巢樹上，及光之洞明，衆鳥驚散。又雨銀花委地，光耀如雪。掘基五尺，獲粟半升。夜降神仙八十四人，持華繞塔，久乃方隱。又婦人李氏患目二十餘年，及來禮拜，兩目齊見。後行道之夕，又放赤光，照寺東房，見卧佛及坐佛説法之像，復見梵僧對架讀經[30]。經有一十四字，皆是梵書，時人不識。及四月八日,當下塔時,感黑蜂無數,銜香繞塔,氣蔚且熏,不同人世。又見白蓮花在塔四角,高數百丈,花葉分布,下垂於空,時間五彩。蓮花廁填,其内又見天人燒香而左轉者。於是總集而觀,歎未曾有[31]。屬目不見者[32],非無一二。及下覆訖,諸相皆止。

遵於京邑,盛開律儀[33],名駭昔人,而傳敘玄宗,其後蓋闕。又著大純鈔五卷,用通律典。

尋又下勑,令知寺任,弼諧僧衆,亟光徽績。以大業四年五月十九日,卒於興善,春秋七十有九。

隋初又有道洪、法勝、洪淵等,並以律學著名。洪[34],據相州,紹通雲胤。容止沉正[35],宣解有儀,學門七百,亟程弘量。故諸經論之士,將欲導世者,皆停洪講席,觀其風略,採爲軌躅。

勝,博涉有功,而言行無副。神志高卓,時共潛推,但身令未廣,故聽徒簡略。

淵,學承遵統[36],化被中山,綱維正象,有聲幽、冀。年代非遠,並不測其終。

【校注】

[1] 遵:諸本同,興聖寺本作"尊"。
[2] 在:諸本作"存"誤,今從磧本。
[3] 知:諸本同,興聖寺本作"如"誤。
[4] 户:諸本同,興聖寺本脱。
[5] 豎:麗再本、趙本作"堅"誤,今從磧本、興聖寺本。
[6] 言:諸本同,興聖寺本作"主"形。
[7] 學:諸本同,興聖寺本作"舉"形。
[8] 息訟:諸本同,趙本作"悉訟"誤。
[9] 曆:諸本同,興聖寺本作"歷"誤。
[10] 擅:趙本、興聖寺本作"檀",磧本同麗再本。
[11] 慕:諸本同,趙本作"暮"誤。
[12] 盡:趙本作"晝"誤,磧本同麗再本。
[13] 白鹿巖:即今河南省林州市林慮山支脉白鹿山。
[14] 舉:諸本同,興聖寺本作"舋"誤。
[15] 并:諸本同,磧本作"示"誤。
[16] 至:諸本同,興聖寺本作"主"形。
[17] 稀:諸本同,磧本作"希"。"希"同"稀",少。
[18] 讚:諸本同,興聖寺本作"輂"形。
[19] 任:諸本同,磧本作"住"。
[20] 開:諸本同,磧本作"聞"誤。

[21] 燠：麗再本、趙本作“澳”誤，興聖寺本作“凉”，今從磧本、隨函録。
[22] 漠：諸本同，趙本作“睡”誤。
[23] 寤：諸本同，磧本作“悟”。愚：諸本同，興聖寺本作“遇”。
[24] 奏：諸本同，興聖寺本作“泰”形。
[25] 當：諸本同，興聖寺本作“常”。
[26] 案，仁壽年間，第一二次分贈舍利的詔書見於廣弘明集，而第三次分贈舍利的詔書僅見於此。
[27] 博州：隋開皇十六年置，治所在王城縣，即今山東省聊城市西北七公里處聊古廟故城。
[28] 鵠：諸本同，磧本作“鶴”。
[29] 于：諸本同，磧本作“千”誤。基：諸本同，興聖寺本作“其”。
[30] 經：麗再本、興聖寺本脱，今據趙本、磧本補。
[31] 未：諸本同，磧本作“木”誤。
[32] 屬：諸本同，磧本作“矚”應是。案，“屬”通“矚”，國語卷一一晋語五：“則恐國人之屬耳目於我也。”
[33] 儀：諸本同，磧本作“種”誤。
[34] 洪：諸本同，興聖寺本作“供”。
[35] 止：諸本同，興聖寺本作“上”。
[36] 承：磧本、興聖寺本作“業”誤，趙本同麗再本。

隋西京大禪定道場釋覺朗傳十二海藏　法鏘

釋覺朗，俗姓未詳，河東人[1]，住大興善寺，明四分律及大涅槃。而氣骨陵人，形聲動物，遊諸街巷，罕不顧之。仁壽四年下敕，令送舍利於絳州覺成寺。初達治所，出示道俗，涌出金瓶[2]，分爲七分，光照徹外。穿基二丈，得粟半升[3]。又感黄雀一頭，飛迫於人，全無怖懼，馴擾佛堂[4]，久便自失。又石函蓋上，見二菩薩，踞坐寶座，前有一尼，斂手曲敬；或見飛仙及三黄雀，並及雙樹、驎鳳等象。將下三日，常放光明，乃迷晝夜。朗過燈耀[5]，有掩堂滅炬者而光色逾盛，溢於幽障。玄素通感，榮慶相誼。朗具表聞，廣如别傳。

大業之末，有敕令知大禪定道場主，鎮壓豪横，怗然向風[6]，漸潤道化，頗懷欽重。不久卒於所住。

時又有沙門海藏，識信堅正，宗仰律司，屢講四分，少有傳嗣。唐運置十大德[7]，藏其一焉。

又有法鏘律師，本住静法，末厭煩梗，南栖太和[8]。幽居養志，不塵僧衆[9]，孤行巖岫，偃息松林，服餌守中，賞心唯識，亦搔索之開士也。及終没後[10]，露骸山側。至夜有燈照之[11]，道俗往觀，失燈所在，遠望還見，動經兩月，光照逾明。

【校注】

［1］河：諸本同，興聖寺本作“阿”。

［2］涌：趙本作“勇”，興聖寺本脱，磧本同麗再本。

［3］半：諸本同，磧本作“米一”誤。

［4］擾：諸本同，磧本作“繞”誤。

［5］耀：諸本同，磧本作“曜”。

［6］向：諸本同，磧本作“回”誤。案，“回風”指旋風。“向風”指迎風，引伸爲仰慕，周書卷四九異域上蠻：“太祖略定伊瀍，聲教南被，諸蠻畏威，靡然向風矣。”

［7］德：諸本同，興聖寺本作“律”形。

［8］太：諸本同，興聖寺本作“大”。

［9］塵：諸本同，磧本作“廁”。案，“塵”，即和光同塵之“塵”，作“廁”誤。

［10］没：諸本同，磧本作“歿”。“没”同“歿”。

［11］照：諸本同，興聖寺本作“然”。

唐始州香林寺釋慧主傳十三[1]

釋慧主，俗姓賈氏，始州永歸縣人[2]。六歲出家，爲斌法師弟子，後令誦遺教[3]，一夕便度。以經驗師，多有乖越，便捨之而往姜律師所。誦法華經，寺東房中講於俗律，試聽一遍，性若曾聞，乃問十關[4]，無能解者。刺史以下[5]，合州白黑[6]，皆往諮問，莫不歸伏。始州一部，祖宗道衆，即爲州内律主[7]，受菩薩戒，既爾約束，以佛爲師，尚不敬天，况禮神道[8]？於是，佛法方得開弘。於黄安縣造寺七所，梓潼縣造十寺，武連縣造三寺，從彼至今，方將盛矣。[9]

初主登冠，欲受具足，當境無人，乃入京選德，於甘露寺受戒，惟聽四分，餘義傍通。夢見三日三夜，天地闇冥，衆生無眼，過此忽明，眼還明净，覺已汗流。一百日後，周毁經道，方知徵應。即返故鄉，南山藏伏。惟食松葉，異類禽獸，同集無聲。或有山神送茯苓[10]、甘松香來。獲此供養，六時行道，禽獸隨行，禮佛誦經，似如聽者[11]。仍爲幽顯，受菩薩戒。後有獮猴，群共治道，主曰：“汝性躁擾，作此何爲？”曰：“時君異也，佛日通也。”深怪此言[12]。尋爾更有異祥，龍飛獸集，香氣充山，其類衆矣。後有八人，採弓材者，甚大驚駭，便慰主曰：“聖君出世，時號開皇矣。”即將出山，以事奏聞，蒙預出家。

大業中，勑還本州香林寺，常弘四分爲業。武德之始，陵陽公臨益州[13]，素少信心，將百餘馱物，行至始州，令於寺内講堂、佛殿、僧房安置，無敢違者。主從莊還，見斯穢雜，即入房中，取錫杖三衣，出歎曰：“死活今日矣。”舉杖向諸驢騾[14]，一時倒僕如死。兩手各擎一馱，擲棄坑中。州縣官人，驚怖執主。狀申，陵陽大笑[15]，一無所怪，書曰：“弟子數病，不逢害鬼。

蒙得律師破慳貪袋，深爲大利。今附沉香十斤，紬綾十段[16]，仰贈。"後還京日，從受菩薩戒焉。

貞觀三年，寺有明禪師者，清卓不群，白日獨坐，見無半身，向衆述曰："吾與律師建立此寺。兩人同心，忽失半身，將不律師先去？不者明其死矣。"明日食時，俗人驚云[17]："寺家設會耶？見有四路客僧數千人入寺，今何所在？"尋爾，午時，主便無疾而逝，春秋八十九矣。

【校注】

[1] 案，此傳諸本有，興聖寺本有傳無目，今據諸本。

[2] 案，"永歸縣"治當今四川省劍閣縣店子鄉。西魏廢帝三年，改白水縣爲永歸縣，屬始州普安郡。北周屬利州總管府普安郡。隋屬始州，大業三年改爲普安郡。唐初屬始州，先天二年始州更名爲劍州，屬劍州。

[3] 遺教：即佛遺教經，全稱佛垂涅槃略説教誡經，據傳爲釋迦牟尼涅槃前的遺言。全經一卷，鳩摩羅什譯。此經談"戒"的重要性，次談"戒相"，最後，對於放逸、懈怠、睡眠、嗔恚、傲慢、諂曲等障道之法予以揭示。所以下文有"以經驗師，多有乖越，便捨之而往姜律師所"之語。

[4] 案，"十關"不可解，或即"十惡"？

[5] 以：諸本同，磧本作"已"。

[6] 合：諸本同，磧本作"閤"。案，"合"同"閤"。

[7] 律主：磧本、興聖寺本作"律生"應是，據隋書卷二五刑法志："於是置律博士弟子員。斷決大獄，皆先牒明法，定其罪名，然後依斷。五年，侍官慕容天遠糾都督田元冒請義倉，事實而始平縣律生輔恩，舞文陷天遠，遂更反坐。帝聞之，乃下詔曰：'人命之重，懸在律文，刊定科條，俾令易曉。分官命職，恒選循吏，小大之獄，理無疑舛。而因襲往代，別置律官，報判之人，推其爲首。殺生之柄，常委小人，刑罰所以未清，威福所以妄作。爲政之失，莫大於斯。其大理律博士、尚書刑部曹明法、州縣律生，並可停廢。'自是諸曹決事，皆令具寫律文斷之。六年，敕諸州長史已下，行參軍已上，並令習律，集京之日，試其通不。"趙本同麗再本。

[8] 禮：諸本同，磧本作"復"。案，"禮"與上文"敬"對應。

[9] 案，"黄安縣"，治當今四川省劍閣縣王河鎮；"五連縣"，治當今四川省劍閣縣武連鎮；"梓潼縣"，治當今四川省梓潼縣城區。縣：諸本同，興聖寺本作"懸"，下同，不一一出校。

[10] 茯：磧本、興聖寺本作"伏"，趙本同麗再本。

[11] 者：諸本同，磧本作"仰"。

[12] 怪：諸本同，興聖寺本作"惟"。此：諸本同，磧本作"其"。

[13] 案，陵陽公即竇師綸，據唐張彦遠歷代名畫記卷一〇："竇師綸，字希言，納言、陳國公抗之子。初爲太宗秦王府咨議、相國録事參軍，封陵陽公。性巧絶，草創之際，乘輿皆闕。敕兼益州大行臺檢校修造。凡創瑞錦宫綾，章彩奇麗，蜀人至今謂之陵陽公樣。官至太府卿，銀、方、邛三州刺史。高祖、太宗時内庫瑞錦對雉、鬥羊、翔鳳、游麟之狀，創本師綸，至今傳之。"

［14］杖：諸本同，趙本作"牧"誤。
［15］笑：諸本同，磧本作"喜"。
［16］紬：諸本同，磧本作"細"誤。案，"紬"爲綢的本字。"紬綾"爲一種絲織品，舊唐書卷四五輿服志，武德"四年八月敕：三品已上，大科紬綾及羅，其色紫，飾用玉。五品已上，小科紬綾及羅，其色朱，飾用金"。故作"紬"是。
［17］云：諸本同，磧本作"去"誤。

唐京師勝光寺釋智保傳十四

釋智保，河東人。弱齡入道，清慎居心，而在性剛謇，不軌流俗。進受具後，正業禁司，擁節專制，挺超群侶；博聽異解，貫練心神；癈立文旨，大觀掌内[1]。所以律部遐被，寔賴斯人，故能維攝自他，言行相守。至於流略墳素[2]，頗獲其宗；談對玄儒，不後其術。筆記之工，時揚大義，緣情流采，嗣接英華。

初任勝光[3]，末居禪定，國供豐積，受用多虧，所以名僧大德，日陳形器，憑准神解，可以言傳，至於衣食資求，未能清滌[4]。僧衆四百，同食一堂，新菜果瓜，多選香美；保低目仰手，依法受之，任得甘苦，隨便進噉。皆留子實，恐傷種相，由知法者少，疑未詳檢，[5]其知量敬護，皆若此也。後返勝光，厲業彌峻。園蔬溉灌，水雜細蟲，直歲高視，但論事辦，保念此無辜，交被刑害，躬執漉具，送達方還[6]。寺有草物，堪爲僧用者，必拾掇鳩聚，身送廚帳。其雜行紛綸[7]，誠難備舉。

以武德末年遘疾將漸，而正氣明爽，告友人慧滿曰："余其死矣，而精神不得超勝，如何？"有問意故，答云："觀其來陰[8]，似作守寺之神耳，而止於西院佛殿，余頻以法遣之[9]，卒不能離。"言訖便絶。自爾[10]所陳殿宇，人罕獨登，時須開入，無不嗇然毛動[11]。及後百日，嘗有老姥[12]，内懷酒食，將遺諸僧，行至寺門，忽被神害，身死委地，器物流離[13]。斯亦嚴厲之所致也。故僧侶攝其風威[14]，有涉鄙吝者，皆懔而悛正矣[15]。

自保之據道，卓秀出群，一食充軀，雖經病重[16]，不變前節；不宿俗舍，常止僧坊，雖曾遠涉，必栖林野；三衣常被，瓶鉢自隨；不執俗器，不觀音樂；五兵六法，誓不身經[17]。理會高僧，聞便赴仰[18]，故每日再講，必瓶鉢自隨，肅然成風，無累於教。處衆而食，曾無盈長[19]，殘水餘膩[20]，並以餅拭而噉之，一滴無遺，恐損施福故也。嘗遇重病[21]，每食有餘一兩匕者[22]，停貯多日，可得升許，親看温煮，命净人食之。有問其故，答曰："僧食難棄，不可妄輕業耳。"傳者目驗，生常景行，故直筆書其弘護之相焉[23]。又嘗患瘧，寒則水淋，熱則火炙，渴則急鹽塞其口[24]，痢則絶食取差[25]。斯徒衆矣。

【校注】

［1］案，“大觀”，指能從大處著眼。
［2］素：諸本同，磧本作“索”是。興聖寺本作“至流於略墳素”倒，趙本同麗再本。
［3］任：諸本同，興聖寺本作“住”形。
［4］滌：諸本同，磧本作“洗”。
［5］案，十誦律卷一〇對於保護草木有所論説。
［6］送達：麗再本、趙本作“達送”倒，今從磧本、興聖寺本。
［7］紛：諸本同，興聖寺本作“終”形。
［8］陰：諸本作“蔭”，今從磧本。
［9］遣：磧本、興聖寺本作“遺”誤，趙本同麗再本。
［10］爾：諸本同，趙本作“余”誤。
［11］嗇：諸本同，磧本作“歙”應是。“嗇”，本義爲小氣。“歙”，據説文解字注卷八下，爲“小怖”貌。
［12］姥：諸本同，磧本作“嫗”。
［13］器物：諸本同，磧本作“酒器”。
［14］攝：諸本同，磧本作“懾”。“攝”同“懾”，左傳正義卷三一襄公十一年：“不然，則武震以攝威之。”
［15］慷、悛：諸本同，興聖寺本均作“扌”旁。
［16］病：諸本同，磧本作“疾”。
［17］不觀音樂五兵六法：磧本作“不親音樂，五岳六府”。此句，趙本重文且“俗”作“懈”，興聖寺本同麗再本。案，“五岳”即五戒，弘戒法儀卷上：“善男子等，我已爲汝授五戒法竟，今更爲汝示五戒相，令汝識相護持，防非止惡，始從不殺生，至不飲酒。此之五戒爲諸戒根本，入道階梯。在儒爲五常，在天爲五星，在地爲五行，在山爲五岳，在人爲五臟，在國爲五刑，乃名别體同。”又四分律行事鈔資持記卷上提到，律宗有將曇無德部、薩婆多部、彌沙塞部、迦葉遺部、婆粗富羅部比作五岳。案，“六法”，據真諦譯廣義法門經：“三於無常苦想者，有六法爲障，何等爲六？一懈怠、二懶惰、三恒樂住息、四放逸、五不能隨行、六不能如實觀察。”故當作“五岳六法”。
［18］赴：諸本同，趙本作“起”誤。
［19］盈：諸本同，磧本作“贏”。
［20］膩：諸本同，磧本作“賊”誤。
［21］嘗：磧本作“常”，興聖寺本作“當”，均誤，趙本同麗再本。
［22］每食有餘一兩匕者：諸本同，磧本作“每有食食餘一兩匙者”。
［23］書：諸本同，磧本作“舒”誤。
［24］渴則：諸本同，磧本作“渴”應是。
［25］絶食：諸本同，磧本衍作“絶其食”。

唐益州龍居寺釋慧詵傳十五

釋智詵[1]，字慧成，姓徐，本徐州人，炫法師之弟也[2]。少聰敏，有志節，在蜀遊學，務勤律肆。會周陵法，因事入關，不果所期，遂隱南嶺。終南、太白，形影相吊。有隋革命，光啓正法，招賁碩德，率先僧首，即於長安敷揚律藏。

益州總管蜀王秀奏請還蜀，王自出迎，住法聚寺，道俗歸崇。寺設大齋，無不來赴，將食捉筯，問炫法師曰："此處護净不？"答曰："初還未得撿校，承道不護净。"乃擲筯而起曰："寧噉屠兒食，此洋銅何得噉也[3]。"諸僧數千，一時都散。其嚴忌若此。故其在，衆屏氣寂然。性不受施，不妄干物。有僧道恢，爲人兇險，遥見走避。人曰："卿從來不畏一人，何故畏詵律師耶？"答曰："此佛法中王，那得不畏？"人曰："以恢公膂力，可不敵律師百人耶[4]？"答曰："縱敵千人，遥見百脉已沉，四支不舉[5]，何敵之有乎？"後以人請戒禁，行將諠擾，乃辭入龍居山寺，幽栖深阻，軌迹不通。延出辭疾。

意欲登劍閣[6]，廓清井絡，與詵書，令歸國化，便略答云[7]："辱使至止，並以誠言。披閱循環，一言三復，文清渌水，理破秋毫。貧道戒行多闕，化術無方，宅身荒谷，四十餘載。狎魚鳥以樵歌，習禪那，思般若，以此卒歲，分填溝壑。不謂耆年有幸，運屬休明。伏惟相王殿下[8]，德隆三古，道振百王。公攘臂而歸舊里，衣錦而旋本邑，百姓有再生之期，萬物起息肩之望。搢紳君子捧玉帛而來儀，慷慨丈夫委干戈而伏道。昔長卿返蜀，徒擅清文；鄧艾前來，未能偃武。公華陽甲族，井絡名家[9]，捧日登朝，懷金問道，劍南長幼，並傒來蘇，豈藉微風，自然草靡。當勸諸首領，越境參迎。"秀得書示軍衆[10]，先作禮曰："人物争歸，律師之力也。"以武德元年十月一日，平居而逝[11]，年八十矣。

【校注】

[1] 案，此傳興聖寺本無，其他諸本均有。"智詵"，麗再本、趙本卷首小標題均作"慧詵"，二本之正文作"智詵"。磧本之小標題、正文均作"智詵"。今依底本不作統一。

[2] 炫法師：即智炫法師，傳見本書卷二八。

[3] 此洋銅何得噉也：案，據大智度論卷一三："破戒之人，若著法衣，則是熱銅鐵鍱以纏其身；若持鉢盂，則是盛洋銅器；若所啖食，則是吞燒鐵丸，飲熱洋銅；若受人供養供給，則是地獄獄卒守人；若入精舍，則是入大地獄；若坐衆僧床榻，是爲坐熱鐵床上。"案，"洋"當爲"烊"，即熔化金屬也，"洋銅"即熔化的銅汁。

[4] 不：麗再本、趙本脱，今從磧本。

[5] 支：磧本作"肢"，趙本同麗再本。"支"同"肢"。

[6] 案，此段文字當有脱文，與上文不連屬。

[7] 便：麗再本、趙本作"使"誤，今從磧本。

[8] 相王殿下：指李淵。案，據舊唐書卷一，大業十三年十一月，李淵攻入長安，擁立隋

代王爲帝，"隋帝詔加高祖假黄鉞、使持節、大都督内外諸軍事、大丞相，進封唐王，總録萬機。"既爲丞相又爲唐王，故稱"相王殿下"。

[9] 井：麗再本作"未"誤，"井絡"爲四川代稱，今從趙本、磧本。

[10] 秀：磧本作"携"，趙本同麗再本。案，據舊唐書卷一，大業十三年，即義寧元年十二月，"丙午，遣雲陽令詹俊、武功縣正李仲衮徇巴蜀，下之"。則"秀""携"，或爲"俊"之誤。詹俊、李仲衮，事迹僅此一見，不知哪位爲巴蜀人士？

[11] 平：磧本作"卒"誤，趙本同麗再本。

續高僧傳卷第二十二[1]

明律下正傳十四[2]　附見七[3]

唐京師弘福寺釋智首傳一

釋智首，姓皇甫氏，其源即安定玄晏先生之後也[4]。家世丘園，索居物表[5]，隨宦流寓[6]，徙宅漳濱[7]。而幼抱貞亮，夙標雄傑[8]；髫年離俗，馳譽鄉邦。初投相州雲門寺智旻而出家焉。旻亦禪府龍驤，心學翹望，即稠公之神足也。以首歲居學稚[9]，且略禁科，權示五門[10]，擁其三業[11]。而神慧所指，不慕下流，覽屬遺教，戒爲師本，定慧衆善，自此而繁，義理相符[12]，敢違先誥。所以每值律徒，潛聲諮問[13]，隨聞弘範，如説修行，由是五衆分鑣[14]，莫不就而請謁。

俄而母氏辭俗[15]，復入道門，名爲法施，住於官寺；深修八敬，遵重五儀，志欲預有制門，誓願奉而承則。然尼衆在道[16]，染附情深，戒約是投，率多輕毀。而施割愛從道，履正栖心，威服尼流[17]，聲高魏土，自幺化東被，未有斯蹤。以首膝下相親，素鍾華望，施欲早服道味，濡沫戒宗，乃啓旻授其具足，而未之許也。便内惟正檢，外訊儕章，恭附遵修，緝諧倫伍。旻察其儀軌，默而識之[18]，知其風骨堅深，乃許其受戒。

首以緣成之法，事假明賢，恐薄墜行門，便有淪道器，乃周訪鄭、衛盛德勝人，不累年期，必邀登訃[19]。時過三載，方遂素懷，二十有二，方禀大戒。雖從師授而得否未知[20]，乃於古佛塔前，請祈顯證。蒙降佛摩頂，身心安泰，方知感戒有實。自爾旦夕諮訪，挺出恒標[21]，雖教所未聞而行儀先備。及尋律部，多會其文，明若夙知，更陶神府；其有事義乖滯者，皆決澮相融，冥逾合契。

後聽道洪律席[22]，同侶七百，鋒穎如林，至於尋文比義，自言迥拔；及玄思勵勇[23]，通冠群宗，剛正嚴明，風飆遺緒者，莫尚於首矣。故未至立年，頻開律府，懿德敏行[24]，咸共器之。靈裕法師，道振雄伯[25]，範超倫等，親管緇屬，預在下莚[26]，時共美之，重增榮觀。

會隋高造寺，遠召禪宗，將欲廣振律詮，流暉帝壤。若不附定通戒，行學無歸，遂隨師入關，止於禪定[27]，解既冥通[28]，聲光三輔。初達天邑，具覽篇章[29]，便更博觀新解[30]，潤以前聞[31]。有識悟其玄規，更開講肆，既副本願，登即然之。每日處衆敷弘，餘時卻掃尋閱[32]，於是三藏衆經，四年考定；其有詞旨與律相關者，並對疏條，會其前失。[33]自律部東闡，六百許年，傳度歸戒，多迷體相[34]，五部混而未分[35]，二見紛其交雜[36]。海内受戒，並誦法正之文[37]，至於行護，隨相多委，師資相襲，緩急任其去取[38]，輕重互而裁斷。首乃銜慨披括[39]，往往發蒙，商略古今，具陳人世，著五部區分鈔二十一卷[40]，所謂高墉崇映，天網遐張，再敞殊文[41]，統疏異術。群律見翻，四百餘卷，因循講解，由來一亂，今並括其同異，定其廢立。本疏雲師所撰，今續兩倍過之。故得諸部方駕於唐衢，七衆周睇於貞觀者[42]，首之力矣。

但關中專尚，素奉僧祇，洪遵律師創開四分而兼經通誨，道俗奔隨，至於傳文律儀，蓋蔑如也。首乃播此幽求，便即對開，兩設沉文，伏義亘通，古而未弘，碩難巨疑，抑衆師之不解，皆標宗控會，釋然大觀。是由理思淹融，故能統詳決矣[43]，使夫持律之賓，日填堂宇，遵亦親於法座，命衆師之。相成之道不忘，弘讚之功靡替，遂得知歸秦土，莫不宗猷法鏡。始於隋文末紀，終於大漸之前，三十餘載，獨步京輦，無敢抗衡。敷演所被，成匠非一，所以見迹行徒，知名唐世者，皆是首之汲引，寔由匡弼之功。而復每昇法宇，規誡學徒，微涉濫非者，爲停講坐；或有憧學者，皆召而誨喻。聞者垂泣，無不懲革。

大業之始[44]，又追住大禪定道場，今所謂大總持寺是也，供事轉厚，彌所遺削。顧以道穆帝里[45]，化移關表，舊土凋喪，流神靡依，乃抽徹什物，百有餘段，於相州雲門故墟[46]，今名光嚴山寺，於出家、受戒二所，雙建兩塔，鎣以珠寶，飾以丹青，爲列代之儀表[47]，亦行學之資據。各銘景行，樹于塔右。

貞觀元年，有天竺三藏，大齎梵本，擬譯唐文[48]，乃詔所司，搜揚英達，僉議所及，遂處翻傳，其有義涉律宗[49]，皆諮而取正。

至於八年，上以聖善早喪，遠感難陳，雖化滿天下而罔極之情未展，奉爲太穆皇后，於宫城之西，造弘福寺。廣延德望，咸萃其中。恐僥倖時譽，妄登位席，以首道素嚴正，不濫邀延，百辟上聞，召爲弘福上座。即總綱任，採擢僧倫，其有預在徵迎，莫不諮而趣舍，使夫衆侶雲會，等嗅如蘭，不肅成規，流芳不絶[50]。

自爰初開講[51]，誓窮百遍，必得果心，夕死可矣。始於漳表，終至渭濱，隨方陶誘,恰窮本願,慶本所念未幾,而終詳諸物議,可爲知命。以貞觀九年四月二十二日[52],宿疹再加[53],卒于所住,春秋六十有九。皇上哀悼,下勑令百司供給,喪事所須,務令周備。自隋至唐,僧無國葬,創開模楷,時共重之。僕射房玄齡、詹事杜正倫[54],並諸公卿,並親盡哀訴,崇戒範也。至二十九日,裝辦方具。時惟炎夏而屍不腐臭,衆共嗟之,斯持戒力也。諸寺門學,競引素幢,充諸街衖[55]。官給地十畝於京城西郊之龍首原[56],縣夫三百,築土墳之,種柏千株[57],於今茂矣。慕義門學,共立高碑,勒於弘福寺門,許敬宗爲文。

初律師弘化,終始有聞[58],博見之舉[59],通古罕例。自講士交競,投習昔傳[60],讎勘群宗,多乖名實。非夫積因往世,故得情啓天垂[61],數百年來,收宗始定。兼勤於聽説,重於行事,隨務造儀,皆施箴艾。每於晦望説戒,先具法物,花香交飾,鎣發堂中。預在聽徒,合掌跪坐[62],一衆兢竦,終於前事。説欲陳浄,徧所誡期,每講出罪,濯諸沉累。故持律之士,多往參焉,自終世後[63],此事便絶。

余嘗處末座[64],向經十載,具觀盛化,不覺謂之生常初未之欽遇也。乃發憤關表,具覿異徒,溢目者希。將還京輔,忽承即世,行相自崩,返望當時,有逾天岸。嗚呼,可悲之深矣。

【校注】

[1] 案,本卷之麗初本闕佚。又,此卷在磧本爲第二十三卷。

[2] 十四: 麗再本、趙本、興聖寺本作"九",傳十、十一、十三、十四,麗再本、趙本、興聖寺本無,今據磧本補。磧本傳九道胄傳殘卷爲麗再本、趙本、興聖寺本之傳八道亮傳的附傳。

[3] 七: 諸本同,興聖寺本作"十"誤。

[4] 安定玄晏先生: 即皇甫謐,傳見晋書卷五一。

[5] 索: 麗再本作"素",今據諸本改。

[6] 宦: 磧本、興聖寺本作"官",趙本同麗再本。

[7] 案,"漳濱"指鄴城。

[8] 標: 諸本同,興聖寺本作"栖"誤。

[9] 以首歲居學稚: 磧本作"首歲居學稚"脱,興聖寺本衍作"以首歲居學居稚",趙本同麗再本。

[10] 案,"五門",據五門禪經要用法:"坐禪之法要有五門: 一者安般、二不浄、三慈心、四觀緣、五念佛。"

[11] 案,"三業",據中阿含經卷三二優婆離經:"身業、口業及意業也。"身業的具體表現爲: 殺、盜、淫;口業的具體表現爲: 妄語、綺語、兩舌、惡口;意業的具體表現爲: 貪、瞋、癡。戒律就是浄化惡業的修行方式。

[12] 符: 諸本同,永北本作"得"。

［13］潛聲：諸本同，磧本作"諧聲"誤。

［14］鑣：諸本作"驢"，今從磧本。"分鑣"，分道，參見文選序："各體互興，分鑣並驅。""五衆分鑣"指僧衆來自不同的地區但都向智首請益。

［15］俗：諸本作"世"音近而誤，今從磧本。

［16］尼：諸本同，磧本作"居"誤。

［17］服：諸本同，磧本作"伏"。

［18］默：諸本同，磧本作"然"誤。

［19］訃：諸本同，磧本作"計"誤。案，"訃"同"赴"，禮記正義卷七檀弓上："伯高死于衞，赴于孔子。""赴"，鄭玄注"告也"，即"訃"。

［20］否：磧本、興聖寺本作"不"，趙本同麗再本。

［21］恒：諸本同，興聖寺本脱。

［22］道洪：傳見本書卷二一洪遵傳附。

［23］勵：磧本、興聖寺本作"厲"是。案，"厲"，爲"厲風"之"厲"，故"厲勇"有勁勇義。"勵"本義爲努力，"勵勇"與文意不合。

［24］敏：諸本同，興聖寺本作"繁"誤。

［25］振：磧本作"震"應是，與"超"對，趙本同麗再本，興聖寺本字迹不清。

［26］莛：諸本同，磧本作"筵"是。

［27］止：諸本同，興聖寺本作"正"誤。

［28］既：諸本同，磧本作"脱"誤。

［29］具：諸本同，興聖寺本脱。

［30］新：磧本作"親"，興聖寺本作"離"，均誤，趙本同麗再本。

［31］潤：磧本作"開"誤，興聖寺本作"閏"，趙本同麗再本。

［32］掃：諸本同，趙本作"歸"誤。

［33］案，薩婆多毗尼毗婆沙卷第八收有智首撰續薩婆多毗尼毗婆沙序，對於智首在禪定寺研求佛法有記述，今全録如下：

續薩婆多毗尼毗婆沙序

西京東禪定沙門智首撰

世雄息化，律藏枝分，遂使天竺聖人，隨部别釋。自佛教東流，年代綿久，西土律論，頗傳此方，然此薩婆多即解其十誦。智首宿緣積善，早預緇門，始進戒品，即爲毗尼藏學，至於諸律諸論，每備披尋，常慨斯論要妙，而文義闕少，乃至江左、淮右爰及關西，諸有藏經，皆親檢閲，悉同彫落，罕有具者。雖復求之彌懇而緣由莫測，每恨殘闕，滯於譯人，静言思此，恒深悲歎。比奉詔旨，來居禪定，幸逢西蜀寶玄律師，共談此論，闕義玄言，本鄉備有。非意聞之，不勝慶躍，於是殷勤三覆，問其所由。方知此典，譯在於蜀，若依本翻，有其九卷。往因魏世道武。殄滅法門，乃令兹妙旨，首末零落。遂使四方，皆傳闕本，其真言圓備，尚蘊成都。智首乃托邛僰行人，井絡良信，經涉三周，所願方果。以皇隋之馭天下二十六載，大業二年歲次丙寅冬十二月，躬獲此本，傳之京邑。智首深願流兹覺水，散此慧燈，悟彼學徒，補其法寶，已有一本，附齊州神通寺僧沙禪師，令於海岱之間，諸藏傳寫。猶恨晋、魏、燕、趙，未獲流布，相州静洪律師毗尼匠主，復是智首生年躬蒙訓導，今謹附一本，屈傳之河朔。故具述由序，標之卷初，願尋覽諸賢，無猜惑也。

［34］體相：即戒體、戒相。漢傳佛教將"戒法"稱爲"戒體"，將"戒條"稱爲"戒相"。

［35］案，“五部”即五部律：薩婆多部的十誦律、曇無德部四分律、婆粗富羅部摩訶僧祇律、彌沙塞部的五分律和迦葉遺部律。這五部律都是在佛滅寂百年之後優波掘多所制十誦律的基礎上分化出來的。又，諸本同，興聖寺本衍“律部東闡，六百許年，傳度歸戒，多迷體相，五部”。

［36］二見紛其交雜：案，唐懷素集僧羯磨卷下修奉篇：“爾時佛告諸比丘：有二見，出家人不應行，非法見法，法見非法。復有二見，毗尼言非毗尼，非毗尼言毗尼。復有二見，非犯見犯，犯見非犯……於佛法内有如是二見，出家人不應修行，若修行如法治。佛説如是。諸比丘聞，歡喜信樂受持。”此處列舉約二十九種“二見”，大概意思就是不要故意曲解戒律。

［37］案，“法正”，即曇無德部四分律。

［38］去取：諸本同，磧本作“取捨”。

［39］括：諸本作“栝”，今從磧本。

［40］分：諸本同，興聖寺本脱。二：諸本同，趙本作“三”。

［41］再：諸本同，興聖寺本作“身”形。

［42］周：諸本同，磧本作“同”。

［43］矣：諸本同，興聖寺本作“定”應是。

［44］始：諸本同，興聖寺本作“世”誤。

［45］里：諸本同，興聖寺本作“理”誤。

［46］雲門：諸本同，興聖寺本作“雲門寺”。

［47］代：諸本同，興聖寺本作“伐”誤。

［48］案，此爲波頗譯經，見本書卷三。

［49］涉：諸本同，興聖寺本脱。

［50］芳：諸本同，興聖寺本脱。

［51］開：諸本同，磧本作“問”誤。

［52］二十二：諸本同，興聖寺本作“廿四”。

［53］疹：諸本同，磧本作“疾”。

［54］僕射房玄齡、詹事杜正倫：諸本同，興聖寺本作“僕房玄齡、詹事杜射正倫”，“射”字誤倒。

［55］衖：磧本、興聖寺本作“衕”，永北本作“衢”。趙本同麗再本。案，“衕”有街道義；“衖”爲小巷。

［56］畝：諸本同，趙本作“畒”。郊：諸本同，興聖寺本脱。

［57］柏：諸本同，磧本作“松”。

［58］始：諸本同，興聖寺本脱。

［59］舉：磧本作“譽”應是，趙本作“夅”，興聖寺本同麗再本。

［60］投：諸本作“救”，今從磧本。

［61］垂：麗再本作“乘”，今據磧本、趙本、興聖寺本改。

［62］跪：諸本同，興聖寺本作“花”誤。

［63］後：諸本同，趙本作“之後”。

［64］嘗：諸本同，資本作“常”誤。座：諸本同，磧本、興聖寺本作“塵”，趙本同麗再本。

唐京師普光寺釋慧璡傳二滿德　真懿　善智　敬道[1]

釋慧璡，姓吴，楊州江都人也。母懷之時，即祛嗜欲[2]，辛腥俗味，眇然不顧。識者以爲兒之所致，同身子矣[3]。及年七歲，心慕緇徒，道見沙門，尋而忘返，親欣其信仰也，遂放依榮法師而出家焉[4]。孝謹天然，罔由師訓，隨從奉敬，初無乖越。每從榮遊履諸寺，一無敢出離[5]，便於榮所卧床下，席地而伏，斯例非一。聽榮攝論，大悟時倫。即而講説，嗟賞者衆，談吐清雅，妙會物情。於仁壽年中[6]，從榮被召，入於禪定。及具戒後[7]，專精律儀，聽遵律師講[8]，凡二十遍。又聽首律師數亦相及。謙弱成治，暨論不言，講揚攝論，方敷律相。時以其寄大乘而弘行範也。

大業末曆，郊壘多虞，禪定一衆，雅推璡善能禦敵[9]，乃總集諸處人畜，普在昆池一莊，多設戰樓，用以防擬。璡獨號令，莫敢當鋒。時司竹群賊，鼓行郊野，所至摧殄，無抗拒者。兵臨莊次，意在誅蕩[10]。璡登樓一望，但見張旗十里，乃收束弓刀，反縛奴僕，大設餚饍[11]，廣開倉廩[12]，身先入陣，勞問軍主，引至莊中，命令就坐。既見盛設，相與開顔，各執璡手，"健道人也"[13]。飽噉而旋，惟取牛十頭，擬勞軍士。牽至中道，璡復從乞[14]，以銜前顧，皆用還之。所以，義寧之初，通莊並潰，惟有禪定如舊無損。即深明機要，善達開遮，一人而已。

加又偏工巧性，無施不可，或莊嚴彩飾，或丹青輪奂，或裁縫服翫[15]，或驅策人物，衆兼四百，通用推賢。至於誦説戒經，清音流靡，由來怠墯者，聞璡説戒，皆來坐聽，竦耳峻坐，畏其聲止。

貞觀之初，任雲花寺上座，常弘攝論，化開律部。晚又下令，徵入普光，綱理僧倫，大小清穆。以八年冬，終於此寺。春秋五十餘矣。

時又有沙門滿德、善智、真懿、敬道者，同璡所學，慕義朋從[16]。德，慧悟天開，談説弘暢。智，博解深奥，情欣護法。懿，導説有功，化行多阻。道，抱素自資，性存經史。多從物故，懿獨存焉，揚敷京輦。

【校注】

［1］滿德　真懿　善智　敬道："真懿、敬道"，趙本無，然正文有，磧本同麗再本。善智：諸本同，興聖寺本作"善知"。

［2］即祛嗜欲：諸本同，興聖寺本作"即嗜祛欲"。

［3］同身子矣：案，據（大正 38）觀彌勒菩薩上生兜率天經贊卷上"尊者舍利弗與其眷屬二百五十人俱"下贊，記舍利弗母"未懷子前言詞訥鈍，每共弟摩訶俱絺羅論議，常不如弟。懷子以去，辨捷難酬，掬論恒勝"。"身子"即舍利弗。

［4］榮法師：據續高僧傳卷一法泰傳附曹毗傳："（曹毗）晚住江都綜習前業，常於白塔

等寺開演諸論。冠屨裙襦，服同賢士，登座談吐，每發深致，席端學士，並是名賓。禪定僧榮、日嚴法侃等皆資其學。"則知"榮法師"即僧榮。依：諸本同，興聖寺本脱。

［5］一：諸本同，磧本脱。離：諸本同，興聖寺本脱。

［6］於：諸本同，磧本無。

［7］具：諸本同，興聖寺本作"具足"。

［8］律：磧本、興聖寺本無，趙本同麗再本。

［9］雅：諸本同，興聖寺本作"邪"形。

［10］在：諸本同，磧本作"存"誤。

［11］饍：諸本同，磧本作"饌"。

［12］廩：諸本同，興聖寺本作"稟"誤。

［13］也：諸本同，興聖寺本作"飽也"，涉下文而衍。

［14］復：諸本同，磧本作"後"誤。

［15］翫：諸本同，興聖寺本作"習"誤。

［16］慕：諸本同，興聖寺本作"立"形。

唐相州日光寺釋法礪傳三

釋法礪，俗姓李氏，趙人也，因宦遂家於相焉[1]。生而牙齒全具，迄於終老，中無虧毁，堅白逾常。登年學位，便欣大法，初歸靈裕法師[2]，即度爲弟子。風素翔鬱，威容都雅，言議博達，欣尚玄奥。受具已後，敦慎戒科，從靜洪律師諮學四分[3]，指撝刑網[4]，有歷年所，振績徽猷，譽騰時類[5]。功業既著，更師異軌，又從恒州淵公聽集大義，乃周兩載，統略支葉[6]，窮討根源，當即薄引所聞[7]，開講律要。詞吐簡詣，攻難彌堅，故得鄴幾獨絶，尤稱今古。末又往江南[8]，遊覽十誦，而咸專師授[9]，討擊未資。還返鄴中，適緣開導，屬隋煬道銷，岳瀆塵擾，聽徒擁戢，諮逮無因。

唐運初基，法門重闢，會臨漳令裴師遠夙承清訓，預展法筵，請礪在縣[10]，敷弘相續，綿積累載，開悟極多。四方懷道，霄興命駕，解契昇堂，行敦入室。礪以初學舊習，委訪莫歸[11]，若不流於文記，是則通心無路，乃開拓素業，更委異聞，旁訊經論，爲之本疏。時慧休法師道聲遠被[12]，見重世猷，讚擊神理[13]，文義相接，故得符采相照[14]，律觀高邈，休有功焉。[15]

以貞觀九年十月，卒於故鄴日光住寺，春秋六十有七。前後講律四十餘遍，製四分疏十卷、羯磨疏三卷，捨懺儀、輕重叙等各施卷部，見重於時。[16]

時衛州道爍，律學所崇[17]，業駕於礪，爲時所重矣。

【校注】

［1］宦：磧本作"官"，趙本同麗再本，興聖寺本字迹不清。

[2] 裕：諸本同，磧本作“祐”誤。
[3] 學：磧本、興聖寺本作“考”，趙本同麗再本。
[4] 綱：磧本、興聖寺本作“罔”誤，趙本同麗再本。
[5] 類：諸本同，趙本似作“穎”形。
[6] 支：諸本同，磧本作“枝”。
[7] 薄：麗再本作“簿”，今從趙本、磧本。興聖寺本字迹不清。案，“簿”即“博”。
[8] 江：諸本同，興聖寺本作“古”，涉上文而誤。
[9] 咸：諸本作“盛”誤，今從磧本。
[10] 縣：諸本同，興聖寺本作“懸”誤。
[11] 歸：諸本同，興聖寺本作“師”。
[12] 道：諸本同，興聖寺本作“導”誤。
[13] 讚：諸本同，興聖寺本作“贊”。
[14] 采：磧本作“彩”，趙本作“來”誤，興聖寺本同麗再本。
[15] 案，慧休，傳見本書卷一五。
[16] 案，法礪著作今存者爲四分疏十卷，收於卍字續藏經第六十五册。法礪是第一個建立律宗宗派的法師，他的學派在唐代稱爲相部宗，與道宣南山宗、弘濟懷素之東塔宗并列，道宣、懷素直接或者間接受到法礪的影響。
[17] 崇：諸本同，磧本作“宗”。

唐京師普光寺釋玄琬傳四[1]僧伽[2]

釋玄琬，俗姓楊[3]，弘農華陰人也[4]，遠祖因徙，今居雍州之新豐焉。青襟悟道[5]，履操沖明，在志學年[6]，方遊法苑，事沙門曇延法師。延，震嶺宏標[7]，遺教法主，隋文欽重，立寺處之，具見別傳，而琬位居入室，恭恪據懷。及進具後，便隨洪遵律師伏膺四分[8]，冠冕遮性[9]，鎔汰持犯[10]。涉律三載[11]，便事敷演[12]，使於後進樂推[13]，前英歎美。乃旋踵本師，涅槃真體，捃摭新異，妙寫幽微[14]。又欲欽佩唯識，包舉理性，於曇遷禪師稟學攝論，並尋閲衆鋒，窮其心計。法華、大集、楞伽、勝鬘、地論、中、百等，並資承茂實，研覈新聞，環循彌討其際，搜會擢其玄理。

然顧福智相導，有若輪馳，慧業略剖於終[15]，標樹創開於始。永惟延師存日，願造丈六釋迦，經略未圓[16]，奄便物故，誓志營復，克遂先模，於仁壽二年，提洽有緣[17]，便事鑪錘。寺乃京皋衝要，峙望歸心，故使至感冥通，控引咸遂。當時空色清朗，杲日流輝，上天雨花，狀如雲母，滿空飄灑，終墜像前。僚庶嘉其罕逢，法屬慶斯榮瑞。及開摸之後，雅相逾圓，即爲關輔棟梁[18]，金像之大，有未過也。今在本寺，每於静夜清朝，飛流八音之響，而不測其來至。

又造經四藏，備盡莊嚴，諸有繕寫，皆資本據。

又以二月八日，大聖誕沐之晨，追惟舊緒，敬崇浴具[19]，每年此旦，建講設齋[20]，通召四衆，供含悲敬[21]，辦羅七物[22]，普及僧儔。又常慨運岠象末[23]，有虧歸禁。至於授受，遮難滋彰[24]，乃鎣飾道場，尋諸懺法。每春於受戒之首，依二十五佛，及千轉神咒，潔齋行道。[25]使彼毁禁之流，澄源返净，登壇納法，明白無疑。並傳嗣於今，住持不絶。從此而求，可謂護法菩薩也。而重法尊行，晨夕相仍[26]。若值上德異人，必揖對欣振[27]，諮承餘令，雖聞同昔習而翹仰如新，斯後已謙光[28]，罕有蹤矣。

逮貞觀初年，以琬戒素成治，朝野具瞻，有勑召爲皇太子及諸王等受菩薩戒，故儲宫以下[29]，師禮崇焉。有令造普光寺[30]，召而居之，供事豐華，廣霑會饗[31]。又别勑延入，爲皇后、六宫，並妃主等受戒。椒掖問德，禁中授納法財[32]，日逾填委，而欽若自守，不顧有餘，賝施所資，悉營功德。

尋有别勑，於苑内德業寺爲皇后寫見在藏經[33]。當即下令，於延興寺更造藏經[34]，並委其監護[35]。琬以二宫所寄，惟各其誠[36]，衹奉不難[37]，義須弘選。自周季滅法[38]，隋朝再興，傳度法本，但存卷袠[39]，至於尋撿文理，取會多乖。乃結義學沙門，讎勘正則，其有詞旨不通者，並諮而取決。故得法寶無濫於疑僞[40]，迷悟有分於本末，綱領貞明[41]，自琬始也。昔育王再集於周時[42]，今琬定宗於唐世，彼此誠異，厥致齊焉[43]。

然其匠訓於世，三藏含之，偏以苦節自修，德以律儀馳譽，言爲世範，緇素攸歸，華夷諸國僧尼，從受具戒者三千餘人。王公僚佐，爰及皂隸，從受歸戒者二十餘萬。左僕射蕭瑀兄弟，人倫藻鏡，久厭時煩[44]，每諮法華會三之旨，龍樹明中之教，沉吟移景，奉佩而旋[45]。右僕射杜如晦臨終委命，召爲歷劫師資。大將軍薛萬徹昆季並及母氏，並欽崇戒約，蔬素形終。普光道岳法師解洞幽關，辯開慧府[46]，敬奉戒香。行菩薩道而汲引亡疲[47]，弘務終日，因之革勵恒習者[48]，計非恒准。故京輔士庶，繼踵烟隨，禮供相尋，日盈廚庫。時有巫覡者云："每至授戒説法[49]，異類鬼神諸方屯聚，如承受相。"自非至功冥被，孰能致乎？

琬以戒勸之至，物我同欽，義等風行，事符草偃，乃致書皇太子曰："元正告始，景福惟新。伏惟殿下膺時納祐[50]，罄無不宜。但琬夙縈沉痾，不獲奉慶，蒙降逮問，無任荷戢。感顧恩隆[51]，罔知攸厝[52]。今略經中要務即可詳行者四條，留意尋撿，永綏寶祚[53]。"初勸行慈，引涅槃梵行之文，令起含養之心，存兼濟之救也[54]；二減殺者，引儒禮"無故不殺牛羊"者[55]，皆重其生，去其濫逸也。又言[56]：

王者修其教，不易其俗，齊其政，不易其宜[57]；見其生，不忍其死，聞其聲，不食其肉[58]，此即上帝悼損害之失，樹止殺之漸也。故佛經有恕己之喻[59]，誡之殺打諸事也[60]。

琬聞東宫常膳，日多烹宰，審如所承，誠有大損。殿下以一身之料，遍擬群僚[61]，及至斷命所由，莫不皆推殿下，所以長懷夕惕，望崇慈恕。自今以往[62]，請少殺生，東宫内外，咸減肉料，則曆長命久，仁育斯隆。三、順氣者，如經不殺曰仁[63]。仁主肝，肝者木也。春陽之時，萬物盡生，宜育群品，用答冥造[64]。如其有殺，是不順氣。[65]殿下位處少陽，福居春月，行慈以和正氣，施惠以保天齡[66]，請年別春季，斷肉停殺。愍彼含育[67]，順此陽和。四、奉齋者，如經，年三月六[68]，能潔六根，便資五福，伏願遵行，受持齋戒。何者？今享此重位，咸資往因，復能進德崇善，用成其美，則善知識者，是大因緣。玄琬道德疏微，曲蒙顧眄，謹率聞見，敢塵聽覽。

登即答曰：

辱師所示妙法四科，循覽周環，用深銘佩。法師早袪塵累，遊神物表，闡鷲嶺之微言，探龍宫之秘藏。洞開靈府，凝照玄門，固以高步彌天，鄰幾初地[69]，遂能留情博施，開導蒙心。理實義周，詞華致遠，包括今古，網羅内外。訓誘之至，審諭之方，縱聖達立言，師傅弘道，亦未足髣髴要津。擬議高論[70]，但行慈減殺[71]，順氣奉齋，斯乃仁人之心，以成大慈之行，謹當緘諸心府，奉以周旋，永籍勝因，用期冥祐[72]。

餘文不載。

其言令之行，化及此類。九年，下詔斷殺，起於三月盡於五月。琬以仁育兼濟，乃上啓更延，帝又特聽[73]，盡於歲暮。

貞觀十年杪冬，遘疾，知歸後世。又致啓東宫，累以大法。又上遺封，表於帝曰：

玄琬聞：

真容晦迹，像教淩遲[74]，無不假緇素以住持，設内外而爲護，遂得法雲再潤，慧日重輝，光叶萬乘[75]，紹隆千載。竊尋住持之理義，有多門弘護之方。教乃非一，若不依佛取捨[76]，仍恐賞罰乖宗，如其准教驗時，是則簡敬當理[77]。伏以僧尼等不依戒律，致犯刑章，聞徹闕庭，塵勞聽覽[78]。琬等僧徒，無任慚懼，但恐餘年昏朽，疾苦相仍，弱命不存，洪恩未答，遂於經中撰佛教後代國王賞罰三寶法及安養蒼生論並三德論各一卷，伏願聖躬親降披覽。陛下廣開上書之路，冀納蒭蕘之言，謹獻秘要之經，請詳金口之教。但琬忝當傳法，庶無匿教之愆。扶劣署封，以酬終後之事。不勝戀仰，謹奉經以聞。

又遺誡門人，在於道撿，言極詳切，讀者垂淚。又云：“餘𠂻施諸衆生，餘骸依古焚棄，制服喪臨，一無預懷。”遂以臘月七日，卒於延興寺房。春秋七十有五。

道俗失依，皇儲哀慟。天子下詔曰：“玄琬律師戒行貞固，學業清通，方寄弘宣正法，利益群品，不幸没世。情深惻悼，賜物如别，齋殯所須，事由天府。”春宫懿戚[79]、卿相重臣，並捨金貝，榮嘉賵贈，營助追福，暨於百日。特進蕭瑀、太府蕭璟、宗正李百藥[80]、詹事杜正倫等，並親奉戒約，躬盡哀禮。後旋殯山寺，幢蓋相映，香花亂空，從者如雲，衆盈數萬。前儐達於終南[81]，後塵猶繼於城闕，四十里間，皂素充道，皆云：“我師斯亡，戒業誰保？”故爲時宗如此也。弟子等五百餘人，奉遵遺旨。爾時雲高風静，木浄油香[82]，七衆彌山，一心悲結。乃命下火，依法闍維，薪盡灰飛，廓然歸本。仍於焚所建佛塔一區，用津靈識，儀像存焉[83]。東宫洗馬蘭陵蕭鈞制銘，宗正卿李百藥製碑[84]，立於塔所，時爲冠絶。

初，琬自始及終，意存弘濟，生善福智，無不綴心。武德之初，時經剥喪，粒食涌貴[85]，客僧無託，乃自竭餘力，行化魁豪。隨得貨賄，並充供給，日到寺廚，親問豐約，故主客同慶焉。又像季澆漓[86]，多輕戒律，乃以身軌物，引諸法屬，親執經文，依時附聽，乃經十遍，遠嗣先塵。智首律師德光榮問於帝京者[87]，寔資成贊[88]。能扇芳風，自見令達，罕能推挹如此人矣。故使唐運搜舉，歲拔賢良，多是律宗，實由琬之篤課也。而容範端肅，聲氣朗峻，預瞻敬者，莫不懔然，故圖象厥相，猶令人畏者[89]。

弟子僧伽，俗姓元氏，清悟寡嗜欲，常隨琬導物，而立志貞正，譏諫變適[90]。不犯顔色，以味静爲宗。又不希人世，依閑業道，是所謀焉。臨終，清嗽、歛容[91]、明誨而卒。豈非師資謙德，能世其塵，而恨其早卒，清規未遠[92]。

【校注】

［1］師：諸本同，興聖寺本脱。

［2］僧伽：麗再本無，然正文有，今據諸本補。

［3］楊：諸本作“揚”，今從磧本。

［4］陰：麗再本、趙本作“州”，今從磧本、興聖寺本。案，“弘農華陰”爲郡望，與續高僧傳時段内歷史實際不符。華陰縣，爲西漢高帝八年置，東漢建武十五年至十六國後秦之間多屬弘農郡，後秦改弘農郡爲華山郡。隋開皇三年廢華山郡，華陰縣直屬華州。隋大業三年州廢，屬京兆郡。大業五年移治今華陰市區，仍屬京兆郡。隋義寧元年割京兆郡，復置華山郡，華陰縣屬華山郡。唐武德元年華山郡改置華

州,華陰縣屬之,直到垂拱元年州縣均改名。

[5] 青襟:諸本同,磧本作"青衿"是,典出詩鄭風子衿,趙本同麗再本。

[6] 在志:諸本作"志在"誤倒,今從磧本。案,典出論語爲政"吾十有五而志於學"。案,"青衿"此處似指八歲,"在志學年"指十五歲。

[7] 延震:諸本同,磧本作"振"。

[8] 律:諸本同,興聖寺本脱。伏:諸本同,磧本作"服"是。

[9] 冕:諸本同,趙本作"冤"。

[10] 汰:諸本同,興聖寺本作"伏"誤。

[11] 律:磧本、興聖寺本作"津"誤。

[12] 演:諸本同,興聖寺本作"術"。

[13] 於:諸本同,興聖寺本作"見"。推:磧本作"擁"誤,興聖寺本脱,趙本同麗再本。

[14] 幽:諸本同,興聖寺本脱。

[15] 剖:磧本作"割"誤,興聖寺本作"部"誤,趙本同麗再本。

[16] 圓:諸本同,興聖寺本作"曾因"。

[17] 洽:諸本同,興聖寺本作"給"誤。

[18] 楝:諸本作"揀",今從磧本。

[19] 崇:諸本同,磧本作"宗"誤。

[20] 建:諸本同,磧本作"開"。

[21] 含:諸本同,磧本作"舍"。

[22] 七物:温室洗浴衆僧經:"澡浴之法,當用七物,除去七病,得七福報。何謂七物?一者,然火;二者,净水;三者,澡豆;四者,蘇膏;五者,淳灰;六者,楊枝;七者,内衣。此是澡浴之法。"

[23] 岠:諸本同,磧本作"距"。

[24] 彰:諸本同,趙本作"鄣"誤。

[25] 案,"二十五佛",據佛説佛名經卷八:"舍利弗,若比丘、比丘尼、優婆塞、優婆夷,欲懺悔諸罪,當净洗浴,著新净衣,净治室内,敷設高座,安置佛像,懸二十五枚幡,種種華香供養,誦念此二十五佛名,日夜六時懺悔,滿二十五日,滅四重八禁等罪。式叉摩那、沙彌、沙彌尼亦如是。"又"千轉神咒",法苑珠林卷六〇咒術篇懺悔部:"千轉陀羅尼神咒,釋迦牟尼佛説。此咒出於西梵,由來盛傳。至隋大業初,東都雒陽翻經館笈多三藏譯出此咒,以慧遺學士。時有彦琮法師即傳譯之領袖也。初獲此本通布華夷,時有長安延興寺玄琬律師、弘法寺静琳法師等,並是道光日下,德振通賢,創獲流布,洗蕩瑕累,即於别院仍建道場,每至肇春,爲受戒沙彌及餘道俗相續不絶,靈相重疊。至今五十餘年,時漸訛替,恐後人不知本末,故委具述之。"

[26] 晨:諸本同,興聖寺本作"是"誤。

[27] 必:諸本同,興聖寺本衍作"必三"。

[28] 斯:諸本同,興聖寺本脱。已:諸本同,興聖寺本作"也"誤。

[29] 以:諸本同,磧本作"已"。

[30] 普光寺:在長安城頒政坊南門,是唐太宗爲太子承乾祈福而建。參見許棟:唐長安普光寺考,敦煌學輯刊 2011 年第 2 期。

[31] 霑:磧本、興聖寺本作"沾",趙本同麗再本。

[32] 納：諸本同，興聖寺本作"綱"形。
[33] 見：諸本作"現"，今從磧本。案，"苑内"，即唐長安城北禁苑内。德業寺爲尼寺，現發現多方德業寺比丘尼之墓誌，其寺具體位置則不詳。
[34] 延興寺：在唐長安城廣恩坊，爲隋文帝爲曇延法師所建，事見本書傳卷八。
[35] 並：諸本同，興聖寺本作"普"。
[36] 各：諸本作"谷"，今據磧本改。"惟谷"，爲進退兩難意，與文意不合。所謂"惟各其誠"即只有每一個都盡心盡力意。
[37] 祇：諸本同，興聖寺本作"祈"。
[38] 周：諸本同，興聖寺本作"須"。
[39] 袠：麗再本作"秩"，今據磧本、隨函録改，興聖寺本字迹模糊。
[40] 濫：諸本同，興聖寺本作"監"。
[41] 貞：諸本同，磧本作"卓"。
[42] 育：諸本同，興聖寺本作"商"形。
[43] 齊：諸本同，興聖寺本作"呑"形。案，"呑"當是"斉"之"訛"，古本中"齊"有時寫作"斉"，"斉"有時寫作"斉"。
[44] 久：諸本同，興聖寺本作"及"誤。
[45] 而旋：諸本同，興聖寺本衍作"而旋而旋"。
[46] 慧：諸本同，興聖寺本脱。
[47] 亡：諸本同，磧本作"忘"誤。
[48] 恒：麗再本、趙本作"修"，今從磧本、興聖寺本。
[49] 説：諸本同，資本作"浴"。
[50] 祐：諸本同，興聖寺本作"祜"。
[51] 恩：諸本同，興聖寺本作"具"形。
[52] 罔知攸厝：諸本同，興聖寺本作"因攸知厝"既誤且倒。
[53] 祚：諸本同，興聖寺本作"作"誤。
[54] 涅槃梵行：大涅槃經卷一五之梵行品："復有梵行，謂慈悲喜捨。""爲諸衆生除無利益是名大慈，欲與衆生無量利樂是名大悲，於諸衆生心生歡喜是名大喜，無所擁護名爲大捨。若不見我法相己身，見一切法平等無二，是名大捨。自捨己樂施與他人，是名大捨。"則"梵行"即菩薩行。又"存兼濟之救也"，諸本同，興聖寺本衍作"存存兼濟之救也"。
[55] 儒禮無故不殺牛羊：禮記正義卷一二王制："諸侯無故不殺牛，大夫無故不殺羊，士無故不殺犬豕，庶人無故不食珍。"
[56] 言：諸本同，磧本作"云"。
[57] 修其教，不易其俗，齊其政，不易其宜：禮記正義卷一二王制："凡居民材，必因天地寒暖燥濕，廣谷大川異制，民生其間者異俗，剛柔輕重，遲速異齊，五味異和，器械異制，衣服異宜。修其教不易其俗，齊其政不易其宜。中國戎夷，五方之民，皆有性也，不可推移。"
[58] 案，孟子梁惠王上："君子之於禽獸也，見其生，不忍見其死，聞其聲，不忍食其肉，是以君子遠庖廚也。"
[59] 佛經有恕己之喻：大般涅槃經卷一〇一切大衆所問品："爾時，世尊爲文殊師利而説偈言：'一切畏刀杖，無不愛壽命，恕己可爲譬，勿殺勿行杖。'爾時，文殊師利復

於佛前而説偈言:‘非一切畏杖,非一切愛命,恕己可爲譬,勤作善方便。’”
[60] 誡之:諸本同,興聖寺本作“誡之以”應是。
[61] 僚:諸本同,興聖寺本作“俺”形。
[62] 以:諸本同,磧本作“已”。
[63] 曰:諸本同,興聖寺本作“白”。
[64] 答:諸本同,磧本作“啓”誤。
[65] 案,辯正論卷一引提謂經:“不殺曰仁,仁主肝木之位,春陽之時,萬物盡生,正月、二月少陽用事,養育群品,好生惡殺,殺者無仁。”
[66] 惠:諸本同,興聖寺本作“患”誤。
[67] 彼:諸本同,興聖寺本作“被”誤。
[68] 年三月六:諸本同,磧本作“年三月六齋”。案,“年三月六”,即每年農曆的正月、五月、九月,以及每月的八日、十四日、十五日、二十三日、二十九日、三十日持齋。梵網經卷下:“於六齋日,年三長齋月,作殺生劫盜破齋犯戒者,犯輕垢罪也。”
[69] 初地:即菩薩修行的第一個階位,證得初地即不退轉,擺脱輪迴之苦。參見華嚴經十地品。
[70] 議:諸本作“儀”誤,今從磧本。
[71] 減:諸本同,趙本作“滅”誤。
[72] 期:諸本同,磧本作“斯”誤。
[73] 又特:諸本同,興聖寺本作“于時”誤。
[74] 淩:磧本、興聖寺本作“陵”。
[75] 叶:諸本同,磧本作“協”。“叶”古同“協”,説見玉篇卷五。
[76] 依:諸本同,興聖寺本脱。
[77] 敬:諸本同,磧本作“徑”誤。
[78] 勞:諸本同,磧本作“黷”。
[79] 戚:諸本同,磧本作“慼”誤。
[80] 百:諸本同,磧本作“伯”。
[81] 達:諸本同,磧本作“遠達”應是。
[82] 木:麗再本作“水”誤,今從諸本。
[83] 存:磧本、興聖寺本作“在”,趙本同麗再本。
[84] 百:諸本作“伯”,今從磧本。
[85] 涌:諸本作“勇”,今從磧本。案,此處“涌”作“騰”義,而“勇”無此義項。
[86] 漓:磧本、興聖寺本作“雜”誤,趙本同麗再本。
[87] 問:諸本同,磧本作“聞”。
[88] 贊:諸本同,磧本作“讚”。
[89] 故圖象厥相猶令人畏者:諸本同,磧本作“圖像厥相猶令人畏有”,“有”應下屬。
[90] 譏:諸本作“機”,今從磧本。
[91] 歛:諸本同,磧本作“斂”。案,“歛”同“斂”。
[92] 清規未遠:諸本同,興聖寺本作“清未遠規”。

唐蒲州仁壽寺釋慧蕭傳五

釋慧蕭,俗姓劉,本彭城人,世家徙於許州之長葛[1],故又爲縣人焉,奕葉以衣纓稱士大夫。十八爲書生,聰悟敏達,善説詩、禮,州郡以明經舉之。非其所好,遂入嵩高山求師出家。强識前聞而以戒行見稱[2],耆舊明達相謂曰:"若人如此,必今代之優波離也[3]。"

開皇初,遊學鄴城,博綜經律,乃貫練衆部,偏宗四分[4]。聞泰山靈巖寺幽栖潔行之宅也,乃往從焉。後以和上年衰,復還中嶽。於時隋祖創業,四海爲家,故得縱任往還,無所拘礙。時龍門沙門明朗,河東持律之最,承蕭道聲藉甚,不遠從之。朗雖年齒隆蕭而卑身禮事,並深相悦服[5],道合欣然。淹留歲序,請歸河曲,蕭亦不滯物我,相與同行,住於龍門之定林寺[6]。

歷緣山水,居隨所好,尋訪同志,不憚危險。馬頭山有僧善禪師[7],聚徒結業,從而習定,時還朗寺,弘暢毗尼。仁壽中,頻向黄頰山依巖夏坐[8],有亡命者,因事投焉,不忍遣之,留匿經久。後以事發,引蕭爲侶,所在督課,追徵赴獄。會朗、善俱亡,又兼匿罪,便振錫徂南[9]。路經蒲坂,時沙門道積[10]、神素、道傑等晋川英彦[11],素與周旋,留連累載。屬隋煬嗣曆,法令滋彰,[12]藏匿嚴科,殊爲峻刻。蕭以許身爲道,隨務東西[13],名貫久除,栖遁幽阻,自中條、王屋,巨壑深林,無險不登,若遊庭户。逮中原版蕩,妖氣一亂[14],河東郡丞丁榮敬服德音,招住仁壽[15],長弘律藏,學者肩隨。義寧中,被擁西城,不虧講業。及後安静[16],彌崇法會,蒲、陝、晋、絳,五衆師焉。

以貞觀十四年,終於仁壽,春秋七十有三。自蕭服心戒業[17],演導爲宗,友接朋勝[18],時無與貳。每念朗、善遊好,不覺涕之無從,不能裁止,便登眺而慟。斯重交募善爲如此也[19]。曾講涅槃,僅十許遍,猶恨大乘無功,遂翫讀華嚴,於數年間,口不輟音,文不釋手。有請蕭爲方廣講主[20],乃止之[21],曰:"吾尚未解經意,安可講乎?"時以爲貞而且諒,又懼悮諸後學云。

【校注】

[1] 案,"長葛",首見於左傳,戰國改爲長社。隋開皇三年改長社縣爲潁川縣,屬許州。開皇六年析置長葛縣,長葛屬許州。大業三年改許州爲潁川郡,長葛縣屬之。唐武德四年,改潁川郡爲許州,長葛屬許州,後世因之,治當今長葛市老城。

[2] 强識前聞:諸本同,磧本作"雖强識前聞"。

[3] 代:諸本同,興聖寺本作"伐"。

[4] 宗:諸本同,永北本作"示"。

[5] 服:諸本同,磧本作"伏"。

[6] 之:諸本同,磧本無。案,此"龍門",即山西省平順縣西北六十五公里的石城鄉源

頭村北之龍門山。

[7] 僧善禪師：傳見本書卷一七。

[8] 黄頰山：光緒山西通志卷三二山川考引河津縣志："黄頰山在縣東北三十五里，即文中子、東皋子隱居之處。"案，河津縣治，即在今山西省河津市。

[9] 振：諸本同，磧本作"震"誤。

[10] 時：諸本同，興聖寺本脱。

[11] 案，道積傳見本書卷二九，神素傳、道傑傳見本書卷一三。道積住於蒲州普救寺，神素、道傑住蒲州栖巖寺。

[12] 屬隋煬嗣曆法令滋彰：麗再本、趙本作"屬隋煬墜歷法令滋彰"誤，磧本作"屬隋煬墜法曆令滋鄣"既倒且誤，今從磧本。

[13] 隨：諸本同，興聖寺本脱。

[14] 氣：諸本同，隨函録作"氛"。

[15] 仁壽：寺在今山西省臨猗縣城區。

[16] 及後：磧本作"及得"誤，興聖寺本作"乃後律"既誤且衍，趙本同麗再本。

[17] 自：諸本同，興聖寺本作"百"誤。

[18] 朋：諸本同，興聖寺本作"明"形。

[19] 斯重交募善爲如此也：磧本作"斯重交慕善爲如此"，興聖寺本作"朝交慕善爲如此也"，趙本同麗再本。

[20] 方廣：即華嚴經。

[21] 止：諸本同，興聖寺本作"正"形。

唐京師普光寺釋慧滿傳六

釋慧滿，姓梁氏，雍州長安人也。父粲，歷仕隋、唐[1]，爲海、疊諸州刺史。滿生年素潔，履正標宗，慈濟含育，殆非修學。世俗餚饍，見便寒悚，僧儀道具，覩即欣仰。年甫七歲，即樂出家，二親素奉佛宗，不違其志。父臨海州，有勑聽度，便蒙剃髮，隨父還京，住大興善，爲仙法師弟子。仙，名望京邑，識悟有從，既道俗洽聞[2]，故父親付囑。後携住仁壽宫之三善寺。

及大業之始，又住大禪定焉，進戒奉業於智首律師。明慎威儀，學門推揖，思擇理味，以達曙爲恒。而勤於政事，樂行勸勉，每值立界施[3]，則唱白科舉[4]，身先衆侶，諮考疑議。至於受戒緣集，難遮多少，教授獨斷，成不眇然。滿乃預令識相，提撕抵掌，致有臨機忘逸，往往儆正。時共重其詳審，敬其成進也。遊講四方，不拘世累。

貞觀三年，嘗於鄜城魏兵曹家别院[5]，講羯磨法，所居草室，忽爲火燒，風焰俱盛，將延西及，滿索水潠之，因即風迴火滅，得無燒爇。斯戒德之威，頗難登繼。至七年，令造新寺，通選大德，以滿行績前聞[6]，引之令住。其年奉勑，令任弘濟寺上座[7]，專弘律訓[8]，獎導僧徒，亟有成規，旁流他寺[9]。

有集仙寺尼，素無慧解，妄有師習，鑄老子、真人等像，私自供養，並廣召黄巾，在堂慶度[10]。滿與諸僧同預齋集，既屬此事，公呵止之[11]，連告大德，顯行擯罰。又追取道像入太原寺[12]，改成佛相，用誡餘習。昔周趙王治蜀，有道士造老君像而以菩薩俠侍。僧以事聞，王乃判曰："菩薩已成不可壞。天尊宜進一階官，乃迎於寺中，改同佛相。"例相似也。

又證果寺尼慧尚者[13]，僥倖一時[14]，宫禁還往。會高祖昇遐，離宫京置，乃以尚之住寺擬設皇靈，尚即取僧寺爲尼所住，事違正勑[15]，莫敢致詞。滿遂構集京室三綱大德等二百餘人[16]，行於擯黜，云："自佛法流世，未有尼衆倚官勢力奪僧寺者，既是非法，宜出衆外[17]，不預四衆還往及諸法事[18]。若有與尚衆言論者，亦同此罰。"制令既行，是非自顯。慧尚不勝其責，連訴東宫[19]，並諸朝宰，有令遣詹事杜正倫解其擯事。僧衆既集，多從情議，滿曰："殿下住持正法，慧滿據法情理[20]。今則違理附情，此則規模一亂[21]。擯本治罪，罪仍未悛，據此而詳[22]，未敢聞旨。"便捉坐具，逡巡而退[23]。時衆懼加威權，便同解擯，滿聞之嘆曰："余伴既少，難可重治，且不同解，示知乖相耳。"尚後謝過，滿終不顧。

及駕巡東部，下勑李衆在前，滿集京僧二百人詣闕陳諫，各脱袈裟，置於頂上，擬調達之行五法[24]，舉朝目矚[25]，不敢通表，乃至闕首[26]，重勑方迴。

常安弘濟，集徒講説，成匠晚秀，有鄰聲采。又願生安養，浴僧爲業，斅安公之芳緒也[27]。煢煢惻惻[28]，兢兢自厲。以貞觀十六年四月二十日遘疾[29]，知當後世，勑出什物，並屬三寶。正坐繩床[30]，自加其膝，召諸寺衆，人各執别，氣從下上，漸至於心，言晤答對[31]，初無昏昧。煖氣至口，奄爾而終，春秋五十有四。焚於終南龍池寺側[32]。餘骸並化，惟舌不灰。更足薪火，經於累宿，色逾鮮赤。遂瘞于山隅[33]。京師浄住寺惠昂爲之銘頌[34]，見於别集。製四分律疏二十卷[35]，講四十餘遍[36]。

【校注】

［1］歷：諸本作"曆"誤，今從磧本。

［2］既：諸本同，興聖寺本脱。

［3］施：諸本同，興聖寺本作"地"。

［4］白：諸本同，興聖寺本作"自"誤。

［5］嘗：諸本同，磧本作"常"。案，"鄜城"，治在今陝西省洛川縣土基鎮鄜城村。隋大業元年，改敷城縣爲鄜城縣，後世因之，元代至元四年併入洛川縣。

［6］績：磧本、興聖寺本作"續"誤，趙本同麗再本。

［7］任：磧本作"住"誤，趙本同麗再本，興聖寺本字迹不清。案，長安志卷九"昭國坊"："西南隅，崇濟寺，本隋修慈寺，開皇三年魯郡夫人孫氏立。貞觀二十三年，以

尼寺與慈恩僧寺相近，而勝業坊甘露尼寺又比於崇濟僧寺，敕换所居焉，本'弘'字，神龍中改。"則弘濟寺在貞觀年間位於胜業坊，在今西安市興慶公園東。後改名爲崇濟寺，宋高僧傳中寫作"恒濟寺"當是避宋諱而改，據此書，弘濟寺爲唐代律宗重要寺院。

[8] 專弘律訓：諸本同，興聖寺本作"專弘律藏訓"。

[9] 旁：諸本同，興聖寺本作"傍"。

[10] 在堂慶度：諸本同，磧本作"處堂慶會"。

[11] 呵：諸本同，興聖寺本作"奇"形。

[12] 太原寺：據宋高僧傳卷一四懷素傳："至上元三年丙子歸京，奉詔住西太原寺。"案，上元三年爲676年，長安志卷一〇"休祥坊"："東北隅，崇福寺。本侍中、觀國公楊恭仁宅，咸亨元年，以武皇后外氏故宅立爲太原寺。"但是，慧滿卒於貞觀十六年，即642年，時太原寺尚未建立。據富安敦、徐文明、辛德勇及季愛民研究（參見隋唐兩京寺觀叢考，中國歷史地理論叢2011年第4期），長安志此條有誤，咸亨元年所建之太原寺是在東都洛陽，爲東太原寺。而西太原寺，據佛祖統紀卷四〇法運通塞志六："武德元年詔爲太祖已下造栴檀等身佛三軀。以沙門景輝嘗記帝當承天命，爲立勝業寺。以沙門曇獻於隋末設粥救饑民，爲立慈悲寺。以義師起於太原，爲立太原寺。又詔并州立義興寺，以旌起義之功。"即李淵所建太原寺在長安。長安志卷九"崇德坊"："貞觀二十三年，徙濟度寺於安業坊之修善寺，以其所爲靈寶寺，盡度太宗嬪御爲尼以處之。徙道德寺額於嘉祥坊之太原寺，以其所爲崇聖宫，以爲太宗别廟。"則知"太原寺"在嘉祥坊，而唐長安城無嘉祥坊，當爲休祥坊之誤，當今西安市勞動北路至桃園路之間。

[13] 證果寺：諸本無，今從磧本。韋述兩京新記"崇德坊""東北隅證果尼寺"，約在今陝西省西安市雁塔區小寨路街道辦事處崇德坊居委會及附近。

[14] 僥倖一時：諸本同，磧本作"一時僥倖"應是。

[15] 違：磧本、興聖寺本作"連"誤，趙本同麗再本。

[16] 二：諸本同，興聖寺本作"三"。人：諸本同，興聖寺本脱。

[17] 出：諸本同，興聖寺本作"止"形。

[18] 不：諸本同，興聖寺本脱。事：諸本同，興聖寺本作"焉"形。

[19] 宫：諸本同，趙本作"官"誤。

[20] 情：諸本同，興聖寺本作"清"應是。

[21] 模：諸本作"摸"，今從磧本。

[22] 詳：諸本同，興聖寺本作"諍"誤。

[23] 逡：諸本同，興聖寺本作"逸"形。

[24] 擬調達之行五法：案，"調達"爲釋迦牟尼堂兄提婆達多，建立獨立教團，在戒律方面提出五點與佛教戒律不同。據根本説一切有部毗奈耶破僧事卷一〇："於是提婆達多謗毁聖説，决生邪見，定斷善根。但有此生，更無後世。作是知已，於其徒衆，别立五法，便告之曰：爾等應知沙門喬答摩及諸徒衆，咸食乳酪，我等從今更不應食。何緣由此？令彼犢兒鎮嬰飢苦。又沙門喬答摩聽食魚肉，我等從今更不應食。何緣由此？於諸衆生爲斷命事。又沙門喬答摩聽食其鹽，我等從今更不應食。何緣由此？於其鹽内多塵土故。又沙門喬答摩受用衣時截其縷績，我等從今受用衣時留長縷績。何緣由此？壞彼織師作功勞故。又沙門喬答摩住阿蘭若處，

我等從今住村舍内。何緣由此？棄捐施主所施物故。”四分律、五分律、十誦律所載略同，可知當時調達教團與釋迦牟尼教團鬥争之激烈。在此處，是將唐太宗諷刺爲調達，將道教諷刺爲調達僧團。

［25］矚：諸本同，磧本作“屬”誤。

［26］闕：諸本同，磧本作“闕”。

［27］安公：指東晋道安法師，道安生前嚮往彌勒净土世界。傳見高僧傳卷五。又“安養”，即極樂世界，無量壽經卷下：“恭敬歡喜去，還到安養國。”

［28］煢煢：諸本同，磧本作“惸惸”。“惸”同“煢”。

［29］遘疾：諸本同，磧本作“遘於微疾”。

［30］繩：諸本同，興聖寺本作“綱”誤。

［31］晤：諸本同，趙本作“晤”。

［32］龍池寺：在今陝西西安市長安區太乙宫鎮東約二公里的終南山北麓蛟峪山山頂之天池寺。參見陳誦雎：終南山龍池寺及二龍塔考，碑林集刊2006年。

［33］瘗于：諸本同，興聖寺本脱。

［34］净：諸本同，興聖寺本作“静”誤。昂：諸本同，磧本作“昇”。

［35］製：諸本同，磧本作“手製”疑衍。

［36］四：磧本、興聖寺本作“三”，趙本同麗再本。

唐箕山沙門釋慧進傳七道瓚[1]

釋慧進，姓鮑氏，潞州上黨人[2]。弱歲辭親，慕從緇侣，修習戒檢，極用偏功。將欲剪削，父母留戀，遂停俗里，以仁孝見知。年至三十，鄉閭覩其精苦[3]，潔身斷愛，無思妻累，乃共白其所親，委其元度。方任出家，住州治梵境寺。

既受具已，聞説受净，衣毛雟然[4]，重問持犯，又闕諮悟。承鄴下講律[5]，徒侣僅千，欣喜滿懷[6]。以律假緣求，非文不合，因即閉關自讀八十餘遍，行要耳目，頗亦具瞻[7]。而義理由蹤，必從師受，便往相州洪律師所[8]，一坐伏聽，不移其席，乃經八遍。中静緣務，相續而聽，又經八年。爾後栖遑，隨師南北，或山或世，遊採經論，用裨律宗。略計前後，四分一宗，百二十遍。並覆尋讀[9]，强三百遍。自有同塵，專志累功，罕儔其疋。

隋文末曆，有同寺僧，弊進學業，叵難齊競[10]，陰而嫉之。進曰：“相與出家，同遵律業，潛加蠅扇，豈不以身名致嫌乎？昔聞無諍行者，惟在空生。聖立芳規，義非自結，余雖不敏，請從雅喻。”即日往謝，擲棄公名，揭襆而出[11]。衆有止之，進曰：“余不滯於去留也，爲緣故耳。”因逖聽諸方勝徒名地，五臺、泰岳；東川北部，常山、雁門，隨逐禪蹤，無遠必届。沙門慧瓚道王朔川，又往投焉，定師宗傳[12]。及瓚入關，遂往箕山訪蹤巢、許。巖名便利[13]，有古寺焉，掃以居之，足不下溪三十餘載。言行成範，緇素尋焉，舊本幽阻，由之喧泰，故其法屬，常以禪律繼業。

以貞觀十九年正月十五日，因疾跏坐終於山舍[14]，春秋八十有六。

時同鄉沙門道瓚者[15]，善宗四分，心眼清亮[16]，講解相仍，具傳章鈔。而形氣弘偉，少共齊倫，在法住寺御衆[17]，揚化韓、潞、沁、澤四州。從範末齡，風疾頓增，相乖儀節，雖衣服頽陊而藥食無瑕[18]。余聞往焉，欣然若舊，敘悟猶正[19]，年八十餘矣。

【校注】

[1] 道瓚：麗再本、興聖寺本無，然正文有，今據趙本補，磧本作"明瓚"。

[2] 潞州上黨：治當今山西省長治市。北周宣政元年在上黨郡上設潞州，隋廢潞州，改壺關縣爲上黨縣爲上黨郡郡治。唐初復設潞州，州治在上黨縣，故"潞州上黨"爲唐制。

[3] 鄉：諸本同，興聖寺本作"卿"形。

[4] 嗇：諸本同，磧本作"歃"。

[5] 下：諸本同，興聖寺本作"不"。

[6] 喜：諸本同，磧本作"嘉"誤。

[7] 瞻：麗再本作"贍"誤，今從諸本。

[8] 相州洪律師：即洪遵。

[9] 覆：諸本同，磧本作"重"。

[10] 叵：麗再本作"匹"誤，今據諸本改。

[11] 揭：諸本同，磧本作"褐"誤。

[12] 定師宗傳：諸本作"定宗師傳"。案，此處似有闕文。

[13] 名：諸本同，磧本作"石"誤。

[14] 終：諸本同，磧本作"而卒"。

[15] 道：諸本同，磧本作"明"。

[16] 眼：麗再本、趙本作"明"，今從磧本、興聖寺本。亮：諸本同，興聖寺本作"高"形，下同，不一一出校。

[17] 法住寺：據本書卷二〇釋曇榮傳，法住寺在潞州州治上黨縣，即今山西省長治市。

[18] 頽：諸本同，興聖寺本脱。"藥食無瑕"，磧本作"飲食無暇"誤，前文有"風疾頓增"。

[19] 正：諸本同，興聖寺本作"在"。

唐并州義興寺釋道亮傳八

釋道亮，姓趙氏，趙州欒城人[1]。十五，厭於世網，投州界莎坦禪坊備禪師出家焉[2]。備博達洽聞，兩河稱德，偏弘大論，神見清遠。十六登坐至於八十，聲相動物，詞味無變。亮奉敬諮展，望預聽徒，乃令往飛龍山誦經爲業[3]。山侶三十，並是禪蹤，素少净人，惟亮一己。既當下位，衆務同臻，日别自課，舂五斗粟，將及六載，一時不懈[4]。徒跣三年，六時隨衆，屢蒙放遣，素心不從，積至七年，苦勸方遂。

聞并部瓚禪師結徒開化，盛宣佛法，行達箕山[5]，便進具戒。漸次太原，歸依慧瓚，念定爲務。旁慕律宗，有嚴律師者[6]，德範可歸，便從受業，因居無量壽寺焉，即嚴之所住也。自爾專攻四分，無忘日夕。又從嚴往石州[7]，聽地持論。經停既久，文旨大通[8]，覆述前解，增其名實。

有員秀才者，居幽綜習，儒教有功，從亮學於起信，遂爲披折[9]，開發慧悟，抱信不移。承龕律師引徒盛講[10]，據業吕州[11]，又往從焉，聽温本習。後返住寺[12]，依時弘演。

唐運初開，勑爲滿師立義興寺[13]，以亮律行清顯，延而止之。因常講説，鎮移世績[14]。貞觀之始，出至本州欒城，備公猶自在世，欣亮遠覲，爲建律筵。轉展相扇，聲被東夏，聽徒八百，請益日隆。爾後頻開律府，計不在數，成講學士，四十餘人。并部法興，出自此矣[15]。至今貞觀十九年，春秋七十有七[16]，見處義興，黨徒御法。[17]

有學士道冑者，生自上黨，僧貫太原，聽涉有功，偏能持忘，披覽章疏，即就敷揚，今住京寺，時時揚化。

【校注】

[1] 趙州欒城：據讀史方輿紀要卷一四"北直五真定府"條下："欒城縣，府南六十里，南至趙州三十五里，東北至藁城縣四十里。春秋時晋之欒邑。漢置關縣，屬常山郡。後漢改置欒城縣。三國魏廢。北魏復置，屬趙郡。北齊又廢。隋開皇十六年，復置，屬欒州。大業中，仍屬趙郡。唐屬趙州。大曆三年，改屬鎮州。"則此傳資料採集當在唐初。北魏至元代之"欒城縣"，治當今河北省石家莊市欒城區焦家莊村東。

[2] 出家：諸本同，磧本作"而出家"。

[3] 飛：諸本同，磧本作"封"。案，飛龍山即封龍山，即今河北省元氏縣封龍山景區，爲中古時期著名叢林，尤其以禪學而著名。

[4] 不：諸本同，興聖寺本作"未"。

[5] 箕山：即今河北省行唐縣城寨鄉之箕山，非河南登封之箕山。

[6] 嚴：諸本同，興聖寺本作"巖"，本傳下同，不一一出校。

[7] 石州：治當今山西省吕梁市離石區，北周置，隋唐因之。

[8] 旨：諸本同，興聖寺本作"日"誤。

[9] 折：諸本同，興聖寺本作"演"。

[10] 龕律師：即道龕，傳見本書卷二一釋法願傳附，爲慧光再傳弟子。

[11] 吕州：故治在今山西省霍縣。隋開皇十八年改汾州爲吕州，大業初廢，唐武德元年復置吕州，貞觀十七年又廢。

[12] 後：趙本作"石"誤，興聖寺本作"從"，磧本同麗再本。

［13］滿師：即智滿，傳見本書卷一九。
［14］績：麗再本、興聖寺本作“續”，今從磧本、趙本。
［15］出自：諸本同，磧本作“自出”誤倒。
［16］七十：諸本同，磧本作“十十”誤。
［17］見處義興黨徒御法：諸本同，磧本無。

唐京師延興寺釋道胄傳九下文欠後[1]

【釋道胄，姓輔，京兆始平人，祖任上黨太守，遂居長子焉[2]。性聰敏，樂遠離。行年十四遭母憂，興蓼莪志，報恩難極，爲母出家，志敦孝始。年二十，住并州，請印法師爲和上，得爾也可，年八十五歲也。】[3]

【校注】

［1］唐京師延興寺釋道胄傳九下文欠後：麗再本、趙本爲道亮傳附傳，興聖寺本無，今從磧本。
［2］居：原作“號”，永北本、龍藏本作“居”應是。五代義楚撰釋氏六帖卷一二“道諟放生”條引此傳正作“居”，今據改。
［3］案，括號内釋道胄傳，與麗再本、趙本、興聖寺本差異較大，故附於麗再本釋道胄傳後。

唐益州福緣寺釋曇諟傳十下文欠頭

【令送至城門，見多人著赤衣多鬚來迎。云是綿竹所放生者，因即蘇。自此廣化，立放生池，諸州凡造一百餘所，今並見在。又益州甘亭神威力嚴惡，殃福立應，祈禱血食，牛羊難紀，忽下巫語，欲諟受戒。乃將佛像在神下座，於時神影自移本處，向佛下坐，諟爲受戒。自爾祀日，齋食而已。又往劉備先主受戒，神亦隨從。所以蜀川神所，諟行至者，皆爲受戒，至今不捨。由此道俗歸依，發言風靡。又於綿竹郫縣造三百尺大像，今並成就。故所祈求，爲無不遂。以顯慶四年，終於本寺，春秋八十五，道俗哀慕，送往放生池，於路三度大雨，雨皆白色，恰至葬所，天地清明。】[1]

【校注】

［1］案，此段文字，郭校本以爲當是“唐益州福緣寺釋曇諟傳”殘本，此傳麗再本、趙本、興聖寺本均無，而永樂北藏、龍藏本有目無文，磧本與上段善胄傳混合，今據郭校本將二傳分離。又釋氏六帖卷一一“道諟放生”條，即將二人混爲一人，可知在其時二傳已闕，且混爲一傳。又南宋本覺撰釋氏通鑒卷八“唐高宗己未年”條，有曇

逞傳,起止與本段同,但無道胄傳,知本覺認爲曇逞傳與道胄傳爲二,但是所見仍非全帙。

唐益州福勝寺釋道興傳十一

【釋道興[1],姓劉,本住秦州[2]。八九歲時,常念出家,私詣僧寺,不肯還,二親恐失。年十九,决意定詣大光寺求出家,僧衆愍之。二親苦求,隱避不失,衆爲解喻,便許剃落。時天下大亂,賊寇交横,死者山積。興爲沙彌,語諸徒曰:"人身難得,持戒第一。"母爲賊掠將去,離城六十里,興没命尋逐。至已被傷未絶。賊見曰:"此僧誠爲至孝,逐母至此。"便不盡命。乃背負母還城,城中咸怪賊路兇險,何因得返。

避難投蜀至河池縣[3],逢贊皇公[4],蒙被安慰,送至梁州[5]。興與一老僧相隨,彼有金十兩,謂興曰:"吾有金,可爲負,至蜀共分。"興曰:"此危身物,佛又不許,不可將行,若不信者,善惡應驗。"遂捨而獨往。彼持金者至三泉縣[6],逢賊致死。

既至蜀川,年滿進具,常行蘭若,頭陀乞食。智舜律師當衢講匠,依聽五遍,便能覆述,每有異見,舜深奇之。後至京師首律師下,伸大義如别所引。後還蜀川,廣聽經論,不爽光陰。又於江禪師下,稟受禪道,以爲徵心要術也。

自舜没後,接構律筵,每年講席,極爲稽引,三十二十度來請者方許開宗。每歎云:"佛法漸替,輕慢日增。余不敢輕,所以爲重法故爾。即以慇懃鄭重,爲善法種子,若無此種,何由可遇。"所以每講律部,及發菩提心,以此勵衆,聽者垂泣恩海[7],興待衆涕泣静已,久久方令唱文。如此非一。

四遠來投無客主,興知都維那[8],於時官府急切,不許客住,諸寺無停者咸來即安撫。寺主曰:"依官制不許,何得停之?"興曰:"官不許容針,私容車馬。寺主豈不聞耶?"寺主大怒曰:"年少不用我語?"興曰:"此三寶也,敬則見善,嫌則感惡。"寺主憤恚還房,眼看袈裟不見。又往三門王家,會受飯,謂言是血食,人喻之,竟不食返寺,向興懺悔,尋終。行蘭若時,鬼來惱亂,興出繩床,鬼退,爲受三歸已,爲禮佛名,鬼亦隨禮。貞觀中,青城戴令來慕,欲與同房宿。夜中眠驚,走出房外,云見一赤衣僧,執杖打背,云:"何因在此宿?"以火照背,如三指大,隱軫赤色,因求悔過。

興遇疾甚,聞室中音樂聲,自念:"我所求者本在佛果,不願人天。所願不虚,諸有魔亂,自應消滅。"言已聲滅。自此便差,常禮千佛,日别一遍。永徽三年,玄奘法師送舍利令供養,興獲已,於房内立道場,發正願曰:"若一生傳法,並禮賢劫千佛,如契聖心,請放光明。"如語,一室並爲金色。弟子咸見。以顯慶四年月日，終於福勝，春秋六十有七。

興自在道，行節在懷，晝夜恒坐，曾不偃亞。未常詣市，不受别利，乞食之外，不出寺門。不乘畜生，不服非法。益部五衆，敬而重之。】

【校注】

[1] 此傳麗再本、趙本、興聖寺本無，今據磧本補。

[2] 秦州：西晋泰始五年置，太康七年移治今甘肅天水市，十六國、北朝、隋、唐因之。

[3] 河池縣：治當今陝西鳳縣鳳州鎮。"河池縣"，西漢置，歷代因之，元代廢，位於從秦州到鳳州的交通要道上。

[4] 贊皇公：指初唐功臣竇軌，傳見舊唐書卷六一。

[5] 梁州：治當今陝西省漢中市。

[6] 三泉縣：唐武德三年分綿谷縣，在通谷鎮置金牛縣，此爲境内設縣治之始。武德四年又分綿谷置三泉縣和嘉牟縣，不久撤金牛、嘉牟，併入三泉。天寶元年三泉縣治由故縣址移向東北六十公里，即今陽平關鎮擂鼓臺村。

[7] 海：永北本作"誨"。

[8] 都維那：四分律删繁補闕行事鈔卷上："十誦中，時僧坊中無人知時限，唱時。至及打揵稚，又無人灑掃、塗治講堂食處，無人相續鋪床，及教人浄果菜食中蟲。飲食時，無人行水。衆亂語時，無人彈指等。佛令立維那。"又唐六典卷四："每寺上坐一人，寺主一人，都維那一人，共綱統衆事。"

唐蘇州通玄寺釋慧旻傳十二

釋慧旻，字玄素，河東人。志用方直[1]，操行不群，仁愛汎洽，稟自天性，道振三吴，名流七澤。情好幽居，多處巖壑。九歲出家，勤精潔業，誦法華經，期月便度。十五，聽法迴向寺新羅光法師成論[2]，率先問對，秀逸玄賓[3]。命覆幽宗，耆宿同悦。年十七，赴請還鄉海鹽之光興寺，講法華經。聽衆雲翔，咸陳嘉瑞[4]，異香彈指，屢結空中[5]。

受具之後[6]，從竹園寺志律師稟承十誦。文理精通，傍訊諸部。志公將漸，學徒用委。喪事雲畢，東入會稽，至剡，禮石佛天台。遊講肆數年還吴，止通玄寺，結徒厲業。一十七年，不出寺門，無窺别請。元始要終，布衣蔬食，慶吊既絶，談謔斯亡。

屬隋末崩離，吴中飢饉，道俗逃難，避地東西。乃守死不移，禪誦無輟，鳥集無擾，獸群不亂。蘇州總管聞嗣安迎請出山，固辭不往。重使再請，不獲而赴。時刺史李廉、薛通、王榮等深相器重，永崇供覲，而懷志栖隱，終日慼慼。聞公通鑒不可奪也，乃送入華亭谷幹山立寺，行道數年。地惟下濕，蚊蝱甚多，恐致損傷，將事移止。

大唐開化，法事廣流[7]，更入海虞山，隱居二十餘載，遠方請業[8]，常百餘人。地宜梓樹，勸勵栽植[9]，數十萬株，通給將來三寶功德[10]。中年別於南澗止一草菴[11]。兩兔一彪，相親同止，内外盤遊[12]，無相淩惱[13]。至於禽獸神祇，請受歸戒，叙其事績，未可具也。蘇州都督武陽公李世嘉遣書降使[14]，頻請不赴。貞觀十九年，刺史江王，因國度人，行道之次，請令出山。王欲受戒施衣，傳諸香供，並固讓諸德，不授不納，辭退山泉，逍遥自翫。

凡講經律，菩薩戒、成實論，數各有差。古律舊疏有漏失者[15]，皆刪正而通暢焉。著十誦私記十三卷、僧尼行事二卷、尼衆羯磨兩卷、道俗菩薩戒義疏四卷[16]。受業學士傳化者二十餘人。以貞觀末年八月十一日旦，終於所遁，春秋七十有七。未終三日，異香滿寺，舉衆怪問，曰："吾後日當去矣。生死，人之常也[17]；寄世，本若行雲。慎無哭泣，各念無常，早求自度。喪事殯葬[18]，律有恒儀，碑誌飾詞，一不須作。能依此訣，吾何言哉[19]。"斯固臨終不撓，可謂堅貞者矣。

【校注】

[1] 用：諸本同，磧本作"性"。案，"志用"同"志性"，性情意。
[2] 成論：諸本同，興聖寺本作"成實論"。
[3] 秀逸：諸本同，興聖寺本作"秀運送"。
[4] 嘉：諸本同，磧本作"喜"誤。
[5] 屢結：諸本同，興聖寺本作"於屢結"。
[6] 之：諸本同，興聖寺本作"足"。
[7] 廣：諸本同，磧本作"通"應是。
[8] 遠方：諸本同，興聖寺本作"方遠"。
[9] 栽：麗再本、興聖寺本、資本作"裁"，今據趙本、磧本改。
[10] 給：諸本同，興聖寺本作"終"誤。
[11] 澗：諸本同，興聖寺本作"側"。
[12] 内：諸本同，興聖寺本脱。
[13] 淩：諸本同，磧本作"陵"。
[14] 使：諸本同，興聖寺本脱。
[15] 漏：諸本作"陋"。
[16] 卷：諸本同，磧本作"本"。
[17] 人之：諸本同，興聖寺本作"之人"。
[18] 喪：諸本同，磧本作"畏"誤。
[19] 哉：諸本同，磧本作"矣"。

唐洛州天宫寺釋明導傳十三

【釋明導[1]，姓姚氏，本吴興人，因官歙州，遂家於彼。幼葉雅調，與衆不群。隋末喪亂，二親崩歿，發心出家，意存護法，所在尋逐，彌勤戒檢。以貞觀初，行達陳州[2]，逢勑簡僧，惟留世[3]，導以德聲久被，遂應斯舉。雖蒙榮聞，意所遺之，乃歎曰："出家弘濟，務存許道，豈以名貫，拘滯一方。"乃翻然遠征，棄擲寺宇，至爍、礪二師座下[4]，餐稟幽奧。未盈凉暑，聲聞超挺，因令覆述，縱達無遺。學門義侶，莫不推挹，自諸寺結憾，訟及道俗，牽連不决，皆請通之。及導面往，吐言愜伏，皆歎其善達無諍，權導不思之力也。

龍朔二年，道行夙彰，奉勑别住東都天宫寺。麟德元年，今上造老子像，勑送芒山，仍令洛下文物備列。時長吏韓孝威妄託天威，黄中扇惑[5]，私囑僧尼，普令同送。威遂勒州部二十二縣，五衆通集，洛州各事幢幡，剋日齊舉。導出衆對曰："佛道二門，由來天絶，邪正位殊，本自碩異。如何合雜，雷同將引。既無别勑，不敢聞命。"威大怒曰："是何道人，輒拒國命？"乃使人脱導袈裟，將行禁劾，導曰："袈裟勑度所著，非勑不可妄除，無勑令僧送道，所以不違國命。"威怒曰："道人有不送天尊者出。"導即挺身獨立。預是僧尼同時總往導所。威怒曰："道人欲返[6]。"導應聲語六曹官人曰："長吏總召僧尼唱反，此則長吏自反，衆僧不反，須告御史。"導等一時崩出。威大忙懼，降階屈節，慚謝而止。以斯抗禦，季代少之。

因僧大集，簡試度人，天宫餉食，過中乃至，僧有不量時景者，取而進噉，導曰："諸大德竝佛法遺寄，天下楷模。非時之食，對俗而噉。公違法律，現法滅緣。冒罔聖凡，一至於此。"衆竝愧之。因索水清漱，月餘不食，悲慨正法，凋淪相及。道俗苦勸，方乃進餅。以斯量之，故以護法之士，不顧形有者，代有人焉。今年六十餘，東夏英髦，一期咸集，導於清衆，有高稱焉。】

【校注】

[1] 案，釋明導傳，麗再本、趙本、興聖寺本無，今據磧本補。

[2] 陳州：治當今河南省淮陽縣，北周改信州設，隋開皇二年改爲沈州，大業二年廢沈州入陳州，三年改爲淮陽郡。唐武德元年，復爲陳州。

[3] 惟留世：不可解，疑"世"爲三十或卅之誤。

[4] 爍、礪：即道爍、法礪，見本卷法礪傳。

[5] 案，"黄中"，疑當作"黄巾"，永北本作"黄巾"，指道士。

[6] 返：永北本、龍藏本作"反"應是。

唐洛州敬愛寺釋曇光傳十四

【釋曇光[1]，姓張氏，汴州人[2]。自幼及長，潔志清範，諸有勝徒，莫不登踐，於礪、爍兩師[3]，聽受成教。逮至立年，盛明律藏，命宗章義，是所推崇，礪歎曰:“使吾道流河右,誠此人乎。”又往玉法師所,聽法華、地論,高達勝乘玄理,權實坦然。又往嵩岳相禪師,學修止觀,因屏絶塵惱,不羈名利。

會東都盛德,須有住持,以光有素德,景行難擁,遂勑召住天宫寺。又以教受新成,衆徒胥集,綱管之任,非人不傳,因又召爲寺之上座。綏撫清衆,不肅而成,然而汎愛之誠,終古罕類,四方律學,莫不諮詢。故其房宇門人,肩聯踵接,成就所舉,遠近遵承。西明寺律師君度,奕奕標舉,一時俊烈,亦光之所進也。今麟德二年,東都講説,師資導達,彌所欽羡焉。】

試爲論曰:

自法王之利見也[4],將欲清澄二死,翦除三障,所以張大教網,布諸有流。[5]雖復惑累增繁,起惟三業,隨業設教,三學興焉。戒本防非,諒符身口;定惟静亂,誠約心源[6];慧取閑邪[7],信明殄惑。三法相假,義刑聖量[8],是故論云:“戒如捉賊,定如縛賊[9],慧如殺賊。”賊謂煩惑,不可卒除,功由漸降,故立斯旨。莫非戒具定修,深知障惑,明智觀察,了見使纏[10]。我倒既銷,諸業不集。[11]推其本也,則净戒爲功;舉其治也,則正慧爲德。經美“能生”[12],豈不然矣。是使五乘方駕於戒道[13],衆聖肩隨於行衢,垂福祐於四生[14],廣紹隆於萬載,非夫戒德,何以懋哉。

粤自金河累言,爰始靈山集法,時遵厚味[15],道被淳源,雖復設教不倫,互裁輕重,奉者無乖,會聖體意,兩不相非。然夫上座、大衆,創分結集之場,五部十八,流宗百載之後,備列前傳,部執等陳。自律藏久分[16],初通東夏,則薩婆多部十誦一本,最廣弘持,寔由青目律師敷揚晋世[17],廬山慧遠讃擊成宗[18]。爾後[19]璩、穎分鑣而命路[20],祐、瑗波騰於釋門,澄一江淮,無二奉矣。[21]而恨受遵四分,隨依十誦,可爲商之[22]。其次傳本,則曇無德部四分一律,雖翻在姚秦而創敷元魏[23]。是由,赤髭論主初乃誦傳,未展談授,尋還異域,此方學侣,竟絶維持,逮及覆、聰[24],方開學肆。有宋文世,彌沙塞部五分一本,開譯楊都,覺壽所傳,生、嚴其筆[25],文極鋪要,深可弘通,郢匠輟斤,流味無日,可爲悲夫。雖聞海濱披述,汾願剖詞[26],登往搜求,名實乖爽,可惜華典,虚度神州。迦葉遺部解脱一本,梵葉久傳,無人翻度,惟出戒本,在世流通[27]。等聚餘宗,更無異轍,世諺妄習[28],偏備愚叢。婆麤羅部律本,未傳藏中[29],見列僧祇部者,乃是根本大衆所傳,非是百載五宗生也。統叙五部,支分此方,已獲其四。若據攝末從本,則二部是其所宗,此方已獲其一。[30]自餘群部,多是西域賢聖纉述行事,其中聚類[31],自分區別,緣叙難裁,略言之矣。

惟夫慧日已沉,法流方被,衆行之重[32],無越斯經。諒由附相東情[33],

心事易准,動静科據[34],有契威容[35]。凡愚妄習,覩相弘善,故律緣制,斯致罕乖[36]。試詳講導開士[37],持奉明人[38],見想紛馳,互程神略[39],部别廢立,取捨難恒,學觀未張,易爲開舉。何以明耶?至如受具一法,三聖元基,部各陳要,具舒隨相,異宗會受[40],事類星張[41]。當受明隨,同猶合契。考夫行事之士[42],則鄉壤部分,窮其受戒之源,宗歸四分。今則隨學陳相[43],不祖先模,抑斷是投,妄情斯託[44]。可謂師資訓缺,教授無功,亦是願行道殊,機見互僻。斯之糅雜,二百餘年,豈不以傳通失人,故使頌聲流鄭。今則混一唐統,普行四分之宗,故得終始受隨,義難乖隔,攝護雖廣,其源可尋。

自初開律釋,師號法聰,元魏孝文,北臺揚緒,口以傳授,時所榮之。沙門道覆,即紹聰緒,纘疏六卷,但是長科,至於義舉,未聞於世。斯時釋侶,道味猶淳,言行相承,隨聞奉用,專務栖德[45],不暇旁求。魏末齊初,慧光宅世宗匠,跋陀師表弘理,再造文疏,廣分衢術。學聲學望,連布若雲峰;行光德光,榮曜齊日月。每一披闡,坐列千僧,競鼓清言,人分異辯,勒成卷袠[46],通號命家。然光初稟定宗,後師法律,軌儀大聖,徽猷具焉。所以世美斯人[47],行解相冠,誠有徒矣。有雲、暉、願三宗律師,躡踵傳燈,各題聲教。雲則命初[48],作疏九卷,被時流演,門人備高東夏。暉次出疏,略雲二軸,要約誠美,蹊徑少乖,得在略文,失於開授。然雲勇於義宗,談叙誠博;暉則覈切詞相,法聚推焉。世諺首尾[49],信探風骨。汾陽法願,眄視兩家,更開亹穴[50],製作抄疏,不減於前。彈糺覈於律文,是非格於事相[51]。存乎專附,頗滯幽通,化行并塞,故其然也。

其餘律匠,理、洪、隱、樂、遵、深、誕等[52],或陶冶鄭魏[53],或開疆燕趙,或導達周秦,或揚塵齊魯[54]。莫不同師雲術,齊駕當時,雖出鈔記,略可言矣。而遵開業關中[55],盛宗帝里,經律雙授,其功可高。於時世尚僧祇,而能間行四分,登座引決,其從如流,剋敵每臨,銜箭而返。然遵一其神志,聲色不渝,由是人法歸焉[56],可謂行之及也。智首律師承斯講授,宗係盛廣[57],探索彌深。時屬雲雷,接統傳化,學門遠被,製述全希[58]。豈非博贍百家,共師一軌[59],雖欲厝筆,無詞可通?屬有礪、亮、行、判、爍、勝、藏、興,或傳道於東川,或稱言於南服。其中高第,無越魏都[60],制疏乃行,其緒誠少。餘則名擅一方[61],蓋無筆記。而復化行難阻[62],多翳時心,豈不以制在篇初,故陷者惡聞其失。嗚呼,律爲法命,弘則命全,今不欲弘[63],正法斯滅,又可悲之深矣[64]。

觀夫定慧兩藏,理在通明;戒律宗中,情纏事局[65]。事則紛披雜集,前後異條,開制適緣,舉例寧准。論餘兩藏,義在潛通,達解知微,名爲會正。所以天仙小聖逗機明道,互説精理,開明慧務,俱稱至教,印定成經[66]。若據律宗,惟遵佛誨,大小諸聖,不妄傳揚,斯何故耶?良由教限内衆,軌躅常儀,僧寶可欽,非餘訓勖。自非位極至聖,誰敢厝心?是以文云:“吾尚不以衆僧付於身子,况餘人乎?”故所制重輕,皆遵成教,縱有疑問,還委佛通。雖著論詳述而不作,是使遺言四命,戒爲大師[67]。三集法輪,先弘斯典,論稱法壽[68],豈虚也哉。

昔鵠樹已前[69],持律者衆,其中高者牛王[70],最初往業未夷,徙居天室[71]。其次接緒,號優波離,五百獻功,奉持爲上,致使四十餘載,七衆憲章,隨犯科要,多因面結。至於持犯通塞,徵舉治儀,皆命顯揚,委其監護。雖復二十四依通傳正軌[72],揩摸後葉,必祖斯文。

暨乃東川創開戒業[73],曹魏嘉平方弘具戒,爾前法衆,同號息慈,師弟乃聞,纔移俗耳。行羯磨也,憑准法護之宗[74];論布薩也,翻誦僧祇之戒[75]。教綱初啓,隨得奉之,未可怪也[76]。西晉務法,稍漸綱猷,中原喪亂,干戈競接,雒邑凋殘,渭陰荒爐。竺護青門之衆,可卷而懷;康會黄武之徒,未足收採。[77]重以孫皓苛虐[78],元焘不仁[79],擁寺列兵,虔劉釋種。平城之側,高尚覆屍;黄河之涘,梵僧捐寶。投骸靡厝,法律寧通?時會彌天,恢張儀範,僧衆常則,皆約戒科,兵飢交貿,綱制嚴密,廣如前傳所叙。故安舉三章,且救時要,攝緣成濟,得其務焉。但教缺未弘,必假傳授,鼻奈耶律,初是安通,文極疏略,粗知大旨,審其正則,誠所未聞。弘在人乎,安當斯寄。其後,遠、睿、願、翼[80],咸習門風[81];秦晋兩邦,昌明法化,誠其力矣。自斯厥後,南北兩分,住持位别,各程綱目,互舉清徒。故有攝嶺棲霞[82],弘明净地,泰山靈隱[83],建立戒壇,應供列雁行之僧,叙戒聞重受之夏,即其事也。

若夫人法交映,則行解相扶,有昧則絶紐當時[84],無得遂埋神於地[85],故世中迷學[86],其流四焉,試略舉之[87]。

想當迷責,樂大乘者,志尚浮虚,情專貪附,故有排委戒網,捐縱威儀,見奉律者,輕爲小乘,毁净戒者,重爲大道。便引黄葉是真金之喻,木馬非致遠之能[88],訶折排拉[89],如捐草土。皆由行缺於身,塵染綱領,恥己不逮於清達,慢己有累於嚴制,遂即迴情學大,開展心胸[90],陵轢聲聞,褒揚菩薩。通情則恐投於坑穽[91],取解則曲媚於門侣[92],如斯懷挾,未曰倫通,以此求心,心可知矣。何不廣讀大乘,開張慧路,徵延聖意,有附塵焉。是以勝鬘所談女人之起行也,猶知毗尼即大乘學[93];地持所明初心之具修也[94],尚識律儀即菩薩藏。何况諳達理教體化,知神解不謝於上賢[95],行寧虧於下衆?必行有乖[96],解非解也。得語而不詳義,棄智而從諸識,生死無涯之儔[97],固難述矣。流俗常事,三省而加九思;出世所詮,四依之與八正。降斯以往,未足言哉。是以大小兩教[98],隨相攝修,並在離著,豈惟對執?若存此計,與外不殊，半滿經論，皆陳此過。戒之受也，但啓虚願之門；戒之隨也，須遵實行之務。知受而不明隨，修願而無其行，可謂隻輪無轉於地，折翮有墜於空，信哉。世有鄙斯戒者，皆爲煩累形神，弊其持犯，故同輕削，指爲小道。小可捐也，宜即捨之[99]，矜重情多，緘言無報。誠以攝御門學，非戒不弘，相善住持[100]，非戒不立，其猶行必涉户，言必有由。故名利將及，争位夏而斂容[101]；師授尊模，趍壇場而整帶。豈非貪决情勇，攬戒奉以爲師[102]；行絶綱猷，委戒填諸溝壑；專志在於本毒，去取匠於方寸，用斯弘濟，誠未敢聞。此則愛大憎小，爲迷一也。若能關鍵身口，附相攝持，虚蕩慮知，體道懷德，則安、遠、光、憑[103]，斯其人矣。

世學諸論，詞數區分，傍大乘而通小徑[104]，委本筌而尋章句，時連界繫[105]，乍别色心。一行六歷之相攝[106]，名教頻繁之包富，聖列爲存道行[107]，凡學止在聲譽[108]。於是讎討終身，博綜詞義，輕蔑戒誥，陵犯色聲。邪説富於脣吻，邪求滿於胸臆。謂捧鉢爲鈍丁，號持瓶爲豎子。半月説戒，惟列麤言，衣鉢受持，極成煩碎。遂即顛倒形服，雷鼓言聲[109]，侮弄尊儀，斜眄經律。故使衣藥受浄[110]，永絶其身；戒約住持[111]，生緘其口。斯豈不聞於本業也，知業則不然乎[112]。但騰焰於舌端，曾未圖爲心約[113]。此則尊高矜伐，賤委本基，爲迷二也。若能深討使性，妙識治能，念動惟見我人[114]，事對但明塵識[115]，則未悉何賢，當斯目也。慧休論士，樹以風聲，然其專大採小[116]，騰實復光其美。

又有行福末凡，禀素疏野，廣讀多誦，情見特隆。偏略戒科，謂講生倒不如常飲淳乳[117]，飽我心神，静處幽閑，何過相及？斯皆靡聞教行，動事疑遲，不學無知，隨念交集。所以每講聽採，坐列群僧[118]，就務鑽研，其人無幾。學猶不解，况不學乎？牛毛麟角，頗爲近實。又有成樹塔寺，繕造田園，舉鍤牽材[119]，未思物命[120]，燎原溉隰，豈避生靈。惟恐福業不成，實未懷諸慈惻，是則不聞大聖之明誡也。十誦三相[121]，正在斯人。或謂爲福行罪，功過相補，是又不聞律緣之初禁也。緣修佛堂，方制地戒，意在隨念，附相策心，不惟事業無益之咎。故世思微務静之士，招引寔希；躁擾經營之夫，騰擲者衆。麤法易染，妙理難弘，爲迷三也。若能依准教行，不越常刑，賢聖所同，寔當弘護。至如澄寺九百[122]，神道映於趙都；遠、林不刊，戒德流於晋世，可龜鏡矣。[123]

專門奉律之客，立志貞梗之夫，薄誦戒緣，粗知文句，時登元坐[124]，引衆闡揚，慢水覆心，更無依學，是則不聞明律師之清誡也[125]。法身成具，方免師資，今乃易從止足，未思弘贍。魚睨雲漢，爵躍僧倫，"惟我律師，餘皆師律"。顧諸經論，事等石田；斜睞高名[126]，約同稊稗。[127]知法世寡，誰辯薰薌[128],任縱科治,是非一亂。輕重由其量處,禍福自其心神,出語成刑[129],曾無再覆。傳而不習,孔門所輕[130];習而不經,釋宗所誡。何異讀禮而存倨傲,誦易而忽陰陽。勖哉,斯言。令終宜始,但以時遭像季,法就澆漓,律部邪緣,宗仰繁矣。並由本尋學語,義指誦文[131],搯紙籤行[132],題鞭記掌,有則依述[133],闕則絶言,縱有異徵,取通無路,便言律無正斷。故是前聖開聽,遂即冒世輕生,漫行章句。飲杏湯者爲清齋[134],畜錢寶者爲小犯,坐具無勞截净,鉢量未必姬周[135]。斯皆强於鉛刃,易取思齊,[136]其迷四也。若能廣尋群典,備閲行藏,挹酌四印,昭融三制[137]。臨機剖斷,則文理相循;隱括舉例[138],則物我同曉。如斯御衆,世有人哉。

尋夫戒律之筌,筌於持犯;定慧之學,恒務在治[139]。能治則亂惑可銷,能持則神機清遠[140]。餘外浮游章句[141],等捐月而執指端;矜誕教相,同詠藥而迷愈疾。論者試開四學,終墜兩迷。[142]非言何以致詞,詞列惑心寧盡[143]?故經陳曰:種種法喻,咸存離著。[144]律又述云:"常爾一心,念除諸蓋。"[145]固復懷斯誡叙[146],微有箴銘,將用體鏡如流,且復昭彰於後耳。

【校注】

[1] 案,釋曇光傳,麗再本、趙本無,今據磧本補。

[2] 汴州:治當今河南省開封市,北周置,隋、唐依之。

[3] 礪、爍:即法礪、道爍,見本卷法礪傳。

[4] 自:諸本同,興聖寺本作"日"。也:諸本同,趙本作"色"誤。案,"利見"典出易乾九五爻辭"飛龍在天,利見大人",用在此處指佛陀之傳法。

[5] 案,"二死",三界六道衆生之輪迴,稱"分段生死";而三乘聖者擺脱了輪迴但是仍未能證得解脱,故隨其修行深淺,體貌仍有變化,稱爲"變易生死"。"三障",指妨礙聖道修行的煩惱障、業障、異熟障。

[6] 源:諸本同,興聖寺本作"原"。

[7] 慧:麗再本、趙本作"惠",今從磧本、興聖寺本。閑:諸本同,資本作"簡"。

[8] 刑:磧本、興聖寺本作"形"誤,趙本同麗再本。

[9] 如:麗再本、趙本作"是",今從磧本、興聖寺本。案,據四分律删繁補闕行事鈔卷中隨戒釋相篇:"初言聖道本基者,如成實云:戒如捉賊,定如縛賊,慧如殺賊。三行次第賢聖行之,即經云:依因此戒,得生諸禪定及滅苦智慧。"則"論"爲成實論,然查成實論,並無此語,或爲道宣對於成實論之概括。

[10] 了見使纏:華嚴經探玄記卷五"第十知煩惱校量中二":"約使纏分别:使謂十使,即五見及疑、貪、嗔、癡、慢。纏謂十纏,即無慚、無愧、睡、悔、慳、嫉、掉、眠、忿及覆。……使纏何别者,雜心:'根本名使,津液爲纏垢。急縛名纏,輕縛名垢。'"又"五見",參見成實論卷一〇,爲身見、邊見、邪見、見取見、戒禁取見。

[11] 案,"倒"即凡小八倒,凡夫與小乘學者,所執見的八種顛倒認識,即謂凡夫著有,妄於無常法中計常,苦中計樂,無我計我,不净計净。及小乘之人,但著於空,常計無

常,樂計非樂,我計無我,净計不净。參見大涅槃經 四倒品。“業”即因果。諸:諸本同,興聖寺本脱。

[12] “經”,泛指佛經。“美”,讚美。“能生”,佛經常見語。用在此處,指戒律“能生”定、慧意。

[13] 使:諸本同,興聖寺本作“依”。

[14] 垂:麗再本、興聖寺本作“乘”,今從趙本、磧本。祐:諸本作“祐”,今從磧本。案,“四生”,大毗婆沙論卷一二〇:“生有四種,謂卵生、胎生、濕生、化生。”

[15] 遵:諸本同,磧本作“尊”。案,“金河”即尼連禪河,釋迦牟尼在此河邊悟道,并初轉法輪。“靈山”即靈鷲山,佛陀在此山創舉講解法華經的法會。

[16] 自:諸本同,磧本衍作“且自”。

[17] 青目律師:指卑摩羅叉,爲十誦律的最後寫定者,之後在東晋以弘傳十誦律爲務,傳見出三藏記集卷三、高僧傳卷二。

[18] 讚:諸本同,興聖寺本作“贊”。

[19] 爾:諸本同,興聖寺本作“企”形。

[20] 鏕:諸本作“驪”,今從磧本。案,“驪”,據博雅,爲馬的一種。

[21] 案,“璩”,指僧璩;“頴”,指法頴;“祐”,指僧祐;“瑗”,指曇瑗。均爲弘持十誦律的宗師,參見高僧傳諸傳。

[22] 商:諸本同,趙本作“啇”誤。案,所謂“受遵四分”,指受戒按照四分律進行;“隨依十誦”,指日常行用十誦律。

[23] 元:諸本同,趙本作“無”。案,四分律爲後秦時期佛陀耶舍譯出,下文“赤髭論主”即佛陀耶舍。此經譯出六十多年後在北魏 法聰倡導下纔開始弘傳。

[24] 逮:磧本、興聖寺本作“邇”,趙本同麗再本。及:諸本同,興聖寺本脱。聰:諸本同,磧本作“聽”,即法聰,作“聽”誤。“逮及”有等到意,“邇及”爲“近及”意似優。

[25] 案,“覺壽”,即五分律的譯者佛陀什,“生、嚴”即五分律的筆受者竺道生、慧嚴,參見出三藏記集卷二、卷三、高僧傳卷三。

[26] “汾顧”疑爲“汾源”之誤。其一,“汾顧”與“海濱”對,故以“源”對“濱”則工整,以“顧”則不倫。其二,“汾源”指隋 開皇十八年至大業四年之間所置縣,本北齊 岢嵐縣,大業四年又改爲静樂縣,即今山西省 静樂縣。道宣在此處舉“海濱”“汾源”,意指在隋末唐初的山東半島和山西北部有僧侶傳習五分律,本書磧本卷二三之慧進、道亮或爲傳習者之一,道宣曾訪問過慧進,故下文“登往搜求”或指其事。剖:諸本同,興聖寺本作“部”誤。

[27] 在:諸本同,興聖寺本脱。

[28] 諺:諸本同,磧本作“該”誤。

[29] 未:諸本同,趙本作“末”誤。

[30] 案,“二部”指曇無德部、迦葉遺部。曇無德部的理論依據是崇尚實在;迦葉遺部崇尚萬法皆空。因空宗的迦葉遺部律本未傳漢地,故曰“已獲其一”。

[31] 聚類:諸本同,磧本作“類聚”誤。案,“聚類”,佛典常用詞,即類聚、歸類,四分律删繁補闕行事鈔卷下二衣總别篇:“但以教網具周,必須文顯,然又聚類七種分之,後必有事,依門自判。”

[32] 衆行:諸本同,興聖寺本作“四衆”。

[33] 諒:諸本同,興聖寺本作“論”誤。

［34］擄：諸本同，大正藏校引宮本作"處"。
［35］有：麗再本、趙本作"真"，今從磧本、興聖寺本。
［36］致：諸本同，興聖寺本作"到"誤。
［37］導：諸本同，興聖寺本作"道"。
［38］持：諸本同，磧本作"特"誤。
［39］略：諸本同，興聖寺本脱。
［40］會受：諸本同，興聖寺本衍作"文會受"。
［41］星：諸本同，興聖寺本脱。
［42］士：諸本同，磧本、興聖寺本作"土"誤，趙本同麗再本。
［43］隨：諸本同，磧本作"隋"。
［44］託：諸本同，磧本作"記"誤。
［45］德：諸本同，磧本作"隱"誤。
［46］袠：諸本同，趙本作"表"誤。
［47］世美斯人：諸本同，興聖寺本作"世斯人美"。
［48］則：諸本同，磧本作"即"誤。
［49］諺：諸本同，磧本作"該"誤。案，"世諺首尾"，即"雲公頭，暉公尾"，見本書卷二一慧光傳附。
［50］開：諸本同，興聖寺本作"無問"。
［51］格：諸本同，趙本作"挌"。
［52］隱：諸本同，趙本衍作"隱隱"。
［53］或：諸本脱，今從磧本。冶：諸本作"治"誤，今從磧本。
［54］或：諸本同，磧本脱。塵：諸本同，磧本作"聲"。
［55］遵：麗再本、趙本作"導"誤，即洪遵，今從磧本、興聖寺本。
［56］焉：諸本同，趙本作"馬"誤。
［57］盛：諸本同，磧本作"誠"誤。
［58］希：諸本同，趙本作"布"誤。
［59］軌：諸本同，磧本作"軫"誤。案，"軫"，亦有畛義，小路。
［60］魏都：指法礪。
［61］擅：諸本同，趙本作"檀"。
［62］難：磧本、興聖寺本作"艱"，趙本同麗再本。
［63］弘：諸本衍作"不弘"，今從磧本。
［64］悲：諸本同，磧本作"非"誤。
［65］戒律宗中，情纏事局："戒律宗中"，磧本作"戒律一宗"，興聖寺本作"戒律宗"脱，趙本同麗再本。"情纏事局"，磧本、興聖寺本作"申情纏事"誤。案，當作"戒律一宗，情纏事局"，纏於情，局於事。
［66］定：諸本同，興聖寺本作"之"。
［67］是使遺言四命，戒爲大師：佛遺教經："汝等比丘，於我滅後，當尊重珍敬波羅提木叉，如闇遇明，貧人得寶。當知此則是汝大師，若我住世，無異此也。"
［68］論稱法壽：成實論卷六輕重罪品："又如法句中說：聖人以法壽，以此法教化。"
［69］鵠：諸本同，磧本作"鶴"。案，"鵠樹"，指娑羅樹，又稱沙羅雙樹、鉢羅叉樹、波羅叉樹、摩訶娑羅樹、沙羅樹、鶴林、鵠樹、無憂樹。長阿含經卷四："爾時，世尊在拘

尸那竭城本所生處,娑羅園中雙樹間,臨將滅度。"

[70] 牛王: 即憍梵鉢提,窺基撰(卍續 33)阿彌陀經疏:"佛華嚴入如來智得不思議經云翻爲牛王,大論翻爲牛呞。處處經云: 昔作比丘,摘他一穗穀,觀其生熟,五百生來與他作牛償力。如今得道,足猶似牛,食後即呞,因名牛呞比丘。分別功德論云: 恐人譭謗得罪,佛令居忉利天,尸利弗沙樹下坐,解律第一。佛涅槃後結集法藏時,大迦葉令使命之。"

[71] 室: 諸本同,興聖寺本作"上"。

[72] 雖復二十四依通傳正軌: 案,指在付法藏因緣傳中擬構的大迦葉之後二十四代傳法祖師。依: 諸本同,興聖寺本脱。

[73] 東川: 指中國。

[74] 案,"法護",即西晉竺法護,譯出戒具經、戒王經、比丘尼戒經、三品悔過經。然據高僧傳卷一曇柯迦羅傳,當時羯磨之法非依法護也,可參看。

[75] 翻誦僧祇之戒: 據高僧傳卷一,嘉平年間,曇柯迦羅在洛陽譯出僧祇戒心。

[76] 隨得奉之未可怪也: 麗再本、趙本作"隨得宗之奉可怪也",今從磧本、興聖寺本。

[77] 案,"青門"爲漢代長安城的東門,竺法護在此地建寺傳法;"黄武"爲孫吴孫權年號,康僧會在孫權時代到達建鄴立建初寺,爲南京建寺之起。參見高僧傳卷一。

[78] 苛: 諸本同,興聖寺本作"荷"誤。

[79] 燾: 諸本同,興聖寺本作"壽"誤。

[80] 翼: 諸本同,興聖寺本作"習"誤。

[81] 咸: 諸本同,磧本作"成"誤。

[82] 攝: 麗再本、趙本作"嵑",興聖寺本作"聶",今從磧本。

[83] 泰山: 趙本作"秦山"誤,麗再本作"秦川"誤,今從磧本、興聖寺本。案,"靈隱",當爲"靈巖"之誤。

[84] 昧: 諸本同,磧本作"味"誤。

[85] 得: 諸本同,磧本作"德"。"無得"與"有昧"對。

[86] 故世中迷學: 諸本同,興聖寺本倒作"故世迷中學"。

[87] 試: 諸本同,興聖寺本作"誠"誤。

[88] 黄葉是真金之喻: 見北本大涅槃經卷二〇嬰兒行品:"又嬰兒行者,如彼嬰兒啼哭之時,父母即以楊樹黄葉而語之言:'莫啼,莫啼,我與汝金。'嬰兒見已,生真金想,便止不啼。木牛、木馬、木男、木女,嬰兒見已,亦復生於男女等想,即止不啼。實非男女,以作如是男女想,故名曰嬰兒。如來亦爾。"四分律删繁補闕行事鈔卷中篇聚名報篇:"今時不知教者,多自毁傷云:'此戒律所禁止,是聲聞之法,於我大乘棄同糞土,猶如黄葉、木牛、木馬誑止小兒。此之戒法亦復如是,誑汝聲聞子也。'原夫大小二乘,理無分隔,對機設藥,除病爲先,故鹿野初唱,本爲聲聞,八萬諸天,便發大道。雙林告滅,終顯佛性,而有聽衆,果成羅漢。以此推之,悟解在心,不唯教旨。故世尊處世,深達物機,凡所施爲,必以威儀爲主。但由身口所發,事在戒防,三毒勃興,要由心使,今先以戒捉,次以定縛,後以慧殺,理次然乎。今有不肖之人,不知己身位地,妄自安託,云是大乘,輕弄真經,自重我教。"木: 諸本同,興聖寺本作"未"誤。

[89] 拉: 磧本作"抵"誤,趙本同麗再本,興聖寺本字迹不清。

[90] 胸: 諸本同,興聖寺本作"匈"。

［91］案,"通情",爲傳法的一種方式,高僧傳卷七慧觀傳:"聞什公入關,乃自南徂北,訪核異同,詳辯新舊,風神秀雅,思入玄微。時人稱之曰:通情則生、融上首。精難則觀、肇第一。"又續高僧傳卷一四智琰傳:"陳至德三年,建仁王齋集。百師百坐,競流天口之辯;千燈七夜,争折動神之微。時年二十有二,以英少之質參諸耆德,通情則高沖折機,難亦大車梔軸。"故"通情"爲在主講講完之後,叙述自己對經論的理解。據四分律行事鈔資持記卷上受欲是非篇:"既牒入法不可有乖,欲但通情;既不入法,有乖許得。律中下引證甚明,文如後引。"

［92］侶:諸本同,磧本作"閭"。案,"門侶"在佛典中義爲門人、學生。郭紹林將"門閭"解釋爲權貴,可參看。

［93］案,據勝鬘經之十受章,勝鬘夫人在佛前受十大戒,稱"十大受",吉藏勝鬘寶窟卷上:"所言大者:一當體大,謂普息一切惡,普修一切善,普度一切人。二得果大,謂諸佛、菩薩、大人王、大天王。三是大人所行,故名爲大。九道中,六道二乘皆不能行,唯菩薩能行,故名大也。四者時大,謂三大僧祇劫常持此戒。五者永不失,一日之戒,日盡便無;一形之戒,形盡便滅。若一受菩薩大戒,雖經六道而戒法不失,故名爲大。馥法師云:虚心敬納,克己奉行。"

［94］地持:麗再本、趙本作"時",今從磧本、興聖寺本。案,地持經,又名菩薩善戒經,主要講大乘戒,提到"云何名大乘,有七種大故名爲大乘"。

［95］賢:諸本同,興聖寺本作"堅"誤。

［96］行:諸本同,興聖寺本脱。

［97］涯:磧本、興聖寺本作"崖"誤。

［98］以:諸本同,磧本作"知"誤。案,此句並非對前文的總括,而是領起下文故作"是知"誤。

［99］之:諸本同,興聖寺本脱。

［100］住:磧本、興聖寺本作"任"誤,趙本同磧本。

［101］斂:磧本作"歛",趙本同麗再本,興聖寺本字迹不清。"歛"同"斂"。

［102］攬:諸本同,磧本作"覽"誤。

［103］案,"安、遠",即東晋釋道安、釋慧遠,參見高僧傳;"光、憑",釋慧光、釋道憑,傳見本書。

［104］傍:諸本同,興聖寺本作"旁"誤。

［105］時連界繫:即"世學"偶爾會引用"界繫"這樣的概念。"界繫",指繫縛於欲界、色界、無色界之煩惱。

［106］一行六歷之相攝:案,"六歷"大藏經中無説,疑爲"六度",智顗著金剛般若經疏:"一行度,二時度,三果度。六度善修滿足爲行度,三僧祇滿爲時度,得大菩提爲果度。"可供參考。

［107］列:諸本同,磧本作"别"誤。

［108］聲:諸本同,磧本作"名"。

［109］鼓:諸本同,興聖寺本脱。

［110］衣:麗再本、趙本作"依"誤。僧尼接受衣、藥均需受净,參見四分律行事鈔之二衣總别篇、四藥受净篇。今從磧本、興聖寺本。

［111］住:諸本同,興聖寺本脱。

［112］知:諸本同,興聖寺本脱。

［113］圖：麗再本、趙本作“圓”，今從磧本、興聖寺本。

［114］惟見：案，麗再本作“唯是”，磧本作“唯見”，今從趙本、興聖寺本。

［115］識：諸本同，興聖寺本脱。

［116］探：麗再本作“深”誤，今從趙本、磧本，興聖寺本字迹不清。小：諸本同，趙本作“以”誤。

［117］倒：諸本作“例”誤，今從磧本。案，“生倒”，爲“生倒見”之省，（磧 314）十誦律卷四九八誦之三：“上座比丘復有五事應呵。若上座惡邪見，惡邪見故生倒見，樂非法、非時説、非實説，於正法中趣有所説，無羞無羞群黨，是名上座有五事應呵。”“生倒”在此處爲泛指，指戒律。

［118］列：諸本同，興聖寺本作“烈”誤。

［119］銿：磧本、興聖寺本作“臿”，趙本同麗再本。“臿”同“銿”。

［120］思：諸本同，磧本作“由”誤。

［121］十誦三相：見於十誦律卷四八增一法八誦之二五法初：“與净人沙彌相近住，不知三相：掘地、斷草、用水溉灌。”

［122］澄：麗再本、趙本作“銰”，今從磧本、興聖寺本。

［123］案，“澄”，指佛圖澄。“遠”，指廬山慧遠。“林”，指支道林。三大德均見高僧傳。

［124］元：磧本作“九”誤，興聖寺本作“無”誤，趙本同麗再本。

［125］師：諸本無，今據磧本補。

［126］斜睞：諸本同，磧本作“針膝”誤。

［127］案，“石田”，左傳正義卷五八“哀公十一年”：“得志於齊，猶獲石田也，無所用之。”又“高名”即名師大德。

［128］辯：磧本、興聖寺本作“辨”是，趙本同麗再本。

［129］刑：諸本同，磧本作“形”誤。

［130］孔：諸本同，磧本作“禮”。案，“傳而不習”，出自論語學而“傳不習乎”。下文“習而不經”，佛典無據，當是“習而不奉行”義，道宣化而用之。

［131］指：諸本同，磧本作“旨”誤。案，“本尋學語，義指誦文”，即照本宣科意。“本尋”，即尋本。

［132］行：諸本同，磧本作“述”誤。案，唐初文獻尚處於紙卷抄傳階段，閲讀查找時需邊展邊查，所以叫“掐紙籤行”，“行”讀 háng。下文“題鞭記掌”爲用典，但典出不詳，“題于鞭，記于掌”意，即隨時筆記。

［133］述：諸本同，磧本脱。

［134］飲杏湯者爲清齋：案，據南海寄歸内法傳卷第三“客舊相遇”條：“然後，釋其時候，供給湯飲。酥、蜜、沙糖，飲啖隨意。或餘八漿，並須羅濾，澄清方飲，如兼濁滓，此定不開。杏湯之流，體是稠濁，准依道理，全非飲限。律云：凡漿净濾，色如黄荻。”則，杏湯因稠濁故僧尼禁飲。然中唐之後，蕫杏茶爲禪宗日常之飲品，備見燈録，今不詳引。

［135］鉢量未必姬周：四分律删繁補闕行事鈔卷中隨戒釋相篇：“此震旦國法，尺寸隨俗不同，而用律曆定勘，則以姬周尺斗爲定，通古共遵百王不易。”

［136］案，“鉛刃”即“鉛刀”，典出史記卷八四屈原賈生列傳引吊屈原賦，喻指鈍刀。“思齊”，見賢思齊之省。本句的大意是，如此行爲對於修習佛法基本上無任何益處，但是容易被大衆所接受。

[137] 昭：磧本、興聖寺本作“照”，趙本同麗再本。案，“照融”即“昭融”，文獻中常寫作“昭融”。

[138] 隱：諸本同，磧本脱。

[139] 恒：麗再本、趙本脱，興聖寺本衍作“恒務”，今從磧本。

[140] 持：資本作“定”誤，興聖寺本脱，趙本、磧本同麗再本。

[141] 浮：諸本同，興聖寺本作“净”形。游：諸本同，興聖寺本脱。

[142] 案，“四學”，摩訶止觀卷第四下：“緣務有四：一生活、二人事、三技能、四學問。”“兩迷”指上文“浮游章句”“矜誕教相”。案，“浮遊章句”指過於注重解讀字句、分析名相，而忽視了“能持”“能治”的原則。“矜誕教相”，指執著於大小乘之辨和門派，同樣忽視了佛教“持”“治”的本意。

[143] 詞列惑心寧盡：麗再本、趙本作“列域心寧盡”脱，今從磧本、興聖寺本補。

[144] 種種法喻，咸存離著：此句出處不詳，當是道宣的概括。

[145] 常爾一心，念除諸蓋：見四分律卷五三雜揵度三：“若在晝日，若行若坐，常爾一心，念除諸蓋。彼於初夜若行若坐，常爾一心，念除諸蓋。彼於中夜，側右脅累脚而卧，念當時起，繫想在明，心無錯亂。至於後夜，便起思惟，若行若坐，常爾一心，念除諸蓋。比丘有如是聖戒，逮聖諸根。”

[146] 誡：麗再本、趙本作“試”，今從磧本，興聖寺本字迹不清。

續高僧傳卷第二十三[1] 此號八卷[2]

護法上本傳八[3]　附見四

魏洛都融覺寺釋曇無最傳一[4]

釋曇無最，姓董氏，武安人也[5]，靈悟洞微，餐寢玄秘。少禀道化，名垂朝野，爲三寶之良將，即像法之金湯。諷誦經論，堅持律部，偏愛禪那[6]，心虚静謐，時行汲引，咸所推宗。兼博貫玄、儒，尤明論道，故使七衆望塵，奄有繁鬧。最厭世情重，將捐四部[7]，行施獎誨，多以戒禁爲先，亟動物機，信用雲布。

曾於邯鄲崇尊寺説戒，徒衆千餘，並是常隨門學，至四月三十日，布薩行籌，依位授受，常計之外，乃長六十[8]。最居坐端，深怪其異，既無外衆，通夕懷疑。明旦重推，有人見從邯鄲城西而來者，並異倫大德，衣服正帖[9]，翔步閑雅。亦有見從鼓山東面而來[10]，或於中路逢者，皆云往赴崇尊，聽僧説戒。如是數般，節級勘其年齒、相狀、人數多少，恰滿六十焉。故知道會聖心，是使幽靈遐降[11]，竹林群隱，明非妄承。

最德洽釋宗，屢當時望，後勑住洛都融覺寺。寺即清河文獻王懌所立[12]，廊宇充溢，周于三里。最善弘敷導，妙達涅槃、華嚴。僧徒千人，常業無怠。天竺沙門菩提留支見而禮之，號爲東土菩薩。嘗讀最之所撰大乘義章，每彈指唱善，翻爲梵字，寄傳大夏。彼方讀者皆東向禮之爲聖人矣[13]。然其常以弘法爲任。

元魏正光元年，明帝加朝服，大赦，請釋、李兩宗上殿，齋訖，侍中劉騰宣勑[14]，請諸法師等與道士論義。時清道館道士姜斌與最對論[15]，帝問："佛與老子同時不？"姜斌曰："老子西入化胡[16]，佛時以爲侍者[17]，文出老子開天經[18]。據此，明是同時。"最問曰："老子，周何王而生[19]？何年西入？"斌曰："當周定王三年，在楚國陳郡苦縣厲鄉曲人里[20]，九月十四日夜生。簡王四年，爲守藏吏。敬王元年，年八十五，見周德陵遲，遂與散關令尹喜西入化胡。約斯明矣。”最曰：“佛當周昭王二十四年四月八日生，穆王五十二年二月十五日滅度，計入涅槃，經三百四十五年，始到定王三年，老子方生。生已年八十五至敬王元年，凡經四百三十年，乃與尹喜西遁。此乃年載懸殊，無乃謬乎？”斌曰：“若如來言，出何文紀？”最曰：“周書異記、漢法本内傳並有明文。”斌曰：“孔子制法聖人，當時於佛迴無文志[21]，何耶？”最曰：“孔氏三備卜經[22]，佛之文言，出在中備。仁者識同管窺，覽不弘遠，何能自達？”帝遣尚書令元乂宣勑：“道士姜斌論無宗旨，宜令下。”[23]席又議：開天經是誰所説？中書侍郎魏收、尚書郎祖瑩就觀取經，大尉蕭綜、太傅李寔、衛尉許伯桃、吏部尚書邢欒[24]、散騎常侍温子昇等一百七十人讀訖，奏云：“老子止著五千文，餘無言説。臣等所議，姜斌罪當惑衆。”帝時加斌極刑，西國三藏法師菩提留支苦諫乃止，配徙馬邑[25]。

最學優程譽[26]，繼乎魏史，藉甚騰聲，移肆通國，遂使達儒朝士，降階設敬，接足歸依，佛法中興，惟其開務。後不測其終。

【校注】

[1] 僧：諸本同，興聖寺本脱。三：諸本同，磧本作“四”。

[2] 此號八卷：諸本無，今據磧本補。

[3] 八：諸本作“六”無釋道臻傳、釋智炫傳，今據磧本補。

[4] 魏：諸本同，磧本作“東魏”。

[5] 武安：即武安縣，當今河北省武安市。戰國爲趙國之武安邑，漢代設縣，縣治在今市區西南二十五公里處固鎮，隋代移治於今市區，歷代因之。

[6] 愛：諸本同，興聖寺本作“受”形。

[7] 案，“四部”，據上下文，指四部律：十誦律、四分律、五分律、僧祇律，這裏泛指戒律。

[8] 乃：諸本同，磧本作“及”誤。

[9] 帖：磧本、興聖寺本作“怗”，趙本、麗初本同麗再本。“怗”同“帖”。

[10] 鼓山：即今響堂山石窟所在地，位於河北省邯鄲市西南四十九公里處峰峰礦區。

[11] 使：麗再本、麗初本、趙本無，今據磧本、興聖寺本補。

[12] 王：諸本無，今據磧本補。案，洛陽伽藍記卷四“融覺寺”條：“融覺寺，清河文獻王懌所立也，在閶闔門外御道南。有五層浮圖一所，與沖覺寺齊等。佛殿僧房，充溢[一]里。比丘曇謨最善於義學，講涅槃、華嚴，僧徒千人。天竺國胡沙門菩提流支見而禮之，號爲菩薩。流支解佛義，知名西土，諸夷號爲羅漢。曉魏言及隸書，翻十地、楞伽及諸經論二十三部，雖石室之寫金言，草堂之傳真教，不能過也。流支讀曇謨最大乘義章，每彈指讚歎，唱言微妙，即爲胡書寫之，傳之於西域。西域沙門常東向遥禮之，號曇謨最爲東方聖人。”

[13] 皆：諸本同，興聖寺本脱。

[14] 騰：諸本作“滕”，案，魏書作“騰”。

［15］清道館：磧本、興聖寺本作“清通觀”應是，下文有“就觀取經”句，趙本、麗初本同麗再本。
［16］老：諸本同，興聖寺本作“孝”誤，本卷下同，不一一出校。
［17］佛時：諸本同，磧本作“成佛，佛”，衍“成佛”，脱“時”。
［18］老子開天經：今存於萬曆續道藏。
［19］周：磧本、興聖寺本作“同”誤，麗初本、趙本同麗再本。
［20］陳郡：磧本作“陳州”，麗初本、趙本、興聖寺本作“陳”。
［21］時：諸本同，磧本作“明”誤。迴：諸本同，興聖寺本作“向”誤。
［22］卜：諸本同，資本作“十”誤。案，此傳所引三備卜經、周書異記、漢法本内傳，今均亡佚，隋書經籍志未著録，三備卜經、周書異記，隋、唐經録亦未著録，漢法本内傳，出三藏記集、隋代經録亦未著録，始著録於續大唐内典録，三書的片段亦多見於北朝後期、隋、唐、五代、宋代本土僧侶的著作，儒道二家著述未見引用。學者懷疑此三書爲南北朝後期僧侶所僞造，以證明釋迦牟尼早於老子，以與道教相抗衡。
［23］“仁者識同管窺”至“宜令下”：諸本同，磧本此處倒作“書令元乂宣勑，道士姜斌論無宗旨，宜令下。仁者識同管窺，覽不弘遠，何能自達？帝遣尚”。
［24］邢：諸本同，興聖寺本作“刑”誤。
［25］馬邑：治當今山西省朔州市市區。
［26］譽：諸本作“舉”，今從磧本。

西魏京師大僧統中興寺釋道臻傳二[1]

【釋道臻，姓牛氏，長安城南人。出家清貞，不群非類，謙虚寡交，顧惟讀經，博聞爲業。諸法師於經義有所迷忘者，皆往問之。西魏文帝聞而敬重，尊爲師傅。遂於京師立大中興寺，尊爲魏國大統。于時東西初亂，宇文太祖始纂帝圖，挾魏西奔，萬途草創，僧徒相聚，綴旒而已。既位僧統，大立科條，佛法載興，誠其人矣。爾後大乘、陟岵相次而立，並由淘漸[2]。德化所流，又於昆池之南置中興寺。莊池之内外稻田百頃，並以給之，梨、棗、雜果望若雲合。

及卒，帝哀之廢朝，喪事所資，並歸天府。送於園南，爲立高墳，塋封之地一頃，今所謂統師墓是也，近貞觀中，猶存古樹。】[3]

【校注】

［1］西魏京師大僧統中興寺釋道臻傳二：諸本無，今據磧本補。
［2］淘：諸本同，資本作“陶”。
［3］案，釋道臻傳，麗本系諸本無，今據磧本補。

齊逸沙門釋曇顯傳三

釋曇顯，不知何許人[1]。元魏季序，遊止鄴中，栖泊僧寺，的無定所。每有法會，必涉其塵，皆通諳了義隱文，自餘長唱散説，便捨而就餘講，及後解至密理，顯便輒已在聽，時以此奇之。而覩其儀服猥濫[2]，名相非潔[3]，頗復輕削[4]，故初並不顧録。惟上統法師深知其遠識也[5]，私惠其財賄，以資飲噉之調。或因昏醉[6]，卧于道邊，時復清卓，整其神器。

及文宣受禪，齊祚大興。天保年中，釋、李二門交競優劣，屬道士陸修静妄加穿鑿[7]，廣制齋儀，糜費極繁，意在王者遵奉。會梁武啓運，天監三年下勑捨道，帝手制疏，文極周盡，修静不勝其憤，遂與門人及邊境亡命，叛入北齊。又傾散金玉，贈諸貴遊，託以襟期，冀興道法。帝惑之也[8]，乃出勑，召諸沙門，與道士對校道術。爾時，道士咒諸沙門衣鉢[9]，或舉或轉，或咒諸方梁[10]，横豎於地者。沙門曾不學方術，默無一對。士女擁鬧，貴賤移心，並以静徒爲勝也。静迺高談自伐[11]，矜衒道術，唱言曰[12]：“神通權設，抑挫强侮。沙門現一，我當現二。今薄示微術，並辭屈退，事亦可見。”帝命上統，令與静捔試[13]，上曰：“方術小伎，俗儒恥之，况出世也。雖然，天命相拒，豈得無言。可令最下座僧對之。”時顯位居末席，酒醉酣盛，扶舉登座[14]，因立而笑。衆皆憚焉，而是上統所遣，不敢有諫。顯語李宗云：“向誇現術一之與二者，深有致矣[15]。”即於座上翹足而立，曰：“吾已現一矣，卿可現二。”各無言對。顯曰：“向咒諸衣物飛舉者[16]，試卿術耳。”命取稠禪師衣鉢，咒之皆無動摇[17]。帝勑十人舉之[18]，不動如故。乃以衣置諸梁木，帖然無驗[19]。諸道士等相顧無顔，猶以言辯爲勝[20]，乃曰：“佛家自號爲内，内則小也。諮道家爲外[21]，外則大也。”顯應聲曰：“若然，則天子處内，定小庶人矣[22]。”静與其衆緘口無言。文宣處座，目驗臧否[23]。其徒爾日皆捨邪從正，求哀濟度。未發心者，勑令染剃[24]，故斬首者非一[25]。自號神仙者，並上三爵臺[26]，令其投身飛遊[27]，悉委尸于地。僞妄斯伏。乃下詔曰：“法門不二，真宗在一，求之正路，寂泊爲本。祭酒道者，世中假妄，俗人未悟，乃有祗崇[28]。麴糵是味，清虚焉在；朐脯斯甘[29]，慈悲永隔。上異仁祠，下乖祭典。宜皆禁絶，不復遵事。頒勒遠近，咸使知聞。其道士歸伏者，並付昭玄大統上法師，度聽出家。”廣如别傳所載。于時齊境，一心奉佛，國無兩事。迄于隋運方漸開宗，至今東川，此裔猶少。

傳者曰：達化護持，融尚馳名秦世；小以致遠，顯公著績高齊。知人難哉，上統揣其骨則千里駿足，異世同駕。以貌取人，失之自古，則徒飾玄黄矣[30]，復何能抗禦之哉。

顯竟以放達流俗，潛遁人世，不知所之。

【校注】

[1] 許：諸本無，今從磧本補。
[2] 猥：諸本同，興聖寺本作"偎"形。
[3] 非：諸本同，興聖寺本衍作"非非"。
[4] 頗：麗再本、麗初本、趙本作"頻"誤，今從磧本、興聖寺本。
[5] 上：諸本同，興聖寺本作"止"形。
[6] 昏：諸本同，興聖寺本作"民"誤。
[7] 屬：諸本同，麗初本作"厲"誤。
[8] 惑：諸本同，興聖寺本作"或"形。
[9] 咒：麗初本、趙本作"祝"誤，磧本、興聖寺本同麗再本。
[10] 咒：麗初本、趙本、興聖寺本作"祝"，磧本同麗再本。
[11] 伐：諸本同，興聖寺本作"代"誤。
[12] 唱：諸本同，興聖寺本作"昌"。
[13] 静：諸本同，磧本作"修静"。捔：諸本同，麗初本作"捅"誤。
[14] 舉：磧本作"輿"，麗初本、興聖寺本作"轝"，均誤，趙本同麗再本。
[15] 有：磧本、興聖寺本作"有其"，麗初本、趙本同麗再本。
[16] 向：諸本同，磧本作"白"誤。咒：麗初本、趙本、興聖寺本作"祝"。
[17] 咒：麗初本、趙本、興聖寺本作"祝"。
[18] 之：諸本同，興聖寺本脱。
[19] 帖：磧本、興聖寺本作"怗"，麗初本、趙本同麗再本。
[20] 勝：諸本同，興聖寺本脱。
[21] 詺：諸本同，興聖寺本作"諸"誤。
[22] 小庶：諸本同，磧本衍作"小群小庶"。
[23] 目：磧本、興聖寺本作"自"誤，麗初本、趙本同麗再本。
[24] 染：諸本同，麗初本作"深"誤。
[25] 首：諸本同，興聖寺本作"耳"形。
[26] 三爵臺：即三臺，本是建安年間曹操在鄴城建立的三座高臺，後趙石虎又增高之，據北齊書卷四文宣紀："先是，發丁匠三十餘萬營三臺於鄴下，因其舊基而高博之，大起宫室及遊豫園。至是（天保九年），三臺成，改銅爵曰金鳳，金獸曰聖應，冰井曰崇光。"
[27] 投：諸本同，麗初本作"提"。遊：麗再本、麗初本、趙本作"逝"誤，今從磧本、興聖寺本。
[28] 乃：諸本作"仍"誤，今從磧本。
[29] 朐：諸本作"瞿"，今從磧本。儀禮卷四三士虞禮"朐在南"鄭玄注："朐，脯及乾肉之屈也。"脯：麗再本作"晡"誤，今從諸本。甘：諸本作"甜"，今從磧本。
[30] 徒：諸本同，興聖寺本作"從"誤。

周終南山避世峰釋静藹傳四[1] 慧宣

釋静藹，姓鄭氏，滎陽人也。夙標俗譽，以温潤知名[2]，而神器夷簡，卓然物表。甫爲書生，博志經史，諸鄭魁岸者，咸賞異之，謂："興吾宗黨，其此兒矣。"與同伍遊寺，觀地獄圖變，顧諸生曰："異哉，審業理之必然，誰有免斯酷者。"便强違切諫，二親不能奪志。鄭宗固留，藹决裂愛縛[3]，情分若石。遂獨往百官寺[4]，依和禪師而出家，時年十七。具戒已後，承仰律儀，護持明練，時所戴重[5]。又從景法師聽大智度論，一聞神悟，謂敞重幽；更習先解，便知濫述。周行齊境，顧問知津[6]，講席論堂，亟陳往復，詞令詳雅，理趣清新，皆略無承導，終于世累。乃撫心曰："余生年不幸，會五濁交亂，失於物議，得在可鄙，進退惟谷，高蹈可乎。"遂心口相弔，擯影嵩岳[7]，尋括經論，用忘寤寐。然於大智、中、百、十二門等四論，最爲投心。所崇餘則，旁纘異宗，成其通照。言必藻繢珠連，書亦草行相貫，高爲世重，罕不華之。後自悟曰："綺文爽理，華寔亂真[8]。豈流宕忘返，不思懲艾乎。"自爾，誓而斷之。惟以釋道東騖，並味前聞，恐涉邪律，悔於晚學。又入白鹿山逖觀黄老[9]，廣攝受之途，莊、惠詭駁[10]，標寓言之論，未之尚也。

聞有天竺梵僧碩學高行，世之不測，西達咸陽。藹求道情猛[11]，欣所聞見，私度關塞[12]，載離寒暑，既至渭陰，未及洗足，即申謁敬。昔聞今見，見累於聞，大鼓徒揚，資訪無指。[13]乃潛形倫伍，陶甄舊解，蕪没遯遁，知我者希。掩抑十年，達窮通之數，體因緣之理，附節終南，有終焉之志。烟霞風月，用祛亡反，峰名避世，依而味静。惟一繩床，廓無庵屋，露火調食，絶諸所營。召彼癘徒，誨示至理，令其致供，日就噉之。雖屬膿潰横流，對泣而無厭惡[14]。由是息心之衆[15]，往結林中，授以義方，鬱爲學市。山本無水，須便飲澗。嘗於昏夕，學人侍立，忽降虎來前，掊地而去[16]。及明觀之，漸見潤濕，乃使洮漉[17]，飛泉通注[18]。從是遂省下澗，須便挹酌。今錫谷避世堡虎掊泉是也[19]。

藹立身嚴恪，達解超倫，據林引衆，講前四論，意之所傳，樂相弘利。其説法之規，尊而乃演，必令學侶袒立合掌[20]，殷懃鄭重，經時方遂。乃勑取繩床，周繞安設[21]，致敬坐訖。藹徐取論文，手自指摘，一偈一句，披釋取悟。顧問聽者，所解云何，令其傳意[22]，方進後偈。旁有未喻者[23]，更重述之[24]。每日再講[25]，此法無怠。常自陳曰："余厭法慢法[26]，生不值佛世，縱聞遺教，心無信奉，恒懷怏怏。終須練此身心。有時試縱情欲[27]，誠心造惡；有時攝念，惟願假脩相善。如此不名安身，如此不名清心。故約己制他，誠非正檢。然末世根緣[28]，多相似耳。必厭煩屈者，須住；不辭具儀者，離此。"其開蒙敦勵，皆此類也[29]。

有沙門智藏者，身相雄勇，智達有名，負糧二石，造山問道[30]。因見横枝格樹，戲自稱身，遇爲藹見，初不呵止。三日已後，方召責云："腹中他食，何得輒戲？如此自養，名爲兩足狗也。”藏銜泣謝過，終不再納，遂遣出山。

沙門曇延、道安者[31]，世號玄門二傑，當時頂蓋，名德相勝。及論教體，紛諍由生，諮藹取决。讓謝良久，方爲開散，兩情通悦，不覺致禮，各嗚一足，跪而啓曰：“大師解達天鑒，應處世攝導[32]。今則獨善其身，喪德泉石，未見其可。”藹曰：“道貴行用，不即在言。余觀時進退，故且隱居求志耳。”爾後事故入城，還歸林野。

屬周武之世，道士張賓譎詐罔上，冒增榮寵，潛進李氏，欲廢釋宗。既縱倖紫宸，蠅飛黄屋，與前僧衛元嵩唇齒相副。帝精悟朗鑒，内烈外温，召僧入内，七宵禮懺[33]，欲親覩僣犯，冀申殿黜。時既密知，各加懇到。帝亦七夕同僧不眠[34]，爲僧讚唄[35]，并諸法事，經聲七囀，莫不清靡。事訖設會，公陳本意。有猛法師者，氣調高拔，躬抗帝旨，言頗激切，衆恐禍及其身，帝但述懷，曾無赧退[36]。藹聞之嘆曰：“朱紫雜糅，狂哲交侵，至矣，可使五衆流離，四民倒惑哉[37]。”又曰：“餐周之粟，飲周之水，食椹懷音，寧無酬德。又爲佛弟子，豈可見此淪湑，坐此形骸，晏然自静。寧大造於像末[38]，分俎醢於盗跖耳？”徑詣闕，上表理訴，引見登殿，舉手唱言曰[39]：“來意有二，所謂報三寶慈恩，酬檀越厚德。”援引經論、子史、傳記，談叙正義，據證顯然。從旦至午，言無不詣，明不可滅之理。交言支任，抗對如流，梗詞厲色，鏗然無撓[40]。百僚近臣代之戰慄[41]，而神氣自若，不阻素風。帝雖愜其詞理而滅毁之情已决，既不納諫，又不見遣。藹又進曰：“釋、李邪正，人法混并，即可事求，未煩聖慮。陛下必情無私隱，涇、渭須分，請索油鑊殿庭，取兩宗人法俱煮之，不害者，立可知矣。”帝怯其言，乃遣引出。時宜州沙門道積者，次又出諫，俱不用言。乃與同友七人於彌勒像前禮懺七日，既不食已，一時同逝。藹知大法必滅，不勝其虐[42]，乃携其門人三十有餘[43]，入終南山，東西造二十七寺，依巖附險，使逃逸之僧，得存深信[44]。

及法滅之後，帝遂破前代關東西數百年來官私佛法[45]，掃地並盡[46]。融刮聖容，焚燒經典。禹貢八州見成寺廟，出四十千，並賜王公，充爲第宅。三方釋子，减三百萬，皆復軍民，還歸編户。三寶福財，其貲無數，簿録入官。登即賞費[47]，分散蕩盡。

初於建德三年五月行虐關中[48]，其禍既畢，至六月十五日罷朝，有金城公任民部[49]，於所治府與諸左右彷徉天望[50]，忽見五六段物，飛騰虚空，在於鳥路。大者上摩青霄，大如十斛囷許[51]，漸漸微没。自餘數段，小復低下，其色黄白，卷舒空際，類幡無脚。爾日天清氣静，纖塵不動，但增炎曦而已。因往冬官府[52]，道經圓土，北見重牆上有黄書，横拖棘上。及往取之，乃是摩訶般若經第十九卷。問其所由，答云從天而下，飛揚墜此[53]。于時三寶初滅，刑法嚴峻，略示連席之官，乃藏諸衣袖，還緘篋笥。屬隋興運，轉牧冀州，爰命所部從事趙絢叙之[54]，曰：

有清信大士具官，身嬰俗累，恕崇法理[55]，精感明靈，神化斯應。遂使群經騰翥，等扶摇之上昇；隻卷飄返[56]，若丹烏之下降。其去也，明惡世之不居；其來也，知善人之可集。應瑞乎如彼，聖著乎如此。我皇出震乘乾，更張琴瑟，親臨九服，躬總八荒，知三寶之可崇，體四生之不固。遂頒海内，修浄伽藍，是使像法氤氲，同諸舍衛；僧尼隱軫，還類提河。特以此經[57]，像明靈著，自非積善，焉能致斯。敢事旌表[58]，傳芳後葉。

初武帝知藹志烈，欣欲見之，乃勑三衛二十餘人巡山，訪覓氎衣道人，"朕將位以上卿，共治天下"。藹居山幽隱，追蹤不獲。後於太一山錫谷潛遁，覩大法淪廢[59]，道俗無依，身被執纏[60]，無力毗贊[61]，告弟子曰："吾無益於世，即事捨身，故先相告。"衆初不許，慕從聞法，便開覽大小諸乘[62]，撰三寶集二十卷。假興賓主，會遣疑情。抑揚飛伏，廣羅文義，弘讚大乘[63]，光揚像代。并録見事，指掌可尋，冀藏諸巖洞，庶後代之再興耳[64]。

自藹入法，行大慈門，繒纊皮革，一無踐服，惟履毳布，終于報盡。後厭身情迫[65]，獨據别巖，勑侍者下山，明當早至。藹加坐盤石[66]，留一内衣，自條身肉，段段布於石上，引腸掛于松枝，五藏都皆外見。自餘筋肉、手足、頭面剮折都盡[67]，並惟骨現，以刀割心，捧之而卒。侍人心驚，通夜失寐，明晨走赴，猶見合掌捧心，身面西向，加坐如初。所傷餘骸，一無遺血，但見白乳滂流，凝于石上。遂累石封外，就而殮焉。即周宣政元年七月十六日也，春秋四十有五。

弟子等有聞當世，具諸别傳。親侍沙門慧宣者，内外博通，奇有志力，痛山頽之莫仰，悲梁壞之無依，爰述芳猷，樹碑塔所。後有訪道思賢者，入山禮敬，循諸崖險[68]，乃見藹書遺偈，在于石壁[69]。題云："初欲血書[70]，本意不謂變爲白色。即是魔業不遂，所以墨書。"其文曰：

諸有緣者，在家出家，若男若女，皆悉好住，於佛法中，莫生退轉。若退轉者，即失善利。吾以三因緣，捨此身命：一見身多過，二不能護法，三欲速見佛。輒同古聖，列偈叙之：

無益之身，惡煩人功。解形窮石，散體巖松。
天人修羅，山神樹神。有求道者，觀我捨身。
願令衆生，見我骸骨。煩惱大船，皆爲覆没。
願令衆生，聞我捨命。天耳成就，菩提究竟。

願令衆生,憶念我時。具足念力,多聞總持。
此報一罷,四大彫零。泉林迢絶,巖室無聲。
普施禽獸,乃至蜫蟲。食肉飲血,善根内充。
願我未來,速成善逝。身心自在,要想拔濟。
此身不净,底下屎囊。九孔常流,如漏隄塘。
此身可惡,不可瞻觀。薄皮裹血,垢汙塗漫。
此身臭穢,猶如死狗。六六合成,不從化有[71]。
觀此臭身,無常所囚。進退無免,會遭蟻螻。
此身難保,有命必輸。狐狼所噉,終成蟲蛆[72]。
天人男女,好醜貴賤。死火所燒,蹔見如電。
死法侵人,怨中之怨。吾以爲讎[73],誓斷根源。
此身無樂,毒蛇之篋。四大圍繞,百病交涉。
有名苦聚,老病死藪。身心熱惱,多諸過咎。
此身無我,以不自在。無實横計,凡夫所宰。
久遠迷惑,妄倒所使。喪失善根,畜生同死。
棄捨百千,血乳成海。骨積大山[74],當來兼倍。
未曾爲利,虚受勤苦。衆生無益,於法無補。
忍痛捨施,功用無邊。誓不退轉,出離四淵。
捨此穢形,願生净土。一念花開,彌陀佛所。
速見十方,諸佛賢聖。長辭三途,正道决定。
報得五通,自在飛行。寶樹餐法,證大無生。
法身自在,不斷三有。殄除魔道,護法爲首。
十地滿足,神化無方。德備四勝,號稱法王。

願捨此身已,早令身自在。法身自在已,在在諸趣中。
隨有利益處,護法救衆生。又復業應盡,有爲法皆然。
三界皆無常,時來不自在。他殺及自死,終歸如是處。
智者所不樂,應當如是思。衆緣既運湊[75],業盡於今日。

【校注】

[1] 峰:諸本同,磧本作“蓬”。
[2] 潤:麗初本、趙本作“閏”誤,磧本、興聖寺本同麗再本。
[3] 裂:麗再本、麗初本、趙本作“烈”,今從磧本、興聖寺本。
[4] 百:諸本同,磧本作“瓦”誤。案,“瓦官寺”位於建康,然從静藹履歷來看,並未到

過長江以南,當是形近而誤。又據本書卷一七釋玄景傳,知百官寺在鄴城。下文之"和禪師"亦見玄景傳,而"景法師"指玄景。

[5] 戴:磧本、興聖寺本作"載"誤,麗初本、趙本同麗再本。"戴重",愛戴、敬重。

[6] 問:諸本同,磧本作"門"誤。津:磧本、麗初本、興聖寺本作"律"誤,趙本同麗再本。

[7] 影:諸本同,興聖寺本作"景"。

[8] 華:諸本同,磧本作"草"誤。

[9] 白鹿山:在今河南省輝縣市上八里鎮。

[10] 莊、惠:指莊周、惠施,見莊子。

[11] 情:諸本同,興聖寺本脱。

[12] 私:諸本同,趙本作"私"。

[13] 案,"天竺梵僧"指闍那耶舍、闍那崛多等,參見本書卷二闍那崛多傳。案,闍那崛多師徒擅長禪學、律學,而静藹擅長般若學,故"咨訪無指"。又上文之"咸陽"指北周的都城長安,具體地址當今漢長安城遺址公園一帶。

[14] 泣:諸本同,磧本作"位"誤。

[15] 由:諸本同,興聖寺本脱。

[16] 掊:磧本作"跑",興聖寺本作"拖"形,麗初本、趙本同麗再本。

[17] 洮漷:磧本作"挑掘",趙本作"掏掘",興聖寺本作"洮掘"。案,"洮"同"掏";"漷"有疏通義。

[18] 通:諸本同,興聖寺本作"涌"應是。

[19] 掊:磧本作"跑",興聖寺本作"拖"誤,麗初本、趙本同麗再本。案,"錫谷"即今小峪谷,位於西安市長安區王莽鄉清水頭村南,爲秦嶺北坡谷道。

[20] 祖:諸本作"祖",今據磧本改。

[21] 周:磧本、興聖寺本作"圍"誤,麗初本、趙本同麗再本。案,上文取繩床,指各取繩床,故作"周繞"優。

[22] 傳:麗再本作"得",今從諸本改。

[23] 旁:諸本同,磧本作"傍"應是。

[24] 重:諸本同,興聖寺本脱。

[25] 再:麗再本作"垂",今據諸本改。

[26] 慢法:諸本同,興聖寺本脱"法"。

[27] 情:諸本作"惟",今從磧本。

[28] 然末:諸本同,興聖寺本衍作"然末然"。

[29] 此:諸本同,興聖寺本脱。

[30] 問:諸本同,興聖寺本作"門"誤。

[31] 案,"曇延",傳見本書卷八。"道安",傳見本卷。

[32] 導:磧本、興聖寺本作"道",麗初本、趙本同麗再本。

[33] 宵:諸本作"霄",今從磧本。

[34] 七:諸本同,興聖寺本脱。

[35] 讚:諸本同,麗初本、興聖寺本作"讀"。

[36] 赧:磧本、麗初本、興聖寺本作"赦"誤,趙本同麗再本。

[37] 惑:諸本同,興聖寺本作"或"誤。

［38］末：磧本、興聖寺本作“未”誤，麗初本、趙本同麗再本。
［39］唱：諸本同，興聖寺本作“昌”。
［40］鏗：磧本、興聖寺本作“鏘”誤，麗初本、趙本同麗再本。
［41］慄：麗再本、趙本作“慓”誤，今從磧本、麗初本、興聖寺本。
［42］虐：諸本同，興聖寺本作“虎”誤。
［43］三：諸本同，磧本作“四”。
［44］存：諸本同，興聖寺本作“在”。
［45］關：諸本同，磧本衍作“關山”。法：諸本同，永北本作“寺”。
［46］並：諸本同，興聖寺本脱。
［47］費：諸本同，興聖寺脱。
［48］虐：諸本同，興聖寺本作“虎”誤。
［49］民：諸本作“氏”字，今從磧本。案，“金城公”即趙煚，傳見隋書卷四六。趙煚在北周曾任民部中大夫。
［50］諸：諸本同，磧本無。
［51］囷：磧本、麗初本、趙本作“囤”，興聖寺本同麗再本。案，“囷”爲糧倉，“囤”爲裝糧食的器具，“十斛”爲一百斗。
［52］冬官：諸本同，磧本作“東宮”誤。案，北周依照周官，實行六官制，冬官，相當於工部，故稱“冬官府”，“東宮”則不應稱“府”。
［53］墜：諸本同，磧本作“墮”。
［54］絢：諸本同，麗初本作“縮”誤。
［55］恕：諸本同，興聖寺本作“怒”。
［56］隻：諸本同，資本作“侯”。
［57］特：諸本同，趙本作“持”誤。
［58］旌：諸本同，麗初本作“族”誤。
［59］覩：諸本同，興聖寺本作“時”誤。
［60］執纏：諸本同，磧本作“斬縗”誤。“斬縗”，即喪服，周武帝滅法後，許多大德都曾服喪服，然此處據上下文意，作“執纏”是。
［61］贊：諸本同，興聖寺本作“讚”。
［62］開：磧本作“關”誤，趙本同麗再本。
［63］讚：諸本同，興聖寺本作“贊”。
［64］再：諸本同，興聖寺本作“載”。
［65］情：諸本同，興聖寺本作“佰”誤。
［66］藹：諸本同，磧本作“藹乃”應是。
［67］�：諸本同，磧本作“劚”。
［68］險：諸本同，磧本作“隒”是。“隒”有邊義，“崖隒”即崖邊，然古文獻中亦有將“隒”寫作“險”者，參見字林、類篇“險”字條。
［69］在于石壁：諸本同，興聖寺本倒作“在石于壁”。
［70］書：諸本同，興聖寺本作“盡”誤。
［71］化：諸本作“花”誤，今從磧本。
［72］蛆：麗初本、興聖寺本作“月”傍，磧本、趙本同麗再本。
［73］讎：諸本同，磧本作“酬”誤。

［74］大：諸本同，磧本作"太"。
［75］凑：麗再本作"奏"，今據諸本改。

周京師大中興寺釋道安傳五慧儁　慧影　寶貴

釋道安，俗姓姚，馮翊胡城人也。識悟玄理，早附法門，性無常師，聞道而至。兼以恬虚静泊[1]，凝心勝境，謙肅爲用，動止施度，凡厥禪侣，莫不推服。後隱于太白山，栖遁林泉。擁志經論，思拔深定，慧業斯舉，旁觀子史，粗涉大綱，而神氣高朗，挾操清遠。進具已後，崇尚涅槃，以爲遺訣之教；博通智論，用資弘道之基。故周世渭濱，盛揚二部，更互談誨，無替四時。住大陟岵寺，常以弘法爲任，京師士子咸附清塵。安内外既明，特善文藻，動言命筆，並會才華，而風韻疏通，雅調翔簡，執禮居尊，仁被朝貴。故榮達儒宰，知名道士，日來請論[2]，咸發信心，故得義流天下，草偃從之。

周武廓清天步，中外禔福，頻御彫輦，躬禮安焉。安道爲物宗[3]，坐鎮崇敬。令帝席地而止[4]，安則如常敷化。高談正法，詞無涉世，公卿側目，觀者榮慶。時及中食，安命供設。帝將舉筯，曰："弟子聞俗人不合僧食，法師如何以罪累人？"安曰："佛教權實，律制開遮，王賊惡臣，並通供給。貧道據法相擬[5]，理非徒爾。"帝曰："審如來言，非佛意也，但恐損道衆耳。又與賊臣同席，誠無預焉。"即勑將去，更論餘法，曾不以介意。斯即季代之高量也。

後勑住大中興寺，别加殊禮。帝往南郊，文物大備，勑諸道俗同覩通衢[6]。勑别及安，令觀天子鹵簿、儀具。安答曰："陛下爲民故出，貧道爲法不出。"帝聞彈指，嘆善久之。安鑒悟絶倫，德風遠扇，立形平准，守道自遵，皆此類也。

與同學慧儁知名周壤。儁姓朱氏[7]，京兆三原人。生不學書而耳餐取悟，一聞不忘，藏諸胸臆。流略儒釋，談如泉涌，攻擊關責，鋒鍔叢萃。曾於一日，安公正講涅槃，儁命章設問[8]，遂往還迄暮，竟不消文。明旦又問，構難精拔[9]。安雖隨言即遣，而聽者謂無繼難，儁終援引文理，徵並相詶[10]。遂連三日，止論一義，後兩捨其致，方事解文，故使驚唱前修，預聞高揖。儁後歷尋華土，縱學名師[11]，凡所霑耳[12]，皆義通旨得。安與同室三十餘年，言晤飛玄，誠逾目擊。因疾而卒，安撫屍慟哭，曰："宣尼有言，信不虚矣。"

至天和四年，歲在己丑三月十五日，勑召有德衆僧、名儒、道士、文武百官二千餘人於正殿，帝昇御座，親量三教優劣、廢立。衆議紛紜，各隨情見，較其大抵，無與相抗者[13]。至其月二十日[14]，又依前集，衆論乖咎[15]，是非滋生，並莫簡帝心，索然而退。至四月初，勑又廣召道俗，令極言陳理。又勑司隸大夫甄鸞詳佛、道二教，定其先後、淺深、同異。鸞乃上笑道論三卷，合三十六條[16]，用笑三洞之名及笑經稱三十六部，文極詳據，事多揚激。至五月十日，帝又大集群臣，詳鸞上論，以爲傷蠹道士，即於殿庭焚之。

道安慨時俗之混并，悼史籍之沉罔[17]，乃作二教論。取擬武帝，詳三教之極，文成一卷，篇分十二。初歸宗顯本篇：

有客問曰：僕聞風流傾墜，六經所以緝修；誇尚滋彰，二篇所以述作。故優柔弘潤，於物必濟，曰儒；用之不匱，於物必通，曰道。斯皆孔、老之神功，可得而詳矣。近覽釋教，文博義豐。觀其汲引，則恂恂善誘；要其旨趣，則亹亹玆始[18]。良然，三教雖殊，勸善一途，教迹誠異，[19]理會則同。至如老嗟身患[20]，孔嘆逝川，固欲後外以致存生，感往以知物化，何異釋典之厭身無常之説哉？但拘滯之流，未馳高觀，不能齊天地於一指，均是非於一氣，致令談論之際，每有不同。此所謂匿摩尼於胎卵[21]，掩大明於重夜，傷莫二之淳風，塞洞一之玄旨，祈之於彌劫[22]，奚可值哉？

主人答曰：子之窮辯，未盡理也。夫萬化本於生生[23]，三才兆於始始[24]。然則無生無始，物之性也；有化有生，人之聚也。聚雖一體而形神兩異，散雖質别而心數弗亡。故救形之教，教稱爲外；濟神之教，教稱爲内。是以智論有内外兩經，仁王辯内外兩論，方等明内外兩律[25]，百論言内外二道。若通論内外則該彼華夷，若局命此方則可云儒釋[26]。釋教爲内，儒教爲外，備彰聖典，非爲誕謬。詳覽載籍，尋討源流，教惟有二，寧得有三。何者？昔玄古樸素，墳典之誥未弘；淳風稍離，丘索之文乃著。故包論七典，統括九流，咸爲治國之謨，並是修身之術。若派而别之[27]，則應爲九教；總而合之，則同屬儒宗。論其官也，各王朝之一職；談其籍也，普皇家之一書。子欲於一化之内，令九流争川[28]；大道之世，使小成競辯。豈不上傷皇極莫二之風，下開拘放鄗蕩之弊。真所謂巨蠹鴻猷，眩曜朝野矣。佛教者，窮理盡性之格言，出世入真之正轍。論其文，則部分十二；語其旨，則四種悉檀。理妙域中，固非名號所及；化擅表[29]，又非情智所尋。至於遣累落筌，陶神盡照，近超生死，遠證泥洹。播闡五乘，接群機之深淺；該明六道，辯善惡之昇沉。夐期出世而理無不周[30]，邇毗王化而事無不盡[31]。能博能要，不質不文，自非天下之至慮[32]，孰能與斯教哉[33]。雖復儒道千家，農墨百氏[34]，取捨驅馳，未及其度者也。惟釋氏之教，理富權實。有餘不了，稱之曰權；無餘了義，號之爲實。通言善誘，何名妙賞。子謂三教雖殊，勸善義一。

余謂善有精麤,優劣宜異。精者,超百化而高昇;麤者,循九居而未息[35]。安可同年而語其勝負哉。

又云:

教迹誠異,理會則同,爰引世訓,以符玄教,此蓋悠悠之所昧,未暨其本矣。教者何耶?筌理之謂。理者何耶?教之所詮。教若果異,理豈得同?理若必同,教寧得異?筌不期魚,蹄不爲兔[36],將爲名乎,理同安在?夫厚生情篤,身患之誡遂興;不悟遷流,逝川之歎乃作。並是域内之至談,非逾方之巨唱。何者?推色盡於極微,老氏之所未辨;究心窮於生滅,宣尼又所未言。可謂瞻之似盡而察之未極者也。經曰:"分别色心,有無量相。"非諸二乘所知,且二乘之與大行,俱越妄想之鄉。菩薩則慧兼九道,聲聞則獨善一身。其猶露潤之比巨壑,微塵之比須彌。況凡夫識想,何得齊乎?故經曰:"無以日光等彼螢火。"若夫以齊而齊不齊者,未齊矣;以齊而齊於齊者,未齊焉。余聞善齊天下者,以不齊而齊天下者也。何須夷岳實淵,然後方平;續鳧截鶴,於焉始等。此蓋狷夫之野議,豈達士之貞觀乎?故諺曰:"紫實昧朱,狂斯濫哲。"請廣其類[37],上至天子下至庶人,莫不資色心以成軀,稟陰陽而化體。不可以色心是等而便混以智愚,陰陽義齊則同之於貴賤。此之不可,至理皎然。雖强齊之,其義安在?

帝爲張賓構譖,意遣釋宗。初覽安論,通問僚宰,文據卓然,莫敢排斥,當時廢立遂寢,誠有所推。

至建德三年,歲在甲午,五月十七日,乃普滅佛道二宗。别置通道觀,簡釋、李有名者,並著衣冠[38],爲學士焉,事在别傳。安削迹潛聲,逃于林澤。帝下勑搜訪,執詣王庭,親致勞接,賜牙笏綵帛,并位以朝列,竟並不就,卒于周世。

初安之住中興,携母相近,每旦出覲,手爲煮食,然後上講。雖足侍人,不許兼助。乃至析薪汲水[39],必自運其身手。告人曰[40]:"母能生養於我。非我,不名供養。"卒于母世,初無一息。斯准大聖擔棺之像[41],布化澆夫矣。

及其即世也[42],乃作遺誡九章,以訓門人,其詞曰:

敬謝諸弟子。夫出家爲道,至重至難,不可自輕,不可自易。所謂重者,荷道佩德,縈仁負義,奉持净戒,死而有已。

所謂難者,絶世離俗,永割親愛,迴情易性,不同於衆。行人所不能行,割人所不能割,忍苦受辱,捐棄軀命。

謂之難者，名曰道人。道人者行道人也，行必可履，言必可法，被服出家，動爲法則。不貪不諍，不讒不匿，學問高遠，志存玄默，是爲名稱。

參位三尊，出賢入聖，滌除精魂，故得君王不望其報[43]，父母不望其力。普天之人莫不歸揖，捐妻减養，供奉衣食，屈伸俯仰[44]，不辭勞役者[45]，以其志行清潔，通於神明，淡泊虚白[46]，可奇可貴。故自頃荒流，道法遂替。新學之人，未體法則，棄正著邪[47]，忘其真實。以小黠爲智，以小供爲足[48]。飽食終日[49]，無所用心，退自推觀，良亦可悲。計今出家，或有年歲，經業未通，文字不決，徒喪一世，無所成名，如此之事，不可深思？無常之限，非旦則夕；三塗苦痛，無强無弱。師徒義深，故以申示，有情之流，可爲永誡：

其一曰：卿已出家，永違所生，剃髮毁容，法服加形。辭親之日，上下涕零，割愛崇道，意陵太清[50]。當遵此志，經道修明，如何無心，故在色聲[51]。悠悠竟日，經業不成，德行日損，穢迹遂盈。師友慚恥，凡俗所輕。如是出家，徒自辱名[52]，今故誨勵，宜當專精。

其二曰：卿已出家，棄俗辭君，應自誨勵，志果清雲[53]。財色不顧，與世不群；金玉不貴[54]，惟道爲珍。約己守節，甘苦樂貧，進德自度，又能度人。如何改操，趍走風塵，坐不暖席，馳務東西，劇如徭役，縣官所牽。經道不通，戒德不全，朋友蚩弄，同學棄捐。如是出家，徒喪天年，今故誨勵，宜各自憐[55]。

其三曰：卿已出家，永辭宗族，無親無疏，清净無欲。吉則不歡，凶則不感，超然從容，豁然離俗[56]。志在玄妙[57]，軌真守撲，得度廣濟，普蒙福禄。如何無心，仍著染濁，空争長短，銖兩斗斛[58]，與世同利[59]，何異僮僕。經道不明，德行不足，如是出家，徒自毁辱。今故誨示，宜自洗沐。

其四曰：卿已出家，號曰道人，父母不敬，世帝不臣，普天同奉，事之如神。稽首致敬，不計富貧，尚其清修[60]，自利利人。减割之重[61]，一米七斤。如何怠慢，不能報恩，倚縱遊逸，身意虚煩。無戒食施，死入太山，燒鐵爲食，融銅灌咽。如斯之痛，法句所陳。今故誨約，宜改自新。

其五曰：卿已出家，號曰息心。穢雜不著，惟道是欽。志參清潔[62]，如玉如冰，當修經戒，以濟精神。衆生蒙祐，并度所親。如何無心，隨俗浮沉。縱其四大，恣其五根。道德遂淺，世事更深。如是出家，與世同塵，今故誡約，幸自開神。

其六曰：卿已出家，捐世形軀。當務竭情，泥洹合符。如何擾動，不樂閑居。經道損耗，世事有餘，清白不履[63]，反入泥塗。過影之命，或在須臾；地獄之痛，難可具書。今故戒勵，宜崇典謨。

其七曰：卿已出家，不可自寬。形雖鄙陋，使行可觀；衣服雖麤，坐起令端；飲食雖疏，出言可餐。夏則忍熱[64]，冬則忍寒，能自守節，不飲盜泉，不肖之供，足不妄前。久處私室，如臨至尊。學雖不多，可齊上賢。如是出家，足報二親，宗族知識，一切蒙恩。今故誡汝[65]，各宜自敦。

其八曰：卿已出家，性有昏明。學無多少，要在修精。上士坐禪，中士誦經，下士堪能，塔寺經營。豈可終日[66]，一無所成，立身無聞，可謂徒生。今故誨汝，宜自端情。

其九曰：卿已出家，永違二親。道法革性，俗服離身，辭親之日，乍悲乍欣，邈爾絶俗，超出埃塵。當修經道，制已履真[67]，如何無心，更染俗因。經道已薄，行無毛分。言非可貴，德非可珍。師友致累，恚恨日殷。如是出家，損法辱身。思之念之，好自將身。

安有弟子慧影、寶貴，並列名隋世。

影，傳燈大論，繼踵法輪，汎迹人間[68]，情多野外。著傷學、存廢、厭脩等三論。傷學除謗法之愆，存廢防姦求之意[69]，厭脩令改過服道[70]，並藻逸霞爛，焕然可遵。後卒開皇末歲。

貴，翫閱群典，講律爲務。見晋世支敏度合五家首楞嚴爲一本八卷，又合三家維摩經爲一本五卷，隋沙門僧就合四家大集爲一本六十卷，貴乃合三家金光明爲一本八卷。復請崛多三藏譯銀主陀羅尼及屬累品[71]，足以成部[72]。沙門彦琮重覆梵本，品部斯具焉。

【校注】

［1］恬：諸本同，興聖寺本脱。

［2］請：諸本同，興聖寺本作“清”誤。

［3］宗：諸本同，磧本衍作“宗師”。

［4］令：麗初本、趙本、興聖寺本作“今”誤，磧本同麗再本。

［5］擬：諸本同，興聖寺本作“疑”誤。

［6］劾：諸本同，磧本脱。

［7］氏：麗初本、趙本作“民”誤，磧本、興聖寺本同麗再本。

［8］俊：諸本同，磧本作“後”誤，本傳下同，不一一出校。

［9］構：麗再本、麗初本、趙本作“講”誤，今從磧本、興聖寺本。

［10］徵：磧本作“微”，麗初本、趙本同麗再本，興聖寺本字迹不清。誚：磧本作“讎”，麗初本、趙本同麗再本，興聖寺本字迹不清。案，“徵”爲問難；“並”爲論證。從“遂連

三日”來看並非“微並相讎”，故從麗再本。
[11] 縱學名師：諸本同，興聖寺本衍作“縱學名預聞高揖，儁俊師”。
[12] 凡：諸本同，興聖寺本脱。
[13] 抗：諸本同，趙本非“抗”形。
[14] 二：諸本同，資本作“三”。
[15] 咎：磧本作“各”誤，麗初本、趙本同麗再本，興聖寺本字迹不清。
[16] 三：諸本同，磧本作“二”誤。
[17] 罔：麗再本、麗初本、趙本、興聖寺本、資本作“網”，今從磧本。
[18] 始：諸本同，磧本脱。
[19] 勸善一途教迹誠異：諸本同，磧本作“勸善義一途迹誠異”。
[20] 至如：麗初本、趙本、興聖寺本衍作“至一如”。
[21] 摩尼：即摩尼珠，光亮非常，能出一切寶物。參見雜寶藏經卷六、大智度論卷五九。
[22] 於：諸本無，今據磧本補。
[23] 生：諸本同，磧本作“而生生者無生”。
[24] 始：諸本同，磧本作“而始始者無始”。
[25] 方：麗再本、麗初本作“大”，興聖寺本字迹不清，今從趙本、磧本。
[26] 可云儒釋：案，諸本同，興聖寺本從此四字（包含此四字），到“及其即世也，乃作遺誡九章，以訓門人，其詞曰：敬謝諸弟子。夫出家爲道，至重至”句，脱去約1238字。
[27] 派：諸本同，麗初本作“流”誤。
[28] 令：諸本作“合”誤。
[29] 擅：諸本同，麗初本作“檀”誤。
[30] 期：諸本同，磧本作“祈”誤。
[31] 毗：諸本同，磧本作“及”誤。
[32] 慮：諸本同，磧本作“靈”誤。
[33] 與：磧本作“興”誤，趙本、麗初本同麗再本。
[34] 墨：諸本作“黔”。
[35] 循：諸本同，磧本作“修”誤。案，“九居”，有情衆生所居住的地方，共有九處，衆生在此九處之間輪迴，故稱“循”。
[36] 蹄：諸本同，磧本作“罤”。“蹄”同“罤”，捕小型動物的套子。
[37] 請：麗初本、趙本作“讀”誤，磧本同麗再本。
[38] 並：諸本同，磧本作“普”誤。
[39] 析：諸本作“折”，今從磧本。案，古本“扌”“木”部首多混用。
[40] 告：諸本同，磧本作“苦”誤。
[41] 大：諸本同，磧本作“天”誤。“大聖擔棺”，典出增壹阿含經卷五〇，釋迦牟尼曾爲養母擔棺。
[42] 即世：諸本同，磧本作“知將即世”。
[43] 王：諸本同，磧本作“主”誤。
[44] 伸：諸本作“身”誤，今從磧本。
[45] 勞役：磧本作“勞役恨”，麗初本、趙本、興聖寺本作“勞恨”，均誤。
[46] 淡泊：磧本、麗初本、興聖寺本、隨函録作“惔怕”。白：諸本同，興聖寺本脱。

[47] 棄正著邪：諸本同，興聖寺本作“棄著正”，既倒且脱。
[48] 以小供：諸本同，興聖寺本作“小小恭”誤。
[49] 飽：諸本同，興聖寺本作“飲”誤。
[50] 陵：諸本同，興聖寺本作“淩”。太：磧本作“大”，趙本同麗再本。
[51] 在：磧本、興聖寺本作“存”，麗初本、趙本同麗再本。
[52] 名：諸本同，磧本作“各”誤。
[53] 清：諸本同，磧本作“青”應是。
[54] 玉：諸本同，趙本作“王”誤。
[55] 自：諸本同，磧本作“白”誤。
[56] 豁：麗初本、趙本、興聖寺本作“壑”，磧本同麗再本。
[57] 在：磧本、興聖寺本作“存”，麗初本、趙本同麗再本。
[58] 斗：諸本同，磧本作“升”。
[59] 同：諸本同，磧本作“争”。
[60] 修：諸本同，磧本作“净”誤。
[61] 減割之重：諸本同，磧本作“減之所重”。
[62] 參：諸本同，興聖寺本作“操”。
[63] 履：諸本同，麗初本作“復”誤。
[64] 熱：諸本作“飢”，今從磧本。
[65] 誡：麗再本、麗初本、興聖寺本作“戒”，今從磧本、趙本。
[66] 終：諸本作“煞”，今從磧本。
[67] 制：麗再本作“荆”誤，今據諸本改。真：諸本同，興聖寺本作“直”誤。
[68] 汎：諸本同，興聖寺本作“沉”。
[69] 存：諸本同，興聖寺本作“在”。
[70] 道：諸本同，麗初本作“勤”誤。
[71] 屬：諸本同，磧本作“囑”。
[72] 足以：麗再本、麗初本、趙本作“以之”，今據磧本、興聖寺本改。

周新州願果寺釋僧勔傳六

釋僧勔[1]，未詳氏族，住新州願果寺[2]。周武季世，將喪釋門，崇上老氏，受其符籙[3]，凡有大醮，帝必具其巾褐，同其拜伏。而道經誕妄，言無本據，國雖奉事，未詳讎校[4]。遂不遠鄉關，躬聞帝闕[5]，面陳至理。以邪正相參，澆情趍競[6]，未辨真僞[7]，更遞毁譽。乃著論十有八條，難道本宗，又以三科[8]，釋其前執。賢聖既序，凡位皎然。其詞略云：

勔以世之濫述[9]，云老子、尹喜西度，化胡出家。老子爲説經戒[10]，令尹喜作佛教化胡人[11]。又稱是鬼谷先生撰，南山四皓注[12]。未善尋者，莫不信從，以爲口實。異哉，此傳。君子尚不可誷[13]，况貶大聖者乎？今具陳此説非真，人世著錯，假託名字[14]，亦乃言不及義，翻辱老子[15]。意者,勝人達士,不出此言,將是無識異道,誇競佛法,假託鬼谷、四皓之名,附尹喜傳後[16],作此異論,用迷昏俗。竊聞傳而不習,夫子不許;妄作者凶,老君所誡。此之巨患[17],增長三途,宜應糺正,救其此失。

然教有内外,用生疑假;人有賢聖,多述本迹。故班固漢書品人九等[18],孔丘之徒爲上上類,例皆是聖,李老之儔,爲中上類,例皆是賢。何晏、王弼云老未及聖。[19]此則賢聖天分,優劣自顯。故魏文之博悟也,黄初三年下勑云:"告豫州刺史:老聃賢人,未宜先孔子。不知魯郡爲孔子立廟成未[20]?漢桓帝不師聖法,正以嬖臣[21],而事老子,欲以求福,良足笑也。此祠之興,由桓帝、武皇帝以老子賢人,不毁其屋。朕亦以此亭當路,行來者輒往瞻視,而樓屋傾頽,儻能壓人[22],故令修整。昨過視之,殊未整頓[23]。恐小人謂此爲神,妄往禱祀[24],違犯常禁。宜宣告吏民,咸使知聞。"[25]據斯以言,程露久矣。世多愚人,不尋前達,故有此弊耳。今考據年月,群達誠言[26],區别人世。并内經外典,並對條例[27],覽詳卷首,邪正自顯。

雖復著論周世,垂名朝野,通人罕遇,終以事迷,竟不行用。及後法毁逃難,不測所終。

【校注】

[1] 勔:諸本同,麗初本、興聖寺本作"勐",本傳下同,不一一出校。

[2] 新州願果寺:在今四川省中江縣黄鹿鎮金燕村,今存唐代摩崖石刻。新:諸本同,興聖寺本作"薪"。

[3] 錄:諸本作"録"誤,今從磧本。

[4] 未詳讎校:麗初本、興聖寺本作"未辨撿校",磧本、趙本同麗再本。

[5] 躬:諸本同,興聖寺本脱。

[6] 澆:磧本作"僥"誤,興聖寺本作"洗"誤,麗初本、趙本同麗再本。"澆",凉薄。

[7] 辨:諸本同,磧本作"辯"。

[8] 又:諸本同,磧本作"文"誤。

[9] 濫:諸本同,興聖寺本作"監"誤。

[10] 戒:諸本同,興聖寺本作"誡"。

[11] 令尹喜作佛教化胡人:磧本作"尹喜作佛教化胡人"脱"令",麗初本、興聖寺本作"喜作佛教化",趙本同麗再本。

[12] 山:諸本同,興聖寺本脱。

[13] 誷:磧本、興聖寺本作"罔",麗初本、趙本同麗再本。"罔"通"誷"。

[14] 假:諸本同,興聖寺本脱。

[15] 辱:諸本同,麗初本作"厚"。

[16] 尹：諸本同，興聖寺本作“君”。

[17] 巨：諸本同，興聖寺本作“臣”。

[18] 故班固漢書品人九等：即漢書之古今人表。

[19] 何晏、王弼云老未及聖：案，世說新語卷上文學“何晏注老子未畢”條下劉孝標注引文章叙録：“自儒者論以老子非聖人，絶禮棄學。晏説與聖人同，著論行於世也。”案，有論者以爲“同”及不如也。三國志卷二八魏志鍾會傳傳末裴注引何劭王弼傳：“時裴徽爲吏部郎，弼未弱冠，往造焉。徽一見而異之，問弼曰：‘夫無者誠萬物之所資也，然聖人莫肯致言，而老子申之無已者何？’弼曰：‘聖人體無，無又不可以訓，故不説也。老子是有者也，故恒言無所不足。’”

[20] 未：諸本同，磧本作“末”誤。

[21] 孌：麗初本、趙本作“孌”，磧本、興聖寺本同麗再本。

[22] 儻：諸本同，興聖寺本作“儻”形。

[23] 未：磧本、興聖寺本脱，麗初本、趙本同麗再本。

[24] 祀：磧本作“祝”誤，麗初本、趙本同麗再本，興聖寺本字迹不清。

[25] 案，此勑出處不詳。

[26] 群：諸本同，興聖寺本作“君”。

[27] 條：諸本同，麗初本作“修”。

隋京師雲花寺釋僧猛傳七[1]

釋僧猛，俗姓段氏，京兆涇陽人[2]。姿蔭都雅，神情俊拔[3]，童孺出家，素知希奉，聰慧利根，幽思通遠。數十年間，躬事講説，凡有解悟，靡不通練。昔魏文西位[4]，勑猛在右寢殿闡揚般若[5]，貴宰咸仰，味其道訓。

周明嗣曆[6]，詔下屈住天宫，永弘十地。又勑於紫極、文昌二殿，更互説法，當時旨延問對，酬答無窮。黄巾之徒[7]，紛然構聚。猛乃徐摇談柄[8]，引敵深渦，方就邪宗，一一窮破。故使三生四見之語，並屈當時；元始真文之經[9]，粉碎曩日。天師徒侶，瓦解乖張，道俗肅然，更新耳目。初帝始齊三教[10]，猛分爲九十五門，後退一乘，更進三十有生之善，詞甚崇粹[11]，學觀所歸。既不預帝覽[12]，遂淪俗侶[13]，猛退屏人事，幽栖待旦。

隋文作相，佛日將明，以猛年德俱重[14]，玄儒湊集[15]，追訪至京，令崇法宇。於大象二年，勑住大興善寺，講揚十地。寺即前陟岵寺也，聲望尤著，殊悦天心。尋授爲隋國大統三藏法師[16]，委以佛法，令其弘護，未足以長威權，固亦光輝釋種。移都南頓，寺亦同遷於遵善里，今之興善是也。名雖居隸而恒住雲花，勖徒課業。以開皇八年二月四日[17]，卒于住寺，春秋八十有二。初將大漸，深照苦空，話言盈耳，翕然欲絶，語衆曰：“吾其去也。”遂即神遷。時貴其置心不亂。葬于城東馬頭穴[18]，刻石立銘于雲花寺。[19]今猶存矣。

【校注】

[1] 隋：諸本同，資本作“陳”誤。

[2] 案，“涇陽”，治當今陝西省涇陽縣。北魏景明二年分石安縣復設涇陽縣，轄區爲今縣域東部，西部屬池陽縣轄，北部屬雲陽縣轄。西魏因之。北周建德三年，並池陽縣入涇陽縣，屬雍州咸陽郡。隋開皇三年始屬雍州，大業屬京兆郡，唐屬京兆府。

[3] 俊：磧本作“迥”應是，興聖寺本作“侫”誤，趙本、麗初本同麗再本。

[4] 位：諸本同，磧本作“征”。案，“魏文”，即西魏文帝元寶炬，傳見北史卷五。“魏文西位”，指北魏永熙三年，在高歡脅迫下，北魏孝武帝元脩西逃關中，建立西魏，此年十二月，宇文泰殺魏孝武帝，擁立元寶炬爲西魏皇帝事。

[5] 右：諸本同，磧本脱。案，周書卷三孝閔帝紀：“秋七月壬寅，帝聽訟於右寢，多所哀宥。”

[6] 明：諸本同，資本作“時”誤。曆：諸本同，興聖寺本作“歷”誤。

[7] 巾：趙本作“中”誤，磧本、興聖寺本同麗再本，麗初本此字殘損。

[8] 抦：磧本、興聖寺本作“柄”是，麗初本、趙本同麗再本。

[9] 之：諸本同，磧本作“字”誤。

[10] 始：諸本同，興聖寺本作“如”誤。

[11] 甚：諸本同，興聖寺本作“其”誤。

[12] 既：諸本同，磧本作“即”誤。

[13] 淪：諸本同，興聖寺本作“論”誤。

[14] 年德俱重：諸本同，磧本作“年俱德重”誤倒。

[15] 集：諸本同，磧本作“進”誤。

[16] 授：諸本作“振”誤，今從磧本。

[17] 二：麗再本作“四”，今據諸本改。

[18] 馬頭：據本書卷二六法順傳，在唐長安因聖寺地，又據陸心源唐文續拾卷五及天津古籍出版社1992年版隋唐墓誌彙編之李仍叔四歲女德孫墓誌銘“京兆府萬年縣龍首鄉因聖寺佛閣西門之南地”，則馬頭當在龍首原附近。據法順傳，其地“空岸重邃”爲河谷地貌，察其地望當在今西安市滻河之桃花潭公園附近。

[19] 花：磧本、大正藏校引宫本作“化”，麗初本、趙本、興聖寺本同麗再本。案，長安志卷九作“靈花寺”，長安志圖作“雲花寺”，唐閻朝隱撰大唐大薦福寺故大德康藏法師之碑、崔致遠撰唐大薦福寺故寺主翻經大德法藏和尚傳作“雲華寺”，宣室志卷一作“雲花寺”，綜合考察，當爲“雲花寺”。據長安志卷九、長安志圖，寺在常樂坊南門西，約在今西安交通大學南門附近。酉陽雜俎續集寺塔記，又認爲此寺得名因華嚴二祖智儼講經“天雨花”而得名，然此條錯訛甚多，疑段成式所據未爲實録。然，隋代雲花寺是否即爲唐代雲花寺，則未有證據。

隋益州孝愛寺釋智炫傳八[1]

【釋智炫者，益州城都人也，俗姓徐氏。初生室有異光，少小出家，入京聽學，數年遂擅名京洛[2]，學衆推崇，請令覆講，若瀉瓶無遺。

會周武帝廢佛法，欲存道教，乃下詔，集諸僧、道士試取，優長者留，庸淺者廢。於是詔華野高僧、方岳道士、千里外有妖術者大集京師。於太極殿陳設高座，帝自躬臨，敕道士先登，時有道士張賓，最爲首長，登高唱言，曰："原夫大道清虚，淳一無雜，祈恩請福，上通天曹，白日昇仙，壽與天地同畢。風教先被中夏[3]，無始無終，含生賴之，以得長生，洪恩厚利，不可校量。豈如佛法虚幻，言過其實，不容本土，客寓中華，百姓無知，信其詭説。今日欲定臧否，可出頭來看。"

襄城公何妥自行如意座首，少林寺等行禪師發憤而起，諸僧止之曰："今日事大，天帝在此，不可造次。知禪師爲佛法大海，然應對之間，復須機辯。"衆共謀議，若非蜀炫，無以對揚，共推如意以將付炫。炫既爲衆所推，又忿張賓浪語，安庠而起，徐昇論座。坐定，執如意，謂張賓曰："先生向者所陳'大道清虚，淳一無雜'，又云'風教先被中夏'者，未知風教之起，起自何時？所説之教，於何處説？又言'佛法不容本土，客寓中華'，可辯道是何時生？佛是何時出？"

賓曰："聖人出世，有何定時？説教興行，有何定處？道教舊來本有，佛法近自西來。"

炫曰："若言無時，亦應無出。若無定處，亦應無説。舊來本有，非復清虚，上請天曹，豈得無雜？壽與天地同畢，豈得無始無終？"

賓曰："道人浪語。爲前王無識，留汝等輩，得至于今，今日聖帝盡須殺卻。"

帝惡其理屈，令舍人謂之曰："賓師且下。"賓既退，帝自昇高座言曰："佛法中有三種不浄。納耶輪陀羅，生羅睺羅[4]，此主不浄一也。經律中許僧受食三種浄肉[5]，此教不浄二也。僧多造罪過，好行婬泆，佛在世時，徒衆不和，遞相攻伐，此衆不浄三也。主、法、衆俱不浄，朕意將除之，以息虚幻。道法中無此事，朕將留之，以助國化。"顧謂炫法師曰："能解此三難，真是好人。"炫應聲謂曰："陛下所陳並引經論，誠非謬言。但見道法之中，三種不浄，又甚於此。案天尊處紫微宫，恒侍五百童女，此主不浄，甚於耶輪陀羅之一人。道士教中，章醮請福之時，必須鹿脯百柈、清酒十斛。此教不浄，又甚於三種浄肉。道士罪過，代代皆有，千古亂常，姜斌犯法[6]，此又甚於衆僧。僧衆自造罪過，乃言佛法可除，猶如至尊享國，嚴設科條，不妨逆子叛臣相繼而出。豈以臣逆子叛，遂欲空於大寶之位耶？大寶之位，固不可以臣子叛逆而空；佛法正真，豈得以衆僧犯罪而廢？"炫雅調抑揚，言音朗潤，雖處大節，曾無懼顔。帝愕然良久，謂炫曰："所言天尊侍五百童女，出何經？"炫曰："出道三皇經。[7]"帝曰："三皇經何曾有此語？"炫曰："陛下自不見，非是經上無文。今欲廢佛存道，猶如以庶代嫡。"帝動色而下，因入內。群臣、僧衆皆驚曰："語觸天帝，何以自保以周武非嫡故？"炫曰："主辱臣死，就戮如歸，有何可懼？乍可早亡，遊神净土，豈與無道之君，同生於世乎？"衆皆壯其言。

明旦出勑，二教俱廢。仍相器重，許以婚姻，期以共政。法師志操逾勵，與同學三人走赴齊都。時周、齊之界，皆被槍布棘。彼有富姥姓張，鋪氈三十里，令炫得過。至齊，盛爲三藏，名振東國。武帝破鄴，先遣追求。帝弟越王宿與法師厚善，恐帝肆怒，横加異責，乃鞭背成痕，俗服將見。越王先爲言曰："臣恨其逃命，已杖六十。"令脱衣見帝，帝變色曰："恐其懷慚遠逝，以至死亡，所以急追，元無害意。"責越王曰："大丈夫何得以杖捶相辱[8]？"待遇彌厚，與還京師。

武帝崩，隋文作相，大弘佛法，兩都歸趣，一人而已。歲景將秋，懷土興念，又以蜀川迴遠，奥義未宣，援首西歸，心存敷暢。蜀王秀未之知也。時長史周宣明入朝赴考，隋文帝謂之曰："炫法師安和耶？"宣明驚惶，莫知所對。文帝曰："一國名僧，卿遂不識，何成撿校？"宣明稽首，陳謝死罪。及還，先往寺參禮。寺舊在東，逼於苑囿，又是鄱陽王葬母之所，王既至孝，故名孝愛寺。宣明移就今處，供養無闕，至大鄴改爲福勝寺。法師宣揚覺慻，入隱三學山[9]，觸目多感，遂遊山詩曰：

秀嶺接重烟，嶔岑上半天。絶巖低更舉，危峰斷復連。
側石傾斜澗，迴流瀉曲泉。野紅知草涑，春來鳥自傳。
樹錦無機織，猿鳴詎假弦。葉密風難度，枝疏影易穿。
抱衷依閑沼，策杖戲荒田。遊心清漢表，置想白雲邊。
榮名非我顧，息意且蕭然。

年一百二歲，不病而卒。】

【校注】

［1］隋益州孝愛寺釋智炫傳八：諸本無，今據磧本補。
［2］京洛：原指洛陽，後泛指國都，此指長安。
［3］教：資本作"化"。
［4］納耶輪陀羅生羅睺羅：案，"耶輪陀羅"爲釋迦牟尼出家前的妻子，"羅睺羅"爲二人之子，參見佛所行贊卷一。
［5］三種净肉：十誦律卷三七："我聽啖三種净肉。何等三？不見、不聞、不疑。不見者，不自眼見爲我故殺是畜生。不聞者，不從可信人聞爲汝故殺是畜生。不疑者，此中有屠兒，此人慈心不能奪畜生命。"
［6］姜斌犯法：案，此事見於本卷曇無最傳。

[7] 三皇經：爲魏晋時期道教經録派三皇系的重要經典，唐貞觀二十年被禁毁，正統道藏收有太清金闕玉華仙書太極神章三皇内秘文三卷、三皇内文遺秘一卷，當是其遺文。

[8] 大：資本作“士”。

[9] 三學山：在今四川省金堂縣東栖賢鄉聖燈村。

續高僧傳卷第二十四[1]

護法下正傳十[2]　附見五

【唐并州大興國寺釋曇選傳一】

【釋曇選，姓崔，高陽人，神慧譎詭，不偶時俗。雖博通經術，而以涅槃著名，不存文句，護法爲慮本。晚住并部興國寺，川邑奉之，以爲師傅。每有衆集，居于座元，酬問往還，以擊節爲要，吐言開令，宏放終古。僧侣乃多，莫敢摧挫，時人目爲“豹選”者也。

及揚諒逆節，中外相叛，招募軍兵，繕造牟甲，以興國寺爲甲坊，以武德寺爲食坊。後於武南置陣，揚素敗之，官軍入郭，搜求逆黨，總集諸僧，責供反者。僧等辭曰：“王力嚴切，不敢遮約。”素曰：“有幾僧諫王被殺而云王力嚴切？此並同反，不勞分疏。可依軍法。”選時在衆，不忍斯禍，乃出對曰：“比佛法陵遲，特由僧無有德可以動俗，致有亂階結聚，不能誨以忠信。此誠如公所教，今被理責，陷身無地。”素乃舒顔曰：“僧等且還，留向對僧，擬論機務。”自爾書參軍將，開散僧誅，晚還寺宿。不久煬帝下勑，通被放免。故合衆獲安，誠其功也。

及大業末歲，兵饑交接，四方僧遊，寄食無地。興國雖富，儉嗇者多，每食時禁門自守，客僧擁結，終不之前。選不勝減法，憤激身心，每日拄杖，在門驅趂防者，携引羇僧，供給鉢器，送至食堂。衆多是其子弟，不敢違逆，由是衆開僧制，許選停客，自餘不得然。其慈濟之深，感激府俞。房内廓然，財什不積，惟置大鎗一口[3]。每日引諸乞兒，所得食調總鎗中，選請食分亦和其内，雜爲饘粥。便行坐乞人，手自斟酌。見其繿縷皴錯，形容癯瘦，流淚盈臉，不能自勝。選亦依行受粥而食。日别如此，遂及有年。

皇運伊始，人情安泰，義興新寺，法綱大張。沙門智滿當塗衆主，一川鄉望，王臣傾重，創開諸宇，嚴位道場。三百餘僧，受其制約，夏中方等，清衆肅然，風聲洋溢，流潤遐邇。選聞之，乃詣其寺庭，滿徒聞來，崩騰下赴。告曰："卿等結聚，作何物在，依何經誥，不有冒罔後生乎？"滿曰："依方等經，行方等懺。"[4]選曰："經在何處，將來對讀。"遂將一卷來。選曰："經有四卷，何不一時讀之？"沙門道綽曰："經文次第，識不俱聞。"選曰："吾識可共爾識同耶？但四卷齊讀。"文言未了，便曰："依咒滅罪耳，可罷之。"又曰："自佛法東流，矯詐非少。前代大乘之賊[5]，近時彌勒之妖[6]，詿誤無識，其徒不一。聞爾結衆，恐壞吾法，故力疾來問。雖爾手把瓶子[7]，倚傍猶可。"遂杖策而返。

武德八年，遘疾淹積，問疾者充仞房宇。乃尸卧、引衣、申脚曰："吾命將盡，何處生乎？"名行僧道綽曰："阿闍梨，西方樂土名爲安養，可願生彼？"選曰："咄，爲身求樂，吾非爾儔。"綽曰："若爾，可無生耶？"答曰："須見我者而爲生乎？"乃潛息久之，不覺已逝。時年九十有五。道俗哀慘，送于西山之陰。傳者親往其寺，不及其人。觀其行事、遺績，庶可澡雪形心，頓袪鄙悋。叔緒護法開士，抑斯人乎？】

【校注】

［1］四：麗初本、趙本、興聖寺本同麗再本，磧本系統作"五"。

［2］十：麗再本、麗初本、趙本、興聖寺本作"五"，無釋曇選傳、釋法通傳、釋弘智傳、釋道會傳、釋智勤傳，今據磧本補。

［3］鎗：洪南本作"鍋"，永北本作"鉢"，餘本同磧本。

［4］方等經：即大方等陀羅尼經，四卷，北涼法衆譯。經文講陀羅尼的功德及懺法，故道綽稱"行方等懺"，而曇選以爲"依咒滅罪耳，可罷之"，即指經中陀羅尼的部分。

［5］大乘之賊：北魏延昌四年至熙平二年，在冀州有法慶自號"大乘佛"，糾結民衆數萬人造反，破壞寺院，殺戮僧尼，焚燒經像，後被北魏鎮壓。參見魏書卷九、卷四八、卷六四、卷九四。

［6］彌勒之妖：隋書卷六，記大業"六年春正月癸亥朔，旦，有盜數十人，皆素冠練衣，焚香持華，自稱彌勒佛，入自建國門。監門者皆稽首。既而奪衛士仗，將爲亂。齊王暕遇而斬之。於是都下大索，與相連坐者千餘家。"

［7］手把瓶子：指密宗手印，（大正 39）大毗盧遮那成佛經疏卷一三密印品："次地天印，先合掌，其十指頭並屈而相捻，令圓屈之，空指令入掌內，其形如瓶子即是也。"案，此句爲曇選對於大方等陀羅尼經中邊念誦陀羅尼邊坐手印的調侃，全句的大意是說，念誦大方等陀羅尼經，雖然境界不高，但差勝於走入邪途。

【唐隰州沙門釋法通傳二】

【釋法通，龍泉石樓人[1]。初在隰鄉，未染正法，衆僧行往，不達村閭，如有造者,以灰洒面,通雖處俗,情厭恒俗。以開皇末年,獨懷異槩,超出意表,剃二男二女并妻之髮,被以法衣,陟道詣州,委僧尼寺。時有門者[2],通便答曰:"我捨枷鎖,志欲通法。"既達州寺,如前付囑。便求通化寺明法師度出家,於即遊化稽湖,南自龍門,北至勝部,嵐、石、汾、隰無不從化。[3]多置邑義,月別建齋,但有沙門,皆延村邑。或有住宿,明旦解齋,家別一槃,以爲通供。此儀不絶,至今流行。河右諸州聞風服義。有僧投造,直詣堂中,承接顔色,譬若親識。故通之率導,其德難倫。

曾行本邑,縣令逢之,問是何僧? 答云:"山客。"令乃禁守,不許遊從。通即絶粒竭誠,繞獄行道。其夜聽事,野狐鳴叫,怪相既集,通夕不安。及明放遣,通曰:"我繞獄行道,正得道理,如何見放?"經日不食,夜又狐鳴。官庶以下,莫不震懼,苦勸引挽,方從其請。爾後巡行,無時寧舍,曾投人宿,犬咋其脛。尋被霹死,風聲逾顯。後卒於龍泉。

余以貞觀初年,承其素迹,遂往尋之。息名僧綱,住隰州寺,親説往行,高聞可觀。欣其餘論,試後披敘。夫以高世之量,隨務不倫,統其大歸,莫非通道。所以九十六部兼邪正之津塗,一十七群現機緣之化迹,[4]故能光開佛日,弘導塵蒙,攝迷没之鄙夫,接戒濁之澆首,並得開智清悟,通聖革凡。弘道利生,於是乎在。今有不達之者,同世相輕,覩其家業叢雜,閲其形骸塵弊,遂則雷同輕毁,曾不大觀,由之自陷,備于成教。故文云:"不觀法師種姓、形有,但受其法,開我精靈。"斯言可歸,通有之矣。】

【校注】

[1] 龍泉石樓:即龍泉郡石樓縣之省,縣治當今山西省石樓縣城區。北周大象元年,置龍泉郡,下轄長壽縣、平昌縣。隋開皇五年廢龍泉郡,改汾州置隰州。大業三年,改隰州爲龍泉郡,下轄六縣:隰川縣、石樓縣、永和縣、樓山縣、蒲縣、垣縣。唐武德元年,改龍泉郡爲隰州。案,下文"隰鄉",疑即龍泉郡郡治隰川縣。

[2] 門:永北本作"問"是。

[3] 案,"稽湖"當爲"稽胡"。東漢將南匈奴由鄂爾多斯高原遷徙至汾河上中游,稽胡即南匈奴與多個種族融合後的山居農耕民族,分布於山西中北部、陝西渭北、陝北、甘肅天水、慶陽地區,以及寧夏。參見譚其驤、馬長壽、唐長孺相關論著。"龍門",在今山西省河津縣和陝西韓城市交界處的黄河峽谷。"勝州",治當今陝西省榆林市。"嵐州",治當今山西省嵐縣南古城村。"石州",治當今山西省吕梁市離石區。"汾州",治當今山西省隰縣。

[4] 案,"九十六部""一十七群",指稽胡的種落數目。

唐終南山智炬寺釋明贍傳三[1]

釋明贍,姓杜氏,恒州石邑人也[2]。少有異操,所住龍貴村二千餘家,同共高之,傳于口實。十四通經,十七明史,州縣乃舉爲俊士[3]。性慕超方,不從辟命,投飛龍山應覺寺而出家焉。師密異其度,乃致書與鄴下大集寺道場法師,令其依攝,專學大論。尋值法滅,潛形東郡[4]。

隋初出法,追住相州法藏寺,而立志貞明,不干非類,正業之暇,了無他涉。内通大小,外綜丘墳,子史書素,情所欣狎。將事觀國,移步上京,開皇三年,勑召翻譯,住大興善。衆覩德望可宗,舉知寺任,辭而不免,便綱管之。

大業二年[5],帝還京室,在於南郊盛陳軍旅。時有濫僧染朝憲者,事以聞上,帝大怒,召諸僧徒,並列御前。峙然抗禮。下勑責曰:"條制久頒,義須致敬。"于時黄老士女,初聞即拜。惟釋一門,儼然莫屈。時以瞻爲道望,衆所推宗,乃答曰:"陛下必欲遵崇佛教,僧等義無設敬。若准制返道,則法服不合敬俗。"勑云:"若以法服不合,宋武爲何致拜[6]?"瞻曰:"宋氏無道之君,不拜交招顯戮。陛下有治存正[7],不陷無罪,故不敢拜。"帝不屈其言[8],直遣舍人語僧:何爲不拜?如此者五,黄巾之族,連拜不已。惟瞻及僧長揖如故,兼抗聲對敘,曾無憚懾。帝乃問[9]:"向答勑僧是誰?録名奏聞。"便令視被戮[10],諸僧合衆安然而退。明旦,有司募敢死者至闕陳謝,瞻又先登。雖達申遜之詞,帝夷然不述,但下勑於兩禪定各設盡京僧齋[11],再遺束帛,特隆常准。後迴蹕西郊,顧京邑,語朝宰曰:"我謂國内無僧,今驗一人,可矣。"自爾,頻參元選,僉議斯屬。下勑令住禪定,用崇上德故也。衆以瞻正色執斷,不避强禦,又舉爲知事上座。整理僧務,備列當時。

大唐御世,爰置僧官,銓擬明哲,允攄無滯[12]。貞觀之初,以瞻善識治方,有聞朝府,召入内殿,躬昇御床。食訖對詔,廣列自古以來明君昏主制御之術[13],兼陳釋門大拯以慈救爲宗[14]。帝大悦,因即下勑:"年三月六,普斷屠殺。行陣之所,皆置佛寺。"登即一時,七處同建,如豳州昭仁、晋州慈雲、吕州普濟、汾州弘濟、洺州昭福、鄭州等慈、洛州昭覺[15]。並官給匠石,京送奴隸。皆因瞻之開發也。

又私以每年施物,常飯千僧,大乘經論,須者爲寫,歲恒不絶,爲報母恩。及暮齒將臨,山栖是造,遂入太一山智炬寺而隱焉。[16]京輦歸信,遠趣於林,問道奉戒,又繁常昔。乃自惟曰[17]:"攝心歸静,猶自煩乎,試縱餘齡,更還京邑[18]。"少時遇疾,猶堪療治,乃曰:"吾命極矣,可懸一月,枯骸累人。"乃延諸大德就興善寺設齋辭訣。房、杜僕射,舉朝畢集,具賫助供,嚫錫山積。瞻通大捨懺辭[19],告别即日,力杖出京[20],返于智炬,竭誠勤注[21],想觀西方,心通明利[22]。告侍者曰:"阿彌陀佛來也。"須臾又云:"二大菩薩亦至。吾於觀經,成就十二,餘者不了。"既具諸善相,顔貌怡然,奄爾而逝,春秋七十,即貞觀二年十月二十七日也。時以預記之驗,知命存乎。初未終前,遺令焚身。及闍維訖，乃見骸骨圓全，都無縫道，當其頂上，紫色暐然。遂瘞于巖下。

【校注】

[1] 贍：磧本作"瞻"誤，趙本同麗再本。

[2] 恒州石邑：石邑縣，治當今河北省石家莊市鹿泉區。石邑縣，漢置，北齊爲井陘縣，隋開皇三年復置，同年罢常山郡改屬恒州，唐初仍之。

[3] 俊：諸本同，永北本作"進"誤。

[4] 潛：諸本同，磧本作"藏"。郡：諸本同，興聖寺本作"群"。

[5] 大業二年：案，據隋書卷三煬帝紀，當爲大業三年。

[6] 宋武：指南朝劉宋孝武帝，事見廣弘明集卷六辯惑篇之"列代王臣滯惑解上"："帝姓劉氏，諱駿，文帝之第三子也。爲父討逆，斬兄邵於南郊，并子三十一人，自立改元孝建。二年，誅叔義宣。大明二年，誅王僧達父子。有羌人高闍反，及沙門曇標，下詔曰：'佛法訛替，沙門混雜，未足扶濟鴻教而專成逋藪，加以姦心頻發，凶狀屢聞，敗道亂俗，人神交忿。可付所在，精加沙汰。後有違犯，嚴其誅坐。'遂設諸條禁，自非戒行精苦，並使還俗……世祖以大明六年，使有司奏議令僧致敬。"

[7] 陛：諸本同，興聖寺本作"階"誤。

[8] 帝：諸本同，麗初本無。

[9] 乃：諸本同，興聖寺本作"及"誤。

[10] 便令視被戮：諸本同，磧本作"便即視擬戮"語意較優。

[11] 於：諸本同，興聖寺本脱。

[12] 坼：諸本作"折"，今從磧本。

[13] 昏：諸本同，磧本作"民"誤。

[14] 拯：諸本同，磧本作"極"。

[15] 昭：磧本、興聖寺本作"照"，麗初本、趙本同麗再本。案，本傳"昭"，興聖寺本均作"照"。

[16] 太一山智炬寺：在今西安市長安區灤鎮豐峪口西一公里處。案，"太一山"，應爲"太乙山"。

[17] 曰：諸本作"日"，今從磧本。

[18] 邑：諸本同，興聖寺本作"師"。

[19] 瞻：麗再本、麗初本、趙本作"贍"，今從磧本，興聖寺本字迹不清。

[20] 力：諸本同，麗初本作"刀"誤。

[21] 注：磧本、興聖寺本作"住"誤，麗初本、趙本同麗再本。案，"注"指注意力集中。

[22] 通：諸本同，磧本作"道"誤。

唐京師勝光寺釋慧乘傳四道璋

釋慧乘，俗姓劉氏，徐州彭城人也。其先炎漢之緒，祖欣，梁直前將軍[1]、瑯瑘太守。父雅，陳兵部郎中[2]。叔祖智强，少出家，陳任廣陵大僧正，善閑成論及大涅槃。乘年十二，發心入道，仍事强爲師，服膺論席，備探精理。

十六，啓强曰："離家千里，猶名在家沙門也，請廣遊都郡，疏諸耳目[3]。"强從之，便下楊都，聽莊嚴寺智嚼法師成實。爰始具戒，即預陳武帝仁王齋席，對御論義，詞辯絶倫。數千人中，獨迴天睠。至四月八日，陳主於莊嚴寺總令義集，乘當時豎"佛果出二諦外義"。有一法師英俠自居，擅名江左[4]，舊住開泰，後入祇洹[5]，乃問曰："爲佛果出二諦外[6]，爲二諦出佛果外[7]？"乘質云："爲法師出開泰，爲開泰出法師？"彼曰："如鴛鴦鳥不住清廁[8]。"乘應聲曰："釋提桓因，不與鬼住。"彼曰："鳩翅羅鳥，不栖枯樹。"乘折云："譬如大海，不宿死屍。"于時，嚼公處座嘆曰："辯才無礙，其鋒難當者也[9]。"躬於帝前賞天柱納袈裟。由是令響通振[10]，鄰國斯傳。陳桂陽王、尚書毛喜、僕射江總等並申久敬，咸慕德音。

屬陳季道離，隋風遠扇。太尉晋王於江都建慧日道場，遍詢碩德，乘奉旨延住，仍號家僧。後從王入朝，頻蒙内見。時净影慧遠道聲揚播[11]，由來不面，因過值講，即申言論，義高詞麗，聲駭聽徒[12]。遠顧曰："何處吴僧，脣舌陵人？復豈逾此[13]。"王聞之，彌敬其詞辯。時慧日創立，搜楊一化[14]，並號龍象，咸開義門[15]。既爰初盛集，法輪肇駕，王乃請乘盡心言論，不有見尊致結。既承資蓄，縱辯無前，折關陳款，皆傾巢穴。甚稱王望，别賞帛百段。暨高祖東巡岱宗，鑾駕伊洛，勑遣江南吴僧與關東大德昇殿豎義。乘應旨首登，命章對論，巧問勃興，切並紛集，縱横駱驛，罔弗喪律亡圖。高祖目屬稱揚，群英嘆異。

開皇十七年，於楊州永福寺建香臺一所，莊飾金玉，絶世罕儔。及晋王即位，彌相崇重，隨駕行幸，無處不經。大業六年有勑，郡别簡三大德入東都[16]，於四方館仁王行道。别勑乘爲大講主。三日三夜，興諸論道，皆爲析暢，靡不泠然。從駕張掖，蕃王畢至，奉勑爲高昌王麴氏講金光明，吐言清奇，聞者嘆咽。麴布髪於地，屈乘踐焉。

至八年，帝在東都，於西京奉爲二皇雙建兩塔，七層木浮圖。又勑乘送舍利，瘞于塔所。時四方道俗，百辟諸侯，各出名珍，於興善寺北，天門道南，樹列勝場三十餘所。高幢華蓋，接影浮空，寶樹香烟，望同雲霧。迎延靈骨至于禪定，僉共請乘開仁王經，化洽士庶[17]。正道日登[18]，咸嘉賞讚。十二年，於東都圖寫龜兹國檀像，舉高丈六，即是後秦羅什所負來者，屢感禎瑞，故用傳持，今在洛州净土寺。

會隋室分崩，唐皇御曆，武德四年，掃定東夏，有勑："僞亂地僧，是非難識，州别一寺，留三十僧，餘者從俗。"上以洛陽大集，名望者多，奏請二百許僧，住同華寺。乘等五人，勑住京室。于時乘從僞鄭，詞被牽連[19]。主上素承風問，偏所顧屬，特蒙慰撫，命住勝光，秦國功德[20]，咸歸此寺。

武德八年，歲居協洽，駕幸國學[21]，將行釋奠。堂置三坐，擬叙三宗，衆復樂推，乘爲導首。時五都才學，三教通人，星布義筵，雲羅綺席。天子下詔曰："老教、孔教，此土先宗。釋教後興，宜崇客禮。"令老先，次孔，末後釋宗。當爾之時，相顧無色。乘雖登坐，情慮莫安。今上時爲秦王，躬臨位席，直視乘面，目未曾迴。頻降中使十數，教云："但述佛宗，先敷帝德[22]，餘一無所慮[23]。"既最末陳唱，諦徹前通，乃命宗云："上天下地，榮貴所資，緣業有由，必宗佛聖。今將叙大致，理具禮儀，並合掌虔跪，使師資有據。"聲告纔竟，皇儲以下[24]，爰逮群僚，各下席踞跪[25]，竚聆逸辯。乘前宣帝德云"陛下巍巍堂堂，若星中之月"云云。次述釋宗，後以二難，雙徵兩教。玄梯廣布，義網高張，莫不躡嚮風馳[26]，應機雲涌。既而天子迴光，敬美其道，群公拜手，請從弘業。黄巾李仲卿結舌無報，博士、祭酒等束體轅門。慧日更明，法雲還布。當又下詔，問乘曰："道士潘誕奏：悉達太子不能得佛[27]，六年求道，方得成佛。是則道能生佛，佛由道成，道是佛之父師，佛乃道之子弟。故佛經云：求於無上正真之道。又云：體解大道，發無上意。外國語云'阿耨菩提'，晋音翻之'無上大道'。若以此驗，道大佛小，於事可知。"

乘報略云：

> 震旦之與天竺，猶環海之比鄰州[28]。聃乃周末始興，佛是周初前出，計其相去二十許王，論其所經，三百餘載。豈有昭王世佛而退求敬王時道乎？勾虛驗實，足可知也。仲卿向叙道者有太上大道，先天地生，鬱勃洞虛之中，煒燁玉清之上[29]，是佛之師，不言周時之老聃也。且五帝之前，未聞有道；三王之季，始有聃名；漢景已來，方興道學。窮今討古，道者爲誰？案七籍九流[30]，經國之典[31]，宗師周易[32]，五運相生，既闢兩儀，陰陽是判。故曰：一陰一陽之謂道，陰陽不測謂之神。天地於事可明，陰陽在生有驗。此理數然也。不云有道先天地生，道既莫測[33]，從何能生佛。故車胤云："在已爲德，及物爲道。"殷仲文云："德者得也，道者由也。言得孝在心，由之而成也。"[34]論衡云："立身之謂德，成名之謂道。"道德也者，爲若此矣。卿所言道，寧異是乎？若異斯者，不足歸信。豈有頭戴金冠，身被黄褐，鬢垂素髮，手把玉璋，别號天尊，居大羅之上，獨名大道。治玉京之中，山海之所未詳，經史之所不載。大羅既烏有之説[35]，玉京本亡是之談。

言畢下座，舉朝屬目。此時獨據詞宗，餘術無爲而退。一席楊扇[36]，萬代舟航,可尚可師,立功立事,近假叨幸之力,遠庇護念之恩也[37]。

貞觀元年,乘以銜荷特命[38],義須崇善,奉爲聖上於勝光寺起舍利寶塔,像設莊嚴,備諸神變。并建方等道場,日夜六時,行坐三業。

以貞觀四年十月二十日,終于舊房,春秋七十有六。門人道璋先奉遺旨[39],於南山谷口焚之,私斂餘灰,還於勝光起塔。沙門法琳爲製碑文,見于别集。

惟乘釋蒙據道,護法爲心,撫物卹窮[40],彌留情曲[41]。而詞辯無滯,文義俱揚,寫送若流[42],有逾宿誦。此之一術,殁後絶蹤。而身歷三朝,政移六帝,頻昇中殿,面對天顔,神氣蕭散[43],映徹牆仞,自見英德,莫不推焉。又卿士、王公、妃嬪、庶族皆禀塗香,申明供禮。所講涅槃、般若[44]、金鼓、維摩、地持、成實等各數十遍。

璋即乘之猶子也,少所恭奉,立性誠慤。偏能唄讚,清囀婉約[45],有勢於時。每爲都講,亦隸倫則,京邑後附,多嚮其塵云[46]。

【校注】

[1] 直:麗再本、興聖寺本作"真"誤,今從磧本、麗初本、趙本。隋書卷二七百官中"北齊左右衛坊率"下有"直前"。

[2] 郎中:諸本同,興聖寺本作"中郎"誤。

[3] 郡:磧本、隨函録作"郿",麗初本、趙本同麗再本,興聖寺本字迹不清。疏:磧本、趙本、興聖寺本作"流",麗初本同麗再本。

[4] 擅:諸本同,麗初本、興聖寺本作"檀",磧本、趙本同麗再本。

[5] 洹:諸本同,興聖寺本作"桓"。

[6] 爲佛:諸本同,興聖寺本倒作"佛爲"。

[7] 爲:諸本無,今據磧本補。

[8] 清:諸本同,磧本作"圊"。案,"清""圊"同字異體,指廁所、糞坑。

[9] 鋒:諸本同,興聖寺本作"鉢"誤。

[10] 振:諸本同,磧本作"震"是。

[11] 揚:麗初本、趙本、興聖寺本作"楊",磧本同麗再本。

[12] 聽:諸本同,磧本作"德"誤。

[13] 逾:諸本同,磧本作"愈"誤。

[14] 楊:諸本同,磧本作"揚"是。

[15] 開:諸本作"問"誤,今從磧本。

[16] 簡:諸本同,磧本作"揀"。"簡"通"揀"。

[17] 化洽:麗再本、趙本作"華俗"誤,麗初本、興聖寺本作"化俗",今從磧本。

[18] 日:磧本作"自"誤,興聖寺本作"白"誤,麗初本、趙本同麗再本。

[19] 詞:磧本、麗初本、興聖寺本作"謂"誤,趙本同麗再本。

[20] 秦:諸本同,興聖寺本作"奏"誤。

[21] 幸:諸本同,趙本作"辛"誤。

[22] 先：諸本作“光”，今從磧本。
[23] 餘：諸本無，今據磧本補。
[24] 以：諸本同，磧本作“已”。
[25] 踟：諸本同，磧本作“胡”應是。
[26] 嚮：磧本、興聖寺本作“響”，麗初本、趙本同麗再本。案，“嚮”通“響”。
[27] 悉：諸本同，興聖寺本作“迷”誤。
[28] 鄰：諸本作“麟”，今從磧本。
[29] 熚：諸本同，興聖寺本作“煒”。
[30] 籍：諸本作“藉”，今從磧本。
[31] 典：諸本同，磧本作“興”誤。
[32] 周：諸本同，興聖寺本作“同”。
[33] 測：諸本同，趙本脱。
[34] 案，“殷仲文”，傳見晉書卷九九。
[35] 烏：麗再本、麗初本、趙本作“焉”誤，今從磧本、興聖寺本。
[36] 楊：諸本同，磧本作“揚”是。
[37] 遠：諸本同，興聖寺本作“遂”誤。
[38] 特：諸本同，磧本作“持”。
[39] 旨：諸本同，磧本作“告”誤。
[40] 窮：諸本同，興聖寺本脱。
[41] 曲：諸本同，興聖寺本作“典”誤。
[42] 送：諸本同，趙本作“注”誤。
[43] 蕭：諸本作“消”，今從磧本。
[44] 般：諸本同，興聖寺本脱。
[45] 囀：諸本同，興聖寺本作“轉”誤。
[46] 嚮：諸本同，磧本作“響”。

唐京師大總持寺釋智實傳五 普應　法行

釋智實，俗姓邵氏，雍州萬年人也[1]。童稚兒藂[2]，譎詭超異，預有談論，必以佛理爲言先。十一出家，住大總持寺，聽叙玄奥，登共器之，隨以小緣而能通暢宏遠。自涅槃、攝論、俱舍、毗曇皆鏡其深義，開其關鑰，兼以思力堅明，才氣雄雅[3]。武德之歲[4]，初平鄭國，三大法師慧乘、道宗、辯相等西赴京師。主上時爲秦王，威明宇内，志奉釋門，乃請前三德并京邑能論之士二十餘僧，在弘義宫通宵法集[5]。實年十三，最居下座，上命令對論。發言清卓，驚絶前聞，新至諸僧，無敢繼響。上及諸王異聲同嘆，曰：“此小師最俊烈，後必紹隆三寶矣[6]。”實眉間白毫可數寸[7]，光映顔額[8]。沙門吉藏摩其頂，捋其毫，曰：“子有異相，當躡迹能仁，恨吾老矣，不見成德。”

武德七年，獫狁孔熾[9]，屢舉烽爟，前届北地，官軍相拒，有僧法雅，夙昔見知,武皇通重,給其妻媵,任其愆溢,僧衆惘然,無敢陳者,奏請京寺驍悍千僧[10],用充軍伍。有勑可之。雅即通聚簡練,别立團隊。既迫王威,寂無抗拒[11]。實時年二十有一,深究雅懷,恐興異度,事或彰陳,必累大法,乃致書於雅曰:

與子同生像季,共屬陵遲,悲六道之紛然,愍四生之未悟。子每遊鳳闕,恒遇龍顔,理應洒甘露於帝心,蔭慈雲於含識。何乃起善星之勃見,鼓調達之惡心[12],令善響没於當時[13],醜迹揚於後代[14]? 豈不以朝含安忍,省納蒭蕘,恣此愚情[15],述斯頑見,嗟乎可悲[16],寔傷其類[17]。且自多羅既斷,終不更生;析石已分,義無還合。[18]急持衣鉢,早出伽藍,使清濁異流,蘭艾殊别[19];使群臣息於譏論[20],梵志寂於謗聲,定水噎而更通[21],慧燈晦而還照。此言至矣,想見如流。

雅得書逾怒,科督轉切,備辦軍器,剋日將發。實騰入其衆大哭,述斯乖逆,壞大法輪,即是魔事。預是千僧,同時號叫,聽者寒心下淚。實遂擒撮法雅,毆擊數拳[22],告云:"我今降魔,使邪正有據。"雅以事聞,帝云:"此道人大麤[23]。"付法推劾,即被枷禁[24],初無怖色。將欲加罪,僕射蕭瑀等奏稱精進有聞,勑乃罷令還俗,所選千人並停復寺。實雖處俗壤而兵役得停,欣泰其心[25],曾無憾結。

貞觀元年[26],勑遣治書侍御史杜正倫撿校佛法,清肅非濫,實恐法雅猶乘先計,濫及清徒,乃致書於使[27],曰:

沉俗僧智實白:

實懷橘之歲,涉清信之名[28];採李之年,染息慈之位。雖淺智褊能,然敢希先達[29]。竊見化度寺僧法雅善因曩世,受果今生[30],如安上之遊秦,似遠公之入晋[31],理應守護鵝之行,持結草之心,思報皇王之恩,奉酬覆載之德。乃於支提静院,恒爲宰殺之坊;精舍林中,鎮作妻孥之室。脱千僧之服,四海愴動地之悲;謗七佛之經,萬國嗟訴天之怨。自漢明感夢,摩滕入洛已來[32],無數名人[33],頗曾聞也。

皇帝受禪,撫育萬方,欲使王道惟清,法海無穢。公策名奉節,許道亡身,除甘蔗之災[34],拔空腹之樹,使禪林鬱映,慧苑扶疏[35],茂實嘉聲[36],振于邦國[37]。寧可忍斯邪佞,仍捧鉢於祇桓,棄我貞廉,絶經行於靈塔? 龍門深濬,奉見無由,天意高懸,流問何日。惟公鑒同水鏡,智察幽微,仰願拯鶩翼於華箱,濟涸鱗於窮轍。輕以忏陳[38],但增悚懼。

後法雅竟以狂猖被誅,倫以事聞,乃下勑云:"智實往經論告法雅,預知麤勃,自還俗已來,又不虧戒行,宜依舊出家。"因返寺房,綜括前業,捃討幽致，有譽京室。

十一年，駕往洛州，下詔云：

老君垂範，義在清虚；釋迦貽則，理存因果。求其教也，汲引之迹殊塗；求其宗也，弘益之風齊致。然大道之行，肇於遂古[39]，源出無名之始，事高有形之外。邁兩儀而運行，包萬物而亭育，故能經邦致治，反樸還淳。至如佛教之興，基於西域，逮於後漢，方被中土。神變之理多方，報應之緣匪一，洎乎近世，崇信滋深。人冀當年之福，家懼來生之禍。由是滯俗者，聞玄宗而大笑；好異者，望真諦而爭歸。始波涌於閭里，終風靡於朝廷。遂使殊俗之典，鬱爲衆妙之先；諸華之教，翻居一乘之後。流遁忘返，于兹累代。

今鼎祚克昌，既憑上德之慶；天下大定，亦賴無爲之功。宜有解張，闡兹玄化。自今已後，齋供行立至於稱謂，道士、女道士可在僧尼之前。庶敦反本之俗暢於九有，貽諸萬葉。

時京邑僧徒各陳極諫，語在别紀。實惟像運湮沉，開明是屬，乃携大德法常等十人，隨駕至關，上表曰[40]：

法常等言：

法常等年迫桑榆[41]，始逢太平之世；貌同蒲柳[42]，方值聖明之君。竊聞父有諍子，君有諍臣[43]，法常等雖預出家，仍在臣子之例[44]，有犯無隱[45]，敢不陳之。伏見詔書，國家本系出自柱下，尊祖之風，形于前典，頒告天下，無德而稱[46]。令道士等處僧之上，奉以周旋，豈敢拒詔。尋老君垂範，治國治家，所佩服章，亦無改異。不立觀宇[47]，不領門徒，處柱下以全真[48]，隱龍德而養性，智者見之謂之智[49]，愚者見之謂之愚[50]，非魯司寇，莫之能識。今之道士不遵其法，所著衣服並是黄巾之餘，本非老君之裔，行三張之穢術，棄五千之妙門，反同張禹，漫行章句。從漢、魏已來，常以鬼道化於浮俗，妄託老君之後，實是左道之苗。若位在僧之上[51]，誠恐真僞同流，有損國化。如不陳奏，何以表臣子之情[52]。謹録道經及漢、魏諸史佛先道後之事，如前。伏願天慈，曲垂聽覽。

勑遣中書侍郎岑文本宣勑，語僧等："明詔久行，不伏者與杖。"諸大德等咸思命難[53]，飲氣吞聲。實乃勇身先見[54]，口云不伏此理，萬刃之下，甘心受罪。遂杖之放還。

抱思旋京，晦迹華邑，處于渭陽之三原焉。信心之侣，敬奉如雲。情計莫申[55]，遂感氣疾，知命非久。欲與故人相别而生不騎乘，乃令弟子四人，各執床角，轝至本寺[56]。精爽不雜，召諸知友[57]，執手訣云：“實以虚薄，妄廁僧儔，一期既至，知復何述？但恨此身虚死，未曾爲法，以爲慨然。近夢阿私陀仙見及，云常得出家，想非徒説。”少時卒於大總持寺，春秋三十有八，即貞觀十二年正月也。

實自生能不入市鄽，不執錢寶，不求利涉。三衣瓶鉢[58]，常不離身，雖當日往還[59]，而始無輒離。志行嚴肅，殊有軌度，攝誘多方，故四遠道俗而放之[60]，僧多依附之。親侍沙門七人皆供承有叙，通共嘉焉[61]。總持故塔，修奉者希，實香燈供養[62]，以爲己業。病轉就篤，溺水不通[63]，已經旬日，侍人非時進漿，實曰：“大聖垂誡，其可欺乎？吾見臨終犯戒者多矣，豈使累劫之誠而陷於一咽者哉？”遂閉氣而止。又問以終事，答云：“譬如彎弓放矢，隨處即落。觀于山水，未有親疏之心，任時量處，省事爲要。”乃葬南郊僧墓中[64]。斯亦達性之一方矣。終後，三原信士方三十餘里，皆爲立靈廟，夜别四五百人聚臨，如喪厥親。迄于百日，衆方分散。

初總持寺有僧普應者，亦烈亮之士也。通涅槃、攝論，有涯略之致。以傅弈上事[65]，群僧蒙然，無敢諫者。應乃入秘書太史局[66]，公集郎監，命弈對論[67]。無言酬償[68]，但云：“秃丁妖語[69]，不勞叙接。”應曰：“妖孽之作，有國同誅，如何賢聖俱崇，卿獨侮慢。”弈不答。應退造破邪論兩卷，背負籧篨[70]，俓詣朝堂[71]，以陳所述。時執事者以聖上開治，通諫蒭蕘，雖納弈表，未將理當，不爲程達[72]。應乃多寫論本，日往朝省、卿相朗署[73]，鼓言弈表，牽挽弈手，與談正理。弈素本淺學[74]，假詞於人，杜口不對。斯亦彭亨强捍僧傑[75]，不可抑也。

應之所師法行者，亦貞素之僧也[76]，俱住總持，衆首之最，立操孤拔，與物不群。每日六時，常立參像，自問自答，入進殿中。乃至勞遣，應聲如在，精慤特立，衆難加焉，故又目之爲“高行”也。行見塔廟，必加治護，飾以朱粉[77]，摇動物敬。京寺諸殿有未盡者，皆圖繪之[78]，銘其相氏，即勝光、褒義等寺是也。武德之始，猶未有年，諸寺飢餒，烟火不續。總持名勝[79]，普應爲先，結會僧倫，誓開糧路，人料一勺[80]，主客咸然。時來投者，日恒僅百，夙少欣欣，曾不告倦。而行微念起厭怠懷，即悔告人：“大開鬼業[81]，如何自累，惜他食乎？”每旦出門，延頓客旅，歡笑先言，顧問將接[82]。多辦鉢、履，安處布置，乃達時豐，初不休舍。後住楚國[83]，講遺教論，以畢終矣。

【校注】

［1］萬年：諸本同，興聖寺本作“萬年縣”。

［2］藂：諸本同，磧本作"聚"，趙本同麗再本。"藂"即叢，有"聚"義。
［3］雅：磧本作"毅"，麗初本、興聖寺本作"放"是，趙本同麗再本。
［4］武：諸本同，磧本作"政"誤。
［5］宵：諸本作"霄"，今從磧本。
［6］隆：諸本同，趙本作"降"誤。
［7］可數寸：諸本同，磧本作"可長數寸"是。
［8］光映顔顙：磧本作"光映頞顙"，麗初本、趙本同麗再本。"映"同"映"。顔：興聖寺本字迹不清，似作"額"形。
［9］熾：諸本同，興聖寺本脱。
［10］悍：諸本作"捍"，今從磧本。
［11］拒：諸本同，磧本作"抵"。
［12］案，"善星"，釋迦牟尼在家時所生子，因提出"無佛無法，無有涅槃"義，生身陷入墮阿鼻地獄，見大涅槃經卷三三。"調達"，即提婆達多，釋迦牟尼之堂兄，後來成立獨立教團，專與佛作對。
［13］善：諸本同，興聖寺本脱。
［14］揚：諸本同，磧本衍作"播揚"。
［15］情：諸本同，興聖寺本脱。
［16］乎：諸本同，磧本作"于"誤。
［17］寔：諸本同，磧本作"實"。"寔"同"實"。
［18］多羅既斷，終不更生；析石已分，義無還合：典出北本大般涅槃經卷七如來性品第四之四："復有人言：或有比丘實不毁犯波羅夷罪，衆人皆謂犯波羅夷如斷多羅樹，而是比丘實無所犯。何以故？我常説言，四波羅夷若犯一者，猶如析石不可還合。"又楞嚴經卷六："如人以刀斷多羅木，佛記是人永殞善根，無復知見，沉三苦海，不成三昧。"
［19］�：諸本同，磧本作"艾"。别：磧本作"列"誤，麗初本、趙本同麗再本，興聖寺本字迹不清。
［20］使：諸本同，磧本作"則使"。
［21］噎：諸本同，磧本作"曀"誤。
［22］毆：麗初本、趙本、興聖寺本作"歐"，磧本同麗再本。"歐"通"毆"。
［23］大：諸本同，興聖寺本作"夫"形。
［24］枷：諸本同，興聖寺本作"伽"誤。
［25］心：諸本同，磧本作"懷"。
［26］元：諸本同，興聖寺本脱。
［27］使：諸本同，磧本作"杜使"。
［28］涉：諸本作"陟"誤，今從磧本。
［29］敢：諸本作"感"誤，今從磧本。
［30］果：諸本同，興聖寺本作"異"形。
［31］入：諸本同，興聖寺本作"人"誤。
［32］滕：磧本、興聖寺本作"騰"，麗初本、趙本同麗再本。
［33］數：諸本作"所"誤。
［34］案，典出百喻經卷上灌甘蔗喻："昔有二人共種甘蔗，而作誓言：'種好者賞，其不好

者當重罰之。'時二人中一者念言:'甘蔗極甜,若壓取汁,還灌甘蔗樹,甘美必甚,得勝於彼。'即壓甘蔗,取汁用漑,冀望滋味。返敗種子,所有甘蔗,一切都失。世人亦爾。欲求善福,恃己豪貴,專形挾勢,迫脅下民,陵奪財物,以用作福。本期善果,不知將來反獲其殃。如壓甘蔗,彼此都失。"

[35] 疏:麗初本、趙本、興聖寺本作"蔬"誤,磧本同麗再本。

[36] 茂:諸本作"慕"誤。

[37] 振:諸本同,磧本作"震"。

[38] 忏:諸本同,磧本作"干"應是。

[39] 遂:諸本同,資本作"邃"是。

[40] 上表:諸本同,永北本作"王十"。

[41] 法常等:諸本同,磧本脱。

[42] 貌同:諸本同,永北本作"不一"。

[43] 君有諍臣:諸本同,永北本作"君小人臣"。

[44] 臣:諸本同,興聖寺本脱。

[45] 有犯無隱:諸本同,永北本作"有士又隱"。

[46] 德:諸本同,磧本作"得"。"無得而稱",古文獻亦寫作"無德而稱"。

[47] 宇:諸本同,興聖寺本作"宗"誤。

[48] 全真:諸本作"真全"倒,今從磧本。

[49] 謂之智:諸本同,興聖寺本脱。

[50] 之:諸本同,磧本作"其"誤。

[51] 僧:諸本同,磧本作"僧尼"是。

[52] 情:諸本同,磧本作"忠情"是。

[53] 咸:諸本作"感"誤,今從磧本。

[54] 身:諸本同,興聖寺本作"見"誤。

[55] 申:諸本作"因"誤,今從趙本。

[56] 翬:趙本作"舉"誤,磧本作"异",麗初本、興聖寺本同麗再本。"异"同"翬"。

[57] 友:諸本同,趙本似作"反"誤。

[58] 衣:諸本同,興聖寺本作"表"誤。

[59] 當:諸本同,磧本作"常"誤。

[60] 而:諸本作"逃",今從磧本。

[61] 焉:諸本同,麗初本作"馬"誤。

[62] 實:諸本同,磧本作"實每"。

[63] 渧:諸本同,磧本作"滴"。

[64] 墓:諸本同,興聖寺本作"基"誤。

[65] 案,"弈",諸本有作"奕",據正史,當作"弈",今據底本,不一一出校。

[66] 秘:趙本、興聖寺本作"移"誤,磧本、麗初本同麗再本。案,據舊唐書卷四三"秘書監司天臺"條,太史局在唐初屬秘書監。

[67] 弈:諸本同,興聖寺本作"等"形。

[68] 償:諸本作"賞",今從磧本。

[69] 丁:諸本同,興聖寺本作"下"形。

[70] 背:諸本同,麗初本下作"目"傍。

[71] 侄：諸本同，磧本作"勁"誤。
[72] 程：磧本作"呈"是，興聖寺本作"裎"，麗初本、趙本同麗再本。
[73] 署：諸本作"暑"誤，今從磧本。
[74] 弈：諸本無，今據磧本補。
[75] 彭享：磧本作"憉悙"，麗初本、趙本同麗再本，興聖寺本字迹不清。
[76] 貞：諸本同，興聖寺本作"真"。
[77] 朱：諸本同，磧本作"未"誤。
[78] 繪：諸本同，磧本作"繢"。
[79] 持：諸本同，磧本衍作"斷持"。
[80] 料：諸本同，興聖寺本作"斷"形。
[81] 大：諸本同，興聖寺本作"天"誤。
[82] 將：諸本同，興聖寺本作"時"誤。
[83] 住：諸本同，磧本作"往"誤。

【唐終南山至相寺釋弘智傳六】

【釋弘智，姓萬氏，始平槐里鄉人。隋大業十一年，德盛鄉閭，權爲道士，因入終南山絶粒服氣，期神羽化。形骸枯悴，心用飛動，乃入京至静法寺[1]，遇惠法師，問以喻道之方。惠曰："有生之本，以食爲命，假糧粒以資形，託津通以適道，所以古有繫風捕影之論，仙虚藥誤之談，語事信然，幸無惑也。"乃示以安心之要，遣累之方。義寧元年，委擲黄冠，入山修業。武德之始，天下大同，佛道二門，峙然雙列。智乃詣省申訴，請隸釋門，并陳理例。朝宰咸穆，遂得貫入緇伍，隨情住寺。而性樂幽栖，乃於南山至相寺而居焉。周歷講會，亟經炎燠，神用通簡，莫不精詣。

然而性立虚融，慈矜在務，陶甄士俗，延納山賓。巖隱匱乏之流，飛走飢虚之類，咸贍資餱粒，錫以貝泉。雖公格嚴斷，寺制深約，而能携引房宇，同之窟穴。泰斯亦叔代匡護之開士也。滅後，遂絶此蹤，惜哉。故其所獲法利，積散不窮，弘誘博愛，爲而不恃。加之以忍邦行事，音聲厥初，開務通識，非斯莫曉。故凡有福會，必以簫鼓爲先，致令其從如雲，真俗不爽於緣悟矣。講華嚴、攝論等。以永徽六年五月九日，終於山寺，春秋六十有一。露骸林下，收骨焚散，遵餘令也。門人散住諸寺者，咸謹卓正行，不墜遺風，重誨誘之劬勞，顧復之永没，乃共寫八部般若，用崇屺岵之恩。又建碑一區，陳於至相寺山外，二丈四尺，寶德寺莊所。】

【校注】

[1] 静法寺：長安志卷一〇"延康坊静法寺"條："隋開皇十年，左武候大將軍陳國公竇

抗所立，寺門拆抗宅棨戟門所造。西院有木浮圖，抗弟璡爲母成安公主建，重疊綺麗，崇一百五十丈。”

唐終南山龍田寺釋法琳傳七惠序

釋法琳[1]，姓陳氏，潁川人，遠祖隨宦[2]，寓居襄陽。少出家，遊獵儒釋，博綜詞義。金陵、楚郢從道問津，自文菀才林，靡不尋造。而意存綱梗，不營浮綺，野栖木食於青溪等山。晝則承誨佛經[3]，夜則吟覽俗典[4]，故於内外詞旨，經緯遺文，精會所歸，咸肆其抱。而風韻閑雅，韜德潛形，氣揚采飛，方陳神略。

隋季承亂，入關觀化，流離八水，顧步三秦。[5]每以槐里仙宗，互陳名實，昔在荆楚梗概其文，而秘法奇章猶未探括，自非同其形服，塵其本情，方可體彼宗師，静兹紛結，乃權捨法服，長髮多年，外統儒門，内希聃術，遂以義寧初歲，假被巾褐，從其居館。琳素通莊、老，談吐清奇，道侣服其精華[6]，膜拜而從遊處，情契莫二，共叙金蘭，故彼所禁文詞，並用諮琳取决[7]。致令李宗奉釋之典，包舉具舒；張僞葛妄之言，銓題品録。

武德初運，還莅釋宗，擁帙延光，栖惶問道。以帝壤同歸，名教是則，鼓言鄭、衛，易可箴規，乃住京師濟法寺。至武德四年，有太史令傅弈先是黄巾，深忌佛法，上廢佛法事十有一條[8]，云：“釋經誕妄，言妖事隱，損國破家，未聞益世，請胡佛邪教退還天竺，凡是沙門，放歸桑梓，則家國昌大，李、孔之教行焉。”武皇容其小辯，朝輔未能抗也。時謂遵其邪逕，通廢宏衢，莫不懼焉。乃下詔問曰：“棄父母之鬚髮，去君臣之章服，利在何間之中[9]，益在何情之外？損益二宜，請動妙釋[10]？”琳憤激傳詞，側聽明敕，承有斯問，即陳對曰：

> 琳聞至道絶言，豈九流能辯；法身無象，非十翼所詮。但四趣茫茫，漂淪欲海；三界蠢蠢，顛墜邪山。諸子迷以自焚，凡夫溺而不出。大聖爲之興世，至人所以降靈，遂開解脱之門，示以安隱之路。於是中天王種，辭恩愛而出家；東夏貴遊，厭榮華而入道。誓出二種生死，志求一妙涅槃；弘善以報四恩，立德以資三有。此其利益也。毁形以成其志，故棄鬚髮美容；變俗以會其道，故去君臣華服。雖形闕奉親而内懷其孝，禮乖事主而心戢其恩。澤被怨親，以成大順；祐怙幽顯[11]，豈拘小違。上智之人，依佛語故爲益；下凡之類，虧聖教故爲損。懲惡則濫者自新，進善則通人感化。

此其大略也。而傅氏所奏，在司猶未施行，弈乃多寫表狀，遠近公然流布。京室閭里，咸傳“禿丁”之誚[12]；劇談酒席，昌言“胡鬼”之謡。佛日翳而不明，僧威阻而無勢，于時達量道俗，動豪成論者非一[13]，各疏佛理[14]，具引梵文，委示業緣，曲垂邪正，但並是弈之所廢[15]，豈有引廢證成，雖曰破邪，終歸邪破。

琳情正玄機[16]，獨覺千載，器局天授，博悟生知。睹作者之無功，信乘權之有據，乃著破邪論，其詞曰：

莊周云：六合之内，聖人論而不議；六合之外，聖人存而不論。老子云：域中有四大而道居其一。考詩[17]、書、禮、樂之致，忠、烈、孝、慈之先，但欲攸序彝倫，意存敬事。君父至德，惟是安上治民，要道不出，移風易俗。自衛返魯，詎述解脱之言；六府九疇，未宣究竟之旨。案前漢藝文志所紀衆書一萬三千二百六十九卷，莫不功在近益，俱未暢遠途，誠自局於一生之内，非迥拔於三世之表者矣[18]。遂使當見因果，理涉旦而猶昏；業報吉凶，義經丘而未曉。斯並六合之寰塊，五常之俗謩。詎免四流浩汗，爲煩惱之場；六趣諠譁，造塵勞之業者也。原夫實相杳冥，逾要道之道[19]；法身凝寂，出玄之又玄[20]。

惟我大師，體斯妙覺，二邊頓遣，萬德斯融。不可以境智求，不可以形名取，故能量法界而興悲，揆虚空而立誓。所以見生穢土[21]，誕聖王宫，示金色之身[22]，吐玉毫之相。布慈雲於鷲嶺，則火宅焰銷；扇惠風於鷄峰，則幽途霧卷。行則金蓮捧足，坐則寳座承軀；出則天主導前，入則梵王從後。聲聞、菩薩，儼若朝儀；八部、萬神，森然翊衛。演涅槃，則地現六動[23]；説般若，則天雨四花。百福莊嚴，狀滿月之臨滄海；千光照曜，如聚日之映寳山。師子一吼，則外道摧鋒；法鼓暫鳴，則天魔稽首。是故號佛爲法王也。豈與衰周李耳，比德争衡；末世孔丘，輒相聯類者矣。

是以天上天下，獨稱調御之尊；三千大千，咸仰慈悲之澤。然而理深趣遠，假筌蹄而後悟；教門善巧，憑師友而方通。統其教也，則八萬四千之藏，二諦十地之文，海殿龍宫之旨，古諜今書之量[24]，莫不流甘露於萬葉，垂至道於百王。近則安國利民，遠則超凡證聖，但以時運未融，致令漢、梵殊感。故西方先音形之奉，東國後見聞之益。及慈雲卷潤，慧日收光，迺夢金人於永平之年，覩靈骨於赤烏之歲。於是漢、魏、齊、梁之政，像教勃興；燕、秦、晋、宋已來，名僧間出。或神力救世，或異迹發人，或慧解開神，或通感適化。及白足臨刃不傷[25]，遺法爲之更始；

志上分身員户[26]，帝王以之加信。具諸史籍，其可詳乎。並使功被將來，傳燈永劫。議者僉曰：僧惟紹隆佛種，佛則冥衛國家，福廕皇基[27]，必無廢退之理。

我大唐之有天下也，應四七之辰[28]，安九五之位，方欲興上皇之風，開正覺之道，治致太平，永隆淳化。但傅氏所述，酷毒穢詞，並天地之所不容，人倫之所同棄[29]，恐塵黷聖覽[30]，不可具觀。伏惟陛下布含弘之恩，垂鞠育之惠[31]，審其逆順，議以真虚。佛以正法遠委國王。陛下君臨，斯當付囑。謹上破邪論一卷，用擬傳詞。

文有三十餘紙。自琳之綴采，貫絶群篇，野無遁賢，朝無遺士，家藏一本，咸誦在心。並流略之菁華[32]，文章之冠冕，茂譽於是乎騰廣，昏情由之而開尚矣。琳又以論卷初出，意在弘通，自非廣露其情，則皂隸不塵其道，乃上啓儲后、諸王及公卿侯伯等，並文理弘被，庶績咸嘉其博詣焉[33]，故弈奏狀，因之致寢。遂得釋門重敞，琳實其功。東宫庶子虞世南詳琳著論，乃爲之序胤。

而傅氏不愜其情，重施密譖，構扇黄巾，用爲黨類，各造邪論，貶量佛聖，昏冒生靈，衒曜朝野。薰蕕既雜，時所疑焉。武德九年春[34]，下詔京置三寺，惟立千僧。餘寺給賜王公，僧等並放還桑梓。嚴勑既下，莫敢致詞，五衆哀號於槀街，四民顧嘆於城市。于時道俗蒙然，投骸無措。賴由震方出帝[35]，氛祲廓清，素襲啓聞，薄究宗領[36]，登即大赦，還返神居。故佛日重朗於唐世，又由琳矣。

琳頻逢黜陟，誓結維持，道挫世情，良資寡學。乃探索典籍，隱括玄奥，撰辯正論一部八卷[37]。潁川陳子良注之，并製序曰：

昔宣尼入夢，十翼之理克彰；伯陽出關，二篇之義爰著。或鈎深系象[38]，或探賾希夷，名言之所不宣，陰陽之所不測，猶能彌綸天地，包括鬼神，道無洽於大千，言未超於域内。況乎法身圓寂，妙出有無；至理凝玄，迹泯真俗；體絶三相，累盡七生；無心即心，非色爲色。筌蹄之外，豈可言乎？若夫西伯拘羑，遂顯精微；子長蠶室，卒成先志。故易曰：古之作易者，其有憂乎？論之興焉，良有以矣。

道士李仲卿[39]、劉進喜等，並作庸文，謗毀正法，在俗人士，或生邪信。法師愍其盲瞽，遂著斯論，可謂鼓兹法海，振彼詞鋒。碧鷄之鋭競馳，黄馬之峻争騖，莫不葉墜柯摧[40]，雲銷霧卷。但此論窮釋、老之教源，極品藻之名理，恐好事後生，意有未喻。

弟子近申頂禮，從而問津。爛然溢目，若日月之入懷；寂乎應機，譬寶珠之燭物[41]。既悟四衢之幻，便息百城之遊。於是啓所未聞，爲之注解。

良以文學雄伯[42]，群儒奉戴，誘勸成則，其從如雲。

貞觀初年，帝於南山大和宫舊宅置龍田寺，琳性欣幽静，就而住之。衆所推美，舉知寺任[43]，從容山服，詠歌林野。至十三年冬，有黄巾秦世英者，挾方術以邀榮，遂程器於儲貳[44]，素嫉釋種，陰陳琳論，謗訕皇宗，罪當誷上[45]。帝勃然下敕，沙汰僧尼，見有衆侶，乃依遺教[46]，仍訪琳身，據法推勘。琳扼腕奮發，不待追徵[47]，獨詣公庭，輕生徇理，乃縶以縲紲，下詔問曰："周之宗盟，異姓爲後，尊祖重親，寔由先古[48]。何爲追逐其短，首鼠兩端，廣引形似之言，備陳不遜之喻[49]，犯毀我祖禰[50]，謗黷我先人，如此要君，罪有不恕。"

琳答曰："文王大聖，周公大賢，追遠慎終，昊天靡答，孝悌之至，通於神明。雖有宗周，義不争長。何者？皇天無親，竟由輔德。古人黨理而不黨親，不自我先，不自我後。雖親有罪必罰，雖讎有功必賞[51]。賞罰理當，故天下和平。老子習訓道宗，德教加於百姓；恕己謙光，仁風形于四海。又云：'吾師名佛，佛者，覺一切人也，乾竺古皇，西昇逝矣。'討尋老教，始末可追，日授中經，示誨子弟。言吾師者，善入泥洹[52]，綿綿常存，吾今逝矣[53]。今劉、李所述，謗滅老氏之師，世莫能知著。兹辯正論有八卷，略對道士六十餘條，並陳史籍，前言實非謗毀家國。"

自後辯對二十餘列[54]，並據琳詞，具狀聞奏。敕云："所著辯正論信毀交報，篇曰'有念觀音者，臨刃不傷'，且赦七日，令爾自念，試及刑決，能無傷不？"琳外纏桎梏，内迫刑期[55]，水火交懷，訴仰無路。乃緣生來所聞經教及三聖尊名，銘誦心府，擬爲顯應。至于限滿，忽神思彯勇[56]，横逸胸懷，歡慶相尋，頓忘死畏，立待對問。須臾敕至，云："今赦期已滿，當至臨刑，有何所念，念有靈不？"琳援筆答曰："自隋季擾攘，四海沸騰，疫毒流行[57]，干戈競起，興師相伐，各擅兵威。臣佞君荒，不爲正治，遏絶王路，固執一隅。自皇王吊伐，載清陸海，斯寔觀音之力，咸資勢至之因[58]，比德連蹤，道齊上聖，救横死於帝庭，免淫刑於都市，琳於七日已來不念觀音，惟念陛下。"敕治書侍御史韋悰問琳[59]："有詔令念觀音，何因不念，乃云惟念陛下？"琳答："伏承觀音聖鑒，塵形六道，上天下地，皆爲師範。然大唐光宅四海，九夷奉職，八表刑清，君聖臣賢，不爲枉濫[60]。今陛下子育恒品，如經即是觀音。既其靈鑒相符，所以惟念陛下。且琳所著正論[61]，爰與書史倫同[62]，一句參差，任從斧鉞[63]。陛下若順忠順正，琳則不損一毛；陛下若刑濫無辜，琳則有伏屍之痛。"具以事聞,遂不加罪,有勑徙于益部僧寺[64]。

行至百牢關菩提寺[65],因疾而卒,時年六十九。沙門慧序經理所苦,情結斷金,曉夕同衾,慰撫承接,及命將盡,在序膝上。序慟哭崩摧,淚如駛雨,乃召諸關旁道俗[66],葬於東山之頂,高樹白塔,勒銘誌之,行路望者,知便下淚。

序,本雍州武功人,善經籍,通佛理,明攝論,以爲敷化之訓。體道開俗[67],言無品藻,將護遊僧,用爲常操[68]。本住京輦,後移梁益,以百牢衝會,四方所歸,道俗栖投,往還莫寄,序乃宅寺關口,用接遠賓,故行侶賴之,詠歌盈耳。

于時治書侍御史韋悰審英飾詐,乃奏彈曰:"竊以大道鬱興,冲虚之迹斯闡;玄風既播,無爲之教寔隆。未有身預黄冠,志同凡素者也。道士秦英頗學醫方,薄閑咒禁[69],親戚寄命,羸疾投身。姦婬其妻,禽獸不若[70],情違正教,心類豺狼。逞貪競之懷,恣邪穢之行,家藏妻子,門有[71]姫童[72]。乘肥衣輕,出入衢路,楊眉奮袂,無憚憲綱[73]。健羨未忘,觀徼在慮,斯原不殄[74],至教式虧,請寘嚴科,以懲婬侈。"乃入大理,竟以狂匿被誅[75],公私怪其死晚。

琳所著詩、賦、啓、頌、碑、表、章、誄[76]、大乘教法并諸論、記、傳,合三十餘卷。[77]並金石擊其風韻,縟錦績其文思,流靡雅便[78],騰焔彌穆。又善應機説導,即事騁詞,言會宫商,義符玄籍,斯亦希世罕嗣矣。

【校注】

[1] 案,法琳傳記,除本傳外尚有釋彦悰撰唐護法沙門法琳别傳三卷,記事與本傳類似,增益不多,但其所録法琳文章則多於本傳。

[2] 宦:磧本、興聖寺本作"官",麗初本、趙本同麗再本。

[3] 誨:諸本同,興聖寺本脱。

[4] 夜:諸本同,興聖寺本作"夜講"。

[5] 據唐護法沙門法琳别傳卷上,法琳入關之年爲"仁寿元年春三月也"。

[6] 侶:諸本同,磧本作"俗"誤。

[7] 決:諸本同,磧本作"定"誤。

[8] 事:諸本同,磧本作"事者"。

[9] 開:麗再本作"門",今據諸本改。

[10] 釋:諸本作"適"誤,今從磧本。

[11] 祐怙:諸本同,磧本作"福沾"。

[12] 傳:諸本作"傅",今從磧本。案,古刻本中"傳""傅"字形不易區分,有時甚至爲同形。

[13] 動豪:磧本作"動毫",麗再本、麗初本作"動豪",今據趙本、興聖寺本改。

［14］疏：磧本作“陳”誤。

［15］並：諸本作“經”，今據磧本改。

［16］正：諸本同，磧本作“主”。

［17］考：諸本同，永北本作“者”。

［18］迥：諸本同，興聖寺本作“向”誤。

［19］要道之道：諸本同，磧本作“道之要道”誤倒。

［20］出：諸本同，興聖寺本脱。

［21］見：諸本同，磧本作“現”。

［22］示：諸本同，趙本作“亦”誤。

［23］演：諸本同，磧本作“宣”誤。

［24］諜：諸本同，麗初本作“講”誤。

［25］案，“白足”即北魏曇始法師，事見高僧傳卷一〇釋曇始傳及魏書釋老志。北魏太武帝滅佛，曇始進諫，被刀不傷，飼虎不食，遂使太武帝感悟，佛法重行。

［26］志：諸本同，磧本作“誌”。案，“志上”即保誌，又寫作寶誌，齊、梁時期神僧，事見高僧傳卷一〇：“齊武帝謂其惑衆，收駐建康。明旦人見其入市，還檢獄中，誌猶在焉。……武帝既迎入，居之後堂。一時，屏除内宴，誌亦隨衆出。既而景陽山上猶有一誌與七僧俱。帝怒遣推檢失所，閤吏啓云：誌久出在省。方以墨塗其身。時僧正法獻欲以一衣遺誌，遣使於龍光、罽賓二寺求之，並云昨宿旦去。又至其常所造厲侯伯家尋之，伯云：誌昨在此行道，旦眠未覺。使還以告獻，方知其分身三處宿焉。”

［27］㢠：諸本同，磧本作“隆”誤。

［28］應四七之辰：後漢書卷一光武帝紀上“建武元年”條：“光武先在長安時，同舍生强華自關中奉赤伏符，曰：‘劉秀發兵捕不道，四夷雲集龍鬥野，四七之際火爲主。’”李賢注：“四七，二十八也，自高祖至光武初起，合二百二十八年，即四七之際也。漢火德，故火爲主也。”

［29］倫：諸本同，興聖寺本脱。

［30］聖：諸本同，興聖寺本衍作“聖聖”。

［31］惠：諸本同，磧本作“憓”。

［32］華：諸本同，興聖寺本作“建”形。

［33］嘉：諸本同，磧本作“熙”。案，此句典出書堯典：“允釐百工，庶績咸熙。”用在此句中，“庶績”指衆人，“熙”當爲動詞，意爲振興，與文意不合，故當作“嘉”。

［34］九年：諸本同，磧本作“元年”誤。據舊唐書卷一高祖紀，當爲“九年夏”。

［35］震方出帝：典出周易説卦傳“帝出乎震”，此處指李世民發動玄武門之變，逼李淵退位，禪位於己事。

［36］薄：諸本作“範”，今從磧本。

［37］辯：磧本、興聖寺本作“辨”，麗初本、趙本同麗再本。

［38］系：諸本同，磧本作“繫”。案，“系”爲“繫”的本字。

［39］道士：諸本同，磧本作“有道士”。

［40］墜：諸本同，磧本作“墮”。

［41］燭：興聖寺本作“屬”，麗初本、趙本同麗再本。

［42］良以：諸本作“良”應是。

［43］任：諸本同，興聖寺本脱。
［44］遂：諸本同，興聖寺本脱。案，“儲貳”指李承乾，此年後，太宗與之關係惡化。
［45］譎：諸本同，磧本作“罔”。“罔”同“譎”，欺騙。
［46］乃：諸本同，磧本作“宜”誤。
［47］不：麗再本作“下”，今據諸本改。
［48］寔：諸本同，磧本作“實”。
［49］不：諸本同，興聖寺本作“下”誤。
［50］犯：麗再本作“把”，麗初本、趙本作“巴”，均誤，今從磧本、興聖寺本。
［51］讎：磧本作“怨”，麗初本、興聖寺本作“親”，趙本同麗再本。
［52］泥洹：諸本同，興聖寺本作“涅槃”。
［53］矣：諸本同，興聖寺本脱。
［54］辯：磧本、興聖寺本作“辨”。列：諸本同，磧本作“例”。
［55］刑：諸本同，興聖寺本作“形”誤，下同，不一一出校。
［56］彯：諸本同，磧本作“飄”誤，“彯”有敏捷義。
［57］疫：諸本作“役”，今從磧本。
［58］因：諸本同，磧本作“恩”。
［59］史：麗初本、興聖寺本無，磧本、趙本同麗再本。
［60］枉：磧本、興聖寺本作“柱”誤，麗初本、趙本同麗再本。
［61］且：麗再本、麗初本、趙本作“但”誤，今從磧本、興聖寺本。
［62］同：諸本同，磧本作“司”誤。
［63］鉞：諸本同，興聖寺本作“戉”。
［64］勑：諸本同，磧本衍作“下勑”。
［65］百牢關：元和郡縣圖志卷二二“山南道三興元府西縣”條：“百牢關，在縣西南三十步。隋置白馬關，後以黎陽有白馬關，改名百牢關。自京師趣劍南，達淮左，皆由此也。”在今陝西省勉縣西南三十五公里處。
［66］旁：諸本同，興聖寺本作“傍”誤。
［67］俗：諸本同，興聖寺本作“化”誤。
［68］常：諸本作“家”誤，今從趙本。
［69］咒：諸本同，興聖寺本作“祝”誤。
［70］不若：諸本同，麗再本衍作“不異若”，今據諸本及上下文意删。
［71］狼逞貪競之懷恣邪穢之行家藏妻子門有：諸本同，興聖寺本脱。
［72］姖：磧本、興聖寺本、隨函録作“姬”是，麗初本、趙本同麗再本。
［73］憚：麗初本、趙本、興聖寺本作“彈”，磧本同麗再本。
［74］原：諸本同，磧本作“源”。案，“原”通“源”。
［75］狂匿：諸本同，磧本作“狂狷”。案，“匿”當爲“逆”音近而誤。“狂狷”罪不至死。
［76］詸：諸本同，磧本作“議”誤。
［77］案，法琳著作今存者有：（磧 472）辯正論八卷、（磧 473）破邪論二卷。寶星陀羅尼經譯序亦爲法琳所撰，記波頗貞觀三年翻譯此經事。
［78］雅：麗初本、興聖寺本作“耶”誤，磧本、趙本同麗再本。

【唐眉州聖種寺釋道會傳八】

【釋道會,姓史,犍爲武陽人[1]。初出家住益州嚴遠寺,器宇高簡,雅調逸群[2],四方道俗,旦夕參候。猶以蜀門小陋,聞見非廣,乃入京詢訪。經十餘年,經論、史籍,博究宗領。還蜀欲大開釋教,導引後鋭,時屬亂離,不果心術。會皇運初興,率先招撫,詹俊、李袞,首塗巴蜀。會上疏曰:“會弟性不肖,家風失墜,封爵雖除,詔勑猶在。門生故吏,子孫成列,並奮臂切齒,思效力用。即日劍門雖啓,巫峽負固,會請躬率徒隸,振錫啓塗,折簡宣威,開懷納欵。軍無矢石之勞,主有待成之逸,此亦一時之利也。惟公圖之。”爲使淹留,遂不行于時。[3]

國初,僧尼、道士所在多度,有道士宋冀,是彼梁棟,於隆山縣下新立道觀,屋宇成就,置三十人,會經總管段倫陳牒,改觀爲寺。其郭内住者,並是道宗,不伏移改。屬安撫大使李襲譽巡察州縣[4],會以事達,乃引兵過城,四面鳴鼓,一時驅出。舉宗怨訴,嘈嘈街衢,會曰:“未能令天下改觀爲寺,此之一所終不可奪。”遂依立寺,至今不毁。

武皇登遐,入京朝覲,因與琳師同修辨正。有安州暠師[5],在蜀弘講,人有嫉者,表奏云反,又述法會覘候消息,遂被拘執。身雖在獄,言笑如常,爲諸在獄,講釋經論。經春至冬,諸僧十數,衣服襤褸,不勝寒酷。京師有無盡藏,恒施爲事,會致書曰:

> 自如來潛影西國千有餘年,正法東流五百許載,雖復赤髭、青眼,大開方便之門;白脚、漆身,廣示歸依之路[6],猶未出於苦海,尚陸沉於險道。況五衆名僧,四禪教首[7],頭陀聚落,惟事一餐,宴坐林中,但披三納。加以無緣之慈,想升鍾以代鴿[8];履不輕之行,思振錫以避蟲[9]。今有精勤法子,清净沙門,横被囚拘,實非其罪。遂使重關早落,覩獄吏而魂飛;清室晚開[10],見刑官而思盡。嚴風旦灑,穿襟與中露俱飄;繁霜夜零,寒心與死灰同殪。若竟不免溝壑,抑亦仁者所耻。

書達,即送裘、鞋給之。及事釋還鄉,三輔名僧送出郭門。會與諸遠僧别詩曰:

> 去住俱爲客,分悲損性情。
> 共作無期别,時能訪死生。

道俗聞者,皆墮淚。時益州法曹裴希仁,自矜門學,會與相見,輕有譏誚。會曰:

蜀川雖小，賢德如林。漢朝八俊同出，惟張綱埋輪東雒[11]，難曰：豺狼當路，安問狐狸？奏誅梁冀，威懾四海者，犍爲武陽人也。漢時，有問楊子雲曰：李仲堪何如人？答曰：隱不違親，貞不絶俗。天子不臣，諸侯不友者，資中人也。[12]巴西、閬中，百王之仰戢；益州、郫縣，名振於華夷。明公庶可虚心待國士，豈得以土地，拘於人哉？

言訖而出，希仁媿謝，既返，謂人曰："江漢多靈，其斯人也。"以貞觀末卒，年七十矣。】

【校注】

[1] 案，"武陽"，秦所設縣，屬蜀郡，西漢太初四年改爲犍爲郡治。治當今四川省彭山縣東北十五里雙河鄉與五一村交界處。

[2] 雅：磧本作"推"，今據資本改。

[3] 案，唐初安撫益州事，又可參見本書磧本卷二一釋智詵傳。

[4] 囑安撫大使李襲譽巡察州縣：案，李襲譽，傳見舊唐書卷五九，然無記其巡查益州事，唐會要卷七七"諸使上"記其貞觀八年曾任巡察大使，但時地均不符。

[5] 安州暠師：傳見本書卷一三。

[6] 案，"赤髭"，指佛陀耶舍；"青眼"，指卑摩羅叉；"白脚"，指曇始，均見高僧傳。"漆身"，所指不明。

[7] 四禪教首：長阿含經卷八衆集經："復有四法，謂四禪。於是比丘除欲惡不善法，有覺有觀，離生喜樂，入於初禪。滅有覺觀，内信一心，無覺無觀，定生喜樂，入第二禪。離喜修捨念進，自知身樂，諸聖所求，憶念捨樂，入第三禪。離苦樂行，先滅憂喜，不苦不樂，捨念清净，入第四禪。"

[8] 想升鍾以代鴿：案，"升鍾"當爲"升稱"，指尸毗王割肉代鴿故事，大智度論卷四初品中菩薩釋論第八："説此偈竟，毗首羯磨即自變身作一赤眼赤足鴿，釋提桓因自變身作一鷹，急飛逐鴿。鴿直來入王掖底，舉身戰怖，動眼促聲。……是時鷹在近樹上，語尸毗王：'還與我鴿，此我所受……'鷹語王言：'王雖以熱肉與我，當用道理，令肉輕重得與鴿等，勿見欺也。'王言：'持稱來。'以肉對鴿，鴿身轉重，王肉轉輕。王令人割二股，亦輕不足。次割兩腨、兩臗、兩乳、項脊，舉身肉盡，鴿身猶重，王肉故輕……是時，菩薩以血塗手，攀稱欲上，定心以身盡以對鴿。"

[9] 思振錫以避蟲：此典甚僻，雜寶藏經卷六"十力迦葉以實言止佛足血緣"條："昔有一婆羅門，生産一子，名曰無害，而白父言：'田中行時，莫害衆生。'父告子言：'汝欲作仙人也，生活之法，云何避蟲？'子言：'我今望得父現世安樂，後世安樂，不用我語，用是活爲？'即向毒龍泉邊而坐，欲求取死。世有毒龍，見之害人。時婆羅門子，即見毒龍，毒遍身體，命即欲斷。父時憂惱，不知兒處，尋即求覓，見兒欲死，父到兒所，而作是言：'我子從來無害心者，此毒應消。'作是語已，毒氣即消，平復如故。爾時父者，十力迦葉是也。爾時子者，我身是也。"

[10] 清室：即請室，牢房。文選卷四一司馬遷報任少卿書："絳侯誅諸吕，權傾五伯，囚於請室。"

[11] 案,“張綱”,事見後漢書卷五六本傳。
[12] 案,“李仲堪”無考,“隱不違親”本是東漢范滂對郭泰的評價,事見後漢書卷六八郭林宗傳,而郭泰爲太原人,非資中人。

【唐鄧州興國寺釋智勤傳九】

【釋智勤,俗姓朱,隋仁壽因舍利州别置大興國寺[1]度。少小以匡護爲心,每處衆發言,無不允睦。精誠勇猛,事皆冥祐。初,母患委頓,爲念觀音,宅中樹葉之上,皆現化佛,合家並見,母疾遂除。又屬隋末荒亂,諸賊競起,勤獨守此寺,賊不敢凌,故得寺宇經像,一無所損。諸寺湮滅,不可目見。又一時,權著俗衣,以避兵刃,被賊圍繞而欲殺之。忽聞空中聲告:“師可去俗衣。”遂除外服,賊見頂禮,請將供養,經於數月。後投於蜀,聽暠法師講。衆至三千,法師皆委令撿校,遂得安怗。内外無事,一人力也。

又至唐初,還歸鄧州,講維摩、三論十餘遍。後隱於北山,倚立十餘年。所居三所,即今見存。恒聞谷中鍾聲,後尋巖嶺,忽見一寺,宛麗奇常。入中禮拜,似有人住。如是數度,後更尋覓,莫知所在。又居山内,糧食將盡,其行道之處,土自發起,遂除棄之,明日復爾。如是再三,遂有穀現,因即深掘,得粟二十餘碩。其粟粒大色赤,稍異凡穀。

時鄧州佛法陵遲,合州道俗就山禮請,願出住持。遂感夢而出,其夢不詳子細。後時,負像出山,中塗忽闇,莫知其路,不得前進。俄有異火兩炬,照路極明,因得見道,送至村中,火方迴滅。村人並見,無不驚異。因出住大興國,前後諸王、刺史,並就寺頂禮,請受歸戒,恒以僧尼之事,委令撿校。佛法光顯,吴、蜀遠聞。又至永徽年初,以見時事繁雜,守房不出,向淹三載,讀一切經兩遍。每讀經時,恒見有神來聽。初、中、後夜,常聞彈指謦欬之聲。至顯慶四年,省符召入慈恩,不就。

至其年五月,欲終之前,所有功德,不周之處,曉夜經構使畢。人問何故,如此忽速?答曰:“無常之法,何可保耶?”至十五日,寺中樹木枝葉萎枯,自然分析,禽鳥悲鳴,遍於寺内。僧各驚問,莫知所由。至十六日旦,忽見昔聽經神來,禮拜而語云:“莫禮傍人,無有見者。”於是剃髮披衣,在繩床内,手執香鑪,跏趺而坐,告諸弟子:“汝可取大品經讀誦。”至往生品訖,遂合掌坐而卒。停經數日,顔色如舊,恒有異香,聞於寺内。合州道俗,悲慟難勝,州縣官人並送至野。春秋七十四矣。】

【校注】

[1] 案,“鄧州大興國寺”,在今河南省鄧州市夏集鄉高梁店村,今存方形塔座遺址,乾

隆末年此寺出土仁壽二年舍利塔銘。

唐新羅國大僧統釋慈藏傳十圓勝

釋慈藏[1]，姓金氏，新羅國人，其先三韓之後也。中古之時，辰韓、馬韓[2]、卞韓[3]，率其部屬，各有魁長。案，梁貢職圖：其新羅國，魏曰斯盧，宋曰新羅，本東夷辰韓之國矣。藏父名武林，官至蘇判異，以本王族，比唐一品。既嚮高位[4]，籌議攸歸，而絶無後嗣，幽憂每積。素仰佛理，乃求加護，廣請大捨，祈心佛法，并造千部觀音，希生一息，後若成長，願發道心，度諸生類。冥祥顯應，夢星墜入懷，因即有娠。以四月八日，誕載良晨，道俗銜慶，希有瑞也。

年過小學，神睿澄簡[5]，獨拔恒心，而於世數史籍，略皆周覽，情意漠漠，無心染趣。會二親俱喪，轉厭世華，深體無常，終歸空寂。乃捐捨妻子、第宅、田園，隨須便給[6]，行悲敬業。孑爾隻身，投於林壑，麤服草屩，用卒餘報。遂登陗隒[7]，獨静行禪，不避虎兕，常思難施。時或弊睡，心行將微[8]，遂居小室，周障棘刺，露身直坐，動便刺肉，懸髪在梁，用祛昏漠。修白骨觀[9]，轉向明利。

而冥行顯被，物望所歸，位當宰相，頻徵不就。王大怒，勑往山所，將加手刃。藏曰："吾寧持戒一日而死，不願一生破戒而生。"使者見之[10]，不敢加刃，以事上聞。王媿服焉，放令出家，任修道業。即又深隱，外絶來往，糧粒固窮，以死爲命。便感異鳥，各銜諸果，就手送與，鳥於藏手就而共食。時至必爾，初無乖候，斯行感玄徵，罕有聯者。而常懷慼慼，慈哀含識，作何方便，令免生死？遂於眠寐，見二丈夫曰："卿在幽隱，欲爲何利？"藏曰："惟爲利益衆生。"乃授藏五戒，訖曰："可將此五戒，利益衆生。"又告藏曰："吾從忉利天來[11]，故授汝戒。"因騰空滅。於是出山，一月之間，國中士女，咸受五戒。

又深惟曰："生在邊壤，佛法未弘，自非目驗，無由承奉。"乃啓本王，西觀大化。以貞觀十二年[12]，將領門人僧實等十有餘人，東辭至京，蒙勑慰撫，勝光別院，厚禮殊供。人物繁擁，財事既積，便來外盜賊者，將取，心戰自驚[13]，返來露過，便授其戒。有患生盲，詣藏陳懺，後還得眼。由斯祥應，從受戒者，日有千計。性樂栖静，啓勑入山，於終南雲際寺東懸崿之上，架室居焉[14]。[15]旦夕人神歸戒又集。時染少疹[16]，見受戒神，爲摩所苦，尋即除愈。往還三夏，常在此山。將事東蕃，辭下雲際，見大鬼神，其衆無數，帶甲持仗[17]，云將此金轝，迎取慈藏。復見大神與之共鬬，拒不許迎。藏聞臭氣塞谷蓬勃，即就繩床，通告訣别。其一弟子又被鬼打[18]，躃死乃蘇[19]。藏即捨諸衣財，行僧德施。又聞香氣遍滿身心，神語藏曰："今者不死，八十餘矣。"既而入京，蒙勑慰問，賜絹二百疋，用充衣服。

貞觀十七年，本國請還，啓勑蒙許。引藏入宫，賜納一領，雜綵五百段，東宫賜二百段，仍於弘福寺爲國設大齋。大德法集，并度八人。又勑太常九部供養。藏以本朝經像，彫落未全[20]，遂得藏經一部并諸妙像、幡花蓋具，堪爲福利者，齎還本國。既達鄉壤，傾國來迎，一代佛法，於斯興顯。

王以藏景仰大國，弘持正教，非夫綱理，無以肅清。乃勑藏爲大國統，住王芬寺。寺即王之所造，又别築精院，别度十人，恒充給侍。又請入宫一夏，講攝大乘論[21]。晚又於皇龍寺講菩薩戒本，七日七夜，天降甘露，雲霧奄靄[22]，覆所講堂。四部興嗟，聲望彌遠。及散席日，從受戒者，其量雲從[23]，因之革厲，十室而九。

藏屬斯嘉運，勇鋭由來，所有衣資，並充檀捨，惟事頭陀，蘭若綜業。正以青丘佛法東漸百齡[24]，至於住持修奉蓋闕，乃與諸宰伯詳評紀正[25]。時王臣上下，僉議攸歸，一切佛法，須有規猷，並委僧統。藏令僧尼五部，各增舊習，更置綱管，監察維持；半月説戒，依律懺除，春冬總試，令知持犯；又置巡使遍歷諸寺[26]，誡勵説法[27]，嚴飾佛像，營理衆業。鎮以爲常。據斯以言，護法菩薩即斯人矣。又别造寺塔，十有餘所，每一興建，合國俱崇。藏乃發願曰："若所造有靈，希現異相。"便感舍利，在諸巾鉢。大衆悲慶，積施如山，便爲受戒，行善遂廣。

又以習俗服章，中華有革[28]，藏惟歸崇正朔，義豈貳心[29]，以事商量，舉國咸遂，通改邊服，一准唐儀[30]。所以每年朝集，位在上蕃，任官遊踐，並同華夏。據事以量，通古難例，撰諸經戒疏十餘卷，出觀行法一卷，盛流彼國。

有沙門圓勝者，本族辰[31]韓，清慎僧也。以貞觀初年，來儀京輦，遍陶法肆，聞持鏡曉，志存定攝，護法爲心。與藏齊襟，秉維城塹。及同返國，大敞行途，講開律部，惟其先肇[32]。自昔東蕃有來西學，經術雖聞，無行戒檢，緣構既重，今則三學備焉。是知通法、護法，代有斯人，中濁邊清，於斯驗矣。

論曰：

觀夫至人之降時也，或三輪御世，或六通導物[33]。人依法依，本護法而陳教[34]；適權適道，寔兼濟而成津。是以三藏設位，拯溺喪於未然[35]；護法一科，樹已崩之正綱。然弘誘之相，條緒稍多，時顯知微，乍揚神武。騁奇辯於邪衆[36]，暢决蒙心；顯大義於當時，昌明玄理。假威權而助道，有德獨擅其聲[37]；藉傳授而潛通，遍吉常行其務[38]。遂有搗揵槌於靈岳，聲告但爲任持[39];重結法於剡洲[40],教旨惟尊弘理。入大乘論,則九億無學住法萬年[41];經律所詮,賓頭、羅睺未取泥日[42]。斯皆助揚道化,通悟未聞,静倒惑於即生,紹正法于來世。故使湮殘屢染,尋復還興。豈惟凡謀,蓋其力矣。況乎迦葉尊者,凝神鷄足之峰;堅慧菩薩,端拱修羅之窟[43]。斯並引生趣善,爲物持身。致及慈氏降靈,遞相弘育[44]。或摧裂愛綱,或傾覆慢幢,或通決深疑,或開揚道務。爲業應接,若雲雨之相投;爲功惟重,等大地之弘博。所以身子榮名[45],顯法輪之大將;毱多徽號,標無相之後佛。[46]五百門學,通號任持,行德相高,皆稱第一。至於乘時御化,通法開宗,弘救之極,勿高身子。良由闢樹園之福地,蕩邪寇之高鋒,偃目連之神力,覆富那之辯慧,此即護法之緣,蓋惟斯矣。

自道風東扇,爰始滕、蘭,前傳重於開宗,故入譯經之目。然則傳譯在乎歸信,未信不可弘文;護持存乎正邪,邪正方開信本。經陳如是,豈虚也哉;道元德母,信其實矣。所以發蒙啓化,應接時心。重空顯其德明,大衆駭其耳目,致使拜首受道,飲沐法流[47],不虚設也。費才感終於壇側[48],褚信剃頂於場中;顯宗悟理知歸[49],侍中捐俗入道。[50]一期盛事,萬代舟航。佛日於是流暉,法雲由斯不絶。茲德可紀,茲言可詳。而閩越隱其高例[51],附譯稱述。竊比則事業懸殊[52],達化則乘權難擬,計功編次,宜先譯傳,稍非經務,故後三學。及姚秦迷外,道融折其是非[53];元魏重邪,曇始制其强禦[54]。前傳顯然,其宗可録。

施乎齊、周兩治,厥政殊風。齊高獨盛釋門,周武偏弘李衆[55]。然其邪辯逼正[56],邪僞而正通[57];妄作亂真,真澄而妄隱[58]。

故使齊氏一統[59],民無兩情,釋侣闐邦,寺塔充國。二百萬衆,綱猷上統之言;四十千寺,咸列釋門之剎。約指剡洲化境,通括像正任持,梯航之大,未可相擬。豈法之力,惟人謂乎?弘斯在人,則顯公據其首也。掩抑華飾,楊耀塵埃。衆皆輕而不思,可謂激通其道[60]。及法上引衣之赴難也,則醒醉相兼。醒則領上之累詞,醉則示虚於邪敵。雖復金櫃玉韜之秘術[61],未可與言;孫武、吴起之奇謀,曾何足道。所以登席之始[62],摇動物心,異衆等山丘,鼓論同雲物,致使纔撝刃辯,載戢妖氛,定方術於面前,樹微言於即世。故有談仙者,投骸於臺檻;宗虚者,深剃於王庭。明詔遂頒,國無兩信,雖稠公標於定道,賢上統於義門,一時之慶,固不同年而語矣。

周氏秦壤,世號武鄉,豺狼之諺,想不虚託。懷文斯寡[63],習勇彌隆。酌緯候之讖詞,納譎誑之佞術。衛嵩本我之胤,張賓乃彼之餘,異嚮同心[64],脣齒相副,競列封表,曲引遊言,冒謟帝心[65],覆絶仁祀。時未思其禍始也。禍作萌漸,百辟之所不知。及望夷之福終也,潰發滂流,天元方改前政[66],呼嗟何及?僧傑道安,名殊衛氏,風格峻逸,比景彌天。[67]二論既陳,異見將弭,而狙詐蠅巧[68],終墜前修[69]。静藹上賢,當斯頹運,奮發拒諫,守素窮巖。慨正道之遂荒,誠護法之無力也,乃解形松石,殉命西方。于時同軌遺形,亦有十數。自非懷大濟於末俗,覩法滅而增哀,何能捨所重於幽林,爲依救而終世?誠可美矣,誠可悲夫[70]。

詳觀列代數賢,則紹隆之迹可見,藻鏡則日月同仰,清範則高山是欽。具彰本紀,其續昌矣。

有隋御宇,深信釋門,兼陳李館,爲收恒俗。二世纘曆,同政前朝,悼像化之微行[71],襲宋桓之致敬[72],于時緇素,相望慘然[73],明贍法師屈起臨對[74],夙未程術[75],衆或漏言[76],及覿其厲色格詞,抗揚嚴詔,皆謂禍碎其身首也,助慄不安其足,而贍諟怡顏色,欣勇綽然。帝後乃述釋門之有人焉。衆乃悟其脱穎也。知人其難,人實難知。知其難者[77],千載其一乎,信不虚矣。

皇唐啓運,代有斯人。普應佩席於天門,慧滿載衣於朝伍[78]。智實剛烈,詆訶於時重[79];法琳慷慨,極言於明詔。異世同風,不屑古也。莫不言行同時,死生齊日,故得名流萬代,紹先聖之宏猷乎。

惟夫經論道業[80],務在清心;弘護法綱,寔敦遐志。志遠則不思患辱,心清則罔懼嚴誅。達三相之若馳,識九有之非宅。[81]未曾爲法,徒喪餘齡,豈惟往生,乃窮來陰。於是挾福智而面諸佛,覩形骸若委遺塵。騰神略而直前,鼓通博之横辯。但令法住,投鼎鑊其如歸;既屬慧明,處濁世其如夢。故能不負遺寄,斯傳之有蹤乎。已矣夫,誰有見斯而不勉,厲志於重霄哉[82]。

【校注】

[1] 釋慈藏:諸本同,興聖寺本衍作“釋地慈藏”。
[2] 馬:諸本同,麗初本作“焉”誤。
[3] 卞:諸本作“秦”。
[4] 響:諸本同,磧本作“享”。案,“響”通“享”。
[5] 簡:麗再本、興聖寺本作“蘭”,麗初本、趙本同磧本。
[6] 給:諸本同,興聖寺本作“終”形。
[7] 陗:諸本同,磧本作“哨”誤。案,“陗”通“峭”,險峻。
[8] 微:麗再本作“徵”誤,今據諸本改。
[9] 白骨觀:禪法不净觀之一種,主要是觀想膚肉漸盡,終餘骷髏,從而“生大厭離,悟諸色性”,參見鳩摩羅什譯禪要密法經卷上。
[10] 使者見之:磧本作“使者具之”誤,興聖寺本作“使者具足”誤,洪南本、永北本作“使者懼之”。麗初本、趙本同麗再本。
[11] 忉利天:欲界六天的第二天,由帝釋天主宰。

［12］貞觀十二年：案，三國遺事卷四“慈藏定律”條作“貞觀十年”，然三國史記卷五，記爲仁平五年，即貞觀十二年。慈藏入唐朝先至五臺山，“以仁平三年丙申歲（即貞觀十年也）受敕，與門人僧實等十餘輩西入唐，謁清涼山。山有曼殊大聖塑相，彼國相傳云，帝釋天將工來雕也。藏於像前禱祈冥感，夢像摩頂授梵偈，覺而未解。及旦有異僧來釋云（已出皇龍塔篇），又曰：雖學萬教，未有過此文。以袈裟、舍利等付之而滅（藏公初匿之，故唐僧傳不載）。藏知已蒙聖莂，乃下北臺，抵大和池入京師”。

［13］戰：諸本同，磧本作“顫”。

［14］焉：諸本同，麗初本作“馬”誤。

［15］案，即今陝西省户縣東南二十九處萬花山太平峪内新羅王子臺，附近存大定寺，即雲際寺東寺。

［16］疹：諸本同，興聖寺本作“疾”。

［17］仗：諸本同，磧本作“杖”誤。

［18］一：諸本同，趙本作“二”誤。

［19］躃：趙本、興聖寺本作“癖”，磧本、麗初本同麗再本。

［20］彫：諸本同，磧本作“凋”。“彫”同“凋”。

［21］攝：磧本、麗初本、興聖寺本無，趙本同麗再本。

［22］奄：諸本作“奄”，今從磧本。靄：諸本作“藹”，今據磧本改。

［23］量：麗初本、興聖寺本作“曇”誤，磧本、趙本同麗再本。

［24］案，“青丘”，山海經、吕氏春秋多見，或指國名，或指地名，此處指朝鮮半島。

［25］詳：麗再本、麗初本、趙本“祥”誤，今據磧本、興聖寺本改。案，“詳”有研究義。

［26］歷：諸本同，興聖寺本作“曆”誤。

［27］誡勵：磧本作“試厲”誤，趙本同麗再本。

［28］中華有革：諸本同，磧本作“中，華夷有革”，三國遺事卷四“慈藏定律”條作“嘗以邦國服章不同諸夏”。

［29］豈：諸本同，麗初本、興聖寺本作“祟”誤。

［30］准：諸本同，磧本作“唯”。

［31］古難例撰諸經戒疏十餘卷出觀行法一卷盛流彼國有沙門圓勝者本族辰：此段文字，影印再雕麗本脱，然麗初本、興聖寺本及大正藏所引麗再本仍有，今據補又“出觀行法一卷”之“一”，麗初本、趙本、興聖寺本脱，今據磧本補。“盛流彼國”之“盛”麗初本、趙本、興聖寺本脱，今據大正藏校引宫本補。此段，磧本作“古難例一撰也。今春秋將立，器宇弘峻，吐言成政，行立懷德。撰諸經戒疏十餘卷，出觀行法一卷，流彼國”。趙本略同磧本但脱去“一撰也今春秋將”“政行立懷德”“一”十字。

［32］先：諸本作“光”，興聖寺本、大正藏校引宫本作“先”與文意合，今據改。肇：諸本同，興聖寺本作“啓”誤。

［33］案，“三輪”，即佛三轉法輪，初説四諦法輪、中説無相法輪、後説分别法輪。“六通”指佛、菩薩的六種神通，據長阿含經卷九增一經爲：神足通、天耳通、知他心通、宿命通、天眼通、漏盡通。

［34］本：諸本同，磧本衍作“本法”。

［35］溺：磧本、麗初本、興聖寺本作“弱”誤，趙本同麗再本。

［36］邪：諸本同，興聖寺本脱。

［37］案，"有德"，即德藏菩薩，事見於維摩詰經。

［38］吉：麗再本、麗初本、趙本作"告"誤，今磧本、興聖寺本改。案，"遍吉"即普賢菩薩。

［39］案，"靈岳"，指須彌山，大伽葉曾在此山擊打揵椎集合僧衆。又據五分律卷一八，揵椎爲佛制，擊打發聲以集合僧衆的工具。

［40］案，"剡洲"即南瞻部洲的訛省。

［41］入大乘論，則九億無學住法萬年：入大乘論卷上："有尊者賓頭盧、尊者羅睺羅，如是等十六人諸大聲聞，散在諸渚。於餘經中亦説有九十九億大阿羅漢，皆於佛前取籌，護法住壽於世界。"

［42］羅睺：諸本同，磧本作"羅漢"。案，"泥日"諸本同，洪南本作"泥洹"即涅槃。據賓頭盧突羅闍爲優陀延王説法經，賓頭盧尊者被佛擯斥，不得入涅槃。據上引入大乘論，賓頭盧、羅睺羅，代表住世傳法的十六羅漢，所以説尚未入涅槃。未：諸本同，麗初本作"末"誤。

［43］案，"堅慧"，佛滅度後七百年，住於那爛陀寺的高僧，義解在佛典中一般與龍樹齊名。"修羅"，惡神。

［44］育：磧本、趙本作"扇"誤，麗初本、興聖寺本同麗再本。

［45］榮：麗再本、麗初本作"策"，今據磧本、趙本、興聖寺本。

［46］毱多：即優婆毱多，生當阿育王時，爲傳法三祖商那和修的弟子，曾降伏魔王波旬，稱"無相佛"。參見賢愚經卷一三優婆毱提品、付法藏傳卷三、阿育王經卷六。案，前文"身子"即舍利弗。

［47］飲：諸本同，磧本作"欽"誤。案，"飲沐"，又見於本書卷一四慧頵傳"皆飲沐神化，披閲文言"，卷二〇道昂傳"昂飲沐清化，愛敬親承"，似爲道宣專用詞彙。

［48］壇：諸本同，興聖寺本作"檀"誤。

［49］知：諸本同，磧本作"如"。

［50］案，此事出於漢法本内傳，法苑珠林卷一八、卷五三，廣弘明集卷一等引用，其大致情節是，因攝摩騰、竺法蘭來漢，東漢明帝既信佛法，道士請求與攝摩騰較量優劣，隨即失敗，道士費才當場死亡，道士褚信等出家爲僧。"顯宗"即漢明帝。"侍中"，法苑珠林及廣弘明集作"司空陽城侯劉峻"。案，漢法本内傳既是僞書，此事當出於編造。

［51］案，"閩越"，概指南朝，南朝僧祐所編出三藏記集、慧皎撰高僧傳，只記攝摩騰、竺法蘭譯經傳法事，未記上文漢法本内傳所傳僞史，故使道宣不滿。

［52］竊：麗初本、資本、興聖寺本作"霧"，磧本、趙本同麗再本。

［53］及姚秦迷外，道融折其是非：指後秦道融與婆羅門辯論，大獲其勝事，見於高僧傳卷六。

［54］曇始：諸本同，磧本作"量如"誤，大正藏校引宋本、宫本作"量始"誤，麗初本、趙本、興聖寺本同麗再本。案，曇始爲十六國北朝時神僧，曾感化北魏太武帝中止滅佛，傳見高僧傳卷一〇。强：諸本同，興聖寺本作"弘"形。

［55］武：諸本同，興聖寺本作"氏"。

［56］邪辯逼正：諸本作"邪逼匿正"，今從磧本。案，"邪辯"與下文"妄作"對。

［57］而：諸本同，麗初本作"西"誤。

[58] 妄作亂真真澄而妄隱：麗初本、趙本、興聖寺本脱一“真”，今從磧本，影印麗再本見下條注。

[59] 真真澄而妄隱故使齊氏一統：此十二字，麗再本脱，影印本據他本補，麗初本、趙本、興聖寺本脱一“真”字，今從磧本。齊：諸本同，麗再本影印本作“齋”誤。

[60] 激：諸本同，麗初本作“徼”，興聖寺本字迹不清。

[61] 櫃：磧本、興聖寺本作“匱”，麗初本、趙本同麗再本。“匱”同“櫃”。

[62] 席：磧本、麗初本、趙本作“虎”均誤，興聖寺本同麗再本。

[63] 寡：諸本同，興聖寺本作“宣”形。

[64] 嚮：磧本、興聖寺本作“響”誤，麗初本、趙本同麗再本。

[65] 誷：磧本作“罔”，資本作“網”誤，麗初本、趙本、興聖寺本同麗再本。“誷”通“罔”，欺騙。

[66] 元：麗再本、麗初本、資本作“無”誤，今從磧本、趙本、興聖寺本。案，“天元”即北周宣帝。

[67] 案，“衛氏”“彌天”，均指東晋道安。

[68] 巧：諸本同，興聖寺本作“功”形。

[69] 修：諸本同，磧本作“條”誤。

[70] 夫：諸本同，磧本作“矣”。案，上下文段尾都用“矣”，故可知磧本應是。

[71] 微行：麗再本作“徽猷”誤，麗初本、興聖寺本作“徽”脱，今從磧本、趙本。案，“悼”即憾。“像化之微行”指佛教内部的腐化變質情形。

[72] 襲宋桓之致敬：指南朝劉宋孝武帝下詔僧尼須致敬王者事。

[73] 慘：磧本、麗初本作“愕”誤，趙本、興聖寺本同麗再本。

[74] 瞻：麗再本、麗初本、趙本作“贍”誤，今據磧本、興聖寺本改，本卷下文同，不一一出校。

[75] 程：麗再本、麗初本、資本、趙本作“强”誤，今從磧本、興聖寺本。案，“程術”，即展示才能。

[76] 衆：諸本同，興聖寺本脱。

[77] 知：諸本同，興聖寺本脱。

[78] 載：諸本作“戴”誤，事見本書慧滿傳，今從磧本。

[79] 詆：諸本作“抵”誤，今從磧本。訶：諸本同，磧本作“呵”。

[80] 夫：諸本同，磧本作“天”誤。

[81] 案，“三相”指無常、苦、無我。“九有”，又居九居，三界有情居住之所：一欲界之人與六天，二初禪天，三二禪天，四三禪天，五四禪天中之無想天，六空處，七識處，八無所有處，九非想非非想處。

[82] 厲：諸本同，磧本作“勵”。案，“厲”同“勵”。

續高僧傳卷第二十五[1]

感通上正傳三十四[2]　附見三

魏洛京永寧寺天竺僧勒那漫提傳一

勒那漫提[3]，天竺僧也，住元魏洛京永寧寺[4]，善五明，工道術。時信州刺史綦母懷文[5]，巧思多知，天情博識[6]，每國家營宮室器械[7]，無所不關，利益公私，一時之最。又勑令修理永寧寺，見提有異術，常送餉祇承，冀有聞見，而提視之平平，初無敘接，文心恨之。時洛南玄武館有一蠕蠕客[8]，曾與提西域舊交，乘馬衣皮，時來造寺，二人相得，言笑抵掌[9]，彌日不懈。文旁見夷言，不曉往復，乃謂提曰："弟子好事人也，比來供承，望師降意，而全不賜一言。此北[10]狄耳，獸心人面，殺生血食，何足可尚？不期對面，遂成彼此。"提曰："爾勿輕他，縱使讀萬卷書[11]，事用未必相過也[12]。"懷文曰："此有所知[13]，當與捔技賭馬[14]。"提曰："爾有何耶？"曰："筭術之能，無問望山臨水，懸測高深，圍圖踰窖[15]，不舛升合[16]。"提笑而言曰："此小兒戲耳。"庭前有一棗樹極大[17]，子實繁滿，時七月初，悉已成就，提仰視樹曰[18]："爾知其上可有幾許子乎？"文怪而笑曰："筭者所知，必依鉤股標候[19]，則天文地理亦可推測。草木繁耗，有何形兆？計斯寔漫言也[20]。"提指蠕蠕曰："此即知之。"文憤氣不信，即立契賭馬，寺僧老宿咸來同看，具立旁證。提具告蠕蠕，彼笑而承之[21]。文復要云："必能知者，幾許成核，幾許菸死無核[22]。"斷許既了[23]，蠕蠕腰間皮袋裏出一物，似今秤錘[24]，穿五色綫，綫別貫白珠，以此約樹，或上或下，或旁或側，抽綫睒眼，周迴良久，向提撼頭而笑，述其數焉。乃遣人撲子實下盡，一一看閱[25]。疑者，文自剖看，校量子數成不。卒無欠賸，因獲馬而歸。

提每見洛下人遠向嵩高[26]、少室取薪者，自云："百姓如許地擔負辛苦[27]，我欲暫牽取二山，枕洛水頭[28]，待人伐足乃還放去[29]。不以爲難，此但數術耳,但無知者誣我爲聖,所以不敢。”提臨欲終,語弟子曰:“我更停五三日,往一處行。汝等念修正道,勿懷眷戀。”便寢疾閉户卧[30]。弟子竊於門隙視之,見提身不著床,在虚仰卧。相告同視,一僧忽欬。提還床如舊,遥謂曰:“門外是誰,何不來入?我以床熱故取凉[31],爾勿怪也。”是後數日,便捨命矣。

【校注】

[1] 五:諸本同,磧本作“六”。

[2] 三十四:麗再本、麗初本、趙本作“三十三”,興聖寺本作“三十二”,然實爲三十三,以上諸本無釋明琛傳,今據磧本補。

[3] 勒那漫提:有學者認爲,勒那漫提與北魏譯經僧勒那摩提及佛陀禪師或爲一人。參見賴編中國佛教通史第二册第四章“勒那摩提”條。

[4] 永寧寺:北魏靈太后所建,當時中國境内最爲壯觀,詳見洛陽伽藍記卷一。

[5] 綦母懷文:北史卷八九有其傳,紀此事與此傳不同:“每云:昔在晋陽爲監館,館中有一蠕蠕客,同館胡沙門指語懷文云:此人别有異算術。仍指庭中一棗樹云:令其布算子,即知其實數。乃試之,並辨若干純赤,若干赤白相半。於是剥數之,唯少一子。算者曰:必不少,但更撼之。果落一實。”綦:諸本同,興聖寺本作“基”形。

[6] 識:磧本、趙本、興聖寺本作“詣”,麗初本同麗再本。

[7] 宫室:磧本作“官室”誤,興聖寺本作“宫宫”誤,麗初本、趙本同麗再本。

[8] 洛南玄武館:案據讀史方輿紀要卷四八河南三“河南府”條,曹魏時所建玄武館在洛陽城北邙山下,而洛河在洛陽城南十五里處,則此“玄武館”非曹魏所建之玄武館,疑當爲北魏在洛水南所建四夷館之崦嵫館,洛陽伽藍記卷三“龍華寺”條:“西夷來附者處崦嵫館,賜宅慕義里。自葱嶺已西,至於大秦,百國千城,莫不款附,商胡販客,日奔塞下,所謂盡天地之區矣。樂中國土風,因而宅者,不可勝數,是以附化之民,萬有餘家。門巷修整,閶闔填列,青槐蔭陌,緑柳垂庭,天下難得之貨,咸悉在焉。别立市於洛水南,號曰四通市,民間爲永橋市。”

[9] 抵:諸本同,興聖寺本作“祇”誤。

[10] 案,諸本同,此處興聖寺本衍入“來供承,望師降意”。

[11] 萬:諸本同,興聖寺本作“方”誤。

[12] 事:麗再本、麗初本、趙本無,今據磧本、興聖寺本補。

[13] 有:諸本無,今據磧本補。

[14] 捔技:磧本、興聖寺本作“角伎”,麗初本、趙本同麗再本。

[15] 踰:諸本作“逾”。“圌”爲竹囤,“窖”爲糧窖,“圍”“踰”應爲度量義。“踰”即踏,有勘察義,“逾”無此義。參見緝古算經等算術書求倉窖高廣等章節。

[16] 升:諸本同,興聖寺本作“舛”誤。

[17] 大:諸本同,興聖寺本作“太”誤。

[18] 樹:諸本同,興聖寺本作“尌”誤。

[19] 標候:諸本同,磧本作“標准”誤。案,“候”,即測量義,“候景”即測量日影。“標”

即標杆,指測量的工具。

[20] 漫:諸本同,磧本作“謾”。

[21] 之:諸本同,磧本衍作“之云”。

[22] 菸:磧本作“瘀”誤,麗初本、趙本同麗再本,興聖寺本字迹不清。案,“菸”,據説文解字卷一有“鬱”義,段玉裁注認爲,即“暵”即“蔫”,毛詩正義卷四王風中谷有蓷“暵其乾矣”。毛詁:“暵,菸貌,陸艸生於谷中,傷於水。”即因旱而萎。説文又云即“矮”,一种植物感染真菌的病症。

[23] 斷:諸本同,洪南本作“幾”。了:磧本作“子”誤,趙本、麗初本、興聖寺本同麗再本。

[24] 秤:麗初本、趙本、興聖寺本作“稱”。衡:諸本同,磧本作“錘”。

[25] 看:諸本同,興聖寺本作“者”形,本傳下同,不一一出校。

[26] 高:諸本同,興聖寺本脱。

[27] 姓:諸本同,興聖寺本衍作“姓姓”。

[28] 水:諸本同,麗初本脱。

[29] 伐:諸本同,興聖寺本作“代”誤。

[30] 卧:諸本同,磧本作“而卧”。

[31] 取凉:磧本、興聖寺本作“取凉耳”,麗初本、趙本同麗再本。

魏滎陽沙門寺釋超達傳二僧明[1]

釋超達,未詳其氏,元魏中行業僧也,多學問,有知解。帝禁圖讖尤急,所在搜訪,有人誣達有之,乃收付滎陽獄。時魏博陵公檢勘窮劾,達以實告,大怒[2],以車輪繫頸,嚴防衛之。[3]自知無活路,專念觀世音。至夜四更,忽不見車輪所在,見守防者皆大昏睡[4],因走出外,將欲遠避。以久繫獄,脚遂攣[5],急不能及遠,行至天曉,虜騎四出追之。達惟逃必不免[6],因伏草中,騎來蹋草並靡,雖從邊過對而不見,仰看虜面,悉以牛皮障目。達一心服死,至誠稱念,夜中虜去,尋即得脱。

又僧明道人,爲北臺石窟寺主。魏氏之王天下也,每疑沙門爲賊,收數百僧,五繫縛之[7]。僧明爲魁首,以繩急纏,從頭至足,剋明斬決[8]。明大怖,一心念觀音,至半夜,覺纏小寬[9],私心欣幸[10],精到彌切[11],及曉索然都斷。既因得脱,逃逸奔山。明旦獄監來覓不見,惟有斷繩在地,知爲神力所加也,即以奏聞。帝信道人不反[12],遂一時釋放。

【校注】

[1] 僧明:麗再本、磧本、興聖寺本、趙本、麗初本無,洪南本、永北本有,據正文有此附傳,今補。

[2] 大怒:磧本、興聖寺本作“公大怒”應是,麗初本、趙本同麗再本。

[3] 案,"帝禁圖讖尤急",據魏書卷四下世祖紀下,是在拓跋燾太平真君五年正月,詔:"愚民無識,信惑妖邪,私養師巫,挾藏讖記、陰陽圖緯、方伎之書;又沙門之徒,假西戎虚誕,生致妖孽。非所以壹齊政化,布淳德於天下也。自王公已下至於庶人,有私養沙門、師巫及金銀工巧之人在其家者,皆遣詣官曹,不得容匿。限今年二月十五日,過期不出,師巫、沙門身死,主人門誅。明相宣告,咸使聞知。"又據魏書,博陵公爲尉元,傳見魏書卷五〇。

[4] 防、皆:諸本同,興聖寺本脱。

[5] 攣:諸本作"蹤",今從磧本。

[6] 必:諸本同,磧本作"矣"誤。

[7] 五:麗再本作"互",今據諸本改。

[8] 明:麗再本作"期"誤,今據諸本及文意改。

[9] 纏:磧本、興聖寺本作"繩",麗初本、趙本同麗再本。

[10] 心:諸本同,興聖寺本脱。

[11] 到:諸本同,磧本作"禱"誤。

[12] 反:磧本、麗初本、趙本作"返"均誤,興聖寺本字迹不清。

魏文成沙門釋慧達傳三

釋慧達,姓劉名窣蘇骨反和,本咸陽東北三城定陽稽胡也[1]。先不事佛,目不識字,爲人兇頑,勇健多力,樂行獵射,爲梁城突騎,守於襄陽。父母兄弟三人並存[2],居家大富,豪侈鄉閭,縱横不理[3]。後因酒會,遇疾命終,備覩地獄衆苦之相,廣有別傳,具詳聖迹。[4]達後出家,住于文成郡[5],今慈州東南高平原[6],即其生地矣,見有廟像[7],戎夏禮敬[8],處于治下安民寺中[9]。曾往吴越,備如前傳。[10]

至元魏太武大延元年,流化將訖,便事西返,行及涼州番禾郡[11],東北望御谷而遥禮之。人莫有曉者,乃問其故。達云:"此崖當有像現,若靈相圓備,則世樂時康,如其有闕,則世亂民苦。"[12]達行至肅州酒泉縣城西七里石澗中死,其骨並碎,如葵子大,可穿之。今在城西古寺中塑像手上[13]。寺有碑云:吾非大聖,遊化爲業。文不具矣。

爾後八十七年,至正光初,忽大風雨[14],雷震山裂,挺出石像,舉身丈八,形相端嚴,惟無有首。登即選石命工,雕鐫別頭,安訖還落,因遂任之[15]。魏道陵遲,其言驗矣。逮周元年,治涼州城東七里澗忽有光現,徹照幽顯,觀者異之,乃像首也。便奉至山巖安之,宛然符會。儀容彫缺四十餘年,身首異所二百餘里,相好還備,太平斯在。保定元年,置爲瑞像寺焉[16],乃有燈光流照,鐘聲飛嚮[17],相續不斷,莫測其由。建德初年,像首頻落,大冢宰及齊王躬往看之,乃令安處,夜落如故,乃經數十。更以餘物爲頭,終墜於地。後周滅佛法[18],僅得四年,鄰國殄喪,識者察之[19],方知先鑒[20]。雖遭廢除,像猶特立。開皇之始,經像大弘,莊飾尊儀,更崇寺宇。大業五年,煬帝躬往,禮敬厚施,重增榮麗,因改舊額爲感通寺焉。故今摸寫傳形[21],量不可測,約指丈八,臨度終異[22],致令發信,彌增日新。[23]

余以貞觀之初,歷游關表,故謁達之本廟,圖像儼肅,日有隆敬。自石、隰、慈、丹、延、綏、威、嵐等州,並圖寫其形,所在供養,號爲"劉師佛"焉,因之懲革胡性,奉行戒約者殷矣[24]。見姚道安制像碑[25]。

【校注】

[1] 案,"定陽縣",當今陝西省宜川縣。

[2] 存:諸本同,興聖寺本作"在"。

[3] 縱:諸本同,興聖寺本作"從"。

[4] 案,法苑珠林卷八六感應緣引冥祥記,對慧達遊歷地獄事述説詳備,今將有關於史事者,引如下:"晉沙門慧達,姓劉名薩荷,西河離石人也。未出家時,長於軍旅,不聞佛法,尚氣武,好畋獵。年三十一,暴病而死,體尚温柔。家未殮,至七日而穌。説云:將盡之時,見有兩人執縛將去。……"

[5] 住于:諸本同,興聖寺本作"子住"既倒且誤。

[6] 慈州:南北朝時東魏稱南汾州,北周改爲汾州,隋改爲耿州,又爲文城郡。唐武德元年,改爲汾州。武德三年,又改浩州(原隋西河郡)爲汾州。武德五年,改爲南汾州。武德八年(新唐書作"貞觀八年")改爲慈州。治所在吉昌縣,即今山西省吉縣。

[7] 廟像:諸本同,興聖寺本作"廣象"誤。

[8] 禮敬:諸本同,磧本作"敬禮"倒。案,集神州塔寺三寶感通録卷下神僧感通録:"今慈州郭下,安仁寺西,劉薩何師廟者……州東南不遠,高平原上,有人名薩何,姓劉氏。余至其廟,備盡其緣,諸傳約略,得一涯耳。初何在俗,不異於凡,人懷殺害,全不奉法,何亦同之。因患死,蘇曰:在冥道中,見觀世音曰:'汝罪重,應受苦,念汝無知,且放汝。今洛下、齊城、丹陽、會稽,並有育王塔,可往禮拜,得免先罪。'何得活已,改革前習。土俗無佛,承郭下有之,便具問已,方便開喻,通展仁風。稽胡專直,信用其語,每年四月八日,大會平原,各將酒餅,及以净供。從旦至中,酣飲劇樂,即行净供,至中便止。過午已後,共相讚佛,歌詠三寶,乃至於曉。

何遂出家,法名慧達,百姓仰之,敬如日月。然表異迹,生信愈隆,晝在高塔,爲衆説法,夜入繭中,以自沈隱,旦從繭出,初不寧舍,故俗名爲'蘇何聖'。蘇何者,稽胡名繭也,以從繭宿,故以名焉。故今彼俗,村村佛堂,無不立像,名胡師佛也。今安仁寺廟,立像極嚴,土俗乞願,萃者不一。每年正月,輿巡村落,去住自在,不惟人功。欲往彼村,兩人可舉,額文則開,顔色和悦,其村一歲,死衰則少。不欲去者,十人不移,額文則合,色貌憂慘,其村一歲,必有災障。故俗至今,常以爲候,俗亦以爲觀世音者,假形化俗,故名慧達。有經一卷,俗中行之,純是梵(胡)語,讀者自解。……故黄河左右,慈、隰、嵐、石、丹、延、綏、銀八州之地,無不奉者,皆有行事,如彼説之。然今諸原,皆立土塔,上施相剎,繫以蠶繭,擬達之止也。

何於本鄉，既開佛法，東造丹陽諸塔，禮畢已訖，西趣涼州番和御谷，禮山出像，行出肅州酒泉郭西沙礰而卒。形骨小細，狀如葵子，中皆有孔，可以繩連。故今彼俗有災障者，就礰覓之，得之凶亡，不得吉喪。有人覓既不得，就左側觀世音像上取之。至夜便失，明旦尋之，還在像手，故土俗以此尚之。”

[9] 中：諸本同，興聖寺本脱。

[10] 案，“前傳”即高僧傳卷一三興福：“竺慧達，姓劉，本名薩河，并州西河離石人。少好田獵，年三十一，忽如暫死，經日還蘇，備見地獄苦報。見一道人，云是其前世師，爲其説法，訓誨令出家，往丹陽、會稽、吴郡覓阿育王塔像，禮拜悔過，以懺先罪。既醒，即出家學道，改名慧達，精勤福業。……”又見梁書卷五四“扶南國”條下，與高僧傳大同小異。

[11] 案，“番禾郡”，北涼置，北魏改爲番和郡，治當今甘肅省永昌縣。西魏、北周，番禾廢郡置鎮。隋開皇中復置番禾縣，屬武威郡。唐初仍置番禾縣，咸亨元年，於縣置雄州，調露元年廢州，天寶三載，改番禾縣爲天寶縣，景龍元年廢，先天二復置，廣德二年陷於吐蕃。

[12] 御谷：在今甘肅省永昌縣北海子鄉金川西村西三公里處。案，集神州三寶感通録卷中“十三”：“元魏涼州山門出像者，太武太延元年，有離石沙門劉薩訶者，備在僧傳，歷遊江表，禮鄮縣塔，至金陵開育王舍利。能事將訖，西行至涼州西一百七十里番禾郡界，東北望御谷山遥禮。”

[13] 塑：諸本作“素”，今從磧本。

[14] 大：諸本同，磧本作“天”誤。

[15] 任：諸本同，磧本作“住”誤。

[16] 焉：諸本同，麗初本作“馬”誤。

[17] 嚮：磧本、興聖寺本作“響”，麗初本、趙本同麗再本。“嚮”通“響”。

[18] 周：諸本同，磧本脱。

[19] 識：諸本同，興聖寺本衍作“識識”。

[20] 鑒：諸本同，磧本作“監”。案，“監”同“鑒”。

[21] 今：諸本作“令”，今據磧本改。

[22] 終：諸本同，磧本作“衆”誤。

[23] 案，慧達在唐中後期的河西地區影響頗大，今敦煌文書 P. 2680、P. 3570、P. 3727 號劉薩訶和尚因緣記爲其感應故事。敦煌莫高窟第 72 窟、第 61 窟、第 98 窟、第 231 窟西壁佛龕頂、第 237 窟西壁龕頂東披正中、第 76 窟甬道頂；榆林窟第 33 窟南壁西側佛教聖迹畫中上方中心位置；藏經洞出土泥塑龕像、第 203 窟西龕、第 300 窟西龕、榆林窟第 28 窟中心柱北向面龕内。石雕的劉薩訶瑞像有：甘肅省博物館藏唐聖曆元年寶意造聖容像、山西省博物院藏開元二十五年李元封等八人造聖容像、炳靈寺石窟晚唐第 13 號龕造像、甘肅省永昌縣博物館藏劉薩訶瑞像以及張掖馬蹄寺石窟群千佛洞第 6 窟造像。參見文静、魏文斌：唐代石雕劉薩訶瑞像初步研究，華夏考古 2011 年第 2 期。

[24] 戒：諸本同，磧本作“誡”。

[25] 制：諸本同，磧本作“製”。收録慧達資料較全的爲陳祚龍劉薩訶研究——敦煌佛教文獻解析之一，華岡佛學學報第 3 期。然涼州御山石佛瑞像因緣記，可與敦煌文書參證，少有學者注意，今全文録下，録文一依敦煌研究 1983 年孫修身、黨壽山

撰涼州御山石佛瑞像因緣記考釋。

涼州御山石佛瑞像因緣記：

1（缺）[太延元年，丹]陽僧劉薩何，天生神異，動莫能測，將往天竺，觀佛遺迹，行至于此，北面頂禮，弟子怪而問□□□□□

2（缺）□少即是[喪]亂之象，言訖而過。至後魏正光元年，相去八十有六年，獵師李師仁趁鹿於此山，忽見一寺，假然化□□□□□

3（缺）□師仁稽首作禮，舉頭不見其僧。竊念常遊於兹，佐未曾有如是，遂壘石爲記，將擬驗之，行未越[界]，忽□雷震

4（缺）□[屬]魏末喪亂，生人塗炭，薩何之言至是驗焉。師仁於時懷果，走詣所部，言終出柰，柰化爲石，於是□□歎此稀有之

5（缺）□之東七里澗，夜有神光照燭，見像[首]，衆疑必是御山靈相，捧戴於肩，相去數尺，飛而暗合，無復差殊，於是四衆悲欣，千里

6（缺）周保定元年，勑使宇文儉檢覆，靈驗不虚，便勑涼、甘、肅三州力役三千人造寺，至三年功畢，隸僧七十人，置屯三

7（缺）□削逾明、至今猶然。至周建德三年廢三教，勑使將欲毁像，像乃放光溢庭，使人惶怖，具狀聞奏，唯兹一所

8（缺）□涼州行至寺，放火焚燒，應時大雪，翳空而下，祥風繚繞，撲滅其焰，□梁毁棟，今亦見存，又於南岸見一僧

9（缺）□番禾官人，爲我於僧隱處造一龕功德，今石龕功德見在。又至[開皇]九年涼州總管燕國公詣寺禮拜，忽

10（缺）樊儉等至寺供養，師等見青衣童子八九人堂内灑掃，就視不見。具狀聞奏，駕[還]幸之，改爲感通寺。又至

11（缺）遠之則見，朝看石上依稀有處。至大唐貞觀十年，有凰□五色，雙鶴導前，百鳥蔽日，栖於像山，所部以

12（缺）因乃蘇活。貞觀十年，三藏法師從五天竺國來云□□□[下]有像一雙。彼國老宿云：一像忽然不知去處。玄

13（缺）[知]此土衆生有緣。神龍，兵部尚書郭元振往任安西都護曾詣寺禮謁，因畫其像。後奉使入强虜，烏折勒宣

14（缺）[仰]視。是日大雪深尺餘，元振岳□移晷不動，虜狂□失神暴卒。於夕，虜五男娑葛之徒凶捍尤甚，劈面枕戈，將

15（缺）遂便聞奏。中宗令御史霍嗣光持蟠花□□繡袈裟各一幅，皆長卌餘尺，闊十三幅，詣寺申敬禮。其時當

16（缺）光現大雲寺僧元明先住彼寺，常聞寺有□[鍾]響，獨恨未聞，恒自投地，禮拜供養，繫撤自誓，旬月無徵

17（缺）御山谷中遠近無泉源，山谷憔涸，獨[於]□□西北二三里，泊然潛出清流，堪激小輪，經過茄藍，溉寺田二三十

18（缺）[近]寺四五十里，孤遊獨宿，晨去夕還，爰□□□，秋毫不犯，山中石壁，常有鳩鴿群飛，佛殿晝開，曾不敢入，開

19（缺）[知]運杜賓客，共詣一婆羅門，三藏□□不久，皆有大厄，不可過，宜脩福德運□之信，賓即罄舍所有

20（缺）□至今無急事俱驗[焉]，若乃鄉曲賤[微]之人，遠方羈旅之士，或飄

□[獨]往,叩地申冤,或孑爾孤遊,瞻顔乞願,慈

21(缺)□□涼都會,萬里□通徵税之,□往來□時之所填委,戎夷雜處,戕害爲常,不有神變之奇,寧革頑嚚之

22(缺)□彰[無]微不[燭],何異[今]臺山之瑞相,折天竺之慈顔,福於玆方,難得而稱者也。且慮人代超忽,傳説差殊,有

23(缺)[相]傳庶□勸[善]比詞,以表大慈之致。時天寶元年壬午,徽士天柱山逸人楊播記

24(缺)□□□□□初心此地,後便以此處爲白馬寺。至宇文滅法,其地□俗居者多不安,遂復施爲感通[下]寺。時五涼

25(缺)少□□□赤水軍使京兆王公倕同贊靈迹,以傳海内有緣。

魏東齊沙門釋明琛傳四[1]

【釋明琛,齊人。少遊學兩河,以通鑒知譽,然經論雖富,而以徵難爲心。當魏明代,釋門云盛,琛有學識,遊肆而已,故其雅量,頗非鴻業。時有智翼沙門,道聲載穆,遠近望塵,學門若市。琛不勝幽情,深忌聲略,私結密交,廣搜論道。初爲“屋子論議法”,立圖著經,外施名教,内構言引,牽引出入,罔冒聲説。聽言可領,及述茫然。勇意之徒,相從雲集,覩圖望經,怳若雲夢,一從指授,涣若冰消,故來學者,先辦泉帛。此“屋子法”,入學遂多,餘有獲者,不能隱秘,故琛聲望,少歇於前。

乃更撰“蛇勢法”,其勢若葛亮陣圖,常山蛇勢,擊頭尾至,大約若斯。還以法數,傍蛇比擬,乍度乍卻,前後參差。余曾見圖,極是可畏,畫作一蛇可長三尺,時屈時伸,傍加道品。大業之季,大有學之,今則不行,想應絶滅。初,琛行蛇論,遍於東川,有道行者,深相諫喻,决意已行,博爲道藝。潞州上邑思弘法華[2],乃往巖州林慮縣洪谷寺請僧[3],忘其名,往講。琛素與知識,聞便往造。其人聞至,中心戰灼,知琛論道,不可相抗,乃以情告曰:“此邑初信,事須歸伏,諸士俗等,已有傾心。願法師不遺故舊,共相成贊。今有少衣裁,輒用相奉。琛體此懷。”乃投絹十疋。琛曰:“本來於此,可有陵架意耶?幸息此心。”然不肯去,欲聽一上。此僧彌怖,事不獲已,如常上講。琛最後入堂,齎絹束擲在衆中,曰:“高座法師昨夜以絹相遺,請不須論議,然佛法宏曠,是非須分,脱以邪法化人,幾許誤諸士俗。高座聞此,慴怖無耶[4]?”依常唱文,如疏所解。琛即唤住,欲論至理。高座爾時神意奔勇,泰然待問。琛便設問,隨問便解,重疊雖多,無不通義。琛精神擾攘,思難無從,即從座起曰:“高座法師猶來闇塞,如何今日,頓解若斯?當是山中神鬼助其念力。不爾,何能至耶?”高座合堂一時大笑。琛即出邑,共伴二人,投家乞食,既得

氣滿，噎而不下。餘解喻：“何所諍耶？論議不來，天常大理，何因頓起如許煩惱？”琛不應，相隨東出，步步嘆吒，登嶺困極，止一樹下，語二伴曰：“我今煩惱，熱不可言，意恐作蛇。”便解剔衣裳，赤露而卧，翻覆不定，長展兩足。須臾之間，兩足忽合而爲蛇尾，翹翹上舉，仍自動轉，語伴曰：“我作蛇勢論，今報至矣，卿可上樹，蛇心若至，則有吞噬之緣，可急急上樹，心猶未變。”伴便上樹，仍共交語，悔作蛇論，果至如何。言語之間，奄便全身作蛇，惟頭未變，亦不復語。宛轉在地，舉頭自打，打仍不止，遂至於碎，欻作蟒頭。身形忽變，長五丈許，舉首四視，目如火星。于時四面無量諸蛇，一時總至。此蟒舉頭去地五六尺許，趣谷而下，諸蛇相隨而去。其伴目驗斯報，至鄴説之。】

【校注】

［1］案，此傳，諸本無，今據磧本補。

［2］案，“潞州”，北周宣政元年設，治當今山西省長治市，隋大業初改爲上黨郡，唐初復改回潞州，下轄無“上邑”，疑爲上黨縣之訛，或者爲鄉級單位。

［3］案，“巖州”，治林慮縣，當今河南省林州市，隋開皇十六年置，大業三年廢。

［4］懾怖無耶：諸本同，永北本作“懾怖無聊”。如依永北本，則引號在“士俗”後。

魏常山衡唐精舍釋道泰傳五

釋道泰，元魏末人，住常山衡唐精舍[1]，夢人謂曰：“若至某年，當終於四十二矣。”泰彌惡之[2]。及至期年，遇重病，甚憂，悉以身資爲福。友人曰：“余聞供養六十二億菩薩，與一稱觀世音同，君何不至心歸依，可必增壽。”泰乃感悟，遂於四日四夜，專精不絶，所坐帷下忽見光明從户外而入，見觀音足趺踝間金色朗照[3]，語泰曰：“念觀世音耶[4]。”比泰褰帷，須臾不復見[5]。悲喜流汗，便覺體輕[6]，所患遂愈。年四十四，方爲同意説之。泰後終於天命[7]。更有一僧，其緣同泰，故不疏耳。

【校注】

［1］案，“常山”指常山郡，治當今河北省正定縣。

［2］彌：諸本同，磧本作“心”。

［3］觀音：諸本同，興聖寺本作“觀世音”。

［4］念：磧本、興聖寺本作“汝念”，麗初本、趙本同麗再本。

［5］須臾：麗再本、麗初本、趙本作“頃便”，興聖寺本作“顧便”誤，今從磧本。

［6］體：麗再本、麗初本、趙本無，今據磧本、興聖寺本補。

［7］終：諸本同，興聖寺本脱。

梁九江東林寺釋僧融傳六[1]

釋僧融，梁初人，住九江 東林寺，篤志汎博[2]，游化己任[3]。曾於江陵[4]，勸一家受戒，奉佛爲業。先有神廟，不復宗事，悉用給施[5]，融便撤取送寺，因留設福。至七日後，主人母見一鬼[6]，持赤索欲縛之。母甚遑懼[7]，乃更請僧讀經行道，鬼怪遂息。融晚還廬山，獨宿逆旅，時天雨雪，中夜始眠，見有鬼兵，其類甚衆。中有鬼將，帶甲挾刃，形奇壯偉，有持胡床者，乃對融前踞之，便厲色揚聲曰："君何謂鬼神無靈耶？"速曳下地[8]，諸鬼將欲加手，融嘿稱觀世音[9]。聲未絶，即見所住床後有一天將，可長丈餘，著黄皮袴褶，手捉金剛杵擬之。鬼便驚散，甲胄之屬碎爲塵粉。

融嘗於江陵，勸夫妻二人俱受五戒，後爲劫賊引[10]，夫遂逃走，執妻繫獄，遇融於路，求哀請救。融曰："惟至心念觀世音，更無信餘道[11]。"婦入獄後，稱念不輟，因夢沙門立其前[12]，足蹴令去[13]。忽覺身貫三木，自然解脱。見門猶閉，閽司數重守之，計無出理，還更眠。夢見向僧曰："何不早出，門自開也。"既聞即起，重門洞開，便越席而出，東南數里，將值民村，天夜闇冥。其夫先逃，夜行晝伏，二忽相遇，皆大驚駭，草間審問，乃其夫也。遂共投商者遠避，竟得免難。

【校注】

[1] 釋：諸本同，興聖寺本脱。僧：磧本、麗初本作"道"誤，趙本、興聖寺本同麗再本。

[2] 汎：諸本同，磧本作"沉"誤。文選卷六魏都賦："雜糅紛錯，兼該汎博。"李周翰注："汎博，猶廣大也。"

[3] 任：諸本同，磧本作"住"誤。

[4] 陵：諸本同，興聖寺本作"淩"。

[5] 給：諸本同，興聖寺本作"終"誤。

[6] 母：諸本同，興聖寺本脱。

[7] 遑：諸本同，磧本作"惶"。"遑"通"惶"。

[8] 地：諸本同，興聖寺本脱。

[9] 嘿：諸本同，磧本作"默"，"嘿"同"默"。

[10] 賊：諸本無。

[11] 信：麗初本、趙本作"言"誤，磧本、興聖寺本同麗再本。

[12] 前：諸本同，興聖寺本脱。

[13] 令：諸本同，磧本作"今"誤。

魏末魯郡沙門釋法力傳七法智　道集　法禪[1]

釋法力，未詳何人，精苦有志德。欲於魯郡立精舍[2]，而財不足，與沙彌明琛往上谷乞麻一載[3]，將事返寺。行空澤中，忽遇野火，車在下風，無得免理。于時法力倦眠，比覺而火勢已及，因舉聲稱"觀"未逮"世音"[4]，應聲風轉，火焰尋滅，安隱而還。

又沙門法智者，本爲白衣，獨行大澤，猛火四面，一時同至。自知必死，乃合面於地稱觀世音，怪無火燒，舉頭看之[5]，一澤之草，纖毫並盡[6]，惟智所伏，僅容身耳。因此感悟，出家爲道，厲精翹勇，衆所先之[7]。

又沙門道集，于壽陽西山遊行[8]，爲二劫所得，縛繫於樹，將欲殺之。惟念觀世音，守死而已。劫引刀屢斫[9]，皆無傷損[10]，自怖而走。集因得脱[11]，廣傳此事。

又沙門法禪等，山行逢賊，惟念觀音。挽弓射之，欲放不得，賊遂歸誠。投弓於地，又不能得，知是神人，捨而逃走。禪等免脱，所在通傳。並魏末人。別有觀音感應傳，文事包廣，不具叙之。

【校注】

［1］力：諸本同，興聖寺本脱。"法智　道集　法禪"，麗再本、磧本、興聖寺本、趙本、麗初本無，洪南本、永北本有，據正文有此附傳，今補。

［2］魯郡：治當今山東省濟寧市兖州區。

［3］上谷：郡治當今河北省懷來縣大古城村。

［4］逮：磧本、興聖寺本作"述"，麗初本、趙本同麗再本。

［5］之：諸本同，磧本作"火"。

［6］毫：諸本同，興聖寺本作"豪"。

［7］先：諸本同，興聖寺本脱。

［8］壽陽：即今山西省壽陽縣。所謂"西山"當今壽陽西北鹿泉山。

［9］屢：諸本同，麗初本、興聖寺本作"屬"誤，磧本、趙本同麗再本。

［10］傷損：諸本同，興聖寺本衍作"傷損傷"。

［11］脱：諸本同，興聖寺本脱。

梁蜀土青城山寺釋植相傳八道香　僧朗[1]

釋植相，姓郝氏，梓橦涪人[2]。嘗任巴西郡吏[3]，太守鄭貞令相齎獻物下楊都[4]，見梁祖、王公崇敬三寶，便願出家。及還上蜀，決誓家屬并其妻子。既同相志，一時剪落。自出家後，梁大同中，專習苦行，一食常坐，正心佛理，以命自期[5]。時南武都，今孝水縣[6]，有法愛道人，高銜道術，相往觀之。愛於夕中，自以咒力現一大神，身著衣冠，容相瓌偉[7]，來舉繩床，離地四五尺。相便誦戒[8]，神即馳去。斯須復來舉床[9]，僅動一角[10]，如前復去[11]。俄爾又來，在相前立，相正意貞白，初無微動，尋爾復去，於屋頭現面，舍棟破裂，其聲甚大，相亦無懼。神見不動，便來禮拜，求哀懺謝[12]，至旦語愛曰："汝所重者，此是邪術，非正法也，可捨之。"

相後往益聽講，以生在邊鄙，言頗涉俗[13]，雖遭輕誚[14]，亡懷在道，都不忤意。又因行路，寄宿道館，道士有素聞相名，恐化徒屬，拒不延之。其夜群虎繞院相吼[15]，道士等通夕不安，及明追之，從受菩薩戒焉[16]。又曾行弘農水側[17]，見人垂釣，相勸止之，不從其言。即唾水中，忽有大蛇擎頭四顧來趣。釣者因即歸命，投相出家。

時梁道漸衰，而涪土軍動[18]，與象法師分飛異域[19]。象入静林山[20]，相入青城山，聚徒集業。梁王蕭撝，素相欽重[21]，供給獠民，以爲營理。未暇經始，便感重疾，知命不救，謂弟子曰："常願生净土，而無勝業，雖不生三途，亦不生天堂[22]，還生涪土作沙門也[23]。汝等努力行道，方與吾會。"加坐儼然，奄便遷化。時年四十有四[24]。其山四面獠民見其坐亡，皆來嘆異，禮拜供養，改俗行善。弟子銜命，露屍松下。

初相置足於綿州城西柏林寺，院宇成就[25]，於堂頭植梧桐一株，極爲繁茂，忽以四月十五日無故葉落。又維那此日打鍾[26]，初不發聲。大小疑怪，不測所以。上坐僧超謂有大變[27]，執錫逃避。須臾信報，相已終卒。樹枯鍾啞[28]，表其遷化之晨也[29]。此寺去青城四百餘里，而潛運之感，殆非人謀。

梁初，又有道香、僧朗，並有神異。其迹略同誌公之類矣[30]。

【校注】

[1] 道香僧朗：諸本無，今據磧本補。

[2] 梓橦：諸本同，磧本作"梓潼"是。

[3] 嘗：麗再本、麗初本作"當"，今從磧本、趙本、興聖寺本。案，"巴西郡"治當四川省閬中縣。

[4] 貞：諸本同，興聖寺本作"真"。楊：諸本同，興聖寺本作"物"。

[5] 期：諸本同，興聖寺本作"斯"誤。

[6] 縣：諸本同，磧本作"縣也"。案，隋書卷二九地理上"蜀郡"條："緜竹，舊置晉熙郡及長楊、南武都二縣。後周並二縣爲晉熙，後又廢晉熙入陽泉。開皇初郡廢，十八年改爲孝水，大業二年改曰綿竹。"即今四川省綿竹市。

[7] 瓌：磧本作"傀"，興聖寺本作"積"形，麗初本、趙本同麗再本。"瓌偉"同"傀偉""瓌瑋"，容貌奇偉。

[8] 相：諸本同，磧本脱。

［9］床：諸本同，興聖寺本作“牀”誤。
［10］僅動一角：諸本同，興聖寺本脱。
［11］如前：諸本同，興聖寺本衍作“如前如如”。
［12］謝：諸本同，磧本作“悔”。
［13］言：諸本作“玄”誤，今從磧本。
［14］誚：諸本同，興聖寺本作“謝”誤。
［15］吼：諸本同，興聖寺本作“孔”。
［16］焉：諸本同，趙本作“馬”誤。
［17］弘農：即弘農縣，當在今河南省靈寶市黄河附近。
［18］涪：諸本同，興聖寺本作“泣”形。
［19］域：諸本同，磧本作“城”誤。
［20］静林山：諸本同，興聖寺本衍作“静象林山林山”。
［21］素：諸本同，興聖寺本脱。欽：諸本同，興聖寺本作“釣”形。
［22］亦：諸本同，興聖寺本衍作“亦亦”。堂：麗再本、趙本、興聖寺本作“當”誤，今據磧本、麗初本。
［23］涪土：趙本作“净土”誤，興聖寺本作“清”既誤且脱，磧本、麗初本同麗再本。
［24］四十：諸本同，磧本作“三十”。
［25］宇：麗再本、麗初本、趙本脱，今據磧本、興聖寺本補。
［26］日：磧本、興聖寺本作“旦”，麗初本、趙本同麗再本。鍾：磧本、興聖寺本作“鐘”，麗初本、趙本同麗再本。
［27］超：諸本同，磧本作“起”誤。
［28］噎：諸本同，興聖寺本作“壹”誤。
［29］之：諸本同，興聖寺本脱。
［30］之：諸本同，興聖寺本脱。

梁蜀土潼州沙門釋僧林傳九[1]

釋僧林，吴人，深有德素，行能動物。梁大同中，上蜀至潼州，城西北百四十里，有豆圌山，上有神祠，土民敬之，每往祭謁。[2]林往居之[3]，禪嘿累日，忽有大蟒縈繩床前，舉頭如揖讓者，林爲授三歸，受已便去。因爾安怗[4]，卒無災異。其山北，涪水之陽，素來無猿，自林栖託已來，便有兩頭，依林而住。有初見者，云度水來。及後林出山門，猿還洄度[5]，如此非一。年月淹久，孚乳産生，乃有數十[6]。有時送林至龍門口，竚望而返。後往赤水巖故寺中，屋宇並摧，止有蘩林，便即露坐，有虎蹲於林前，低目視林，乃爲説法，良久便去。爾後孤遊雄悍，不避惡獸，常行仁濟，感化極多。末，卒於潼部[7]。

【校注】

［1］林：諸本同，興聖寺本作“琳”誤。

［2］案，“潼州”西魏置，治巴中縣，轄江油縣。“豆圖山”當爲竇圌山，在今四川省江油市武都鎮圌山，爲當地名勝。

［3］案，本卷之興聖寺本從釋僧林傳“之”到釋圓通傳末尾“故致聖者潛”句，闕佚。

［4］因：磧本作“自”是，麗初本、趙本同麗再本。

［5］洄度：諸本同，磧本、隨函録作“泅渡”。

［6］乃有數十：諸本作“生乃有數十”。

［7］部：諸本同，磧本作“郡”誤。案，“潼部”指潼州。

梁荆州沙門釋慧簡傳十

釋慧簡，不知何許人，梁初在道，戒業弘峻，殊奇膽勇[1]。荆州廳事東，先有三間別齋，由來屢多鬼怪，時王建武臨治[2]，猶無有能住者。惟簡是王君門師，專任居之[3]，自住一間[4]，餘安經像。俄見一人，黑衣無目，從壁中出，便倚簡門上。時簡目開心了，但口不得語，意念觀世音。良久，鬼曰：“承君精進，故來相試，今神色不動，豈復逼耶？”欻然還入壁中。簡徐起，澡漱禮誦訖，還如常眠。寐夢向人曰：“僕以漢末居此數百年，爲性剛直，多所不堪，君誠净行好人，特相容耳。”於此遂絶。簡住積載，安隱如初。若經他行，猶無有人能住之者。

【校注】

［1］膽：磧本、麗初本作“贍”，趙本作“瞻”，均誤。

［2］案，“王建武”待考，蕭梁荆州刺史例由藩王出任，查無“王君”出任者。

［3］任：諸本同，趙本作“住”誤。之：諸本同，麗初本作“二”誤。

［4］自：麗初本作“日”，資本作“白”，均誤，磧本、趙本同麗再本。

魏凉州沙門釋僧朗傳十一

釋僧朗，凉州人。魏虜攻凉[1]，城民素少，乃逼斥道人，用充軍旅，隊別兼之。及轒轀所擬，舉城同陷[2]。收登城僧三千人至軍，將見魏主所[3]，謂曰：“道人當坐禪行道，乃復作賊，深當顯戮，明日斬之。”至期，食時，赤氣數丈貫日直度。天師寇謙之爲帝所信，奏曰：“上天降異，正爲道人實非本心，願不須殺。”帝弟赤堅王亦同諫請[4]。乃下勑止之，猶虜掠散配役徒，唯朗等數僧別付帳下。及魏軍東還，朗與同學中路共叛。陣防嚴設，更無走處，東西絶壁，莫測淺深，上有大樹旁垂崖側，遂以鼓旗竿繩繫樹懸下。時夜大闇，崖底純棘，無安足處，欲上岸頭，復恐軍覺。投計慞惶[5]，捉繩懸住，勢非支久，共相謂曰："今厄至矣，惟念觀世音耳。"便以頭扣石，一心專注。須臾，光明從日處出，通照天地，乃見棘中有得下處，因光至地，還忽暗冥。知是神也，相慶感遇，便就以眠。良久方曉，始聞軍衆，驚覺將發[6]，而山谷萬重，不知出路，惟望日行。值一大虎，出在其前，相謂曰："雖脱虜難，復入虎口。"朗曰："不如君言，正以我等有感，所以現光。今遇此虎，將非聖人示路也。"於是二人傒詣[7]，虎即前行，若朗小遲，虎亦暫住。至曉遂得出路，而失虎所在，便隨道自進，七日達于仇池[8]。又至梁漢，出於荆州，不測其終。

【校注】

［1］案，據魏書卷四上，北魏征涼州時在延和五年四月。

［2］陷：磧本、麗初本作"隊"誤，趙本同麗再本。

［3］見：磧本、麗初本脱，趙本同麗再本。

［4］堅：麗再本、麗初本、趙本作"暨"誤，今從磧本。諫：麗再本、麗初本、趙本作"謙"，今從磧本。案，"赤堅王"當是永昌王拓跋健，傳見魏書卷一七。

［5］慞惶：麗初本、趙本作"悽遑"，磧本作"悽惶"應是。案，文選卷五七潘岳哀永逝文："嫂姪兮慞惶，慈姑兮垂矜。"

［6］驚覺：麗再本、趙本作"警覺"，麗初本作"警角"誤，今從磧本。

［7］傒詣：諸本同，磧本衍作"傒詣虎前"。

［8］仇池：在今甘肅省西和縣西南西漢水北岸。

魏太山朗公谷山寺釋僧意傳十二[1]

釋僧意，不知何人，貞確有思力，每登座講説，輒天花下散，在于法座。元魏中，住太山朗公谷山寺，聚徒教授。迄於暮齒，精誠不倦。寺有高驪像、相國像、胡國像、女國像、吴國像、崐崘像[2]、岱京像。如此七像，並是金銅，俱陳寺堂。堂門常開，而鳥獸無敢入者，至今猶爾，故靈裕像讚云："應感而來，誠無指屬。"豈神通冥著，理隔尋常之議乎？意奉法自資，束躬供養。將終前夕，有一沙彌死來已久，見拜云[3]："違奉已來，常爲天帝驅使，栖遑無暇，癈修道業。不久，天帝請師講經，願因一言，得免形苦。"意便洗浴燒香，端坐静室，候待時至。及期，果有天來，入寺及房，冠服羽從，偉麗殊特。衆僧初見，但謂是何世貴，入山參謁，不生驚異。及意爾日無疾而逝，方知靈感。其都講住在兖州[4]，自餘香火、唄匿，散在他邑[5]。後試撿勘，皆同日而終焉。有説云：僧意、志湛，即朗公同侣。前傳闕之，故今緝綴。湛得初果，其塔見存，在泰山靈巖寺側，見别傳。

【校注】

[1] 山：諸本同，磧本無。

[2] 崘：諸本同，磧本作"崗"誤。案，"崑崙"，中古時期漢文文獻指南亞、南洋群島居民，參見費瑯：崑崙及南海古代航行考，馮承鈞譯，上海古籍出版社 2014 年。

[3] 見拜云：諸本同，磧本作"見形禮拜云"應是。

[4] 兗州：麗再本、麗初本、趙本作"光州"誤，光州轄境在今河南信陽地區，今從磧本。

[5] 他：諸本同，磧本作"地"誤。

魏太山丹嶺寺釋僧照傳十三[1]

釋僧照，未詳氏族，住泰山丹嶺寺，性虛放，喜追奇，每聞靈迹譎詭，無不登踐。承瀑布之下，多諸洞穴，仙聖攸止，以魏普泰年，行至滎山[2]，見飛流下有穴，因穴隨入。行可五六里，便出穴外，逐微逕東北上數里得石渠，闊兩三步，水西流，清而且徹，帶渠藥草，延蔓委地[3]。渠北有瓦舍三口，形甚古陋。庭前穀穗縱横，鳥雀殘食。東頭屋裏，有數架黄帙[4]，中間有鐵臼兩具，亦有釜器，並附遊塵，都無炊爨之迹。西頭屋内有一沙門，端坐儼然，飛塵没膝。四望惟見茂林懸澗，非復人居。須臾，逢一神僧，年可六十，眉長丈餘，槃掛耳上。相見欣然如舊，問所從來。自云："我同學三人，來此避世，一人外行未返。一人死來極久，似入滅定，今在西屋内，汝見之未？今日何姓爲主？"答是魏家。僧云："魏家享國已久，不姓曹耶？"照云："姓元。"僧曰："我不知。"遂取穀穗，擣之作粥。又往林中葉下取梨、棗，與之令噉。僧云："汝但食，我不噉此。"又問誦何經，照云："誦法華。"神僧頷頭曰："大好精進業。今東屋格上如許經，並自誦之，欲得聞不？"照合掌曰："惟敢聞命。"彼遂部别誦之[5]，聲氣朗徹，乃至通夜。照苦睡，僧曰："但睡，我自恒業耳。"達日不眠，更爲造食。照謝曰："幸得奉謁，今且暫歸[6]，尋來接事。"僧亦不留，但言："我同學行去，汝若值者，大有開悟，恨不見之。既言須歸，好去。"照尋路得還。結侣重往，瀑布與穴莫測其處。

今終南諸山亦有斯事，既多餘涉，不無其理云。

【校注】

[1] 山丹：諸本同，興聖寺本作"舟山"既誤且倒。

[2] 案，"滎山"，山海經大荒南經，"南海之外""有滎山"，袁珂校改爲"榮山"。在此處，當指山東省榮成市石島港西北的赤山，古稱榮成山者。存此備考。

[3] 延：諸本同，磧本作"莚"。"莚蔓"即蔓延，文選卷四左思蜀都賦："風連莚蔓於蘭皋。"

[4] 帙：諸本作"怢"誤，今從磧本。"帙"，經卷。"怢"，忽視。

[5] 部：諸本同，磧本作"剖"誤。

[6] 且：諸本同，磧本脱。

齊相州鼓山釋道豐傳十四

釋道豐,未詳氏族,世稱得道之流。與弟子三人居相州鼓山中[1],不求利養。或云:"練丹黄白,醫療占相,世之術藝,無所不解。"齊高往來并、鄴,常過問之。應對不思,隨事標舉。帝曾命酒,并蒸肫,勑置豐前,令遣食之。豐聊無辭讓,極意飽噉。帝大笑,亦不與言。駕去後,謂弟子曰:"除卻床頭物。"及發撤床,見向者蒸肫猶在,都不似噉嚼處。

時石窟寺有一坐禪僧,每日至西,則東望山巔,有丈八金像現。此僧私喜,謂覩靈瑞,日日禮拜。如此,可經兩月。後在房卧,忽聞枕間有語謂之曰:"天下更何處有佛?汝今道成,即是佛也。爾當好作佛身,莫自輕脱。"此僧聞已,便起持重[2],旁視群僧[3],猶如草芥。於大衆前側手指胸云:"爾輩頗識真佛不?泥龕畫像,語不能出脣,智慮何如?你見真佛,不知禮敬。猶作本日期我[4],悉墮阿鼻。"又眼精已赤,叫呼無常。合寺知是驚禪,及未發前,輿詣豐所[5],俓即謂曰[6]:"汝兩月已來,常見東山上現金像耶?"答曰:"實見。"又曰:"汝聞枕間遣作佛耶?"答曰:"實然。"豐曰:"此風動失心耳,若不早治[7],或狂走難制。"便以針針三處,因即不發。

及豐臨終,謂弟子曰:"吾在山久,令汝等有谷汲之勞,今去無以相遺,當留一泉與汝。既無陟降,辛苦努力,勤修道業。"便指竈旁[8],去一方石,遂有玄泉澄映,不盈不減,於今見存。

【校注】

[1] 相州鼓山:即今河北省邯鄲市峰峰礦區臨水鎮之石鼓山,下文"石窟寺",爲響堂山石窟。
[2] 持:諸本作"特"誤,今從磧本。
[3] 旁:諸本同,磧本作"傍"誤。
[4] 期:麗再本作"欺"誤,今據諸本改。
[5] 輿:諸本同,磧本作"舁"。
[6] 謂:諸本同,磧本作"問"。
[7] 若:諸本同,磧本作"苦"誤。
[8] 旁:諸本同,磧本作"傍"誤。

齊鄴下大莊嚴寺釋圓通傳十五

釋圓通,不知氏族,少出家,汎愛通博,以温敏見稱。住鄴都大莊嚴寺[1],研諷涅槃,文旨詳覈。以高齊武平四年,夏中講下,有一客僧,形服疏素，履操弘雅，因疾乃投諸寺中。僧侶以其所患纏附，臭氣熏勃，皆惡之，無敢停者。通觀其量識宏遠，深異其度，乃延之房中，雖有穢汙，初無輕憚。日積情款，薄通其意，問何所學，答曰涅槃。通以素業相沿，宛然若舊，乃以經中深要，及先德積迷未曾解者，並敘而談之。客僧亦同其所引，更爲章句，判釋泠然，雅有其致。通欣於道合，更倍由來，經理湯藥，曉夕相守。曾於夜中，持春酒一盞，云："客人寄患，服此爲佳。"客遂嚬眉飲之[2]，一咽便止。夏了病愈，便辭通去。通曰："今授衣將逼，官寺例得衣賜，可待三五日間，當贈一襲寒服。"客云："藉亂不少，何容更煩。"通固留之，作衣遺已。臨別執通手，誡曰："修道不欺暗室，法師前以酒見及，恐傷來意，非正理也。從今已往，此事宜斷。頗曾往鼓山石窟寺不？小僧住下舍。小寺正在石窟北五里，當繞澗驛東，有一小谷，東即竹林寺[3]。有緣之次，念相訪也。"通敬謝前誡，當必往展，於是而別。

至明年夏初，以石窟山寺，僧往者希，遂減莊嚴、定國、興聖、總持等官寺百餘僧爲一番。通時爾夏預居石窟，意訪竹林，乃大集客主，問寺所在。衆皆大笑，誡通："勿傳此妖言，竹林竟無適莫，乃流俗之恒傳耳。"通惟客僧見投，非常款遇[4]，言及斯事，計非虛指。衆亦異焉，乃各齎香花，與通俱行。至寺北五里小谷，東出，少通人逕[5]，行可五里，昇於山阜，見一老公，手巾袜額[6]、布裩短褐，執钁開荒二十餘畝。遥見群僧放馬而前，曰："何處道人[7]，不依徑路？"僧云："住在石窟，欲向竹林。"公大怒曰："去年官寺放馬噉我生苗，我兒遮護，被打幾死，今復將此面目來耶？"曳钁來逐。群僧十餘望谷馳走。獨不逐通，語通曰："是爾干健不返，放使入山餧虎。"通即東出數里，值一曲澗，淺而森茂，尋澗又東，但聞南嶺上有諷詠之聲[8]。通問竹林所在，應聲答曰："從何處來，豈非圓通法師乎？"通曰："是矣。"遂披林逾險就通。略叙離闊[9]，喜滿言情曰："下山小寺，僧徒烏合[10]。心性動止，多不稱具瞻。雖然，已能降重，終須到寺。"相進數里，忽見雙闕高門，長廊復院[11]，脩竹干雲，青松蔽日。門外黑漆槽，長百餘尺，凡有十行，皆鋪首銜環，金銅綺飾，貯以粟豆，旁有馬迹[12]，而掃洒清净。乃立通門左，告云："須前諮大和上[13]。"須臾引入，至講堂西軒廊下，和上坐高床，侍列童吏五六十人。和上年可九十上許[14]，眉面峰秀，狀類梵僧，憑案理文書，旁有通事者[15]。通禮謁卻立，和上命曰："既住官寺，厚供難捨，何能自屈。此寺誠無可觀。"通具述意故，乃令安置，將通巡房禮訊。見兩房僧，各坐寶帳，交絡衆飾，映奪日光，語引僧云："彼是何人，輒敢來入？"振手遣去。僧有慚色，顧謂通曰："情意不同，令人阻望，且就小僧住房，可以消息。"乃將入室，具叙昔緣，并設中食，食如鄴中常味。食後引觀，圖像莊嚴，園池臺閣，周遊歷覽，不可得遍。

通因自陳曰："儻得廁迹風塵，常供掃洒，生願畢矣。"僧曰："相逢即以爲意，但須諮和上，未知果不。"夜與通宿，曉爲諮白，和上曰："甚知來意，不惜一房。凡受官請，爲報不淺，依如僧法，不得兩處生名。今且還去，除官名訖，來必相容。勿以爲恨。"即遣送出。至馬槽側，顧慕流淚，自傷罪重，不蒙留住。執僧手別，西行百步，迴望，猶見門闕儼然。步步返望，更行數里許[16]，欻見峰崿巉巖，非復寺宇。悵望尋路，行達開荒之地，了無蹤緒，但有榛木耳。

識者評云：前者舉钁驅僧，假爲神怪，令通獨進，示現有緣耳[17]。言大和上者，將不是賓頭盧耶？入大乘論[18]：尊者賓頭盧、羅睺羅等十六諸大聲聞，散在諸山渚中。又於餘經，亦説九十九億大阿羅漢，皆於佛前取籌，住壽於世，並在三方諸山海中，守護正法。今石窟寺僧每聞異鐘唄響[19]，洞發山林，故知神宫仙寺不無其實。

余往相部，尋鼓山焉，在故鄴之西北也。望見横石，狀若鼓形，俗諺云："石鼓若鳴，則方隅不静。"隋末屢聞其聲，四海沸騰，斯固非妄。左思魏都云[20]"神鉦迢遞於高巒[21]，靈響時警於四表[22]"是也。自神武遷鄴之後，因山上下，並建伽藍。或樵採陵夷，或工匠窮鑿[23]，神人厭其諠擾，捐捨者多，故近代登臨，罕逢靈迹。而傳説竹林[24]，往往殊異，良由業有精浮，故感見多釆[25]。近有從鼓山東面而上，遥見山巔大道，列樹青松，尋路達宫，綺華難紀[26]。珍木美女，相次歡娱，問其丈夫，皆云，適往少室，逼暮當還。更進數里，並是竹林，尋徑西行，乃得其寺[27]。衆僧見客，歡遇承迎，供給食飲，指其歸路，乃從山西北下。去武安縣不過十數里也。

暨周武平齊，例無别服[28]。鄴東夏坊，有給事郭彌者[29]，謝病歸家，養素閭巷[30]，洽聞内外[31]，慈濟在懷，先廢老僧，悉通收養。宅居讀誦，忽聞有扣門者，令婢看之，見一沙門，執錫擎鉢，云："貧道住鼓山竹林寺，逼時乞食。"彌近門聲接[32]，乃遥應曰："衆僧但言乞食，何須詐聖？"身自往觀，四尋不見，方知非常人也。悔以輕肆其口，故致聖者潛焉[33]。

近武德初年，介山抱腹巖有沙門慧休者[34]，高潔僧也。獨静修禪，忽見神僧三人在佛堂側。休怪之，謂尋山僧也，入房取坐具，將往禮謁。及後往詣，神僧中小者，抱函在前，大者在後，乘虚冉冉，南趣高嶺，白雲北迎，霮䨴不見[35]。後經少時，又見一僧東趣巖壁[36]，休追作禮，遂入石中。此巖數有鐘鳴[37]，依時而扣，雖蒙聲相[38]，不及言令。斯亦感見參差，不可一准。大略爲言，巖穴靈異，要惟虚静，必事諠雜，希聞奇相矣。

【校注】

[1] 住：諸本同，磧本作"往"誤。

［2］噸：諸本同，磧本作“顰”。“噸”同“顰”。
［3］東：諸本同，磧本作“東出”。
［4］款：諸本同，磧本作“疑”誤。
［5］逕：諸本同，磧本作“俓”。
［6］袜：磧本作“袹”，麗初本作“柏”誤，趙本同麗再本。
［7］處：磧本作“勿”誤，麗初本作“忽”誤，趙本作“處”同麗再本。
［8］詠：諸本同，磧本作“誦”誤。
［9］略叙：諸本同，磧本衍作“通略叙”。
［10］烏：磧本、麗初本作“焉”誤，趙本同麗再本。
［11］院：諸本同，磧本作“道”。
［12］旁：諸本同，磧本作“傍”。
［13］上：諸本同，磧本作“尚”，本傳下同，不一一出校。
［14］九十：諸本同，磧本作“七十上”。
［15］旁：諸本同，磧本作“傍”。通：麗再本、麗初本、趙本作“過”誤，今從磧本。案，“通事”，即傳遞文書、傳遞消息的人員。“過事”指事情辦完，世説新語方正：“阮光禄赴山陵，至都，不往殷劉許，過事便還。”
［16］更行數里許：磧本作“更行兩里許”，麗初本作“更四里許”，趙本同麗再本。
［17］現：諸本同，磧本作“見”。“見”通“現”。
［18］入：諸本同，磧本作“如入”。
［19］響：麗初本、趙本作“嚮”，磧本同麗再本。
［20］魏都：諸本同，磧本作“魏都賦”。
［21］迢遞：諸本同，磧本作“迢遰”誤，今本文選卷五魏都賦作“迢遞”。
［22］響：麗初本、趙本作“嚮”，磧本同麗再本。
［23］或：諸本無，今從磧本。
［24］竹：諸本同，麗初本作“多”誤。
［25］多采：麗再本作“多矣”誤，磧本作“多彩”，今從麗初本、趙本。“多彩”即“多采”，對應前文“殊異”。
［26］紀：諸本同，磧本作“給”誤。
［27］乃：諸本同，磧本作“行”誤。
［28］别：趙本、磧本作“僧”，麗初本脱。當時同廢的還有道教，故作“别服”是。
［29］給事：諸本同，磧本作“給事郎”誤。隋改給事中爲給事郎，故作“郎”誤。
［30］巷：諸本同，麗初本作“菴”誤。
［31］洽：麗初本、趙本作“給”誤，磧本同麗再本。
［32］接：諸本同，磧本作“妾”誤。
［33］焉：麗初本、趙本作“馬”誤，磧本同麗再本。
［34］介山抱腹巖：在今山西省介休縣綿山風景區内。介：諸本同，興聖寺本作“爾”形。
［35］藹：諸本同，磧本作“靄”。
［36］巖：諸本同，興聖寺本作“嶺”。
［37］巖：諸本同，興聖寺本作“嶺”。
［38］雖：興聖寺本作“稚”形。蒙：興聖寺本作“象”形。

齊太原沙門釋慧寶傳十六

釋慧寶,氏族未詳,誦經二百餘卷,德優先達,時共知名。以齊武平三年,從并向鄴,行達艾陵川失道,尋徑入山,暮宿巖下[1],室似人居,迥無所見。寶端坐室前,上觀松樹,見有横枝懸磬[2],去地丈餘。夜至二更,有人身服草衣自外而至,口云[3]:"此中何爲有俗氣?"寶即具述設敬,與共言議。問寶即今何姓統國,答曰:"姓高氏,號齊國。"寶問曰:"尊師山居早晚?"曰:"後漢時來。長老得何經業?"寶恃已誦博,頗以自矜[4]。山僧曰:"修道者未應如此。欲聞何經?爲誦之。"寶曰:"樂聞花嚴。"僧即少時誦之便度。聲韻諧暢,非世所聞[5]。更令誦餘,率皆如此。寶驚歎曰:"何因大部經文倏然即度?"報曰:"汝是有作心,我是無作心。夫忘懷於萬物者,彼我自得矣。"寶知爲神異也,求哀乞住。山僧曰:"國中利養召汝[6],何能自安?且汝情累未遣,住亦無補。"至曉便捨去。寶遂返尋行迹,達鄴叙之。

【校注】

[1] 暮:諸本同,興聖寺本作"莫"。

[2] 磬:磧本、趙本同麗再本,麗初本作"罄",興聖寺本字迹不清似作"罄"。

[3] 口:諸本同,趙本似作"四"誤。

[4] 矜:諸本同,興聖寺本作"預"形。

[5] 所:諸本同,磧本脱。

[6] 養:諸本同,興聖寺本作"益"形。

齊鄴下寶明寺釋僧雲傳十七

釋僧雲,不知何人也,辯聰詞令,備明大小,崇附齋講,恒以常住。齊鄴盛昌三寶,雲著名焉,住寶明寺,襟帶衆理。以四月十五日臨説戒時,衆並集堂[1],雲居上首,乃白衆曰:"戒本防非,人人誦得,何勞煩衆,數數聞之[2]。可令一僧豎義,令後生開悟。"雲氣格當時,無敢抗者[3],咸從之。訖於夏末,常廢説戒。至七月十五日旦,將昇草坐[4],失雲所在。大衆以新歲未受,交廢自恣,一時崩騰,四出追覓。乃於寺側三里許,於古冢内得之,遍體血流,如刀割處。借問其故,云有一丈夫,執三尺大刀,厲色瞋云[5]:"改變布薩,妄充豎義。"刀膾身形,痛毒難忍。因接還寺,竭情懺悔,乃經十載説戒布薩,讀誦衆經,以爲常業。臨終之日,異香迎之,神色無亂,欣然而卒。時咸嘉其即世懲革[6],不墜彝倫云。

【校注】

[1] 衆：諸本作“僧”。

[2] 數數：諸本同，興聖寺本脱一“數”。

[3] 敢：諸本同，興聖寺本衍作“敢敢”。抗：諸本同，趙本作“杭”。

[4] 坐：諸本同，磧本作“座”是。案，“草座”，又作茅座，法會時，佛前長老所用座具之一。長約四十釐米，寬約二十釐米，兩端垂亂綫，兩片相聯而坐，不用時則收疊。

[5] 瞋：諸本同，麗初本作“嗔”。云：磧本、興聖寺本作“雲”誤，麗初本、趙本同麗再本。

[6] 咸：諸本作“感”誤，今從磧本。

齊梁州薛寺釋僧遠傳十八

釋僧遠，不知何人，住梁州薛寺。爲性疏誕[1]，不修細行，好追隨流蕩[2]，歡醮爲任。以齊武平三年，夢見大人，切齒責之，曰：“汝是出家人，面目如此，猶縱造惡[3]，何不取鏡自照。”遠忽覺，驚悸流汗[4]，至曉以盆水自映[5]，乃見眼邊烏黯，謂是垢汗，便洗拭之，眉毛一時隨手落盡。因自咎責：奈遭此譴[6]？遂改革常習，反形易性[7]，弊衣破履，一食長齋，遵奉律儀。昏曉行悔，悲淚交注。經一月餘日，又夢前人，含笑謂曰：“知過能改，是謂智乎。赦汝前愆，勿復相續[8]。”忽驚喜而覺，流汗遍身，面目津潤，眉毛漸出。遠頻感兩報，信知三世，自後竭精奉法，中不暫怠，卒爲練行僧也。鄉川所歸，終於本土。

【校注】

[1] 疏：諸本同，趙本脱。

[2] 蕩：磧本、麗初本、興聖寺本作“宕”，趙本同麗再本。“宕”通“蕩”。

[3] 猶：磧本作“遽”誤，麗初本、興聖寺本坐“蘧”，趙本同麗再本。

[4] 驚：麗再本、麗初本、趙本無，今據磧本、興聖寺本補。

[5] 盆：磧本、麗初本、興聖寺本坐“瓫”。

[6] 奈遭此譴：磧本作“奈何出殃譴”誤，麗初本作“奈何此譴”，興聖寺本作“奈此殃譴”，趙本同麗再本。

[7] 反：磧本、麗初本、興聖寺本作“返”誤，趙本同麗再本。

[8] 勿：諸本同，興聖寺本作“忽”誤。

周上黨元開府寺釋慧瑱傳十九

釋慧瑱，上黨人，奉律齊真[1]，貞確難拔[2]。住郡内元開府寺[3]，獨静一房[4],禪懺爲業。會周建德六年,國滅三寶,瑱抱持經像[5],隱于深山[6]。遇賊欲劫之,初未覺也。忽見一人形長丈餘,美鬚面,著紗帽[7],衣青袍,九環金帶,吉莫皮靴,乘白馬朱鬉,自山頂徑至瑱前[8],下馬而謂曰[9]:"今夜賊至,師可急避。"瑱居懸崖之下,絶無餘道,疑是山神,乃曰:"今佛法毀滅,貧道容身無地,故來依投檀越。今有賊來,正可於此取死,更何逃竄。"神曰:"師既遠投弟子,弟子亦能護師,正爾住此。"遂失所在。當夜忽降大雪,可深丈許,遂免賊難。後群賊更往,神遂告山下諸村曰[10]:"賊欲劫瑱師,急往共救。"乃各持器仗入山[11],路中相遇,拒擊驚散。從此每日,瑱恒憑之,安業山阜[12],不測其卒[13]。

【校注】

[1] 真:諸本同,興聖寺本脱。
[2] 拔:麗初本作"扶"誤,興聖寺本作"伏"誤,磧本、趙本同麗再本。
[3] 寺:諸本同,興聖寺本脱。
[4] 静:諸本同,興聖寺本脱。
[5] 瑱:諸本同,興聖寺本作"瞋"誤。
[6] 于:諸本同,磧本作"牙"誤。
[7] 紗:磧本、麗初本、趙本、興聖寺本作"沙",均誤。帽:諸本同,興聖寺本衍作"帽帽"。
[8] 瑱:諸本同,興聖寺本作"頂"形。
[9] 曰:麗初本、趙本脱,磧本、興聖寺本同麗再本。
[10] 神遂告山下諸村曰:諸本同,興聖寺本作"神遂山下諸有曰賊村曰",脱"告",衍"有曰賊"。
[11] 持:諸本同,興聖寺本作"時"。山:磧本、麗初本脱,趙本、興聖寺本同麗再本。
[12] 安業山阜:磧本、麗初本作"案業阜",趙本作"案業山阜",興聖寺本作"案群山阜"。
[13] 卒:諸本同,興聖寺本作"終"。

隋相州大慈寺釋洪獻傳二十

釋洪獻,鄴人,少履道門,早明律撿,聽涉勞頓[1],遂兩目俱暗。住相州大慈寺,既無前導,常處房中,禮誦爲先,不輟晨夕[2]。開皇十四年,忽感一神,自稱般若檀越,來從受戒,數致談話。同房僧綱禪師上堂中食,般若乃將綱一襆衣來嚫獻云:"勞陳法事,利益不少,輒奉衣物,願必受之。"獻納于櫃中,後綱食還,怪失衣襆,搜求寺内,乃於獻所得之。具以告語,綱終不信。神遂發撤綱房,衣物被案[3],狼藉滿庭,竿扇秤尺[4],摧折數段。神於空中語曰:“僧綱不好設齋會,供養三寶,我會禍汝未央。”獻雖目冥[5],乃與般若言及[6],事同目覩[7]。神語獻曰:“伴衆極多,悉在紫陌河上,惟三十人相隨,可令寺家設食。”衆僧便於西院會之,神曰:“大好飲食,勞費師等。雖然僧綱不起齋供[8],後會使知。”綱無奈之何,恐迫不已,便私費財物,營諸齋福。般若乃曰[9]:“既能行福,今相放矣。”仍以絹兩疋付獻云:“當以一疋施大衆,一疋贈綱師。”獻對衆受得,具皆聞見,仍依付領。於後彌勤本業[10],遂卒於所住。

【校注】

[1] 涉:諸本同,興聖寺本作“沙”。頓:麗初本、趙本作“心”誤,磧本、興聖寺本同麗再本。

[2] 不:諸本同,興聖寺本脱。

[3] 案:諸本同,麗初本作“安”。

[4] 竿扇秤尺:趙本、麗初本作“芊扇枰尺”誤,磧本同麗再本。“芊”同“竿”。尺:諸本同,興聖寺本作“天”。

[5] 冥:諸本同,興聖寺本作“真”形。

[6] 乃:磧本、麗初本、興聖寺本作“及”,趙本同麗再本。

[7] 目:諸本同,磧本作“自”誤。

[8] 起:麗再本、趙本作“赴”,今從磧本、麗初本、興聖寺本及文意改。

[9] 乃:諸本同,磧本作“又”。

[10] 勤:諸本同,興聖寺本作“勒”誤。

隋東川沙門釋慧雲傳二十一傅大士

釋慧雲,范陽人,十二出家,遊聽爲務。年十八,乘驢止于叔家。叔覩其驢快,將規害之。適持刀往,見東牆下黄衣人揚拳逆叱曰:“此道人方爲通法大士,何敢害也。”叔懼告婦,婦曰:“君心無剛正,眼花所致耳。”聞已復往,又見西牆下黄衣人云:“勿殺道人。若殺,大禍交及。”叔怖,乃止。明旦辭往姊家,叔又持刀送之,告雲曰:“此路幽險,故送度難。”雲在前行,正在深阻,叔在其後,揮刀欲斫。忽見姊夫在旁[1],竟免加害。雲都不知也。

開皇中,周流餐挹,具瞻經論[2],名高東夏,榮冠一時。後領徒五百,來過叔氏。叔見當衢闡化,深惟昔釁,乃奉絹十疋。夫妻發露,雲始知之。乃爲説法治斷,安然無恨。常以此事戒諸門人,曰:“吾昔不乘好物,何事累人?自預學徒,必無華飾,且得支身[3],成誦於口也。”後不測其終。

陳宣帝時,東陽郡烏傷縣雙林大士傅弘者[4],體權應道,蹑嗣維摩,時或分身,濟度爲任,依止雙林,導化法俗[5]。或金色表於胸臆,異香流於掌内;或見身長丈餘,臂過於膝,脚長二尺,指長六寸,兩目明亮,重瞳外耀,色貌端峙,有大人之相。

梁高撥亂弘道,偏意釋門,貞心感被[6],來儀賢聖。沙門寶誌發迹金陵,然斯傅公,雙林明導[7],時俗唱言[8],莫知其位。乃遣使齎書贈梁武曰[9]:"雙林樹下當來解脱善慧大士敬白國主救世菩薩:今條上中下善,希能受持。其上善者,略以虛懷爲本,不著爲宗,亡相爲因,涅槃爲果。其中善,略以持身爲本,治國爲宗,天上人間,果報安樂。其下善,略以護養衆生。"帝聞之,延住建業,乃居鐘山下定林寺,坐蔭高松,卧依磐石[10]。四澈六旬[11],天花甘露,恒流於地。帝後於華林園重雲殿開般若題[12],獨設一榻,擬與天旨對揚[13]。及玉輦昇殿,而公晏然箕坐[14],憲司譏問,但云:"法地無動,若動則一切不安。"且知梁運將盡,救愍兵災,乃然臂爲炬,冀攘來禍[15]。至陳太建元年夏中[16],於本州右脅而卧,奄就昇遐[17]。于時隆暑赫曦而身體温暖,色貌敷愉,光采鮮潔,香氣充滿,屈申如恒。觀者發心,莫不驚嘆。遂合殮於巖中,數旬之間,香花散積。後忽失其所在,往者不見,號慕轉深,悲戀之聲,慟噎山谷。陳僕射徐陵爲碑銘,見類文[18]。

【校注】

[1] 旁:諸本同,磧本作"傍"。

[2] 瞻:麗再本、麗初本、趙本作"贍"誤,今從磧本、興聖寺本。

[3] 且:諸本同,磧本作"但"。

[4] 案,"烏傷縣",治當今浙江省義烏市。"雙林",即雙林寺,在義烏市佛堂鎮雲黄山。

[5] 導:諸本同,興聖寺本作"道"。

[6] 貞:諸本同,興聖寺本作"真"。

[7] 導:麗再本、興聖寺本作"道",今從磧本、麗初本、趙本。

[8] 唱:興聖寺本同,磧本、麗初本、趙本作"昌"。

[9] 遣:諸本同,興聖寺本作"遺"形。

[10] 磐:麗再本、麗初本、趙本作"盤",興聖寺本作"槃"誤,今從磧本。"盤"通"磐"。

[11] 澈:諸本同,興聖寺本作"激"誤。旬:諸本同,磧本作"甸"誤。

[12] 題:諸本同,興聖寺本作"提"誤。

[13] 揚:諸本作"楊",今從磧本。

[14] 箕:諸本同,磧本作"其"誤。

[15] 攘:諸本同,磧本作"禳"是。

[16] 太:諸本同,磧本作"大"誤。

[17] 遐:諸本同,磧本作"霞"誤。

[18] 陳僕射徐陵爲碑銘見類文:案,麗再本、磧本、趙本之本句爲雙行小注,麗初本、興聖寺本無。見類文:磧本作"見類文也",趙本同麗再本。案,"類文",指藝文類聚

傅大士碑，見藝文類聚卷七六。又，唐代樓頴編集傅大士相關文獻，輯爲傅大士録四卷，收於卍續藏第120册。

隋鄂州沙門釋法朗傳二十二

釋僧朗，一名法朗，俗姓許氏，南陽人。年二十餘，欣欲出家，尋預剃落，栖止無定，多住鄂州[1]。形貌與世而殊有奇相[2]，飲噉同俗，爲時共輕。常養一猴一犬，其狀偉大，皆黄赤色，不狎餘人，惟附於朗。日夕相隨，未曾捨離。若至食時，以木盂受食[3]，朗噉飽已，餘者用餧。既同器食訖[4]，猴便取盂戴之[5]，騎犬背上，先朗而行。人有奪者，輒爲所咋。朗任犬盤遊，略無常度。

陳末隋初，行於江嶺之表，章服麤弊，威儀越序，扙策徒行，護養生命。時復讀誦諸經，偏以法花爲志。素乏聲哢[6]，清靡不豐，乃潔誓誦之，一坐七遍。如是不久，聲如雷動，知福力之可階也。其誦必以七數爲期，乃至七十七百七千逮于七萬。聲韻諧暢，任縱而起，其類箏笛，隨發明了。故所誦經時，旁人觀者[7]，視聽皆失。朗脣吻不動而囀起咽喉[8]，遠近亮澈[9]，因以著名。然臂脚及手，申縮任懷[10]，有若龜藏，時同肉聚。或往酒席，同諸醼飲而嚼噍豬肉[11]，不測其來。故世語曰："法華朗，五處俱時縮，豬肉滿口顙。"或復巡江洄泝[12]，拱手舟中，猴犬在旁，都無艤棹，隨意所往。雖淩犯風波[13]，眴息之間，便達所在。

有比丘尼爲鬼所著，超悟玄解，統辯經文，居宗講導，聽採雲合，皆不測也，莫不讚其聰悟。朗聞曰："此邪鬼所加，何有正理，須後檢校。"他日清旦，猴犬前行，徑至尼寺，朗隨往到。禮佛繞塔，至講堂前，尼猶講説。朗乃厲聲呵曰："小婢，吾今既來，何不下座。"此尼承聲崩下，走出堂前，立對於朗。從卯至申，卓不移處，通汗流地，默無言説。問其慧解，奄若聾癡。百日已後，方復本性[14]。其降行通[15]感，皆此類也。

大業末歲，猶未塵飛，而朗口惟唱賊，朝夕不息。官人懼以惑衆，遂幽而殺之。襄陽法琳素與交遊，奉其遠度，因事而述，故即而叙之。

【校注】

［1］鄂州：治所在今武漢市武昌區。
［2］而：諸本同，興聖寺本脱。
［3］木：諸本同，趙本作"大"誤。
［4］既：諸本無，今從磧本補。
［5］取：諸本同，興聖寺本作"最"形。

［6］乏：諸本同，磧本作“之”誤，趙本同麗再本。哢：趙本同磧本作“弄”，麗初本、興聖寺本同麗再本。案，“聲哢”指唱經，見本書唱導篇。
［7］旁：諸本同，磧本作“傍”。
［8］囀：趙本作“轉”誤，磧本、麗初本同麗再本，興聖寺本字迹不清。
［9］澈：磧本、興聖寺本作“徹”，趙本、麗初本同麗再本。
［10］申：諸本同，磧本作“伸”是。
［11］嚥：麗再本、麗初本、趙本作“嚛”，今從磧本、興聖寺本。賭：諸本同，磧本作“猪”。
［12］洄泝：諸本同，興聖寺本衍作“南洄泝”。
［13］淩：諸本同，磧本作“陵”。“陵”同“淩”。
［14］復：麗再本、麗初本、趙本作“服”誤，今從磧本。
［15］聾癡百日已後方復本性其降行通：諸本同，興聖寺本脱。

隋蜀部灌口山竹林寺釋道仙傳二十三[1]

釋道仙，一名僧仙[2]，本康居國人，以遊賈爲業。梁、周之際[3]，往來吴、蜀，江海上下[4]，集積珠寶，故其所獲貲貨，乃滿兩船。時或計者，云“直錢數十萬貫”。既瓌寶填委[5]，貪附彌深，惟恨不多，取驗吞海。

行賈達於梓州新城郡牛頭山[6]，值僧達禪師説法[7]，曰：“生死長久，無愛不離。自身尚爾，况復財物。”仙初聞之，欣勇内發，深思惟曰：“吾在生多貪[8]，志慕積聚，向聞正法，此説極乎？若失若離[9]，要必當爾，不如沉寶江中，出家離著，索然無擾[10]，豈不樂哉。”即沉一船深江之中[11]，又欲更沉，衆共止之，令修福業。仙曰：“終爲紛擾，勞苦自他。”即又沉之，便辭妻子。又見達房，凝水滉瀁[12]，知入水定[13]，信心更重，[14]投灌口山竹林寺而出家焉[15]。初落髮日[16]，對衆誓曰：“不得道者，終不出山[17]。”即迴絶人蹤，結宇巖曲。禪學之侣，相次屯焉[18]。每覽經卷，始開見佛在其處[19]，無不哽咽，“我何不值，但見遺文？”[20]而仙挺卓不群，野栖禽獸，或有造問學方者，皆答對善權，冥符正則。自初入定，一坐則以四五日爲恒[21]，唯客到其門[22]，潛然即覺，起共接語[23]。若無人往，端坐静室，寂若虚空。有時預告，明當有客至[24]，或及百千，皆如其説，曾無欠長。

梁始興王澹，褰帷三蜀，禮以師敬，携至陝服沮曲[25]。以天監十六年，至青溪山[26]，有終焉志也。便薙草，止容繩床。于時道館崇敞，巾褐紛盛，屢相呵斥，甚寄憂心焉。仙乃宴如，曾無屑意[27]。一夕，道士忽見東崗火發，恐野火焚害仙也，各執水器來救。見仙方坐，大火猛焰洞然，咸歎火光神德。道士李學祖等，捨田造像，寺塔欻成，遠近歸信，十室而九。州刺史鄱陽王恢，躬禮受法。天監末，始興王冥感，於梁泰寺造四天王，每六齋辰[28]，常設浄供。仙後赴會，四王頂上放五色光，仙所執爐自然烟發。太尉陸法和，昔微賤日，數載在山，供仙給使。僧有肆責者，仙曰："此乃三台貴公，何緣罵辱。"時不測其後貴也，和果遂昇衮服。仙或勞疾，見縹衣童子從青溪水出，碗盛妙藥，跪而進服，無幾便愈。

居山二十八年，復遊井絡，化道大行。[29]時遭酷旱，百姓請祈，仙即往龍穴，以杖扣門，數曰："衆生憂苦[30]，何爲嗜睡如此。"語已，登即玄雲四合，大雨滂注。民賴斯澤[31]，咸來禱賽，欽若天神。有須舍利，即爲祈請，應念即至，如其所須。[32]隋蜀王秀作鎮岷絡[33]。有聞王者，尋遣追召，全不承命。王勃然動色，親領兵仗，往彼擒之，必若固蹤[34]，可即加刃。仙聞兵至[35]，都無畏懼[36]，索僧伽梨被已，端坐念佛。王達山足，忽雲雨雜流，雹雪崩下，水涌滿川，藏軍無計。事既窘迫[37]，乃遥歸懺禮。因又天明雨霽，山路清夷，得至仙所[38]。王躬盡敬，便爲説法，重發信心，乃邀還成都之静衆寺[39]，厚禮崇仰，舉郭恭敬，號爲"仙闍梨"焉。開皇年中[40]，返于山寺，道路自净，山神前掃。一夜，客僧止房，仙往曳出，房因即倒。年百餘歲，端坐而[41]卒，仍葬彼山[42]。益州今猶有木景白疊尚存[43]，云是聖人仙闍梨許。[44]

【校注】

[1] 竹：諸本同，興聖寺本脱。
[2] 一名僧仙：麗初本、興聖寺本無，磧本、趙本同麗再本。
[3] 梁周之際：諸本無，今據磧本補。
[4] 江海上下：麗初本、興聖寺本無，磧本、趙本同麗再本。
[5] 瓌：磧本、趙本、興聖寺本作"懷"誤，麗初本同麗再本。
[6] 梓州新城郡牛頭山：隋開皇十八年改新州爲梓州，大業三年改梓州爲新城郡，治當今四川省三臺縣潼川鎮。唐武德元年又改新城郡爲梓州。牛頭山在三臺縣西。新城郡：麗初本、興聖寺本無，磧本、趙本同麗再本。
[7] 達禪師：麗初本、興聖寺本無，磧本、趙本同麗再本。
[8] 在：諸本同，磧本作"於"。
[9] 若失：麗初本、趙本興聖寺本無，磧本同麗再本。
[10] 擾：諸本同，興聖寺本作"患"形。
[11] 中：諸本同，興聖寺本脱。
[12] 滉瀁：磧本作"滉瀁"，趙本同麗再本。案，二詞意思接近，都指水波浮動，光影浮動貌。
[13] 水：磧本作"定"誤，趙本同麗再本。
[14] 辭妻子又見達房凝水滉瀁知入水定信心更重：麗初本、興聖寺本無，磧本、趙本同麗再本。
[15] 灌口山竹林寺：遺址當在今四川省都江堰市北四川省林業學校及周圍地區。
[16] 初落髮日：諸本同，磧本作"初髮落日"倒。
[17] 終不出山：磧本、興聖寺本作"不出此山"，麗初本、趙本同麗再本。

［18］屯焉：諸本同，興聖寺本倒。
［19］其：磧本作“某”誤，趙本同麗再本。
［20］每覽經卷始開見佛在其處無不哽咽我何不值但見遺文：麗初本、興聖寺本無，磧本、趙本同麗再本。
［21］五：諸本同，興聖寺本作“吾”誤。
［22］唯：磧本、趙本作“准”，則屬上作“恒准”亦通，然“准”在中古常寫作“準”，故作“准”當是“唯”之訛。麗初本、興聖寺本同麗再本。
［23］語：磧本作“晤”是，麗初本、興聖寺本作“悟”，趙本同麗再本。
［24］明：麗初本、趙本脱，磧本、興聖寺本同麗再本。有：諸本同，興聖寺本脱。
［25］陝服沮曲：當在今陝西省略陽縣觀音寺鎮，沮水在此處轉了個近乎三百六十度的彎。
［26］青溪山：在湖北省南漳縣南六十里，接當陽、遠安二縣界。
［27］意：磧本脱，趙本同麗再本。
［28］辰：磧本作“晨”誤，趙本同麗再本。
［29］案，本卷之麗初本、興聖寺本脱“梁始興王澹，褰帷三蜀”至“居山二十八年，復游井絡，化道大行”。
［30］憂苦：諸本脱。
［31］民：諸本同，興聖寺本作“艮”形。
［32］有須舍利即爲祈請應念即至如其所須：麗初本、興聖寺本無，磧本、趙本同麗再本。
［33］岷絡：諸本同，磧本作“岷洛”誤。案“岷絡”，左思蜀都賦：“岷山之精，上爲井絡。”
［34］固：諸本同，麗初本作“因”誤。
［35］兵：諸本同，興聖寺本作“丘”誤。
［36］都：諸本同，興聖寺本作“者”誤。
［37］窘：諸本同，興聖寺本脱。
［38］仙：諸本同，興聖寺本作“山”。
［39］邀：諸本同，興聖寺本作“迎”。都：諸本同，興聖寺本作“覩”誤。
［40］開皇年中：麗初本、興聖寺本作“仁壽年”，磧本、趙本同麗再本。
［41］道路自净山神前掃一夜客僧止房仙往曳出房因即倒年百餘歲端坐而：麗初本、興聖寺本無，磧本、趙本同麗再本。
［42］仍：諸本同，磧本作“乃”。山：諸本同，興聖寺本作“也”。
［43］案，“白疊”，指白疊布，木棉織的布，在南北朝時期爲貴重物品，當是道仙生前用品。“木景”即“木影”，指晷，用來計時的工具。
［44］山益州今猶有木景白疊尚存云是聖人仙闍梨許：麗初本、興聖寺本無，磧本、趙本同麗再本。

陳攝山栖霞寺釋慧峰傳二十四[1]

釋慧峰，不知何人，住栖霞寺，聽詮公三論[2]，深悟其旨，最爲得意，名價遐布[3]，衆所推美。詮每云：“峰之達解思力，吾不及也，以吾年老，且復相依。”峰遊心正理，身範律儀，攝静松林，日惟一食。衣服麤素，略無寸積，顧步鏘鏘，雅有風彩[4]。末出都[5]，偏弘十誦，讚誘前修，聽者如市。有問云："今學大乘，如何講律？"峰云："此致非汝所知，豈學正法而大小相乖乎？"以陳天嘉年卒，春秋六十。臨終，告弟子智琨曰[6]："吾去處懸遠[7]，非汝所知。"終後屈一指，捋之雖伸還屈[8]。時議謂證初果。

【校注】

［1］陳：諸本同，興聖寺本作"隋"誤。

［2］詮公：即僧詮，傳見本書卷七。

［3］名價遐布：磧本作"名馬於市"誤，麗初本本作"名架於市"，興聖寺本作"名架於布"，趙本同麗再本。

［4］風彩：磧本作"風潤"，麗初本、興聖寺本作"閏"，趙本作"風彩閏"誤。

［5］末出都：諸本同，磧本作"末出江都"誤。

［6］子：麗再本、麗初本、趙本無，今據磧本、興聖寺本補。琨：諸本同，興聖寺本作"混"。

［7］處：諸本同，興聖寺本作"家"形。

［8］捋：諸本作"將"誤，今據磧本。

隋蘇州重玄寺釋慧巖傳二十五

釋慧巖，住蘇州重玄寺，相狀如狂，不修戒檢，時人不齒。多坐房中，不同物議，忽獨歡笑，戲於寺中，以物指撝曰："此處爲殿，此[1]處爲堂。"乃至廊廡、厨庫，無不畢備。經可月餘，因告僧曰："欲知巖者，浮圖鈴落[2]，則亡没矣。"至期果然。乃返鎖其房，搥户開之[3]，端坐已卒。遠近聞之[4]，屯赴闐闠[5]，各捨金帛，遂成大聚，依言締構，欝成名寺，事皆符焉[6]。自終至今四十餘載[7]，猶如存在[8]。見處佛堂，用通禮謁云。

【校注】

［1］案，此處之興聖寺本衍入本卷釋圓通傳"室法師前以酒見及"至傳末"悔以輕肆其口，故致聖者潛"。又，興聖寺本之釋圓通傳闕文亦至此，參見本卷釋僧林傳校記。

［2］浮圖：諸本同，興聖寺本作"將將圖"。

［3］開：諸本同，興聖寺本作"門"。

［4］遠近：諸本同，興聖寺本作"近遠"倒。

［5］屯赴：磧本作"封赴"誤，興聖寺本作"封起"，麗初本、趙本同麗再本。

［6］事：諸本作"遠"誤。

［7］四十：諸本同，興聖寺本作"卌"誤。

［8］存：諸本同，興聖寺本作"在"誤。

隋東都寶楊道場釋法安傳二十六法濟

釋法安,姓彭,安定鶉孤人[1]。少出家在太白山九隴精舍,慕禪爲業,麤食弊衣,卒于終老。開皇中,來至江都,令通晋王[2]。時以其形質矬陋,言笑輕舉,並不爲通。日别門首[3],喻遣不去,試爲通之。王聞召入,相見如舊,便住慧日,王所遊履,必齎隨從。及駕幸泰山,時遇渴乏,四顧惟巖,無由致水。安以刀刺石,引水崩注,用給帝王。時大嗟之,問何力耶,答"王力也"。及從王入磧[4],達于泥海,中應遭變,皆預避之,得無損敗。後往泰山,神通寺僧來請檀越,安爲達之,王乃手書寺壁爲弘護也。初與王入谷,安見一僧著弊衣乘白驢而來,王問何人?安曰:"斯朗公也,即創造神通,故來迎引。"及至寺中,又見一神狀甚偉大,在講堂上,手憑鴟吻,下觀人衆,王又問之,答曰:"此太白山神,從王者也。"爾後諸奇,不可廣録。大業之始,帝彌重之,威轢王公,見皆屈膝,常侍三衛,奉之若神。又往名山,召諸隱逸。郭智、辯釋[5]、誌公、澄公[6]、杯度,一時總萃慧日,道藝二千餘人。四事供給,資安而立。又於東都爲立寶楊道場,惟安一衆,居中樹業。

至十一年春[7],四方多難,無疾而終所住,春秋九十八矣。初將終前,告帝後事:"安其亡後百日[8],火起出於内宫,彌須慎之。"及至寒食,油沸上焚,夜中門閉,三院宫人,一時火死,帝時不以爲怪。送柩太白,資俸官給。然安德潛於内,外同諸侣[9],惟眠不施枕,頸無委曲[10],延頸床邊[11],口流涎溜[12],每至升許爲異。

時有釋法濟者[13],通微知異僧也。發迹陳世,及隋二主,皆宿禁中,妃后雜住,精進寡慾[14],人罕登者。文帝長安爲造香臺寺,後至東都[15],造龍天道場。帝給白馬,常乘在宫。如有疹患,咒水飲之,無不必愈。又能見鬼物,預覩未然[16]。

大業四年,忽辭上曰:"天命不常,復須後世。惟願弘護,荷負含生。"便爾坐卒。剃髮將殮,須臾髮生,長半寸許。帝曰:"禪師滅定,何得埋之?"索大鐘打之,一月餘日,既不出定,身相如生。天子廢朝,百官素服,勑送于蔣州。吏力官給,行到設齋,物出所在。東都王公以下[17],爲造大幡四十萬口[18]。日齋百僧,至于七七。人别日覵二十五段[19],通計十餘萬疋。斯並荷其福力,故各傾散家珍云[20]。

【校注】

[1] 安定鶉孤:案,"鶉孤"即鶉觚縣,當今陝西省長武縣和甘肅省靈臺縣邵寨鎮一帶。
[2] 令通晋王:諸本同,興聖寺本衍作"令通王晋王"。

[3] 别：諸本同，磧本作“到”。
[4] 及從：諸本同，興聖寺本作“從及”倒。
[5] 辯：諸本同，興聖寺本作“弁”誤。
[6] 澄：諸本作“證”，今從磧本。
[7] 春：麗再本、麗初本作“奏”誤，今從磧本、趙本、興聖寺本。
[8] 亡：諸本同，興聖寺本作“云”形。
[9] 同：諸本同，興聖寺本作“内”誤。侶：諸本同，磧本作“俗”誤。
[10] 頸：諸本同，磧本作“頭”誤。
[11] 延：諸本同，興聖寺本作“近”誤。
[12] 涎：諸本同，趙本作“延”誤。
[13] 時：諸本同，磧本作“時復”。
[14] 寡：趙本、興聖寺本作“宣”，磧本、麗初本同麗再本。
[15] 至：磧本、麗初本、興聖寺本作“主”誤，趙本同麗再本。
[16] 覩：諸本同，興聖寺本作“都”。
[17] 以：諸本同，磧本作“已”。
[18] 四十：諸本同，興聖寺本作“卌”誤。
[19] 二十：諸本同，興聖寺本作“卅”誤。
[20] 云：諸本同，興聖寺本作“云云”。

隋蔣州大歸善寺釋慧侃傳二十七[1]

釋慧侃，姓湯，晉陵曲阿人也[2]，少受學於和闍梨。和靈通幽顯，世莫識其淺深，而翹敬尊像，事同真佛。每見立像，不敢前坐，勸人造像，惟作坐者。道行，遇諸因厄，無不救濟。或見被縛之猪，和曰：“解脱首楞嚴。”猪尋解縛，主因放之。自爾偏以慈救爲業。大衆集處，輒爲説法，皆隨事讚引，即物成務，衆無不悟而歸於道。末往鄴下，大弘正法，歸向之徒，至今流詠。臨終在鄴，人問其所獲，云：“得善根成熟耳[3]。”

侃奉其神化，積有年稔，衆知靈異，初不廣之。後往嶺南，歸心真諦，因授禪法，專精不久，大有深悟。末住栖霞，安志靈静，往還自任，不拘山世[4]。時往楊都偲法師所，偲素知道行，異禮接之。將還山寺，請現神力，侃云：“許復何難。”即從窗中出臂，長數十丈，解齊熙寺佛殿上額，將還房中，語偲云：“世人無遠識，見多驚異，故吾所不爲耳[5]。”

以大業元年，終於蔣州大歸善寺，春秋八十有二。初侃終日，以三衣襆，遥拋堂中，自云：“三衣還衆僧，吾今死去。”便還房内。大衆驚起追之，乃見白骨一具跏坐床上[6]，就而撼之，鏗然不散[7]。

【校注】

［1］侃：諸本同，磧本作“區”誤。

［2］阿：麗再本、麗初本、趙本作“河”誤，今從磧本、興聖寺本。案，“晉陵曲阿”，縣治當今江蘇省常州市金壇區。

［3］熟：諸本同，興聖寺本作“就”形。

［4］拘：諸本同，興聖寺本作“物”形，下同，不一一出校。

［5］吾：諸本同，興聖寺本作“五”。

［6］跏：諸本同，興聖寺本作“加”。

［7］散：諸本同，興聖寺本作“散也”。

唐京化度寺釋轉明傳二十八鮑子明[1]

釋轉明，俗姓鹿氏，未詳何許人[2]，形服僧儀，貌非弘偉[3]，容止淡然[4]，色無喜愠。以隋大業八年，無何而來，居住雒邑，告有賊起。及至覆檢，宗緒莫從，帝時惑之，未能加罪，權令收禁，初不測其然也[5]。至明年六月，果逢梟感作逆[6]，驅逼凶醜[7]，充斥東都，誅戮極甚。方委其言有據，下勑放之。而明雖被拘散，情計如常，與諸言議，曾無所及。

會帝往江都，行達偃師，時獄中死囚數有五十，剋時斬決，“明日吾當放此死厄”[8]。即往獄所，假爲餉遺，面見諸囚告曰：“明日車駕，當從此過，爾等一時大呼，云有賊至。若問所由，云[9]吾所委，當免死矣。”及至期會，便如所告，勑乃總放諸囚，收明入禁。便大笑而受之，都無憂懼。于斯時也，四方草竊，人不聊生，如明語矣。

大業末歲，猶被拘縶，越王踐祚，方蒙釋放。雖往還自在，而恒居乾陽門内[10]，别院供擬。恐其潛逸，密遣三衛，私防護之。及皇泰建議[11]，軍國謀猷，恒預帷幄，籌計利害。僞鄭世充倍加信奉，守衛嚴設，又兼恒度。至開明二年，即唐武德三年也，明從洛宫安然而出，周圍五重，初不見迹。

審僞都之將敗也[12]，西達京師。太武皇帝夙奉音問[13]，深知神異，隆禮敬之，勑住化度寺。數引禁中，具陳徵應，及後事會，咸同合契。以其年八月，忽然不見，衣資什物，儼在房中。尋下追徵，合國周訪，了無所獲。尋明在道，行涉冥祥，有問所學者[14]，乃云：“常以平等一法，志而奉之。”顧其遊步四朝，貴賤通屬，以明道冠幽極[15]，皆往師之，而情一榮枯，寔遵平等。而言調譎詭，不倫和韻，或云：“某法師者，見謗大乘，生報無擇。某法師者，從羊中來。”如此授記，其例不一。行至總持，顧僧衆曰[16]：“不久此寺當流血矣[17]，宜共慎之。”時以爲卓異，共怪輕誕。及遭法諺等事[18]，尋被簿録，戮之都市，方悔前失。

隋末有鮑子明者，未詳何人，煬帝遠召藝僧，遂霑慧日。而歷遊寺院，不止房堂，隨夜即宿[19]，略無定所。既請官供[20]，曾不臨赴。不著三衣，而服裙帔。或驚叫漫走，言無准度。大業九年，以緋裹額[21]，唱賊而走，時人以爲徵兆也[22]。及梟感起逆[23]，諸軍並著屯項袹額[24]，如其相焉。感圍東都[25]，召問通塞，遂惡罵曰："賊害天下，何有國乎。"帝時在涿郡，聞之大悦，召而勞遣[26]。明又以箕盛土，當風揚之，後覆梟感，逆黨並被誅翦長夏門外[27]，日别幾千，遠應斯舉。大業十年，無故卒於雒邑。

【校注】

[1] 鮑子明：諸本無，正文有，今從永北本。

[2] 許：麗初本、興聖寺本無，磧本、趙本同麗再本。

[3] 貌：諸本同，興聖寺本作"白"，當是"貌"之訛。

[4] 然：諸本同，興聖寺本作"然也"。

[5] 然：諸本同，興聖寺本作"終"誤。

[6] 果：諸本同，磧本作"累"誤。

[7] 驅：諸本同，麗初本作"恥"誤。

[8] 日：諸本同，興聖寺本作"曰"，則標點可改爲"明曰：吾當放此死厄"。吾：諸本同，興聖寺本作"五"。

[9] 從此過爾等一時大呼云有賊至若問所由云：諸本同，興聖寺本脱。

[10] 内：諸本同，興聖寺本作"内外"。又"乾陽門"，即隋東都洛陽紫微宫乾陽殿南門，乾陽殿爲紫微宫辦公區。

[11] 皇泰建議：即大業十三年，隋煬帝在江都被殺，留守洛陽的越王楊侗自立爲帝，年號皇泰。

[12] 都：諸本同，疑爲"鄭"之訛。

[13] 問：諸本同，磧本作"聞"。"太武皇帝"，即李淵。

[14] 所：麗再本、趙本脱，今從磧本、興聖寺本。

[15] 道：麗初本、興聖寺本作"首"，磧本、趙本同麗再本。

[16] 僧：諸本同，興聖寺本脱。

[17] 寺：諸本作"等"誤，今從磧本。

[18] 諺：諸本作"該"，今從磧本。

[19] 宿：諸本同，興聖寺本作"眠"。

[20] 官：諸本同，興聖寺本脱。

[21] 額：諸本同，隨函録作"頭"。

[22] 也：諸本同，興聖寺本無。

[23] 感：麗再本、麗初本、趙本無，今據磧本、興聖寺本補。

[24] 袹：諸本作"柏"誤，今據磧本、隨函録改。

[25] 感：諸本作"咸"誤，今從磧本。

[26] 勞：諸本同，興聖寺本作"營"誤。

[27] 翦：麗再本、麗初本、趙本作"剪"，興聖寺本字迹不清。

唐安州沙門賈逸傳二十九楊祐[1]

賈逸者[2],不知何許人[3]。隋仁壽初,遊于安陸,言戲出没,有逾符讖,形服變改,時或緇素。後於一時,分身諸縣,及至推驗,方敬其德。行迹不經而爲無識所恥。有方等寺沙門慧暠者[4],學行通博,逸因過之,以紙五十幅施云[5]:"法師由此得解耳。"初不測其所因也。後有諍起,暠被引禁,官司責問,引辯而答,紙盡事了,如其語焉,故征應所指,例如此也。末至一家,云:"承卿有女,欲爲婚媾。"因往市中唱令告乞,云:"他與我婦,須得禮贈。"廣索錢米,剋日成就。數往彼門,揚聲陳述。女家羞恥,遂密殺之,埋在糞下。經停三日,行遊市上,逢人言告被殺之事[6]。大業五年,天下清晏,逸與諸群小,戲於水側。或騎橋檻,手弄之云:"拗羊頭,捩羊頭。"衆人倚看,笑其所作。及江都禍亂,咸契前言,不知所終。

時蜀郡又有楊祐師者,佯狂岷絡[7],古老百歲者云[8]:"初見至今,貌常不改,可年四十。"著故黄衫,食噉同俗[9],栖止無定。每有大集,身必在先,言笑應變,不傷物議。預記來驗,時共稱美。迄于唐初[10],猶見彼土,後失其所在。

【校注】

[1] 楊祐:諸本無,今據磧本補。
[2] 賈逸:諸本同,磧本作"釋賈逸"。
[3] 許:諸本無,今從磧本補。
[4] 寺:諸本同,興聖寺本脱。
[5] 幅:麗再本、麗初本作"愊",興聖寺本作"逼",均誤,今從磧本、趙本。
[6] 言:諸本同,興聖寺本作"曰"。
[7] 佯:麗初本、趙本同、興聖寺本作"楊",磧本同麗再本。絡:磧本作"洛",興聖寺本作"終"形,麗初本、趙本同麗再本。
[8] 古:諸本同,興聖寺本作"云"形。
[9] 噉:諸本同,興聖寺本作"敢"。
[10] 于:諸本同,磧本作"示"誤。

唐雍州義善寺釋法順傳三十智儼

釋法順,姓杜氏,雍州萬年人。稟性柔和,未思沿惡[1],辭親遠戍[2],無憚艱辛[3]。十八,棄俗出家,事因聖寺僧珍禪師受持定業。珍,姓魏氏,志存儉約[4],野居成性。京室東阜,地號馬頭,空岸重邃[5],堪爲靈窟。珍草創伊基，勸俗修理，端坐指撝，示其儀則。忽感一犬，不知何來，足白身黄，自然馴擾，徑入窟内，口銜土出，須臾往返，勞而不倦。食則同僧，過中不飲[6]。既有斯異[7]，四遠嚮歸，乃以聞上，隋高重之，日賜米三升，用供常限。乃至龕成，無爲而死。今所謂因聖寺是也[8]。順時躬覩斯事，更倍歸依，力助締構，隨便請業。

末行化慶州[9]，勸民設會，供限五百。及臨齋食，更倍人來，供主懼焉，順曰："無所畏也，但通周給。"而莫委供所由來，千人皆足。嘗有清河張弘暢者[10]，家畜牛馬，性本弊惡[11]，人皆患之，賣無取者。順示語慈善，如有聞從，自後更無觝嚙[12]。其導發異類[13]，爲如此也。嘗引衆驪山[14]，夏中栖静，地多蟲蟻，無因種菜，順恐有損害，就地示之[15]，令蟲移徙。不久往視，如其分齊，恰無蟲焉[16]。順時患腫[17]，膿潰外流，人有敬而敕者[18]，或有以帛拭者，尋即差愈[19]。餘膿發香，流氣難比，拭帛猶在，香氣不歇。三原縣民田薩埵者[20]，生來患聾。又張蘇者，亦患生瘂。順聞命來，與共言議，遂如常日，永即痊復。武功縣僧，毒龍所魅[21]，衆以投之，順端拱對坐。龍遂託病僧言曰："禪師既來，義無久住，極相勞嬈。"尋即釋然。故使遠近瘴癘[22]、婬邪所惱者，無不投造。順不施餘術，但坐而對之。識者謂有陰德所感[23]，故幽靈偏敬。

致其言教所設，多抑浮詞，顯言正理。神樹鬼廟，見即焚除；巫覡所事，躬爲併儅[24]；禎祥屢見，絶無障礙，其奉正也如此。而篤性綿密，情兼汎愛，道俗貴賤，皆事邀延，而一其言問，胸懷莫二[25]。或復重痼難治[26]，深願未果者，皆隨時指示[27]，普得遂心。時有讚毀二途[28]，聞達於耳，相似不知，翻作餘語。因行南野，將度黄渠[29]。其水汎溢，厲涉而度，岸既峻滑，雖登還墮，水忽斷流，便隨陸而度[30]。及順上岸，水尋還復。門徒目覩而不測其然也。所以感通幽顯，聲聞朝野。多有鄙夫，利其財食[31]，順言不涉世，全不留心[32]，隨有任用，情志虚遠，但服麤弊，卒無兼副。雖聞異議，仍大笑之[33]。其不競物情，又若此也。

今上奉其德，仰其神，引入内禁，隆禮崇敬。[34]儲宫王族、懿慼重臣[35]，戒約是投，無爽歸禁。以貞觀十四年，都無疾苦，告累門人："生來行法，令使承用。"言訖，如常坐定，卒於南郊義善寺[36]，春秋八十有四。臨終，雙鳥投房[37]，悲驚哀切。因即坐送于樊川之北原[38]，鑿穴處之。京邑同嗟，制服亘野。肉色不變，經月逾鮮，安坐三周，枯骸不散。自終至今，恒有異香，流氣屍所。學侶等恐有外侵[39]，乃藏於龕内。四衆良辰[40]，赴供彌滿[41]。

弟子智儼，名貫至相，幼年奉敬，雅遵餘度而神用清越[42]，振績京皋。華嚴、攝論，尋常講説，恒至龕所[43]，化導鄉川，故斯塵不絶矣[44]。

【校注】

[1] 未：諸本同，麗初本作“末”誤。沿：諸本同，興聖寺本作“法”誤。
[2] 辭親遠戍：磧本作“代辭親遠戍”，趙本、興聖寺本無“代親遠戍”字，麗初本同麗再本。
[3] 艱：諸本同，興聖寺本作“難”誤。
[4] 約：諸本同，興聖寺本脱。
[5] 岸：諸本同，興聖寺本衍作“岸岸”，隨函録作“岸片”。
[6] 不：諸本同，興聖寺本脱。
[7] 既：麗再本、麗初本、磧本作“即”，今據趙本、興聖寺本改。
[8] 是也：麗初本、趙本衍作“是人也”，磧本、興聖寺本同麗再本。
[9] 慶州：隋開皇十六年置慶州，治合水縣，今甘肅慶城縣。大業三年改爲弘化郡，唐武德元年復爲慶州，天寶元年改安化郡。
[10] 清河：磧本、麗初本、興聖寺本作“張江河”誤，趙本同麗再本。
[11] 弊：麗初本、趙本作“憋”誤，磧本、興聖寺本同麗再本。
[12] 嗞：諸本同，磧本作“齧”。“齧”同“嗞”。又，諸本同，興聖寺本“無舐”衍作“自後更無舐無舐嗞”。
[13] 導：諸本作“道”。類：諸本同，趙本作“頻”誤。
[14] 嘗：麗再本作“常”誤，今從諸本。
[15] 示：諸本同，興聖寺本作“不”形。
[16] 焉：諸本同，興聖寺本作“爲”誤。
[17] 腫：諸本同，興聖寺本作“種”形。
[18] 欶：諸本同，麗初本作“味”誤。
[19] 差：諸本同，磧本作“瘥”。“差”爲“瘥”本字。
[20] 田：諸本同，磧本作“曰”。
[21] 毒龍：洪南本、永北本作“爲毒龍”，磧本、麗初本、興聖寺本、趙本同麗再本。
[22] 瘴癘：麗初本、興聖寺本作“障厲”，磧本、趙本同麗再本。
[23] 謂：諸本同，興聖寺本作“課”誤。
[24] 併儅：諸本同，磧本作“摒擋”。
[25] 懷：磧本、興聖寺本作“襟”，麗初本脱，趙本同麗再本。
[26] 痼：諸本同，興聖寺本作“病”。
[27] 示：諸本同，興聖寺本作“不”形。
[28] 二：諸本同，麗初本作“三”誤。
[29] 黄渠：今陝西省西安市曲江池遺址公園内有黄渠遺址。
[30] 便隨陸而度：麗再本、趙本作“便墮陸度”誤，興聖寺本作“便隨陸度”，今從磧本。
[31] 財：諸本同，磧本作“則”誤。
[32] 全：諸本同，磧本作“令”誤。
[33] 仍：諸本同，趙本作“乃”誤。
[34] 案，佛祖統紀卷三九：“（貞觀）六年，詔以東都龍潛舊宅爲天宫寺，詔杜順和上入見，賜號帝心。”
[35] 慼：諸本同，磧本作“戚”。“慼”同“戚”。

[36] 卒：麗再本、趙本無，今據麗初本、興聖寺本補。磧本作“平”，按文意當是“卒”之訛，今改。
[37] 鳥：諸本同，磧本作“烏”。
[38] 樊川之北原：當在今西安市長安區杜曲鎮城東南少陵原半山之華嚴寺遺址附近。
[39] 恐：諸本同，興聖寺本脱。
[40] 辰：諸本同，磧本作“晨”誤。
[41] 赴：諸本同，興聖寺本作“越”誤。
[42] 雅遵：諸本同，興聖寺本作“邪導”誤。
[43] 尋常講説恒至龕所：麗再本作“尋常講説至龕所”，麗初本、趙本作“尋常恒講至龕所”，今從磧本、興聖寺本。
[44] 絶：麗再本、趙本作“終”，今從磧本、興聖寺本。

唐蒲州普濟寺釋道英傳三十一

釋道英，姓陳氏，蒲州猗氏人也。年十八，叔休律師引令出家，而[1]二親重之，便爲取婦，五年同床，誓不相觸。素在市販，與人同財，乃使妻執燭，分判文疏[2]，付囑留累，遂逃而剃落[3]。至并州炬法師下，聽花嚴等經，學成返邑，其妻尚在。

開皇十年，方預大度，乃深惟曰：“法相可知，心惑須曉。”開皇十九年[4]，遂入解縣太行山柏梯寺，修行止觀，忽然大解。南埵悟人，北嶺悟法，二空深鏡。坐處樹枝，下映四表，於今見在。[5]因爾營理僧役，以事考心。後在京師住勝光寺，從曇遷禪師聽採攝論，講悟既新，衆盈五百，多採名教，鮮能如理[6]。而英簡時問義[7]，惟陳止觀，無相思塵，諸要槃節[8]，深會大旨，遷彌重之，語諸屬曰：“爾雖曰考通文義[9]，無擇昏明，得其妙者惟道英乎。”自爾儀服飲噉[10]，未守篇章[11]，頗爲時目作達者也[12]。

聽講之暇，常供僧役[13]。有慕道者[14]，從其所爲，因事呈理，調伏心行[15]，寄以弘法。常云：“余冥目坐禪，窮尋理性，如有所詣[16]，及開目後，還合常識。故於事務，遊觀役心，使有熏習。”然其[17]常坐，開目如綫，動逾信宿，初無頓睞，後入禪定，稍程異迹[18]。大業九年[19]，嘗任直歲，與俗争地，遽鬥不息[20]，便語彼云：“吾其死矣。”忽然倒仆，如死之僵。諸俗同評，道人多詐，以針刺甲，雖深不動。氣絶色變，將欲洪膖。傍有智者，令其歸命，誓不敢諍，願還生也。尋言起坐，語笑如常。

又行龍臺澤池側[21]，見魚之遊，乃曰：“吾與汝共諍，何者爲勝[22]，汝不及我，我可不及汝耶？”即脱衣入水，弟子持衣守之，經于六宿。比出，告曰：

“雖在水中[23]，惟弊土坌我耳。”又屬嚴冬，冰厚雪壯，乃曰：“如此平净之處，何得不眠？”遂脱衣仰卧，經于三宿，乃起而曰：“幾被火炙殺我[24]。”如是隨事，以法對之，縱任自在，誠難偶者[25]。

晚還蒲州[26]，住普濟寺，置莊三所。麻麦粟田，皆在夏縣東山深隱之所，不與俗争，用接羈遠，故使八方四部，其歸若林。晝則厲衆僧務，躬事擔運[27]，難險緣者，必先登踐；夜則跏坐，爲説禪觀。時或弊其勞者，聞法不覺其疲。一日説起信論至“真實門”，奄然不語，怪往觀之，氣絶身冷。衆知滅想[28]，即而任之，經于累宿，方從定起。

時河東道遜[29]，高世名僧，祖習心道，素同學也。初在解縣[30]，領徒盛講，及遜捨命，去英百五十里[31]，未及相報，終夕便知，告其衆曰：“遜公已逝，相與送乎。”人問其故，答曰[32]：“此乃俗事，心轉即是。”[33]及行中路，乃逢告使[34]，其知微通感，類皆如此。及終前夕，集衆告曰：“急須收積[35]。明日間[36]，多聚人畜，損食穀草。”衆不測其言。英亦自運，催促甚急。至夜都了，索水剃洗，還本坐處，被以大衣，告曰：“人謂余爲英禪師。禪師[37]之相，不可違世。”語門人志褒曰：“禪師知英氣息可有幾耶？”褒以事答。自言如是[38]，因説法要。又曰：“無常常也，不可自欺，不可空死。”令誦華嚴賢首偈，至臨終勸念善處，明相既現，口云捨卻[39]，奄然神逝[40]，近人以手循[41]，從下而冷。即貞觀十年九月中也，春秋七十有七[42]。初將終日，衆問後事，英曰：“佛有明教，但依行之，則無累矣，英何言哉。”時感群鳥集房，數盈萬計，悲鳴相切。及其終夕，褒公侍側[43]，見有青衣二童執花而入[44]，紫氣如光從英身出，騰焰屋棟。及明，霧結周二十里，人物失光，三日方歇。蒲晋一川，化行之所，聞哀屯赴，如喪重親。遠驗英言，不有損失。又感僧牛吼叫[45]，聲徹數里，流淚嗚咽[46]，不食水草，經于七日。將欲藏殮，道俗争之。僉曰英不樂喧譁[47]，但存道業，便即莊南，夏禹城東，延年陵東[48]，鑿土龕之[49]。才下一钁[50]，地忽大震，人各攬草[51]，臨卧地驚懾，周十五里，皆大動怖。又感白虹兩道，連龕柩所。白鳥二頭，翔鳴柩上，至於龕所，迴旋而逝。詳英道開物悟，慧解入神，故得靈相氤氳，存亡總萃[52]，不負身世，誠斯人乎。

【校注】

[1] 叔休律師引令出家而：麗初本無，興聖寺本作“不”，磧本、趙本同麗再本。

[2] 文疏：諸本同，興聖寺本衍作“文狀疏”。

[3] 遂逃而剃落：麗初本、興聖寺本作“遂逃”，磧本作“遂逃而落髮”，趙本同麗再本。

[4] 十九：麗初本、興聖寺本無，磧本作“九”，趙本同麗再本。

[5] 南埵悟人北嶺悟法二空深鏡坐處樹枝下映四表於今見在：麗初本、興聖寺本無，磧本、趙本同麗再本。

[6] 多採名教鮮能如理：諸本同，磧本作“多採名教而鮮能如理”。

[7] 簡：諸本同，麗初本作“蘭”誤。

[8] 要：諸本同，麗初本作“悪”誤。

[9] 曰：磧本、麗初本、興聖寺本脱，趙本同麗再本。

[10] 噉：諸本同，興聖寺本作“敢”誤。

[11] 守：諸本同，磧本作“嘗”誤。

[12] 目：諸本同，麗初本作“自”誤。

[13] 常供僧役：諸本同，磧本作“常依華嚴，發願供僧”。

[14] 有慕道者：磧本、興聖寺本作“有募道者”誤，趙本作“有暮者”，麗初本同麗再本。

[15] 調伏心行：麗初本，興聖寺本無，磧本、趙本同麗再本。

[16] 詣：諸本同，磧本作“旨”誤。

[17] 常識故於事務遊觀役心使有熏習然其：諸本同，興聖寺本脱。

[18] 稍：諸本同，隨函録作“銷”。程：諸本同，磧本作“呈”。

[19] 大業九年：麗初本、興聖寺本無，磧本、趙本同麗再本。

[20] 遽：諸本同，麗初本、興聖寺本作“蘧”誤，隨函録作“遽”。

[21] 龍臺澤：麗初本、興聖寺本無，磧本、趙本同麗再本。案，據元和郡縣圖志卷二“鄠縣”條：“龍臺澤，在縣東北三十里，周回二十五里。”

[22] 吾與汝共諍何者爲勝：麗初本、興聖寺本無，磧本、趙本同麗再本。諍：磧本作“争”誤，趙本同麗再本。何者爲勝：磧本、趙本衍作“我何者爲勝”。

[23] 雖：諸本同，趙本衍作“吾雖”。

[24] 被：諸本同，興聖寺本作“不”誤。

[25] 誠：諸本同，興聖寺本作“識”。

[26] 蒲：諸本同，麗初本作“薄”誤。

[27] 運：諸本同，興聖寺本作“通”誤。

[28] 滅：諸本同，興聖寺本作“識”形。

[29] 河東道遜：即道愻，傳見本書卷一四。

[30] 縣：諸本同，興聖寺本作“懸”誤。

[31] 五十：麗初本、興聖寺本無，磧本、趙本同麗再本。

[32] 曰：磧本作“云”，趙本同麗再本。

[33] 人問其故答曰此乃俗事心轉即是：麗初本、興聖寺本無，磧本、趙本同麗再本。

[34] 乃：諸本同，興聖寺本作“及”誤。

[35] 急：磧本、興聖寺本作“早”誤，麗初本、趙本同麗再本。

[36] 間：諸本同，興聖寺本作“暮間”。

[37] 禪師禪師：諸本同，興聖寺本作“禪禪師師”。

[38] 自：諸本同，磧本作“英”。

[39] 口云捨卻：麗再本、麗初本、興聖寺本無，今從磧本、趙本補。

[40] 神逝：麗再本作“申逝”，麗初本、趙本作“申世”，今從磧本、興聖寺本。

[41] 近：磧本、興聖寺本無，麗初本、趙本同麗再本。

[42] 七十有七：磧本、麗初本、興聖寺本作“八十”，趙本同麗再本。

[43] 褒公：諸本同，磧本作“惠褒”。
[44] 童：諸本同，興聖寺本作“童子”。
[45] 吼叫：諸本同，興聖寺本作“孔”誤。
[46] 咽：諸本同，興聖寺本作“吽”。
[47] 曰：磧本、趙作“以”，麗初本、興聖寺本無。
[48] 夏禹城東延年陵東：麗初本、興聖寺本無，磧本、趙本同麗再本。
[49] 夏禹城東延年陵東鑿土龕之：此十二字，麗再本、趙本作雙行小注，今從磧本。
[50] 才：磧本作“纔”，興聖寺本作“財”，麗初本、趙本同麗再本。
[51] 人：麗初本、興聖寺本無，磧本、趙本同麗再本。
[52] 萃：諸本同，磧本作“集”。

唐雍州梁山沙門釋乂德傳三十二[1]

釋乂德[2]，姓徐，雍州醴泉人[3]。形質長偉，秀眉骨面，立履清白，服麤素衣，而放言來事，多所弘獎。年有凶暴，毒癘流者[4]，必先勸四民，令奉三寶。其所施設，或禮佛設齋，或稱名念誦。用其言者，皆禳災禍[5]；有不信者，莫不殃終。預記未然，略如對目，時遭亢旱，懼而問焉。乂以手指撝，某日當雨，但齊某處[6]。約時雨至，必如其言。或蝗暴廣狹，澤潤淺深[7]，事符明鏡，不漏纖失。且執志清慎[8]，不濫刑科，力所未行，不受其法，故壯年在道，惟遵十戒，而於篇聚雜相，多所承修。末于九崚山南造阿耨達池[9]，并鐫石鉢，即於池側，用濟衆生。以貞觀十二年，卒於山舍。百姓感焉，爲起白塔，苕然山表[10]。

【校注】

[1] 乂：麗初本作“又”誤，興聖寺本作“叉”，磧本、趙本同麗再本。案，“乂”“叉”，在中古時期寫本、刻本文獻中常混用，今一依底本，下文不再出校。
[2] 叉：趙本作“又”誤，資本作“乂”是，磧本、興聖寺本同麗再本。
[3] 人：諸本同，磧本作“人也”。
[4] 癘：麗再本、麗初本、趙本作“勵”誤，興聖寺本作“厲”，今從磧本。
[5] 禳：麗初本、趙本作“穰”誤，麗再本、興聖寺本作“攘”，今從磧本。
[6] 某：諸本同，興聖寺本作“其”形。
[7] 潤：諸本同，興聖寺本作“閏”。
[8] 且、慎：諸本同，興聖寺本脱。
[9] 崚：諸本作“峻”，今據元和郡縣圖志改。
[10] 山：麗再本作“上”誤，今據諸本改。

唐京師辯才寺釋智則傳三十三

釋智則,姓馮,雍州長安人。二十出家,止辯才寺[1],聽凝法師攝論四十餘遍。性度掉舉,僅絶覲採[2],恒披敗納[3],裙垂膝上。有問其故,則云:"衣長多立耳[4]。"遊浪坊市[5],宿止寺中,銷聲京邑,將五十載。財法食息[6],一同僧伍,房施單床,上加以薦[7]。瓦碗木匙[8],餘無一物。或見其繿縷,爲經營者,隨得服用[9],言終不及。則雖同僧住,形有往來,門無關閉[10]。同房僧不知靈異,號爲狂者。則聞之,仰面笑曰:"道他狂者,不知自狂。出家離俗,只爲衣食。往往遮障[11],鎖門鎖櫃,費時亂業。種種聚斂,役役不安。此而非狂,更無狂者。"乃撫掌大笑。則性嗜餺飥[12],寺北有王摩訶家,恒令辦之,須便輒往。因事伺候,兩處俱見,方委分身[13],而言行相投,片無假謬[14]。自貞觀來,恒獨房宿,竟夜端坐,咳嗽達曙[15]。余親目見[16],故略述其相云。

【校注】

[1] 止:諸本同,磧本脱。長安志卷一〇"懷德坊辯才寺"條:"本鄭孝王亮隋代舊宅,亮子司空淮安王神通,以開皇十年爲沙門智凝立此寺於群賢坊。以智辯才不清寒,因名寺焉。武德二年,徙於此。"下文"凝法師"即智凝,傳見本書卷一〇。

[2] 僅絶覲採:磧本作"僅覲尋採",麗初本、趙本、興聖寺本作"僅覲採"脱。

[3] 披:麗初本、趙本、興聖寺本作"帔"誤,磧本同麗再本。

[4] 耳:諸本同,興聖寺本作"身"誤。

[5] 浪:諸本同,興聖寺本脱。

[6] 財:諸本同,興聖寺本作"則"誤。

[7] 以:諸本同,磧本作"草"。

[8] 匙:諸本同,興聖寺本作"上",當是"匕"之訛,隨函録作"匕"。

[9] 隨:諸本同,興聖寺本脱。

[10] 關:諸本作"開",今從磧本。

[11] 往往:磧本作"行往"誤,興聖寺本作"往行"誤,麗初本、趙本同麗再本。

[12] 餺飥:齊民要術卷九餅法:"餺飥:挼如大指許,二寸一斷,著水盆中浸。宜以手向盆旁挼使極薄,皆急火逐沸熟煮。非直光白可愛,亦自滑美殊常。"即今北方麵食稱做老鴰觳、撥魚兒,今西安市小吃店常見。嗜:諸本同,興聖寺本作"耆"誤。

[13] 方:諸本同,興聖寺本作"可"誤。

[14] 假:麗再本作"瑕",今據諸本改。

[15] 咳嗽達曙:麗再本作"嘅嗽達曙",麗初本、趙本、興聖寺本作"嘅嗽達暑",今從磧本。"嘅",嘆氣。

[16] 目:諸本同,磧本作"自"誤。

唐京師律藏寺釋通達傳三十四

釋通達,雍州人,三十出家,栖止無定。初辭世壤,遍訪明師,委問道方,皆無稱悦。乃入太白山,不賫糧粒,不擇林巖。飢則食草,息則依樹,端坐思玄,動逾晦序,意用漠漠[1],投解無歸。經跨五年,栖遑靡息。因以木打塊,塊破形銷,既覩斯緣,廓然大悟[2]。晚住京師律藏寺[3],遊聽大乘,情量虚蕩[4]。一裙一帔[5],布納重縫,所著麻鞋,經三十載。繒帛雜飾,未曾冠體,冬夏一服,不蔽冰炎[6]。常於講席[7],評叙玄奥,而不肖之夫,言行矛楯[8]。及至飲噉,無異俗人。達曰:"大乘之學,豈其爾耶[9]?若指聖懷,斯寔凡庶,余不同也。"左僕射房玄齡聞而異焉[10],迎至第中,父事隆重。而達體道爲功,性不拘檢,或單裙露腹,或放達餘言。玄齡以風表處之,不以形言致隔,其見貴如此也。

常以飲水噉菜,任性遊縱[11]。或攬折蒿藋,生宛而食,至於桃杏瓜果,必生吞皮核。人問所由,云:"信施難棄也。"貞觀已來,稍顯神異,往至人家,歡笑則吉,愁慘必凶[12]。或索財賄,或索功力,隨命多少,即須依送。若違其語,後失過前。有人騎驢,歷寺遊觀,達往就乞,惜而不施,其驢尋死。斯例不一也[13]。故京室貴賤,咸宗事之,禍福由其一言,説導唯存離著,所得財利,並營寺宇。

大將軍薛萬均初聞異行[14],迎宅供養,百有餘日,不違正軌。忽於一夜,索食欲噉,初不與之,苦求不已,試與遂食。從爾已後,稍改前迹,專顯變應。其行多僻,欲往入内宿,將軍兄弟大怒,打之幾死。仰而告曰:"卿已打我,身肉都毁[15],血汙不净,可作湯洗。"待沸涌已,脱衣入鑊,狀如冷水。旁人怖之,猶索加火,遂合宅驚奉,恣其寢處。

曾負人錢百有餘貫,後既辦得,無人可送。乃將錢寺門,伺覓行人,隨負多少,倩達西市[16]。衆皆止之,而達付而不禁,及往勘償[17],不失一文。斯達量虚懷,定難准也。時逢米貴,欲設大齋,乃命寺家[18],多令疏請[19]。及至明旦,來赴數千,而供度闃然,不知何擬。大衆咎之,達曰:"他許送供,計非妄語。"臨至齋時[20],僧徒欲散,忽見熟食美膳,連車接轝,充道而來,即用施設。乃大餘長,並供僧庫,都不委其所從來。食訖須臾,人車不見。今盛業京輦,朝野具瞻,叙事而舒,故不曲盡。

【校注】

[1] 漠漠:諸本同,興聖寺本脱一"漠"字。

[2] 廓:諸本同,趙本作"廊"誤。

[3] 律藏寺：據唐兩京城坊考卷四，在唐長安城光化門裏安定坊西南角。
[4] 虛：諸本同，興聖寺本作“薄”。
[5] 帔：諸本同，趙本作“披”誤。
[6] 蔽：磧本、麗初本、興聖寺本作“弊”誤，趙本同麗再本。
[7] 常：諸本同，興聖寺本作“嘗”誤。
[8] 矛：諸本同，麗初本、興聖寺本、隨函録作“牟”。楯：磧本、興聖寺本作“盾”，麗初本、趙本同麗再本。
[9] 豈：諸本同，磧本作“業”誤。
[10] 左：諸本同，興聖寺本作“在”誤。
[11] 縱：磧本、麗初本、興聖寺本作“從”誤，趙本同麗再本。
[12] 懆：磧本、麗初本、興聖寺本作“慘”，趙本同麗再本。“懆”，憂慮。
[13] 一：諸本同，趙本作“以”誤。
[14] 均：諸本同，磧本作“鈞”誤。案，薛萬均，傳見舊唐書卷六九。
[15] 肉：諸本同，興聖寺本作“宅”。
[16] 倩：磧本作“儨”誤，興聖寺本作“債”形，麗初本、趙本同麗再本。
[17] 儅：諸本同，興聖寺本作“當”。
[18] 家：諸本同，興聖寺本作“處”誤。
[19] 令：諸本同，興聖寺本作“命”。
[20] 臨至齋時：諸本同，永北本從“齋時”後衍入相當於麗再本卷二四及永北本卷二五釋智勤傳從“前進俄有異火兩炬”到釋慈藏傳從傳首到“乃求加護請六”一段文字。

【磧本續高僧傳卷第二十七[1] 承四

唐釋道宣　撰

感通篇中 本傳三十九　附見四

齊趙州頭陀沙門釋僧安傳一

釋僧安，不知何人，戒業精苦，坐禪講解，時號多能。齊文宣時，在王屋山聚徒二十許人講涅槃。始發題，有雌雉來座側伏聽。僧若食時，出外飲啄，日晚上講，依時赴集。三卷未了，遂絶不至，衆咸怪之，安曰："雉今生人道，不須怪也。"武平四年，安領徒至越州行頭陀[2]，忽云："往年雌雉應生在此。"徑至一家遥唤"雌雉"，一女走出，如舊相識，禮拜歡喜。女父母異之，引入設食。安曰："此女何故名雌雉耶？"答曰："見其初生，髮如雉毛，既是女，故名雌雉也。"安大笑，爲述本緣。女聞涕泣，苦求出家，二親欣然許之。爲講涅槃，聞便領解，一無遺漏，至後三卷茫然不解。于時始年十四，便就講説，遠近咸聽。嘆其宿習，因斯躬勸，從學者衆矣。

【校注】

［1］案，此卷麗再本、趙本無，今據磧本補。

［2］越州：當爲趙州，治當今河北省趙縣。卷首小標題爲"趙州頭陀沙門"，又，越州在南北朝後期爲位於今廣東省之越州，而僧安爲北齊人，顯然不可能去廣東"行頭陀"。

周益州青城山飛赴寺香闍梨傳二

香闍梨者，莫測其來，以梁初至益州青城山飛赴寺，欣然有終志。時俗，每至三月三日，必往山遊賞，多將酒肉，共相酣樂。前後勸喻，曾未能斷。後年三月，又如前集。例坐已了，香令人于座穿坑方丈，人莫知意。謂人曰："檀越等恒自飲噉,未曾與香,今日爲衆,須餐一頓。”諸人争奉肴酒,隨得隨盡,若填巨壑,識者怪之。至晚曰:“我大醉飽,扶我就坑,不爾污地。”及至坑所,張口大吐,鷄肉自口出,即能飛鳴,羊肉自口出,即馳走。酒食亂出,將欲滿坑,魚鮔鵝鴨,游泳交錯。衆咸驚嗟,誓斷辛殺,迄今酒肉,永絶上山。此香之風德也。

益州别駕羅研朝,梁誌公謂曰:“益州香貴賤。”答曰:“甚賤。”初不謂是人也。誌曰:“既爲人所賤,何爲久留?”研亦不測此語,爲有識者説之,或曰:“將不指青城香闍梨乎?”遂往山具述。香曰:“檀越遠來,固非虚説。”其夜便化。弟子等營墓將殯,怪棺太輕,及開,止見几杖而已。

周益州多寶寺猷禪師傳三

益州多寶寺猷禪師者,僰道人[1],姓楊氏,勤讀誦。四十餘年,日夕不捨。房後院壁,圖九想變,露置繩床,㯃被覆上,晝依僧例,夜則寢中。亘一日,方出一食,如是漸增,七日方食。僧以爲常,弗之怪也。如此又經二十餘年,忽經一月而不出者。不畜侍人,僉議不出,秖是入定,不勞看之。忽一夜風雨盛,畫壁廊倒。旦共往視,試撥㯃被,一無所見,惟繩床坐褥存焉。

【校注】

[1] 僰道:即僰道縣,當今四川省宜賓市。

周益州沙門釋僧度傳四

釋僧度,不知何人,去來邑野,略無定所。言語出没,時有預知,號爲狂人。周趙王在益州[1],有郫人與王厚,便欲反。時有告者,王未信之。至旦,郫兵果至,王厚者爲主,在城西大街方床大坐。時僧度乃戴皮靴一隻,從城西遺糞而走,至盤陀塔棄靴而迴,衆怪之而莫測也。又復,將反者將紙筆,請度定吉凶,便操筆作“州度”兩字。反者喜曰:“州度與我,斯爲吉也。擇日往亡,我往彼亡,重必剋之。”時趙王據西門樓,令精兵三千騎往,始交即退,隨後殺之。至盤陀,斬郫兵千餘,爲京觀,今塔東特高者是。於後方驗,度戴皮相,皮、郫聲同,遺糞而走,散於塔地。所言州度徒各切,反即斫頭,目前取驗。定後,人聞於王,遣人四追,遂失所在。

【校注】

[1] 案,“趙王”,即宇文招,傳見周書卷一三,其任益州總管在保定年間。

周益州野安寺衛元嵩傳五

釋衛元嵩，益州成都人，少出家，爲亡名法師弟子，聰穎不偶。嘗以夜静侍傍，曰："世人洶洶，貴耳賤目，即知皂白，其可得哉。"名曰："汝欲名聲，若不佯狂，不可得也。"嵩心然之，遂佯狂漫走，人逐成群，觸物摛詠。周歷二十餘年，亡名入關，移住野安，自制琴聲爲"天女怨心風弄"，亦有傳其聲者。

嘗謂兄曰："蜀土狹小，不足展懷，欲游上京，與國士抗對，兄意如何？"兄曰："當今王褒、庾信，名振四海，汝何所知，自取折辱？"答曰："彼多讀書，自爲文什，至於天才大略，非其分也，兄但聽看。"即輕爾造關，爲無過所[1]，乃著俗服，關中卻迴，防者執之。嵩詐曰："我是長安于長公家人，欲逃往蜀耳。"關家迭送至京。于公曾在蜀[2]，忽得相見，與之交遊。貴勝名士，靡所不詣，即上廢佛法事，自此還俗。周祖納其言[3]，又與道士張賓密加扇惑。帝信而不猜，便行屏削。嵩又制千字詩，即"龍首青烟起，長安一代丘"是也。並符讖緯，事後曉之。

隋開皇八年，京兆杜祈死，三日而穌，云見閻羅王，問曰："卿父曾作何官？"曰："臣父在周，爲司命上士。"王曰："若然錯追，可速放去，然卿識周武帝不？"答曰："曾任左武侯司法，恒在階陛，甚識。"王曰："可往看汝武帝去。"一吏引至一處，門窗椽瓦，並是鐵作。於鐵窗中，見一人極瘦，身作鐵色，著鐵枷鎖。祈見泣曰："大家，何因苦困乃爾？"答曰："我大遭苦困，汝不見耳。今得至此，大是快樂。"祈曰："作何罪業，受此苦困？"答曰："汝不知耶。我以信衛元嵩言毁廢佛法，故受此苦。"祈曰："大家何不注引衛元嵩來？"帝曰："我尋注之，然曹司處處搜求，乃遍三界，云無不見。若其朝來，我暮得脱，何所更論。卿還語世間人，爲元嵩作福，早來相救。如其不至，解脱無期。"祈穌，不忘冥事，勸起福助云。

【校注】

[1] 過所：通關的憑證。

[2] 案，"于公"即于義，見周書卷一五于謹傳附傳。

[3] 周祖：當爲周武，即北周武帝。

前梁益州沙門釋尚圓傳六

釋尚圓，姓陳，廣漢洛人[1]，出家以咒術救物。梁武陵王蕭紀宫中，鬼怪魅諸婇女，或歌或哭，紛然亂舉。王乃令善射者控弦擬之，鬼乃現形，即放箭射,鬼便遥接,還返擲人,久而不已。聞圓持咒,請入宫中,諸鬼競前作諸變,現龍蛇百獸,倏忽前後,在空在地,怪變多端。圓安坐告曰:“汝小家鬼,何因敢入王宫?能變我身,則可;自變萬種,秖是小鬼,可住,聽我一言。”諸鬼合掌住立,圓始發云“南無佛陀”,鬼皆失所,自爾安静。武帝聞召,大蒙賞遇。值梁覆擾,圓行至蜀,所有痛惱,因之護衛。年八十一終所住治城,今已摩滅。

【校注】

[1] 廣漢洛:即廣漢郡雒縣,治當今四川省廣漢市。

後梁荆州玉泉山釋法行傳七

釋法行者,不知何人,即論法師之神足也。論本住玉泉,煬帝隆重,見於别傳。行性素不倫,言多卓異。或居山谷,時入市鄽。每往清溪,路由覆船頂,見泉流茂木,乃顧曰:“十年之後,當有大福慧人營構伽藍。”及智者來儀,果成先告。又嘗往當陽城,執竹弓射之,後有山賊圍城,如所前相。然每出異言,云梁休咎。宣帝惡之[1],令追將戮,隨使至焉,抗不前曰:“吾償命於此地。”尋有使至,隨致命盡。遂斬之,而無有血。臨終説諸要偈,辭理切附,不可具載,皆述業報,不可逃避。及戮訖,逡巡間屍靈遂失。

僕射蕭瑀行至四望山因禪師所,爲宣帝懺曰:“先人殺聖人罪者,禮悔之餘,願爲及也。”傳曰:以爲後梁纘曆,勢不超挺,孤守一城,傍被禦衛,有何榮荷,隨妄造愆,故斬聖人,望延厚祚,所謂前望,失於後塗,不久追入,流離關壤。無辜之責,誠不可欺。

【校注】

[1] 宣帝:即蕭詧,梁武帝的孫子、昭明太子的兒子,偏居于江陵一帶依附北周。隋初爲西梁的皇帝。傳見周書卷四八。下文蕭瑀即蕭詧的孫子,傳見新舊唐書。

後梁荆州神山釋道穆傳八

釋道穆,松滋人[1]。性愛山林,初入荆州神山,將事巖隱,感迅雷烈風,震山折木,神蛇繞床,群虎縱吼。穆心安泰然,都無外想,七日一定,蛇虎方隱。方登山遠眺,其山東依浚壑,西顧深流,有終焉之志。山神變形謝過,云是田伯王也,來請受戒。及施法式,諸毒潛亡,祭祀絶於羶辛,祈澤應時雲雨,如此衛候不一,例可知也。居山三十餘載,名聲及遠,游遁之賓咸歸向請。沙門則僧展、僧安,高士則劉虬、車綴,叙言命的,無爽風聲。梁湘東王蕭繹欽德經過,於挂錫之所建臺一區,立碑叙胤。簡文爲頌,立碑在於山頂。及穆將終,欣於觀遠,乃行至山峰而卒,春秋七十矣。

【校注】

［1］松滋:當今湖北省松滋市。

隋初荆州四望山開聖寺釋智曠傳九

釋智曠,姓王,本族太原,中居徐部,厥考後住荆州新豐縣[1]。母初將孕,夢入流浴,童子乘寶船來投,便覺有娠。及生長,敏而重行。梁太清初,喪亂無像,元帝當辟,曠少勇壯,招募壯士隨軍東行。未幾淪陷,深悟虚假,遂不婚娶,專求離俗。初值巾褐,誘以神仙,先受符籙,次陳章醮,便問:"此術能致道乎?"答曰:"籙既護身,章亦招貨。"曠曰:"斯乃保兹苦器,便名道耶?"又請度世法,乃示斷粒:"必到玉清,七日便飛。"至期不應,道士曰:"爾猶飲水,致無有赴。"次更七日,口絶水飲,道士又曰:"爾夜尚眠,致無感耳。"又更七日,常坐不卧。三期屢滿,靡剋昇天,而氣力休强,遠近驚異。

後值高僧,授戒爲佛弟子,德行動人,漸示潛迹。江陵張詮者,二世眼盲。曠曰:"爾家冢内,棺枕古井,移墳開甃,必獲禳焉。"因即隨言,瞽者見道,請求剃落。衆咸憚之,便伐薪施僧。空閑静慮,又言:"澗有古鐘,可掘出懸寺。"仁州刺史謂爲詭惑[2],鞭背百下,無慘無破,便送出臺,拘在尚方。有力者試以八尺械,懸來捶膝,傍觀謂言糜碎,而曠容既無撓,肉亦無痕。獄吏云:"承居士能忍飢,便絶食十日[3]。"身色如故,市衢見行,驗獄猶有,方委分身。梁宣大定三年,從人乞草屩,今夜當急行。及三更,合城火發,四門出人不泄,燒殺七千。曠在獄引囚二百,安步而出。

年將不惑,始蒙剃落。進戒以後,頭陀州北四望山[4],云此地福德,方安天子。去城六十,猛獸所屯,初止以後,駝弭床側,每夕山隅,四燈同照,士俗雲赴,奄成華寺。後宣明二年,平、顯二陵,皆在寺前,驗於往矣。至於梁元覆敗,王琳上迫,後梁國移,並預表莂。有一宰鴨而爲齋者,鴨神夜告,便曰:"何有殺牲而充凈供?"自爾便斷。曾度夏水[5],徒侣數十,欲住不可,欲去無從,前岸兩船,無人將至。曠笑而舉聲呼之,船自截流直到,遂因濟水,誡以勿傳。又於咸陽造佛迹寺。有牛産犢,出首還隱,已過信次,母將離弋。僧告曠知,惻答曰:"此犢是寺居士,侵用僧物,今來償債,其羞不出,牛母無他。”因執爐呵誡犢子：“疾當償報，何恥生乎？”應言便出。故神異冥徵，不可備載。

以開皇二十年九月二十四日，終於四望開聖寺，春秋七十有五。自剋終期，天香滿室，合寺音樂，西南而去。未亡二年，預云終事。示如胛痛，問律師曰：“阿那含人，亦有疾不？”未答間，自云：“報身法然。”及遷神後，手屈三指。仁壽元年，永濟寺僧法貴死而又穌，見閻羅王放還，正值曠乘宫殿自空直下。罪人喜曰：“三果聖僧來救我等。”所造八寺，咸有靈奇，或涌飛泉，時降佛迹。隋慧日道場法論備見若人，爲之碑頌，廣彰德行。

【校注】

［1］荆州新豐縣：當今湖北竹山縣。

［2］仁州：南朝蕭梁置，治當今安徽省固鎮縣仁和集。北齊、陳、北周都設仁州，轄境略有不同，唐武德四年治改爲今安徽省泗縣城關鎮東，貞觀八年州廢。

［3］十：資本、洪南本、永北本作“七”。

［4］四望山：位於信陽市浉河區浉河港鄉西部，豫、鄂兩省邊陲的桐柏山、大别山之間。

［5］夏水：古水名。據水經注，故道從湖北荆州市東南分江水東出，流經今監利縣北，折東北至沔陽縣治附近入漢水。

隋涪州相思寺釋無相傳十

涪州相思寺無相禪師者，非巴蜀人，不知何來，忽至山寺。隨衆而已，不異恒人。其寺在涪州上流[1]，大江水北。崖側有銘，方五尺許，字如掌大，都不可識。下有佛迹，相去九尺，長三尺許，蹈石如泥，道俗敬重。相以一時渡水齊[2]，返還無船，乃鉢安水中曰：“何爲常擎汝，汝可自渡水。”便取巴蕉葉搭水，立上而渡，鉢隨後來，須臾達岸。時採樵者見之，相語覺知，已便辭去。徒衆苦留不住，至水入船，諸人禮請，不與篙楫，乃捉船舷，直爾渡水，不顧而去。即令尋逐，莫測所往。

【校注】

［1］涪州：唐武德元年置，治當今重慶市涪陵區。

［2］齊：郭紹林以爲當通“濟”。

隋瀘州等行寺釋童進傳十一

釋童進，姓李，綿州人[1]。昔周出家，不拘禮度，惟樂飲酒，謂人曰：“此可以灌等身也。”來去酣醉,遺尿臭穢,衆共非之。有遠識者曰:“此賢愚難識。”

會周武東征,云須毒藥,勑瀘州營造,置監吏力,科獠採藥。蝮頭、鐵猩、鷺根、大蜂、野葛、鴆羽等數十種,釀以鐵瓮。藥成,著皮衣,琉璃障眼,方得近之,不爾氣衝成瘡致死。藥著人畜,肉穿便死。童進聞之,往彼監所。官人弄曰:“能飲一盃,豈非酒士。”進曰:“得一升解酲亦要。”官曰:“任飲多少,何論一升。”便取鐵杓,於藥瓮中取一杓飲之,言謔自若,都不爲患。道士等聞皆來看,進又舉一杓以勸之,皆遠走避。或曰:“此乃故殺人,何得無罪?”進曰:“無所苦藥。進自飲,有誰相勸?”乃噫曰:“今日得一醉。”卧方石上,俄爾遺尿,所著石皆碎。良久睡覺,精爽如常。

爾後飲酒更多,食亦逾倍。隋初得度,配等行寺,抱疾月餘而終,年九十餘。弟子、檀越等終後檢校,衣服床褥皆香,絶無酒氣。

【校注】

[1] 綿州:隋開皇五年改潼州置,治當今四川省綿陽市東。大業初年,改爲金山郡。唐武德元年復爲綿州,天寶元年改爲巴西郡,乾元元年復爲綿州。

隋益州沙門釋富上傳十二

富上者,莫測何人,恒依益州净德寺宿。埋一大笠在路,晝日坐下讀經,人雖去來,不喚令施,有擲錢者,亦不咒願。每于静路,不入閙中。狀如五十,雖在多年,過無所獲。有信心者曰:“城西城北,人稠施多,在此何爲?”答曰:“一錢兩錢,足養身命,復用多爲?”陵州刺史趙仲舒者[1],三代之酷吏也,甚無信敬,聞故往試。騎馬直過,佯墮貫錢,富但讀經,目未曾顧。去遠,舒令取錢,富亦不顧。舒乃返來曰:“你見我錢墮地以不?”曰:“見。”問曰:“錢今何在?”曰:“見一人拾將去。”舒曰:“你終日在路,惟乞一錢,豈有貫錢在地而不取者?見人將去,何不止之?”答曰:“非貧道物,何爲浪認?”仲舒曰:“我欲須你身上袈裟。”富曰:“欲相試耳。公能將去,復有與者,可謂得失一種。”即疊授與。仲舒下馬禮謝,曰:“弟子周朝人,官歷三代,大與衆僧往還,少不貪者。聞名故謁,本非惡意。請往陵州。”富曰:“大善,然貧道廣欲結緣,願公助國安撫,即是長相見,受供養也。”舒辭,嘆曰:“毛中有人,不可輕慢。”爾後不見。益州人蔺相者,從揚州還見之,亦埋笠路側,顔狀如常。

【校注】

[1] 陵州:西魏置,隋改爲隆山郡,郡治在今四川仁壽縣東,唐復爲陵州。

隋鄭州會善寺釋明恭傳十三

釋明恭，住鄭州會善寺。昔在俗，是隋高下豹騎。與伴三人，膂力相似，而時所忌。帝深慮，以事除之，作兩裹餅啗，一餅裹一具生鹿角，一餅裹五升鹽，俱賜食之並盡。其噉鹽者，出至朝堂，腹裂而死。恭噉鹿角，全無所覺，厭俗出家，住會善寺。

其力若神，不可當者。曾與超化寺爭地，彼多召無賴者百餘人，來奪會善秋苗。衆咸憂惱，恭曰："勿愁。"獨詣超化，脱其大鐘塞孔，以乾飯六升投中，水和可噉。一手承底，一手取噉，須臾並盡。仍取大石可三十人轉者，恭獨拈之如小土塊，遠擲于地。超化既見，一時驚走。

又隋末賊起，周行抄掠，先告寺曰："明當兵至，可辦食具，並大豬一頭。"寺無力制，隨言爲辦。至時列坐，鋪莫食具。恭不忍斯負，拄杖會所，與賊言議。賊先讓食，恭乃鋪餅數十，安豬裹之，從頭咬拉，須臾並盡，賊衆驚伏。恭召爲護寺檀越，群賊然之。故會善一寺，隋、唐交軍，絶賊往來，恭之力也。又曾山行，虎豬交鬥，豬漸不如，恭語虎曰："可放令去。"虎不肯。便一手捉頭，一手撮尾，拋之深谷。斯氣力也，説多難信而實有之。

恭戒潔貞嚴，常依衆食，所噉如恒人一食。有值機候，便噉二百人料。衆但深訝，莫知其所由。武德五年，終於本寺，春秋八十五。時會善有客遊沙彌，口作吴語，廚下然火。乾竹大如臂，兩指折而燒之。恭時怪訝，亦以指折而不得。沙彌出後，恭抱廚柱起，以沙彌衣置磉上，柱壓之。沙彌來，求衣不得，見在柱下，欲取不得。恭笑爲捧柱取衣，此亦難可思者。

隋益州長陽山釋法進傳十四

釋法進，蜀中新繁人[1]。在俗精進，不噉辛腥[2]。在田農作，以鏵刃爲鐘磬，步影而齋，有送食晚，便飲水而已。所犁田地，不損蟲蟻。一時空中聲曰："進闍梨，出家時到。"如是四五聲，合家同聞。進因詣洛口山出家，行頭陀，不居寺舍。

時，隋蜀王秀聞名，知難邀請，遣參軍郁九閭長卿往。便將左右十人，辭王曰："承有道德，如請不來，當申俗法。"王曰："不須威逼，但以理延，明當達此。"長卿出郭門，顧曰："今日將你輩往兜率天請彌勒佛亦望得，何况山中道人，有何不來。"初至吉陽山下[3]，日暮見虎道蹲，命人射之，馬皆退走。欲投村，恐違王命。俄見一僧，負襆上山，長卿命住爲伴，餘從並留。步至寺所，召入至床，又見虎在床下，怖不自安，進遣虎出。具述王意，雖有答對，而怖形於相狀。進曰："檀越初出郭門,一何雄勇;今來至此,一何怯懼。"長卿頂禮默然。因宿至旦,令先往益,貧道後來。行至望鄉臺,顧視進行已及,即與同見王,入内受戒。即日辭出,所獲䞋施,一無所受。令往法聚寺停。王顧諸佐曰:"見此僧,令寡人毛豎,戒神所護也。"後更召入城,王遥見即禮,進曰:"王自安樂,進自安樂,何爲苦相惱亂,作無益之事耶?"諸僧諫曰:"王爲地主,應善問訊,何爲訶責?"進曰:"大德畏死,須求王意。眼見惡事,都不諫勉,何名弘教? 進不畏死責過,何嫌乎?"雖盛飾床筵,厚味重結,而但坐繩床,麤餅而已。乃至妃姬受戒,但責放逸,不念無常。

又辭入山,重延三日,限滿便返。諸清信等,咸設食而邀之,至時諸家,各稱進到。總集計會,乃分身數十處焉。有時與僧出山赴食,欻爾而笑,人問其故,曰:"山寺净人穿壁盜蜜耳。"及還,果如所説。斯事非一,旦述之耳。初,王門師慈藏者,爲州僧官,立政嚴猛,瓶衣香花,少闕加捶,僧衆苦之,而爲王所重,無敢諫者,以事白進,請爲救濟。答曰:"其威力如此,豈能受語耶?"苦請不已,進造藏房門,藏走出,謂曰:"法門未可如是,爾亦大力也。"還返入房。蜀人以大甚爲大力,自此藏便息言,僧由此安。以開皇中卒山,年九十六。

【校注】

[1] 新繁:治當今成都市新都區新繁鎮。
[2] 噉:磧本作"敢",今據洪南本、永北本、龍藏本改。
[3] 吉:當作"長",小標題作"長"。

隋代州耆闍寺釋道幽傳十五

釋道幽,代州耆闍寺僧[1],善解經論。仁壽中,於寺講婆伽波若並論[2],聽衆百餘人。日午,坐繩床如睡,見一天人,殊爲偉異,自云:"我是釋提桓因,故來奉請在天講經。"初聞介介,情不許之。以畏死,答云:"爲造佛堂未成,事有不可。"眠覺,向侍者如法師述之,如曰:"此事罕逢。人生終死,死時不知何道? 今得生天,則勝人也。開通法利,天解勝人,何得不往? 佛堂事中功德,不足及言。"幽從之。不久又如前夢,依如天請。天帝乃以少香注幽手中,剋時來迎。及覺,見掌中有香氣,熏一寺。自後如前説法,下講,至廊下。床上諸僧,遥見香烟,充滿床側,驚怪來看。幽執香爐正念,蟬蜕而去。于時,寺外道俗,望見雲氣,從寺而出,如一段雲,騰空直上,飄飄而没。

【校注】

［1］代州：隋改肆州設，唐初仍之，治當今山西省代縣。

［2］婆伽波若並論：疑即摩訶般若經及大智度論。

唐益州福化寺釋慧聰傳十六

釋慧聰[1]，姓王，出家已後，遊行齋講，手不釋卷。尋經旨趣，心自欣躍，苦形節食，行知足行。自云："法華經常不輕菩薩，不專讀誦經典，但行禮拜四衆，尚得六根清净，我何爲不禮諸佛世尊？"即於别院閉門，常禮萬五千佛，依經自唱，一一禮之。寺僧怪其所作，於壁隙伺之。見禮拜頭下，天龍八部等亦頭下，數數非一。諸人來其院者，無不心戰走出，恒聞異香蔚蔚爾。及死，在貞觀年中，院絶人往，每夜常聞彈指、禮拜、行道等相。

【校注】

［1］案，永北本無此傳。

隋襄州禪居寺岑闍梨傳十七

襄州禪居寺岑闍梨者[1]，未詳何人，住寺禪念爲業，有先見之明。而寺居山藪，資給素少，粒食不繼。岑每日將坩入郭，乞酒而飲。又乞滿坩，可三斗許，將還在道，行飲達寺，坩亦空竭。明日復爾。在寺解齋，將篤坩就厨，請粥三升，仍掛杖頭入衆，以杖打僧頭，從上至下，人别一擊，日日如是。人以其卓越異常，或疑打已災散，不辭受之。岑將粥入房，舊養黧犬一頭，並一寺内鼠乃有數千。每旦來集，犬鼠同食，庭中塩滿，道俗共觀。一時失一鼠，岑悲惋無聊，必是犬殺，便告責犬，犬便銜來。岑見懊惱，以杖捶犬，將鼠埋已，悲哀慟哭。寺僧被鼠嚙衣及箱，以告于岑，岑總召諸鼠，各令相保。一鼠無保，岑曰："汝何嚙人衣？"杖捶之，鼠不敢動。今爲寺貧，便於講堂東北白馬泉下濼中[2]，迁記某處爲厨庫，某處爲倉稟。人並笑之。經宿水縮地出，如語便作，遂令豐渥。又遥記云："卻後六十年，當有愚人于寺南立重閣者。然寺基業不虧，鬥訟不可住耳。"永徽中，恰有人立重閣，由此相訟，如其語焉。

【校注】

［1］襄州：治當今湖北省襄陽市。

［2］濼：資本作“泊”。

隋丹陽天保寺通闍梨傳十八

丹陽通闍梨者[1]，住天保寺。唐貞觀末，年已八十，氣力休健，儀容率素。常服納衣，衣厚一寸，線如指大，以用鉄納，極清潔。誦法華經，市中乞食所得，不異流俗。得錢財，修補寺舍。其寺大堂，梁時所立，朱砂汙灑，塗之極厚。唐初，善禪師鍍大銅像，須水銀，就梁刮取，所用充足，餘趾猶赤。是知昔人爲福，竭於所貴，不以爲辭。如不用者，昔物何在？其寺基郭，補修所須，云有古鎮國金，可取治護。乃於寺北四十步，依言掘得十斤。用盡得三十斤，便曰：“地下大有，更取殺人。”於是便止。後輒自營土窟於寺北，擬終事。時未之驗也。不久告僧云：“尋常命終，須有付囑。”引諸財物，指訂囑授，極有分明。經三日而神氣爽健，而云將去，忽不知所在。便就窟視之，門已塞，開一小孔，在土擮卧，氣已終矣，年九十餘。

【校注】

［1］丹陽：據隋書卷三一地理下，即建康，當今江蘇省南京市。

隋京師凝觀寺釋法慶傳十九單道琮

京師西北有廢凝觀寺，有夾紵立釋迦，舉高丈六，儀相超異，屢放光明。隋開皇三年，寺僧法慶所造，捻塑纔了，未加漆布，而慶忽終。同日，寶昌寺僧大智乂終。經三日穌，説云：“初去飄飄，若乘風雨，可行百里，乃見宫殿人物，華綺非常。又見一人，似若王者，左右儀仗，甚有威雄。頃間見慶來，而面有憂色。又見大像謂殿上人曰：‘慶造我未了，何爲令死？’其人遽而下殿，拜訖，呼階下人曰：‘慶合死未？’答云：‘命未盡而食盡。’彼曰：‘可給荷葉而終其福壽。’言已失像及慶所在。”時即問凝觀寺僧，云：“慶公死來三日，所造丈六，一夕亦失，達曙方見。”時共嗟怪，言詳未訖，人報云：“慶穌活。”衆咸往問。與大智説同。自爾，旦旦解齋，進荷葉六枚，中食八枚。凡欲食時，先以煖水沃令耎濕，方食之。周流遠近，率諸士女，以成其像，依像懺禮，無爽晨昏。

以大業初卒，春秋七十六。近如雍州渭南人單道琮者云：永徽五年，因患風，儀容改異。差後，味諸飲食咸臭，惟噉土飲水，時俗命爲人蟺。今周行告乞，可年四十餘。

隋益州天杫山釋德山傳二十旭上

釋德山，姓山氏，莫測何人。忽棄妻子，入山修道，鬚髮不暇削，衣食不暇給，惟息緣静念，爲得性也。人莫知其觀行，視其相狀，如得定者。時游化竹林、龍池，開悟道俗，以清簡爲本。每云：“煩亂之法，道俗同弊。故政煩則國亂，心煩則意亂。水清則魚石可見，神清則想倒可識。學清簡者，尚自諠煩，况在亂使，焉可道哉。”

後入馬鞍山，每多毒蛇，噬人必死，然山來往，都不爲害。諸餘僮侍，晨夕所行，一無所懼。曾蹋被嚙，山以水洗之，尋爾還復。後還天杫山[1]，夏坐樹下，人來山所，逢虎迫逐，便入繩床下。虎蹲床前，山曰：“床下佛子肉味，可勝貧道耶？”即脱衣以施，虎屈起而永去。

後其小子於山訪獲，山曰：“爾來何爲？”曰：“久不奉見，生死不知，故來定省。”山曰：“汝去，各自覓活，更來與杖。”去後數年又來，山取杖欲捶之，兒卻住曰：“闍梨遇兒如他人，他人可受打耶？”山大笑曰：“吾不打爾者，必更來，敗我道意。”遂長去。山年九十餘，終於山谷舍。

時益州草堂寺旭上者，不知何許人，少居草堂，惟以禪誦爲業，餘無所營。蜀土尤尚二月八日、四月八日。每至二時，四方大集，馳騁遊遨。諸僧忙遽，無一閑者，而旭端坐竹林，泊然寂想。瓶水自溢，爐香自然，諸人城西看了，相從參之。旭儼然不動，等同金石。三日之後，方復如常。四衆敬而異之，故覩如朝日之初出，同共目之爲“旭上”也。年九十八。

【校注】

[1] 天杫山：疑即天池山之訛，當爲今江蘇省蘇州市之天池山。前文“馬鞍山”即今江蘇省昆山市之馬鞍山。

唐京師法海寺釋法通傳二十一

釋法通，姓闞，京兆鄠人。小出家，極尫弱，隨風偃仆，似任羅綺，由是同侶頗輕之，通輒流淚。一朝對觀音像，慨慷曰：“通聞菩薩聖鑒，所願剋從，乞垂提誘，免斯輕侮。”因斯，誦觀音經，晝夜不捨。後歲餘，歸本生覲母，旦食訖，假寐於庭樹下。少間，口中涎沫流液，向有三升。母以爲物忤，遽呼覺，問：“何事如此？”通曰：“向見有人遺三驢馱筋。通噉始一驢，嚷呼遂覺，餘二失之。”自爾覺身力雄勇，肌膚堅靭。密舉大木石，不以爲重。寺有僧戡者，膂力之最，通竊取袈裟安在柱下，戡初不見，謂是神鬼所爲。通笑爲舉梁抽取,戡大駭服。有大石臼重五百餘斤,通於南山負來供僧用。今見在,貯水施禽鳥。隋高祖重之,有西蕃貢一人云大壯,在北門試相撲,無得者。帝頗恧之,云:"大隋國無有健者?"召通來,令相撲。通曰:"何處出家人爲此事? 必知氣力,把手即知。"便喚彼來,通任其把捉。其人努力把捉,通都不以爲懷。至通後捉,總攬兩手急搦,一時血出外濽,彼即蟠卧在地乞命。通放之曰:"我不敢殺捉,恐你手碎去。"於是大伏,舉朝稱慶。京邑弄力者,聞而造之,通爲把豆麥便碎,倒曳車牛卻行。當時壯士命爲天力士也。煬帝末,避亂隱南山,乃負一具磑並犢子,大神通也。未幾,丁母憂,出山歸葬,事了返山。雖力兼百夫,未曾忤物,精誠節約,時輩推之。以武德初卒,春秋五十六。

隋荆州青溪山釋道悦傳二十二

釋道悦,姓張,荆州昭丘人[1]。十二,於玉泉寺出家受戒。安貧苦節,尤能持念大品、法花,常誦爲業。隨有經戒,日誦一卷,人並異之。初智者入於于玉泉,未有鐘磬,於泉源所獲怪石一片,懸而擊之,聲響清徹。悦於此寺每誦卷通,扣磬一下,聞者肅然。且其誦聲如清流激韻,聽者忘疲,所以幽明往者,屢有祥感。一時患水,腹脹如鼓,更無餘求,惟念般若。一夜正誦經次,腹忽如裂,水出滂流,及試手尋,洪腫頓消,病忽失所。斯所謂,轉障輕受者也。

昔朱粲賊擾[2],惟悦守山。盜來求,減以惠給。餘更重取,煮而不熟,嘶而返之。他日又來,將加害命,悦坐地不動,曰:"害吾止此。吾欲自見寺舍取盡。"遂放令引路,行數步,又坐,曰:"吾沙門也,非引路之人。浮幻形骸,任從白刃。"賊奇其高尚也,送還本寺。

悦一生不衣蠶衣,惟服麻布。漢陽王至山,睹悦風儀,秀眉蘊服,請受戒品。又遺厚供,一無所受。王作大布三衣一襲,以奉之,因問:"何不著繒帛耶?"答曰:"蠶衣損命,乖忍辱之名。布服儉素,表慈悲之相。"王曰:"仲由不恥,夫子見稱[3],沙門慈忍,固其然也。"悦步影而食,少差虛嗽,食留一分,以資飛走、沈泳之屬。故慈善所熏,或飛來肩上,或浮泊手中。雖衣弊服,而絶無蚤虱,時又巡村,乞虱養之,誡勿令殺。

悦居山五十餘年,春秋七十二矣,終於巖所。永徽中,有人於青溪見一僧,擎錫跣足,自云般若師,言已不見。然生存常誦般若,故人咸號焉。

【校注】

[1] 荆州昭丘:治當今湖北省當陽市東南。

［2］朱粲：隋末唐初軍閥，615年到621年間，轉戰安徽、湖北、陝西和四川等地，殺戮無數，事見新舊唐書及資治通鑒。
［3］案，典出論語子罕："子曰：衣敝緼袍，與衣狐貉者立，而不恥者，其由也與。"

隋荆州内華寺釋慧耀傳二十三

釋慧耀，姓岐，襄陽人。少沉密，訥言敏行，人共重之。受具後，歷遊訪道，至鄭川命師所，又往衡岳思師所，[1]咸伏膺請益，觀用清明。思公於衆曰："公於實相觀，善有玄趣。"居山數年，值思長往，欲絶迹武當，以希素尚。行至巴丘[2]，曰："此地禪律罕聞，可隨行化。"有江陵導因道懿法師聞志焉，相携西上。居導因寺積十四年，不出户庭，惟味禪静。及智顗返鄉，嘆爲故鄉不乏賢友，足爲模楷遺法也。因是道俗稍來禮謁，耀杜門密行，不偶時俗。以仁壽二年暮，告人曰："吾不願惱此衆僧，欲往内華寺，可以閑放。"衆固留不許。至三年二月有疾，見思、命二師來迎。至三月六日，跏坐直身而卒，年七十九，遂葬于内華。未終前，寺中三十餘人，咸夢寶刹傾倒，及明異口同音而説之。

昔日導因，今天皇寺是也。見有柏殿，五間兩厦，梁右軍將軍張僧瑶自筆圖畫殿其工[3]。正北盧舍那，相好威嚴，光明時發。殿前五級，亦放光明。祥徵休咎，故不備述。由此奇感，聊附此焉。

【校注】
［1］案，即慧命、慧思，傳見本書卷一七，二人爲天台宗祖師。
［2］巴丘：即巴陵縣，今湖南省岳陽市。
［3］其：疑當爲"甚"。"張僧瑶"，當爲張僧繇，事見歷代名畫記。

唐荆州開聖寺釋慧因傳二十四

釋慧因，姓張，清河武城人[1]。昔依賢法師，後以雅志卓然，衆所推伏，欲屈知寺任，遂巡於蜀川，詢求禪律，訪無夷險，必往參請。唐運大通，自蜀而返。于時州別一寺，但三十僧，因即其一，持維志節[2]，終始無忘。後爲開聖本寺，去荆五十餘里，山藪曠迥，阻絶風烟，乃獨止此山，草庵蘭若，二十餘載，四遠咸依。昔智者遺言，今宛符會。貞觀十九年大旱，而寺石泉，獨無有竭，乃自負水外給，飛走由斯獲濟。江陵令盧行餘，承聞往之，索水飲馬。因負而給之，行餘謂少，頗出恚言，便遣馬就寺。俄值群豬來，路人無敢犯。後有二人，寺北竊食辛肉，虎來擁繞哮吼，將噉其人，得急，逃竄無方，因聞往救,虎乃潛退。斯戒德慈明,爲若此也。法華一部,毗尼、戒本,行往常誦,未忘心口。年七十五,卒於本寺。

【校注】

[1] 清河武城:爲慧因郡望,其生地當爲荆州。
[2] 維:資本作"雖"。

唐巴陵顯安寺釋法施傳二十五

釋法施,姓江,武當人。少而弘直,神智難測,形無定方,出處不滯。游巴陵顯安寺,娑羅樹下宴嘿,而人亦莫之顧也。依荆南記云:晉永康元年,僧房床下忽生一樹,隨伐隨生,如是非一,樹生逾疾,咸共異之。置而不剪,旬日之間,植柯極棟,遂移房避之。自爾已後,樹長便遲,但極晚秀,夏中方有花,葉秋落與衆木不殊。多歷年稔,人莫識也。後外國僧見,攀而流涕曰:"此娑羅樹也,佛處其下涅槃。吾思本事,所以泣耳。"而花開細白,不足觀採。元嘉十一年,忽生一花,形色如芙蓉。樹今見在,此亦一方之奇迹也。

隋末喪亂,稱兵非一。蕭銑時爲羅縣令[1],施拊背,指巴陵城曰:"此天子城也。"後果王之。米極平賤,施誡深藏,人不測其言。於後米斗直萬五千,飢餒者衆。如此記授來事,若指諸掌。趙郡王伐僞梁,銑問:"今事如何?"施遺雙銅筯,銑曰:"令我同矣。"遂舉衆歸化,百姓咸賴其德弘矣。嘗於江陵北頭陀,虎來床側。人來,語虎曰:"佛子閉目。"虎即低頭閉目。斯遇猛獸,如家犬者,斯人在斯。誦勝天王一部[2],静念出觀,誦而美之,而精進牢强,越于常伍。後潛形高邁。

【校注】

[1] 蕭銑:西梁後代,隋朝宗室,隋末造反,唐初被殺,見舊唐書卷五六。"羅縣",治當今湖南省汨羅市西北四公里處之故羅城。
[2] 勝天王:即勝天王般若波羅蜜經,南朝陳月婆首那譯,七卷,相當於玄奘所譯大般若經卷五六六至卷五七三。此經卷七云:"若有法師流通此經處,此地即是如來所行,於彼法師當生善知識心、尊重之心,猶如佛心。"誦持此經可得福報甚大。

唐初蜀川沙門釋慧岸傳二十六

釋慧岸者,未詳何人。面鼻似胡,言同蜀漢,往來市里,默言無准,人不之異。武德三年,科租至岷州[1],程期甚促,蜀人初不聞,謂在天外。人有僦購，科索萬錢，轉更驚急，謂往鬼國。被去者皆爲死計，散費資糧，爲不行之計。岸於新繁市大笑曰："但去，必見歡喜。"捉負租，拗折數枚。衆人去至鹿頭[2]，道逢勑停。此前言之驗也。武德六年，輒復悲泣，不能自禁，曰："誰能見煩惱？"因没水求死，衆人争入水接之，乃端坐水底已卒。卒後，其年亢旱不收，疫死衆矣。

【校注】

［1］岷州：西魏大統十年始置，治所在溢樂縣當今甘肅省岷縣。隋恭帝義寧二年改臨洮郡置岷州，唐初因之。

［2］鹿頭：即鹿頭關，在四川省德陽市鹿頭山上。案，唐初，益州先歸附，故此時令蜀民送租米至甘肅岷縣，然道路懸遠，百姓苦之。上文"新繁"爲成都附縣，鹿頭關在成都通往廣元，廣元通往甘肅的路上。

唐初荆州開聖寺釋法運傳二十七

釋法運，姓鄧，荆州長林人[1]。姿容挺秀，有拔群之美，至於筭曆、五行，洞其幽致。傳述楚二晦星，以運爲一也。後值智曠禪師[2]，誨以出俗之資，便削除俗玩，剃髮入道，修學禪要，志樂閑寂。别於開聖西北，起一道場，如常觀行，不隔昏曉。嘗誦七佛咒等救濟，無不輒應。隋末虎暴，摩頂曰："天下正亂，百姓遑遑，汝可遠藏，莫爲他厭。"及八營賊主楊道生承名迎接，安置供給。蕭銑次立，又加奉敬。所獲施物，即入悲敬二田。又於州内别置道場，號爲龍歸精舍。銑乃請問興亡，答曰："貧道薄德，不得久爲善友。"時不測其言也。不久，趙郡王恭泝遊兵至，又加頂謁。兵又東下，圖像隨身，又留一影，令運慈屬，允所謂道德之感動也。嘗有信心士女，晨夕供施，妖邪鬼怪，見必迴心，社廟神祇，悉參歸戒。以武德中化往，春秋六十，葬于開聖寺智曠禪師塔側。

【校注】

［1］荆州長林：治當今湖北省荆門市。

［2］智曠禪師：傳見本書本卷前文。

唐幽州北狄帝示階沙門傳二十八[1]

貞觀年中，遼西柳城靺鞨名帝示階者[2]，年十八時，逃入高麗，拾得二寸許銅像，不知何神明，安皮袋中，每有飲噉酒肉，拔出祭之。逢高麗捉獲，具説:“我是北邊靺鞨。”不信,謂是細作,斫之三刀,不傷皮肉,疑是神人。問有何道術,答曰:“無也,惟供養神明而已。”乃出示之,曰:“此我國中佛也。”因説本末。看像背上,有三刀痕,遂放之,令往唐國,“彼大有佛事,可諮問也”。其人得信在懷,深厭俗網,今在幽州出家。大聰明,有儀止,巡講採聽,隨聞便解。有疑録出以問者,皆深隱,遠思者難之。

【校注】

[1] 帝:資本作“市”。

[2] 案,“柳城”,治當今遼寧省凌源縣凌源鎮。“靺鞨”,東北的古代民族名,爲滿族、鄂温克、鄂倫春、赫哲、錫伯族直系或者支系的祖先。

隋東嶽沙門釋道辯傳二十九神辯

釋道辯,齊人,住泰山靈巖寺。居無常所,遊行爲任,經史洞達,偏解數術。以大業年中,來遊襄部。年過七十,又與同邑僧神辯相隨,杖策登臨,眺望山水,多所表詣,如曾聞見。行至禪居寺南嶺,望云:“此寺達者所營,極盡山勢,衆侶繁盛,清肅有餘。如何後鋭,於前起閣?寺僧非惟寡少,更增諠諍相接。”曾未經涉,恰如其言。於是盤游諸寺,備陳勝負,莫不幽通前識,鑒徹精靈。又至諸墓,亦陳休咎。有士俗姓名去者[1],請爲圖其墳塋,巡歷峴原,示其一所曰:“此中安墓,足食豐財。入地三尺,獲粟一升。又深一丈,獲石二片,五彩交映。斯曰財緣。”依言掘鑿,果獲粟、石。遂行卜葬,至今殷有。

襄州有袁山松者,博覽經誥,時號儒宗,聞辯學廣,故來尋造。以楊子太玄、王弼易道,用相探賾,辯曰:“楊、王道術,未足研尋,可賜愚徒,無聞智者。”松勃然變色,笑辯抑楊。辯曰:“公學未周,信其前述,可除我固,當爲指歸。”便引太玄經,云“又于玄象,偏所留心,曾不寢卧,夜便露視。審宿度之所次,察孛彗之光景”[2],便告人云:“吾昔於裕法師所,學觀七曜,告余云:‘晋朝道安,妙於此術,人雖化往,遺文在焉。其所注素女之經,最爲要舉。’恨失其本,如何得之。”時有一僧,偶然獲本,請爲披决。辯得欣然,即爲銷摘。此僧茫昧,情猶夢海,遂以惠之。辯曰:“安目‘彌天’,誠非虚稱。學統彌綸,數術窮盡,此雖四紙,文綜無遺,要約包富,靈台斯盡。”于時月臨井宿,便云:“事在西楚,可告道俗,宜營水備。”不盈兩夕,漢江大漲,汎溢襄邑,城隍將没。預見之明,其類若此。所得財物,並用市金,將事合丹,擬延其壽,人告來盗,不可行之,便云:“盗假遁甲六丁,吾明此術,常以月朔加氣,何得相欺，吾不畏也。”以義寧年，與神辯南遊嶺表，不知所往。

【校注】

［1］姓名：永北本作“忘姓名”。

［2］案，此段不見於太玄經，當是道辯自述。

隋益州建明寺釋慧琳傳三十

釋慧琳，姓薛，綿州神泉人[1]。以隋初隱於建明寺，清虚守静，與物不群。寺有塑像，常在供養，像爲生鬚三十六枚。大業末年，掃一古墳，豎二竹竿，云是天眼。後忽拔一云：“弘農揚，爲魔所拔也。”不久義寧嗣曆[2]。有時著複衣夏坐墳上，日雖炎赫，身無熱狀，口雖涉道，形同於俗，言談之次，以理居先。雒縣先有育王浮圖，琳忽一時歷林借車三百乘[3]，云欲向雒縣迎浮圖，於此安置。未經旬日，遂被火燒。武德年中，潛伏草野，人莫知也。彼有楊祐師，不測何人，直往草中相見，曾生未面，宛若舊朋，各云别來八百年矣。曾爲人咒病得差，病者令女齎裙以施，女遂留衣送直，琳遥見謂曰：“但將裙來，我不須錢。”女驚其聖。以貞觀四年，示從物故。

【校注】

［1］綿州神泉：隋開皇六年在平川縣故城置神泉縣，屬綿州，治在今四川省安縣塔水鎮神泉村。唐因之。

［2］義寧嗣曆：指李淵太原起兵，在長安擁立楊侑爲帝，年號義寧。

［3］林：資本、洪南本、永北本、龍藏本作“村”是。

隋京師救度寺釋洪滿傳三十一

釋洪滿，姓梁，安定人[1]。在俗年十五，遇時患，雙足攣躄。常念觀音經三年，忽有僧執澡罐，在前立不言。問曰：“師從何來？”答曰：“以檀越常喚，所以來。”滿扣頭問曰：“弟子往何罪報，今施此攣躄？”僧曰：“汝前身拘縛物命，餘殃致爾。汝但閉目，吾爲汝療之。”滿隨言冥目，但覺兩膝上，各如拔六七寸丁鉚，既了開目，將欲謝恩，失僧所在，起行如故。滿乃悟是觀音，因爾精誠，誓不妻娶。後忽自通禪觀，安坐不動，乃經三日、七日者。開皇初元，變俗從道，住救度寺。大業融併，入居法海。貞觀十三年卒，春秋八十三矣。

【校注】

[1] 安定：即安定縣，當今甘肅省涇川縣。

唐箕州護明寺釋智顯傳三十二

釋智顯，住遼州護明寺[1]，少出家，戒操貞峻，立操耿介，勇鋭居懷，聞川聞見，莫不高賞。專務坐禪，人不知其所詣。隋末賊起，川原交陣，相推不已，動經旬朔。顯於兩陣，以道和通，往返彌時，俱隨和散，合郡同嘉，敬而重之。後與道俗十餘行值突厥，並被驅掠，顯遂隱身不見。後訪得問，云："我念觀音，不值賊。"有同學在箕山守静，獵者奪糧頓盡，顯遠知之，使人送米。其通幽解網，非可究也，而任吹虚舟，無所拘礙，每有苦處，輒往救拔。是知大悲攝濟，隨方利生，雖行位殊倫，而心焉靡異。不測其終。

【校注】

[1] 遼州：隋設，在今山西省昔陽縣西南。

唐蘇州常樂寺釋法聰傳三十三

釋法聰，姓陳，住蘇州常樂寺。初，負袠周遊，法席參詣，隨聞雖曉，然未本意，意在息言。然言爲理詮，事須博覽，不著爲本，無得虚延，如灰除垢，灰亦須凈。後往金陵攝山栖霞寺，觀顧泉石，僧衆清嚴，一見發心，思從解髮。時遇善友，依言度脱，遂誦大品，不久便通。又往會稽，聽一音慧敏法師講，得自於心，蕩然無累。貞觀十五年，還杭、蘇等州，開導集衆，受道者三百餘人。自爾華嚴、涅槃相續二十餘遍。貞觀十九年，嘉興縣高王神降其祝曰："爲我請聰法師受菩薩戒。"依言爲授。又降祝曰："自今以往，酒肉五辛，一切悉斷。後若祈福，可請衆僧在廟設齋行道。"又二十一年，海鹽縣鄱陽府君神，因常祭會，降祝曰："爲我請聰法師講涅槃經。"道俗奉迎，幡花相接，遂往就講。餘數紙在，又降祝曰："蒙法師講説，得禀法言。神道業障，多有苦惱，自聽法來，身鱗甲内細蟲噉苦，已得輕昇。願道俗爲我稽請法師，更講大品一遍。"乃不違之。顯慶元年冬，謂弟子曰："吾不久捨報，可施諸禽鳥。"而恒講不輟。後講於高座上，麈尾忽墮而終，春秋七十一矣。

唐代州昭果寺釋僧明傳三十四

釋僧明者，不知何人，在五臺娑婆古寺所營屋宇二十餘間，守一切經，禪誦爲業。自云年十七時,從師上五臺東,禮花林山,訪文殊師利。至一石谷,漸深,見有石臼、木杵。又見兩人,形大無影,眉長披髮,眼瞼上掩。師便頂禮請救,其人曰:"汝穀臭小,遠從何來?"答:"昭果寺僧,習禪樂道,隱在娑婆,已數十年。然食五穀,願真人救苦報。"曰:"待共衆議。"須臾,更一人來,長大,著樹皮衣,云:"汝來已久,可遂我至寺。"行大石側,忽見山谷異常,廊院周繞,狀若天宫。有十四五人,同坐談笑,問所來方。言議久之,送出。後重尋失路,還舊業定。以貞觀十六年卒,八十一矣。今娑婆寺二塼塔存。

唐代州五臺山釋明隱傳三十五

釋明隱者,少習禪學次第觀,十一切入[1]。在中臺北木瓜谷寺三十年,惟以定業,餘無所懷。又往佛光山寺七年,又住大孚寺九年。志道之徒,相從不絶,道俗供事,填委山林。永徽二年,代州都督以昭果寺僧徒,事須綱領,追還寺任,辭不獲免。龍朔元年十月,卒於此寺,端坐熙怡[2],如在久定。

其五臺山有故宕昌寺,甘泉美岫,往而忘返。有僧服水得仙,身如羅縠,明見藏府、骨髓。武德年末,行於山澤。今村中父老目者十餘人説之。

五臺山者,斯爲神聖所憩。中臺最高,所望諸山並下,上有大泉,名曰太華,傍有二塔,後諸小石塔動有百千,云是孝文從北恒安至此所立[3],石上人馬大迹,儼然如初。從中臺東南三十里,至大孚靈鷲寺南,有花園,前後遇聖,多於此地。有東西二道場,中含一谷,西北上八里許,有王子燒身塔寺。元是齊帝第三子,性樂佛法,思見文殊,故來山尋,如其所願,燒身供養,因而起塔。所將内侍劉謙之,於此寺中七日行道,祈請文殊。既遇聖者,奄復丈夫,曉悟花嚴經義,乃造花嚴論六百卷。今五臺諸寺收束,猶有三百許卷。近龍朔中,主上令會昌寺僧會賾,兩度將功德物往彼,修補塔、尊儀。與五臺縣官同往,備見聖迹,異香鐘磬,相續不絶。

【校注】

[1] 禪學次第觀十一切入:(卍續106)沙彌律儀毗尼日用合參卷上:"十者,十一切入。【箋】一名十遍處定。智度論:'八背捨爲初門,八聖處爲中行,遍一切處爲成就。'謂三種觀,具足禪體,始得成就此定。謂之遍一切處,從所觀境遍滿得名也。一、青遍一切處定。二黄,三赤,四白,五地,六水,七火,風,九空,十識遍一切處定。前四,謂於定中還取八背捨、八勝處中所見青色,使遍一切處皆青。餘三定亦爾。後六謂於定中還取八背捨、八勝處中所見地色,使一切處,無不周遍。餘五定亦爾。八背捨者:一、内有色相外觀色。二、内無色相外觀色。三、浄背捨身作證。四、虚空處背捨。五、識處背捨。六、無有處背捨。七、非有想非無想處背捨。

八、滅受想背捨。八勝處者：一、内有色相、外觀色多。二、内無色相、外觀色多。三、内無色相、外觀色少。四、内無色相、外觀色多。五、青勝處。六、黄勝處。七、赤勝處。八、白勝處也。”

[2] 怡：磧本作“治”，今從資本、洪南本、永北本改。

[3] 北恒安：治當在今大同市東郊古城村，即北魏都城平城，此處以唐代地名稱北魏時事。

唐代州五臺山釋法空傳三十六

釋法空者，不知何人，隋末任雁門郡府鷹擊郎將。時年四十，欻自生厭離，見妻子家宅如牢獄桎梏，志慕佛法，情無已已，總召家屬曰：“吾爲爾沉滯久矣，旦夕區區，止是供給。可各自取計，吾自决矣。”便裹糧負襆，獨詣臺山。飢則餐松皮柏末，寒則入穴苫覆，專思經中要偈，亦無所參問。時賊寇交起，追擊攸歸，府司郡官所在追掩。將至禁所，正念不語，志逾慷慨，跏坐不動不食不息已經五日。守令以下，莫不驚愕，因放之，任其所往。一坐三十餘載，禽獸以爲親鄰。妻子尋獲，欲致糧粒，空曰：“吾厭俗爲道，以解脱爲先，自今以往，願爲善知識。非爾纏縛，吾何解之？更不須相見。”於是遂絶。幽居日久，每有清聲，召曰空禪，如是非一。空知是自心境界，以法遣之，後遂安静。初學九次，以禪用乃明終爲對礙，遂學大乘離相。有從學者，並以此誨之。不知所終。

唐京師定水寺釋明濬傳三十七

釋明濬，姓孫，齊人，善章草，常以金剛般若爲業。永徽元年二月十二日夜，暴死，心上暖，周時方蘇。説云：“初有二青衣童子，將至王所，問一生作何業？濬答：‘但誦金剛般若經。’王曰：‘不可言，師可更誦滿十萬遍，明年必生净土，弟子不見師也。’還令二青衣送至寺。”濬自爾精苦，倍百逾厲。至二年三月卒，寺衆咸聞異香云。

唐京師普光寺釋明解傳三十八宋尚禮

釋明解者，姓姚，住京師普光寺。有神明，薄知才學，琴詩書畫，京邑有聲。然調情敞怳，頗以知解自傲，於諸長少無重敬心，至於飲噉不異恒俗。

會龍朔之中，徵諸三教，有能觀國者，策第賓王。解因此際，往赴東都，策第及之，行次將仕，乃脱袈裟，“吾今脱此驢皮，預在人矣”。遂置酒，集諸士俗，賦詩曰“一乘本非有，三空何所歸”云云。不久病卒，與友僧夢，曰：“解以不信，故今生惡道，甚患飢渴。如何不以故情，致一食耶？”及覺，遂列食於野祭之。又夢極慚愧云云。又下夢於畫工，先來同役者，曰：“我以不信敬，生處極惡，思得功德，無由可辦。卿舊與相知，何爲不能書一兩卷經耶？”又遺其詩曰：“握手不能别，撫膺聊自傷。痛矣時陰短，悲哉泉路長。野風驚晚吹，荒隧落寒霜。留情何所贈，惟斯内典章。”畫工不識書，令誦十八遍已，便去。遂覺，向諸僧俗説之。

嗟乎，明解可惜，一生妄存耶！我自陷千載，斯謂徒生徒死，大聖豈虚言哉！

貞觀中，洺州宋尚禮者，薄學有神明，好爲譎詭詩賦。罷縣還，貧無食，好乞貸，至鄴戒德寺貸粟，數與不還。又從重貸，不與之，因發憤造慳伽斗賦，可有十紙許。加飾莊嚴，慳態時俗，常誦以爲口實。見僧輒弄，亦爲黄巾所笑。及禮將死，謗毁自當，兩目圓赤，見者咸畏，吁嗟擾攘，少時而絶。

唐兖州法集寺釋法沖傳三十九

釋法沖，字孝敦，姓李氏，隴西成紀人。父祖歷任魏、齊，故又生於兖部。沖幼而秀異，傲岸時俗。弱冠與僕射房玄齡善，相謂曰：“丈夫年不登五品者，則共不仕，爲逸人矣。”沖年二十四，果爲鷹揚郎將。遭母憂，讀涅槃經，見居家迫迮之文，遂發出家心，聽涅槃三十餘遍。又至安州暠法師下[1]，聽大品、三論、楞伽經，即入武都山修業。年三十，行至冀州[2]。貞觀初年下勑，有私度者，處以極刑，沖誓亡身，便即剃落。時嶧陽山多有逃僧避難[3]，資給告窮，便造詣州宰，曰：“如有死事，沖身當之，但施道糧，終獲福祐。”守宰等嘉其烈亮，冒網周濟。乃分僧兩處，各置米倉可十斛許。一所徒衆四十餘人，純學大乘，並修禪業，經年食米，如本不減。一所有五六十人，纔經兩日，食米便盡，由不修禪，兼作外學。沖告曰：“不足怪也。能行道者，白毫之惠耳。蓋利由道感，還供道衆。行殊道業，理固屢空。”于時逃難轉多，復弊霖雨，無處投止。山有大巖，猛獸所居，沖往詣巖穴，告曰：“今窮客相投，可見容不？”虎乃相携而去，遂咸依之，仍聽華嚴等經。及難解，重至安州，有道士蔡子晃者，閑習内外，款狎僧倫。道俗盛集僧寺，乃令晃開佛經，沖曰：“汝形同外道，邪述纏懷，苟講佛經，終歸名利。我道俗無名，要惟釋子，身既在此，畢不得行。早可識機，無悔於後。”晃聞，默然逡巡而退。爾時，大衆嘆曰：“護法菩薩，斯其人哉！”

沖以楞伽奥典,沉淪日久,所在追訪,無憚夷險。會可師後裔,盛習此經,即依師學,屢擊大節。便捨徒衆,任沖轉教,即相續講三十餘遍。又遇可師親傳授者,依南天竺一乘宗講之,又得百遍。

其經本是宋代求那跋陀羅三藏翻,慧觀法師筆受,故其文理克諧,行質相貫,專惟念惠,不在話言。於後達磨禪師傳之南北,忘言忘念,無得正觀爲宗。後行中原,惠可禪師創得綱紐,魏境文學,多不齒之。領宗得意者,時能啓悟。今以人代轉遠,紕繆後學。可公别傳,略以詳之。今叙師承,以爲承嗣所學,歷然有據。

達磨禪師後,有惠可、惠育二人。育師,受道心行,口未曾説。

可禪師後:粲禪師、惠禪師、盛禪師、那老師、端禪師、長藏師、真法師、玉法師已上並口説玄理,不出文記。

可師後:善老師出抄四卷、豐禪師出疏五卷、明禪師出疏五卷、胡明師出疏五卷。

遠承可師後:大聰師出疏五卷、道蔭師抄四卷、沖法師疏五卷、岸法師疏五卷、寵法師疏八卷、大明師疏十卷。

不承可師,自依攝論者:遷禪師出疏四卷、尚德律師出入楞伽疏十卷。

那老師後:實禪師、惠禪師、曠法師。

弘智師名住京師西明,身亡法絶。

明禪師後:伽法師、寶瑜師、寶迎師、道瑩師並次第傳燈,于今揚化。

沖公自從經術,專以楞伽命家,前後數弘,將二百遍。須便爲引,曾未涉文而通變適緣,寄勢陶誘,得意如一,隨言便異。師學者苦請出義,乃告曰:“義者,道理也。言説已麤,况舒在紙,麤中之麤矣。”事不獲已,作疏五卷,題爲私記,今盛行之。

初沖周行東川,不任官貫,頻有度次,高讓不受。年將知命,有敕度人,兖州度,抑令入度,隸州部法集寺。雖名預公貫而栖泉石,撫接遺逸爲心。

房公位居台輔,作書召入,沖得,題背曰:“我於三界無所須,雖至三槐位亦極。”公又重延,不守恒度,翻翔都邑,即弘大法,晟動英髦,冠蓋雲蒸,嘆未曾有。中書杜正倫,親位法席,詳評玄義。弘福潤法師,初未相識,曰:“何處老大德?”答:“兖州老小僧耳。”又問:“何爲遠至?”答曰:“聞此少一乘,欲宣一乘教網,漉信地魚龍,故至。”潤曰:“斯實大心開士也。”因行至大興善寺,萬年令鄭欽泰於寺打人。沖止之曰:“公勿於寺打人。”泰曰:“打人罪,我自當。”沖曰:“罪不自當,可遣他受。然國家立寺,本欲安寧社稷,惟善行之。公今於寺打人,豈名爲國祈福?”泰即禮謝。又三藏玄奘不許講舊所翻經,沖曰:“君依舊經出家,若不許弘舊經者,君可還俗,更依新翻經出家,方許君此意。”奘聞遂止。斯亦命代弘經護法强禦之士,不可及也。然沖一生,遊道爲

務，曾無栖泊。僕射于志寧曰："此法師乃法界頭陀僧也，不可名實拘之。"顯慶年，言旋東夏。至今麟德，年七十九矣。】

【校注】

［1］安州：西魏置，治當今湖北省安陸縣。"慧暠"，傳見本書卷一三。

［2］冀州：治當今河北省冀州市舊城區。

［3］嶧陽山：即今江蘇省睢寧縣之巨山。

續高僧傳卷第二十六[1]

感通下[2] 正傳四十五[3]　附見二人

隋京師大興善寺釋道密傳一

釋道密，姓周氏，相州人。初投耶舍三藏師習方藝[4]，又從鄴下博聽大乘。神思既開，理致通衍，至於西梵文言，繼迹前烈[5]，異術勝能，聞諸齊世。隋運興法，翻譯爲初，勑召入京，住大興善[6]。師資道成，復弘梵語，因循法本，留意傳持。

會仁壽塔興，銓衡德望，尋下勑召，送舍利于同州大興國寺。寺即文帝所生之地，其處本基般若尼寺也。帝以後魏大統七年六月十三日，生於此寺中，于時赤光照室，流溢外户，紫氣滿庭，狀如樓闕[7]，色染人衣，内外驚禁。嬭母以時炎熱[8]，就而扇之，寒甚幾絶，困不能啼。有神尼者名曰智仙，河東蒲坂劉氏女也，少出家，有戒行，和上失之，恐其墮井，見在佛屋，儼然坐定。時年七歲，遂以禪觀爲業。及帝誕日，無因而至，語太祖曰："兒大佛所祐，勿憂也。"尼遂名帝爲那羅延，言如金剛，不可壞也。又曰："此兒來處異倫，俗家穢雜，自爲養之。"太祖乃割宅爲寺，内通小門，以兒委尼[9]，不敢名問。後皇妣來抱，忽見化而爲龍，驚遑墮地[10]。尼曰："何因妄觸我兒，遂令晚得天下。"及年七歲，告帝曰："兒當大貴，從東國來。佛法當滅，由兒興之。"而尼沉静寡言[11]，時道成敗吉凶，莫不符驗。初在寺養，帝年十三[12]，方始還家。積三十餘歲[13]，略不出門。及周滅二教，尼隱皇家，内著法衣，戒行不改。帝後果自山東，入爲天子，重興佛法，皆如尼言。及登祚後[14]，每顧群臣，追念阿闍梨，以爲口實。又云："我興由佛法，而好食麻豆，前身似從道人裏來[15]。由小時在寺，至今樂聞鐘聲。"乃命史官王劭爲尼作傳。其龍潛所經四十五州，皆悉同時爲大興國寺，因改般若爲其一焉[16]。

仁壽元年，帝及后宫，同感舍利，並放光明，砧磓試之[17]，宛然無損。遂散於州部[18]，前後建塔，百有餘所，隨有塔下，皆圖神尼，多有靈相[19]。故其銘云："維年月，菩薩戒佛弟子大隋皇帝堅，敬白十方三世一切三寶：弟子蒙三寶福祐，爲蒼生君父，思與民庶，共建菩提。今故分布舍利，諸州供養，欲使普修善業，同登妙果，仍爲弟子、法界幽顯、三塗八難，懺悔行道。奉請十方常住三寶，願起慈悲，受弟子等請[20]，降赴道場證明。弟子爲諸衆生，發露懺悔。"文多不載。

密以洽聞之譽，送此寺中。初下塔時，一院之内，光明充塞，黄白相間。兼赤斑氣，旋繞朗徹，久而乃滅。道俗内外，咸同一見。寺有四門，門立一碑，殿塔廊廡[21]，及以生地，莊嚴綺麗，晃發城邑。仁壽之末，又勑送于鄂州黄鵠山晋安寺[22]。掘基至水[23]，獲金像一軀，高尺許，儀制特異。正下塔時，野鳥群飛[24]，旋繞塔上，事了便散。又見金花三枚，騰空久之，下没基内。又放螢光，後遂廣大，繞塔三帀。寺本高顯，素無泉水，洎便下汲[25]。一夕之間，去塔五步，飛泉自涌，有同浪井。廣如王劭所紀。

及大業伊始，徙治雒陽[26]，上林園中，置翻經館，因以傳譯，遂卒于彼。所出諸經，如費氏録。

【校注】

[1] 六：諸本同，磧本作"八"。
[2] 感通：諸本同，磧本作"感通篇"。
[3] 四十五：磧本、興聖寺本作"四十五人"，麗初本、趙本同麗再本。
[4] 耶舍三藏：即那連提黎耶舍，見本書卷二。耶：諸本同，興聖寺本作"邪"誤。
[5] 烈：諸本同作"列"。
[6] 大興善：諸本同，磧本作"大興善寺"。
[7] 闕：磧本作"閣"，麗初本、趙本同麗再本，興聖寺本字迹不清。
[8] 孋：諸本同，興聖寺本作"師"形。
[9] 内通小門以兒委尼：諸本同，興聖寺本作"内通小以門兒季尼"既倒且誤。
[10] 遑：諸本同，磧本作"惶"。"遑"同"惶"。
[11] 寡：諸本同，興聖寺本作"宣"形。
[12] 年：諸本同，磧本作"年至"。
[13] 三：麗初本、資本、興聖寺本作"四"，磧本、趙本同麗再本。
[14] 祚：諸本同，磧本作"位"誤。
[15] 似：磧本、麗初本、趙本作"以"，興聖寺本同麗再本。
[16] 因：諸本同，興聖寺本作"困"誤。
[17] 磓：諸本同，磧本作"鎚"。
[18] 部：諸本同，磧本作"郡"誤。案，仁壽分贈舍利以州爲單位。
[19] 多：諸本同，麗初本脱。靈：諸本同，興聖寺本作"雲"。
[20] 受弟子：諸本同，興聖寺本倒作"弟子受"。

[21] 殿塔：諸本同，麗初本脱。
[22] 鄂州：麗再本、麗初本、興聖寺本作“鄭州”，今從趙本、磧本。案，黄鵠山，即黄鶴山，即今湖北省武漢市蛇山，故作“鄂州”是。
[23] 掘：諸本作“堀”，今據磧本改。
[24] 飛：諸本同，興聖寺本脱。
[25] 洎：諸本同，磧本作“須”誤。案，“洎”，爲往鍋裹添水義，參見説文解字卷一一“水部”及段注。
[26] 徙：麗再本、麗初本、興聖寺本作“從”，今從趙本、磧本。

隋京師經藏寺釋智隱傳二

釋智隱，姓李氏，貝州人，即華嚴藏公之弟子也[1]。自少及長，遵弘道義，慧解所傳，受無再請。而神氣俊卓，雅尚清虚，時復談吐，聽者忘倦。開皇七年，勑召大德，與藏入京[2]，住大興善。通練智論、阿毗曇心及金剛般若論，明其窟穴[3]。至十六年，以解兼倫例，須有紹隆，下勑補充講論衆主，於經藏寺，還揚前部。

仁壽創福，勑送舍利于益州之法聚寺，寺即蜀王秀之所造也。道適邛蜀[4]，開化彌昌，傾其金貝[5]，尋即成就。晚又奉送，置塔莘州[6]，天雨異花，人得半合。又放紫光，變爲五色。盲者來懺，欻獲雙目[7]，舍杖而歸[8]。風躄等病，其例皆爾。及將下瘞，天雨銀花，放白色光，前後非一。正入塔時，感五色雲，下覆函上，重圓如蓋。大鳥六頭，旋繞雲間。閉訖俱散。隱以事聞，帝大悦，付於著作。卒於京室。

【校注】

[1] 華嚴藏公：即慧藏，傳見本書卷九。
[2] 與：諸本同，趙本作“興”誤。
[3] 其：諸本同，興聖寺本作“基”誤。
[4] 邛：磧本、興聖寺本作“印”誤，麗初本、趙本同麗再本。
[5] 貝：諸本同，興聖寺本作“具”形。
[6] 莘州：隋開皇十六年置，治當今山東莘縣莘州街道。大業二年莘州廢，唐武德四年復置莘州，貞觀四年莘州又廢，此後不復置。
[7] 目：諸本同，興聖寺本作“自”誤。
[8] 歸：麗初本、趙本作“自反”誤，興聖寺本作“皈”誤，磧本同麗再本。

隋中天竺國沙門闍提斯那傳三

闍提斯那，住中天竺摩竭提國[1]，學兼群藏，藝術異能，通練於世。以本國忽然大地震裂，所開之處，極深無底，於其坼側[2]，獲一石碑，文云："東方震旦[3]，國名大隋，城名大興，王名堅。意建立三寶，起舍利塔。"彼國君臣，欣感嘉瑞[4]，相慶希有，乃募道俗五十餘人[5]，尋斯靈相。初發祖送，並出王府。路遠賊掠[6]，所遺蕩盡，惟餘數人，逃竄達此。以仁壽二年，至仁壽宫。計初地裂獲碑之時，即此土開皇十四年也。行途九載，方達東夏，正逢天子感得舍利，諸州起塔，天祥下降，地瑞上騰，前後靈感，將有數百[7]。闔國稱慶，佛法再隆[8]。有司以事奏聞，帝以事符大夏，陳迹東華，美其遠度，疑是證聖[9]，引入大寶殿，躬屈四指[10]，顧問群僚："解朕意不？"僉皆莫委。因問斯那："又解意不？"答曰："檀越意謂貧道爲第四果人耶？實非是也。"帝甚異之，乃置于别館，供給華重[11]。膳夫以酒酵和麵[12]，擬爲麩調，候時不起，因以問那，答曰："此不合食。"便用水溲煮之，與常酵者不異。上問："今造靈塔，遍於諸州。曹、陜二州，特多祥瑞，誰所致耶？"答曰："陜州現樹地藏菩薩，曹州光花虚空藏也。"又問："天花何似[13]？"答曰："似薄雲母。或飛不委地，雖委地而光明奇勝。"帝密以好雲母及所獻天花各一箱，用示諸人，無有别者。恰以問那，那識天花而退雲母。及獻后云崩，空發樂音，並感異香[14]，具以問由，答曰："西方净土名阿彌陀，皇后往生，故致諸天迎彼生也。"帝奇其識鑒，賜綿絹二千餘段[15]。辭而不受，因强之[16]，乃用散諸福地，見感應傳。

【校注】

[1] 摩竭提國：即摩揭陀國，相当于今之印度比哈爾省南部。

[2] 坼：趙本、磧本作"岸"，麗初本、興聖寺本同磧本。案，"坼"即裂縫。

[3] 旦：諸本同，趙本作"且"誤。

[4] 嘉：麗初本，趙本作"喜"誤，磧本同麗再本，興聖寺本字迹不清。

[5] 募：磧本作"慕"誤，興聖寺本作"莫"誤，麗初本、趙本同麗再本。

[6] 遠：諸本同，磧本作"逢"誤。

[7] 數百：諸本同，磧本作"百數"。案，仁壽分贈舍利 105 州，所得"靈感"甚多，當以"數百"爲是。

[8] 隆：諸本同，磧本作"降"誤。

[9] 證：磧本、興聖寺本作"登"誤。

[10] 屈：諸本同，興聖寺本作"掘"誤。

[11] 重：磧本、麗初本、趙本脱，興聖寺本同麗再本。

[12] 夫：諸本同，磧本作"去"誤。

[13] 似：諸本同，興聖寺本作"寺"誤。

[14] 感：諸本同，興聖寺本作"减"誤。

[15] 段：諸本同，興聖寺本作"遐"誤。

[16] 强：諸本同，興聖寺本作"緣"。

隋京師勝光寺釋明誕傳四

釋明誕，姓史，衛州汲人[1]，律儀行務，履顧前賢，通十地、地持，赴機講解，攝大乘論，彌見弘演。後入京住勝光寺，温柔敦厚，性無迫暴。

有勑召送舍利于襄州上鳳林寺[2]，基趾梁代雕飾[3]，隋初顯敞，高林跨谷連院，松竹交映，泉石相喧，邑屋相望[4]，索然閑舉，有遊覽者，皆忘返焉。文帝龍潛之日，因往禮拜，乞願弘護[5]。及踐寶位，追惟往福，歲常就寺，廣設供養，仍又改爲大興國寺。及誕之至彼，安厝塔基，寺之東院。鑿地數尺，獲琉璃瓶，内有舍利八枚，聚散呈祥，形質不定，或現全碎，顯發神奇。即與今送[6]，同處起塔。又下穿掘[7]，得石銘云："大同卅六年已後[8]，開仁壽之化。"依檢梁曆[9]，有號大同，至今歲紀，髣髴符會。誕欣感嘉瑞，乃表奏聞。寺有金像一軀，舉高丈六，面部圓滿，相儀充備，峙于堂内[10]，衆鳥無敢踐足。庭前樹碑，庾信文，蕭雲書，世稱冠絶。誕歷覽徽猷，講授相接，終于本寺。

【校注】

［1］案，"汲州"，治當今河南省衛輝市。
［2］襄州上鳳林寺：在今湖北省襄陽市峴山東，習家池附近。
［3］趾：磧本作"址"，興聖寺本作"迹"，麗初本、趙本同麗再本。
［4］屋：諸本同，磧本作"室"誤。
［5］願：諸本同，麗初本脱。
［6］今：諸本同，磧本作"令"誤。
［7］掘：諸本同，興聖寺本作"堀"。
［8］卅：麗再本作"世"，磧本作"三十"，今從麗初本、趙本、興聖寺本。
［9］曆：麗再本、麗初本、趙本作"歷"誤，今據磧本、興聖寺本改。
［10］峙于：諸本同，磧本作"于時"誤。

隋京師大興善寺釋明璨傳五

釋明璨，姓韋，莒州沂水人[1]。十歲出家，二十受具，中途尋閱，備通經史，禀性調柔，初不陳怒。未及三夏，頻揚成論及涅槃經。值廢教隱淪[2]，避世林澤，還資故業，重研幽極。周宣創開陟岵，慧遠率侶登之，璨時投足[3]，歸師諸部，未久深悟，遂演於世。講徒百數，心計明白，開隱析疑[4]，善通問難，精慮勃興，未曾沉息。加又福德所被，聞見欣然，勑召入京，住大興善。

仁壽初歲，召送舍利于蔣州之栖霞寺，今之攝山寺也。本基靈異，前傳具詳，而璨情存傳法，所在追訪，乃於江表，獲經一百餘卷，並是前録所遺，及諸闕本，隨得福利[5]，處處傳寫[6]。末住大禪定寺[7]，弘法爲務。春秋良序[8]，頻往藍田，登山臨水，欣其得性。唐初卒[9]。

【校注】

[1] 案，"沂水縣"，隋開皇十六年置，屬琅琊郡。唐武德五年，屬莒州，貞觀八年廢莒州，縣屬河南道沂州琅琊郡，治當今山東省沂水縣。
[2] 淪：麗再本、麗初本、趙本作"倫"，今從磧本、興聖寺本。
[3] 投：諸本同，興聖寺本作"授"形。
[4] 析：諸本同，興聖寺本作"抑"形。
[5] 福：諸本同，磧本作"施"。
[6] 處處：諸本同，興聖寺本脱一"處"字。
[7] 住：諸本同，磧本作"又住"。
[8] 秋：麗初本、趙本作"和"，磧本、興聖寺本同麗再本。
[9] 卒：磧本作"卒也"，興聖寺本作"卒世"，麗初本、趙本同麗再本。

隋京師大興善寺釋慧重傳六

釋慧重，姓郭，雍州人。志幹威稜，不怯邪障，鬼神林屋，聞有栖止[1]，無往不降。净持戒地，明解攝論，履遊名教，清迥不群。住大興善[2]，博綜機要，榮達叙顧，辯章言令，寫送有法。仁壽置塔，勑召送舍利于泰山之岱岳寺。初至放光，乃至入塔，相續流照。岳上白氣，三道下流，至于基所。岳神廟門，無故自開，如是者三，識者以爲神靈歸敬故也。四年建塔，又送于隆州禪寂寺[3]。初至設齋，忽有野鹿從南山下，度嘉陵江[4]，直趣塔所。人以手摩，自然依附。乃至下訖，其鹿方去。夜放大光，在佛堂上，焰高數丈，青赤流集，衆人同見。三日打刹，合州喜捨。紫雲覆塔，雨金銀花，遍於城邑，其收得者，乃有五色相鏤。又獲舍利五枚，於天花上，浮汎旋轉，合散隨心[5]。州内修梵寺，先爲文帝造塔。有一分舍利，欲與今塔，同日下基。其夜兩塔，雙放光明，朗照幽顯，至曉方滅[6]。同覩此瑞，無數千人。將下之晨，又雨銀花，變轉非一。重還京室，改革前度，專修禪悔。晝夜十有二時，禮五十三佛，餘則加坐正念，畢世終業。

【校注】

[1] 止：諸本同，興聖寺本作"上"形。
[2] 住大興善：磧本作"大住大善"誤，趙本同麗再本。
[3] 隆州：西魏廢帝二年改北巴州爲隆州，隋開皇三年，隆州治所在今四川省閬中

市西。
[4] 嘉：麗初本、趙本作"喜"誤，磧本、興聖寺本同麗再本。
[5] 心：麗初本、興聖寺本作"征"誤，磧本、趙本同麗再本。
[6] 方：諸本同，興聖寺本作"分"誤。

隋京師勝光寺釋寶積傳七

釋寶積，姓朱，冀州 條人[1]。割略愛網，訪道爲任，浮遊靡定，不存住止[2]。齊亡法毀[3]，潛隱太山。迴互魯 兖[4]，乃經年稔。開皇十四年，隋高東巡，候駕請謁，一見便悦。下勑入京，住勝光寺，講揚智論及攝大乘。而體量虚廓，不計仇隙。曾有屏毁達其耳者，解衣遺之曰："卿見吾過，真吾師友。"

仁壽初年，勑送舍利於華岳 思覺寺。寺即左僕射楊素之所立也。初下之晨，雲垂四布，雪滿山邑，天地奄暗，逼目無見。及期當午，忽爾天清日朗，現五色雲於塔基上，去地五丈，圓如輪蓋。遥有見者，望其蓋上，朱光赫奕[5]，團團直上[6]，遠連天際。暨于覆了，雲合光收，還如晨旦。積後卒於京室。

【校注】

[1] 案，"條"即條縣，漢置，後又寫作蓨县，治當今河北省 景縣。
[2] 住：諸本同，興聖寺本作"任"形，下同，不一一出校。
[3] 亡：麗初本、興聖寺本作"正"誤，磧本、趙本同麗再本。案，興聖寺本爲"正"之行書體，與"亡"形體相近。
[4] 兖：麗初本、趙本作"充"誤，磧本、興聖寺本同麗再本。
[5] 朱：諸本同，磧本作"赤"。
[6] 直：諸本同，興聖寺本作"真"誤。

隋京師仁法寺釋道端傳八[1]

釋道端，潞州人。出家受具，聽覽律藏，至於重輕開制，銓定綱猷，雅爲宗匠。晚入京都，住仁法寺[2]，講散毗尼，神用無歇，時程俊舉，後學欽之。加復體尚方言，梵文書語，披葉洞識，了其深趣。勤心護法，匡攝有功。

仁壽中年，勑送舍利于本州梵境寺[3]。初入州界，山多無水，忽有神泉涌頂，流者非一，舊痾夙痼，飲無不愈。別有一泉，病飲尋差，若咽酒肉，必重發動，審量持戒，永除休健。端以事聞。後還京寺，常樂弘演，終于本寺。

【校注】

[1] 案,諸本同,興聖寺本此處衍入"隋京師勝光寺釋寶積傳八"。

[2] 仁法寺:據唐兩京城坊考卷三,在來庭坊,大業七年寺廢,寺址當在今西安市火車站附近。

[3] 本州梵境寺:據山右石刻叢編卷三,山西省壺關縣於清光緒己卯年(1879)出土大隋皇帝舍利寶塔下銘,爲仁壽二年所刻。

隋京師勝光寺釋道粲傳九

釋道璨,恒州人,慧學如神[1],鑽求攝論、華嚴、十地,深疑伏旨,解其由緒。志尚幽静,不務奢華,重義輕財,自小之大。後入關輦,便住勝光,訪道求賢,栖遑靡託。

仁壽起塔,勑召送舍利于許州辯行寺[2]。初至塔寺,堂中佛像,素無靈異,忽放大光,通燭院宇[3]。舍利上踴金瓶之表,又放光明,繞瓶旋轉[4]。既屬炎熱,將入塔時,感雲承日,覆訖方滅。又於塔側,造池供養,因獲古井[5]。水深且清,輕軟甜美[6]。舉州齊調,一從此井,而無竭濁,莫不嗟嘆。璨後不測其終。

【校注】

[1] 如:諸本同,興聖寺本作"加"誤。

[2] 許州辯行寺:北周大定元年,北周改鄭州爲許州,治所在長社縣,當今河南省許昌市。

[3] 燭:磧本、興聖寺本作"屬",麗初本、趙本同麗再本。"燭""屬"同"矚",意爲照。

[4] 繞瓶旋轉:諸本同,興聖寺本作"遶瓶右轉"。

[5] 古:諸本同,興聖寺本作"右"誤。

[6] 軟:磧本作"耎",趙本同麗再本。

隋京師大興善寺釋明芬傳十

釋明芬,相州人,齊三藏耶舍之神足也。通解方俗,妙識梵言,傳度幽旨,莫匪喉舌[1]。開皇之譯,下勑追延,令與梵僧對傳法本,而意專撿失。好住空閑,味詠十地,言輒引據,問論清巧,通滯罕倫。仁壽下勑,令置塔于慈州之石窟寺[2],寺即齊文宣之所立也[3]。大窟像背,文宣陵藏,中諸雕刻[4],駭動人鬼。芬引舍利去州三十許里,白雲欝起,從寺至轝,長引不絶,耿耿横空。中有天仙,飛騰往返,竟日方滅。明旦將曉,還有白雲,長引來迎,雲中天仙,如昨無異。人衆同見,傾目亘論。識者以爲,石窟之與鼓山,連接密爾[5],竹林仙聖響應之乎[6]? 既至山[7],塔東面有泉,衆生[8],飲皆病愈。芬後卒于興善。所著衆經,如費氏録。

【校注】

[1] 喉: 諸本同,興聖寺本作"唯"形。

[2] 慈州之石窟寺: 即今河北省邯鄲市峰峰礦區鼓山之響堂山石窟。

[3] 寺: 諸本同,興聖寺本脱。

[4] 刻: 諸本同,興聖寺本脱。

[5] 爾: 永北本作"邇"。

[6] 仙: 諸本同,興聖寺本脱。

[7] 既: 諸本同,磧本作"即"誤。

[8] 衆: 諸本同,磧本作"自"誤。

隋京師大興善寺釋僧蓋傳十一

釋僧蓋,恒州人。曾遊太原,專聽涅槃,晚至洛下,還綜前業。蓋聞經陳念慧,攝慮爲先,遂廢聽業,專思定學。陶思既久,彌呈心過,遂終斯習。後入京師,周訪禪侶,住大興善。垂帷斂足,不務世談,近局異乘,略不霑口。吐言清遠[1],鮮不高之。

仁壽二年,勑送舍利于滄州[2]。四年,又勑送于淅州之法相寺[3]。初營石函,本惟青色,及磨治了,變爲鮮錦,布彩鋪螺[4]。又見僧形,但有半身,及曉往觀,僧變爲佛,光焰神儀,都皆明著。又現三字,云"人王子"也。佛前又現雄鷄之象,冠尾圓具。或現仙鳳、天人諸相甚衆。南鄉縣民,多業屠獵,因瑞發心,受戒永斷。後於他日,有採柴者,於法相寺南見有樸樹,乃生奇異果,僅有百顆[5],其色紅赤,如蓮欲開。折取二枚[6],來用供塔。官庶道俗,千有餘人,同往折取,味如蒲桃。並果表奏,帝驚訝其瑞。蓋後住禪定寺,唐初即世[7],九十餘矣[8]。

【校注】

[1] 言清: 諸本同,興聖寺本倒作"清言"。

[2] 滄州: 北魏西平二年置,治當今河北省滄州市東南。

[3] 淅州之法相寺: 案,"淅州"當作淅州,因下文有"南鄉縣",據隋書卷三〇地理中,南鄉縣爲淅州屬縣,且隋、唐無浙州。隋代淅州治所當今河南省西峽縣北。

[4] 螺: 麗再本、麗初本、趙本作"發",興聖寺本作"采",今從磧本。

[5] 顆: 諸本同,興聖寺本作"石"旁。

[6] 枚: 諸本同,麗初本作"牧"誤。

［7］世：諸本同，磧本作“卒”誤。案，下文“九十餘矣”，則尚未卒。
［8］九十：諸本同，磧本作“年九十”。

隋京師日嚴寺釋曇瑎傳十二

釋曇瑎，江都人。少學成實，兼諸經論，涅槃、大品，包藴心目。雖講道時缺，而以慧解馳名。每往法筵，亟陳論决，徵據文旨，學者憚焉。常讀諸經[1]，盈箱滿案，記注幽隱，追問老耄[2]，皆揖其精府，反啓其志，瑎乃爲斟酌，通開概梗[3]。自江左右，歷覽多年，傳譽不爽，實鐘華望。煬帝昔爲晋王，造寺京室，諸方搜選，延瑎入住。内史令蕭琮，合門昆季，祖尋義學，屈禮歸心，奉以家僧。携現大小，常處第内，晨夕歡娱，講論正理，惟其開悟。

仁壽之末，勑送舍利于熙州環谷山山谷寺[4]。古傳云："昔有齊人郭智辯，數遊環山之陽，世俗重之，因以名焉。"此寺即蕭齊高帝之所立也。林崖重映，松竹交參，前帶環川，北背峻嶺，江流縈繞，寔爲清勝。瑎巡此地，仍構塔焉[5]。初正月内，當擬基處，屢放金光，如一綖許[6]。十餘日中，然後方息，舍利恰到。如即置基，先不相謀，若同合契，皆大慶也。又初到治，天本亢陽，人物燋渴。夜降大雨，高下皆足，無不賴幸。又放赤光，流矚如火[7]。行道七夕，又放大光，被諸山也[8]。五千餘人，咸蒙斯瑞[9]，及懺罪營福，不可勝言。晚承故業，迄于隋運。後住弘善，以疾而終，春秋八十有三，武德初矣。

【校注】

［1］諸：麗再本、麗初本、趙本脱，今據磧本、興聖寺本補。
［2］老耄：磧本、興聖寺本作“耆老”，隨函録作“耆耄”，麗初本、趙本同麗再本。
［3］開：諸本作“問”，今從趙本。“概梗”誤，麗再本、麗初本作“盤梗”，今從趙本、興聖寺本。“概梗”即疑難處。
［4］環谷山：磧本、興聖寺本、隨函録作“環公山”，趙本同麗再本。又，諸本同，興聖寺本脱一“山”字。“熙州”，隋開皇三年設熙州，治所在懷寧縣，當今安徽省潛山縣。大業三年改稱同安郡，唐武德四年改爲舒州。
［5］仍：諸本同，磧本脱。
［6］綖：磧本作“疋”誤，興聖寺本作“延”誤，麗初本、趙本同麗再本。案，“綖”，玉篇“冕前後垂覆也”，則其長度不會超過一米。“匹”，長度約爲 30.3 米。
［7］矚：磧本作“燭”，麗初本、趙本同麗再本，興聖寺本字迹不清。
［8］也：諸本同，洪南本、永北本作“世”。
［9］咸：磧本、麗初本、興聖寺本脱，趙本同麗再本。

隋京師隨法寺釋道貴傳十三

釋道貴，并州人，華嚴爲業，詞義性度，寬雅爲能。而於經中深意[1]，每發精彩，有譽當時。加以閑居放志，不涉煩擾，市肆俳優，未曾遊目；名利貴賤，故自絶言。精潔守素，清真士也[2]。晚在京師，住隨法寺，擁其道德，閑守形心[3]。

及建塔之初，下勅流問，令送舍利于德州會通寺[4]。至治之日，放赤光明，如大甕許，久之方滅。有一婦人，躄疾多載，聞舍利至，轝來塔所，苦心發願，乞蒙杖步，依言立愈，疾走而歸。將下塔時，忽有大鳥十二，形相希世，不識名目，次第行列，旋繞空中，正當塔上，覆訖方逝。貴後鎮業京輦，不測其終。

【校注】

［1］意：諸本同，磧本作"竟"誤。

［2］真：磧本、趙本作"貞"，麗初本、興聖寺本同麗再本。案，"清真"，儉樸純真義，世説新語賞譽："清真寡欲，萬物不能移也。"

［3］閑：諸本同，磧本作"閉"誤。

［4］德州：隋開皇九年置，治所在今山東省德州市陵城區。

隋京師玄法寺釋僧順傳十四[1]

釋僧順[2]，貝州人[3]。習學涅槃，文疏精覈[4]。志勤策立，堪勝艱苦。常樂弘法於囹圄中，無緣拘縶，假訴良善，文書既效[5]，方便雪他，投身桎梏，情志欣泰。監獄者愍斯厄苦，將欲解免，方取經疏，鋪舒詳讀，旁爲囚隸，説法勸化[6]。事本無蹤，還蒙放釋，出獄之日，猶恨太早。有問其故，答曰："吾聞諸聖，地獄化生，雖不逮彼，且事徽轍[7]。"開皇隆法，杖步入關，採訪經術，住玄法寺[8]。

及後造塔，勅召送舍利于宋州[9]。初到宋城，市中古井，由來醎苦，水色又赤，無敢嘗者。及舍利至，色忽變白，味如甜蜜。至造塔所，初放赤光，又放白光，通照寺内。七日辰時，天雨白花，如雪不落[10]，紛紛滿空。及下塔時，白鶴九頭，飛翔塔上，下函既了[11]，方乃北逝。

順後還京，遊尋行業。唐運初興，巡栖山世[12]。年既遲暮，欲事終心，行至霸川，驪山南足[13]，遇見古寺，龕窟崩壞，形像縱横，即住修理[14]。先有主護，乃具表請，武皇特聽，遂得安復。今之津梁寺是也。僕射蕭瑀爲大檀越，福事所資，咸從宋國。僧衆濟濟，有倫理焉。順後卒於住寺，春秋八十餘矣。

【校注】

[1] 僧：諸本同，磧本作“道”。

[2] 釋僧順：磧本作“釋道順”，麗初本、趙本、興聖寺本作“釋法順”，然麗初本、趙本、興聖寺本之卷首小標題均作“釋僧順”。

[3] 貝州：治當今河北省清河縣。

[4] 覈：諸本同，興聖寺本作“覆”誤。

[5] 效：磧本作“効”誤，麗初本、趙本同麗再本，興聖寺本字迹不清。案，“文書既效”，指訴訟文書呈交有關部門。

[6] 化：諸本同，興聖寺本作“他”誤。

[7] 徽：諸本作“微”誤，“徽”指前文“諸聖”。

[8] 玄法寺：據段成式酉陽雜俎續集寺塔記，玄法寺在安樂坊，即今西安市雁塔區電子四路沙滹沱村北。

[9] 勑召送舍利于宋州：磧本、麗初本、趙本作“勑召送于宋州”，興聖寺本作“勑召大德送于宋州”。案，“宋州”，隋開皇十六年置，治所在睢陽縣，即今河南省商丘市。

[10] 不：諸本同，磧本作“下”誤。案，麗初本之影印本作“下”，然細審字體，本爲“不”未刻最後一筆。

[11] 函：諸本同，麗初本作“亟”誤。

[12] 世：麗初本、磧本、趙本作“也”，興聖寺本同麗再本。

[13] 足：磧本、麗初本、興聖寺本作“之”誤，趙本同麗再本。

[14] 住：磧本、趙本、興聖寺本作“往”誤，麗初本同麗再本。

隋京師沙門寺釋法顯傳十五

釋法顯，雍州扶風人，厥姓甯氏。生平志尚，禪寂爲宗，文字紙筆，性不遊履，沉默寡欲，不爲世累。其師法開，定門幽秘，殆是不測。元魏之末，住京兆王寺，與實禪師齊駕朝野[1]，兼以簡約清素，華貴傾屬。顯遇斯明匠，承奉累年，傳習師宗，頗接徽緒[2]，住日嚴寺。

仁壽末歲，置塔隴州[3]，下勑令送。顯發自帝京，奉轝至彼藥王寺内。然寺去州一十餘里，褊狹邪仄[4]，殊非形望。乃移近州北三王山下，背崖臨水，高勝博敞，仍構大塔。放大光明，闔境同觀，欣其罪滅。顯因其所利，即而利之，廣説法要，傾其心惱。當斯一會，榮嘆成諠。

晚還入京，聚徒綜業。每年歲首，受具者多，顯爲開發戒緣，鼓行壇懺，引聚清衆，即而惠之。後終時也[5]，將八十矣。

【校注】

[1] 實禪師：即僧實，傳見本書卷一六。

[2] 徽：麗再本、麗初本、趙本作“微”，興聖寺本字迹不清，今從磧本。

[3] 隴州：西魏改東秦州置，隋改爲隴東郡，唐武德年間再改爲隴州，治當今陝西省隴縣。

[4] 邪：諸本同，磧本作“斜”應是。

[5] 也：諸本同，興聖寺本作“世”誤。

隋京師大興善寺釋僧世傳十六

釋僧世，青州人。負袠問道，無擇夷險，觀其遊履[1]，略周方岳。而雄氣所指，鋒刃難當，地論是長[2]，偏愛喉舌[3]，豐詞疊難，名聞齊、魯。開皇入京，住興善寺，長遊講會，必存論決。

仁壽下勑，召送舍利於萊州之弘藏寺。四年，又勑送密州茂勝寺[4]。行達青州，停道藏寺[5]，夜放赤光，從房而出，直指東南。爾夜密州城内，又見光明，從西北來，相如火炬，藂焰非一，繞城内外，朗徹如日。預有目者，無不同覩。後乃勘究[6]，方知先告。既至治所，兩夜放光，如前繞城，朗徹無異。及世舉瓶[7]，欲示大衆，忽然不見。後至寺塔，復放大光，通照寺宇。行道初日，打刹教化，舍利二粒，見于瓶内。及造石函，忽變爲金，如棗如豆，間錯函底，餘處並變爲青琉璃。因具圖表，帝大悅也[8]。後還京，不久尋卒。

【校注】

[1] 遊履：諸本作“塗李”。

[2] 鋒刃難當地論是長：磧本作“鋒刃當時，談論是長”，麗再本、趙本作“鋒刃難當，時地論是長”，麗初本、興聖寺本作“鋒刃當時，地論是長”，今據文意改。

[3] 愛：諸本同，興聖寺本作“受”誤。

[4] 密州茂勝寺：1988年春，諸城市體育中心工地出土一批佛教造像，1990年又續有發現，共有造像殘體300多件。參見杜在忠、韓崗：山東諸城佛教石造像，考古學報1994年第2期。

[5] 道藏寺：即今山東省青州市龍興寺，參見温玉成：青州佛教造像考察記，中國佛教與考古，宗教文化出版社2009年。

[6] 乃：磧本、興聖寺本作“及”誤，麗初本、趙本同麗再本。

[7] 世：諸本同，磧本作“至”誤。

[8] 也：諸本同，洪南本、永北本作“世”。

隋京師静覺寺釋法周傳十七景暉

釋法周，不知何許人，狀相長偉，言語高大[1]。涅槃、攝論，是所留神。

稠會勝集，每預登踐，身相孤拔，多或顧問。由是振名者，復繫於德矣。初住曲池之静覺寺。林竹蘩萃，蓮沼槃遊[2]，縱達一方，用爲自得。京華時偶，形相義舉如周者可有十人[3]，同氣相求，數來歡聚，偃仰茂林，賦詠風月。時即號之爲"曲池十智"也。

仁壽建塔，下勑送舍利于韓州修寂寺[4]。初造石函，忽有一鴿，飛入函内，自然馴狎，經久乃去。寺有塼塔四枚，形狀高偉，各有四塔，鎮以角隅，青瓷作之，上圖本事。舍利到夜，各放光明，如焰上衝。四方衆生[5]，一時同見。數數放光，至于未[6]，入空中如絳，長三丈許。諸佛、聖僧，衆相非一，皆列其中。

周後復住大禪定寺[7]。唐運初基，爲僧景暉於仁壽坊置勝業寺，召周經始，勑知寺任[8]，又改坊名，還符寺號。初，暉同諸僧侣，住在長安[9]。晚又變改常度，形同俗服，栖泊寺宇[10]，不捨戒業。言語隱伏，時符讖記。高祖昔任岐州[11]，登有前識[12]，既承大寶，追憶往言，圖像立廟，爰彰徽號。自周積年處任，不事奢華，房宇趣充，僧事僅足。貞觀之始，以疾而終，八十餘矣[13]。

【校注】

[1] 語：磧本、興聖寺本作"晤"應是，麗初本、趙本同麗再本。高：諸本同，興聖寺本脱。

[2] 槃：磧本、興聖寺本作"盤"，麗初本、趙本同麗再本。"盤"同"槃"。

[3] 舉：諸本同，磧本作"學"誤。

[4] 韓州修寂寺：北周宣政元年設潞州於襄垣，今山西省襄垣縣堡底村一帶。開皇三年罷州，十六年改爲韓州，隋大業初罷州爲襄垣縣，屬上黨郡。唐武德初，復置韓州，因漳水浸城，築新城於甘水之南，今山西省襄垣縣城區。貞觀十七年廢韓州入潞州。案，"修寂寺"無考，今襄垣縣仙堂寺爲東晋法顯出家寺院，歷代崇奉，可備參考。

[5] 生：麗再本、麗初本、趙本作"皆"，今從磧本、興聖寺本。

[6] 未：諸本同，磧本作"末"誤。案，"未"指未時。

[7] 住：麗再本、麗初本、趙本作"往"，今從磧本、興聖寺本。

[8] 任：諸本同，興聖寺本作"住"誤。

[9] 在：諸本同，興聖寺本脱。

[10] 泊：諸本同，興聖寺本作"阝"旁。

[11] 高祖昔任岐州：諸本同，興聖寺本衍作"高祖者昔任岐州"。任：大正藏校引元本、明本作"住"誤。

[12] 識：諸本同，磧本作"誡"誤。

[13] 八十：諸本同，磧本作"春秋八十"。

隋京師延興寺釋慧誕傳十八

釋慧誕，雍州人[1]，學究涅槃及通攝論。每登講席，有名京室，即曇延法師之學士也，住延興寺。仁壽下勑，召起塔于杭州天竺寺。住在靈隱山，林石岑竦[2]，實來仙聖。初構塔基，多逢伏石。掘得一所，是古石函，旁推其際[3]，眇不可測。因用今造[4]，置古函中，大小和可，宛如昔契。

誕還本寺，講授尋常，雖非卓犖，亦例能色。貞觀初年，卒于本寺，七十餘矣。臨終清言安話，神色無異，顧諸法屬，深累住持，通告好住，怗然神逝[5]。

【校注】

［1］雍：諸本同，興聖寺本作"羅"形。

［2］岑：諸本同，興聖寺本作"峰"形。

［3］旁：諸本同，磧本作"傍"。

［4］今：諸本同，磧本作"令"誤。

［5］怗：諸本同，磧本作"怡"。

隋京師大興善寺釋智光傳十九

釋智光，江州人，尼論師之學士也[1]。少聽攝論，大成其器。言論清華，聲勢明穆，志度輕健，鮮忤言諍，謙牧推下，爲時所重。開皇十年，勑召尼公，相從入京，住大興善寺。

仁壽創塔，召送循州[2]。途經許部[3]，行出城南，人衆同送，舍利於轝，忽放光明，高出丈餘，傾衆榮慶。比至番州[4]，寄停寺内，其夜銅鐘，洪洪自鳴[5]，連宵至旦[6]，驚駭人畜。及至食時，其聲乃止。既達循州道場塔寺[7]，當下舍利，天降甘露，塔邊樹上，色類凝蘇[8]，光白曜日。

光還京室，以法自娱，頻開攝論，有名秦壤。晚厭談説，歸靜林泉，尋還廬阜，屏絶人事，安禪自節，卒于山舍。

【校注】

［1］尼：諸本同，磧本作"居"誤，下同，不一一出校。案，"尼論師"，指道尼，真諦學生，攝論學大師，傳見本書卷一、卷一三。

［2］循州：治當今廣東省惠州市。

［3］許部：即許州，治當今河南省許昌市。

［4］番州：治當今廣東省廣州市。

[5] 洪洪：洪南本、永北本作“哸哸”，磧本、趙本同麗再本。
[6] 霄：諸本同，磧本作“宵”是。
[7] 道場塔寺：即道場寺，真諦弟子智敫的住寺，傳見續高僧傳卷一，遺址在今惠州市後所街西出口附近。
[8] 蘇：諸本同，磧本作“酥”是。

隋京師弘善寺釋智教傳二十

釋智教，雍州人。習誦衆經，意存禪觀，晝則尋讀，夜便坐嘿，蕭散無爲，不存世累。住弘善寺，閑居綜業。仁壽中年，起塔秦州之永寧寺[1]，下勑令送。既至塔所，夜逢布薩，異香如霧[2]，屯結入門。合衆同怪，欣所聞見。又於塔上，刹柱之前，見大人迹，長尺二寸，蹈深二分，十指螺文，圓相周備。推無蹤緒，蓋神瑞也。又降異雲，屯聚塔上；又雨天花，狀如金寶；又聞空中，讚嘆佛聲。官民道俗，相慶騰踴。教還本寺，綜業終年。

【校注】

[1] 起塔：諸本同，磧本作“起塔于”。
[2] 霧：諸本同，趙本作“露”誤。

隋京師沙門釋圓超傳二十一[1]

釋圓超，觀州阜城人[2]。十地、涅槃，是其經略，言行所表，必詢猷焉。晚住京寺，策名臺省。仁壽末歲[3]，下勑造塔於廉州化城寺[4]。初達州西四十餘里，道俗導引，競列長幡。南風勁利，樹林北靡，惟有幡脚，南北相分，雖爲風吹，都不移亂。及初行道，設二佛盤，忽有蜻蛉二枚，各在盤上，相當而住。形極麤大，長五寸許，色麗青緑，大如人指。七日相續，如前停住，行道既散，欻然飛去。比後下塔，還復飛來，填埋都了，絶而不見。當下正中，塔基上空，五色慶雲，狀如傘蓋，方直齊正，如人所爲。雲下見一白鵠[5]，翔飛旋轉，事了俱散。超還京室，不測其終。

【校注】

[1] 沙門：諸本同，興聖寺本作“沙門寺”是。
[2] 觀州阜城：隋開皇九年置觀州，州治爲今河北省東光縣，大業二年廢觀州，唐武德四年置觀州，貞觀十七年廢觀州。阜城縣，當今河北省阜城縣。
[3] 末：磧本、麗初本、興聖寺本脱，趙本同麗再本。
[4] 廉州：諸本同，磧本作“廣州”誤。案，北京圖書館藏中國歷代石刻拓本彙編第九

册收録廉州花成寺舍利塔下銘,李守力考證,出自河北藁城,非廣西合浦,郭校本作"河北柏鄉縣"亦誤。

[5] 白:諸本同,興聖寺本作"百"。鵠:諸本同,磧本作"鶴"。

隋京師光明寺釋慧藏傳二十二法順[1]

釋慧藏,冀州人。初學涅槃,後專講解。禁守貪競,絶迹譏嫌,安詳詞令,不形顔色。入京訪道,住光明寺[2]。仁壽中年,勑召置塔于觀州[3]。初至塔寺[4],行道設齋,當其塔上,景雲出見,彩含五色[5],有若花蓋,綺繡錦繢,無以加焉。從午至酉,方始隱滅。

又延興寺僧法順者,聽習涅槃,善守根禁,退讓自節,負德無傲。勑住江州廬山東林寺,置舍利塔。初至其地,耕者見光,尋而掘之,獲金銅彌勒像一軀,形質瓌異,即而供養。並不測其終。

【校注】

[1] 二十二:諸本同,磧本作"二十三"誤。順:諸本同,磧本作"願"誤。

[2] 光明寺:長安志卷一〇"懷遠坊東南隅大雲經寺"條注:"本名光明寺,隋開皇四年,文帝爲沙門法經所立。時有延興寺僧曇延,因隋文帝賜以蠟燭,自然發焰,隋文帝奇之,將改所住寺爲光明寺。曇延請更立寺,以廣其教,時此寺未制名,因以名焉。武太后初,此寺沙門宣政進大雲經,中有女主之符,因改爲大雲經寺。"參見黄小芸、陳誦雎:唐長安光明寺考,碑林集刊第十三輯。

[3] 觀州:麗再本、麗初本、趙本作"歡州",隋代無"歡州",今從磧本、興聖寺本。

[4] 寺:諸本同,磧本作"所"。

[5] 色:諸本同,興聖寺本衍作"至塔色"。

隋京師大興善寺釋寶憲傳二十三

釋寶憲,鄭州人,寶鎮律師之學士也。童稚依止,即奉科條,審量觀能,具承大法。受具之日,但奉文言,至於行摸[1],並先具委。有師資焉,有弘業焉。開皇之始[2],與鎮同來,住大興善。威儀調順,言無涉俗。仁壽奉勑,置塔洪州,即豫章之故地[3]。初向彼州,路由江阻,既失正溜,泥濘不通,人力殆盡,無前進理。程期又逼,道俗遑懼[4]。憲乃憑心舍利,請垂通涉。忽降白鳥,船前緩飛,乍來乍去,如有引導[5]。即遣隨逐,遂逢水脉,通夕汎舟,安達無障。憲還京室,尋事卒也。

【校注】

［1］摸：磧本、興聖寺本作“模”是，麗初本、趙本同麗再本。
［2］開皇之始：諸本同，興聖寺本倒作“開之皇始”。
［3］故地：諸本同，興聖寺本衍作“故此地”。
［4］遑：諸本同，磧本作“惶”。
［5］導：諸本同，興聖寺本作“道”。

隋京師勝光寺釋法朗傳二十四

釋法朗，蒲州人。學涉三藏，偏鏡毗尼，開剖篇聚[1]，不阻名問[2]。加復器用平直，無受輕陵，决斷剛正，未私强禦。後住勝光，披究律典，經其房户[3]，莫不懍然。

仁壽二年，勑召送舍利於陝州大興國寺[4]。寺即皇考武元本生處也[5]，故置寺建塔，仰謝昔緣。初達州境，大通、善法、演業三寺，夜各放光，不知何來，而通照寺内，朗徹無障。善法寺中，見三花樹，形色分明。四月二日[6]，靈勝寺中，夜忽放光，五色彩雲，合成一蓋，通變爲紫，比靈轝入城，雲蓋方散。又有五色彩雲，從乾、巽二處[7]，纏糺而來，至於塔上，相合而住。及掘塔基，下深五尺，獲一異鳥，狀如鸜鵒，色甚青黄，巡行基趾[8]，人捉無畏。唯食黄花，三日而死。又青石爲函，忽生光影，表裏洞徹，現諸靈異。東西兩面，俱現雙樹，樹下悉有水文生焉[9]。函内西面，現二菩薩，南邊金色，北邊銀色，相對而立。又二菩薩[10]，坐花臺上，各長一尺，並放紅紫光明。函内南面[11]，現神尼像，合掌向西[12]。函脣西面又見卧佛，右脅而偃，首北面西。函外東面，雙樹間，現前死鳥傾卧，須臾起立。鳥上有三金花，其鳥西南而行，至卧佛下，住立不動。凡此光相，從巳至未，形狀儼然。命人圖寫，上紙素訖，方漸歇滅。及將下日，忽然雲起，如烟如霧，團圓翳日；又如車輪，雲色條别[13]，又如車輻，輪輻雲色皆如紅紫。人皆仰視其相，嘆怪希遇。藏瘗既了，天還明净，失雲所在。當斯時也，寺院牆外。咸見幡蓋圍繞，謂言他處，助來供養。事了追問，一無蹤緒。朗慶斯神瑞，登即奏聞。晚還京師，以疾而卒。

【校注】

［1］剖：諸本作“割”，今從磧本。
［2］問：諸本同，磧本作“聞”。
［3］其：諸本同，興聖寺本作“甚”形。
［4］陝州：治當今河南省三門峽市。

[5] 皇考武元：即楊堅的父親楊忠，傳見周書卷一九。
[6] 日：諸本同，興聖寺本脱。
[7] 從乾、巽二處：案，據先天八卦方位，乾爲南，巽爲西南。據後天八卦方位，乾爲西北，巽爲東南，據文意當是從西北、東南而來。
[8] 阯：諸本同，磧本作"址"。
[9] 文：諸本同，磧本作"紋"。
[10] 二：磧本、麗初本、興聖寺本作"一"，趙本同麗再本。
[11] 南：諸本同，興聖寺本作"而"形。
[12] 西：諸本同，興聖寺本脱。
[13] 條：諸本同，興聖寺本作"脩"誤。

隋京師真寂寺釋曇遂傳二十五

釋曇遂，雍州人。初學大論，後味唯識，研精攝論，選其幽理。每言三界虚妄，但是一心，追求外境，未悟難息[1]。故得名稱高遠，有通美焉。然復慎守根門，勤修戒檢，住真寂寺，掩關勵業。

仁壽中年，下勑送舍利于晉州法吼寺[2]。初停公館，放大光明，照精舍門，朗如金色。又放黄白二光，從道場出，久久乃滅。又從舍利轝所至於塔基[3]，而放瑞光，三道虹飛，色如朝霞，耿然空望。下塔之内[4]，又放光明，隱顯時現。大都爲言，七日之内，瑞靈雜沓，相仍不絶。還京服業，迄于唐運，八十餘卒矣。

【校注】

[1] 未悟難息：案，心難息。
[2] 州：諸本同，興聖寺本脱。吼：諸本同，興聖寺本作"孔"誤。
[3] 基：諸本同，興聖寺本作"其"誤。
[4] 内：磧本、興聖寺本作"日"誤。案"至於塔基"就是下塔之日。麗初本、趙本同麗再本。

隋京師大興善寺釋曇觀傳二十六

釋曇觀，莒州人[1]。七歲出家，慕欣法宇，及進具後，尋討義門，偏宗成實，祛析玄滯[2]。後以慧解亂神本也，乃返駕澄源，攝慮巖壑。十六特勝，彌所留心，神咒廣被，銷殄邪障[3]。高問周遠[4]，及于天闕。開皇之始，下勑徵召，延入京室，住大興善。供事隆厚，日問起居，屢上紫庭[5]，坐以華褥。帝親供侍[6]，欽德受法。觀寬厚敦裕[7]，言無浮侈，深得法忍，苦樂虚心，故使名利日增，而素氣常在。所獲信施，並入僧中，房宇索然，衣鉢而已。時俗流湎之夫，雅尚之也。

仁壽中歲，奉勑送舍利於本州定林寺[8]，初停公館，即放大光。掘基八尺，獲銅浮圖一枚，平頂圓基，兩户相對，制同神造，雕鏤駭人，乃用盛舍利，安瓶置内，恰得相容。州民禽巨海者，患痖六年，聞舍利至，自書請瑞。見本一粒，分爲三分，色如黄金，乍沉乍舉，又見三佛[9]，從空而降，即能陳述[10]，詞句如流。觀還京都，不委終事。

【校注】

[1] 莒州：北周滅北齊，改南青州爲莒州，治所團城，即今山東沂水縣東北高橋鎮東南處。大業三年廢莒州，唐武德五年，復置莒州，貞觀八年再廢莒州。

[2] 析：諸本作"折"，今據興聖寺本改。

[3] 邪：諸本同，興聖寺本脱。

[4] 問：磧本作"聞"，興聖寺本作"門"誤，麗初本、趙本同麗再本。

[5] 上：諸本同，磧本作"止"誤。案，"紫庭"指皇宫。

[6] 侍：諸本同，磧本作"待"誤。

[7] 寬厚：磧本作"寬懷"，麗初本脱，趙本、興聖寺本同麗再本。

[8] 定林寺：在今山東省莒縣境浮來山上，寺始建於東晋，爲竺法汰所創，南朝劉勰曾在此校經。

[9] 又：諸本同，磧本作"及"誤。

[10] 陳：諸本同，興聖寺本作"鄰"形。

隋京師延興寺釋靈達傳二十七[1]

釋靈達[2]，恒州人[3]。先在儒門，備参經史，唯見更相圖略，時有懷仁抱義，然復終淪諸有[4]，未免無常，乃釋髮道流，希崇正軌。從遠公學義，咸知大意，因即依隨，三業無捨。及遠之入京輦，慕義相從。晚住延興[5]，退隱自守，端斂身心，終月禪嘿[6]，衣食麤弊，不希華美。

仁壽中，勑召送舍利於本州龍藏寺[7]。初定基趾，聞有異香，漸漸芬列[8]，隨風而至，遍於寺内。有民金玄瓚者，住在寺側，先患鼻塞，二十餘年，莫知香臭，當于此日，忽聞香氣，驚尋至寺，因爾䶊差。又雨天花，從空而下，光彩鮮净，晃若金銀，先降塔所，後及寺院[9]，道俗競接，輕薄如鏤。下舍利訖，有雙白鶴旋於塔上[10]，良久翔逝。達後連尋定業，追訪山世[11]，不顧名貫[12]，頭陀林冢，雖逢神鬼，都不怖憚[13]。大業之始，終於墓藂，初不委之，村人怪不乞食，就看已卒，加趺如在。因合床殯於杜城窟中[14]。

【校注】

［1］達：諸本同，磧本作"遠"誤。

［2］達：磧本、興聖寺本作"遠"誤，麗初本、趙本同麗再本。

［3］恒州：北周宣政元年析定州置恒州，隋大業元年，改恒州爲恒山郡。唐武德元年，廢恒山郡置恒州，治石邑縣，四年，恒州治遷還真定。

［4］淪：諸本同，興聖寺本作"論"誤。

［5］延興：諸本同，磧本作"延興寺"。

［6］月：磧本、麗初本作"日"，趙本、興聖寺本同麗再本。

［7］龍藏寺：即今河北正定隆興寺。

［8］列：磧本、興聖寺本作"烈"，麗初本、趙本同麗再本。

［9］及：諸本同，興聖寺本作"乃"誤。

［10］雙：磧本、興聖寺本脱，麗初本、趙本同麗再本。

［11］世：磧本作"野"，麗初本、趙本、興聖寺本作"也"。

［12］貫：麗再本作"實"，今據諸本改。

［13］憚：諸本同，興聖寺本作"禪"形。

［14］因：麗初本、趙本、興聖寺本作"圓"誤，磧本同麗再本。案，"杜城"，據遊城南記："長安志曰：潏水，今名流水，一作洸水，自南山流至皇子陂。今潏水不至皇子陂，由瓜洲村附神禾塹，上穿申店，而原愈高，鑿原而通，深至八九十尺，俗謂之坑河是也。瓜洲村之東北原上，潏水北岸上，尚有川流故道。西北過張王村之東，又西北經内家橋，又西北經下杜城，過沈家橋。杜城之西有丈八溝，即杜子美陪諸公子納凉遇雨之地。潏水上原西北流而合御宿川水，是名交水，在香積寺之西南。香積寺，唐永隆二年建，中多石像，塔磚中裂，院中荒凉，人鮮遊者。"在地當今西安市丈八溝東。又今西安市雁塔區電子城街道辦有杜城村。

隋京師大興善寺釋僧昕傳二十八

釋僧昕，潞州上黨人。自鶩道法津[1]，周聽大小，逮諸禪律，莫不登臨，傾渴身心，無席不赴。而導戒愚智[2]，衆通諠静，昕一其正度，恭慎横經，聆其披析，曾不忽忘。初，衆見其低目寡言[3]，絶杜論道，皆號爲矇叟也[4]。後有智者，問其文理，咸陳深奥。輕浮章句，略[5]不預懷，有問其故，答曰："勿輕末學，妙德常藏[6]，惟夫大覺[7]，方能静照。盛德明約，可無細瑕，愚師軌物，時有通悟，惟自兩明[8]，般鑒方取。會通不得[9]，以法累人，致乖祇奉[10]。"

暨周滅二教，逃隱泰山，大隋開法，還歸聽習，遊步洛下，從學遠公。十地、涅槃，咸究宗領。後入關[11]，住興善寺，體度高爽，不屈非濫[12]。時復談講，辯詞迅舉，抑揚有度。至於僧務營造，情重勤劬[13]，躬事率先，擔捷運涉。

仁壽中歲，置塔毛州護法寺[14]，下勑令送舍利[15]。初至公館，有沙門曇義者，高行名僧，聞諸舍利，皆放光明，我等罪業，一無所現，即解衣爲懺，燒指爲燈，竟夕供養。明旦出光，通屬人物，又出金瓶，迴旋行道，青赤白光，三色流照，經于信宿，其光乃隱。四月七日，初夜放光，赫赤欻然[16]，滿佛堂内，須臾出户，流照四檐。將入函時，又放赤光，烈盛逾日。通夜又放，照于函内[17]。四月十日，天花如雪，從空亂下，五色相間[18]，人皆收得。又感異香，微風普遍[19]，熏塞寺内。其函忽變爲青琉璃，内外通徹。人以白綾周匝數重，漫覆其函，又加甎，累灰泥其上。尋照其泥，還如函色，又灰泥上畫作十花，飾以金薄。及成就後，惟一金色，餘花皆采。未下塔前，有張世謙[20]，清信士也，常持八戒，遠離妻孥，静室誦經。[21]乃聞羣所梵讚之聲，出户看之，見有群僧，各執香花，繞旋供養[22]，迫之遂失。又見天人，持諸幡蓋，及以香花東南飛來，當于塔上，變成大雲，旋空良久。又見百餘沙門，在塔基上，執帚輂土，以陪增者。比及明晨，寂無所見。時經夏暑，土地乾燥，人皆思雨，應念即降，三四寸許，川野除煩。沙丘縣民路如意者，迴心信佛，望見光相，路雖遠映，舉目徹見。寺僧五人，在佛堂内，又聞塔邊，音樂讚嘆，聲極亮遠。重雨天花，滿四十里，塔基倍多。昕慶斯衆瑞，即具表聞。晚還資業，不測其卒。

【校注】

[1] 鶩：諸本同，麗初本作“鶩”誤。

[2] 戒：麗初本、趙本、興聖寺本作“或”誤，磧本同麗再本。

[3] 其：諸本同，興聖寺本脱。

[4] 矇：諸本同，磧本作“朦”誤。

[5] 案，此處，諸本同，興聖寺本衍入“智者，問其文理，咸陳深奥。輕浮章句”恰好爲一行。

[6] 藏：磧本、趙本作“箴”誤，麗初本、興聖寺本同麗再本。

[7] 惟夫：諸本同，磧本作“夫惟”。大：諸本同，興聖寺本作“人”誤。

[8] 自：諸本同，磧本作“目”誤。

[9] 通：諸本脱，今據磧本補。

[10] 乖：諸本同，興聖寺本作“卒”形。

[11] 關：磧本作“關”然刻寫近“開”，易誤認。

[12] 濫：麗初本、趙本、興聖寺本作“監”誤，磧本同麗再本。

[13] 劬：麗再本、麗初本、趙本作“切”誤，今從磧本、興聖寺本。案，“勤劬”指勞累；“勤切”爲殷切意。

[14] 毛州：北周大象二年置毛州，治館陶縣，當今山東冠縣東古城鎮。隋大業二年廢州。唐武德五年復置，貞觀元年又廢。

[15] 舍利：諸本脱。

[16] 欻：磧本、趙本、興聖寺本作“欲”，麗初本同麗再本。案，“欲然”，即“欲燃”，而“欻

然"爲忽然義。

［17］照：諸本同，磧本衍作"光照"。

［18］間：諸本同，興聖寺本作"關"誤。

［19］遍：諸本同，興聖寺本脱。

［20］有張世謙：磧本作"有張世謙者"，興聖寺本作"有張世謙者者"，麗初本、趙本同麗再本。

［21］案，諸本同，興聖寺本此處衍"又灰泥上畫作十花，飾以金薄。及成就後，惟一金色，餘花皆采。未下塔前，有張世謙，清信士也，常持八戒，遠離妻孥，静室誦經經。"恰好三行多一字。

［22］繞：諸本同，興聖寺本作"遠"形。

隋京師空觀寺釋玄鏡傳二十九

釋玄鏡，趙州人，立志清貞，不干流俗。四分一律，文義精通，不樂闡揚。恒尋異部，撽發違順[1]，品章廢立，有神彩焉。住空觀寺[2]，閑散優遊，無爲僧也。

仁壽二年，奉勑置塔本州無際寺。建基趾日，尋放赤光，變轉不常。或如形像，乍似樓闕。又出白光，時吐大小，巡繞瓶側。四月四日，又放光明，紫緑相間，三度乃止。又於光内見佛像，形長二尺餘，坐蓮花座[3]，并有菩薩俠侍嚴儀[4]，從卯至酉，方始歇滅。當此之時，有目皆覩。

鏡還空觀，復學禪宗。居止東院，合集同侶，多行頭陀，遂終其寺也。

【校注】

［1］撽：麗再本、磧本、興聖寺本作"激"誤，今從麗初本、趙本。案，"撽發"，即從前文"異部"律典，摘發與四分律相異者，故作"激發"誤。

［2］空觀寺：據唐兩京城坊考卷四，在唐長安城興化坊西南隅。約當今安化門街之東，何家村東。

［3］坐：諸本同，麗初本脱。

［4］俠：諸本同，興聖寺本作"夾"。

隋京師弘濟寺釋智揆傳三十

釋智揆，冀州人。愛慕涅槃，浄持戒行，不重榮渥，知足無求，住弘濟寺，閉門習業。僧衆服其智德，敬而宗之，每處勝筵，推其名實，而揆弗之顧也，退屏自修，若無聞見。

仁壽之歲，弘塔四方。有勑召揆送舍利於魏州開覺寺。初届治所，遂放大光,紫白相宣,五色遞發[1]。有尼智曠,冷疰積年[2]。因禮發願,乃見赤光遍室,便吐惡物,其患即除。有患重者,聞斯嘉慶,伏枕發願,亦蒙光照,平復如本,方來塔所。其例衆夥,不復具書[3]。又楊大眼者,先患兩目,冥無所見。牽來至轝,乞願求恩,即見舍利,如本明净。斯例復衆。四月八日,下塔既訖,西北雲來[4],雨花塔上,紛霏如雪,色似黄金。寺院皆遍,道俗收取,狀如金花。感一黑狗,莫知由來,直入道場,周旋行道。每日午後,與餅不食,與水便飲。至解齋時,與粥方食。寺内群犬,非常噤惡[5],一見此狗,低頭畏敬,不敢斜視。塔所樹碑,厚三尺半,忽發光彩,狀如琉璃,映物對視,分明悉見。又見象六[6],並現石碑内[7],至五月末,來於其碑中,七變相狀,或爲佛像、聖僧、雙樹,衆瑞非一,並以事聞。

揆晚徙迹終南[8],居閑禪寂,登陟巖藪,往而不返。

【校注】

[1] 遞:麗再本作"遽"誤,今據諸本改。

[2] 冷疰:諸病源候論卷二四冷注候:"注之言住也,言其連滯停住也,死後注易旁人。陰陽偏虚,爲冷邪所傷,留連腑臟。停滯經絡,内外灌注,得冷則發,腹内時時痛,骨節痛疼,故謂之冷注。"可知是一種復發性、傳染性疾病。

[3] 書:磧本、麗初本、興聖寺本作"舒",趙本同麗再本。

[4] 來:諸本同,磧本作"彩"誤。

[5] 噤:磧本、興聖寺本作"禁",麗初本、趙本同麗再本。"噤",因冷而哆嗦。

[6] 六:磧本、麗初本作"六牙",趙本、興聖寺本同麗再本。案,"象"同"像",下文"竝現"故與一象六牙不屬。

[7] 現:麗初本、興聖寺本脱,磧本、趙本同麗再本。

[8] 徙:諸本同,麗初本、趙本、興聖寺本作"徒"誤。

隋京師勝光寺釋僧範傳三十一

釋僧範,冀州人。學大小乘,静務心業,追師禪念,傾屈盡禮,所獲定要,倍於同侶。住勝光寺,以慧解見推。

及帝建塔,下勑徵召送舍利於本州覺觀寺[1]。每至日没,常放光明,黄赤交焰,變化非一[2]。沙門僧辯,患耳四年[3],聞聲如壁,一覩舍利,兩耳洞開,有逾恒日。州民蘇法會,左足攣跛十有餘年,委杖自扶,來禮乞願,尋得除差[4],放杖而歸。範目覩靈驗,神道若斯,信知經教,非徒虚誕,但由誠節未著,故致有差。後歸本寺,還遵前轍,未詳其卒。

【校注】

［1］覺觀寺：當今河北省冀州市古城西北開元寺。
［2］化：諸本同，興聖寺本作"他"形。
［3］年：諸本同，興聖寺本作"月"形。
［4］差：諸本同，磧本作"瘥"。在病癒這個義項上，"差"爲"瘥"本字。

隋京師净影寺釋寶安傳三十二

釋寶安，兖州人，安貧習學，見者敬之。初依慧遠，聽涉涅槃，博究宗領。周滅齊亡，南投陳國，大隋一統，還歸鄉壤。行次瀍洛，又從遠焉，因仍故業，彌見深隱。開皇七年，慕義入關，住净影寺。當遠盛日[1]，法輪之下，聽衆將千，講會制約，一付安掌。于時遠方輻湊，名望者多，難用緝諧，故在斯任。安隨機喻接，匡救有儀，雖具徵治而無銜怨，各懷敬嘆，登自稱焉[2]。講十地、涅槃，純熟時匠。性存攝嘿，不好揚演，有問酬對，辯寫泉流[3]。

仁壽二年，奉勅置塔於營州梵幢寺，即黄龍城也[4]。舊有十七級浮圖，權在其内[5]，安置舍利。當夜半上，並放白光，狀如雲霧，初惟一丈，漸大滿院，明徹朗然，良久乃滅。前後三度，相類並同。舊有石龜，形狀極大，欲作函用，引致極難。匠石規模，斵截成函，三分去二。安自思念，石大函小，何由卒成，懼日愆期，内懷憂灼。比曉看之，其石稱函，自然分析，不勞鐫琢[6]，宛爾成就。函雖神造，計應大重，薄用拖曳，輕迅若馳，不勞至寺，便依期限[7]。深慶情願。晚還京寺，不測其終。

【校注】

［1］當：諸本同，興聖寺本作"常"。
［2］自：麗再本、麗初本、興聖寺本作"白"，今從趙本、磧本。
［3］寫：諸本同，磧本作"瀉"誤。案，"寫"，即陳述。
［4］黄龍城：即今遼寧省朝陽市龍城區。"梵幢寺"，在朝陽市雙塔街北端，1988年清理出了隋代舍利塔地宫，發現了舍利和舍利塔銘殘碑。
［5］權：麗再本、麗初本作"擁"誤，今據磧本、趙本、興聖寺本改。
［6］不勞鐫琢：諸本同，興聖寺本作"勞營琢"，隨函録作"琢割"。
［7］依：諸本同，磧本作"衣"誤，趙本同麗再本。

隋京師仁覺寺釋寶巖傳三十三

釋寶巖，幽州人。標意十地，次綜毗曇，末究成實，故於宗部，涉獵繁焉[1]。户牖玄文，[2]疏條本幹，時傳富博。而性殊省事[3]，不樂談説[4]，苦祈敷散，精理載揚。住京下仁覺寺，守道自娛，無事交厚。仁壽下勑，召送舍利于本州弘業寺[5]，即元魏孝文之所造也，舊號光林。依峰帶澗，面勢高敞，多挾徵異，事遵清肅。故使行僻之徒，必致驚悚，由斯此衆，濫迹希過。自開皇將末，舍利到前，山恒傾搖[6]，未曾休止，及安塔竟，山動自息。又仁壽初歲，天降剃刀三十三枚，用甚銛利，而形制殊别，今僧常用以剃剪也。又初造石函，明如水鏡，文同馬瑙[7]，光似琉璃，内外照徹，紫焰光起，函外生文[8]，如菩薩像，及以衆仙、禽獸、師子、林樹，雜相非一。四月三日，夜放大光，明照天地，有目皆見。巖事了還，不測其卒。

【校注】

［1］焉：諸本同，麗初本作"馬"誤。

［2］案，諸本同，此處興聖寺本衍入"究成實，故於宗部，涉獵繁焉。户牖玄文"。

［3］殊：諸本同，興聖寺本衍作"殊有"。

［4］説：諸本同，興聖寺本脱。

［5］弘業寺：即今北京市宣武區的天寧寺，参見盛會蓮：隋唐時期幽州弘業寺藏舍利史事考，文物春秋 2007 年第 1 期。

［6］摇：諸本同，興聖寺本作"柱"誤。

［7］馬瑙：磧本作"碼碯"，興聖寺本作"馬碯"，麗初本、趙本同麗再本。

［8］文：諸本同，磧本作"紋"。

隋京師無漏寺釋明馭傳三十四

釋明馭，瀛州人。初學涅槃，後習攝論，推尋理源，究括疑滯。晚遊鄴下，諮訪未聞，隱義重玄，皆所披覽。開皇八年，來儀帝里，更就遷師[1]，詢求攝論。意量弘廣，容姿都雅，人有勃怒，初不改容，衆服其忍力也。住無漏寺[2]，講誦爲業。

仁壽中年，勑請送舍利于濟州崇梵寺[3]。寺基帶危峰[4]，多饒異樹，山泉盤屈[5]，脩竹蒙天，寔佳地也。剋日將下，寺有育王瑞像，乃放三道神光，遍于體上。金石榴色，朗晃奪精，經一食頃，乃遂漸歇。又聞磬聲[6]，摇曳長遠。寺東巖上，唱善哉聲，清暢徹心[7]，追尋莫委。又舍利函上，光高三尺，狀如花樹。本送舍利，分爲二粒[8]，出琉璃瓶，相隨而轉，並放光明。有黄白雲，從西南來，聲如雨相，流音樂聲，正當塔上，凝住不動。復見二花，從雲中出，或時上下。大鳥群飛，迴旋塔上。又於雲中，現仙人頭，其數無量。於此之時，莘州城人，見諸仙人，從空東來，向于魏州。[9]馭當斯運，欣慶嘉瑞，説不可盡。民百捨物[10]，積之如山，並用構塔。沙門五人，生逢奇瑞，捨戒爲奴，供養三寶。因勒銘紀，廣如別傳。

獻后昇遐，造禪定寺，召而處之，遂終世矣。

【校注】

[1] 遷師：即曇遷。

[2] 無漏寺：諸本同，興聖寺本作“大無漏寺”，在今西安市慈恩寺原址。

[3] 寺：諸本同，興聖寺本脱。案，1982年11月於山東平陰縣西南洪範池鎮龍池南側之臺地出土了刻有“大隋皇帝舍利寶塔”的石函蓋，現藏平陰縣博物館，當是崇梵寺原址。

[4] 峰：諸本同，麗初本脱。

[5] 泉：磧本、興聖寺本作“衆”誤，麗初本、趙本同麗再本。

[6] 磬：諸本同，興聖寺本作“聲”誤。

[7] 心：麗初本、趙本、興聖寺本作“止”誤，磧本同麗再本。

[8] 分爲二粒：諸本同，磧本衍作“函上分爲二粒”。

[9] 案，莘州治當今山東省莘縣，“魏州”治當今河北省大名縣東北，則知“仙人”從東邊濟州來，又略嚮西北而去，則其終點或者爲隋大興城。

[10] 百：磧本作“皆”，趙、興聖寺本本同麗再本。案，“百”爲百倍意，詩經秦風黄鳥：“如可贖兮，人百其身。”麗初本作“白”誤。

隋京師大興善寺釋道生傳三十五

釋道生，蒲州人，延統是其師也[1]。名父之子，係迹厥師[2]，雖雅尚未齊[3]，而思力方遠，仁正致懷，聲色無染。受持戒護，躭詠文言，四分一律[4]，薄霑聲教，講誨時揚，器法難擬[5]。住興善寺，卓卓標異[6]，目不斜眄，威儀安怗[7]，衆敬憚之。

仁壽二年，勑召送舍利于楚州[8]。初停公館，感一野鹿，直入城門，防人牽來，詣舍利所，自然屈拜[9]，馴善安隱。生曰：“爾爲舍利，可上升階，必若他緣，隨意而去。”鹿聞此語，遂即升階，出入帳前，往還無難。乃爲説歸戒，鹿乃頓頭香案，如有聽受。因以繒帛繫之，即舐人手。夜卧轝邊，或往生房。經停兩宿，自然退出，還歸荒野[10]。及當下日，白鶴兩雙，飛旋塔上，覆訖方逝。生覩斯瑞，與諸僚屬，具表以聞。並銘斯事，在于塔所。既還京室，不測所終。

【校注】

[1] 延統：即曇延。

[2] 係：諸本同，麗初本作“孫”誤。師：諸本同，興聖寺本作“風”。

[3] 雅：諸本同，興聖寺本脱。
[4] 分：諸本同，興聖寺本之複印本作“八”，然細審當是複印時脱“刀”。
[5] 器：諸本同，興聖寺本作“樂”。
[6] 卓卓：趙本作“卓犖”誤，興聖寺本作“卓”脱，麗初本、磧本同麗再本。
[7] 安：諸本同，興聖寺本作“妥”。怗：麗再本作“帖”，今據諸本改。
[8] 楚州：隋開皇元年置，仁壽時治當今江蘇省淮安市淮安區。
[9] 屈：諸本同，興聖寺本作“屛”誤。
[10] 歸：麗初本、趙本作“皈”，磧本、興聖寺本同麗再本。

隋京師勝光寺釋法性傳三十六

釋法性，兖州人。少習禪學，精厲行道。少欲頭陀，孤遊海曲，時復入俗，形骸所資，終潛林阜，沉隱爲任。開皇十四年，文帝東巡，搜訪巖穴，因召入京，住勝光寺。仁壽之年，勑召送舍利於本州普樂寺[1]。初營外函，得一青石。錯磨始了[2]，將欲鎣飾，變成馬瑙[3]，五色相雜，文彩分明，函内斑剥[4]，雜生白玉，凝潤光浄。函之内外，光如水鏡，洞照無障。當入函時，正當基上，白鳥一雙，翺翔緩飛，繞塔而轉。塔西奈樹，枝葉並變[5]，爲真金色。及文帝既崩，置大禪定，延住供養。遂卒于寺，八十餘矣。

【校注】

[1] 普樂寺：即今山東省濟寧市兖州區酒仙橋北路10號之隆興寺，2008年此寺佛塔地宫出土了舍利與相關文物多件。
[2] 錯：諸本同，磧本作“鑽”誤。“錯”，打磨玉石。
[3] 馬瑙：磧本作“碼碯”，興聖寺本作“馬碯”，麗初本、趙本同麗再本。
[4] 斑剥：磧本、趙本作“班駮”，麗初本、興聖寺本同麗再本。案，“斑剥”“班駮”同“斑駁”，聯綿詞。
[5] 枝：諸本同，興聖寺本作“支”。

隋京師沙門釋辯寂傳三十七

釋辯寂，徐州人，少以慧學播名，汎浪人世，遊講爲業。末在齊都，專攻大論及阿毗曇心，未越周年，粗得通解[1]。會武平末歲，國破道亡，南適江陰，復師三論。神氣所屬，鏡其新理。開皇更始，復返舊鄉，桑梓仍存[2]，友朋殂落。西入京室[3]，復尋昔論，龍樹之風，復由光遠。

仁壽置塔，勑召送于本州流溝寺[4]。及初達也，舍利塔所，忽見異光，照寺北嶺及以南山，朗同朝日。又於石佛山内，採石爲函，磨飾纔了[5]，彩文間發[6]，彪炳光現。山海、禽獸、仙人等像，備出其中。雖復圖取，十不呈一。晚綜前業，演散京華，福利所兼，俱充寺府，不測其終。

【校注】

［1］得：麗初本、趙本、興聖寺本作“朗”誤，磧本同麗再本。

［2］仍：諸本同，磧本作“乃”誤。

［3］入：諸本同，興聖寺本作“人”誤。

［4］流溝寺：在今安徽省宿州市埇橋區夾溝鎮，北距今江蘇徐州市三十公里。

［5］纔：諸本同，興聖寺本作“既”形。

［6］文：諸本同，磧本作“紋”。

隋京師大興善寺釋静凝傳三十八

釋静凝，汴州人，遷禪師之門人也[1]。早年聽受，深閑邪正[2]，經律、十地，是所諮求。後師攝論，備嘗幽顯[3]。常樂止觀[4]，掩關思擇[5]。緣來便講，唱吼如雷[6]，事竟退静，狀如愚叟，世間之務，略不在言。人不委者，謂爲庸劣，同住久處，方知有道[7]。兼以行不涉疑，口無慶吊，塊然卓坐，似不能言。開皇六年，隨遷入雍，住興善寺。仁壽二年，下勑送舍利于杞州[8]。初至，頻放白光，狀如皎月，流轉通照。及下塔日，白鳥空中，旋繞基上，瘞訖遠逝。更有餘相，凝爲藏隱，示出一二，知大聖之通瑞也，餘則隱之不書。及至京師，又被責及，方便解免，不久而終[9]。

【校注】

［1］遷禪師：即曇遷。

［2］閑：磧本、麗初本作“闕”，趙本同麗再本，興聖寺本字迹不清。案，“閑”通“嫻”。

［3］顯：諸本同，興聖寺本作“隱”形。

［4］止：磧本、興聖寺本作“正”，麗初本、趙本同麗再本。

［5］掩：諸本同，興聖寺本脱。

［6］吼：諸本同，興聖寺本作“孔”誤。

［7］方：諸本同，興聖寺本作“分”誤。

［8］杞州：隋開皇十六年置杞州，大業三年州廢。唐武德四年復置杞州，貞觀元年廢，治當今河南省杞縣。

［9］終：磧本衍作“終世矣”，興聖寺本作“不久終世”，麗初本、趙本同麗再本。

隋京師揚化寺釋法楷傳三十九

釋法楷，曹州人[1]。十五出家，依相京賢統而爲弟子[2]，師習涅槃，通解文義。及受具後，專攻四分。雲、暉兩匠[3]，振綱齊都[4]，備經寒暑，伏面諮稟，皆賜其深奥，無所孑遺。及齊法俱亡，南避淮表，壽山之陽，隨開律教[5]。開皇首歲，大闢法門，還返曹州。欲終山水，將趣海岸，而道俗邀留，不許東騖。楷性虚静，更於城北三里左丘山[6]，營造一寺，名曰法元。高顯平博，下臨城邑，遥望發心[7]，皆來受法。末爲安而能遷[8]，古人所尚，久在塵厭，不無流轉，便入關壤，觀化京都，住揚化寺，復揚戒律。

仁壽置塔，奉勅送舍利於曹州。楷以初基有由，欲報斯地，表請樹塔，還置法元，上帝不違，任從所請[9]。初達曹部，置鞏州治[10]，廣現神瑞，備如别紀。但學未經遠，難得遍知[11]，故略編之，想未繁撓，日别異見，具如後述。於三月十四日中時，見佛半身，面白如玉。舍利輿前，佛頂之上，黄赤光起。二十九日，夜降甘露，味甜逾蜜。現於赤光[12]，遍於城上，須臾流照，達于塔所。四月五日，舍利上踴，白色鮮明[13]。其日申時，帳上北面，忽見光影，中有白雲，氣中生樹，狀如青桐，下有青色師子，面西而蹲[14]。

六日卯時，復有光影，見雲氣内，有三蓮花，兩廂雙樹，下有佛像，樓閣樹林，沓重而出[15]，上有立菩薩像。辰時，又見金色光明，出没漸大。巳時，復見重閣，閣上有樹，葉如貝多，旁立聖僧。午時[16]，復現雙樹之形，下列七佛[17]。申時，雙樹又見，一佛二菩薩像，三花承足。又見天人擎花在空，黄師子等。亥時，帳後見千佛形，舍利室内出黄白光[18]。

四月七日，又見雙樹，黄雀一頭及以光雲、師子等像。辰時，又見金翅鳥身、飛龍、樹林，寶蓋等像，旁現二菩薩及黄師子[19]。巳時，又見寶幢、樹林，下有菩薩、黄衣居士、白色師子蹲踞石上。又有雲氣、樹林、樓閣、菩薩。午時，又見白色雲氣、寶幢、樹林、青色師子。申時，又現雙樹繁茂，須臾變爲宫殿樓閣[20]、佛坐花臺，其色黄白。亥時，雲起西北，雨潤三寸。雲上六天，一時見身。

四月八日，將欲下塔，平旦之時，天雨白花，飛颺不下。卯時，又見諸天、寶蓋、樹側菩薩及黄師子。辰時，又見大蓋兩重，衆寶莊嚴，下坐菩薩及白師子踞在石上。帳上又見光影雲氣，氣中金光，乍大乍小。下有蓮花，時開時合[21]。又雨天花，大者在空，面闊尺餘，小者墮地[22]，狀如桃花[23]。巳時，帳後見三諸天、三師子及蓮花水池。午時將下[24]，又見雙樹并立菩薩，舍利忽分，以爲五粒，流轉光曜。

四月九日，填平已後，帳後板上，光影之内，疊石文生。又見大樹，青衣沙門執爐而立。又感奇香,郁烈人鼻。

楷具列聞[25],帝大悦,令圖續之[26],以流海内。自仁壽創塔,前後百餘,感徵最優,勿高於楷。後以常業,終於本寺。

【校注】

[1] 曹:諸本同,磧本作"青"誤,下文有"初基有由,欲報斯地",當是出生在曹州。
[2] 弟:諸本同,興聖寺本作"君"誤。
[3] 兩:諸本同,磧本作"雨"誤。
[4] 綱:麗再本、麗初本、趙本作"紐"形近而誤,今據磧本、興聖寺本改。
[5] 隨:諸本同,磧本作"隋"。
[6] 左丘山:當今山東省定陶縣馬集鎮郭莊村南之左山,現存左山寺。據宋曹州左山興化禪院重修寶乘塔碑記載,此寺在隋代稱"法源寺"。參見孫明:菏澤市古刻調查與研究,科學出版社2015年。
[7] 望:諸本同,興聖寺本脱。
[8] 末:諸本作"未",今據文意改。
[9] 任:諸本同,興聖寺本作"仁"誤。
[10] 治:諸本同,麗再本作"内"誤。
[11] 遍知:諸本同,興聖寺本衍作"適遍知"。
[12] 現:磧本、興聖寺本作"見",麗初本、趙本同麗再本。
[13] 白:諸本同,興聖寺本作"有"誤。
[14] 西:諸本同,興聖寺本脱。
[15] 沓重:諸本同,磧本作"重沓"。
[16] 午時:麗初本、趙本衍作"并午時",磧本、興聖寺本同麗再本。
[17] 七:麗初本、興聖寺本作"十",磧本、趙本同麗再本。
[18] 室:麗初本、趙本作"至",磧本、興聖寺本同麗再本。
[19] 旁:諸本同,磧本作"傍"。
[20] 樓閣:麗初本、趙本作"樓闕",興聖寺本作"闕",磧本同麗再本。
[21] 時開:諸本同,興聖寺本脱。
[22] 墮:諸本同,興聖寺本作"隨"誤。
[23] 狀:諸本同,興聖寺本作"獄"誤。
[24] 將:諸本同,興聖寺本脱。
[25] 列:諸本同,興聖寺本作"烈"誤。
[26] 續:磧本、麗初本、興聖寺本作"經"。案,"繢"同"繪",畫。

隋京師轉輪寺釋智能傳四十

釋智能,姓李氏[1],懷州河内人。希意遠塵[2],束懷律教,收聽令譽,風被河右[3]。開皇之始,觀道渭陰,隨奉資行,住轉輪寺。仁壽置塔,奉勑召送於青州勝福寺中[4]。處約懸峰，山參天際，風樹交結，迴瞰千里，古名巖勢之道場也，元魏末時，創開此額。初置基日，疏山鑿地，入土三尺，獲古石函。長可八尺，深六尺許，表裹平滑，殆非人運。所謂至感冥通，有祈斯應矣。及下舍利，大放光明，挺溢山宇[5]，道俗俱見。乃至出没流轉，變狀叵論[6]。能晚還寺，更崇定業[7]，林泉栖託，不預僧倫，逃名永逝，莫測其終[8]。

【校注】

[1] 姓：諸本無，今據磧本補。

[2] 希：諸本作"布"誤，今從磧本。案，"希意"，語出莊子漁父："希意道言謂之諂，不擇是非而言謂之諛。"

[3] 風：諸本同，興聖寺本作"夙"誤。

[4] 青州勝福寺：在今山東省青州市南十公里之劈頭山東麓之廣福寺遺址。此地在明代就發現了隋代的"舍利塔下之銘"，今存青州市博物館，因其記事完備，今全文録下：

舍利塔下銘

維大隋仁壽元季歲次辛酉，十月辛亥朔，十五日乙丑，皇帝普爲一切法界幽顯生靈，謹於青州逢山縣勝福寺奉安舍利，敬造靈塔。願太祖武元皇帝、元明皇后、皇帝、皇后、皇太子、諸王、子孫等，並内外群官，爰及民庶、六道三塗、人非人等，生生世世，值佛聞法，永離苦空，同升妙果。

敕使大德僧智能、侍者曇曶、侍者善才，敕使羽騎尉李德諶。

長史邢祖俊、司馬李信則、録事參軍丘文安、司功參軍李佶。

孟弼書。

[5] 挺：諸本同，趙本作"盈"。

[6] 叵：諸本同，麗再本作"匹"誤。

[7] 業：諸本同，興聖寺本作"禁"形。

[8] 其終：磧本作"終卒"，興聖寺本作"終所"，麗初本、趙本同麗再本。

隋京師真寂寺釋曇良傳四十一

釋曇良，姓栗[1]，潞州人。十六出家，專尋經典。及長成德，以大論傳名[2]，兼講小經。接叙時俗，亟發歸信，爲衆賢之賞。入京遊聽，住真寂寺。文帝下勑，召送舍利于亳州開寂寺[3]。將欲起塔，先造石函，地非山鄉，周訪難得。良曰："待覓得石，期至叵成[4]，但發勝心，何緣不濟。"乃要心祈請，願賜哀給。忽於州境獲石三枚[5]，底廂及蓋各是異縣運來，合之宛是一物。衆嘉異之，具聞臺省。

良性樂異迹，周覽觀之。亳州西部穀陽城中有老君宅，今爲祠廟，庭前有古柏三十餘株[6]，碑文薛道衡製。廟東百餘步，老君母宅，亦有廟舍。次西十里,有苦城,即傳所云“李聃,苦縣人[7]”,斯處是也。還歸本寺,專誠懺禮,食息已外,常在佛前。唐初卒世[8],八十餘矣。

【校注】

[1] 栗:諸本同,磧本作“粟”。
[2] 傳:諸本同,興聖寺本作“得”。
[3] 亳州:治當今安徽省亳州市譙城區。
[4] 叵:麗再本作“匹”誤,今據諸本改。
[5] 枚:諸本同,磧本作“杖”誤。
[6] 古:麗再本、麗初本、趙本無,今據磧本、興聖寺本補。
[7] 縣:諸本同,興聖寺本脱。
[8] 世:諸本作“也”,今從磧本。

隋京師沙門釋道嵩傳四十二

釋道嵩,姓劉,瀛州河間人[1]。十三出家,遊聽洛下,訪訊明哲,終日栖遑[2],衣服麤單,全不涉意。值慧遠法師講諸經論,陶染積時,遂寢幽極。隨入京室[3],爲慕義學士,同侶推崇,道心人也。仁壽置塔,勑召送於蘇州。舍利將至,井吼出聲[4],二日乃止。造基掘地[5],得古甎函,内有銀合,獲舍利一粒,置水甌内[6],旋繞呈祥,同藏大塔。嵩還京室,住總化寺[7]。餐味涅槃,依行懺悔,身戒心慧,悉戴奉之。一鉢三衣,盈長不畜,遵經聖行,息世譏嫌,遂卒於世。

【校注】

[1] 瀛州河間:北魏置河間郡,後改爲國,郡治在武垣縣,屬瀛州。隋開皇初郡廢,置瀛州。大業三年廢瀛州,復置河間郡,治河間縣,即今河北省河間市。唐武德四年廢河間郡。
[2] 栖遑:磧本作“恓惶”,興聖寺本、麗初本、趙本同麗再本。“栖遑”即“恓惶”。
[3] 室:磧本、麗初本、興聖寺本脱,趙本同麗再本。
[4] 吼:諸本同,興聖寺本脱。
[5] 掘:麗再本、麗初本、趙本作“堀”,今從磧本、興聖寺本。
[6] 甌:麗再本、麗初本、趙本作“瓶”,今據磧本、興聖寺本改。
[7] 總化寺:位於唐長安城安興坊内。

隋京師静法寺釋智嶷傳四十三[1]

釋智嶷,姓康,本康居王胤也,國難東歸,魏封于襄陽,因累居之,十餘世矣。七歲初學，尋文究竟，無師自悟，敬重佛宗。雖晝權俗緣[2]，令依學侶，而夜私誦法華，竟文純熟，二親初不知也。十三拜辭，即蒙剃落。更諮大部，情因彌著[3]。二十有四，方受具足。携帙洛濱，依承慧遠，傳業十地及以涅槃，皆可敷導[4]。後入關中，住静法寺。仁壽置塔，勑召送舍利于瓜州崇教寺[5]。初達定基，黄龍出現於州側大池[6]，牙角身尾[7]，合境通矚，具表上聞。

嶷住寺多年，常思定慧，非大要事[8]，不出户庭。故往參候，罕覩其面。末以年事高邁，勵業彌崇，寺任衆務[9]，並悉推謝。唐初卒也，七十餘矣[10]。

【校注】

[1] 隋京師沙門釋道嵩傳四十二、隋京師静法寺釋智嶷傳四十三：案，釋道嵩傳，麗再本、興聖寺本爲傳四十三，釋智嶷傳，麗再本、興聖寺本、趙本爲傳四十二，今據正文及磧本、麗初本改。嵩：諸本同，麗初本作“崇”誤。

[2] 權：磧本作“摧”誤，興聖寺本字迹不清似作“擁”形，麗初本、趙本同麗再本。

[3] 因：磧本、興聖寺本作“用”是，麗初本、趙本同麗再本。

[4] 可：諸本同，興聖寺本作“所”形。

[5] 舍利：諸本無，今據磧本補。案，此寺或在敦煌莫高窟左近。參見王惠民：董保德功德記與隋代敦煌崇教寺舍利塔，敦煌研究 1997 年第 3 期。

[6] 龍：諸本同，興聖寺本脱。

[7] 牙：麗再本作“于”，興聖寺本作“乎”形，麗初本、趙本同磧本，今趙本、磧本。

[8] 大：諸本同，磧本作“夫”。

[9] 任：諸本同，趙本作“住”誤。

[10] 七十：諸本同，磧本作“年七十”，趙本同麗再本。

隋京師净影寺釋道顔傳四十四[1]

釋道顔，姓李氏，定州人。初學遠公，涅槃、十地，領牒樞紐，最所殷贍。仍頻講授[2]，門學聯塵，道啓東川，開悟不少。後入京輦，還住净影寺[3]，當遠盛世，居宗紹業。仁壽中年，置塔赤縣，下勑徵召，送舍利于桂州[4]。初入州境，有鳥數千，齊飛行列，來迎輿上，從野入城，良久方散。及下安處[5]，感五色雲，靉靆垂布，屯聚基上。餘便廓清，日曜天地。

後返京邑，常尊上業[6]。唐運惟新，宇内尚梗，崇樹齋講，相循净影。因疾而卒，春秋七十餘，即武德五年矣。臨終清漱，手執香爐，若有所見，奄然而逝。

自顔之處世也，衣服麤素，不妄朋從；行必以時，情避嫌郄[7]；言必詳審，深惟物忤。又兼濟禽畜，慈育在心，微經惱頓，便即垂泣[8]。不忽童稚，不行楚叱，縱有輕陵[9]，事同風拂。顧諸屬曰：“不久去也[10]，何煩累人。”故於無常，得其旨矣。

【校注】

［1］净：諸本同，興聖寺本作"静"誤。
［2］仍頻：磧本、興聖寺本作"頻仍"，麗初本作"仍"脱，趙本同麗再本。
［3］寺：諸本同，興聖寺本脱。
［4］桂州：治當今廣西桂林。
［5］下：諸本同，興聖寺本脱。
［6］尊：諸本同，興聖寺本作"遵"。
［7］郄：磧本作"隙"，趙本同麗再本。"郄"同"隙"。
［8］泣：諸本同，興聖寺本作"位"。
［9］陵：麗初本、趙本、興聖寺本作"淩"，磧本同麗再本。
［10］久：諸本同，磧本作"人"誤。

隋京師净影寺釋净辯傳四十五[1]

釋净辯，姓韋，齊州人。少涉儒門，備聞丘索，孔、墨、莊、老，是所詢謀。忽厭浮假，屏迹出家，經律具嘗，薄通幽極。復纏名教[2]，避世山林，受習禪門，息緣静慮[3]。開皇隆法，入住京師，依止遠公，住净影寺，更學定境。又從遷、尚受攝大乘[4]，積歲研求，遂終此業。曾與故友，因事相乖，彼加言謗，辯終不雪[5]。及委由問，答曰："吾思其初結交也，情欣若弦[6]，豈以後離，復陳其失？"時以此高之。

後勑召送舍利於衡州岳寺[7]。本號大明，即陳宣帝爲思禪師之所立也。行達江陵，風浪重阻，三日停浦，波猶未静，又迫嚴程，憂遑無計[8]。乃一心念佛，衝波直去，即蒙風止，安流沿下[9]。既入湘水，泝流極難，又依前念，舉帆利涉。不盈半月，便達衡州。及至岳寺，附水不堪，巡行山亭[10]，平正可構。正當寺南而有伏石，辯乃執爐發願，必堪起塔，願降祥感。便見岳頂，白雲從上而下，廣可一疋，長四十里，至所造基[11]，三轉旋迴，久久自歇。又感異香，形如削沉，收穫數斤，氣烟倍世[12]。道俗稱慶，因即構成。初此山僧顗禪師者，通鑒僧也，曾有一粒舍利，欲建大塔，在寺十年，都無異相。及今送至，乃揚瑞迹，黄白大小，聚散不定。當下之日，衡山縣治顯明寺塔，放大光明，遍照城邑，道俗同見。古老傳云：此寺立來三百餘年，但有善事，必放光明，經今三度，將非帝王弘福，思與衆同，感見之來，誠有由矣。辯欣斯瑞迹，合集前後見聞之事，爲感應傳一部十卷。後興禪定，復請住之。大業末年，終於此世。

論曰：

夫吟嘯之鼓風雲，律調之通寒暑，物理相會，有若自天，況乃神道玄謀，義乖恒應，而可思也。故聖人之爲利也，權巧衆途，示威雄以攝生；爲敦初信，現光明而授物。情在悟宗，規模之道既弘，汲引之功無墜。至於混小大之非有[13]，均彼我之恒儀；齊色心於性空，絶形有之流轉；幽通而楊化本[14]，極變以達神源。斯道窮微，非厝言也。然則教敷下土[15]，匪此難弘，先以威權動之，後以言聲導之，轉發信然[16]，所以開萌漸也。

像末澆競，法就崩離，神力静流，通感殆絶。二石之世，澄上揚名；兩蕭接統，誌公標德。備諸紀録，未敢詳之。頃世蒙俗，情多浮濫，時陳靈相，或加褒飾[17]，考覈本據，顛墜淫邪[18]。妖異之諺林蒸[19]，是非之論蜂起。至如觀音之拔濟[20]，信而有徵；大聖之通夢，華實相半。斯則託事親蒙，難免語意無涉，餘求想象，實假冥緣，故得有倫虚指[21]。因斯以言，良有以也。圓通之遊聖寺，昭達之涉仙宫[22]，信其言焉，難窮事矣，前傳之叙蓬萊，無乖鄙例。曩者顯宗通感，創開玄化之基，法本内傳，具列靈通之應，或騰虚而現奇，或飛光而吐瑞。有晋嘉相，雜沓臻焉，曇翼之感育王[23]，陶侃之逢妙德[24]，自後繁華，難具陳矣。

隋高建塔之歲，踴瑞紛綸。神光矚於群物[25]，至澤通於疾癘[26]；天花與甘露同降，靈芝共瑞鹿俱程。空遊仙聖，結霧來儀；水族龜魚，行鱗出聽。百有餘塔，皆備潛通，君臣相慶，緇素欣幸[27]。其德榮明，不可加也。然而當年即世，或墜流言。俗習常談，五福欣其壽考；通神達命，三畏君子所弘。

及煬帝鎔鑄高陽[28]，開模之始，其像頂含翠髻，身曜紫金。靈光通普[29]，顯五色之希奇；瑞花滿庭，開六彩之殊相。上下同泰，無德稱焉，下詔圖之，遠頒郡國。義當嚮斯厚澤[30]，荷福無疆；遺厥宗社，如山之固。尋復兵飢荐集[31]，宇内分崩[32]，亡曆喪寶，卒于身世。統詳終古，五運非不推遷；近以情求，殃慶迷其倚伏。又如聖母上天，功高遂舉；輪王[33]樹塔，禍及凶終。[34]何以明其然乎？信由業命之淳薄，故感報果之休咎耳。豈以恒人之耳目，而遠籌於三世之道哉。

若夫卜商、賈誼之爲言，班彪、季康之著論[35]，但知混而謂之命，莫辯命之所以爲然[36]。何異見羅紈於篋笥，而未識成之由機杼也；覩百穀於倉廪，而未知得之由稼穡也。儒之所云命也，釋之所云業也。命繫於業業繫於心。心發其既參差[37]，業成故亦無准，是以達命業之開士，知報熟而無辭；迷因果之恒人，謂徒言而不應。故馬遷嗟報施之爽[38]，積疑而莫之通；范滂惑善惡之宜，含情而無以釋[39]。斯皆覩流而不尋源，見一而不知二。

覽釋門之弘教，豈復淪斯網哉？夫造業千端，感報萬緒，或始善而終惡，故先榮而後枯；或吉凶之雜起，故禍福而同萃。惟色一也，等面異而殊形；惟心一也，齊百化而無定[40]。故無學或業盡於此生[41]，往業或終於即世[42]；

有縛感由於既往,受報未止於今時。身子悟理之通人,常懷疾惱[43];目連威雄之達士,終纏碎身[44];至聖納謗於祇園[45],王子被讒於清衆[46];儒宗絶粒于陳壤,堯、湯遭變于中原。雖玄素之相或乖,而業命之緣無爽。是知,文、煬大寶,往福終於此世;崇建塔像,今業起於將來[47]。交運相投,無識因之致惑;隋遭兩鏡[48],通命豈其然乎。復有深宫法濟,寄神祝而銷災;慧日法安,憑斫石而流水[49];轉明之越巨浸[50],通達之沐炎湯;瓊公拜而邪象崩,道英終而大地轉。斯德衆矣,其徒繁矣,既云神化,固不可以由來擬之,輒叙篇中,識僧倫之難偶耳[51]。

【校注】

[1] 净:諸本同,興聖寺本作“静”誤。
[2] 復:磧本、麗初本、興聖寺本作“後”,趙本同麗再本。
[3] 慮:諸本同,磧本作“處”誤。
[4] 遷尚:即遷上、曇遷。
[5] 雪:諸本同,興聖寺本作“雲”。
[6] 弦:諸本同,磧本作“絃”。
[7] 岳寺:諸本同,趙本作“大岳寺”,岳:諸本同,興聖寺本作“兵”,本卷下同,不一一出校。案,“衡州岳寺”即衡州衡岳寺,在今湖南省衡陽市南岳衡山紫雲峰下,今爲岳雲中學。
[8] 遑:諸本同,磧本作“惶”。“遑”通“惶”。
[9] 沿:諸本同,興聖寺本作“公”。
[10] 亭:諸本同,興聖寺本作“高”形。
[11] 造:麗再本、麗初本、趙本、隨函録作“迂”,磧本作“塔”,今從興聖寺本。
[12] 世:諸本同,興聖寺本作“卅”誤。
[13] 之:麗初本、趙本、興聖寺本脱,磧本同麗再本。
[14] 楊:磧本、興聖寺本作“揚”是,麗初本、趙本同麗再本。
[15] 教敷:諸本同,興聖寺本作“敷教”。土:諸本同,磧本作“士”誤。
[16] 轉:磧本、興聖寺本作“輪”誤,麗初本、趙本同麗再本。
[17] 或加:諸本同,興聖寺本作“惑如”誤。
[18] 墜:麗初本、興聖寺本脱,磧本、趙本同麗再本。
[19] 蒸:諸本同,隨函録作“菡”。
[20] 拔:麗初本作“狀”誤,趙本作“柭”誤,磧本、興聖寺本同麗再本。
[21] 倫:麗再本作“淪”,今據諸本改。
[22] 昭:諸本作“照”誤,指“章昭達”,典出本書卷七寶瓊傳。仙:諸本同,興聖寺本作“仁”形。
[23] 曇翼之感育王:東晋僧人曇翼招引阿育王所造佛像的故事,見於高僧傳卷五。
[24] 陶侃之逢妙德:指東晋陶侃鎮廣州期間從海里撈出“乃阿育王所造文殊師利菩薩像”,詳見法苑珠林卷二一。
[25] 囑:磧本、興聖寺本作“屬”,麗初本、趙本同麗再本。

[26] 癘：諸本同，磧本作“厲”誤。

[27] 欣：磧本作“欽”誤，麗初本、興聖寺本作“扶”誤，趙本同麗再本。

[28] 高陽：即老子，傳老子爲高陽氏後裔。

[29] 普：諸本同，磧本作“照”是。

[30] 嚮：磧本、興聖寺本作“響”，麗初本、趙本同麗再本。案，“嚮”通“饗”，“響”則未見通“饗”之例。

[31] 兵：諸本同，興聖寺本作“丘”。

[32] 宇：諸本同，磧本作“宗”誤。

[33] 輪王：案，興聖寺本續高僧傳三十卷本全，然筆者所得複印本從此處以下至全書末，闕失。

[34] 案，“聖母”即佛母，傳釋迦牟尼生下七天後其母即上升忉利天。“輪王”即阿育王，阿育王中年後大舉施捨，晚年被太子囚禁。

[35] 班彪、季康之著論：“季康”，磧本作“李康”誤，麗初本作“孝康”，趙本同麗再本，應是“嵇康”。案，論語顏淵：“子夏曰：商聞之矣，死生有命，富貴在天。”賈誼新書卷八道德説：“命者，物皆得道德之施以生，則澤、潤、性、氣、神、明，及形體之位分、數度，各有極量指奏矣。此皆所受其道德，非以嗜欲取捨然也。其受此具也，礐然有定矣，不可得辭也，故曰命。命者，不得毋生，生則有形，形而道、德、性、神、明因載於物形，故曰‘礐堅謂之命’，‘命生形，通之以定’。”班彪撰王命論，見文選卷五二。嵇康撰難宅無吉凶攝生論，見嵇康集。

[36] 辯：諸本同，磧本作“辨”。

[37] 其既：諸本同，磧本作“既其”倒。

[38] 故：諸本同，磧本衍作“故正”。案，典出史記卷六一伯夷列傳：“余甚惑焉，儻所謂天道，是邪非邪？”

[39] 情：諸本同，磧本作“憤”應是。案，據大正藏校引宮本“而無”至“無識因之”脱。本句典出後漢書卷六七范滂傳：“建寧二年，遂大誅黨人，詔下急捕滂等。……滂跪受教，再拜而辭。顧謂其子曰：‘吾欲使汝爲惡，則惡不可爲；使汝爲善，則我不爲惡。’”

[40] 百化：諸本同，磧本作“自他”誤。

[41] 業：麗再本、麗初本、趙本無，今據磧本補。案，“無學”與下文“有縛”相對。“無”即萬法皆空之空，“無學”即悟空也。“有縛”，即尚有執著也。

[42] 或：麗再本、麗初本、趙本無，今據磧本補。

[43] 身子悟理之通人，常懷疾惱：典出維摩詰經。

[44] 目連威雄之達士，終纏碎身：典出佛本行集經卷四七舍利目連因緣品。

[45] 至聖納謗於祇園：見梵網六十二見經。

[46] 王子被讒於清衆：典出大乘大集地藏十輪經卷第二。

[47] 今：諸本同，磧本作“令”誤。

[48] 隋：諸本同，磧本作“隨”。

[49] 斫：麗再本、麗初本、趙本作“研”，今從磧本。

[50] 浸：諸本脱“浸”字，今據磧本補。“浸”，永北本作“防”。

[51] 倫：諸本同，麗初本作“僧”。

續高僧傳卷第二十七[1]

遺身篇第七正傳十二[2]　附見四[3]

南齊蜀部會州寺沙門釋法凝傳一[4]

釋法凝[5]，會州人也[6]，俗姓龐氏。初，齊武帝夢游齊山，不知在何州縣，散頒天下覓之。時，會州父老奏稱[7]："去州城北七里臣人山是，舊號齊山。"武帝遣於上立精舍，度僧，給田業，凝以童子，在先得度。專心持戒，道德日新，月六年三，齋供不斷。但以坐禪爲念，出禪則誦經。恒常入禪，百姓争往看而不敢入，唯於窗中遥見。動經一月，出猶不食，大德名僧，多往勸之，雖復進食，漸漸微少。後年至七十，於佛像前置座而坐，初燒一指，晝夜不動，火然及臂，諸人與弟子欲往撲滅[8]，及有叫唤者，復有禁止不聽者。臂然，火焰彌熾，遂及身。七日七夜，時俗男女，有號哭自槌者，又有頂禮讚歎者。至身盡，唯一聚灰[9]，衆共埋之，於上起塔。今唯有一精舍在，餘皆摧滅。

【校注】

[1] 七：磧作"九"，麗初本同麗再本。此卷，趙本闕佚，興聖寺本未參校。

[2] 十二：麗初本作"十"，磧本同麗再本。案，麗初本無"南齊蜀部會州寺沙門釋法凝傳一""唐梓州沙門紹闍梨傳十一忘名字"。

[3] 四：麗再本、麗初本作"二"，今據磧本改。

[4] 南齊蜀部會州寺沙門釋法凝傳一：麗初本無，磧本同麗再本。

[5] 案，此傳，麗初本無。

[6] 會州：隋開皇六年改蜀州置會州，治所在廣陽縣，今四川省茂縣西北。大業初改爲汶山郡。唐武德元年復爲會州，治所在汶山縣，今四川省茂縣。武德四年改爲南會州，貞觀八年，改南會州爲茂州。

[7] 州：諸本同，磧本作"之"。

[8] 撲：諸本同，磧本作"㒒"。

[9] 一：磧本作"有"。

周益部沙門釋僧崖傳二[1]

釋僧崖,姓牟氏,祖居涪陵[2]。晉義熙九年,朱齡石伐蜀,涪陵獽三百家隨軍平討,因止于廣漢金淵山谷,崖即其後也。而童幼少言,不雜俳戲,每遊山泉,必先禮而後飲。或諦視不瞬[3],坐以終日。人問其故,答曰:"是身可惡,我思之耳,後必燒之。"及年長從戎,毅然剛正[4]。嘗隨伴捕魚,得己分者用投諸水,謂伴曰:"殺非好業,我今舉體皆現生瘡,誓斷獵矣。"遂燒其獵具。時獽首領數百人共築池塞,資以養魚。崖率家僮往彼觀望,忽有異蛇長尺許,頭尾皆赤,須臾長大,乃至丈餘,圍五六尺。獽衆奔散,蛇便趣水,舉尾入雲,赤光遍野,久之乃滅。尋爾衆聚,具論前事,崖曰:"此無憂也,但斷殺業,蛇不害人。[5]"又勸停池堰,衆未之許。俄而,隄防决壞[6]。時依悉禪師[7],施力供侍,雖充驅使,而言語訥澀,舉動若癡,然一對一言,時合大理[8]。經留數載,無所異焉。

至玄冬之月,禪師患足冷,命之取火,乃將大鑪炎炭直頓於前。禪師責之曰:"癡人,何煩汝許多火?"乃正色答曰:"須火卻寒,得火嫌熱,孰是癡人? 情性若斯,何由得道[9]?"禪師謂曰:"汝不畏熱,試將手置火中。"崖即應聲將指置火中,振吒作聲,卒烟涌出[10],都不改容。禪師陰異之,未即行敬。又以他日,諸弟子曰崖耐火,共推之火爐,被燒之處皆並成瘡,而忻笑自如,竟無痛色。諸弟子等具諮禪師,禪師唤來,謂曰:"汝於此學佛法,更莫漫作舉動[11],或亂百姓[12]。"答曰:"若不苦身,焉得成道? 如得出家,一日便足。"禪師遂度出家,自爲剃髮,但覺鬢鬚易除,猶如自落。禪師置刀於地,攝衣作禮曰:"崖法師來爲我作師,我請爲弟子。"崖謙謝而已。

既法衣著體,四輩尊崇,歸命輸誠,無所吝惜,或有疾病之處,往到無不得除。三十年間,大弘救濟,年逾七十,心力尚强。以周武成元年六月,於益州城西路首,以布裹左右五指燒之。有問:"燒指可不痛耶?"崖曰:"痛由心起,心既無痛,指何所痛?"時人同號,以爲僧崖菩薩。或有問曰:"似有風疾,何不治之?"答曰:"身皆空耳,知何所治[13]?"又曰:"根大有對,何謂爲空?"答曰:"四大五根,復何住耶?"衆服其言。

孝愛寺兑法師者,有大見解,承崖發迹,乃率弟子數十人往彼禮敬,解衣施之,顧大衆曰:"真解波若,非徒口説。"由是道俗通集,倍加崇信。如是經日,左手指盡,火次掌骨,髓沸上涌,將滅火焰,乃以右手殘指挾竹挑之。有問其故,崖曰:"緣諸衆生不能行忍,今勸不忍者忍[14],不燒者燒耳[15]。"兼又説法勸勵,令行慈斷肉。雖烟焰俱熾,以日繼夕,並燒二手,眉目不動,又爲四衆説法誦經,或及諸切詞要義,則頷頭微笑[16]。時或心怠私有言者,崖顧曰:“我在山中,初不識字,今聞經語,句句與心相應,何不至心静聽? 若乖此者,則空燒此手,何異樵頭耶?”於是大衆懔然,莫不專到。其後復告衆曰:“末劫輕慢,心轉薄淡,見像如木頭,聞經如風過馬耳。今爲寫大乘經教,故燒手滅身,欲令信重佛法也。”闔境士女,聞者皆來,繞數萬匝。崖夷然澄静,容色不動,頻集城西大道,談論法化。

初有細雨,殆將霑漬,便斂心入定,即雲散月明。而燒臂,掌骨五枚如殘燭燼,忽然各生,並長三寸,白如珂雪。僧尼僉曰:“若菩薩滅後,願奉舍利起塔供養。”崖乃以口嚙新生五骨,拔而折之[17],吐施大衆,曰:“可爲塔也。”至七月十四日,忽有大聲,狀如地動天裂,人畜驚駭,於上空中或見大羊、龍、蛇、軍器等象,少時還息。人以事問,崖曰:“此無苦也,驚睡三昧耳[18]。吾欲捨身,可辦供具。”

時孝愛寺導禪師戒行清苦[19]、耆年大德,捨六度錫杖并及紫被,贈崖入火。揵爲僧淵遠送班納,意願隨身。于時人物諠擾,施財山積,初不知二德所送物也。至明日平旦[20],忽告侍者法陁曰:“汝往取導師錫杖、紫被及納袈裟來,爲吾著之。”便往造焚身所。

于時,道俗十餘萬衆,擁輿而哭。崖曰:“但守菩提心,義無哭也。”便登高座爲衆説法,時時舉目視於薪積[21],欣然獨笑。乃傾右脅而寢[22],都無氣息,狀若木偶。起問曰[23]:“時將欲至。”仍下足,白衆僧曰[24]:“佛法難值,宜共護持。”

先所積柴[25],壘以爲樓[26],高數丈許,上作乾麻小室,以油潤之。崖緩步至樓,繞旋三匝,禮拜四門,便登其上,憑欄下望,令念般若[27]。有施主王撰懼,曰:“我若放火,便燒聖人,將獲重罪。”崖陰知之,告撰上樓臂摩頂曰:“汝莫憂造樓得罪,乃大福也。”促令下火[28],皆畏之,置炬著地。崖以臂挾炬先燒西北,次及西南,麻燥油濃,赫然熾合,於盛火中放火、設禮。比第二拜,身面焦拆[29],重復一禮,身踣炭上。及薪盡火滅,骨肉皆化,惟心尚存,赤而且濕,肝、腸、脾、胃猶自相連。更以四十車柴燒之,腸胃雖卷而心猶如本。兑法師乃命收取,葬于塔下,今在寶園寺中[30]。

初未燒前,有問者曰:“菩薩滅度,願示瑞相。”崖曰:“我身可盡,心不壞也。”衆謂心神無形,不由燒蕩。及後心存,方知先見,留以一心之不朽也[31]。

然崖自生及終,頻現異相,有數十條。曾於一家將欲受戒,無何笑曰:“將捨寶物,生疑慮耶?”衆相推問,有楊氏婦欲施銀釵,恐夫責及。因决捨之。有孝愛寺僧佛與者,偏嗜飲噉,流俗落度,隨崖輦後,私發願曰:“今值聖人,誓斷酒肉。”及返至寺,見黄色人曰:“汝能斷肉大好,汝若食一衆生肉,即食一切衆生肉。若又食者,即食一切父母眷屬肉矣。必欲食者,當如死屍中蟲,蟲即肉也。"又曰:"日有六時[32],念善大好;若不能具,一時亦好;如是一念,其心亦好。皆能滅惡也。"見其言詞真正、音句和雅,將欲致問,不久而滅。於是佛與翹心精進,繞塔念誦,又聞空中聲曰:"汝勤持齋,願令衆生得不食身,又令餓鬼身常飽滿。"觀其感被,皆崖力也。

初登柴樓,沙門僧育在大建昌寺門見有火光,高四五丈,廣三四丈,從地而起,上衝樓邊,久久乃滅。又初焚日,州寺大德沙門寶海問曰:"等是一火,何故菩薩受燒都無痛相?"崖曰:"衆生有相,故痛耳。"又曰:"常云代衆生受苦,爲實得不?"答曰:"既作心代受,何以不得?"又曰:"菩薩自燒,衆生罪熟,各自受苦,何由可代?"答曰:"猶如燒手,一念善根,即能滅惡,豈非代耶?"

時普法師又問曰:"二家共諍大義,終莫之決[33]。一云:佛智緣無相理,理是緣境,智是能緣。一云:除倒息妄,即是真諦。何者爲定?"崖曰:"佛即無相,無别異相。"海法師曰:"佛即無相,無相之相本無異相。若如此者,菩薩即釋迦、觀音。"崖曰:"我是凡夫,誓入地獄,代苦衆生,願令成佛耳。"海曰:"前佛亦有此願,何故早已成佛?"答曰:"前佛度一時衆生盡也。"又問:"藥王等聖何故成佛?今菩薩獨未成佛而救衆生,是則前佛殊塗[34]。"答曰:"前段衆生已得藥王意,今衆生未得我意,由我始化,如將落之花也。"故其應對一時,皆此之類。

乃謂侍者智炎曰:"我滅度後,好供養病人[35]。並難可測其本,多是諸佛聖人乘權應化,自非大心平等,何能恭敬。此是實行也。"坐中疑崖非聖人者,乃的呼人名,曰:"諸佛應世,形無定方,或作醜陋諸疾,乃至畜生下類,檀越慎之,勿妄輕也。"及將動火也,皆覩異相,或見圓蓋覆崖,有三道人處其蓋上;或見五色光如人形像在四門者;或見柴樓之上,如日出形。並雨諸花,大者如兩斛笎許[36],小者如鐘乳片[37],五色交亂,紛紛而下。接取非一,棖觸皆消。又聞大鼓,磤磤深遠[38],久久方息。[39]

及崖滅後,郫縣人於郫江邊見空中有油絡輿,崖在其上,身服班納黄,偏袒紫被[40],捉錫杖,後有五六百僧皆罩竹傘,乘空西没。又潼州靈果寺僧慧策者[41],承崖滅度,乃爲設大齋在故市中。於食前,忽見黑雲從東南來,翳日蓙會,仍雨龍毛,五色分明,長者尺五,短猶六寸。又雨諸花幡,香烟滿空繽紛。大衆通見。又,初收心舍利至常住寺中,皆見花蘽含盛,光榮庭宇[42]。又阿迦膩吒寺僧慧勝者,抱病在床,不見焚身,心懷悵恨,夢崖將一沙彌來,帊裹三斛許香並檀屑,分爲四聚,以繞於勝,下火焚香,勝怖曰:"凡夫耳,未能燒身也。"崖曰:"無怖,用熏病耳。"煨燼既盡,即覺爽健。又請現瑞,答曰:"我在益州,詭名崖耳,真名光明遍照寶藏菩薩[43]。"勝從覺後,力倍於常，有時在於外村爲崖設會，勝自唱導曰："潼州福重，道俗見瑞，我等障厚，都無所見。"因即應聲，二百許人，悉見天花如雪，紛紛滿天，映日而下。至中食竟，花形漸大如七寸盤，皆作金色，明净耀日[44]，四衆競接，都不可得。或緣樹登高，望欲取之，皆飛上去。

又，成都民王僧貴者，自崖焚後，舉家斷肉，後因事故，將欲解素，私自評論。時屬二更，忽聞門外唤檀越聲，比至開門，見一道人語曰："慎勿食肉。"言情酸切，行啼而去。從後走趂，似近而遠，忽失所在。

又，焚後八月中，獽人牟難當者[45]，於就嶠山頂行獵，搦箭聲弩，舉眼望鹿，忽見崖騎一青麋，獵者驚曰："汝在益州已燒身死，今那在此？"崖曰："誰道許？誑人耳，汝能燒身不？射獵得罪也，汝當勤力作田矣。"便爾别去。又至冬間，崖兄子於溪中，忽聞山谷喧動，若數萬衆，舉望見崖從以兩僧，執錫杖而行，因追及之，欲捉袈裟，崖曰："汝何勞捉我？"乃指前鷄、猪曰："此等音聲，皆有詮述，如汝等語。他人不解餘國言音，汝亦不解人畜有殊，皆有佛性，但爲惡業，故受此形。汝但力田，莫養禽畜。"言極周委，故其往往現形，豫知人意[46]，率皆此也。具如沙門忘名集及費氏三寶録并益部集異記。

【校注】

[1] 部：磧本作"州"，麗初本同麗再本。
[2] 涪陵：當今重慶市涪陵區。
[3] 視：磧本作"覩"，麗初本同麗再本。"瞬"，眨眼。
[4] 毅：磧本同，麗初本作"敬"誤。
[5] 但斷殺業蛇不害人：磧本同，麗初本脱。
[6] 壞：諸本同，隨函録作"壤"。
[7] 時依悉禪師：磧本同，此句至"年逾七十，心力尚强"，麗初本作"遂即出家"。
[8] 時：諸本同，磧本作"而"。
[9] 由：磧本作"曰"誤，資本同麗再本。
[10] 卒：磧本作"青"誤，"卒"與下文"都"呼應。
[11] 漫：磧本作"謾"誤。
[12] 或：磧本作"惑"是。"或"通"惑"，迷惑。
[13] 知：磧本作"如"誤，麗初本同麗再本。案，病在身心，若身心皆空，則不知何所治，故作"如何"誤。
[14] 今：磧本同，麗初本作"令"。
[15] 者：磧本作"香"誤、麗初本、資本同麗再本。
[16] 頷：磧本、資本、隨函録作"頷"，麗初本同麗再本。"頷"，説文解字卷九"低頭"。
[17] 拔：麗再本作"抜"，今從麗初本、磧本。
[18] 驚：磧本作"警"誤，麗初本同麗再本。
[19] 清：磧本作"精"是，麗初本同麗再本。

［20］旦：麗再本作"且"，今從麗初本、磧本。
［21］時時：麗再本、麗初本作"時"，今據磧本補。
［22］乃傾：磧本作"久頃"誤，麗初本同麗再本。
［23］問：磧本作"言"。
［24］衆：麗再本、麗初本無，今據磧本補。
［25］所：磧本作"于城都縣東南"，麗初本同麗再本。
［26］壘：麗再本、麗初本作"疊"，今從磧本。
［27］令念般若：磧本作"令念般若，留以一心"，麗初本同麗再本。
［28］令：磧本作"命"，麗初本同麗再本。
［29］拆：麗再本作"炘"誤，麗初本作"炘"，今從磧本。"炘"即焮，有炙、火氣、曬等義，然均不如"焦拆"貼合文意。
［30］今在寶園寺中：磧本同麗再本，麗初本無。
［31］留以一心之不朽也：磧本同麗再本，麗初本無。
［32］日：麗再本、麗初本無，今據磧本補。
［33］莫：磧本作"未"，麗初本同麗再本。
［34］塗：麗再本、麗初本作"墮"，今從磧本。
［35］好：磧本作"好好"，麗初本同麗再本。
［36］篼：麗再本作"兜"，今從磧本。
［37］如：麗再本無，今據磧本補。或見五色光如人形像在四門者或見柴樓之上如日出形並雨諸花大者如兩斛篼許小者如鐘乳片：磧本同，麗初本作"抱如乳片"。
［38］又聞大鼓磤磤深遠：磧本作"又聞天鼓，殷殷深遠"。案，"殷"，說文解字卷八"作樂之盛稱殷"，則"殷"即"磤"之本字。
［39］又聞大鼓磤磤深遠久久方息：磧本同，麗初本無。
［40］祖：麗再本、麗初本作"袓"誤，今據磧本改。
［41］策：磧本作"榮"，麗初本同麗再本。按中古僧侶命名規律，作"榮"是。
［42］庭：磧本同，麗初本作"度"誤。
［43］光明遍照寶藏菩薩：即無盡意菩薩、日光遍照菩薩，發願度無盡之衆生，故稱無盡意菩薩。參見大方等大集經卷二七無盡意菩薩品。
［44］日：磧本、麗初本作"目"是。
［45］獷：磧本同，麗初本作"攘"誤。
［46］豫：磧本作"預"，麗初本同麗再本。

周雍州逸沙門釋普圓傳三

釋普圓，不知何許人，聲議所述，似居河海。周武之初，來遊三輔。容貌姿美，其相偉大；言顧弘緩，有丈夫之神采焉。多歷名山大川，常以頭陀爲志，樂行慈救，利益爲先。人有投者，輒便引度，示語行要，令遵苦節。誦華嚴一部，潛其聲相，人無知者。弟子侍讀，後因知之。然而常坐繩床，斂容在定，用心彌到，不覺經過晨夕。有時乞食，暫往村聚，多依林墓，取静思惟。

夜有强鬼,形極可畏,四眼六牙,手持曲棒,身毛垂下,徑至其前。圓努目觀之[1],都無怖懾,不久便退。其例非一。又有惡人從圓乞頭,將斬與之,又不肯取。又復乞眼,即欲剜施,便從索手,遂以繩繫腕著樹,齊肘斬而與之,心悶委地。村人明乃聞知[2],因斯卒于郊南樊川也[3]。諸村哀其苦行,争欲收葬,衆議不決,乃分其屍爲數段,各修塔焉。

【校注】

[1] 努:麗再本、麗初本作"怒",今從磧本。

[2] 村人明乃聞知:磧本作"村人明乃問知",麗初本作"天朗問知"。

[3] 樊川:在今西安市長安區,西起韋曲鎮塔坡,東止王莽鄉江村,北少陵原,南爲神禾原,是一處長約十五公里的潏河沖積平原,隋、唐時期爲别墅區,佛法亦盛,計有興教寺、華嚴寺、興國寺、牛頭寺、雲栖寺、禪經寺、洪福寺和觀音寺等,稱爲"樊川八大寺",今存華嚴寺、牛頭寺、興教寺,樊川即在興教寺南。

隋終南山沙門釋普濟傳四又普濟[1]

釋普濟,雍州北山互人[2]。初出家依止圓禪師,儀軌行法,獨處林野,不宿人世,跏坐修禪,至于没齒。栖遲荒險,不避豺虎,雖遊浪物表,而手不釋卷,常讀華嚴[3],依而結業。自佛法淪廢,便投太白諸山,行不裹糧,依時噉草,咀嚼咽飲,都不爲患。願像教一興,捨身供養,修普賢行,生賢首國。開皇之始,大闡法門,思願既滿,即事捐捨,引衆集於炭谷之西崖[4],廣發弘誓,自投而殞。方遠填赴[5],充於巖谷,爲建白塔于高峰焉。

近貞觀初,有山居沙門普濟者,立操標勇,貞專自固,恒遊名山,習誦經典,大品、法花,遍所通利[6],其所造集,多誦兩經,仍隨文句。時重解釋,聲氣所及,周于一里,故使數萬衆中無不聞者。以武德十八年[7],西入關壤,時經邑落,還居林静。貞觀度僧,時以濟無貫,擢預公籍,住京師光明寺。衆聚山結,樂聞經旨,濟弊斯諠擾,遂遺名逃隱,不測所之。有説今在終南幽巖獨坐,傍饒山果,須者負還,重更追尋,便失來徑。余曾同聚,目悦斯人[8],衣則百結相連,鉢則纔充受用。汲灌瓦瓶,麻繩繫頸,坐則藉草,脅無著地。驍悍果敢,睡蓋莫欺,節約儉退,利賊潛迹。言論所指,知足爲先,談授正義,如行爲最。所以一坐説法,施積如山,曾無顧涉,任委監護。乃重惟曰:"城邑所屬,五欲爲根。余力既微,無宜自陷。"遂逃遁矣。

【校注】

[1] 隋終南山沙門釋普濟傳四:磧本作"隋雍州北山沙門釋普濟傳四",麗初本、資本

同麗再本。又普濟：磧本無，麗初本同麗再本。

[2] 互：即"氐"字。

[3] 常：麗再本、麗初本作"嘗"，今據磧本及文意改。

[4] 炭谷：西安市城南四十里翠華山之支脉太乙山間太乙谷，即炭谷。谷口有太乙宫，本是漢武帝祭祀太一的遺址，又是歷代祈雨的神地。

[5] 方遠：麗再本作"遠方"，今從麗初本、磧本。

[6] 遍：麗再本作"徧"，麗初本作"編"，今從磧本。

[7] 武德十八年：案，武德共九年，此處當爲"武德八年"。

[8] 目：磧本作"自"誤，麗初本同麗再本。

隋京師郊南逸僧釋普安傳五[1]

釋普安，姓郭氏，京兆涇陽人。小年依圓禪師出家，苦節頭陀，捐削世務，而性在和忍，不憙怨酷[2]。或代執勞役，受諸勤苦，情甘如薺，恐其事盡。晚投藹法師，通明三藏，常業華嚴，讀誦禪思，准爲標擬。周氏滅法，栖隱于終南山之楩梓谷西坡，深林自庇，廓居世表，潔操泉石，連蹤由、甫[3]。又引静淵法師同止林野，披釋幽奥，資承玄理，加以遵修苦行，亡身爲物，或露形草莽，施諸蚊虻，流血被身，初無懷憚。或委卧亂屍，用施豺虎，望存生捨，以祈本志，而虎豹雖來，皆嗅而不食。常懷介介，不副情願，孤踐獸蹤，冀逢食噉。于時天地既閉，像教斯蒙，國令嚴重，不許逃難。京邑名德三十餘僧避地終南，投骸未委，安乃總召，詳集洲渚[4]。其心幽密安處，自居顯露身行，乞索不懼嚴誅，故得衣食俱豐，修業無廢。亂世知士[5]，安其在歟？時有重募，捉獲一僧，賞物十段。有人應募，來欲執安，即慰喻曰："觀卿貧煎，當欲相給。"爲設食已，俱共入京。帝語此人曰："我國法急，不許道人民間。你復助急，不許道人山中。若爾遣他何處得活？宜放入山，不須撿校。"又周臣柳白澤者[6]，奉勑傍山搜括逃僧，有黨告云，此楩梓谷内有普安道人。因遣追取，即與俱至。澤語黨曰："我不得見，宜即放還。"於是釋然，復歸所止。前後遭難，曾無私隱，皆見解免[7]，例如此也。

時藹法師避難在義谷杜映世家[8]，掘窯藏之。安被放還，因過禮覲。藹曰："安公明解佛法，頗未寬多[9]。而神志絶倫，不避强禦，蓋難及也。"安曰："今蒙脱難[10]，乃惟花嚴力耳，凡所祈誠。莫不斯賴。"因請藹還山，親自經理，四遠承風，投造非一[11]。藹乃與安更開其所住，具如别傳。

隋文創曆，佛教大興，廣募遺僧，依舊安置。時楩梓一谷三十餘僧應詔出家，並住官寺。惟安欣兹重復，不爲名馳[12]，依本山居，守素林壑。時行村聚，惠益生靈，終寢烟霞，不接浮俗。末有人於子午、虎林兩谷[13]，合澗之側，鑿龕結菴，延而住之[14]。

初止龕日，上有大石，正當其上，恐落掘出，逐峻崩下。安自念曰："願移餘處，莫碎龕窟。"石遂依言迸避餘所。大衆共怪，安曰："華嚴力也，未足異之。"又龕東石壁澗左有索頭陀者[15]，川鄉巨害，縱横非一，陰嫉安德，恒思誅殄。與伴三人持弓挾刃，攘臂挽弓[16]，將欲放箭，箭不離弦，手張不息，努眼舌噤[17]，立住經宿。聲相通振[18]，遠近雲會。鄉人稽首，歸誠請救，安曰："素了不知，豈非華嚴力也？若欲除免，但令懺悔。"如語教之，方蒙解脱。又龕西魏村張暉者，夙興惡念，以盗爲業。夜往安所，私取佛油瓮，受五斗[19]，背負而出。既至院門，迷昏失性，若有所縛，不能動轉。眷屬鄉村同來爲謝，安曰："余不知，蓋華嚴力乎？"語令懺悔，扶取油瓮，如語得脱。又龕南張卿者，來盗安錢，袖中持去。既達家内，寫而不出，口噤無言。即尋歸懺[20]，復道而返。有程郭村程暉和者[21]，頗懷信向，恒來安所，聽受法要。因患身死，已經兩宿，纏屍於地，伺欲棺殯。安時先往鄠縣，返還在道，行達西南之德行寺，東去暉村五里，遥喚"程暉和何爲不見迎耶？"連喚不已，田人告曰："和久死矣，無由迎也。"安曰："斯乃浪語，吾不信也。"尋至其村，厲聲大喚。和遂動身，旁親乃割所纏繩令斷。安入其庭，又大喚之。和即屈起，匍匐就安。令屏除棺器，覆一筥笭[22]，以當佛坐，令和繞旋，尋服如故，更壽二十許歲。後遇重病，來投乞救。安曰："放爾遊蕩，非吾知也。"便遂命終。

時安風聲摇逸，道俗榮荷[23]，其例衆也，皆來請謁，興建福會，多有通感，略述一兩。昆明池北白村老母者，病卧床枕，失音百日，指撝男女，思見安形。會其母意，請來至宅。病母既見，不覺下迎。言問起居，奄同常日，遂失病所在。

于時聲名更振。村聚齊集，各率音樂，巡家告令，欲設大齋。大萬村中田遺生者，家途壁立，而有四女。妻著弊布，齊膝而已；四女赤露，迴無條綫。大女名華嚴，年已二十，惟有麤布二尺，擬充布施。安引村衆，次至其門。愍斯貧苦，遂度不入。大女思念："由我貧煎，不及福會。今又不修，當來倍此。"周遍求物，闃爾無從[24]。仰面悲號，遂見屋甍，一把亂床用塞明孔[25]，挽取抖捒，得穀十餘，挼以成米，并將前布，擬用隨喜。身既無衣，待至夜暗，匍匐而行，趣齋供所，以前施物，遥擲衆中。十餘粒米，别奉炊飯，因發願曰："女人窮業，久自種得，竭貧行施，用希來報。輒以十餘黄米投飯甑中，必若至誠，貧業盡者，當願所炊之飯變成黄色。如無所感，命也奈何。"作此誓已，掩淚而返。於是甑中五石米飯並成黄色，大衆驚嗟，未知所以。周尋緣構，乃云田遺生女之願也[26]。齋會齊率，獲粟十斛，尋用濟之。安辦法衣，仍度華嚴，送入京寺。爾後聲名重振，弘悟難述。

安居處雖隱,每行慈救。年常二社,血祀者多,周行救贖,勸修法義,不殺生邑[27],其數不少。嘗於龕側村中縛猪三頭,將加烹宰。安聞往贖,社人恐不得殺,增長索錢十千。安曰:"貧道見有三千,已加本價十倍,可以相與。"衆各不同,更相忿競。忽有小兒,羊皮裹腹,來至社會,助安贖猪。既見諍競,因從乞酒,行飲行舞,焜煌旋轉,合社老少,眼並失明,須臾自隱,不知所在。安即引刀自割䏶肉曰:"此彼俱肉耳[28]。猪食糞穢,爾尚噉之,况人食米,理是貴也。"社人聞見,一時同放。猪既得脱,繞安三匝,以鼻㖞觸[29],若有愛敬。故使郊之南西五十里内,鷄、猪絶嗣,乃至于今。其感發慈善,皆此類也。性多誠信,樂讀華嚴,一鉢三衣,累紀彌勵。開皇八年,頻勑入京,爲皇儲門師。長公主營建静法,復延住寺。名雖帝宇,常寢巖阿。以大業五年十一月五日終于静法禪院,春秋八十。遺骸於終南起塔,在至相寺之側矣。

【校注】

[1] 隋京師郊南逸僧釋普安傳五:磧本作"隋終南山楩梓谷釋普安傳五",麗初本、資本同麗再本。

[2] 憙:磧本作"喜",麗初本同麗再本。

[3] 由甫:磧本作"禽尚"誤,麗初本同麗再本。案,"由甫",即許由、仲山甫。"禽尚",即展禽、姜尚。案,"展禽"即柳下惠,雖見稱於論語微子篇,似與隱居無任何關係,故磧本誤。

[4] 洲:磧本作"州"誤,麗初本同麗再本。

[5] 知:磧本作"智"是,麗初本同麗再本。

[6] 柳白澤:即柳敏,周書有傳。

[7] 免:麗再本、麗初本作"勉",今從磧本。

[8] 藹法師:即静藹法師。"義谷"即大峪,今西安市長安區引鎮南,普安所居楩梓谷在天子峪東約二十七公里處。

[9] 寬:麗再本、麗初本作"宀"形,近"寡"之異體字,亦近"寘",亦近"宽"。當是作"寘"是,"寘多",即置多。"頗未寘多"即評價不高意。今暫從磧本。

[10] 脱:磧本作"免",麗初本同麗再本。

[11] 投:磧本同,麗初本作"搜"誤。

[12] 不:磧本、麗初本作"以"誤。

[13] 谷:麗再本、麗初本作"各",今從磧本。

[14] 延:磧本同,麗初本作"近"誤。

[15] 頭:磧本脱,麗初本同麗再本。

[16] 弓:磧本作"强",麗初本同麗再本。

[17] 努:麗再本、麗初本作"怒",今從磧本。

[18] 振:磧本作"震",麗初本同麗再本。

[19] 斗:磧本作"升",麗初本同麗再本。

[20] 即:麗再本、麗初本、資本作"卿",今從磧本。

[21] 程：磧本同，麗初本無。
[22] 筥笭：麗再本、麗初本作"筶筌"，今從磧本。案，"筥"爲竹箱，"笭"爲床形竹板，"筶"爲一種竹子，又爲捕魚器，"筌"捕魚竹器。
[23] 橤荷：磧本作"崇向"，麗初本同麗再本。
[24] 閴(閒)：磧本同，麗初本作"閅"誤。
[25] 床：麗再本作"床"，今從麗初本、磧本。案，"床"即糜，一種穀子。
[26] 願：磧本作"願力"應是，麗初本同麗再本。
[27] 邑：磧本同，麗初本、資本作"已"。
[28] 俱：麗再本、麗初本無，今從磧本。
[29] 豗：磧本作"喙"誤，麗初本同麗再本。案，據集韻卷二"十五灰"條，"豗"爲"豕發土"義。

隋九江廬山沙門釋大志傳六

釋大志，姓顧氏，會稽山陰人。發蒙出家，師事天台智者顗禪師[1]。顗覩其形神灑落，高放物表，因名爲大志。禪誦爲業，苦節自專。四方名所[2]，無遠必造，而言氣清穆，儀相貞嚴，故見者眄睞，知非凡器。開皇十年，來遊廬岳住峰頂寺，不隸公名，不豫僧伍。誦法華經，索然閑雅，絶能清囀，使諸聽者忘疲。後於蓮華山甘露峰南建静觀道場[3]，頭陀爲業。孑爾一身[4]，不避虓虎，聞有惡獸，輒往投之，皆避而不噉。山粒本絶，終日忘餐，或以餅果繼命而已。外覩不堪其惱，而志安之，容色如故。經于七載，禪業無斷。晚住此山福林寺[5]。會大業屏除，流徙隱逸。慨法陵遲，一至於此，乃變服毀形，頭擐孝服[6]，麤布爲衣，在佛堂中高聲慟哭，三日三夕，初不斷絶。寺僧慰喻，志曰："余歎惡業乃如此耶，要盡此形骸，伸明正教耳。"遂往東都，上表曰："願陛下興顯三寶，當然一臂於嵩岳，用報國恩。"帝許之。勑設大齋，七衆通集。志不食三日，登大棚上，燒鐵赫然，用烙其臂，並令焦黑。以刀截斷，肉裂骨現。又烙其骨，令焦黑已，布裹蠟灌，下火然之，光耀巖岫。于時大衆見其行苦，皆痛心貫髓，不安其足，而志雖加燒烙，詞色不變，言笑如初。時誦法句，或嘆佛德，爲衆說法，聲聲不絶。臂燒既盡，如先下棚。七日入定，加坐而卒，時年四十有三。

初志出家至終，結操松竹。冬夏一服，無禦綈纊[7]，布艾麤素，自此爲常。形極鮮白，脣如丹畫，裙垂半脛，足躡蒲屩，言氣爽朗，調逸風雲。人或不識，怪所從來者，便捋眉告曰："余九江廬山福林寺小道人大志耳。"又善屬文藻，編詞明切，撰願誓文七十餘紙，意在共諸衆生爲善知識也。僧爲强禦難奉信者，有見此誓，無不掩淚。今廬山峰頂每至暮年，諸寺見僧宿集一夜，讀其遺誓，用曉道俗。合衆皆酸結矣。

【校注】

[1] 顗禪師：磧本同，麗初本無。
[2] 所：磧本作“匠”，麗初本同麗再本。
[3] 蓮華山：麗再本、麗初本作“花山”，今從磧本。
[4] 子：磧本作“介”，麗初本同麗再本。
[5] 此：磧本作“北”誤，麗初本同麗再本。
[6] 服：磧本作“絰”，麗初本同麗再本。
[7] 禦：磧本作“御”是，麗初本同麗再本。案，“禦”本意爲祭祀，後與“御”混用。

唐僞鄭沙門釋知命傳七[1]

釋智命，俗姓鄭，名頲，滎陽人。族望清勝，文華曜世，詞鋒所指，罕有當之。初仕隋爲羽騎尉，班位斯薄，逃官流俗，備歷講會，餐寢法奥，就耕于寧州。大業初年，僕射楊素因事往彼，乃通名謁，見與語終日。素曰：“觀卿風韻，殊非鄙俗，所懷乃廊廟偉器耳，且權抑忍辱，尋當徵召。”及元德作貳[2]，搜訪賢能。素遂拔之。對晤宣傳，應變不一。有令試以三百，對語一遍，授之，覆無遺漏，致大重敬。遷爲中舍人，官至五品。及元德云薨，不仕於世，遊聽三論、法華，研味積年，逾深信篤。

皇泰之初，越王即位，歷官至御史大夫，僞鄭開明，連任不改。深謀廣略，有國惟寄。于斯時也，今上任總天策，御兵西菀。[3]李密鴟張蟻結，咆休洛汭[4]。世充獨固一都，内外煎迫，上下同懼。頲弊斯紛梗[5]，情慕出家，頻請鄭主，爲國修道。既不遂志，惟思剪剃，不累刑科[6]。夜則潛讀方等諸經，晝則緝理公政，斯須不替，經四十日誦得法華，暢滿胸襟，決心出俗。又勸婦氏歸宗釋教，言既切至，即依從之，更互剃髮。頲語妻曰：“吾願滿矣，不死而生，當啓鄭主不宜爾也。”便法服擎錫，徑至宫門云：“鄭頲輒已出家，故來奉謁。”世充不勝憤怒，下勑斬之。頲聞喜曰：“吾願又滿矣。”欣笑泰然，行至洛濱。時惟旭旦，未合行決。頲曰：“若爲善知識者，願早見過度。不爾尋應被放，不滿本懷。”于時道俗圍繞，勸引至暮，而頲厲色，昌言不許[7]，因即斬之。尋有勑放。既所不救，舉朝惋恨[8]，即僞鄭開明之初年也。

初頲從吉藏法師聽講，有僧告曰：“觀卿頭顱額頷，有富貴相，但以眄睞後顧，恐不得其終。”頲曰：“豈非傷死耶？必如所相，乃是本願。嘗見諸死者疾甚危弱，心不自安，紛擾不定，便就後世。生死終一期也，定不能免，何如發正願，緣勝境，心力堅明，不有馳散，刀落命終，神爽自在，豈不善乎？”故頲之臨刑，遍禮十方，口詠般若，索筆題詩曰：

幻生還幻滅，大幻莫過身。
安心自有處，求人無有人。

與諸知故别已，合眼少時，曰："可下刀矣。"尋聲斬之。面貌熙怡，有逾恒日。妻爲比丘尼，見住洛州寺也。

【校注】

［1］知：磧本作"智"，麗初本同麗再本。

［2］元德：即隋煬帝長子楊昭，大業元年立爲太子，大業二年七月去世，傳見隋書卷五九。

［3］案，"越王即位"，指隋越王楊侗自立爲皇帝，年號皇泰。後被王世充篡奪，王建立鄭國，年號開明。當時在洛陽與楊侗、王世充對抗的爲李密，後來"今上"李世民加入戰團，即爲此時背景。參見資治通鑒卷一八四至一九〇。

［4］咆休：磧本作"炰烋"，麗初本、資本同麗再本。案，"炰烋""咆休"同"咆哮"，聯綿詞。

［5］紛：麗初本作"訜"，磧本同麗再本。

［6］刑：麗再本、麗初本作"形"，今從磧本。

［7］昌：磧本作"唱"誤，麗初本同麗再本。

［8］惋：麗再本作"怨"，今從麗初本、磧本。

唐京師弘福寺釋玄覽傳八

釋玄覽，姓李，趙州房子人[1]，昆季五人，最處其末。伯父任蒲州萬泉令，久而無子，養之若親。年十三，心慕出家，深見俗過。遂逃迸山谷，北達汾州超禪師所，見其言情博遠，即依而出家[2]。令既失之，遣人羅捕。雖復藏竄，不免捉獲。口云："身屬伯耳，心屬諸佛，終無俗志，願深照也。"伯乃愍而放之。

貞觀年初，入京蒙度，配名弘福，常樂禪誦，禮悔爲業。每語法屬曰："雖同恒業，而誓欲捨身。"至貞觀十八年四月初，脱諸衣服，總作一幞[3]，付本寺僧，惟著一覆單衣。密去至京東渭陰洪陂坊側，且臨渭水[4]，稱念禮訖，投身瀅中。衆人接出，覽告衆曰："吾誓捨身命久矣，意欲仰學大士，難捨能捨，諸經正行，幸勿固遮，兩妨其業。"衆悟意故，乃從之。即又入水，合掌稱十方佛，廣發弘願已，投于旋渦中。三日後其屍方出，村人接之起塔。本寺怪其不歸，顧問無處，便開衣幞，乃見遺文，云：

敬白十方三世諸佛，弟子玄覽自出家來一十二夏，雖沾僧數[5]，大業未成。今欲修行檀波羅蜜，如薩埵投身、尸毗割股，魚王肉山[6]，經文具載,請從前聖,敢附後塵[7]。衣物衆具,任依佛教。臨終之人,多不周委。

同學等見其遺文,方往尋究云[8]。

【校注】

[1] 趙州:麗再本、麗初本作"隨州",今從磧本。據隋書卷二九地理二,房子縣屬趙州。房子縣治當今河北省臨城縣西南五公里臨城故城。

[2] 依:磧本、麗初本脱。

[3] 幞:麗初本、資本同,磧本作"襆",下同,不出校。

[4] 旦:磧本、麗初本作"且"誤。

[5] 沾:磧本作"霑",麗初本作"怗"誤,資本作"露"。"霑"同"沾"。

[6] 王:磧本作"玉"誤,麗初本同麗再本。

[7] 敢:麗再本、麗初本作"教",今從磧本。

[8] 方:麗再本、麗初本無,今據磧本補。

唐京師弘善寺釋法曠傳九

釋法曠,姓駱,雍州咸陽人[1]。少有異節,偏愛儒素。後聽弘善寺榮師大論。榮即周世道安之弟子也[2]。創染玄業,便悟非常,資學之勤,不出門院。年十六,講解前論,道穆京華,酬答泠然,無替玄理,專修念定,無涉時方。無量壽經,世稱難誦,曠聞試尋,一日兩卷,文言闇了。故其誦持,罕有加者。自爾藏經披讀,以爲恒任,文理所指,問無不知。顧諸布薩,人多説欲,乃自勵心力,立誦千遍。數旬之間,便得滿願。性樂儉約,不尚華靡,故其房中,無有氈席,滿院種莎,用擬隨坐頭陀行也。勖誡門人,惟存離著,以末代根機,隨塵生染故也[3]。年登知命[4],便袒三衣[5],瓶鉢以外,一無受畜。卓然正色,懔潔風霜[6],人有與語,惟言離著,至時分衛,一食而已。每曰:"余惟生死滯著,無始輪迴,生厭者希,死厭又少。常懷怏怏,欲試捨之。"以貞觀七年二月二十一日,入終南山,在炭谷内四十里許[7],脱衣掛樹,以刀自刎。既獨自殞[8],無由知處,諸識故等至八月中,方始訪得其遺身頌云[9]。

又近有汾州大乘寺僧忘名者,常厭生死,濁世難度,誓必捨身。先節食服香,至期,道俗通集,香花幡蓋列衛而往西山子夏學巖,面西斂容。衆唱善哉,咸送隨喜。乃放身懸壑,至地起坐。及衆就視,方知已逝。博訪遺身,其類甚衆,且隨疏出,示爲一例,餘者蓋闕。

【校注】

[1] 雍州咸陽：咸陽縣在漢、唐之間政區變化非常繁複，"雍州咸陽"是唐制，當今陝西咸陽市。

[2] 道安：傳見本書卷二四。

[3] 也：磧本作"他"，麗初本同麗再本。

[4] 年：磧本作"行"誤，麗初本同麗再本。

[5] 袒：磧本作"但"誤，麗初本、資本同麗再本。

[6] 懍：磧本作"凛"，麗初本同麗再本。"凛"通"懍"，嚴肅。

[7] 炭谷：即今西安市南四十里翠華山太乙谷。

[8] 殞：麗再本作"殯"，今從磧本，麗初本同麗再本。

[9] 云：磧本作"云云"，麗初本同麗再本。

唐終南豹林谷沙門釋會通傳十二尼書生[1]

釋會通，雍州萬年御宿川人[2]。少欣道檢，遊泊林泉，苦節戒行，是其顧習，投終南豹林谷[3]，潛隱綜業，讀法花經至藥王品[4]，便欣厭捨。私集柴木，誓必行之。以貞觀末年，静夜林中積薪爲窟。誦至藥王，便令下火。風驚焰發，烟火俱盛，卓爾加坐，聲誦如故。尋爾西南有大白光流入火聚，身方偃仆。至曉，身火俱滅，乃收其遺骨，爲起白塔，勒銘存焉。

貞觀之初，荆州有比丘尼姊妹，同誦法花，深厭形器，俱欲捨身。節約衣食，欽崇苦行，服諸香油，漸斷粒食，後頓絶穀，惟噉香蜜。精力所被，神志鮮爽，周告道俗，剋日燒身。以貞觀三年二月八日，於荆州大街置二高座，乃以蠟布纏身至頂，惟出面目。衆聚如山，歌讚雲會，誦至燒處，其姊先以火炷妹頂[5]，請妹又以火柱姊頂。清夜兩炬，一時同耀，焰下至眼，聲相轉明，漸下鼻口，方乃歇滅。恰至明晨，合坐洞舉，一時火化，骸骨摧朽，二舌俱存。合衆欣嗟，爲起高塔。

近并州城西，有一書生，年二十四五[6]，誦法華經，誓燒供養。乃集數束蒿乾籠之[7]，人問其故，密而不述。後於中夜，放火自燒。及人往救，火盛已死。乃就加柴薪，盡其形蔭。

近有山僧善導者[8]，周遊寰宇[9]，求訪道津。行至西河遇道綽部，惟行念佛，彌陀净業。既入京師，廣行此化，寫彌陀經數萬卷，士女奉者，其數無量。[10]時在光明寺説法，有人告導曰："今念佛名，定生净土不?"導曰："念佛定生[11]。"其人禮拜訖，口誦南無阿彌陀佛，聲聲相次，出光明寺門，上柳樹表，合掌西望，倒投身下，至地遂死[12]。事聞臺省。

【校注】

[1] 二尼書生：麗再本無，今據磧本補。案，"傳十"磧本作"傳十一"；"傳十一"，磧本作"傳十"。

[2] 御宿川：案，即雍州萬年縣之御宿川。"雍州"，隋開皇三年，以長安及其附近地區置雍州。大業三年改京兆郡。唐初復爲雍州，開元元年，改京兆府。"御宿川"，起西安市長安區王曲鎮，止施張村，是滈河入洨河的谷道，東西長大約十五公里，寬二至四公里。

[3] 案，"豹林谷"即抱龍峪，在今陜西省西安市長安區子午鎮南約七點五公里處的抱龍峪村附近。

[4] 藥王品：即妙法蓮華經卷五藥王菩薩本事品，其中講到燒身供養的功德："我雖以神力供養於佛，不如以身供養。…… 善男子，是名第一之施，於諸施中，最尊最上。"

[5] 炷：麗再本、麗初本作"柱"今從磧本，本傳下同，不一一出校。

[6] 年：磧本作"年可"，麗初本同麗再本。

[7] 蒿：磧本作"藁"，麗初本同麗再本。

[8] 善導：案，善導，被奉爲浄土宗二祖，在東亞佛教史上地位崇高，然其傳記，僅本傳寥寥幾句。佛祖統紀所記善道、善導，不僅傳説與事實雜糅且易令人誤入歧途，今將主要史料列入小注。佛祖統紀卷二八浄土立教志："善道，臨淄人。入大藏，信手探卷，得觀無量壽佛經，乃專修十六妙觀。及往廬山觀遠公遺躅，豁然增思，後遁迹終南，修般舟三昧數載，睹寶閣瑶池，宛然在目。復往晉陽綽禪師授無量壽經。入定七日，綽請觀所生處，道報曰：'師當懺悔三罪，方可往生。師嘗安佛像在檐牖下，自處深房，此一罪也，當於佛前懺。又嘗役使出家人，此二罪也，當於四方僧前懺。又因造屋多損蟲命，此三罪也，當於一切衆生前懺。'綽静思往咎，洗心悔謝。久之，道因定出，謂綽曰：'師罪滅矣。後有白光來照之時，是往生相也。'道行化京師，歸者如市。忽微疾，即掩室怡然而逝。異香天樂向西而隱寶相。居長安，六時禮懺者三十年。夜誦彌陀經七過，佛號六萬聲。後忽見佛大士衆自西來迎，囑諸徒曰：'念佛爲業，西方相待。'"

[9] 宇：麗再本、麗初本作"寓"，今從磧本。

[10] 案，善導所鈔經及所繪浄土變，亦見於敦煌文書。

[11] 念佛定生：磧本、麗初本作"定生定生"。

[12] 遂：磧本脱，麗初本同麗再本。案，佛祖統紀卷二七浄土立教志："法師善導，不知何處人。唐太宗貞觀中，見西河綽禪師九品道場講誦觀經，大喜曰：'此真入佛之津要。修餘行業，迂僻難成，唯此觀門，速超生死。'於是勤篤精苦，晝夜禮誦。續至京師，擊發四部，每入室，互跪念佛，非力竭不休。雖時寒冰，亦須流汗。出則爲人演説浄土法門。三十餘年，不暫睡卧，般舟行道，方等禮佛，護持戒品，纖毫不犯。好食送廚，粗惡自奉，乳酪醍醐，皆不經口。凡有嚫施，用寫彌陀經十萬卷，畫浄土變相三百壁，壞寺廢塔，所至修營。然燈續明，常年不絶；三衣瓶鉢，不使人持；行不共衆，恐談世事。長安道族，傳授浄土法門者不可勝數，從其化者，至有誦彌陀經十萬至五十萬卷者，念佛日課萬聲至十萬聲者。或得入念佛三昧，往生浄土者，莫能紀述。或問：'念佛生浄土耶？'師曰：'如汝所念遂汝所願，乃自念一聲，有一光明從其口出。十至於百，光亦如之。'其勸偈曰：'漸漸鷄皮鶴發，看看行步

龍鍾,假饒金玉滿堂,豈免衰殘老病,任是千般快樂,無常終是到來,唯有徑路修行。但念阿彌陀佛。'後忽謂人曰:'此身可厭,吾將西歸,乃登柳樹,向西願曰:願佛接我,菩薩助我,令我不失正念,得生安養。'言已,投身自絶。高宗知其念佛口出光明,捨身精至,賜號其寺曰'光明'。"案,跳柳樹事,佛祖統紀所載似乎爲誤傳或誤讀續高僧傳本傳。跳樹者非善導,據金石萃編卷七三河洛上都龍門之陽大盧舍那龕記,善導在672年尚在,而本書作者道宣在667年去世,故本傳並未講善導後半生。善導著作有:觀無量壽佛經疏四卷、浄土法事贊二卷,及觀念法門、往生禮贊偈、般舟贊、五種增上緣義等各一卷,對於浄土宗的建立有重大意義。

唐梓州沙門紹闍梨傳十一忘名字[1]

紹闍梨者[2],梓州玄武人也[3],俗姓蒲氏。未出家前,山行見一蟲甚瘦[4]。又將一子於澗中取鰕子[5],鰕子又不可得。紹乃嘆曰:"此蟲應在深山,今乃出路,飢渴甚矣。等是一死,不如充此飢渴。"乃脱衣往卧蟲前。蟲乃避去。

後方出家,惟誦經行道而已,更無異形。大業之初,汝州界蟲暴[6],非常三五十人持仗[7],不敢獨行。害人既多,紹乃往到其處,立茅苫坐[8]。蟲並遠去,道路清夷。年一百九歲乃見疾,謂弟子曰:"我欲露屍,乞諸蟲鳥,而彪嫌我身,生尚不食,豈死能嘗?可焚之無餘燼。"弟子等不忍依其言,乃露屍月餘。鳥獸不犯,乃收葬之。

【校注】

[1] 唐梓州沙門紹闍梨傳十一忘名字:"唐梓州沙門紹闍梨傳十一",麗初本無,磧本同麗再本。"忘名字",麗再本、麗初本無,今據磧本補,資本作"亡名"。

[2] 案,磧本此傳在釋法曠傳後,而麗初本無此傳。

[3] 案,"梓州",隋開皇十八年改新州爲梓州,治所在昌城縣,今四川三臺縣潼川鎮。大業三年昌城縣改爲郪縣,同時改梓州爲新城郡。唐武德元年又改新城郡爲梓州,天寶元年,改梓州爲梓潼郡。又"玄武"即玄武縣,蜀汉置五城县,隋改玄武县,即今四川省中江縣。

[4] 蟲:磧本作"大蟲"。

[5] 鰕:磧本作"蝦"。案,"蟲"指老虎。"鰕"有一義項爲娃娃魚,娃娃魚生活於溪澗間水清流急區域,於文意頗爲吻合,可備一説。

[6] 汝州:隋大業二年改伊州爲汝州,統承休、梁、陽翟、東汝原、汝南、魯、郟城八縣。

[7] 仗:磧本作"杖"誤。

[8] 坐:磧本"而坐"。

唐雍州新豐福緣寺釋道休傳十二

釋道休，未詳氏族，住雍州新豐福緣寺[1]。常以頭陀爲業，在寺南驪山幽谷結草爲菴。一坐七日，乃出其定，執鉢持錫，出山乞食。飯鉢滿已，隨處而食，還來菴所，七日爲期，初無替廢。所以村野有信[2]，尅日至山，路首迎逆，而休歡笑先言，卑詞問訊，行説禁戒，誨以慈善。諸俗待其食已，從受歸戒，送入山門，然後乃返，積四十餘載。

貞觀三年夏内，依期不出，就菴看之，端拱而卒。衆謂入定，於傍宿守，乃經信宿，迫而察之，方知氣盡，加坐不腐，儼若生焉。仍就而掩扉，外加棘刺，恐蟲傷也。四年冬首，余往覲焉[3]。山北人接還村内[4]，爲起廟舍，安置厥形，雖皮鞕骨連，而容色不改，加坐如故，乃於其上加漆布焉。

然休出家已來，常袒三衣[5]，不服繒纊，以傷生也。又所著布衣，積有年稔，塵朽零破[6]，見者寒心。時屬嚴冬，忽然呻噤，即合脱三衣，露背而坐。冷厲難耐[7]，便取一重披之，遂便覺暖。自誡勸曰："汝亦易誑。前後俱冷，俱是一衣，如何易奪，遂覺暖也，汝不可信，當爲汝師。"或時欲補衣，以布相著，欲加縫綴，即便入定，後出之時，收而乞食。斯季世以死要生業道者，罕有蹤也。

余曾參翻譯，親問西域諸僧，皆以布氈而爲袈裟都無繒絹者，縱用以爲餘衣，不得加受持也。其龜茲、于遁諸國見今養蠶，惟擬取綿亦不殺害，故知休之慈救與衡岳同風，前已廣彰，恐迷重舉，自餘服翫，[8]安可言矣。

論曰：

竊聞輕生徇節，自古爲難；苟免無恥[9]，當今爲易。志人恒人之傳，列樹風猷；上達下達之言[10]，照揚經典[11]。皆所以箴規庸度，開導精靈。惟道居尊，惟德生物，故能兼忘通塞，兩遣是非，體流縛之根源，曉想倒之條緒也。是以達人知身城之假合，如塵無性；鑒命竿之若流，惟心生滅。由斯以降，同是幻居，安有智者而能常保？然則宅生附世，纏取未捐，寄以弘因，用清心惑。或挫拉以加惱辱，或抑制以事奴僕[12]，或焚灼以拔貪源，或刳剔以窮癡本。纏身爲炬，且達迷途；然臂爲明，時陳報德。出燈入鐵之相，其蹤若林；肉山乳海之能[13]，備聞前策。斯皆拔倒我之宏根[14]，顯坏形之可厭，以將崩之朽宅，貿金剛之法身，經不云乎，誠至言矣。

若夫厚生所寶，極貴者形，就而揆之，其實惟命。大聖成教，豈虛構哉。故藥王上賢焚體，由其通願，下凡仰慕灼爛，寧不失心。然僧崖正身於猛焰，言聲不改；大志刳臂以熱鐵，神操逾新；玄覽致命於中流，雖出還没；法安亡形於縲紲，放免來投。是知操不可奪，行不可掩，誠可嘉乎，難行事矣。復有引腸樹表，條肉林中，舒顔而臨白刃，含笑而受輕辱，並如本紀，又可嘉哉。然則四果正士[15]，灰身而避謗徒；八千受決，護法而逃忍界[16]。彼何力而登危，此何情而脱苦？自非懷安曠濟，行杜我人，觀色相爲聚塵，達性命如風燭，故能追蹤前聖，誠宗像末之寄乎？

或者問曰：夫厭生者，當拔生因，豈斷苦果而摧集本[17]？未聞其旨，請爲陳之。

斯立言也，不無恒致，且集因綿亘如山之相屬，我爲集本如烟之待構，生重惟身，隨重而行對治，如世之病任形而設方術。故焚溺以識貪瞋，謙虚以攻癡慢。斯業可尚，同静觀而緣色心；斯道可崇，等即有而爲空也。必迷斯迹，謂我能行，倒本更繁，徒行苦聚，故持經一句，勝捨多身，世諺所質[18]，唯斯人也。但患聞而不行，更增常結，何如薄捐支節[19]，分遣著情？聖教包羅，義含知量，自有力分虚劣，妄敢思齊，或呻嘷而就終[20]，或邀激而赴難[21]，前傳所評[22]，何世無耶？又有未明教迹，婬惱纏封，恐漏初篇，割從閹隸，矜誕爲德，輕侮僧倫。聖教科治，必有深旨，良以愛之所起者妄也，知妄則愛無從焉。不曉返檢内心而迷削於外色，故根色雖削，染愛逾增，深爲道障，現充戒難，尚須加之擯罪，寧敢依之起福。又有臨終遺訣，露骸林下；或沉在溷流[23]，通資翔泳；或深瘞高墳，豐碑紀德；或乘崖漏窟[24]，望遠知人；或全身化火，不累同生之神；或灰骨塗像，以陳身奉之供。鑽膚劓刵[25]，謂遣塵勞；剜目支解，言傾情慾，斯途衆矣，因而叙之。

且夫陳屍林薄，少祛鄙吝之心，飛走以之充飢，幽明以於熏勃[26]，得失相補，鮮能兼濟。遂有蟲蛆涌於肉外[27]，烏隨啄吞，狼籍膏於原野，傷於慈惻。然西域本葬，其流四焉：火葬焚以蒸薪，水葬沉於深淀，土葬埋於岸旁[28]，林葬棄之中野。法王、輪王同依火祀[29]，世重常習，餘者希行。東夏所傳，惟聞林、土，水、火兩設，世罕其蹤。故瓦掩虞棺[30]，廢林、薪之始也。夏后聖周[31]，行瓦棺之事也，殷人以木槨櫝，縢緘之也[32]。中古文昌，仁育成治，雖明窆葬[33]，行者猶希[34]，故掩骼埋胔，堋而瘞也[35]。上古墓而不墳，未通庶類，赫胥盧陵之后，現即因山爲陵。下古相沿，同行土葬，紜紜難紀，故且削之。若乃碑行紀言[36]，導後葉之清緒[37]；施輪樹塔，表前德之徽功。阿含之所開明，即世彌其昌矣。至於埋屍塔側，尚制遠撤邊坊；親用骨塗，寔乃虚通諂附。又有厭割人世，生送深林，廣告四部，望存九請。既失情投，僶俛從事，道俗讚善，儐從相催。嚬蹙不已，放身巖壑，據律則罪當初聚，論情則隨興大捨[38]。餘有削略贅疣，雖符極教而心含不净，多存世染。必能曠蕩無寄，開化昏迷，故非此論所詳，自可仰歸清達。

而世或多事妄行，斷粒練形以期羽化，服餌以卻重尸[39]，或呼吸沆瀣[40]，或吐納陰陽，或假藥以導遐齡，或行氣以窮天地，或延生以守慈氏，或畏死以求邪術，斯蹤極衆，焉足聞乎，並先聖之所關鍵[41]，後賢之所捐擲。方復周章求及，追賞時澆，負钁陵峰，望五芝之休氣[42]，擔鍬赴壑[43]，趣八石之英光[44]。以左道爲吾賢，用淫祀爲終志，畢從小朴[45]，未免生涯[46]，徒寄釋門，虚行一世，可爲悲夫。是知生死大期，自有恒數，初果分齊，餘未詳論，而忽廁以凡心，籌諸聖慮[47]，通成愚結，知何不爲。然則寒林之動庸識，因悟無常；捨生而存大義，用開懷道。全身碎身之相，權行實行之方，顯妙化之知機，通大聖之宏略也。冰情有著[48]，終累言於厚葬[49]；虚心不寄[50]，則任物之行藏。斯道不窮，固略言矣。

【校注】

[1] 案，"新豐"即今陝西省西安市臨潼區新豐街道辦事處。

[2] 野：磧本作"墅"，麗初本同麗再本。

[3] 覲：磧本作"覾"誤，麗初本同麗再本。

[4] 人：磧本作"村人"，麗初本同麗再本。

[5] 祖：磧本作"但"誤，麗初本、資本作"祖"。

[6] 零：磧本同，麗初本作"泠"。

[7] 泠：麗再本作"泠"，今從磧本、麗初本。

[8] 恐迷重舉自餘服翫：麗初本無，磧本同麗再本。

[9] 苟免無恥：典出論語爲政："子曰：道之以政，齊之以刑，民免而無恥；道之以德，齊之以禮，有恥且格。"邢昺疏："民免而無恥者，免，苟免也。言君上化民，不以德而以法制刑罰，則民皆巧詐苟免，而心無愧恥也。"

[10] 上達下達之言：典出論語憲問："君子上達，小人下達。"即君子達於義，小人達於利。

[11] 照：磧本作"昭"是，麗初本同麗再本。

[12] 儓：麗再本、麗初本作"駘"誤，今從磧本。

[13] 肉山：磧本同，麗初本作"内山"。典出悲華經卷九檀波羅蜜品，佛曾將自己施捨於"閻浮提内人及鬼神、飛鳥、禽獸"，令其飽足，"於萬歲中所施目如一恒河沙，所施血如四大海水，所捨肉如千須彌山，所捨舌如大鐵圍山，所捨耳如純陀羅山，所捨鼻如毗富羅山，所捨齒如耆闍崛山，所捨身皮猶如三千大千世界所有地等"。故"乳海"當爲"血海"。"乳海"佛典亦有，但與文意不符。

[14] 拔：磧本同，麗初本作"狀"誤。宏：磧本同，麗初本作"宖"。

[15] 案，"四果正士"，即善星比丘。大涅槃經卷三三載，"善星比丘雖復讀誦十二部經，獲得四禪，乃至不解一偈、一句、一字之義。親近惡友，退失四禪。失四禪已，生惡邪見"，到處誹謗佛及佛法，最后墮入地獄，故下文説"彼何力而登危"。

[16] 八千受決，護法而逃忍界：案，據佛説決罪福經，佛説此經畢，"八萬菩薩得起法忍，八萬比丘漏盡意解，六萬沙門得阿羅漢，八億天人發無上正真道意，二萬優婆塞皆

得須陀洹，六萬四千凡人下髮爲沙門，八千人具受五戒，百三十人起福除罪。唯有三人殘罪所追，病著床蓐，發意立福，病者皆差。”案，“忍界”即“堪忍世界”的簡稱，即婆娑世界。此界要忍受種種苦難，受戒修行即可擺脱輪迴，“逃忍界”。

[17] 摧：麗再本作“推”誤，今從麗初本、磧本。

[18] 諺：麗再本、麗初本作“該”，今從磧本。

[19] 支：磧本作“肢”，麗初本同麗再本。案，“支”通“肢”。

[20] 呻：磧本同，麗初本作“呷”誤。嗥：磧本作“嗥”誤，麗初本、資本同麗再本。“嗥”爲喘息聲。

[21] 激：磧本同，麗初本作“敫”，麗初本同麗再本。

[22] 評：磧本同麗再本，麗初本作“訝”。

[23] 溷：磧本作“洄”，麗初本同麗再本。

[24] 漏：麗初本、資本無，磧本同麗再本。

[25] 刵：麗再本、麗初本作“刖”，今從磧本。案，“刵”，割耳。

[26] 於：磧本作“之”，麗初本同麗再本。

[27] 肉：磧本作“内”，麗初本同麗再本。

[28] 岸：磧本作“崖”，麗初本同麗再本。

[29] 祀：磧本作“禮”，麗初本同麗再本。

[30] 瓦：麗初本作“凡”誤，磧本同麗再本。

[31] 堲：麗再本、麗初本作“聖”，今從磧本。案，“夏后堲周”典出禮記，見鄭玄注：“火熟曰堲，烧土冶以周於棺也。”即燒磚壘於四周意。

[32] 縢：麗再本、麗初本作“藤”誤，今從磧本。案，“縢”，繩索。

[33] 窆：麗初本作“定”，磧本同麗再本。

[34] 猶：麗初本作“獨”誤，磧本同麗再本。

[35] 堋：麗再本、麗初本作“硼”，今從磧本。“硼”同“堋”。

[36] 碑：麗再本、麗初本作“裨”，今從磧本。

[37] 葉：麗再本、麗初本作“業”，今從磧本。

[38] 大：麗初本作“火”，磧本同麗再本。

[39] 重尸：案，“重”應爲“蟲”，“蟲尸”，即三尸蟲，重修緯書集成卷六河圖紀命符：“三尸之爲物，實魂魄鬼神之屬也，欲使人早死，此尸當得作鬼，自放縱遊行，饗食人祭拜。每到六甲窮日，輒上天白司命，道人罪過，過大者奪人紀，過小者奪人算。故求仙之人，先去三尸，恬淡無欲，神静性明，積衆善，乃服藥有效，乃成仙。”這是關於“三尸”比較早期的説法，之後葛洪在抱朴子内篇、陶弘景在真靈位業圖中，陸續總結了道教在不同時期對於“三尸”的説法，可參考。

[40] 沆：麗初本作“沉”誤，磧本同麗再本。

[41] 所：磧本作“新”誤，麗初本同麗再本。

[42] 五芝：後漢書卷二八下馮衍傳：“飲六醴之清液兮，食五芝之茂英。”李賢注引茅君内傳：“句曲山上有神芝五種：一曰龍仙芝，似交龍之相負，服之爲太極仙卿。第二名參成芝，赤色有光，其枝葉如金石之音，折而續之即復如故，服之爲太極大夫。第三名燕胎芝，其色紫，形如葵葉，上有燕象，光明洞澈，服一株拜爲太清龍虎仙君。第四名夜光芝，其色青，其實正白如李，夜視其實如月，光照洞一室，服一株爲太清仙官。第五名曰玉芝，剖食拜三官正真御史。”

［43］鍬：磧本、麗初本作“鍋”。

［44］八石：典出周易參同契：“三五既和諧，八石正綱紀。”指朱砂、雄黄、雲母、空青、硫黄、戎鹽、硝石、雌黄。

［45］案，“小朴”，老子“樸散爲器”，王弼注：“樸，真也。真散則百行出，殊類生，若器也。”

［46］涯：麗初本作“瀍”，磧本同麗再本。

［47］慮：磧本作“道”誤，麗初本同麗再本。

［48］冰情：麗再本、麗初本作“水清”，今從磧本。

［49］累：麗再本、麗初本作“果”，今從磧本。

［50］寄：麗再本、麗初本作“賓”，今從磧本。

續高僧傳卷第二十八[1]

讀誦篇第八正紀十四人[2]　附見八人[3]

魏泰岳人頭山銜草寺釋志湛傳一

釋志湛，齊州山茌人[4]，是朗公曾孫之弟子也[5]。立行純厚，省事少言，仁濟爲務，每遊諸禽獸而群不爲亂，住人頭山邃谷中銜草寺[6]，寺即宋求那跋摩之所立也[7]。讀誦法華，用爲常業。將終之日，沙門寶誌奏梁武曰："北方山茌縣人，住今銜草寺須陀洹果聖僧者[8]，今日入涅槃。"楊都道俗聞誌此告，皆遥禮拜。故湛之亡也，寂無餘惱，端然氣絶，兩手各舒一指。有西天竺僧解云：若二果者舒兩指，驗湛初果也。還收葬于人頭山，築塔安之，石灰泥塗，鳥獸不敢凌汙[9]，今猶存焉。

又范陽五侯寺僧[10]，失其名，常誦法華。初死之時權殯堤下，後遷改葬，骸骨並枯，惟舌不壞。雍州有僧亦誦法華，隱于白鹿山[11]，感一童子常來供給。及死，置屍巖下，餘骸枯朽，惟舌如故。齊武成世，并州東看山側有人掘地[12]，見一處土其色黄白，與旁有異[13]，尋見一物狀如兩脣[14]，其中有舌鮮紅赤色。以事聞奏，帝問諸道人[15]，無能知者。沙門大統法上奏曰："此持法華者，六根不壞報耳。誦滿千遍，其徵驗乎。"乃勑中書舍人高珍曰："卿是信向之人，自往看之，必有靈異，宜遷置净所，設齋供養。"珍奉勑至彼，集諸持法華沙門[16]，執爐潔齋，繞旋而咒曰："菩薩涅槃，年代已遠，像法流行，幸無謬者[17]，請現感應。"纔始發聲[18]，此之脣舌一時鼓動，雖無響及而相似讀誦[19]。諸同見者莫不毛豎。珍以狀聞。詔遣石函藏之，遷于山室云。

又元魏北代乘禪師者，受持法華，精勤匪懈。命終，託河東薛氏爲第五子。生而能言，自陳宿世，不願處俗。其父任北肆州刺史[20]，隨任便往中山七帝寺[21]，尋得本時弟子，語曰："汝頗憶從我度水往狼山不[22]？乘禪師者，我身是也。房中靈几，可速除之[23]。”父母恐其出家，便與納室，爾後便忘宿命之事，而常興厭離，端拱静居。

又太和初年，代京閹官，自慨刑餘[24]，不逮人族，奏乞入山修道[25]，有勑許之。乃齎一部花嚴，晝夜讀誦，禮悔不息。夏首歸山，至六月末，髭鬢盡生[26]，復丈夫相，還狀奏聞[27]。高祖信敬由來，忽見驚訝，更增常日。於是大代之國花嚴一經因斯轉盛。並見侯君素旌異記[28]。

【校注】

[1] 案，磧本此卷爲其第二十九卷附篇，麗初本、趙本此卷闕佚，此卷寫入校記的版本爲麗再本、磧本、五一本。五一本爲日本天平十一年(739)寫本，今存二十八、二十九、三十卷，爲續高僧傳現存最早的文本。

[2] 十四：磧本同，五一本作“十一”，無釋法建、釋慧恭、釋法泰三人傳記。

[3] 八：麗再本、五一本作“七”，然實爲八人，今從磧本。

[4] 茌：麗再本作“茬”誤，五一本作“疰(莊)”誤，今從磧本。山茌縣，曹魏太和六年，改漢茌縣爲山茌縣，屬泰山郡，隋屬齊州。大業二年併入歷城縣。唐武德元年復置山茌縣，屬齊州濟南郡。天寶元年，改山茌縣爲豐齊縣，治當今濟南市市中區黨家莊鎮豐齊村。

[5] 朗公：即十六國時泰山郎公谷竺僧朗，傳見高僧傳卷五。

[6] 衘草寺：在今山東省濟南市長清區崮山辦事處關王莊村南。2013 年初，在此地發現元代石刻新修衘草寺記。

[7] 求那跋摩：劉宋時期來中國譯經的印度高僧，傳見高僧傳卷三。

[8] 人住今：磧本作“人頭山”，五一本同麗再本。

[9] 淩：磧本作“陵”，五一本作“淩”。案，“陵”“淩”通“凌”。

[10] 范陽：當是范陽縣，唐武德七年，改涿縣爲范陽縣，轄境約當今北京市昌平區、房山區及河北省涿州市一帶。

[11] 白鹿山：當是今西安市東南郊白鹿原。

[12] 看山：元和郡縣圖志卷一三河東道二“太原府太原縣”條下：“牢山，一名看山，在縣東北四十五里。”

[13] 旁：磧本作“傍”，五一本同麗再本。

[14] 如：五一本作“人”，磧本同麗再本。

[15] 道：磧本、五一本作“通”。

[16] 集：五一本脱，磧本同麗再本。

[17] 幸：麗再本、五一本作“奉”，今從磧本。

[18] 纔：五一本作“財”，磧本同麗再本。

[19] 及：磧本作“聲”誤，五一本同麗再本。

[20] 肆：磧本作“泗”誤，五一本同麗再本。案，據魏書，“北肆州”在今山西省北部，與文意相合，南北朝史籍未見“北泗州”。

[21] 中山：即中山郡，治當今河北省定州市，隋初廢。案，民國初年在河北定縣料敵塔南出土了隋代開皇五年刻重修七帝寺碑記，可爲七帝寺所在之中山爲今定州市之

一旁證。參見馮賀軍：重修七帝寺碑記釋解，故宫博物院院刊2005年第2期。

［22］度：磧本作“渡”是，五一本同麗再本。

［23］几：磧本作磧本作“凡”誤，五一本同麗再本。速：磧本作“送”誤，五一本同麗再本。

［24］刑：磧本作“形”誤，五一本同麗再本。

［25］乞：五一本衍作“乞人”，磧本同麗再本。

［26］鬢：磧本、隨函録作“鬚”誤。

［27］還：磧本作“遥”，五一本同麗再本。

［28］旌異記：隋代人侯白著，今佚，輯本見魯迅：古小説鉤沉。

魏益州五層寺釋法建傳二[1]

釋法建者[2]，廣漢雒縣人也[3]，俗姓朱氏。誦經一千卷，仍多閑暇，遨遊偶俗，無所異焉。忽復閉門則累日不出，無所食矣，唯聞誦經，然小聲吟諷，音不外徹。有人倚壁竊聽臨響，但聞亹亹溜溜[4]，似伏流之吐波。時乃一出，追從無聞。武陵王東下，令弟規守益州。魏遣將軍尉遲迥來伐蜀[5]，規既降款，城内大有名僧皆被拘禁。至夜忽有光明，迥遣人尋光，乃見諸僧並睡，唯法建端坐誦經，光從口出。迥聞，自到建所，頂禮坐聽，至旦始休。迥問曰："法師昨夜所誦，名作何經？"答曰："華嚴經下帙十卷。"迥曰："何不從頭誦之？"答曰："貧道誦次到此耳。"迥曰："法師誦得幾許？"答曰："貧道發心，欲誦一藏，情多懈怠，今始得千卷[6]。"迥驚疑不信，將欲試之，曰："屈總誦一遍，應不勞損耶？"建報曰："讀誦經典，沙門常事，豈憚勞苦？"乃設高座，令諸僧衆並執本逐聽[7]。法建登座爲誦，或似急流之注峻壑，其吐納音句，呼噏氣息，或類清風之入高松，聰明者似纔聞餘音[8]，情疏意逸者空望塵躅。七日七夜，數已滿千，猶故不止。迥起謝曰："弟子兵將，不得久停，請從此辭。"諸僧因並釋散。迥既出，嘆息曰："自如來寂滅之後[9]，阿難號爲總持，豈能過此？蜀中乃有如此人，所以常保安樂。奇哉，奇哉。"建年八十終。

【校注】

［1］案，本傳，五一本無。

［2］案，釋法建傳，五一本無。

［3］廣漢雒縣：即今四川省廣漢市。

［4］溜溜：麗再本作“細細”，今從磧本。

［5］案，蕭梁武陵王益州刺史蕭紀東下與兄長蕭繹争帝位，西魏趁機派尉遲迥奪取益州，詳見資治通鑒卷一六五。

［6］得：麗再本作“偍”誤，今從磧本。案，“偍”爲行動緩慢義。

[7] 逐：磧本作“遂”誤。
[8] 似：磧本無。
[9] 寂：磧本作“稱”誤。案，“寂滅”，爲涅槃義。“稱滅”，即滅盡定，禪定的最高階段。

隋益州招提寺釋慧恭傳三[1]

釋慧恭者[2]，益州成都人也，俗姓周氏。周未廢佛法之時[3]，與同寺慧遠結契勤學。遠直詣長安聽採，恭長往荆、楊訪道。遠於京師聽得阿毗曇論、迦延[4]、拘舍[5]、地持、成實、毗婆沙、攝大乘，並皆精熟。還益州講授，卓爾絶群，道俗欽重，嚫施盈積。恭後從江表來還[6]，二人相遇欣歡[7]，共叙離别，三十餘年。同宿數夜，語説言談。遠如泉涌，恭竟無所道。問恭曰[8]：“離别多時，今得相見。慶此歡會，伊何可論。但覺仁者無所説，將不得無所得耶？”恭對曰：“爲性闇劣，都無所解。”遠曰：“大無所解，可不誦一部經乎？”恭答曰：“唯誦得觀世音經一卷。”遠厲色曰：“觀世音經，小兒童子皆能誦之，何煩大汝許人乎？且仁者童子出家，與遠立誓，望證道果，豈復三十餘年唯誦一卷經如指許大？是非闇鈍，懶墮所爲，請與斷交。願法師早去，無增遠之煩惱也。”恭曰：“經卷雖小，佛口所説，遵敬者得無量福，輕慢者得無量罪。仰願暫息瞋心，當爲法師誦一遍，即與長别。”遠大笑曰：“觀世音經是法華經普門品，遠已講之數過百遍，如何始欲鬧人耳乎[9]？”恭曰：“外書云‘人能弘道，非道弘人’，但至心聽佛語，豈得以人棄法？”乃於庭前結壇，壇中安高座。繞壇數匝頂禮，昇高座。遠不得已，於檐下據胡床坐聽[10]。恭始發聲唱經題，異香氛氳[11]，遍滿房宇。及入文，天上作樂，雨四種花。樂則寥亮振空[12]，花則雰霏滿地。經訖下座，自爲解座，梵訖[13]，花樂方歇。慧遠接足頂禮，淚下交連[14]。謝曰：“慧遠臭穢死屍，敢行天日之下。乞暫留，賜見教誨。”恭曰：“非恭所能，諸佛力耳。”即日拂衣長揖，沿流而去。爾後訪問，竟不知其所之。其寺久已湮滅。

【校注】

[1] 案，本傳，五一本無。隋：麗再本無，今據磧本補。
[2] 慧：磧本作“惠”。案，五一本無此傳。
[3] 未：麗再本作“末”誤，今從磧本。
[4] 迦延：即迦旃延經。
[5] 拘舍：不詳，或指大拘絺羅經，見中阿含經卷七、卷五八。
[6] 表：磧本作“左”。“江左”“江表”同指江南。
[7] 歡：磧本作“懽”。“懽”同“歡”。

［8］問：磧本作“遠問”。
［9］何：磧本作“已”誤，資本同麗再本。
［10］檐：麗再本作“是”，今從磧本。
［11］氛：磧本作“氳”誤。
［12］寥：磧本作“嘹”。“寥亮”義同“嘹亮”。
［13］梵：磧本作“梵梵”。
［14］連：磧本作“流”。

隋眉州隆山縣鼻山釋法泰傳四[1]

釋法泰[2]，眉州隆山縣人也[3]，俗姓吕氏。初爲道士十餘年，中間忽自悟，迴心正覺，因即剃除。始誦法華經，尋即通利，乃精勤寫得法華經一部，數有靈瑞。欲將向益州莊潢[4]，令一人擔負，一頭以籠盛錢二千，束縛經置錢上，一頭是衣服。擔行至地名笮橋[5]，橋忽斷，泰在後，負擔人俱墜水中。人浮得出，擔没不見。泰於岸上搥胸號哭曰："錢、衣豈非閑事，何忍溺經？"即高聲唱言，如能爲漉得者，賞錢兩貫。時有一人聞之，脱衣入水，没求之，數度出入，得錢與衣幞而不得經。泰轉悲泣，巡岸上下，望小洲上有一幞，命人取之，乃是經也。草木擎之，宛無濕處。泰不勝歡喜，即以二千錢償所漉人[6]，曰："法師悲號，劇喪父母，故爲急覓，非是貪錢。弟子雖傭夫[7]，亦知福報，請以此錢充莊嚴之直。"言訖遁去，更欲與言，去已遠矣。泰至城都裝潢[8]，以檀香爲軸、表帶及帙并函，將還本寺，别處安置，夜夜有異香。泰勤誦持，一夜一遍。時彪法師彼寺講，夜欲看讀，恒嫌泰閙亂其心，自欲往請，令稍下聲，乃見泰前大有人衆，皆胡跪合掌，彪退流汗，即移所住[9]。泰年八十終矣。

【校注】

［1］案，本傳，五一本無。隋：麗再本無，今據磧本補。縣：麗再本作“鼎”誤，今從磧本。
［2］案，五一本無此傳。
［3］眉州隆山縣：讀史方輿紀要卷七一四川六“眉州彭山縣”條：“西魏改縣曰隆山。後周省州置隆山郡。隋開皇初郡廢，縣屬陵州。唐初因之。貞觀元年省入通義縣。二年復置，屬眉州。”治當今四川省彭山縣江口鎮平茯村。
［4］莊：磧本作“裝”是。
［5］擔：麗再本作“檐”，今從磧本。
［6］二千：磧本作“三千”誤，前文“一頭以籠盛錢二千”。
［7］傭：磧本作“庸”是。
［8］城：磧本作“成”是。
［9］住：磧本作“任”誤，資本同麗再本。

唐終南山藍谷悟真寺釋慧超傳五

釋慧超，姓沈氏[1]，丹陽建康人[2]。稟懷温裕，立性懷仁，弱齡厭俗。自出家後，誦法華經。聞光州大蘇山慧思禪師獨悟一乘，善明三觀，與天台智者、仙城命公，篤志幽尋，積年請業。[3]行優智遠，德冠時賢，思對衆命曰："超之神府，得忍人也[4]。"及遊衡嶺，復與同途留誦、經停，亟移歲序。

自隋初廓定，北入嵩高，餌藥、坐禪，冀言終老。隋太子勇召集名德，總會帝城，以超業行不群，特留供養，而恭慎凝攝，不顧世華。及勇廢免，一無所涉。晚移定水，高振德音，道俗歸宗，仰其戒範。會净業法師卜居藍田谷之悟真寺[5]，欽超有道，躬事邀迎。共隱八年，倍勤三慧[6]。及大業承運，禪定初基，爰發詔書，延入行道，屢辭砭疾，後許還山。德感物情，頗存汲引，四川貴望，一縣官民，莫不委質投誠，請傳香德，并爲經始伽藍，繼綜羞粒。

大唐伊始，榮重於前。京邑名僧慧因[7]、保恭等情慕隱淪，咸就栖止。蔭松偃石，論詳道義，皆曰："斯誠出要樂也。"後卧疾少時，弟子跪問。答曰："吾之常也，長生不欣，夕死不慼。"乃面西正坐云："第一義空，清净智觀。"言如入定，奄遂長往，春秋七十有七，即武德五年十二月六日也。露骸松石，一月餘日，顔色不變。天策上將聞稱希有[8]，遣人就視，端拱如生。自超九歲入道，即誦法華，五十餘年，萬有餘遍，感靈獲瑞，不可勝言。弟子法成等爲建白塔于寺之北峰焉。

【校注】

[1] 沈：麗再本、五一本、隨函録作"沉"，今從磧本。

[2] 建康人：麗再本、五一本作"建元人"，今從磧本。案南朝丹陽郡下轄建康縣，即今南京市。

[3] 案，慧思、慧命、智者，傳均見本書卷一七。

[4] 忍人：五一本作"人忍"，磧本同麗再本。

[5] 藍田谷：磧本作"藍谷"，五一本作"藍石"誤。案，"悟真寺"，在今陝西省藍田縣東十公里王順山悟真峪，隋開皇年間净業法師所創，唐代法誠、善導也在此寺修行，傳見本書。

[6] 慧：麗再本作"惠"，今從磧本、五一本。

[7] 因：五一本作"日"，當是"因(囙)"之訛，磧本同麗再本。

[8] 天策上將：即李世民。

伯濟國達拏山寺釋慧顯傳六

釋慧顯，伯濟國人也[1]。少出家，苦心精專，以誦法華爲業。祈福請願，所遂者多。聞講三論，便從聽受，法一染神，彌增其緒。初住本國北部修德寺，有衆則講，無便清誦。四遠聞風，造山諠接，便往南方達拏山。山極深險[2]，重隒巖固，縱有往展，登陟艱危。顯静坐其中，專業如故，遂終于彼。同學轝屍置石窟中[3]，虎噉身骨並盡，惟餘髏、舌存焉。經于三周，其舌彌紅赤，柔軟勝常，過後方變，紫鞕如石[4]。道俗怪而敬焉，俱緘閉于石塔。時年五十有八，即貞觀之初年也。

【校注】

[1] 伯濟國：即百濟，公元前18年至公元660年之間，在朝鮮半島西南部由扶餘人建立的國家。又，慧顯傳記見於三國遺事卷五。

[2] 險：五一本作"嶮"，磧本同麗再本。

[3] 轝：磧本作"舁"，五一本同麗再本。案，"舁"同"轝"。

[4] 鞕：諸本同，三國遺事卷五作"硬"。案，"鞕"同"硬"。

唐益州福成寺釋道積傳七[1]洪遠　僧恩[2]　智曄

釋道積，蜀人。住益州福成寺[3]，誦通涅槃，生常恒業。凡有宣述，必洗滌身穢，净衣法座，然後開之[4]。立性沉審，慈仁總務，諸有厲疾洞爛者[5]，其氣彌復鬱勃，衆咸掩鼻，而積與之供給，身心無貳。或同器食，或爲補浣。時有問者，積云："清净臭處，心憎愛也[6]。吾豈一其神慮耶[7]？寄此陶練耳。"皆慕其爲行也，而患己不能及之。

以貞觀初年五月終于住寺[8]，春秋七十餘矣。時屬炎夏而不腐臭，經停百日，跏坐如初。莫不嗟尚，乃就加漆布興敬。

巴蜀、京邑諸僧受誦涅槃，其例非少[9]。又有沙門洪遠、僧恩，並誦涅槃，皂素迴向。遠，志尚敦慤，情捐名利，徵入會昌，隆禮供給。

恩，道心清肅，成節動人[10]。弘福、禪定兩以崇德，而卑牧自處，蒙俗罕知。

時弘福寺有沙門智曄者，本族江表。隋朝徵入，深樂法華，鎮恒抄寫，所得外利即用雇人，前後出本二千餘部。身恒自勵，日寫五張，年事乃秋，斯業無怠。今總寺任[11]，彌勤恒業，年七十餘矣。

【校注】

[1] 成：磧本作"感"，五一本同麗再本。參見本書卷一四卷首"唐益州福成寺釋道基傳二"下校勘記。

[2] 恩：麗再本、五一本作"思"誤，麗再本、五一本正文作"恩"，今據磧本改。

[3] 成：磧本作"感"，五一本同麗再本。參見本書卷一四卷首"唐益州福成寺釋道基

傳二”下校勘記。

［4］開：五一本作“聞”，磧本同麗再本。

［5］厲：磧本作“癘”是，五一本同麗再本。

［6］憎：磧本、五一本作“增”誤。

［7］耶：五一本作“邪”，磧本同麗再本，下同，不一一出校。

［8］寺：五一本作“寺也”，磧本同麗再本。

［9］例：麗再本作“列”，今從磧本、五一本。

［10］人：五一本作“入”，磧本同麗再本。

［11］總：五一本作“總持”，磧本同麗再本。

唐益州福壽寺釋寶瓊傳八

釋寶瓊，馬氏，益州綿竹人[1]。小年出家，清貞儉素。讀誦大品，兩日一遍，爲常途業。歷遊邑落[2]，無他方術，但勸信向，尊敬佛法。晚移州治，住福壽寺。率勵坊郭，邑義爲先。每結一邑，必三十人合誦大品，人別一卷。月營齋集，各依次誦。如此義邑乃盈千計，四遠聞者皆來造款[3]。瓊乘機授化，望風靡服，而卑弱自持，先人後德；經行擁鬧，下道相避；言問酬對，怡聲謙敬。斯實量也，不媚於時。

本邑連比什邡諸縣[4]，並是道民，尤不奉佛。僧有投寄，無容施者，致使老幼之徒於沙門像不識者衆。瓊雖桑梓，習俗難改，徒有開悟，莫之能受。李氏諸族正作道會，邀瓊赴之。來既後至，不禮而坐，僉謂不禮天尊，非法也。瓊曰：“邪正道殊，所事各異。天尚不禮，何況老君？”衆議紜紜，頗相凌侮[5]。瓊曰：“吾禮非所禮，恐貽辱也。”遂禮一拜，道像並座動搖不安。又禮一拜，連座返倒，摧殘在地。道民相視，謂是風鼓，競來周正。瓊曰：“斯吾所爲，勿妄怨也。”初未之信[6]，既安又禮，如前崩倒[7]。合衆驚懼，舉堂禮瓊[8]，一時迴信，從受戒法[9]。旁縣道黨[10]，相將嘆訝[11]，咸復奉法。時既創開釋化，皆授菩薩戒焉[12]。縣令高遠者[13]，素有誠敬，承風敷導[14]，更於州寺，召僧弘講。合境傾味[15]，自此而繁。

以貞觀八年，終於所住。

【校注】

［1］益州綿竹：西漢初設縣，東晉廢，隋大業十二年重設，治所在今劍南鎮，屬蜀郡，唐初屬益州。

［2］落：麗再本作“洛”，今從磧本、五一本。

［3］皆：五一本脱，磧本同麗再本。來：磧本作“蒙”，五一本同麗再本。

［4］什邡：即什邡縣，今爲什邡市，南距成都市主城區四十多公里。

[5] 淩：磧本作“陵”，五一本同麗再本。
[6] 初：磧本衍作“初如”，五一本同麗再本。
[7] 如：磧本作“依”，五一本同麗再本。
[8] 舉：五一本作“奉”誤，磧本同麗再本。
[9] 戒法：磧本作“歸戒”，五一本作“歸誡”。
[10] 旁：磧本作“傍”，五一本同麗再本。
[11] 訝：五一本作“吒”，磧本同麗再本。
[12] 授：磧本作“受”誤，五一本同麗再本。
[13] 遠：磧本、五一本作“達”。
[14] 導：磧本作“道”誤，五一本同麗再本。
[15] 合：磧本、五一本作“闔”。

唐驪山津梁寺釋善慧傳九

釋善慧，姓苟氏[1]，河内温人[2]。博通群籍，統括文義，逮于九章律曆[3]，七曜盈虚[4]，皆吞若胸中，抵掌符會[5]。乃深惟世務，終墜泥塗，遂解褐抽簪，創歸僧伍。初在徐州之彭城寺，誦法華經，聽采攝論[6]。時遭寇蕩，兵食交侵。而慧抱飢自勵，奉法無殆，洗穢護净，彌隆恒日。

但以邊邑寡學，文字紕謬[7]，至於音詁，衆議紛然。雖復俗語時通，而慧意存雅正，周訪明悟，還同昔疑。乃以大業末齡，負錫西入，屢逢群盜，衣裳略盡，但有弊布自遮，猶執破瓶，常充净用。既達關口，素闕繻文，遂即正念直前，從門而度，于時中表列刃，曾無遮止。孟冬十月，初達京師，值沙門吉藏正講法華。深副本圖，即依聽受。形服鄙惡，衆不納之，乃掃雪藉地，單裙襯坐[8]。都講財唱[9]，傾耳詞句，擬定經文。藏既闡揚[10]，勇心承旨[11]，望通理義，由情存兩得，不暇忍寒，歡笑熙熙，如賈獲寶，竟冬常爾，衆方美之。問以詞旨，片無遺忘，乃以聞法[12]，同屬禪定寺。沙門法喜便脱衣迎之，引至房中，智觀無濫。慧又師喜，兩振芳規。

武德初年，隨住藍田之津梁寺[13]。俗本驪戎，互相梗戾[14]，率獎陶化，十室而九。然而性愛英賢，樂相延致。自西自東，百有餘里，名林勝地，皆建禪坊，所以逃逸之儔，賴其安堵。

以貞觀九年正月，終於驪山之陽凉泉精舍，春秋四十有九。

初慧棄擲俗典，莅此玄模，言不重涉，專心道業。省言節食，佩律懷仁，迎頓客旅，雅重經教，其有未曾覿者，要必親觀[15]。若值行要，累日誦持，以爲熏習之基也。

時太原沙門慧達者，亦誦法華五千餘遍[16]，行坐威儀，其聲不輟，偏存物命，直視低目，地有蟲豸，必迴身而避，不敢跨越。有問，答曰：“斯之與吾生死不定，將不先成正覺，安可妄輕之耶？"以貞觀八年四月，跏坐而終。人謂入定，停于五宿。既似長逝[17]，又不臭腐，乃合床内于窟中。

【校注】

[1] 荀：磧本作"荀"，五一本同麗再本。

[2] 河内温：即河内郡温縣。案，據讀史方輿紀要卷四九河南四："後魏置懷州……兼置河内郡。隋初罷郡存州。大業初州廢，復置河内郡。唐初亦置懷州。天寶初曰河内郡。"

[3] 曆：麗再本作"歷"誤，今從磧本、五一本。

[4] 七：磧本作"士"誤，五一本、資本同麗再本。案，"七曜"，即日、月、金星、木星、水星、火星、土星。

[5] 抵：磧本作"指"誤，五一本同麗再本。

[6] 采：麗再本、五一本作"收"，今從磧本。

[7] 謬：磧本作"繆"，五一本同麗再本。

[8] 襯：麗再本作"擨"，五一本作"櫬"，今從磧本。

[9] 財：磧本作"纔"，五一本同麗再本。"財"通"纔"。

[10] 揚：麗再本、五一本作"楊"，今從磧本。

[11] 旨：磧本作"習"誤，五一本同麗再本。

[12] 聞：五一本作"問"，磧本同麗再本。

[13] 津梁寺：參見本書卷一九法喜傳。

[14] 互：磧本作"玄"，五一本作"之"洪南本作"五"。相：五一本、隨函録作"胡"應是，磧本同麗再本。戾：五一本作"房"，磧本同麗再本。

[15] 觀：磧本、五一本作"覽"是。

[16] 千：五一本作"十"，磧本同麗再本。

[17] 似：磧本作"以"誤，五一本同麗再本。

唐終南山悟真寺釋法誠傳十

釋法誠，姓樊氏，雍州萬年人。童小出家，止藍田王效寺，事沙門僧和。和亦鄉族所推，[1]奉之比聖。嘗有人欲害，夜往其房。見門内猛火騰焰昇帳[2]，遂即退悔。性飲清泉，潔清故也[3]。人或弄之，密以羊骨沉水。和素不知，飲便嘔吐。其冥感潛識，爲若此矣。誠奉佩訓勖，誦法華經[4]，以爲恒任。又謁禪林寺相禪師，詢于定行而德茂時宗，學優衆仰。晚住雲花，綱理僧鎮，隋文欽德[5]，請遵戒範，乃陳表固辭，薄言抗禮。遂負笈長驅，歷遊名岳，追蹤勝友，咸承志道。

因見超公隱居幽静[6]，乃結心期，栖遲藍谷。處既局狹，纔止一床，旋轉經行，恐顛深壑，便剗迹開林，披雲附景[7]，茅茨葺宇，甕牖疏櫓，情事相依，欣然符合，今所謂悟真寺也。法華三昧，翹心奉行，澡沐中表，温恭朝夕，夢感普賢,勸書大教。誠曰:“大教,大乘也,諸佛智慧,所謂般若。”於即入净行道,重惠匠人,書八部般若,香臺寶軸,莊嚴成就。又於寺南横嶺造華嚴堂,陻山闐谷,列棟開甍,前對重巒,右臨斜谷[8],吐納雲霧,下瞰雷霆[9]。余曾遊焉,實奇觀也。又竭其精志,書寫受持。

弘文學士張静者,時號筆工,罕有加勝。乃請至山舍,令受齋戒,潔净自修[10],口含香汁,身被新服。然静長途寫經,不盈五十,誠料其見財[11],兩紙酬其五百[12]。静利其貨,竭力寫之。終部以來[13],誠恒每日燒香供養,在其案前,點畫之間,心緣目覩,略無遺漏。故其剋心鑽注,時感異鳥,形色希世,飛入堂中[14],徘徊鼓舞,下至經案,復上香爐,攝静住觀,自然馴狎,久之翔逝。明年經了,將事興慶,鳥又飛來,如前馴擾,鳴唳哀亮。

貞觀初年,造畫千佛。鳥又飛來,登止匠背[15]。後營齋供,慶諸經像,日次中時,怪其不至。誠顧山岑曰[16]:“鳥既不至,誠吾無感也[17],將不兼諸穢行[18],致有此徵?”言已欻然飛來,旋環鳴囀入香水中[19],奮迅而浴,中後便逝。前後如此者非復可述[20]。素善翰墨[21],鄉曲所推,山路巖崖,勒諸經偈,皆其筆也。手寫法華,正當露地,因事他行[22],未誉收舉。屬洪雨滂注,溝澗波飛,走往看之,而合案並乾,餘便流潦[23]。嘗卻偃横松,遂落懸溜,未至下澗,不覺已登高岸,無損一毛。又青泥坊側有古佛龕[24],周氏瘞藏,今猶未出。誠夜夢其處大有尊形,既覺往開,恰獲古龕像[25],年月積久,並悉剥壞,就而修理,道俗稱善。斯並冥衛之功[26],自誠開發。

至貞觀十四年夏末日,忽感餘疾,自知即世,願生兜率。索水浴訖,又索終礜[27],旁自檢校[28],不許榮厚。恰至月末,明相將現,無故語曰:“欲來但入,未假弦歌[29]。”顧侍人曰:“吾聞諸行無常,生滅不住,九品往生,此言驗矣。今有童子相迎,久在門外。吾今去世,爾等佛有正戒,無得有虧,後致悔也。”言已,口出光明,照于楹内,又聞異香,苾芬而至。但見端坐儼思,不覺其神已逝,時年七十有八。然誠之誦習也,一夏法華,料五百遍。餘日讀誦,兼而行之,猶獲兩遍。縱有人客要須與語者,非經部度,中不他言,略計十年之勤,萬有餘遍。

【校注】

[1] 和:磧本作“弘和。弘和”,疑“弘”“和”形近而衍,資本作“弘,弘”,五一本同麗再本。

[2] 昇:磧本作“斗”誤,五一本作“升”。

[3] 潔:五一本作“絜”,磧本同麗再本。

[4] 誦:麗再本作“講”,今從磧本、五一本。

[5] 隋:磧本作“而隋”,五一本同麗再本。

[6] 超公:即本卷慧超。

[7] 披雲附景：磧本作“扳雲附景”，五一本作“板雲付景”。
[8] 右：磧本作“石”誤，五一本同麗再本。
[9] 雷霆：諸本同，隨函録作“霆雷”。
[10] 潔：五一本作“絜”，磧本同麗再本。
[11] 財：磧本作“纔”誤，五一本同麗再本。
[12] 其：磧本作“直”，五一本同麗再本。
[13] 以：磧本作“已”，五一本同麗再本。案，“已”同“以”。
[14] 入：五一本作“上”，磧本同麗再本。
[15] 止：麗再本、五一本作“上”，今從磧本。
[16] 岑：五一本作“峰”，磧本同麗再本。
[17] 誠：五一本無，磧本同麗再本。
[18] 兼：磧本作“嫌”誤。案，“兼”之對象爲工匠，其有“穢行”而法誠不知，如“嫌”則爲法誠所知之“穢行”。
[19] 環：磧本、五一本作“還”。
[20] 後：麗再本脱，今據磧本、五一本補。
[21] 素：磧本衍作“静素”，此句主語當爲法誠，五一本同麗再本。
[22] 他：磧本作“化”誤，五一本同麗再本。
[23] 潦：五一本作“淹”應是，磧本同麗再本。
[24] 案，據各版藍田縣志，“清泥坊”在今陝西省藍田縣藍關鎮營上村。
[25] 古：磧本、五一本無，應是。
[26] 衛：麗再本、五一本作“術”誤，今從磧本。
[27] 終：磧本作“絡”誤，五一本同麗再本。
[28] 旁：磧本作“傍”，五一本同麗再本。
[29] 假：磧本作“暇”誤，五一本同麗再本。弦：磧本作“絃”，五一本同麗再本，“弦”通“絃”。歌：五一本作“哥”，磧本同麗再本。

唐京師會昌寺釋空藏傳十一

釋空藏，俗姓王氏。先祖晋陽，今在雍州之新豐焉[1]。母初孕日，自然不食酒肉五辛，時以同塵身子[2]，故密加異之。既誕育後，靈鑒日陳，情用高遠，讀誦經論，思存拔濟。至年十九，同佛出家，既惟一己，二親留礙。乃於父前以身四布，七日不起，恐其命絶，方從所願。即辭向藍田負兒山中，私自剃落。初齎麵六斗，擬作月糧，日噉二升，三年不盡。屢感神鼎，自然而至，由是增其禪誦，晨宵無輟。後依止判法師住龍池寺[3]，欽重經論，日誦萬言，前後總計，三百餘卷，三論、涅槃，探窮巖穴。

大業之始，以藏名稱惟遠，道俗所聞，下勑徵延，入住禪定。唐運既興，崇繕法宇，有勑於金城坊建會昌寺[4]，并請大德十人[5]，度僧五十人，永用住持。以藏行德夙彰，又請住焉，供事彌隆，極光恒度[6]。而性樂山水，志存清曠[7]。每年仲春,遊浪林阜,行次玉泉[8],遂有終焉之思。居止載紀,衆聚如山,説導亡疲[9],開悟逾廣。後爲亢旱,經時山泉乃竭,合寺僧衆咸以驚嗟。藏乃至心祈請,其泉應時還復,遠近道俗,動色相歡。兼又弘操嶽峙,器局川渟[10],不擾榮利,不懷寵辱[11],濟度群有,不略寸陰。乃鈔摘衆經大乘要句,以爲卷軸。紙别五經、三經,卷部二十[12]、五十,總有十卷。[13]每講開務,極增成學,聞義兩持,偏無迷忘[14]。夏分常行方等懺法。賢劫千佛,日禮一遍。常坐不卧,垂三十年[15],翹勤專注,難加係迹。

以貞觀十六年五月十二日終於會昌,春秋七十有四。遺身於龍池寺側,收骨起塔。觀其讀誦之富,振古罕儔,視其髏骨,兩耳通明,頂有雙孔,眼眶含竅[16],各有三焉。弟子等追惟永往,樹碑於會昌寺中,金紫光禄大夫、衛尉卿于志寧爲文[17]。

【校注】

[1] 新豐:治當今陝西省西安市新豐街道辦。

[2] 身子:即舍利弗,其母懷舍利弗時,也出現種種神異現象。

[3] 龍池寺:在西安市長安區太乙宮鎮之東約二公里,終南山北麓蛟峪山半山,今稱天池寺。"判法師",即龍池寺始創者道判,傳見本書卷一二。

[4] 案,"會昌寺",據李健超長安志糾謬,在唐長安城金城坊南門道西,當今西安市豐鎬東路空軍通訊學院附近。李文見氏著漢唐兩京及絲綢之路歷史地理論集。

[5] 十:磧本作"十八",五一本同麗再本。

[6] 度:麗再本、五一本作"美",今從磧本。

[7] 存:五一本作"性",磧本同麗再本。

[8] 玉泉:即玉泉寺,在藍田縣悟真寺北,參見本書卷一三静藏傳。

[9] 亡:磧本、五一本作"不"。

[10] 渟:麗再本、五一本作"停"。典出晋書隱逸傳序:"玉輝冰潔,川渟嶽峙,修至樂之道,固無疆之休。""川渟"本作"淵渟",唐避李淵諱而改,潭水積聚不流貌。"渟"亦作"停",太平廣記卷一六九引世説新語:"郭泰秀立高峙,澹然淵停,九州之士,悉懔懔宗仰,以爲覆蓋。"

[11] 懷:五一本作"壞",磧本同麗再本。

[12] 二:磧本、五一本作"三"。

[13] 案,在唐代,文獻多爲卷軸裝,一個卷子是由若干張紙接起來的,所以"卷部二十、五十",即有的卷子是由二十張紙接起來的,有的是由五十張紙接起來的。又,空藏"鈔摘衆經大乘要句",應該是一部佛學類書,所以每個條目下鈔不同的經書對此問題的記載,故一張紙上會鈔不同經書的内容,即"紙别五經、三經"。

[14] 忘:大正藏校引宫本、宋本作"妄"。

[15] 三:磧本、五一本作"二"。

[16] 眶:磧本闕末筆,麗再本、資本不闕,五一本作"匡"不闕筆。

[17] 爲文:磧本作"爲文云",五一本、資本同麗再本。

唐京師大莊嚴寺釋慧銓傳十二[1]智證 宋公[2]

釋慧銓[3],姓蕭氏,今特進宋公瑀之兄子也。父仕隋爲梁公,祖即梁明帝矣。性度恢簡,志用沖粹。姑即隋煬之后也。自幼及長,恒在宮闕,慕樂超世,無因自達。年既冠成,帝乃尚以秦孝王女爲妻[4],非其願也。事不獲已,時行伉儷,及妻終後,方遂夙心,以鄭氏東都,預兹剃落。

及武德初歲,方還京輦,住莊嚴寺,廣聽衆部,而以攝論爲心。頗懷篇什,尤能草隸。隨筆所被,用爲摸揩,故經題寺額,咸推仰之。兄鈞任東宫中舍[5],文才之舉,朝廷攸屬[6]。每歲春秋,相携巖岫,觸興題篇,連句同韻,時以爲難兄弟也。又弟智證出家同住,即宋公之兄、太府卿之子也。略榮位之好,欣懷道業。勤勤自課[7],無擇昏曉。證與兄鈞相次而卒[8]。

以家世信奉,偏弘法華,同族尊卑,咸所成誦。故蕭氏法華,皂素稱富。特進撰疏,總集十有餘家,採掇菁華,揉以胸臆[9],勒成卷數[10],常自敷弘,時召京輦名僧指摘瑕累,或集親屬、僧尼,數將二十。給惠以時,四事無怠,故封禄所及,惟存通濟。太府情好[11],讀誦爲先,故生至終[12],誦盈萬遍,雇人抄寫,總有千部。每日朝參,必使儐者執經在前。至於公事微隙,便就轉讀,朝伍仰屬,以爲絶倫。自釋化東傳,流味彌遠,承受讀誦,世罕伊人,蕭氏一門,可爲天下模楷矣。

【校注】

[1] 銓:磧本作“齡”,五一本作“鈴”。
[2] 宋:磧本作“宗”誤,五一本同麗再本。案,“宋公”,指唐初宋國公蕭瑀。
[3] 銓:磧本作“齡”,五一本作“鈴”。
[4] 孝:五一本無,磧本同麗再本。
[5] 鈞:五一本作“鈞”,磧本同麗再本。
[6] 攸:五一本作“彼”,磧本同麗再本。
[7] 勤勤:五一本脱作“勤”,磧本同麗再本。
[8] 鈞:麗再本、五一本作“銓”誤,前文有“兄鈞”,今從磧本。
[9] 揉:磧本、五一本作“糅”。“揉”同“糅”,混雜。
[10] 卷數:磧本、五一本作“命氏”。
[11] 情好:磧本衍作“情存好善”,五一本同麗再本。
[12] 故:磧本作“從”,五一本同麗再本。

唐雍州醴泉沙門釋遺俗傳十三玄秀 史擔

釋遺俗,不知何許人[1]。以唐運初開[2],遊止雍州醴泉縣南美泉鄉陽陸家[3],鎮常供養。清儉寡慾,惟誦法華爲業,晝夜相係,乃數千遍。以貞觀初,因疾將終,遺囑友人慧廓曰[4]:"比雖誦經,意望靈驗,以生蒙俗信向之善。若身死後,不須棺盛[5],露骸埋之。十載可爲發出,舌根必爛,知無受持,若猶存在,當告道俗,爲起一塔,以示感靈。"言訖而終。遂依埋葬。至貞觀十一年,廓與諸知故就墓發之。身肉都銷,惟舌不朽。一縣士女,咸共仰戴,誦持之流,又倍恒度。乃函盛其舌,於陽陸村北、甘谷南岸爲建塼塔[6]。識者尊嚴,彌隆信敬,誦讀更甚。

又京城西南豐谷鄉福水南史村史呵擔者[7],少懷善念,常誦法華,行安樂行。慈悲在意[8],不乘畜産,虚約爲心。名霑令史,往還京省,以習誦相仍,恐路逢相識,人事暄凉,便廢所誦,故其所行,必小逕左道,低氣怡顔,緣念相續,初不告倦。及終之時,感異香氣充於村曲,親疏同怪,遂埋殯之[9]。爾後十年,妻亡,乃發屍出,舌根鮮明[10],餘並朽盡,乃別標顯葬。

又黄州隨華寺僧玄秀者[11],性清慎温恭[12],爲志常誦法華,每感徵異,未以爲怪。時屬炎暑,同友逐凉,遣召秀來,欲有談笑。既至房前,但見羽衛嚴肅,人馬偉大。怖而返告,同往共觀,如初不異,轉至後門,其徒彌盛。上望空中,填塞無際,多乘象馬,類雜鬼神,乃知其感通也。置而卻返,明晨慚謝,朋從遂絶。秀專斯業,隋末終寺。

【校注】

[1] 許:磧本、五一本脱。
[2] 開:磧本作"閑"誤,五一本同麗再本。
[3] 陽:磧本、五一本作"湯",下文同,不出校。
[4] 囑:五一本作"屬",磧本同麗再本。
[5] 棺盛:磧本、五一本脱。
[6] 岸:磧本作"崖",五一本同麗再本。
[7] 擔:五一本作"檐",磧本同麗再本。
[8] 慈悲:磧本作"悲忍"誤,五一本同麗再本。
[9] 埋:磧本作"理"誤,五一本同麗再本。
[10] 根:磧本作"相",五一本同麗再本。
[11] 隨:磧本作"濟",五一本同麗再本。案,"黄州",北周設,治在今武漢市黄陂區境内。隋開皇五年,黄州州治移至今麻城市。
[12] 性清:五一本作"其性情",磧本同麗再本。

唐京師羅漢寺釋寶相傳十四法達

釋寶相,姓馬,雍州長安人。十九出家,清貞栖德[1],住羅漢寺,專聽攝論。深惟妄識之難伏也，無時不諠，乃入禪坊[2]，頭陀自静。六時禮悔，四十餘年，夜自篤課，誦阿彌陀經七遍，念佛名六萬遍。晝讀藏經，初無散捨，後專讀涅槃一千八十遍[3]，兼誦金剛般若[4]，終于即世。然身絶患惱，休健翕習，冷食麤衣，隨得便服，情無憚苦。又志存正業，翹注晨霄[5]，蚤虱流身，不暇觀採。

遇患將極，念誦無捨，尅至大期。累屬道俗[6]，以念佛爲先，西方相待，勿虚度世。又屬："當燒散吾尸，不勞銘塔，用塵庸俗。"言訖而逝，年八十三。六十二夏，不畜尺財，無勞僧法。

又同寺僧法達者，以誠素見稱，供嚫之直，用寫華嚴、八部般若，燒香自讀，一百餘遍。而生常清潔[7]，不畜門人，單己自怡，食無餘粒。斯亦輕清之高士也。年登七十，便齎所讀經贈同行者，但捧勝天一部[8]，以爲終老。即擲公名，趣雲陽巖中，擁緣送死。經于四載，遂卒彼山。

並是即目近事。且夫讀誦徵感，其類繁焉，別有紀傳，故不曲盡，略引數條，示光緒耳。

論曰：

尋夫讀誦之爲業也，功務本文，經嘆説行，要先受誦[9]。何以然耶[10]？但由庸識未剖[11]，必假聞持，崑竹不斷，鳳音寧顯[12]？義當纔登解髮[13]，即須通覽，採酌經緯，窮搜名理，疑僞雜録，單複出生[14]，普閲目前，銓品人世，然後要約法句，誦鎮心神，廣説緣本，用疏迷結。遂能條貫本支[15]，釋疑滯以通化；統略玄旨，附事用以徵治。是故經云受持、讀誦、書寫、解説，如法修行，斯誠誡也。

世多惰學[16]，愚計相封，以尋理爲諸見[17]，用博文爲障道，故調達、善星之廣富，未免泥犁[18]；槃特、薄拘之寡約，尚參中聖。[19]凡斯等議，未成通論。原夫道障之起，起乎心行，道在無滯，滯則障道，焉有多聞，能爲道障？夫聞本筌解，封附不行；此則滯指亡月，正違出要[20]。是以愚夫當斯一計，莫非學既未功，隨言便著，於經律論[21]，生未曾沾，或妄發心[22]，誓不執卷，見學教者，目爲文字[23]。故使慢水覆心，膏肓誰遣？至於決斷篇聚，判析僞真[24]，由來未知，事逾聾瞽，既恥來問，反啓寧陳[25]？遂即惟心臆斷，汎浪無准，傍爲啓齒，何急如前[26]。

又有薄讀數帙，略誦短章[27]，謂爲止足[28]，更絶欣尚，便引大集、法行、比丘、十住"不貴多讀"。[29]竊以教門宏曠，待對塵勞，藥病相投，豈徒繁積？藏部所設，止在奉持，聞而莫依，校量非一[30]。今倒想如草之蔓，慢我如山之立，要資博讀，見有廣治之能，隨境流觀，務存祛滯之本。但以暗識未萌，集熏怠構,稱情昏倒,反福成罪。故此方見録,卷止六千,尚怖不希,壅迷頓足,何論天竺遺典,龍藏現經,敢慕窺求,通觀聞海。必能追功起觀,無暇[31]廣尋,要拔苦輪,方聞爲飾。斯則莊嚴道論,慧解前驅[32],不待抑揚,自然會理。

又有曲媚佛言,詐辭學論[33],便言"論作小聖,吐言隱密,彫淳撲散[34],道味已離,故我誦持[35],無心悟入"。斯言何哉,妄有穿鑿。原夫諸佛説法,本惟至道,赴接凡小,方便乘權。權道多謀,任機而現,或以聲光動之,或以威容鼓之,法譬亂舉,緣事相開[36],以悟達爲本言,以亡筌爲意得[37]。但以去聖久遠,時接澆浮[38],專賓文詞,罕會幽旨。所以大小諸聖,悲大道之將崩,廣採了義,製明論以通教,故文云,隨聲取義,有五過失:謗佛、輕法、誑人、退信。斯言極矣。不量己之神府,而輒揆於成教,朋佛而侮賢聖[39],憎愛於是由生,嗟乎法侣,又何詳哉[40]!且夏屋非散材所成,大智豈庸情所構?固當通其所滯,悟其所迷,不然則至聖於何起悲,正士於何揚化?事叙緣於本紀,故不廣之。[41]

【校注】

[1] 栖:磧本作"洒"誤。

[2] 乃:磧本作"及"誤,五一本同麗再本。

[3] 十:五一本無,磧本同麗再本。

[4] 般若:磧本作"般若經",五一本同麗再本。

[5] 霄:磧本作"宵"是,五一本同麗再本。

[6] 屬:磧本作"囑",五一本同麗再本。

[7] 潔:五一本作"絜"。

[8] 勝大:磧本作"勝大王",五一本同麗冉本。

[9] 經嘆説行,要先受誦:案,般若經、無量壽經都提到"是故應當專心信受、持誦、説行","持誦"在"説行"之前,故道宣化而用之。

[10] 耶:五一本作"邪",磧本同麗再本。

[11] 剖:五一本作"部",磧本同麗再本。

[12] 崑竹不斷,鳳音寧顯:參見漢書卷二一上律曆志:"黄帝使泠綸,自大夏之西,昆侖之陰,取竹之解谷生,其竅厚均者,斷兩節間而吹之,以爲黄鐘之宫。制十二筩以聽鳳之鳴,其雄鳴爲六,雌鳴亦六,比黄鐘之宫,而皆可以生之,是爲律本。至治之世,天地之氣合以生風;天地之風氣正,十二律定。"

[13] 解髮:剃髮。

[14] 疑僞雜録,單複出生:指佛典比較特殊的文獻形式。"疑僞",假托佛陀僞造的佛典;"雜録",即指雜纂、類書、音義類佛典;"單複出入",指佛典在傳譯的過程中有一經多譯、一經多本的情況。

[15] 支:五一本作"枝",磧本同麗再本。

［16］惰：五一本作“憧”，磧本同麗再本。
［17］諸見：維摩詰經卷二弟子品注：“肇曰：諸見，六十二諸妄見也。”
［18］犂：五一本作“黎”，磧本麗再本。
［19］案，“調達”即提婆達多，出曜經卷一五講調達“十二年中，坐禪入定，心不移易，誦佛經六萬”。又據增壹阿含經卷四七放牛品：“今此提婆達兜興起惡心向如來身，身壞命終，入阿鼻地獄中。”“善星”，涅槃經卷三三：“善星比丘是佛菩薩時子，出家之後受持讀誦分别解説十二部經。……生惡邪見……生身陷入墮阿鼻地獄。”“泥犂”即地獄。“槃特”，法句譬喻經卷二述千品：“昔佛在舍衛國。有一長老比丘字般特，新作比丘，禀性闇塞。佛令五百羅漢日日教之，三年之中不得一偈，國中四輩皆知其愚冥。佛愍傷之，即呼著前，授與一偈，守口攝意，身莫犯非，如是行者得度世。……時般特霍然心開，即得羅漢道。”案，“薄拘”即薄拘羅，據增壹阿含經卷一三，此尊者“已成阿羅漢，諸縛已解，長壽無量，恒自降伏，思惟非常，苦空，非身。不著世事，亦復不與他人説法”。
［20］滯指亡月，正違出要：“亡月”，五一本作“盲”，磧本同麗再本。“違”，磧本作“達”誤，五一本同麗再本。案，“亡月”，典出論語子張：“子夏曰：日知其所亡，月無忘其所能，可謂好學也已矣。”邢昺注曰：“亡，無也。舊無聞者當學之，使日知其所未聞。舊已能者當温尋之，使月無忘也。能如此者，可以謂之好學。”“滯指亡月”，則不好學。不好學則不能證得解脱生死輪迴之道，即“正違”“出要”。
［21］律論：五一本作“論律”，磧本同麗再本。
［22］或：麗再本作“惑”，今從磧本、五一本。
［23］字：五一本作“子”誤，磧本同麗再本。“文字”，指拘泥文字上所現之學問，忽視實踐方面的修行。
［24］析：麗再本、五一本作“折”，今從磧本。
［25］反：五一本作“久”形，磧本同麗再本。案，“來問”典出禮記曲禮上：“禮聞來學，不聞往教。”“反啓”，典出論語述而：“不憤不啓，不悱不發，舉一隅不以三隅反，則不復也。”整句的意思是，没有知識的積累，啓發是談不上的。
［26］傍爲啓齒，何急如前：待考。
［27］短：五一本作“知”誤，磧本同麗再本。
［28］止足：五一本衍作“口止足”，磧本同興聖寺本。
［29］案，大方等大集經卷二三虚空目分聲聞品第一：“若有比丘讀誦如來十二部經，謂修多羅，乃至優婆提舍，是名樂讀，不名法行。”“若有比丘能觀身心，心不貪著外一切相，謙虚下意，不生憍慢，不以愛水溉灌業田，亦不於中種識種子，滅覺觀心，境界都息，永離煩惱，其心寂静。如是比丘，我則説之名爲法行。”諸法無行經卷上：“好常讚學，勤於事業，樂著文辭，以辯説爲妙，貴於名利，如是之人，聞如來説是無文字法，畢竟清净。當捨是諸見，是諸菩薩隨衆生所能信解，以方便力而爲説法，雖説少欲知足而不以爲最，雖説經戒亦不以爲最。”十住毗婆沙論卷一一：“佛法貴如説行，不貴多讀多誦。”案，“比丘”，當爲“比丘經”，然查今存瞻婆比丘經、那先比丘經和首羅比丘經殘卷，均無類似詞句，頗疑“比丘”爲“毗曇”之訛，阿毗曇毗婆沙論卷一：“阿羅漢有五因緣退：一者營事勤勞，二者多誦經，三者諍訟，四者遠行，五者長病。”
［30］校量：磧本、五一本作“教毁”。

[31] 暇：磧本作"瑕"，五一本、資本同麗再本。

[32] 驅：五一本作"驗"，磧本同麗再本。

[33] 辭：磧本作"詞"，五一本同麗再本。

[34] 撲：磧本作"樸"是，五一本同麗再本。典出老子"樸散爲器"。王弼注："樸，真也。真散則百行出，殊類生，若器也。"

[35] 誦：磧本作"讀"誤，五一本同麗再本。

[36] 開：磧本作"關(関)"誤，五一本同麗再本。"開"，開演。

[37] 亡筌：磧本、五一本作"忘筌"是。典出莊子外物："筌者所以在魚，得魚而忘筌；蹄者所以在兔，得兔而忘蹄。"然佛典中亦常寫作"亡筌"。

[38] 澆：五一本作"僥"誤，磧本同麗再本。

[39] 朋：麗再本作"明"，今從磧本、五一本。

[40] 何：磧本、五一本作"可"誤。

[41] 五一本每卷後，有一段寫經題記，今全録如下，二九、三十卷後不再録入：

皇后藤原氏光明子奉爲
尊考正一位太政臣府君、尊妣
贈從一位橘氏太夫人，敬寫一切經論
及律。莊嚴既了，伏願憑斯勝因，奉資
冥助，永庇菩提之樹，長遊般若之
津。又願上奉勑聖朝恒延福壽，下
及寮采，共盡忠節。又光明子自發誓
言，弘濟沉淪，勤除煩障，妙窮諸法，早
契菩提，及至傳燈無窮，流布天下，
聞名持卷，穫福消災，一切迷方，會歸覺路。

天平十二年五月一日記

續高僧傳卷第二十九[1]

興福篇第九正紀十二人[2]　附見五人

梁蜀部沙門釋明達傳一

釋明達，姓康氏，其先康居人也。童稚出家，嚴持齋素[3]，初受十戒，便護五根。年及具足，行業彌峻，脅不著席，日無再飯；外肅儀軌[4]，内樹道因，廣濟爲懷，遊行在務。

以梁天監初[5]，來自西戎，至于益部。時巴峽蠻夷，鼓行抄劫，州郡徵兵，克期誅討。達愍其將苦，志存拯拔，獨行詣賊，登其堡壘，慰喻招引，未狎其情。俄而風雨晦冥，雷霆振擊[6]。群賊驚駭，懺爾求哀。達乃教具千燈，祈誠三寶，營辦始就，昏霾立霽，山澤通氣，天地開朗。翕然望國，並從王化，繦負排藪[7]，獺弁前趨者[8]，其徒充澤。遂使江路肅清，往還無阻，兵威不設而萬里坦然，達之力也。

後因行汶中[9]，路逢有人縛㹠在地，聲作人語曰："願上聖救我。"達即解衣贖而放之。

嘗於夜中索水洗脚，弟子如言，而泥竟不脱。重以湯洗，如前不去。乃自以水灌之，其脚便净。達曰："此魚膏也[10]。"更莫測其所從。

行至梓州牛頭山[11]，欲構浮圖及以精舍，不訪材石，直覓匠工，道俗莫不怪其言也。于時二月水竭[12]，即下求木[13]，乃於水中得一長材，正堪刹柱，長短合度，僉用欣然，仍引而竪焉。至四月中，涪水大溢，木流翳江，自泊村岸，都無溜者。達率合皂素，通皆接取，縱横山積[14]。創修堂宇，架塔九層，遠近併力，一時繕造，役不逾時，欻然成就。

而躬襲三衣，並是麤布，破便治補，寒暑無革。有時在定，據于繩床，赫然火起，衆往撲滅，惟覺清凉。有沙門僧救者，積患攣躄，來從乞差[15]。達便授杖令行，不移晷景，驟步而返。斯陰德顯濟，功不可識，其例甚矣。又布薩時,身先衆坐,因有偷者,穿牆負物,既出在外,迷悶方所,還來投寺,遂喻而遣之。故達化行楚、蜀,德服如風之偃仆也。故使三蜀氓流或執爐請供者[16],或散花布衣者,或捨俗歸懺者,或剪落從法者[17],日積歲計,又不可紀。以天監十五年,隋始興王還荆州[18],冬十二月終于江陵,春秋五十有五。達形長八尺,容式偉然,敷弘律訓,及以講誦,乍諷俗書[19],用悟昏識,銓序罪福,無待重尋,故詳略而傳矣。

【校注】

[1] 二十九:磧本作"三十",五一本、麗初本、趙本同麗再本。案,本卷之五一本殘闕,從卷首到釋僧明傳附梁武帝造重雲殿金銀二像事之"國創新定,未遑經始"全闕,又自釋德美傳"故自開皇之末,終於大業"至卷尾亦全闕。全卷存 287 行。五一本此卷藏於日本京都東大寺,原卷圖版未公開,此據池麗梅教授録文校。

[2] 紀:磧本作"傳"是,麗初本、趙本同麗再本。

[3] 素:磧本作"戒",麗初本、趙本同麗再本。

[4] 外肅儀軌:磧本作"外儀軌則",麗初本作"外儀軌物",趙本同麗再本。

[5] 天監:麗再本、麗初本、趙本作"天鑒",今從磧本,下同,不一一出校。

[6] 振:磧本作"震"是,麗初本、趙本同麗再本。

[7] 緥:磧本、隨函録作"褓",麗初本、趙本同麗再本。"緥"通"褓"。

[8] 弁:磧本作"獃"誤,一切經音義卷九四"續高僧傳卷二九"條:"獺弁(上攤葛反,下别變反。按,鹿弁,隱淪之士以獺皮爲冠,鹿皮爲弁也。……)"故當作"弁"。麗初本、趙本同麗再本。

[9] 汶:磧本、麗初本作"役",趙本同麗再本。案,"汶"概指汶山郡,劉宋移汶山郡治於今四川省灌縣,至蕭梁天監年間未變,故"汶中路"即汶山郡中。又"行役",典出詩經魏風陟岵"予子行役,夙夜無已",因公外出意,後來泛指出行。在這兩個義項上,"因行役"均與文意不合。

[10] 魚膏:即魚油、魚脂,古代作燃火、照明的燃料。史記卷六秦始皇本紀記載,在秦始皇陵地宫内"以人魚膏爲燭,度不滅者久之",古代豪貴墓中或燃魚膏燈,則明達兩脚魚膏或暗示其在地獄講經耶?

[11] 牛頭山:即今四川省三臺縣牛頭山。

[12] 二:磧本、麗初本、趙本作"三"。

[13] 木:麗再本作"水",今據磧本、麗初本、趙本改。

[14] 縱:磧本作"從",麗初本、趙本同麗再本。案,"從"通"縱"。

[15] 差:磧本作"瘥",麗初本、趙本同麗再本。在"病瘉"義項上,"差"爲"瘥"之本字。

[16] 氓:麗初本作"泯"誤,磧本、趙本同麗再本。

[17] 剪:磧本作"翦",麗初本、趙本同麗再本。

[18] 案,"始興王",即蕭憺,梁武帝異母弟,傳見梁書卷二二。

[19] 諷:麗初本作"風"誤,磧本、趙本同麗再本。

周鄜州大像寺釋僧明傳二僧護

釋僧明，俗姓姜，鄜州內部人[1]。住既山栖，立性淳素，言令質樸[2]，叙悟非任而能守禁自修[3]，不隨鄙俗。雖不閑明經誥，然履操貞梗，有聲時俗。

因遊邑落，往還山谷，見一陭岸[4]，屢有異光，怪而尋討，上下循擾，乃見澗底石趺一枚，其狀高大，遠望岸側卧石如像，半現於外。遂加功發掘[5]，乃全像也，形同佛相，純如鐵磺[6]，不加鑿琢，宛然圓具，舉高三丈餘。時周武已崩，天元嗣曆，明情發增勇，不懼嚴誅，顧問古老，無知來者。其地久荒榛梗[7]，素非寺所，明自惟曰："當是育王遺像，散在人間，應現之來，故在斯矣。"即召四遠，同時拖舉，事力既竭，全無勝致。明乃執爐誓曰："若佛法重興，蒼生有賴者，希現威靈，得遂情願。"適發言已，像乃忽然輕舉，從山直下，徑趣趺孔，不假扶持，卓然峙立。大衆驚嗟，得未曾有，因以奏聞。帝用爲嘉瑞也，乃改元爲大像焉。自爾佛教漸弘，明之力也。又尋下勑，以其所住爲大像寺，今所謂顯際寺是也[8]，在坊州西南六十餘里[9]，時值陰暗，便放神光。明重出家，即依此寺盡報修奉，大感物心，以開皇中年卒于彼寺。

余以爲興福之來，事有機會，感見奇迹，其相彌隆，略引五三，用開神理。至如徐州吴寺太子思惟瑞像者，昔東晋沙門法顯厲節西天，歷觀聖迹，往投一寺，小大承迎。顯時遇疾，心希鄉飯。主人上坐，親事經理，勑沙彌爲取本鄉齋食[10]，倏忽往還，脚有瘡血，云往彭城吴蒼鷹家求食，爲犬所嚙。顯怪其旋轉之頃而遊萬里之外，方悟寺僧並非常也。及隨船還[11]，故往彭城訪吴蒼鷹，具知由委。其犬嚙餘血塗門之處猶在。顯曰："此羅漢聖僧血也。當時見爲取食，何期犬遂損耶？"鷹聞懺咎，即捨宅爲寺，自至楊都廣求經像。正濟大江，船遂傾側，忽有雙骨，各長一丈，隨波騰漾，奄入船中，即得安流昇岸。以事奏聞，有司觀撿，乃龍齒也。鷹求像未獲，泝江西上，暫息林間，遇見婆羅門僧持像而行，云往徐州與吴蒼鷹供養。鷹曰："必如來言，弟子是也。"便以像付之。鷹將像還至京，詔令模之[12]，合造十軀[13]，皆足下置字，新舊莫辯[14]，任鷹探取。像又降夢，示其本末，恰至鷹取，還得本像，乃還徐州，每有神瑞。元魏孝文請入北臺，高齊後主遣使者常彪之迎還鄴下。齊滅周廢，爲僧藏弃[15]，大隋開教，還重興世，今在相州鄴縣大慈寺也。[16]

又京師崇義寺石影像者，形高一尺，徑六寸許，八楞紫色，内外映徹。其源梁武太清中，有天竺僧齎來謁帝，會侯景作亂，便置江州廬山西林寺大像頂上。至開皇十年[17]，煬帝作鎮江海，廣搜英異，文藝書記，並委讎括，乃於雜傳得影像記[18]，即遣中使王延壽往山推得。王自虔奉，在内供養，在蕃歷任，每有行往，函盛導前，初無寧舍。及登儲貳，乃送於曲池日嚴寺，不令外人瞻覩。武德七年廢入崇義,像隨僧來。京邑道俗,備得觀仰,其中變現,斯量難准。或佛塔形像,或賢聖天人,或山林帳蓋,或三途苦趣[19],或前後見同,或俄頃轉異。斯並目矚而叙之,信業鏡而非謬矣。貞觀六年下勑入内,外遂絶也。

又梁襄陽金像寺丈六無量壽瑞像者,東晋孝武寧康三年二月八日,沙門釋道安之所造也,明年季冬,嚴飾成就。刺史郗恢創莅此蕃,像乃行至万山,恢率道俗,迎還本寺,復以其夕,出住寺門,合境同嗟,具以聞奏。梁普通三年,勑於建興苑鑄金銅花趺,高六尺,廣一丈。上送承足,立碑讃之,劉孝儀爲文。[20]

又荆州長沙寺瑞像者,晋太元年此像現于城北,光相奇特,具如前傳。形甚瓌異,高於七尺。昔經夜行,人謂非類,以刀擊之。及旦往視,乃金像也,刀所擊處,文現於外。梁高奉法,情欲親謁,雖加事力,終無以致。後遣侍中廣齋香供,丹款既達,夜忽放光,似隨使往。旦加延接,還復留礙,重竭請祈,方許從就。去都十八里,帝躬出迎,竟路放光,相續不絶,白黑欣慶。在殿供養,三日已後,從大通門送同泰寺。末被火燒,堂塔並盡,惟像居殿,巋然獨存。[21]

又高齊定州觀音瑞像及高王經者,昔元魏天平定州募士孫敬德於防所造觀音像,及年滿還,常加禮事。後爲劫賊所引,禁在京獄,不勝拷掠[22],遂妄承罪,並處極刑,明旦將决[23]。心既切至,淚如雨下,便自誓曰:“今被枉酷,當是過去曾枉他來,願償債畢了。又願一切衆生所有禍横,弟子代受。”言已少時,依俙如睡,夢一沙門教誦觀世音救生經。經有佛名,令誦千遍,得免死厄。德既覺已,緣夢中經,了無謬誤[24],比至平明,已滿百遍。有司執縛向市[25],且行且誦。臨欲加刑,誦滿千遍。執刀下斫,折爲三段。三换其刀,皮肉不損。怪以奏聞。承相高歡表請免刑[26],仍勑傳寫,被之於世。今所謂高王觀世音是也[27]。德既放還,觀在防時所造像,項有三刀迹,悲感之深,慟發鄉邑。

又昔彌天襄陽金像,更歷晋、宋,迄于齊、梁,屢感靈相,聞之前紀。周武滅法,建德三年甲午之歲,太原公王秉爲荆州副鎮將[28]。上開府長孫哲志性凶頑,不信佛法,聞有此像,先欲毁之。邑中士女、被廢僧尼,掩淚痛心,無由救止。哲見欽崇彌至[29],瞋怒彌盛,逼逐侍從[30],速令摧殄。令百餘人以繩繫項,牽挽不動。哲謂不用加力,便杖監事。人各一百,牽之如故,鏗然逾固。進三百人牽猶不動。哲怒彌盛,又加五百,牽引方倒,聲振地動[31]。人皆悚慄,哲獨喜勇[32],即遣鎔毁之[33],都無慚懼。自又馳馬,欲報刺史,裁可百步[34],塩然落地,失瘖直視,四支不勝[35],至夜而卒。道俗唱快。當毁像時,於腋下倒垂衣内,銘云:"晋太元十九年歲次甲午,比丘道安於襄陽西郭造丈八金像,此像更三周甲午百八十年當滅。"計勘年月興廢,悉符同焉。信知印手聖人,崇建容範,動發物心,生滅之期,世相難改。業理之致,復何虚矣。[36]

又楊都長干寺育王瑞像者,光趺身相,祥瑞通感。五代侯王,所共遵敬,具如前傳。每有亢陽之歲,請像入宫,必乘御輦,上加油帔。僧衆從像,以蓋自遮。初雖炎赫洞天,像出中途,無不雨流滂注,家國所幸,有年斯賴,所以道俗,恒加雨候。至陳氏禎明年中,像面轉西,直月監堂。屢迴正南,及至晨起,還西如故。具以奏聞,勑延太極殿,設齋行道。先有七寶冠在于像頂,飾以珠玉,可重百斤,其上復加錦帽。經夜至曉,寶冠掛于像手,錦帽猶加頭上[37]。帝聞之,乃燒香祝曰[38]:"若必國有不祥,還脱冠也。"仍以冠在頂,及至明晨,脱掛如故。上下同懼,莫測其徵[39]。及隋滅陳降,舉朝露首,面縛京室,方知其致。文帝後知,乃遣迎接,大内供養。以像立故,帝恒侍奉,不敢對坐,乃下勑曰:"朕年老,不堪久立侍佛。可令有司造坐像[40],其相還如育王本像,送興善寺。"既達此寺,形相偉壯。不會即機,遂置于北面。及明見像乃在南面中門,衆咸異焉,還送北面,堅封門鑰。明旦更看,像還在南,僉皆愧悔,謝其輕侮。即見在寺,圖寫殷矣。

又梁高祖崇重釋侣,欣尚靈儀,造等身金銀像二軀,於重雲殿晨夕禮敬。五十許年,初無替廢,及侯景篡奪,猶在供養[41]。太尉王僧辯誅景江南,元帝渚宫復没[42],辯乃通款於齊,迎貞陽侯爲帝。時江左未定,利害相雄,辯女婿杜龕典衛宫闕[43],爲性兇悍[44],不見後世,欲毁二像爲金銀鋌[45]。先遣數十人上三休閣,令鑱佛項,二像忽然一時迴顧,所遣衆人失瘖如醉,不能自勝。杜龕即被打築,遍身青腫,惟見金剛力士怖畏之像,競來打擊,略無休息,呻號數日,洪爛而死。[46]及梁運在陳[47],武帝崩背,兄子陳蒨嗣膺大業,將修葬具、造輼輬車,國創新定,未遑經始,[48]勑取重雲殿中佛像寶帳、珩珮、珠玉鎣飾之具[49],將用送終[50]。人力既豐,四面齊至。但見雲氣擁結,圍繞佛殿[51]。自餘方左,白日開朗,百工聞怪,同奔看覩[52]。須臾,大雨横注,雷電震吼,烟張鵄吻,火烈雲中,流光布焰,高下相涉,並見重雲殿影,二像峙然,四部神王并及帳、座,一時騰上,烟火相扶,欻然遠逝。觀者傾都,咸生深信。雨晴之後,覆看故所,惟見柱礎存焉[53]。至後月餘,有從東州來者,是日同見殿影東飛于海,今有望海者時往見之。

近高齊日,沙門僧護守道直心,不求慧業,願造丈八石像。咸怪其言[54]。後於寺北谷中見一卧石可長丈八,乃雇匠營造。向經一周,面腹粗了[55],而背著地,以六具拗舉之,如初不動。經夜至旦,忽然自翻,即就營訖,移置佛堂。晋州陷日,像汗流地,周兵入齊,燒諸佛寺,此像獨不變色。又欲倒之[56],人牛六十餘頭挽不可動。忽有異僧,以瓦木土墼壘而圍之[57],須臾便了,失僧所在。像後降夢信心者曰:"吾患指痛。"其人寤而視焉[58],乃木傷其二指也,遂即補之。開皇十年,有盗像幡蓋者,夢丈八人,入室責之[59]。賊遂慚怖,悔而謝焉。其像現存,並見旌異記及諸僧録[60]。

然斯通感,佛教備彰,但是福門,無非靈應。竊以像避延燒,獸驚邪道,影覆異術,經焚不灰[61],靈骨之放神光,密迹之興弘護,其相大矣,具在前文[62]。至如貞觀五年[63],梁州安養寺慧光師弟子,母氏貧窶,内無衵衣[64],來入子房,取故袈裟,作之而著。與諸鄰母,同聚言笑,忽覺脚熱,漸上至腰。須臾,雷震擲鄰母百步之外,土泥兩耳[65],悶絶經日,方得醒悟。所用衣者,遂被震死,火燒焦踡,題其背曰:"由用法衣不如法也。"其子收殯,又再震出。乃露骸林下,方終銷散。是知受持法服,惠及三歸之龍,信不虚矣。近有山居僧[66],在深巖宿,以衣障前[67]。感異神來,形極可畏,伸臂内探[68],欲取宿者,畏觸袈裟,礙不得入,遂得免脱。如是衆相,不可具紀,如上下諸例中[69]。

【校注】

[1] 内部:趙本作"内郡"誤,磧本、麗初本同麗再本。案,"内部"即内部縣,十六國後秦置,隋開皇元年改中部縣爲内部縣,唐武德二年復名中部縣。

[2] 令:麗初本作"全"誤,磧本、趙本同麗再本。

[3] 悟:磧本作"晦"誤,麗初本、趙本同麗再本。

[4] 踦:磧本作"崎",麗初本、趙本同麗再本。"踦",崎嶇意。

[5] 功:諸本作"工"。案,"功"有工程及勞動人力義,與"工"同。

[6] 磺:磧本作"礦",麗初本、趙本同麗再本。據説文解字卷九,"磺"即"礦"。

[7] 久:諸本同,趙本作"天"誤。

[8] 案,集神州塔寺三寶感通録卷中記顯際寺,可補此傳之闕,今全文録下:"周武建德三年,猜忌佛法,勇意殄滅,天下闇冥。有宜州姜明者,督事夜行,經州北百餘里,山中行往,常見山上光明,怪之,因巡行光處。見有卧石,狀如像形,便斲掘尋之,乃是鐵礦,不可鏨鑿,故其形碌礡(礦磓),高三丈許,欲加摩瑩,卒不可觸。又向下尋,乃有石趺,孔穴具足,乃共村人以物舉之,其像欻然流下,逕趣趺孔,卓然特立。衆以爲奇瑞也,以狀奏聞。時天元嗣曆,佛法將融,乃改爲大象元年,仍以其處爲大象寺。隋祖開運,重構斯迹,又改爲顯際寺。討尋其本,處非人住,又無大石及以鐵礦,豈非育王之神力所降感乎。大唐因之不改。貞觀末,寺西置宫,名曰玉華,像仍舊所,在宫東三十里苑内。太宗嘗往禮事,嫌非華飾,乃舍物莊嚴。永徽年中改宫立寺,還名玉華。今屬坊州,陰暗之夕每發光瑞,道俗常見,故不甚驚歎云云。"又此卷關於儀像事,多可與集神州塔寺三寶感通録卷中所記參看。

[9] 坊州:即隋代鄜州,唐初改爲坊州,治當今陝西省黄陵縣。

［10］ 勑：諸本同，磧本作“乃勑”。
［11］ 船：諸本同，磧本作“舶”。
［12］ 模：諸本作“摸”，今從磧本。
［13］ 合：諸本同，磧本作“令”。案，上文已經有“詔令”，故此處應爲“合”。十：諸本同，趙本作“千”誤。
［14］ 辯：諸本同，磧本作“辨”。
［15］ 弆：諸本作“舉”。“弆”亦爲藏義。
［16］ 案，此像事，又見集神州三寶感通録卷中、法苑珠林卷九一引晋史雜録。
［17］ 至：諸本同，磧本作“至隋”。
［18］ 影：磧本、趙本作“景”，二字同，麗初本作“京”誤。
［19］ 途：諸本同，磧本作“塗”，二字同。
［20］ 案，此像事，又見於又見集神州三寶感通録卷中、法苑珠林卷一三，與本傳大同小異，唯寧康三年爲四月八日，普通三年亦爲四月八日。
［21］ 案，據梁書卷三，中大同元年四月丙戌，“是夜，同泰寺災”。
［22］ 拷：諸本同，磧本作“栲”。
［23］ 旦：諸本同，磧本作“日”誤。
［24］ 謬誤：諸本同，磧本作“遺謬”誤。
［25］ 縛：磧本作“繫”，趙本、麗初本同麗再本。
［26］ 承：諸本同，磧本作“丞”是。
［27］ 高王觀世音：諸本同，磧本“高王觀世音經”。
［28］ 案，據周書卷五，天和六年“以大將军、太原公王柬爲柱國”，周書卷六，建德四年“太原公王康爲襄州總管”。案，天和六年爲572年，建德四年爲576年。
［29］ 欽崇：諸本同，磧本作“欽敬”誤。
［30］ 侍：諸本同，趙本作“不”。
［31］ 振：諸本同，磧本作“震”。
［32］ 喜：諸本同，磧本作“加”誤。
［33］ 鎔毁之：磧本、麗初本作“鎔毁”是，趙本同麗再本。
［34］ 裁：諸本同，磧本作“纔”，二字通假。
［35］ 支：諸本同，磧本作“肢”，二字同。
［36］ 案，此像事，又見於法苑珠林卷一一與前文“梁襄陽金像寺丈六無量壽瑞像”事相連。
［37］ 頭：諸本同，磧本作“頂”。
［38］ 祝：諸本同，磧本作“禮”誤。案，“祝”有禱告義。
［39］ 莫測：麗再本、麗初本、趙本作“莫惻”，今從磧本。案，在敦煌文書、中古墓誌中，偶有將“莫測”寫作“莫惻”，如北齊的雲門寺法懃禪師墓誌：“跨風誕應，接物昇沈，巨變莫惻，細入難尋。”
［40］ 像：諸本同，磧本作“佛”。
［41］ 在：諸本同，磧本作“存”誤。
［42］ 渚宫：諸本同，磧本作“儲宫”誤，“渚宫”即江陵别稱。
［43］ 婿：諸本作“聟”，古同“婿”。
［44］ 悍：諸本作“捍”誤，今從磧本。

[45] 鋋：諸本作“挺”誤，今從磧本。
[46] 案，杜龕之死，據梁書卷六、陳書卷三，兵敗被殺，此傳所記非是。
[47] 陳：諸本同，趙本作“東”誤。
[48] 案，本卷至此，五一本闕。
[49] 鎣：諸本同，五一本作“滎”誤。
[50] 終：諸本同，五一本作“經”誤。
[51] 團：諸本同，磧本作“圍”。
[52] 奔：麗再本、麗初本、趙本作“本”誤，今從磧本、五一本。
[53] 見柱：五一本、麗初本無二字。柱：趙本作“住”，隨函録作“唯”，磧本同麗再本。案，陳書卷三世祖紀，永定三年六月陳霸先去世，侄陳蒨即位，七月乙丑“重雲殿災”。
[54] 怪：諸本同，五一本作“共怪”。
[55] 粗：諸本同，趙本作“粉”誤。
[56] 倒：諸本同，磧本作“到”。
[57] 土：諸本同，磧本作“上”誤。
[58] 焉：諸本同，麗初本作“馬”誤，下同，不一一出校。
[59] 責：五一本、麗初本、趙本作“債”，磧本同麗再本。
[60] 旌：諸本同，五一本作“族”誤。
[61] 焚：諸本同，五一本作“楚”誤。
[62] 文：諸本作“聞”誤，今從磧本。
[63] 五：諸本同，五一本作“之”。
[64] 袙：磧本、五一本、麗初本作“小”，趙本同麗再本。案，“袙衣”“小衣”，均指内衣，然“小衣”偏於内褲，於意似更爲準確。
[65] 兩：諸本同，麗初本作“雨”。
[66] 近：諸本同，麗初本無。
[67] 障：諸本同，五一本作“鄣”，二字同。
[68] 伸：諸本同，五一本作“申”。
[69] 例：磧本作“列”，趙本、麗初本同麗再本。

隋天台山瀑布寺釋慧達傳三

釋慧達，姓王，家于襄陽。幼年在道，繕修成務。或登山臨水，或邑落遊行，但據形勝之所，皆厝心寺宇。或補緝殘廢，爲釋門之所宅也。後居天台之瀑布寺[1]，修禪繫業。又北遊武當山，如前攝静。有陳之日，癘疫大行，百姓斃者殆其過半。達内興慈施，於楊都大市建大藥藏，須者便給，拯濟彌隆。金陵諸寺，數過七百，年月逾邁，朽壞略盡。達課勸修補三百餘所，皆鎣飾華敞，有移恒度。仁壽年中，於楊州白塔寺建七層木浮圖[2]，材石既充[3]，付後營立。乃泝江西上，至鄱陽、豫章諸郡，觀撿功德，願與衆生，同此福緣。故其所至封邑，見有坊寺禪宇，靈塔神儀，無問金木土石，並即率化成造，其數非一。

晚爲沙門慧雲邀請，遂上廬岳[4]，造西林寺，重閣七間，欒櫨重疊[5]，光耀山勢[6]。初造之日，誓用黄楠，闔境推求，了無一樹，僉欲改用餘木。達曰："誠心在此，豈更餘求？但至誠無感，故訪追不遂，必心期果决，松散並變爲楠。如求不獲，閣成則無日矣。"衆懼其言，四出追索，乃於境内下巢山，感得一谷並是黄楠，而在窮澗幽深，無由可出。達尋行崖壁，忽見一處，晃有光明，窺見其中可通材道，惟有五尺，餘並天崖，遂牽曳木石至於江首。中途灘澓[7]，簰筏竝壞[8]，及至廬阜[9]，不失一根，閣遂得成，宏冠前構。後忽偏斜[10]，向南三尺，工匠設計取正無方。有石門澗當于閣南，忽有猛風北吹還正，于今尚在。

晚往長沙，鑄鍾造像，所至方面，若草從焉[11]，傾竭金貝者，兢兢業業，恐其不受。達任性造真[12]，言無華綺，據經引喻，篤勵物情。然其形服弊纛，殆不可覩。外綜繁殷，内收理静[13]，傍觀沉伏，似不能言，而指撝應附，立有成遂，斯即處煩不撓，固其人矣。又爲西林閣成，尊容猶闕[14]，復沿江投造，修建充滿，故舉閣圓備，並達之功。

大業六年七月晦日，舊疾忽增。七日倚卧，異香入室，旋繞如雲。閣中像設並汗流地[15]。衆見此瑞，審達當終，官人檢驗，具以聞奏。達神志如常，累以餘業，奄爾長逝，年八十七矣。

【校注】

[1] 瀑：諸本同，五一本作"暴"。

[2] 楊：諸本同，五一本作"陽"。

[3] 材：諸本同，五一本作"林"誤。

[4] 上：諸本同，磧本作"止"誤。

[5] 重：諸本同，五一本脱。

[6] 耀：諸本同，磧本作"輝"誤。

[7] 途：諸本同，五一本作"逾"誤。澓：五一本、麗初本、趙本作"復"誤，磧本同麗再本。

[8] 簰：趙本作"樺"，五一本、麗初本作"箄"，磧本同麗再本。

[9] 及：諸本同，磧本作"乃"誤。

[10] 斜：諸本同，五一本作"叙"誤。

[11] 草：麗初本、趙本作"革"誤，磧本、五一本同麗再本。案，"草從"，出後漢書卷二〇下郎顗傳："故周南之德，關雎政本。本立道生，風行草從，澄其源者流清，溷其本者末濁。"

[12] 真：諸本同，五一本作"直"誤。

[13] 内收：諸本同，磧本作"内堅"。案，"内收"與"外綜"對。

[14] 闕：諸本同，磧本作"缺"，二字同。

[15] 汗：諸本同，五一本作"汙"。

唐綿州振嚮寺釋僧晃傳四[1]

釋僧晃,姓馮氏,綿州涪城南昌人[2]。形長八尺,顔貌都偉,威容整肅,動中規矩。而鷹眼虎身,鵝行象步,聲氣雄亮,志略宏遠,綱維法任,有柱石焉。故使岷巴領袖,咸所推仰。

昔年在志學,文才博達,時共聲譽。嘗夢手擎日月,太虚中坐,便晃然厭俗,欣慕出家,私即立名爲"僧晃"也。父母未之許,拘械兩足,牢繫屋柱。决意已絶,誓心無改。不移旦夕,鎖自然解,乃嘆曰:"夫志之所及也,山岳以之轉,江河以之絶,城臺以之崩,瀛海以之竭,日月爲之潛光,須彌爲之崩頹,星辰爲之改度,嘉樹爲之藏摧[3],况復金木之與桎梏,奚足以語哉。"二親顧其冥感,任從道化。依彖法師出家受業[4],學通大小[5],夙夜匪懈。會梁末周初,佛法淆濫[6],行多浮略,迂誕毗尼。晃具戒未聞而超然異表[7],少能精苦,性自矜持,卒非師友所成立也,衆皆挹其神宇,密相高尚。及昇壇之後,偏攻十誦[8],數年劬勞,朗鑒精熟,研微造盡,彬鬱可崇。

周保定後[9],更業長安,進學僧祇,討其幽旨,有難必究,是滯能通。又於曇相禪師稟受心法[10],觀道圓净,由此彌開。又於開禪師方等行道,洞入時倫,無與相映,自此罕得而傳者,由多營福業,勞事有爲,是以隱墜,世不稱也。

既而遐邇諷德,聲聞天庭[11]。武帝下勑延於明德殿,言議開闡[12],彌遂聖心,乃授本州三藏。大隋啓祚,面委僧正。匡御本邑,而剛决方正,賞罰嚴平[13],綿、益欽風[14],貴賤攸奉[15]。前後州主十有餘人,皆授戒香,斷惡行善。開皇十五年,又於寺中置頭陀衆,僧事蠲免,以引憧者。仁壽以後[16],重率寺衆共轉藏經,周而復始[17],初不斷絶,供給瞡錫,一出俗緣,皆晃指授。故福報所至,如泉不窮,僧業茂盛,方類推舉。

以武德冬初,終於所住之振嚮寺[18],春秋八十五矣。初未終前,佛堂蓮華池自然枯竭,池側慈竹無故彫死[19],寺内薔薇非時發花,曄如夏月。衆以榮枯兩瑞[20],不無生滅之懷,德異常倫,故感應之所期耳。

【校注】

[1] 嚮:磧本作"音",麗初本、趙本同麗再本。

[2] 案,"涪城"即涪城縣,治當今四川省三臺縣西北花園鎮,南朝梁置,爲始平郡治,西魏爲平城郡治,北周爲安城郡治,隋爲安城縣,開皇十六年改回涪城縣,屬綿州,大業改屬金山郡,唐初又屬綿州。"南昌"當是鄉里名。

[3] 摧:諸本同,麗初本作"推"誤。

[4] 彖法師:即潼州光興寺寶彖,傳見本書卷八。

[5] 大：諸本同，五一本作“太”。
[6] 淆：諸本同，麗初本作“濟”誤。
[7] 聞：諸本同，磧本作“間”誤。
[8] 攻：五一本、麗初本、趙本作“功”，磧本同麗再本。
[9] 定：諸本同，五一本作“之”。
[10] 曇相禪師：傳見本書卷一六，傳僧實小乘禪法。
[11] 庭：諸本同，隨函録作“墀”。
[12] 議：諸本同，麗初本作“説”誤。
[13] 平：諸本同，磧本作“肅”誤。
[14] 欽：諸本同，趙本作“飲”誤。“欽風”，仰慕其文化義，晋書卷一〇一：“殿下武皇帝之子，有殊勳於王室，威恩光洽，四海欽風，孰不思爲殿下没命投軀者哉，何難發之有乎。”
[15] 攸：諸本同，磧本作“遐”誤。
[16] 以：諸本同，磧本作“已”。
[17] 周而復始：諸本同，趙本作“日而後始”誤。
[18] 嚮：磧本、五一本作“響”，麗初本、趙本同麗再本。“嚮”通“響”。案，“振嚮寺”，即今四川省綿陽市涪江東岸的碧水寺。參見于春等：四川綿陽碧水寺藏“開元寺石佛”調查，四川文物 2009 年第 2 期。
[19] 彫：磧本作“凋”，趙本同麗再本。“彫”通“凋”。
[20] 瑞：諸本同，麗初本作“端”。

唐楊州長樂寺釋住力傳五

釋住力[1]，姓褚氏，河南陽翟人，避地吴郡之錢塘縣[2]，因而家焉[3]。宿植勝因，早修慧業[4]，甫及八歲，出家學道。器宇凝峻，虚懷接悟，聲第之高，有聞緇俗。陳中宗宣帝於京城之左造泰皇寺[5]，宏壯之極，罄竭泉府[6]。迺勑專監百工，故得揆測指撝，面勢嚴浄。至德二年，又勑爲寺主。

值江表淪亡，僧徒乖散，乃負錫遊方，訪求勝地。行至江都，乃於長樂寺而止心焉[7]。隋開皇十三年，建塔五層，金槃景耀[8]，峨然挺秀[9]，遠近式瞻。至十七年，煬帝晋蕃又臨江海，以力爲寺，任繕造之功故也。初梁武得優填王像，神瑞難紀，在丹陽之龍光寺。及陳國云亡，道場焚毀，力乃奉接尊儀及王謐所得定光像者[10]，並延長樂，身心供養，而殿宇褊狹[11]，未盡莊嚴。遂宣導四部，王公黎庶，共修高閣，并夾二樓。寺衆大小三百餘僧，咸同喜捨，畢願締構。力乃勵率同侶二百餘僧，共往豫章，刊山伐木。人力既壯，規摹所指[12]，妙盡物情。即年成立，制置華絶，力異神工，宏壯高顯，挺冠區宇。大業四年，又起四周僧房，廊廡[13]、齋厨、倉庫備足[14]，故使衆侣常續，斷緒無因。再往京師，深降恩禮，還至江都，又蒙勑慰。大業十年，自竭身資,以栴檀香木模寫瑞像并二菩薩,不久尋成,同安閣内。

至十四年,隋室喪亂,道俗流亡,骸若萎朽,充諸衢市,誓以身命,守護殿閣。寺居狐兔,顧影爲儔,啜菽飲水,載離寒暑[15]。雖耆年暮齒而心力逾壯,泥塗褫落,周匝火燒,口誦不輟,手行治葺。賊徒雪泣[16],見者哀嘆,往往革心,相佐修補。皇唐受命,弘宣大法。舊僧餘衆,並造相投,邑室雖焚[17],此寺猶在。

武德六年,江表賊帥輔公祐負阻繕兵[18],潛圖反叛,凡百寺觀撤送江南。力乃致書再請,願在閣前燒身以留寺宇。祐僞號尊稱,志在傾殄,雖得其書,全不顧遇[19]。力謂弟子曰:"吾無量劫來,積習貪愛,不能捐捨形命以報法恩。今欲自於佛前取盡,决不忍見像濟江[20]。可積乾薪,自燒供養。吾滅之後,像必南渡,衣資什物,並入尊像,泣服施靈,理宜改革。"便以香湯沐浴,加趺面西,引火自焚,卒於炭聚[21],時年八十,即武德六年十月八日也。命終火滅,合掌凝然,更足闍維,一時都化。初,力在佛前焚時,群鵲哀鳴,其聲甚切,右繞七匝,方始飛去。及身没後,像果南遷[22],殿閣房廊,得免煨燼[23],法寶僧衆,如疇昔焉。門人慧安、智賾者,師資義重,甥舅恩深,爲樹高碑于寺之内。東宫庶子虞世南爲文。今像還歸於本閣云。

【校注】

[1] 住:諸本同,資本作"任"。

[2] 塘:諸本同,五一本作"唐"。

[3] 家:諸本同,磧本衍作"出家"。

[4] 早:諸本同,五一本作"甲"形。

[5] 泰:諸本同,磧本作"秦"誤。

[6] 罄:五一本、麗初本、資本、趙本作"磬",磧本同麗再本。

[7] 心:諸本同,五一本無。"長樂寺",寺址在今揚州城北蜀岡山脚下。

[8] 金槃景耀:磧本、五一本作"金盤景輝",麗初本、趙本同麗再本。

[9] 秀:諸本同,五一本作"委"誤。

[10] 謐:諸本同,五一本作"謚"。

[11] 褊:五一本、麗初本、趙本、隨函録作"猵",磧本同麗再本。案,"褊狹",古文獻中偶亦寫作"猵狹"。

[12] 摹:諸本同,磧本作"模"。案,"規模"義同"規摹",規划程式義,文選卷三漢張衡東京賦:"是以西匠營宫,目翫阿房,規摹逾溢,不度不臧。"

[13] 廊:諸本同,五一本作"廓"誤。

[14] 倉:諸本同,麗初本作"食"。

[15] 載:諸本作"再",今從磧本。案,"載離",典出詩經小雅小明:"二月初吉,載離寒暑。""載"爲語氣助詞。

[16] 雪:諸本同,磧本作"雷"誤。"雪泣",語出吕氏春秋卷二〇恃君覽觀表"吴起雪泣

而應之曰”,高誘注:“雪,拭也。”

[17] 室:磧本、五一本作“屋”誤,麗初本、趙本同麗再本。案,“邑室”典出論語公冶長:“十室之邑,必有忠信如丘者焉,不如丘之好學也。”

[18] 帥:麗初本、趙本作“師”誤,磧本、五一本同麗再本。兵:麗再本、趙本作“兵戈”,今從磧本、五一本、麗初本。祐:諸本同,資本作“祏”是。輔公祏以丹陽(即今南京)爲基地,故負阻指以長江爲防綫,事見舊唐書卷五六。

[19] 遇:五一本、麗初本、趙本作“遂”,磧本同麗再本。

[20] 江:諸本同,磧本衍作“江河”,資本作“江何”。

[21] 炭:諸本同,五一本作“岸”誤。

[22] 遷:諸本同,磧本作“還”誤。

[23] 免:諸本同,五一本作“象”誤。

唐京師大莊嚴寺釋智興傳六善因

釋智興[1],俗緣宋氏,洺州人也[2]。謙約成務,厲行堅明,誦諸經數十卷,并行法要偈數千行。心口相師,不輟昏曉。住禪定寺,今所謂大莊嚴也。初依首律師隨從講會[3],思力清澈[4],同侣高之,徵難鱗錯,詞鋒驚挺。又能流靡巧便,不傷倫次,時以其行無諍也。

大業五年仲冬,次掌維那,時鍾所役,奉佩勤至,僧徒無擾。寺僧三果者,有兄從帝南幸江都,中路亡没,初無凶告,忽通夢其妻曰:“吾行從達於彭城,不幸病死。生於地獄,備經五苦,辛酸叵言,誰知吾者。賴以今月初日蒙禪定寺僧智興鳴鍾發聲,響振地獄[5],同受苦者,一時解脱。今生樂處,思報其恩,可具絹十疋奉之,并陳吾意。”從睡驚覺,怪夢所由,與人共説,初無信者。尋又重夢,及諸巫覡咸陳前説。經十餘日,凶問奄至,恰與夢同,果乃奉絹與之,而興自陳無德,並施大衆。有問興曰:“何緣鳴鍾,乃感斯應?”興曰:“余無他術,見付法藏傳罽膩吒王劍輪停事,及增一阿含鍾聲功德,敬遵此轍,苦力行之。每冬登樓,寒風切肉,僧給皮袖,用執鍾搥。余自厲意,露手捉之,嚴寒裂肉,掌中凝血[6],不以爲辭。又至諸時,鳴鍾之始,願諸賢聖,同入道場,然後三下。將欲長打,如先致敬:願諸惡趣,聞此鍾聲,俱時離苦。如斯願行,志常奉修,豈惟微誠,遂能遠感?”衆服其言。

以貞觀六年三月,遘疾少時,自知後世[7],捨緣身資,召諸師友,因爾陳别[8],尋卒莊嚴。春秋四十有五,葬於杜城窟中。

弟子善因,宗師戒範,講四分律,誦法華經[9],冥神福慧,著聞京邑。

【校注】

[1] 智:諸本同,五一本作“慧”。

[2] 洺：麗再本作“洛”，麗初本作“治”，今從磧本、五一本、趙本。
[3] 首律師：即智首，傳見本書卷二二。
[4] 澈：諸本同，磧本作“徹”。案，“清澈”義同“清徹”，澄净清朗意。
[5] 振：諸本同，磧本作“震”。
[6] 中：諸本同，磧本作“内”。
[7] 後世：磧本作“終日”，趙本同麗再本。
[8] 爾：諸本作“食”應是。
[9] 講四分律誦法華經：趙本作“誦四分律，講法華經”，麗再本、麗初本作“講四分律講法華經”誤，今從磧本、五一本。

唐蒲州普救寺釋道積傳七

釋道積，河東安邑人也，俗姓相里，名子材[1]，既莅玄門[2]，更名道積。其先蓋鄭大夫子産之苗裔矣。昔子産生而執拳，啓手觀之，文成“相里”，其後因而氏焉。父宣[3]，恢廓有大志，好學該富。宗尚嚴君，積早習丘墳，神氣爽烈。年至二十[4]，將欲出家，未知所適。乃遇律師洪湛，見而異之，即爲剃落，晦迹雙巖。又依法朗禪師希求心學，絶影三載[5]，不出山門。然爲幽證自難，聖教須涉，開皇十三年，辭師擐鉢，周行採義。路經滄、冀[6]，就遠行寺普興法師尋學涅槃，慶所未聞。乃經四載，情通三事[7]，爲門學所推。

至十八年，入於京室，依寶昌寺明及法師諮習地論，又依辯才智凝法師攝大乘論[8]，於十義熏習，六分轉依，無塵惟識，一期明悟。仁壽二年[9]，又往并州武德寺沙門法稜所，聽採地持，故得十法三持，畢源斯盡[10]。四年七月，楊諒作亂，遂與同侣素、傑諸師[11]，南旋蒲坂。既達鄉壤，法化大行，先講涅槃，後敷攝論，并諸異部，往往宣傳。及知命將鄰，偏弘地持，以爲誡勖之極，特是開心之要論也[12]，故成匠道俗，並潤朱藍[13]，結宗慈訓，遠近通洽。

而深護煩惱，重慎譏疑，尼衆歸依，初不引顧，每謂徒屬曰：“女爲戒垢，聖典常言，佛度出家，損減正法。尚以聞名汙心，況復面對無染。且道貴清顯，不參非濫，俗重遠嫌，君子攸奉。余雖不逮，請遵其度。”由此，受戒教授，没齒未登；參謁諮請，不聽入室。斯則骨梗潔己，清貞高蹈，河東英俊，莫與同風。

先是沙門寶澄，隋初於普救寺創營大像，百丈萬工[14]，纔登其一，不卒此願，而澄早逝[15]。鄉邑耆艾，請積繼之。乃惟大造之未成也[16]，且引七貴而崇樹之[17]，修建十年，彫莊都了[18]。道俗慶賴，欣喜相并。初積受請之夕，寢夢崖傍[19]，見二師子，於大像側，連吐明珠，相續不絶。既覺，惟曰：

"獸王自在,則表法流無滯;寶珠自涌,又喻財施不窮。冥運潛開,功成斯在。"即命工匠,圖夢所見於彌勒大像前,今猶存焉。其寺蒲坂之陽,高爽華博[20],東臨州里,南望河山。像設三層,巖廊四合。上坊下院,赫弈相臨;園磑田蔬,周環俯就。小而成大,咸積之功;撝空樹有,皆積之力。而弊衣菲食[21],輕財重命;普救殷贍,追静歸閑;爲而不恃,即處幽隱;天懷抗志,頓絶人世。不令而衆自嚴,不出而物自往。僕射裴玄真寵居上宰,欽其令問[22],頻贈香衣。刺史杜楚客知人之重[23],造展求法。其感動柔靡,皆此類也。

往經隋季擁閉,河東通守堯君素鎮守荒城,偏師肆暴,時人莫敢竊視也。[24]欲議諸沙門登城守固,敢諫者斬。玄素同憂,無能忤者。積憤嘆内發,不顧形命,謂諸屬曰:"時乃盛衰,法無隆替,天之未喪,斯文在斯。且沙門塵外之賓,迹類高世,何得執戈擐甲爲禦侮之卒乎?"遂引沙門道遜、神素,歷階厲色而諫曰:"貧道聞人不畏死,不可以死怖之。今視死若生,但懼不得其死,死而有益,是所甘心。計城之存亡,公之略也;世之否泰,公之運也。豈五三虚怯而能濟乎? 昔者漢欽四皓,天下隆平;魏重干木,舉國大治。今欲拘繫以從軍役,反天常以會靈祇[25],恐納不祥之兆耳。敢布腹心,願深圖之。無宜空肆一朝,自傾於後,爲天下笑也。公若索頭與頭,仍爲本願,必縱以殘生逼充步甲者,則不知生爲何生,死爲何死?"積陳此語,傍爲寒心。素初聞諫,重積詞氣,但張目直視曰:"異哉,斯人也,何乃心氣若斯之壯耶?"因捨而不問,果詣積陳懺。堯素以殺戮無度,騁其毒心,加又舉意輕陵[26],雖當時獲寢[27],而禍作其兆,卒爲城人薛宗所害。

自積立性剛果,志决不迴,遇逢瞋忿,動爲魚肉。既出家後,訶責本緣,挫拉無情,轉增和忍。歲登耳順,此行彌隆,習與性成,斯言不爽。以貞觀十年九月十七日終於本寺,春秋六十有九。初積云疾,的無所苦,自知即世,告門人曰:"吾今七十有五[28],卒今年矣[29]。"其徒曰:"師六十九矣,何遽辭耶?"告曰:"死生法爾,吾不懼也。且老僧將年七十[30],刺史貌吾,增爲六歲,故其命在旦夕,宜深剋勵,視吾所行。"又曰:"經不云乎,世實危脆,無牢强者。"去終三日,鍾不發聲。逝後如舊,衆咸哀歎。

【校注】

[1] 子:諸本同,磧本作"梓"。

[2] 莅:諸本同,五一本作"蓓"誤。

[3] 父:諸本同,磧本作"又"誤。

[4] 至:諸本無,今據磧本補。

[5] 影:諸本同,五一本作"景"。

[6] 滄:諸本同,磧本衍作"滄海"。

[7] 情：磧本、五一本作“清”是，麗初本、趙本同麗再本。案，據北本大般涅槃經卷三〇：“善男子，爲三事故修奢摩他。何等爲三？一者不放逸故，二者莊嚴大智故，三者得自在故。復次，爲三事故修毗婆舍那。何等爲三？一者爲觀生死惡果報故，二者爲欲增長諸善根故，三者爲破一切諸煩惱故。”通俗地説，就是修習禪定。

[8] 辯才智凝法師：傳見本書卷一〇，静嵩弟子，住長安辯才寺。

[9] 二：諸本同，磧本作“三”。

[10] 斯：諸本同，五一本作“期”。

[11] 素、傑諸師：即神素、道傑，同見本書卷一三。

[12] 特：諸本同，磧本作“持”誤。

[13] 潤：諸本同，麗初本作“閏”。“朱藍”，紅色和藍色，泛指色彩。學生未學前爲白色，學後成爲彩色。

[14] 丈：諸本同，磧本作“尺”。案，隋代一尺約當今 0. 296 米，“百尺”即 29. 6 米，“百丈”即 296 米，則作“尺”爲是。

[15] 逝：諸本同，五一本作“遊”誤。

[16] 造：諸本同，磧本作“像”。

[17] 且：五一本、麗初本無，磧本、趙本同麗再本。

[18] 莊：諸本同，磧本作“粧”。案，“莊”同“粧”，裝飾，文選卷八司馬相如撰上林賦“靚莊刻飾”。

[19] 夢：諸本同，五一本脱。

[20] 高爽：諸本同，磧本作“嵩高”誤。

[21] 菲：諸本同，磧本作“蔬”。案，“菲食”義同“蔬食”，素食。

[22] 問：諸本同，磧本作“聞”。

[23] 客：磧本、五一本作“容”誤，麗初本、趙本同麗再本。案，“杜楚客”傳見舊唐書卷六六，墓誌近年出土，見西安碑林博物館新藏墓誌續編，陝西師範大學出版總社有限公司 2014 年。據以上資料，杜楚客任蒲州刺史在唐貞觀四年後。

[24] 案，堯君素，傳見隋書卷七一。

[25] 天：諸本同，麗初本脱。

[26] 陵：麗初本、趙本作“凌”，磧本、五一本同麗再本。

[27] 獲：諸本同，磧本作“權”誤。“權寢”爲暫停義，然據文意再未實施，則作“權寢”誤。

[28] 吾今七十有五：諸本同，麗初本作“吾今年七十有餘”。

[29] 卒：麗再本、麗初本、趙本衍作“吾卒”，今從磧本、五一本。

[30] 僧：諸本同，五一本無。

唐京師會昌寺釋德美傳八 静默　曇獻

釋德美，俗姓王，清河臨清人也[1]。年在童稚，天然樂善，口中所演，恒鋪讚唄[2]；擁塵聚戲，必先景塔[3]；每見形像，生知禮敬。由是親故密而異之，知非紹續之胤也，任從師學。十六辭親，投諸林野，廣訪名賢，用爲師傳。

年至十九，方蒙剃落，謹敬謙恪，專思行務。雖經論備閲，而以律要在心，故四分一部，薄通宗系。追求善友，無擇遐邇，潔然自厲[4]，不群非類。

開皇末歲，觀化京師，受持戒撿，禮懺爲業，因往太白山誦佛名經一十二卷。每行懺時，誦而加拜[5]，人以其總持念力，功格涅槃。太白九隴先有僧邕禪師[6]，道行僧也，因又奉之而爲師導，從受義業，亟染暄涼[7]。後還京輦住慧雲寺，值默禪師[8]，又從請業。默即道善禪師之神足也。善，遵承信行[9]，普功德主，節約形心，不衣皮帛。默從受道[10]，聞見學之，望重京都，偏歸俗衆。美依承默，十有餘年，三業隨從，深相器待。所以，每歲禮懺，將散道場，去期七日[11]，苦加勵勇。萬五千佛，日别一遍，精誠所及，多感徵祥，自爾至終，千有餘遍。

故默之弘獎福門，開悟士俗，廣召大衆，盛列檀那，利養所歸，京輦爲最，積而能散，時又珍重[12]。常於興善，千僧行道，期滿嚫奉，人别十縑，將及散晨，外赴加倍。執事懼少，依名付物，默聞告曰："何有此理，不成僧義？必若約截[13]，凡聖難知。但當供養，不慮虛竭。"庫先無貯，物出散之晨[14]，及設大會[15]，七衆俱集，施物山積，新舊咸充。時又欽之，謂其志大而致遠，故使靈祇冥助也。不然，誰能覩斯不懼耶[16]？故自開皇之末，終於大業[17]十年，年别大施，其例咸爾。默將滅度，以普福田業委於美[18]。美頂行之，故悲敬兩田，年常一施，或給衣服，或濟餱糧[19]。及諸造福處，多有匱竭，皆來祈造，通皆賑給。又至夏末，諸寺受盆，隨有盆處，皆送物往。故俗所謂普盆錢也，往住禪定[20]，斯事無殆。

大業末歲，夏召千僧，七日行道，忽感異人，形服率然，來告美曰："時既炎熱，何不打餅，以用供養？"美曰："麵易辦也。人多餅壞，何由可致？"便曰："易可辦耳。且溲三十斛麵[21]，作兩口調，餅不壞也。"即隨言給。但云多辦瓮、水槽，多貯冷水，明旦將設。半夜便起，打麵搥案，鼓動人物，僧俗聚觀，驚亂眼耳。須臾打切，麵已將半，命人煮之。隨熟内水，自往攪之[22]。及明行餅，皆訝緊韌[23]，抽拔難斷。千人一飽，咸共欣泰。試尋匠者，通問失所。餘有槽、瓮中餅，日别供僧，乃盡限期，一無爛壞。合衆悲慶，感通斯應。

武德之始，創立會昌，又延中住[24]。美乃於西院造懺悔堂。像設嚴華，堂宇宏麗，周廊四注，複殿重敞。誓共含生，斷諸惡業，鎮長禮悔[25]，潔净方等。凡欲進具，必先依憑，蕩滌身心，方登壇位。又於一時，所汲浴井，忽然自竭，徒衆駐立，無由洗懺。美乃執爐臨井，苦加祈告，應時泉涌，還同恒日。時共宗焉。

所畜舍利，藏以寶函，隨身所往，必齎供養。每諸起塔，祈請散之，百粒千粒,隨須而給。精苦所感,隨散隨滿,由是增信彌隆[26],勤懇不絶。

又年經秋夏,常行徒跣[27]。恐蹈蟲蟻,慈濟意也。或行般舟,一夏不坐;或學止過,三年不言;或效不輕,通禮七衆;或同節食,四分之一。如斯雜行,其相紛綸,即目略舒[28],差難備舉[29]。生常輟想,專固西方,口誦彌陀,終于命盡[30]。

以貞觀十一年十二月二十六日,合掌稱佛,卒于寺院,春秋六十三矣。乃送於南山鵄鳴埠[31]。後又收骸於楩梓谷起塔。弟子等樹碑于會昌寺,侍中于志寧爲文。

又京邑沙門曇獻者,亦以弘福之業[32],功格前賢,身令成範,衆所推揖。所造福業,隨處成焉,故光明寶閣,冠絶寰中;慈悲佛殿,時所驚異。人世密爾,故不廣焉。

【校注】

[1] 清河臨清:即清河郡臨清縣,今山東省臨清市。
[2] 讚:諸本同,五一本作"贊"。
[3] 景:諸本同,磧本作"影"。
[4] 潔:五一本作"絜",麗初本、趙本同麗再本。
[5] 加:五一本、麗初本作"知",磧本、趙本同麗再本。
[6] 僧邕禪師:傳見本書卷一九及化度寺故僧邕禪師舍利塔銘。
[7] 染:諸本同,隨函録作"深"。
[8] 默:磧本、五一本作"静默",麗初本、趙本同麗再本。案,卷首小標題作"静默"。
[9] 信行:即三階教創始人信行禪師,傳見本書卷一六。
[10] 道:麗再本、麗初本、趙本作"導",今從磧本、五一本。
[11] 去:諸本同,麗初本作"法"誤。
[12] 珍:諸本同,磧本作"彌"應是。
[13] 必:諸本同,磧本作"如"誤。
[14] 之:諸本無。
[15] 大:諸本同,五一本脱。
[16] 耶:諸本同,五一本作"邪"。案,"耶"五一本均作"邪",與興聖寺本同。
[17] 案,五一本自"終於大業"至本卷末全闕。
[18] 委:諸本同,磧本作"用委"。"用",以義。
[19] 餱:麗初本、趙本作"喉"誤。
[20] 住:諸本同,磧本作"往"誤。
[21] 且:趙本作"旦",磧本作"先",資本作"日",均誤。三:磧本、麗初本、趙本作"二",趙本同磧本。
[22] 攪:諸本作"攪",今從磧本。案,"餅"爲"湯餅",即麵條,煮面條時需"攪"非"攪",今從磧本。
[23] 緊:諸本同,磧本作"堅"。

［24］中：諸本作"而"。
［25］悔：諸本同，磧本作"懺"。
［26］由：麗再本影印本作"田"，今從磧本、趙本、麗初本。
［27］常：麗初本作"曽"誤，趙本作"嘗"誤，磧本同麗再本。
［28］目：諸本同，磧本作"自"誤。
［29］差：諸本同，磧本作"尢"誤，隨函録作"羌"誤。
［30］命盡：諸本同，磧本作"盡命"。
［31］䞶：諸本同，磧本作"阜"。"鵶鳴䞶"，在今西安市長安區終南山天子峪，即梗梓谷。峪口有信行葬地百塔寺，山頂爲至相寺。
［32］以：麗初本、趙本脱，磧本同麗再本。

唐京師清禪寺釋慧冑傳九法素

釋慧冑，姓王，蒲州蒲坂人。少在道門，樂崇福事。受具已後，師表僧祇；及至立年，又專禪誦，曉夕相繼[1]，偏重法華。後住京邑清禪寺[2]。草創基構，並用相委，四十餘年，初不告倦。故使九級浮空，重廊遠攝，堂殿院宇，衆事圓成，所以竹樹森繁，園圃周繞，水陸莊田，倉廩碾磑，庫藏盈滿，莫匪由焉。京師殷有，無過此寺，終始監護，功實一人。年至耳順，便辭僧任，衆以勤劬經久，且令權替，及於臨機斷決，並用諮詢[3]。

寺足净人，無可役者，乃選取二十頭，令學鼓舞。每至節日，設樂像前，四遠同觀[4]，以爲欣慶。故家人子弟[5]，接踵傳風[6]，聲伎之最，高於俗里。

遇患極困[7]，自然知卒，香湯沐浴，正理衣襟，曰："吾有小罪，須加重病，事由營造，掘鑿故也。"至於終晨，言氣不昧，告弟子曰："酬債了矣，吾其去矣。"尋聲而卒，春秋六十有九，即貞觀初年也。乃露骸收葬，爲起方墳，就而銘之。

時京邑會昌有沙門法素者，倜儻不倫，操業奇卓，雅爲衆怪。本師智顗，專行勸福，昔在江表，遊適所至，皆設萬人大會，夜告纔竟，明即成辦，此例非一。隋末東都，嬰城自固，飢骨相望[8]，有若塊焉。寺有金像二軀[9]，各長一丈，素不忍見斯窮厄，取一融破[10]，糴米作糜，餧諸餓者。須臾米盡，又取欲壞，時沙門辯相與諸僧等拒諍不與，素曰："諸大德未知至理也。昔如來因地爲諸衆生，尚不惜頭目髓腦，或生作肉山，或死作大魚，以濟飢餧。如何成果，復更貪惜化形，必不然矣。素今身肉堪者，亦所不惜。大德須知，今此一像若不惠給衆生，城破之後，亦必從毁，則墜陷多人。何如素今一身當也。"衆不許之。及僞鄭降日[11]，像先分散，如其言焉。然其言行譎詭，險而難遵，其例不一。後入京室，卒會昌寺。

【校注】

[1] 曉：諸本同，趙本作“晚”誤。
[2] 清禪寺：遺址在今西安市長安區王莽鄉清禪寺村。
[3] 詢：諸本同，麗初本作“訪”。
[4] 遠：麗初本、趙本作“繞”誤，磧本同麗再本。
[5] 弟：磧本、麗初本作“女”，趙本同麗再本。
[6] 踵：諸本同，趙本作“嶇”。
[7] 困：諸本同，磧本作“因”誤。
[8] 飢：諸本作“肌”誤。案，“飢骨”指飢民，今從磧本。
[9] 寺：磧本作“嘗”，趙本作“帝”，均誤，麗初本同麗再本。
[10] 融：諸本同，磧本作“鎔”。“融”義同“鎔”，熔化。
[11] 僞：磧本作“爲”誤，趙本、麗初本同麗再本。

唐梓州牛頭山寺釋智通傳十

釋智通，姓陳，住梓州[1]。八歲出家，爲正道法師弟子，後誦法華并講。在牛頭山，善持威儀，奉戒貞苦，降伏黄老[2]，士女奏章，必杖之五十，遠近皆憚[3]。寺宇成就，惟其終始[4]。合衆畏懾，無蓄私財者。常有雙鵝，依時聽講。講百餘遍，兩度放光。至貞觀二十三年十月十三日，告衆：“吾造山寺，可用十萬貫，恨未周備[5]，今便永别。”言訖而卒，春秋九十七矣。小食時終，合寺房堂皆動而作白色，經一食頃。

【校注】

[1] 梓州：治所在今四川省三臺縣。
[2] 黄：諸本作“皇”誤。案，“黄老”指道教，今從磧本。
[3] 憚：諸本同，磧本作“禪”誤。
[4] 終：諸本同，磧本作“經”誤。案，“經始”爲開創義，“終始”即從開頭到結束。前文“寺宇成就”則已經建造完成，則作“經始”誤。
[5] 周：磧本作“用”誤，趙本、麗初本同麗再本。

唐梓州通泉寺釋慧震傳十一

釋慧震，姓龐，住梓州通泉寺，身長八尺[1]。後聽嵩師三論[2]，大領玄旨，福力所被，蜀部遥推[3]。嵩之還南，得袈裟二百領[4]，以贈路首。每年正月轉藏經，千人袈裟，奉施無闕。常弘三論，聽衆百餘。忽於高座似悶，見人語曰：“西山頭好造大佛。”既覺下座，領衆案行，中堪造像，兩邊泉流。即命石工鐫鑿座身,高百三十尺。

貞觀八年,周備成就,四面都集,道俗三萬,慶此尊儀,其像口中放大白光,遠近同奉。先有一馬,日行五百[5],曾經入陣,餘馬並死,惟此得還[6]。至十四年七月,忽自嘶鳴,不食三日,震聞毛豎。有一異僧名爲十力,語震曰:“馬與主别,主當先行。來年正月十五日,日正中時,應入涅槃。法師須散[7]財物,無留於後,於身何益。”言已而隱,莫知其由。先造藏經,請僧常轉,開大施門,四遠悲敬來者,皆給至終。年初又請衆僧,讀經行道,作三七日,俗緣昆季,内外皆集。至於八日,香氣鬱勃,充滿寺中。傾邑道俗,共聞異香,捨散山積。至十五日,氣猶不歇。從旦至午,寺内樹木土地,皆生蓮華。衆覩奇瑞,知其即世。震曰:“嘉相已現,不容待滿。”便行嚫施。早食訖,手執香爐,繞盧舍那三匝,還於佛前蹦跪正念。大衆滿堂,不覺已逝,春秋六十有六。停喪待滿[8],香氣猶存。兄弟三人各捨五十萬,於墓所作僧德施及以悲田,作石塔高五丈。龕安繩床,扶屍置上[9],經百餘日,猶不委仆[10]。道俗萬餘,悲凉相結云[11]。

【校注】

[1] 尺:麗再本作“天”,今據諸本改。
[2] 暠師:即慧暠,傳見本書卷一三。
[3] 推:諸本同,趙本作“椎”誤。
[4] 二:磧本作“三”,趙本、麗初本同麗再本。
[5] 百:諸本同,磧本作“百里”。
[6] 此:諸本同,磧本作“北”誤。
[7] 五日日正中時應入涅槃法師須散:此十四字,麗再本、趙本脱,今從麗初本、磧本補。
[8] 待:麗初本、趙本作“侍”誤,磧本同麗再本。
[9] 上:麗再本影印本作“卜”,然細審當是“上”,餘諸本亦作“上”。
[10] 仆:諸本同,麗初本作“什”,然在古刻本“仆”“什”難分。
[11] 凉:諸本同,磧本作“泣”。結:諸本同,磧本作“繼”誤。又,磧本句末多“耳”。

唐京師弘福寺釋慧雲傳十二

釋慧雲,姓王,太原人也,遠祖避地,止于九江[1]。弱年樂道,投匡山大林寺沙門智鍇而出家焉[2]。鍇亦標領當時,有聲山世[3]。而雲慷慨時俗,精厲歸從,故得獨異恒倫,不拘物累,致有大節大務,偏所留心。

時年二十有五,有達禪師者[4],江淮内外,所在興造,事力不遂,咸來祈請。雲爲寺廟毁壞,故致邀延,達不許之。雲以來告不申,便陳死請,委身在地,涕泗滂沱,流迸塗漫滿五尺許。又以頭叩地,青腫覆眼,加諸誓願曰:“若不蒙赴,雲亦投江。”達見其意盛,欻然迴意。雲即前告道俗,所在迎候,披草望山,行不由徑,路值群虎,不暇駐目。延達至山,須有經始[5],泝流諸處,檢校功德。時屬嚴冬,冰擁船路[6],崩砂頽結,屢阻舟人。雲乃急繫衣裳,破冰挽纜,腰胯以下淩澌截肉[7],流血凝住,不覺疲苦。自此船行,二百餘里[8],方登所在。其懇誠難繼,並例此也。

隋季末齡,中表賊亂。有林士弘者結衆豫章[9],僞稱楚帝。僞尚書令鄱陽胡秀才親領士衆,臨據九江,因感發心[10],欲寫廬山東林文殊瑞像。盡所鎮境,訪監護者,道俗僉議,以雲有出衆之奇,雅當此選。鑪錘既辦,便就鎔範,光儀乃具,惟頸及脅兩處有孔,時衆未之悟也。其年,秀才僞勑所追有像色金百二十兩,盛以竹筒。雲以賊徒蜂起,無方守護,並用付才。又以念誦銅珠一環,遺才爲信。行至宫亭[11],軍士乞福,才得便風,舉帆前引。於江中路遭浪船没,財物蕩盡,惟人達岸。才諸無所恨,但失像色金[12],煩冤江畔,呼嗟不絶[13],誓願不成,深爲業也。須臾金筒隨浪逆流,并遺銅珠,前後相繼,汎汎隱隱[14],向岸就才。既獲色金,舉衆同叫,歡欣無量。計被没處至所出岸三十餘里,重而能浮,逆波相授,軍民通怪,驚異靈感。及才之遇害也,刃開頸脅[15],恰符像焉。初才之欲擊賊,以金用委叔父曉禪師。及楚都既覆,群寇交侵,曉用弊布裹金,擔以避難,不免爲賊所奪。既失像金,取求無計。尋有賊中來者,盜金投曉,俱不知是金擔也。曉得本金,委雲成就,光相超挺,今在山閣。初鑄像時,有李五戒者私發願曰:“若鎔金日,誓然一臂。”雲爲模樣早成,遂前期曰[16]:“李氏不知已鑄。”乃夢像曰:“汝先願然臂,如何違信耶?”李氏夢寤,因始知之,即於像前以刀解臂,蠟布纏骨而燒焉,又感徵應,略其事也。

雲以江介威紆[17],累逢草竊[18],經論乃積而戒律未弘,遠趣帝京,躬參學府。值首律師當陽開化[19],大適本志,悲喜交并,採掇行務,有聞朝省,下勑令住弘福。而形貌長偉,骨面多髯,言晤成章[20],衆所知識。偏能讀誦,頗盛威容,故齋福大集,恒居坐首,群公卿士,側席虚心。一舉五卷,須臾尋了,未聞嗽噎[21],莫不嘉尚。然其程器即目,故略叙之[22]。

論曰:

夫住持之相,其例乃多,包舉精博,要惟二種:道法弘世,則静倒絶其生源;相法所持,則導昏開其耳目。宗途既闡,萬代奉其風規,雖或中微,終亦依之成則。

昔如來創化,寺開須達之源[23];塔現古今,初惟積土之漸。沿斯已後,福事彌隆,無憂之碣林繁[24],有信之園星布。自摩騰入洛[25],其相先楊。建寺以宅僧尼,顯福門之出俗;圖繪以開依信,知化主之神工。故有列寺將千,繕塔數百,前修標其華望,後進重其高奇。遂得金剎干雲,四遠瞻而懷敬;寶臺架迥,七衆望以知歸。並弘道之初津,攝度之權術也。至如引風治閣,出慧達之深誠;傳聲停毒,寔智興之通感。僧明志開遺寄,僧晃操動幽明,達公因涪水而集材[26],美上假冥聖而陳供。慧雲貞烈,黄金以之不沉;道積抗言,白刃由斯不拔。若斯監護,不蔑由來。然則經理衆事,論陳退没,並由志節素少,情非巧能[27],致涉艱違[28],便虧誓願,功敗垂成,義當斯也。

昔如來在世,躬治院門,大集僧務,非聖不履。迦葉之營五寺,恒預蹋泥[29];目連之任月直,常供掃地[30]。是以福事之來,導引逾遠,下凡祖習,故是常科。而頃世惰窳[31],每多欺負,覩塗塔爲庸夫,謂引材爲豎伍,出道無宜行施,入俗有絶清心。斯語不倫,殊乖正則。故天報爲貴,尚行乞於人間[32];聖果爲高,猶被餓於僧部[33]。斯徒衆矣,略舉可知。是以福智二嚴,空有兩諦,大經大論,盛列綱猷[34],即可師承,難爲排斥。

且自世有諸福,其流多雜,倚傍了經,陳揚疑僞。隋祖開皇之始,釋教勃興,真僞混流,恐乖遺寄。乃勅沙門法經,定其正本,所以人中造者五百餘卷[35],同並燔之,餘不盡者,隨方間出。比諸經藏,惟録正本,通數則有三千餘卷[36],已外別生雜集,並不寫之。至於疑僞,時復抄録,斯由未曾陶練,故致此涉[37],試爲論之。

至如藥師行事,源出宋朝,比用在疑,頗存沿俗。隋煬洛水,彦琮所翻,義節全同,文鋪少略。斯則梵本有據,祈福之元宰也。[38]但以世惟相有,非相何以曉心?大聖逗機任物而敷此要[39],如説行者必致攘除[40],恐涉懷己,自虧名實。故彼文云"口爲説空,行在有中"[41],誠言得矣。或有精專懇苦,厚供彌隆而所祈無應者,則往業堅明,定須酬償,故文云:惟除宿殃,餘則可脱。[42]然則業無永定,皆可轉除,任業增生,無成聖義。故經明懺,止約内心。有愧則亡,無慚斯有。三報輕重,具顯涅槃,六根淳薄,亦陳實觀。是知宿殃不請,例是别時;通諸理教,義須隱括。

又有普賢別行[43]、金光總懺[44],名歸清衆[45],事乖通俗。比有行事,執著者多,遍告雖來[46],皆虧法利[47],故彼文云"諸業障海,從妄想生"[48],還須體妄,乃傾前業。今則緣念彼此,我所兩存,倒想逾增[49]。故雖遭聖義,應塵無以表達,真識有以明通俗。在凡下位,行漸若斯,順舊常熏,理非筌悟。

梁初方廣[50],源在荆襄,本以厲疾所投,祈誠悔過,哀兹往業,悲慟酸凉,能使像手摩頭,所苦欻然平復;同疾相重[51],遂廣其塵,乃依約諸經,抄撮成部,擊聲以和,動發恒流。談述罪緣,足使汗垂淚瀉[52];統括福慶,能令藏府俱傾。百司以治，一朝萬化，惟通一道，被時濟世，諒可嘉之[53]。而恨經出非本，事須品藻，六根大懺[54]，其本惟梁武帝親行，情矜黔識[55]，故文云："萬方有罪，在予一人。"當由根識未調，故使情塵濫染。年别廣行，捨大寶而充僮僕，心力所被，感地震而天降祥，是稱風靡，鬱成恒則。有陳真觀，因而廣之[56]，但爲文涉菁華，心行頗淡。

原夫懺悔之設，務在專貞，欲使肝膽露於衆前，慚愧成於即日，固得罪終福始，言行可依。如文宣之製净住[57]，言詞可屬，引經教如對佛，述厭欣如寫面，卷雖二十[58]，覽者不覺其繁，文乃重生，讀人不嫌其廣[59]，世稱筆海，固匪浮言。又有妄讀懺文，行於悔法，罪事蘩雜，不解位以十條；因構煩挐[60]，未知本於三惱[61]。浪誦盡紙，昏憒通於自他；爲師難哉，墮負歸於彼此。如斯遺累，未曰清澄，因約前論[62]，薄爲准的。[63]六道慈懺[64]，源亦同前，事在歲終，方行此祀[65]，道别開奠，海陸之味畢陳，隨趣請祝，慈悲之意弘矣。

原夫六道至果，趣别重輕，人含十等之差，餘則舉例可悉。阿含所述，入處鬼道，有親供祭，心生隨喜，心喜身飽[66]，故曰充飢，非由供福，業令自受。以正法義，理有所從，無有自作，他人受果，斯則目連飯母事也[67]。自外五趣，報局所收，隨報位隔，無由通給。今則道别陳奠，恐非臨饗[68]。然又報得諸通，事含生趣，不妨他心，徹視待會[69]，而從祭酹。

自此已外，其例難收。或度星安宅，决明罪福，占察投輪，懷疑結綫，同歸淺俗，未入深經。[70]然罪積由來，福興伊始，俱惟妄想而善卦難諧，愚凡所履，諒參其用。又有不揆分量，登冒聖賢，端然思道，剋成位地。此並想心懷道，不識道是妄心。知妄，思心不起；有起，實歸惟識。識心達俗，知何不爲，用此投輪，應分業相。又有方等佛名[71]、般舟誦咒[72]，多以夢王表净，准此用顯澆淳。且夢惟冥妄想象[73]，尚取依憑，况在現輪舉擲，其心可准。若夫惑業所起，梯構有因。惑必違理而生，故懺務觀其理；業生依事而起，故懺還須緣事[74]。事悔必勤身營構，慚愧爲其所宗；理悔必析破我人[75]，知妄是其大略。並如别録悔法廣之[76]。

是知，釋宗一化，大較三門。若樂罪時，須弘福事；因修福故，便起想著；則應破遣，教思理觀[77]。如斯易奪[78]，集業可期[79]，若滯此三[80]，全乖教意。惟夫大聖垂世，未欲增生[81]，福順情欣，還資故習，義須思擇，斷結入道。斯言極矣。世不達者，以福爲道，耽附情纏，用爲高勝，正是戒見，二結所收，我倒常行，何能遣縛？是以通人，審權實之有從，達界繫之無爽，明惑性之重輕，曉分量之優劣，莫不以罪障天人，一向須捨，福爲有基，雖行不著[82]。由諸八禪滯情，六度不净，事觀及世順善，皆爲有法。[83]大論明言，計並封心，故非道業。[84]至如色有初定[85]，凡聖通行，非想極居，無生不止[86]，終乖出要，未静輪迴[87]，但爲封迷不厭故也，況以亂善用充静業。有識聞之，足爲殷鑒。流俗儒素，尚捐固我之心，但謂我能行之，故非清蕩所攝，豈得心用浮動，觸境增迷，妄計爲道，一何可笑！復聞福爲有本，潛神不修，身行處世，何能無事。事涉罪福，理必通知。且如衣食四資，無時不假，佛制取納，惟依觀門[88]。輕侮對治，斯誠罪也；奉觀勤行[89]，斯誠福也。謂我能行，便成違理，我不能行，又是違事。違事則業繫三途，違理則福纏諸欲。在凡使性，何能静心，入止正見[90]，方傾苦趣。

故知因修世相，知何不爲，惟勤觀用，漸當缺有，不爾沉淪，還歸無始。伊我同舟，可不勉哉[91]！

【校注】

［1］九江：隋大業三年改江州郡爲九江郡，唐武德四年改九江郡爲江州，治在今江西省九江市市區。

［2］智鍇：傳見本書卷一七。

［3］山：麗再本、趙本作“出”誤，今從麗初本、磧本。

［4］有：諸本無，今從磧本補。

［5］須：諸本同，磧本作“頂”誤。

［6］冰：諸本同，趙本作“水”，疑是影印本掃描時漏點。

［7］以：諸本同，磧本作“已”。

［8］二：諸本同，磧本作“三”。

［9］林士弘：事見舊唐書卷五六。

［10］感：諸本同，磧本作“咸”誤。

［11］宫：諸本同，資本作“那”。

［12］但：諸本同，磧本衍作“但恨”。

［13］呼：諸本同，磧本作“吁”誤。案，“呼嗟”即呼號，“吁嗟”爲嘆息，揆諸文意則當爲“呼嗟”。

［14］汎汎隱隱：麗再本、麗初本、趙本作“汎隱”，今從磧本補。

［15］刃：麗初本、趙本作“刀”，磧本同麗再本。

［16］曰：永北本、龍藏本作“日”，麗初本、磧本、趙本同麗再本。

［17］介：諸本同，麗初本作“分”。威：諸本同，磧本作“成紆”。案，文選卷三〇謝朓郡内登望：“威紆距遥甸，巉嵒帶遠天。”李善注：“威紆，威夷紆餘，流長之貌也。”

［18］累：諸本同，磧本作“頻”。

［19］陽：諸本同，磧本作“隅”誤。案，“首律師”，即智首，傳見本書卷二三。

［20］晤：諸本同，磧本作“語”誤。案，“言晤”，即交談，續高僧傳多用，見卷三慧净傳“舒寫言晤，終日無疲”、卷五僧旻傳“凡所施爲不爲名利，勤注教勖形於言晤”、卷一三僧鳳傳“言晤相喧，終事畢矣”、卷一四智正傳“世情言晤不附其口”、卷一五義褒傳“留連言晤、寫送無絶”、卷二一惠仙傳“所以執卷自隨有若雙翼，或有言晤披

而廣之”“學聲早被，言晤清遠”、卷二三慧滿傳“言晤答對，初無昏昧”、卷二四道安傳“言晤飛玄，誠逾目擊”。

［21］嗽：諸本作“唻”，今從磧本。

［22］略：諸本同，磧本衍作“略序”。

［23］須達：將祇樹給孤獨園施捨給佛陀的富商。

［24］無憂：指阿育王，其晚年崇奉佛教，慷慨施捨，建立多處佛教建筑。下文“有信之園”指寺院。

［25］縢：諸本同，磧本作“騰”。參見高僧傳卷一，攝摩騰、竺法蘭應漢明帝之請到洛陽傳佛法，建立白馬寺，爲漢地有寺廟之始。

［26］因：諸本同，麗初本作“困”誤。涪：麗再本作“沽”，麗初本作“活”誤，今從趙本、磧本。材：麗初本、趙本作“林”誤，磧本同麗再本。

［27］情：諸本同，磧本作“精”誤。

［28］艱：諸本同，磧本作“難”誤。

［29］迦葉之營五寺，恒預蹋泥：見（磧 313）十誦律卷三四：“長老大迦葉今於耆闍崛山上蹋泥。”

［30］案，佛典中無目連掃地事，（磧 426）出曜經卷二四：“是時難陀受直，使辦水掃地。”

［31］惰：磧本、麗初本、趙本本作“墮”，資本作“順”。案，商君書卷一墾令：“使商無得糴，農無得糶，農無得糶，則窳惰之農勉疾。商無得糴，則多歲不加樂；多歲不加樂，則饑歲無裕利；無裕利則商怯，商怯則欲農。窳惰之農勉疾，商欲農，則草必墾矣。”又資本“窳”後衍一“隆”字。

［32］故天報爲貴，尚行乞於人間：指十二天的供養。據佛典，獲得羅漢果之後，就會獲得人天供養的福利，但是佛法規定，羅漢仍然需要七天下山乞食一次。

［33］聖果爲高，猶被餓於僧部：中阿含經卷一三相應品説本經，無患辟支佛在波羅奈城乞食，一天毫無結果，晚上迴山時遇見一農夫，“寧可自闕已食，分與此仙人。作是念已，即持食分與辟支佛。白曰：仙人，當知此食是我己分，爲慈愍故，願哀受之。時，辟支佛即答我曰：居士，當知今年災旱、早霜、蟲蝗，五穀不熟，人民荒儉，乞求難得。汝可減半著我鉢中，汝自食半，俱得存命，如是者好。我復白曰：仙人，當知我在居家自有釜竈. 有樵薪，有穀米，飲食早晚，亦無時節。仙人，當爲慈愍我故，盡受此食。時，辟支佛爲慈愍故，便盡受之。諸賢，我因施彼一鉢食福，七反生天，得爲天王”。

［34］列：諸本同，磧本作“引”。

［35］者：諸本同，磧本作“作”。

［36］千：麗再本、麗初本作“萬”誤，趙本同磧本，今從趙本、磧本。案，據今存之法經著隋衆經目録統計，收經五三一〇卷，去其重複，約爲三千卷，故作“三萬”誤。

［37］涉：諸本同，磧本衍作“涉疑”。

［38］案，“藥師”，即藥師如來本願經，據隋譯此經序：“昔宋孝武之世，鹿野寺沙門慧簡，已曾譯出在世流行。但以梵、宋不融，文辭雜糅，致令轉讀之輩多生疑惑。矩早學梵書，恒披葉典，思遇此經，驗其紕謬。開皇十七年初獲一本，猶恐脱誤，未敢即翻。至大業十一年復得二本，更相讎比，方爲揩定。遂與三藏法師達磨笈多，並大隋翻經沙門法行、明則、長順、海馭等，於東都洛水南上林園翻經館重譯此本。”大致講了劉宋譯本與隋代譯本的差異，然劉宋譯本與東晋帛尸梨蜜多羅譯本完全一

致,故藏經中刪去劉宋譯本。從文意看道宣似乎對劉宋譯本頗爲看重。

[39] 逗: 諸本同,麗初本作"逼"誤。敷: 麗再本作近於"數"形,今從諸本改。

[40] 攘: 諸本同,磧本作"禳"。

[41] 口爲説空,行在有中: 出自東晋帛尸梨蜜多羅譯佛説灌頂拔除過罪生死得度經,即藥師經。意爲,口頭説要悟空道,在生活中卻處處沉迷於有中。

[42] 案,"惟除宿殃",見八佛名號經,不見於藥師經的任何版本。"餘則可脱",佛典無此語,當是道宣的概括。

[43] 普賢别行:"普賢"即觀普賢菩薩行法經,一卷,劉宋曇無蜜多譯。此經是在佛説法華經之後所述,與法華經普賢勸發品相互闡發,一般看作是法華經的總結,在天台宗理論體系中具有重要地位。法華三昧懺儀即智者據法華經勸發品和普賢觀經撰成。

[44] 金光總懺:"金光"即金光明最勝王經,有五種譯本,最早爲北凉曇無讖譯本。金光明懺法在漢傳佛教中影響最大。

[45] 名: 諸本作"多",今據磧本改。

[46] 告: 諸本同,磧本作"吉"誤。

[47] 虧: 諸本同,磧本作"舒"誤。

[48] 諸業障海,從妄想生: 文見觀普賢菩薩行法經。

[49] 逾: 諸本同,磧本作"愈"。

[50] 梁初方廣: 指依據大通方廣懺悔滅罪莊嚴成佛經而撰作的懺文。大通方廣懺悔滅罪莊嚴成佛經,譯者不詳,故隋法經之衆經目録卷二編入"衆經疑惑"類,道宣則認爲其爲真。梁初方廣懺文詳情不知,廣弘明集悔過篇,記有陳文帝大通方廣懺文。

[51] 同: 諸本同,磧本作"因"。

[52] 瀉: 諸本作"寫"。

[53] 嘉: 諸本同,麗初本作"喜"誤。

[54] 六根大懺: 梁武帝所製懺文,今佚。

[55] 黔: 麗再本、麗初本作"默",今從趙本、磧本。案,"黔"指黔首,百姓,"黔識"有情衆生。

[56] 真觀: 傳見本書卷三〇,聖凱認爲真觀據六根大懺製六道慈懺,即收入高麗藏之梁皇懺。參見聖凱: 梁皇懺及其作者辨析,法源第17期。

[57] 如文宣之製净住: 即蕭齊竟陵文宣王蕭子良所撰净住子净行法門,有學者指出净住子爲六根大懺、六道大懺的祖本。

[58] 二: 諸本同,磧本作"三"誤,趙本同麗再本。

[59] 廣: 麗再本、麗初本、趙本作"妨",今從磧本。

[60] 挐: 諸本同,磧本作"拏"。案,"煩拏"亦寫作"煩挐"。

[61] 三惱: 指導致煩惱的三毒: 貪、癡、嗔。

[62] 因: 麗再本、趙本作"固"誤,今從磧本、興聖寺本。

[63] 因約前論,薄爲准的: 概指道宣刪節净住子二十卷爲二卷本之統略净住子净行法門,今存廣弘明集者爲一卷本。

[64] 六道慈懺: 慈悲道場懺法、梁皇寶懺,今存。

[65] 祀: 諸本同,磧本作"禮"。

[66] 身: 諸本同,麗初本作"可"。

[67] 斯則目連飯母事也：源出佛説盂蘭盆經："一時佛在舍衛國祇樹給孤獨園，大目犍連始得六通，欲度父母，報乳哺之恩。即以道眼觀視世間，見其亡母生餓鬼中，不見飲食，皮骨連立。目連悲哀，即以鉢盛飯，往餉其母。母得鉢飯，即以左手障鉢，右手摶食，食未入口，化成火炭，遂不得食。目連大叫，悲號涕泣，馳還白佛，具陳如此。"以此而形成的目連救母變文，使這故事深入人心。

[68] 饗：諸本同，磧本作"響"誤。

[69] 待：諸本同，麗初本作"侍"。

[70] 案，"占察"，即占察善惡業報經，二卷，傳爲隋代所譯，但歷代經録都列入疑僞經。其上卷有"木輪相法"，爲算命的一種方法。故"度星"應該爲佛典名，出三藏記集卷五新集疑經僞撰雜録，載有灌頂度星招魂斷絶復連經一卷，然此經的功能是招魂。據"度星安宅"可知此經爲風水術，可能是已經亡佚的一種僞經。

[71] 方等佛名：或指摩訶般若波羅蜜經卷一七夢行品、夢誓品。

[72] 般舟誦咒：即佛説般舟三昧經。

[73] 象：諸本同，磧本作"像"誤。

[74] 事：麗再本、麗初本、磧本脱，今據趙本補。

[75] 析：諸本作"折"，今從磧本。

[76] 廣：諸本同，磧本作"度"。案，"悔法"，即懺悔的法門，有很多種，故曰"廣之"。

[77] 教思理觀：摩訶止觀卷一〇上曰："聽學人誦得名相，齊文作解，心眼不開，全無理觀。……習禪人唯尚理觀，觸處心融，闇於名相，一句不識。"

[78] 易奪：改正。

[79] 集業可期：俱舍論卷一八："如七有依福業事中，先説應施客、行、病、侍、園林、常食，及寒風熱隨時食等。復説若有具足净信男子女人成此所説七種有依福業事者，所獲福德不可取量。"

[80] 三：諸本同，資本作"三人"。

[81] 未：麗再本、麗初本作"末"，今從趙本、磧本。

[82] 著：諸本作"普"，今從磧本。

[83] 案，此句頗難索解，法苑珠林卷七一罪福篇業行部第二可作爲參考："言施等者，等取事中戒定等業，同是世善，俱名福行。此世善中八禪定者，望欲界亂善，名不動行。若望出世理觀智慧，此緣事住，則名福行。如説六度，前五度中所有禪定，通亦名福。但諸罪福，人行不同，或專修福，或唯造罪，或復有人罪福俱行。專修福者，所謂净心，爲益他人行施戒等。唯造罪者，謂無慈潤，動身口意，皆爲損他。罪福俱者，謂修福時，内心不净，或兼損物。此則是其欲界雜業，非純净故，亦名不净。若論罪行，麤顯可知。若論雜業，與净福行，有同有異，稍隱難知。謂諸修福，據其外相，事中信樂，所作皆同。若據内心，爲自爲他，所求各别，精麤不等，以諸修福，外同内異，故有純雜二業不同。若能調心，慈悲愍物，隨所施爲，皆成大善。若不守念，視相修福，内麤外細，唯成雜業，稱彼愚情。雖謂過世，理實違道，亦非净福。以修福時，不觀生空，我倒常行，遍通三性，所有作業，與倒相應，是假取性，是故違道。以不善心，多求世報，又多求名，故非净福。以此純雜，世俗多迷，今略偏論，令人識行。""八禪"，指色界天之四禪與無色界天之四無色定，合之而成八定。"六度"，指布施、持戒、忍辱、精進、禪定、智慧，擺脱輪迴達到涅槃境界的六種手段。"事觀"，即謂觀照森羅差别之事。

［84］案,“大論”,即大智度論。大智度論對於興福的規定是以“一切法空”爲理論依據,與本文相關者有卷四、卷一一、卷一二、卷三三、卷八〇、卷九一、卷九二、卷九三等。

［85］色有初定：即“八定”的第一定,即色界諸天的初禪。清净心中,諸漏不動,名爲初禪,即梵衆、梵輔、大梵等三天。此三天已不須段食,故無鼻舌二識,惟有樂受,與眼耳身三受相應,喜受與意識相應。

［86］非想極居：無色界共有四天,此天即是無色界的第四層天,也是三界中的最高天,故又名有頂天。此天的禪定,無如下地的粗想,故曰非想,尚非無細想,故又曰非非想。案,衆生修八定雖然達到三界最高層,但仍執著於“有”,故未能擺脱輪迴。

［87］輪：麗初本、趙本作“淪”誤,磧本同麗再本。

［88］案,“觀門”,在漢傳佛教中對於觀門有種種理解,比如天台宗之“教門、觀門”、“六妙門”之“觀門”,華嚴宗之“法界觀門”等。然此處當指“三解脱門”,指得解脱到涅槃之三種法門,即空門、無相門、無願門。此三門依無漏之空、無相、無願等三三昧而入,此三昧猶如門户之能入解脱,得涅槃。

［89］觀：諸本同,磧本作“勸”誤。

［90］止：諸本同,磧本作“上”誤。案,“正見”爲八正道之一,即能解知世間出世間因果,如實審慮諸法性相之有漏無漏的智慧,故不存在“上正見”。

［91］勉：諸本作“免”誤,今從磧本。

續高僧傳卷第三十[1]

雜科聲德篇第十正傳十二　附見八[2]

陳楊都光宅寺釋慧明傳一

釋慧明，不知何許人[3]，貌儀象胡[4]，故世以"胡明"爲目。然其利口奇辯，鋒涌難加，摛體風雲，銘目時事，吐言驚世，聞皆諷之。後乃聽[5]採經論，傍尋書史，捃摭大旨[6]，不存文句。陳文御世[7]，多營齋福，民百風從，其例遂廣。衆以明騁銜脣吻，機變不思，諸有唱導，莫不推指。明亦自顧才力有餘，隨聞即舉，牽引古今，包括大致，能使聽者欣欣，恐其休也。

宣帝在位，太建五年[8]，將事北征，觀兵河上[9]，已遣大都督程文季[10]等領軍淮浦與齊對陣，雄氣相傾。[11]帝甚憂及，乃於太極殿命龜卜之[12]。試卦[13]，腹文颯然長裂，君臣失色，爲不祥也。即請百僧，齋時一會，臨中猶猝[14]，未測所由，及行香訖，乃陳卜意。明抗聲叙致，又述緣曰："卜征龜破，可謂千里路通。既其文季前鋒，豈不一期程捷[15]。"時以爲浮飾也。至四月中，次大小峴[16]，與齊大戰，俘虜援兵二十餘萬[17]。軍次譙[18]、合、呂梁、彭越，[19]前無横陣。故下勑云："今歲出師，薄伐邊服，所獲梁土則江淮二百許城[20]，東西五千餘里。"然龜腹長文號"千里"也，遠驗明言，宛同符契。故明承此勢，爲業復隆，偏意宗猷[21]，達悟登白者，其量弘矣。不測其終[22]。

【校注】

［1］三十：諸本同，磧本作"三十一"。該卷在再雕高麗藏中千字文排爲"明"號，故卷目下本有"明"字。案，本卷之五一本卷從第一行到第三十二行有殘損，其中第一行是"從隋京師定水寺釋法稱傳三智雲"開始計算，前面全闕，第一行僅存"雨雲"二字，第二行僅存"傳四"，第三行全闕，第四行存"隋""法稱"三字，第五行存"隋東都""騫玄應"六字。

［2］八：磧本作"八人"，麗初本、趙本同麗再本。

[3] 許：麗再本、麗初本、趙本無，今從磧本補。案，"釋慧明不知何許人"，五一本殘闕，"釋""慧"字各一半，"明"字全，"不知何"全部殘損。
[4] 貌儀：諸本同，磧本作"儀貌"。
[5] 皆諷之後乃聽：諸本同，五一本殘損。
[6] 掇：諸本同，磧本作"拾"誤。旨：諸本同，五一本作"指"。
[7] 文：諸本同，五一本作"之"誤。
[8] 太：麗再本、磧本作"大"，今從五一本、麗初本、趙本。
[9] 觀兵河上：典出史記卷四周本紀，周武王伐商，"東觀兵，至於盟津"。"觀兵"即閲兵，"河上"此處爲虚指。
[10] 遣大都督程文季：諸本同，五一本殘損。季：諸本同，五一本從下部判斷作"秀"，下同，不一一出校。
[11] 案，事見資治通鑑卷一七一，與本傳略異。
[12] 殿：諸本同，磧本作"殿中"。卜：諸本同，磧本作"十"誤。
[13] 卦：磧本作"拄"，麗初本、五一本、隨函録作"柱"，趙本同麗再本。案，疑"拄""柱"爲"炷"之誤，"拄"又誤改爲"卦"。龜卜的最重要環節是將龜骨放在火上燒，即"炷"。
[14] 猖猝：五一本、麗初本、磧本作"倉卒"，趙本同麗再本。
[15] 程：諸本同，磧本作"利"誤。
[16] 案，"小峴"，在今安徽省肥東縣包公鎮峴山村境内，距肥東縣城二十五公里。然，讀史方輿紀要卷二九"南直含山縣"："大峴山：縣東北十三里，一名赤焰山。又小峴山在縣北二十里，一名昭關。稍西曰城山。兩山屹峙，爲廬、濠往來衝要。"則大小峴，當在今安徽省含山縣北大硯山與城山之間，距離肥東縣峴山村尚有較遠距離。
[17] 俘虜：諸本同，麗初本作"浮處"誤。
[18] 譙：磧本作"樵"誤，麗初本作"誰"誤，五一本、趙本同麗再本。"譙"爲譙縣，今安徽省亳州市譙城區。
[19] 案，"合州"，當今安徽合肥。"吕梁"，即吕梁山，今江蘇省徐州市東南二十公里處吕梁山。"彭越"，當爲彭城，即今江蘇省徐州市。
[20] 城：諸本同，五一本作"誠"誤。
[21] 宗：諸本同，麗初本作"宋"。
[22] 不：諸本同，磧本作"莫"。

高齊鄴下沙門釋道紀傳二

釋道紀，未詳氏族。高齊之初，盛弘講説，然以成實見知。門學業成，分部結衆，紀用欣然，以教習之功成遺業也。天保年中，秋初立講，紀引衆首出鄴城南，彼舊門人又引衆入，正於闔側，欻爾相值。紀曰："卿從何來，殊無禮也[1]。如何師範，輒抗拒耶？既不傾屈，理宜下道。"彼曰："法鼓競鳴，利建斯在，聲榮之望，師資焉有？"紀不答[2]，自爲下道。出于城外，迴首告其屬曰:"吾講成實積三十載,開悟匠導[3],望有功夫。解本擬行,斯遺誡也。今解而不行,還如根本不解矣,徒失前功,終無後利。往不可追,來猶可及,請並返京,吾當别計。"

乃退掩房户,廣讀經論,爲彼土俗而行開化。故其撰集名爲金藏論也,一帙七卷,以類相從。[4]寺塔幡燈之由,經像歸戒之本,具羅一化,大啓福門[5]。論成之後,與同行七人出鄴郊東七里而頓,周匝七里,士女通集,爲講斯論,七日一遍。往必荷擔,不恥微行,經書、塔像爲一頭,老母、掃帚爲一頭。齊佛境内有塔斯掃,每語人曰:"經不云乎:掃僧地如閻浮不如佛地一掌者[6],由智田勝也。親供母者,以福與登地菩薩齊也[7]。"故其孝性淳深[8],爲之縫補衣著,食飲、大小便利必身經理,不許人兼。有或助者,紀曰:"吾母也[9],非他之母[10]。形骸之累,並吾身也。有身必苦,何得以苦勞人?所以身爲苦先,幸勿相助。"因斯以勵道俗,從者衆矣。又復勸人奉持八戒,行法社齋[11],不許屠殺。

所期既了,又轉至前,還依上事,周歷行化。數年之間,繞鄴林郊,奉其教者,十室而九。有同侣者,故往候曰:"比行化俗,何如道耶[12]?"紀曰:"彼講可追,今則無悔,既往不咎,知復何言?"

後遭周氏吞併,玄教同廢,呼嗟俗壤,每崇斯業[13]。及開法始,更廣其門,故彼論初云"邪見"者是也。所以世傳何隱論師造金藏論,終惟紀也,故改名云。然其所出,抄略正文,深可依准。後不測其終。

【校注】

[1] 殊:諸本同,磧本作"乃殊",五一本作"列"。

[2] 不:諸本同,磧本衍作"何不"。

[3] 匠導:磧本作"正道"誤,五一本作"近道",麗初本、趙本同麗再本。

[4] 金藏論:今存此書殘卷,爲佛學類書。據日本學者研究,今存殘帙尚有十一種:S. 4654、P. 3426、BD7316(鳥16);德國藏吐魯番文書38號;日本興福寺藏平安朝延喜年間寫本(卷6)、京都大學圖書館藏近世抄本(卷1、卷2)BD3686(爲86),俄藏Дx. 00977,北大D. 156、S. 3962、S. 779,其中八種爲敦煌文書。參見王惠民:敦煌文獻中的金藏論寫本,http://www.foyuan.net/article-133121-1.html,2016.3.1採集。

[5] 福:諸本同,五一本脱。

[6] 掃僧地如閻浮不如佛地一掌者:語出成實論卷七大小利業品:"如雜藏中説:若掃僧房地如一閻浮提,不如掃佛塔猶如一掌處。"此處"雜藏",據法苑珠林卷三八、諸經要集所引,知爲雜寶藏經,然今本雜寶藏經並無此語。道紀後期佛學受雜寶藏經影響明顯。

[7] 登地菩薩:即經過修行,剛達到十地之初地的菩薩。

[8] 孝性：諸本同，磧本衍作“孝必性”。
[9] 吾母也：五一本、大正藏校引聖本作“母，吾母也。”應是，麗初本、磧本、趙本同麗再本。
[10] 母：五一本、麗初本作“田”，磧本、趙本同麗再本。
[11] 齋：諸本同，五一本作“齊”。
[12] 耶：諸本同，五一本作“邪”。案，“耶”，五一本均作“邪”，下文不一一出校。
[13] 崇：諸本同，五一本脱。

隋京師定水寺釋法稱傳三智雲

釋法稱，江南人，通諸經聲[1]，清響動衆，陳氏所化，舉朝奉之。又善披導，即務標奇，雖無希世之明，而有隨機之要。隋平南服，與白雲經師同歸秦壤，住興善寺。每引内禁，敘論正義，開納帝心，即勅正殿常置經座，日别差讀經[2]，聲聲不絶。聽覽微隙，即問經旨，遂終昇遐。晚住定水，與雲同卒，俱八十餘，仁壽年也。

時有智雲亦善經唄，對前白者，世號“烏雲”，令望所高，聲飛南北。每執經對御，響振如雷[3]，時參哀囀[4]，停駐飛走。其德甚衆，秘不泄之，故無事緒可列。又善席上，談吐驚奇，子史丘索，都皆諳曉，對時引挽，如宿構焉。隋煬在蕃，彌崇敬愛，召入慧日，把臂朋從[5]，欣其詞令故也[6]。

年登五十，卒於京師。王悲惜焉，數日不出，廣爲追福，又教沙門法論爲之墓誌，見於别集。

【校注】

[1] 通：諸本同，磧本作“誦”誤。
[2] 經：諸本同，五一本脱。
[3] 響振：磧本作“響震”，麗再本、麗初本、趙本作“嚮振”，今從五一本。
[4] 參：麗再本作“慘”，今據諸本改。
[5] 朋：諸本同，五一本作“明”誤。
[6] 令：諸本同，五一本脱。

隋杭州靈隱山天竺寺釋真觀傳四

釋真觀，字聖達，吴郡錢唐人，俗姓范氏。祖延蒸，給事黄門侍郎。父兑，通直散騎常侍。母桓氏[1]，温良有德，嘗悱憤無胤，潔齋立誓，誦藥師、觀世音、金剛波若，願求智子，紹嗣名家。時獻統所圖迦毗羅王者，在上定林寺，巨有靈異[2]。躬往祈禱，刻寫容影[3]，事像若真，依藥師經，七日行法。

至於三夕，覺遊光照身，自爾志性非恒，言輒詣達。豈非垂天託人，寄范弘釋者也。及其誕育，奇相不倫，左掌仙文，右掌人字，口流津液，充閏榮府[4]，從幼至終，未嘗患渴，故體膚光偉，雖老不衰。舌文交加，狀如羅綺，故得含章蘊辯，開神明晤。又聲韻鍾鈴，捷均風雨，其見聞者，莫不驚異[5]。

小有大槩，五歲能蔬齋，或登衣篋，或執扇帚，戲爲談講。八歲通詩、禮，和庾尚書林檎之作[6]。十六，儒道群經、柱下、河上，無所遺隱[7]。時又流涉棋琴[8]，暢懷文集，日新月異，師友驚忻。嘗共友人，逍遥津渚，有善相者，迎而拜曰："年少當爲大法師。"後即專誦净名、般若，志存入道。伺機承色，二親弗許，乃曰迦毗降夢[9]："子欲開籠，拘令在網[10]，此非黠慧。"父母咸開心隨喜，啓勑降言，并賜衣鉢。

義興生法師行潔小震[11]，躬爲剪落，大德貞律師道靄雲陽[12]，請任和上[13]，研思十誦，一遍能述。又從華林園法師受成實論[14]，十遍十覆，超振前標，自謂解成，可填以行也。始誦法華，日限一卷，因斯通夢："汝有大根，忽守小道，深可惜也。"遂往興皇聽摩訶衍[15]，質疑明難，唐突玄門。朗公精通綽然[16]，復加脂粉，"吾出講八年，無一問至此"。"能使妙義開神，真吾師矣"，仍從北面，數載研尋。開善大忍法師，匿影鍾山[17]，遊心方等，將欲試瞻先達，問津高士，因操捊扣寂[18]，用程玄妙，乃嘆曰："龍樹之道[19]，方興東矣[20]。"辯、勇二師當塗上將[21]，頻事開析[22]，亟經重席[23]。時人語曰："錢唐有真觀[24]，當天下一半沙門。"洪偃才邁儒英，鉤深釋傑，面相謂曰："權高多智，耳白有名[25]。我有四絶，爾具八能[26]。"謂義、導[27]、書、詩、辯、貌、聲、棋，是也。由此，王公貴遊，多所知識。

始興王東臨禹井[28]，請以同行。于時興皇講筵，選能義集，觀臨途既促，咸推前次。既登高座，開二諦宗，百並縱横[29]，一言冰泮。學士傅縡在席嗟曰[30]："三千稱首，七十當初[31]，是上人者，當爲酬對。"金陵道俗，見知若此。既達東夏，住香嚴寺，講大涅槃，四方義集，復增榮觀。興皇又三追，曰："吾大乘經論，略已弘通，而燕、趙、齊、秦引領翹足，專學者雖多[32]，兼該者寡，宜速返東蕃，法門相寄。"

于斯時也，征周失律，朝議括僧[33]，無名者休道[34]。觀乃傷迷，嘆曰："夫刹利居士，皆植福富强[35]；黎庶斷小[36]，造罪貧弱。欲茂枝葉[37]，反剋根本，斯甚惑矣。人皆惜命偷生[38]，我則亡身存法[39]。"乃致書僕射徐陵，文見別集。陵封書合奏[40]，帝懔然動容[41]，括僧由寢。據斯以言，非但梁柱佛法，亦乃明略佐時矣。

江夏王出鎮于越[42]，復請同行[43]，朗師吞咽良久，言曰："能住三年，講堂相委。"復屬英王尚法利益，深不可留也，仍於禹穴屢動法輪。特進杜稜請歸光顯[44]，傳教學徒。及永陽、鄱陽二王、司空司馬消難並相次海運[45]，延仰浙東，故得塗香慧炬，以業以焕，頂敬傾心，盡誠盡節。天台智者名行絶倫，先世因緣，敦猷莫逆[46]，年臘既齊，爲法兄弟，共遊秦嶺凌雲舊房[47]，朝陽澄景則高談慧照，夕陰匿采則深安禪寂。及智者徵上闕庭，觀便孤園敷説，大流法味，載廣俗心。永陽還京，仰奏清德，舉朝僧正，同請絲綸。遂逢祚終，斯事便寢。

隋祖尚法惟深，三勑勞問；秦王莅蕃[48]，二延總府，皆辭以疾，確乎不就。齊王晚迎江浦[49]，躬申頂禮，傳以香火，送還舊邑之衆善寺。開皇十四年，時極亢旱[50]，刺史劉景安請講海龍王經，序王既訖，驟雨滂霔[51]。自斯厥後[52]，有請便降，吴越宗仰，其若神焉。縣西有靈隱山者[53]，舊曰仙居，峰吐蓮華，洞藏龍穴，信江東之秀嶽也。觀既仁智内冥，山水外狎，共道安禪師頭陀石室。檀越陳仲寶率諸同侣，開藏拓基[54]，構立精舍，號南天竺，遂即去邑還谷，栖止終焉。衆善講堂，付門人玄鏡，鏡承瓶瀉[55]，相從不絶。

及文皇造塔[56]，形勝所歸，不謀同集，取决於觀。乃指崔嵬高石，可安塔基，雖發誠言，孰爲可信？俛仰穿鑿[57]，洞穴自然，狀似方函，宛如奩底，天工神匠，冥期若符。

自爾在山，常講法華，用爲心要，受持讀誦，躬自書弘，五種法師，於斯乎在。又特於經旨明練深趣[58]，談吐新奇，非尋紙墨，智思擊揚，迥飛文外。又感盥洗遺滯，地不爲濡。事理異人，經之力也。罣亭神姓陳名重，降祝，請講法華一遍，遺以錢物。又降祝，捨其廟堂五間[59]，爲衆善佛殿。據斯以言，感靈通供，誠稀有也。

大業七年四月八日，司馬李子深更延出邑，講大涅槃。初出天竺，自標葬地，至現病品，夢見三人，容服甚盛，把幡俱禮云："净居遣迎。"至六月六日，以疾而卧。又夢與智者同轝，夾侍尊像，翼佛還山，覺已嘆曰[60]："昔六十二應終，講法華力，更延一紀。今七十四，復致斯應[61]，生期畢矣。"即集内衆，訓將來事，曰："欲生善道，欲備神力，欲出生死，欲具佛法，宜須持戒，修定、學慧[62]，弘通正法，勿令空過，無所得也。"爾日，天台送書并致香蘇[63]、石蜜。觀覽書曰："宿世因緣，最後信矣。"命兩如意，一東向天台，一留西法志。"諸雜服式，吾眼自分：一還僧羯磨，二成第五僧施[64]。"嘗有人夢飛殿來迎，沙門寶慧又聞空中鼓樂[65]。至七月一日中夜[66]，跏坐[67]，盥嗽，整服，曰："有人請講菩薩戒也。"端坐怡然，不覺已滅，逝於衆善之舊寺。從子至午，心頂俱煖，身體柔軟，顔色不變，右手内屈三指[68]，信宿流汗遍身。至四日移入禪龕，時屬流火，焰氣尚嚴，而儼若生存，寔資神力。從此至二十五日，四方輻湊，六縣同集，道俗公私，一期咸萃[69]，皆就屍手，傳香表别,叙德號慕[70],悲起纏雲,追惟戒德,泣垂零雨。至於香花供獻[71],日有千群。隨次大齋[72],開龕瞻奉,而色相光潔[73],眉毫更長,倍異生前,咸加奇歎。至二十六日,乃永空於靈隱山。真容掩方墳,寫狀留天竺。是日,四部亘一由旬[74],香蓋成蔭,幢幡蔽野,存亡榮慶,非可勝言。

初,觀聲辯之雄,最稱宏富,江表大國[75],莫敢争先。自正法東流,談導之功,衛安爲其稱首[76],自爾詞人莫不宗猷於觀。是知五百一賢[77],代興有日[78],佛法榮顯,寔賴斯乎?

開皇十一年,江南叛反,王師臨吊,乃拒官軍,羽檄競馳,兵聲逾盛。時元帥楊素整陣南驅,尋便瓦散[79],俘虜誅剪三十餘萬[80]。以觀名聲昌盛,光楊江表,謂其造檄,不問將誅。既被嚴縶,無由申雪[81]。金陵才士鮑亨、謝瑀之徒[82],並被擁略,將欲斬决。來過素前,責曰:“道人當坐禪讀經,何因妄忤軍甲,乃作檄書,罪當死不?”觀曰:“道人所學,誠如公言,然觀不做檄書,無辜受死。”素大怒,將檄以示,“是你作不?”觀讀,曰:“斯文淺陋,未能動人。觀實不作,若作過此。”乃指擿五三處,曰:“如此語言,何得上紙?”素既解文,信其言也。觀曰:“吴越草竊[83],出在庸人,士學儒流,多被擁逼。”即數鮑、謝之徒三十餘人,“並是處國賓王[84],當世英彦,願公再慮,不有怨辜[85]”。素曰:“道人不愁自死,乃更愁他?”觀曰:“生死常也。既死,不可不知人,以爲深慮耳。”素曰:“多時被縶,巨解愁不[86]?”索紙與之,令作愁賦。觀攬筆如流,須臾紙盡[87],命且將來,更與一紙。素隨執讀,驚異其文,口唱師來,不覺起接,即命對坐,乃盡其詞。故賦略云:

> 若夫愁名不一,愁理多方,難得覼縷,試舉宏綱。或稱憂憒,或號酸凉。蓄之者,能令改貌;懷之者,必使迴腸。爾其愁之爲狀也,言非物而是物,謂無象而有象。雖則小而爲大,亦自狹而成廣。譬山岳之穹隆,類滄溟之滉瀁,或起或伏,時來時往,不種而生,無根而長。或比烟霧,乍同羅網。似玉葉之晝舒[88],類金波之夜上[89]。爾乃過違道理,殊乖法度,不遣唤而輒來[90],未相留而忽住[91]。雖割截而不斷,乃驅逐而不去。討之不見其蹤,尋之靡知其處。而能奪人精爽,罷人歡趣,减人肌容[92],損人心慮。
>
> 至如荆軻易水[93],蘇武河梁[94],靈均去國[95],阮叔辭鄉[96];且如馬生未達,顔君不遇;夫子之詠山梁[97],仲文之撫庭樹[98]。並侘傺於胸府[99],俱讚揚於心路。是以虞卿愁而著書[100],束皙貧而作賦[101]。
>
> 又如蕩子從戎,倡婦閨空[102];悠悠塞北,杳杳江東[103];山川既阻,夢想時通;高樓進月[104],傾帳來風[105];愁眉歇黛,淚瞼銷紅[106]。莫不

感悲枕席[107],結怨房櫳。

乃有行非典則,心懷疑惑,未識唐、虞之化,寧知禹、湯之德。霧結銅柱之南[108],雲起燕山之北[109];箭既盡於晉陽[110],水復乾於疏勒[111]。

文多不載。

素大嗟賞,即坐釋之。所達文士免死而爲僕隸。

觀以才學之富,弘導不疲,講釋開悟,榮光俗塵,具於前叙。其所講大乘四十二載。又造藏經三千餘卷,金銅大像五軀,構塔五層,五僧德施造寺二所。著諸導文二十餘卷,詩賦碑集三十餘卷,近世竊用其言衆矣。

【校注】

[1] 桓:麗初本、大正藏校引宫本作“任”,磧本、五一本、資本、趙本同麗再本。

[2] 巨:諸本同,磧本作“臣”誤。案,據高僧傳卷三曇摩密多傳:“初密多之發罽賓也,有迦毗羅神王衛送,遂至龜兹,於中路欲反,乃現形告辭密多曰:‘汝神力通變,自在遊處,將不相隨,共往南方。’語畢,即收影不現。遂遠從至都,即於上寺圖像著壁。迄至於今,猶有聲影之驗,潔誠祈福,莫不享願。”即指迦毗羅王像。又據高僧傳卷一三法獻傳:“獻於西域所得佛牙及像,皆在上定林寺。”“獻統”即法獻。

[3] 影:諸本同,五一本作“景”。

[4] 閏:諸本同,磧本作“潤”。案,“閏”通“潤”。

[5] 驚異:諸本無。

[6] 案,“庾尚書”,指庾肩吾,蕭梁文學家,傳見梁書卷四九。“林檎之作”,庾肩吾作品多亡佚,故此作所指不詳。檎:諸本同,五一本作“擒”。

[7] 河:磧本作“何”誤。河上無:趙本作“雲令望”誤。案,“柱下”,指老子。據史記老莊孟荀列傳,老子曾任周柱下史,故以“柱下”指代老子。“河上”指老子河上公注,此注今存。又“河上”,疑爲“濠上”之訛,“濠上”代指莊子。

[8] 涉:諸本同,五一本作“步”。

[9] 乃曰:諸本作“乃”應是。“迦毗”即上文迦毗羅王。

[10] 拘:諸本同,磧本作“勿”誤。

[11] 潔:五一本作“絜”,麗初本、趙本同麗再本。案,“震”指東方,在東晋、南朝,三吴地區常被稱爲“東土”,故“小震”指三吴地區。

[12] 大德:諸本衍作“大功德”,今從磧本。案,“雲陽”,指曲阿,今江蘇省丹陽市。文選卷二三謝靈運廬陵王墓下作:“曉月發雲陽,落日次朱方。”李善注引越絶書:“曲阿爲雲陽縣。”

[13] 上:諸本同,磧本作“尚”。

[14] 園:磧本、五一本作“圓”,資本作“國”,麗初本、趙本同麗再本。

[15] 摩訶衍:梵語音譯,義爲大乘,此處指三論。

[16] 朗公:即法朗,三論宗宗師,傳見本書卷七。

[17] 影:諸本同,五一本作“景”。

[18] 案,“捊”即“桴”,鼓槌。

[19] 道:諸本同,五一本衍作“道士”。
[20] 方:諸本同,磧本作“萬”誤。
[21] 案,“辯”,即智辯,“勇”即慧勇,爲法朗師兄弟,傳均見本書卷七。
[22] 開析:磧本、五一本作“折關”,麗初本、趙本作“折開”誤。案,“折關”義同“開析”。
[23] 經:諸本同,隨函録作“重”。
[24] 唐:諸本同,磧本作“塘”。
[25] 白:麗再本作“目”,今據諸本改。案,東坡志林卷三“僧相歐陽公”條:“歐陽文忠公嘗語,少時有僧相我:‘耳白於面,名滿天下;脣不著齒,無事得謗。’其言頗驗。”又上文“權”當爲“顴”,顴骨。
[26] 具:諸本同,五一本衍作“具々”。
[27] 導:五一本作“道”。
[28] 據陳書卷二八,始興王陳伯茂“(元嘉)三年,除鎮東將軍、開府儀同三司、東揚州刺史”。東揚州治所在山陰縣,即今紹興市越城區,紹興古稱“禹穴”“禹井”。
[29] 並:大正藏校引聖本作“非”誤。案,“並”爲三論宗辯論的一種手段。
[30] 傅:諸本同,五一本作“縛”誤。縡:麗再本、趙本、隨函録作“繹”誤,今從磧本、五一本、麗初本。案,“傅縡”爲南朝陳學者,法朗的俗家弟子,傳見陳書卷三〇。
[31] 案,史記卷四七孔子世家:“孔子以詩書禮樂教,弟子蓋三千焉,身通六藝者七十有二人。”
[32] 者:諸本同,五一本脱。
[33] 朝:諸本同,資本作“期”。括:諸本同,五一本作“招”。
[34] 無名者:即無名貫,私度的僧尼。
[35] 福:諸本同,磧本衍作“福田”。
[36] 厮:諸本作“斯”誤。“厮”即厮役。
[37] 枝:諸本同,五一本作“支”。
[38] 惜:諸本同,五一本作“措”誤。
[39] 存:諸本作“在”,今從磧本。
[40] 合:諸本同,磧本作“令”誤。奏:諸本同,五一本作“秦”誤,本卷下文同,不一一出校。
[41] 容:諸本同,五一本作“客”形。
[42] 據陳書卷二八,江夏王陳伯義“太建初,爲宣惠將軍、東揚州刺史”。
[43] 請:諸本同,五一本作“清”。
[44] 案,“杜稜”,傳見陳書卷一二,吴郡錢塘人,在太建初年任義興太守,故有此請。
[45] 案,陳永陽王伯智、鄱陽王伯山均出任過東揚州刺史,事見陳書卷二八。司馬消難當亦出任過東揚州刺史,然史書無證。
[46] 猷:諸本同,五一本作“猷”誤。
[47] 淩:磧本、五一本作“陵”,麗初本、趙本同麗再本。案,“秦嶺”,概指秦望山,浙江省諸暨市楓橋鎮欒山村東北部。
[48] 秦:諸本同,磧本作“奏”誤。案,“秦王”即隋文帝第三子楊俊,其在開皇十一年任楊州總管,傳見隋書卷四五。
[49] 案,隋代之“齊王”,即隋煬帝子齊王楊暕,傳見隋書卷五九。若是,則此句爲追述

大業時事，真觀在大業七年去世，楊暕在此之前未曾到過長江沿岸，故作“齊王”當誤，疑爲“秦王”或者“晋王”之訛。

[50] 亢：五一本作“冗”形，麗初本、趙本作“炕”，磧本同麗再本。

[51] 霔：磧本、五一本作“注”，麗初本、趙本同麗再本。案，“霔”，説文解字卷一一“時雨澍生萬物”，即灌注義。

[52] 後：諸本同，五一本作“使”。

[53] 靈：諸本同，趙本作“雲”誤。案，“靈隱山”，即今浙江省杭州市西湖畔之靈隱山。

[54] 拓：諸本同，五一本作“䄉”誤。

[55] 瀉：五一本、麗初本、資本、趙本作“寫”，磧本同麗再本。

[56] 皇：諸本同，磧本作“宣”誤。案，“文皇造塔”，指隋文帝在仁壽年間分舍利造塔事。

[57] 俛：諸本同，五一本作“脕”。案，“脕”爲草新生意，引申爲潤澤。

[58] 特：磧本、麗初本、趙本作“持”誤，五一本同麗再本。

[59] 廟：麗再本、五一本作“廣”誤，今從麗初本、趙本。

[60] 嘆：諸本同，五一本作“難”誤。

[61] 應：諸本同，五一本脱。

[62] 修定學慧：諸本同，五一作“修學定慧”倒。

[63] 并致香蘇：諸本同，五一本作“并香致蘇”倒。

[64] 二成第五僧施：諸本同，五一本、大正藏校引聖本作“二成弟子吾僧施”。案，優婆塞戒經卷第四雜品：“有智之人施有五種：一者至心施，二者自手施，三者信心施，四者時節施，五者如法求物施。”

[65] 鼓：磧本、麗初本、趙本作“伎”，五一本同麗再本。

[66] 七月一日：磧本作“七日七日”，五一本作“七月旦”，麗初本、趙本同麗再本。

[67] 跏坐：諸本同，磧本作“跏趺而坐”。

[68] 屈：諸本作“掘”，今從磧本。

[69] 咸：諸本同，五一本作“感”。

[70] 叙：磧本、趙本作“攀”誤，麗初本、五一本、隨函録作“板”。案，“攀德”不辭，或是“攀柩”之訛。

[71] 於：諸本脱，今從磧本。

[72] 齋：諸本同，五一本作“齊”。

[73] 潔：五一本作“絜”。

[74] 案，“由旬”，長度單位，説法不一，大概是 7.3 公里到 22.8 公里之間。

[75] 大：磧本、五一本作“文”是，趙本同麗再本。

[76] 衛安：即東晋高僧道安，傳見高僧傳卷五。

[77] 賢：諸本同，五一本作“貫”誤。案，典出孟子卷四下公孫丑：“五百年必有王者興，其間必有名世者。”文選卷四一答蘇武李善注引孟子：“千年一聖，五百年一賢，賢聖未出，其中有命世者。”又顔氏家訓卷上慕賢篇：“古人云：‘千載一聖，猶旦暮也；五百年一賢，猶比髆也。’”

[78] 代：諸本同，五一本作“伐”誤。

[79] 瓦：諸本同，麗初本作“亢”誤。

[80] 剪：磧本、五一本作“翦”，麗初本、趙本同麗再本。

［81］申：諸本同，磧本作“伸”。

［82］亨：諸本同，五一本作“享”誤。隋書卷四八楊素傳：“有鮑亨者，善屬文，殷胄者，工草隸，並江南士人，因高智慧没爲家奴。”

［83］越：諸本同，五一本作“起”誤。

［84］王：諸本同，趙本作“主”誤。

［85］怨：諸本同，隨函録作“冤”應是。

［86］叵：諸本同，磧本作“頗”誤。

［87］臾：諸本同，五一本作“更”誤。

［88］晝：諸本同，五一本作“書”誤。

［89］上：諸本同，麗初本作“正”。

［90］遣：諸本同，五一本作“違”誤。

［91］忽：磧本、五一本、隨函録作“惬”，麗初本、趙本作“恢”。

［92］肌：諸本同，磧本作“顔”。容：諸本同，五一本作“客”。

［93］荆軻易水：事見史記卷八六刺客列傳。荆軻刺秦之前，在易水餞别，賦詩曰“風蕭蕭兮易水寒”。

［94］蘇武河梁：藝文類聚卷二九人部别上有李陵贈蘇武詩：“携手上河梁，游子暮何之。”又見文選卷二九等，蓋爲後人僞托。

［95］靈均去國：指屈原的離騷。

［96］阮叔辭鄉：無考。

［97］夫子之詠山梁：典出論語鄉黨：“色斯舉矣，翔而後集。曰：‘山梁雌雉，時哉，時哉。’子路共之，三嗅而作。”據注疏，孔子見雉得其時聯想到自己不得時，故情不自禁。

［98］文：諸本同，趙本作“大”。此句典出晋書卷九九殷仲文傳：“仲文因月朔與衆至大司馬府，府中有老槐樹，顧之良久而歎曰：‘此樹婆娑，無復生意。’仲文素有名望，自謂必當朝政，又謝混之徒，疇昔所輕者，並皆比肩，常怏怏不得志。”

［99］侘憏：磧本、五一本作“惋懔”，麗初本、趙本同麗再本。隨函録以爲正式寫法爲“侘傺”，釋作“失志貌”。案，此詞典出離騷。

［100］虞卿愁而著書：典出史記卷七六平原君虞卿列傳：“然虞卿非窮愁，亦不能著書以自見於後世云。”

［101］束：諸本同，資本作“來”誤。晳：麗初本、趙本作“哲”，磧本同麗再本。貧：諸本作“憑”。案，束晳曾作貧家賦，今據改，參見藝文類聚卷三五人部貧、初學記卷一八。

［102］蕩子從戎，倡婦閨空：參見文選卷二九詩己雜詩上、初學記卷一九人部下：“自云娼家女，嫁爲蕩子婦；蕩子行不歸，空床難獨守。”

［103］杳杳：諸本同，磧本作“香杳”誤。

［104］高樓進月：此類古詩甚多，如文選卷二三曹植七哀詩：“明月照高樓，流光正徘徊。上有愁思婦，悲歎有餘哀。”

［105］傾帳來風：未知出處，玉臺新詠卷九收湯惠休秋風辭：“秋風嫋嫋入曲房，羅帳含月思心傷。蟋蟀夜鳴斷人腸，夜長思君心飛揚。他人相思君相忘，錦衾瑶席爲誰芳。”亦見初學記卷三歲時部秋。

［106］瞼：諸本同，磧本作“臉”。案，梁元帝代舊姬有怨詩：“怨黛舒還斂，啼紅拭復

垂。”見藝文類聚卷三二人部閨情。

[107] 感：諸本作“咸”，今從磧本。

[108] 霧結銅柱之南：後漢書卷二四馬援傳注引廣州記：“援到交址，立銅柱，爲漢之極界也。”

[109] 燕：五一本、麗初本、資本、趙本作“烟”誤，磧本同麗再本。案，後漢書卷二三竇憲傳：“與北單于戰於稽落山，大破之……憲、秉遂登燕然山，去塞三千餘里，刻石勒功，紀漢威德，令班固作銘曰。”

[110] 箭既盡於晋陽：太平御覽卷一〇〇〇百卉部蘆荻引春秋後語：“趙襄子欲保晋陽，曰：‘奈何無箭？’張孟談曰：‘臣聞董子之治晋陽，公宫之垣皆以荻蒿苫，禁牆之高，基高至于丈餘，君發而用之。’於是發其堅，則箘簬之勁不能過也。”

[111] 水復乾於疏勒：後漢書卷一九耿恭傳：“匈奴遂於城下擁絶澗水。恭於城中穿井十五丈不得水，吏士渴乏，笮馬糞汁而飲之。”據文選卷二〇潘岳關中詩李善注，班固曾作耿恭守疏勒城賦。

隋蔣州栖霞寺釋法韻傳五[1]

釋法韻，姓陳氏，蘇州人。追慕朋從，偏工席上，騷索遠度，罕得其節。誦諸碑誌及古導文百有餘卷，并王僧孺等諸賢所撰[2]，至於導達，善能引用。又通經聲七百餘契，每有宿齋，經導兩務，並委於韻。

年至三十，弊於諠梗，邀延疏請[3]，日别重疊，乃於正旦，割繩永斷。即聽華嚴，不久便覆，恨恨棄功[4]，妄銷脣舌。承栖霞清衆，江表所推，尋聲即造，從受禪道。又聞泰岳靈巖[5]，因往追蹤，般舟苦行[6]。特立志梗潔[7]，不希名聞，擔石破薪，供給爲任。

晚還故鄉，有浮江石像者如前傳述，後被燒燼而不委相量，無由可建，便於石像故基，願禮八萬四千塔。樹功既滿，感遇野姥，送一卷書。及披讀之[8]，乃是昔像之緣也。既有樣度，依而造成，大有徵應。海中有陽虎島者，去岸三百[9]，韻往安禪，惟服布艾[10]，行慈故也。初達逢怪，大風鬼物[11]，既見如常，心毛不動，九十日後，帖然大安[12]。

自知終事[13]，還返栖霞，不久便卒。春秋三十五[14]，即仁壽四年矣。

【校注】

[1] 蔣州：麗再本、趙本作“蘇州”，誤。栖霞寺在今南京栖霞山，爲南朝名寺，三論宗祖庭之一，隋滅陳後，改建康爲蔣州，唐初沿用，故當從麗初本、磧本爲“蔣州”。

[2] 并王僧孺等諸賢所撰：廣弘明集卷一五收王僧孺唱導文一篇，可參看。

[3] 疏：諸本同，磧本作“流”誤。

[4] 恨：磧本作“浪”，五一本作“恨”，麗初本、趙本同麗再本。

[5] 泰：諸本同，五一本作“秦”誤。

[6] 舟：五一本、大正藏校引聖本作“若”誤，磧本、麗初本、趙本同麗再本。
[7] 特：磧本、五一本無，麗初本、趙本同麗再本。
[8] 披：諸本同，五一本作“彼”誤。
[9] 百：諸本同，磧本作“里”。
[10] 艾：諸本作“芰”，當是“芰”之訛。
[11] 鬼：諸本同，五一本衍作“大鬼”。
[12] 帖：磧本作“恬”，五一本作“怗”，麗初本、趙本同麗再本。
[13] 終：諸本同、磧本衍作“命終”。
[14] 三十：諸本同，五一本作“卌”。

隋東都慧日道場釋立身傳六慧寧　廣壽

釋立身，江表金陵人[1]。志節雄果，不緣浮綺，威容肅然，見者憚懾。有文章，工辯對[2]。時江左文士，多興法會，每集名僧[3]，連霄法集[4]，導達之務[5]，偏所牽心。及身之登座也，創發謦咳[6]，砰磕如雷，道俗斂襟，毛豎自整。至於談述業緣，布列當果，泠然若面，人懷厭勇。

晚入慧日，優贈日隆。大業初年，聲唱尤重。帝以聲辯之功，動衷情抱，賜帛四百段、氈四十領。性本清儉[7]，無兼儲蓄[8]，率命門學，通共均分。

從駕東都，遂終于彼，時年八十餘矣。

時西京興善，官供尋常，唱導之士，人分羽翼。其中高者則慧寧、廣壽[9]、法達、寶巖[10]，哮吼之勢有餘，機變之能未顯，人世可觀，故不廣也。

【校注】

[1] 表：諸本同，磧本作“東”誤，下文釋法琰傳作“江表金陵人”。
[2] 工：諸本同，磧本作“攻”誤。
[3] 集：諸本同，五一本脱。
[4] 霄：諸本同，磧本作“宵”是。
[5] 務：諸本同，五一本作“霧”。
[6] 謦：諸本同，五一本作“磬”。咳：諸本同，磧本作“欬”。
[7] 清：諸本同，五一本作“情”誤。
[8] 儲：磧本、麗初本作“諸”是，五一本、趙本同麗再本。
[9] 廣：諸本作“曠”，磧本、諸本卷首小標題作“壽”，今據改。
[10] 巖：諸本同，磧本作“嚴”。

隋西京日嚴道場釋善權傳七法綱

釋善權，楊都人，住寶田寺。聽採成論，深有義能，欻爾迴思，樂體人物，隨言聯貫,若珠璧也。衆以學工將立[1],不願弘之,而權發悟時機,爲功不少。適詣爲得,遂從其務。然海内包括[2],言辯之最,無出江南,至於銓品時事[3],機斷不思,莫有高者。晚以才術之舉,煬帝所知,召入京師,住日嚴寺。

獻后既崩[4],下令行道,英聲大德,五十許人,皆號智囊,同集宫内,六時樹業,令必親臨。權與立身,分番禮導,既絶文墨[5],惟存心計。四十九夜,總委二僧,將三百度,言無再述。身則聲調陵人[6],權則機神駭衆。或三言爲句,便盡一時;七五爲章,其例亦爾。煬帝與學士柳顧言、諸葛穎等語曰[7]:"法師談寫,乍可相從,導達鼓言[8],奇能切對。甚可訝也。"穎曰:"天授英辯,世罕高者。"時有竊誦其言,寫爲卷軸,以問於權,權曰:"唱導之設[9],務在知機。誦言行事,自貽打棒,雜藏明誡[10],何能輒傳? 宜速焚之,勿漏人口。"故權之導文不存紙墨。每讀碑誌,多疏儷詞[11],傍有觀者,若夢遊海。及登席列用,牽引囀之,人謂拔情[12],實惟巧附也。

大業初年,終日嚴寺,時年五十三矣。門人法綱[13],傳師導法[14],汪汪任放[15],譎詭多奇,言雖不繁,寫情都盡。蕭僕射昆季,時號學宗,常營福祀,登臨莫逮[16],每有檀會,必遣邀迎。然其令響始飛,颯焉早逝,釋門掩扇,道俗咸惋。

【校注】

[1] 工:諸本同,磧本作"功"。案,"工"通"功"。

[2] 括:諸本同,五一本作"栝"。

[3] 銓:諸本同,五一本作"銓"。

[4] 獻后既崩:據隋書卷三六,獨孤皇后去世是在仁壽二年八月。

[5] 墨:諸本同,五一本作"黑"誤。

[6] 則:諸本同,五一本脱。

[7] 案,柳顧言,隋書無專傳,信息散見於隋書。諸葛潁,傳見隋書卷七六文學傳。

[8] 鼓:諸本同,五一本作"致"誤。

[9] 之:磧本、麗初本衍作"之法",五一本、趙本同麗再本。

[10] 事見雜寶藏經卷六長者請舍利弗摩訶羅緣,講僧人摩訶羅羨慕舍利弗誦咒得施捨,從舍利弗學咒後到處亂念被打事。

[11] 多疏儷詞:磧本、五一本、麗初本作"多疏麗詞"。儷:麗再本作"麗",今據磧本改。

[12] 拔:諸本同,五一本作"狀"誤。

[13] 綱:諸本同,麗初本作"繩"誤,"繩"當是形近而誤。

[14] 傳:諸本同,五一本作"神"誤。

[15] 任放:諸本同,磧本作"放曠"誤。

[16] 逮:諸本同,五一本作"還"。

隋東都慧日道場釋智果傳八智騫　玄應[1]

釋智果，會稽剡人，率素輕清，慈物在性。常誦法華，頗愛文筆。經史固其本圖，摘目得其清致[2]。時弘唱讀，文學所欣。俗以其書，勢逼右軍，用呈蕃晋[3]，王乃召令寫書。果曰："吾出家人也，復爲他役，都不可矣。一負聲教之寄，二違發足之誡，王逼吾身，心不可逼。"乃云："眼闇不能運筆。"王大怒，長囚江都，令守寶臺經藏。及入京儲貳，出巡楊越，乃上太子東巡頌，其序略云："智果振衣出俗，慕義遊梁。感昔日之提奬[4]，喜今辰之嘉慶[5]。"遂下令釋之，賜錢一萬，金鍾二枚，召入慧日。終于東都，六十餘矣。

時慧日沙門智騫者，江表人也，偏洞字源，精閑通俗。晚以所學，追入道場，自秘書正字[6]、讎校、著作，言義不通[7]，皆諮騫决。即爲定其今古，出其人世，變體詁訓[8]，明若面焉。每曰："余字學頗周而不識字者多矣，無人通决，以爲恨耳。"造衆經音及蒼雅、字苑[9]，宏叙周贍[10]，達者高之，家藏一本，以爲珍璧[11]。晚事導述，變革前綱，既絶文縟，頗程深器，綴本兩卷，陳叙謀猷。學者秘之，故斯文殆絶。

京師沙門玄應者，亦以字學之富，皂素所推，通造經音[12]，甚有科據矣。

【校注】

[1] 玄應：麗初本、趙本、麗再本作"玄應　智騫"，今據磧本、五一本改，據正文當是"智騫 玄應"。

[2] 清：諸本同，五一本作"請"誤。

[3] 蕃晋：即晋蕃，即揚州總管楊廣。

[4] 奬：諸本同，五一本作"將"。

[5] 辰：諸本同，磧本作"晨"誤。

[6] 自秘書：諸本同，磧本作"秘自秘"誤。案，隋書卷二八百官下："秘書省，監、丞各一人，郎四人，校書郎十二人，正字四人，録事二人。"

[7] 通：諸本同，五一本作"道"。

[8] 詁：諸本同，五一本作"沽"誤。

[9] 案，據隋書經籍志，釋道騫，即智騫，有楚辭音一卷，此書殘卷見於敦煌文書P. 2494。據日本國見在書目，有爾雅音决三卷；唐慧苑大方廣佛華嚴經音義卷四經第六十六入法界品七載，智騫有方言注。參見姜亮夫：敦煌寫本隋釋智騫楚辭音跋，常書鴻先生誕辰一百周年紀念文集，浙江古籍出版社2004年。

[10] 贍：諸本同，五一本作"瞻"誤。

[11] 璧：諸本同，五一本作"壁"誤。

[12] 通造經音：即一切經音義、玄應音義，中國久佚，單行本存日本，收入卍續藏、頻伽精舍大藏經。

隋京師日嚴道場釋慧常傳九道英 神爽

釋慧常，京兆人。以梵唄之工住日嚴寺[1]。尤能卻囀，哢響飛揚[2]，長引滔滔，清流不竭[3]。然其聲發喉中，脣口不動[4]，與人並立，推撿莫知，自非素識，方明其作。時隋文興法[5]，煬帝倍隆，四海輻湊，同歸帝室。至於梵導讚叙，各重家風，聞常一梵，颯然傾耳，皆推心喪膽[6]，如飢渴焉，僉曰："若此聲梵，有心聞之，何得不善也。"衆雖效學，風骨時參，至於用與牽挽，皆不及矣。

晚入東都，梟感作亂，齋梵總任[7]，咸共委常。及平殄後，復還關壤，時有僭帝曰："逆賊建福，言涉國家，並可收之。"因即募覓，常被固送，行次莎柵[8]，逃賊留曰："往必被戮[9]，可於此止。"常曰："債負久作，終須償了。"遂至東都[10]，果如言焉，年四十餘矣。

時京師興善有道英、神爽者，亦以聲梵馳名。

道英喉顙偉壯，詞氣雄遠，大衆一聚，其數萬餘，聲調稜稜，高超衆外。興善大殿鋪基十畝，欞扇高大[11]，非卒搖鼓，及英引衆繞旋，行次窗門，聲聒衝擊，皆爲動振[12]。

神爽唱梵，彌工長引，遊囀聯綿，周流内外，臨機賒促[13]，愜洽衆心。

貞觀年中，豫州治下照機寺曇寶禪師者[14]，斷穀練形，戒行無點。年六十許，常講觀音，導引士俗而聲調超挺，特異人倫[15]。寺有塔基，至於静夜，於上讚禮，聲響飛衝，周三十里，四遠所聞，無不驚仰。

【校注】

[1] 工：諸本同，磧本作"功"。案，"功"通"工"。

[2] 哢：諸本同，磧本作"弄"誤。案，"哢"，有韻律的響聲。

[3] 清：諸本同，五一本作"青"誤。

[4] 脣：諸本同，五一本作"辱"誤。

[5] 法：諸本同，五一本作"注"。

[6] 推：磧本作"摧"，趙本作"椎"，五一本、麗初本同麗再本。案，作"摧心"是，貞觀政要卷九征伐"貞觀二十一年"："令其老父孤兒、寡妻慈母，望轊車而掩泣，抱枯骨而摧心。""推心"，文獻中常見，爲赤誠相待意，但於此處文意不符。

[7] 齋：諸本同，五一本作"齊"。

[8] 莎：諸本同，麗初本作"𦯈"。

[9] 往：諸本同，磧本作"住"誤。

[10] 遂：諸本同，磧本作"送"誤。

[11] 扇：諸本同，五一本作"房"誤，隨函録作"眉"即"楣"。

[12] 振：諸本同，磧本作"震"。

[13] 賒：諸本作“奢”。案，“賒”，據說文解字卷六，本意爲延期付款，引伸爲長，故“賒促”即長短。
[14] 案，唐初豫州治所在汝陽縣，今河南省汝南縣。
[15] 人：諸本同，磧本作“仁”。

唐京師玄法寺釋法琰傳十

釋法琰，俗姓嚴，江表金陵人，本名法藏。住願力寺，聽莊嚴寺嚼公成實，入義知歸，時共讚賞。每聞經聲唄讚[1]，如舊所經，充滿胸臆，試密尋擬，意言通詣。即以所解，用諮先達，咸曰：“卿曾昔習[2]，故有今緣，不可怪也。”遂取瑞應，依聲盡卷，舉擲旁迸[3]，囀態驚馳，無不訝之，皆來返啓，乃於講隙，一時爲叙。陳國齋會[4]，有執卷者，若不陳聲，齋福不濟，故使人各所懷，相從畢聽，清音盈耳，頌聲洋溢，廣流世路[5]。晚被晋府召入日嚴，終于武德復居玄法。雖年迫期頤而聲喉不敗[6]，京室雖富，聲業甚貧，諸有尋味，莫有高於琰者。然而性在知足，不畜貲財，福利所歸，隨皆散盡。以貞觀十年卒于此寺，九十餘矣。

【校注】

[1] 讚：諸本同，五一本作“贊”，下同，不一一出校。
[2] 昔：磧本、麗初本作“共”誤，五一本、趙本同麗再本。
[3] 旁：諸本同，磧本作“牽”。
[4] 齋：諸本同，五一本作“齊”，下同，不出一一校。
[5] 路：諸本同，五一本作“略”誤。
[6] 雖：諸本同，磧本作“師雖”。

唐京師定水寺釋智凱傳十一

釋智凱，姓安，江表楊都人，家世大富，奴僕甚多。年在童丱，雅重謿謔，引諸群小，乃百數人，同戲街衢，以爲自得。陳氏臺省，門無衛禁，凱乃率其戲侶，在太極殿前號令而過。朝宰江總等顧其約束銓叙[1]，駐步訝之，相視笑曰：“此小兒王也。”

及至學年，總擲前緒，承沙門吉藏振宗禹穴，往者談之，光聞遠邇，便辭親詣焉[2]。從受三論，偏工領疊，所以初章中，假複詞遣滯，學人苦其煩拏而凱統之泠然釋頓[3]，各有投詣。

及藏入京，因倍同住[4]，義業通廢，專習子史，今古集傳，有關意抱[5]，輒條疏之，隨有福會，因而標擬。至於唱導將半[6]，更有緣來，即爲叙引，冥符衆望。隋末唐初，嘉猷漸著，每有殿會，無不仰推，廣誦多能，罕有其類。嘗於内殿[7]，佛道雙嚴，兩門導師同時各唱。道士張鼎雄辯難加，自恨聲小，爲凱陵架，欲待言了，方肆其術。語次帝德，鼎延其語。凱斜目之，知其度也，乃含笑廣引古今皇王治亂濟溺、得喪銓序[8]，言無浮重，文極鋪要。鼎構既窮，凱還收緒，一代宰伯，同賞標奇。臨機之妙，銛鋒若此，而情均貧富，赴供不差，存念寒微，多行針療。

後以蠅點所拘，申雪無路[9]，徙於原部[10]，乃冠服古賢，講開莊、老。時江夏王道宗，昔在京輦，第多福會，至於唱叙，無非凱通。後督靈州[11]，携隨任所，留連歲稔，欣慕朋從。及巡撫燕山，問罪泥海[12]，皆與連騎，情同比影[13]。在蕃齋祀[14]，須有導達[15]，乃隔幔令凱作之，至于終詞，無不泣淚，王亦改容。遂卒於彼。

【校注】

[1] 等：諸本同，五一本作"寺"誤。銓：諸本同，五一本作"鈴"誤。

[2] 親：諸本同，五一本作"雜"。

[3] 釋頓：諸本同，磧本作"頓釋"。

[4] 倍：諸本同，今據文意當爲"陪"。

[5] 闢：磧本、麗初本、趙本作"開"誤，五一本同麗再本。

[6] 導：諸本同，五一本作"道"。

[7] 内殿：諸本同，磧本作"殿内"誤，趙本同麗再本。

[8] 銓：諸本同，五一本作"鈴"誤。

[9] 申：諸本同，磧本作"伸"。"申雪"，古文獻中亦寫作"伸雪"。

[10] 原：即原州，治當今寧夏固原市原州區。

[11] 靈州：治當今寧夏吴忠市。

[12] 及巡撫燕山，問罪泥海：指李道宗在貞觀二十年，在鬱督軍山北大破薛延陀事。鬱督軍山，在漢代稱燕然山，即今蒙古國杭愛山東段。事見資治通鑒卷一九八。

[13] 影：諸本同，五一本作"景"。

[14] 齋：諸本同，五一本作"齊"。

[15] 須：諸本同，磧本作"頃"誤。

唐京師法海寺釋寶巖傳十二

釋寶巖，住京室法海寺[1]，氣調閑放，言笑聚人，情存道俗[2]，時共目之"説法師"也。與講經論，名同事異。論師所設，務存章句，消判生起，採結詞義[3]。巖之制用，隨狀立儀，所有控引，多取雜藏、百譬、異相、聯璧、觀公導文、王孺懺法、梁高、沈約、徐、庾[4]，晉宋等數十家[5]，包納喉衿，觸興抽拔。

每使京邑諸集，塔寺肇興，費用所資，莫匪泉貝。雖玉石通集[6]，藏府難開，及巖之登座也，按几顧望[7]，未及吐言，擲物雲崩，須臾坐没，方乃命人徙物[8]，談叙福門。先張善道可欣，中述幽途可厭，後以無常逼奪，終歸長逝。提耳抵掌，速悟時心[9]，莫不解髮撤衣，書名記數。剋濟成造，咸其功焉。

時有人云："夫説法者，當如法説。不聞陰界之空[10]，但言本生本事。"巖曰："生事所明爲存，陰入無主[11]，但濁世情鈍，説陰界者皆昏睡也，故隨物附相，用開神府，可不佳乎？"

以貞觀初年，卒于住寺，春秋七十餘矣。

論曰：

自古諸傳，多略後科，晉氏南遷，方關名實[12]。然則利物之廣，在務爲高[13]，忍界所尊[14]，惟聲通解。且自聲之爲傳，其流雜焉，即世常行，罕歸探索，今爲未悟，試揚搉而論之[15]。

爰始經師，爲德本實[16]，以聲糅文，將使聽者神開，因聲以從迴向。頃世皆捐其旨，鄭、衛彌流[17]，以哀婉爲入神，用騰擲爲清舉，致使淫音婉變，嬌哢頻繁[18]，世重同迷，鮮宗爲得。故聲唄相涉，雅正全乖，縱有刪治而爲時廢。物希貪附，利涉便行，未曉聞者悟迷[19]，且貴一時傾耳[20]。斯並歸宗女衆，僧頗兼之[21]，而越墜堅貞，殊虧雅素，得惟隨俗[22]，失在戲論。且復彫訛將絶[23]，宗匠者希，昔演三千，今無一契，將非沿世遷貿，固得行藏有儀乎！道達之任，當今務先，意在寫情，疏通玄理。本寔開物，事屬知機[24]，不必誦傳，由乖筌悟。故佛世高例，則身子爲其言初[25]；審非斯人，則雜藏陳其殃咎。統其朗拔[26]，終歸慧門。法師説法之功，律師知律之用，今且隨相分位，約務終篇。

俗有無施不可，又陳無備一人；道則不輕末學[27]，亦開降外須博[28]。是以前傳所叙，殷勤四能，即用以觀，誠如弘例[29]。何以明耶？若夫聲學既豐，則温詞雅贍，才辯横逸，則慧發鄰幾。必履此蹤，則軌躅成於明道[30]；如乖此位，則濫罔翳於玄津[31]。但爲世接五昏，人纏九惱，俗利日隆，而道弘頗躓，所以坐列朝宰，或面對文人，學構疏蕪，時陳鄙俚[32]。褒獎帝德，乃類阿衡[33]；讚美寒微，翻同旒冕[34]。如陳滿月，則曰"聖子歸門"，悉略璋弧，豈聞床几？[35]若叙閨室，則誦"窈窕縱容"[36]，能令子女奔逃，尊卑動色，僧倫爲其掩耳，士俗莫不寒心，非惟謂福徒施[37]，亦使信情萎萃。又有逞衒脣吻，摇鼓無慚，艷飾園庭，閏光犬馬[38]。斯並學非師授，詞假他傳，勇果前聞，無思箴艾[39]，遂即重輕同迹，真誤混流，顔厚既增，彌深癡滯[40]，寧謂導達[41]，豈並然耶？至如善權之對晤儲兩，千紙不弊其繁華；真觀之拔難程神，百句彌開其邪信。故得存亡定其尊考，佳嚴審其郊邑，詞調流便，奕奕難窮，引挽倫綜，愜當情事。能令倨傲折體，儒素解頤，使識信牢强[42]，頌聲載路。今且略明機舉，則得人開悟如此；有背斯言，則來誚掩化如彼。輒試論矣，臨機難哉。

唄匿之作，沿世相驅，轉革舊章[43]，多弘新勢。討覈原始[44]，共委漁山，或指東阿昔遺，乍陳竟陵冥授。[45]未詳古述，且叙由來。豈非聲乖久布之象，唯信口傳在人爲高，畢固難准，大約其體例甚衆焉[46]。至如梵之爲用，則集衆行香，取其静攝專仰也。考其名實，梵者净也，寔惟天音。色界諸天來覲佛者，皆陳讚頌[47]。經有其事，祖而習之，故存本因，詺聲爲梵[48]，然彼天音，未必同此。故東川諸梵，聲唱尤多。其中高者則新聲助哀，般遮掘勢之類也[49]。地分鄭、魏，聲亦參差，然其大途，不爽常習，江表、關中，巨細天隔。豈非吴越志揚，俗好浮綺，致使音頌所尚，惟以纖婉爲工；秦壤雍梁[50]，音詞雄遠[51]，至於詠歌所被[52]，皆用深高爲勝。然則處事難常，未可相奪。若都集道俗，或傾郭大齋[53]，行香長梵則秦聲爲得；五衆常禮，七貴恒興[54]，開發經講則吴音抑在其次。豈不以清夜良辰，昏漠相阻[55]，故以清聲雅調，駭發沉情。京輔常傳，則有大小兩梵；金陵昔拼[56]，亦傳長短兩引，事屬當機，不無其美。劍南、隴右，其風體秦，雖或盈虧，不足論評[57]。故知神州一境，聲類既各不同；印度之與諸蕃，詠頌居然自别。義非以此唐梵，用擬天聲，敢惟妄測，斷可知矣。

唄匿之作，頗涉前科，至於寄事，置布仍别，梵設發引爲功，唄匿終於散席。尋唄匿也，亦本天音，唐翻爲静，深得其理，謂衆將散，恐涉亂緣，故以唄約，令無逸也。然静、唄爲義[58]，豈局送終？善始者多，慎終誠寡，故隨因起誡而不無通議。

頌讚之設，其流寔繁，江淮之境，偏饒此翫。彫飾文綺，糅以聲華，隨卷稱揚，任契便構[59]。然其聲多豔逸，翳覆文詞，聽者但聞飛哢，竟迷是何筌目？關、河、晉、魏，兼而重之，但以言出非文，雅稱呈拙，且其聲約詞豐，易聽而開深信。惟彼南服，文聲若林。向若節之中和，理必諧諸幽遠，隨墮難泝[60]，返亦希焉。至如生嚴之詠佛緣[61]，五言結韻，則百藏宗爲師轄[62]；遠運之讚净土[63]，四字成章，則七部欽爲風素。斯並無聲以廁其本，故得列代傳之。

或者問曰："向叙諸讚，唄績由聲[64]。余聞非聲無以達心，非聲不颺玄理，故歌詠頌法[65]，以爲音樂。"斯言何哉？必有此陳，未聞前喻，義須鎔裁節約[66]，得使文質相勝。詞過其實，世諺所非[67]；聲覆法本，佛有弘約。何得掩清音而希激楚，忽雅衆而冒昏夫，斯誠恥也。京輦會坐，有聲聞法事者，多以俗人爲之。通問所從，無由委者，昌然行事，謂有常宗，並盛德之昔流，未可排斥。至於聖哲彝訓[68]，通別兩序以命章[69]；述經叙聖，人法諸頌以標首[70]。雖復序、頌文别，而開發義同。古聖垂範於教端，今賢祖承於事表，世遠莫測其面，斯推想得其蹤，信有依焉，固非誕妄。且大集叢鬧，昏雜波騰，卒欲正理，何由可静？未若高颺洪音[71]，歸依三寶，忽聞駭耳，莫不傾心。斯亦發萌草創，開信之奇略也。

世有法事，號曰"落花"，通引皂素，開大施門。打刹唱舉，抽撤泉貝，别請設坐，廣説施緣，或建立塔寺，或繕造僧務。隨物讚祝[72]，其紛若花，士女觀聽，擲錢如雨[73]。至如解髪百數，數别異詞[74]，陳願若星羅，結句皆合韻，聲無暫停，語無重述。斯實利口之銛奇，一期之赴捷也[75]。餘則界得僧得，其徒復弘，尋常達嚫，科要易悉，故不廣也。

若夫適化無方[76]，陶甄不一，知微詎幾，達信誰焉？然則堅信終乎我亡，知微極乎想滅，自斯階降，漸次不倫。達化以識變爲明，通法以濫委爲闇，故身子謬説，無昇悟入[77]，衆首妄悔，畢爲譏訶[78]，自餘下凡，諒難圖矣。且道開物悟，信乎説道之功[79]。既非會正，何能審覩，止可登機之務[80]，以意商量，接俗之能，存乎此舉。猶應執文信度，懲革者希[81]。擬人以倫，固當非咎[82]，悠哉遐想，通斯意焉。

終南大一山沙門京兆釋道宣[83]，敢告法屬曰：

竊以法流所被，非人不弘。頃世澆離[84]，多乖名實，後學奔競，未志尋籌[85]，致混篇章，凋殘者衆。自梁已後，僧史荒蕪，追討英猷，罕有徽緒[86]。豈非綴輯寡鮮，聞見遂沉，高行明德，湮埋難紀？輒不涯揆[87]，且掇在言，至於傳述，固虧嘉績，猶賢絶墜，無聞於世。所以江表陳統瓊、晃、琰、暠之儔[88]，河北高都融、琛、散、魏之侣，英聲冒於天漢[89]，盛行動於人心，並可楷模，俱從物故。

嘗以暇日，遍訪京賢，名尚不聞，何論景行？撫心之痛，自積由來；相成之規，意言道合。仰託周訪，務盡搜揚，勿謂繁多，致乖弘略。世之三史，卷餘四百，尚有師尋，豈喻釋門三五帙也。故當微有操行，可用師模，即須綴筆，更廣其類。豈不光聞僧海，舟徑聖蹤，則釋門道勝，顧思齊之有日；俗流上達，增景仰於生常邪[90]。輒舒傳末，冀期神之有據耳[91]。

【校注】

［1］案，“法海寺”，據長安志卷一〇，在唐長安城布政坊西門之南，在今西安市蓮湖區桃園南路附近。

［2］道：磧本、五一本作“導”，麗初本、趙本同麗再本。

［3］採：諸本脱，今從磧本補。

［4］庾：諸本同，五一本作“庫”誤。

［5］案，“雜藏”，指雜寶藏經。“百譬”，指包括百喻經在内的譬喻經。“異相”，即經律異相，蕭梁時寶唱所撰佛教類書，今存。“聯璧”，指法寶聯璧，亦爲寶唱編輯的佛教類書，今佚。“觀公”指本卷釋真觀。“王孺”，指王僧孺，參見本卷釋法韻傳注。“梁高”爲梁武帝，“徐、庾”指徐陵和庾信。

［6］玉：諸本同，五一本作“王”誤。

［7］按：諸本同，磧本作“案”。

［8］徙：五一本、趙本作“從”誤，磧本、麗初本同麗再本。

［9］速悟：麗初本、趙本、資本作“速晤”，磧本、五一本作“達晤”。

［10］空：諸本同，五一本作“望”。

［11］陰入無主：即“陰、界、入”無法直接把握。

［12］關：磧本、五一本、趙本作“開”誤，麗初本同麗再本。

［13］案，“物”即人，“務”即法事。

［14］忍界：即娑婆世界，與净土世界對立，爲众生罪孽深重，必须忍受种种烦恼苦难的世界。

［15］揚摧：磧本作“揚榷”，麗初本、趙本作“楊摧”，五一本作“揚攉”。干禄字書：“攉、搉，上俗下正。”“攉”爲“拳”之俗字，亦同“榷”。

［16］爲德本實：以實爲本。

［17］彌：磧本、麗初本作“珍”誤，五一本、趙本同麗再本。案，“鄭衛”，指鄭聲衛樂，與雅樂相對，論語陽貨：“惡鄭聲之亂雅樂也。”

［18］嬌哢頻繁：磧本作“嬌弄頗繁”誤，趙本作“□哢頻繁”，五一本、麗初本同麗再本。

［19］未：五一本作“末”誤，麗初本作“不”，磧本、趙本同麗再本。

［20］且：諸本同，五一本作“宜”。

［21］兼：諸本同，磧本作“嫌”誤。

［22］隨俗：諸本同，趙本作“英俊”誤。

［23］彫訛：衰退錯訛，主語爲“雅素”。

［24］機：麗再本、麗初本、趙本作“扌”旁，五一本作“幾”，今從磧本。

［25］案，“身子”，即舍利弗。佛教唱導之始，或起於對釋迦牟尼的頌讚。據大方便佛報恩經卷第五，舍利弗對此最爲嫺熟。

［26］朗：諸本同，趙本作“明”誤。

［27］末：麗再本、麗初本、趙本作“未”，今從磧本、五一本。案，“末學”即唱導。下文“外”即外道。

［28］開：麗再本作“關”，今據諸本改。

［29］誠：諸本同，五一本作“成”誤。

［30］道：諸本同，五一本作“導”。

［31］罔：諸本同，資本作“網”。

［32］俚：諸本同，五一本作“但”誤。
［33］乃：諸本同，磧本作“反”誤。
［34］旒：諸本同，五一本作“流”誤。
［35］悉：諸本作“迷”。案，此句頗難索解。“滿月”指嬰兒的滿月禮，下文“璋弧”“床几”，典出詩經小雅斯干：“乃生男子，載寢之床，載衣之裳，載弄之璋。”几：諸本同，五一本作“凡”誤。
［36］縱：麗再本、五一本作“從”，今從麗初本、磧本、趙本。
［37］施：諸本同，磧本衍作“難施”。
［38］閏：諸本同，磧本作“潤”。
［39］案，五一本之圖版或誤脱一頁，故此頁有録文無圖版，録文支作“艾”。
［40］滯：磧本、麗初本、趙本作“券”，五一本、隨函録作“桊”。
［41］導：諸本作“道”，今從磧本。
［42］使：麗再本、麗初本、五一本作“便”，今從趙本、磧本。案，“使”與前文“令”對應，應是。
［43］轉：諸本同，麗初本作“轜”。案，“轜”，龍龕手鑒音“轉”，疑爲“轉”之俗寫。
［44］討：諸本同，麗初本作“計”誤。
［45］或指東阿昔遺，乍陳竟陵冥授：太平御覽卷三八八人事部聲引劉宋劉敬叔異苑：“陳思王嘗登魚山，臨東阿，忽聞巖岫裏有誦經聲，清遒（道）深亮，遠谷流響，肅然有靈氣，不覺斂衿祇敬，便有終焉之志，即效而則之。今梵唱，皆植依擬所造。”高僧傳卷一三經師篇論稱：“始有魏陳思王曹植，深愛聲律，屬意經音。既通般遮之瑞響，又感魚山之神制，於是删治瑞應本起以爲學者之宗。傳聲則三千有餘，在契則四十有二。”高僧傳卷一三釋僧辯傳：“永明七年二月十九日，司徒竟陵文宣王，夢於佛前詠維摩一契，同聲發而覺，即起至佛堂中，還如夢中法，更詠古維摩一契，便覺韻聲流好，有工恒日。明旦，即集京師善聲沙門龍光普智、新安道興、多寶慧忍、天保超勝及僧辯等，集第作聲。”高僧傳卷一三釋慧忍傳：“齊文宣感夢之後集諸經師，乃共忍斟酌舊聲，詮品新異，制瑞應四十二契。”
［46］甚：諸本同，磧本作“其”誤。
［47］讃：諸本同，五一本作“贊”，下同，不一一出校。
［48］詺：諸本同，磧本作“詔”誤，趙本同麗再本。
［49］掘：諸本同，磧本作“屈”。
［50］梁：磧本作“冀”誤，五一本、麗初本作“果”誤，趙本同麗再本。
［51］音：諸本同，五一本作“香”誤。
［52］歌：諸本同，五一本作“哥”。
［53］郭：諸本同，磧本作“國”誤。齋：諸本同，五一本作“齊”。
［54］恒：磧本、五一本作“胥”誤，麗初本、趙本同麗再本。
［55］漠：五一本池麗梅定爲“漢”，然審讀圖版應爲“漠”，諸本作“漠”。
［56］昔：五一本、大正藏校引聖本作“音”，磧本、麗初本、趙本同麗再本。拚：諸本同，磧本作“弄”。
［57］論：五一本衍作“論々”。
［58］静：諸本同，五一本脱。
［59］任：諸本同，磧本作“住”誤。

[60] 墮：諸本同，五一本脱。

[61] 案，據高僧傳卷七，竺道生著應有緣論，今佚。

[62] 藏：諸本同，磧本作"歲"誤。

[63] 遠運之讚凈土：高僧傳卷一五唱導論："廬山釋慧遠道業貞華，風才秀發，每至齋集，輒自升高座，躬爲導首。先明三世因果，卻辯一齋大意，後代傳受，遂成永則。"

[64] 唄：諸本作"敗"。

[65] 歌：諸本同，五一本作"哥"。

[66] 義須：諸本同，五一本作"須義"。

[67] 諺：麗再本、麗初本、趙本作"該"誤，今從磧本、五一本。

[68] 彝：磧本、麗初本、趙本作"尋"誤，五一本同麗再本。

[69] 通別兩序：佛經前多有兩序。證信序，也叫通序，佛經之首"如是我聞"等句即是，又叫經後序。佛説法時當然没有，爲結集時所添加。第二，發起序，也叫别序，講諸經發起的因緣，又叫經前序。如來説法，先自發起因緣而方説正宗，因名發起序。

[70] 人法：諸本同，磧本衍作"人之法"，趙本同麗再本。

[71] 洪：諸本同，五一本作"供"誤。

[72] 祝：諸本同，麗初本作"祀"誤。

[73] 錢：諸本同，五一本作"餞"誤。

[74] 數：諸本同，磧本脱。

[75] 赴：麗再本、麗初本作"走"誤，今從五一本、趙本、磧本。

[76] 適：諸本同，五一本作"通"。

[77] 故身子謬説，無昇悟入：身子即舍利弗。維摩詰經卷一佛國品："爾時，舍利弗承佛威神作是念：若菩薩心凈，則佛土凈者，我世尊本爲菩薩時，意豈不凈，而是佛土不凈若此？佛知其念，即告之言：'於意云何？日月豈不凈耶！而盲者不見。'對曰：'不也，世尊，是盲者過，非日月咎。''舍利弗，衆生罪故，不見如來國土嚴凈，非如來咎；舍利弗，我此土凈，而汝不見。'"

[78] 衆首妄悔，畢爲譏訶：根本説一切有部苾芻尼毗奈耶卷五八事成犯學處："佛在室羅伐城時，此城中有一賣香男子，容儀端正，娶妻未久。苾芻尼吐羅難陀，因行遇見，便生染愛，問言：'男子，汝娶妻幾時，彼何形狀，夫婦兩人共相愛不？'答言：'聖者，道俗路殊，何勞問此？'尼曰：'汝與我娶，豈不樂哉？'頻言調弄，令生染著，遂共期款：可向尼寺某門，某房是我住處，共我相見。答曰：'勿令外人覺知私事。'尼曰：'汝豈摇鈴，來入寺耶？'尼便歸寺。男子至暮，遂赴彼期，到尼房所。尼既見已，唤入室中，藏於床下。尼諸弟子來至房外，而爲請白。教授既訖，還入房中。見尼入來，從床下起，尼妄謂賊，遂便驚怖，答曰：'我非是賊，是共期人。'染心内發，遂抱其尼，卧於床上。尼作是念：我爲衆首，率伏諸人，並由戒德。我破尸羅，更何所用？諸人知已，並皆棄擲。報言：'少年，且見相放。'隨言即放，尼蹋其胸，倒地歐血。尼出大叫唱言：'仁等應知，我已降魔，摧伏怨敵。'諸尼聞已，起來共問：'大姊證得阿羅漢果耶？'答曰：'不得。'又問：'汝證不還、一來、預流果耶？'答言：'不得。'又問：'廣設供養，請世尊耶？'答言：'不請。'尼曰：'若爾，汝作何事？'即示彼男子，'此人入我房中，我以脚蹋，令其歐血'。諸尼見已，即答言：'汝若不自引入，此人豈能至此寺内？'諸苾芻尼衆皆譏嫌曰：'汝作惡業事，我不隨喜。'尼

白苾芻,苾芻白佛。佛以此緣,集諸尼衆,觀知利益。問言:'苾芻尼,汝實作此非法事不?'白言:'是實。'佛即訶責:'汝作不净行,非隨順事,非沙門女行,非出家人所應作事。'"訶:諸本同,五一本作"詞"誤。

[79] 道:磧本、五一本作"導"是,麗初本、趙本同麗再本。

[80] 止:五一本、大正藏校引聖本作"正",磧本、麗初本、趙本同麗再本。

[81] 懲:諸本同,五一本作"徵"。希:諸本同,五一本脱。

[82] 咎:諸本同,趙本作"各"誤。案,五一本、麗初本"咎"之"卜"旁亦不明顯。

[83] 大:諸本作"太"。案,"大"同"太"。

[84] 離:諸本同,磧本作"漓",二詞義同。

[85] 志:五一本、大正藏校引聖本作"悉",磧本、麗初本、趙本同麗再本。

[86] 徽:諸本同,磧本作"微"誤。

[87] 不:麗再本作"丈"誤,今從諸本。涯:磧本、五一本、麗初本作"崖",趙本同麗再本。

[88] 儔:諸本作"疇",今從磧本。

[89] 冒:諸本同,磧本作"昌"。

[90] 增:諸本同,五一本作"僧"誤。

[91] 冀期神之有據耳:諸本同,磧作"冀期神人,知有據耳"文意更足。又,五一本卷尾有題記同第二十八卷,此略。

參 考 文 獻

一、續高僧傳版本

1. 高麗藏再雕本續高僧傳,宗教文化出版社 2004 年金版高麗大藏經影印本。
2. 磧砂藏本續高僧傳,上海影印宋版藏經會,商務印書館 1935 年影印本。
3. 趙城金藏本續高僧傳,中華書局 1997 年中華大藏經本。
4. 高麗藏初雕本續高僧傳,中國社會科學院歷史研究所編,西南師範大學出版社、人民出版社 2012 年高麗大藏經初刻本輯刊影印本。
5. 資福藏本續高僧傳,中國國家圖書館藏本。
6. 五一本續高僧傳卷二八、卷二九、卷三〇,日本古寫經善本叢刊第九輯,日本古寫經研究所文科省戰略プロジェクト實行委員會編集,三美印刷株式會社 2015 年。
7. 興聖寺本續高僧傳卷四、卷六,日本古寫經善本叢刊第八輯,日本古寫經研究所文科省戰略プロジェクト實行委員會編集,三美印刷株式會社 2014 年;興聖寺本續高僧傳卷一至卷二六,日本京都興聖寺藏日本平安後期寫本複印本。
8. 洪武南藏本續高僧傳,四川省佛教協會編,四川省菩提印經院 1999 年影印本。
9. 永樂北藏本續高僧傳,綫裝書局 2008 年影印本。
10. 乾隆大藏經本續高僧傳,中國書店 2007 年影印本。
11. 大正藏本續高僧傳,日本大正新修大藏經刊行會 1960 年本,臺灣新文豐出版公司 1997 年重印本。
12. 郭紹林點校本續高僧傳,中華書局 2014 年。

二、工具書

1. 漢語大字典,漢語大字典編輯委員會,四川辭書出版社 2010 年第二版。

2. 故訓匯纂，宗福邦、陳世饒、蕭海波主編，商務印書館 2003 年。
3. 中國歷史地名大辭典，史爲樂主編，中國社會科學出版社 2005 年。
4. 中華佛教百科全書，藍吉富主編，臺北中華佛教百科文獻基金會 1994 年。
5. 道教大辭典，中國道教協會、蘇州道教協會，華夏出版社 1994 年。
6. 敦煌佛教經録輯校，方廣錩輯校，江蘇古籍出版社 1997 年。
7. 敦煌遺書總目索引新編，敦煌研究院編，中華書局 2000 年。
8. 英藏法藏敦煌遺書研究按號索引，申國美、李德範編，國家圖書館出版社 2009 年。
9. 俄藏敦煌漢文寫卷叙録，俄孟列夫主編，袁席箴等譯，上海古籍出版社 1999 年。

三、語言類文獻

1. 一切經音義三種校本合刊，王華權、劉景雲編撰，徐時儀校注，上海古籍出版社 2012 年版。
2. 新集藏經音義隨函録三十卷，後晉可洪撰，宗教文化出版社 2004 年金版高麗大藏經影印本。
3. 説文解字注，東漢許慎撰，清段玉裁注，清嘉慶二十年（1815）經韻樓刻本，鳳凰出版社 2007 年許惟賢整理本。
4. 方言，西漢揚雄撰，1937 年上海商務印書館涵芬樓影印明新安吴氏校刊本。
5. 廣雅疏證，曹魏張揖撰，清王念孫注，2004 年中華書局影印本。
6. 毛詩草木鳥獸蟲魚疏，吴陸璣撰，明津逮秘書本。
7. 宋本玉篇，南朝梁顧野王撰，中國書店 1983 年。
8. 廣韻校本，宋陳彭年編，周祖謨校訂，中華書局 1960 年。
9. 顔真卿書干禄字書，施安昌編，紫禁城出版社 1990 年。
10. 古今韻會舉要，元黄公紹，明嘉靖十五年（1536）刻本。
11. 文選，南朝梁蕭統編，唐李善注，中華書局 1977 年。
12. 六臣注文選，南朝梁蕭統編，唐吕延濟等注，人民文學出版社 2008 年影印宋明州本。
13. 肘後備急方，東晋葛洪撰，道藏本。
14. 千金翼方，唐孫思邈，人民衛生出版社影印 1955 年。
15. 諸病源候論校釋，隋巢元方著，南京中醫學院校釋，人民衛生出版社 1980 年。
16. 黄帝素問靈樞經，明萬曆王肯堂輯吴勉學刊本，又四部叢刊初編本。

17. 御纂醫宗金鑒,清王際華、于敏中等編,摛藻堂四庫全書薈要鈔本。
18. 敦煌變文字義通釋,蔣禮鴻著,上海古籍出版社1988年。
19. 佛典與中古漢語辭彙研究,朱慶之著,臺北文津出版社1992年。
20. 道宣文獻語彙研究,王紹峰著,四川大學2004年博士後出站報告。
21. 續高僧傳辭彙研究,李明龍著,南京師範大學2011年博士論文。

四、地理類文獻

1. 水經注,北魏酈道元注,清戴震校,武英殿聚珍版。
2. 水經注疏,北魏酈道元注,楊守敬、熊會貞疏,謝承仁、侯英賢整理,湖北人民出版社、湖北教育出版社1997年。
3. 元和郡縣圖志,唐李吉甫編,賀次君點校,中華書局1983年。
4. 太平寰宇記,宋樂史撰,王文楚等點校,中華書局2007年。
5. 輿地紀勝,宋王象之撰,中華書局2012年。
6. 大明一統志,明李賢、萬安等纂修,明天順五年刊本。
7. 嘉慶重修一統志,清穆彰阿等修,上海書店1985年重印四部叢刊續編本。
8. 讀史方輿紀要,清顧祖禹著,賀次君、施和金點校,中華書局2005年。
9. 三輔黄圖校釋,何清谷校注,中華書局2005年。
10. 西京雜記,漢劉歆撰,晉葛洪録,上海書店1985年重印四部叢刊影印嘉靖本。
11. 兩京新記,唐韋述撰,日本刻佚存叢書本。
12. 酉陽雜俎續集寺塔記,唐段成式撰,上海書店1985年重印四部叢刊影印明脉望館本。
13. 吴地記,唐陸廣微撰,清嘉慶張海鵬刊學津討原本。
14. 長安志附長安志圖,北宋宋敏求、元李好文撰,張敏同校正,清畢沅校,光緒十七年思賢講舍覆靈巖山館本,又三秦出版社辛德勇、郎潔2013年點校本。
15. 遊城南記,北宋張禮撰注,寶顔堂秘笈本,關中叢書本,三秦出版社2006年史念海、曹爾琴校注本。
16. 唐兩京城坊考,清徐松撰,清張穆補,清道光二十八年楊氏刻連筠簃叢書本。
17. 隋書地理志考證,清楊守敬著,清光緒二十七年刻第三次校改本。
18. 康熙陝西通志,清賈漢復修,王功成等續纂,韓奕續修,首都圖書館藏稀見方志叢刊影印清康熙五十年刻本,國家圖書館出版社2011年。

19. 乾隆襄陽府志，清陳鍔纂修，湖北人民出版社 2009 年。
20. 光緒山西通志，清曾國荃、張煦等修，清王軒、楊篤等纂，光緒十八年刻本。
21. 康熙臨海縣志，清洪若皋等修，康熙二十二年刊本。
22. 光緒藍田縣志，清袁庭俊等修，清光緒元年刊本。
23. 康熙鄠縣志，清康如璉等修，陝西省圖書館藏稀見方志叢刊影印康熙刻本，國家圖書館出版社 2006 年。
24. 嘉靖太原縣志，明高汝行纂修，明嘉靖三十年刻本。
25. 民國三臺縣志，林志茂等修，1931 年鉛印本。
26. 文登縣志，清李祖年修，于霖逢纂，清光緒廿三年修，1933 年鉛印本。
27. 山西歷史政區地理，張紀仲，山西古籍出版社 2005 年。

五、其他古籍

1. 重刊宋本周易注疏附校勘記，魏王弼注，唐孔穎達疏，清阮元校刻，臺中藍燈文化事業公司影印嘉慶二十年江西南昌府學刻本。
2. 毛詩正義，漢毛亨傳，東漢鄭玄箋，唐孔穎達疏，李學勤編，北京大學出版社 1999 年。
3. 尚書正義，僞孔安國傳，唐孔穎達疏，國家圖書館藏宋兩浙東路茶鹽司刻本，又李學勤主編北京大學出版社 1999 年點校本。
4. 禮記正義，東漢鄭玄注，唐孔穎達疏，臺灣藝文印書館 1982 年影印嘉慶二十年江西南昌府學刻本，又李學勤主編北京大學出版社 1999 年。
5. 周禮注疏，東漢鄭玄注，唐賈公彦疏，臺灣藝文印書館 1982 年影印嘉慶二十年江西南昌府學刻本，又李學勤主編北京大學出版社 1999 年。
6. 儀禮注疏，東漢鄭玄注，唐賈公彦疏，臺灣藝文印書館 1982 年影印嘉慶二十年江西南昌府學刻本，又李學勤主編北京大學出版社 1999 年。
7. 春秋左傳正義，傳左丘明傳，晋杜預注，唐孔穎達正義，臺灣藝文印書館 1982 年影印嘉慶二十年江西南昌府學刻本，又李學勤主編北京大學出版社 1999 年。
8. 論語注疏，魏何晏注，宋邢昺疏，清阮元校刻，臺灣藝文印書館 1982 年影印嘉慶二十年江西南昌府學刻本。
9. 孟子注疏，東漢趙岐注，僞孫奭疏，清阮元校刻，臺灣藝文印書館 1982 年影印嘉慶二十年江西南昌府學刻本，又朱熹四書集注本。
10. 爾雅注疏，東晋郭璞注，宋邢昺疏，清阮元校刻，臺灣藝文印書館 1982 年影印嘉慶二十年江西南昌府學刻本。

11. 逸周書,西晉孔晁注,清乾隆盧文弨校刊抱經堂叢書本。
12. 國語,吴韋昭解,清黄丕烈士禮居叢書覆天聖明道本。
13. 戰國策,西漢劉向集録,上海古籍出版社 1985 年。
14. 山海經箋疏,清郝懿行注,清嘉慶十四年阮氏琅環仙館刻本。
15. 纂圖附釋文重言附注老子道德經,河上公章句,南宋建陽刻巾箱本。
16. 莊子集釋,清郭慶藩注,清光緒二十年思賢講舍刻本,又中華書局 1961 年點校本。
17. 韓非子,戰國韓非等著,民國古籍流通處輯,1922 年古書流通處影印本。
18. 荀子,戰國荀况等著,唐楊倞注,清光緒黎庶昌主編,古逸叢書影印宋台州本。
19. 商君書,傳戰國商鞅著,清光緒初年浙江書局匯刻二十二子本。
20. 吕氏春秋,秦吕不韋編,清乾隆畢沅校刊經訓堂叢書本,又上海古籍出版社 2002 年陳奇猷校釋本。
21. 新書,漢賈誼著,清盧文弨輯,抱經堂叢書本。
22. 淮南子集釋,漢劉安著,何寧注,中華書局 1998 年。
23. 法言義疏,漢揚雄著,汪榮寶注,陳仲夫點校,中華書局 1987 年。
24. 論衡校釋,東漢王充著,黄暉校注,中華書局 1990 年。
25. 潛夫論箋校正,東漢王符著,清汪繼培箋,彭鐸校正,中華書局 1985 年。
26. 抱朴子内篇,東晉葛洪著,上海書店 1985 年重印四部叢刊影印明嘉靖魯藩本。
27. 抱朴子外篇校箋,東晉葛洪著,楊明照校注,中華書局 1997 年。
28. 列子,唐盧重元注,清汪孝嬰撰,清嘉慶八年秦恩復石研齋刻本。
29. 周易參同契,東漢魏伯陽著,道藏本。
30. 重修緯書集成,日安居香山、中村璋八輯,河北人民出版社 1994 年。
31. 真靈位業圖,南朝梁陶弘景著,明萬曆胡震亨等校刊秘册匯函本。
32. 世説新語,南朝宋劉義慶編,南朝梁劉昭注,四部叢刊影印明嘉靖本。
33. 顔氏家訓,隋顔之推著,清乾隆盧文弨校刊本,又清朱軾校清光緒二十三年刊本。
34. 齊民要術校釋,東魏賈思勰著,繆啓愉校釋,中國農業出版社 1998 年,又四部叢刊初編本。
35. 洛陽伽藍記,東魏楊衒之著,1985 年商務印書館重印四部叢刊影印明如隱堂本,又古今逸史本。
36. 劉子,傳北齊劉晝著,唐袁孝政注,清光緒王灝輯刊畿輔叢書本。
37. 文心雕龍,南朝梁劉勰著,明張遂辰閱,明嘉靖刊本。

38. 玉臺新詠，南朝陳陳陵編，人民文學出版社2010年影印明小宛堂覆宋本。
39. 漢魏六朝百三家集，明張溥輯，清光緒五年信述堂重刻本。
40. 搜神記，晉干寶撰，明毛晉輯，津逮秘書本。
41. 搜神後記，傳晉陶潛撰，明毛晉輯，津逮秘書本。
42. 古小説鉤沉，魯迅輯，2008年浙江古籍出版社影印魯迅手稿本。
43. 史記，西漢司馬遷著，臺灣二十五史編刊館，1956年影印宋景祐本史記集解本。
44. 漢書，東漢班固著，上海涵芬樓據宋景祐刊本影印本。
45. 後漢書，南朝宋范曄、晉司馬彪著，上海涵芬樓據宋紹興本影印本。
46. 三國志，西晉陳壽著，商務印書館影印南宋紹熙刊本，中華書局1959年點校本。
47. 晉書，唐房玄齡等撰，明汲古閣刻本，光緒癸卯五洲同文局本。
48. 宋書，南朝梁沈約撰，明汲古閣刻本，光緒癸卯五洲同文局本。
49. 南齊書，南朝梁蕭子顯撰，明汲古閣刻本，光緒癸卯五洲同文局本。
50. 梁書，唐姚思廉撰，明汲古閣刻本，光緒癸卯五洲同文局本。
51. 陳書，唐姚思廉撰，明汲古閣刻本，光緒癸卯五洲同文局本。
52. 魏書，東魏魏收撰，明汲古閣刻本，光緒癸卯五洲同文局本。
53. 周書，唐令狐德棻撰，明汲古閣刻本，光緒癸卯五洲同文局本。
54. 北齊書，唐李百藥撰，明汲古閣刻本，光緒癸卯五洲同文局本。
55. 隋書，唐魏徵等撰，明汲古閣刻本，光緒癸卯五洲同文局本。
56. 南史，唐李延壽撰，明汲古閣刻本，光緒癸卯五洲同文局本。
57. 北史，唐李延壽撰，明汲古閣刻本，光緒癸卯五洲同文局本。
58. 舊唐書，五代劉昫等撰，明汲古閣刻本，光緒癸卯五洲同文局本。
59. 新唐書，宋歐陽修、宋祁撰，明汲古閣刻本，光緒癸卯五洲同文局本。
60. 三國史記，高麗金富軾撰，韓國奎章閣藏本。
61. 貞觀政要，唐吴兢撰，元戈直集論，明成化元年刊本。
62. 史通，唐劉知幾撰，上海書店1985年重印四部叢刊本影印明張鼎思刊本。
63. 唐六典，唐李林甫修，陳仲夫點校，中華書局2008年。
64. 唐會要，北宋王溥編，光緒十年江蘇書局刊本。
65. 資治通鑒，北宋司馬光修，中華書局1956年點校本。
66. 楚辭補注，南宋洪興祖注，清道光李錫齡輯刊惜陰軒叢書本，又中華書局1983年點校本。

67. 北堂書鈔，隋虞世南編，清華大學出版社2003年據南海孔氏刊本影印本。
68. 藝文類聚，唐歐陽詢撰，上海古籍出版社2013年影印宋本，1965年汪紹楹校本。
69. 初學記，唐徐堅等編，清華大學出版社2003年據南海孔氏刊本影印本，中華書局1962年點校本。
70. 太平御覽，北宋李昉等修，中華書局1994年。
71. 太平廣記，北宋李昉等編，明嘉靖談愷刻本。
72. 册府元龜，北宋王欽若等修，1960年中華書局影印明刻本。
73. 樂府詩集，北宋郭茂倩編，人民文學出版社2010年影印宋本，又中華書局1979年點校本。
74. 事林廣記續集，1963年中華書局影印元至順建安椿莊書院刻本。
75. 全上古三代秦漢六朝文，清嚴可均輯，中華書局1999年。
76. 先秦漢魏南北朝詩，逯欽立輯，中華書局1983年。
77. 唐詩紀事，宋計有功編，上海書店1985年重印四部叢刊影印明嘉靖刊本。
78. 全唐詩，清曹寅等編，康熙四十六年揚州詩局本。
79. 全唐文，清董誥等編，1983年中華書局影印嘉慶十九年内府刊本。
80. 蔡中郎文集，東漢蔡邕著，光緒七年吴興陸氏十萬卷樓重刊本。
81. 元氏長慶集，唐元稹著，1985年上海書店重印四部叢刊影印明嘉靖本。
82. 松陵集，唐陸龜蒙輯，湖北先正遺書本。
83. 笠澤叢書，陸龜蒙纂，1922年古書流通處影印本。
84. 張文昌文集，唐張籍著，商務印書館續古逸叢書本。
85. 歷代名畫記，唐張彦遠著，明崇禎毛晉校刊津逮秘書本。
86. 元豐類稿，北宋曾鞏著，清光緒庚寅慈利漁浦書院刻本。
87. 夢溪筆談，北宋沈括著，綫裝書局2013年影印元大德本。
88. 東坡志林，北宋蘇軾著，清嘉慶張海鵬刊學津討原本。
89. 能改齋漫録，宋吴曾著，1921年上海博古齋影印嘉慶張海鵬校刊墨海金壺本。
90. 雲笈七籤，北宋張君房纂輯，道藏本，又華夏出版社1996年蔣力生等校注本。
91. 朱子語類，清張伯行輯，清同治福州正誼書局左氏增刊本。
92. 墉城集仙録，前蜀杜光庭撰，道藏本。
93. 大唐西域記校注，唐玄奘、辯機著，季羡林等校注，中華書局1985年，又大唐西域記四部叢刊初編本。

94. 法苑珠林校注，唐 釋道世著，周叔迦、蘇晉仁校注，中華書局 2003 年。
95. 大唐西域求法高僧傳校注，唐 義净著，王邦維校注，中華書局 1988 年。
96. 表異録，明 王志堅撰，清 李錫齡輯，光緒二十二年重刊惜陰軒叢書本。
97. 寶刻叢編，南宋 陳思輯，清 光緒十四年陸心源刻十萬卷樓叢書本。
98. 山右石刻叢編，清 胡聘之修，清 光緒二十七年刻本。
99. 常山貞石志，清 沈濤修，清 道光二十二年刻本。
100. 嵩陽石刻集記，清 葉封撰，文津閣 四庫全書本。
101. 北京圖書館藏中國歷代石刻拓本彙編，北京圖書館金石組編，中州古籍出版社 1989 年。
102. 石刻史料新編，臺灣 新文豐出版公司 1982 年第 2 版。
103. 漢魏南北朝墓誌彙編，趙超編，天津古籍出版社 1992 年。
104. 全隋文補遺、全北魏東魏西魏文補遺、全北齊北周文補遺、全三國晋南朝文補遺，韓理洲補輯，三秦出版社 2004、2010、2012、2013 年。
105. 磧砂藏，上海 影印宋版藏經會，商務印書館 1935 年影印本。
106. 永樂北藏，綫裝書局 2008 年影印本。
107. 大正藏，日本 大正新修大藏經刊行會 1960 年本，臺灣 新文豐出版公司 1997 年重印本。
108. 卍正藏經，日 藏經書院輯，日本 明治三十五年至三十八年京都 藏經書院本。
109. 卍續藏經，日 前田慧雲、中野達慧等編，日本 明治三十八年至大正元年間京都 藏經書院刊行本。

六、其他現當代論著

1. 古籍整理釋例，許逸民，中華書局 2014 年增訂本。
2. 道宣傳的研究，日 藤善真澄，京都大學學術出版會 2002 年。
3. 慧皎高僧傳研究，紀贇，上海古籍出版社 2009 年。
4. 釋贊寧宋高僧傳研究——兼與高僧傳、續高僧傳之比較，金建鋒，上海師範大學 2009 年博士論文。
5. 隋唐佛教文化，日 礪波護著，韓昇、劉建英編譯，上海古籍出版社 2004 年。
6. 中華名物考，日 青木正兒著，范建明譯，中華書局 2005 年。
7. 法苑談叢，周叔迦撰，上海辭書出版社 1999 年。
8. 中國唯識宗通史，楊維中著，鳳凰出版社 2008 年。

七、其他論文

1. 關於〈續高僧傳〉之增補，伊吹敦，諦觀 1992 年總第 69 期。

2. 〈續高僧傳〉的文本演變——七至十三世紀，池麗梅，漢語佛學評論第四輯，上海古籍出版社 2014 年。
3. 〈大慈恩寺三藏法師傳〉淺論及玄奘年歲、西行年之我見，宋挺生，青海民族學院學報（社會科學版）1982 年第 4 期。
4. 〈河洛上都龍門山之陽大盧舍那像龕記〉注釋，温玉成，中原文物 1984 年第 3 期。
5. 隋唐長安城實際寺遺址出土文物，李健超，考古 1988 年第 4 期。
6. 隋代鳳泉寺與法門寺考，韓金科、王蒼西，文博 1993 年第 4 期。
7. 隋攝静寺遺址考，王及，東南文化 1994 年第 2 期。
8. 智者大師疑問二則，任林豪，佛學研究 1997 年總第 6 期。
9. 學術通信兩則，高世濤、黄心川，佛學研究 2002 年第 1 期。
10. 津梁寺在藍田縣，武德四年蕭瑀造，李芳民，西北大學學報（哲學社會科學版）2004 年第 5 期。
11. 藍田玉泉寺乃武德初宇文世壽奏立，李芳民，西北大學學報（哲學社會科學版）2004 年第 5 期。
12. 洞天福地——上黨抱犢山，王建堂，中國道教 2007 年第 2 期。
13. 唐長安光明寺考，黄小芸、陳誦雎，碑林集刊第 13 輯，陝西人民美術出版社 2008 年。

附録：磧本續高僧傳音義索引

A

阿𡃨下力罕反。

哀慘下七感反。**哀唳**下零帝反，鶴声也。**哀訴**下音素，告一也。**磑**五對反。**藹**爲改反。**藹**烏盖反，清也。**藹**於盖反，清也。**靉靆**愛代二音，雲狀也。**艾**吾盖反，蒿一也。**隘溢**上於賣反，一，塞也。下夷一反，盈一也。

安堵下音覩，一一，不遷移也。**安卹**下思律反，賑濟也。**安怡**下余之反，悦也。**桉轡**下音秘，馬一。

昂吾剛反。**鞕**音印。

凹陷上烏甲反，下咸字，去聲。一一，地形下也。**翱翔**上吾高反，下音祥。一一，飛也。

傲誕上吾告反，下音但。**奥粹**下私遂反，深奥也，純粹也。**隩隅**上音奥，下音愚。一一，西南角也。

B

八埏下音延，地之八埏，即四方四維是也。**巴峽**上必麻反，下侯夾反。山名，在蜀。**巴峽**上伯麻反，下侯夾反。一一，二州名，在<u>西蜀</u>也。

白虹下音紅。**白雉**下直利反，野鷄也。**百卉**下許鬼反，百草總名。**百碟**下正作顆。**擺撥**上比買反，下必末反。

唄匿上音敗，梵讚也。下尼力反，亡也。**唄讚**上音則，梵讚也。**扳德**上音攀。**扳雲**上音攀。**頒告**上音班，布也。**班駁**下必角反。**班荆**下音京，上正作頒。一，布也。謂布列荆木而偃息。**版蕩**上音板，一一，喪亂也。**阪泉**上音反。**扮梗**上扶分反，下加猛反。

邦畿下淚衣反，天子所居内地也。**蚌**蒲項反，蛤一也。**謗讟**下音讀。一亦謗也，或用黷，誤也。

褒博毛反。**褒獎**上博毛反，下子兩反。**褒**補毛反。**褒貶**上博毛反，一飾也。下悲撿反,一點也。**褒美**上博毛反,一,揚也。**褒賞**上博毛反,美也。**褒飾**上博毛反。**褒義**上博毛反。

搏音博,捉也,持也。**薄示**上正作博。**薄引**上正作博。**薄**薄字。

堡音保。**堡壘**上音保,下吕水反,以土高障曰,——。**抱甕**下於貢反。——,汲井也。**爆裂**上必皃反,火烈也。**爆聲**一,必皃反,火烈聲也。

陂池上音碑。**碑碣**下渠列反。——,特立紀功也。**北岱**下音代,山名。**北麓**下音鹿。**北邙**下音亡。**貝亮**下力向反,信也。**備閱**下音悦,親也。**被搶**七羊反。**被褥**下音辱。

賁彼義反。**賁然**上音奔,勇也。**本幹**下古旦反,根本枝幹也。**本系**下胡計反,一,緒也。

崩潰下玄對反,散也。**崩頹**下徒回反,一,墜。**迸**必孟反。**逼**彼力反。**逼斥**上彼力反,下音尺。**迸**必孟反,散也。

鄙碑美反。**鄙俚**下音里。**鄙吝**上碑美反,下良刃反。**鄙吝**下良刃反,與吝同。**比居**上音毗。竝也,近也。**斃**吡祭反,死也。**髀**蒲米反,腿一也。**蔽**必祭反,掩一也。**粸**零帝反。**愊然**上普力反。**詖**彼義反,諂惡也。**脞**蒲米反,腿一也。

弊惡上弊,毗祭反。**躃地**上毗益反,倒也。**躃疾**上正作躄,必亦反,脚屈病也。**蓽户**上音必,織荊爲門也。**蓽門**上音必,荆一也。**濞**疋秘反。**庇**必二反,廕也。**棥**力閉反,地名也。

砭疾上彼驗反。**邊裔**下洋逝反,亦作褻,邊方也。**邊裔**下羊世反,未也,亦作褻。**邊隅**下音愚,一,角也。**窆**彼驗反。**窆**彼險反,下棺也。**窆於**上彼驗反,下棺也。**窆葬**上彼驗反,下棺也。**貶**悲檢反。**褊能**上必緬反,窄也。**褊狹**上卑免反,下侯夾反。——,窄塞也。**褊狹**上必緬反,下侯夾反,窄屑也。**褊志**上必免反,一,狹。**汴州**上皮變反。**便徑**下古定反,小路也。

彪必保反,虎文也。**彪之**上彼休反。**標榜**上必苗反,下音牓。**飆**必苗反,正作颷。**颷舉**上必苗反,風也。

斌布巾反。**斌**彼巾反。**彬鬱**上彼巾反,——,反彩盛貌也。**賓僚**下郎彫反,官也。**繽紛**上疋賓反,下芳文反。——,飛落貌。**豳土**一本作幽,布巾反。幽、豳,並州名,在<u>北狄</u>。**擯黜**上必刃反,下醜律反。——,驅逐也。**擯徙**上必刃反,棄也。下思紫反,移也。**儐從**上必刃反,下去聲。**殯**必刃反,正作殯。**冰泮**下音判,散也。**炳**音丙,明也。**鉼**餅字。**眪**音丙。**摒擋**併當二音。**竝光**上正作並。

波崘下郎昆反。薩陀——,此云<u>常啼菩薩</u>號也。**播**必箇反。一,揚也。**剥**必角反。**勃興**上蒲没反,强猛也。**渤海**上蒲没反。**駮**必角反。**亳州**上音薄。**舶**音白,大船也。

餺飥博託二音。**博弈**下音亦,圍棋曰——也。**博綜**下子宋反。**擘**補麥反,分一也。

卜筮下音逝。易曰：筮龜曰卜。**不揆**下求癸反，量也。**不弭**下木爾反，低也。**不蔑**下莫結反，誤作夢一。**不瞬**下音舜，目動也。**不狎**下胡甲反，近也，習也。**不肖**下音笑，似也。**不肖**下音笑。一一，不相似也。**不憖**魚覲反。**不緇**下側思反，黑色也。**埠南**上音婦，小山也。**怖懅**下其預反。**怖慴**下之葉反。

C

猜忌上七才反，疑也。**財賄**下呼每反，貨帛曰一。**裁斥**才尺二音，裁量斥逐也。

採掇下丁劣反。**採薇**下音微，野菜也。**採擷**下胡結反，捋也。**採摭**下音隻，拾也。**採擿**下摘字。

餐寢下七錦反。**驂駟**上七含反。**慚忒**下他得反。**蠶服**上俗作蚕，自含反。**蠶桑**二字俗用蚕桑。**慘服**上倉敢反，淺黑色。**璨粲**二同，倉案反。

倉廩下吕錦反。**滄浪**下音郎。**滄溟**莫經反。海也。**傖僧**上助庚反，楚人别種也。**藏殯**下必刃反。**藏瘞**下於例反，埋一也。

操七刀反，持也。**操**七到反，志一也。**操桴**上七刀反。一，執也。下音浮，鼓椎也。

曹陜下失染反。**草廬**下力居反，舍也。**草靡**下緬彼反，偃順也。

惻愴上昌則反，下楚狀反。一一，傷感也。**惻悼**上昌側反，下音盜，傷愴之謂也。**側柩**下音舅，棺一。**叟撮**七活反，手一。**策蹇**上楚責反，下居展反，謂驅策蹇鈍也。**叟然**上昌力反。**叟然**上昌側反，方也。

岑助簪反。**岑**助參反。**岑**助蔘反，山小而高曰一。**岑竦**上助参反，下息勇反。一一，山高秀立也。**層巘**下語偃反，山形如甑也。

差舛下昌敉反。一一，不齊也。**差損**上瘥字。

侘傺上丑加反，下敕例反。一一，惊愓貌。正作侘祭。

儕黨上助皆反。**儕等**上助皆反。一一，同輩也。**儕侶**上助皆反，朋一也。**儕倫**上助皆反，等也，朋也。**儕章**上音柴，同前。**儕流**上助皆反，朋也。**柴燎**下力照反。祭天之禮。**豺狼**柴郎二音。**豺虎**上音柴。

覘丑廉反，窺視也。**覘**丑焰反，伺候也。

瀍洛上直連反。一一，並水名。**巉巖**上助銜反。一一，石峰高峻也。**讒**助銜反，一佞也。**鑱**防懺反，一，截也。**纏糺**下俱有反。**躔**直連反，日月歷行也。**潺湲**上助關反，下音爰。一一，水流貌也。**蟬蜕**下音税，蟬脱殼也。**蟬冕**下音免，冠一也。左蟬右貂，大夫之冠也。**闡**昌演反，開一也。

閶闔上音昌，下何荅反。一一，天門也。**闡揚**上昌演反，開也。**長偉**下羽鬼反，大也。**昶**勑兩反。**敞**昌兩反。一，顯也，朗也。**悵悢**下力向反，失志。

鈔楚教反，疏義也。**抄撮**下七活反。**抄集**上楚交反。

巢助交反，鳥止也。**巢許**上助交反。一一，二逸士也。**巢穴**上助交反，鳥居曰巢，獸居曰穴。**謿謔**上竹交反，下許約反。一一，以言詞戲調也。上亦作嘲。**嘲**竹交反，一謔也。**嘲謔**上竹交反，下許約反。**朝憲**下音獻，法也。**麨**尺小反，乾飯也。

車胤下余鎮反。**撤**直列反，散也。**撤**直別反，除也。**撤**直列反，發也，去也。**撤饍**上直列反，去也。下時展反，食也。**撤送**上自列反，除也，去也。**坼側**上丑鬲反。

琛丑林反。**琛**丑今反。**塵埃**下音哀。**塵黷**下音讀。**塵尾**上音尘。**塵滓**下側史反。**晨晷**下俱水反，日影也。**沉痾**下音鵝。一一，困病。**沉毅**下魚既反，果敢也。**沉泳**下音詠，魚潛也，拂也。**嚫遺**上初近反，下惟醉反。一一，施贈也。**襯遺**上初近反，施也。下堆醉反，贈也。**齔錫**上初近反，下先擊反。**齓毀**上昌謹反。一一，换齒也。**讖**楚禁反。**檉柏**上丑貞反，木名。**稱錘**上今用秤，下直類反。

棖觸上直庚反。

誠慤下口角反，謹也。**城塹**下七焰反，坑一。**城塹**下七焰反，城下長坑也。**城闉**下音因，城上重門也。**橙**丁鄧反。**橙**登字，去聲，几一。**乘傳**上時陵反，下知戀反。驛也。**乘桴**下音浮，檝也。**懲**音呈。**懲艾**上音澄，下魚吹反，誡也，止也。**懲惡**上音澄，誡也。**懲革**上音澄，一，止也，誡也。革，改也。**騁**丑領反，奔也。**騁衒**上丑領反，正作呈。下音縣。一一，矜誇也。

鵄鳴上尺夷反，一鳶。**鵄吻**上尺夷反，下武粉反。堂殿屋上引脊也。**螭魅**上勑知反，正作魑。**摛**丑知反。一，布也，舒也。**摛思**上勑知反，舒也。下去聲。**摛玄**上丑知反，舒也。**摛掞**上丑知反，下式焰反。一一，舒也，布也。**癡券**下音勸。**鴟鳴堆**上尺夷反，下丁回反。**鴟吻**上尺夷反，下武粉反，堂殿上引屋瓦脊。**鴟吻**上尺脂反，下武粉反，殿堂上引瓦眷也。**鴟張**上尺脂反。**池堰**下於建反。**踟蹰**遲廚二音，行不進貌。**踟蹰**上音遲，下直朱反。一一，進退貌。**踟蹰**上音馳，下直朱反。一一，猶豫不進貌。**持纊**下苦况反，細綿也。一一，死時以綿俟氣也。**墀**音遲。**持笏**下音忽，簡一也。**尺牘**下音讀，簡一也。**叱**昌吉反，呵一也。**斥**音尺，棄不用也。**赤觜**下子委反，鳥一。

沖粹下私遂反。**沖洽**上直弓反，一，玄也。下侯夾反，清也。**沖邃**上直弓反，下私遂反。一一，幽遠也。**衝**尺容反。**充牣**下音刃，益也，作仞誤。**舂**詩容反，一，搗。**重縫**下音逢。**重複**下音福。**重痼**上去聲，下音故，久病也。**重邃**下私遂反，深也。**重沓**下唐合反。**重遝**下唐合反。**重瞳**下音童，目珠子也。**蟲**直弓反。**蟲蛆**下七徐反。**蟲蟻**上直弓反，誤作蟲。**蟲豸**上直弓反，下直爾反。有足曰蟲，無足曰豸。**蟲篆**上直弓反，下直轉反，謂古書形如蟲。**崇竦**下息勇反。

瘳音抽，疾愈。**瘳**音抽，病校也。**瘳**音抽，病安也。**愁慘**下七感反，傷也。**稠**直流反。**稠會**上直流反，衆也。**稠人**上直流反，多也，衆也。**讎括**上音酬，一校。下古活反，檢一也。**讎擬**上音酬，一，校也。**讎校**酬教二音。**綢繆**上直流反，下密幽反。**酬**

抗下口浪反，對也。**儔**直流反，疋也，等也。**臭潰**下玄對反，爛也。

蒭蕘上昌俱反。**芻尭**上楚俱反，下音饒。一一，草薪也。**蒭蕘**上昌朱反，下音饒，草薪也。**蒭蕘**上楚俱反，一，草也。下而招反，一，薪也。**除屏**下卑政反，一，草也。下而昭反，薪也。**儲宫**上音除，副貳也。**儲后**上音除，副貳也。**礎**音楚，承柱，石一也。**楚叱**下昌吉反。楚，杖也。叱，阿也。**楚郢**下以井反，州名。**褚亮**上丑吕反，下力向反。**褚揉**上丑吕反，下而周反。**黜**丑律反，一，退也。**怵惕**上丑律反。一一，驚憂也。

揣昌委反，一，量也。**揣**初委反，一，量也。**揣**初委反，揣，尋也。**椽輿**上直緣反。下音余，或作舁，扛一也。**傳檄**下胡的反，告急書牘也。**遄**市緣反，速也。**遄**市專反，速也。**舛**昌軟反，不齊也。**舛**昌軟反，差一。

踳駮上尺尹反。

創楚狀反，初也。**創**初狀反，一，造也。

炊爨上音吹，下麤筭反。**炊頃**上音吹，下須領反。一一，謂一蒸之飯間也。

椎打上直追反。**錘**他僞反。**垂範**下音犯，法也。**槌**直追反，一，擊也。

倕音垂。

春蒐下所愁反，春獵曰一。**椿菌**上刃倫反，松之堅也。下求殞反，蕈也。一有多種，有朝榮暮悴者，故莊子云朝菌，是也。**鶉孤**上音淳。**脣吻**上市倫反，下武粉反。**淳粹**下私逆反，不雜也。**淳樸**下音朴。**蠢**尺允反，一一，微細之蟲。

啜菽上昌劣反，飲一也，又嘗一也。下音叔，豆也。**綽**昌約反，寬一也。**綽**昌約反，綽有餘逸，謂非常是也。**綽然**上昌約反。**綽然**上昌納反，寬綽。**輟**知劣反，一，止也。**輟軫**上知劣反，停一也。下之忍反，車也。

疵疾斯反，瑕病也。**玼瑣**上疾斯反，下音鎖。**玼瑣**上疾斯反，下莎佐反。**錫遺**上先擊反，賜也。下惟醉反，贈也。**刺股**下音古，脚腿内也。南人曰髈，疋朗反。**刺股**上七賜反。下音古，一，腿内也。蘇秦勤學，每慾睡乃引錐刺股。**伺**相寺反，一，候也。**伺候**上相寺反。**伺旅**上相寺反，一，候也。下音吕，客一也。

葱韭下音久。一一，葷菜也。**叢萃**上自紅反，下才遂反。**藂楹**下音盈。**從容**上七恭反。

凑上奏反，至也，聚也。**凑集**上七奏反，至也。

粗才古反，一，略也。**麤弊**下毗祭反，惡也。**徂**自胡反，一，往也。**徂南**上自始反，一，之也。**徂南**上在胡反，往也。**殂歿**上在胡反，死也。**蹴**秋六反，一，蹋也。

簒奪上楚患反，逆取也。**竄**粗筭反，逃一也。

崔嵬上自雷反，下吾回反。一一，山石巇險也。**璀**土每反。**璀璨**上七每反，下七案反。一一，玉光也。**摧殄**上自雷反，一，折也。下徒典反，滅也。**萃**才遂反，一，集也。**脆**取歲反，易破也。**翠旌**下音精。**毳服**上楚歲反。一一，衲衣也。

矬陋上昨和反，短也。**挫**祖卧反。**挫拉**上粗卧反，下郎合反。一一，摧折也。**挫**

拉上則卧反，下郎令反。——，摧折也。**挫拉**上祖卧反，下力合反。**挫拉**上則卧反，下力合反。——，摧折。**挫拉**上則卧反，下郎合反。——，摧折也。**挫拉**上祖卧反，下郎荅反。——，摧折也。**挫其鋭**上則卧反，下羊歳反，謂抑其鋒利。**厝心**上七故反，正作措。

D

搭曳上音塔，或作榻，打一也。下羊世反，牽也。**打髀**下補米反，腿一。**大壑**下呼各反。**大抵**下音底。**大槩**下古愛反，氣一。**大蟒**下母朗反，大蛇。**怛國**上丁達反。

聃土甘反。**聃**他甘反，老子名。**聃術**上土甘反，老子名。**單複**下音福。**單蔣**下音將，菰一，水草也，堪以爲薦。**擔鍋**下古和反，一鼎。**擔撻**上丁甘反，下吕展反。**噉嚼**下才約反。**憚**徒旦反，畏也。**憚**唐旦反，懼也。**憚苦**上徒旦反。**憚懾**上徒旦反，下之葉反。一一，怖懼也。**啗**音噉。

殆音待。**岱京**上音代。**岱岳**上音代。**岱宗**上音岱。

誕音但，生也。**殫記**上音單，尽也。**殫言**上音丹，盡也。

盪滌蕩敵二音，洗也。**宕**徒浪反。

刀膾下組外反。**倒戈**下古和反，一，矛。**倒僕**下蒲北反。**倒仆**下蒲北反，伏倒也。**蹈**音盗。**蹈**音導。**纛**盗、毒二音。**道禪**下時扇反。**道總**下胡帖反，一，心也。**悼**音盗，傷也。**悼傷**上音盗。

登踐下音踐，履一。**登眺**下他弔反，一，望也。

羝丁奚反。**氐胡**上音低。**隄防**上音低。**堤封**上低、帝二音。堤，積上也。封，疆界也。**渧**滴字。**覿**音敵，見也。**覿**音狄，見也。**覿**徒的反，見也。**滌**徒的反。**滌**徒的反，洗也，除也。**滌除**上徒的反，一，亦除也。**滌沐**上徒的反，下音木。**狄**他敵反，遠也。**砥礪**旨例二音，磨石也。**砥礪**上音旨，下音例，磨石也。**砥途**上音旨。——，平路也。**邸**音底。**觝齧**上音底，一，觸也。下吾結反，齩上也。**抵掌**上音旨，側手也。**遞**音第，更一。**遞**音第，一互。**締構**上音弟，結也。**締構**上第、題二音。**睇**音弟，視也。

顛沛下音貝。仰倒曰顛，伏倒曰沛。**顛仆**下蒲北反。仰倒曰顛，伏倒曰仆。上正作傎。**典籍**下才亦反。**玷**音點，痕一也。

貂音條。**凋窘**下具殞反，急迫也。**彫繢**下玄對反，畫也，亦繪。**雕鐫**下子全反。**彫鏤**下音陋。**掉舉**上徒弔反。**掉戲**上徒弔反[1]。

鼎沸上音頂。**鼎鑊**上音頂。**鼎俎**上音頂，鍋一也。下音阻，肉机也。**鼎祚**上音頂，下才故反。**定鼎**下音頂。

昳徒結反，日昃也。**迭**徒結反，一，互也。**迭起**上徒結反，一，遞。**喋喋**音牒。**蹀堶**二字正作蹀堶。上音牒，小蹋也。下徒和反。飛擲磚瓦也，即小兒戲也。今俗云迭堶也。**氎**音牒，毛布。

冬曖下音愛，春日温和也。**冬雩**下音于，祈雨雪，祭赤帝也。**東莞**下音官，郡名。**東萊**下音來，郡名也。**動眩**下音縣。

抖擻斗叟二音。**竇**音豆，姓氏也。**豆圖**下字音船。**逗機**上音豆。**逗時**上音豆。**都鄙**下碑美反，一，邑也。**都督**下音篤，察也，亦作晳。

毒蕈下慈審反，菌也。**犢車**上音讀，正作犢，朱一。**黷**音讀。**賭肉**上豬字。**闍若**下汝者反。**睹**覩字。**蠹**音妬，害物蟲也。**杜口**上徒户反，塞也。

端偉下羽鬼反，美也。**端峙**下直里反，一，立也。

垍丁回反，土一也。**兊**徒外反。

燉煌屯皇二音，地名。**敦慤**下口角反。**蹲**音存，一坐也。**蹲踞**存據二音，箕坐也。**遯世**上徒困反，逃一也，與遁同。**遁**徒困反，逃一也。**遁世**上徒困反，逃一。**遁逸**上徒困反，隱也。**頓轡**下音秘，同前。**頓睫**下音接，目毛也。**鈍**徒困反。

咄哉上丁骨反，以言相謂也。**掇**都活反。**掇採**上丁活反。**鐸**徒各反，鈴一。**陊**直爾反，崩也。**憧㾯**上徒卧反，下於王反。一一，慵懶也。

【校注】

［1］按，“土”字當爲“上”字。

E

痾疹上音阿，下丑刃反，病也。**訛**愚和反，一，謬也。**訛僻**上愚和反，下疋亦反。**鄂州**上吾各反。**遏絶**上於葛反，止也。**遏雲**上於葛反。**沃**烏篤反，慰一也。**愕**吾各反。

輀車上音而，喪車也。**餌**而志反，食也。**餌**而志反，食也。**餌苓**上而志反，食也。下音靈，松糧也。**二牧**下正作枚。**刵耳**上而至反，割也。

F

發憤下房粉反，怒也。**法援**下音院，救一也。

翻翔幡祥二音，飛也。**燔之**上音煩，燒也。**樊綽**上音煩，下昌約反。人名。**樊籠**上音煩。**煩挐**下尼加反。**繁複**下音福，重也。**反叛**下音畔，背逆也。**反樸**下音扑，一，質也。**返咽**下於見反，吞也。**泛愛**上芳犯反，一，廣也。**泛舸**下古我反。一一，浮舟也。**汎愛**上芳犯反，一，廣也。**汎舶**下音白，大船也。**汎博**上芳犯反，廣也。**汎博**上芳犯反。一一，廣大也。**汎洽**上芳梵反，下侯夾反。**範**音犯，法則也。**梵唄**下音敗，讚一也。**梵侶**下音吕。

方複下音福，物之重也。**方稜**下郎登反。**房櫳**下郎東反。**房廡**下音武。**防遏**

下於割反,止也。**昉**方罔反。**髣髴**上芳罔反。下芳物反,又芳未反。**仿之**上方罔反,一效。**放矢**下式旨反,箭也。

菲食上芳尾反,薄也。**妃嬪**上芳微反,下音頻,官人貴號也。**飛颺**下音羊,又余向反。**斐發**上芳尾反,文彩貌。**斐然**上芳尼反,文章貌。**悱憤**上芳尾反,下房粉反。一一,口欲言而氣怒也。**翡翠**上扶求反,鳥名。雄曰翡,雌曰翠。**吠舍釐**下力之反。城名,亦云毗舍離。

汾川上音焚。水出太山也。**汾曲**上符分反,太原水名。**汾水**上符分反。**汾朔**上音焚。**汾州**上扶分反。**枌榆**上文符反,下羊朱反。**分鑣**下必苗反。馬轡也。一一,所謂分馬别行也。**分墟**下起虚反,聚落也。**紛霏**上芳文反,下芳微反。**紛鯁**下知猛反。**紛糺**下俱有反。**焚燼**下徐刃反,火之餘也。**焚燎**下力召反,燒也。**焚灼**下音酌。**轒轒**焚衝二音,陷陣車也。**憤激**上房粉反。**憤怒**上房粉反,怒氣。**憤氣**上房粉反,怒氣也。**憤氣**上房粉反,怒也。**氛氲**上符分反,下紆云反。一一,烟氣也。**奮發**上方問反,振也。**奮拏**上音糞,下亦作挐。**烽**音峰,一火。**烽爟**峰貫二音,舉火爲號。**烽爟**峰貫二音,舉狄爲號。**峰崿**下吾各反,亦作崿,山崖也。**峰堞**下音牒,城上小牆也。**鋒道**上房用反。**封禪**下時扇反。封太山,禪梁父也。**風躄**下畢益反,脚屈病也。**風飆**下必高反,疾風從下而上也。**風飆**下必苗反,風從下而上,曰飆也。**風痼**下音固,病也。**風勁**下居政反,一,健。**風瘻**下音漏,創一也。又力朱反,背曲貌,又作月主反。**風靡**下免彼反,順也。**風猷**下音由,美也。**豐溢**下夷一反。**灃鄠**豐户二音。灃,水名,鄠,縣名,在京兆。**鋒鏑**峰的二音。鋒,劍也。鏑,箭也。**鋒鋭**上音峰,下羊歲反。一一,刺也。**縫**音逢,一綴。**縫**方用反。**縫綻**上音逢。下直諫反,衣線解也。**縫綴**上音逢,下知衛反。**俸**房用反,一禄也。**賵贈**上芳鳳反,以物贈死家。

佛蘢下吕勇反,亦作隴。

趺踝上音夫,足面也。下玄瓦反,足趺骨也。**敷愉**上芳無反,正作怤,下音愉。一一,喜悦也。**膚寸**上音夫。皮一,方寸也。**鄜城**上芳無反。**鄜州**上芳無反。**孚産**上芳無反。**孚化**上芳無反,信也。**孚乳**上芳無反。**浮侈**下昌爾反。**浮詭**下過委反,一,詐也。**浮樸**下疋角反,浮僞質一也。**栿**音伏,屋梁也。**輻凑**上音福,下合奏反。**輻凑**上音福。下七奏反,衆聚也。**輻凑**上音福,車輪聚轂者。下七奏反,一,聚也。**輻凑**上音福。下七奏反,或作輳,如車輻凑於轂也。**鳧鶴**上音扶,水鴨也。**鳧鷟**二音扶木,水鴨也。**涪川**上音浮。一一,水在巴西。**涪陵**上音浮,巴西水名也。**涪人**上音浮,巴蜀水名。**涪水**上音浮。**符讖**下楚滲反,釋同前。**俘**芳無反,一,囚也。**俘虜**上音芳無反,下音魯。一一,北狄,又劫掠也。**服闋**下音缺,終也。**服膺**下於陵反。親也以心限,從而身親也。**服膺**下於陵反。服,伏也。膺,身也。以身伏從也。**襆**音幞。**釜器**上音父,鼎一也。**阜**音婦,小山也。**黼**音斧,白與黑相次也。**腐儒**上音父。**撫髀**下蒲米反。**撫臆**下音憶。一一,拍胸也。**撫膺**下於陵反。一一,拍胸也。**脯腊**甫昔二音，乾肉也。**縛喝**下許割反。**賻贈**上音附。以物贈死家也。**馥蕙**伏惠二音，香草也。**傅弈**付亦二音。**傅縡**付宰二音。**複道**上音福，重也。**複貯**上音福，重一也。**負鑊**下俱郭反。**負笈**下其業反，書篋也。**負笈**下其業反，囊一也。**負笈**下其業反，書箱也。**負槖**下音託，囊一也。**駙馬**上音附，周穆王好陆駐聲同馬，好賢，云：有良馬以祥賞之，有賢臣以女妻之，故曰——。

G

該富上古哀反，博也。**該覈**上古哀反，下胡鬲反。**槩**古愛反。**漑隰**上古愛反，下音習。

坩苦甘反。**乾燥**下蘇老反。**感悼**下音盗，傷也。**榦**古旦反，枝一也。**紺髪**上古暗反，青紅色也。**剛梗**下加猛反，直也。**剛謇**下居展反，正作蹇。——，不順也。

高敞下昌兩反。**膏肓**下浮光反，病在五臟之外，脂膜之中也。**高峻**下私閏反。**高驪**下音離，國名。**高巒**下音鸞，峰一也。**高邈**下眉角反，遠也。**高衒**下音縣，媒一也。**高屧**下蘇帖反，屐也。木底有齒曰屐，無齒曰一。**高墉**下音容，牆也。**皋亭**上音高。**杲日**上古老反，明也。**藁本**上古老反，文草也。**藁隸**上古老反，一，草也。漢杜操善草書也。下零帝反，魏鍾繇改小篆爲今之隸書也。**縞帶**上古老反，素白也。**告訴**下音素。

骼古陌反。**歌謡**下音遥，徒歌曰一也。**哿**古我反。**格上**上古陌反，架也。**葛屨**下音句。**嘅嗽**上正作咳，苦愛反。下蘇奏反。**各譚**下徒南反，延也，或作覃。**各踵**下之勇反。

笴古罕反，莖一也。**笴槊**上古罕反，槍莖也。下音朔，槍之類也。

亘古鄧反，通也。**亘道**上古鄧反，遍也，竟也。**亘野**上古登反，遍也。**更足**下自裕反，添也。**更足**卜自裕反，添也。**梗概**下古愛反。——，大略而已。**梗槩**上加猛反，下古愛反。——，大略也。**梗戾**上加猛反，下零帝反。——，猛惡也。**梗塞**上加猛反，礙也。**梗澀**上加猛反，下澁字。——，礙也。**梗澀**上加猛反，礙也。下澀字。**哽咽**上加猛反，下於結反。——，憂悲不止之貌。**耿**耕字，上聲，明然不寐。**耿**耕字，上聲，明也。**耿介**上耕字，上聲。——，忠烈之謂也。

肱俱弘反。**宫闈**下音圍。**龔**音恭，又具勇反。**弓矢**下式旨反，箭也。**功勣**下子曆反。**躬冠**下音貫。

鉤深上古侯反。**鉤股**上古侯反，下音古。**緱氏**上古候反。**勾麗**上古侯反，下音離，東戎國。**溝壑**上古侯反，下呼各反。**雊**下古候反，雄雉也。**遘**古候反，一，遇也。**遘疾**上古候反，遇也。**構思**上古候反，下去聲。

姑臧下則郎反。**股肱**上音古，下具弘反。**鼓吹**下去聲。**谷汲**下音急，引水也。**穀穗**下音遂，禾秀也。**罟網**上音古，漁網也。**骨梗**下加猛反。**顧眄**下音麵，視也。**故**

墟下起虛反。——,舊土也。**詁訓**上音古,傳異語也。**痼疾**上音故。

刮摩上俱滑反。**栝柏**上俱會反,合作檜,細葉似松也。**寡鮮**下息淺反。——,少也。

怪之上古壞反。

關鑰下音藥。**關鍵**關件二音,相門具也。**關鍵**下音件,拒門木也。**關邏**下郎貨反,謂關戍巡邏也。**關壤**下汝兩反。關,塞也。壤,土也。**關鑰**下音藥。**冠屨**下音句,履也。**冠冕**下音免,大夫之冠也。**冠幘**音責。**館舘**音管,一舍也,二同。**管轄**下遐葛反。**管錐**下質追反。**丱歲**上俱患反。童子總角之年。**盥手**上音貫,洗一也。**盥手**上音貫,亦作□。**盥漱**貫瘦二音。**盥俗**上音貫,洗一也。**盥洗**上音貫。**灌溉**上古愛反,下音貫,澆沃也。**罐**音貫,水瓶也。**嶉嵍**上音貫,出玉篇。下音務,山名也。

光趺下音夫。佛光蓮座謂之——。**桄桯**光聽二音,床桯也。**廣徑**下古定反,豎闊曰一。

規均彌反。**規**俱彌反,一則也。**規矩**上俱彌反,下俱雨反。**規矩**上俱彌反,下俱兩反。**規矩**上俱彌反,下俱羽反。**規矩**上均彌反,下俱羽反。**規謩**上俱彌反,圖也。下莫胡反。**規暮**下莫胡反,正作模。**瓌寶**上古回反,玉也。**瓌奇**上古回反。下正作琦,玉也。**瓌琦**上古回反。下音奇,玉也。正作傀奇,美異之稱也。**瓌瑋**上古回反,下羽鬼反,正作傀偉,奇美也。**瓌秀**上女回反。**瓌異**上古回反,奇也,美也。**圭勺**下音酌,六十四黍曰圭,四圭曰撮,十圭曰勺。**珪璋**圭章二音,玉潔也。**晷漏**上俱水反,一,日影也,刻漏也。**晷景**上俱水反,日也。**詭**過委反,詐也。**詭譎**上音決,下過委反,詐異也。**詭說**上俱委反,誑也。**詭言**上過委反,詐也。**軌**俱水反,一則也。**軌躅**上俱水反,下直慾反。——,車迹也。**軌躅**上俱水反,下直欲反。——,車也,迹也。**軌躅**上俱水反,下遥欲反。——,車迹也。**櫃中**上求位反,橱一也。

衮服上古本反,繡畫龍章,天子之衣也。**衮冕**上古本反,下音免。

渦音戈。**聒耳**上古活反。**國儲**下音除,一,糧一也,入預備也。**國俸**下房用反,禄也。**過隙**下丘逆反,壁孔也。

H

孩孺下而注反,童稚曰——。**孩稚**上户哀反,下直利反。**海岱**下音代。**駭動**上胡買反,驚也。**駭惕**上胡買反。

酣胡甘反。**邯鄲**寒丹二音,地名。**含嚼**下在約反。**含竅**下苦弔反。**邗溝**上音寒。——,水名。**邗江**上音寒。**函丈**上音含,禮云:席間函丈。謂席間客地以師授之禮。**寒儁**下俊字。——,孤寒才俊也。**寒餧**下乃每反,飢也。**函夏**上胡讒反。河東賊以——之大漢兮。師古云:包容也,讀作含。**撼頭**上胡感反,摇一。**撼之**上胡感反,摇一。**旱潦**下昭到反,亢旱、水潦也。**憾結**上胡暗反,恨也。

航户剛反，舟一也。**航海**上户剛反，以舟渡海曰——。**沆瀣**上胡浪反，下胡介反，北方氣也。**沆瀣**上胡浪反，下胡戒反，北方夜半氣也。

蒿艾上呼高反，下吾蓋反。**蒿藋**上呼高反，下徒弔反。——，草名。**豪侈**上户高反，下昌爾反，富豪奢侈也。**郝**許各反。**郝氏**上呼各反。**暠**音果。**暠**古老反。**顥**音浩。**浩然**上胡道反。

呵叱下昌吉反。**呵捶**下之委反。**訶衍**下音演。**覈**閑鬲反，考實也。**覈**閑隔反。考一也。**覈詳**上胡隔反，考一。**郃陽**上胡答反。**鶡**胡葛反。**合殮**下力焰反，殯一。**核**胡隔反，果子一。**河涘**下音俟，涯岸也。**荷戢**上胡可反，下阻澀反，任思也。**荷笈**上胡可反，負一也。下其業反，書篋也。**荷襆**上胡可反，負一也。下與幞同。**紇**胡結反。**盍棺**上户塔反，蓋也，閉也。**涸鱗**上音鶴，水竭也。**翮**胡隔反，羽一也。**壑**呼各反，谷也。**褐**胡割反，大衣也。**褐**胡葛反，大衣也。**赫然**上許客反，明盛也。**赫羲**上許客反，下興宜反。——，盛日也。**赫胥**上許客反，下息徐反。**赫弈**上許客反，下音亦，明盛也。**赫弈**上許窖反，下音亦，明盛貌。**鶴籥**下音藥，笛也。

珩珮上户更反，下蒲妹反，佩玉也。

薨兄弘反，亡也。**薨背**上兄弘反。——，亡也。**宏**東萌反。**宏敞**上惠萌反，大也。下昌兩反，顯也。**宏敞**上惠萌反，大也。下昌兩反，朗也，顯也。**宏綱**上惠萌反，大也。**宏規**上惠萌反，下俱彌反。**宏麗**上惠萌反，一，大也。麗，明也。**宏邈**上惠萌反，下眉角反。**宏逸**上惠萌反，大也。**宏遠**上忽萌反。**宏遠**上惠萌反，大也。**弘敞**下昌兩反。弘，大也。敞，顯也。**弘峻**下私閏反。**弘偉**下羽里反。弘，大也。偉，異也。**弘毅**下魚既反。**弘謶**下音庶，幸也，冀也。**洪陂**下音碑。**洪膖**下疋降反，正作胖。——，大脹也。**洪崖**下吾皆反。古人名。**泓澄**上烏萌反。——，水清也。**虹**音紅，一。**虹氣**上音紅。陰邪之氣也。**鴻臚**下力居反。——，寺名。鴻，大也。臚，陳序也。欲以禮大陳，序賓客，故立——寺名。

喉衿下音金。**喉顙**下息朗反。**餱粒**上音侯，一，糧也。下音立，米顆也。**忽欬**下苦愛反，一，嗽也，又苦的反。

呼策下楚責反，驅也。**瑚璉**上音胡，下呂展反。——，玉祭器也。**斛**胡谷反。**虎賁**下音奔，職之號。**虎踞**下音據，蹲。**滬瀆**上音户。——，水名，靈龜負書所出之處。**鄠杜**上音户，下徒户反，縣名。**鄠縣**上音户。**滬魚**上音户，水名也。**祜我**上音户，福也，又作祐，音右。**濩落**上胡郭反。**濩澤**上烏獲反，澤州縣名。

華敞下昌兩反，顯一也。**華侈**下昌爾反。**華胥**下息徐反。

剗迹上初産反，一，削。**剗迹**上初眼反。**剗迹**上初産反，削也。下迹字。

槐棘上回懷二音，下紀力反。**踝**女瓦反。**淮甸**懷殿二音。淮，地名也。甸，郊一也。**淮淝**上音懷。下房非反，亦作肥水名。**懷橘**下俱聿反。陸績六歲懷橘遺母，王戎七歲辯李。**坏**疋回反，未燒瓦器也。**坏瓶**上疋回反，瓦器未燒。**坏形**上疋回反。

歡愉下音俞。**歡愉**下羊朱反。**驩笑**上音歡字。**驩州**上歡字同。**環堵**還覩二音,謂室之窄陋,有牆堵只一環之地也。**環異**上古回反,正作傀。**寰宇**還宇二音。**寰寓**還羽二音。**闤闠**上音還,下玄對反。一一,市門也。**桓**惠官反。**緩**女伴反,寬一也。**涣然**上音唤。**涣焉**上音唤。**焕**音唤,明也。**焕爛**上音唤,下郎且反。一一,明美也。**焕然**上音换,明也。**擐**音患,挂也。**擐甲**上音患,貫甲也。**宦**音患,官一。**澣**玄伴反,洗一也。

荒荐下在見反,重也。或作薦,水災也。**荒餒**下乃每反,飢也。**荒裔**下羊世反。一一,邊地也。**荒榛**下助中反,叢刺。**蝗**音皇,災五穀之蟲也。**黄褐**下胡割反,大衣也。**黄鵠**下胡篤反。**黄麾**下許爲反,旌也。**黄楠**下音南,木名也。**黄帙**下遲一反。**皇儲**下音除,副貳也。**遑**音皇,暇也。**怳焉**上兄往反。**晃**胡廣反。**晃發**上胡廣反,光明也。**晃然**上胡廣反,明也。**滉瀁**上胡廣反,下音養。一一,水廣貌也。

微逕下古定反,正作徑,小路也。**微痁**下失廉反,瘧病也。又音店。一,亦病也。**微隙**下丘逆反。

麾許爲反,旌一也。**麾幡**上許爲反,旌旗之屬。**隳壞**上兄彌反,一,墜。**隳壞**上兄彌反,毁也。**隳運**上兄彌反。一一,運數將隤也。**恢簡**上苦回反。**恢廓**上苦回反。一一,虚大貌。**恢廓**上苦回反,下苦郭反。一一,大貌。**恢敏**上苦回反,大也。敏,達也,美也。**恢雅**上苦回反,大也。**恢張**上苦回反,大也。**撝**許爲反,指一也。**暉赫**下許客反。一一,明盛貌。**徽**音暉,道也。**徽績**上音暉,下子曆反。**徽音**上音暉,美也。**迴蹕**下音必,警一,止行者也。**迴斡**下烏活反,轉也。**迴旟**下音余,旗幡之屬。鳥隼爲之,曰旟也。旗之有九,旟之一數也。**迴邅**下知連反,迍一。**洄泝**回素二音。一一,洄洑逆流也。**毁瘠**下才亦反。**繢**玄對反。**繢繪**二同,玄對反,畫也。**繢飾**上玄對反,畫也。**薉**音穢,一,蕨也。**卉木**上許鬼反。**卉水**上許鬼反,百草緫名。**蕙帶**上音惠,香草也。**諱日**上許謂反,忌也。**譓**音惠。**憓飛**上音惠,愛也。**櫘櫝**上旬歲反,下音讀,棺函也。

賄貨上兄每反,財也。**賄賂**上呼每反,下音路,財物也。**昏霾**下莫皆反,風而雨土也。**葷**兄云反,魚肉腥臊也。**葷辛**上音熏。**葷辛**上兄云反,臭菜也。**閽司**上音昏,守門者也。**婚媾**下古候反。**溷流**上胡困反。

混胡本反,一,雜也。**混淆**上胡本反,下户交反,雜也。

豁然上兄活反。**豁然**上許活反。**豁然**上呼活反。**霍爾**上兄郭反,忽也。**貨賄**下呼每反,布帛曰一。

J

譏譎下音决,詭詐也。**飢餒**下乃每反,餓也。**飢餒**下乃每反。**饑荐**下在見反,重也,再也。**激發**上音擊。一,起也。又恐作皦,居小反,明也。**激刺**上音擊,下七賜反。

基墟下音隻。**基址**上居其反，下音止。**肌肉**上音飢。**嵇阮**上音笄。嵇康、阮籍，古之二賢，善琴、善簫也。**期月**上居其反，年也。**期月**上居其反，一，年。**姬氏**上居之反，姓也。**姬周**上居其反，周之姓也。**機捷**下才葉反，辯一也。**機譎**下音决。**機杼**下直吕反，織梭也。**賫**即代反，賜也。**羈**居宜反，擊也。**羈客**上居宜反，遊旅也。**羈離**上居宜反。**羈縻**上居宜反，下密碑反。一一，繫住也。**羈遠**上居宜反，一客。**稽胡**上音鷄。**稽留**上音鷄。**稽顙**下蘇朗反。一一，以額至地也。**稽山**上音鷄。越地也。**檝**音接，舟一。**吉莫**一一，皮帶也。**堲**即音，燒土，即陶器。**亟**去記反，又紀力反。**亟**去記反，遽也。**亟陳**上去記反。**亟發**上去記反，又紀力反，遽急貌。**亟染**上去記反，又紀力反，遽急也。**亟淹**上去記反，遽也。下邑鹽反，留也。**亟移**上去記反，急也。**殛**記力反，急也。**戢**阻立反。**戢**阻澀反，荷也。**戢戴**上阻溢反，斂也。**疾棘**下居力反。正作亟急也。**疾瘉**下愈字屬。**緝**七入反，一，綴也。**緝**七入反，一，續也。**緝理**上七入反。**緝諧**上七入反，下户皆反。**緝綴**上七入反，下知衛反。**藉地**上才亦反。**藉機**上才液反。**藉體**上才夜反。**汲郡**上音急。**汲鄉**上音急。**汲引**上音急。**姞栗**上渠乙反。**笈多**上其業反。**戟**居逆反。**幾絶**上渠希反。**幾六**上其已反。**幾死**上其依反，一，近也。**几篋**上居矣反，下苦帖反。**罽賓**上居例反，國名。**罽膩**上居例反，下吕二反。**霽**子細反，止也。**霽**子細反，雨止也。**洎**其器反，及也。**洎**其醫反，及也。**洎乎**上其器反，至也。**暨**其器反，及也。**暨**其既反，及也。**薺**自禮反，菜也。**覬**居異反，幸也。**悸**其季反，驚一也。**績**子曆反。**禝下**上音即。**冀攘**下而羊反，除也。**畿**渠衣反，王者千里之内曰一。**畟**初力反。**寄逭**下音换，逃也。**忌憚**下徒旦反，懼也。**賭**豬字。**計竅**下閑隔反。**繼踵**下之勇反，謂一足之後也。**驥足**上居異反，良馬也。**勣**子曆反，功一也。

麚麖加眉二音，小鹿也。**嘉肴**下户交反。一一，美食也。**夾紵**下音佇。膠布成器謂之一一。**浹**子怗反，帀也。**浹旬**子怗反。十日曰旬，十二日曰浹。**浹旬**上子怗反。帀十日也。**映眼**上阻夾反。動目貌。**笳吹**上音加。卷盧葉而吹也。**笳簫**上音加。卷蘆葉吹之。**挾**胡帖反。**挾策**上胡帖反，下楚責反。**挾道**上正作夾。**挾道**上胡怯反，懷一。**挾刃**上胡怙反，持也。**挾帚**上胡帖反，持一也。下之九反，掃一也。**挾竹**上音夾。**賈**古雅反。**賈誼**上古馬反，下音義。**甲胄**下直右反，頭鎧也。**稼穡**嫁色二音。種曰稼，收曰穡。

兼隙下語檢反。**間隙**下丘逆反。**縑纊**兼彍二音。**縑纊**上音兼，絹也。下苦沉反，綿也。**殲**子廉反，滅也。**熸**子廉反，一，火滅也。**堅韌**下音刃，牢一也。**緘默**上古咸反。一一，無言寂爾也。**瞼**音撿，目一。**瞼下**上音檢，眼一也。**暕**音簡。**建麾**下許爲反，旌一。**鞬拏**上居言反，下尼加反。**荐**在見反，重也。**荐餒**上在見反，再也。下乃每反，餓也。**荐餒**上在見反，一，再也。下乃每反，飢一也。**澗**音澗。**踐**音賤，踏也。**踐**慈前反，履一也。**踐**音賤，蹈也。**餞送**上音賤，以酒食而送別也。**鑒澈**下直列反。**薦**子見反，進也。**僭帝**上子念反，擬也。**鑒**音鑒，鐘也。**鑒然**上鑒字。

將殛下紀力反,急也。**將帥**上去聲,下所類反。**姜**音薑。**僵**音薑,正作殭,屍硬曰一。**絳衣**上音降,赤色也。**礓石**上其薑,碎石,其形如薑也。**江泌**下音秘。**江滑**下食春反,水際也。**江皋**下音高。**江濆**下音焚,水涯也。**江湄**下音眉,江涯也。**江涘**下音俟。**江硤**下侯夾反。**獎擢**上子兩反,下音濁。一一,勸拔也。

膠州上音交。**膠柱**上音交。一一,不通變也。**椒掖**上子消反,藥名也。下音亦,正宫小門也。屋内以椒粉和灰,塗壁,用避邪氣也。**驕蹇**下居展反。驕,逸也,縱也。蹇,傲也。**鷦鷯**焦寮二音,一名巧婦子。**澆**古堯反。一,沃也。**澆波**上古堯反。**澆侈**上古堯反,下昌爾反,澆薄、奢侈。**澆淳**上古堯反。不雜曰淳,以水澆之則味漓薄。**澆頂**上古堯反,一灌。**澆季**上古堯反,澆薄也,季末也。**澆漓**上古堯反,下音離。一一,薄也。**交貿**下莫候反,一易。**交趾**下音止。**郊坰**下俱螢反,郊野也。**郊坰**下古螢反,郊野也。**郊壘**下倫水反,軍壘也。**郊禋**下音因,祭也。**焦坼**下丑菡反。**焦踡**下巨員反,一屈也。**憍伐**上居妖反,一,矜也。**嚼噍**上才約反,下才笑反。**狡戲**上古巧反,狡猾。**矯**居小反,詐也。**矯異**上居小反,妄也。**矯詐**上居小反,盗也。**勦戮**上子小反,下音六,殺也。**勦説**非。**謅**初交反,代人説也。皇太子謂孔穎達代道士説,故云謅説。**謅説**助交反,捷也。**徼妙**上古弔反,小道也。**角伎**上正作較,音角。下其倚反。比較伎藝也。**僥倖**上古堯反,下音幸。一一,非理所得也。**僥倖**上古堯反,下音幸。一一,非得而得也。**嚼**在約反。**較**角、交二音。**較**角、教二音,比也。

執钁下俱縛反,桀一也。**較執**上音角。

醮子笑反。

街術下音遂,徑路也。**瑎**户皆反。**嗟惋**下烏貫反,嘆也。**嗟惘**下音罔,失志貌。**接踵**下之勇反,繼足也。**揭**居列反。**揭襆**上丘列反,提持也。下房三反,與襆同。**揭坩**上居列反,下音堪。**劫掠**下音略,奪也。**碣**渠列反。**詰問**上起一反,責問也。**結慘**下七感反,傷也。**結憾**下胡暗反,恨也。**孑遺**上居列反,單獨也。**孑遺**上居列反,單也,餘也。下作遭,誤。**捷**才葉反,一,利也,疾也。**捷徑**上才葉反,疾也。下古定反,行一路。**桀懷**上渠列反。**傑**渠列反,英一也,特立也。**傑**渠列反,才智過人也。**傑**渠列反,雄智特立也。**傑昂**上渠列反,雄一也。下吾剛反,高一也。**傑異**上渠列反,一之才智出人也。**解析**下先擊反,分一。**解頤**下余之反。一一,開顔而悦也。**解頤**下余之反。歡顔曰一一。**解頤**下余之反。一一,開顔笑。**解纓**下一盈反,冠一。**介胄**下直又反。一一,兜鍪也。鍪,莫侯反。**借倩**上音迹,下七净反。**誡勖**下許王反,勸也。

矜居陵反,誇一也。**矜誕**上居陵反。**衿情**上正作襟,音今。**金釜**下音父。**金籥**下音藥,正作鑰,鎖一也。**巾褐**下胡葛反,大衣。**巾褐**下胡葛反。一一,冠裳也。**巾屨**下音句,履也。**璡**音津。**僅**渠鎮反,説文:纔也。**僅到**上渠鎮反,纔也。**錦繢**下玄對反。**燼滅**上徐刃反,火一也。**禁劾**下胡得反,□詰也。**勁**居政反,堅也。**搢紳**進申二音。插笏於帶曰一一。**縉紳**上音進,笏也。下音申,帶也。一一,以笏插帶也。**縉雲**上音進。**京皋**下音高。**京畿**下音祈。**京畿**下渠衣反。王者内地也。**旌**音精,表也。**旌德**上音精,褎也。**旌異**上音精,一,表也。**旌異**上音精,謂旌表其異事也。**兢兢**居陵反,謹慎也。**兢兢**居陵反,謹敬貌。**驚駭**下胡買反。**驚遽**下其預反,正作勮,懼也。**驚慴**下之葉反。**驚惕**下他的反。**荆軻**上音京,下苦何反。一一,人名。**荆棘**上音京,下紀力反。**荆鄴**京業二音,並地名。**精粹**下雖遂反。**精覈**下閑鬲反,考一。**精慤**下口角反,謹也。**鯨鯢**上巨京反,下魚溪,海中大魚也。**涇**音經,水名。**涇陽**上音經。**菁華**上音精,美也。**菁華**上音精。一一,秀貌。**經誥**下音告。**經跨**下傾化反,越也。**經緯**下音位。**經緯**下音謂。**警誡**上音景。**井蛙**下鳥瓜反,蝦蟇也。**脛**胡定反。**脛臂**上胡定反,腿骨也。**璟**音景。**彭**音静,清潔也。**静謐**下音蜜,寧也。**靖嵩**上音静,下息弓反。**競肅**上居陵反。一一,謹慎貌。**徑**古定反,直也。**逕**正作經。

扃具滎反。**扃閉**上俱螢反,户也。

窘迫上渠殞反,急也。**窘縶**上具殯反。一,逼也。下知立反,擊也。**冏**俱東反。**炅**俱茗反。**熲**古迥反。

糺俱有反。**糺紛**上俱有反。一一,亂也。有字諧聲。**糺彈**上均有反,下徒丹反。一一,告發其過也。**九疇**下直流反。尚書篇名,數繁不其釋。**九瀛**下音盈,一,海也。**酒酵**下音教,發麵一也。**韭園**上音九。**疚**音救,病也。**疚心**上音救。**救援**下音院。**僦**即就反。**柩**音舅,棺也。**柩**音舅,棺木也。**柩**音舅,屍在棺曰一。

匊多上渠六反。**拘械**上音俱,下胡戒反,繫足之刑也。**拘縶**下知立反,繫也。**琚**音居。**疽蠧**二字正作蛆蠹,上七徐反,下丁故反。**罝罦**嗟浮二音。**舉臿**下楚夾反。**矩**俱羽反。**矩奢**上俱羽反,下式遮反。**詎**音巨,豈也。**莒**音舉,地名。**莒苓**上居吕反,下郎丁反。**莒州**上音舉。**沮渠**上子徐反。一一,複姓也。**鉅鹿**上音巨,郡名。**俱胝**下珍遲反。數也。**距**音巨,至也。**岠**音巨,違也。**踞**音據,坐也。**劇**奇逆反,加也。**劇談**上奇逆反,加也。**懅**巨魚反,心急貌。正作勮,其預反,懼也。**倨傲**上音據,下吾告反。一一,不尊敬人也。**倨傲**上音據,下吾告反。不敬人,謂之一一也。**遽**其預反,遠也。**遽**其預反,一,速也。**遽**其預反,忩一也。

鐫子全反,一,鑿。**鐫鏨**上子全反,下音暫。鐫鏨,雕鏨也。**鐫勒**上子全反。一,刻出。**鐫石**上子全反,一,刻。**鐫之**上于全反,一也。**鐫斲**上子全反,下音卓。**鐫琢**上子全反,下音卓。**蠲免**上俱玄反,除也。**捐**音緣,棄也。**捐身**上音緣,棄也。**卷袠**下袟字。**眷眄**下音面,視也。**睠**音眷。**狷**占縣反,又音絹。

譎詭上音决,下過委反。一一,詐。**譎詭**上音决,下過委反。一一,狡詐也。**譎詭**上音决,下過委反。譎詭,詐異也。**掘**其勿反。**掘基**上求勿反。下居其反,一址。**掘窯**下音摇。**爝**子約反。**爝**在納反,一音雀。**爝**音雀,又在約反。**爝火**上才約反,炬火也。**爵禄**上子約反。**訣**音决,别也。**捔處**上音角,正作較,比一也。**覺悟**上音教。**钁**俱縛反,桒一。**蹶**音厥,倒也。**崛多**上求勿反。**訣**音决,别也。

君旰下古旦反，日高也。**麕麚**上俱倫反，下音加，並鹿之屬也。**麕麚**，上居倫反，下音加，並鹿之屬也。**頵**於倫反。**俊穎**下營領反。——，才智秀利也。**峻**私閏反，高一也。**峻峙**上雖閏反，下直里反，高立也。**峻峙**上私問反，高也。下直里反，立也。**捃萃**上居運反，拾也。下才遂反，聚也。**捃掇**上居運反，下丁劣反。——，拾採也。**捃掇**上居運反，捨也。下下劣反。**捃拾**上居運反，採拾也。**捃討**上居運反，拾也。**捃摭**上居運反，下音隻。——，採拾也。**軍旅**下音吕，師也，衆也。又五百人爲旅也。**儁**俊字。**儁傑**上俊字同，下渠列反。——，才智所稱也。**儁乂**上俊字，下魚吠反。——，才智之稱也。**浚儀**上雖閏反。**浚儀**上思潤反，縣名。**浚儀**上子閏反，縣名。**郡**逵韻反。

K

開拓下音託。**楷**苦買反。**楷模**上口買反，下莫胡反。——，法則也。**鍇**苦買反。**凱**苦改反。**凱**口改反。**鎧**苦改反，一甲。**愷凱**二同，苦亥反。**愷悌**上苦改反，下音弟。**慨然**上苦愛反，嘆也。**慨嘆**上苦愛反。

刊定上苦寒反，刻也。**刊定**上苦寒反，削也。**刊木**上音看，平。一，刻也。**戡**音堪。**勘儅**下丁浪反。**戡定**竹甚反，又苦耽反。**龕**苦含反，一，室也。**龕定**上苦含反。**龕室**上苦含反。**侃**苦罕反，正作侃。**侃**丘罕反。**侃聞**苦罕反，和樂貌也。**坎壈**上苦感反，下力感反。——，不平貌。**瞰**苦暗反，視也。**瞰迥**上苦濫反。——，視遠也。**看閲**下音悦，視也，數也。

慷慨上苦明反，下苦愛反。——，竭誠也。**糠秕**下音比，不實也。**扛舉**音江，對舉也。或作掆，音剛。**亢**苦浪反。**抗**苦浪反，拒一也。**抗抵**上苦浪反，下音底。**抗衡**上苦浪反，下户庚反。——，高視貌。**抗迹**上苦浪反，高也。**抗禮**上苦浪反，一拒。**抗擬**上口浪反。**抗聲**上苦浪反。**抗言**上苦浪反，舉也，拒也。**抗者**上口浪反，拒一。**伉儷**上口浪反，下陵帝反。——，疋偶也。

考覈下閑革反。**拷掠**考略二音，打擊也。

殼卵上口角反。**頦顙**上户來反，頤也。下蘇郎反，額也。**科督**下音篤，率也。**珂雪**上苦何反。**苛虐**上音何，下魚約反。——，猛政也，酷也。**可藉**下才夜反。**溘然**上苦荅反，奄也。**溘然**上苦合反，奄也。**溘然**上咎合反，奄也，曰——。**溘然**上苦合反，忽也。**恪慎**上口各反，恭也，謹也。**刻**胡得反。

墾音懇，耕一。**坑穽**下音净，掘地以陷畜獸也。**坑埳**下音坎。**鏗然**上苦耕反。**鏗然**上口耕反。金石聲也。**鏗鏘**上口耕反，下七羊反。——，金玉聲。**鏗卓**上口耕反。

控古貢反，一，引也。**控寂**上苦貢反。**控引**上苦貢反。

摳衣上苦侯反。挈衣也。**摳衣**上苦候反，褰裳也。事師之謂——。**口嚙**下五巧反，舊作吾結反。**口顙**下蘇朗反，喉一也。**寇**苦候反。**扣**苦候反，一音口，擊也。**扣昔**

候反，一，擊也。一音口。**扣寂**上音口，一，擊。**扣頭**上苦候反，一，擊也，亦作中。**叩頭**上音口，又苦候反，一，擊也。**寇**苦候反，賊一也。**寇蕩**上苦候反。**寇謙**上苦候反。**寇擾**上苦候反，下音繞。

枯甃下俱廋反，塼井也。**刳剔**上音枯，下他的反。**袴褶**上褲字，下音習。褶，亦褲也。**酷**苦篤反，毒也。**酷**苦篤反，一，毒也。**酷旱**上苦毒反，一，毒。

夸父上音誇。**夸罩**上誇字，下竹孝反。**誇矜**下居陵反，一，衒也。**誇罩**下知孝反。**跨**傾化反，一，越也。**跨**傾化反，跨越也。**跨轢**上傾化反，走也。下音朥，車一也，一音落。**跨轢**上傾化反，下音曆。跨越也，碾一也。**跨轢**上傾化反，騎一也。下音曆。**跨馬**上傾化反。**跨躡**上苦化反，一越也。下尼輒反，履一也。**跨險**上傾化反。**跨越**上傾化反。

會稽上古會反，下音鷄。**會稽**上俱會反，下音鷄，越地名。

狂狷下俱犬反。**纊屬**上苦況反。一一，以綿俟氣也。**壙**苦況反，墓穴也。

窺傾彌反，視也。**巋然**上丘委反，高峻貌。**揆**求癸反。**揆**衢癸反，一，量也。**揆**衢癸反，一，度也。**揆測**上求癸反，下昌側反。一一，度量也。**頍**缺婢反，人名。**傀偉**上古回反，下羽鬼反，奇美之貌。**魁首**上苦回反。**魁梧**上苦回反，下音吾。一一，大形貌。**喟然**上丘位反。**喟然**上苦位反。大息也。**喟然**上丘謂反。一一，大息也。**喟然**上口位反。大息也。**葵**具惟反，菜名。**葵子**上具惟反。**魁質**上苦回反。**逵**具龜反，道也。**逵**具惟反。**暌**苦圭反，離也。**憒憒**俱妹反，心煩亂也。**匱**求位反，乏也。**匱簿**上求位反，貧一。**匱竭**上求位反。一一，貧空也。**匱竭**上求位反，貧一也，一之也。竭，空也。**匱餒**上求位反，貧乏也。下脮食也，下乃每反，飢一也。**簣**求位反，盛土竹籠也。**潰**玄對反，一，散也。**饋奠**上求位反。饋，獻食也。奠，酌酒也。

琨音昆。**崑崙**上音昆，下音論。**崑崙**昆論二音，山名。**焜煌**上胡本反，下音黄，明麗也。**裩**音昆，内衣也。**閫**苦本反，門根也。

L

萊州上音來。

蘭艾下吾盖反。蘭，香草。艾，蒿草。**繿縷**上郎舍反，下吕主反。**嵐**郎含反，州名。**嵐州**上郎含反。**濫觴**上郎淡反，下音傷。

臘臘郎苔反，年一也，二同。

狼忙上音郎，下悤遽皃。**廊廡**下音武，廊下屋也。**廊廡**下音武，堂下周屋也。**廊廡**下音武，廊下屋曰一。**閬**音浪，州名。**閬中**上音浪，西蜀州名。

勞賜上去声。**牢醍**上音勞，牛也。下音題，牛乳也。**老聃**上甘反，老子名。**老耄**下莫報反，年八十曰一。**老嫗**下紆句反。

羸力垂反，劣也。**羸瘠**上力垂反，下才亦反。**雷霆**下音庭，雷疾擊也。**縲紲**上力追,下音薛。**壘**吕水反。**壘甎**上倫水反,下音專。**酹**力對反。

稜郎登反。**冷然**上音靈。

離潰下懸對反,散也。**釐改**上力之反,理也。**驪戎**上音□,下而弓反。**驪山**上音離。**魑魅**上日知反,下眉二反,精怪也。**罹**音離,遭也。**澧陽**上音禮。**醴泉**上音禮,味甘如酒也。**醴泉**上音禮,甘一。**離潰**下懸對反,散也。**釐改**上力之反,理也。**禮貺**下音沉,賜也。**禮訊**下音信,問一也。**里閈**下胡旦反,里門也。**笠澤**上音立。**利捷**下才葉反。**戾叙**上零帝反,曲也。**戾止**上零帝反,亦止也。**栗**良吉反。**勵格**上音例,下古陌反。**隸**零帝反。**礪**音例。**磔**音歷,瓦一。**莅**音力。**莅**音利,零帝反。**莅**音利,臨也。**酈食其**三字音歷異基,漢代人名。**糲食**上音例,麤也,又郎達反。**勵然**上音厲。**轢**曆、落二音。**癘**音例,疚也。**癘疾**上正作癩音。**癘疾**上音例,疫一也。**癘疫**例役二音,疾也。

奩底上音廉,平底匣也。**奩篋**上音簾,匣也。下苦怗反,箱一也。**連鑣**下必苗反,馬銜也。一一,謂同行馬也。**連紕**下疋夷反。**連濡**下音儒,泣也。**連甍**下音萌。**聯鑣**下必苗反。**聯衡**上音連,下户庚反。**聯翩**連篇二音。**聯翩**連偏二音。**撻廁**上吕展反,般也。**歛衽**下汝審反,衣襟。**殮**力焰反,殯一也。

梁簄下音户,取魚竹器。**凉燠**下於六反,一一,寒暑也。**凉燠**下於六反,一,熱也。**兩髦**下音毛。一一,髭髮也。**兩派**下疋賣反,分流也。**亮**力向反。**亮**音諒。**蓼莪**六俄二音,大蒿也。毛詩孝子篇名。

獠音老。**獠民**上張巧反,蠻一。**遼敻**上音寮,下兄詠反。一一,遠也。**僚寀**寮彩二音,官也。**燎原**上力照反,燒一。**聊**音寮,正作僇,一賴也。**聊撝**上郎彫反,略也。下許爲反,指也。**廖公**上郎吊反。**寥廓**上音寮。一一,空遠貌。**了亮**下力向反。一一,聲清朗也。

捩力結反,拗一也。

冽音列。**烈亮**下力向反。

臨吊下音釣。**臨淄**下側思反,縣名。**林阜**下音婦,小山也。**林圃**下布、補二音。**林檎**下音禽,果子也。**林藪**下音叟,枯澤曰一。**林岫**下音袖,山穴也。**林蒸**下之陵反,或作菡,誤。**鄰幾**下渠衣反,近也。**驎鳳**上音磷,正作麟,仁獸也。**琳**音林。**琳琅**林郎二音,玉名。**廩**吕錦反。**懍**吕錦反,敬也。**懍然**上吕錦反,恭敬貌。**懍然**上吕錦反,敬畏貌。**廩**吕錦反,倉一也。**凛懷**上吕錦反,寒狀也。**悋**良刃反,一,惜也。**悋**良刃反。**零房**上去声,一獨也。**零房**上音令,各一也。**淩轢**下音曆。**泠然**上音靈。**泠疰**下音注,病也。**櫺扇**上音靈,窗一也。**囹圄**靈語二音,獄名也。**凌嘶**陵斯二音,水也。**凌轢**下音曆。**霝**音零。**陵阜**下音負。王子之塋寢曰一一。

留縶下直立反,繫也。**劉殘**上音留,殺也。**旒**音留。**旒冕**流免二音,冠也。傳有作旅晃,非也。**流宕**下徒浪反。**流遁**下徒困反,隱也,亦作遯。**流遁**下徒困反,逃也,遠也。**流潦**下音老,又郎到反。**流湎**下音緬,耽酒也。**流衍**下余羨反,溢也。**流霔**音霳。**流爥**下燭字。**六甸**下音殿。**六馱**下唐賀反，馬負也。**六爻**下户交反，卦象也。**霤**力救反，檐一也。

巃山上吕勇反，巄一也。**龍驤**下音相，平首也，騰躍也。**龍淵**下烏玄反。**龍頤**下余之反。**驡**子朗反，音龍。**聾瞽**上郎東反，耳無聞也。下音古，雙無目也。**壟**吕勇反，丘一也。**籠罩**下竹教反。**隴塞**上吕勇反，下蘇再反。**哢挵**弄字。

髏骨上音樓，頭骨也。

鑪錘下直追反，正作鎚。**鑪錘**下正作鎚，直追反。**鑪鍾**下直追反，正作鎚。**廬阜**下音婦，山一也。**櫓**音魯。**虜**音魯，胡一也。**虜寇**上音魯，戎一也。下苦候反，賊一。**虜掠**魯略二音。**虜騎**上音魯，戎一也。下去聲，馬一也。**鹵簿**上音魯，車駕次第謂之一一也。**魯兖**下以淺反，州名。**漉囊**上音鹿。**漉水**上音鹿，濾一也。**錄**力欲反。**賂**音路，遺也。**賂遺**上音路，下去聲。一一，贈也。**戮**音六，殺也。**簏**音鹿，箭箱。**潞城**上音路。**潞州**上音路。

筥音吕。**閭里**上力居反，二十五家曰一。**閭巷**上力居反，鄉閭，一巷也。**閭閻**上音驢，下音鹽。閭閻，里中門也。**旅凑**下七奏反，至也。**屢**力句反，頻一也。**屢**力句反，頻也。**履橾**下七到反，志也。**履操**下七到反，志也。

欒城上盧官反。**欒櫨**鸞盧二音，枓柱也，又云曲檻，是。**欒櫨**上郎官反，下落胡反。**攣躄**上力負反，手缩病。下必亦反，足屈病。**攣跛**上力員反，下博我反。一一，手足屈病。**攣急**上力員反，脚手屈病。**巒**郎官反，山一也。**鑾駕**上盧官反。天子之車也，以鈴安車衡，其聲和，象鸞鳳，謂之一一。**鑾駕**上郎端反，一，鈴也。天子之車軛，有朱雀銜鈴曰一一也。**癴躄**上正作攣，力員反，手縮病也。下必亦反，脚屈病也。**亂床**下密碑反。**掔**音略。

掠音略，劫一。**掠牛**上音略，劫一也。

輪奐下音唤，衆多貌。**輪睡**下丁果反，耳一。**論衡**上去聲，下户庚反。**綸紼**下音拂，索牽車也。**綸紼**下音弗，引字索也。**綸綜**下子宋反。

捋眉上郎活反，手一。**捋其**上郎活反，手一也。**捋者**上郎活反，手一也。**捋之**上郎活反，手一。

邏郎賀反。**覼縷**上音盧和反，下昌主反，委曲次序也。**覼縷**上郎和反，下吕主反。一一，委曲之貌。**螺寶**色白如雪。**羅縠**下胡谷反。**羅紈**下惑官反。**洛**音落。**洛汭**下而歲反，水名。**洛汭**下羊歲反，水名。**洛邑**上音落。**雒邑**上音洛。**雒濱**落賓二音，雒水之濱。**落泊**下音薄。**落紐**下女九反，系也。**駱驛**落亦二音。上或作絡，急疾分布之貌。**駱驛**落亦二音，分布急疾之貌。**駱驛**落亦二音，分布急疾曰一一。又白馬駁尾，色異，亦曰駱驛。**烙**音落。

M

馬衮下古本反。

埋瘞下於例反,一,亦埋也。

縵莫半反。**蔓**音萬。**蔓草**上音萬,藤一也。**漫提**上莫官反。**漫言**上莫半反,正作謾。**蔓莚**上音萬,下羊羨反。一一,相連不斷之貌。

芒屩上音亡,下音脚。一一,草履也。**茫若**上音忙反。**蟒**母朗反,大蛇也。

邁莫敗反,往也,遠也。

茅茨上莫交反,下疾咨反。**茅茨**下疾咨反。一一,草屋也。**茅茨**上莫交反,下在咨反。一一,草屋也。**矛盾**上莫浮反,下時尹反,兵器也。今謂一是一非,曰一一也。**矛戟**上莫浮反,下居逆反。一一,並槍之屬也。**髦彦**上音毛,下魚箭反。一一,俊美之稱也。**髦彦**上音毛,下魚箭反。一一,才智之稱。**耄矣**上莫報反,老也。**帽簪**下側參反,冠一。**貿**莫條反。**楙**莫候反,美也,大也。**楙哉**上莫候反,羨也。

莓苔二字音梅臺。**枚**音梅,个也。**糜**密碑反,一,粥也。**袂**彌祭反。

捫淚上音門,拭也。**門隙**下丘逆反,孔一也。**門鑰**下音藥,關一也。**氓流**上音萌,田民也。**氓庶**上音萌,田民也。**朦叟**上音蒙。**蒙蔽**下必祭反。一一,覆障也。**甍**音萌,屋檐也。**甍穴**上眉耕反。

麋鹿上音眉,小鹿也。**糜粥**上密碑反。**麛獵**上音迷。**弭**免爾反,息也,安也。**弭息**上米爾反,安也。**米糕**下音高,米粿食。**謐**音蜜。

靦他典反,慚一也。**靦縷**上郎和反,下吕主反,委曲之詞。**靦容**上他典反,面慚也。**眄**音麵,視也。**眄睞**上音麵,下郎代反。**眄衒**麵縣二音。下正作眩,目生花貌。一本作盱衡,上兄于反,下户更反。一一,舉目視貌。**俛首**上音免,低頭。**俛仰**上音免。一一,强爲也。**綿亘**下古鄧反,綿長也,亘延也。**綿罽**下居例反,毛褥也。**綿貿**下莫候反。**眠寐**下密二反,卧也。**冕旒**免流二音,天子下至大夫之冠皆曰一一。

苗裔下羊世反。**杪秋**上美小反,末也。**眇**美小反。**眇然**上美小反。**渺漫**上美小反,下莫官反。一一,大水貌。**渺然**上美小反。**邈**眉角反,遠也。**淼漫**上美小反,下莫官反。一一,水大貌。

蔑莫結反,輕一也。**蔑如**上莫結反,無也。**懱略**上莫結反,輕也。

僶俛上美忍反,下音免。**珉**音閩。**岷巴**上音閩,下伯麻反,蜀地名。**岷嶓**民波二音,西番二山名。**岷峨**二字音閩俄,並西蜀山名。**岷絡**上音閩,下只作洛。**岷絡**上音閩,蜀山也。洛,西京也。作雒,誤。**岷蜀**上音閩。**旻**音閔。**旻**音聞。**旻**音閩。**憫然**上音敏,蕩也。**泯**免恐反,一,絶也。**泯**未忍反,一,絶也。**泯然**上免忍反,滅也。**名頲**下他頂反。**洺州**上音名。**銘**音冥,述其功美曰一。**銘誄**下力水反。一一,述死者之行也。**銘目**上彌正反。**溟渤**下蒲没反。一一,海也。**鳴唳**下零帝反。**鳴笳**下音加,卷蘆葉吹之。**鳴鐃**下尼交反,一,鈸也。

謬苗幼反。

磨踵下之勇反,足跟也。**模楷**上莫胡反,下口買反。**模楷**下口買反。一一,法則也。**膜拜**上莫胡反，胡人禮拜也。**謩**莫胡反。**袹額**上音陌，一，袜也。**秣陵**上音末。地名。**秣吒**上音末。

牟盾下時尹反，上正作矛。一是一非，謂之一一。**侔**莫浮反，齊也。**侔**音牟，齊也。**侔**莫浮反，不等也。**眸**莫浮反，眼也。

目矚下音燭，視也。**牧羊**上音目，放一也。**墓誌**下音志，一，記也。**木鐸**下徒各反，鈴一也。以木爲舌，行文教之令也。**木訥**下奴骨反。木，質樸也。訥，遲鈍也。**木匙**是支反。**穆王**上音目，周之六代也。**睦**音目。

N

那詻下名字，上聲。

迺乃字。

妳母上女買反，乳一。

赧然上女板反，慚而面赤也。**赧然**上女扳反，慚而面赤也。**赧然**上女板反，慚也。**赧怍**上女叛反，下音昨。慚而面赤也。

撓女巧反，亂也。**撓擾**上女巧反，又呼高反。下音繞。

曩乃嘗反，昔也。**曩**乃黨反，一，昔也。**曩日**上乃黨反，昔也。

冃鬧字。

訥奴骨反，言澀也。**訥言**上奴骨反。出語謇一。

餧乃每反，飢一也。

泥濘下奴定反，深泥也。**霓裳**上魚溪反，仙衣。**尼嫗**下紆句反，老尼也。**匿**尼力反，隱一也。**匿然**上尼力反。**匿影**上尼力反，藏也。**溺喪**上奴的反，没一也。下去声。**泥龕**下苦含反。**泥曰**下音越。一云泥洹，一云涅槃，並皆一義。**睨**吾計反，睥一也。

年稔下汝審反。**年稔**下安審反。**碾**乃展反。**碾磓**上奴展反，下吾對反，磨一也。**捻履**上正作躡，尼輒反。捻，泥牒反，非此用。**葷掖**下音亦。

孃汝陽反。

躡尼輒反，蹈也。**躡嗣**上尼輒反，履一也。**躡響**上尼輒反。**躡踵**上尼輒反，下之勇反，踴起脚跟也。**躡足**上尼輒反，履一。**聶**尼輒反。

涅而上泥結反，水中黑土也。**嚙**吾結反，又吾巧反。**齧**魚結反，齩一也。

凝澱上魚陵反，一，結也。下音殿，滓也。**凝愼**上魚陵反，嚴整貌也。**凝玄**上於陵反。**凝遠**上魚陵反。**甯氏**上奴定反。

疕斯上尼八反，國名。

忸怩上尼六反，下音尼。一一，慚悚貌。**忸怩**上娘六反，下音尼，慚而悚息曰一一。**紐**女九反。**拗**鳥巧反。

農軒下許言反，謂神農、軒轅也。**膿潰**下玄對反，正作殨，肉爛也。**膿潰**下玄對反,決也。或作殨,一爛也。

駑駘奴臺二音,鈍馬曰——。**奴隸**下零帝反,僕役之稱。**奴儓**下音台,侍也。

恧女六反。**恧**尼六反,慚一也。**恧**尼六反,軟一也。

虐暴上魚卻反,酷一。

懦上奴卧反,一弱。**搦前**上尼厄反。

O

毆出上烏口反,正作嘔。一,吐也。**毆擊**上烏口,一,打也。

P

帊裹上疋駕反。

簰筏排伐二音,束竹木渡水也。上南人曰簰,北人曰筏。**排斥**下音尺,一,棄也。**排拉**上步皆反,推也。下郎合反,折也。**俳戲**上音排,雜戲也。**俳謔**上音排,下許約反。**俳優**排憂二音,雜戲也。**派**疋賣反。

番禾上音盤。——,縣名,在涼州。**番愚**潘禺二音,南海縣。

柈音盤。**盤岨**下音阻,謂盤曲艱阻。**槃桓**上音盤,下惠官反。——,适迴寬縱之貌。**叛**音畔,背一。**叛逆**上音畔,背也。

滂沱上普忙反,下音陀。——,大水流貌。**滂注**上普亡反。**炰烋**上音疱,下火交反。**咆憤**上步交反,下房粉反。——,虎怒聲也。**咆響**上步交反,虎聲也。**庖厨**上步交反。

裴矩上音陪,下俱字上聲。**霈然**上普盖反,雨澤也。**沛國**上博弊反。**沛郡**上音貝。**轡**音秘,馬銜、繮也。**佩**蒲妹反。

瓫經上盆字。**瓫水**上盆字。**砰磕**上普慶反,下苦塔反。——,雷聲也。**烹宰**上疋庚反,煮也。**蓬勃**下蒲没反。**蓬勃**下薄没反,正作焞,一,烟起之貌。**彭殤**上步庚反,彭老壽也。下音傷,夭亡也。壽夭下於小反,少亡曰夭。**憉悙**上步庚反,下許庚反。——,自大之貌也。**憉悙**上步庚反,下許庚反,方俗謂自大曰——。**鵬鷃**上音鵬,大一鳥也。下音晏,小雀也,莊子云:小大各得其所。

披析下先擊反。——,開分也。**披榛**下助申反。披,開也。榛,刺也。**披榛**下助巾反,叢草。**批閱**下音悦,視也。**髬**且代反。**邳國**上步悲反,魯也。**紕亂**上疋毗反,錯也。**紕繆**上疋夷反,下苗幼反。**紕繆**上疋悲反,下苗幼反。——,謂如繒帛之麤疏也。**郫縣**上音皮。**郫縣**上須彌反,晋邑也。**裨**音卑,助也。**皮鞕**下吾更反。**皮核**下胡隔反,果子一也。**肶内**上蒲米反。**埤垷**二字,上普米反,下語啓反。——,城上短牆也。**否泰**上弼美反,災一也。**闢**毗益反,開一也。**辟召**上必亦反,防衛也。**甓**蒲曆反,塼也。**僻**疋亦反,偏一。**僻**疋亦反,邪一也。

楩梓上薄田反，下音子，良木也。**楩梓**上步田反，下音子。**楩梓**上步綿反，下音子。——，終南山谷名。**駢羅**上步田反。—，填；羅，列也。**駢羅**上步田反，—，闐也。

飄颻上疋苗反，下音摇。**飄寓**下音遇，寄也。**飄寓**上疋苗反，下音遇。飄，風吹也。寓，寄止也。**漂泊**上疋苗反，下音薄。**驃騎**上毗召反，職名。

瞥普蔑反。

貧窘下具殞反，逼迫他。殞，羽敏反。**貧窶**下其主反，貧空也。**貧寠**下其主反，貧無禮也。**貧餧**下乃每反，飢也。**嚬眉**上音頻，正作顰。—，蹙。**顰蹙**上音頻，下子六反，攢眉之貌。或用頻蹙、憂蹙也。**品藻**下音早。**聘**疋併反，問也。**娉**疋併反。**評立**上音平。**呯磕**上普耕反，下苦塔反。——，石聲如雷也。**馮翊**下音翼。郡名。**瓶瀉**下思野反，傾也。**屏**音餅。**屏除**上音併。**屏毀**上音餅，—，除也。**屏迹**餅迹二音。**屏絶**上音屏。

坡阜上普何反，下音婦。——，小山也。

剖疋口反，開—。**剖**疋口反，—，判也。**剖符**上普口反，剖，判也，分也。竹符，契也，又信也。漢竹前長六寸，鐫刻篆書，兩分破，各持其一，後來合之。又之剖符。**剖析**上普口反，下先擊反。**剖析**上疋口反，下先擊反，剖判分析也。**剖疑**上疋口反。謂剖析疑滯也。

裒薄候反。

撲疋木反，打—也。**撲滅**上疋木反，打—。**溥**音普。**蒲坂**音返，地名。**蒲坂**下音板。**蒲阪**下音反，亦作坂。**蒲屩**下音脚，蒲草履。**蒲陝**下詩染反，州名。**鄱陽**上音婆。**樸**音朴，質也。**樸**疋角反，素也，質也。**樸木**上必木反，又疋角反。**樸直**上音朴。**璞石**上疋角反，玉—也。**譜牒**上音補。**曝**上蒲木反。**瀑布**上蒲木反，懸崖注水也。

Q

妻媵下余證反，妾也。**淒泫**下玄犬反。**漆布**上音七。**郪人**上音妻，縣名，在蜀。**期頤**下余之反，—，養也。禮曰：百年謂之——。**七籍**下才亦反，經—也。**七竅**下苦弔反。——，耳目口鼻也。**祁寒**上渠移反，盛也。**祁人**上渠爽反。**祁縣**上渠移反。**綦**音其。**綦毋**其無二音，複姓也。**攲**丘宜反。**攲斜**上去奇反。**琦**音奇。**陭岸**上去奇反，正作攲，倾—也。**騏驥**上音其，下几異反。駿馬曰——。**跂石**上音企，過委反，枕也。**麒麟**其鄰二音，瑞獸。**岐麓**上音祇，山—也。下音鹿，林屬於山也。**岐嶷**上渠移反，少而賢曰岐。下魚力反，幼而有識曰嶷。**岐嶷**下宜力反。——，少而賢智也。**崎嶇**上去奇反，下去俱反。——，阻險也。**崎嶇**上去奇反，下丘俱反，——，(竣)(艰)也。**蘄州**上巨衣反。**齊鑣**下必苗反，馬銜旁鐵也。今之並馬行曰—。作驃，誤。**耆艾**上渠夷反，下吾盖反。——，老之稱也。**耆耄**上渠夷反，下莫報反。——，老之稱也。**屺**音起。**乞匄**下音蓋。**企**丘智反，—望也。**企仰**上丘智反，舉望也。**企足**上丘智反。——,舉踵而望也。**杞州**上音起。**杞梓**起子二音,良木也。**杞梓**起子二音,木名。**磧**七亦反,沙一也。**器皿**下明丙反。**器械**下胡界反。**憩**丘例反,一,息也。**憩翼**上立例反,息也。**葺修**上七入反。**葺宇**上七入反。**葺治**上七入反,修也。下持、值二音。**氣慴**下之涉反,伏也,怯也。**氣噓**下音虚,吹也。**迄今**上許訖反。**迄于**上許訖反,至也。**迄至**上許訖反,至也。

掐紙上苦夾反。**恰至**上苦合反。**恰衷**上苦合反,下知仲反。**洽**侯夾反,沾一也。**帢服**上苦合反,正作帢,巾一也。士服也,如缺四角也。

籤七廉反,一,記也。**籤行**上七廉反,下户剛反,謂籤記行伍也。**牽挽**下音晚。**遷貿**下莫候反,一,易。**遷貿**下莫候反,易也。**遷貿**下莫候反。——,移易也。**遷貿**下莫條反。——,移易也。**遷于**上音千。**謙恪**下口各反,恭也。**謙恪**下苦各反。——,恭謹也。**謙牧**下音目,正作穆,和也。**鉛墨**上音緣,粉也。**騫**去乾反。**愆**去乾反,一,罪也。**僁**去乾反,一,罪也。**愆溢**上去乾反,罪也。下夷之反,盈也。**僉**七廉反,皆也。**褰裳**上去乾反。**褰帷**上去乾反,手一也。帷,帳也。**褰帷**上去乾反,一,挈也。帷 ,帳也。**褰之**上去乾反。**諐**去乾反,一,過也,與僁同。**黔黎**上巨兼反。——,黑首民也。**潛遁**下徒困反,隱也。**潛扣**上昨鹽反,伏也。下苦候反,一音口,擊也。**潛匿**上昨鹽反,下尼力反,伏藏也。**潛泝**下音素,逆流而上曰一。**揵椎**上音乾,下直追反。**虔劉**——,殺也,又欺剋也。**虔劉**乾留二音,殺戮也。**譴**去現反,一,責也。**譴**牽現反,罪責也。**刊**丘寒反,削也。**蒨**千見反。**欠長**下音丈,剩一也。**欠賸**下時證反,餘一也,與剩同。**慊言**上正作謙,苦兼反。一,退也。

鎗七羊反,正作槍。**鏘金**上七羊反。**鏘鏘**七羊反,或作鏗鏘。——,行貌。**鏘鏘**七羊反,行止有度也。**搶剟**上正作斨,七羊反,斧也。下知劣反,割也。**襁褓**上居兩反,下音保。——,織縷爲之,負小兒於背上。**襁負**上居兩反,正作襁,織縷爲之,負小兒于背上。**薔薇**上音牆。——,花名也。**强悍**下音汗,猛一也。**强禦**下音語。**牆仞**下音刃,一仞高七尺。**牆仞**下音刃,牆高十尺曰——。

鍬鍤上七遥反,下楚洽反。鏵也。**愀然**上七小反。——,變動貌。**峭**七笑反。

譙國上自摇反。**譙王**上自摇反。**嶠山**上渠要反。**誚**才笑反,責也。**翹采**上巨橋反。——,秀美也。**翹楚**上巨摇反。**翹勇**上渠遥反。**翹心**上巨摇反,勤也。**翹秀**上渠摇反。翹翹然出衆之謂也。**翹仰**上渠摇反,勤也。**樵採**上自摇反,拾薪也。**樵徑**上自摇反,一,薪也。下古定反,一,路也。作逕,誤。**樵頭**上白摇反。**僑寓**上巨嬌反,下音遇。——,寄居也。

切愴下初狀反。**愜伏**上苦劫反,心伏也。**愜洽**上苦帖反,下侯夾反。**愜然**上苦估反,心伏也。**愜住**上苦帖反。**篋笥**上苦怙反,下相寺反,竹器也。**挈瓶**上苦結反,提一。**朅盤**上丘列反。

頷頭上五感反,摇頭也。**頷頭**上字正作五感反,撼頭也。**親錫**上初鎮反,下先擊反。——，贈賜也。**擒之**上音禽，一，捉也。**擒捉**上音禽。**擒撮**上音禽，下子活反。**琴瑟**下音虱，一，琴之徒也，有二十五弦。**勤恪**下若各反。**勤劬**下音衢。**寢處**上七錦反，下昌吕反。寢卧安處。**寢處**上七錦反，下尺吕反。**沁澤**上七浸反，水名，出上黨西羊頭山。一音心。**青衿**下音金。**青麖**下音京，小鹿也。**蜻蛉**上音青，又音精。下音靈。有翼青蟲也。**清澈**下直列反，澄也。**清擢**下音角。**清邈**下眉角反，遠也。**清穆**下音目。**清囀**下知戀反。**圊廁**上音青，下尺使反。**輕誕**下音但，欺也。**輕憚**下徒旦反，懼也。**輕誚**下才笑反，責也。**輕侮**下音武，一，慢也。**情鈍**下徒困反。**情款**下苦管反。**勍敵**上巨京反，下徒的反。**勍鋒**上巨京反，武也，勇也。鋒，利也。**勍寇**上巨京反，一，勇也，敵也。下苦候反，一，賊也。**勍惑**上徒典反，滅也。**勍喪**上徒典反，下蘇浪反。**勍殄**徒典反，滅也。**勍殄**上巨京反，一，敵也。下徒典反，盡也，絶也。**殑伽**上其陵反，河名，别云恒河。**剠敵**上巨京反，强力也。**謦欬**上苦頂反，下苦愛反。——，出聲也。**慶弔**吉凶之事曰——。

惸巨營反，孤獨也。**穹昊**上去弓反，下音皓。——，天之名也。**窮劾**下胡得反，考其實也。**窮酷**下苦篤反，一，毒也。**穹窿**上去弓反，下六中反。——，天象也。**穹窿**上去弓反。——，高貌。**穹壤**上丘弓反，天高也。下汝兩反，下土也。**窮轍**下直列反，車迹也。**邛僰**上具恭反，下蒲北反。並蜀川縣名也。**煢煢**音瓊。

丘墳下音焚，孔丘墳典也。**丘壑**下呼各反，深谷也。**丘壑**下呼各反，谷也。**丘壤**下汝兩反，土一。**虬龍**上渠幽反，似龍無角。**囚隸**下零帝反。**仇**音求，怨也。**仇隙**上音求，下丘逆反，讎怨也。**遒文**酋音，勁也，逸也。**遒逸**上自由反，一，緊急貌。**遒壯**上自秋反。**泅渡**上似由反，拍浮渡水也。

佉羅上丘迦反。**祛**丘虚反。**祛**起虚反，散也。**祛**起虚反，閉也。**祛**起虚反，散也，除也。**祛滯**上起虚反，閑敬也。**祛**起虚反，開也。**祛**丘魚反，除也，散也。**祛析**上起虚反，開也，散也。下先擊反，分也，判也。**衢術**上權俱反，下音述。**劬勞**上音衢。**鸜鵒**衢欲二音。**臞**音衢。**蘧鬬**上音渠，正作豦鬬，不解也。**籧篨**渠除二音，竹織圓倉也。**籧篨**渠除二音，蘆簟也。**籧篨**渠除二音，竹簟也。**璩**音渠。**璩穎**上音渠，下營領反，二法師名。**氍**音衢。

闃爾上傾覓反，寂也。**闃然**上苦役反，一，寂也。

泉溜下力救反，下也。

確口角反，堅也，實也。**確乎**上口角反，堅也。**闕**音缺。**闕殆**下音待，危一也。**闋**傾决反，或作缺。**确削**上正作確，苦角反。

悛革上七全反，改也。**悛勵**上七全反，改也。**悛正**上七全反，改也。**詮定**上七全反。**權衡**上巨員反，下户庚反，秤也，平也。**筌相**上七全反，下去聲。**銓衡**上七全反，下户庚反，秤也。**銓品**上七全反。**銓釋**上七全反。——，具理也。**銓題**上七全反，正作詮。

裙襦上群字，下而朱反，短衣也。**群籍**下才亦反，書一。**群僚**下音寮，官一也。

R

髯而顏反，髭也。

獽而羊反，戎屬也。**攘臂**上而芋反，揎袖出臂。**攘那**上而章反。**攘災**上而羊反，卻也，除也。**攘之**上而羊反，除也。**壤**汝兩反，土一也。

嬈乃鳥反，一音繞。**嬈**乃鳥反，弄也，一音繞。

忍噤下渠禁反，牙急也。**稔**汝錦反，年也。**稔**汝審反，年也。**荏苒**上汝審反，下音染。**荏苒**上汝甚反，下音染。一一，疾速之貌。**仞**音刃。一仞，十尺。**軔**音刃，礙車輪木。

融冶上余弓反，下音野。能消釋其理謂之一一。**鎔裁**容才二音，鎔鑄剪裁。**鎔汰**容大二音，陶鎔，洗汰也。**鎔冶**容野二音，陶鑄也。**鎔鑄**容注二音。**戎郵**下音尤，驛舍也。**榮蔚**下音鬱。一一，树木繁茂也。

糅足救反，雜一也。**糅**尼幼反，雜也。**糅**尼救反，雜也。**糅雜**上尼救反。

如賈下音古。**如薺**下慈禮反。**如絳**下音降，紅色也。或作虹，音降，亦音紅。**如噎**下於結反。**茹**而禹反，一，噉也。**茹菜**上而庶反。**孺**而注反，童一也。**濡**而朱反，沾一也。**濡**而朱反，一，濕也。**濡襟**上而朱反，下音今。濡，沾濕也。襟，衣裙也。**濡沫**上而朱反。**蠕客**上音軟。**蝡動**上音軟，細蟲能動皆曰一。

阮嘯下蘇弔反。古人阮籍善一一也。聚唇出聲。

桵奴和反。

鋭于歲反，利也。**闠**一計反。**鋭**羊歲反，一，利也。**鋭鏤**上羊歲反，鋒利也。下音漏，鑿一也。上又作銑，先典反，金之美者曰一。**叡**羊歲反。**蚋**而歲反，蚊一也。**芮城**上而歲反，河東縣名。**芮芮**而歲反，地名。**睿思**上羊歲反，下去聲。**睿旨**上羊歲反，聖也。

弱冠下音貫，年二十曰一一也。**若咽**下於見反，吞也。**爇**而雪反，燒一也。

S

灑所解反。**洒淚**上所馬反。**洒泣**上所買反。**洒掃**上所馬反。**颯然**上蘇雜反。**颯焉**上蘇合反。

塞桑再反。**塞**上昌側反，下蘇則反。**三枚**下音梅，个數也。**三隅**下音愚，角也。

桑梓下音子，木名。今謂故鄉曰一一。**桑梓**下音子。鄉里之地謂一一也。**桑梓**下音子。一一，木名也，今云鄉里曰一一。**桑梓**下音子，木名。今謂鄉地曰桑梓也。**顙頰**下蘇朗反，額也。下古帖反，頤也。**喪**蘇浪反。**喪膽**上蘇浪反，下丁軟反。

搔索上蘇刀反。**騷**蘇刀切。**騷擾**上蘇刀反。一一，擾動也。**騷索**上蘇刀反。

掃帚上蘇到反，下之九反。

歃然上音色，小怖也。**歃然**上音色，一，忤也。**嗇然**上音色，小怖也。

森繁上音篸。一一，樹木翠盛也。**森羅**上音篸，一，列翠之貌。**森茂**上音参，翠盛貌。**森然**上音篸，衆木貌。**森梢**上音参，樹木列翠也。下所交反，木末也。**僧傑**下渠列反，雄才也。**僧孺**下而注反。

沙汰下音太。**莎坦**上桑和反，下他空反。**莎柵**上蘇和反，下楚責反。縣名也。**砂磧**下士亦反。

芟改上音衫，伐除也。**苫塊**上詩廉反，下苦對反。**潸然**上所間反，泣也。**潸然**上所間反，泣灑也。**羶腥**上詩然反，下音星。一一，肉氣也。**膻腥**上詩然反，下音星。**山參**下楚篸反，山高貌，正作嵾。**山岑**下助参反，山小高也。**山螭**下敕知反，蛟一。**山茌**下仕之反，茌平縣在齊郡。**山巔**下音顛，山頂也。**山阜**下音婦，小山也。**山麓**下音鹿，林一。**山楹**下音盈，柱也。**山峙**下直里反，立也。**埏埴**上詩然反，柔也。下時力反，土也。**埏埴**上詩延反，乘也。下時力反，土也。**潸然**上所間反，泣灑也。**删**所間反，一削也。**删要**上所開反，一削。**删治**上所間反，下持、值二音。删削治理也。**睒**式染反。**陜**失柴反，西郡。**陜虢**上失深反，下俱獲反，並州名。**陜州**上失染反。**䱉**音蛆。**剡**時染反，越地縣名也。**剡人**上時染反，越地縣也。**剡縣**上時染反，越地縣名。**剡洲**上時染反。**訕誹**上所間、所晏二反，下芳尾反。一一，謗也。**繕**時扇反，補也。**掞**詩焰反，振也，布也。**掞**書焰反，布也，奮也。**擅出**上時扇反。**鄯州**上時扇反。

商搉下音角，商度也，粗略也。**商擢**下音角，又作確，誤也。**商佉**下丘迦反。**商搉**下音角，舉也。又口角反。商搉，都慮也。

傷蠹下音妬。**殤**音傷，少死也。十六至十九曰長殤，十二至十五曰中殤，八歲至十二歲曰下殤。**上抄**下去聲，劫一也。**上弦**下音賢。上弦，七日、八日，月勢如弓弦。

燒爇下而雪反。**邵寺**上市照反。**紹胤**下羊鎮反，嗣也。**劭**音紹。

杓時約反，木一。

舌噤下渠禁反。**懾憚**上之業反。一一，驚懼也。**攝齊**下音資，一，衣裳之下也。一一，謂整頓衣服齊貌也。**歙州**上音攝。

深守今反。**深淀**下唐見反，深泉曰一。**深瘞**下於例反。**深濬**下思閏反，一，亦深也。**深瀅**下紆定反，小水也。**深賾**下助責反，幽微也。**身子**舍利弗字也。**椹**食審反。**呻嘷**申亳二音。**詵詵**所巾反，衆盛貌。**詵駛水**上使、史二音，疾也。**莘州**上所巾反。**莘州**上所中反。**神甸**下音殿，郊一也。**神衿**下音今。**神鉦**下之盈反，鐃也。**眘**慎音。**聲咔**下音弄，正作哢。**聲聒**下古活反。**聲懋**下莫候反，美也。**聲聞**下音問。**聲颺**下音羊，飛一也。**甥舅**上音生，外生也。**聖衷**下音中。

匙是支反。**失馭**下音御。**師範**下音犯，法也。**師轄**下遐葛反。**絁**音施。**尸柩**下音舅，屍入棺也。**食椹**下食審反，桑子也。**食言**或作蝕言，言無信也。書云：爾不信,朕不食言。**十臘**下郎答反,年一。**什**蒲比反。**什邡**下方罔反,縣名。在廣陵,一音方。**石帆**下音凡。異物志曰:一一生海邊石上也。**石趺**下音夫,安足之石也。**石龕**下苦含反,一,室。**石磧**下七亦反。**石罅**下許駕反,一,穴也。**拾掇**下于活反。**拾掇**下丁劣反。**豕吟**上式旨反。**嗜那**上音視。**嗜睡**上音視,貪一也。**嗜慾**上音視,貪也。**嗜慾**視欲二音。**嗜慾**上音視。一一,多貪也。**試柱**下知主反。**噬**時制反。**螫**呼各反,一音釋,蟲行毒也。**螫**呼各反,蜇一也。**適莫**上音的。一一,無指定也,又無親疏之謂也。**適主**上音摘。**軾**音識。**筮術**上音逝。一一也,龜曰卜,蓍曰筮。蓍音尸,草也。**筮之**上音逝,卜一也。**世諺**下魚箭反。**勢慴**下之葉反,一,伏也。**謚**音示。**舐**神止反,舌舐也。**市闠**下直違反,亦作鄽。**市廛**下直連反。**市鄽**下直連反。**市闤**下直連反,亦作鄽。

收殯下必刃反,埋一也。**受禪**下是扇反,授位也。

淑問上音熟,善一也。又善也。**蔬菲**上音味,下芳尾反,菜食也。**蔬藿**下呼郭反,豆葉也。**倏**音叔,一忽。**樞揆**上昌朱反,下衢癸反。**樞紐**上昌俱反,下女九反。**疏瀹**上音踈,通一也。下音藥,洗一也。**疏擔**下音盐,與檐同。**疏灑**下所馬反。**疏刷**下數劣反。**菽麥**上音叔,豆也。**屬纊**上之欲反,下苦況反,以綿侯氣也。**屬纊**下傾沉反,以綿侯氣曰一一。

黍離上詩吕反。黍,穄禾也。離,披也,禾黍之秀。**术松**上直律反,藥名。**漱口**上音瘦。

刷心上所劣反。

衰弊下毗祭反,惡也。**帥衆**上所鷄反,將一也。

霜戈下古禾反。一一,戈矛白刃也。**爽塏**上霜兩反,下苦改反。**爽塏**下苦改反。一一,地高而明也。

水鵠下胡毒反。**水澍**下音注。**水溲**下所有反,揉麵也。**水磑**下吾對反,磨也。

吮膿上詞軟反,一,欶也。下音農,一血。

嗽噎上蘇奏反,正作嗽,下於結反。一一,氣塞喉也。**嗽之**上音朔。**嗽者**上音朔,吮一也。**爍**詩若反。

斯匿下尼力反,亦王號也。**厮下**上音斯。**厮下**上音斯,賤役也。**嘶**音西,馬聲。**偲**七才反。**私憾**下胡暗反,恨也。**私憾**下胡暗反,悵也。**笥**相寺反,篋一也。**笥**相寺反,竹器也,圓曰箱,方曰笥[1]。**飼**音寺,餧一也。**伺隙**上相寺反,下丘逆反。一一,候閑也。**涘**音俟。**駟馬**上音四,一乘四馬也。**祀**音似,年一。**四皓**下胡道反。**兕虎**上詞姊反,野牛也。

嵩岳上息弓反。**松梓**下音子,木名。**聳**息勇反,高一也。**悚慄**上息勇反,下良吉反。一一,驚畏貌。**竦**息勇反,正作聳,高也。**竦塔**上息勇反,高也。**送餉**下詩尚反。一一,贈食也。

搜先侯反。**搜舉**上所鳩反。**搜擢**上搜字，或作捜。下音濁，拔也。**藪**音叟。

窣堵上蘇没反，下音覩。——波，亦云塔婆，今之云塔是也。**窣和**上蘇没反。**俗謩**下莫胡反。**俗壤**下汝兩反，土也。**泝**音素，逆流而上也。**泝流**上音素，逆流也。**訴**音素，告也。

束晳下旨列反，晋時人名也。作哲，誤。

酸蘇官反，辛一也。**綏**音雖，安也。**綏理**上音雖，安也。**綏撫**上音雖，安也。**綏弱**上玄伴反，慢也。**綏緝**上音雖，下七入反。綏，安也。緝，績也。**綏緝**上音雖，下七入反。綏，安也。緝，理也。**隋**音隨，帝代也。**隋唐**上音隨，帝代也。**隋煬**上音隨，下余向反。**隨沚**下音止。**晬容**上私遂反。**邃**私遂反，深一也。**隧**音遂，墓道也。**墜**音遂，墓道也。**誶**私遂反，美也。

鎖鑰上蘇果反，與鏁同，下音藥。**瑣瑣**蘇果反。——，小細也。

【校注】

［1］笥：磧本作"筒"誤。今據文義改。

T

塔棖下直耕反，塔心也。**獺弁**上他连反，水狗也。下皮變反。——，以前脚弁合也。**沓重**上唐合反。**蹋草**上亦作蹹，徒答反。**闥**他達反。**榻**音塔，坐也。**榻**音塔，椅也。

駘足上音臺。駑一，鈍馬也。**汰**音太。**汰**音大，濤一。**汏澮**上俱大反，下俱外反。——，引溝瀆水也。**汰法**上音太。

灘澓上他丹反，急流也。音伏，洄流也。**貪叨**下土高反。**曇**徒南反。**覃**徒南反，延也，及也。**覃思**上徒南反，延也。下去聲。**覃思**上徒萌反，下去聲。**談謔**下許的反。**談謔**下許約反。**郯**音談。**探**土含反，一，取也。**探括**上土含反，取也。括，檢也。**探窮**上土含反。**探索**上土含反，下所責反。**探玄**上土含反。**探賾**上土含反，取也。下助隔反，幽微也。**探賾**上五含反，取也。下助隔反，幽深。究玄微也。

唐突下徒骨反。二字正作塘揬，觸也。**堂廡**下音武，堂下廊屋也。**帑藏**上音儻，下去聲。——，貯金帛之舍。

濤汰桃太二音，洗也。**韜**音叨，一，藏。**韜德**上土刀反，藏也。**韜光**上土高反，諱也。**韜隱**上士高反，藏也。**滔然**上音叨。**滔然**上土高反。**滔滔**土刀反。**滔玄**上土刀反。**逃迸**下必孟反，走也。**逃竄**下麤筭反。**逃遁**下徒困反。**洮簡**上音桃，正作濤，一澤。**陶侃**下苦竿反。**陶侃**下苦罕反，人名。**陶埏**下詩延反。——，窯家柔土也。**陶鎣**下紆定反。**陶甄**下居延反。——，鎔鑄之謂也。**陶甄**下居延反，窑也。**討讎**上他老反,下音酬。——,尋理校勘也。

騰漾下余向反,浮一。**騰翥**下之庶反,飛也。**騰翥**下之無反,飛也。**藤緘**上正作滕,徒登。下古咸反,封也。

提襆下房王反。**提撕**下音西。**提撕**下音四。**禔**時爾反,衣服端。**稊稗**上音帝,下蒲費反,二草名。**稊莠**題酉二音,二草名,似稻。**蹄瀅**下紆定反,小水也。蹄瀅類牛迹之水。**涕泗**體四二音,淚泣也。**逖**音迪、剔二字。**逖**他的反,達也。**逖**他的反,遠也。**倜儻**上他的反。——,大也,特達也。**倜儻**上他的反,下他朗反。——,奇俊非常。**替籍**上正作屜,音替。下才夜反,鞋履中薦也。

天潢下音黄,天津也。**天睠**下音眷,一,顧也。**天厭之**中於葉反,一,塞也。夫子設誓於子路,曰天厭之。謂皇天厌塞我道,令不行也。**畋**音田,獵也。**畋獵**上音田,獵之總名也。**畋遊**上音田也,一,獵也。**畋漁**上音田。——,獵獸取魚也。**瑱**他甸反。**瑱**他見反。**恬静**上徒添反。**恬虚**上徒添反,静也。**恬愉**上徒添反,下羊朱反。——,安静和悦之貌也。**恬愉**上徒添反,安也。下羊木反,忻也。**闐谷**上音田。**闐闓**上音田,下於結反。**闐闓**上音田,下因篋反。——,閉塞也。**殄**徒典反,滅也,絶也。

挑脱上土彫反。**岧然**上音條,草木秀實貌。**髫齓**上音條,下昌謹反。童子長髮之年曰髫,换齒之歲曰齓。**髫齔**上音條,下昌謹反。髫,小童長髮之年;齔,换齒之歲也。**髫年**上音條,小兒長髮之年也。**岹峣**二音苕堯。**條綫**下線字。**迢遰**條第二音,遠也。**迢邈**下眉角反,遠也。**朓魄**上天了反,月行疾也。**眺**他弔反。**眺**他了反,又他吊反。**眺**天弔反,一望也。

鐵錞下徒内反,矛戟柄下銅也。**鐵礦**下俱猛反。**鐵鉗**下巨兼反,以鐵夾物也,一。**餮憻**上音鐵,下徒卧反。——,貪食懶一也。

霆擊上音庭,雷一也。**挺**亭頂反,出也。**挺**他頂反,出也。**挺暢**上亭頂反。**挺超**上他頂反,出也。**挺出**上庭頃反,超挺也。**挺特**上池頂反。**頲**他頂反。

通劭下時照反,自强也,美也。**通衍**下羊羨反,進也。**童亂**下昌謹反,换齒之年。**童丱**下俱患反,童子未髻髮也。**童丱**下古患反,童未縶髮曰一。**童稚**下直利反。**峒山**上音同。**潼關**上音童。**潼州**上音同。**潼州**上音童。

鍮鉐偷石二音。**投庇**下必二反,一,廕也。**投厝**下七故反,正作措。**頭擐**下音患,貫甲也。**頭顱**下音盧,頭腦也。**頭絰**下徒結反。

突騎上徒骨反。**突厥**上徒骨反。——,番地貴號也。**徒跣**下先典反,一,赤足行也。**徒跣**下先典反。——,赤足行也。**土坌**下蒲悶反。**土埵**下丁果反。**土墼**下音擊。**塗漫**上音徒,下莫官反。**圖讖**下楚滲反。——,記驗未萌之事。滲,參去聲。**圖繪**下音會,畫也。**圖繢**下玄對反,畫也。

湍五上土官反。**彖**土亂反。**豗觸**上音灰,猪掘也。

推盪上土回反,下音蕩。——,除也。**推覈**下胡革反。**推劾**下胡得反。**頽**徒回

蚊虻上音文,下莫庚反。**聞聞**上音文聲,下音問聲。**汶蜀**上音問。**刎**武粉反,斷頸也。**紊亂**上音問。**齆差**上於貢反,鼻病也。下瘥字。**甕**於貢反。**甕牖**上于貢反。**甕牖**上於貫反,下音酉。謂瓮穴窗牖,貧居鄙陋也。**奣**烏猛反。

沃蕩上烏篤反。**握**於角反,拳握也。**握手**上於角反,把一。**握錐**上於角反,下質追反。**幄**於角反。**齷齪**上於角反,下楚角反。

烏黯上一滅反,一,黑。**烏鎩**下所戒反。**嗚咽**下於結反,一,悲不止之貌。**嗚咽**下於結反。一一,憂悲不止也。**屋甍**下音門,屋檐也。**巫殺**上音無,一師。**巫覡**上音無,下胡的反。師巫也,女曰巫,男曰覡。**巫覡**上音無,下胡的反。巫師也,女曰巫,男曰覡。**巫覡**上音無,下胡的反。師一也,女曰巫,男爲覡。**洿池**上音烏,積水池也。**鄔荼**上一古反。國名也。**誣我**上音無,謗也。**吴會**下古外反。**無傲**下吾告反,一慢。**無措**下七故反。**無辜**下音孤。**無疆**下音薑,一,界也。**無崖**下魚佳反,一音宜,一,岸也。**無斁**下音亦,厭也。**無垠**下音銀,一,涯也。**五袴**下褲字。廉叔度能爲治,故謡云:昔無襦,今五袴。**侮**音武,欺也。**侮慢**上音武,下莫晏反。**侮慢**上亡甫反,慢也。**侮弄**上音武。**侮人**上音武。**憮然**上方武反,失意貌。**忤**音悟,觸也。**忤**音悟,逆一也。**忤人**上音誤,觸也。**悟**上胡買反,驚也。**寤寐**上吾故反,下密二反。**鶩**音務,馳逐也。**鶩**音務,馳一也。**鶩**音務,驅也,奔也。**騖**音務,馳也。**騖道**上音務,馳也。**兀然**上吾骨反。**晤駭**上吾故反,下胡買反,驚也。**婺女**音務。

X

西邸下音底。**西壤**下汝兩反,土也。**栖遁**上音西,一止也。下徒困反,隱一也。**希鮮**下息淺反。**晞**音希。**蹊**音奚,一徑。**蹊**音兮,一徑。**蹊逕**奚徑二音,小路也。**蹊徑**上音兮。**嘶破**上音西,聲散也。**觿裳**上兄弥反,角錐,童子佩之以解結也。**翕**許及反,一,集也。**翕集**上許及反。**翕然**上許及反。**翕然**上正作嗒。一一,體解神亡也。**犀那**上音西。**犀枕**上音西,下止審反,以犀角爲枕。**醯羅**上呼兮反。**肸蠁**上許乙反,下虚兩,布也,盛作也。**蟋蟀**上息吉反,下所律反,秋蟲也。**羲和**上興宜反,日也。**羲皇**上興宜反。**曦**音希。**郗恢**上丑夷反,下苦回反。**析**先擊反,分一。**析理**上先擊反,分也。**析石**上先擊反,分一也。**析爻**上先擊反,分判也。下户交反,卦象也。**象繫**下胡計反,周易有一詞也。**析疑**上先擊反,分也。**吸嗽**下音朔,正作涑。**欷歔**上音虚,下許既反。**欷歔**上許既反,下音虚。一一,悲之餘聲。**襲**音習。**隰**音習,州名。**徙**斯綺反,移一也。**徙迹**上斯綺反,移也。**徙轍**上斯綺反,移也。下直列反,車迹也。**洗濯**下音濁。**喜愠**下紆運反,怒也。**喜愠**下烏運反,怒也。**屣**所綺反,鞋一也。**屣**所綺反,履一也。**璽書**上斯綺反,天子玉印也。**璽書**上斯紫反,御印也。**璽書**上斯綺反,印也。**璽書**上斯比反,天子玉印。**璽書**上斯綺反,玉印也。一一,天子詔命也。**隙**丘逆反,孔一也。**隙**立逆反。**隙**丘逆反,閑。**隙**丘逆反,閑控也。**系**胡計反。**係心**上音計。

係襪上音計，下亡反。**繫杅**下正作盂，木盆也。**繫象**上胡計反，周易有一詞。**呬**許器反。

硤州上侯夾反。**暇**音夏，閑一也。**狎**胡甲反，近也，習也。**陿**侯夾反，窄一。**陿**小上狹字。**瑕**音霞，玉中痕也。**狹**咸夾反，窄一。**黠慧**上閑八反，智利也。**下藉**下市夜反。**下邳**下蒲悲反，泗上縣名。**下峽**下侯夾反，州名。**下瘞**下於例反，埋也。

俠胡帖反。**俠持**上胡怗反，正作挾。

暹息廉反。**先溲**下疏有反，一，和麪也。**鮮忤**上息淺反，少也。下音悟，觸一也。**纖**憲廉反，一，細也。**纖芥**上息廉反，一，微細也。**纖芥**上息廉反，下音界。**銛鋒**上息廉反。一一，利也。**銛利**上息廉反。**铦鋭**上息廉反，下羊歲反。一一，利也。**僊城**上音仙。**眩目**上音縣，目生花貌。**咸萃**下才遂反。一一，併集也。**咸萃**下才遂反，集也。**嫌誚**下才笑反，責也。**嫌隙**下丘逆反，讎也。**嫌郄**下丘逆反，正作隙，讎一也。**閑敞**下昌兩反。**閑澹**下音淡。**涎溜**上似連反，一，唾也。下力救反，流下也。**衒**音縣，誇也。**衒之**上音縣。**銜嚙**下五巧反，舊作吾結反。**甚少**息淺反，一，少也。**洗馬**上先典反。官東宮也。**顯敞**下昌兩反，明也。**顯戮**下音六，殺一也。**跣行**上先典反，赤足行也。**跣足**上先典反。**獫狁**險允二音，北狄也。**獫狁**險允二音，北狄兇奴也。**霰雪**上先見反，雨雪一下也。**綫履**上線字同。**獻餉**下詩尚反，贈也。**憲司**上音獻，法也。**憲章**上音獻，法也。**限閾**下兄力反，又音域，門限也。**陷**咸字去聲，一，墮也。**陷地**上咸字去聲。**陷折**上侯鑒反。**陷**咸字去聲，一没。**峴公**上正作峴，胡顯反。**峴頭**上胡典反，山名。**晛**形演反。**睍爾**上惠板反。一一，笑而無聲也。

相讒下助銜反，佞也。**相讎**下音酬。**相糾**下俱有反。**相岠**下音巨。**相突**下徒骨反，觸也。**相襲**下音習，一，合也。**相沿**下音緣。**相遺**下惟醉反，贈遺也。**相娱**下音愚，歡一也。**鄉梓**下音子。**襄沔**相緬二音，漢水名。**襄沔**上音相平，下音緬，水名也。**襄陽**上息羊反。**襄州**上息羊反。**香奩**下音廉，平底匣也。**瓖**息羊反。**翔**音祥，飛一也。**翔逝**上音祥。一一，飛往也。**翔逝**上音様。一一，飛去也。**翔泳**祥泳二音。**庠塾**祥孰二音，門側之堂。**庠塾**二字祥孰二音，門側之堂也。**庠序**上音祥，行止有慶。**詳覈**下閑隔反，考也。**詳覈**下音詳革反，考一。**詳覈**下閑隔反，考一。**餉食**上許尚反，贈食也。**餉遺**上詩尚反，下惟醉反。一一，以食與也。**餉遺**上詩尚反，下去聲。**饗**許兩反，獻也。**享國**上許兩反，獻也，受也。**享之**上許兩反，獻也，受也。**向居士**上詩尚反。

驍悍上古堯反，勇也。下胡旦反，一，傑也。一一，言猛也。**蕭瑀**下音禹。**鴞**于憍反。**銷殄**下徒典反，滅也。**梟感**上古堯反。**梟獍**上古堯反，伯勞鳥也。下正作獍，獸名也。皆反逆之禽獸。**虓虎**上吁交反，虎聲。**虓虎**上呼交反，虎怒。**囂塵**上許嬌反。**囂擾**上許嬌反，下汝小反。一一，喧雜也。**囂雜**上許嬌反，喧也。**囂煩**上許嬌反，宣一。**囂煩**上許嬌反，喧也。**嚻俗**上許嬌反，諠一也。亦作嚣。**崤函**上户交反，地名也。**淆右**上户交反。**小逕**下正作徑。**孝絰**下徒結反。**哮吼**上許交反。**嘯嗷**上蘇弔反,聚脣出聲也。下吾高反。**斆**胡教去反,學一也,與效同。

協胡怗反,和一也。**協**胡怗反,同心也。**協**音叶。**協**胡怗反,合也。**協洽**上胡怗反,下咸夾反。太歲在未,曰一一。**偕**音皆,俱也。**緦**胡頰反。**邪逕**下正作徑。**邪佞**下奴定反。**斜眄**下音麵,視也。**斜仄**下音側,一,陋也。**燮理**上先怗反,和也。**泄**音薛,漏也。**泄流**上音薛。**薤**何介反,葱一也。

心瞀下莫候反,不明也。**欣狎**上許斤反,下胡甲反。一一,喜近也。**忻懌**上許斤反,下音亦。一一,和悦之貌。**昕**許斤反。**薪積**下子智也。**辛臭**菜也。**辛鯹**下音星,臊臭也。**辛腥**下音星,葷辛腥臭也。**辛臊**下蘇刀反。魚臭曰鯹,肉臭曰臊。**信靡**下緬彼反,順也。**信慤**下口角反,謹也,善也。**釁**許近反,禍也。**亹**許近反,罪也。**猩**音生。**陘**上音形。**行僻**下疋亦反。**形羸**下力垂反,劣也。**刑戮**下音六。**形偉**下羽鬼反,美異也。**姓俞**下丑古反。**幸戢**下阻澀反。

胸襟下音今,襟懷也,作衿誤。**凶獷**下俱猛反,一,惡。**兇悍**下音汗,猛也。**雄幹**下古旦反。**雄憨**下虎甘反,猛也,癡也。**雄悍**下音汗,勇一也。**雄悍**下音汗,勇猛也。**雄亮**下力向反,朗也。**雄雉**下直里反,野鷄也。**熊虎**上音雄,似猪而大。**熊州**上音雄。

敻古上兄併反,遠也。**敻遠**上兄政反,一亦遠也。

修纘下子管反,一,集也。**脩葺**下七入反。**朽邁**上許九反,下莫敗反。一一,年老之謂也。**岫**音袖,山一。**岫**音袖,山穴也。**秀峙**下直里反,立也。**嗅味**上許救反。

吁可上兄于反。**欻**許勿反,卒起貌。**欻爾**上許勿反。**欻起**上許勿反,卒起貌。**欻然**上許勿反,卒起之貌。**墟**丘虚反,一,聚也。**墟**起虚反,聚落也。**盱衡**上兄于反,下户更反。一一,舉目高見。**盱衡**上許于反,下户庚反。一一,厲色。<u>孟康</u>曰:眉上曰衡。舉目揚眉也。**虚梗**下加猛反。**歔欷**上音虚,下許既反。一一,悲之餘聲。**歔欷**上音虚,下許既反,泣之餘聲也。**諝**息徐反。**詡**况羽反。**诩**兄羽反。**絮**息慮反,綿一也。**卹**思律反,救也。**卹**思律反,以財濟惠也。**旭**許玉反。**旭旦**上許至反,日早也。**胥附**上息徐反,相也。**胥徒**上息徐反,一,吏。**胥下**上息徐反。**胥悦**上息徐反,相也,亦作肙。**胥悦**上息徐,安也。**勖誡**上許玉反,勸也。**勖示**上許王反,勸也。**蓄**許六反。**蓄**丑六反。

儇慧上許緣反,智也。或作懁,誤。**喧譁**下音花,鬧也。**諠譁**上音喧,下胡瓜反。一一,鬧也。**鉉**懸犬反。**玄珪**下音圭,玉也。**玄坰**下俱螢反。一一,幽野也。**琁**似宣反。**旋擯**下必刃反。**旋渦**下烏和反。**旋踵**上似宣反,下之勇反。一一,回步也。**旋趾**上似宣反,迴一也。下音止,足一也。**璿**似宣反。**晅**况遠反。**晅**兄遠反。**炫**音縣。**炫燿**縣曜二音,明也。**炫燿**縣曜二音,照也。**泫**懸犬反,露光也。**懸溜**下力敦反。**絢采**上呼縣反,文彩貌也。**絢矣**上兄縣反,文彩之貌。**眩目**上音縣。

削思約反。**靴**兄和反,黑皮履也。**學稔**下汝審反,豐也。**謔**許約反,戲一。

熏勃下蒲没反。**曛**兄云反,日昏也。**薰狐**上兄云反,下音胡。亦名訓胡,即鵂鶹鳥是。**薰蕕**上兄雲反,香草也。下音由,臭草也。**詢**息旬反,問一也。**詢訪**上息旬反,問也。**恂**息旬反,恭敬皃。**恂恂**息旬反,恭信也。**恂恂**息旬反,温恭貌。**眴息**上詩閏反。一一,一動目間也。**尋隙**下丘逆反,壁孔也。**尋緗**下息羌反。**尋繹**下音亦,理也,解也。**尋閱**下音悦。**循**音旬,歷也。**循擾**上音旬,下或作繞。**循擾**旬繞二音。**循心**上音旬。**蕈**慈寑反,腐木上生,一名菌。**訊**音信,問一也。**馴**音旬,習也,順也。**馴**音旬,善也。**馴伏**上音旬,善也。**馴擾**上音旬,下音繞。一一,柔順貌。**馴繞**上音旬,善也,順也。下正作擾。**馴狎**上音旬,善也,順也。下胡甲反,近也,習也。**潠之**上蘇困反,噴水也。**潠之**上蘇因反,噴一。**徇**詞閏反,一,從也。**徇**詞閏反,順也。**徇目**上詞閏反,縱也。**殉命**上詞閏反,以身從物也。**訓勖**下許王反,勤也。**訓勖**下許玉反,勉也。**愻**蘇困反。

Y

壓音押。**崖**魚皆反,山一也。**崖**魚皆反,山側也。**崖隒**上吾皆反,下語檢反,山形如重甑曰一一。**崖岫**上吾皆反,山險也。下徐右反,山穴也。**雅操**下七到反,心也。**雅亮**下力向反。

滰雲上邑鹽反,清也,宜作奄。**咽頷**上音烟,一喉也。下胡感反,頤一也。**咽液**上於見反,吞也。下音亦,津一也。**淹**邑鹽反,久留也。**閹隷**上邑盐反,下零帝反。**閹茂**上邑鹽反。歲在戌曰一一。**延蔓**下音萬,枝一也。**延袤**下莫候反。延,長也。袤,廣也。**巖壑**下呼各反。一一,山谷也。**巖壑**上吾銜反,山險也。下呼各反,深谷也。**巖藪**下音叟,一,澤也。**巖崖**上吾銜反,下吾皆反。**嚴毅**下魚既反,果决也。**言誥**下音告。**言謔**下許約反,一,調。**言謔**下許約反,戲弄也。**妍媸**上宜彦反,好也。下尺之反,醜也。**炎溽**上于廉反,下音辱。**炎曦**上于廉反,下許宜反。炎,暑也。曦,日也。**炎燠**上於廉反,下於六反。一一,暑熱也。**言詮**下七全反。**言晤**下音悟。**琰**以捻反。**琰**以檢反。**琰嚼**上以檢反,下才約反。**檐禽**上櫓字同。**研覈**下閑鬲反,考實也。**研味**上宜牽反。**研綜**上宜牽反,一,窮也。下子宋反,一,理也。**檐霤**上音鹽,下力救反。一一,漏下水處。**檐霤**下力救反,檐下水處。**彦**魚箭反,美士也。**彦琮**上魚箭反,下自宗反。**彦琮**上魚箭反,下在宗反。**揜**掩字。**揜坎**上掩字。坎,穴也。**隒**語檢反。**兖**緣淺反,州名。**兖州**上以淺反。**兖州**上以餞反。**霮藹**上音掩,下烏盖反。一一,雲色陰曀也。**奄然**上一儉反,忽也。**巘**語偃反。**衍**音演。**偃仆**下蒲北反。仰倒曰偃,伏倒曰仆。**掩捕**下音步,一,捉也。**掩骼**下音格,骨一也。**宴寢**上於見反,一,安也。寢,卧也。**諺**魚箭反,俗云也。**諺云**上魚箭反,俗言也。**饜飫**上一焰反,下於去反。一一,食飽也。**焰爝**上以厭反,下音雀。**醼飲**上於見反。**讌筵**上於見反。**堰**於建反。

鞅掌上於兩反。——,荷任也。**怏**於向反,失志貌。**怏怏**於向反,不快也。**洋溢**羊逸二音。**洋溢**下夷一反。**颺**音羊,飛一也。**煬帝**上余向反,隋代二帝。**揚榷**下音角,舉也。**瑒**音羊。**陽翟**下音宅,縣名也。**痒**音祥。**恙**余向反,憂也,病也。

夭殂上於小反,下自胡反。——,少而亡也。**妖氛**下音芬,氣也。**妖蘖**下魚列反。草木之怪曰妖,蟲獸之怪曰蘖。**腰襻**下疋患反,帶系也。**肴**户交反,食也。**遥奕**下音亦,明也。**謡**音摇,歌一。**謡**音摇,詠也。**姚氏**上音摇。**窯中**上音摇,燒瓦室也。**摇曳**下羊逝反。**窈窕**上烟曉反,下徒鳥反。——,美好貌。**杳杳**烟曉反,深邃貌。**窅冥**上烟曉反。——,深遠也。

噎於結反,正作咽,哽一也。**噎歎**上於結反。**曀**一計反,正作翳,掩一。**野姥**下莫補反,老婦也。**暈**于輒反。**鄴城**上音業。**鄴東**上音業,地名也。**腋**音亦,脅一也。**腋挾**上音亦,脅一。下胡帖反。**腋下**上音亦,脅一。**曄**于輒反,明也。**曄**于輒反,亦作暈。**曄然**上于輒反,明也。**曄如**上于輒反,明也。**曳尾**上羊世反。龜曳尾於泥塗。**曳下**上羊世反,牽一。**曳之**上羊世反,牽也。

一槩下古愛反。**一覺**下古孝反。**一尒**介字。**一勺**下音約。**一咽**下於見反,吞也。**一襲**下音習。**一嫗**下於武反,老婦也。**衣笐**下胡浪反,一竿也。**衣皮**上去聲,一,著也。**衣絮**下息慮反,綿一。**衣以**上去聲,衣著。**衣緣**下去聲。**衣簪**下側蔘反,冠一。**依庇**下必二反。**伊瀍**下直連反,水名,出河南。**噫**音衣。**噫**音醫,嘆也。**醫療**下里弔反。**醫診**下之忍反,脉候也。**猗氏**上於離反。**猗氏**上於宜反,正作陭,河東縣名。**揖**伊入反。**揖讓**上依急反。**繄**一兮反,詞助也。**禕**於宜反。**沂水**上魚依反。**沂州**上魚衣反。**貽**余之反,與也。**詒**余之反,贈言也。**貽則**上余之反。**彝倫**上音夷,常也。**彝倫**上音夷,等也,常也。**嶷**魚力反。**嶷**宜力反。**嶷然**上魚刀反。——,山立貌。**怡**余之反,悦也。**怡然**上余之反,悦也。**怡悦**上余之反,和也。**艤棹**上語倚反。下直教反,或作艄,非也。——,整舟近岸也。**顗**語豈反。**顗**魚豈反。**顗**語其反。**以稽**下音鷄。**瘞**於例反,埋一也。**瘞以**上於倒反,埋一也。**瘞于**上於例反,埋也。**劓刵**上魚器反,下而志反。**抑**意力反,一,制也。**抑揚**上意力反。**翊**音翼,輔一也。**翊從**上音翼,下去聲。**翊衛**上音翼,輔一也。**異操**下七到反,志操也。**繹**音亦。**挹**音邑,酌也。**毅**魚既反。**懿業**上乙器反,大也。**翌日**上音翼。明日也。**奕葉**上音亦。**奕奕**音亦。**殪**音翳。**刈**魚吠反,割一也。**溢**夷一反,滿也。**翳**於計反,掩一也。**翳**一計反,障一也。**杙**音異。**懌**音亦,欣一。**裔**音曳。**裔**羊逝反,苗一。**异度**上音異,舉也。**弋繳**上音翼,下音酌,以絲繫箭而射曰——。**弋獵**上音翼,下良輒反,射獵也。**仡然**上魚乞反,正疙癡。

陻山上音因。**姻媾**下古候反,婚一。**音詁**下音古。**愔鬱**上邑令反。不快貌。**湮沉**上音因,下也。**湮埋**上音因,沉也。**湮没**上音因,沉也。**氤氳**上音因,下烏雲反。——,氣盛貌。**氤氳**上音熒,下烏云反。**吟嘯**下蘇弔反。**吟謡**下音摇,歌一。**隱**

軫上正作幰，下之忍反，車聲也。**印綬**下音受。**胤**余鎮反。**胤**羊鎮反，一，嗣也。**嬰**一盈反，當也。**嬰號**上一盈反，一孩也。下户高反，一哭也。**英傑**下渠列反。一一，才智出人。**英傑**下渠列反，雄智也。**英髦**下音毛。一一，才俊之謂也。**英偉**下子鬼反。一一，奇美也。**英彦**下魚箭反。英，俊也。彦，美也。**鷹鸇**上於陵反，下之然反。一一，皆俊擊之禽也。**鷹鷂**上於陵反，下羊照反。**瀅名**上紆定反，小水也。**瀅水**上烏定反。**瀅中**上烏定反，小水也。**楹内**上音盈。**迎睇**下音弟，視也。**縈迴**上紆營反。**縈繞**上紆營反，下音繞，纏繫也。**滎山**上音螢。**瀛海**上音盈。**瀛冀**上音盈，下居異反，並州名。**瀛州**上音盈。**鎣**烏定反。**鎣**紆定反，與瑩同。**鎣**紆定反，光飾也。**鎣飾**縈定反，光飾也。**鎣飾**上烏定反，光一也，與瑩同。**瑩飾**上紆定反。**塋**音營，壙一。**塋壠**上音營，下吕勇反，墓丘也。**塋墓**上音營，墓域也。**塋隧**上音營，墓域也。下音遂，墓道也，正墜。**盈長**下音丈，剩一也。**穎**余領反。**穎拔**上營領反，禾秀。**癭陶**上一領反，正作廮。下音姚，鉅鹿郡縣名。**郢唱**上盈領反，郢人能歌也。**郢匠**上以領反。**郢州**上以井反。**鞕心**上吾更反，堅一。

庸俗上音容。**傭書**上音容，賃力也。**擁篲**上於拱反，下旬歲反。一一，持帚也。**擁篲**上紆拱反，下旬歲反。一一，持帚也。**擁戢**下阻澀反，止也。**擁錫**下先擊反。一一，捏錫杖也。**邕**紆容反。**邕**紆恭反。**雍**紆用反。**饔餼**上烏容反，下許既反。**壅**紆拱反，塞也。**顒**愚恭反。**勇幹**下古旦反，或作桿，音汗。**勇悍**下音汗。**永徽**下音暉。年號。**永泥**下寧帝反，正作濘，陷也。**用拯**上蒸字，上聲。

幽遁下徒困反，隱也。**幽鍵**下音件，關一也。**幽邃**下雖遂反，深也。**幽討**下他老反。幽，深也。討，理也。**幽賾**下助鬲反。**幽賾**下助革反。**幽賾**下助厲反，深微也。**憂憒**下俱妹反。心煩亂也。**優洽**下侯夾反，沾也。**優渥**下於角反，厚也。**優闐**下音田，西土王號也。**攸**音由，所也。**攸遠**上正作悠，音由。**攸在**上音由，所也。**攸臻**上音由，所也。下側巾反，至也。**悠長**上音由，遠也。**猷**音由。**郵馹**上音尤，驛舍也。下音日，驛馬也。**遊遁**下徒困反，隱一也。**遊賈**下音古，一客。**遊憩**下丘例反，止也，息也。**有伏**下本作汏，音太。**有娠**下音申，孕也。**宥**音右，赦一。**右脅**下許業反，一，肋。**右脅**下虚業反，一，助也。**囿**音右，苑一。**囿**音右，園一。

瘀死上音於，又去聲，呼亦通。蔫一也。**紆**委于反，一，屈也。**腴旨**上音逾。**娛情**上音愚。**轝柩**余舅二音，同前。**轝至**上音余，正作舁，扛一。**渝**音逾，變也。**渝**音俞，變也。**魚睨**下宜啓反，定視貌。**魰獵**上漁字。**于闐**下田、殿二音。**舁**音余，杠一。**隅隩**愚奥二音，屋角也。**瑜**羊朱反。**榆山**上羊朱反。**逾窖**上羊朱反，下古孝反。逾，越也。窖，穿地爲倉也。**逾閫**下苦本反。一一，越過門限也。**逾閾**下呼域反。一一，門礙也。舊音域。**諛**羊朱反，一，諂也。**諛諂**上羊朱反，下丑檢反。**餘長**下音丈，剩也。**傴**紆主反。一、僂，皆曲貌。**傴僂**上紆主反，下吕主反，背曲之貌。**雨霽**下音濟，雨晴也。**羽檄**下賢的反，告急之牘也。長二尺二寸，急即插羽，謂之一一。**寓内**上宇字。

瑀音禹。**瑀**音羽。**瑀璟**禹景二音。**昱耀**上余六反，正作煜，光明也。**玉璋**下音章。**鬻**余萌反，賣一也。**寓**音遇，一，寄也。**寓居**上音遇，寄也。**寓目**上音遇，寄也。**悆**音預，安也。**郁**於六反，文章貌。**郁波**上於六反。**郁烈**上於六反。——，香氣盛貌。**郁烈**上於六反。——，香氣也。**豫樟**下音章，良木也。**御眴**下詩閏反，目動之貌。**御寓**下宇字。**禦寒**上音語。**馭**音禦，控一。**馭寓**上音禦，下宇字。**馭之**上音御，駕也。**飫**於去反，飽也，饜也。

轅音園，車一。**轅轂**園古二音，並車具也。**轅門**上音園，戎門也。**園磑**下吾對反，磨也。**園圃**下布、補二音。**援**音園，一，引也。**援**音院，救一。**援筆**上音爰，一，引也。**援救**上音院，助也。**援引**上音爰。**援引**上音園。**原隰**上音元，下音習。高曰原，梁曰隰。**瑗**音院。**垣**惠官反。**元帥**下所類反。**元焘**下音盗，覆也。**圓崗**下音剛，山一也。**圓桷**下音角，椽也。**源泒**下足賣反，水分流曰一。**遠戍**下詩注反，邊一。**掾**俞絹反，府官也。**怨酷**上音冤，下苦毒反。

閱史上音悦，視也。**悦懌**下音亦。**嶽峙**上嶽字，下直里反。**粤**音越，于也，詞也。**粤自**上音越，於也。**籥**音藥。

筠音匀。**筠松**上于均反，竹也。**鄖城**上音云。**鄖國**上音云。**殞**羽敏反，亡也。**殞涕**上羽敏反，正作隕。下替、體二音。落淚也。**蘊**紆粉反。**允愜**下苦怗反，心伏也。**韞**紆粉反，藏一。**韞櫝**上紆粉反，一，藏也，積也。下音讀，函也。**愠喜**上紆問反，怒也。**蘊匱**上紆粉反，藏也。下求位反，匣也。**愠**紆運反，怒也。**緼麻**上紆粉反，一，亦麻也。

Z

雜沓下唐合反。**咋**助陌反，齧一也。**縡**音宰。

再遺下去聲，贈一也。

簪側參反，冠也。**簪弁**上阻蔘反，下皮變反。——，冠也。**簪裾**上側参反，下音居。**攢聚**上自官反，集也。**鏨琢**暫卓二音。**瓚**才贊反。**瓚**才讚反。**瓚**昨讚反。**讚唄**下音敗。**酇國**上在何反。

臧否上則郎反，下方久反。——，善惡也。**奘**才朗反。**奘**慈朗反。

糟粕上音遭，下疋莫反。——，酒醋之滓也。**糟粕**上作高反，下疋莫反，酒醋滓也。**鑿**音昨，穿一。**鑿坏**上音昨，下疋回反。**鑿石**上音昨。**蚤虱**上音早。**璪**音早。**澡灌**早貫二音，下正作罐。**澡漱**早瘦二音。**藻蔚**早鬱二音，文彩盛貌。**皂幘**下音責。——，黑巾也。**躁鋭**上則到反，下羊歲反。**燥濕**上蘇老反，乾也。**造寺**上七到反，至也。**造塑**下音素。**簉**初瘦反，齊也，充也。

責覈下閉鬲反，考實也。**迮隘**上音責，狹也。下於賣反，一，塞也。**笮器**上側乍反，正作榨，壓酒具。**賾**助隔反。**仄陋**上音側。**仄席**上音則。

賊帥下所類反，將一也。

罾網上子僧反，魚網也。**繒帛**上自綾反。**繒纊**上自陵反，絹帛也。下苦況反，綿也。**矰繳**增酌二音。**甑**上子孕反。

吒播上竹嫁反，下必箇反。**吒迦**上竹嫁反。

饘音旃。**饘粥**上之然反，一，亦也。**詹事**上之廉反。**氈**之然反。**氈**之延反，毛席也。**霑漬**下在智反，浸也。**瞻覿**下徒的反，見也。**瞻睹**下音覩，視也。**斬縗**下倉回反。**湛**宅減反。**棧**床板反，架險之閣也。**棧道**上助板反，以木架險爲道。

張騫下去乹反。人名。**張掖**下音亦。**張汜**下音似，或作汎，芳犯反。**璋弧**章胡二音。**章鈔**下楚教反，疏義也。**漳滏**下音父，縣名，在鄴都。**漳滏**下音父。一一，水名，在鄴郡也。**漳鄴**下音業。**嶂**音障。

昭穆上正作佋，時遥反，明也。穆，敬也。父昭子穆也。晋語昭歧云，韶穆。**罩**竹孝反。**肇**音趙，始也。**肇**音召，始也。**炤**照字。**垗**音趙，葬地也。

讁音摘，罰也。**哲人**上知列反，賢智也。**折挫**下則卧反。**折翮**一，閑隔反。羽一。**蟄**乎各反，一音釋，蟲行毒也。**蟄驚**上直立反，蟲藏曰一。**遮遏**下於葛反，止也。**轍**直列反，車迹也。**磔迦**上竹陌反。

榛梗上助巾反，下加猛反。一一，叢刺也。**榛梗**上助申反，下加猛反，蘗刺也。**榛林**上助中反，木蘗生也。**榛木**上助巾反，荒薉叢刺也，又側斤反。**貞槩**下古愛反，氣一。**貞恪**下口各反，恭敬貌。**貞確**下口角反。一一，堅實也。**貞碻**下口角反，堅也。**貞慤**下口角反，謹也，善也。**禎明**上音貞，宋諱。**斟酌**上音針。**甄**居延反。**甄别**上居延反，下并列反。一一，識辨也。**甄異**上居延反，察也。**甄異**上居延反，識别也。**鍼肓**上針字，下音荒。**砧搥**上知林反，下直追反。**砧磓**上知林反。下直追反，正作鎚。**箴**音針，誡也。**箴艾**上音針，下吾盖反。**箴規**上音針，下俱彌反。箴規，誡則也。**箴誡**上音針，誨也。**箴文**上音針，誡也。**箴勖**上音針，下許玉反。箴，誡也。勖，勸也。**箴銘**上音針，規誡也。下莫經反，一，記也。**貞幹**下苦旦反。**臻**側巾反，至也。**臻**側中反，一，至也。**軫**之忍反，車一也。**疹患**上日刃反，病也。**疹患**上丑刃反，疾也。**疹瘵**上丑刃反，下側賣反，病也。**鴆毒**上直禁反，一鳥也，以其羽畫酒，飲之而殺人。**震霆**下音庭，雷一也。**賑給**上震、軫二音。一一，以財物濟之也。**賑贍**上音振，下時焰反。一一，以財物濟乏也。**征虜**下音魯。**蒸豘**下音屯，猪一也。**鉦鼓**上之盈反，樂中擊之以静鼓節也。**徵覈**下閑革反，考也。**徵覈**下閑革反，考實也。**崢嶸**上助庚反，下惠萌反，山貌。傳非，此用正作噌吰，上楚耕反，下惠萌反，鍾聲也。出文選。**整罳**上之領反，下昌右反。**拯**蒸字上聲。**拯驚**上蒸字上聲。**拯溺**上之忍反，下奴的反，謂拯拔没溺也。**拯溺**上蒸字上聲，一，拔也。下奴的反，没一也。**正溜**下立救反，水一下也。

之操下七到反。**之埠**下正作埠，音婦，小山也。**之諺**下魚箭反，俗言也。**支敵**下徒的反，對一也。**支遁**下徒困反，高僧名。**芝葉**上音之，瑞草也。**執戟**下居逆反，戈一也。**執錫**下先擊反,一杖。**執帚**下之九反,掃一。**指訂**下他頂反,平議也。**指撝**下許爲反。**指擿**擿字。**指擿**下他的反,發也。**指訂**下音廳,平議也。**抵掌**上音指,側手也。**抵掌**上音紙,側手也。**祇躬**上音脂。**祇支**上渠枝反,法衣名也。**跖**音隻。**蹠**音隻,脚底也。**墌**音質,基一。**址墌**止隻二音,基地也。**趾**音一,足一。**趾**音止。**咫尺**上音只,八寸也。**誌公**上音志。**縶**知立反,繫也。**智錯**下口買反。**智炫**下音縣。**智賾**下助隔反,幽深也,玄微也。**礩礙**上音致。**志褒**下博毛反。**志幹**下古旦反。**躓**音致,蹶(礙)也。**鷙鳥**上音至,迅鳥也。**鷙鳥**上音至,俊擊之鳥也。**鷙獸**上音至,猛獸也。**稚**直利反,幼也。**稚齒**上直利反,幼一也。**陟岵**下音户,寺名。**紩**音帙。**質樸**一,疋角反。**雉**直里反,野鷄也。**雉鹿**上直爾反,野鷄也。**摯維**上陟立反。一一,繫也。**桎梏**上音質,下古篤反,杻械別名也。**桎梏**上音質,下古篤反,械之別名也。**桎梏**上音質,下古篤反,枷械別名。**桎梏**上音質,下古篤反。一一,木械別名。**猘狗**上居例反,狂犬也。**炙輠**隻果二音,車上盛脂之器也。以火炙之,猶脂膩漬潤,喻人之才學有餘也。**袠**帙字。**袠**袟字同。**峙**直里反,立也。**峙**直裹反,立也。**峙立**上直里反。**峙列**上直里反,立也。**峙然**上直里反,聳止不進貌。**置臬**下魚結反,准的也。**櫛比**上阻瑟反,下毗必反。一一,梳也,取近之義,謂如梳齒相次也。**櫛比**上門虱反,下毗必反,梳之別名也,取齒相連之義。

鐘噎下於結反。**衷**音中。**衷意**上知沖反。**踵道**上之勇反,正作踵,繼也。**踵武**上之勇反,繼足也。**終窶**下其主反,貧甚也。**冢宰**上知勇反,三公也。**衆夥**下音禍,楚人謂之多也。

周睇下音第。一一,遍視也。**舟航**下户剛反,方舟曰一。**舟檝**下音接。**盩厔**上知留反,下知一反。一一,縣名,在京兆。**州閭**下力居反,一里。**帚**之九反,掃一。**帚**之九反,掃一也。**帚掃**上之大反,下蘇到反。**肘**知柳反,臂節骨。**胄**直又反。**胄**直右反。**胄績**上直右反,嗣也。下子曆反,續也。**紂惙**上直右反,下知劣反。**甃**側救反。**驟**床瘦反,行疾貌。**驟噫**上助瘦反,馳疾之貌也。下音醫,嘆恨之餘聲。**驟雨**上助瘦反,下疾也。

朱鬉下子紅反。**洙濟**上音殊,下子禮反。一一,并水名。**誅戮**下音六。**誅殄**下徒典反。**猪肉**上諸字。**築**音竹,填也。**燭燼**下徐刃反。**麈尾**上音主,拂也。**麈尾**上音主,鹿之類,尾可爲拂。**渚**止吕反。**拄之**上知主反。**矚目**上音燭,視也。**筯**直慮反。**筑**音竹,填也。**駐蹕**下音必,警蹕,止行者。**鑄**音注。**竚聆**上音佇,一,待也。下音靈,聽也。**竚望**上音佇,一,待也。**紵**直吕反。**佇遲**下去聲,一,待也。**佇聆**下音靈,一,聽也。又作停。一,止也。**杼軸**上音佇,梭也。下音逐,機一也。一一,所謂綜織之功也。

囀竹戀反。**囀態**上知戀反,弄聲也。下他代反,美也。**篆隸**上直轉反,下零帝反。篆,古之書。隸,今之書體。**篆隸**上直轉反,下零帝反。古之篆書,今改爲隸。

幢輿下音預。**壯偉**下羽鬼反，異也。**撞度**上直江、直降二反，一，擊也。

錐刃上質錐反。**贅疣**上之歲反，下音尤。**綴述**上知衛反。**綴心**上知衛反，繫一。

窀開上知倫反，下棺也。

灼音酌，燒也。**犳**之若反。**涿郡**上音卓。**涿野**上音卓，地名，在上谷。**啄吞**上音卓。**濯纓**上音濁。下一盈反，冠一也。古詩云：滄浪之水清，可以濯吾纓。**濯足**上音濁，洗一。**琢磨**上音卓。**擢**音濁，出也。**擢**音濯，拔一。**擢第**上音濁，拔一也。**擢預**上音濁。**斲斲**音卓，一，鑿，下正。**斲石**音卓。**斲鑿**卓昨二音。**斲彫**上音卓。**卓犖**下吕角反。一一，神形超異也。**卓犖**下吕角反。一一，才辯也。**卓犖**下吕角反。一一，超絶貌。

孜孜音兹。一一，不息之意。**緇素**上側思反。緇，黑也。素，白也。所謂僧俗，曰一一。**緇衣**上側思反。一一，僧服也。**髭鬚**上即斯反，下而廉反。**貲財**上子斯反。**貲貨**上子斯反，財也。**諮諏**下子侯反，又子于反，問政也。**錙銖**上側思反，下音殊。六銖曰錙，四錙曰兩。**梓匠**上音子，良匠也。善理其木曰一一。**梓樹**上音子。**梓潼**子同二音，縣名也。**梓州**上音子。**梓橦**子同二音。**紫鞕**下吾更反。**胔堋**上才賜反，骨有肉也。下彼鄧反，與窆同，束棺下穴也。**自撲**下蒲角反。**自刎**下武粉反，斷頭也。**自縊**下於寄反，繫也。

宗軌下俱水反。**宗系**下胡計反。**宗轄**下遐捌反。**宗轄**下遐葛反。**琮**在宗反。**綜**子宋反，總也。**綜**子宋反，總理也。**綜業**上子宋反，總也。**鬉尾**上子紅反。**傯**音總。**總角**上子孔反，小兒髻也。**總萃**上子孔反，下才遂反。一，集也。

租米上子姑反，一税。**足蹴**下秋六反，蹋也。**足躡**下尼輒反。**組**音祖。**組轡**二字音祖秘。組爲韁也。轡，馬銜也。今取制馭之理。**俎醢**阻海二音。**祖餞**下音賤，以食送别也。**祖禰**下乃禮反。父廟曰一一。一，綬也。

鑽覈上子官反，下胡葛反。**鑽仰**上子官反。論語云：仰之彌高，鑽之彌堅。**鑽仰**上子官反。鑽堅仰高，謂觀其道，一一不及。**鑽仰**上子官反。一一，謂道之深遠，一一不可及也。**鑽注**上子官反。**纘**祖管反，一，集也。**纘**子管反，一集。**纘録**上子管反，集也，繼也。**纘叙**上子管反。**纘注**上子管反，集也。**纂**子管反，一，集也。**纂**子管反，繼也。**纂曆**上子管反，集也。

罪舋許勤反，禍也。**晬朝**上子對反，周年也。**晬周**上子對反，周年謂之一。

噂喈上慈損反，下他合反。**撙**兹本反。**撙節**上子損反，一，剉也，節制也。

怍音昨，正作酢，酬一也。

圖書在版編目(CIP)數據

續高僧傳校注／(唐) 釋道宣撰;蘇小華校注. —
上海: 上海古籍出版社, 2021.5
ISBN 978-7-5325-9929-5

Ⅰ.①續… Ⅱ.①釋… ②蘇… Ⅲ.①僧侶—列傳—
中國—古代②《續高僧傳》—注釋 Ⅳ.①B949.92

中國版本圖書館 CIP 數據核字(2021)第 063415 號

續高僧傳校注
(全二册)
(唐) 釋道宣 撰
蘇小華 校注
上海古籍出版社出版發行
(上海瑞金二路 272 號 郵政編碼 200020)
(1) 網址: www.guji.com.cn
(2) E-mail: guji1@guji.com.cn
(3) 易文網網址: www.ewen.co
商務印書館上海印刷有限公司印刷
開本 700×1000 1/16 印張 63.75 插頁 5 字數 1,110,000
2021 年 5 月第 1 版 2021 年 5 月第 1 次印刷
印數: 1—1,500
ISBN 978-7-5325-9929-5
B·1202 定價: 260.00 元
如有質量問題,請與承印公司聯繫